Schriftenreihe

Studien zum bayerischen, nationalen und supranationalen Öffentlichen Recht

Herausgegeben von
Professor Dr. Heinrich Amadeus Wolff

Band 26

ISSN 1860-8728

Verlag Dr. Kovač

Michael Brand

Das deregulierte vereinfachte Baugenehmigungsverfahren nach bayerischem Recht

Prüfungsumfang und Sachbescheidungsinteresse

Verlag Dr. Kovač

Hamburg
2015

VERLAG DR. KOVAČ GMBH
FACHVERLAG FÜR WISSENSCHAFTLICHE LITERATUR

Leverkusenstr. 13 · 22761 Hamburg · Tel. 040 - 39 88 80-0 · Fax 040 - 39 88 80-55

E-Mail info@verlagdrkovac.de · Internet www.verlagdrkovac.de

Bibliografische Information der Deutschen Nationalbibliothek
Die Deutsche Nationalbibliothek verzeichnet diese Publikation
in der Deutschen Nationalbibliografie;
detaillierte bibliografische Daten sind im Internet
über http://dnb.d-nb.de abrufbar.

ISSN: 1860-8728
ISBN: 978-3-8300-8418-1

Zugl.: Dissertation, Universität Bayreuth, 2015

© VERLAG DR. KOVAČ GmbH, Hamburg 2015

Printed in Germany
Alle Rechte vorbehalten. Nachdruck, fotomechanische Wiedergabe, Aufnahme in Online-Dienste und Internet sowie Vervielfältigung auf Datenträgern wie CD-ROM etc. nur nach schriftlicher Zustimmung des Verlages.

Gedruckt auf holz-, chlor- und säurefreiem, alterungsbeständigem Papier. Archivbeständig nach ANSI 3948 und ISO 9706.

Vorwort

Die vorliegende Arbeit wurde im Wintersemester 2014/2015 von der Rechts- und Wirtschaftswissenschaftlichen Fakultät der Universität Bayreuth als Dissertation angenommen. Die Abgabe der schriftlichen Arbeit erfolgte im Juli 2014. Literatur und Rechtsprechung konnten bis zu diesem Zeitpunkt berücksichtigt werden.

Meinem Doktorvater, Herrn Prof. Dr. Markus Möstl, danke ich aufrichtig und von Herzen nicht nur für die Betreuung meiner Arbeit und die mir gewährte inhaltliche Freiheit, sondern auch für seine Bereitschaft, die Arbeit trotz Phasen der Unterbrechung, die meiner zwischenzeitlich aufgenommenen beruflichen Tätigkeit geschuldet waren, weiterhin zu begleiten und den damit verbundenen Zuspruch, die Arbeit fertigzustellen. Besonderen Dank schulde ich Herrn Prof. Dr. Möstl zudem für die umgehende Begutachtung derselben. Danken möchte ich auch Herrn Prof. Dr. Heinrich Amadeus Wolff für die Übernahme und gleichfalls rasche Erstellung des Zweitgutachtens sowie für seine Unterstützung bei der Veröffentlichung dieser Arbeit.

Weiterhin danke ich meinem Kollegen Herrn Dr. Robert Dragunski für die stets ermöglichten Fachgespräche und wertvollen Diskussionen über die gesamte Entstehungszeit dieser Arbeit hinweg. Bei meinem Kollegen Herrn Dr. Wieland Henker bedanke ich mich für die motivierenden Worte und sein stets „offenes Ohr" in allen Belangen. Besonderer Dank gilt auch Herrn Daniel Weber M.A. für die Durchsicht des Manuskriptes zum Zwecke sprachlicher Korrektur sowie für die aus fachfremder Sicht gegebenen Anregungen.

Meinen Eltern danke ich herzlich für die allzeit uneingeschränkte Unterstützung und den immerwährenden Rückhalt. Aus tiefstem Herzen danke ich zuletzt und doch zugleich an erster Stelle meiner Frau Martina, die mich liebevoll, bestärkend und mit unermesslichem Verständnis begleitet, sowie unserem kleinen Sohn Moritz für seine Gabe, mich mit seinem unbeschwerten und warmherzigen Wesen den Strapazen des Alltags zu entreißen.

Meiner Familie ist diese Arbeit gewidmet.

Bayreuth, im Januar 2015 *Michael Brand*

Inhaltsübersicht

Inhaltsübersicht VII
Inhaltsverzeichnis IX
Abkürzungsverzeichnis XIX

Einführung 1

    A. Problemstellung und Anlass der Untersuchung 1
    B. Die BayBO 2008 als Arbeitsgrundlage – das Verhältnis zur BayBO 2013 6
    C. Gang der Untersuchung 9

Teil 1: Historische Betrachtung und rechtliche Grundlagen 11

    A. Reformen des Bauordnungsrechts 11
    B. Baugenehmigung und Schlusspunkttheorie 35
    C. (Tatbestands-)Merkmale und Charakter des Art. 59 BayBO 2008 58

Teil 2: Die vereinfachte Baugenehmigungsprüfung unter Berücksichtigung des Sachbescheidungsinteresses 107

    A. Das Sachbescheidungsinteresse im vereinfachten Baugenehmigungsverfahren 108
    B. Abweichungsantrag, Prüfungsumfang und Sachbescheidungsinteresse im Kontext mit der vereinfachten Genehmigungsprüfung 162
    C. Das Sachbescheidungsinteresse in Art. 68 Abs. 1 Satz 1, 2. Hs. BayBO 2008/2009: Eine Bestandsaufnahme 229
    D. Das kodifizierte Sachbescheidungsinteresse: Eine Analyse de lege lata und Betrachtung de lege ferenda 280
    E. Fazit 361

Teil 3: Drittschutz im Sach- und Rechtszusammenhang 363

A. Rechtsschutz des Nachbarn bei vereinfacht erteilter Baugenehmigung 363
B. Die nachbarliche Anfechtung nach der Bauordnungsnovelle 2008 444
C. Fazit 521

Zusammenfassung in Thesen **523**
Literaturverzeichnis **551**

Inhaltsverzeichnis

Inhaltsübersicht VII
Inhaltsverzeichnis IX
Abkürzungsverzeichnis XIX

Einführung 1

A. Problemstellung und Anlass der Untersuchung 1
B. Die BayBO 2008 als Arbeitsgrundlage – das Verhältnis zur BayBO 2013 6
C. Gang der Untersuchung 9

Teil 1: Historische Betrachtung und rechtliche Grundlagen 11

A. Reformen des Bauordnungsrechts 11
  I. Kompetenzverteilung im öffentlichen Baurecht 12
  II. Beschleunigung und Investitionsförderung durch Deregulierung 17
    1. Verfahrensbeschleunigung durch Deregulierung und Verantwortungsverlagerung – geschichtlicher Rückblick 18
    2. Änderungen im Verfahrensrecht 23
    3. Änderungen im materiellen Bauordnungsrecht 31
  III. Kritik und Stellungnahme 33

B. Baugenehmigung und Schlusspunkttheorie 35
  I. (Regelungs-)Wirkungen der Baugenehmigung 36
    1. Genehmigungsvorbehalt des Bauordnungsrechts 38
    2. Feststellungswirkung 41
    3. Gestaltungswirkung 43
  II. Vormalige Konzeption als umfassende Unbedenklichkeitsbescheinigung 45
    1. Prüfprogramme als Präventivkontrolle 46
    2. Partieller Bestandsschutz 49
  III. Schlusspunkttheorie 51

1. Modell des Schlusspunktes der rechtlichen Beurteilung 52
2. Aufgabe der Schlusspunkttheorie durch Rechtsprechung und Gesetzgebung 53
IV. Baugenehmigung, Baufreigabe und Baubeginn 55

C. (Tatbestands-)Merkmale und Charakter des Art. 59 BayBO 2008... 58

I. Aktualität und Relevanz der Untersuchung 58
II. Gegenwärtige Gesetzessystematik des (vereinfachten) Genehmigungsverfahrens 63
  1. Anwendungsbereich und Ausschluss einer Wahlmöglichkeit über die Genehmigungsverfahrensart 64
  2. Enumerativer Prüfkatalog des Art. 59 BayBO 2008 68
  3. Ungeprüfte Vorschriften des Bauordnungsrechts 71
  4. Bautechnische Nachweise 74
  5. Fazit: Die Baugenehmigung als sektorale Unbedenklichkeitsbescheinigung 78
III. Gesetzgeberische Intention des vereinfachten Verfahrens – historischer Rückblick 80
IV. Notwendiger Prüfungsgegenstand Bundesrecht (BauGB) 83
  1. Grundsatz der Art. 83 ff GG: Vollzug von Bundesrecht durch die Länder 84
  2. Bauplanungsrecht des Bundes, §§ 29 ff BauGB 87
    a) § 29 BauGB a.F.: Schnittstelle zwischen Bauordnungs- und Bauplanungsrecht 88
    b) Die Wyhl-Rechtsprechung des Bundesverwaltungsgerichts 90
    c) Konsequenz: landesrechtliches Genehmigungsbedürfnis 93
  3. Prüfungsgegenstand sonstiges materielles Bauplanungsrecht (insbesondere zur Sicherung der Bauleitplanung §§ 14 f BauGB) und Bundesimmissionsschutzrecht 99

Teil 2: Die vereinfachte Baugenehmigungsprüfung unter Berücksichtigung des Sachbescheidungsinteresses 107

A. Das Sachbescheidungsinteresse im vereinfachten Baugenehmigungsverfahren 108

I. Die Diskussion um eine fakultative Erweiterung des enumerativen Prüfkatalogs 109

II. Literaturmeinung vor der Rechtsprechung des Bayerischen Verwaltungsgerichtshofs 112

III. Kritische Auseinandersetzung seit der „Impulsrechtsprechung" des Bayerischen Verwaltungsgerichtshofs vom 16.07.2002, Az. 2 B 01.1644 116

IV. Das Kriterium des fehlenden Sachbescheidungsinteresses 122

1. Rechtsdogmatische Begründungsansätze – Das Antragsinteresse als Sachentscheidungsvoraussetzung 123

2. Einschränkung durch den Bayerischen Verwaltungsgerichtshof 128
    a) Urteil des BayVGH vom 23.03.2006 (Az. 26 B 05.555) 129
    b) Urteile des BayVGH vom 19.01. und 01.07.2009 (Az. 2 BV 08.2567, 2 BV 08.2465) 132
    c) Der Verfahrensgegenstand als Abgrenzungskriterium 136

3. Außerbayerische Rechtsprechung zum Sachbescheidungsinteresse 143
    a) Sonderkonstellation: Zustimmungserfordernis des Grundstückseigentümers im Rechtsvergleich mit der bayerischen Rechtslage 145
    b) Bauordnungsrechtliche und sonstige Verstöße gegen öffentliches Recht 149

4. (Kritisches) Literaturecho auf die Rechtsprechung des BayVGH 151

5. Kritik und eigene Stellungnahme 156

B. **Abweichungsantrag, Prüfungsumfang und Sachbescheidungsinteresse im Kontext mit der vereinfachten Genehmigungsprüfung.** 162

I. Die Generalklausel für materiell-rechtliche Abweichungen: geschichtlicher Rückblick und Gesetzessystematik 163

1. Der einheitliche Abweichungstatbestand im Wandel der Reformschritte 164

2. Änderungen der Kontextnormen Art. 59 und 65 BayBO 2008 169

II. Die Abweichungsprüfung nach Antragstellung im Rahmen des vereinfachten Genehmigungsverfahrens 174

1. Das Antragserfordernis in der Verwaltungspraxis bis und seit 2008 176
2. Der Verweisungsumfang beantragter Abweichungen i.S.d. Art. 59 Satz 1 Nr. 2 BayBO 2008 180
3. Auswirkungen des gestellten Abweichungsantrags auf den Verfahrensgegenstand des vereinfachten Baugenehmigungsverfahrens 182

III. Der gestellte, aber nicht erforderliche Abweichungsantrag 188
IV. Der erforderliche, aber nicht gestellte Abweichungsantrag 197
1. Handlungsdirektiven de lege lata 197
   a) Die bauherrenseitige Verpflichtung zur Antragstellung 200
   b) Die erweiterte behördliche Prüfpflicht mit modifiziertem Baugenehmigungsanspruch nach *Koehl* 203
   c) Fazit: Die Aufforderung zur Mängelbehebung ohne erweiterte Prüfpflicht 207
2. Das Kausalitätsverhältnis zwischen Abweichungsantrag und Bauantrag 213
   a) Das Sachbescheidungsinteresse des Abweichungsantrags 214
   b) Das Sachbescheidungsinteresse des Bauantrags 219
   c) Fazit: Kein fehlendes Sachbescheidungsinteresse des Bauantrags bei fehlendem Abweichungsantrag 223

C. Das Sachbescheidungsinteresse in Art. 68 Abs. 1 Satz 1, 2. Hs. BayBO 2008/2009: Eine Bestandsaufnahme 229

I. Entstehungsgeschichte des Art. 68 Abs. 1 Satz 1, 2. Hs. BayBO 2008/2009 231
II. Außerbayerische Sonderregelungen zum Sachbescheidungsinteresse im Rahmen präventiver Bauaufsicht 235
1. Das Sachbescheidungsinteresse bei fehlendem Grundeigentum des Bauherrn (§ 68 Abs. 4 Satz 3 MBO 2002/2012) 237
2. Das Sachbescheidungsinteresse in § 60a Abs. 2 Satz 3 BauO Bln 1997 239
3. Das Sachbescheidungsinteresse in § 64 Abs. 1, 2. Hs. HBO 2011 ... 243
III. Problemaufriss: strukturelle und (rechts-)dogmatische Einordnungsschwierigkeiten 246

1. Überwachungsverpflichtung der Bauaufsichtsbehörde 248
2. Ermessensnorm versus bloße Befugnisnorm 252
3. Kodifiziertes Sachbescheidungsinteresse versus eigenständiger Ablehnungsgrund 254

IV. Verwaltungsgerichtliche Rechtsprechung zu Art. 68 Abs. 1 Satz 1, 2. Hs. BayBO 2008/2009 256
1. Erstinstanzliche VG-Rechtsprechung – eine Bestandsaufnahme 256
   a) Der Adressatenkreis der Ablehnungsbefugnis 259
   b) Die Reichweite der „sonstigen öffentlich-rechtlichen Vorschriften" und die Qualität des Verstoßes 263
   c) Die Befugnis der Bauaufsichtsbehörde – eine Ermessensentscheidung? 267
   d) Die Rechtsprechung der Bayerischen Verwaltungsgerichte im Kurzüberblick 270
2. Rechtsprechung des BayVGH zur erweiterten Ablehnungsbefugnis 274

D. Das kodifizierte Sachbescheidungsinteresse: Eine Analyse de lege lata und Betrachtung de lege ferenda 280

I. Herkunft des Rechtsverstoßes: Definition öffentlich-rechtlicher Vorschriften 281
II. Das Erfordernis pflichtgemäßer Ermessensausübung 289
1. Das Verwaltungsermessen qua Definition – Einordnung der Norm 290
2. Keine Ermächtigung im Sinne einer bloßen Befugnis 296
3. Pflichtgemäße Ermessensausübung nach Zufallsfund 302
   a) Versagungsermessen und Gefahr des Ermessensausfalls (*Ingold/Schröder*) 303
   b) Ablehnungsbefugnis mit Ermessensausübung nach Zufallsfund (*Manssen/Greim*) 308
   c) Prokritische Stellungnahme für das Versagungsermessen nach Zufallsfund 310
III. (Fehlende) Kriterien für das Verwaltungshandeln 314
1. Überblick über den Diskussionsstand 316
2. Erfordernis einer einschränkenden Auslegung 321

       a) Die Möglichkeit zur Ausräumung des Hindernisses 322
       b) Grundsätzliche Erwägungen 324
       c) Tatbestands- und ermessensbezogene
           Anwendungsvoraussetzungen der Ablehnungsbefugnis 329
  IV. Verfahrensmöglichkeiten der Bauaufsichtsbehörde nach der
     Änderung 2009 336
    1. Das Verhältnis zwischen der gesetzlichen Ablehnungsbefugnis
       und der von repressiven Maßnahmen flankierten
       Baugenehmigung 337
    2. Das Verhältnis zwischen dem Rechtsgrundsatz des fehlenden
       Sachbescheidungsinteresses und der gesetzlichen
       Ablehnungsbefugnis 339
  V. Rechtspolitische Würdigung der Neuregelung und Vorschlag für
     Neukonzeption 341
    1. Erfordernis textlicher und systematischer Korrekturen 343
    2. Neukonzeption einer Ablehnungsbefugnis wegen fehlenden
       Sachbescheidungsinteresses 346
       a) Systematische Verortung 346
       b) Textliche Neufassung – ein Gesetzesvorschlag 351
       c) Der Ausspruch der behördlichen Entscheidung – differenzierte
           Tenorierung 356

E. Fazit 361

Teil 3: Drittschutz im Sach- und Rechtszusammenhang 363

**A. Rechtsschutz des Nachbarn bei vereinfacht erteilter
   Baugenehmigung 363**

  I. Problemaufriss unter Berücksichtigung höherrangigen Rechts 365
    1. Die verfassungsrechtliche Unbedenklichkeit der
       Beschleunigungsgesetzgebung 366
    2. Kontextbezogene Drittschutzproblematik im Überblick 372
  II. Parallelität der Rechtswege 377
    1. Zivilrechtlicher Rechtsschutz versus öffentlich-rechtlicher
       Rechtsschutz: Grundsatz des gleichberechtigten ergänzenden
       Nebeneinanders 379

2. Behördliche und verwaltungsgerichtliche Verweisungspraxis 384
3. Grundsätzlicher Ausschluss der Rechtswegverweisung 389
III. Das nachbarliche Drittschutzbegehren – die Suche nach einer drittschützenden Norm 394
1. Grundbegriffe des öffentlichen Baunachbarrechts 396
   a) Der öffentlich-baurechtliche Nachbarbegriff 397
   b) Drittschutzvermittelnder Charakter der Norm (Schutznormtheorie) 400
2. Nachbarrechtliche Folgen der Abweichungszulassung 405
   a) Anfechtungsgegenstand und Klageantrag 406
   b) Nachbarliche Anfechtbarkeit bei antragslos erteilter Abweichung 409
   c) Prüfungsmaßstab bei Nachbarklagen gegen Baugenehmigungen mit Abweichungen 411
3. Keine Anknüpfungspunkte außerhalb des gesetzlichen Prüfprogramms 418
   a) Kein Drittschutzcharakter des allgemeinen Rechtsgrundsatzes des fehlenden Sachbescheidungsinteresses 419
   b) Keine unmittelbare Drittschutzwirkung der bauordnungsrechtlichen Verfahrensvorschrift Art. 63 Abs. 2 Satz 2, 2. Hs. BayBO 2008/2009 423
   c) Keine mittelbare Drittschutzvermittlung aus Art. 63 Abs. 2 Satz 2 BayBO 2008/2009 430
   d) Kein drittschützender Charakter des Art. 68 Abs. 1 Satz 1, 2. Hs. BayBO 2008/2009 435
4. Fazit und Stellungnahme 440

B. Die nachbarliche Anfechtung nach der Bauordnungsnovelle 2008 444

I. „Rettungsanker" Gebot der Rücksichtnahme 444
1. Grundzüge des bauplanungsrechtlichen Rücksichtnahmegebots 446
2. Bedeutung des landesrechtlichen Abstandsflächenrechts für das Rücksichtnahmegebot in der Rechtsprechung des BVerwG 451
3. Indizwirkung der bauordnungsrechtlichen Abstandsflächen 459

4. Korrekturbedürftigkeit der (bayerischen) Verwaltungsrechtsprechung 465
5. Fazit: Reversible Indizwirkung des Abstandsflächenrechts bei beschränktem Prüfprogramm 472

II. Die Feststellungen des Baugenehmigungsbescheids: Umfang und Auswirkungen 475
1. Die Feststellungswirkung als Spiegelbild des Prüfprogramms aus nachbarrechtlicher Sicht 477
2. Die erweiterte (baugenehmigungsrechtliche) Feststellungswirkung in der verwaltungsgerichtlichen Rechtsprechung 480
   a) Die Rechtsauffassung des Bayerischen Verwaltungsgerichtshofs 482
   b) Die Haltung der erstinstanzlichen bayerischen Verwaltungsgerichtsrechtsprechung 485
   c) Die Rechtsauffassung des Oberverwaltungsgerichts des Saarlandes 491
   d) Die Rechtsauffassung des Oberverwaltungsgerichts Rheinland-Pfalz 493
3. Objektiver Erklärungsinhalt und bauordnungsrechtliche Begründungspflicht 498
   a) Auslegungsmöglichkeit und Auslegungsbedürftigkeit der Baugenehmigung 498
   b) Das Begründungserfordernis im Blickwinkel des Art. 68 Abs. 1 Satz 1, 2. Hs. BayBO 2008/2009 500
   c) Zwischenergebnis 504
4. Fehlende Ermächtigungsgrundlage bei drittbezogenen Feststellungen 505
5. Fazit: Erweiterte Feststellungen auch aufgrund zweifelbehafteter Begründungen 511
   a) Anhaltspunkte in der Baugenehmigung (selbst) als Mindestvoraussetzung 512
   b) Bestimmung des objektiven Erklärungsgehalts des Baugenehmigungsbescheids 515

C. Fazit 521

Zusammenfassung in Thesen ... 523
Literaturverzeichnis ... 551

Abkürzungsverzeichnis

A. .... Auflage
a.A. .... andere Ansicht/Auffassung
a.a.O. .... am angeführten Ort/ am angegebenen Ort
Abs. .... Absatz
a.D. .... außer Dienst
a.E. .... am Ende
a.F. .... alte Fassung
AGVwGO .... Gesetz zur Ausführung der Verwaltungsgerichtsordnung
AH-Drs. .... Abgeordnetenhaus Berlin Drucksache
AllMBl .... Allgemeines Ministerialblatt
Alt. .... Alternative
ARGEBAU .... Bauministerkonferenz (Arbeitsgemeinschaft der für Städtebau, Bau- und Wohnungswesen zuständigen Minister und Senatoren der 16 Bundesländer)
Art. .... Artikel
AsylVfG .... Asylverfahrensgesetz
AtG .... Atomgesetz – Gesetz über die friedliche Verwendung der Kernenergie und den Schutz gegen ihre Gefahren
AufenthG .... Aufenthaltsgesetz – Gesetz über den Aufenthalt, die Erwerbstätigkeit und die Integration von Ausländern im Bundesgebiet
AuslG .... Ausländergesetz – Gesetz über die Einreise und den Aufenthalt von Ausländern im Bundesgebiet
Az. .... Aktenzeichen
BauGB .... Baugesetzbuch
BauNVO .... Baunutzungsverordnung – Verordnung über die bauliche Nutzung der Grundstücke
BauO Bln .... Bauordnung für Berlin
BauO NRW .... Bauordnung für das Land Nordrhein-Westfalen – Landesbauordnung
BauOR .... Bauordnungsrecht
BauR .... baurecht – Zeitschrift für das gesamte öffentliche und zivile Baurecht
BauROG .... Bau- und Raumordnungsgesetz
BauVerfV .... Bauaufsichtliche Verfahrensverordnung

BayBgm	Der Bayerische Bürgermeister – Zeitschrift für kommunale Selbstverwaltung
BayBO	Bayerische Bauordnung
BayStMI	Bayerisches Staatsministerium des Innern, für Bau und Verkehr
BayVBl	Bayerische Verwaltungsblätter – Zeitschrift für öffentliches Recht und öffentliche Verwaltung
BayVerfGH	Bayerischer Verfassungsgerichtshof
BayVGH	Bayerischer Verwaltungsgerichtshof
BayVwVfG	Bayerisches Verwaltungsverfahrensgesetz
BBauG	Bundesbaugesetz
Bearb.	Bearbeiter
Begr.	Begründer
BGB	Bürgerliches Gesetzbuch
BGBl	Bundesgesetzblatt
BGH	Bundesgerichtshof
BImSchG	Bundesimmissionsschutzgesetz – Gesetz zum Schutz vor schädlichen Umwelteinwirkungen durch Luftverunreinigungen, Geräusche, Erschütterungen und ähnliche Vorgänge
BNatSchG	Bundesnaturschutzgesetz – Gesetz über Naturschutz und Landschaftspflege
BRD	Bundesrepublik Deutschland
BRS	Baurechtssammlung – Rechtsprechung des Bundesverwaltungsgerichts, der Oberverwaltungsgerichte der Länder und anderer Gerichte zum Bau- und Bodenrecht
BtMG	Betäubungsmittelgesetz – Gesetz über den Verkehr mit Betäubungsmitteln
BV	Bayerische Verfassung
BVerfG	Bundesverfassungsgericht
BVerfGE	Entscheidungen des Bundesverfassungsgerichts
BVerfGG	Bundesverfassungsgerichtsgesetz – Gesetz über das Bundesverfassungsgericht
BVerwG	Bundesverwaltungsgericht
BVerwGE	Entscheidungen des Bundesverwaltungsgerichts
BW	Baden-Württemberg
bzgl.	bezüglich
bzw.	beziehungsweise

dass.	dasselbe
ders.	derselbe
d.h.	das heißt
dies.	dieselbe/-n
Dok.	Dokument
DÖV	Die Öffentliche Verwaltung – Zeitschrift für öffentliches Recht und Verwaltungswissenschaft
Drs.	Drucksache
DSchG	Denkmalschutzgesetz – Gesetz zum Schutz und zur Pflege der Denkmäler
DVBl	Deutsches Verwaltungsblatt
ebd.	ebenda
Einl	Einleitung
f/ ff	folgende/ fortfolgende
Fn	Fußnote
FS	Festschrift
GBl	Gesetzblatt für Baden-Württemberg
GewArch	Gewerbearchiv – Zeitschrift für Gewerbe- und Wirtschaftsverwaltungsrecht
GG	Grundgesetz für die Bundesrepublik Deutschland
GVBl[1]	Gesetz- und Verordnungsblatt
HBauO	Hamburgische Bauordnung
HBO	Hessische Bauordnung
Hdb.	Handbuch
HessVGH	Hessischer Verwaltungsgerichtshof
HGZ	Hessische Städte- und Gemeindezeitung
h.M.	herrschende Meinung
Hrsg.	Herausgeber
Hs.	Halbsatz
IBR	Immobilien- und Baurecht
i.E.	im Ergebnis
i.d.S.	in diesem Sinn
i.R.d.	im Rahmen des/der

---

[1] Soweit kein Hinweis auf ein anderes Bundesland wie etwa „GVBl (Hessen)" für „Gesetz- und Verordnungsblatt für das Land Hessen" erfolgt, bezieht sich die Angabe „GVBl" auf das Bayerische Gesetz- und Verordnungsblatt.

i.S.d.	im Sinne des/der
i.S.e.	im Sinne einer/eines
i.V.m.	in Verbindung mit
JA	Juristische Arbeitsblätter – Zeitschrift für Studenten und Referendare
juris-Dok.	juris Das Rechtsportal-Dokument
JuS	Juristische Schulung – Zeitschrift für Studium und Referendariat
JZ	JuristenZeitung
Kap.	Kapitel
lat.	lateinisch
LBauO	Landesbauordnung Rheinland-Pfalz
LBO	Landesbauordnung
LKV	Landes- und Kommunalverwaltung – Verwaltungsrechts-Zeitschrift
LtDrs.[2]	Landtag Drucksache
m	Meter
MBO	Musterbauordnung
MitBegr.	Mitbegründer
m.w.N.	mit weiteren Nachweisen/ mit weiterem Nachweis
Nds. OVG	Niedersächsisches Oberverwaltungsgericht *(ab 1991, zuvor OVG Lüneburg)*
NdsVBl	Niedersächsische Verwaltungsblätter – Zeitschrift für öffentliches Recht und öffentliche Verwaltung
n.F.	neue Fassung
NJW	Neue Juristische Wochenschrift
NordÖR	Zeitschrift für öffentliches Recht in Norddeutschland
Nr./Nrn.	Nummer/-n
NW	Nordrhein-Westfalen
NuR	Natur und Recht – Zeitschrift für das gesamte Recht zum Schutze der natürlichen Lebensgrundlagen und der Umwelt
NVwZ/ -RR	Neue Zeitschrift für Verwaltungsrecht/ -Rechtsprechungsreport
o.O.	ohne Ort
OVG	Oberverwaltungsgericht

---

[2] Soweit kein Hinweis auf ein anderes Bundesland wie etwa „LtDrs. (Hessen)" für „Drucksache Hessischer Landtag" erfolgt, bezieht sich die Angabe „LtDrs." auf Drucksachen des Bayerischen Landtags.

OVG Saar	Oberverwaltungsgericht des Saarlandes
Philos.	Philosophie
Rn	Randnummer
RP	Rheinland-Pfalz
Rspr.	Rechtsprechung
S.	Seite
Saar	Saarland, *siehe auch OVG Saar*
SächsBO	Sächsische Bauordnung
SächsOVG	Sächsisches Oberverwaltungsgericht
SächsVBl	Sächsische Verwaltungsblätter – Zeitschrift für öffentliches Recht und öffentliche Verwaltung
Schl.-H.OVG	Schleswig-Holsteinisches Oberverwaltungsgericht
s.o.	siehe oben
sog.	so genannte/-r/-s
SprengG	Sprengstoffgesetz – Gesetz über explosionsgefährliche Stoffe
StMI	Staatsministerium des Innern
str.	streitig/strittig
StVO	Straßenverkehrs-Ordnung
ThürBO	Thüringer Bauordnung
u.a.	und andere
UPR	Umwelt- und Planungsrecht – Zeitschrift für Wissenschaft und Praxis
u.U.	unter Umständen
UZwG	Gesetz über den unmittelbaren Zwang bei Ausübung öffentlicher Gewalt durch Vollzugsbeamte des Bundes
VA	Verwaltungsakt
v.a.	vor allem
VBlBW	Verwaltungsblätter für Baden-Württemberg – Zeitschrift für öffentliches Recht und öffentliche Verwaltung
VfGHG	Gesetz über den Bayerischen Verfassungsgerichtshof
VG	Verwaltungsgericht
VGH	Verwaltungsgerichtshof
vgl.	vergleiche
vorm.	vormalige/-r
VR	Verwaltungsrundschau – Zeitschrift für Verwaltung in Praxis und Wissenschaft

VwGO	Verwaltungsgerichtsordnung
VwGOÄndG	Gesetz zur Änderung der Verwaltungsgerichtsordnung (4. VwGOÄndG – Viertes Gesetz zur Änderung der Verwaltungsgerichtsordnung: Gesetz zur Neuregelung des verwaltungsgerichtlichen Verfahrens)
VwVfG	Verwaltungsverfahrensgesetz
WEG	Wohnungseigentumsgesetz – Gesetz über das Wohnungseigentum und das Dauerwohnrecht
z.B.	zum Beispiel
ZfBR	Zeitschrift für deutsches und internationales Bau- und Vergaberecht
Ziff.	Ziffer
zit.	zitiert
z.T.	zum Teil
ZUR	Zeitschrift für Umweltrecht

Einführung

A. Problemstellung und Anlass der Untersuchung

Mit einem „*Systemschnitt im Verhältnis zum herkömmlichen bauordnungsrechtlichen Denken*"[3] sollten die genehmigungsrechtlichen Voraussetzungen für das Bauen erleichtert werden. Deregulierung, eines der zentralen, vielzitierten und -diskutierten[4] Schlagworte der Kontroverse rund um die letzten drei Novellen der Bayerischen Bauordnung in den Jahren 1994, 1998 und 2008, wurde zum richtungsweisenden Instrumentarium der Legislative. Der Gesetzentwurf der Bayerischen Staatsregierung zur Änderung der Bayerischen Bauordnung und Änderungsgesetz hält dies einleitend explizit fest: „*[...] Die Bayerische Bauordnung (BayBO) ist in den vergangenen zwölf Jahren in zwei Reformschritten mit dem Ziel eines möglichst weitgehenden Verzichts auf bauaufsichtliche Genehmigungsverfahren, eines Rückbaus der bauaufsichtlichen Prüfungen in den verbleibenden Genehmigungsverfahren unter Stärkung privater Eigenverantwortlichkeit anstatt obrigkeitlicher Betreuung und einer Straffung und Vereinfachung der materiell-rechtlichen Anforderungen tiefgreifend* **dereguliert** *worden [Hervorhebung durch den Verfasser]. [...]*"[5] Das vom Bayerischen Landesgesetzgeber gewählte und durch verfahrensrechtliche Deregulierung geschaffene Gesetzesmodell bringe den Vorteil „*[...] einer klaren Zuordnung der Verantwortlichkeiten und Risiken [...]*"[6] sowie einer „*[...] generelle[n] Entlastung der Bauaufsichtsbehörden, die dadurch Kapazitäten für die zügigere Bewältigung problematischer Fallgestaltungen freimachen können [...]*"[7], soweit die Be-

---

[3] LtDrs. 12/13482 vom 18.11.1993, S. 35, auch abgedruckt bei *Simon*, BayBO 1994 – Synopse, S. 7.
[4] Vgl. in diesem Kontext exemplarisch *Mampel*, NVwZ 1996, der mit Blick auf das Genehmigungsfreistellungsverfahren sogar das Wort „ver(de)reguliert" gebrauchte.
[5] LtDrs. 15/7161 vom 15.01.2007, S. 1, auch abgedruckt bei *Jäde*, BayBO 1998/2008 – Textsynopse, S. 9.
[6] LtDrs. 12/13482 vom 18.11.1993, S. 35, auch abgedruckt bei *Simon*, BayBO 1994 – Synopse, S. 7.
[7] LtDrs. 12/13482 vom 18.11.1993, S. 35, auch abgedruckt bei *Simon*, BayBO 1994 – Synopse, S. 7.

gründung des Bayerischen Landesgesetzgebers anlässlich der Einleitung seiner Reformen – und soweit wohl die Theorie[8].

Dieser rechtspolitischen Zielvorstellung stehen im Wesentlichen – nach wie vor – nicht nur zahlreiche ungeklärte Rechtsfragen im Hinblick auf die Anwendung des Gesetzes, sondern vor allem auch eine mit jedem weiteren Reformschritt und zusätzlichen Bemühen um Klarstellung und Korrektur derselben stetig zunehmende Rechtsunsicherheit der am Bau Beteiligten, namentlich des Bauherrn, der Bauaufsichtsbehörde und des Nachbarn gegenüber. Dies ist umso misslicher, als diese Rechtsunsicherheit auf Seiten der Baugenehmigungsbehörden – bei gleichem Entscheidungssachverhalt – ein von Behörde zu Behörde abweichendes, bisweilen sogar konträres, sowie der Gesetzeslage nicht immer gerecht werdendes Ergebnis des bauaufsichtsbehördlichen Prüfens und Handelns zeigt. Zum Teil vermitteln die Baugenehmigungsbehörden zumindest den Eindruck einer regelrechten Ignoranz gegenüber dem ausgedünnten präventiven Prüfauftrag im vereinfachten Genehmigungsverfahren und scheinen nach wie vor dem gewohnten Procedere einer zumindest auch auf das wesentliche Bauordnungsrecht erstreckten Genehmigungsprüfung entsprechend der BayBO 1998 anzuhaften. Jedenfalls eine gewisse Unklarheit darüber, was aufgrund der gegenwärtigen Gesetzeslage in Gestalt der Bayerischen Bauordnung 2008/2009 bzw. 2013 präventiv (noch) zu prüfen ist und in welchem Umfang (wieder) geprüft werden darf, kann sicherlich nicht von der Hand gewiesen werden. Die Ursache des Ganzen ist dabei im Wesentlichen legislatorisch bedingt, bringen die novellierten und ergänzten Vorschriften nämlich gerade nicht die von Gesetzgeberseite beabsichtigte Klarstellung mit sich. Das in Literatur und Rechtsprechung vertretene kontextbezogene Meinungsspektrum und die aus Anlass der BayBO-Novellierungen nicht nur weitergeführte, sondern zuletzt wieder intensivierte Kontroverse lassen keinen anderen Rückschluss zu. Die Diskussion um die bauordnungs- und insbesondere baugenehmigungsrechtlichen Reformergebnisse erweist sich geradezu als endloses Thema.

Die Probleme kreisen dabei vor allem um das Verhältnis des beschränkten Prüfungsumfangs zum Sachbescheidungsinteresse als eine der Zulässigkeitsvoraussetzungen des Bauantrags sowie um die aus diesem Spannungsverhältnis

---

[8] Vgl. hierzu z.B. auch *Dahlke-Piel*, SächsVBl 1999, S. 121, die bereits im Jahr 1999 das Ergebnis vorwegnehmend feststellt, dass möglicherweise für den Bauherrn das Bauen erleichtert worden ist, sich das Baurecht aber weiter verkompliziert habe.

resultierenden baugenehmigungsrechtlichen Konsequenzen, ein Diskussionsfeld, das bereits angesichts der gesetzgeberischen Begründungen nicht verwundert: *„[...] Es wäre systemwidrig, wenn die Behörde die Baugenehmigung aufgrund von Vorschriften verweigern könnte, deren Beachtung nicht mehr im Rahmen des Genehmigungsverfahrens zu prüfen ist."*[9] – *„[...] Durch die Gesetzesänderung wird klargestellt, dass die Bauaufsichtsbehörden Bauanträge wegen fehlenden Sachbescheidungsinteresses als unzulässig ablehnen dürfen, wenn ein Verstoß gegen Vorschriften erkannt wird, die nicht im Prüfprogramm der Art. 59, 60 BayBO enthalten sind, sofern sich das Hindernis nicht – etwa durch eine Abweichung nach Art. 63 – ausräumen lässt."*[10] Während ein Teil der Literatur[11] diese beiden, aus verschiedenen Wahlperioden[12] stammenden legislatorischen Willensbekundungen des bayerischen Landesgesetzgebers, der seine Entscheidungen zwar in jeweils anderer politischer Zusammensetzung des Parlaments, aber gleichwohl in Ansehung der grundsätzlich selben rechtspolitischen Zielsetzung[13] gefasst hat, im Hinblick auf den einst strikt formulierten, beinahe radikal geplanten und mehrere Stufen übergreifenden Reform- und Deregulierungsprozess als inkonsequent und bisweilen sogar als widersprüchlich ansehen, betrachtet ein anderer, nicht minder bedeutender Teil[14] beide Aussagen als selbstverständlich und widerspruchslos folgerichtig. Während die Autoren *Jäde/Famers*[15] anlässlich der Einführung der Bayerischen Bauordnung 2008 noch davon ausgegangen sind, dass damit die lebhafte Diskussion über die Frage nach Versagung der Baugenehmigung wegen fehlenden Sachbescheidungsinteresses zumindest an Bedeutung verlieren dürfte, belegt die seit der Novelle 2008

---

[9] LtDrs. 12/13482 vom 18.11.1993, S. 64 (Gesetzentwurf der Staatsregierung zur Vereinfachung und Beschleunigung bau- und wasserrechtlicher Verfahren), auch abgedruckt bei *Simon*, BayBO 1994 – Synopse, S. 172.
[10] LtDrs. 16/1351 vom 13.05.2009, S. 2 (Änderungsantrag zum Gesetzentwurf der Staatsregierung zur Änderung der Bayerischen Bauordnung, des Baukammerngesetzes und des Denkmalschutzgesetzes, LtDrs. 16/375).
[11] Vgl. etwa *Manssen/Greim*, BayVBl 2010, S. 421 ff [425].
[12] Vgl. Bayerischer Landtag 12. Wahlperiode und 16. Wahlperiode.
[13] Vgl. LtDrs. 12/13482 vom 18.11.1993, S. 1 ff (Gesetzentwurf der Staatsregierung zur Vereinfachung und Beschleunigung bau- und wasserrechtlicher Verfahren), auch abgedruckt bei *Simon*, BayBO 1994 – Synopse, S. 5 ff, einerseits und LtDrs. 15/7161 vom 15.01.2007, S. 1 ff, auch abgedruckt bei *Jäde*, BayBO 1998/2008 – Textsynopse, S. 9 ff, i.V.m. LtDrs. 16/375 vom 03.02.2009 und LtDrs. 16/1351 vom 13.05.2009, S. 1 f, andererseits.
[14] Vgl. allen voran *Jäde*, BayVBl 2010, S. 741 ff [742].
[15] Vgl. *Jäde/Famers*, BayVBl 2008, S. 33 ff [34].

stetig weitergeführte Kontroverse[16] um das deregulierte öffentliche Bauverfahrensrecht im Allgemeinen und das vereinfachte Baugenehmigungsverfahren, dessen Prüfungsumfang und das Sachbescheidungsinteresse im Speziellen das Gegenteil. Das Gesetz zur Änderung der Bayerischen Bauordnung, des Baukammerngesetzes und des Denkmalschutzgesetzes[17], das der Bayerische Landtag am 14. Juli 2009 mit Inkraftsetzung zum 1. August desselben Jahres beschlossen hat, gab darüber hinaus Anlass für eine Intensivierung der Debatte[18], die einerseits eine chronische, soweit sie auf das – bis dato in Bayern nicht geschriebene[19] – Rechtsinstitut des fehlenden Sachbescheidungsinteresses generell abstellt, und andererseits zugleich auch eine neue bzw. fortgesetzte mit neuen Aspekten und Problemstellungen ist, als es um Art. 68 Abs. 1 Satz 1, 2. Hs. BayBO 2008/2009 und die mit dieser Regelung nun ausdrücklich geregelte Ablehnungsmöglichkeit geht. Diese Gesetzesänderung hat nicht nur Unklarheiten nicht beseitigt, sondern auch bis dahin nicht gestellte Fragen aufgeworfen, die es zu beantworten gilt. Zugleich fordern diese zu legislatorischen Modifikationen bzw. jedenfalls zu einer erneuten Nachbesserung in diesem Punkt auf.

Als problembehaftet kann Art. 68 Abs. 1 Satz 1, 2. Hs. BayBO 2008/2009 bereits insoweit angesehen werden, als die der Behörde eingeräumte Ablehnungsbefugnis tatbestandlich eine unzureichende Einschränkung erfährt bzw. gegenüber dem ungeschriebenen Rechtsgrundsatz des fehlenden Sachbescheidungsinteresses sogar eine weitergehende Anwendung erlaubt und es insoweit im Wege der Auslegung einer definitionsgemäßen Bestimmung sowohl der geschriebenen als auch der ungeschriebenen Tatbestandsmerkmale unter Wahrung der den Auslegungsmethoden gesetzten Grenzen bedarf. Zwar bietet sich mit

---

[16] Vgl. *Decker*, BauR 2008, S. 443 ff; *Ederer*, BayVBl 2008, S. 529 f; *Glaser/Weißenberger*, BayVBl 2008, S. 460 ff; *Jäde*, BauR 2008, S. 52 ff; *ders.*, BayVBl 2008, S. 525 ff m.w.N. Rspr. BayVGH; *Jäde/Famers*, BayVBl 2008, S. 33 ff; *Lohmöller*, Anwendungsbezogene Rechtsschutzkompensation, S. 349 ff; bereits vor 2008 mit Ausblick auf die dritte Stufe der Bauordnungsreform; *Numberger*, BayVBl 2008, S. 741 ff; *Schröder*, BayVBl 2009, S. 495 ff.
[17] Vgl. GVBl S. 385 ff; LtDrs. 16/1863 vom 14.07.2009; LtDrs. 16/1351 vom 13.05.2009; LtDrs. 16/375 vom 03.02.2009.
[18] Vgl. *Gehrsitz*, BayVBl 2009, S. 288; *Ingold/Schröder*, BayVBl 2010, S. 426 ff; *Jäde*, BayVBl 2009, S. 709 ff [713 ff]; *ders.*, BayVBl 2010, S. 741 ff; *Koehl*, BayVBl 2009, S. 645 ff; *Linke*, BayVBl 2010, S. 430; *Manssen/Greim*, BayVBl 2010, S. 421 ff; *Sauthoff*, BauR 2013, S. 416; *Schröder*, BayVBl 2009, S. 497 Fn 44; *Shirvani*, BayVBl 2010, S. 709 ff.
[19] Mit Ausnahme des Sondertatbestandes Art. 74 Abs. 4 Satz 3 BayBO 1994, der mit der BayBO-Novelle 1998 aufgehoben worden ist, vgl. *Jäde/Weiß*, BayBO 1994/1998 – Textsynopse, S. 172 ff [173]. Vgl. auch die dem Art. 68 Abs. 1 Satz 1, 2. Hs. BayBO 2008/2009 vergleichbare Sonderregelung in § 60a Abs. 2 Satz 3 BauO Bln 1997 a.F.

Art. 68 Abs. 1 Satz 1, 2. Hs. BayBO nun trotz der von der BayBO vorgegebenen Systematik einer nur noch eingeschränkten baugenehmigungsrechtlichen Prüfung eine ausdrückliche Rechtsgrundlage für die Antragsablehnung bei Verstößen gegen nicht zu prüfende Vorschriften, unklar bleiben aber weiterhin die rechtlichen Voraussetzungen im Detail. Zu einem fachkritischen Meinungsaustausch hat insbesondere auch die Frage nach dem Ob und – in weiterer Folge – nach dem Wie einer Ermessensausübung im Rahmen dieser Norm geführt. Die Fragestellung wird durch die zum Teil vertretene Auffassung hervorgerufen, durch die Verwendung des Modalverbs „darf" werde die behördliche Ermessensausübung ausgeschlossen. Mit Blick auf die Gesamtsystematik ergeben sich ferner Probleme insbesondere bezüglich des Verhältnisses zwischen der normierten Ablehnungsbefugnis einerseits und dem allgemeinen Rechtsgrundsatz des fehlenden Sachbescheidungsinteresses andererseits sowie bezüglich des Zusammenspiels des Antragsprinzips des – gleichfalls mit dem Änderungsgesetz 2009 ergänzten – Art. 63 Abs. 2 Satz 2, 2. Hs. BayBO 2008/2009 und des bauaufsichtsbehördlichen Prüfungsumfangs.

Die vorliegende Abhandlung dient der rechtsdogmatischen Aufarbeitung dieser Problemstellung sowie Erarbeitung einer Konfliktlösung, indem die nachstehende Erörterung ausgehend von einer historischen und Grundlagen festlegenden Betrachtung und aufbauend auf einer Analyse des Antragserfordernisses „Sachbescheidungsinteresse" als nichtgeschriebenen Rechtsgrundsatz insbesondere die Tatbestandsmerkmale und Anwendungsvoraussetzungen der mit Art. 68 Abs. 1 Satz 1, 2. Hs. BayBO 2008/2009 (wieder) geschaffenen Ablehnungsbefugnis de lege lata zu bestimmen sucht sowie zugleich den Versuch einer gesetzestextlichen Neukonzeption unternimmt. Sie fragt ferner nach den sich aus der neuen Rechtslage ergebenden Konsequenzen für den – insoweit verbliebenen – Nachbarschutz, insbesondere nach etwaigen davon ausgehenden unmittelbaren oder mittelbaren Drittwirkungen sowie nach (noch) verbliebenen bzw. möglicherweise auch neu geschaffenen Anknüpfungspunkten für die nachbarliche Anfechtung der Baugenehmigung. Die Untersuchung will darüber hinaus und nicht zuletzt auch Vorschläge sowohl für die Exekutive, mithin also für die baugenehmigungsrechtliche Praxis, sowie für die Judikative unterbreiten, um einen an der BayBO 2008/2009 ausgerichteten und mit ihr konform gehenden Gesetzesvollzug herbeizuführen sowie diesen durch rechtsdogmatisch gesicherte Instrumentarien auch judikativ zu sanktionieren. Nach der Zielsetzung der Legislative sollte der letzte große Reformschritt, der letztlich mit Beschluss und Inkraftsetzung der Bayerischen Bauordnung 2008 vollzogen worden ist, nach mehrjähriger Konsolidierungsphase und Bewährungsprobe die „*(End-)Stufe*"[20] bzw. den „*systematischen Schlußstein*"[21] des ursprünglich dreistufig angelegten Reformprogramms mit dem Bestreben einer nur noch planungsrechtlichen Genehmigung bilden. Nicht nur die zwischenzeitlichen legislatorischen Weiterungen, die der Gesetzgeber kontextbezogen[22] selbst als bloße Klarstellung[23], Teile der Literatur bisweilen als „*Reparaturbetrieb*"[24] charakterisieren, sondern auch die nachstehende Auf- und Erarbeitung zeigen, dass derzeit nicht von einem Reformabschluss ausgegangen werden kann und sollte, denn „*[e]in Gesetzgeber, der [...] höhere Qualitätsanforderungen an Private stellt, sollte dieses Gebot auch für sein eigenes Metier, nämlich die Gesetzgebung gelten lassen.*"[25]

B. Die BayBO 2008 als Arbeitsgrundlage – das Verhältnis zur BayBO 2013

Das Gesetz zur Änderung der Bayerischen Bauordnung und Änderungsgesetz vom 24. Juli 2007[26] hat die am 14. August 2007 neu bekanntgemachte[27] und am 1. Januar 2008 in Kraft getretene Bayerische Bauordnung zum dritten Mal seit 1994 tiefgreifend umgestaltet.[28] Mit dieser Novelle strebt der bayerische Landesgesetzgeber unter Berücksichtigung landestypischer Besonderheiten für die Bayerische Bauordnung eine möglichst weitgehende Mustertreue[29] bezogen auf die Musterbauordnung 2002 an. Die nicht nur in ihrem gesetzestextlichen Aufbau, sondern vor allem auch inhaltlich veränderte BayBO 2008 ist die Arbeits-

---

[20] Vgl. LtDrs. 12/13482 vom 18.11.1993, S. 35.
[21] Vgl. *Jäde/Weiß*, BayBO 1994/1998 – Textsynopse, Einführung, S. 12.
[22] D.h. im Hinblick auf die Problematik, ob die Bauaufsichtsbehörde einen Bauantrag wegen fehlenden Sachbescheidungsinteresses ablehnen darf, wenn dem Bauvorhaben nach Art. 59, 60 BayBO 2008 nicht zu prüfende öffentlich-rechtliche, namentlich bauordnungsrechtliche Vorschriften entgegenstehen.
[23] Vgl. LtDrs. 16/1351 vom 13.05.2009, S. 2: „*Durch die Gesetzesänderung wird klargestellt, dass [...]*"
[24] Vgl. expressis verbis *Gehrsitz*, BayVBl 2009, S. 288.
[25] *Battis*, DVBl 2000, S. 1562.
[26] Vgl. GVBl S. 499.
[27] Vgl. GVBl S. 588.
[28] Vgl. hierzu auch Oberste Baubehörde im BayStMI, Schreiben vom 13.12.2007, Zeichen: IIB4-4101-065/02, S. 1 [zu 0.1]; *Jäde*, BayBO 1998/2008 – Textsynopse, S. 5.
[29] Vgl. LtDrs. 15/7161 vom 15.01.2007, S. 1.

grundlage der vorliegenden Arbeit, die sich allerdings auf den Stand bezieht, den die Bayerische Bauordnung durch das vom Bayerischen Landtag am 14. Juli 2009 beschlossene Gesetz zur Änderung der Bayerischen Bauordnung, des Baukammerngesetzes und des Denkmalschutzgesetzes[30] erhalten hat. Das am 1. August 2009 in Kraft getretene Änderungsgesetz enthält neben zahlreichen redaktionellen Änderungen und Klarstellungen sowie Änderungen des Denkmalschutzgesetzes[31] auch – die für diese Dissertation ausschlaggebenden – Ergänzungen im Bereich der Regelungen über das Baugenehmigungsverfahren. Es handelt sich hierbei um den in Art. 63 Abs. 2 Satz 2 und Art. 68 Abs. 1 Satz 1 BayBO jeweils neu aufgenommenen zweiten Halbsatz. Im Hinblick auf die unterschiedlichen BayBO-Fassungen, die der nachstehenden Abhandlung zu Grunde gelegt werden, ist der Gesetzesbezeichnung stets die Jahreszahl der jeweils in Bezug genommenen Gesetzesfassung, z.B. „BayBO 1994" oder „BayBO 1998" hinzugefügt. Es wird zur Meidung von Verwechslungen weitestgehend auf den insoweit nicht hinreichend bestimmten Zusatz „a.F." für alte Fassung verzichtet. Eine ausdrückliche Angabe der Gesetzesfassung erfolgt jedoch durchgängig auch im Hinblick auf die betrachteten Fassungen, also die jeweilige Arbeitsgrundlage, und nicht nur auf gesetzestextliche Altfassungen, um auf diese Weise zu verdeutlichen, ob es sich bereits um die Fassung aufgrund des Gesetzes vom 24. Juli 2007, insoweit „BayBO 2008", oder erst um den Stand aufgrund des Änderungsgesetzes vom 14. Juli 2009, insoweit „BayBO 2008/2009" handelt.

Die Bayerische Bauordnung ist seit der Novelle 2008 und dem Änderungsgesetz 2009 zwischenzeitlich unter anderem[32] durch das Gesetz zur Änderung der Bayerischen Bauordnung und des Baukammerngesetzes vom 11. Dezember 2012[33] ein weiteres Mal legislatorisch verändert worden, was keine grundlegenden Veränderungen des bayerischen Bauordnungsrechts, sondern, sieht man von der eigentlichen Veranlassung dieser Novelle, nämlich die Ausführung der neuen Bauproduktenverordnung und die Einführung der neuen DIN 18040 über das

---

[30] Vgl. LtDrs. 16/1863 vom 14.07.2009. Vgl. hierzu auch den vorausgehenden Änderungsantrag, LtDrs. 16/1351 vom 13.05.2009.
[31] Vgl. Oberste Baubehörde im BayStMI, Schreiben vom 24.07.2009, Zeichen: IIB4-4101-022/08, S. 1.
[32] Zuvor unter anderem auch bereits durch § 36 des Gesetzes vom 20.12.2011 (GVBl S. 689) geändert.
[33] Vgl. GVBl S. 633.

barrierefreie Bauen, ab, eine Vielzahl von Detailänderungen gebracht hat, die auf den landeseigenen Erfahrungen mit der BayBO 2008 sowie den Erfahrungen anderer Bundesländer, ihrerseits vermittelt durch die von der 123. Bauministerkonferenz am 21. September 2012 beschlossenen Änderung der MBO[34], beruhen.[35] Keine Auswirkungen zeigt das Änderungsgesetz 2012 allerdings auf die für die vorliegende Dissertation maßgeblichen Vorschriften der Bayerischen Bauordnung 2008/2009. Gleiches gilt für die letzte Änderung durch § 1 Nr. 13 des Gesetzes vom 8. April 2013[36]. Insbesondere im Art. 59 BayBO 2008, der Vorschrift über das vereinfachte Baugenehmigungsverfahren, und in den Artikeln 63 und 68 BayBO 2008/2009 gab es – wie die Textsynopse[37] erkennen lässt – keine Veränderungen, weder solche detaillierter, noch solche grundsätzlicher Art. Insoweit wird in den nachstehenden Ausführungen zur Bezeichnung der Gesetzesfassung an dem Zusatz „2008" bzw. „2008/2009" festgehalten, um hier weniger die letzte Neubekanntmachung als vielmehr die eigentliche Novelle bzw. das ausschlaggebende Änderungsgesetz zu verdeutlichen. Die Erörterungen beziehen sich damit gleichwohl auf die aktuelle Gesetzestextfassung der Bayerischen Bauordnung in der Fassung der Bekanntmachung vom 14. August 2007, zuletzt geändert durch § 1 Nr. 13 des Gesetzes vom 8. April 2013.

Untersuchungsgegenstand ist im Grundsatz ausschließlich das bayerische Bauordnungsrecht, das im Hinblick auf die angestrebte Mustertreue mit der MBO 2002 bzw. 2012 in seinen Grundzügen zwar mit den Regelungen anderer Landesbauordnungen vergleichbar ist, aber in den für diese Abhandlung maßgeblichen landesspezifischen Vorschriften Besonderheiten aufweist. Nicht nur die Arbeitsgrundlage, sondern auch die hier abgeleiteten Thesen sind insoweit grundsätzlich landesbezogen. Sofern veranlasst wird punktuell allerdings auf ausgewählte Vorschriften anderer Landesbauordnungen im Wege einer rechtsvergleichenden Betrachtung eingegangen bzw. zum Teil auch als Auslegungshilfe zurückgegriffen. Vorgreiflich der folgenden Auseinandersetzung lassen sich hier exemplarisch das in § 54 Abs. 3 HBO und § 59 Abs. 3 HBauO veran-

---

[34] Vgl. *Jäde/Hornfeck*, MBO 2012 – Textsynopse, S. 1–11.
[35] Vgl. *Jäde*, BayBO 2011/2013 – Änderungssynopse, S. 7.
[36] Vgl. GVBl S. 174.
[37] Vgl. die synoptische Darstellung bei *Jäde*, BayBO 2011/2013 – Änderungssynopse, S. 83 ff.

kerte Wahlrecht der Bauherrschaft[38] über den baugenehmigungsrechtlichen Prüfungsumfang, die in der Bauordnung für Berlin vormals normierte Ablehnungsbefugnis wegen fehlenden Sachbescheidungsinteresses, § 60a Abs. 2 Satz 3 BauO Bln 1997, sowie die mit Art. 68 Abs. 1 Satz 1, 2. Hs. BayBO 2008/2009 wortlautidentische und durch Gesetz vom 25. November 2010[39] auch in die Hessische Bauordnung aufgenommene Regelung in § 64 Abs. 1, 2. Hs. HBO nennen. Dem hessischen Landesrecht kommt damit, ohne dass dieses eine eingehendere Erörterung erfährt, in Relation zu anderen Landesbauordnungen eine besondere Stellung zu.

C. Gang der Untersuchung

Die vorliegende Dissertation gliedert sich – Einführung und Schlussbetrachtung in Thesen ausgenommen – in drei Teile.

Ausgehend von der vorstehenden Einführung mit Problemstellung und der Beschreibung des Untersuchungsgegenstandes dienen die im ersten Teil folgenden ersten beiden, kapitelähnlichen Unterpunkte der Grundlagenermittlung, die mit Punkt A. einen in erster Linie historischen Rückblick auf die legislatorischen Novellierungen und mit Abschnitt B. eine fundierte Feststellung des Wesens und der Wirkungen der Baugenehmigung sowie deren Bedeutung für Jurisprudenz und Praxis erfährt. Mit der Ausrichtung auf die Merkmale und den Charakter des Art. 59 BayBO 2008, mit dem das vereinfachte Baugenehmigungsverfahren seine Ausgestaltung erhält, beschreibt schließlich Punkt C. mit Blick auf die weiteren Untersuchungen einerseits noch zentrale Grundlagen und hat insoweit (noch) wegbereitende Bedeutung, setzt sich zugleich aber auch bereits inhaltlich mit dem gegenwärtigen Prüfungsumfang auseinander, der dem vereinfachten Baugenehmigungsverfahren mit der Novelle 2008 zugewiesen worden ist.

Die Punkte A. bis einschließlich D. des zweiten Teils der Abhandlung befassen sich mit dem Sachbescheidungsinteresse in seinen verschiedenen Facetten, die dieses zunächst nur ungeschriebene, inzwischen aber – zumindest parti-

---

[38] Vgl. so die Terminologie in § 54 Abs. 3 HBO. Die HBauO spricht dagegen von Bauherrin und Bauherrn.
[39] Vgl. Gesetz zur Änderung der Hessischen Bauordnung und des Hessischen Energiegesetzes vom 25.11.2010, GVBl (Hessen) I S. 429.

ell – normierte Rechtsinstitut durch Lehre, Exekutive und Judikative sowie durch die Legislative erfahren hat. In diesem Zusammenhang werden zunächst – unter A. – dessen Bedeutung und Auswirkungen auf den gesetzlichen Prüfungsumfang im vereinfachten Genehmigungsverfahren beleuchtet und folgend – unter B. – das Sachbescheidungsinteresse im Kontext mit dem Antrag auf Zulassung von Abweichungen und dem Prüfungsumfang dargestellt, ehe in den Punkten C. und D. eine eingehende Auseinandersetzung mit der gesetzlichen Neuregelung des Art. 68 Abs. 1 Satz 1, 2. Hs. BayBO 2008/2009 erfolgt. Aufbauend auf die Bestandsaufnahme unter C. mit ihrem einerseits rechtsvergleichenden und andererseits auf die bayerische Verwaltungsgerichtsrechtsprechung gerichteten Blick wird die in den Fokus gerückte Ergänzung des Art. 68 Abs. 1 Satz 1, 2. Hs. BayBO 2008/2009 unter Folgeabschnitt D. zunächst einer Analyse de lege lata unterzogen, bevor im Wege einer Betrachtung de lege ferenda der Versuch einer gesetzestextlichen Neukonzeption unter Berücksichtigung der rechtspolitischen Zielsetzungen unternommen wird, welcher in einem konkreten Vorschlag für einen Gesetzesentwurf mündet. Mit Punkt E. erfährt der zweite Teil eine resümierende Schlussbetrachtung.

In einem letzten dritten Teil widmen sich die Punkte A. und B. in zwei Schritten den Folgeproblematiken für das (Rechts-)Verhältnis zum Nachbarn im Allgemeinen und den nachbarlichen Rechtsschutz im Besonderen. Dabei werden mit A. beginnend anfänglich die Grundzüge der Drittschutzproblematik im Kontext aufgearbeitet und im Anschluss daran die gesetzestextlichen Ergänzungen in Art. 63 Abs. 2 Satz 2 und Art. 68 Abs. 1 Satz 1 BayBO 2008/2009 auf etwaige Drittschutzwirkungen hin untersucht. Folgeabschnitt B. befasst sich sodann – angesichts der nur beschränkten Feststellungswirkung – mit der Suche nach (noch) verbliebenen Anknüpfungspunkten für die nachbarliche Anfechtung der im vereinfachten Genehmigungsverfahren ergangenen Baugenehmigung. Mit C. wird schließlich das Fazit der diesbezüglichen Untersuchungen gezogen.

Abschließend erfolgt eine Zusammenfassung in Thesen.

Teil 1: Historische Betrachtung und rechtliche Grundlagen

Die rechtliche Auseinandersetzung mit der jüngeren Reformgesetzgebung des Bayerischen Landesgesetzgebers im Bereich des Bauordnungsrechts, namentlich also mit der Gesetzesnovelle 2008 und dem Änderungsgesetz des Jahres 2009, sowie deren Aufarbeitung, die aus primär bauherrenseitiger, behördlicher und verwaltungsgerichtlicher Sicht in Teil 2 und aus nachbarrechtlicher Sicht in Teil 3 erfolgen wird, verlangt vorangestellt nach einer historischen Betrachtung sowie nach definitionsgemäßer Feststellung der rechtlichen Grundlagen. Dem sollen sich die nachstehenden Ausführungen des ersten Teils unter A. bis C. annehmen.

A. Reformen des Bauordnungsrechts

Seit geraumer Zeit[40] sind Politiker und Fachleute des Bauwesens darum bemüht, ein *„Patentrezept"*[41] zu finden, demzufolge der bauwillige Bürger aus den Fängen der Bauaufsichtsbehörden befreit, die Eigenverantwortung herausgefordert und er nicht aufgrund bürokratischer, überregulierter und zeitraubender Genehmigungsverfahren eingeengt wird. Nicht zuletzt soll damit auch dessen Investitionsbereitschaft gefördert und eine schnellere Verwirklichung von Bauvorhaben erreicht werden.[42] Die Handlungsmöglichkeiten von Bundes- und Landesgesetzgeber, von welchen in den letzten Jahren umfassend Gebrauch gemacht worden ist, hängen maßgeblich von den jeweiligen Zuständigkeiten und Kompetenzen ab. Diese gilt es zunächst herauszustellen, bevor auf die gesetzgeberischen Bemühungen um Deregulierung und Verfahrensbeschleunigung nebst Anwendungsbeispielen eingegangen werden kann.

---

[40] Zur Geschichte und Entwicklung des Städtebaurechts und Bauverfahrensrechts (historische Betrachtung) vgl. *Held*, Deregulierung von bauaufsichtlichen Genehmigungsverfahren durch Landesrecht, S. 7 ff [20] u. 235 ff; vgl. auch *Löffelbein*, Genehmigungsfreies Bauen und Nachbarrechtsschutz, S. 28 ff.
[41] Vgl. *Schulte*, BauR 1995, S. 174.
[42] Vgl. *Schulte*, BauR 1995, S. 174 f; vgl. auch *Preschel*, DÖV 1998, S. 45.

I. Kompetenzverteilung im öffentlichen Baurecht

Das Bauen, eine ursprüngliche und bereits daseinsbezogene Erscheinungsform des menschlichen Lebens,[43] zeigt vielfältige, mit Blick auf das Zusammenleben oftmals auch konfliktträchtige[44] Auswirkungen. Es betrifft nicht nur die den Bau ausführende Person, den Bauherrn, sondern auch Nachbarn, die Allgemeinheit sowie die Umwelt des Bauvorhabens als Ganzes.[45] Tatsächliche wie rechtliche Beziehungen ergeben sich auch zu und mit den entsprechenden Fachbehörden, wobei mit letzteren insbesondere die Bauaufsichtsbehörden angesprochen sind. Sowohl die Anordnung der Bauwerke zueinander, als auch die rechtlichen Beziehungen aller an der Errichtung oder Änderung der Bebauung Beteiligten werden durch verschiedene Rechtsnormen geregelt.[46] Die Baufreiheit des Einzelnen, die Schutzgegenstand der Eigentumsgarantie nach Art. 14 Abs. 1 GG[47] bzw.[48] Art. 103 Abs. 1 BV[49] ist, wird durch eine verhältnismäßige, einfachgesetzliche Ausgestaltung konkretisiert. Es zeigt sich hier ein Dualismus[50] von Privatrecht – mit den Kernnormen der §§ 1004 und 906 BGB – und öffentlichem Recht. Der Bereich des privaten Baurechts ist durch ein gleichberechtigtes Gegenüber bzw. auch Nebeneinander privater Parteien charakterisiert, wohingegen das öffentliche Baurecht im Wesentlichen die Rechtsbeziehungen des Staates zum Bürger im Sinne der Subordination sowie die Rechtsbeziehungen des Staates und anderer öffentlicher Körperschaften und Anstalten untereinander regelt.[51] Es versucht, die Bautätigkeit in geordnete Bahnen zu lenken, indem es die Belange normiert, auf die beim Bauen geachtet werden muss.[52] Diese Belange und damit

---

[43] Vgl. *Lautner*, VR 1999, S. 38; *Decker/Konrad*, Bayerisches Baurecht, Kap. I. Rn 1, mit dem Hinweis, dass das menschliche Dasein schon immer von dem Bedürfnis begleitet war, zu bauen.
[44] Vgl. hierzu auch *Sacksofsky*, DÖV 1999, S. 947, die feststellt, dass die Existenz nachbarschaftlicher Konflikte angesichts der Relevanz der betroffenen Interessen, zum Ausdruck gebracht durch die Redewendung „my home is my castle", nicht überrascht.
[45] Vgl. *Dürr/König*, Baurecht, Rn 1.
[46] Vgl. *Harion*, Hessische Bauordnung Textausgabe mit Einführung, S. VII.
[47] Vgl. *Jarass*, in: Jarass/Pieroth, GG für die BRD, Art. 14 Rn 20; i.E. auch, aber durchaus kritisch *Bryde*, in: von Münch/Kunig, GG Band 1, Art. 14 Rn 15.
[48] Vgl. zum Verhältnis zwischen Grundgesetz und Bayerischer Verfassung *Lindner*, in: Lindner/Möstl/Wolff, Verfassung des Freistaates Bayern, Art. 103 Rn 16 ff.
[49] Vgl. *Lindner*, in: Lindner/Möstl/Wolff, Verfassung des Freistaates Bayern, Art. 103 Rn 41 m.w.N. [Fn 81].
[50] Vgl. *Horst*, Rechtshandbuch Nachbarrecht, Rn 168.
[51] Vgl. *Harion*, Hessische Bauordnung Textausgabe mit Einführung, S. VII.
[52] Vgl. *Dürr/König*, Baurecht, Rn 1.

Regelungen haben dabei öffentliche Interessen zu verfolgen und dürfen nicht nur Selbstzweck sein. Der umfassende Begriff „Baurecht" umfasst damit sowohl privat- als auch verwaltungsrechtliche Vorschriften, die Art und Ausmaß der baulichen Nutzung eines Grundstücks, die Ordnung der Bebauung und die Rechtsverhältnisse der an der Erstellung eines Bauwerks Beteiligten zum Regelungsgegenstand haben.[53] Das öffentliche Baurecht unterliegt in Deutschland einer bundesstaatlich bedingten Zweiteilung.[54] Aus diesen kompetenzrechtlichen Gründen der Gesetzgebung wird – sicherlich in beschränkter Sichtweise – schlagwortartig zwischen dem Städtebaurecht des Bundes (Bauplanungsrecht) und dem Bauordnungsrecht der sechzehn Bundesländer unterschieden.[55]

Das öffentliche Baurecht kann aufgrund der in den fünfziger Jahren getroffenen Feststellung des Bundesverfassungsgerichts[56] nicht als Regelungsmaterie mit einheitlicher Landes- oder Bundesgesetzgebungskompetenz betrachtet werden. Diese Rechtsauffassung wird in der einschlägigen Kommentarliteratur trotz anfänglich geübter Kritik[57] als unstrittig angesehen.[58] Von entscheidender Bedeutung zur Festlegung und Abgrenzung der Regelungskompetenz zwischen dem Bund und den Ländern sind mangels ausdrücklicher Regelung des Bereichs „Baurecht"[59] der Art. 70 Abs. 1 GG mit der grundsätzlichen Zuständigkeit der Länder für die Gesetzgebung und Art. 74 Abs. 1 Nr. 18 GG, wonach dem Bund die konkurrierende Gesetzgebungskompetenz unter anderem für das Bodenrecht

---

[53] Vgl. *Battis,* in: Battis/Krautzberger/Löhr, BauGB, Einl Rn 1.
[54] Vgl. *Schulte,* BauR 1995, S. 174.
[55] Vgl. *Blümel,* in: FS für Boujong, S. 521; *Dürr/König,* Baurecht, Rn 2; *Schulte,* BauR 1995, S. 174; *Held,* Deregulierung von bauaufsichtlichen Genehmigungsverfahren durch Landesrecht, S. 29 ff; *Lautner,* VR 1999, S. 37.
[56] Sog. Rechtsgutachten des Bundesverfassungsgerichts vom 16.06.1954, Az. 1 PBvV 2/52, BVerfGE 3, S. 407 ff, welches auf gemeinsames Ersuchen der Bundesregierung, des Bundestages und des Bundesrates hinsichtlich der Schaffung eines (Bundes-)Baugesetzes ergangen ist. § 97 BVerfGG a.F. ermöglichte – anders als heute –, auf Antrag über eine bestimmte verfassungsrechtliche Frage Auskunft vom Plenum des Bundesverfassungsgerichts zu erhalten, vgl. *Schulte,* in: Reichel/Schulte, Hdb. BauOR, 1. Kapitel Rn 334 m.w.N; *Dürr/König,* Baurecht, Rn 2.
[57] Vgl. *Werner,* DVBl 1954, S. 481 ff; *Dittus,* DVBl 1956, S. 249 ff; *Schulte,* BauR 1995, S. 175.
[58] Vgl. *Maunz,* in: Maunz/Dürig, GG, Art. 74 Rn 201; *Kunig,* in: von Münch/Kunig, GG Band 2, Art. 74 Rn 70 ff [72]; vgl. auch *Pieroth,* in: Jarass/Pieroth, GG für die BRD, Art. 74 Rn 45/46.
[59] Teilbereiche des Baurechts oder Regelungsmaterien mit entsprechendem Berührungspunkt finden im Grundgesetz an verschiedenen Stellen Erwähnung, so z.B. in Art. 74 Abs. 1 Nr. 14, 15, 18, 30, 31 und 32 GG.

zuerkannt wird. Das Bundesverfassungsgericht hat in seinem Rechtsgutachten hervorgehoben, dass der Begriff des „Bodenrechts" in Art. 74 Abs. 1 Nr. 18 GG nicht derart verstanden werden könne, dass damit die Gesamtmaterie „Baurecht" der Gesetzgebungskompetenz des Bundes zugeordnet sei. Es legt dar, dass zur Materie des Bodenrechts in diesem Sinne nur solche nicht privatrechtliche Rechtsnormen zählen, die den Grund und Boden unmittelbar zum Gegenstand rechtlicher Ordnung haben und damit die rechtlichen Beziehungen des Menschen zu Grund und Boden regeln.[60] Demzufolge unterfällt der konkurrierenden Gesetzgebung des Bundes das Bodenrecht, also namentlich insbesondere das städtebauliche Bauplanungsrecht.[61] Demgegenüber bleiben die Länder für das Bauordnungsrecht und damit zum Zwecke der Gefahrenabwehr insbesondere für das sog. „Baupolizeirecht" zuständig. Das landesrechtliche Bauordnungsrecht umfasst zudem das Bauen betreffende Verfahrensvorschriften einschließlich der Definition des Genehmigungstatbestandes und der Gestaltung des Baugenehmigungsverfahrens.[62] Wenngleich zum Teil die Auffassung vertreten wird, dass der Bund als Ausfluss seiner materiellen Gesetzgebungskompetenz für das Bodenrecht kraft des ungeschriebenen Titels „Annexkompetenz"[63] grundsätzlich auch das dazugehörige Verfahren regeln könnte,[64] ist ausgehend von Art. 84 Abs. 1 GG richtigerweise von einer Zuständigkeit der Länder zur Regelung des Verwaltungsverfahrens auch insoweit auszugehen, als mit diesem Verfahren über die bodenrechtliche Zulässigkeit von Bauvorhaben entschieden wird,[65] da nach der grundgesetzlichen Konzeption bei der Ausführung von Bundesgesetzen durch die Länder als eigene Angelegenheit die Organisationsgewalt einschließ-

---

[60] Vgl. BVerfGE 3, S. 407 [S. 424]; *Maunz*, in: Maunz/Dürig, GG, Art. 74 Rn 200.
[61] Vgl. *Battis*, in: Battis/Krautzberger/Löhr, BauGB, Einl Rn 4 und Rn 10; *Schmidt-Preuß*, in: 100 Jahre Allgemeines Baugesetz Sachsen, S. 587; *Dürr/König*, Baurecht, Rn 2 und 5.
[62] Vgl. *Dürr/König*, Baurecht, Rn 250; *Schmidt-Preuß*, in: 100 Jahre Allgemeines Baugesetz Sachsen, S. 587.
[63] Von einer Annexkompetenz spricht man, wenn eine ausdrücklich zugeordnete Zuständigkeit unausgesprochen ein weiteres Kompetenzgebiet einschließt, wobei die Annexkompetenz schon in der ersten Zuständigkeit mitangelegt und lediglich nicht ausformuliert ist; anders bei der Kompetenz kraft Sachzusammenhangs, die vom Grundgesetz zwar nicht vorgesehen ist, sich aber aus faktischen Zwängen als unerlässlich erweist, vgl. *Kirchhof*, in: Maunz/Dürig, GG, Art. 83 Rn 50.
[64] Vgl. *Schulte*, in: Reichel/Schulte, Hdb. BauOR, 1. Kapitel Rn 439 m.w.N. BVerwG, Urteil vom 10.12.1971, Az. IV C 32.69, BRS 24 Nr. 148 [S. 223]; vgl. auch *ders.*, BauR 1995, S. 183.
[65] Vgl. BVerwG, Beschluss vom 23.10.2008, Az. 4 B 30.08, BauR 2009, S. 233 f [234]; *Decker/Konrad*, Bayerisches Baurecht, Kap. I. Rn 15 [Fn 20]; *Schmidt-Preuß*, in: 100 Jahre Allgemeines Baugesetz Sachsen, S. 587.

lich der Kompetenz zur Regelung von Verwaltungsvorschriften den Ländern zugewiesen ist. Entscheidungserheblich würde der Meinungsstreit[66] sicherlich dann, wenn entsprechende bundesgesetzliche Verfahrensregelungen bezüglich des Bundesbodenrechts, hierbei insbesondere betreffend die bauplanungsrechtliche Zulässigkeit des Bauvorhabens, erlassen werden würden, käme dann nämlich wohl unter Zugrundelegung einer Regelungskompetenz kraft Annex keine Abweichungsmöglichkeit der Länder in Betracht, wie diese nun aber unter Berücksichtigung der hier vertretenen Auffassung gemäß des reformierten[67] Art. 84 Abs. 1 Satz 2 GG[68] gilt. Da der Bundesgesetzgeber bislang von einer Gestaltung des Verfahrens für die Durchsetzung des Bodenrechts – vereinzelte Ausnahmen ausgenommen – abgesehen hat, zeigt der auch nach der Föderalismusreform unvermindert existente[69] Meinungsstreit bei derzeitiger Gesetzeslage keine Auswirkungen, da gegenwärtig nach beiden Rechtsauffassungen von der landesrechtlichen Möglichkeit zur Regelung des Baugenehmigungsverfahrens auch hinsichtlich (bundes-)bodenrechtlicher Bestimmungen auszugehen ist. Im Bereich der konkurrierenden Gesetzgebung haben die Länder nach Art. 72 Abs. 1 GG nämlich die Befugnis zur Gesetzgebung, solange der Bundesgesetzgeber von seiner Gesetzgebungskompetenz keinen Gebrauch gemacht hat.

Reduziert auf die wesentlichen Gesetzestexte lässt sich zusammenfassend festhalten, dass sich das öffentliche Baurecht aufgrund dieser kompetenzrechtlichen Unterscheidung in erster Linie in Anwendung des Baugesetzbuches einschließlich[70] der Baunutzungsverordnung mit dem Kompetenztitel des Art. 74 Abs. 1 Nr. 18 GG und den jeweiligen Landesbauordnungen, die in den Zuständigkeitsbereich der Länder fallen, vollzieht.[71] In dieser Zweiteilung des öffentlichen Baurechts, mithin also in den in den Landesbauordnungen geregelten Sicherheitsanforderungen einerseits und in den planungsrechtlichen Bestimmungen zur Vermeidung von Nutzungskonflikten andererseits, spiegeln sich die

---

[66] Vgl. hierzu auch allgemein *Hermes*, in: Dreier, GG, Art. 83 Rn 20 ff und Art. 84 Rn 6.
[67] Vgl. die Föderalismusreform 2006 (BGBl I, S. 2034). Vgl. zu den Zielen der Föderalismusreform *Ginzky*, ZUR 2007, S. 513; *Trute*, in: Starck, Föderalismusreform, Rn 147.
[68] Vgl. hierzu *Ginzky*, ZUR 2007, S. 513 ff [514 f]; *Trute*, in: Starck, Föderalismusreform, Rn 149 ff.
[69] Vgl. ähnlich skeptisch *Hermes*, in: Dreier, GG, Art. 84 Rn 8 m.w.N., der von einer Verlagerung alter Probleme spricht.
[70] Vgl. die Verordnungsermächtigung des § 9a Nr. 1 bis 3 BauGB, auf die BauNVO beruht, vgl. *Jäde*, in: Jäde/Dirnberger/Weiß, BauGB, § 9a Rn 1.
[71] Vgl. *Decker/Konrad*, Bayerisches Baurecht, Kap. I. Rn 16.

zwei grundlegenden Gesichtspunkte wider, die nach rechtlicher Regulierung für die Errichtung Änderung und Nutzungsänderung baulicher Anlagen verlangen.[72] Im Übrigen bedingt die vorstehend im Zusammenhang mit der Gesetzgebungskompetenz für das Verwaltungsverfahren angesprochene Föderalismusreform auch keine andere rechtliche Bewertung der Gesetzgebungskompetenzen im Sinne dieser Zweiteilung des öffentlichen Baurechts, denn weder erstreckt sich die materiell-rechtliche Abweichungsklausel des reformierten Art. 72 Abs. 3 GG auf Art. 74 Abs. 1 Nr. 18 GG, noch betrifft der nun nach Art. 84 Abs. 1 Satz 2 GG zulässige Kompetenztransfer vom Bund auf die Länder – auch und gerade bei sog. doppelgesichtigen Normen – die materiellen Bundesgesetzgebungskompetenzen.[73] Im ersten Falle nimmt Art. 72 Abs. 3 Nr. 3 GG nämlich nur die Bodenverteilung im Sinne von Art. 74 Abs. 1 Nr. 30 GG in Bezug, welche – in Abgrenzung zum Bodenrecht im Sinne des Art. 74 Abs. 1 Nr. 18 GG – nur die Rechtsmaterie bezüglich der Veränderung der Eigentums- und Besitzverhältnisse an Grund und Boden im Wege einer Bodenreform beschreibt.[74] Im zweiten Falle gibt bereits der reformierte Wortlaut des Art. 84 Abs. 1 Satz 2 GG zu verstehen, dass sich die dort verankerte Abweichungskompetenz der Länder auf die durch das Bundesrecht normierten Verfahrensfragen beschränkt und sich somit nicht auf das gesamte Gesetzeswerk erstreckt.[75]

Keine Rechtsquelle oder Rechtsnorm des öffentlichen Baurechts ist die in der einschlägigen Literatur und Rechtsprechung vielfach zitierte Musterbauordnung (MBO). Diese, von der Musterbauordnungskommission im Jahre 1959 erstmals verabschiedete Regelungsempfehlung, sollte den Ländern als Grundlage für die jeweiligen als förmliche Gesetze zur erlassenden Landesbauordnungen dienen.[76] Der Gedanke, die jeweiligen Landesbauordnungen, deren Aufgabe es unter anderem ist, das Bauaufsichtsrecht zu regeln, aus der MBO heraus zu entwickeln, ist nicht zuletzt vor dem Hintergrund der Vermeidung einer Rechtszersplitterung im Bundesgebiet im Bereich des Bauordnungsrechts zu sehen. War demzufolge die Ausgestaltung der einzelnen Landesbauordnungen

---

[72] Vgl. *Koch/Hendler*, Baurecht, § 23 Rn 1.
[73] Vgl. zu letzterem Aspekt *Pieroth*, in: Jarass/Pieroth, GG für die BRD, Art. 84 Rn 4a.
[74] Vgl. hierzu *Oeter*, in: Starck, Föderalismusreform, Rn 27 ff i.V.m. Rn 49; *Pieroth*, in: Jarass/Pieroth, GG für die BRD, Art. 74 Rn 80.
[75] Vgl. *Ginzky*, ZUR 2007, S. 514 m.w.N. a.A. *Hermes*, in: Dreier, GG, Art. 84 Rn 53, der im Zweifel von einer Vermutung zugunsten der Abweichungsbefugnis der Länder ausgeht; ebenso *Pieroth*, in: Jarass/Pieroth, GG für die BRD, Art. 84 Rn 4a.
[76] Vgl. *Schulte*, in: Reichel/Schulte, Hdb. BauOR, 1. Kapitel Rn 371 ff.

durch die Landesgesetzgeber in Anlehnung an die MBO, die seit ihrer Verabschiedung auch Veränderungen ausgesetzt wurde, noch die Grundidee der MBO, zeigen die Entwicklungen der zurückliegenden Jahre ein umgekehrtes Procedere. So gehen Innovationen im Bereich des Bauordnungsrechts, wie z.B. noch der Auftrag der zuständigen Landesminister im Jahre 1976 (ARGEBAU), die MBO unter Berücksichtigung bestimmter Aspekte weiterzuentwickeln, inzwischen nicht mehr von der MBO aus.[77] Stattdessen verhält es sich so, dass Neuerungen und Vorstöße einzelner Landesbauordnungen später in die MBO einfließen, um sich auf diesem Wege auf die übrigen Länder zu erstrecken. Zwar hat es sich die neue Bayerische Bauordnung (2008) zum Ziel gesetzt, die MBO umzusetzen,[78] die ihrerseits auf bayerische Initiative hin erarbeitet und von der Bauministerkonferenz im Jahr 2002 weitgehend neu gefasst wurde. Die Musterbauordnung selbst orientiert sich aber gerade im Bereich des Verfahrensrechts wiederum eng an dem bayerischen Modell der Genehmigungsfreistellung und des vereinfachten Baugenehmigungsverfahrens.[79]

II. Beschleunigung und Investitionsförderung durch Deregulierung

Ausgehend von einem geschichtlichen Rückblick auf die legislatorischen Novellierungen des Bauordnungsrechts der Länder und die im Zuge dessen geführte Diskussion um Verfahrensbeschleunigung durch Deregulierung und Verantwortungsverlagerung, welcher in einem ersten Schritt erfolgt, werden im Folgenden markante Änderungen des Baugenehmigungsverfahrensrechts sowie in weiterer Folge auch signifikante Änderungen im materiellen Bauordnungsrecht, welche sich jeweils bei Gegenüberstellung der Gesetzestextfassungen der BayBO 1998 und BayBO 2008 bzw. 2008/2009 zeigen, in ihren wesentlichen Zügen dargestellt, ehe diese Änderungen nebst geführter Beschleunigungsdiskussion schließlich einer kritischen Würdigung unterzogen und mit einer persönlichen Stellungnahme kommentiert werden.

---

[77] Vgl. *Schulte*, in: Reichel/Schulte, Hdb. BauOR, 1. Kapitel Rn 398 und 402.
[78] Vgl. die Gesetzesbegründung vom 04.01.2007, LtDrs. 15/7161.
[79] Vgl. *Busse/Dirnberger*, Die neue BayBO, Einführung, S. XVII f.

1. Verfahrensbeschleunigung durch Deregulierung und Verantwortungsverlagerung – geschichtlicher Rückblick

„Die Geschichte des Bauordnungsrechts ist eine Geschichte der Bauordnungsreform."[80] Vor dem Hintergrund der Befugnis der Länder zur Regelung des Bauordnungsrechts einschließlich der Regelungskompetenz betreffend das Verfahrensrecht überrascht es nicht, dass die zu Beginn der neunziger Jahre eingeleiteten Privatisierungsmodelle[81] in den Landesbauordnungen nicht nur in materiell-rechtlicher, sondern vor allem auch in verfahrensrechtlicher Hinsicht im Bundesgebiet eine Rechtszersplitterung in dieser Rechtsmaterie hervorgerufen haben. Die Selbstregulierung im Bauordnungsrecht hat zur Folge, dass der jeweilige Landesgesetzgeber, und damit sechzehn verschiedene an der Zahl, seine Vorstellungen unter Wahrung der kompetenzrechtlichen Zuordnung verfolgen kann.[82] Zwischen den Landesgesetzgebern hat sich geradezu ein „föderaler bzw. föderalistischer Wettbewerb"[83] hinsichtlich der Beschleunigung von Baugenehmigungsverfahren entwickelt; teilweise ist sogar von einer „Regelungseuphorie"[84] die Rede. Mit Blick auf die sechzehn divergierenden Landesbauordnungen sprechen *Ortloff* und *Jäde*, mit dem die Deregulierungs- und Privatisierungsbemühungen einen entschiedenen Fürsprecher, wenn nicht sogar Initiator gefunden haben, mit Blick auf die jüngste Bauordnungsreform und bezogen auf die MBO von einem *„Muster ohne Wert"*[85].

Nach Änderungen und Anpassungen der MBO von 1960 in den Jahren 1981, 1990 und 1992 kann wohl die MBO 1993 als Einleitung der Reformbewegungen im Bauordnungswesen angesehen werden, wobei die jeweiligen Landesbauordnungen jedoch nicht nur als eine Umsetzung der MBO oder als Fortschreibung nach Maßgabe der MBO angesehen und verstanden werden dürfen. Vielmehr sind es – wie bereits in A.I. angesprochen – die Bauordnungen einzelner Länder gewesen, die durch schon vorausgegangene Neuerungen und Vor-

---

[80] *Jäde*, BauR 2008, S. 52.
[81] Vgl. hierzu auch *Schulte*, in: Reichel/Schulte, Hdb. BauOR, 1. Kapitel Rn 402; *Lautner*, VR 1999, S. 40 f [41].
[82] Vgl. *Schmidt-Preuß*, in: 100 Jahre Allgemeines Baugesetz Sachsen, S. 588.
[83] Vgl. *Schmidt-Preuß*, in: 100 Jahre Allgemeines Baugesetz Sachsen, S. 588: *„föderaler Wettbewerb"*; *Jäde*, BauR 2008, S. 52, und NVwZ 2001, S. 982: *„föderalistischer Wettbewerb"*.
[84] Vgl. *Erbguth/Stollmann*, JZ 1995, S. 1141.
[85] Vgl. *Ortloff*, NVwZ 1995, S. 119; *Jäde*, NVwZ 2001, S. 982; ders., NVwZ 2003, S. 671; ebenso *Uechtritz*, NVwZ 1996, S. 641 m.w.N.

stöße entscheidende Impulse für eine Veränderung des bauaufsichtlichen Verfahrens gesetzt haben.[86] Als richtungsweisend kann das in Nordrhein-Westfalen in den anfänglichen 1980er Jahren eingeführte vereinfachte Baugenehmigungsverfahren[87] angesehen werden, wenngleich die von den Bauministern ausgerufene Maxime einer gesteigerten Effizienz und Beschleunigung erst in den späteren neunziger Jahren zum „Spielball" der sechzehn Landesgesetzgeber werden sollte. Für den Umbruch, in Bayern sogar als Bauordnungsrevolution[88] bezeichnet, ausschlaggebend und damit zweifellos maßgeblich für die Reformbewegungen unter dem Leitgedanken „schlanker Staat"[89] waren die baden-württembergische Baufreistellungsverordnung aus dem Jahre 1990[90] sowie in erster Linie das sog. bayerische Privatisierungsmodell[91], welches eine Reformierung des Bauordnungsrechts über drei Stufen hinweg vorsah. Ist es also gerade die Tätigkeit des bayerischen Landesgesetzgebers, die sich in der für alle Länder richtungsweisenden MBO widerspiegelt, soll das Augenmerk der Betrachtung fortlaufend vorrangig auf das Bayerische Landesrecht gerichtet werden. Denn ausgehend von der reformierten BayBO 1994 durchliefen die Beschleunigungs-, Deregulierungs- und Privatisierungsnovellen nahezu alle Landesbauordnungen – dies allerdings vor allem bezüglich des Verfahrensrechts – in einer vielfältigen und nichteinheitlichen Art und Weise.

Anlass für die Änderungen im Bauordnungsrecht war insbesondere die mehrseitig geäußerte Kritik an der Dauer der verwaltungsrechtlichen Genehmigungsverfahren, die als investitionshemmendes Element einer auf Wachstum ausgerichteten Wirtschaft angesehen wurde. Vor allem im Zuge der deutschen Wiedervereinigung wurde die Auffassung vertreten, dass die Dauer der Baugenehmigungsverfahren Investitionen hemme und der Wirtschaftsstandort Deutschland nicht zuletzt auch durch die Vielzahl von Nachbarklagen gegen

---

[86] Vgl. *Schulte*, in: Reichel/Schulte, Hdb. BauOR, 1. Kapitel Rn 398 und 402; i.d.S. auch *Busse/Dirnberger*, Die neue BayBO, Einführung, S. XVII f.
[87] Vgl. § 64 BauO NRW 1984.
[88] Vgl. *Jäde/Weiß*, BayBO 1994/1998 – Textsynopse, Einführung, S. 16.
[89] Vgl. *Sauter*, BayVBl 1998, S. 2 ff; *Schulte*, in: Reichel/Schulte, Hdb. BauOR, 1. Kapitel Rn 402; *Battis*, DVBl 2000, S. 1557; *Löffelbein*, Genehmigungsfreies Bauen und Nachbarrechtsschutz, S. 28.
[90] Vgl. Baufreistellungsverordnung BW, GBl S. 144, geändert durch Verordnung vom 27.04.1995, GBl S. 371, mit der die Genehmigungspflicht bei Wohngebäuden und Nebenanlagen entfallen ist.
[91] Erläuternd z.B. *Jäde/Weiß*, BayBO 1994/1998 – Textsynopse, Einführung, S. 12; *Schulte*, in: Reichel/Schulte, Hdb. BauOR, 1. Kapitel Rn 402; *Lautner*, VR 1999, S. 41.

Bauvorhaben bedroht sei.[92] Die Beschleunigungsdiskussion mit der Prämisse, Genehmigungsverfahren zu entschlacken und damit zu vereinfachen, sowie mit der weiteren Zielsetzung einer Verantwortungsverlagerung auf den Bürger und einer damit auch einhergehenden Deregulierung, hat sich somit auch auf das Baurecht erstreckt. Diese Diskussion lässt sich auch unter den Slogan *„Die öffentliche Verwaltung als Auslaufmodell – es lebe der Unternehmerstaat"*[93] fassen, mit dem eine Abkehr von den Verwaltungskonzepten der achtziger Jahre mit umfassenden verwaltungsrechtlichen Prüfungen im Rahmen von Genehmigungsverfahren beschrieben wird. Verfolgt wurde das Ziel, normative und administrative Hemmnisse abzubauen. In der Kritik standen demnach weniger die materiell-rechtlichen Anforderungen, als vielmehr die Durchführung und Organisation der die materiellen Vorgaben sichernden Verfahren. Politischer Druck auf die Landesgesetzgeber, ihre jeweiligen Landesbauordnungen zu reformieren, wurde zunächst vom Bund ausgeübt.[94] Diesem diente hierfür die ihm seinerzeit noch obliegende Kompetenz zur Regelung des Wohnungswesens nach Art. 74 Abs. 1 Nr. 18 GG a.F., mit welcher der Bundesgesetzgeber zumindest für weniger bedeutende bzw. kleine Wohnbauvorhaben eine Aufhebung der Genehmigungsbedürftigkeit sowie eine Abkehr von der als öffentlich-rechtliche Unbedenklichkeitsbescheinigung konzipierten Baugenehmigung erwirken wollte. Nach Baden-Württemberg[95] reagierte der Freistaat Bayern als eines der ersten Länder im Jahre 1994 mit dem Gesetz zur Vereinfachung und Beschleunigung bau- und wasserrechtlicher Verfahren, welches in verfahrensrechtlicher Hinsicht mit der Genehmigungsfreistellung für plankonforme Bauvorhaben sowie mit dem vereinfachten Baugenehmigungsverfahren (mit eingeschränktem Prüfprogramm) Neuerungen erfahren hat. Eine wesentliche Zielsetzung neben der Beschleunigung und entstaatlichten Deregulierung der BayBO 1994, welche mittels entsprechender Änderungsgesetze mit der BayBO 1998 und BayBO 2008

---

[92] Vgl. *Blümel*, in: FS für Boujong, S. 523/524 m.w.N. auf *Schulte*, BauR 1995, S. 174 ff; vgl. auch *Battis*, DVBl 2000, S. 1558; *Erbguth/Stollmann*, JZ 1995, S. 1141; *Ritter*, DVBl 1996, S. 542/543; *Koch/Hendler*, Baurecht, § 23 Rn 44, die auf die Zielsetzung des Bürokratieabbaus hinweisen; *Lautner*, VR 1999, S. 40 f.
[93] *Battis*, DVBl 2000, S. 1557.
[94] Vgl. *Jäde*, BauR 2008, S. 52; *Sacksofsky*, DÖV 1999, S. 947; *Erbguth/Stollmann*, JZ 1995, S. 1141. Der Bundesgesetzgeber wurde mit der Zielsetzung der Beschleunigung in den neunziger Jahren mit etlichen Neuerungen und Novellierungen selbst tätig; zu nennen sind etwa das Maßnahmengesetz zum Baugesetzbuch sowie das Investitionserleichterungs- und Wohnungsbaulandgesetz zu nennen.
[95] Vgl. das baden-württembergische Kenntnisgabeverfahren aus dem Jahre 1990.

eine Fortführung des neugefundenen Ansatzes erfahren hat, ist es, bauaufsichtliche Funktionen zu privatisieren und die Eigenverantwortlichkeit des Bauherrn zu stärken, indem die behördliche Kontrolltätigkeit zurückgenommen wird.[96]

Die Bayerischen Bauordnungen 1994, 1998 und 2008, wie auch die Bauordnungen der anderen Länder, haben von Beginn an umfassende politische und fachliche Diskussionen ausgelöst und erhebliche rechtliche Bedenken hervorgerufen, die in ihrer Vielzahl kaum mehr zu überschauen sind.[97] So wird insbesondere in Frage gestellt, ob die verfolgte Deregulierung den gewünschten Erfolg im Sinne einer Beschleunigung und Vereinfachung haben kann und ob sich nicht lediglich die Problematik von der präventiven zur repressiven Bauaufsicht verlagert, wenn es gilt, Rechtsverstöße nachträglich zu korrigieren oder zumindest zu kompensieren.[98] Angesichts der vielfältigen Bauordnungsmodelle, die zunächst durch die anfängliche Reformbegeisterung hervorgerufen wurden und mit den Änderungsgesetzen der letzten Jahre einander wieder angeglichen werden sollten, darf wohl davon ausgegangen werden, dass es jedenfalls die Vielzahl dieser unterschiedlichen landesrechtlichen Regelungen und die damit einhergehende Rechtszersplitterung sind, die einen nachteiligen Standortfaktor ausmachen. Denn rechtliche Regelungen können zwar wirtschaftliche Prozesse verlangsamen, sie können aber auch vor allem unter dem Aspekt der Rechtssicherheit, die ein nicht zu unterschätzender Wirtschaftsfaktor ist, beschleunigend wirken.[99]

Um der aus den Reformbestrebungen der verschiedenen Landesgesetzgeber resultierenden Rechtszersplitterung im Bundesgebiet entgegen zu treten, be-

---

[96] Vgl. *Molodovsky*, Bayerische Bauordnung, Art. 59 Rn 2; *Simon*, BayVBl 1994, S. 332; *Degenhart*, in: 100 Jahre Allgemeines Baugesetz Sachsen, S. 571.
[97] Einen umfassenden Literaturüberblick bieten z.B. *Jäde*, BayBO 1998/2008 – Textsynopse, Anhang, S. 277; *Jäde/Weiß*, BayBO 1994/1998 – Textsynopse, Einführung, S. 9/10 Fn 1; *Schulte*, in: Reichel/Schulte, Hdb. BauOR, 1. Kapitel Rn 410. Vgl. auch die Literaturnachweise bei *Lohmöller*, Anwendungsbezogene Rechtsschutzkompensation, S. 375 ff; *Held*, Deregulierung von bauaufsichtlichen Genehmigungsverfahren durch Landesrecht, S. 311 ff; *Löffelbein*, Genehmigungsfreies Bauen und Nachbarrechtsschutz, S. 227 ff.
[98] Vgl. *Bamberger*, NVwZ 2000, S. 983; *Koch*, in: Verfahrensprivatisierung im Umweltrecht, S. 186; *Goerlich*, in: Verfahrensprivatisierung im Umweltrecht, S. 166; *Blümel*, in: FS für Boujong, S. 524; *Dahlke-Piel*, SächsVBl 1999, S. 121.
[99] So auch *Schulte*, in: Reichel/Schulte, Hdb. BauOR, 1. Kapitel Rn 420 ff; *Bock*, DVBl 2006, S. 12 und S. 17.

schloss die 106. Bauministerkonferenz Ende 2002 die (neue)[100] MBO 2002[101], die das Ziel verfolgt, das Bauordnungsrecht der sechzehn Länder wieder zu harmonisieren und der MBO wieder die Integrationskraft[102] für die Entwicklung und Ausrichtung des Bauordnungsrechts zukommen zu lassen. Die MBO 2002[103], die der bayerische Gesetzgeber mit der BayBO 2008 umsetzt,[104] orientiert sich ihrerseits gerade im Verfahrensrecht wiederum an dem in Bayern gewählten Modell der Genehmigungsfreistellung und des vereinfachten Genehmigungsverfahrens.[105] Wurde zum Zeitpunkt des zweiten Gesetzes zur Vereinfachung und Beschleunigung von bau- (und wasser-)rechtlicher Verfahren, mit dem der Schritt von der BayBO 1994 zur BayBO 1998 vollzogen wurde und das der fortgesetzten Erprobung der 1994 eingeleiteten (bayerischen) Reformbewegung im Bauordnungsrecht (bayerisches Privatisierungsmodell) diente, das Ob und Wie des dritten und letzten Schritts des bayerischen Privatisierungsmodells[106] angesichts der erforderlichen Konsolidierungsphase noch als offen angesehen und in Frage gestellt[107], so wurde ein dritter Reformschritt – wenn auch nicht umfassend im Sinne der dritten Stufe des bayerischen Privatisierungsmodells – mit der BayBO 2008 vollzogen. Das übergeordnete Ziel der Entstaatlichung, Deregulierung und Verantwortungsverlagerung wird dabei aufrechterhalten und fortgeführt. Den Nachteilen, die bei Durchführung herkömmlicher (um-

---

[100] Vgl. inzwischen die Musterbauordnung 2012, abgedruckt mit synoptischer Gegenüberstellung der Fassungen 2002 und 2012 bei *Jäde/Hornfeck*, MBO 2012 – Textsynopse, S. 13 ff.
[101] Vgl. Beschluss der 106. Bauministerkonferenz vom 08.11.2002, vgl. hierzu auch *Jäde*, NVwZ 2001, S. 982 ff; *ders.*, NVwZ 2003, S. 668 ff und *ders.*, ZfBR 2003, S. 221 ff, *ders.* BauR 2008, S. 52/53. Aufgrund vermehrt aufgetretener Kritik an der zwischenzeitlichen Rechtszersplitterung im Bauordnungsrecht bekräftigte bereits die 98. Bauministerkonferenz am 03./.04.06.1999 die Notwendigkeit einer Musterbauordnung als Orientierungsmaßstab für die Landesgesetzgeber, zwischen denen sich ein fast schon föderalistischer Wettbewerb hinsichtlich der Beschleunigung von Baugenehmigungsverfahren entwickelt hat. Vgl. hierzu auch *Schmidt-Preuß*, in: 100 Jahre Allgemeines Baugesetz Sachsen, S. 588, der von *„föderaler Wettbewerb"* spricht, und *Jäde*, BauR 2008, S. 52, und NVwZ 2001, S. 982, der von *„föderalistischer Wettbewerb"* spricht.
[102] Vgl. *Schulte*, in: Reichel/Schulte, Hdb. BauOR, 1. Kapitel Rn 410.
[103] Zwischenzeitlich geändert durch Beschluss der Bauministerkonferenz vom Oktober 2008 und zuletzt mit dem Beschluss der 123. Bauministerkonferenz vom 21.09.2012.
[104] Vgl. LtDrs. 15/7161 vom 15.01.2007, S. 37.
[105] Vgl. *Busse/Dirnberger*, Die neue BayBO, Einführung, S. XVII f; LtDrs. 15/7161 vom 15.01.2007, S. 37.
[106] Vgl. den dritten Schritt des bayerischen Privatisierungsmodells mit dem Ziel einer sog. „planungsrechtlichen Genehmigung", wenn die Bauvorlagen von einem besonders qualifizierten Entwurfsverfasser stammen, vgl. hierzu auch *Sauter*, BayVBl 1998, S. 6.
[107] Vgl. *Jäde/Weiß*, BayBO 1994/1998 – Textsynopse, Einführung, S. 5, 12, 15

fassender) Baugenehmigungsverfahren bestünden, soll von zwei unterschiedlichen Ansätzen her, nämlich einem materiell-rechtlichen und einem verfahrensrechtlichen, entgegengetreten werden.[108] Die wesentlichen Änderungen der BayBO 1994/1998 zur BayBO 2008 bzw. 2008/2009 sollen im Folgenden skizziert werden.

2. Änderungen im Verfahrensrecht

Die Bayerische Bauordnung wurde mit dem Gesetz zur Vereinfachung und Beschleunigung bau- und wasserrechtlicher Verfahren vom 12. April 1994[109] (BayBO 1994) einer ersten großen Reform unterworfen, welche mit den darauf folgenden weiterreichenden zweiten[110] und dritten[111] Reformschritten (BayBO 1998 und BayBO 2008[112]) das Ziel[113] eines möglichst weitgehenden Verzichts auf bauaufsichtliche Genehmigungsverfahren sowie einer Einschränkung der bauaufsichtlichen Prüfungen in den verbleibenden Genehmigungsverfahren bei gleichzeitiger Stärkung privater Eigenverantwortlichkeit verfolgt. Auch materiell-rechtliche Änderungen in Form von deregulierten Anforderungen waren Gegenstand der Reformen. Eine Gegenüberstellung der BayBO 1994, 1998 und 2008 spiegelt das vom bayerischen Landesgesetzgeber für die Reform gewählte Procedere einer schrittweisen Erprobung der Funktionsfähigkeit der durchgeführten Reformen und das Modell einer zwischenzeitlichen Konsolidierung wider. Die mit der BayBO 1994 eingeführten – und im Nachgang vom Gesetzgeber für gut befundenen – Grundstrukturen wurden zusehends ausgebaut. Insbesondere den Verfahren mit keiner oder mit einer nur eingeschränkten präventiven Prüfung durch die Bauaufsichtsbehörden wurde ein erweiterter Anwendungsbereich zugeordnet.

---

[108] Vgl. *Jäde/Weiß*, BayBO 1994/1998 – Textsynopse, Einführung, S. 9/10.
[109] Vgl. GVBl S. 210.
[110] Vgl. Zweites Gesetz zur Vereinfachung und Beschleunigung baurechtlicher Verfahren vom 26. Juli 1997 (GVBl S. 323).
[111] Vgl. Gesetz zur Änderung der Bayerischen Bauordnung und Änderungsgesetz vom 24. Juli 2007 (GVBl S. 499).
[112] Vgl. Bekanntmachung der Neufassung der Bayerischen Bauordnung vom 14.08.2007 (GVBl S. 588), wie durch § 4 Abs. 3 des Gesetzes zur Änderung der Bayerischen Bauordnung und Änderungsgesetz vom 24.07.2007 (GVBl S. 499) beschlossen.
[113] Vgl. LtDrs. 15/7161 vom 15.01.2007, S. 1, 37.

Auf die mit der BayBO 1994 und BayBO 1998 eingeführten Änderungen und Neuerungen im Bereich des Verfahrensrechts, die in der Fachliteratur[114] umfassend erläutert worden sind, soll hier unter Rückgriff auf die benannten literarischen Darstellungen nur in gröbsten Zügen eingegangen werden, um die Veränderungen in der BayBO 2008 bzw. 2008/2009 gegenüber der BayBO 1998, gleichfalls fachliterarisch[115] umfangreich aufgezeigt, nach einer zehnjährigen Konsolidierungsphase verständlich aufzeigen zu können. Hier gilt es vor allem die Kernpunkte[116] der beiden Novellen von 1994 und 1998, nämlich die Einführung und den Ausbau der Verfahren der Genehmigungsfreistellung und des vereinfachten Genehmigungsverfahrens, hervorzuheben.

Die BayBO 1994 zeichnete in erster Linie die neu eingeführte Genehmigungsfreistellung (Art. 70 BayBO 1994) für plankonforme Wohngebäude geringer Höhe sowie das ebenfalls neu eingeführte vereinfachte Baugenehmigungsverfahren (Art. 80 BayBO 1994) aus. Letzteres sah für einfache bauliche Anlagen, Wohngebäude mit geringer Höhe – sofern nicht bereits genehmigungsfrei – sowie für bestimmte landwirtschaftliche und gewerbliche Gebäude einen bereits eingeschränkten, aber auch noch bauordnungsrechtliche Vorschriften beinhaltenden Prüfkatalog für die Bauaufsichtsbehörden vor. Mit der BayBO 1998 wurde sodann die Genehmigungsfreistellung (Art. 64 BayBO 1998) bis zur Hochhausgrenze erweitert. In der BayBO 1998 wurde ein Bereich von Bauvorhaben mittlerer Schwierigkeit neu definiert, der nach oben hin zu den Sonderbauten abgegrenzt wurde (Art. 2 Abs. 4 BayBO 1998). Der Anwendungsbereich für das mit der BayBO 1998 neugefasste vereinfachte Baugenehmigungsverfahren (Art. 73 BayBO 1998) wurde unter wesentlicher Beibehaltung des Prüfprogramms bis zur Sonderbaugrenze ausgedehnt, d.h. es bezieht sich – soweit die Genehmigungsfreistellung nicht einschlägig ist – auf alle übrigen baulichen Anlagen unterhalb der Sonderbaugrenze. Dem Prüfungsmaßstab hinzugefügt wurden in einer neuen Ziffer 4 lediglich die Anforderungen des baulichen Arbeitsschutzes bei baulichen Anlagen für gewerbliche und industrielle Zwecke. Mit

---

[114] Vgl. z.B. *Simon*, BayVBl 1994, S. 332 ff; *Jäde*, BayBO 1998/2008 – Textsynopse, S. 9 ff; *ders.*, UPR 1994, S. 201 ff; *ders.*, BayVBl 1994, S. 363 ff; *ders.*, UPR 1995, S. 187 ff; *ders.*, BayBgm 1996, S. 11 ff; *Jäde/Weinl/Dirnberger*, BayVBl 1994, S. 321; *Jäde/Weiß*, BayBO 1994/1998 – Textsynopse, Einführung S. 13 ff m.w.N. unter Fn 1; vgl. ergänzend auch *Lautner*, VR 1999, S. 41, und LtDrs. 13/7008 vom 22.01.1997.
[115] Vgl. z.B. *Decker*, BauR 2008, S. 443 ff; *Jäde*, BayBO 1998/2008 – Textsynopse, S. 9 ff; *Jäde/Famers*, BayVBl 2008, S. 33 ff.
[116] Vgl. *Decker*, BauR 2008, S. 443; *Jäde/Famers*, BayVBl 2008, S. 33 ff.

dem zweiten Gesetz zur Vereinfachung und Beschleunigung baurechtlicher Verfahren geht zudem eine wesentliche strukturelle Änderung einher, indem die verschiedenen Bauvorhaben – anders als noch in der BayBO 1994 – einer Dreigliederung unterworfen wurden: Vorhaben geringer Schwierigkeit, Vorhaben mittlerer Schwierigkeit und Sonderbauten (Art. 2 Abs. 4 Sätze 1 bis 3 BayBO 1998). Ist es in der BayBO 1998 also diese Dreigliederung, die vor allem auch über das anzuwendende (Genehmigungs-)Verfahren entscheidet, spricht *Jäde* bezüglich dieses zentralen Steuerungsmoduls von einer „Drehscheibe"[117], von der aus die verfahrensrechtlichen Weichen gestellt werden. Mit dem erweiterten Anwendungsbereich für das vereinfachte Baugenehmigungsverfahren bis zur Sonderbaugrenze hat sich dieses Verfahren – gemessen an der Häufigkeit der einschlägigen Verfahren – zum Regelfall entwickelt. Unter konsequenter Weiterentwicklung der Maxime *„Rückbau des bauaufsichtlichen Prüfungsumfangs"*[118] ermöglicht Art. 87 Abs. 2 S. 2 BayBO 1998 anderen, aufgrund vorrangiger anderer Gestattungsverfahren zuständigen Fachbehörden den Zugang zu den durch die BayBO geschaffenen Prüfungsumfängen und damit auch zu Prüfungsverzichten.

Tiefgreifende Veränderungen – erneut auch hinsichtlich des Aufbaus (Anordnung der Artikel) – gehen mit der BayBO 2008 einher. Diese Änderungen sind nicht zuletzt auch den Anpassungen an die MBO 2002 geschuldet, um eine Orientierung an dieser und die Wiederherstellung deren „Integrationskraft"[119] – wie von den Bauministern auf der Konferenz am 8. November 2002 einstimmig beschlossen – zu erreichen. Es erfolgte eine erneute Neubekanntmachung[120] mit veränderter Gliederung und Anordnung der Artikel. Aus verfahrensrechtlicher Sicht wurden beispielsweise der bisherige (BayBO 1998) Fünfte Teil „Bauaufsichtsbehörden" und der bisherige Sechste Teil „Verfahren" in Anlehnung an den Aufbau der MBO zu einem neuen Fünften Teil mit dem Titel „Bauaufsichtsbehörden, Verfahren" zusammengefasst, wobei sich dieser in weitere fünf Unterabschnitte[121] gliedert. Das in Abschnitt II unter der Überschrift „Genehmi-

---

[117] Vgl. *Jäde/Weiß*, BayBO 1994/1998 – Textsynopse, Einführung, S. 15; vgl. hierzu auch *Jäde/Famers*, BayVBl 2008, S. 33.
[118] Vgl. LtDrs. 15/7161 vom 15.01.2007, S. 1, 37.
[119] Vgl. *Schulte*, in: Reichel/Schulte, Hdb. BauOR, 1. Kapitel Rn 410.
[120] Vgl. Bekanntmachung der Neufassung der Bayerischen Bauordnung vom 14.08.2007 (GVBl S. 588).
[121] Vgl. Abschnitt I: Bauaufsichtsbehörden (Art. 53 f); Abschnitt II: Genehmigungspflicht, Genehmigungsfreiheit (Art. 55 bis Art. 58); Abschnitt III: Genehmigungsverfahren (Art. 59

gungspflicht, Genehmigungsfreiheit" nun gewissermaßen vorangestellte (Verfahrens-)Grundprinzip spiegelt sich nun auch in der Überschrift des Art. 55 BayBO 2008 („Grundsatz") wider und bringt damit das Grundprinzip der Genehmigungsbedürftigkeit unbeschadet der Verbindlichkeit des materiellen Rechts auch in anderen Fällen zum Ausdruck.[122]

Bezugnehmend auf die soeben herausgestellten Kernpunkte der Novellen der Jahre 1994 und 1998 gilt für die inzwischen vor zwei Jahrzehnten eingeführte Genehmigungsfreistellung, nunmehr in Art. 58 BayBO 2008 geregelt, dass Aufbau und Verfahrensstruktur – abgesehen von marginalen Modifikationen – beibehalten wurden und damit weitestgehend der bisherigen Regelung (Art. 64 BayBO 1998) entsprechen. Wie 1998 bereits für das vereinfachte Baugenehmigungsverfahren geregelt, erstreckt sich jedoch nunmehr der Anwendungsbereich auch für die Genehmigungsfreistellung bis zur Sonderbaugrenze und damit insbesondere auch grundsätzlich[123] auf gewerbliche Bauvorhaben. Die Genehmigungsfreistellung gewinnt damit nun auch für die Praxis erheblich an Bedeutung und Relevanz. Bayern hält – abweichend von der MBO – über Art. 58 Abs. 3 Satz 2 BayBO 2008 an der Nachbarbeteiligung fest und bricht insoweit mit der grundsätzlich angestrebten Mustertreue bezogen auf die MBO 2002. Die in Bayern seit Jahrzehnten etablierte und positiv bewertete[124] Nachbarbeteiligung – allgemein in Art. 66 BayBO 2008 festgehalten – sieht vor, dass der Nachbar stets und unabhängig von etwaigen Ausnahmen oder Befreiungen zu unterrichten ist. Wesentliche Veränderungen sind im Besonderen auch im vereinfachten Baugenehmigungsverfahren (Art. 59 BayBO 2008) zu verzeichnen. Dessen Prüfkatalog wird unter Beibehaltung des Anwendungsbereichs bis zur Sonderbaugrenze weiter eingegrenzt und führt die eingeleitete Deregulierung fort. Die mit der BayBO 1998 bezogen auf das vereinfachte Baugenehmigungsverfahren

---

bis 73); Abschnitt IV: Bauaufsichtliche Maßnahmen (Art. 74 bis 76) und Abschnitt V: Bauüberwachung (Art. 77 f).

[122] Vgl. LtDrs. 15/7161 vom 15.01.2007, S. 58 f.

[123] Eine Einschränkung erfährt die Regelung über Satz 2, der den Kommunen die Möglichkeit einräumt, durch örtliche Bauvorschriften im Bebauungsplan (vgl. Art. 81 Abs. 2 BayBO 2008) den Anwendungsbereich einzugrenzen, indem dieses Verfahren für bestimmte handwerkliche und gewerbliche Bauvorhaben ausgeschlossen wird. Damit sollen Konflikte in solchen Fällen vermieden werden, in denen sich die Genehmigungsfreistellung bezüglich handwerklicher und/oder gewerblicher Bauvorhaben als nicht gerechtfertigte Verfahrensform darstellt.

[124] Vgl. *Jäde,* BayBO 1998/2008 – Textsynopse, S. 197.

als ausgeschöpft angesehenen[125] Deregulierungsmöglichkeiten werden nochmals ausgeweitet. Das vereinfachte Baugenehmigungsverfahren wird im Wesentlichen auf eine bauplanungsrechtliche Überprüfung und die Prüfung des „aufgedrängten" sonstigen öffentlichen, nicht-baurechtlichen Fachrechts reduziert.[126] Von der MBO 2002 weicht Bayern mit den nach Art. 59 Satz 1 Nr. 1, 2. Alt. BayBO 2008 auch weiterhin zu prüfenden örtlichen Bauvorschriften (Art. 81 Abs. 1 BayBO 2008) ab. Es sei nämlich nur schwer zu erklären, so die Gesetzesbegründung, weshalb in einen Bebauungsplan nach Art. 81 Abs. 2 BayBO 2008, § 9 Abs. 4 BauGB integrierte örtliche Bauvorschriften über Art. 59 Satz Nr. 1., 1. Alt. BayBO 2008 auch im vereinfachten Baugenehmigungsverfahren geprüft werden, „isolierte" örtliche Bauvorschriften hingegen nicht.[127] Im Hinblick auf die nachstehende Erörterung soll der Vollständigkeit halber über diese beiden Kernpunkte hinaus noch auf ausgewählte Änderungen im Bereich der Zulassung von Abweichungen im Sinne des Art. 63 BayBO 2008 gegenüber der Textfassung 1998 hingewiesen werden, die in den Gesetzgebungsmaterialien nur partiell[128] mit einer Begründung versehen worden sind. Der im Wesentlichen der alten Gesetzestextfassung 1998 entsprechende neue Art. 63 Abs. 1 Satz 1, 1. Hs. BayBO 2008 ist unter anderem[129] dahingehend ergänzt worden, dass die Abweichung fortan unter Berücksichtigung „des Zwecks" der jeweiligen Anforderung und unter Würdigung der „öffentlich-rechtlich geschützten" nachbarlichen Belange mit den öffentlichen Belangen vereinbar sein muss. Ausweislich der Gesetzesbegründung legt Art. 63 Abs. 2 BayBO 2008 fortan neu fest, dass die Zulassung von Abweichungen von Bauordnungs- sowie von Ausnahmen

---

[125] Vgl. LtDrs. 15/7161 vom 15.01.2007, S. 64: „[...] der gegenständliche Anwendungsbereich der bisherigen Gesetzesfassung schöpft alle nun durch die überarbeitete MBO eröffneten Deregulierungsmöglichkeiten aus."
[126] Vgl. LtDrs. 15/7161 vom 15.01.2007, S. 38.
[127] Vgl. LtDrs. 15/7161 vom 15.01.2007, S. 64 f [65]; *Jäde,* BayBO 1998/2008 – Textsynopse, S. 203/204.
[128] Die Ergänzung in Art. 63 Abs. 1 Satz 1 BayBO 2008 um die Maßgabe, dass die Abweichung fortan unter Berücksichtigung „des Zwecks" der jeweiligen Anforderung und unter Würdigung der „öffentlich-rechtlich geschützten" nachbarlichen Belange mit den öffentlichen Belangen vereinbar sein muss, findet in den Gesetzgebungsmaterialien keine Erwähnung, vgl. LtDrs. 15/7161 vom 15.01.2007, S. 68 f. Vgl. die diesbezügliche Auseinandersetzung bei *Kuchler,* BayVBl 2009, S. 517 ff [522].
[129] Weiterhin wird fortan klargestellt, dass die bauordnungsrechtlichen Grundanforderungen des Art. 3 Abs. 1 BayBO 2008 eine absolute materielle Schranke für die Zulassung von Abweichungen bilden, vgl. LtDrs. 15/7161 vom 15.01.2007, S. 68 f.

und Befreiungen nach Bauplanungsrecht gesondert schriftlich zu beantragen und zu begründen ist.[130]

Wie bereits gezeigt war die 1998 in die BayBO eingeführte Dreigliederung der Bauvorhaben ein zentrales Steuerungselement, welches aufgrund der damit einhergehenden Entscheidung über die Verfahrenszuordnung auch über die Anforderungen an die sog. bautechnischen Nachweise entschied.[131] Diese waren bislang regelungstechnisch auf verschiedene Vorschriften in der Bauordnung verteilt. Die nunmehr in Art. 62 BayBO zentral und abschließend gefasste Vorschrift über die bautechnischen Nachweise, deren unberührte Geltung lediglich an anderen Stellen hervorgehoben und klargestellt wird, stellt sich mit den daraus ergebenden Folgen als ein weiteres *„Kernstück des Verfahrensrechts der BayBO 2008"*[132] dar. Diese ist nunmehr so konzipiert, dass der Nachweis und die Vorlage der bautechnischen Unterlagen – anders als noch in der BayBO 1998 – nicht mehr von der Verfahrensart abhängig gemacht werden, sondern vorhabensabhängig sind. Wesentliches Steuerungselement im Verfahrensrecht ist damit die Entkoppelung von Verfahrenszuordnung und bautechnischen Nachweisen.[133] Soweit der 2. Halbsatz des Art. 62 Abs. 1 Satz 1 BayBO 2008 hier die grundsätzliche Nichtanwendung für verfahrensfreie Bauvorhaben erklärt, ändere dies nichts an dieser Entkoppelung. Für den förmlichen Nachweis der bautechnischen Anforderungen sei die Durchführung eines geregelten bauaufsichtlichen Verfahrens von ausschlaggebender Notwendigkeit. Zudem rechtfertige sich die Regelung des zweiten Halbsatzes dadurch, dass die Eigenverantwortung des Bauherrn zur Einhaltung materiell-rechtlicher Anforderungen nach Art. 55 Abs. 2 BayBO unberührt bleibe und dass in Fällen eines Verzichts auf ein Genehmigungsverfahren auch ein Verzicht auf die bauaufsichtlich geforderte Erstellung und Prüfung bautechnischer Nachweise einhergehen müsse.[134] Die Entkopplung von Verfahrenszuordnung und bautechnischen Nachweisen auch im Rahmen der Genehmigungsfreistellung sowie die zentrale und abschließende Regelung der Nachweise wird hingegen in Art. 58 Abs. 5 Satz 1

---

[130] Vgl. LtDrs. 15/7161 vom 15.01.2007, S. 68 f mit weiterer Begründung; vgl. auch *Jäde*, BayBO 1998/2008 – Textsynopse, S. 221 f [222].
[131] Vgl. *Jäde/Famers*, BayVBl 2008, S. 33.
[132] Vgl. *Jäde/Famers*, BayVBl 2008, S. 34, die diese Aussage auf die Entkopplung von Verfahrenszuordnung und bautechnischen Nachweisen beziehen.
[133] Vgl. LtDrs. 15/7161 vom 15.01.2007, S. 66; *Jäde/Famers*, BayVBl 2008, S. 33/34.
[134] Vgl. *Jäde*, BayBO 1998/2008 – Textsynopse, S. 216/217; LtDrs. 15/7161 vom 15.01.2007, S. 68; *Jäde/Famers*, BayVBl 2008, S. 35 f.

BayBO 2008 ausdrücklich klargestellt und hervorgehoben. Die Anforderungen hinsichtlich der bautechnischen Nachweise bleiben von der Verfahrensart Genehmigungsfreistellung unberührt.[135]

Seit der dritten großen Novelle, namentlich dem Gesetz zur Änderung der Bayerischen Bauordnung und Änderungsgesetz vom 24. Juli 2007[136], wurde die BayBO inzwischen partiell um weitere Male geändert. Mit Gesetz vom 27. Juli 2009[137] ist unter anderem Art. 68 Abs. 1 Satz 1 BayBO 2008 um einen 2. Halbsatz ergänzt worden. Die Bauaufsichtsbehörde darf demnach den Bauantrag auch dann ablehnen, wenn das Bauvorhaben gegen sonstige öffentlich-rechtliche Vorschriften verstößt. Der Gesetzgeber reagiert mit diesem Ergänzungstext innerhalb kürzester Zeit auf die zuvor ergangene Rechtsprechung des Bayerischen Verwaltungsgerichtshofs und bezweckt damit eine Kehrtwende der diesbezüglichen Rechtsprechung.[138] Es ist augenscheinlich eine kleine und prägnante Gesetzesänderung, die allerdings umso größere Auswirkungen für die rechtstheoretische Betrachtung sowie für die Verwaltungspraxis zeigt. Die Ergänzung des Art. 68 Abs. 1 Satz 1 BayBO 2008 um einen zweiten Halbsatz wird damit zum zentralen Kernstück dieser Arbeit, auf den sich infolge dessen der Fokus richtet. Ins Blickfeld der Betrachtung rückt zugleich aber eine weitere Neuregelung mit einer nicht minder bedeutsamen verfahrensbezogenen Bestimmung. Neben dem bereits benannten Art. 68 Abs. 1 Satz 1, 2. Hs. BayBO 2008/2009 wurde mit dem Änderungsgesetz 2009 auch der mit der BayBO 2008 neu gefasste Absatz 2 des Art. 63 um einen zweiten Halbsatz in Satz 2 ergänzt, demzufolge der Antrag auf Abweichung bei genehmigungspflichtigen Vorhaben zusammen mit dem Bauantrag zu stellen ist. Diese Ergänzung ist vor dem Hintergrund der bis dahin umstrittenen Auswirkungen eines notwendigen, aber nicht gestellten Abweichungsantrags auf die Rechtmäßigkeit der Genehmigung zu sehen.[139] Mit dem darauf folgenden Gesetz zur Änderung der Bayerischen Bauordnung und des Baukammerngesetzes vom 11. Dezember 2012[140] wurde weiterhin eine Vielzahl von Detailänderungen auf den Weg gebracht, die allerdings

---

[135] Vgl. hierzu auch *Jäde*, BauR 2008, S. 52 ff.
[136] Vgl. GVBl S. 499.
[137] Vgl. GVBl S. 385.
[138] Vgl. LtDrs. 16/1351 vom 13.05.2009, S. 2; *Ingold/Schröder*, BayVBl 2010, S. 426.
[139] Vgl. *Wolf*, in: Simon/Busse, BayBO, Art. 59 Rn 52 ff.
[140] Vgl. GVBl S. 633; vgl. auch LtDrs. 16/13683 vom 10.09.2012, Änderungsanträge LtDrs. 16/13726 vom 25.09.2012, LtDrs. 16/13931 vom 11.10.2012 und LtDrs. 16/14664 vom 07.11.2012.

keine grundlegenden Veränderungen des bayerischen Bauordnungsrechts bewirken.[141] Mit der Gesetzesänderung erfolgt im Wesentlichen als Vorgriff zur Einführung des technischen Regelwerks für barrierefreies Bauen[142] eine Anpassung der Bayerischen Bauordnung z.b. durch Einführung einheitlicher Begrifflichkeiten. Anpassungen an das neue europäische Bauproduktenrecht ist ein weiterer Regelungsgegenstand.[143] Allerdings erfährt insbesondere der zuvor eingefügte 2. Halbsatz in Art. 68 Abs. 1 Satz 1 BayBO 2008/2009 trotz aller zwischenzeitlich laut gewordenen Kritik keinerlei Korrekturen. Diese letzten Änderungen mit dem Ergebnis der BayBO 2013[144] sollen deshalb an dieser Stelle der Vollständigkeit halber nur angesprochen werden.

Bei summarischer Betrachtung der verfahrensrechtlichen Ausrichtung der BayBO 2008 (bzw. 2009 und 2013) lässt sich festhalten, dass an der gewohnten Differenzierung zwischen dem (allgemeinen) Baugenehmigungsverfahren einerseits und dem vereinfachten Baugenehmigungsverfahren andererseits mit jeweils positiver Aufzählung der zu prüfenden Vorschriften auch in der BayBO 2008/2009 festgehalten wird, dass allerdings eine weitere Eingrenzung der (noch) zu prüfenden Vorschriften vorgenommen wird. Das Baugenehmigungsverfahren mit der sich daran anschließenden Baugenehmigung ist – wie bereits mit den vorausgehenden Baurechtsnovellen eingeleitet und auch erfolgt – neu konzipiert, indem eine umfassende Prüfung unterbleibt und die Baugenehmigung nicht mehr als „Unbedenklichkeitsbescheinigung" verstanden werden kann, darf und soll. Der einst geforderte und zumindest in Teilen in Aussicht gestellte Schlussstein des bayerischen Bauordnungsmodells, der in Form der sog. rein „planungsrechtlichen Genehmigung"[145] als dritter Schritt der Bauord-

---

[141] Vgl. *Jäde*, BayBO 2011/2013 – Änderungssynopse, Vorwort, S. 7.
[142] Vgl. DIN 1804-1 „Barrierefreies Bauen – Planungsgrundlagen – Teil 1: Öffentlich zugängliche Gebäude" und DIN 18040-2 „Barrierefreies Bauen – Planungsgrundlagen – Teil 2: Wohnungen"; Bekanntmachung des Bayerischen Staatsministeriums des Innern vom 30.11.2012 (AllMBl S. 965).
[143] Vgl. LtDrs. 16/13683 vom 10.09.2012; vgl. auch „Allgemeiner Teil der Gesetzesbegründung", abgedruckt bei *Jäde*, BayBO 2011/2013 – Änderungssynopse, S. 83 ff.
[144] Vgl. hierzu die „Vollzugshinweise zur BayBO 2013 des Bayerischen Staatsministeriums des Innern", abgedruckt bei *Jäde*, BayBO 2011/2013 – Änderungssynopse, S. 179 ff.
[145] Vgl. LtDrs. 13/7008 vom 22.01.1997, S. 22; *Jäde*, BayBO 1994/1998 – Textsynopse, Einführung, S. 12; vgl. auch *ders.*, in: Jäde/Dirnberger/Bauer, Die neue BayBO, Art. 59 Rn 1, der mit Blick auf Art. 59 BayBO 2008 von einer *„(im Kern nur noch) bauplanungsrechtlichen Genehmigung"* spricht.

nungsreform hätte vollzogen werden sollen, ist mit der BayBO 2008 jedenfalls (noch) nicht zur Gänze gelegt worden.

3. Änderungen im materiellen Bauordnungsrecht

Die einschlägige Fachliteratur äußerte sich im Rahmen der inhaltlichen Auseinandersetzung mit den Bauordnungsnovellen der Jahre 1994 und 1998 bezogen auf die materiellen Vorschriften des Bauordnungsrechts noch dergestalt, dass die getroffenen Neuregelungen den materiellen Bestand und insbesondere auch den Bestand nachbarschützender Vorschriften nicht wesentlich verringert hätten. Der gesetzgeberischen Änderungsbereitschaft unterlagen vielmehr die Vorschriften des Verfahrensrechts. Die eingebrachten Vorschläge und letztlich auch umgesetzten Regelungen betrafen, wie zuletzt unter A.II.2. gezeigt, in erster Linie straffere, besser organisierte, einfachere und schnellere bauaufsichtliche Verfahren mit einer teilweisen Erledigung bislang von den Bauaufsichtsbehörden wahrgenommenen Aufgaben durch private Sachverständige. Es bestand die Auffassung, dass die materiellen Anforderungen im Bauordnungsrecht nicht in dem Umfang ausgedünnt werden könnten, dass damit wesentliche Entlastungs- und Beschleunigungseffekte einhergehen würden.[146] Mit dem zweiten Gesetz zur Vereinfachung und Beschleunigung baurechtlicher Verfahren vom 26. Juli 1997[147] wurde insbesondere eine weitgehende Angleichung von Abstandsflächen und Brandschutzabständen hin zu einer einheitlichen Systematik von Gebäudeabständen in die BayBO 1998 eingebracht.

Zumindest teilweise hat auch das materielle Recht mit der BayBO 2008, gerade im Bereich der Abstandsflächen, des Brandschutzes sowie der Stellplatzregelungen, nun erhebliche Änderungen erfahren. Die in diesen Bereichen normierten Anforderungen wurden gegenüber den Vorgaben der früheren bayerischen Rechtslage teilweise erheblich „zurückgefahren".

Im Konkreten bedeutet dies im Bereich des Abstandsflächenrechts, dass mit Art. 6 Abs. 7 BayBO 2008 zugunsten der Kommunen eine Experimentierklausel eingeführt wurde, welche diesen die Option einräumt, eine Reduzierung

---

[146] Vgl. *Bock*, DVBl 2006, S. 13; *Simon*, BayVBl 1994, S. 332; vgl. auch *Schmidt-Preuß*, in: 100 Jahre Allgemeines Baugesetz Sachsen, S. 588/589.
[147] Vgl. GVBl S. 329.

der Abstandsflächen sowie eine andere Berechnungsmethode durch örtliche Bauvorschriften (Art. 81 Abs. 2 BayBO 2008) nach Art der MBO 2002[148] einzuführen. Die Regelabstandsfläche kann damit auf 0,4 H (H= Wandhöhe) (mindestens aber 3 Meter) verringert werden. Eine systematische Veränderung gegenüber der Vorgängernorm wird insbesondere auch durch die – soweit noch erforderliche – Integration des Art. 7 BayBO 1998, der sich mit den Abweichungen von Abstandsflächen befasste, in Art. 6 BayBO 2008 geschaffen. Die Neuregelung ermöglicht den Verzicht auf eine Vielzahl überflüssiger Detailregelungen der Vorgängernormen. Aufgrund der vorgenommenen Ausdünnung dieser Einzelfallregelungen wird für alle in ein Bauvorhaben Involvierten eine erleichterte Ablesbarkeit erreicht. Dies bringt letztlich auch ein größeres Maß an Rechtssicherheit mit sich.

Mit dem neuen Brandschutzkonzept werden für kleine Gebäude und für die Gebäudeklasse mit Zellenbauweise Erleichterungen für die Feuerwiderstandsfähigkeit der Bauteile umgesetzt und die konstruktive Holzverwendung für Gebäude mit bis zu fünf Geschossen eröffnet. Insgesamt sind nun die Brandschutzanforderungen für Gebäude, die keine Sonderbauten sind, aus dem Gesetz und den zugehörigen eingeführten technischen Baubestimmungen sowie der Bauregelliste abschließend ausgestaltet. Im Stellplatzrecht werden insbesondere die Realherstellung von Stellplätzen und ihre Ablösung gleichgestellt, was die Erfüllung der Stellplatzanforderungen erleichtern und die Gemeinden bei der Realisierung örtlicher Verkehrskonzeptionen stärken soll.[149]

Für die Neufassung der Bayerischen Bauordnung durch die Änderungsnovelle 2008 – diese Aussage bezieht sich nicht nur auf die materiell-rechtlichen Normen alleine – wählte der bayerische Gesetzgeber im Hinblick auf die grundsätzlich einzuhaltende größtmögliche Mustertreue zugunsten der MBO 2002 in Teilen eine Kompromisslösung, um bewährte Prinzipien und Strukturen des bayerischen Landesrechts beizubehalten.[150] Dies zeigt sich z.B. im Bereich des Verfahrensrechts in der Beibehaltung der Nachbarbeteiligung sowie im Bereich des materiellen Rechts in der Experimentierklausel der Gemeinden.

---

[148] Vgl. *Scheidler*, BauR 2008, S. 889; *Busse/Dirnberger*, Die neue BayBO, Art. 6 Ziff. 15, S. 73.
[149] Vgl. LtDrs. 15/7161 vom 15.01.2007, S. 38.
[150] Vgl. hierzu mit entsprechenden Beispielen: *Busse/Dirnberger*, Die neue BayBO, Einführung, S. XVII ff.

III. Kritik und Stellungnahme

Der BayBO-Anwender war und ist mit der Bayerischen Bauordnung 2008 bzw. 2008/2009 innerhalb eines Zeitraums von 14 Jahren seit der BayBO 1994 ein weiteres Mal gefordert worden, sich nicht nur mit dem äußeren Aufbau und der veränderten Struktur der bauordnungsrechtlichen Regelungen auseinanderzusetzen, sondern sich vor allem auch mit den inhaltlichen Veränderungen dieser Normen zu befassen. Die Anforderungen an die Normadressaten, wie etwa Bauaufsichtsbehörde, Bauherr und Nachbar, haben sich zum Teil in erheblichem Umfang verändert und vor allem auch verschoben. Die Bauaufsichtsbehörde zieht sich zurück und verlagert Verantwortung auf den Bauherrn, aber auch in nicht unerheblicher Art und Weise auf den Nachbarn hinsichtlich seiner eigenen Interessen. Gleichwohl muss das mehrstufige Änderungsmodell mit der zwischenzeitlichen Möglichkeit zur Evaluation und Konsolidierung trotz des damit einhergehenden wiederholt erforderlichen Umdenkens bei objektiver summarischer Betrachtung im Wesentlichen als angemessen und zumindest zum Teil auch als praxisgerecht angesehen werden. Von einem „Endpunkt der Experimentierphase im Rahmen der Bauordnungsreform"[151], den der Gesetzgeber mit der Neufassung der BayBO 2008 schaffen wollte, und einem Stillstand[152] im Hinblick auf die im Zuge der Novellen geführten Kontroverse kann derzeit aber noch keine Rede sein. Wie die nachstehenden Untersuchungen exemplarisch zeigen, haben sich Rechtsanwendungsprobleme trotz oder auch gerade wegen der neuen Regelungen noch nicht erledigt, sondern wurden bedingt durch den veränderten Gesetzestext zum Teil vielmehr neu aufgeworfen. Dies gilt insbesondere für den neu hinzugenommenen zweiten Halbsatz des Art. 68 Abs. 1 Satz 1 BayBO 2008/2009, der durchaus als missglückt und in jedem Falle als nachbesserungswürdig bezeichnet werden muss. Ob die von der Politik angestrebte Steigerung der Investitionslust Bauwilliger durch die benannten Novellen gefördert werden konnte, ist nach wie vor umstritten und letztlich wohl auch nicht von Belang. Hinsichtlich des extensiven Wohnungsbaus in den neuen Bundesländern nach der Wende dürften vorrangig auch andere gesetzgeberische Maß-

---

[151] Vgl. LtDrs. 15/7161 vom 15.01.2007, S. 73, allerdings (nur) bezogen auf die Experimentierklausel des Art. 80 Abs. 6 BayBO 2008. Vgl. auch *Jäde,* BayBO 1998/2008 – Textsynopse, S. 268.
[152] Vgl. *Molodovsky,* in: Koch/Molodovsky/Famers, BayBO, Einführung in die Bauordnung Rn 31a; *Möstl,* BayVBl 2014, S. 223.

nahmen wie etwa Steuersparmodelle für Kapitalanleger ausschlaggebend für die Bautätigkeiten gewesen sein.

Einerseits sind es die mit den bayerischen Bauordnungsrechtsnovellen in Verbindung gebrachten Beschleunigungs- und Entlastungseffekte, die von der einschlägigen Fachliteratur gepriesen werden. Andererseits werden der Rückzug aus der präventiven Bauaufsicht sowie die sich deshalb als notwendig erweisenden und gegebenenfalls gerichtlich durchzusetzenden repressiven Maßnahmen von anderen äußerst kritisch gewürdigt.[153] Die Abkehr von einer Rundumbetreuung durch die Bauaufsichtsbehörden wird vom Grundsatz her wohl zu Recht kaum noch in Abrede gestellt. Fraglich ist indessen aber die Grenze zur Preisgabe bauaufsichtlicher Prüfung und Überwachung, die nicht überschritten werden darf bzw. unter Umständen schon überschritten wurde, sowie die nunmehr eröffnete und durchaus willkürlich erscheinende Ablehnungsmöglichkeit gemäß Art. 68 Abs. 1 Satz 1, 2. Hs. BayBO 2008/2009. Die einschlägige Fachkritik bezog sich zur Zeit der ersten Reformschritte vorrangig auf das Modell der Genehmigungsfreistellung[154], die mit ihrem seinerzeit nahezu radikalen Ansatz einer gänzlichen Nichtprüfung erhebliche Kritik erfahren hat. Dem vereinfachten Baugenehmigungsverfahren wurde angesichts des beschränkten Anwendungsbereichs und der Prüfung der wesentlichen auch bauordnungsrechtlichen Vorschriften zunächst nur wenig Aufmerksamkeit und Kritik zuteil. Spätestens mit der BayBO 2008 und auch BayBO 2008/2009 stehen nunmehr auch das vereinfachte Baugenehmigungsverfahren als quasi Regelbauverfahren sowie die sich in diesem Kontext für die Baubehörde ergebenden Handlungsalternativen im Kreuzfeuer der Kritik. Hier kann vor allem auch vorgreiflich der folgenden Untersuchungen die Gesetzesergänzung aus dem Jahr 2009 mit Art. 68 Abs. 1 Satz 1, 2. Hs. BayBO 2008/2009 als wenig durchdachter Schnellschuss des Gesetzgebers bezeichnet werden, die die an sich konsequente Fortführung der Deregulierung auf den Kopf zu stellen und umzukehren droht.[155] Der von *Molodovsky* mit Blick auf die jüngere Reformgesetzgebung beschriebene Eindruck eines

---

[153] Vgl. *Ederer*, BayVBl 2008, S. 530; *Decker*, BauR 2008, S. 443 ff [451 ff; 458].
[154] Vgl. z.B. *Held*, Deregulierung von bauaufsichtlichen Genehmigungsverfahren durch Landesrecht, S. 1 ff; *Löffelbein*, Genehmigungsfreies Bauen und Nachbarrechtsschutz, S. 21 ff; *Lohmöller*, Anwendungsbezogene Rechtsschutzkompensation, S. 1 ff, jeweils m.w.N.
[155] Vgl. auch *Manssen/Greim*, BayVBl 2010, S. 421 ff [425]; *Ingold/Schröder*, BayVBl 2010, S. 426 ff; *Koehl*, BayVBl 2009, S. 645 ff [651].

"kurzatmigen Klein-Klein"[156] beschreibt die legislatorische Vorgehensweise auf zutreffende Weise.

Von manchen werden an die dritte Stufe der Reform des bayerischen Bauordnungsrechts vornehmlich die auch verfolgten und plausiblen Vorteile geknüpft, wie etwa die Beschleunigung bzw. Entlastung von Verfahrensabläufen bei gleichzeitigem Erhalt wesentlicher materieller Prüfungsmaßstäbe zur Meidung bauordnungs- und -planungsrechtlicher Missstände. Bei anderen überwiegen die kritischen Ansätze am weiteren Rückzug der Bauaufsichtsbehörden bis hin zu der Befürchtung dadurch geradezu provozierter Rechtsverstöße bezüglich des nicht geprüften Bauordnungsrechts.

B. Baugenehmigung und Schlusspunkttheorie

Die Baugenehmigung als zentrale und wichtigste Gestattungsform der Bayerischen Bauordnung ist in Art. 68 BayBO 2008 geregelt und schriftlich zu erteilen, wenn dem Bauvorhaben keine öffentlich-rechtlichen Vorschriften entgegenstehen, die im bauaufsichtlichen Genehmigungsverfahren zu prüfen sind (Art. 68 Abs. 1 Satz 1 BayBO 2008 = Art. 68 Abs. 1 Satz 1, 1. Hs. BayBO 2008/2009). Sie ist als förmlicher Abschluss des auf Antrag des Bauherrn bei der zuständigen Baubehörde im Regelfall eingeleiteten Baugenehmigungsverfahrens und der damit verbundenen Zulässigkeitsprüfung anzusehen, begleitet das Vorhaben während dessen gesamter Dauer und sichert es (auch nach Fertigstellung) ab.[157] Mit der Baugenehmigung als Instrument präventiver Kontrolle gehen konkrete (Regelungs-)Wirkungen für den Bauherrn, aber auch für den Nachbarn einher. Ursprünglich bildete die Baugenehmigung – zumindest nach einer weit verbreiteten Meinung – zudem einen umfassenden verfahrensrechtlichen Schlusspunkt für ein Bauvorhaben. Nach dem herkömmlichen Gedanken der Baugenehmigung sollte die baupolizeiliche Sicherheitsprüfung mit dem Erlass der Baugenehmigung ein Ende finden. Dies bedeutete, dass zum Zeitpunkt der Erteilung der Bauerlaubnis nicht nur die im Wege des Baugenehmigungsverfahrens zu prüfenden Vorschriften abschließend zu beurteilen sind, sondern dass auch andere Genehmigungsverfahren abgeschlossen sein sollten. Dieses vor al-

---

[156] Vgl. *Molodovsky*, in: Koch/Molodovsky/Famers, BayBO, Einführung in die Bauordnung Rn 31a.
[157] Vgl. *Ortloff*, NVwZ 1995, S. 113.

lem in der Literatur propagierte Grundverständnis ist nicht nur durch die Gesetzgebung des Landesgesetzgebers, sondern auch durch die obergerichtliche Rechtsprechung aufgegeben worden.

I. (Regelungs-)Wirkungen der Baugenehmigung

Die Baugenehmigung ist als verfügende Entscheidung der Bauaufsichtsbehörde zur Regelung eines Einzelfalls auf dem Gebiet des öffentlichen Baurechts mit unmittelbarer Rechtsaußenwirkung nach der Begrifflichkeit des allgemeinen Verwaltungsrechts ein Verwaltungsakt[158] im Sinne des Art. 35 BayVwVfG. Im Konkreten handelt es sich um einen mitwirkungsbedürftigen Verwaltungsakt, der zwingend einen entsprechenden Antrag[159] des potentiellen Bauherrn verlangt, Art. 64 Abs. 1 Satz 1, Art. 50 Abs. 1 Satz 2 BayBO 2008. Das Baugenehmigungsverfahren mit der bauaufsichtlichen Zulässigkeitsprüfung, das mit dem Erlass oder der Versagung einer Baugenehmigung abschließt, ist ein reines Antragsverfahren, wobei der konkrete, schriftlich zu stellende Antrag in seinem Umfang den Verfahrensgegenstand bestimmt.[160] Je nachdem, ob die Baugenehmigung das zur Prüfung gestellte Bauvorhaben vorbehaltlos genehmigt, oder dieser z.B. Nebenbestimmungen im Sinne des Art. 36 BayVwVfG beigefügt sind, zeigt die Baugenehmigung einen begünstigenden oder zugleich auch belastenden Charakter (sog. Verwaltungsakt mit Doppelwirkung). Für den Antragsteller gänzlich belastend wäre eine Ablehnung des Bauantrags im Wege eines versagenden Bescheids. Auch im Verhältnis zu anderen Dritten, namentlich insbesondere zu Nachbarn, kann die Baugenehmigung belastender Verwaltungsakt, dann mit Drittwirkung im Sinne von § 80 a VwGO, sein, soweit mit der Baugenehmigung jedenfalls eine Einwirkung auf nachbarliche Rechte oder deren Beeinträchtigung einhergeht. Dies gilt z.B. dann, wenn dem Bauherrn mit der Baugenehmigung beantragte Abweichungen (Art. 63 Abs. 1 BayBO 2008) gewährt und Ausnahmen oder Befreiungen von materiellen Anforderungen (mit nachbarschützender Wirkung) erteilt werden. Die Baugenehmigung wirkt jedenfalls in-

---

[158] Vgl. *Busse/Dirnberger*, Die neue BayBO, Art. 68 Ziff. 1, S. 344; *Dürr/König*, Baurecht, Rn 365.
[159] Die Baugenehmigung darf als mitwirkungsbedürftiger Verwaltungsakt nicht ohne entsprechenden, das Verfahren bestimmenden Antrag erteilt werden. Eine gleichwohl ausgesprochene Baugenehmigung wäre rechtswidrig, könnte aber nach Art. 45 Abs. 1 Nr. 1 BayVwVfG geheilt werden, vgl. *Decker/Konrad*, Bayerisches Baurecht, Kap. II. Teil 4 Rn 6.
[160] Vgl. *Dürr/König*, Baurecht, Rn 350.

soweit belastend, als sie bei Genehmigung des zur Überprüfung gestellten Vorhabens feststellt, dass das Vorhaben keine öffentlich-rechtlichen Nachbarrechte verletzt und deshalb hinzunehmen ist.[161]

Die Baugenehmigung beschränkt ihre rein sachbezogenen Feststellungen – unter weiterer Berücksichtigung des jeweiligen Prüfungsmaßstabs – grundsätzlich[162] nur auf das öffentliche Baurecht. Aus Art. 68 Abs. 4 BayBO 2008, wonach die Baugenehmigung unbeschadet der privaten Rechte Dritter erteilt wird, folgt ausdrücklich, dass der Bauherr die privatrechtliche Umsetzbarkeit seines Bauvorhabens unabhängig von der öffentlich-rechtlichen Baugenehmigung betrachten muss und das Risiko der zivilrechtlichen Realisierbarkeit trägt.[163] Der Nachbar als betroffener Dritter ist indes nicht gehindert, beeinträchtigte private Rechte – außerhalb des Baugenehmigungsverfahrens und unabhängig davon – vor den ordentlichen Gerichten geltend zu machen. Die reine Sachbezogenheit der Baugenehmigung im Hinblick auf eine bauliche Anlage ergibt sich daraus, dass diese – anders als z.B. die Gaststättenerlaubnis nach § 2 i.V.m. § 4 Abs. 1 Satz 1 Nrn. 1 und 4 GaststättenG – nicht an Eigenschaften an eine Person gebunden ist, was allerdings nicht zugleich bedeutet, dass jeder weiteren Person das Recht zukommt, das genehmigte Bauvorhaben auszuführen. Auch wenn die Baugenehmigung an sich ein grundstücksbezogener Verwaltungsakt ist, kann von der Baugenehmigung nur der Bauherr, dem die Baugenehmigung erteilt

---

[161] Vgl. *Decker/Konrad*, Bayerisches Baurecht, Kap. II. Teil 4 Rn 6; *Dürr/König*, Baurecht, Rn 365 a.E.

[162] Nach h.M. kann die Baubehörde einen Bauantrag ablehnen, wenn ihr das Sachbescheidungsinteresse fehlt. Dieser Grundsatz greift insbesondere dort, wo der Antragsteller aus Gründen, die – so jedenfalls die Abgrenzung des BayVGH (vgl. hierzu aber kritisch Teil 2 A.IV.2.c) und 5.) – jenseits des durch den Antrag bestimmten Verfahrensgegenstandes liegen, an einer Verwertung der Baugenehmigung gehindert und diese deshalb für den Bauherrn nutzlos wäre. Eine solche Sachverhaltskonstellation kann sowohl bei fehlender zivilrechtlicher als auch öffentlich-rechtlicher (nicht erreichbarer) Berechtigung gegeben sein, vgl. *Decker/Konrad*, Bayerisches Baurecht, Kap. II. Teil 4 Rn 13; *Busse/Dirnberger*, Die neue BayBO (3. A.), Art. 68 Rn 2; bereits unter Berücksichtigung von Art. 68 Abs. 1 Satz 1, 2. Hs. BayBO 2008/2009 auch *Busse/Dirnberger*, Die neue BayBO, Art. 68 Ziff. 2, S. 345. Zur Problematik der Anwendung des Rechtsinstituts des fehlenden Sachbescheidungsinteresses auch in Fällen von Verstößen gegen im vereinfachten Baugenehmigungsverfahren nicht mehr prüfpflichtige (insbesondere bauordnungsrechtliche) Anforderungen vgl. Teil 2, dort insbesondere unter C. und D.

[163] Vgl. BGH, NJW 2000, S. 2996; *Busse/Dirnberger*, Die neue BayBO, Art. 68 Ziff. 2, S. 345.

worden ist, oder dessen Rechtsnachfolger, Art. 54 Abs. 2 Satz 3 BayBO 2008, Gebrauch machen.[164]

1. Genehmigungsvorbehalt des Bauordnungsrechts

Der Genehmigung eines Bauvorhabens nach Art. 68 BayBO 2008 bedarf es, da das bauliche Tätigwerden grundsätzlich einem sog. Verbot mit Erlaubnisvorbehalt unterliegt, wodurch eine präventive staatliche Kontrolle, Überprüfung und auch Überwachung[165] durch die Bauaufsichtsbehörden gewährleistet werden soll. Dieser Grundsatz ist in Art. 55 Abs. 1 BayBO 2008 normiert, wonach vorbehaltlich der Genehmigungsfreiheit in bestimmten Fällen (nach Art. 56 bis 58, 72 und 73 BayBO 2008) für die Errichtung, Änderung und Nutzungsänderung von Anlagen eine Baugenehmigung vonnöten ist. Der Gesetzgeber stellt diese Genehmigungsbedürftigkeit – sieht man von Ausnahmen wie etwa der Genehmigungsfreistellung ab – dem fünften Teil der BayBO 2008 unter Abschnitt II als Grundprinzip voran und bringt damit die grundsätzliche Zweckmäßigkeit und das Erfordernis einer vorbeugenden bauaufsichtlichen Kontrolle zum Ausdruck, um das Entstehen baurechtswidriger Zustände, die nur schwierig und mit üblicherweise unverhältnismäßigem Aufwand beseitigt werden können, zu verhindern.[166] *Schmidt-Preuß* bezeichnet den Genehmigungsvorbehalt als *„[...] fest gefügten – ja unverzichtbar scheinenden – Bestandteil der Verwaltungstradition [...]. Seit jeher verschafft er [auch] der Verwaltung die Möglichkeit, sich der Unbedenklichkeit privater Betätigung zu versichern und sie erst nach positivem Prüfergebnis freizugeben."*[167] Aufgrund der praxisrelevanten Ausweitung des Anwendungsbereichs insbesondere der Genehmigungsfreistellung wird mit der BayBO 2008 die seit jeher geltende Aussage, dass eine Baugenehmigung unabdingbare Voraussetzung rechtmäßigen Bauens ist und es kein Bauen ohne Baugenehmigung geben könne,[168] zwar nicht revidiert aber doch zumindest relativiert. Insoweit werden in der Literatur weitergehend auch die „Vollzugsdefizi-

---

[164] Vgl. *Decker/Konrad*, Bayerisches Baurecht, Kap. II. Teil 4 Rn 11; *Schwarzer/König*, BayBO, Art. 68 Rn 9.
[165] Vgl. *Busse/Dirnberger*, Die neue BayBO, Art. 55 Ziff. 1, S. 266: *„vorbeugende[...] Verwaltungskontrolle"*; vgl. *Koch/Hendler*, Baurecht, § 23 Rn 2 f, der zugleich die damit umgesetzte fundierte staatliche Schutzpflicht betont.
[166] Vgl. LtDrs. 15/7161 vom 15.01.2007, S. 59; LtDrs. 13/7008, S. 38.
[167] *Schmidt-Preuß*, in: 100 Jahre Allgemeines Baugesetz Sachsens, S. 588/589.
[168] Vgl. z.B. *Sacksofsky*, DÖV 1999, S. 947.

te"[169] im Bereich der staatlichen Überwachung betont. Denn auch im vereinfachten Baugenehmigungsverfahren trifft die Baugenehmigung nur noch hinsichtlich der in Art. 59 Satz 1 BayBO 2008 benannten Vorschriften eine Aussage, so dass alleine aus einer vorliegenden Baugenehmigung gerade nicht auf die (umfassende) Rechtmäßigkeit des Bauens geschlossen werden kann und darf. Das im öffentlichen Baurecht verankerte Erfordernis einer Baugenehmigung kann sicherlich als klassisches Schul- oder Paradebeispiel für ein grundrechtsbeschränkendes Verbot mit Erlaubnisvorbehalt bezeichnet werden, denn es stellt mit dem normierten Erlaubnisvorbehalt die typischerweise gewählte (Gesetzes-)Konstruktion bei für erforderlich gehaltenen (behördlichen) Eröffnungskontrollen dar.[170] Mit der BayBO 2008 und der Neufassung des Art. 68 BayBO 2008/2009 wird in dessen Absatz 1 Satz 1, 1. Hs. nunmehr positiv formuliert, dass die Baugenehmigung zu erteilen ist, wenn dem Bauvorhaben keine öffentlich-rechtlichen Vorschriften entgegenstehen, die im bauaufsichtlichen Genehmigungsverfahren zu prüfen sind.[171] Der Wortlaut des Art. 72 Abs. 1 Satz 1 BayBO 1998 war noch auf die Versagung der Baugenehmigung in ausschließlich den Fällen ausgerichtet, in denen das Vorhaben öffentlich-rechtlichen Vorschriften widerspricht. In redaktioneller Anpassung des Wortlauts an § 72 Abs. 1 MBO 2002 geht mit dem nunmehr positiv formulierten Wortlaut „[...] ist zu erteilen [...]" allerdings keine Veränderung in materieller Hinsicht einher. Die Entscheidung der Bauaufsicht über die Genehmigung eines Vorhabens wurde aufgrund der aus Art. 14 Abs. 1 GG[172] bzw. Art. 103 Abs. 1 BV[173] folgenden

---

[169] Vgl. *Koch/Hendler*, Baurecht, § 23 Rn 3; vgl. in Frage stellend – kritisch – auch *Jäde*, UPR 1998, S. 327.

[170] So auch *Ingold/Schröder*, BayVBl 2010, S. 428 m.w.N.; *Maurer*, Allgemeines Verwaltungsrecht, § 9 Rn 51.

[171] Nach Auffassung *Koehls* ist der Anspruch des Bauherrn auf Erteilung der Baugenehmigung dahingehend zu modifizieren, dass das Bauvorhaben nicht nur gegen keine öffentlich-rechtlichen Vorschriften verstoßen darf, die im jeweils einschlägigen Genehmigungsverfahren zu prüfen sind, sondern darüber hinaus auch ein ordnungsgemäßer Bauantrag gestellt sein muss. Letzteres Erfordernis will *Koehl* als verbindliche und gegebenenfalls zu sanktionierende Verpflichtung des Bauherrn verstanden wissen, bei abweichungsbedürftigen Vorhaben auch einen entsprechenden Abweichungsantrag stellen zu müssen, ohne den die Baugenehmigung nicht erteilt werden darf, vgl. *Koehl*, BayVBl 2009, S. 645 ff [648/649]; a.A. *Jäde*, in: Jäde/Dirnberger/Bauer, Die neue BayBO, Art. 59 Rn 38, wonach der Behörde ein Wahlrecht hinsichtlich ihrer Reaktion zukommen soll.

[172] Vgl. *Jarass*, in: Jarass/Pieroth, GG für die BRD, Art. 14 Rn 20; i.E. auch, aber durchaus kritisch *Bryde*, in: von Münch/Kunig, GG Band 1, Art. 14 Rn 15.

[173] Vgl. *Lindner*, in: Lindner/Möstl/Wolff, Verfassung des Freistaates Bayern, Art. 103 Rn 41 m.w.N. [Fn 81].

Baufreiheit auch schon vor der positiven Formulierung in Art. 68 Abs. 1 Satz 1 Hs. BayBO 2008 (Art. 68 Abs. 1 Satz 1, 1. Hs. BayBO 2008/2009) als gebundene Entscheidung[174] behandelt. Demzufolge war und ist der Behörde bei ihrer Entscheidung über den Bauantrag gerade kein Ermessen eingeräumt.

Angesichts des durch die Novelle des Jahres 2009 neu hinzugefügten 2. Halbsatzes in Art. 68 Abs. 1 Satz 1 BayBO 2008/2009 wird allerdings zunehmend in Frage gestellt, inwieweit der verfassungsrechtlich garantierte Anspruch auf Baufreiheit mit der Folge einer gebundenen Entscheidung über den Bauantrag überhaupt noch gewährsleistet ist. Die von den Kritikern[175] vorgebrachten Bedenken stützen sich auf die Überlegung, dass das präventive baurechtliche Verbot mit Erlaubnisvorbehalt als Inhalts- und Schrankenbestimmung des Eigentums (Art. 14 Abs. 1 GG) nicht in das Ermessen einer Behörde gestellt werden dürfe. Ein solches Ermessen wird von Teilen der Fachkritiker in der Neuregelung, derer zur Folge die Behörde den Antrag auch in den Fällen eines Verstoßes gegen sonstige öffentlich-rechtliche Vorschriften ablehnen darf, als gegeben gesehen. Bei der Würdigung dieser zum Teil vorgebrachten Forderung der Fachkritiker ist unter anderem auch die allgemeine Auffassung zu Grunde zu legen, dass es bei einem präventiven Verbot mit Erlaubnisvorbehalt – wie es typischerweise bei grundrechtsbeschränkenden Verboten mit sog. Eröffnungskontrolle gewählt wird – auch jenseits normierter Genehmigungsvoraussetzungen grundsätzlich kein Genehmigungsermessen gibt.[176] In Vorgriff zu den nachstehenden eingehenderen Untersuchungen zur Neuregelung des Art. 68 Abs. 1 Satz 1, 2. Hs. BayBO 2008/2009 und damit auch zu den diesbezüglich erhobenen Bedenken ist an dieser Stelle allerdings vorerst festzustellen, dass die gewählte Ausgestaltung der Norm als präventives Verbot mit Erlaubnisvorbehalt von der

---

[174] Vgl. *Dürr/König*, Baurecht, Rn 365; *Busse/Dirnberger*, Die neue BayBO, Art. 68 Ziff. 1, S. 344. Bei einer gebundenen Erlaubnis besteht grundsätzlich ein Rechtsanspruch auf die Erlaubnis. Die Baugenehmigung als gebundene Erlaubnis darf nur dann versagt werden, wenn das Vorhaben den im bauaufsichtlichen Genehmigungsverfahren zu prüfenden öffentlich-rechtlichen Vorschriften widerspricht. Zur Ausnahme des Grundprinzips des sog. „fehlenden Sachbescheidungsinteresses", demzufolge die (gebundene) Erlaubnis aus Gründen außerhalb des Prüfprogramms des konkreten Genehmigungsverfahrens versagt werden kann, siehe unten Teil 2.
[175] Vgl. v.a. *Koehl*, BayVBl 2009, S. 645 ff [651]; diskutierend auch *Ingold/Schröder*, BayVBl 2010, S. 428; a.A. allerdings *Jäde*, BayVBl 2009, S. 709, oder auch *Wolf*, BayBO – Kurzkommentar, Art. 59 Rn 27.
[176] Vgl. *Ingold/Schröder*, BayVBl 2010, S. 428 m.w.N.; *Maurer*, Allgemeines Verwaltungsrecht, § 9 Rn 51; *Sachs*, in: Stellens/Bonk/Sachs, Verwaltungsverfahrensgesetz, § 40 Rn 20.

Ergänzung in Art. 68 Abs. 1 Satz, 2. Hs. BayBO 2008/2009 unberührt bleibt. Ein in diesem Kontext nunmehr möglicherweise eingeräumtes Ermessen und eine etwaige damit einhergehenden Preisgabe des gebundenen Charakters der Behördenentscheidung ist eine davon getrennt zu betrachtende (Folge-)Frage.

2. Feststellungswirkung

Am Ende ihrer Überprüfung stellt die Bauaufsichtsbehörde die Vereinbarkeit des Vorhabens mit den zur Zeit der Genehmigung geltenden und von der Baubehörde jeweils zu prüfenden Vorschriften fest. Damit folgt aus dem Wesen des vereinfachten Genehmigungsverfahrens, welches gemäß Art. 59 Satz 1 BayBO 2008 einen beschränkten Prüfungsumfang aufweist, dass die Feststellungswirkung der Baugenehmigung die Übereinstimmung des Vorhabens nur mit den öffentlich-rechtlichen Vorschriften erfasst, die in diesem Verfahren zu prüfen sind.[177] Aufgrund dieser von der Baugenehmigung getroffenen Regelungen, die – in abstrahierter Weise ausgedrückt – ein Rechtsverhältnis bzw. einzelne sich daraus ergebende Rechte oder Pflichten für den Bauherrn verbindlich und in einer der Rechtsbeständigkeit fähigen Weise feststellen[178], ist die Baugenehmigung zudem ein feststellender Verwaltungsakt. Dies bedeutet, dass mit der Baugenehmigung[179] über die Tatbestandswirkung hinaus, die nur die durch den Verwaltungsakt getroffene Regelung als solche erfasst, eine Feststellungswirkung verbunden ist, die der eigentlichen Entscheidung zugrunde liegende Elemente mit in die Bindungswirkung einbezieht.[180] Es ist zwischen den Genehmigungsvoraussetzungen und dem Genehmigungsinhalt zu differenzieren.[181] Den sog. echten Anlagengenehmigungen wird ein verbindlicher Inhalt zugeschrie-

---

[177] Vgl. BVerwG, NVwZ 1998, S. 58; BayVGH, BRS 62 Nr. 166 und BRS 65 Nr. 166; *Jäde*, ZfBR 1996, S. 241; *Knuth*, in: Wilke/Dageförde/Knuth/Meyer/Broy-Bülow, Bauordnung für Berlin (6. A.), § 64 Rn 16 m.w.N.; *Uechtritz*, NVwZ 1996, S. 640, 646 f.

[178] Vgl. *Kopp/Ramsauer*, VwVfG, § 35 Rn 92 ff; vgl. auch *Busse/Dirnberger*, Die neue BayBO, Art. 68 Ziff. 1, S. 344.

[179] Vgl. *Koehl*, BayVBl 2009, S. 647, der darauf hinweist, dass für die Feststellungswirkung die Baugenehmigung in Form des behördlichen Schreibens mit dessen Inhalt und nicht die Bauvorlagen, auch wenn sie mit Genehmigungsvermerken versehen sind, ausschlaggebend sind, denn letzteren kommt nur eine erläuternde und konkretisierende Funktion zu. Vgl. auch *Jäde*, in: Jäde/Dirnberger/Bauer, Die neue BayBO, Art. 68 Rn 155 m.w.N.; vgl. insbesondere auch Teil 3 B.II.

[180] Vgl. *Kopp/Ramsauer*, VwVfG, § 43 Rn 26; *Maurer*, Allgemeines Verwaltungsrecht, § 11 Rn 9.

[181] Vgl. hierzu *Gaentzsch*, NJW 1986, S. 2790 f.

ben.[182] Im Konkreten stellt die Baugenehmigung als feststellender Verwaltungsakt fest, dass dem Vorhaben im Zeitpunkt der Erteilung der Genehmigung öffentlich-rechtliche Vorschriften, die im Baugenehmigungsverfahren zu prüfen sind, nicht entgegenstehen, das Vorhaben also insoweit dem materiellen Recht entspricht. Diese Feststellung bezieht sich auf das bestimmte und im Bauantrag und in den Bauvorlagen bezeichnete Vorhaben als Ganzes. Wie bereits erläutert bestimmt der Bauantrag nach Art. 64 BayBO 2008 den Gegenstand des Baugenehmigungsverfahrens. Abgesehen von der Ausnahme mehrerer selbständiger Bauvorhaben ist die Baugenehmigung bezogen auf das zur Genehmigung gestellte Vorhaben unteilbar. Dies hat grundsätzlich zur Folge, dass der Verstoß gegen zu prüfende Vorschriften eines beschränkten Teils des Gesamtvorhabens grundsätzlich die Rechtswidrigkeit des gesamten Vorhabens und damit der gesamten Baugenehmigung nach sich zieht.[183]

Erlangt die Bauaufsichtsbehörde die Erkenntnis, dass das zur Genehmigung gestellte Bauvorhaben nicht vereinbar mit zu prüfenden geltenden Vorschriften ist, und erlässt sie deshalb gegenüber dem Bauherrn einen die Baugenehmigung versagenden Bescheid, kommt diesem Verwaltungsakt nach Auffassung der herrschenden Meinung keine erweiternde Feststellungswirkung zu.[184] Dieser Bescheid wird als auf die Tatbestandwirkung beschränkt angesehen, d.h. dieser Verwaltungsakt begrenzt seine Aussage auf die Ablehnung. Dies zieht insbesondere die Folge nach sich, dass der Antragsteller nicht gehindert ist, den Bauantrag erneut bzw. auch einen neuen andersartigen Bauantrag für das gleiche Baugrundstück zu stellen.[185] Bei einer von der Bauaufsichtsbehörde fälschlicherweise und unbefugt vorgenommenen Erweiterung des ihr gesetzlich vorgegebenen Prüfprogramms und damit der Genehmigungsvoraussetzungen mit der Folge eines die Baugenehmigung versagenden Bescheids aufgrund eines Verstoßes gegen eine Vorschrift außerhalb des einschlägigen Prüfkatalogs erstreckt sich die Feststellung des Ablehnungsbescheids nicht auf diese Behördenerkenntnis. Der Bauherr kann vielmehr – prozessual im Wege der Verpflichtungs-

---

[182] Vgl. *Ehlers*, in: FS für Bartlsperger, S. 464.
[183] Vgl. *Decker/Konrad*, Bayerisches Baurecht, Kap. II. Teil 4 Rn 12 m.w.N. auf BayVGH vom 03.05.1999, Az. 15 B 96.189.
[184] Vgl. BVerwGE 48, S. 271 = BauR 1975, S. 410; BVerwGE 85, S. 11 [17] = BRS 49 Nr. 160; BGH, NJW 1984, S. 1169 = BauR 1984, S. 501; BayVGH, BayVBl. 1989, S. 312; *Ortloff*, NJW 1987, S. 1665 ff [1670] m.w.N.
[185] Vgl. *Busse/Dirnberger*, Die neue BayBO, Art. 68 Ziff. 1, S. 344; *Decker/Konrad*, Bayerisches Baurecht, Kap. II. Teil 4 Rn 9.

klage – die Erteilung der Genehmigung verlangen, sofern die für das konkrete Genehmigungsverfahren geregelten Anspruchsvoraussetzungen vorliegen[186] und die Behörde nicht (rechtmäßig) von der Befugnis nach Art. 68 Abs. 1 Satz 1, 2. Hs. BayBO 2008/2009 Gebrauch gemacht hat. Eine Erweiterung des Regelungsgehalts der ablehnenden Behördenentscheidungen mit entsprechender Erweiterung des Streitgegenstandes der Verpflichtungsklage in einem sich anschließenden Verwaltungsrechtsprozess findet auch in diesen Fällen keine gesetzliche Grundlage.[187] Davon streng zu unterscheiden sind im Übrigen aber die Rechtswirkungen von gegenüber den Prüfprogrammen ausgedehnten bauaufsichtsbehördlichen Feststellungen im genehmigenden Bescheid.

Die Reichweite und damit die Bedeutung der Feststellungswirkung einer Baugenehmigung wird seit der weiteren Reduzierung der Prüfprogramme und dem entsprechenden Behördenhandeln vermehrt diskutiert und in Frage gestellt, da der Kreis nicht zu prüfender Bauordnungsvorschriften nicht nur erheblich ausgeweitet, sondern für das vereinfachte Baugenehmigungsverfahren, sieht man von der Prüfung örtlicher Bauvorschriften[188] und von Abweichungen auf Antrag ab, sogar auf null reduziert wurde. Seit der Novelle 2008 ist es dabei aufgrund der weiteren Ausdünnung des bauaufsichtlichen Prüfprogramms jedenfalls für die im vereinfachten Baugenehmigungsverfahren erteilte Baugenehmigung durchaus angezeigt, nicht lediglich von einer beschränkten, sondern stattdessen von einer nur noch sektoralen[189] Feststellungswirkung zu sprechen.

3. Gestaltungswirkung

Neben der Feststellungswirkung ist die Gestaltungswirkung eine weitere maßgebliche Aussage, die mit der Baugenehmigung einhergeht. Mit ihr – der Gestaltungswirkung – wird der verfügende[190] bzw. auch rechtsgestaltende[191] Charakter

---

[186] Vgl. OVG RP, Urteil vom 22.10.2008, Az. 8 A 10942/08, BauR 2009, S. 800.
[187] Vgl. OVG RP, Urteil vom 22.10.2008, Az. 8 A 10942/08, BauR 2009, S. 800.
[188] Vgl. i.S.d. Art. 81 Abs. 1 BayBO 2008, vgl. Art. 59 Satz 1 Nr. 1, 2. Alt. BayBO 2008.
[189] In Anlehnung an die von der Literatur inzwischen gebrauchte Terminologie im Zusammenhang mit der Baugenehmigung i.S.e. nur noch „sektoralen Unbedenklichkeitsbescheinigung", vgl. etwa *Numberger*, BayVBl 2008, S. 742; *Hornmann*, HBO, § 54 Rn 97. Vgl. hierzu auch *Decker*, BauR 2008, S. 451, der von einer *„kastrierten Baugenehmigung"* spricht. Vgl. auch Teil 1 C.II.5.
[190] Vgl. *Decker/Konrad,* Bayerisches Baurecht, Kap. II. Teil 4 Rn 9.
[191] Vgl. *Dürr/König*, Baurecht, Rn 365.

der Baugenehmigung beschrieben. Bauliche Tätigkeiten unterliegen einem grundsätzlichen präventiven (Bauerrichtungs-/ Änderungs-/ bzw. Nutzungsänderungs-)Verbot mit Erlaubnisvorbehalt. Dieser in Art. 55 Abs. 1 BayBO 2008 normierte Grundsatz[192] verbietet dem Bauwilligen, mit den seinerseits beabsichtigten Bautätigkeiten zu beginnen, ehe ihm diese durch die Baugenehmigungsbehörde durch eine Baugenehmigung gestattet worden sind. Der Baugenehmigung nach Art. 68 BayBO 2008 kommt deshalb insoweit ein verfügendes Moment zu, indem sie dieses formelle präventive Verbot aufhebt. In ihrem rechtsgestaltenden Teil gibt sie den Bau in Form der (Neu-)Errichtung, Änderung oder Nutzungsänderung frei, wie Art. 68 Abs. 5 BayBO 2008 deutlich macht. Die Baugenehmigung im Sinne des Art. 68 BayBO 2008 nimmt allerdings ausschließlich auf das in Art. 55 Abs. 1 BayBO 2008 normierte präventive Verbot Bezug. Dies bedeutet insbesondere, dass zum einen der Bau nur öffentlich-(bau-)rechtlich freigegeben wird und über die privatrechtliche Zulässigkeit – wie zudem Art. 68 Abs. 4 BayBO 2008 zeigt – keine Aussage[193] getroffen wird und dass zum anderen ein in anderen Vorschriften begründetes Verbot mit Erlaubnisvorbehalt von der Baugenehmigung nicht tangiert wird und dieses uneingeschränkt Wirkung hat.[194] Die feststellende und gestaltend-verfügende Wirkung der Baugenehmigung korrespondieren dergestalt, dass letztere die Folgerungen aus jener zieht und daher auch nicht weiterreichen kann. Diese korrespondierende Wirkung beschreibt demnach die Abhängigkeit der Reichweite der Gestaltungswirkung – also letztlich der Baufreigabe – von der Reichweite der Feststellungswirkung.[195] Diese beiden Elemente der Baugenehmigung dürfen daher nie isoliert voneinander betrachtet werden. Die Aufhebung des Bauverbots ist dann unter Umständen eingeschränkt[196] und von partieller Natur.

---

[192] Vgl. oben Teil 1 B.III.1.
[193] Eine Einschränkung besteht dahingehend, als nach (z.T.) umstrittener Auffassung die zivilrechtliche Zulässigkeit und Realisierbarkeit auf die Erteilung der Baugenehmigung dennoch Einfluss nehmen kann. Eine Verbindung dieser Rechtskreise besteht, wenn die öffentlich-rechtliche Baugenehmigung wegen des sog. fehlenden Sachbescheidungsinteresses versagt wird, weil von der öffentlich-rechtlichen Gestattung offensichtlich kein Gebrauch gemacht werden kann. Siehe hierzu ausführlich unten Teil 2 A.IV. [A.IV.3.a)] und C.II.1. Vgl. auch BayVGH, BayVBl 1999, S. 215; BVerwG, BayVBl 1990, S. 602; VGH BW, BauR 1998, S. 526; *Busse/Dirnberger*, Die neue BayBO, Art. 68 Ziff. 2, S. 345.
[194] Vgl. Großer Senat des BayVGH, BayVBl 1993, S. 370 = NVwZ 1994, S. 304 = JuS 1994, S. 441.
[195] Vgl. *Ehlers*, in: FS für Bartlsperger, S. 465.
[196] Dazu nachstehend in Teil 1 B.II.2.

II. Vormalige Konzeption als umfassende Unbedenklichkeitsbescheinigung

Die herkömmliche Baugenehmigung in ihrer ursprünglichen Gestalt und Konzeption, d.h. die insbesondere nicht nur in einem vereinfachten Verfahren mit reduziertem Prüfprogramm erteilte Baugenehmigung, war auf eine grundsätzlich umfassende Prüfung[197] sämtlicher Anforderungen und Vorgaben ausgerichtet, welche in öffentlich-rechtlichen Vorschriften an das jeweils konkrete Bauvorhaben gestellt wurden. Aufgrund der mit der Baugenehmigung verbundenen Feststellungswirkung, welche wie ausgeführt grundsätzlich die Vereinbarkeit mit den zu prüfenden Vorschriften feststellt, vermittelt diese Erlaubnis dem Bauherrn Rechtssicherheit dahingehend, dass sie sein Bauvorhaben vor nachträglichen Eingriffen wie Nutzungsverboten, Stilllegungs- oder Abrissverfügungen, denen es insbesondere bei nachträglichen Rechtsänderungen ausgesetzt ist, schützt. Dieses Rechtssicherheit und Klarheit vermittelnde Moment erstreckt sich nicht nur auf den Bauherrn. Wie *Schmidt-Preuß*[198] hervorhebt, verschafft die umfassende Prüfung auch der Verwaltung – im Konkreten der Bauaufsichtsbehörde – die Möglichkeit, sich der Unbedenklichkeit privater Bautätigkeit zu versichern. Ob diese angesichts des damit einhergehenden Verwaltungsaufwands ein tatsächliches Interesse daran hat, steht sicherlich auf einem anderen Blatt. Beschränkt auf den vorgegebenen Rahmen des jeweils einschlägigen Prüfungsumfangs soll die Baugenehmigung zwar immer noch – wie der BayVGH in seinem Beschluss vom 15. September 1998[199] zumindest auf die alte Rechtslage der BayBO feststellt – eine weitreichende Unbedenklichkeitsbescheinigung mit dem Zweck sein, die Erfüllung aller im Verfahren zu prüfenden öffentlich-rechtlichen Voraussetzungen sicherzustellen. Wenn auch nicht mehr uneingeschränkt, so entsprach das Prüfprogramm des Art. 72 Abs. 1 BayBO 1998 doch tendenziell noch eher der ursprünglichen Konzeption in Form einer umfassenden öffentlich-rechtlichen Unbedenklichkeitsbescheinigung. Gerade aber vor dem Hintergrund der erneuten Reduzierung des Prüfprogramms im vereinfachten Baugenehmigungsverfahren als „Quasi-Regelverfahren" ist die Aussage des BayVGH aus dem Jahr 1998 zwischenzeitlich sicherlich zu relativieren. Die vom Bayerischen Gesetzgeber mit den Novellen in den Jahren 1994 und 1998 veranlasste Aufgabe der Baugenehmigung als öffentlich-rechtliche Unbedenk-

---

[197] Vgl. *Decker*, BauR 2008, S. 445.
[198] Vgl. *Schmidt-Preuß*, in: 100 Jahre Allgemeines Baugesetz Sachsen, S. 588/589.
[199] Vgl. BayVGH, BayVBl 1999, S. 309.

lichkeitsbescheinigung wurde mit der BayBO 2008 nochmals bestätigt sowie deren Aussage im Sinne der getroffenen Feststellung nochmals weiter eingeschränkt.[200] Der Regelungsgehalt der Baugenehmigung wird durch das materielle Prüfprogramm des jeweils einschlägigen Genehmigungsverfahrens bestimmt und durch dieses zugleich beschränkt. Insoweit kann im Zusammenhang mit der Baugenehmigung nur noch von einer beschränkten öffentlich-baurechtlichen Unbedenklichkeitsbescheinigung[201] gesprochen werden, deren Aussageumfang abhängig vom jeweiligen Genehmigungsverfahren mehr oder weniger stark eingeschränkt ist. Es entfällt damit inzwischen für alle (neuen) Genehmigungsverfahren eine von der Baugenehmigung ausgehende umfassende Rechtssicherheit. Im Hinblick auf das vereinfachte Baugenehmigungsverfahren mit seinem stark eingeschränkten Prüfprogramm ist bezüglich der Baugenehmigung zutreffend nur noch von einer bauplanungsrechtlichen Genehmigung[202] die Rede.

1. Prüfprogramme als Präventivkontrolle

Bauliche Tätigkeiten werden – gleich ob es um eine Neuerrichtung, Änderung oder Nutzungsänderung baulicher Anlagen geht – maßgeblich durch das öffentliche Recht beurteilt. Die Bayerische Bauordnung regelt im III. Abschnitt des fünften Teils das Genehmigungsverfahren für genehmigungspflichtige Vorhaben (Art. 55 Abs. 1 BayBO 2008). Die jeweilige Genehmigungsverfahrensart bestimmt sich nach dem konkreten Bauvorhaben, indem zwischen solchen Vorhaben zu unterscheiden ist, die dem vereinfachten Baugenehmigungsverfahren (Art. 59) unterfallen, und solchen, die dem „allgemeinen"[203] Baugenehmigungsverfahren (Art. 60) zugeordnet sind. Für beide Verfahren verwendet die Bayerische Bauordnung den Sammelbegriff des bauaufsichtlichen Genehmigungsver-

---

[200] Vgl. hierzu *Jäde/Famers*, BayVBl 2008, S. 35; *Jäde,* BayBO 1998/2008 – Textsynopse, S. 205.
[201] Vgl. *Molodovsky*, in: Koch/Molodovsky/Famers, BayBO, Art. 59 Rn 37 m.w.N. BayVGH, BayVBl 2000, S. 377, BayVBl 2002, S. 499; vgl. auch *Erbguth/Stollmann*, JZ 1995, S. 1145.
[202] Vgl. so schon im Hinblick auf die BayBO 1998 *Seidel*, Privater Sachverstand und staatliche Garantenstellung, S. 261.
[203] Bezüglich Art. 60 BayBO 2008 (amtl. Überschrift: Baugenehmigungsverfahren) ist die Begrifflichkeit uneinheitlich: *Wolf* spricht z.B. vom „regulären" Baugenehmigungsverfahren, vgl. *Wolf*, BayBO – Kurzkommentar, Art. 2 Rn 24, Art. 60 Rn 1; bei *Busse/Dirnberger* ist vom „herkömmlichen" Baugenehmigungsverfahren die Rede, vgl. *dies.,* Die neue BayBO, Art. 60 Ziff. 1, S. 308, und Ziff. 2, S. 309; ebenso im Gesetzentwurf der Staatsregierung zur Änderung der Bayerischen Bauordnung, vgl. LtDrs. 15/7161 vom 15.01.2007, S. 37.

fahrens (Art. 68 Abs. 1 BayBO 2008). Das allgemeine bzw. herkömmliche Verfahren war vor der Reform 2008 nicht eigenständig geregelt. Hier spiegelt sich das Verständnis der Baugenehmigung als umfassende Unbedenklichkeitsbescheinigung wider, denn soweit bestimmten Vorhaben kein speziell normierter Prüfkatalog zugeordnet wurde, war im Baugenehmigungsverfahren eine umfassende Prüfung durchzuführen, vgl. Art. 72 Abs. 1 Satz 1, 1. Hs. BayBO 1998. Lediglich mit den Sätzen 2 und 3 des Art. 72 Abs. 1 BayBO 1998 wurden für den allgemein-umfassenden Prüfungsfall bestimmte Regelungsbereiche von der Prüfung ausgenommen. Das vereinfachte Baugenehmigungsverfahren, das dem Baugenehmigungsverfahren nach Art. 60 BayBO 2008 nun auch systematisch vorangestellt ist, beschreibt – anders als dies der Wortlaut vermuten lassen könnte – das Standardbaugenehmigungsverfahren bzw. das Genehmigungsverfahren für den Regelfall. Dies ist Ausfluss der Anwendungsbereiche beider Vorschriften. Bereits seit der BayBO 1998, mit der das vereinfachte Baugenehmigungsverfahren seinen auch gegenwärtig noch gültigen Geltungsbereich erhalten hat, unterliegen alle Bauvorhaben bis zur Sonderbaugrenze dem vereinfachten Baugenehmigungsverfahren. In Bayern werden in etwa 79% der genehmigungspflichtigen Bauvorhaben nach dieser Verfahrensart behandelt.[204] Dem allgemeinen bzw. herkömmlichen Baugenehmigungsverfahren nach Art. 60 BayBO 2008 unterfallen dagegen nur noch 6% der genehmigungspflichtigen Vorhaben. Es beschreibt demnach faktisch das Genehmigungsverfahren für Sonderbauten.

Für beide Genehmigungsverfahren der BayBO 2008 ist kennzeichnend, dass nunmehr sowohl für das vereinfachte Baugenehmigungsverfahren als auch für das allgemeine Baugenehmigungsverfahren die zu prüfenden Vorschriften positiv normiert sind, vgl. Art. 59 Satz 1 und Art. 60 Satz 1 BayBO 2008. In beiden Verfahrenstypen ist ein abschließender Katalog der zu prüfenden Vorschriften aufgenommen worden. Der Regelungsgehalt der Baugenehmigung ist sowohl für das einfache als auch für das allgemeine Genehmigungsverfahren auf das materielle Prüfprogramm des jeweiligen Satzes 1 der Art. 59 und 60 BayBO 2008 beschränkt. Zwar werden im Anwendungsbereich des Art. 60 unbeschadet des Art. 62 noch alle Vorschriften des Bauordnungsrechts geprüft (vgl. Art. 60 Satz 1 Nr. 2 BayBO 2008), die Prüfung in Bezug auf die außerhalb des eigentlichen Baurechts liegenden fachlichen Vorschriften wird allerdings beschränkt.

---

[204] Vgl. LtDrs. 15/7161 vom 15.01.2007, S. 37; *Wolf*, in: Simon/Busse, BayBO, Art. 59 Rn 2; *Jäde*, BayBO 1998/2008 – Textsynopse, S. 9.

Nach Art. 60 Satz 1 Nr. 3 findet in diesem Bereich eine Prüfung nur dann statt, wenn wegen der Baugenehmigung eine Entscheidung nach anderen öffentlich-rechtlichen Vorschriften entfällt, ersetzt oder eingeschlossen wird. Man spricht hier vom „aufgedrängten" sonstigen öffentlichen Recht. Trotz dieser Einschränkungen entspricht die Baugenehmigung nach Art. 60 BayBO 2008 aber aufgrund der gleichwohl noch vergleichbar tendenziell weiträumigen Prüfung noch eher dem ursprünglichen Bild und Verständnis der Baugenehmigung zurückliegender Tage. Das Prüfprogramm des vereinfachten Baugenehmigungsverfahrens in der alten Fassung nach Art. 73 Abs. 1 BayBO 1998 entspricht heute weitestgehend dem Prüfprogramm des allgemeinen, nicht vereinfachten Genehmigungsverfahrens nach Art. 60 BayBO 2008.[205] Die nochmals mit der BayBO 2008 fortgesetzte Einschränkung der zu prüfenden Vorschriften des vereinfachten Baugenehmigungsverfahrens gilt als Kernstück der Änderungsnovelle 2008 mit der Zielsetzung, die behördliche Kontrolltätigkeit zurückzunehmen und damit zugleich die Eigenverantwortlichkeit des Bauherrn zu stärken.

Die präventive Prüfung eines Vorhabens anhand der normierten Prüfkataloge im Vorfeld des Baubeginns und der weiteren Bauausführung ist wesentlicher Bestandteil der Tätigkeiten der Bauaufsichtsbehörden. Erst durch deren positiven Abschluss in Form der Genehmigungserteilung entfällt das die Bautätigkeit des Bauherrn einschränkende präventive Bauverbot. Diese präventiv-administrative Kontrolle[206] der Verwaltung wird ergänzt durch die repressiven bauaufsichtlichen Maßnahmen des IV. Abschnitts sowie durch die Vorschriften über die Bauüberwachung im V. Abschnitts des fünften Teils der BayBO 2008. Die präventive Bauaufsicht in Kombination mit dem Genehmigungsvorbehalt verfolgt das Ziel, die Bautätigkeiten in geordnete und strukturierte Bahnen zu lenken sowie vor allem deren Einhaltung zu gewährleisten. Sicherlich wird die Einhaltung der Vorschriften nicht ausschließlich mittels der Durchführung eines behördlichen Genehmigungsverfahrens sichergestellt. In erster Linie sind der Bauherr und sein Planersteller für die selbstregulative Prüfung verantwortlich, wie Art. 55 Abs. 2 BayBO zeigt. Die Durchführung eines Genehmigungsverfahrens verschafft den Bauaufsichtsbehörden allerdings nicht nur einen Überblick über die Bautätigkeit in ihrem Zuständigkeitsbereich, welcher sich nämlich auch

---

[205] Vgl. *Jäde/Famers*, BayVBl 2008, S. 35.
[206] Vgl. hierzu auch *Koch/Hendler*, Baurecht, § 23 Rn 2 f.

mit einer bloßen Anzeige[207] erreichen ließe (vgl. z.B. Art. 58 Abs. 3 Satz 1, 1. Hs., Art. 68 Abs. 5 Nr. 3, Abs. 7, Art. 78 Abs. 1 Satz 1 BayBO 2008), sondern verhindert in erster Linie auch die Schaffung vollendeter oder nur unter großen Schwierigkeiten wieder abzuwendender Tatsachen. Der Gesetzgeber greift sich in Abhängigkeit von der Schwierigkeit des jeweiligen Vorhabens die – nach seiner Einschätzung – wichtigsten Vorschriften heraus, die, wie es in Art. 3 Abs. 1 Satz 1 BayBO 2008 festgehalten ist, den Schutz der öffentlichen Sicherheit und Ordnung, insbesondere des Leben und der Gesundheit sowie der natürlichen Lebensgrundlagen, sicherstellen sollen. Differenzierend nach den jeweiligen Anwendungsbereichen setzt er durch die Festlegung des Umfangs der Prüfprogramme Prioritäten. Er fasst diese Vorschriften, die er in jedem Fall als überprüfenswert und -notwendig erachtet in den präventiven Prüfprogrammen des Art. 59 Satz 1 und Art. 60 Satz 1 BayBO 2008 zusammen. Ob gerade mit Blick auf den Prüfkatalog des vereinfachten Genehmigungsverfahrens die wichtigsten Vorschriften, welche die öffentliche Sicherheit und Ordnung betreffen, noch erfasst sind, darf allerdings in Frage gestellt werden.

Die Vorgabe, welches der beiden Verfahren von der Baugenehmigungsbehörde zu beschreiten ist, wird ausschließlich vom Gesetz getroffen. Der Bauantrag des Bauherrn, mit dem er sein Vorhaben zur Genehmigung stellt, erstreckt sich nicht auf eine Wahlmöglichkeit hinsichtlich des Verfahrens, d.h. er kann, z.B. mit der Absicht eine umfassendere Bescheinigung im Sinne des allgemeinen Verfahrens nach Art. 60 BayBO 2008 zu erringen, kein bestimmtes Verfahren wählen, beantragen oder bestimmen.[208]

2. Partieller Bestandsschutz

Die mit der Baugenehmigung einhergehende Feststellungswirkung vermittelt einem Vorhaben auch entsprechenden Bestandsschutz. Dies bedeutet, dass die Baugenehmigung verbindlich erklärt, dass das Bauvorhaben im Zeitpunkt der Erteilung der Genehmigung den geltenden – zu prüfenden – Vorschriften nicht

---

[207] Vgl. hierzu z.B. auch das sog. Kenntnisgabeverfahren gemäß § 51 LBO (BW).
[208] Vgl. *Molodovsky*, in: Koch/Molodovsky/Famers, BayBO, Art. 59 Rn 5; vgl. eingehend Teil 1 C.II.1.

widerspricht[209] und schützt das genehmigte Vorhaben damit auch nach Verwirklichung vor etwaigen späteren Eingriffen wie Nutzungsverboten, Stilllegungs- und Abrissverfügungen, vgl. Art. 75 f BayBO 2008. Auch sichert die Baugenehmigung den rechtlichen Bestand sowie die entsprechende Nutzung. Die bestandsschützende Funktion formalisierter Rechts- und Genehmigungsverfahren darf in ihrer Bedeutung nicht unterschätzt werden, gewährleistet sie doch Rechtssicherheit[210] und schützt damit vor allem auch die wirtschaftlichen Interessen des Bauherrn.[211] Geht es dem Bauherrn um eine umfassende Investitionssicherheit, muss er sich diese fortan selbst beschaffen.[212] Die Reichweite der bestandsschützenden Feststellungen erstreckt sich nämlich grundsätzlich nur auf die Vorschriften, die im jeweils einschlägigen Baugenehmigungsverfahren zu prüfen sind. Die Bayerische Bauordnung schreibt diese Einschränkung im neuen Art. 68 Abs. 1 Satz 1, 1. Hs. a. E. BayBO 2008/2009 fest. Zu den anderen, nach Art. 55 Abs. 2 BayBO 2008 uneingeschränkt einzuhaltenden Vorschriften äußert sich die Baubehörde nicht. Je weniger umfassend das konkrete präventive Prüfprogramm, desto eingeschränkter ist auch der durch die Baugenehmigung vermittelte Bestandsschutz. Aufgrund der Beschränkung des Prüfungsumfangs im vereinfachten Genehmigungsverfahren auf das Planungsrecht und die örtlichen Bauvorschriften ist spiegelbildlich hierzu auch die Feststellung der Genehmigung nur auf die bauaufsichtlich geprüften Vorschriften begrenzt.[213] Der Umfang der rechtsschutzvermittelnden Feststellungswirkung wird verbindlich gesetzlich definiert. Der Bauherr hat es insbesondere nicht in der Hand, den partiellen Bestandsschutz seiner Baugenehmigung – z.B. auf Antrag – zu erweitern. Ein erweiterter Bestandsschutz besteht allenfalls über Art. 59 Satz 1 Nr. 2 BayBO 2008 insoweit, als für das Bauvorhaben materiell-rechtliche Abweichungen von grundsätzlich nicht dem Prüfprogramm zugehörigen Vorschriften erforderlich sind, diese nach Art. 63 BayBO 2008/2009 beantragt und genehmigt wurden. Aufgrund der nur eingeschränkten bauaufsichtlichen Prüfung „zerfällt" das Vorhaben in einen durch die Baugenehmigung legalisierten und in einen al-

---

[209] Vgl. *Busse/Dirnberger*, Die neue BayBO, Art. 68 Ziff. 1, S. 344; *Decker/Konrad*, Bayerisches Baurecht, Kap. II. Teil 4 Rn 7.
[210] Vgl. hierzu die kritische Würdigung im Hinblick auf das deregulierte Bauordnungsrecht bei *Lohmöller*, Anwendungsbezogene Rechtsschutzkompensation, S. 168 ff.
[211] Vgl. *Bock*, DVBl 2006, S. 12, 17.
[212] Vgl. *Preschel*, DÖV 1998, S. 45. Vgl. auch *Decker*, BauR 2008, S. 451, der feststellt, dass die Baugenehmigung für den Bauherrn keine Investitionssicherheit mehr vermittle.
[213] Vgl. *Wolf*, BayBO – Kurzkommentar, Art. 59 Rn 28 m.w.N.; vgl. auch *Molodovsky*, in: Koch/Molodovsky/ Famers, Bayerische Bauordnung, Art. 59 Rn 37 f.

lein im Verantwortungsbereich des Bauherrn liegenden Teil und genießt damit nur noch eingeschränkten, also partiellen Bestandsschutz.[214] Mit der erweiterten Einschränkung des präventiven Kontrollverfahrens geht auch ein reduzierter, in seinem Aussagegehalt beschränkter Bestandsschutz einher, der sich in erster Linie für den Bauherrn als wesentliches Element für Planungs- und Rechtssicherheit darstellt. Spiegelbildlich vermochte der Nachbar als von dem Bauvorhaben betroffener Dritter diese Feststellungen anzugreifen und zur Überprüfung zu stellen, soweit die Feststellungen auch dessen subjektive öffentlich-rechtliche Interessen betrafen. Bezogen auf den Aussagegehalt der Baugenehmigungen, die nach dem reformierten Prüfkatalog beurteilt werden, haben sich diese Möglichkeiten nunmehr verschlechtert. Feststellungen betreffend nachbarschützende Vorschriften werden kaum, ja wenn nicht sogar überhaupt nicht mehr getroffen. Die Kritik des gänzlichen Verlusts der verfahrensrechtlichen Bestandskraft, welche die sog. Genehmigungsfreistellung nach deren Einführung in der einschlägigen Fachliteratur[215] erfahren hat, erstreckt sich mittlerweile in weiten Teilen auch auf die Baugenehmigung im vereinfachten Baugenehmigungsverfahren.

III. Schlusspunkttheorie

Nicht erst seit der letzten großen Bauordnungsreform des Jahres 2008 ist das in erster Linie in der Literatur propagierte Verständnis der Baugenehmigung als Schlusspunkt jeglicher baupolizeilicher Sicherheitsprüfung aufgegeben worden. Die Baugenehmigung kann und muss demnach unbeschadet der gegebenenfalls noch ausstehenden anderweitigen Genehmigungsverfahren erteilt werden. Auf deren Abschluss kommt es zum Zeitpunkt der Erteilung der Bauerlaubnis nicht an. Das überkommene Verständnis der sog. Schlusspunkttheorie ist nicht nur durch die Gesetzgebung des bayerischen Landesgesetzgebers, sondern zuvor auch bereits durch die obergerichtliche Rechtsprechung aufgegeben worden.

Mit dem ebenfalls aufgegebenem Verständnis der Baugenehmigung als öffentlich-rechtliche Unbedenklichkeitsbescheinigung schließt sich der Kreis hinsichtlich einer Neustrukturierung der Baugenehmigung.

---

[214] Vgl. *Decker*, BauR 2008, S. 450.
[215] Vgl. z.B. *Oeter*, DVBl 1999, S. 197; *Held*, UPR 1999, S. 210; *Bamberger*, NVwZ 2000, S. 983.

1. Modell des Schlusspunktes der rechtlichen Beurteilung

Die Baugenehmigung in ihrer ursprünglichen und längst überkommenen Konzeption sollte die Unbedenklichkeit des zur Genehmigung gestellten Vorhabens nicht nur bezogen auf die baurechtlichen, also insbesondere bauordnungs- und bauplanungsrechtlichen Vorschriften bescheinigen, sondern sollte auch den förmlichen Abschluss jeglichen präventiv-administrativen Verwaltungshandelns bilden. Diese Auffassung, dass die Baugenehmigung den Abschluss präventiven Verwaltungshandelns darstellen müsse, war allerdings auch vor der Entscheidung des Großen Senats nicht unumstritten. Einen tragenden Ansatzpunkt für die Anhänger dieser Theorie lieferte die seinerzeit weitgefasste Formulierung des Art. 74 Abs. 1 BayBO 1982[216], der hinsichtlich der Systematik dem heutigen (aber eingeschränkten) Art. 68 Abs. 1 Satz 1 (1.Hs.) BayBO 2008/2009 entspricht. Die Fassung der Bayerischen Bauordnung 1982 lautete bis zu seiner Änderung: „Die Baugenehmigung darf nur versagt werden, wenn das Vorhaben öffentlich-rechtlichen Vorschriften widerspricht." Neben den boden- und planungsrechtlichen Anforderungen an eine bauliche Anlage sollten nach den Verfechtern dieser Theorie auch alle übrigen Probleme gelöst sein. Die sog. Schlusspunkttheorie beschreibt demzufolge – wenn auch nicht mit Konzentrationswirkung – ein Zusammenspiel verschiedener Genehmigungsverfahren unter „Federführung" des Baugenehmigungsverfahrens. *„Zwar [galt] in diesem Verfahren nicht die Konzentrationsmaxime [wie etwa in § 13 BImSchG oder Art. 75 BayVwVfG für die Planfeststellung], doch bildet[e] die Baugenehmigung gewissermaßen den Schlusspunkt der verschiedenen Verwaltungsverfahren [...]"*[217]. Nach der sog. Schlusspunkttheorie sollte die Baugenehmigung in zeitlicher Hinsicht erst nach Vorliegen aller weiteren Genehmigungen – sofern solche aufgrund anderer gesetzlicher Bestimmungen erforderlich waren – erteilt und ausgesprochen werden.[218] Sie war damit die Theorie über das Verhältnis der Baugenehmigung zu anderen für die baulichen Anlagen nötigen Gestattungen und betraf damit nicht die Rechtsfrage des (materiellen) Prüfungsumfangs der Bau-

---

[216] Vgl. hierzu auch: *Simon*, BayBO 1994 – Synopse, S. 170.
[217] *Ortloff*, NVwZ 1995, S. 113; vgl. in diesem Kontext auch *Ehlers*, in: FS für Bartlsperger, S. 473.
[218] Vgl. BayVGH, BayVBl 1984, S. 566; *Ortloff*, NVwZ 1995, S. 113 Fn 12; *Ritter*, DVBl 1996, S. 543; *Decker/Konrad*, Bayerisches Baurecht, Kap. II. Teil 4 Rn 2 a.E.; *Koehl*, BayVBl 2009, S. 647; *Koch/Hendler*, Baurecht, § 23 Rn 20.

genehmigung.[219] Die Baugenehmigung sollte – letztlich wohl zugunsten des Bauherrn – die Konformität des Vorhabens mit dem gesamten maßgeblichen öffentlichen Recht feststellen. Angesichts dieser Maßgabe musste die Baugenehmigung als schlussendliche Verwaltungsentscheidung ergehen. Würde dem Bauvorhaben die Genehmigungsfähigkeit nach anderen für diese Anlage relevanten Genehmigungs- und Zulassungsverfahren fehlen, sollte die Baugenehmigung wegen fehlenden Sachbescheidungsinteresses versagt werden können, um ein Auseinanderfallen von Prüfungs- und Entscheidungskompetenzen zu vermeiden.[220]

2. Aufgabe der Schlusspunkttheorie durch Rechtsprechung und Gesetzgebung

Eine Kehrtwende der Rechtsauffassung im Sinne der sog. Schlusspunkttheorie, die im Gesetzeswortlaut keine ausdrückliche Stütze fand, ging zunächst mit der Entscheidung des Großen Senats vom 18. März 1993[221] einher, welcher der Einschätzung über die Schlusspunkttheorie nicht folgte und über den Aussagegehalt des Art. 79 Abs. 1 BayBO 1982 entschied. Der Große Senat legte fest, dass die Baugenehmigung auch schon dann zu erteilen sei, wenn eine andere für das Vorhaben erforderliche Genehmigung oder Zustimmung noch nicht vorliege. Als wesentliches und tragendes Argument dieser Auslegung führte der Verwaltungsgerichtshof die Existenz gesonderter Gestattungsverfahren an, mit denen der Gesetzgeber eine selbständige und damit gewissermaßen unabhängige Verwaltungsentscheidung hinsichtlich der Überprüfung eines Vorhabens mit bestimmten öffentlich-rechtlichen Vorschriften zum Ausdruck gebracht habe. Diese Rechtsprechung zeigte sodann auch Auswirkungen auf die Gesetzgebung. Der Gesetzgeber griff diese Rechtsprechung auf und passte dieser folgend die Vorschrift über die Erteilung der Baugenehmigung – seinerzeit Art. 79 Abs. 1

---

[219] Vgl. *Lechner*: in: Simon/Busse, BayBO, Art. 68 Rn 217 ff [218].
[220] Vgl. *Ehlers*, in: FS für Bartlsperger, S. 473.
[221] Vgl. BayVGH, BayVBl 1993, S. 370 = NVwZ 1994, S. 304: Die Entscheidung durch den großen Senat ging auf eine Vorlage des 1. Senats zurück, welcher von der Rechtsansicht des 26. Senats abweichen wollte. Vgl. hierzu auch *Ortloff*, NVwZ 1995, S. 118 Fn 66, der die spätere Neuformulierung des Art. 79 BayBO 1994 dergestalt interpretiert, dass die Interpretation der vorausgehenden Textfassung durch den großen Senat in seiner vorzitierten Entscheidung nicht zwingend gewesen sei, da es sonst der Neuformulierung nicht bedurft hätte.

BayBO 1994 – an, indem er nunmehr klarstellend[222] festschrieb, dass ausschließlich die Vorschriften maßgeblich sind, die im bauaufsichtlichen Genehmigungsverfahren zu prüfen sind.[223] Mit der Rechtsprechung des BayVGH und der Novellierung durch den Gesetzgeber ist die Schlusspunkttheorie in Bayern aufgegeben[224] worden. In Konsequenz der Verabschiedung von der Baugenehmigung als Schlusspunkt vollzieht sich auch der Abschied von der Baugenehmigung als einer umfassenden öffentlich-rechtlichen, nicht nur auf das Bauordnungs- und Bauplanungsrecht beschränkten Unbedenklichkeitsbescheinigung.[225] Doch trotz der Aufgabe der Schlusspunkttheorie verbleibt der Bauaufsichtsbehörde die grundsätzliche Möglichkeit, die Baugenehmigung in jedenfalls offensichtlichen Fällen wegen fehlenden Sachbescheidungsinteresses zu versagen, wenn feststeht, dass eine andere für das Vorhaben erforderliche Gestattung nicht erteilt werden kann und von vornherein ausgeschlossen ist, dass der Bauherr von seiner Baugenehmigung Gebrauch machen kann.[226] Diese Versagungsmöglichkeit stellt eine allgemeine Fallgruppe des sog. fehlenden Sachbescheidungsinteresses dar. Damit wird insbesondere aber noch keine Aussage für die Fälle getroffen, in denen von der Bauaufsichtsbehörde ein Verstoß gegen materiellrechtliche Anforderungen, insbesondere gegen bauordnungs- und bauplanungsrechtliche Vorschriften festgestellt wird, die nicht den Prüfprogrammen der bauaufsichtlichen Genehmigungsverfahren zugeordnet sind.

---

[222] Vgl. a.A. *Ortloff*, NVwZ 1995, S. 118 Fn 66.
[223] Vgl. Art. 74 Abs. 1 BayBO 1982: „Die Baugenehmigung darf nur versagt werden, wenn das Vorhaben öffentlich-rechtlichen Vorschriften widerspricht." Dagegen Art. 79 Abs. 1 BayBO 1994 bzw. Art. 72 Abs. 1 Satz 1, 1. Hs. BayBO 1998: „Die Baugenehmigung darf nur versagt werden, wenn das Vorhaben öffentlich-rechtlichen Vorschriften widerspricht, *die im bauaufsichtlichen Genehmigungsverfahren zu prüfen sind* [Hervorhebung durch den Verfasser]." bzw. Art. 68 Abs. 1 Satz 1, 1. Hs. BayBO 2008/2009: „Die Baugenehmigung ist zu erteilen, wenn dem Bauvorhaben keine öffentlich-rechtlichen Vorschriften entgegenstehen, die im bauaufsichtlichen Genehmigungsverfahren zu prüfen sind [...]."
[224] Vgl. hierzu *Lechner*, in: Simon/Busse, BayBO, Art. 68 Rn 217 ff; *Preschel*, DÖV 1998, S. 45.
[225] Vgl. *Preschel*, DÖV 1998, S. 46 m.w.N.; *Erbguth/Stollmann*, JZ 1995, S. 1145/1146; *Busse/Dirnberger*, Die neue BayBO, Art. 68 Ziff. 2, S. 346.
[226] Vgl. *Lechner*, in: Simon/Busse, BayBO, Art. 68 Rn 165, 169; *Decker/Konrad*, Bayerisches Baurecht (2. A.), Kap. II. Teil 4 Rn 3 a.E. m.w.N. auf BVerwG, BayVBl 1990, S. 602 und BayVGH, BayVBl 2006, S. 537; vgl. hierzu auch – nach Einführung des Art. 68 Abs. 1 Satz 1, 2. Hs. BayBO 2008/2009 – *dies.*, Bayerisches Baurecht, Kap. II. Teil 4 Rn 3 a.E.; *Jäde*, ZfBR 1996, S. 247 f.

IV. Baugenehmigung, Baufreigabe und Baubeginn

Der Zeitpunkt des „ersten Spatenstichs", wie der Beginn der Bauausführung landläufig und auch vom Bayerischen Verwaltungsgerichtshof in seinem Urteil vom 29. Juni 1987[227] bezeichnet wird, ist für den Bauherrn eine wesentliche Frage. Kürzere Verfahrensdauern, wie sie vom Gesetzgeber und den Fürsprechern der Bauordnungsreformen betont werden, lassen eine frühere Möglichkeit des Baubeginns erwarten. Doch gerade auch bei der Bauausführung ist mehr Eigeninitiative und Eigenverantwortung des Bauherrn denn je gefragt. Die dem Bauherrn nach Art. 68 Abs. 2 Satz 3 BayBO 2008 zugestellte Baugenehmigung verschafft diesem noch nicht die Gewähr, dass alle Voraussetzungen für einen rechtmäßigen Baubeginn vorliegen. Eine uneingeschränkte Baufreigabe erfolgt damit jedenfalls noch nicht.

Die novellierte Bayerische Bauordnung (2008 bzw. 2008/2009 und auch 2013) beschreibt in Art. 68 Abs. 5, ab wann mit der Bauausführung begonnen werden darf, d.h. welche Voraussetzungen vor den Ausführungsarbeiten eingetreten sein und vorliegen müssen. Zwar wurde Abs. 5 neu gefasst, indem er – gegenüber der Regelung des Art. 72 Abs. 5 BayBO 1998 – konkret festlegt, wann gemessen an der Feststellungswirkung der Baugenehmigung mit der Bauausführung begonnen werden darf. Eine Beschreibung, welche Tätigkeiten darunter zu fassen sind und die Bauausführung einleiten, ist der Norm jedoch nicht zu entnehmen. Die vorausgegangene Regelung der alten Fassung bezog den Baugrubenaushub ausdrücklich in die beginnenden Bauausführungsarbeiten mit ein, vgl. Art. 72 Abs. 5 BayBO 1998. Aus Art. 68 Abs. 6 Satz 1 BayBO 2008 kann der Rückschluss gewonnen werden, dass die Einrichtung des sog. Schnürgerüsts, d.h. das Abstecken der Grundfläche der baulichen Anlage mit Pfählen, für die Bauausführung noch nicht ausreichend ist. Insoweit bleibt es trotz textlicher Veränderungen bei der vom BayVGH schon im Jahre 1987 aufgestellten Definition des Baubeginns. Unter Baubeginn, d.h. unter dem Beginn der Ausführung des Vorhabens, ist ausgehend vom allgemeinem Sprachgebrauch und diesem auch folgend die Aufnahme der Bauarbeiten zu verstehen, die – im Unterschied zu bloßen Vorbereitungshandlungen – der Ausführung des Bauvorhabens einschließlich des Baugrubenaushubs objektiv unmittelbar dienen. Diese Tätigkeit ist unter Wahrung eines eher subjektiven Elements aufzunehmen, näm-

---

[227] Vgl. BayVGH, Urteil vom 29.06.1987, BayVBl 1988, S. 149 ff [150].

lich dass der Bauherr ernsthaft das Ziel verfolgt, das genehmigte Vorhaben auch fertigzustellen.[228] Mit dem Abtragen des Mutterbodens ist im Sinne des Art. 68 Abs. 5 BayBO 2008 der „erste Spatenstich" vollzogen.

Der Bauherr sieht sich der – zu Recht nicht ganz einfachen – Frage ausgesetzt, wann er rechtmäßig mit den ausführenden Arbeiten beginnen darf. Die Aufzählung in Art. 68 Abs. 5 Nrn. 1 bis 3 BayBO 2008 und die ihm zugestellte Baugenehmigung beantworten ihm diese Frage – entgegen dem Wortlaut „Genehmigung des Baus" – nur eingeschränkt. In den Fällen der verfahrensfreien Vorhaben nach Art. 57 BayBO 2008 und der Genehmigungsfreistellung nach Art. 58 BayBO 2008 – sofern es nicht zur Durchführung eines vereinfachten Baugenehmigungsverfahrens nach Art. 58 Abs. 2 Nr. 4, Abs. 3 Satz 3 BayBO 2008 kommt – erfolgt die Baufreigabe bereits durch den Gesetzgeber,[229] denn nur genehmigungspflichtige Bauvorhaben unterliegen dem präventiven Bauverbot mit Erlaubnisvorbehalt. Doch auch die Verfahrensfreistellung bzw. die Genehmigungsfreistellung entbinden den Bauherrn nicht von der Verpflichtung zur eigenverantwortlichen Einhaltung der Anforderungen, die an das Bauvorhaben gestellt werden, Art. 55 Abs. 2 BayBO 2008. Der der Baugenehmigung zukommende gestaltend-verfügende Teil[230] hebt das Bauverbot nur insoweit auf, als die Baugenehmigung auch entsprechende Feststellungen trifft. Eine wirksame und zugestellte Baugenehmigung vermag damit bauaufsichtliche Maßnahmen gegen das Bauvorhaben nur im Umfang der jeweiligen, anhand des materiellen Prüfprogramms getroffenen Feststellungen der Baugenehmigung zu verhindern.[231] Die Feststellungswirkung erstreckt sich nur noch auf das mehr (Art. 59 Satz 1 BayBO 2008) oder weniger (Art. 60 Satz 1 BayBO 2008) beschränkte Prüfprogramm; im Übrigen ist der Bauherr für die rechtmäßige Ausführung selbst verantwortlich, Art. 55 Abs. 2 BayBO 2008. Mit Aufgabe der Schlusspunkttheorie obliegt es dem Bauherrn zudem, zu klären, welche zusätzlichen Genehmigungen unter Umständen neben der Baugenehmigung noch erforderlich sind, deren Erteilung nur an die Beurteilung der im bauaufsichtlichen Verfahren zu prüfenden Vorschriften gebunden ist. Trotz des Vorhandenseins einer wirk-

---

[228] Vgl. BayVGH, BayVBl 1988, S. 150; vgl. zum Baubeginn allgemein auch *Busse/Dirnberger*, Die neue BayBO, Art. 68 Ziff. 6, S. 348.
[229] Vgl. auch *Preschel*, DÖV 1998, S. 47.
[230] Vgl. die sog. Gestaltungswirkung der Baugenehmigung, s.o. B.I.3.
[231] Vgl. *Erbguth/Stollmann*, JZ 2007, S. 873; *Preschel*, DÖV, 1998, S. 47; *Molodovsky*, in: Koch/Molodovsky/ Famers, Bayerische Bauordnung, Art. 59 Rn 42 ff m.w.N.

samen Baugenehmigung ist der Beginn der bauausführenden Arbeiten erst zulässig, wenn auch alle übrigen Erlaubnisse und Genehmigungen, sofern aufgrund anderer öffentlich-rechtlicher Vorschriften erforderlich, eingeholt und erteilt sind.[232] Die Aufzählung der Voraussetzungen für den Baubeginn in Art. 68 Abs. 5 Nrn. 1 bis 3 BayBO 2008 sind damit eher als Mindestvoraussetzungen zu verstehen. Mangels Konzentrationswirkung und Schlusspunkttheorie handelt es sich nicht um eine abschließende Aufzählung.

Die nunmehr vorhabensabhängigen bautechnischen Nachweise werden in den bauaufsichtlichen Genehmigungsverfahren nicht geprüft, vgl. Art. 59 Satz 2 und Art. 60 Satz 2 BayBO 2008; eine Prüfung erfolgt gemäß Art. 62 Abs. 3 BayBO 2008 – allerdings verfahrensunabhängig – nur bei Sonderbauten. Im Übrigen ist es an dem Bauherrn bzw. an dem von ihm beauftragten Entwurfsverfasser gelegen, die materiell-rechtlichen Anforderungen einzuhalten (Art. 55 Abs. 2 BayBO 2008), die gegebenenfalls auch die Erstellung bautechnischer Nachweise erforderlich machen können. Die bautechnischen Nachweise müssen der Baugenehmigungsbehörde nicht einmal vorgelegt werden. Es genügt, wenn diese an der Baustelle vor Ort von Baubeginn an vorliegen, Art. 68 Abs. 6 Satz 3, Art. 62 Abs. 4 BayBO 2008.[233] Die bautechnischen Nachweise sind damit – neben der Baugenehmigung – eine weitere formelle Rechtmäßigkeitsvoraussetzung für den Beginn der Bauausführung.[234]

Nachdem ein in anderen Vorschriften und neben Art. 68 Abs. 1 BayBO 2008 begründetes Verbot mit Erlaubnisvorbehalt von der erteilten Baugenehmigung unberührt bleibt und für einen rechtmäßigen Baubeginn auch in bauordnungsrechtlicher Sicht unter Umständen weitere Voraussetzungen wie etwa erstellte und bereitgehaltene bautechnische Nachweise erforderlich sind, ist es zu undifferenziert, wenn der Baugenehmigung pauschal und ohne weitere Ein-

---

[232] Vgl. BayVGH, BayVBl 1993, S. 370 ff [372] = NVwZ 1994, S. 304 ff; *Ehlers*, in: FS für Bartlsperger, S. 480; *Erbguth/Stollmann*, JZ 1995, S. 1145/1146; *Decker/Konrad*, Bayerisches Baurecht, Kap. II. Teil 4 Rn 9.
[233] Vgl. *Busse/Dirnberger*, Die neue BayBO, Art. 59 Ziff. 1 a.E., S. 306, Art. 62 Ziff. 1, S. 318.
[234] Vgl. *Fischer*, BayVBl 2005, S. 300; *Jäde/Famers*, BayVBl 2008, S. 38; *Jäde*, BayBO 1998/2008 – Textsynopse, S. 216/217; *Molodovsky*, in: Koch/Molodovsky/Famers, BayBO, Art. 59 Rn 27.

schränkung die „Baufreigabe"[235] zugesprochen wird. Für den Bauherrn ist es darüber hinaus auch fatal, wenn er dieser Annahme anhaftet.

C. (Tatbestands-)Merkmale und Charakter des Art. 59 BayBO 2008

Das vereinfachte Baugenehmigungsverfahren[236] nach Art. 59 BayBO 2008 stellt sich nach den vollzogenen bauordnungsrechtlichen Reformen und nach einer Neukonzeption der Baugenehmigung über mehrere Stufen hinweg nunmehr als das baurechtliche Regelgenehmigungsverfahren dar.[237] Es hält auch weiterhin am Erfordernis der Baugenehmigung fest, reduziert den Prüfungsumfang jedoch abermals und nimmt bauordnungsrechtliche Regelungen von der Prüfpflicht grundsätzlich aus.

I. Aktualität und Relevanz der Untersuchung

Die Bayerische Bauordnung kennt das vereinfachte Baugenehmigungsverfahren seit der Gesetzesnovelle 1994. Seine seinerzeitige Neueinführung – mit einem eingeschränkteren Anwendungsbereich und umfassenderen Prüfkatalog[238] gegenüber der Fassung der BayBO 2008 – war eines der Kernstücke und eine zentrale Vorschrift der Reformen zur Vereinfachung und Beschleunigung des Baugenehmigungsverfahrens. Seit zwei Jahrzehnten findet dieses Genehmigungsverfahren nunmehr mit einer zwischenzeitlichen weitergehenden Ausdünnung der zu prüfenden Anforderungen sowie Ausweitung des Geltungsbereichs Anwendung in der Praxis. Doch die damit denkbare Annahme, „Kinderkrankheiten" des einst neuen Genehmigungsverfahrens, Anwendungsprobleme sowie (verfassungs-)rechtliche Bedenken seien damit ausdiskutiert sowie geklärt und unter Umständen sogar korrigiert, bestätigt sich nicht. Es bleiben in diesem Be-

---

[235] Vgl. so z.B. noch *Ortloff*, NJW 1987, S. 1669; ähnlich auch *Gaentzsch*, NJW 1986, S. 2791.
[236] Vgl. auch den tabellarischen Überblick über den jeweiligen bauordnungsrechtlichen und bauplanungsrechtlichen Prüfungsumfang nach den einzelnen Landesbauordnungen bei *Koch/Hendler*, Baurecht, § 23 Rn 44a.
[237] Vgl. hierzu auch *Decker*, BauR 2008, S. 445 ff [448]; *Molodovsky*, in: Koch/Molodovsky/Famers, BayBO, Art. 59 Rn 2, 4; zur alten Rechtslage bereits z.B. auch *Sacksofsky*, DÖV 1999, S. 948.
[238] Vgl. Art. 80 BayBO 1994 und Art. 73 BayBO 1998.

reich nicht nur nach wie vor „alte" Fragen offen und unbeantwortet, sondern auch neue Problembereiche sind mit den zwischenzeitlichen Reformen hinzugekommen. Mit dem Gesetz zur Änderung der Bayerischen Bauordnung und Änderungsgesetz vom 24. Juli 2007[239] hat der bayerische Landesgesetzgeber auch im bauaufsichtlichen Genehmigungs- und Verfahrensrecht wieder weitere einschneidende Änderungen vorgenommen. Er schöpft damit die von der MBO 2002 eingeräumte Möglichkeit zum weiteren Verfahrensabbau im Sinne einer Zurückdrängung der Genehmigungspflicht bei gleichzeitiger Einschränkung der genehmigungsrechtlichen Prüfprogramme (z.B. die Ausweitung der Genehmigungsfreistellung bis zur Sonderbaugrenze auch im gewerblichen Bereich, sowie eine weitestgehende Ausklammerung des Bauordnungsrechts aus dem Prüfkatalog des vereinfachten Baugenehmigungsverfahrens) weitestgehend aus. Dies war die dritte tiefgreifende Umgestaltung der Bayerischen Bauordnung seit 1994. Doch auch mit dieser dritten großen Novelle findet die Debatte um das bauaufsichtliche Verfahrensrecht keine Ruhe.[240] Nach wie vor stehen die vorgenommenen Änderungen und Neuerungen im Kreuzfeuer der Literaturkritik[241]. So hatten die Autoren *Jäde* und *Famers* nach der Reform im Jahre 2008 noch prophezeit, dass mit der neuen Systematik des Prüfprogramms des vereinfachten Baugenehmigungsverfahrens 2008 *„[...] die lebhafte Diskussion über die Frage, ob bei Verstößen gegen Rechtsvorschriften außerhalb des bauaufsichtlichen Prüfprogramms auch eine Versagung der Baugenehmigung wegen fehlenden Sachbescheidungsinteresses in Betracht kommen kann, zumindest an Bedeutung verlieren [dürfte]."*[242] Eine Änderung der diesbezüglichen obergerichtlichen Verwaltungsrechtsprechung[243] sowie weitere Initiativen des bayerischen Lan-

---

[239] Vgl. GVBl S. 499; Neubekanntmachung am 14. August 2007, GVBl S. 588.
[240] Vgl. z.B. *Molodovsky*, in: Koch/Molodovsky/Famers, BayBO, Einführung in die Bauordnung Rn 31a, und *Möstl*, BayVBl 2014, S. 223, die darauf hinweisen, dass auch mit der BayBO 2008 kein Stillstand eingetreten ist.
[241] Vgl. z.B. *Decker*, BauR 2008, S. 443 ff [458]; *Ederer*, BayVBl 2008, S. 529 f; *Glaser/Weißenberger*, BayVBl 2008, S. 460 ff [465]; *Jäde/Famers*, BayVBl 2008, S. 33 ff [Fußnote 4]; *Jäde*, BayVBl 2009, S. 709 ff; *Koehl*, BayVBl 2009, S. 645 ff [650/651]; *Ingold/Schröder*, BayVBl. 2010, S. 426 ff [429]; *Linke*, BayVBl 2010, S. 430; *Manssen/Greim*, BayVBl 2010, S. 421 ff [425]; *Shirvani*, BayVBl 2010, S. 709 ff [716/717].
[242] *Jäde/Famers*, BayVBl 2008, S. 34.
[243] Der Bayerische Verwaltungsgerichtshof hat im Jahr 2009 mit zwei Entscheidungen das Fehlen des Sachbescheidungsinteresses für Fälle abgelehnt, in denen Verstöße gegen außerhalb des Prüfkatalogs liegende Vorschriften vorlagen, vgl. BayVGH, Urteil vom 19.01.2009, BayVBl 2009, S. 507, und Urteil vom 01.07.2009, BayVBl 2009, S. 727. Vgl. Teil 2 A. IV.2b).

desgesetzgebers z.B. in Form des Gesetzes zur Änderung der Bayerischen Bauordnung unter anderem vom 27. Juli 2009[244], mit denen dieser auf die Rechtsprechungsänderung zu reagieren versucht, zeigen deutlich, dass der von *Jäde/Famers* in Aussicht gestellte Bedeutungsverlust nicht nur auf sich warten lässt, sondern dass die seit der Einführung dieser Verfahrensform gestellte Frage eine gegenteilige Bedeutungszunahme erfahren hat. Auch bedürften – wie den Ausführungen bzw. den Fazits entsprechender Abhandlungen[245] entnommen werden kann – die bauordnungsrechtlichen Eingriffsbefugnisse, die anders als die Vorschriften zu den bauaufsichtlichen Genehmigungsverfahren seit den Reformmaßnahmen weitestgehend unangetastet und vielleicht sogar unangepasst geblieben sind, aufgrund der Zurückdrängung der präventiven Bauaufsicht wohl grundsätzlich einer Überarbeitung.

Das vereinfachte Baugenehmigungsverfahren wurde bei seiner Einführung zunächst weniger kritisch betrachtet, erschienen doch Anwendungsbereich und Prüfungsmaßstab in einem angemessenen Verhältnis zu stehen und ein adäquates Mittel zu sein, die Reformbestrebungen im Sinne der Deregulierung und Verfahrensbeschleunigung umzusetzen. Im Einzelnen abschließend bestimmte einfache Bauvorhaben oder Wohngebäude von geringer Höhe wurden noch einer bauplanungs- sowie auch in wesentlichen Punkten bauordnungsrechtlichen Prüfung unterworfen (Art. 80 Abs. 1 BayBO 1994). Eine viel umfassendere Diskussion und vor allem auch Kritik[246] über die bayerischen Landesgrenzen hinaus hat seinerzeit das Modell der Genehmigungsfreistellung erfahren; dies wohl nicht nur aufgrund der in diesem Anwendungsbereich gänzlich ausbleibenden bauaufsichtlichen Prüfung, sondern auch aufgrund der bundesweit in den

---

[244] Vgl. GVBl S. 385; vgl. Beschluss des Bayerischen Landtags vom 14. Juli 2009, LtDrs. 16/1863.
[245] Vgl. etwa *Löffelbein*, Genehmigungsfreies Bauen und Nachbarrechtsschutz, S. 177 ff; *Lohmöller*, Anwendungsbezogene Rechtsschutzkompensation, S. 188 ff; *Bamberger*, NVwZ 2000, S. 983 ff.
[246] Vgl. z.B. *Borges*, DÖV 1997, S. 900; *Decker*, JA 1998, S. 799; *Degenhart*, NJW 1996, S. 1433; *Erbguth/Stollmann*, JZ 1995, S. 1141 ff [1142], dies., BayVBl 1996, S. 65 ff; *Held*, Deregulierung von bauaufsichtlichen Genehmigungsverfahren durch Landesrecht, S. 235 ff; *Jäde*, BayVBl 1994, S. 363 ff; ders., GewArch 1995, S. 190; ders., ZfBR 1996, S. 246/247 m.w.N.; *Jäde/Weiß*, BayVBl 1998, S. 7 ff [11 f]; *Korioth*, DÖV 1996, S. 665; *Löffelbein*, Genehmigungsfreies Bauen und Nachbarrechtsschutz, S. 129 ff; *Lohmöller*, Anwendungsbezogene Rechtsschutzkompensation, S. 49 ff, 135 ff; 171 ff; *Mampel*, NVwZ 1996, S. 1160; *Manssen*, NVwZ 1996, S. 144; *Ortloff*, NVwZ 1995, S. 112; *Preschel*, DÖV 1998, S. 45; *Ritter*, DVBl 1996, S. 542; *Sauter*, BayVBl 1998, S. 2; *Schmaltz*, NdsVBl 1995, S. 241; *Simon*, BayVBl 1994, S. 332; *Stollmann*, NordÖR 2000, S. 400; *Uechtritz*, NVwZ 1996, S. 640.

einzelnen Landesbauordnungen erfolgten Einführung gleich- oder ähnlich strukturierter Verfahren. Insoweit mag auf den ersten Blick der Eindruck entstehen, die Thematik sei umfassend durchleuchtet und im Wesentlichen auch für das vereinfachte Baugenehmigungsverfahren, das aufgrund eines noch vorhanden Prüfprogramms gegenüber der Genehmigungsfreistellung als ein „Weniger" angesehen werden könnte, geklärt. Sicherlich lassen sich die Inhalte und Aussagen der bezüglich der Genehmigungsfreistellung und auch bezüglich der verfahrensfreien Bauvorhaben geführten Diskussionen in Teilen auch auf das vereinfachte Baugenehmigungsverfahren übertragen. Dies gilt angesichts der bauordnungsrechtlichen Nichtprüfung wohl umso mehr. Gleichwohl sind die Voraussetzungen und Auswirkungen anders und vielschichtiger, da bei der Genehmigungsfreistellung aufgrund des Erfordernisses eines geltenden Bebauungsplans im Sinne des § 30 Abs. 1 oder der §§ 30 Abs. 2, 12 BauGB und der damit einhergehenden verlangten Plankonformität bereits eine – wenn auch in gewissen Grenzen – präventive Beurteilung und Vorgabe konkreter Art erfolgt ist. Wie gerade auch der Vollzug des mit den Novellen 2008 und 2009 reformierten vereinfachten Baugenehmigungsverfahrens zeigt, werden in der Praxis neue Probleme aufgeworfen. Dies betrifft z.B. nicht nur die bereits angesprochene Frage der Versagungsmöglichkeit aufgrund fehlenden Sachbescheidungsinteresses bei einem Verstoß gegen Vorschriften, die nicht Bestandteil des gesetzlichen Prüfprogramms sind, sondern nunmehr auch die Problematik rund um die Ablehnungsmöglichkeit nach Art. 68 Abs. 1 Satz 1 Hs. 2 BayBO 2008/2009, die in der neueren Fachliteratur auch unter dem Schlagwort „*Freibrief für die Genehmigungsbehörde*"[247] diskutiert wird. Im Jahre 1994 empfand man die Einführung der Genehmigungsfreistellung als einen radikalen Ansatz zur Deregulierung und Verfahrensbeschleunigung. Das vereinfachte Baugenehmigungsverfahren, welches dieselben Zielsetzungen verfolgt, war zunächst weit weniger einschneidend und radikal und wurde in der einschlägigen Fachliteratur oftmals mit eher erläuterndem Charakter behandelt. Der Deregulierungsprozess im Sinne einer möglichst weitgehenden Ausdünnung der verfahrensrechtlichen Anforderungen erfolgte „step by step". Auch die Fachkritiker und Anwender in der Praxis konnten sich schrittweise und vielleicht sogar mit schleichender Akzeptanz an die Neuerungen gewöhnen, die über die einzelnen Reformstufen hinweg und gegenüber der jeweiligen Vorgängerregelung weniger auffallend in Augenschein tra-

---

[247] Vgl. z.B. *Shirvani*, BayVBl 2010, S. 709; ähnlich: *Ingold/Schröder*, BayVBl 2010, S. 426 ff [429].

ten und treten. Die bayerische Staatsregierung hatte stets hervorgehoben, dass die beiden Kernpunkte der Bauordnungsreform, die Einführung und der Ausbau der Verfahren der Genehmigungsfreistellung und des vereinfachten Baugenehmigungsverfahrens, experimentellen Charakter tragen würden und nach einem für die Sammlung ausreichender Erfahrungen genügenden Zeitraum auf etwaige Korrekturerfordernisse, auch auf weitere Fortschreibungsmöglichkeiten, überprüft werden müssten.[248] Es verwundert allerdings nicht, dass es angesichts der politischen Zielsetzungen zu keinen Korrekturen im Sinne einer Revidierung vollzogener Verantwortungsverlagerungen auf den Bauherrn und Nachbarn gekommen ist, die in der begleitenden Fachliteratur teils umfassende Kritik erfahren haben und zum Teil auch verfassungsrechtlich in Frage gestellt worden sind. Vielmehr wurde der Deregulierungsprozess im Sinne einer Ausdünnung baurechtlicher Genehmigungsverfahren weiter vorangetrieben. Soweit man die Einführung des 2. Halbsatzes des Art. 68 Abs. 1 Satz 1 BayBO 2008 im Jahre 2009 als Nachbesserung oder doch zumindest Nachsteuerung[249] bezeichnen will, verfolgt diese Korrektur allerdings nicht den Zweck, vorgebrachter Literaturkritik nachzukommen, sondern das Ziel, einer dem Gesetzgeber unliebsamen Rechtsprechung bezüglich der Gesetzesnovellierung den Bedeutungsgehalt zu entziehen und die vorgegebene „Marschrichtung" unbeirrt fortführen zu können. Nicht nur aufgrund des neu eingefügten Art. 68 Abs. 1 Satz 1, 2. Hs. BayBO 2008/2009 bietet das vereinfachte Baugenehmigungsverfahren weiteren sowie erneuten Anlass zur eingehenden Betrachtung. Aufgrund seines erweiterten Anwendungsbereichs ist das vereinfachte Baugenehmigungsverfahren gegenüber den anderen von der Bayerischen Bauordnung zur Verfügung gestellten Genehmigungsverfahren – wie bereits erwähnt – längst zum baurechtlichen Standardverfahren geworden. Im Standardfall und in Anwendung des vereinfachten Genehmigungsverfahrens wird damit dem Bauherrn und Entwurfsverfasser mehr Eigenverantwortung denn je zu Teil. Er sieht sich nicht nur repressiven Maßnahmen der Baubehörde, sondern – bedingt durch die vorgenommene Gesetzesnovellierung – auch verstärkt zivilrechtlichen Ansprüchen etwaiger Nachbarn ausgesetzt. Doch auch der Nachbar, dessen Verantwortungslast – wenn auch im meist nur eigenen Interesse – oftmals zu wenig gewürdigt wird, ist verstärkt gefragt, nachdem nachbarschützende Vorschriften des Bauordnungsrechts nun gänzlich nicht mehr geprüft werden. Beide, Bauherr und Nach-

---

[248] Vgl. *Decker*, BauR 2008, S. 444 m.w.N.
[249] Vgl. *Möstl*, BayVBl 2014, S. 223.

bar, dürften auf der Suche nach mehr und fachkundiger Beratung, sei es durch private Dritte oder durch die Baugenehmigungsbehörde, sein. Einen Rahmen wie etwa den Bebauungsplan im Falle der Genehmigungsfreistellung, gibt es im vereinfachten Baugenehmigungsverfahren nicht. Diese Umstände rücken diese Verfahrensart in ein anderes Licht.

II. Gegenwärtige Gesetzessystematik des (vereinfachten) Genehmigungsverfahrens

Der Aufbau des Genehmigungsverfahrens der Bayerischen Bauordnung wurde in Anlehnung an die MBO 2002 angeordnet. Wie die Abschnitte II (Genehmigungspflicht, Genehmigungsfreiheit) und III (Genehmigungsverfahren) des fünften Teils der Bayerischen Bauordnung vorgeben, soll der Anwender zunächst erfahren, ob das seinerseits geplante Bauvorhaben überhaupt einer Baugenehmigung bedarf und wenn ja sodann, welche Anforderungen im einschlägigen Baugenehmigungsverfahren von der Bauaufsichtsbehörde geprüft werden.[250] Den verfahrensfreien Bauvorhaben (Art. 57 BayBO 2008 unter Abschnitt II) und der Genehmigungsfreistellung (Art. 58 BayBO 2008 unter Abschnitt II) in der Artikelfolge nachstehend ist das vereinfachten Baugenehmigungsverfahren als der (faktische) Regelfall und im Anschluss daran das allgemeine Baugenehmigungsverfahren nach Art. 60 BayBO 2008 unter Abschnitt III mit einem weiterreichenden Prüfprogramm für alle übrigen und vorstehend nicht erfassten Fälle geregelt. In Art. 55 Abs. 2 BayBO ist – wie zuvor in Art. 63 Abs. 6 Satz 1 BayBO 1998 – allem voran klargestellt, dass die verfahrensrechtlichen Erleichterungen nicht von der Verpflichtung zur Einhaltung der Anforderungen, die durch öffentlich-rechtliche Vorschriften an das Bauvorhaben gestellt werden, entbinden. Gegenüber der Vorgängerregelung des Art. 73 BayBO 1998 wurden im vereinfachten Baugenehmigungsverfahren nach Art. 59 BayBO 2008 weitere Einschränkungen im Prüfungsumfang vorgenommen. Wie auch die MBO 2002 hält auch die neue bayerische Bauordnung ihrer Systematik zur Folge daran fest, dass die Errichtung, Änderung und Nutzungsänderung von Anlagen dem Grundsatz der Genehmigungspflicht unterliegt. Dieser Grundsatz, dem im Wesentlichen auch die übrigen Bundesländer anhaften, ist jedoch von zahlreichen Aus-

---

[250] Vgl. *Busse/Dirnberger*, Die neue BayBO (3. A.), Art. 59 – Zur Neufassung [S. 321 f].

nahmen durchbrochen.[251] Vor allem aber wird diese Genehmigungspflichtigkeit aufgrund der im Genehmigungsverfahren stark ausgedünnten Prüfung und veränderten Anwendungsbereiche nicht unerheblich relativiert. Auch die Systematik und das Zusammenspiel mit anderen verfahrensrechtlichen Anforderungen wie etwa den bautechnischen Nachweisen wurden überarbeitet und neu strukturiert. Diese Neuerungen sollen im Folgenden detailliert dargestellt und untersucht werden.

1. Anwendungsbereich und Ausschluss einer Wahlmöglichkeit über die Genehmigungsverfahrensart

Das vereinfachte Baugenehmigungsverfahren ist bei allen nicht verfahrensfreien Bauvorhaben mit Ausnahme der Vorhaben, die im Genehmigungsfreistellungsverfahren nach Art. 58 BayBO 2008 behandelt werden, und mit Ausnahme der Sonderbauten nach Art. 2 Abs. 4 BayBO 2008 anzuwenden.[252] Letztere sind Anlagen und Räume besonderer Art und Nutzung, denen ein besonderes Gefahrenpotential immanent ist. Für sie gilt das „allgemeine", „herkömmliche"[253] bzw. „reguläre"[254] Baugenehmigungsverfahren nach Art. 60 BayBO 2008, das von Gesetzeswegen schlicht als „Baugenehmigungsverfahren", in Abgrenzung zum „vereinfachten Baugenehmigungsverfahren" in der Literatur jedoch häufig mit den vorstehenden Adjektiven konkretisiert wird und dessen Prüfkatalog umfassender als der des vereinfachten Genehmigungsverfahrens, nunmehr mit der BayBO 2008 aber ebenfalls abschließend festgelegt und damit auch eingeschränkt ist. Das vereinfachte Baugenehmigungsverfahren nach Art. 59 BayBO 2008 gilt somit für sämtliche genehmigungspflichtige Bauvorhaben, soweit sie nicht den Schwierigkeitsgrad eines Sonderbaus aufweisen bzw. im Wege der Genehmigungsfreistellung beurteilt werden. Den Sonderbauten, die in Art. 2 Abs. 4 BayBO 2008 eine Legaldefinition erfahren haben, kommt damit unter

---

[251] Vgl. in diesem Sinne auch *Erbguth/Stollmann*, JZ 2007, S. 870.
[252] Soweit sich bei der Prüfung sog. Prüfabschnitte bilden lassen, ist nach der Rechtsprechung des BayVGH das jeweils für den Prüfabschnitt einschlägige Prüfprogramm anzuwenden (vgl. BayVGH, Urteil vom 17.02.2005, Az. 2 B 02.2691); vgl. Oberste Baubehörde im BayStMI, Schreiben vom 13.12.2007, Zeichen: IIB4-4101-065/02; ausführlich auch: *Wolf*, in: Simon/Busse, BayBO, Art. 59 Rn 17 ff; *ders.*, BayBO – Kurzkommentar, Art. 59 Rn 6, 7.
[253] Vgl. *Busse/Dirnberger*, Die neue BayBO, Art. 60 Ziff. 1, S. 308, Ziff. 2, S. 309; LtDrs. 15/7161 vom 15.01.2007, S. 37.
[254] Vgl. *Wolf*, BayBO – Kurzkommentar, Art. 2 Rn 24, Art. 60 Rn 1.

anderem eine verfahrenssteuernde Wirkung[255] zu, da sich der Anwendungsbereich des Art. 60 BayBO 2008 auf eben diese Art von Gebäude erstreckt. Die in die Bayerische Bauordnung neu aufgenommenen Gebäudeklassen des Art. 2 Abs. 3 BayBO 2008, mit denen eine zusätzliche Systematisierung der Bauvorhaben vorgenommen wird, sind für die Verfahrenszuordnung hingegen nicht von Bedeutung. Sie sind Grundlage für das neue Brandschutzkonzept[256] der BayBO 2008. Mit ihnen bzw. mit der Einteilung bestimmter Vorhaben in Gebäudeklassen wird eine Risikobewertung hinsichtlich der Brandausbreitung und Brandbekämpfung vorgenommen. Die Einstufung in Gebäudeklassen ist wiederum völlig losgelöst und unabhängig von der Qualifizierung eines Gebäudes als Sonderbau zu sehen.

Die Verfahrenszuordnung, d.h. die Entscheidung darüber, welches Verfahren von der Baugenehmigungsbehörde zu beschreiten ist, erfolgt ausschließlich von Gesetzeswegen[257] und räumt – in Bayern – weder dem antragstellenden Bauherrn noch der Baugenehmigungsbehörde einen Spielraum bzw. eine Entscheidungsfreiheit hinsichtlich des durchzuführenden Verfahrens ein.[258] Es gibt kein Wahlrecht zwischen den einzelnen Verfahrensarten. Einem Raster ähnlich gibt die Bayerische Bauordnung in den Art. 57 ff BayBO 2008 nämlich Schritt für Schritt vor, welches Verfahren für das jeweilige Bauvorhaben durchzuführen ist. Die Zuordnung zu den förmlichen Verfahren nach Art. 57 bis 60 BayBO 2008 ist ausnahmslos und allein anhand des Vorhabenstyps determiniert, so dass das vereinfachte Genehmigungsverfahren auf die von ihm erfassten Bauvorhaben zwingend anzuwenden ist.[259] Es kommt damit also weder ein vollständiger noch partieller Wechsel in das allgemeine Genehmigungsverfahren nach Art. 60

---

[255] Vgl. LtDrs. 15/7161 vom 15.01.2007, S. 39.
[256] Vgl. *Busse/Dirnberger*, die neue BayBO, Art. 2 Ziff. 5, S. 12; LtDrs. 15/7161 vom 15.01.2007, S. 38.
[257] Diese allgemeingehaltene Aussage bezieht sich auf die Fälle, in denen der Bauantrag nach dem 01. Januar 2008 gestellt wurde und nimmt die Fallgestaltungen, in denen der Bauherr gemäß Art. 83 Abs. 1 BayBO 2008 sein Wahlrecht hinsichtlich des Prüfungsrahmens ausüben kann, von der Betrachtung aus. Nach dieser Übergangsvorschrift sind auf Baugenehmigungsverfahren, die nach Art. 67 Abs. 1 Satz 1 BayBO 1998 eingeleitet wurden, die Vorschriften der BayBO 1998 anzuwenden, wenn der Bauherr nicht gegenüber der Gemeinde oder gegenüber der Bauaufsichtsbehörde erklärt, dass die Vorschriften dieses Gesetzes in der ab 01. Januar 2008 geltenden Fassung Anwendung finden sollen. Vgl. hierzu auch ausführlich VG Würzburg, Urteil vom 13.10.2009, Az. W 4 K 08.1623, juris-Dok. Rn 34 ff.
[258] Vgl. auch *Wolf*, in: Simon/Busse, BayBO, Art. 59 Rn 13.
[259] Vgl. *Wolf*, in: Simon/Busse, BayBO, Art. 59 Rn 13; für diesen Grundsatz – nach hessischem Landesrecht – auch *Hornmann*, HBO, § 54 Rn 94; *ders.*, NVwZ 2012, S. 1296.

BayBO 2008 in Betracht. Im Hinblick auf die unter Teil 1 B.I.2., B.I.3. und B.II.2.[260] getroffenen Feststellungen bedeutet dies aber auch, dass der Antragsteller bezogen auf sein konkretes Bauvorhaben nicht wählen kann, wie umfangreich die bauaufsichtliche Prüfung und damit letztlich auch die Feststellungswirkung ausfallen sollen. Nichts Gegenteiliges kann aus dem in Art. 64 Abs. 1 Satz 1 BayBO 2008 verankerten strengen Antragserfordernis gefolgert werden, wonach die Baugenehmigung als mitwirkungsbedürftiger Verwaltungsakt nur auf Antrag des Bauherrn ergeht. Stellt der Bauherr ein Vorhaben mittels eines solchen Antrags zur Genehmigung, kann er damit zwar zugleich einen Antrag auf Befreiung und Abweichung gemäß Art. 63 Abs. 2 BayBO 2008/2009 stellen. Jedoch bestimmt der Bauantrag im Sinne des Art. 64 Abs. 1 Satz 1 BayBO 2008 – und im Übrigen auch der Antrag auf Zulassung einer Abweichung – ausschließlich den Gegenstand des Verfahrens.[261] Nicht aber vermag er eine Entscheidung über das durchzuführende Verfahren bzw. die Verfahrensart selbst zu treffen,[262] in welchem bzw. welcher der Verfahrensgegenstand behandelt wird. Eine darüber hinausgehende Wahlmöglichkeit hinsichtlich der Verfahrensart kennt die BayBO nicht. Die rechtsvergleichende Gegenüberstellung der Bayerischen Bauordnung mit der Hessischen oder auch Hamburgischen Bauordnung belegt die Notwendigkeit einer ausdrücklichen diesbezüglichen Regelung für die Annahme eines derartigen Wahlrechts. Beide Landesbauordnungen gehen gleichsam der BayBO im Grundsatz von einer förmlichen, d.h. einer ausschließlich am Vorhabenstyp ausgerichteten Verfahrenszuordnung aus, erlauben allerdings der Bauherrschaft – in wohl zumindest inkonsequenter Weise[263] – diesen Grundsatz zu durchbrechen. Sowohl § 54 Abs. 3 HBO als auch § 59 Abs. 3

---

[260] Vgl. Teil 1 B.I.2. Feststellungswirkung, B.I.3. Gestaltungswirkung, B.II.2. nur mehr partieller Bestandsschutz.
[261] Vgl. *Dürr/König*, Baurecht, Rn 350; *Busse/Dirnberger*, die neue BayBO, Art. 64 Ziff. 2, S. 324; *Molodovsky*, in: Koch/Molodovsky/Famers, BayBO, Art. 64 Rn 4 m.w.N.
[262] Vgl. hierzu auch *Jäde/Famers*, BayVBl 2008, S. 34, wonach durch die Klarstellung und besondere Hervorhebung „beantragter" Abweichungen gerade verhindert werden soll, dass das reduzierte Prüfprogramm über die Hintertür zumindest faktisch ausgedehnt wird.
[263] Vgl. insoweit zutreffend *Hornmann*, HBO, § 54 Rn 95, der in diesem Wahlrecht – jedenfalls im Hinblick auf die hessische Gesetzeslage – keine widerspruchsfreie Gesetzgebung unter Vermeidung von Irreführungen sieht. Die HBO genüge nämlich der Anforderung nach widerspruchsfreier Gesetzgebung und Vermeidung von Irreführungen, welche Ausfluss des Gebots der Klarheit um Bestimmtheit ist, kaum, wenn sie – die HBO – einerseits in den §§ 55 bis 58 HBO die Zuordnung zu den Verfahren zwingend vorgebe und andererseits dies über § 54 Abs. 3 wieder aufweiche.

HBauO räumen dem Bauherrn das Recht ein, in streng antragsgebundener[264] Weise die Durchführung des systematisch jeweils nachgelagerten, mithin also „höheren" Genehmigungsverfahrens zu verlangen.

Auch der mit dem Änderungsgesetz aus dem Jahr 2009 eingefügte Art. 68 Abs. 1 Satz 1, 2. Hs. BayBO 2008/2009 begründet trotz bzw. gerade wegen der gewählten Formulierung, mithin wegen des bauaufsichtsbehördlichen Dürfens, kein Wahlrecht hinsichtlich des durchzuführenden Verfahrens.[265] Nach dieser Vorschrift „darf" die Bauaufsichtsbehörde den Bauantrag auch bei einem Verstoß gegen sonstige öffentlich-rechtliche Vorschriften ablehnen. Selbst wenn man deshalb mit einer in der Literatur[266] vertretenen Auffassung von einer faktischen Erweiterung des Prüfungsmaßstabs des jeweiligen Genehmigungsverfahrens, z.B. des vereinfachten, ausgehen sollte, eröffnet dies kein Wahlrecht hinsichtlich einer Abweichung von der gesetzlich einschlägigen Verfahrensart – weder für den Bauherrn, noch für die Baubehörde.[267] Dies folgt bereits aus dem Wortlaut der Regelung selbst, der nur die Ablehnung bei Verstößen gegen andere öffentlich-rechtliche Vorschriften, nicht aber (auch) die Genehmigung nach anderen öffentlich-rechtlichen Vorschriften und damit insbesondere auch keinen Wechsel der Genehmigungsverfahrensart erlaubt. Die halbsatzmäßige Ergänzung nimmt vielmehr auf das im vorausgehenden Halbsatz angesprochene „bauaufsichtliche Genehmigungsverfahren" mit eben gesetzlich determinierter Zuordnung Bezug. Art. 68 Abs. 1 Satz 1, 2. Hs. BayBO 2008/2009 ist weder nach grammatikalischer noch systematischer sowie darüber hinaus auch nicht nach historischer[268] Auslegung eine den Regelungen in § 54 Abs. 3 HBO bzw. § 59 Abs. 3 HBauO vergleichbare Vorschrift.

---

[264] Vgl. *Hornmann*, NVwZ 2012, S. 1296 mit Hinweis auf § 22 S. 2 Nr. 2 VwVfG.
[265] I.E. auch *Sauthoff*, BauR 2013, S. 416; *Wolf*, in: Simon/Busse, BayBO, Art. 59 Rn 13.
[266] So etwa *Ingold/Schröder*, BayVBl 2010, S. 428.
[267] In den Vollzugshinweisen der obersten Baubehörde im Bayerischen Staatsministerium des Innern wird unterstrichen, dass durch den Gebrauch des Wortes „darf" anstatt des Wortes „kann" nur zum Ausdruck gebracht werden sollte, dass der Bauaufsichtsbehörde eine (bloße) Befugnis eingeräumt und nicht hingegen ein Ermessensspielraum eröffnet wird, vgl. Oberste Baubehörde im BayStMI, Schreiben vom 24.07.2009, Zeichen: IIB4-4101-022/08, S. 16; in diesem Sinne auch *Wolf*, in: Simon/Busse, BayBO, Art. 59 Rn 13.
[268] Zur Begründung von § 54 Abs. 3 HBO wird angeführt, dass von diesem – zunächst probeweise zur Geltung gebrachten (vgl. § 78 Abs. 10 HBO 2002) – Wahlrecht in jedem sechsten Genehmigungsfreistellungsverfahren Gebrauch gemacht worden sei, vgl. LtDrs. (Hessen) 18/2523 vom 15.06.2010, S. 16, und dass die vereinfachte Baugenehmigung als bloß sektorale Unbedenklichkeitsbescheinigung offenkundig zu Lasten der Investitions- und Rechtssi-

2. Enumerativer Prüfkatalog des Art. 59 BayBO 2008

Mit der Novelle der Bayerischen Bauordnung 2008 wurde der Prüfungsmaßstab des vereinfachten Baugenehmigungsverfahrens weiter dezimiert. Er ist nunmehr im Wesentlichen auf bauplanungsrechtliche Vorschriften sowie örtliche Bauvorschriften beschränkt, wie der enumerativen und damit auch abschließenden Aufzählung in Art. 59 Satz 1 Nrn. 1 bis 3 BayBO 2008 zu entnehmen ist. Daneben werden zum einen auf Antrag auch Abweichungen von bauordnungsrechtlichen Vorschriften und zum anderen auch – allerdings antragsunabhängig – das sog. „aufgedrängte", nicht-baurechtliche (Fach-)Recht der Prüfung durch die Baubehörden unterzogen, soweit etwaige andere fachrechtliche Erlaubnisse durch die Baugenehmigung ersetzt werden. Im Konkreten legt Art. 59 Satz 1 BayBO 2008 fest, dass die Bauaufsichtsbehörde außer bei Sonderbauten erstens nur die Übereinstimmung mit den Vorschriften über die Zulässigkeit der baulichen Anlage nach den §§ 29 bis 38 BauGB und den Regelungen örtlicher Bauvorschriften im Sinn des Art. 81 Abs. 1 BayBO 2008, zweitens beantragte Abweichungen im Sinne des Art. 63 Abs. 1 und Abs. 2 Satz 2 BayBO 2008/2009 sowie schließlich drittens andere öffentlich-rechtliche Anforderungen, soweit wegen der Baugenehmigung eine Entscheidung nach anderen öffentlich-rechtlichen Vorschriften entfällt, ersetzt oder eingeschlossen wird, prüft. Nach der Gesetzesbegründung sind die örtlichen Bauvorschriften in erster Linie deshalb dem Prüfprogramm zugeordnet worden, da es schwerlich plausibel zu machen sei, weshalb in einem Bebauungsplan integrierte örtliche Bauvorschriften (Art. 81 Abs. 2 BayBO 2008, § 9 Abs. 4 BauGB) über Art. 59 Satz 1 Nr. 1, 1. Alt. BayBO 2008 geprüft werden, eigenständige örtliche Bauvorschriften hingegen nicht.[269] Der in Art. 59 Satz 1 Nrn. 1 bis 3 BayBO 2008 normierte Prüfkatalog ist bei Vorhaben, bei denen das vereinfachte Genehmigungsverfahren Anwendung findet, einerseits als Pflichtprüfprogramm[270] der Baugenehmigungsbehörde zu verstehen, legt andererseits aber auch abschließend das Maximalprüfprogramm fest.[271] Dies hat zur Folge, dass die Baugenehmigung grundsätzlich nur aufgrund der in Art. 59 Satz 1 Nrn. 1 bis 3 BayBO 2008 normierten Maßstäbe beurteilt und letztlich erteilt

---

cherheit der Bauherrschaften und der Baufinanziers gehe, so zumindest *Hornmann*, HBO, § 54 Rn 97. Vgl. demgegenüber – für Art. 68 Abs. 1 Satz 1, 2. Hs. BayBO 2008/2009, LtDrs. 16/1351 vom 13.05.2009, S. 2.
[269] Vgl. LtDrs. 15/7161 vom 15.01.2007, S. 65.
[270] Vgl. *Wolf*, BayBO – Kurzkommentar, Art. 59 Rn 9.
[271] Vgl. hierzu auch *Sauthoff*, BauR 2013, S. 415 ff [416].

bzw. versagt werden darf. Es bleibt damit wie auch schon beim vereinfachten Verfahren nach der Bauordnung 1998 dabei, dass es über den enumerativen Prüfkatalog hinaus weder eine beliebige Ausdehnung des Prüfprogramms noch ein „Ermessensprüfprogramm"[272] der Baubehörde gibt. Ob der nach der Reform im Jahre 2008 im Nachgang noch neu hinzugekommene Halbsatz 2 des Art. 68 Abs. 1 Satz 1 BayBO 2008/2009, der den Baubehörden eine vom jeweiligen Verfahren unabhängige Möglichkeit einräumt, einen Bauantrag unter bestimmten und noch zu klärenden Voraussetzungen abzulehnen, zumindest zu einer faktischen Erweiterung der Prüfkompetenz der Bauaufsichtsbehörden führt, wie dies zum Teil in der Literatur[273] gesehen wird, oder ob diese Vorschrift einer einschränkenden Auslegung bedarf, soll einer eigenständigen Betrachtung vorbehalten bleiben.

Soweit über Art. 59 Satz 1 Nr. 2 i.V.m. Art. 63 BayBO 2008 auch beantragte Abweichungen von Anforderungen der Bayerischen Bauordnung bzw. auf Grund dieser erlassener Vorschriften der Prüfung im vereinfachten Verfahren unterzogen werden, gilt dieser Prüfungsmaßstab aber gerade – wie es der Wortlaut des Gesetzestextes bereits vorgibt – ausschließlich im Falle von tatsächlich vorliegenden Abweichungen und nur auf gesonderten Antrag. Zwar sind inzwischen sämtliche Abweichungen von Art. 63 BayBO 2008 umfasst. Nicht hingegen ist es dem Bauherrn aber möglich, zu beantragen, die Einhaltung der Anforderungen, wie sie von der Bayerischen Bauordnung und von Vorschriften aufgrund der Bayerischen Bauordnung aufgestellt werden, feststellen zu lassen. Die gegenüber der Vorgängerregelung des Art. 73 BayBO 1998 neu ergänzte Prüfung beantragter Abweichungen *„[...] soll einerseits die – abgesehen von den örtlichen Bauvorschriften nach Art. 81 Abs. 1 BayBO 2008 – entfallene bauordnungsrechtliche Prüfung kompensieren, andererseits aber durch die Beschränkung auf „beantragte" Abweichungen verhindern, dass gleichsam durch die Hintertür der Abweichungsprüfung das bewusst reduzierte Prüfprogramm auf das gesamte Bauordnungsrecht ausgeweitet wird."*[274] Hinsichtlich Art. 59 Satz 1

---

[272] *Wolf*, in: Simon/Busse, BayBO, Art. 59 Rn 26 f [27]. Gegen eine beliebige Ausdehnung des Prüfprogramms bezüglich Art. 73 Abs. 1 BayBO 1998 auch bereits *Jäde*, BayVBl 2002, S. 33 [40] m.w.N.
[273] Vgl. *Ingold/Schröder*, BayVBl 2010, S. 429; *Wolf*, BayBO – Kurzkommentar, Art. 59 Rn 3; *ders.*, in: Simon/Busse, BayBO, Art. 59 Rn 7; vgl. hierzu auch *Shirvani*, BayVBl 2010, S. 709 ff; a.A. *Sauthoff*, BauR 2013, S. 415 ff [416].
[274] *Jäde/Famers*, BayVBl 2008, S. 34.

Nr. 2 BayBO 2008 sind also die beiden Aspekte „Abweichung(en)" und „beantragte" bzw. „auf Antrag" von entscheidender Bedeutung. Im Hinblick auf das Tatbestandsmerkmal der erforderlichen[275] Antragstellung ist in diesem Zusammenhang auch der mit dem Änderungsgesetz neu hinzugekommene zweite Halbsatz des Art. 63 Abs. 2 Satz 2 BayBO 2008/2009 zu beachten, wonach bei genehmigungspflichtigen Vorhaben der Abweichungsantrag zusammen mit dem Bauantrag zu stellen ist. Ansonsten bleibt es bei der Nichtprüfung[276] im Rahmen des vereinfachten Baugenehmigungsverfahrens und damit bei der bereits mehrfach herausgestellten Folge, dass die Baugenehmigung nur im Umfang des normierten Prüfungsumfangs des Art. 59 Satz 1 Nrn. 1 bis 3 BayBO 2008 die Rechtmäßigkeit des Vorhabens feststellt und lediglich insoweit Vertrauens- und Bestandswirkung[277] vermittelt. Ergänzend gilt der schon bislang bestehende Grundsatz, dass sich der Bauherr im Übrigen selbst für die materielle Rechtmäßigkeit seines Vorhabens verantwortlich zeigen muss, vgl. Art. 55 Abs. 2 BayBO 2008.

Die klassischen Instrumente der bauaufsichtlichen Maßnahmen und der Bauüberwachung im IV. und V. Abschnitt des fünften Teils der Bayerischen Bauordnung bleiben von der weiteren Dezimierung der zu prüfenden Vorschriften und vom jeweils durchzuführenden Verfahren dagegen unberührt.[278] Auch die neue Bauordnung schreibt dies zur Klarstellung in Art. 55 Abs. 2 BayBO 2008 a.E. fest. Aus der Zusammenschau von Art. 54 Abs. 2 und 77 BayBO 2008 ergibt sich, dass die Bauaufsichtsbehörde in Ausübung ihres pflichtgemäßen Ermessens jederzeit die Einhaltung der öffentlich-rechtlichen Vorschriften und Anforderungen überprüfen kann. Die repressiven Möglichkeiten der Bauaufsicht sollen (nach umstrittener Auffassung) gerade die ausgedünnte präventive Bauaufsicht kompensieren, wodurch sich jedenfalls nach *Schmidt-Preuß* ein beachtliches Potential für Verfahrensbeschleunigung ergäbe. *„Der partiellen Aufhebung administrativer Kontrolle [im Wege des vereinfachten Genehmigungsver-*

---

[275] Vgl. a.A. *Molodovsky*, in: Koch/Molodovsky/Famers, BayBO, Art. 59 Rn 15a m.w.N., Art. 63 Rn 53, 58a, Art. 65 Rn 48c.
[276] Vgl. a.A. *Koehl*, BayVBl 2009, S. 645 ff; zumindest kritisch auch *Wolf*, in: Simon/Busse, BayBO, Art. 59 Rn 54 f. Vgl. hierzu eingehend Teil 2 B.II. und B.IV.
[277] Vgl. *Wolf*, BayBO – Kurzkommentar, Art. 59 Rn 9; *Busse/Dirnberger*, Die neue BayBO, Art. 59 Ziff. 4, S. 307.
[278] Vgl. hierzu ausführlich *Glaser/Weißenberger*, BayVBl. 2008, S. 460 ff [461 f]; vgl. auch *Wolf*, in: Simon/Busse, BayBO, Art. 59 Rn 119, *ders.*, BayBO – Kurzkommentar, Art. 59 Rn 12 m.w.N. BayVGH, Beschluss vom 6.6.2002, Az. 14 B 99. 2545.

fahrens] entspricht die Substitution durch externe Kontrolle."[279] Die bauaufsichtlichen Eingriffsmöglichkeiten kommen in erster Linie dann in Betracht, wenn der Bauherr der gemäß Art. 55 Abs. 2 BayBO 2008 geschuldeten Einhaltung auch aller nicht präventiv geprüften Vorschriften nicht gerecht wird. Hierauf beschränkt ist die Baukontrolle aber natürlich nicht; sie hat sich im Rahmen ihres bauaufsichtlichen Eingriffsermessens zu bewegen. Sie ist damit insbesondere nicht auf die Einhaltung der im (vereinfachten) Baugenehmigungsverfahren zu prüfenden öffentlich-rechtlichen Vorschriften des Art. 59 Satz 1 Nrn. 1 und 3 BayBO 2008 beschränkt.

3. Ungeprüfte Vorschriften des Bauordnungsrechts

Durch eine sachspezifische Reduzierung des behördlichen Prüfprogramms und mit der Nichtprüfung von Vorschriften will der Gesetzgeber das Postulat der Selbstregulierung und Stärkung der bauherrenseitigen Eigenverantwortung weiter vorantreiben. Wie unter vorstehendem Gliederungspunkt dargestellt, reduziert sich das vereinfachte Genehmigungsverfahren aufgrund der enumerativen Aufzählung im Wesentlichen auf eine bauplanungsrechtliche Kontrolle sowie Prüfung des sog. aufgedrängten sonstigen öffentlichen Rechts. Örtliche Bauvorschriften werden unabhängig davon geprüft, ob sie „isoliert" (Art. 59 Satz 1 Nr. 1, 2. Alt. BayBO 2008) oder über einen Bebauungsplan (Art. 59 Satz 1 Nr. 1, 1. Alt. BayBO 2008) Geltung zeigen. Gegenüber der Vorgängerregelung des Art. 73 BayBO 1998 sind die dort noch unter Abs. 1 Nr. 1, 3. Alt. erwähnten bauordnungsrechtlichen Abstandsvorschriften, die unter Nr. 2 benannte Baugestaltung und unter Nr. 3 gelisteten Stellplatzvorschriften gestrichen worden, die nunmehr allesamt nicht mehr zum Pflicht- und zugleich Maximalprüfprogramm des vereinfachten Genehmigungsverfahrens gehören. Eine Ausnahme hinsichtlich der Stellplatzvorschriften gilt für den Fall, dass die konkrete Kommune eine eigenständige Stellplatzsatzung erlassen hat. Gleiches gilt im Falle einer kommunalen Abstandsflächensatzung mit gegenüber der gesetzlichen Regelung ab-

---

[279] *Schmidt-Preuß*, in: 100 Jahre Allgemeines Baugesetz Sachsen, S. 598/599. Häufig wird der tatsächliche Beschleunigungseffekt, der den ausgedünnten Genehmigungsverfahren zugeschrieben wird aber zu Recht in Abrede gestellt, da sich in der Sache wohl die Problematik und Bearbeitungszeit der Baubehörden eben von der präventiven auf die repressive Bauaufsicht verlagert. So auch z.B. *Bamberger*, NVwZ 2000, S. 983, *Simon* BayVBl 1994, S. 332; *Preschel*, DÖV 1998, S. 51.

weichenden Abstandsflächen, die dann ebenfalls über örtliche Bauvorschriften zu prüfen sind (Art. 59 Satz 1 Nr. 1, 2. Alt. i.V.m. Art. 81 Abs. 1 Nr. 6 BayBO 2008).[280] Darüber hinaus sind auch weiterhin die schon von Art. 73 BayBO 1998 und nunmehr von Art. 59 BayBO 2008 zwingend ausgenommenen Vorschriften von der Prüfung im vereinfachten Verfahren ausgeschlossen. Die vor allem sicherheitsrechtlichen Bestimmungen wie etwa der vorbeugende Brand-, Schall- und Wärmeschutz sowie die Standsicherheit unterliegen keiner gesonderten Überprüfung oder Kontrolle.[281] Der bautechnische Nachweis wird hierfür offensichtlich als ausreichend angesehen, vgl. Art. 59 Satz 2 i.V.m. Art. 62 BayBO 2008. Die Gesetzesbegründung geht sogar so weit, dass sie darlegt, dass sich aus der Verbändebeteiligung zum ersten Diskussionsentwurf der MBO keine zwingenden Gründe für die Aufnahme bestimmter Gegenstände des materiellen Bauordnungsrechts in das Prüfprogramm des vereinfachten Baugenehmigungsverfahrens ergeben hätten.[282] Allerdings verbietet sich die Folgerung, dass die (weitere) Reduzierung des Prüfprogramms und der Ausnahme materiellrechtlicher Vorschriften generell die Irrelevanz des ausgeschlossenen Rechts unter allen Umständen bedeuten würde.[283] Vielmehr werden die nicht in den Prüfkatalog aufgenommenen bauordnungsrechtlichen Vorschriften nicht für unwichtig erachtet, sondern die Risikobewertung erfolgt über den Anwendungsbereich des jeweiligen Baugenehmigungsverfahrens. Diese nicht prüfpflichtigen Vorschriften werden nur bei solchen Bauvorhaben nicht geprüft, für die der Gesetzgeber keine Notwendig zur Klärung solcher Sicherheitsfragen sieht.[284] Der bereits erläuterte Grundsatz der Genehmigungspflichtigkeit für bauliche Anlagen nach Art. 55 Abs. 1 BayBO 2008 führt im Zusammenhang mit den vorgesehenen Einschränkungen zu einem grundsätzlich vierstufigen System der Verfahrensanforderungen. Dieses reicht in Abhängigkeit von dem seitens der Anlage zu erwartenden Gefährdungspotential, welches zumeist an Kriterien wie Größe und Schwierigkeit gebunden ist, von der Verfahrensfreiheit (Art. 57 BayBO 2008), der Genehmigungsfreistellung (Art. 58 BayBO 2008) und dem verein-

---

[280] Vgl. hierzu auch *Wolf*, in: Simon/Busse, BayBO, Art. 59 Rn 43 ff [44]. Die abweichenden Regelungen dürfen aber jedenfalls die ausreichende Belichtung und Belüftung nicht beeinträchtigen, Art. 6 Abs. 5 Satz 3, 2. Hs. BayBO 2008.
[281] Vgl. BayVGH, BayVBl 2002, S. 499; *Wolf*, BayBO – Kurzkommentar, Art. 59 Rn 8.
[282] Vgl. LtDrs. 15/7161 vom 15.01.2007, S. 64/65; *Jäde*, BayBO 1998/2008 – Textsynopse, S. 203.
[283] So auch *Schmidt-Preuß*, in: 100 Jahre Allgemeines Baugesetz Sachsen, S. 599/600.
[284] Vgl. *Degenhart*, in: 100 Jahre Allgemeines Baugesetz Sachsen, S. 578, der sich allerdings bei seiner Aussage auf die Genehmigungsfreistellung bezieht.

fachten Baugenehmigungsverfahren bis hin zum allgemeinen Baugenehmigungsverfahren,[285] wobei nach der neuen Systematik der Bayerischen Bauordnung 2008 dem Begriff des Sonderbaus bzw. der Grenze hin zum Sonderbau eine zentrale Rolle zukommt, vgl. bereits oben in Teil 1 C.II.1. Die hiervon zu trennenden Gebäudeklassen sind davon wie gezeigt unabhängig.

Der grundsätzliche Ausschluss bauordnungsrechtlicher Vorschriften von der präventiven bauaufsichtlichen Prüfung verleitet die am Baugenehmigungsverfahren Beteiligten zu „Kreativität", um bauordnungsrechtliche Aspekte und insbesondere Verstöße gegen Anforderungen der BayBO auf Umwegen doch wieder zur Geltung zu bringen. Diese „kreativen" Argumentationsversuche lassen sich insbesondere mit Blick auf den Nachbarn finden, dem eine Anfechtung des Baubescheids mit Bezug auf bauordnungsrechtliche Verstöße grundsätzlich nicht mehr möglich ist.[286] Zumindest bis zur Einführung der behördlichen Versagungsmöglichkeit des Art. 68 Abs. 1 Satz 1, 2. Hs. BayBO 2008/2009 waren derartige Überlegungen (vorrangig aus verwaltungsökonomischen Erwägungen heraus) auch für die Bauaufsichtsbehörden von Interesse. Ähnliches gilt für die Gemeinde und ihre Stellungnahme bzw. ihr Einvernehmen (vgl. Art. 64 Abs. 1 Satz 2, 67 Abs. 1 Satz 1 BayBO 2008). So wird etwa der Versuch unternommen, eine Missachtung des bauordnungsrechtlichen (umgebungsbezogenen) Verunstaltungsverbotes und damit einen Verstoß gegen Art. 8 Satz 2 BayBO 2008 als eine Beeinträchtigung des Ortsbildes gemäß § 34 Abs. 1 Satz 2, 2. Hs. BauGB zu qualifizieren. Letztere Anforderungen wären nämlich gemäß Art. 59 Satz 1 Nr. 1 BayBO 2008 stets zu prüfen[287] und damit monierungsfähig. In den letzten Jahren äußerte sich diese Debatte vermehrt bei großflächigen Leuchtreklame- bzw. Werbetafeln[288] der Außenwerbung. Der auf einen ersten Blick naheliegen-

---

[285] Vgl. *Erbguth/Stollmann*, JZ 2007, S. 870. Die in Bayern bestehende Regelung in Art. 66 BayBO 1998 bezüglich der sog. planungsrechtlichen Genehmigung ist mit der BayBO 2008 entfallen.
[286] Vgl. hierzu ausführlich *Bamberger*, NVwZ 2000, S. 983 ff [984]; *Bock*, DVBl 2006, S. 12 ff [13]; vgl. hierzu auch *Dürr*, DÖV 1994, S. 841 ff.
[287] Vgl. *Lechner*, in: Simon/Busse, BayBO, Art. 8 Rn 702.
[288] Vgl. z.B. VG Würzburg, Urteil vom 15.06.2010, Az. W 4 K 09.1102; dass., Urteil vom 29.01.2010, Az. W 5 K 09.1084; VG Ansbach, Urteil vom 20.10.2009, Az. AN 9 K 09.00018; VG München, Urteil vom 26.04.2010, Az. M 8 K 09.3029; dass., Urteil vom 12.04.2010, Az. M 8 K 09.2271; vgl. auch VG Ansbach, Urteil vom 08.10.2009, Az. AN 3 K 09.00176 (Verstoß einer Werbeanlage gegen § 9 FStrG und Unzulässigkeit gemäß § 38 BauGB); vgl. hierzu auch *Wolf*, BayBO – Kurzkommentar, Art. 8 Rn 4 m.w.N.; *Lechner*, in: Simon/Busse, BayBO, Art. 8 Rn 505 ff.

de Vergleich des bauordnungsrechtlichen Verunstaltungsverbots mit dem Verbot der Ortsbildbeeinträchtigung geht allerdings fehl. Denn § 34 BauGB erfasst als bauplanungsrechtliche Regelung nur solche Beeinträchtigungen, die nicht lediglich gestalterische und damit bauordnungsrechtlich relevante, sondern bodenrechtliche Relevanz haben.[289] Damit ist zu Recht mit der Rechtsprechung der bauplanungsrechtliche Begriff der Beeinträchtigung des Ortsbildes von dem bauordnungsrechtlichen Begriff der Verunstaltung des Straßen- und Ortsbildes nach Art. 8 Satz 2 BayBO 2008 abzugrenzen,[290] so dass – unter Ausblendung von Art. 68 Abs. 1 Satz 1, 2. Hs. BayBO 2008/2009 – eine Prüfung von Art. 8 BayBO 2008 „über die Hintertür" des § 34 BauGB nicht in Betracht kommt.

Zusammenfassend kann demnach festgehalten werden, dass die im vereinfachten Baugenehmigungsverfahren ergehende Baugenehmigung in ihrer Kernaussage im Regelfall auf eine bauplanungsrechtliche Genehmigung[291] reduziert wird, sofern sie sich nicht mit beantragten Abweichungen, örtlichen Bauvorschriften und/oder aufgedrängtem Recht auseinandersetzt. Die Feststellungs- und Gestaltungswirkung erstreckt sich damit grundsätzlich nicht auf die nichtprüfpflichtigen und zugleich nicht prüffähigen Vorschriften.

4. Bautechnische Nachweise

Die vom Gesetzgeber proklamierte „Stärkung privater Eigenverantwortlichkeit anstatt obrigkeitlicher Betreuung"[292] im Wege des Rückbaus der bauaufsichtlichen Prüfungen findet sich im Besonderen auch in den bautechnischen Nachweisen wieder, die im Grundsätzlichen[293] bei genehmigungspflichtigen Vorhaben zu erstellen sind. Mit diesen bautechnischen Nachweisen ist die Einhaltung

---

[289] Vgl. *Jäde*, in: Jäde/Dirnberger/Weiß, BauGB, § 34 Rn 115; *Lechner*, in: Simon/Busse, BayBO, Art. 8 Rn 701 ff [707].
[290] Vgl. VG Würzburg, Urteil vom 29.01.2010, Az. W 5 K 09.1084 m.w.N.
[291] *Jäde/Famers* sprechen hier von einer „im Kern" planungsrechtlichen Genehmigung, vgl. *Jäde/Famers*, BayVBl 2008, S. 34.
[292] Vgl. LtDrs. 15/7161 vom 15.01.2007, S. 1.
[293] Bautechnische Nachweise sind demnach nicht bei verfahrensfreien Vorhaben zu erstellen (Art. 57 BayBO 2008) zu erstellen. Ebenso wenig sind sie grundsätzlich erforderlich bei der Beseitigung von baulichen Anlagen, soweit das Gesetz – wie etwa in Art. 57 Abs. 5 Sätze 3 bis 5 BayBO 2008 – nichts anderes bestimmt. In diesen Fällen ist die Eigenverantwortlichkeit des Bauherrn am Stärksten ausgeprägt, denn es bleibt grundsätzlich ihm selbst überlassen, wie er die bautechnische Ausführung der bauordnungsrechtlichen Anforderungen sicherstellt. Vgl. auch *Jäde,* BayBO 1998/2008 – Textsynopse, S. 216/217.

der Anforderungen an die Standsicherheit, den Brand-, Schall-, Wärme- und Erschütterungsschutz bezogen auf ein konkretes Bauvorhaben nachzuweisen. Art. 62 BayBO 2008 verweist zum einen auf die näheren Maßgaben der auf Grundlage von Art. 80 Abs. 4 BayBO 2008 durch das StMI erlassenen Rechtsverordnungen und legt zum anderen fest, bei welchen Bauvorhaben bautechnische Nachweise zu erstellen sind und welche Qualifikationsvoraussetzungen die Ersteller derselben erfüllen müssen. Darüber hinaus wird auch das Vier-Augen-Prinzip geregelt, d.h. die Fälle, in denen die bautechnischen Nachweise nochmals durch Prüfsachverständige bescheinigt oder durch die Bauaufsichtsbehörde geprüft werden müssen. Diese Sachverständigen sind dabei nicht integraler Bestandteil des staatlichen Genehmigungsverfahrens, sondern sie dienen der Kompensation einer weggefallenen präventiven Überwachung. Anstelle eines präventivbehördlichen Prüfverfahrens verlangt der Staat vom insoweit in die Pflicht genommenen Vorhabenträger die Hinzuziehung eines sachprüfenden Gutachters.[294] Unter der Maßgabe des Gesetzgebers, gesellschaftliche Eigenverantwortung zu stärken, ist der Prüfsachverständige als im Lager des Bauherrn stehend anzusehen. Wegen fehlender (schlicht-)hoheitlicher Kompetenzen ist dieser auch nicht als Beliehener einzustufen.[295]

Das Erfordernis technischer Nachweise im Sinne des Art. 62 BayBO 2008 bleibt vom jeweiligen Genehmigungsverfahren mit der Folge unberührt, dass das Prüfprogramm davon grundsätzlich nicht betroffen wird.[296] Dies wird in den jeweiligen Verfahrensvorschriften[297], für das vereinfachte Baugenehmigungsverfahren z.B. in Art. 59 Satz 2 BayBO 2008, ausdrücklich klargestellt. *„Die positiv formulierten – es wird aufgezählt, was geprüft wird, nicht, was nicht geprüft wird – Prüfprogramme [...] stehen [...] gleichsam unter dem Vorbehalt der Regelungen über die bautechnischen Nachweise in Art. 62 BayBO 2008."*[298] Diese werden, obwohl die Geltung des Art. 62 BayBO 2008 für unberührt erklärt wird, – abgesehen von den Sonderfällen des Art. 62 Abs. 3 BayBO 2008 – aber ausdrücklich nicht in den bauaufsichtlichen Genehmigungsverfahren ge-

---

[294] Vgl. *Seidel*, Privater Sachverstand und staatliche Garantenstellung, S. 256.
[295] Vgl. *Jäde/Weiß*, BayVBl 1998, S. 13; *Seidel*, Bauplanungs- und Bauordnungsrecht, S. 98; ders., Privater Sachverstand und Garantenstellung, S. 256, 264.
[296] Vgl. *Molodovsky*, in: Koch/Molodovsky/Famers, BayBO, Art. 59 Rn 9.
[297] Vgl. z.B. für die Genehmigungsfreistellung Art. 58 Abs. 5 Satz 1 BayBO 2008 und für das (allgemeine) Baugenehmigungsverfahren Art. 60 Satz 2 BayBO 2008.
[298] *Jäde/Famers*, BayVBl 2008, S. 34.

prüft, Art. 62 Abs. 4 Satz 1 BayBO 2008. Diese Entkoppelung von Verfahrenszuordnung und bautechnischen Nachweisen gilt als ein Kernstück des Verfahrensrechts der novellierten Bayerischen Bauordnung 2008.[299] Da allerdings die Systematik der Nachweise und Bescheinigungen – wie in Art. 62 BayBO 2008 konzipiert – nicht mehr verfahrens-, sondern vorhabensabhängig geregelt wurde, wird der Aufbau der Vorschrift als komplex angesehen,[300] zumal die Anforderungen an den Statik- und den Brandschutznachweis gemeinschaftlich abgehandelt werden, vgl. Art. 62 Abs. 2 Satz 1 und Satz 2 BayBO 2008. Die bautechnischen Nachweise erfahren damit aber auch eine geschlossene und abschließende Regelung dieser Materie und sind nicht mehr in Verfahrensabhängigkeit auf verschiedene Vorschriften der Bayerischen Bauordnung verstreut. Die Unberührtheitsregelungen – im Fall des vereinfachten Baugenehmigungsverfahrens in Art. 59 Satz 2 BayBO 2008 – und das Prüfungsverbot des Art. 62 Abs. 4 Satz 1 BayBO 2008 bedeuten aber nicht zugleich, dass diese Regelungen, bauprüfungsrechtliche Vorgaben einerseits, bautechnische Nachweise andererseits, isoliert nebeneinander stehen. Vielmehr sind sie mit wechselseitigem Blick nebeneinander zu lesen; partiell wird nämlich das positiv formulierte Prüfverfahren wieder für die Bauvorhaben erweitert, bei denen auf Grund von Art. 62 Abs. 3 BayBO 2008 der Standsicherheits- und Brandschutznachweis durch die Bauaufsichtsbehörde[301] zu prüfen und für welche der grundsätzlich bei bautechnischen Nachweisen ausreichende extern-private Sachverstand im Wege des Vier-Augen-Prinzips zu erweitern ist. Bei den in Absatz 3 des Art. 62 BayBO 2008 bezeichneten Bauvorhaben bleibt es also nach wie vor bei einer hoheitlichen Überprüfung der Standsicherheit durch die Bauaufsichtsbehörde selbst oder (aufgrund eines behördlichen Prüfauftrags) durch Prüfingenieure oder Prüfämter. Ansonsten genügt für die Erstellung bautechnischer Nachweise grundsätzlich die Bauvorlagenberechtigung für das jeweilige Bauvorhaben. In Teilbereichen, die in Art. 62 Abs. 2 BayBO 2008 einer Regelung unterzogen werden, wird eine zusätzliche Qualifikation des Erstellers verlangt. Es handelt sich dabei um Fälle mit sicherheitsrelevanteren Anforderungen. Bei Vorhaben mit bautechnischen

---

[299] Vgl. LtDrs. 15/7161 vom 15.01.2007, S. 66; *Jäde/Famers*, BayVBl 2008, S. 34.
[300] Vgl. *Wolf*, BayBO – Kurzkommentar, Art. 62 Rn 1.
[301] Art. 62 Abs. 3 Satz 1 BayBO 2008 sieht auch die alternative Prüfung durch einen Prüfingenieur oder ein Prüfamt vor. Mit Schreiben vom 22.12.2008 (Zeichen: IIB8-4117.12-004/08) weist die Oberste Baubehörde im BayStMI darauf hin, dass die zuständige Behörde zur Vergabe und Erteilung von Prüfaufträgen alleine darüber entscheidet, welchem Prüfingenieur oder Prüfamt für Standsicherheit sie die Prüfung bautechnischer Nachweise überträgt.

Schwierigkeiten bleibt es – wie soeben erläutert – bei dem herkömmlichen Vier-Augen-Prinzip. Die Systematik der bautechnischen Nachweise ist demnach als dreistufiges Konzept der Kompensation entfallender bauaufsichtlicher Prüfung angelegt.[302] In dieser Dreistufigkeit spiegelt sich letztlich auch die Risikobetrachtung des Gesetzgebers[303] wider, indem sich die Anforderungen an die Nachweisersteller jedenfalls vorrangig auch an den bautechnischen Schwierigkeiten der Bauvorhaben orientieren.

Die (ausnahmsweise) hoheitliche Überprüfung bautechnischer Nachweise gemäß Art. 62 Abs. 3 BayBO 2008 zeigt auch Auswirkungen auf die Erteilung der Baugenehmigung als solche und den Baubeginn. Die Baugenehmigungserteilung ist nämlich grundsätzlich von der Einholung der bautechnischen Nachweise unabhängig, nachdem diese in den bauaufsichtlichen Genehmigungsverfahren nicht zu prüfen sind. Nach Art. 68 Abs. 6 Satz 3 BayBO 2008 ist es grundsätzlich ausreichend, wenn bautechnische Nachweise, soweit es sich nicht um Bauvorlagen handelt, an der Baustelle von Baubeginn an vorhanden sind. Bescheinigungen nach Art. 62 Abs. 3 BayBO 2008 (insbesondere der Standsicherheitsnachweis für Sonderbauten) müssen der Bauaufsichtsbehörde vor Baubeginn vorliegen, Art. 68 Abs. 5 BayBO 2008. Sind bautechnische Nachweise allerdings aufgrund von Art. 62 Abs. 4 Satz 1 i.V.m. Abs. 3 BayBO 2008 bauaufsichtlich zu überprüfen, hängt letztlich auch die Genehmigungserteilung davon ab, da die Genehmigungsvoraussetzungen um die Überprüfung der bezeichneten technischen Nachweise ergänzt werden.[304] *„Soweit also Art. 63 Abs. 3 BayBO 2008 eine bauaufsichtliche Prüfung vorschreibt oder [z.B. hinsichtlich des Brandschutzes in Art. 63 Abs. 3 Satz 3 BayBO 2008] nach Wahl des Bauherrn zulässt (der sich in letzterem Fall bei der Bauantragstellung gegenüber der Bauaufsichtsbehörde festlegen muss), ergänzt die bauaufsichtliche Prüfung des bautechnischen Nachweises das Prüfprogramm des jeweiligen Genehmigungsverfahrens nach Art. 59 Satz 1 oder Art. 60 Satz 1 BayBO 2008 um das jeweilige bautechnische Anforderungsfeld."*[305] Im Umkehrschluss bedeutet dies auch, dass die Genehmigung bezogen auf bautechnische Nachweise nur dann versagt werden darf, wenn sie nach Art. 62 Abs. 3 BayBO 2008 prüfpflichtig

---

[302] Vgl. LtDrs. 15/7161 vom 15.01.2007, S. 66.
[303] Vgl. *Jäde/Famers*, BayVBl 2008, S. 34; LtDrs. 15/7161 vom 15.01.2007, S. 67.
[304] Vgl. *Busse/Dirnberger*, Die neue BayBO, Art. 59 Ziff. 1, S. 305; *Wolf*, BayBO – Kurzkommentar, Art. 68 Rn 9; *Jäde/Famers*, BayVBl 2008, S. 36.
[305] *Jäde/Famers*, BayVBl 2008, S. 36.

und damit zum Bestandteil des Prüfkatalogs des Art. 59 Satz 1 bzw. Art. 60 Satz 1 BayBO 2008 werden.

Im Übrigen gilt auch bei den bautechnischen Nachweisen der Grundsatz, dass die Verantwortlichkeit des Bauherrn für die Einhaltung der materiellrechtlichen Anforderungen, welche unter Umständen auch die Erstellung bautechnischer Nachweise erforderlich machen kann, unberührt bleibt, wie Art. 55 Abs. 2 BayBO 2008 verdeutlicht, in dem ausdrücklich auch auf Art. 62 Abs. 4 BayBO 2008 verwiesen wird. Für die materiellen Rechtmäßigkeitsstandards, die nicht vom Prüfkatalog der jeweiligen Baugenehmigungsverfahrensform erfasst sind, bleibt der Bauherr selbst verantwortlich.

5. Fazit: Die Baugenehmigung als sektorale Unbedenklichkeitsbescheinigung

Die sog. öffentlich-rechtliche Unbedenklichkeitsbescheinigung beschreibt den Umstand, dass dem verfügenden Teil einer Baugenehmigung, welcher die in Art. 14 Abs. 1 GG bzw. in Art. 103 Abs. 1 BV verankerte Baufreiheit wiederherstellt und das Vorhaben zur Verwirklichung freigibt, ein feststellender Teil korrespondiert, der das Bauvorhaben mit den im einschlägigen Baugenehmigungsverfahren und in dessen Umfang zu prüfenden öffentlich-rechtlichen Vorschriften für vereinbar erklärt.[306] Das herkömmliche Verständnis der Baugenehmigung als (umfassende) öffentlich-rechtliche Unbedenklichkeitsbescheinigung war der maßgebliche Ansatzpunkt aller Reformansätze im Bauordnungsrecht. Dieses umfassende öffentlich-rechtliche Attest bedingte aufgrund umfangreicher Abfragen nämlich nicht unerheblich lange Verfahrensdauern. Schon seit dem Beginn der Baurechtsreformen in den neunziger Jahren ist allerdings in der Fachliteratur vom *„Abschied der Baugenehmigung als einer umfassenden öffentlich-rechtlichen Unbedenklichkeitsbescheinigung"*[307] die Rede. Der Genehmigungsvorbehalt als wesentliches Charakteristikum des Bauordnungsrechts im Allgemeinen und privater Bautätigkeit im Speziellen eröffnet zum einen den Verwaltungsbehörden seit jeher die Möglichkeit, sich der Unbedenklichkeit sol-

---

[306] Vgl. BVerwGE 48, S. 242 ff; BVerwGE 69, S. 2 ff; *Seidel*, Privater Sachverstand und staatliche Garantenstellung, S. 263 Fn 34 m.w.N.; OVG RP, BauR 1992, S. 219.
[307] Vgl. *Preschel*, DÖV 1998, S. 46; ähnlich z.B. auch: *Jäde/Weiß*, BayVBl 1998, S. 9 f.

cher privater Bautätigkeit zu versichern.[308] Zum anderen vermittelt die damit einhergehende präventive Prüfung dem Vorhabensträger aber auch die verbindliche Feststellung darüber, ob sein Vorhaben dem öffentlichen Recht entspricht; dies allerdings mit der Einschränkung, dass das bezeichnete öffentliche Recht auch Prüfungsmaßstab im jeweils einschlägigen Genehmigungsverfahren war. Die herkömmliche Baugenehmigung in ihrer ursprünglichen Gestalt war grundsätzlich auf eine umfassende Prüfung aller an das jeweilige Bauvorhaben gestellten öffentlich-rechtlichen Anforderungen ausgerichtet.[309] Die staatliche Steuerung in Form der Präventivkontrolle nahm und nimmt sich mit jeder (erfolgten) Bauordnungsreform immer mehr zugunsten privater Selbstkontrolle und gestärkter Eigenverantwortung zurück. Die umfassend Rechtssicherheit vermittelnde Baugenehmigung ist damit entfallen.[310] Aufgegeben wurde damit auch ein umfassendes staatliches Betreuungskonzept bzw. die nach dem herkömmlichen Verständnis aus Sicht des Bauherrn angebotene Rundumbetreuung.[311] Der Gesetzgeber hat die Konzeption der Baugenehmigung als umfassende öffentlich-rechtliche Unbedenklichkeitsbescheinigung bereits mit der Reformgesetzgebung der Novellen von 1994 und 1998 aufgehoben.[312] Gleichwohl konnte Art. 72 Abs. 1 BayBO 1998 bzw. selbst auch das Prüfprogramm des vormaligen Art. 73 Abs. 1 BayBO 1998 noch eher einer solchen Konzeption gleichgesetzt werden. Hinsichtlich der neuen Bayerischen Bauordnung handelt es sich bei der Baugenehmigung im vereinfachten Baugenehmigungsverfahren um eine stärker als die Baugenehmigung für Sonderbauten nach Art. 60 Satz 1 BayBO 2008 beschränkte öffentlich-rechtliche Unbedenklichkeitsbescheinigung.[313] Mit dem Art. 59 BayBO 2008 wird die Baugenehmigung im vereinfachten Verfahren zu einer im Kern bauplanungsrechtlichen Genehmigung umgestaltet. Die Unbedenklichkeit des Vorhabens bescheinigt sie damit nur, soweit der Prüfungsmaßstab des jeweiligen Genehmigungsverfahrens reicht. Solchen Vorhaben, die unter das Freistellungsverfahren fallen, fehlt mangels zu ergehender Baugenehmi-

---

[308] Vgl. *Schmidt-Preuß*, in: 100 Jahre Allgemeines Baugesetz Sachsen, S. 588/589.
[309] Vgl. *Decker*, BauR 2008, S. 445.
[310] Vgl. hierzu auch bereits *Erbguth/Stollmann*, JZ 1995, S. 1145; *Seidel*, Privater Sachverstand und staatliche Garantenstellung, S. 263 [Fn 34]; sehr kritisch *Numberger*, BayVBl 2008, S. 741/742.
[311] Vgl. *Martini*, DVBl 2001, S. 1488 ff; *Sacksofsky*, DÖV 1999, S. 949 m.w.N. *Lautner*, VR 1999, S. 37 ff [46].
[312] Vgl. *Jäde*, BayBO 1998/2008 – Textsynopse, S. 205.
[313] Vgl. *Molodovsky*, in: Koch/Molodovsky/Famers, BayBO, Art. 59 Rn 37 m.w.N. BayVGH, BayVBl 2000, S. 377, und BayVBl 2002, S. 499.

gung sogar jegliche Unbedenklichkeitswirkung. Diese insoweit nur noch beschränkte bzw. korrekterweise – weil restriktiver formuliert – nur noch sektorale[314] behördliche Unbedenklichkeitsbescheinigung erstreckt sich grundsätzlich nicht auf die durch bautechnische Nachweise bescheinigten Voraussetzungen privater Prüfsachverständiger. Diese Nachweise sind – wie zuvor gezeigt – unabhängig vom behördlichen Prüfverfahren. Als kraft Gesetzes obligatorischer Helfer des Bauherrn zur Erfüllung und zum Nachweis materieller Anforderungen führt der Sachverständige gerade kein staatliches Ersatzüberwachungsverfahren anstelle der Baugenehmigungsbehörde durch. Der staatliche Prüfungsumfang ist um den Beitrag des zugezogenen privaten Sachverständigen verkürzt.[315] Anders verhält es sich jedoch, soweit über Art. 63 Abs. 3 BayBO 2008 der bauaufsichtliche Prüfkanon um die bauaufsichtliche Prüfung des bautechnischen Nachweises bzw. des jeweiligen bautechnischen Anforderungsfeldes ergänzt wird. Die Beschränkung der Unbedenklichkeitsbescheinigung wird somit wieder etwas zurückgenommen, wodurch die Feststellungswirkung in Reichweite des Prüfungsumfangs ausgedehnt wird.

III. Gesetzgeberische Intention des vereinfachten Verfahrens – historischer Rückblick

Das im Vorstehenden eingehend erläuterte ursprüngliche Verständnis der Baugenehmigung als umfassende öffentlich-rechtliche Unbedenklichkeitsbescheinigung ist seit jeher Dreh- und Angelpunkt jeglicher Reformbemühungen des Bauordnungsrechts. Dieses Verständnis ließ die Baugenehmigung jedenfalls in ihrer herkömmlichen Gestalt als eine Art Transformator und Transmissionsriemen einer Fülle öffentlich-rechtlicher Anforderungen in Erscheinung treten, welche nicht nur aus spezifischem Baurecht resultierten, sondern auch durch nichtbaurechtliches Fachrecht determiniert waren.[316] Die Abfrage dieser Anforderungsfülle bedingt als solche bereits eine nicht unerhebliche Verfahrensdauer. Als maßgebliche (Mit-)Ursache für das Dilemma von Erleichterungs- und vor allem Beschleunigungsbestrebungen im öffentlichen Baurecht kann sicherlich

---

[314] Vgl. so bereits *Numberger*, BayVBl 2008, S. 742; *Hornmann*, HBO, § 54 Rn 97. Vgl. hierzu auch *Decker*, BauR 2008, S. 451, der von einer „*kastrierten Baugenehmigung*" spricht.
[315] Vgl. *Seidel*, Privater Sachverstand und staatliche Garantenstellung, S. 257 und 263.
[316] Vgl. *Jäde/Weiß*, BayBO 1994/1998 – Textsynopse, S. 9 ff.

die Regelungsdichte des materiell-öffentlichen Rechts angesehen werden, mit welcher der Gesetzgeber Interessensgegensätze und Konflikte vor allem auch mit öffentlichen Belangen auszugleichen versucht. Eine Herabsetzung bzw. Ausdünnung solcher materiell-rechtlicher Standards in einem Umfang, der zu einer merklichen Verfahrensbeschleunigung führen würde, erschien der Gesetzgebung von Anfang an unrealistisch, ja wenn nicht sogar unmöglich, wenn die im materiellen Recht geregelten Belange nicht preisgegeben werden sollen.[317] Der seinerzeit um Deregulierung und Beschleunigung bemühte und in diesen Belangen vorstoßende bayerische Landesgesetzgeber hat deshalb letztlich einen verfahrensrechtlichen Ansatz[318] gewählt, welcher (zumindest zunächst) am Ende einer dreistufigen Reform einen konsequenten gänzlichen[319] Verzicht auf die präventive bauaufsichtliche Prüfung in Aussicht stellte. Dieser Schritt sollte – wie bereits einleitend erwähnt – einen Systemschnitt[320] im Verhältnis zum herkömmlichen bauordnungsrechtlichen Denken bedeuten. Mit dem Gesetz zur Vereinfachung und Beschleunigung bau- und wasserrechtlicher Verfahren vom 12. April 1994[321] verfolgte der bayerische Landesgesetzgeber unter anderem das Ziel, durch die Beschränkung des Prüfungsumfangs in bau- und wasserrechtlichen Verfahren diese zu beschleunigen sowie zugleich durch die verstärkte Beteiligung privater Sachverständiger die Verantwortung des Bauherrn ohne inakzeptablen Qualitätsverlust entschieden zu stärken, wodurch ein Abschied von der bauaufsichtlichen Prüfung in einem polizei- und später wohlfahrtsstaatlich

---

[317] Vgl. hierzu z.B. *Simon*, BayVBl 1994, S. 333; *Jäde/Weiß*, BayBO 1994/1998 – Textsynopse, S. 10 f. Dies bedeutet jedoch nicht, dass der materielle Umfang gänzlich unangetastet geblieben wäre. Auch das materielle Anforderungsprofil wurde im Rahmen der verschiedenen Baurechtsnovellen zum Teil erheblich entschlackt. Vgl. hierzu auch bereits oben A.II.3.

[318] Vgl. zu den grundsätzlichen Typen der gesetzgeberischen Deregulierungsbemühungen *Jäde*, UPR 1994, S. 201 ff; *ders.*, ZfBR 1996, S. 243 ff.

[319] Die Umsetzung der dritten Stufe ist mit der Reform des Jahres 2008 nicht vollumfänglich umgesetzt worden und – mit Blick auf die Zukunft – wohl auch nicht mehr vorgesehen. Für die mit der Novelle des Jahres 1994 in Aussicht gestellte Möglichkeit, unter bestimmten Voraussetzungen die Baugenehmigung auf eine nur noch planungsrechtliche Zulassungsentscheidung auf Grundlage der Figur eines „besonders qualifizierten Entwurfsverfassers" zu reduzieren, sieht der bayerische Landesgesetzgeber, wie die Gesetzesbegründung (LtDrs. 15/7161 vom 15.01.2007, S. 66) vor Augen führt, nun selbst keinen Raum mehr.

[320] Vgl. *Busse*, Die neue Bayerische Bauordnung, Einführung, S. XIII; *Simon*, BayBO 1994 – Synopse, S. 7; beide m.w.N. LtDrs. 12/13482 vom 18.11.1993, S. 35.

[321] Vgl. GVBl S. 210. Vgl. zu den (seinerzeitigen) Neuerungen ausführlich *Jäde/Weinl/Dirnberger*, BayVBl 1994, S. 321 ff.

geprägten Verständnis vollzogen werden sollte.[322] Das vereinfachte Baugenehmigungsverfahren wurde mit Art. 80 BayBO 1994 erstmals Bestandteil des bauaufsichtlichen Verfahrensrechts der Bayerischen Bauordnung. Mit den weiteren beiden Reformen wurde nach zwischenzeitlicher Erprobungsphase im Wege einer systemkonformen Weiterentwicklung der Anwendungsbereich des vereinfachten Verfahrens erweitert und dessen Prüfungsumfang eingegrenzt, vgl. Art. 73 BayBO 1998 und Art. 59 BayBO 2008. Die Idee eines „schlanken Staates"[323] war seinerzeit nicht neu, sondern ist in den neunziger Jahren verstärkt ins Bewusstsein getreten. Vor dem Systemschnitt mit der BayBO 1994 wurde die Bayerische Bauordnung bereits im Jahre 1982 mit der gleichen Zielrichtung[324], nämlich der Vereinfachung und Lockerung von verfahrens- und materiellrechtlichen Vorschriften, umfassend novelliert. Doch wie der nahezu radikale Systemschnitt des Jahres 1994 zeigt und wie auch *Simon*[325] feststellt, haben die vorausgegangen, vielfältigen und stetigen politischen und administrativen Unternehmungen sowohl auf Bundes- als auch auf Landesebene bis dahin kaum zu wirklich durchgreifenden und sichtbaren Erfolgen geführt, das Bauen zu vereinfachen, zu erleichtern und zu beschleunigen. Die Zulassungsverfahren für intensive Bauvorhaben wurden als Hemmschuh privater Bautätigkeit angesehen und standen wegen überhöhter materieller und verfahrensrechtlicher Anforderungen in der Kritik. Die Bauverfahren galten allgemein als zu kompliziert, zu langwierig und vor allem auch rechtsbehelfsanfällig. Nicht zuletzt die den Baugenehmigungsverfahren zugeschriebene investitionshemmende Dauer sowie die Vielzahl von Nachbarklagen wurden als Bedrohung des Wirtschaftsstandorts Deutschlands angesehen. Die Bemühungen, diesen zu sichern, lagen den gesetzgeberischen Erwägungen sicherlich mit zugrunde.[326]

Das mit Art. 80 BayBO 1994 eingeführte vereinfachte Baugenehmigungsverfahren sollte Abhilfe schaffen und ließ den Bedarf für das bis dahin in §§ 14 ff der bauaufsichtlichen Verfahrensverordnung (BauVerfV)[327] geregelte

---

[322] Vgl. LtDrs. 12/13482 vom 18.11.1993, S. 34 f; vgl. auch LtDrs. 15/7161 vom 15.01.2007, S. 1, 37; *Simon*, BayVBl 1994, S. 332.
[323] Vgl. *Wolf*, BayBO – Kurzkommentar, Einführung Rn 6.
[324] Vgl. LtDrs. 9/7854 vom 11.03.1981, S. 1 ff; vgl. LtDrs. 12/13482 vom 18.11.1993, S. 34.
[325] Vgl. *Simon*, BayVBl 1994, S. 333.
[326] Vgl. *Simon*, Bayerische Bauordnung – Synopse, S. 5; LtDrs. 12/13482, S. 1 und 34; *Martini*, DVBl 2001, S. 1489 m.w.N. *Oeter*, DVBl 1999, S. 189; *Ritter*, DVBl 1996, S. 544.
[327] Die bauaufsichtliche Verfahrensverordnung (BauVerfV) konnte damit auf die Funktion einer Bauvorlagenverordnung zurückgeführt werden, während die Verfahrensregelungen ein-

beschleunigte Baugenehmigungsverfahren entfallen,[328] da das vereinfachte Baugenehmigungsverfahren – in Zusammenschau mit der ebenfalls neu eingeführten Genehmigungsfreistellung – aufgrund eines weitgehend gleichen Anwendungsbereichs eine weitere Erleichterung und Beschleunigung darstellte. Die neue bauverfahrensrechtliche Systematik hat seitdem heftige politische, aber auch fachrechtliche Diskussionen mit wechselnden Schwerpunkten und Blickrichtungen ausgelöst. Die gegenwärtige Auseinandersetzung zeigt, dass dieser Prozess noch lange nicht abgeschlossen ist.

IV. Notwendiger Prüfungsgegenstand Bundesrecht (BauGB)

Bereits mit der ersten großen bauordnungsrechtlichen Novelle bringen die gesetzgeberischen Erwägungen zum Ausdruck, dass die Intensität der Prüfung des Baugesuchs und die staatliche Kontrolldichte nur begrenzt zur Disposition des baurechtlichen Landesgesetzgebers stehen.[329] Mit der jüngsten großen Novelle, der dritten und (vorerst) letzten Stufe des bauordnungsrechtlichen Reformkonzepts, schöpft der bayerische Landesgesetzgeber – nach seiner eigenen Aussage – die mit der MBO 2002 eingeräumten Möglichkeiten zum weiteren Verfahrensabbau aus, hält aber das Prüfprogramm in spezifisch baurechtlichen Anforderungen aufrecht. Im Folgenden soll der Blick auf die Hintergründe dieser Überlegungen bzw. den damit zusammenhängenden Problembereich gerichtet werden, die letztlich auch ausschlaggebend für die spätestens mit der dritten Reformstufe einhergegangene Begrifflichkeit der „planungsrechtlichen Genehmigung" sind. Es geht letztlich um die Schnittstelle zwischen Bundes- und Landesrecht, die ihre Grundlage in den Gesetzgebungskompetenzvorschriften des Grundgesetzes findet und insbesondere durch § 29 BauGB markiert wird.[330] Die bauplanungsrechtlichen Vorschriften über die Zulässigkeit der baulichen Anlagen nach den §§ 29 bis 38 BauGB einschließlich des diesen Vorschriften[331] fol-

---

heitlich in der BayBO geregelt werden konnten, vgl. LtDrs. 12/13482 vom 18.11.1993, S. 34/35; *Busse*, Die neue Bayerische Bauordnung, Einführung, S. XIII; *Simon*, BayBO 1994 – Synopse, S. 6.
[328] Vgl. *Simon*, BayVBl 1994, S. 334.
[329] Vgl. LtDrs. 12/13482 vom 18.11.1993, S. 34/36; *Simon*, BayBO 1994 – Synopse, S. 6/9.
[330] Vgl. hierzu *Schulte*, BauR 1995, S. 174 f m.w.N.
[331] Das planungsrechtliche Rücksichtnahmegebot ist insoweit aber kein eigenständiges und/oder allgemeines rechtliches Gebot oder Rechtsprinzip, obgleich es inzwischen als anerkanntes Rechtsinstitut des öffentlichen Baurechts gilt. Es ist vielmehr konkreten bauord-

genden bauplanungsrechtlichen Rücksichtnahmegebots[332] sind es, die im vereinfachten Baugenehmigungsverfahren auch weiterhin von der Bauaufsichtsbehörde geprüft werden und zu prüfen sind, vgl. Art. 59 Satz 1 Nr. 1, 1. Alt. BayBO 2008.

1. Grundsatz der Art. 83 ff GG: Vollzug von Bundesrecht durch die Länder

Der in Art. 30 GG für die Zuständigkeitsverteilung im Verhältnis zwischen dem Bund und den Ländern normierte Grundsatz legt fest, dass die Ausübung der staatlichen Befugnisse und die Erfüllung staatlicher Aufgaben Sache der Länder ist, soweit das Grundgesetz keine andere Regelung trifft oder zulässt. Dieser Grundsatz erfährt über Art. 83 GG eine detailliertere Ausgestaltung, der damit dem in Art. 30 GG normierten Prinzip folgt, die Zuständigkeitsvermutung des Art. 30 GG dergestalt konkretisiert bzw. ergänzt, dass die Länder Bundesgesetze im Grundsätzlichen als eigene Angelegenheiten ausführen, und der damit als Kernelement des deutschen (Exekutiv-)Föderalismus bezeichnet wird.[333] Art. 84 GG detailliert im Fortlaufenden wiederum die Norm des Art. 83 GG und bestimmt – in der seltenen Form eines positiven, aber dennoch nur deklaratorischen Gesetzeszuspruchs – in seinem Absatz 1 Satz 1, dass die Länder in diesen Fällen, also in der Ausführung von Bundesgesetzen als eigene Angelegenheit, neben der Einrichtung der Behörden auch das Verwaltungsverfahren regeln. Auch wenn es an einer umfassend zustimmungsfähigen Definition des Verwaltungsverfahrens in diesem Sinne fehlt, versteht man darunter im Grundsatz Re-

---

nungsrechtlichen Vorschriften wie etwa § 35 Abs. 3 Satz 1 Nr. 3 oder § 34 Abs. 1 Satz 1 [Einfügenserfordernis] BauGB durch Auslegung zu entnehmen und vermittelt Drittschutz nur insoweit, als in qualifizierter und individualisierter Art und Weise auf schützenswerte Interessen eines von der Allgemeinheit zu unterscheidenden Kreises Dritter Rücksicht nimmt, vgl. *Decker/Konrad*, Bayerisches Baurecht, Kap. IV. Rn 22 ff; vgl. auch BVerwG, Urteil vom 25.02.1977, Az. IV C 22/75, NJW 1978, S. 62; dass., Urteil vom 11.01.1999, Az. 4 B 128.98, BauR 1999, S. 615 ff; *Dürr*, DÖV 1994, S. 845; *Jäde*, in: Jäde/Dirnberger/Weiß, BauGB, § 29 Rn 43 ff. Vgl. eingehend Teil 3 B.I.
[332] Vgl. hierzu auch *Jäde*, Bayerisches Bauordnungsrecht, Rn 152 a.E., der das planungsrechtliche Rücksichtnahmegebot zutreffend als vom Prüfungsmaßstab des Art. 59 Satz 1 Nr. 1, 1. Alt. BayBO 2008 umfasst ansieht, in weiterer Folge aber in unzutreffender Weise die Auswirkungen der bauordnungsrechtlichen Abstandsflächen auf das Rücksichtnahmegebot verneint, vgl. unten Teil 3 B.I.
[333] Vgl. *Kirchhof*, in: Maunz/Dürig, GG, Art. 83 Rn 1, 3, 5; *Hermes*, in: Dreier, GG, Art. 83 Rn 16,19.

gelungen des Ablaufs der verwaltungsmäßigen Ausführung von Bundesgesetzen durch die Länder einschließlich der Fristen, Formen, Vorbereitungshandlungen und der äußerlichen Gestaltung des Endprodukts, wie etwa einem Verwaltungsakt, was insgesamt zumeist auch kurz als das „Wie" bezeichnet wird.[334] Indem die Anwendung des Art. 84 Abs. 1 Satz 2 GG eine Regelung des Bundes voraussetzt, welche an dieser Begriffsdefinition gemessene verfahrensbezogene Vorschriften vorsieht,[335] besteht die Problematik oftmals bereits in der Abgrenzung verfahrensbezogener Regelungen von materiell-rechtlichen Bestimmungen.[336] Die verfassungsrechtliche Gesetzgebungskompetenz des Bundes wird grundsätzlich als äußerste Grenze seiner eigenen Verwaltungszuständigkeit angesehen.[337] Es ist allerdings nach wie vor ungeklärt und umstritten, ob die Art. 83 ff GG gegenüber den bundesgesetzgeberischen Sachregelungskompetenzen der Art. 70 ff GG als konstitutive Gesetzgebungskompetenzen im Sinne leges speciales anzusehen sind oder ob bereits einer verfassungsrechtlichen Kompetenz des Bundes zur Sachregelung auch die Kompetenz zur Regelung des Vollzugs und Verfahrensrechts kraft Annex folgt.[338] Die Ursächlichkeit der sich in diesen Fragen gegenüberstehenden Auffassungen liegt in der Unterscheidung und Definition materieller Sachregelung einerseits und Fragen der Behördenorganisation und des Verwaltungsverfahrens andererseits.[339] Die Durchsetzung materiellen (Bundes-)Rechts ist auf die Setzung formellen Rechts angewiesen.

---

[334] Vgl. *Kirchhof*, in: Maunz/Dürig, GG, Art. 84 Rn 52; *Hermes*, in: Dreier, GG, Art. 84 Rn 37 m.w.N. BVerfGE 55, S. 274 ff [320 f]; 75, S. 108 ff [152]; vgl. hierzu auch *Ginzky*, NUR 2007, S. 515 m.w.N.

[335] Vgl. zum Problem sog. doppelgesichtiger Normen *Pieroth*, in: Jarass/Pieroth, GG für die BRD, Art. 84 Rn 4a. Art. 84 Abs. 1 Satz 1 GG erlaubt jedenfalls keinen Zugriff der Länder auf Sachregelungen des Bundes, vgl. *Pieroth*, in: Jarass/Pieroth, GG für die BRD, ebd.; *Trute*, in: Starck, Föderalismusreform, Rn 158; *Ginzky*, ZUR 2007, S. 514; a.A. *Hermes*, in: Dreier, GG, Art. 84 Rn 53, der im Zweifel von einer Vermutung zugunsten einer Abweichungsbefugnis der Länder ausgehen will.

[336] Vgl. *Ginzky*, NUR 2007, S. 515.

[337] Vgl. BVerfGE 12, S. 205 ff [229]; 15, S. 1 ff [16]; 78, S. 374 ff [386]; BVerwGE 87, S. 181 ff [184]; 110, S. 9 ff [14]; *Pieroth*, in: Jarass/Pieroth, GG für die BRD, Art. 83 Rn 2; *Hermes*, in: Dreier, GG, Art. 83 Rn 20.

[338] Zu diesem Problembereich ausführlich *Hermes*, in: Dreier, GG, Art. 83 Rn 20–24 m.w.N.; *Pieroth*, in: Jarass/Pieroth, GG für die BRD, Art. 83 Rn 2. Es wird zur Diskussion und Klärung gestellt, ob der Bund über die Vorschriften der Art. 83 ff GG konstitutiv zur gesetzlichen Regelung der dort erwähnten Verfahrens- und Organisationsfragen ermächtigt wird, oder ob sich die Gesetzgebungskompetenz des Bundes insoweit nach Art. 70 ff GG richtet und lediglich über die Vorschriften der Art. 83 ff GG ergänzt und modifiziert werden. Vgl. hierzu auch bereits Teil 1 A.I.

[339] Vgl. *Hermes*, in: Dreier, GG, Art. 83 Rn 23.

Die grundsätzliche Erklärung des Art. 84 Abs. 1 Satz 1 GG, dass die Länder ihre Organisationsgewalt auch hinsichtlich der Aufstellung des formellen Verfahrensrechts behalten, dürfte die Annahme einer umfassenden Annexkompetenz des Bundes für das Verwaltungsverfahren bei Vorliegen einer Gesetzgebungskompetenz zur materiellen Regelung von Sachfragen ausschließen.[340] Mit der Föderalismusreform des Jahres 2006 dürfte dieser Meinungsstreit im Grundsätzlichen sogar an Relevanz gewonnen haben, stellt sich in Ansehung des reformierten Art. 84 Abs. 1 GG nämlich die – wohl zu verneinende – Frage, ob es ausgehend von einer Annexkompetenz des Bundes, über den materiellen Kompetenztitel hinaus auch entsprechendes Verfahrensrecht regeln zu dürfen, überhaupt die Möglichkeit einer abweichenden Gesetzgebung bezüglich des Verfahrens durch die Länder, wie nun von Art. 84 Abs. 1 Satz 2 GG vorgesehen, geben kann.[341] Obwohl zum Teil, wie bereits oben in diesem Teil unter A.I. ausgeführt, durchaus die Auffassung vertreten wird, dass aus Art. 74 Abs. 1 Nr. 18 GG auch eine bundesrechtliche Kompetenz zur Regelung des dazugehörigen Verfahrens folge, sofern die Durchsetzung des materiellen Bodenrechts auf dem Spiel steht,[342] kann (bei gegenwärtiger Gesetzeslage) ein Streitentscheid dahinstehen. Der Bundesgesetzgeber hat nämlich – sieht man von einzelnen Ausnahmen ab – von der Einführung eines eigenständigen bundesrechtlichen Genehmigungsverfahrens abgesehen, mithin also selbst bei unterstellter (Annex-)Kompetenz zur Gestaltung des Verfahrens für die Durchsetzung des Bodenrechts von einer solchen keinen Gebrauch gemacht. In konsequenter Anwendung dieser Rechtsauffassung bleibt es (mangels bundesrechtlicher Vorschriften) deshalb auch hinsichtlich der bodenrechtlichen Belange bei der Kompetenz der Länder zum Vollzug der Vorschriften und zur Regelung des Baugenehmigungsverfahrens. Denn regelt der Bund in Fällen einer etwaigen auch verfahrensrechtlichen Gesetzgebungskompetenz die Fragen des Verfahrens nicht oder nicht vollständig,

---

[340] Vgl. *Kirchhof*, in: Maunz/Dürig, GG, Art. 84 Rn 41; i.E. auch: *Pieroth*, in: Jarass/Pieroth, GG für die BRD, Art. 83 Rn 2.
[341] Vgl. in diesem Zusammenhang auch *Ginzky*, ZUR 2007, S. 516, der die Frage nach dem Verhältnis zwischen abweichungsfesten Gegenständen nach Art. 72 Abs. 3 GG und Art. 84 Abs. 1 GG stellt und diskutiert.
[342] Vgl. *Schulte*, in: Reichel/Schulte, Hdb. BauOR, 1. Kapitel Rn 439 m.w.N. BVerwG, BRS 24 Nr. 148 [S. 223]; *ders.*, BauR 1995, S. 183; vgl. aber – zutreffend – a.A. BVerwG, Beschluss vom 23.10.2008, Az. 4 B 30.08, BauR 2009, S. 233 f [234]; *Decker/Konrad*, Bayerisches Baurecht, Kap. I. Rn 15 [Fn 20]; *Schmidt-Preuß*, in: 100 Jahre Allgemeines Baugesetz Sachsen, S. 587.

so folgt aus Art. 72 Abs. 1 und Art. 84 Abs. 1 Satz 1 GG, dass die (ergänzenden) Verfahrensregelungen durch das jeweils zuständige Land zu treffen sind.[343]

Die in den §§ 30 bis 37 BauGB normierten bodenrechtlichen bzw. städtebaulichen Anforderungen, deren Geltungsbereich über § 29 BauGB festgestellt wird, gelten kraft unmittelbaren Bundesrechts unbeschadet der landesbauordnungsrechtlichen Behandlung des Bauvorhabens. Aufgrund der den Ländern nach Art. 83 GG obliegenden Verwaltungskompetenz sind es die Länder, die in diesem Rahmen den Vollzug der materiell-rechtlichen Anforderungen, wie sie sich aus Bundesrecht z.b. dem BauGB oder der BauNVO ergeben, sicherzustellen und hierfür effektive Voraussetzungen zu schaffen haben.[344] Damit ist die Bauaufsichtsbehörde als Landesbehörde in Vollziehung von Bundesrecht zur Durchsetzung der daraus resultierenden bundesrechtlichen Vorgaben verpflichtet.[345]

2. Bauplanungsrecht des Bundes, §§ 29 ff BauGB

Maßgebliche materielle Anforderungen im Bereich des (vom Bundesgesetzgeber aufgrund von Art. 74 Abs. 1 Nr. 18 GG zu regelnden) Bodenrechts finden sich in den §§ 29 ff BauGB. Der bayerische Landesgesetzgeber erklärt diese Vorschriften nach Art. 59 Satz 1 Nr. 1, 1. Alt. BayBO 2008 auch weiterhin zum Bestandteil des Prüfprogramms des vereinfachten Baugenehmigungsverfahrens und manifestiert damit die Entscheidung, dass die Vorgaben der §§ 29 ff BauGB im bayerischen Baugenehmigungsverfahren geprüft und etwaige daraus resultierende Rechtsverstöße berücksichtigt werden können und müssen.

Auch wenn mit der BauGB-Novelle 1998 und der damit einhergehenden Abkopplung der Geltung der §§ 30 bis 37 BauGB vom (landesrechtlichen) Genehmigungserfordernis durch die Neufassung des § 29 BauGB mit Wirkung zum 1. Januar 1998 die Problematik im Zusammenhang mit der Prüfpflicht des Bauplanungsrechts durch die Baugenehmigungsbehörden überwiegend als erle-

---

[343] Vgl. *Hermes*, in: Dreier, GG, Art. 84 Rn 24.
[344] Vgl. *Krautzberger*, in: Ernst/Zinkahn/Bielenberg, BauGB, Vorb §§ 29–38 Rn 1 und Rn 13 a.E., § 29 Rn 1.
[345] Vgl. *Martini*, DVBl 2001, S. 1493, vgl. i.d.S. auch *Schmidt-Preuß*, in: 100 Jahre Allgemeines Baugesetz Sachsen, S. 587/588, der ausführt, dass die Landesbauordnungsgesetzgeber bei der Ausgestaltung des Genehmigungsvorbehalts so vorgehen müssten, dass für Vorhaben mit bodenrechtlicher Relevanz die Effektivität des Bauplanungsrechts gewahrt bleibe.

digt angesehen wird,[346] so sind die Hintergründe und rechtlichen Strukturen für die gegenständliche Betrachtung dennoch von Interesse, um die Grenzen etwaiger Verfahrensvereinfachungen – insbesondere im Zusammenhang mit dem vereinfachten Baugenehmigungsverfahren[347] – erarbeiten und aufzeigen zu können.

a) § 29 BauGB a.F.: Schnittstelle zwischen Bauordnungs- und Bauplanungsrecht

Von einem eigenständigen[348] bundesrechtlichen Vorhabenbegriff ausgehend geht es bei § 29 Abs. 1 BauGB um die Beantwortung der Frage, ob ein Vorhaben für die städtebauliche Entwicklung erheblich ist, wegen Berührung der in § 1 Abs. 6 BauGB benannten Belange bodenrechtliche Relevanz aufweist und deshalb materiell den sich aus dem Bundesrecht ergebenden bodenrechtlichen Anforderungen an die Zulässigkeit eines Vorhabens unterworfen ist.[349] Für den Bereich des Bodenrechts erwirken die §§ 29 ff BauGB die Ausgewogenheit von Baufreiheit und Planvorbehalt. Die Vorschrift des § 29 BauGB hat abschließenden Regelungscharakter und ist (mangels Ermessenseinräumung) als zwingendes Recht ausgestaltet. Von dieser Zielrichtung unterscheidet sich der Vorhabenbegriff der Bayerischen (Landes-)Bauordnung mit Blick auf die Gefahrenabwehr als Anknüpfungselement für die Genehmigungspflicht und sicherheitsrechtliche Relevanz.[350] Im Rahmen des § 29 BauGB und der sich im Folgenden ergebenden Anforderungen der §§ 30 ff BauGB spiegelt sich das nicht ganz einfache Verhältnis zwischen der landesrechtlichen Genehmigungspflicht im bauaufsichtlichen Verfahren einerseits und den bodenrechtlichen Belangen insbe-

---

[346] So z.B. bei *Preschel*, DÖV 1998, S. 48; *Sacksofsky*, DÖV 1999, S. 348/349.

[347] Außer Acht bleiben sollen in diesem Zusammenhang die Frage der rechtlichen Zulässigkeit und Vereinbarkeit der Genehmigungsfreistellung und die Ausnahme von sog. Kleinstvorhaben (verfahrensfreie Bauvorhaben) mit den bundesgesetzlichen Vorgaben sowie der ergangenen Wyhl-Rechtsprechung. Vgl. hierzu exemplarisch *Erbguth/Stollmann*, JZ 1995, S. 1143; *Schulte*, BauR 1995, S. 179 f.

[348] Vgl. *Jäde*, in: Jäde/Dirnberger/Weiß, BauGB, § 29 Rn 7; *Krautzberger*, in: Ernst/Zinkahn/Bielenberg, BauGB, § 29 Rn 22 f, 17; *Schulte*, BauR 1995, S. 183 m.w.N. BVerwGE 20, S. 12 ff; 39, S. 154 [166 ff].

[349] Vgl. *Krautzberger*, in: Ernst/Zinkahn/Bielenberg, BauGB, § 29 Rn 22 ff.

[350] Vgl. *Reidt*, in: Battis/Krautzberger/Löhr, BauGB, § 29 Rn 1; *Jäde*, in: Jäde/Dirnberger/Weiß, BauGB, § 29 Rn 8.

sondere der §§ 30 bis 37 BauGB andererseits wider, welches aus der unterschiedlichen Gesetzgebungskompetenz von Bund und Ländern[351] resultiert.

Unter Verfolgung einer ursprünglich doppelten Funktionalität hat § 29 BauGB in seiner derzeitigen Fassung nur noch Anknüpfungs- bzw. Aufhängerfunktion[352], d.h. das Vorliegen eines Vorhabens mit bodenrechtlicher Relevanz im Sinne dieser Vorschrift wird zur Anwendungsvoraussetzung, gewissermaßen zum „Aufhänger" der Regelungen über die im Einzelfall zulässige Grundstücksnutzung gemacht (§§ 30 ff BauGB). Mit dem Inkrafttreten des BauROG am 1. Januar 1998 ist die dem § 29 BauGB bis dahin zudem zugewiesene Verknüpfungsfunktion[353] entfallen. Nach § 29 Satz 1 BBauG und § 29 Satz 1 BauGB 1987 (im Folgenden kurz § 29 BauGB a.F.) wurde die Anwendung der §§ 30 bis 37 BauGB zudem auch von einer bauordnungsrechtlichen Genehmigungspflicht abhängig gemacht, wodurch § 29 BauGB a.F. als Schnittstelle von bundesrechtlichem Planungs- und bauordnungsrechtlichem Sicherheitsrecht behandelt wurde, indem er beide Regelungsbereiche miteinander verknüpfte. „Für Vorhaben, die die Errichtung, Änderung oder Nutzungsänderung von baulichen Anlagen zum Inhalt haben und die einer bauaufsichtlichen Genehmigung oder Zustimmung bedürfen oder die der Bauaufsichtsbehörde angezeigt werden müssen, gelten die §§ 30 bis 37; [...]"[354], § 29 Satz 1, 1. Halbsatz BauGB a.F. In synoptischer Gegenüberstellung[355] mit der seit 1998 geltenden Fassung zeigt sich das ehemalige Erfordernis einer „bauaufsichtlichen landesrechtlichen Genehmigungspflicht" als (weitere) Anwendungsvoraussetzung der §§ 30 ff BauGB, dessen Einstufung als Anwendungsvoraussetzung trotz bis dahin einhelliger Auffassung vom BVerwG[356] zuletzt offen gelassen wurde.[357] Die Anwendung und

---

[351] Siehe hierzu bereits oben Teil 1 A.I.
[352] Eine einheitliche Begrifflichkeit fehlt. *Reidt* verwendet hier den Begriff der Anknüpfungsfunktion, während *Krautzberger* von „Aufhängerfunktion" spricht, vgl. *Reidt*, in: Battis/Krautzberger/Löhr, BauGB, § 29 Rn 2; *Krautzberger*, in: Ernst/Zinkahn/Bielenberg, BauGB, § 29 Rn 15. Missverständlich insoweit *Rieger*, in: Schrödter, BauGB, § 29 Rn 2, der unter Verwendung des Begriffs „Anknüpfungsfunktion" die ehemalige „Verknüpfungsfunktion" des § 29 BauGB a.F. beschreibt.
[353] Vgl. *Reidt*, in: Battis/Krautzberger/Löhr, BauGB, § 29 Rn 3; *Krautzberger*, in: Ernst/Zinkahn/Bielenberg, BauGB, § 29 Rn 13 und 16.
[354] Abgedruckt in *Bielenberg/Krautzberger/Söfker*, Baugesetzbuch mit BauNVO, § 29 BauGB, S. 60/61.
[355] Vgl. hierzu auch *Krautzberger*, in: Ernst/Zinkahn/Bielenberg, BauGB, § 29 Rn 13.
[356] Vgl. BVerwG, Urteil vom 19.12.1985, BVerwGE 72, S. 300 [323 ff]; dass, Urteil vom 22.02.1988, NVwZ 1988, S. 1019; dass., Urteil vom 07.05.2001, BauR 2001, S. 1558, wo-

der Vollzug der bodenrechtlichen Vorschriften wären damit – zumindest nach dem Gesetzeswortlaut und in gewissen Schranken – der Disposition des Landesgesetzgebers unterfallen, der durch mehr oder weniger umfängliche Prüfkataloge seiner bauaufsichtlichen Genehmigungsverfahren Einfluss auf die Anwendung der §§ 30 ff BauGB hätte nehmen können.[358] Jedenfalls eine landesrechtliche Genehmigungsfreistellung von bestimmten Vorhaben, von denen die Länder im Wege ihrer Deregulierungsbestrebungen mit stetig erweitertem Anwendungsbereich auch ausgiebig Gebrauch gemacht haben, hätte damit zu einer Nichtprüfung der bodenrechtlichen Belange bezogen auf dieses Vorhaben geführt. Auch die Streichung der §§ 29 ff BauGB aus dem Prüfkatalog des vereinfachten Baugenehmigungsverfahrens wäre nach dieser Gesetzestextfassung denkbar gewesen.

b) Die Wyhl-Rechtsprechung des Bundesverwaltungsgerichts

Das Zusammenspiel von landesrechtlichen Verfahrensvorschriften für die Baugenehmigung einerseits und materiellen bundesbauplanungsrechtlichen Vorgaben andererseits stellte zunächst – wie die voranstehenden Ausführungen unter C.IV.1. und C.IV.2.a) zeigen – ein föderales Problem[359] dar. Bei entsprechender wörtlicher Auslegung des Gesetzeswortlauts des § 29 BauGB a.F., der bis zum 31. Dezember 1997 galt, wäre es wie vorstehend gezeigt der Entscheidungsgewalt des jeweiligen Landesgesetzgebers unterfallen, welche bundesrechtlichen Anforderungen materiellen Inhalts er durch die konkrete Ausgestaltung der bauordnungsrechtlichen Genehmigungsverfahren (wie etwa Genehmigungsfreistellungen oder reduzierte Prüfkataloge) dispensiert. Im Falle einer solchen Freistellung oder Ausnahme von bauordnungsrechtlichen Prüfkatalogen im Rahmen der landesrechtlichen Baugenehmigungskontrolle hätte die Gefahr des Leerlaufs der §§ 30 bis 37 BauGB bestanden.

Das Bundesverwaltungsgericht ist einer solch denkbaren Konsequenz – wohl im Vorgriff etwaiger (weiterer) Deregulierungsmaßnahmen der für das Bauordnungsrecht zuständigen Landesgesetzgeber – bereits im Jahre 1985 mit

---

nach nach a.A. nur zum Ausdruck gebracht werden sollte, dass der Bundesgesetzgeber auf ein eigenes bundesrechtliches Verfahren verzichte.
[357] Vgl. *Rieger*, in: Schrödter, BauGB, § 29 Rn 2.
[358] Vgl. i.d.S. auch *Jäde*, in: Jäde/Dirnberger/Weiß, BauGB, § 29 Rn 8.
[359] Vgl. zu dieser Begrifflichkeit *Sacksofsky*, DÖV 1999, S. 348 f.

seiner sog. Wyhl-Entscheidung[360] entgegengetreten. Ausdrücklich weiterhin offen gelassen hatte das Bundesverwaltungsgericht in dieser Entscheidung zwar die bis dahin gleichfalls streitige Frage, inwieweit die Verknüpfungsfunktion des § 29 BauGB a.F., d.h. die Abhängigkeit der Anwendung der §§ 30 bis 37 BauGB von der bauordnungsrechtlichen Genehmigungspflicht (vgl. vorstehend C.IV.2.a)), gleichfalls geltende Anwendungsvoraussetzung ist. Es hat allerdings ausdrücklich klargestellt, dass selbst von einer solchen Anwendungsvoraussetzung ausgehend die Landesgesetzgeber *„[...] nicht >>frei<< darüber befinden [können], ob [sie] für bestimmte bauliche Anlagen ein präventives bauaufsichtliches Genehmigungsverfahren vorsehen und diese damit den §§ 30 BBauG entziehen oder unterwerfen [wollen]; [sie müssen] vielmehr bei Genehmigungsfreistellungen stets die bundesrechtlichen Konsequenzen im Hinblick auf die §§ 30 ff. BBauG mitbedenken. [...]"*[361] Auch wenn dieser Entscheidung letztlich eine (atomrechtliche) Genehmigung von Anlagen nach § 7 AtG und damit ein „nicht standardmäßiger" Sachverhalt zu Grunde liegt, ist die Aussage des Bundesverwaltungsgerichts, wie etwa im Leitsatz der Entscheidung mit den Worten „§ 29 BBauG steht einer landesrechtlichen Regelung entgegen, die Kernkraftwerke von bauaufsichtlichen Genehmigungsverfahren befreit", von genereller und allgemeingültiger Art. Die Bundesverwaltungsrichter hatten im Wege der Revision über das Berufungsurteil des Verwaltungsgerichtshofs Baden-Württemberg[362] zu befinden, der die vom Verwaltungsgericht stattgegebenen Klagen gegen eine erteilte erste Teilbaugenehmigung für die Errichtung des Kernkraftwerks Süd Block I in der Gemarkung Wyhl abgewiesen hatte. Neben insbesondere atomrechtlichen Fragestellungen bewertete das Bundesverwaltungsgericht zudem den bauplanungsrechtlichen Prüfungsmaßstab des VGH Mannheim. Dieser hatte die angefochtene Teilbaugenehmigung unter Hinweis auf den seinerzeit geltenden § 89 Abs. 1 Nr. 19 LBO[363] nicht am Maßstab der §§ 30 ff BBauG

---

[360] Vgl. BVerwG, Urteil vom 19.12.1985, Az. 7 C 65.82, BVerwGE 72, S. 300 [323 ff] = DVBl 1986, S. 190 ff = NVwZ 1988, S 1019 ff; bestätigt durch BVerwG, NVwZ 1988, S. 1019 f.
[361] BVerwG, DVBl 1986, S. 197. Die Aussage hat auch in der Literatur allgemeinen Zuspruch und Anerkennung gefunden, vgl. *Schmaltz*, NdsVBl 1995, S. 241; *Rieger*, in: Schrödter, BauGB, § 29 Rn 2; *Krautzberger*, in: Ernst/Zinkahn/Bielenberg, BauGB, § 29 Rn 2.
[362] Vgl. VGH BW, DVBl 1982, S. 966 (nur Leitsätze).
[363] Bei Erlass der angefochtenen Bescheide anzuwendenden Fassung vom 20.06.1972, vgl. BVerwG, DVBl 1986, S. 197 m.w.N.

überprüft, da – so der VGH – Energieanlagen[364] und damit auch Kernkraftwerke als Energieanlagen nach der bezeichneten landesbauordnungsrechtlichen Norm in Baden-Württemberg genehmigungsfreigestellt seien. Da die zur Entscheidung stehende Kernkraftanlage damit keiner bauaufsichtlichen Genehmigung oder Zustimmung bedurfte – eine solche hätte § 29 BauGB a.F. aber zumindest dem Wortlaut nach für die Anwendung der §§ 30 ff BauGB vorausgesetzt – unterließ der VGH Baden-Württemberg in Mannheim die Überprüfung der bauplanungsrechtlichen Vorschriften der §§ 30 bis 37 BauGB.

Das Bundesverwaltungsgericht hat in § 89 Abs. 1 Nr. 19 LBO BW in der Fassung von 1972 einen Verstoß gegen § 29 BBauG gesehen, da letztere Vorschrift trotz der wortlautgemäßen Verknüpfungsfunktion nicht so verstanden werden dürfe, dass die Länder durch die Freistellung baulicher Vorhaben vom Genehmigungsverfahren gleichsam beliebig die Anwendung der bauplanungsrechtlichen (Bundes-)Vorschriften ausschalten könnten. *„Glaubt [der Landesgesetzgeber] daher, größere und damit regelmäßig bodenrechtlich relevante bauliche Anlagen z.B. aus Gründen der >>Entbürokratisierung<< von einem bauaufsichtlichen Genehmigungsverfahren freistellen zu sollen, so kann er dies nur in Bezug auf das anzuwendende Landesrecht tun; er kann in derartigen Fällen also nur vorsehen, daß sich das Baugenehmigungsverfahren auf die Prüfung beschränkt, ob die bundesrechtlichen Vorschriften der §§ 30 ff. BBauG eingehalten sind."*[365] Das Bundesverwaltungsgericht hat ergänzend klargestellt, dass selbst dann kein anderer Maßstab in Form eines Verzichts auf die Prüfung der bauplanungsrechtlichen Vorschriften gelte, wenn der Bundesgesetzgeber selbst ein anderes fachrechtliches Genehmigungsverfahren wie etwa in § 7 AtG für das konkrete Vorhaben bereitstellt. Die bodenrechtlichen Gesichtspunkte werden durch die dortigen Genehmigungsvoraussetzungen nicht hinreichend erfasst; der Bundesgesetzgeber habe gerade mit § 38 BBauG/BauGB abschließend geregelt, auf welche baulichen Maßnahmen die §§ 30 ff BauGB keine Anwendung finden sollen.

---

[364] Zu der gegenwärtigen Gesetzeslage hinsichtlich der Genehmigung von Energieanlagen vgl. z.B. für Bayern Art. 57 Abs. 1 Nr. 3. BayBO 2008, wonach nur bestimmte Solarenergieanlagen und Sonnenkollektoren sowie Kleinwindkraftanlagen verfahrensfrei sind; vgl. auch Art. 57 Abs. 2 Nr. 9 BayBO 2008.
[365] BVerwG, DVBl 1986, S. 197.

Mit diesem in der sog. Wyhl-Entscheidung[366] dargelegten Grundsatz hat das Bundesverwaltungsgericht verdeutlicht, dass – gerade auch unabhängig von einer etwaigen Verknüpfungsfunktion wie im seinerzeitigen § 29 BauGB a.F. – die präventive Überprüfung der bauplanungsrechtlichen Anforderungen an ein Bauvorhaben von nicht nur geringem Gewicht[367] nicht zur Disposition des verfahrensgebenden Landesgesetzgebers stehen. Für die Rechtmäßigkeit der bauordnungsrechtlichen Verfahrensnormen müssen diese bei Bauvorhaben von bauordnungsrechtlich nicht nur untergeordnetem Gewicht die Überprüfung der §§ 30 bis 37 BauGB vorsehen. Die Landesgesetzgeber haben dies durch entsprechende und geeignete Verfahrensregelungen sicherzustellen.[368]

c) Konsequenz: landesrechtliches Genehmigungsbedürfnis

Bereits den verfassungsrechtlichen Vorgaben über die Gesetzgebungskompetenzen – wie unter A.I. und C.IV.1. bereits eingehend erläutert – ist eine nur begrenzte Dispositionsbefugnis der Landesgesetzgeber hinsichtlich der Prüfung der §§ 30 bis 37 BauGB zu entnehmen. Soweit man der Auffassung[369] einer grundsätzlichen Gesetzgebungskompetenz des Bundes hinsichtlich des zum Bodenrecht gehörenden Verfahrensrechts kraft Annex folgt, von der der Bundesge-

---

[366] Vgl. hierzu auch ausführlich *Held*, Deregulierung von bauaufsichtlichen Genehmigungsverfahren durch Landesrecht, S. 33 ff.
[367] In seinem als Wyhl-Entscheidung bezeichneten Urteil vom 19.12.1985 (BVerwGE 72, S. 300 [323 ff]) hat das Bundesverwaltungsgericht ausdrücklich die weniger bedeutsamen Vorhaben, die „bodenrechtlich nur von geringem Gewicht" sind, ausdrücklich in Bezug genommen und – im Zusammenhang mit Art. 72 Abs. 2, Art. 74 Nr. 18 GG – ausgeführt, dass *„[...] die Länder die §§ 30 ff. BBauG dadurch außer Anwendung lassen [dürfen], daß sie auf eine bauaufsichtliche Genehmigung oder Zustimmung oder auf eine Anzeigepflicht verzichten; ein derart eingeschränkter Vorbehalt für eine landesrechtliche Regelung ist [...] verfassungsrechtlich zulässig, weil er die prinzipiell einheitliche bundesrechtliche Regelung nicht in Frage stellt [...]",* BVerwG, DVBl 1986, S. 197. Das BVerwG hat jedoch im Folgenden mit Urteil vom 07.05.2001 (Az. 6 C 18.00) weiter konkretisiert, dass die Auffassung, wonach für Vorhaben, die schon vor der sog. Deregulierung der Bauordnungen baugenehmigungsfrei waren, die §§ 30 bis 37 BauGB nicht gelten, Bundesrecht verletzt. *„Ob ein bauliches Vorhaben i.S. des § 29 Abs.1 BauGB in der ab 1.1.1998 geltenden Fassung vorliegt, hängt nicht davon ab, ob es vor der sog. Deregulierung der Landesbauordnungen genehmigungs-, zustimmungs- oder anzeigepflichtig gewesen wäre [...]",* BVerwG, BauR 2001, S. 1558.
[368] Vgl. auch *Krautzberger*, in: Ernst/Zinkahn/Bielenberg, BauGB, § 29 Rn 2.
[369] Vgl. *Schulte*, in: Reichel/Schulte, Hdb. BauOR, 1. Kapitel Rn 439 m.w.N. BVerwG, Urteil vom 10.12.1971, Az. IV C 32.69, BRS 24 Nr. 148 [S. 223]; *ders.*, BauR 1995, S. 183; *Jarass*, NVwZ 2000, S. 1091 f. Vgl. zu dieser Rechtsauffassung allgemein auch *Hermes*, in: Dreier, GG, Art. 83 Rn 21 ff.

setzgeber allerdings bislang keinen generellen Gebrauch gemacht hat, versteht sich dieser Vorbehalt selbstredend. Das Bundesverwaltungsgericht führt in seiner sog. Wyhl-Entscheidung – eine grundsätzliche Verfahrensgesetzgebungskompetenz des Bundes im Bereich des Bodenrechts kraft Annex offensichtlich voraussetzend – aus, dass „[...] in bezug auf die in den §§ 30 ff. BBauG geregelte Materie die Voraussetzung für die Inanspruchnahme der konkurrierenden Gesetzgebung gemäß Art. 72 Abs. 2 GG [a.F.]"[370], nämlich das Bedürfnis nach bundesgesetzlicher Regelung, schwerlich gegeben wäre [...]"[371], wenn die Länder die §§ 30 ff BBauG bzw. BauGB ohne jede Beschränkung für bestimmte Arten von baulichen Vorhaben außer Acht setzen könnten. Ungeachtet des Streits über den konkreten Kompetenztitel der Länder zur Regelung des Verfahrens auch soweit bundesbodenrechtliche Vorschriften zur Diskussion stehen, welcher im Kern das Verhältnis der im VII. und VIII. Abschnitt des Grundgesetzes enthaltenen Normen betrifft,[372] muss man angesichts der Art. 83, 84 Abs. 1 Satz 1 GG jedenfalls zu dem Schluss gelangen, dass der Vollzug der unmittelbar kraft Bundesrechts geltenden bodenrechtlichen bzw. städtebaulichen Anforderungen (vgl. Art. 74 Abs. 1 Nr. 18 GG i.V.m. §§ 29 ff BauGB) seitens der Länder durch geeignete Verfahrensregelungen einschließlich von Maßnahmen der repressiven Bauaufsicht zu gewährleisten ist,[373] wobei an dieser Verpflichtung zum effektiven Vollzug des Bundesgesetzes im Übrigen auch die Abweichungskompetenz der Länder, welche mit der Föderalismusreform in Art. 84 Abs. 1 Satz 2 GG aufgenommen worden ist, nichts ändert.[374] Es gilt unverändert die Maßgabe, dass das landesrechtliche Verfahrensrecht materielles Bundesrecht nicht unterlaufen und wirkungslos machen darf.[375] Sicherlich darf und muss zur Diskussion gestellt werden,[376] ob aus dieser begrenzten Dispositionsbefugnis der Länder bereits zwingend einschränkende Vorgaben für die Ausgestaltung des Baugenehmigungsverfahrens folgen, d.h. also ob sich mög-

---

[370] Gemeint ist die bis zum 01.09.2006 geltende Fassung, die den dort für das Gesetzgebungsrecht des Bundes niedergelegten Vorbehalt auf den (gesamten) Bereich der konkurrierenden Gesetzgebung erstreckt.
[371] BVerwG, Urteil vom 19.12.1985, Az. 7 C 65.82, DVBl 1986, S. 197.
[372] Vgl. hierzu bei genereller Betrachtung *Hermes*, in: Dreier, GG, Art. 83 Rn 20 ff.
[373] Vgl. *Krautzberger*, in: Ernst/Zinkahn/Bielenberg, BauGB, Vorb §§ 29–38 Rn 1 a.E. und 13 a.E., § 29 Rn 1 i.V.m. Rn 2.
[374] Vgl. *Trute*, in: Starck, Föderalismusreform, Rn 158.
[375] Vgl. *Pieroth*, in: Jarass/Pieroth, GG für die BRD, Art. 84 Rn 8 m.w.N.
[376] Vgl. entsprechende Überlegungen z.B. bei *Korioth*, DÖV 1996, S. 668 f; *Schulte*, BauR 1995, S. 184 m.w.N. *Weyreuther*, BauR 1972, S. 7 f.

licherweise sogar eine Verpflichtung des Landesgesetzgebers zu einer (präventiven) Prüfung der §§ 29 ff BauGB im Rahmen eines Genehmigungsverfahrens ergibt, oder ob nicht die Sicherstellung (auch) der bundesbodenrechtlichen Anforderungen z.b. im Wege der repressiven Bauaufsicht ausreichend ist.[377] Den verfassungsrechtlichen Geltungsanspruch eines effektiven Vollzugs des Bauplanungsrechts durch die Länder konkretisiert das Bundesverwaltungsgericht in seinem sog. Wyhl-Urteil[378] zutreffend dergestalt, dass es ein „freies Befinden" über die Durchführung eines Genehmigungsverfahrens mit auf die §§ 29 ff BauGB ausgerichteter Präventivprüfung nicht geben könne, soweit „bodenrechtlich relevante Fälle von einigem Gewicht" bzw. „bodenrechtlich relevante bauliche Anlagen" zur Diskussion stehen. Infolge dessen wird ein präventives Genehmigungsbedürfnis für planungsrechtlich relevante Vorhaben gefolgert.[379] Demgegenüber hält das Bundesverwaltungsgericht bei städtebaurechtlich „untergeordneten Vorhaben" bzw. Fällen von „bodenrechtlich nur geringem Gewicht" eine präventive (Genehmigungs-)Prüfung verfassungsrechtlich für verzichtbar.[380] Es ist in Konsequenz dieser Rechtsprechung davon auszugehen, dass nicht jedes Vorhaben im Sinne des § 29 BauGB nach Überprüfung der bauplanungsrechtlichen Vorgaben bereits im Wege einer Genehmigungsprüfung verlangt. Während sich also die Anwendbarkeit der §§ 30 ff BauGB – entsprechend der allgemeinen Definitionsansätze[381] – danach richtet, ob die Anlage geeignet ist, ein Bedürfnis nach einer ihre Zulässigkeit regelnden Bauleitplanung hervor-

---

[377] Vgl. in diesem Zusammenhang auch BayVerfGH, Entscheidung vom 15.12.2009, Az. Vf. 6-VII-09, BayVBl 2010, S. 338 ff, demzufolge der Gesetzgeber nicht verpflichtet ist, zum Schutz von Grundstücksnachbarn stets ein präventives Baugenehmigungsverfahren vorzuschreiben oder vom Bauherrn vor Ausführung des Vorhabens eine Benachrichtigung des Nachbarn zu verlangen. Denn nach wie vor bestünden die gesetzlichen Befugnisse der Bauaufsichtsbehörden zum Einschreiten bei materiell-rechtswidrigen Bauvorhaben fort, so der BayVerfGH.
[378] Vgl. BVerwG, Urteil vom 19.11.1985, Az. 7 C 65.82, DVBl 1986, S. 190 ff [197]; vgl. Teil 1 C.IV.2.b).
[379] Vgl. *Schulte*, BauR 1995, S. 184 m.w.N. *Weyreuther*, BauR 1972, S. 1 ff [7 f]; vgl. auch *Schlichter*, DVBl 1995, S. 173 ff [177 f].
[380] Vgl. BVerwG, Urteil vom 19.11.1985, Az. 7 C 65.82, DVBl 1986, S. 190 ff [197].
[381] Von bodenrechtlicher Relevanz i.d.S. spricht man dann, wenn das Vorhaben die in § 1 Abs. 6 BauGB benannten Belange in einer Weise berührt bzw. berühren kann, die geeignet ist, das Bedürfnis nach einer ihre Zulässigkeit regelnden verbindlichen Bauleitplanung hervorzurufen, vgl. *Reidt*, in: Battis/Krautzberger/Löhr, BauGB, § 29 Rn 14; *Krautzberger*, in: Ernst/Zinkahn/Bielenberg, BauGB, § 29 Rn 22 ff [24]; *Jäde*, in: Jäde/Dirnberger/Weiß, BauGB, § 29 Rn 8 ff [14] mit dem Hinweis, dass es für das Planungsbedürfnis bereits ausreichend ist, wenn die Anlage (nur) geeignet ist, eine bodenrechtlich (möglicherweise) unerwünschte Entwicklung in Gang zu setzen.

zurufen, mithin ob die Anlage generell bodenrechtliche Relevanz aufweist, entscheidet sich die Frage nach der Art und Weise behördlicher Kontrolle bezüglich bauplanungsrechtlicher Anforderungen, die als solche in jedem Falle den vorstehenden verfassungsrechtlichen Vorgaben sowie dem § 29 BauGB entnommen werden kann, in Folge einer – gewissermaßen gesteigerten – bodenrechtlichen Qualität des Vorhabens,[382] d.h. insbesondere auch nach seiner Bedeutung für die städtebauliche Entwicklung, welche durch (vorhandene) bauliche Anlagen nicht nur erschwert, sondern sogar verhindert werden kann[383]. Durchaus missverständlich ist in diesem Zusammenhang aber – zugegebenermaßen – die insoweit unscharfe Terminologie, indem einerseits für die Anwendung der planungsrechtlichen Vorschriften überhaupt, d.h. in tatbestandlicher Hinsicht, eine bauplanungsrechtliche Relevanz im Sinne einer grundsätzlichen Erheblichkeit für die städtebauliche Entwicklung verlangt und andererseits für die Erforderlichkeit einer bereits präventiven Überprüfung dieser Anforderungen ein bodenrechtlich relevantes Vorhaben mit einer – gegenüber der bloßen Anwendungsvoraussetzung – gesteigerten Qualität dieser Relevanz vorausgesetzt wird. In letzterem Falle wird die bodenrechtliche Relevanz nämlich regelrecht in zweifacher Weise mit jeweils unterschiedlichem Gehalt verwendet. Mit Blick auf den eigenständigen bodenrechtlichen und – nicht zuletzt wegen anderer Zielsetzungen – vom Bauordnungsrecht unabhängigen Vorhabenbegriff wird jedenfalls zutreffend und konsequent die Unabhängigkeit der bodenrechtlichen Relevanz eines Vorhabens von bauordnungsrechtlichen Verfahrensgestaltungen mit der Folge betont, dass auch nach landesrechtlichen Maßstäben nicht genehmigungs-, zustimmungs- oder anzeigepflichtige Vorhaben durchaus planungsrechtlich relevant sein können, mithin der Geltungsanspruch der §§ 29 ff BauGB auch bei solchen Vorhaben unberührt bleibt.[384] Das Bundesverwaltungsgericht hat dies mit (weiterem) Urteil vom 7. Mai 2001[385] hinsichtlich des § 29 BauGB

---

[382] Vgl. wohl a.A. *Schulte*, BauR 1995, S. 184, der zwar betont, dass die Fragen nach dem Bedürfnis präventiver Kontrolle einerseits und nach städtebaulicher Relevanz andererseits verschieden, allerdings – soweit es um die bodenrechtliche Kontrolle gehe – einheitlich zu beantworten seien.
[383] Vgl. zu diesem Erschwernisaspekt *Krautzberger*, in: Ernst/Zinkahn/Bielenberg, BauGB, § 29 Rn 25 m.w.N.
[384] Vgl. *Krautzberger*, in: Ernst/Zinkahn/Bielenberg, BauGB, § 29 Rn 2, 9, 23 ff m.w.N.
[385] Vgl. BVerwG, Urteil vom 07.05.2001, Az. 6 C 18.00, BauR 2001, S. 1558 ff. Das BVerwG hat mit dieser Entscheidung der Auffassung des OVG RP (Urteil vom 10.08.2000, Az. 1 A 10462/00) widersprochen, wonach auch nach der Neufassung des § 29 Abs. 1 BauGB die §§ 29 ff. BauGB keine Anwendung auf derartige Kleinstbauten finden soll, da es diesen

in seiner seit dem 1. Januar 1998 geltenden Fassung ausdrücklich ausgeführt. Ergibt sich aufgrund der städtebaulichen Dimension des Vorhabenbegriffs und der Deregulierung bauaufsichtlicher Verfahren ein Spannungsverhältnis, wird bei z.b. verfahrensfrei gestellten, aber gleichwohl planungsrechtlich relevanten Vorhaben, wie etwa Mobilfunkantennen[386], im Ergebnis die Durchführung eines Verfahrens verlangt.[387] Auch wenn also die verfahrensrechtliche Zuordnung eines Bauvorhabens keinen automatischen Rückschluss auf die städtebauliche Relevanz im Allgemeinen bzw. deren Qualität im Besonderen bedingt, ist in Ansehung des ausgeweiteten Anwendungsbereichs des vereinfachten Baugenehmigungsverfahrens, also der Ausdehnung der vereinfachten Baugenehmigungsprüfung bis zur Sonderbaugrenze, gleichwohl davon auszugehen, dass ein nicht unbedeutender Anteil der von dieser Verfahrensart erfassten Bauvorhaben die in § 1 Abs. 6 BauGB genannte Belange qualitativ derart berührt bzw. berühren kann, dass bei diesen Vorhaben – in Anwendung der bundesverwaltungsgerichtlichen Rechtsprechung – gleichfalls ein bauaufsichtliches Verfahren hinsichtlich bauplanungsrechtlicher Anforderungen vorauszusetzen ist. Während sich ein Rückschluss von der landesrechtlichen Genehmigungs- bzw. Verfahrensfreiheit auf eine fehlende bauplanungsrechtliche Relevanz verbietet, kann in umgekehrter Richtung die Genehmigungspflicht durchaus ein Indiz für die bodenrechtliche Bedeutung sein.[388] Mit dem Anspruch eines effektiven Gesetzesvollzugs wäre es sicherlich nicht vereinbar, würde lediglich bei einer im konkreten Einzelfall bejahten bodenrechtlichen Relevanz eines Vorhabens, welches dem vereinfachten Baugenehmigungsverfahren unterfällt, sowie aufgrund einer etwaigen auch besonderen städtebaulichen Qualität entschieden, ob es einer präventiven Beurteilung anhand der §§ 29 ff BauGB bedarf oder nicht. Als Folge der Ausdehnung des Anwendungsbereichs der vereinfachten Genehmigungsprüfung hinzunehmen ist insoweit, dass sich die präventive bauplanungsrechtliche Prüfung im Rahmen des vereinfachten Baugenehmigungsverfahrens damit zugleich

---

an bodenrechtlicher Relevanz fehle und die gesetzliche Neufassung des § 29 BauGB solchen Vorhaben keine bodenrechtliche Relevanz beimessen wolle.
[386] Vgl. Art. 57 Abs. 1 Nr. 5 BayBO 2008; vgl. hierzu *Wolf*, BayBO – Kurzkommentar, Art. 57 Rn 30 ff.
[387] Vgl. *Krautzberger*, in: Ernst/Zinkahn/Bielenberg, BauGB, § 29 Rn 26 i.V.m. 55.
[388] Vgl. z.B. *Wolf*, BayBO – Kurzkommentar, Art. 57 Rn 33. Zumindest im Zusammenhang mit der Größenordnung von Werbeanlagen sogar für eine Orientierungshilfe bei Genehmigungsfreiheit dagegen *Krautzberger*, in: Ernst/Zinkahn/Bielenberg, BauGB, § 29 Rn 40 m.w.N.

auf solche Vorhaben erstreckt, die wegen einer etwaigen lediglich geringeren planungsrechtlichen Relevanz nicht nach präventiver Prüfung verlangen würden.

Bei historischer[389] Betrachtung der Norm des § 29 BBauG/BauGB a.F. ist festzuhalten, dass – wie schon das Bundesverwaltungsgericht in seiner Wyhl-Entscheidung ausführte – dem Bundesgesetzgeber bei Erlass des seinerzeitigen § 29 BBauG bekannt war, dass die Länder auf ein Baugenehmigungsverfahren für bestimmte untergeordnete Vorhaben verzichteten[390] und der Bundesgesetzgeber damit diese begrenzte Dispositionsbefugnis der bauordnungsrechtgebenden Landesgesetzgeber gekannt und gebilligt hat. Der Bundesgesetzgeber hat die in § 29 BauGB a.F. niedergelegte Vorbehaltsklausel in Reaktion auf die sog. Wyhl-Rechtsprechung sowie die Vorstöße der Landesgesetzgeber, welche im Wege der Deregulierung des Bauordnungsrechts zunehmend Bauvorhaben von der Baugenehmigungspflicht freistellten bzw. Prüfkataloge reduzierten, gestrichen und damit verdeutlicht, dass die §§ 30 bis 37 BauGB unabhängig von etwaigen landesrechtlichen Genehmigungserfordernissen ausweislich des Wortlauts des § 29 Abs. 1 BauGB bereits kraft Bundesrechts gelten und dass nach Sinn und Zweck der Norm der Bundesgesetzgeber alle bodenrechtlich relevanten Fälle erfasst haben wollte. In Ansehung dieser Gesetzeshistorie darf aus der Streichung der Verweisung auf das landesrechtliche (Genehmigungs-)Verfahren weder gefolgert werden, dass sich der bundesrechtliche Geltungsanspruch fortan auf alle Arten von Vorhaben unabhängig von einem bodenrechtlichen Bezug erstrecken soll,[391] noch erlaubt es den Rückschluss, dass der Bundesgesetzgeber mit der nicht mehr an das landesrechtliche Genehmigungsverfahren anknüpfenden Fassung den Weg für eine – zumindest partielle – Zulässigkeit einer nur noch repressiven Prüfung bodenrechtlicher Anforderungen freimachen wollte.

„Das Bauplanungsrecht markiert [damit] auch die Grenze der Verfahrensprivatisierung [...]"[392] und ist deshalb im Grundsatz als unverzichtbarer Kernbestand[393] bauaufsichtlicher Prüfung in präventiven Genehmigungsverfahren zu qualifizieren, soweit diese Verfahrensarten in Ansehung des gesamten Anwendungsbereichs zumindest auch für bodenrechtlich relevante Vorhaben

---

[389] Zur Entstehungsgeschichte der Norm vgl. ausführlich *Krautzberger*, in: Ernst/Zinkahn/Bielenberg, BauGB, § 29 Rn 5 ff.
[390] Vgl. BVerwG, DVBl 1986, S. 197.
[391] Vgl. *Krautzberger*, in: Ernst/Zinkahn/Bielenberg, BauGB, § 29 Rn 23.
[392] *Preschel*, DÖV 1998, S. 48.
[393] Vgl. *Schulte*, BauR 1995, S. 179 m.w.N. *Jäde*, UPR 1994, S. 201 ff [205].

gelten, welche eine nach präventiver Genehmigungsprüfung verlangende (gesteigerte) bodenrechtliche Relevanz, mithin eine nicht nur untergeordnete städtebauliche Qualität aufweisen. Die fehlende Verpflichtung des Landesgesetzgebers zur Bereitstellung eines Baugenehmigungsverfahrens[394] zeigt hierauf keinen Einfluss.

3. Prüfungsgegenstand sonstiges materielles Bauplanungsrecht (insbesondere zur Sicherung der Bauleitplanung §§ 14 f BauGB) und Bundesimmissionsschutzrecht

Soweit das vereinfachte Baugenehmigungsverfahren zur Anwendung gelangt, überprüft die Bauaufsichtsbehörde das geplante und zur Genehmigung gestellte Bauvorhaben nur im Hinblick auf die in seinem Prüfkatalog aufgezählten Vorschriften. Im Sinne einer solchen „Nur-Prüfung" wird Art. 59 Satz 1 BayBO 2008 nach allgemeiner Auffassung[395] verstanden. Der bayerische Landesgesetzgeber schöpft mit seiner letzten Bauordnungsreform nach eigener Aussage „[...] alle [...] eröffneten Deregulierungsmöglichkeiten aus."[396] Es drängt sich damit unweigerlich die Frage auf, inwieweit bauplanungsrechtliche Vorschriften außerhalb des Normenbereichs der §§ 29 bis 38 BauGB, der über Art. 59 Satz 1 Nr. 1, 1. Alt. BayBO 2008 ausdrücklicher und wie vorstehend gezeigt auch aus kompetenzrechtlichen Gründen notwendiger Bestandteil des vereinfachten Baugenehmigungsverfahrens ist, sowie auch z.B. Vorschriften des Bundesimmissionsschutzrechtes von der Überprüfung durch die Baugenehmigungsbehörde aus- oder eben auch eingeschlossen sind. Ins Blickfeld der Betrachtung fallen hier im Besonderen die Vorschriften über die Veränderungssperre, §§ 14 f BauGB, die zwar nicht den Drittschutz etwaiger Nachbarn bezweckt, dafür aber der Sicherung der planerischen Ziele der Gemeinde und damit deren Interessen (Art. 28 Abs. 2 GG) dient.[397] Mit der Begründung einer Sperrwirkung wird sie als Siche-

---

[394] Vgl. BayVerfGH, Entscheidung vom 15.12.2009, Az. Vf. 6-VII-09, BayVBl 2010, S. 338 ff.
[395] Vgl. *Decker/Konrad*, Bayerisches Baurecht, Kap. II. Teil 6 Rn 7; *Wolf*, BayBO – Kurzkommentar, Art. 59 Rn 2 und 8; *ders.*, in: Simon/Busse, BayBO, Art. 59 Rn 9 ff, 31.
[396] LtDrs. 15/7161 vom 15.01.2007, S. 64.
[397] Vgl. *Mitschang*, in: Battis/Krautzberger/Löhr, BauGB, § 14 Rn 1; i.d.S. auch *Jäde*, in: Jäde/Dirnberger/Weiß, BauGB, § 14 Rn 2; *Stock*, in: Ernst/Zinkahn/Bielenberg, BauGB, § 14 Rn 1; *Hornmann*, in: Spannowsky/Uechtritz, BauGB, § 14 Rn 1.

rungsinstrument der Bauleitplanung zur Wahrung gemeindlicher Planungskonzeptionen eingesetzt.

Es stellt sich damit also im Konkreten die Frage, ob auch bauplanungsrechtliche Vorschriften im Übrigen wie etwa die Vorschriften über die Veränderungssperre von der landesgesetzgeberischen Deregulierung erfasst werden? Der daran ansetzenden Folgefrage, ob die in jedem Fall noch möglichen Maßnahmen zur repressiven Bauaufsicht aufgrund der stets bestehenden Eigenverantwortlichkeit des Bauherrn alleiniges Mittel zur Durchsetzung der §§ 14 f BauGB bleiben (vgl. Art. 55 Abs. 2 i.V.m. Art. 54 Abs. 2 Satz 2 BayBO 2008) oder ob nicht doch eine präventive Prüfung auch im vereinfachten Baugenehmigungsverfahren erfolgen kann und vielleicht sogar erfolgen muss, soll im Folgenden nachgegangen werden. Andernfalls müsste darüber nachgedacht werden, ob nicht der „Weg über das fehlende Sachbescheidungsinteresse" wegen offensichtlich materiell-rechtswidriger Unzulässigkeit des Vorhabens bzw. ob nicht die mit dem 2. Halbsatz des Art. 68 Abs. 1 Satz 1 BayBO 2008/2009 vorgesehene Versagungsmöglichkeit zu einer „sachgerechten" Lösung führt.[398]

Weder wird, wie *Jarass*[399] zutreffend ausgeführt hat, § 14 BauGB von Art. 59 BayBO 2008 expressis verbis ausgeschlossen, was im Übrigen auch – dies ist ergänzend zu betonen – der bayerischen Systematik einer nur enumerativen Aufzählung noch zu prüfender Vorschriften widerspräche, noch nimmt Art. 59 BayBO 2008 die Veränderungssperre ausdrücklich in Bezug. Ihre Behandlung im Baugenehmigungsverfahren erscheint damit ungeklärt,[400] wie auch die in der Literatur[401] vertretenen Auffassungen erkennen lassen, die sich bisweilen gerade auch unter Heranziehung des Wortlautarguments[402] durchaus immer noch konträr gegenüberstehen. Unter Rückgriff auf die rechtsdogmatische

---

[398] Vgl. *Jarass*, BayVBl 2010, S. 129 ff [130], die sich ebenfalls der dogmatischen Verortung dieser Fragestellung annimmt und die entstehende Rechtsschutzlücke zu Lasten der Gemeinde darlegt, die sich im Falle einer Beschränkung auf rein repressive Eingriffsmöglichkeiten ergäbe.

[399] Vgl. *Jarass*, BayVBl 2010, S. 129 ff.

[400] Vgl. so die zutreffende Schlussfolgerung von *Jarass*, in BayVBl 2010, S. 129 /130.

[401] Vgl. für eine Einbeziehung der Regelungen über die Veränderungssperre in den Genehmigungsmaßstab des Art. 59 Satz 1 Nr. 1, 1. Alt. BayBO 2008 inzwischen z.B. *Schwarzer/König*, BayBO, Art. 59 Rn 7; *Molodovsky*, in: Koch/Molodovsky/Famers, BayBO, Art. 59 Rn 11, jeweils mit Verweis auf *Jarass*, BayVBl 2010, S. 129 ff. **A.A.** dagegen z.B. *Jäde*, Bayerisches Bauordnungsrecht, Rn 154; *ders.*, in: Jäde/Dirnberger/Bauer, Die neue BayBO, Art. 59 Rn 32.

[402] So bei *Jäde*, Bayerisches Bauordnungsrecht, Rn 154.

Begründung und Argumentationskette bei *Jarass*[403] ist festzustellen, dass die Bauordnungen anderer Bundesländer[404] eine solche Inbezugnahme zum Teil in zumindest allgemeiner Art vorsehen. So gibt die Hessische Bauordnung (HBO) in § 57 Abs. 1 Satz 1 Nr. 1 vor, dass die Zulässigkeit des Vorhabens „nach den Vorschriften des Baugesetzbuches und aufgrund des Baugesetzbuches" zu prüfen ist. Eine vergleichbare Regelung lässt sich in § 66 Abs. 3 der Rheinland-Pfälzischen Landesbauordnung (LBauO) finden, wonach „die Prüfung auf die Zulässigkeit des Vorhabens nach den Bestimmungen des Baugesetzbuchs (BauGB) und der sonstigen öffentlich-rechtlichen Vorschriften" beschränkt ist. Das BauGB wird damit als Ganzes bereits kraft unmittelbarer und umfangreicher Verweisung in den Prüfkatalog hineingezogen. Die Landesbauordnung Schleswig-Holstein wählt den umgekehrten Weg und stellt mit § 69 Abs. 1 LBO Schleswig-Holstein einen negativen Prüfkatalog auf, indem die „Vorschriften dieses Gesetzes und den Vorschriften aufgrund dieses Gesetzes" von der Prüfung im vereinfachten Baugenehmigungsverfahren ausgenommen werden. Doch auch in rechtsvergleichender Auslegung kommt man nicht per se zu dem Ergebnis, dass im Umkehrschluss sonstige bauplanungsrechtliche Vorschriften, soweit sie nicht ausdrücklich vom enumerativen Prüfkatalog erfasst sind, von der Prüfung ausgeschlossen sein sollen. Ein solches argumentum e contrario verbietet sich bereits aufgrund der unter C.IV.2.c) dargelegten Grundsätze, wonach der jeweilige Landesgesetzgeber nicht über bundesplanungsrechtliche Maßgaben zu disponieren befähigt ist.[405] Wie *Jarass*[406] in ihrer Abhandlung m.w.N. weiterhin zutreffend feststellt, wird eine gänzliche Nichtbeachtung von § 14 BauGB im Anwendungsbereich des vereinfachten Baugenehmigungsverfahrens in Literatur und Rechtsprechung auch nicht vertreten. Vielmehr wird in der kommentierenden Literatur[407] von einem Prüfungsrecht und wohl auch von einer Prüfungs-

---

[403] Vgl. *Jarass*, BayVBl 2010, S. 129 ff.
[404] Überwiegend wird in den Landesbauordnungen jedoch der auch in Bayern gewählte „Weg" praktiziert. So entspricht z.B. § 63 Satz 1 Nr. 1 SächsBO dem Art. 59 Satz 1 Nr. 1, 1. Alt. BayBO 2008.
[405] Vgl. ebenso jedenfalls i.E. *Jarass*, BayVBl 2010, S. 130.
[406] Vgl. *Jarass*, BayVBl 2010, S. 129 ff.
[407] Vgl. *Jarass*, BayVBl 2010, S. 129 f m.w.N. *Hornmann*, in: Spannowsky/Uechtritz, BauGB, § 14 Rn 65, der ohne weiteres davon ausgeht, dass eine Baugenehmigung bei entgegenstehender Veränderungssperre zu versagen ist. Dies soll jedenfalls dann gelten, wenn es sich um eine bauaufsichtliche Genehmigung handelt, die nur zu erteilen ist, wenn öffentlich-rechtliche Vorschriften nicht entgegenstehen (z.B. bei § 64 HBO). I.E. wohl auch; *Mitschang*, in: Battis/Krautzberger/Löhr, BauGB, § 14 Rn 16, dem zur Folge das Vorhaben mit Erlass der Veränderungssperre unzulässig wird und eine bauaufsichtliche Genehmigung zu versagen ist.

pflicht der Baugenehmigungsbehörde ausgegangen. Dies gilt jedenfalls, sofern man auf die Kommentierungen zu den Regelungen der Veränderungssperre abstellt. Soweit der von *Jarass* gewählte Ansatz in der landesrechtsbezogenen Literatur inzwischen nicht bereits uneingeschränkte Zustimmung[408] erfährt, findet er doch zumindest zunehmend – wenn auch „versteckt"[409] – Anerkennung. Ein etwaiger Argumentationsversuch, der Landesgesetzgeber habe sich bei der Festschreibung des Prüfkatalogs und Benennung der prüfpflichtigen Vorschriften des Bauplanungsrechts lediglich auf die wesentlichen Vorschriften dieser Art, nämlich die §§ 29 bis 38 BauGB, beschränkt, trägt jedenfalls nicht ohne Weiteres, wenn man den einschlägigen Auszug der Gesetzesbegründung[410] entsprechend gegenteilig verstanden[411] wissen will. Dieses Argument sähe sich ungeachtet dessen aber bereits ohnehin dem Einwand ausgesetzt, dass ein dem hessischen oder rheinland-pfälzischen Gesetzgeber vergleichbares Vorgehen keinen „umständlicheren" oder weniger aussagekräftigen Weg bedeutet hätte. Doch auch wenn der bayerische Landesgesetzgeber an anderer Stelle wie gezeigt selbsterklärend ausführt, alle eingeräumten Möglichkeiten zur Deregulierung mit der letzten Bauordnungsreform ausgeschöpft zu haben, ist hierin nicht zwingend von einer Einschränkung hinsichtlich nicht expressis verbis benannter bauplanungsrechtlicher Vorschriften wie der Veränderungssperre auszugehen. Denn gerade die Gegenüberstellung von Art. 59 Satz 1 Nr. 1, 1. Alt. BayBO 2008 und Art. 73 Abs. 1 Nr. 1, 1. Alt. BayBO 1998 zeigt, dass es bei der Prüfungsanordnung bauplanungsrechtlicher Vorgaben keine Änderung gegeben hat. Dass es eine solche mit besonderem Augenmerk auf die Veränderungssperre auch nicht geben soll und sollte, wird von der bayerischen Gesetzesbegründung[412] weder explizit betont, noch ausdrücklich verneint.

Die in der Literatur in diesem Zusammenhang schlicht wiedergegebene Aussage des Landesgesetzgebers, wonach bei Abweichungen vom sonstigen

---

Wohl auch *Stock*, in: Ernst/Zinkahn/Bielenberg, BauGB, § 14 Rn 72, wonach Vorhaben von der Veränderungssperre unabhängig davon erfasst werden, ob sie nach bauordnungsrechtlichen Vorschriften einer Baugenehmigung bedürfen.
[408] Vgl. *Schwarzer/König*, BayBO, Art. 59 Rn 7; *Molodovsky*, in: Koch/Molodovsky/Famers, BayBO, Art. 59 Rn 11.
[409] Vgl. *Jäde*, Bayerisches Bauordnungsrecht, Rn 154 [Fn 43], der der Auffassung von Jarass ein „durchaus diskutables Argument" zuspricht, obwohl er a.A. ist, vgl. *ders.*, ebd.
[410] Vgl. LtDrs. 15/7161 vom 15.01.2007, S. 65.
[411] Vgl. i.d.S. wohl *Schwarzer/König*, BayBO, Art. 59 Rn 7.
[412] Vgl. LtDrs. 15/7161 vom 15.01.2007, S. 65.

materiellen Bauplanungsrecht, z.b. bei dem Erfordernis einer Ausnahme von einer Veränderungssperre nach § 14 Abs. 2 BauGB, nach Art. 63 Abs. 2 zu verfahren sei,[413] kann nur als partielle Problemlösung angesehen werden. In diesem Fall würde die Prüfungsmöglichkeit der Baugenehmigungsbehörde über Art. 59 Satz 1 Nr. 2 BayBO 2008 eröffnet. Es darf dabei jedoch nicht verkannt werden,[414] dass es Sache des Bauherrn ist, eine etwaige Abweichung im vereinfachten Baugenehmigungsverfahren mittels eines ausdrücklichen Antrags zur Prüfung zu stellen.[415] Auch kann einem gestellten Bauantrag durch die Stellung dieses Antrags als solches bei fehlendem, aber an sich nötigem Abweichungsantrag auch kein – gewissermaßen – konkludenter Abweichungsantrag entnommen werden. Bereits das Schriftformerfordernis des Art. 63 Abs. 2 Satz 1 BayBO 2008 widerspricht einer solchen Lesart.[416]

Zustimmung verlangt damit der Ansatz von *Jarass*[417], wonach jedenfalls die §§ 14 f BauGB als voranstehende Sonderregelungen gleichsam in die Prüfung der §§ 29 ff BauGB hineinzuziehen sind und wegen ihrer Einflussnahme auf die bauplanungsrechtliche Zulässigkeit des Vorhabens – auch wenn nicht in Art. 59 Satz 1 Nr. 1 BayBO 2008 benannt – Teil des planungsrechtlichen Prüfauftrags im Sinne des Art. 59 Satz 1 Nr. 1, 1. Alt. BayBO 2008 werden.[418] Dem kann auch nicht der Wortlaut entgegen gehalten werden. Denn diese Auffassung findet ihre Grundlagen zum einen in der in § 14 BauGB enthaltenen Bezugnahme auf § 29 BauGB, wodurch bereits eine Verknüpfung der Regelungsbereiche Veränderungssperre und städtebauliche Anforderungen erzielt wird. Zum anderen gibt die Wirkung der §§ 14 f BauGB – sieht man hier die Prüfpflicht nicht bereits aufgrund der verfassungsrechtlich verankerten Kompetenzvorgabe (vgl.

---

[413] Vgl. LtDrs. 15/7161 vom 15.01.2007, S. 65; *Busse/Dirnberger*, Die neue BayBO, Art. 59 Ziff. 2, S. 306; *Jäde*, BayBO 1998/2008 – Textsynopse, S. 204; *Wolf*, BayBO – Kurzkommentar, Art. 59 Rn 17.
[414] So auch bereits *Jarass*, BayVBl 2010, S. 131.
[415] Vgl. *Wolf*, BayBO – Kurzkommentar, Art. 63 Rn 9; *Jäde*, BayBO 1998/2008 – Textsynopse, S. 204; LtDrs. 15/7161 vom 15.01.2007, S. 65.
[416] Vgl. hierzu insgesamt *Jarass*, BayVBl 2010, S. 131 m.w.N.
[417] Vgl. *Jarass*, BayVBl 2010, S. 131/132.
[418] Vgl. *Molodovsky*, in: Koch/Molodovsky/Famers, BayBO, Art. 59 Rn 11; *Jarass*, BayVBl 2010, S. 131/132, die unter Bezugnahme auf die Rechtsprechung darauf verweist, dass dieser Lösungsweg wohl auch in der Rechtsprechung vorherrschend ist. *Jarass* lehnt es insbesondere in zutreffender Weise auch ab, dass § 14 BauGB nur eine formale Sperrung des Vorhabens herbeiführe, was der Baubehörde die Möglichkeit der Bescheidung nimmt. **A.A.** *Jäde*, Bayerisches Bauordnungsrecht, Rn 154 [Fn 43], der den Ansatz von *Jarass* aber gleichwohl von einem „diskutablen Argument" gestützt sieht.

C.IV.2.c)) als ausreichend an – dieses Verständnis vor. Mit dem Erlass der Veränderungssperre werden die Vorhaben im Sinne des § 29 BauGB (vgl. § 14 Abs. 1 Nr. 1 BauGB) unzulässig und materiell baurechtswidrig.[419] Damit scheidet im Anwendungsbereich einer wirksamen Veränderungssperre die Genehmigungsfähigkeit eines Vorhabens im planungsrechtlichen Sinn bereits vor der weiteren Überprüfung der §§ 30 ff BauGB aus. Die Vorschriften über die Sicherung der Bauleitplanung im zweiten Teil des BauGB sind – weil von genereller Bedeutung – dem dritten Teil mit den Regelungen über die bauliche Nutzung und Zulässigkeit (§§ 29 ff BauGB) vorangestellt. Diese normkonzentrierende Voranstellung bedarf ob der Tatsache, dass rechtssystematisch der Verweis regelmäßig in der lex specialis normiert ist, auch keines Verweises in den §§ 29 ff BauGB auf § 14 BauGB.[420] Ein weiterer Anhaltspunkt für die Inbezugnahme der Veränderungssperre in die Prüfung im Anwendungsbereich des vereinfachten Baugenehmigungsverfahrens ist nicht zuletzt auch der von Art. 59 Satz 1 Nr. 1 BayBO 2008 ausdrücklich erfasste § 36 BauGB, wodurch der Gemeinde die Erklärungsmöglichkeit gegeben wird, wenn sie beabsichtigt, eine Veränderungssperre zu beschließen oder eine Zurückstellung nach § 15 BauGB zu beantragen. An der insbesondere von *Jäde*[421] – nach wie vor – vertretenen gegenteiligen Auffassung ist daher nicht festzuhalten. Zudem kann die eingangs zugleich angesprochene Frage, ob eine Inbezugnahme der §§ 14 ff BauGB über die „neue" Versagungsmöglichkeit des Art. 68 Abs. 1 Satz 1, 2. Hs. BayBO 2008 oder über das Instrument des „fehlenden Sachbescheidungsinteresses" erfolgen kann, damit dahinstehen.

Uneingeschränkte Zustimmung gilt der in der Literatur unter Rückgriff auf die Gesetzgebungsmaterialien[422] allgemein anerkannten Aussage, dass wegen des planungsrechtlichen Gebots der Rücksichtnahme[423] (vgl. etwa § 34 Abs. 1 Satz 1, § 35 Abs. 3 Satz 1 Nr. 3 BauGB, § 15 BauNVO) die Anforderungen des materiellen Immissionsschutzrechts in den §§ 29 bis 38 BauGB aufgehen[424] und

---

[419] Vgl. *Jäde*, in: Jäde/Dirnberger/Weiß, BauGB, § 14 Rn 35; *Mitschang*, in: Battis/Krautzberger/Löhr, BauGB, § 14 Rn 16.
[420] Vgl. *Jarass*, BayVBl 2010, S. 132.
[421] Vgl. *Jäde*, Bayerisches Bauordnungsrecht, S. 41 Rn 154 unter Heranziehung des Wortlautarguments; *ders*., in: Jäde/Dirnberger/Bauer, Die neue BayBO, Art. 59 Rn 32.
[422] Vgl. LtDrs. 15/7161 vom 15.01.2007, S. 65.
[423] Vgl. hierzu – aus nachbarrechtlicher Sicht – auch Teil 3 B.I.
[424] Vgl. *Jäde*, BayBO 1998/2008 – Textsynopse, S. 204 m.w.N. BVerwG, NVwZ 1989, S. 258 und BVerwG, NVwZ 1990, S. 559; *ders.*, Bayerisches Bauordnungsrecht, S. 40

somit indirekter Bestandteil des gesetzlichen Prüfungsumfangs nach Art. 59 Satz 1 Nr. 1 BayBO 2008 werden. Bei der bauplanungsrechtlichen Prüfung erlangen die Anforderungen des Immissionsschutzes nach dem Maßstab des § 22 BImSchG über das Rücksichtnahmegebot bei störenden Nutzungen Beachtung. Diese Immissionsschutzrechtlichen Probleme können allerdings nur im Rahmen der bauplanungsrechtlichen Prüfung der Umgebungsverträglichkeit mitgeprüft werden.[425]

Rn 152; *Busse/Dirnberger*, Die neue BayBO, Art. 59 Ziff. 2, S. 306; *Wolf*, BayBO – Kurzkommentar, Art. 59 Rn 15, *ders*. in: Simon/Busse, BayBO, Art. 59 Rn 35.
[425] Vgl. ausführlich unter Verweis auch auf die Rechtsprechung *Wolf*, in Simon/Busse, BayBO, Art. 59 Rn 35; ebenso *Schwarzer/König*, BayBO, Art. 59 Rn 7.

Teil 2: Die vereinfachte Baugenehmigungsprüfung unter Berücksichtigung des Sachbescheidungsinteresses

Schon wieder[426] heißt es im Sinne Simons *„Habemus legem"* – *„Wir haben eine neue Bayerische Bauordnung!"*[427], ein nach vorausgegangenen Novellen abermals umstrittenes Experiment des Bayerischen Gesetzgebers, mit dem sich insbesondere auch weitreichende Folgen für die vereinfachte Baugenehmigungsprüfung unter Berücksichtigung des Sachbescheidungsinteresses zeigen. Im Folgenden sollen die Anwendungsvoraussetzungen und Auswirkungen des Sachbescheidungsinteresses bzw. des Art. 68 Abs. 1 Satz 1, 2. Hs. BayBO 2008/2009 als versinnbildlichtes bauaufsichtliches „Scharnier"[428], mit welchem die Literatur und zum Teil auch die (außerbayerische) Rechtsprechung die vermeintliche Widersprüchlichkeit einer von repressiven Bauaufsichtsmaßnahmen flankierten Baugenehmigung in den Fällen von Verstößen gegen nicht mehr prüfpflichtige Vorschriften meiden will, sowie dessen Zusammenspiel mit dem vereinfachten bauaufsichtlichen Genehmigungsverfahren im Sinne des Art. 59 Satz 1 BayBO 2008 ausgehend von den rechtlichen Grundlagen sowie unter Einbeziehung der in der Literatur geführten Debatten und kontextbezogenen Rechtsprechung analysiert und geklärt werden. Die Untersuchung, die nachbarspezifische Fragestellungen zunächst ausklammert und solche erst in einem dritten Teil gesondert behandelt, findet schließlich mit einem eigenen alternativen Gesetzestextvorschlag ihren Abschluss.

---

[426] Vgl. nach dem Gesetz zur Änderung der Bayerischen Bauordnung und Änderungsgesetz vom 24.07.2007 (GVBl S. 499, neu bekannt gemacht am 14.08.2007, GVBl S. 588) und dem Gesetz zur Änderung der Bayerischen Bauordnung, des Baukammerngesetzes und des Denkmalschutzgesetzes vom 14.07.2009 (LtDrs. 16/1863 vom 14.07.2009) inzwischen bereits zudem § 36 des Gesetzes vom 20.12.2011 (GVBl S. 689) und das Gesetz zur Änderung der Bayerischen Bauordnung und des Baukammerngesetzes vom 11.12.2012 (GVBl S. 633). Vgl. zur letzten Änderung auch *Jäde*, BayBO 2011/2013 – Änderungssynopse, S. 83 f. Kritisch gegenüber der Häufigkeit der sächsischen Änderungsgesetzgebung in diesem Kontext z.B. *Dahlke-Piel*, SächsVBl 1999, S. 121.
[427] *Simon*, BayVBl 1994, S. 332.
[428] Vgl. *Jäde*, BayVBl 2010, S. 742.

A. Das Sachbescheidungsinteresse im vereinfachten Baugenehmigungsverfahren

In den Augen vieler sind die Bauaufsichtsbehörden aufgrund des sog. Separationsmodells[429], d.h. der Abkehr vom Verständnis der Baugenehmigung im Sinne der sog. Schlusspunkttheorie, wie es auch vom bayerischen Landesgesetzgeber seit der Novellierung des Jahres 1994 in der Bayerischen Bauordnung[430] verankert wurde und im heutigen Art. 68 Abs. 1 Satz 1, 1. Hs. BayBO 2008/2009 festgeschrieben ist, sowie des Privatisierungsmodells mit dem Verzicht auf eine umfassende Präventivkontrolle einerseits und der Aufgabenzuweisung gemäß Art. 54 Abs. 2 Satz 1 BayBO 2008 andererseits einer misslichen Lage ausgesetzt. So ist im Ergebnis teils sogar von einem „widersinnigen Missstand"[431] oder von einem „ambivalenten Kompromiss"[432] die Rede. Diese missliche Lage besteht darin, dass die Behörde im Baugenehmigungsverfahren zum einen die Augen vor dem sonstigen, nicht im Baugenehmigungsverfahren zu prüfenden öffentlichen Recht vermeintlich verschließen soll, um es dann zum anderen anschließend sofort im Rahmen der bauaufsichtlichen Befugnisse wieder in den Blick nehmen zu müssen.[433] Lehre und Rechtsprechung suchen seitdem, wie *Jäde*[434] die Problematik zutreffend beschreibt, nach einem geeigneten Scharnier, das den Prozess der Präventivkontrolle mit den prinzipiell repressiv ausgelegten bauaufsichtlichen Mitteln des Art. 54 Abs. 2 Satz 2, 1. Hs. BayBO 2008 in solchen Fällen verbindet, in denen bereits die präventive, aber zugleich gemäß Art. 59 S. 1 bzw. Art. 60 Satz 1 i.V.m. Art. 68 Abs. 1 Satz 1 BayBO 2008 beschränkte bauaufsichtliche Prüfung Erkenntnisse hinsichtlich eines anderweitigen öffentlich-rechtlichen Rechtsverstoßes liefert.[435] Dieses Scharnier soll dabei

---

[429] Vgl. BayVGH, NVwZ 1994, S. 304 = BRS 55 Nr. 146; *Hornmann*, HBO, § 64 Rn 51 ff [55]; *Koch/Hendler*, Baurecht, § 23 Rn 21 a.E. und Rn 22.
[430] Vgl. Art. 79 Abs. 1 BayBO 1994 bzw. Art. 72 Abs. 1 Satz 1, 1. Hs. BayBO 1998, wonach die Baugenehmigung nur versagt werden darf, wenn das Vorhaben öffentlich-rechtlichen Vorschriften widerspricht, die im bauaufsichtlichen Genehmigungsverfahren zu prüfen sind, bzw. Art. 68 Abs. 1 Satz 1, 1. Hs. BayBO 2008, wonach die Baugenehmigung zu erteilen ist, wenn dem Bauvorhaben keine öffentlich-rechtlichen Vorschriften entgegenstehen, die im bauaufsichtlichen Genehmigungsverfahren zu prüfen sind.
[431] Vgl. *Harion*, Hessische Bauordnung Textausgabe mit Einführung, S. XII.
[432] Vgl. *Jäde*, BayVBl 2010, S. 742, nach dem sich der „*ambivalente Kompromiss*" als „*Privatisierungsmodell mit staatlicher Ingerenz*" charakterisieren lasse.
[433] Vgl. *Hornmann*, HBO, § 64 Rn 64.
[434] Vgl. *Jäde*, BayVBl 2010, S. 742.
[435] Vgl. *Jäde*, BayVBl 2010, S. 742.

insbesondere einer ökonomischen Verwaltung, nicht hingegen Dritten dienen, um nachträgliche und somit überflüssige bauaufsichtliche Eingriffe zu vermeiden. Über lange Zeit hinweg wurde das nichtgeschriebene Rechtsinstitut des fehlenden Sachbescheidungsinteresses als ein solches Scharnier angesehen, ehe der bayerische Verwaltungsgerichtshof dessen Anwendung nur noch in engsten Grenzen für zulässig erklärt hat.

Im Folgenden sollen die Grundlagen und Entwicklung des ungeschriebenen Rechtsinstituts des fehlenden Sachbescheidungsinteresses einschließlich des jeweiligen temporären Meinungsstandes in Literatur und Rechtsprechung aufgezeigt werden. Ausgehend von den Auswirkungen dieses Rechtsinstituts auf das baugenehmigungsrechtliche vereinfachte Prüfprogramm und der anfänglichen Literaturmeinung werden die Handhabung und Definitionsansätze dieses Rechtsinstituts in der bayerischen und außerbayerischen Rechtsprechung untersucht sowie in weiterer Folge die Haltung und Reaktion der Literatur hinsichtlich der vom Bayerischen Verwaltungsgerichtshof vertretenen Rechtsauffassung beleuchtet, ehe der Meinungsstand schließlich einer eigenen kritischen Stellungnahme unterzogen wird.

I. Die Diskussion um eine fakultative Erweiterung des enumerativen Prüfkatalogs

Der enumerative Prüfkatalog des Art. 59 Satz 1 BayBO 2008 wird im Grundsätzlichen sowohl als Pflicht-, als auch als Maximalprüfprogramm verstanden. Nach der ursprünglichen Formel des Art. 79 Abs. 1 BayBO 1994 bzw. Art. 72 Abs. 1 Satz 1 BayBO 1998 durfte die Baugenehmigung nur versagt werden, wenn das Vorhaben den (anzuwendenden) öffentlich-rechtlichen Vorschriften widersprach. Mit der BayBO 2008 hat diese seit jeher als Anspruch verstandene Textfassung – ohne dass damit eine inhaltliche Änderung einherginge – eine positive Formulierung erfahren,[436] wonach die Baugenehmigung zu erteilen ist,

---

[436] Vgl. *Lechner*, in: Simon/Busse, BayBO, Art. 68 Rn 1, 22 ff [24]. Der sich bei Einhaltung der öffentlich-rechtlichen Vorschriften ergebende Rechtsanspruch auf Erteilung der Baugenehmigung wird aus der in Art. 14 Abs. 1 GG, Art. 103 Abs. 1 BV verbrieften Baufreiheit gefolgert und ist damit losgelöst von der Formulierung der einfach-gesetzlichen Norm des Art. 68 Abs. 1 Satz 1 BayBO 2008 gegeben. Vgl. hierzu auch *Wolf*, BayBO – Kurzkommentar, Art. 68 Rn 10; *Busse/Dirnberger*, Die neue BayBO (3. A.), Art. 68 – Zur Neufassung [S. 361].

wenn dem Bauvorhaben keine öffentlich-rechtlichen Vorschriften entgegenstehen, Art. 68 Abs. 1 Satz 1. Allen Textfassungen seit der BayBO 1994 gleich ist hingegen nach wie vor ein letzter Halbsatz, der verdeutlicht, dass nicht jegliches öffentliche Recht im Baugenehmigungsverfahren geprüft werden muss und darf: Die Versagung (Art. 79 Abs. 1 BayBO 1994/ Art. 72 Abs. 1 Satz 1 BayBO 1998) bzw. Erteilung der Baugenehmigung (Art.68 Abs. 1 Satz 1 BayBO 2008) hat ausschließlich nach Maßgabe solcher Vorschriften zu erfolgen, „[...] die im bauaufsichtlichen Genehmigungsverfahren zu prüfen sind", so die gesetzliche Maßgabe.[437] Die zu prüfenden Vorschriften waren in Art. 80 Abs. 1 BayBO 1994, Art. 73 Abs. 1 BayBO 1998 und sind nun in Art. 59 Satz 1 BayBO 2008 abschließend benannt. Mit dem vereinfachten Baugenehmigungsverfahren und dessen immer weiter eingeschränktem Prüfkatalog unweigerlich verbunden und ebenso alt wie dieses, welches erstmals als Art. 80 mit der BayBO 1994 am 1. Juni 1994 in Kraft getreten ist, ist die Diskussion über die Möglichkeit einer etwaigen Erweiterung des gesetzlich normierten Prüfungsumfangs im Wege einer Ermessensentscheidung der Bauaufsichtsbehörde. Diese Kontroverse wird unter dem Stichwort des „fehlenden Sachbescheidungsinteresses" geführt. Die in diesem Kontext seit jeher diskutierte Frage liegt auf der Hand: Wie kann, oder vielleicht sogar muss, die Bauaufsichtsbehörde verfahren, wenn diese im Rahmen ihrer Prüfung anhand des Prüfkatalogs des vereinfachten Baugenehmigungsverfahrens auf einen (vielleicht sogar offensichtlichen) Verstoß gegen eine Norm außerhalb dieses abschließenden Prüfkatalogs aufmerksam wird? Erweitert werden kann diese Fragestellung noch um die Konstellation, dass der Behörde ein solcher Verstoß von außenstehenden Dritten zur Kenntnis gebracht oder das „Kenntnisnehmenmüssen" zumindest provoziert wird. Im Rahmen dieser fachliterarischen Auseinandersetzung stößt man zwangsläufig auf die Ausführungen des Leitenden Ministerialrats a.D.[438] *Henning Jäde*, mit dem der Aspekt des fehlenden Sachbescheidungsinteresses im Rahmen der vereinfachten

---

[437] Diese Einschränkung auf im Genehmigungsverfahren zu prüfende Vorschriften ist zum einen sicherlich mit Blick auf parallele Anlagengenehmigungen zu sehen, zum anderen aber in erster Linie Ausfluss der Rechtsprechung des Bayerischen Verwaltungsgerichtshofs, welche die Abkehr von und Aufgabe der sog. Schlusspunkttheorie zur Folge hatte (vgl. oben in Teil 1 B.III. [B.III.2.]). Vgl. hierzu auch *Jäde/Weinl/Dirnberger*, BayVBl 1994, S. 322. Zuvor wurde die Auffassung vertreten, dass vor Ausführung eines Bauvorhabens neben der Baugenehmigung auch erst alle etwaigen weiteren Gestattungen vorgelegt werden müssen.
[438] Vormals Oberste Baubehörde im BayStMI, vgl. *Jäde*, Bayerisches Bauordnungsrecht, Titelseite.

Baugenehmigungsprüfung – nicht nur in Bayern – einen der ersten[439] und seitdem konsequentesten, wohl aber auch beharrlichsten[440] Befürworter dieses Rechtsinstrumentariums bzw. der entsprechenden Regelungsbestrebungen (vgl. Art. 68 Abs. 1 Satz 1, 2. Hs. BayBO 2008/2009) gefunden hat. Alleine ist er mit dieser Auffassung bei Weitem nicht.

Die Versagung der Baugenehmigung aufgrund des fehlenden Sachbescheidungsinteresses trotz des garantierten Anspruchs auf Baufreiheit ist zu der wohl zentralen Fragestellung und zu einer äußerst kontrovers geführten Diskussion im Rahmen des vereinfachten Baugenehmigungsverfahrens geworden. Ursprünglich und nach vermeintlich unumstrittener Auffassung rein fachliterarisch aufgestellte Regeln wurden durch die spätere einschlägige verwaltungsgerichtliche Rechtsprechung relativiert und haben zuletzt in modifizierter, aber erneut in höchst umstrittener Form sogar Einzug in den Gesetzestext gefunden. Einige Stimmen in der Literatur blieben der ursprünglichen Auffassung – wie von *Jäde* vertreten – weniger konsequent verbunden und folgten stattdessen dieser anderslautenden Rechtsprechung des bayerischen Verwaltungsgerichtshofs sowie in weiterer Folge – zumindest in Bayern – wiederum der Rechtslage bedingt durch die punktuelle Änderung der BayBO durch den bayerischen Landesgesetzgeber. Die Diskussion rund um das Sachbescheidungsinteresse darf angesichts des „neuen" Art. 68 Abs. 1 Satz 1, 2. Halbsatz BayBO 2008/2009 als noch lange nicht beendet betrachtet werden. Vielmehr ist zu erwarten, dass diese seit 1994 geführte und zwischenzeitlich als wohl weitestgehend geklärt angesehene Diskussion mit neuen Impulsen weitergeführt und zum Teil neu entfacht werden wird,[441] soweit dies nicht bereits erfolgt ist.

Für das Verständnis, weshalb das Rechtsinstitut „fehlendes Sachbescheidungsinteresse" bezogen auf ein im vereinfachten Baugenehmigungsverfahren zu beurteilendes Bauvorhaben zur Anwendung gelangt, sowie für das Verständnis und die Auslegung des unten noch näher zu betrachtenden Art. 68 Abs. 1

---

[439] Vgl. z.B. *Jäde*, UPR 1995, S. 81 ff [84]; *ders.*, GewArch 1995, S. 187 ff [192]; *ders.*, ZfBR 1996, S. 248; *Jäde/Weinl/Dirnberger*, BayVBl 1994, S. 321 ff [323]; *Jäde*, in: Jäde/Dirnberger/Bauer, Die neue BayBO, Art. 68 Rn 28 ff, vormals: *ders.*, in: Jäde/Weinl/Dirnberger/Bauer/Eisenreich, Die neue BayBO (1994), zu Art. 80 Rn 38 ff [42] i.V.m. Art. 79 Rn 2.
[440] Vgl. z.B. *Jäde*, BayVBl 2004, S. 487; *ders.*, BayVBl 2005, S. 301; *ders.*, BayVBl 2006, S. 538 ff [539/540]; *ders.* BayVBl 2009, S. 709 ff [713].
[441] Vgl. i.E. gleichlautend *Decker/Konrad*, Bayerisches Baurecht, Kap. II. Teil 6 Rn 10.

Satz 1, 2. Hs. BayBO 2008/2009 ist eine eingehendere Betrachtung der in der Vergangenheit geführten Kontroverse über dieses Institut unerlässlich. Damit einher geht auch die Notwendigkeit einer analytischen Darstellung des Instrumentariums des fehlenden Sachbescheidungsinteresses in ganz allgemeiner Art, welches von Teilen der Literatur als Korrektiv zur Meidung unnötigen Verwaltungsaufwands herangezogen wird. Die Darstellung folgt insoweit im Wesentlichen der chronologischen Abfolge.

II. Literaturmeinung vor der Rechtsprechung des Bayerischen Verwaltungsgerichtshofs

Die Baugenehmigungsbehörde dürfe nicht in allen Fällen „sehenden Auges" das Entstehen rechtswidriger Bauvorhaben zulassen, um in einem weiteren, unmittelbar nachgelagerten Schritt ein bauaufsichtliches Tätigwerden zu beschreiten.[442] Die Intention der Literaturstimmen, die sich nach der Einführung des vereinfachten Baugenehmigungsverfahrens und noch vor dem Ergehen einschlägiger, d.h. speziell auf das vereinfachte Verfahren bezogener Rechtsprechung bereits mit dieser Thematik auseinandergesetzt haben, wird durch diese Aussage bereits verdeutlicht: Es geht letztlich um Verfahrensökonomie[443], die nur teilweise auch den Versuch einer dogmatischen Begründung oder Auseinandersetzung erfahren hat. Insoweit war sich die einschlägige Fachliteratur[444] eingangs

---

[442] Vgl. *Wolf*, in: Simon/Busse, BayBO, Art. 59 Rn 74.

[443] In der Literatur wird der Schwerpunkt dieses Gedankens meist auf den Bauherrn gelegt, indem man diesem das Interesse an einer solchen, den Bau freigebenden Baugenehmigung abspricht, wenn dieser Bau ohnehin wegen eines materiellen Rechtsverstoßes zugleich mit der Erteilung der Baugenehmigung wieder mittels weiterer Verfügung eingestellt werden müsste. Vgl. hierzu: *Jäde*, UPR 1995, S. 84; *Wolf*, in: Simon/Busse, BayBO 1998, zu Art. 73 Rn 43 m.w.N.; i.E. auch *Molodovsky*, in: Koch/Molodovsky/Famers, BayBO, Art. 59 Rn 36. *Dürr* hingegen spricht aus, dass die Baubehörde damit lediglich vor einem überflüssigen Verfahren geschützt werden solle, vgl. DÖV 1994, S. 842; *Dageförde* sieht „verwaltungsökonomische Erwägungen", vgl. *Dageförde*, in: Wilke/Dageförde/Knuth/Meyer/Broy-Bülow, Bauordnung für Berlin (6. A.), § 69 Rn 25.

[444] Vgl. z.B. *Jäde/Weinl/Dirnberger*, BayVBl 1994, S. 323; *Jäde*, in: Jäde/Dirnberger/Bauer, Die neue Bayerische Bauordnung, Art. 68 Rn 28 ff, vormals: *ders.*, in: Jäde/Weinl/Dirnberger/Bauer/Eisenreich, Die neue BayBO (1994), zu Art. 80 Rn 19; *Winkler*, BayVBl 1997, S. 745 ff; *Wolf*, in: Simon/Busse, BayBO 1998, zu Art. 73 Rn 43 m.w.N.; *Reicherzer*, BayVBl 2000, S. 750; *Martini*, DVBl 2001, S. 1489; *Decker/Konrad*, Bayerisches Baurecht (2. A.), Kap. II. Teil 6 Rn 9 und 10 m.w.N. [Fn 64], die hinsichtlich der Versagung mangels fehlenden Sachbescheidungsinteresses aber selbst a.A. sind bzw. waren, vgl. *dies.*, Bayerisches Baurecht (2. A.), Kap. II. Teil 6 Rn 12 (S. 84/85); vgl. hierzu auch nach Einfüh-

weitestgehend einig, dass es der Baugenehmigungsbehörde verwehrt ist, in die genehmigungsrechtliche Prüfung solche Vorschriften miteinzubeziehen, die außerhalb des eingeschränkten Prüfprogramms des vereinfachen Baugenehmigungsverfahrens liegen, weil dieser abschließende Charakter des Prüfungsumfangs nicht tangiert werden dürfe. Die grundsätzliche Anerkennung der Abgeschlossenheit des Prüfprogramms entsprach demnach bereits seinerzeit in Übereinstimmung mit der Rechtsprechung[445] der herrschenden Meinung[446]. Gleichzeitig wurde – dies allerdings nur von Stimmen in der Literatur – auch verdeutlicht, dass die Behörde im Wege des ihr zustehenden Ermessens aber gleichwohl die Genehmigung – trotz der an sich gebundenen Entscheidung und trotz des abschließend eingeschränkten Prüfprogramms – wegen mangelnden Sachbescheidungsinteresses versagt werden könne, wenn diese in den Bauvorlagen bzw. -unterlagen Rechtsverstöße gegen Vorschriften außerhalb des obligatorischen Prüfkatalogs erkenne. Wurde diese Handlungsmöglichkeit der Baugenehmigungsbehörde, also die Versagung der Baugenehmigung wegen fehlenden Sachbescheidungsinteresses, neben den weiteren Möglichkeiten des Ignorierens[447] des festgestellten Verstoßes oder des bloßen Hinweises[448] von Teilen der

---

rung des Art. 68 Abs. 1 Satz 1, 2. Hs. BayBO 2008/2009 *dies.*, Bayerisches Baurecht, Kap. II. Teil 6 Rn 9 ff.
[445] Vgl. z.B. BayVGH, BayVBl 2000, S. 377; ders., Beschluss vom 27.12.2001, Az. 26 ZB 00.2890, BayVBl 2002, S. 499; ders., BayVBl 2003, S. 342, S. 505; ders., BayVBl 2006, S. 537.
[446] Dies betont der BayVGH auch in ständiger Rechtsprechung, auszugsweise z.B.: BayVGH, BayVBl 2000, S. 377; ders., BayVBl 2002, S. 499; ders., BayVBl 2003, S. 342 und 505; ders., BayVBl 2006, S. 537 mit ablehnender Anmerkung von *Jäde*, BayVBl 2006, S. 358; BayVGH, BayVBl 2009, S. 507; *Decker/Konrad*, Bayerisches Baurecht, Kap. II. Teil 6 Rn 9/10 m.w.N; *Schwarzer/König*, BayBO, Art. 59 Rn 5.
[447] Vgl. z.B. *Jäde*, UPR 1995, S. 84 und *Winkler*, BayVBl 1997, S. 748, wonach sich die Bauaufsichtsbehörde zu Recht nicht die Möglichkeit vergibt, unter den dafür vorgeschriebenen Voraussetzungen entsprechende bauaufsichtliche Maßnahmen zu ergreifen, die sich auf diesen jenseits des eingeschränkten Prüfprogramms liegenden Rechtsverstoß beziehen. Dies ist umso mehr zwingend und konsequent, als der Prüfkatalog des Art. 80 BayBO 1994, Art. 73 BayBO 1998 und Art. 59 BayBO 2008 als zwingend abschließend angesehen wird, der Bauherr ungeachtet des konkreten Verfahrens zur Einhaltung aller materiellen Anforderungen eigenverantwortlich verpflichtet bleibt und das baugenehmigungsrechtliche Verfahren die bauaufsichtlichen Eingriffsbefugnisse ausdrücklich unberührt lässt (Art. 63 Abs. 6, 64 Abs. 6 und 72 Abs. 1 S. 1 Hs. 2 BayBO 1998; Art. 55 Abs. 2 BayBO 2008).0
[448] Vgl. z.B. *Jäde*, UPR 1995, S. 84; *Winkler*, BayVBl 1997, S. 748 m.w.N., wonach es die Baugenehmigungsbehörde auch zu Recht im Rahmen der pflichtgemäßen Ermessensausübung bei dem „bloßen" Hinweis auf den Rechtsverstoß belassen kann.

Literatur[449] zumindest noch als diskussionsbedürftig angesehen, erfuhr diese Vorgehensweise bei anderen Literaturstimmen[450] uneingeschränkte und vermeintlich unumstrittene Zustimmung im Sinne eines lediglich festzustellenden Faktums ohne eingehenderen Erläuterungsbedarf: *„Erkennt die Genehmigungsbehörde dies, steht es freilich in ihrem Ermessen, die Genehmigung wegen fehlenden Sachbescheidungsinteresses zu versagen."*[451] Als äußerst irreführend und in jedem Falle zu weit gehend ist in diesem Kontext vereinzelt sogar von einem „fakultativen" Prüfprogramm neben dem Pflichtprüfprogramm (des Art. 80 BayBO 1994 bzw. Art. 73 BayBO 1998 bzw. Art. 59 BayBO 2008) die Rede, wobei diese Auffassung[452] allerdings – anders als der Wortlaut vermuten lässt – zumindest dem Grundsatz nach gleichfalls der Maßgabe folgt, dass die bauaufsichtliche Prüfung auf das dort genannte enumerativ aufgezählte Pflichtprüfprogramm beschränkt ist. Die Begrifflichkeit eines „fakultativen Prüfprogramms" wird dem selbst bei den Befürwortern dieses Lösungsansatzes betonten Ausnahmecharakter des Rechtsinstrumentariums des fehlenden Sachbescheidungsinteresses keinesfalls gerecht und ist daher in jedem Falle zu vermeiden.

Sieht man von der eigentlichen Intention dieses Lösungsansatzes, nämlich der damit bezweckten Verfahrensökonomie ab, werden im Wesentlichen folgende Aspekte zur dogmatischen Begründung bzw. Rechtfertigung für ein derartiges, der Baugenehmigungsbehörde zuerkanntes Vorgehen angeführt: Der Bauherr könne zum einen kein rechtlich geschütztes Interesse an einer den Bau freigebenden Baugenehmigung haben, wenn dieser Bau wegen eines materiellen Verstoßes nach der Erteilung der Baugenehmigung bzw. parallel dazu wieder eingestellt werden müsse. Insoweit könne die Bauaufsichtsbehörde im Rahmen der von ihr vorzunehmenden Ermessensentscheidung die Genehmigung wegen

---

[449] So macht *Jäde* z.B. einleitend darauf aufmerksam, dass es „zweifelhaft" sei, ob bei einem Verstoß des Vorhabens gegen eine von diesem zu beachtende, aber außerhalb des Prüfprogramms liegende öffentlich-rechtliche Anforderung auch die Baugenehmigung versagt werden könne, spricht sich aber letztlich nach kurzer Erörterung dafür aus, vgl. UPR 1995, S. 84.
[450] Vgl. z.B. *Dürr*, DÖV 1994, S. 842; *Jäde/Weinl/Dirnberger*, BayVBl 1994, S. 323; *Preschel*, DÖV 1998, S. 47; *Martini*, DVBl 2001, S. 1489; *Jäde*, BayVBl 2004, S. 487; *ders.*, BayVBl 2005, S. 301 unter Verweis auf die h.M. m.w.N. [Fn 6].
[451] *Martini*, DVBl 2001, S. 1489. Ähnlich lautend bereits zuvor: *Jäde/Weinl/Dirnberger*, BayVBl 1994, S. 323 oder *Preschel*, DÖV 1998, S. 47.
[452] Vgl. *Winkler*, BayVBl 1997, S. 745 ff [745/746]; *Decker/Konrad* sehen diese Auffassung *Winklers* als überwunden an, vgl. *dies.*, Bayerisches Baurecht (2. A.), Kapitel II. Teil 6 Rn 9 Fn 63, zuletzt nur noch beiläufig erwähnt *dies.* Bayerisches Baurecht, Kapitel II. Teil 6 Rn 9 Fn 276.

fehlenden Sachbescheidungsinteresses ablehnen.[453] Das fehlende Interesse an der Sachbescheidung sei dadurch begründet, dass der Bauherr von der Baugenehmigung letztlich keinen Gebrauch machen könne und sie für ihn gewissermaßen nutzlos sei. Vereinzelt wird für die baubehördliche Ermessensentscheidung einschränkend zumindest vom Erfordernis eines schwerwiegenden[454] Rechtsverstoßes außerhalb des Pflichtprüfprogramms gesprochen. Zum anderen wird darüber hinaus betont, dass das beschränkte vereinfachte Prüfverfahren unter ausschließlicher Bezugnahme auf das insoweit anzuwendende materielle Recht indessen nicht die allgemein geltenden (Rechts-)Grundsätze betreffe und diese vielmehr unberührt lasse.[455] Der abschließend formulierte Prüfkatalog („Außer bei Sonderbauten prüft die Bauaufsichtsbehörde 1. [...], 2. [...] sowie 3. [...]", Art. 59 Satz 1 BayBO)[456] stehe der Ablehnung wegen fehlenden Sachbescheidungsinteresses, selbst wenn dieses aus einem darüber hinausgehenden materiellen Rechtsverstoß abgeleitet werde, nicht entgegen. Das Sachbescheidungsinteresse selbst betreffe nämlich wiederum keine materielle, sondern lediglich formell-rechtliche Frage.[457] Eine Auseinandersetzung mit diesen Argumenten erfolgt untenstehend gesondert, da hierfür zunächst dieser allgemeine Grundsatz, nämlich die Versagungsmöglichkeit aufgrund fehlenden Sachbescheidungsinteresses, betrachtet und analysiert werden muss.

Abschließend ist hinsichtlich der hier dargestellten ursprünglichen und teils nach wie vor vertretenen Literaturauffassung und deren Argumentationsweise festzustellen, dass die zumindest anfänglichen Bezugnahmen auf die diese Ansicht vermeintlich bestätigende Rechtsprechung, wie etwa bei *Dürr*[458], nicht nur

---

[453] Vgl. *Jäde*, in: Jäde/Dirnberger/Bauer, Die neue Bayerische Bauordnung, Art. 68 Rn 28 ff; *Winkler*, BayVBl 1997, S. 748 m.w.N. insbesondere auf *Jäde*; *Wolf*, in: Simon/Busse, BayBO 1998, zu Art. 73 Rn 43 ebenfalls mit m.w.N. auf *Jäde*; *Molodovsky*, in: Koch/Molodovsky/Famers, BayBO, Art. 59 Rn 36.
[454] Vgl. z.B. bei *Wolf*, in: Simon/Busse, BayBO 1998, zu Art. 73 Rn 43.
[455] Vgl. *Jäde*, UPR 1995, S. 84; *Winkler*, BayVBl 1997, S. 747/748; *Wolf*, in: Simon/Busse, BayBO 1998, zu Art. 73 Rn 43.
[456] Das bis zur BayBO 1998 zusätzlich (rein klarstellend) noch enthaltene Wort „nur" („[...]prüft die Bauaufsichtsbehörde nur [...]", Art. 73 Abs. 1 BayBO 1998) ist mit der Neufassung der BayBO 2008 entfallen, ohne dass damit allerdings eine inhaltliche Änderung einherginge. Der Wortlaut ist auch ohne das Wort „nur" aufgrund der anschließenden abschließenden Aufzählung eindeutig genug.
[457] Vgl. *Jäde*, UPR 1995, S. 84.
[458] Vgl. *Dürr*, DÖV 1994, S. 842 m.w.N. z.B. BVerwGE 42, S. 115; ähnlich auch bei *Jäde*, BayVBl 2004, S. 487 Fn 131 m.w.N. OVG RP, Beschluss vom 18.11.1991, Az. 8 B 11955/91, BRS 52 Nr. 148, und BayVGH, Urteil vom 28.12.1998, Az. 14 B 95.1255.

kritisch zu hinterfragen, sondern teilweise zumindest nicht uneingeschränkt übertragbar sind. Die zitierten Ausführungen des Bundesverwaltungsgerichts, mit denen dieses in der Tat auch für das Landesrecht eine Einschränkung grundrechtlich fundierter Genehmigungsansprüche anerkennt,[459] beziehen sich allerdings auf ein fehlendes Sachbescheidungsinteresse aufgrund der Nutzlosigkeit wegen privatrechtlicher Hindernisse, die insoweit Einfluss auf die öffentlich-rechtliche Baugenehmigung zeigen. Bereits aufgrund der gesetzlichen Vorgabe des Landesbauordnungsrechts, wonach die Baugenehmigung seit jeher unbeschadet der privaten Rechte Dritter erteilt wird (vgl. Art. 79 Abs. 6 BayBO 1994, Art. 72 Abs. 4 BayBO 1998, Art. 68 Abs. 4 BayBO 2008), wird der Ausnahmecharakter des fehlenden Sachbescheidungsinteresses deutlich, wie er auch im Zusammenhang mit der Ablehnung von Bauanträgen im vereinfachten Verfahren zu beachten ist. Somit kann und darf die z.B. von *Dürr*[460] zitierte Aussage des Bundesverwaltungsgerichts nicht pauschal und gewissermaßen aus dem Zusammenhang gerissen auf jegliche Fälle der vermeintlichen Nutzlosigkeit der Baugenehmigung und eines damit wohl unterstellten stetigen Fehlens des Interesses des Bauherrn an einer solchen Genehmigung bezogen werden.

III. Kritische Auseinandersetzung seit der „Impulsrechtsprechung" des Bayerischen Verwaltungsgerichtshofs vom 16.07.2002, Az. 2 B 01.1644

Die Rechtsfigur des fehlenden Sachbescheidungsinteresses sollte nach der ursprünglich herrschenden Lehre das einschlägige und unproblematisch anzuwendende Korrektiv der Baubehörden sein, einen Antrag auf Baugenehmigung gleichwohl zurückweisen zu können, wenn sich für die Behörde während des Baugenehmigungsverfahrens ein Verstoß gegen materielles Recht außerhalb des gesetzlichen Prüfkatalogs zeigt. Dieser vorgeblich am formellen Recht ansetzende Lösungsansatz sollte laut seinen Befürwortern gerade den abgeschlossenen materiell-rechtlichen Charakter des Prüfprogramms im vereinfachten Baugenehmigungsverfahren wahren und achten. Die üblicherweise auch hier anfänglich nur in der Literatur angesprochene Problematik hat mit der Entschei-

---

[459] Vgl. BVerwGE 42, S. 115 ff [117] = NJW 1973, S. 1518.
[460] Vgl. *Dürr*, DÖV 1994, S. 842.

dung des Bayerischen Verwaltungsgerichtshofs vom 16. Juli 2002[461], und damit acht Jahre nach der Einführung des vereinfachten Baugenehmigungsverfahrens,[462] sicherlich nicht die erwartete vollumfängliche Klärung durch die Rechtsprechung erfahren. Sie gab in jedem Falle aber den entscheidenden Impuls für eine neue und fundierte Auseinandersetzung mit der Frage, inwieweit überhaupt und wenn ja unter welchen Voraussetzungen auf das nichtgeschriebene Korrektiv des fehlenden Sachbescheidungsinteresses im Rahmen der Entscheidung der Genehmigungsbehörde über einen Bauantrag im vereinfachten Baugenehmigungsverfahren zurückgegriffen werden kann. Der Aussagegehalt dieser – in diesem Punkt zugegebenermaßen äußerst knapp gehaltenen – Entscheidung wurde vor allem von *Jäde* in Zweifel gezogen und hat zu einer wechselseitigen Kontroverse[463] zwischen letzterem und *Fischer* geführt. Dieser Streit über den Aussagegehalt der Entscheidung des Bayerischen Verwaltungsgerichtshofs vom 16. Juli 2002 (Az. 2 B 01.1644) mag angesichts der diese Auffassung bestätigenden und klarstellenden Folgerechtsprechung[464] auf den ersten Blick als überholt angesehen werden, erweist sich jedoch bei eingehenderer Betrachtung als maßgebliche Grundlage der nach wie vor und nach Einführung des Art. 68 Abs. 1 Satz 1, 2. Hs. BayBO 2008/2009 wieder verstärkt geführten Kontroverse[465] über die Anwendbarkeit des (nunmehr sogar gesetzlich festgeschriebenen) Rechtsinstituts des fehlenden Sachbescheidungsinteresses.

---

[461] Vgl. BayVGH, Urteil vom 16.07.2002, Az. 2 B 01.1644, BayVBl 2003, S. 505 (teilweise nur Leitsätze) und BayVBl 2003, S. 83 f (Auszug betreffend die lediglich auf Seite 505 zitierten Leitsätze).
[462] Die Entscheidung des BayVGH (Az. 2 B 01.1644, BayVBl 2003, S. 83 f und 505) bezieht sich auf den seit der Reform des Jahres 1998 geltenden Art. 73 BayBO 1998. Der bis zu dieser ersten Reform geltende Art. 80 BayBO 1994 unterschied sich von dem späteren Art. 73 BayBO 1998 im Wesentlichen nur im Anwendungsbereich, der mit der Reform des Jahres 1998 bis zur Sonderbaugrenze ausgedehnt wurde. Beide Prüfkataloge der einstigen Textfassungen des Art. 80 Abs. 1 BayBO 1994 und Art. 73 Abs. 1 BayBO 1998 bezogen die wichtigsten Vorschriften des materiellen Bauordnungsrechts, also insbesondere die Abstandsvorschriften der Art. 6 und 7 BayBO 1994/1998 sowie die Baugestaltung mit ein, so dass sich in diesem Zusammenhang die Frage der Versagungsmöglichkeit wegen fehlenden Sachbescheidungsinteresses (noch) nicht stellte.
[463] Vgl. *Jäde*, BayVBl 2004, S. 487 mit Bezugnahme auf BayVGH, BayVBl 2003, S. 505 = BRS 65 Nr. 149; *Fischer*, BayVBl 2005, S. 299 ff mit Bezugnahme auf *Jäde*, ebd.; *Jäde*, BayVBl 2005, S. 301 mit Bezugnahme auf *Fischer*, ebd.
[464] Vgl. z.B. BayVGH, Urteil vom 23.03.2006, Az. 26 B 05.555, BayVBl 2006, S. 537 f; ders., Urteil vom 19.01.2009, Az. 2 BV 08.2567, BayVBl 2009, S. 507 f.
[465] Vgl. z.B. Darstellung bei *Wolf*, in: Simon/Busse, BayBO, Art. 59 Rn 87/89; oder bei *Decker/Konrad*, Bayerisches Baurecht, Kap. II. Teil 6 Rn 10 Fn 281 a.E.

„*[Art. 73 Abs. 1 BayBO 1998] konkretisiert die „öffentlich-rechtlichen Vorschriften, die im bauaufsichtlichen Verfahren zu prüfen sind" [...]. [...] Die von der Prüfpflicht der Behörde in Art. 73. Abs. 1 BayBO [1998] nicht erfassten öffentlich-rechtlichen Vorschriften sind von der Bauaufsichtsbehörde im vereinfachten Genehmigungsverfahren grundsätzlich nicht zu prüfen [...]. Wenn die Bauaufsichtsbehörde im Rahmen der Prüfung des Bauantrags einen schwerwiegenden Rechtsverstoß gegen nicht prüfpflichtige öffentlich-rechtliche Vorschriften feststellt, der eine Gefährdung wichtiger Güter wie Leib und Leben befürchten lässt, bleibt es ihr unbenommen, gegebenenfalls zeitgleich mit dem – positiv abzuschließenden – Baugenehmigungsverfahren im Wege aufsichtlicher Maßnahmen die Realisierung des Vorhabens zu verhindern. [...]*"[466] Die Entscheidung des Bayerischen Verwaltungsgerichtshofs aus dem Jahre 2002 lässt jegliche positiv formulierte Stellungnahme zum Begriff des fehlenden Sachbescheidungsinteresses vermissen, weshalb dieser teilweise der Charakter eines diesbezüglichen obiter dictums abgesprochen wird. Gleichwohl stellt sich der hieraus gezogene Rückschluss im Sinne einer ablehnenden Haltung gegenüber von der in der Literatur vertretenen Versagungsmöglichkeit wegen fehlenden Sachbescheidungsinteresse bei Verstößen auch gegen öffentlich-rechtliche, insbesondere auch bauordnungsrechtliche Vorschriften außerhalb des Prüfkatalogs nicht nur als nicht fernliegend, sondern sogar als zwingend dar. Die in dieser Entscheidung zu beurteilende Genehmigungsfrage befasst sich mit den bauplanungsrechtlichen und bauordnungsrechtlichen Maßstäben im Zusammenhang mit der Errichtung einer Wechsel-Werbeanlage (Spannposter an einer fensterlosen Giebelwand mit Projektion von Werbung). Die vom Bayerischen Verwaltungsgerichtshof zu beurteilende genehmigungspflichtige (Art. 2 Abs. 1 Satz 2, 62 Satz 1 BayBO 1998) Diaprojektions-Werbeanlage mit einer Fläche von 7 m x 9 m, für die keine Ausnahme von der Genehmigungspflicht nach Art. 63 Abs. 1 Satz 1 Nr. 11 BayBO 1998 bestand, war im vereinfachten Baugenehmigungsverfahren (Art. 73 BayBO 1998) zu behandeln, in dessen Rahmen bereits aufgrund des abgeschlossenen Prüfkatalogs im Wesentlichen eine Prüfung der bautechnischen Anforderungen hinsichtlich der Standsicherheit (Art. 13 BayBO 1998), des Wärme-, Schall- und Brandschutzes (Art. 16, Art. 15 BayBO 1998) und auch der Verkehrssicherheit (Art. 17 BayBO 1998) entfiel. Selbst bei einer durch diese Werbeanlage verursachten und hier unterstellten Gefährdung der

---

[466] BayVGH, Urteil vom 16.07.2002, Az. 2 B 01.1644, BayVBl 2003, S. 505.

Sicherheit oder Leichtigkeit des Verkehrs (Art. 17 Abs. 2 BayBO 1998) darf die Nichteinhaltung der bauordnungsrechtlichen Maßgaben in diesem Bereich – so der VGH zutreffend – nicht herangezogen werden, um die Baugenehmigung für die streitgegenständliche Werbe-Projektionswand abzulehnen. Das Urteil des Bayerischen Verwaltungsgerichtshofs verweist hier ausdrücklich auf die (parallele, d.h. u.U. sogar zeitgleiche) Möglichkeit bauaufsichtlicher Maßnahmen, wie etwa der Einstellungsverfügung, wobei dieser Verweis – wie dem Wortlaut der Entscheidung zu entnehmen ist – auch unter ausdrücklicher Berücksichtigung einer durchaus unbefriedigenden Verfahrensökonomie erfolgt. Die nach der Auffassung Jädes zusätzlich mögliche Ablehnung auf Grund fehlenden Sachbescheidungsinteresses – die Genehmigung wäre bei zeitgleicher Baueinstellung nutzlos – benennt der BayVGH, wie bereits dargelegt, gerade nicht. Das Urteil lässt jegliche ausdrückliche Erwähnung des Rechtsinstrumentariums „fehlendes Sachbescheidungsinteresse" vermissen. Die fehlende Verwaltungseffizienz aufgrund des Erfordernisses zeitgleicher aufsichtlicher Maßnahmen sei vielmehr „hinzunehmen"[467].

Eine in diesem Zusammenhang nicht erfolgte Äußerung des BayVGH zur (weiteren) Versagungsmöglichkeit wegen fehlenden Sachbescheidungsinteresses lasse nach *Jäde*[468] gerade nicht den Rückschluss zu, dass die Versagung einer Baugenehmigung aufgrund vorgenommener Ermessensentscheidung bei Rechtsverstößen außerhalb des grundsätzlich abgeschlossenen Prüfprogramms – auch gegen Vorschriften der BayBO – wegen fehlenden Sachbescheidungsinteresses ausgeschlossen sei. Der Bayerische Verwaltungsgerichtshof habe sich diesbezüglich gerade nicht ablehnend geäußert. *Fischer*[469] hingegen, der insbesondere auch auf die klare gesetzliche Systematik verweist, zieht nicht nur diesen soeben dargestellten Rückschluss, sondern hält *Jäde* darüber hinaus auch entgegen, dass sich der BayVGH sogar ausdrücklich mit der Frage der Verwaltungseffizienz befasst habe, indem er die gegebenenfalls zeitgleich zu beschreitenden bauaufsichtlichen Maßnahmen bei Gefahren für Leib und Leben im Fall

---

[467] Vgl. BayVGH, Urteil vom 16.07.2002 a.E., Az. 2 B 01.1 644, BayVBl 2003, S. 505.
[468] Vgl. *Jäde*, BayVBl 2004, S. 487 [Fn 131], der – zumindest zu diesem Zeitpunkt – aufgrund der Entscheidung des BayVGH (Urteil vom 16.07.2002, Az. 2 B 01.1 644, ebd.) (noch) keinen Widerspruch zu der h.M. in der Literatur und auch in der Rechtsprechung sieht.
[469] Vgl. *Fischer*, BayVBl 2005, S. 299/300; vgl. auch *Wolf*, in: Simon/Busse, BayBO, Art. 59 Rn 89, der hervorhebt, dass *Fischer* auf die klare Systematik des Gesetzgebers verweise und ein Rückgriff auf das fehlende Sachbescheidungsinteresse nach Fischers Auffassung diese Systematik unterliefe.

der Verwirklichung eines Baus und damit also in besonders gravierenden Fällen als unbefriedigend im Sinne der Verfahrensökonomie bezeichnet. Die Aussage *Fischers* kann damit nur so verstanden werden, dass er in der Bezugnahme des BayVGH auf die Verwaltungseffizienz eine positiv formulierte Auseinandersetzung dessen mit dem Kriterium des Sachbescheidungsinteresses sieht. Sicherlich stellt sich die Frage, weshalb der BayVGH die Begrifflichkeit des fehlenden Sachbescheidungsinteresses in der benannten Entscheidung gleichwohl unerwähnt lässt. Es wäre ein Leichtes gewesen, hinsichtlich des fehlenden Sachbescheidungsinteresses im Sinne eines klaren obiter dictums Stellung zu nehmen, zumal eine solche Aussage der bis dahin herrschenden Lehre widersprochen hätte. Nach *Fischer* lassen „*[d]iese klaren Aussagen [des BayVGH] [...] keine Fragen offen.*"[470] Er scheint sogar trotz des vom BayVGH nicht verwendeten Begriffs des fehlenden Sachbescheidungsinteresses von einem klaren obiter dictum der Entscheidung auszugehen, indem er ausführt, der BayVGH habe in überzeugender Weise jegliche Versagungsmöglichkeit wegen Verletzung nicht zu prüfender Vorschriften unter jedem erdenklichen Gesichtspunkt verneint. Diese Interpretation ist zugegebenermaßen weitgehend; gleichwohl ist *Fischer* im Ergebnis zuzustimmen, denn die zu diesem Zeitpunkt vorliegende Gesetzessystematik[471] schließt eine Versagungsmöglichkeit der Bauaufsichtsbehörden wegen fehlenden Sachbescheidungsinteresses jedenfalls in diesem von Teilen der Literatur angenommenen pauschalen und weitgreifenden Umfang aus, ohne dass man sich dabei in Widerspruch zu der diesbezüglichen Judikatur setzen muss, die sich auf Einzelfälle wie etwa die zivilrechtliche Nutzlosigkeit[472] der Baugenehmigung bezieht. Insbesondere Verstöße gegen Vorschriften des (Landes-)Bauordnungsrechts können (unter Ausblendung des neuen Art. 68 Abs. 1 Satz 1, 2. Hs. BayBO 2008) damit nicht über das Kriterium des fehlenden Sachbescheidungsinteresses behandelt werden.

---

[470] *Fischer*, BayVBl 2005, S. 300.
[471] Die Entscheidung des BayVGH und die Kontroverse zwischen *Jäde* und *Fischer* beziehen sich auf Art. 73 BayBO 1998. Die Hervorhebung *Fischers*, der Gesetzgeber habe die Voraussetzungen für den Erlass einer Baugenehmigung mit einer klaren Gesetzessystematik abschließend geklärt, vgl. *Fischer*, BayVBl 2005, S. 299/300, ist vor dem Hintergrund der Geltung der BayBO 1998 und des Fehlens einer Regelung im Sinne des Art. 68 Abs. 1 Satz 1, 2. Hs. BayBO 2008/2009 zu sehen.
[472] Vgl. z.B. BVerwG, Urteil vom 23.03.1973, Az. IV C 49.71, BVerwGE 42, S. 115, wonach eine Genehmigung dann versagt werden darf, wenn sie wegen bestehender privatrechtlicher Hindernisse nutzlos wäre.

Jäde begründet seine Auffassung damit, dass der allgemeine und am formellen Recht ansetzende Grundsatz des Sachbescheidungsinteresses den materiellen Gehalt des Prüfprogramms des vereinfachten Baugenehmigungsverfahrens unberührt lasse. Er betont also, dass das notwendige Sachbescheidungsinteresse und der Prüfungsumfang zwei voneinander zu trennende Fragen beträfen. *Jäde*[473] wirft *Fischer* in Folge dessen vor, den allgemein anerkannten Befund, dass das bauaufsichtliche Prüfprogramm nicht zur Disposition der Baugenehmigungsbehörde steht, in unzulässiger Weise mit der Frage zu vermengen, ob das Sachbescheidungsinteresse des Bauherrn einen eigenständigen fakultativen Prüfungsmaßstab darstellt. Jener, also *Fischer*, hatte nämlich bei unterstellter Richtigkeit der Gegenauffassung die Konsequenz gezogen, dass die Genehmigungsbehörde dann zudem stets ermitteln müsse, ob (daneben) ein gravierender Verstoß vorliegt. Dem aus der BayVGH-Entscheidung nach *Fischers* Auffassung folgenden obiter dictum, der BayVGH lehne den Rückgriff auf das fehlende Sachbescheidungsinteresse zur Versagung der Baugenehmigung in derartigen Fallkonstellationen ab, entgegnet *Jäde*, dass eine solche Folgerung unzulässig sei, da der BayVGH sich nicht nur nicht ausdrücklich mit diesem allgemeinen Rechtsgrundsatz befasst habe, sondern sich auch nicht damit auseinandersetzen musste, da der Sachverhalt der Entscheidung keine Veranlassung dazu gab. Die beklagte Bauaufsichtsbehörde habe den (weiteren) Aspekt der Verkehrssicherheit (Art. 17 BayBO 1998) erstmals im Berufungsverfahren vorgebracht, ohne sich in diesem Zusammenhang auf das dem Antragsteller fehlende Sachbescheidungsinteresse zu berufen, für das es allerdings unstrittig auch einer Ermessensentscheidung bedurft hätte. Doch auch die von *Jäde* ins Feld geführte fehlende Veranlassung zur Auseinandersetzung vermag nicht vollends zu überzeugen, trifft der BayVGH – wie wohl auch *Fischer* im Ergebnis ausführt – doch aber dann ebenfalls mit vermeintlich fehlender Veranlassung gerade ausdrücklich die Aussage, welche Möglichkeiten (abstrakt gesehen) im Falle gravierender Rechtsverstöße außerhalb des Prüfkatalogs, wie etwa bei Gefährdung wichtiger Güter wie Leib und Leben, bestehen.

---

[473] Vgl. *Jäde*, BayVBl 2005, S. 301/302 in Fortsetzung zu *Jäde*, BayVBl 2004, S. 487, und zur Erwiderung auf *Fischer*, BayVBl 2005, S. 299/300.

IV. Das Kriterium des fehlenden Sachbescheidungsinteresses

Genauso wenig wie es einem gerichtlichen Verfahren am erforderlichen Rechtsschutzbedürfnis fehlen darf, darf es einem Antrag gegenüber einer Behörde im Verwaltungsverfahren spiegelbildlich am Sachbescheidungsinteresse mangeln, welches damit zu einer der sog. formell-rechtlichen Sachentscheidungsvoraussetzungen[474] gemacht wird. Dieser allgemeingesetzlich nicht normierte, von Judikatur und Literatur im Allgemeinen aber anerkannte und etablierte Rechtsgrundsatz bedarf allerdings der näheren Betrachtung, soll der streitigen Frage nachgegangen werden, ob der Rückgriff auf dieses Instrumentarium auch dann noch möglich sein kann und darf, wenn das fehlende Sachbescheidungsinteresse aus einem Verstoß von (ausdrücklich) nicht mehr im Genehmigungsverfahren zu prüfenden Vorschriften abgeleitet wird. Diese im Folgenden durchzuführende Analyse kann auch nach Einführung des Art. 68 Abs. 1 Satz 1, 2. Hs. BayBO 2008/2009 nicht als überholt angesehen werden; dies gilt sowohl für das bayerische Landesbauordnungsrecht, als auch umso mehr hinsichtlich der Bauordnungen der übrigen Bundesländer, die eine derartige Regelung wie Art. 68 Abs. 1 Satz 1, 2. Hs. BayBO 2008/2009 – mit der Ausnahme z.B. von Hessen[475] – (noch)[476] nicht kennen. Für das dieser Arbeit maßgeblich zugrunde liegende

---

[474] Das Fehlen des Sachbescheidungsinteresses als Sachentscheidungsvoraussetzung führt zur Unzulässigkeit der behördlichen Entscheidung und würde einen dennoch ergangenen Bescheid formell rechtswidrig machen, vgl. *Wittreck*, BayVBl 2004, S. 194 m.w.N. BVerwGE 101, S. 323/327 u.a. Insoweit ist das Argument *Jädes* zutreffend, diese Lösung setze am formellen Recht an, vgl. *Jäde*, UPR 1995, S. 84.

[475] Vgl. § 64 Abs. 1, 2. Hs. HBO, der denselben Wortlaut wie Art. 68 Abs. 1 Satz 1, 2. Hs. BayBO 2008/2009 aufweist. Die Ergänzung dieses Halbsatzes erfolgte durch das Gesetz zur Änderung der Hessischen Bauordnung und des Hessischen Energiegesetzes vom 25.11.2010 (GVBl (Hessen) I S. 429); vgl. hierzu auch *Hornmann*, HBO, § 64 Rn 85 ff.

[476] Nach der oberverwaltungsgerichtlichen Rechtsprechung anderer Bundesländer soll die Bauaufsichtsbehörde den Bauantrag mangels Sachbescheidungsinteresses ausdrücklich auch dann ablehnen können, wenn das Bauvorhaben gegen nicht zu prüfende Zulässigkeitsvoraussetzungen verstößt, vgl. z.B. OVG RP, BRS 52 Nr. 148 [S. 355] und BauR 2009, S. 799; OVG NRW, BauR 2009, S. 802; siehe hierzu unten Teil 2 A.IV.3. Vgl. auch *Finkelnburg/Ortloff/Otto*, Öffentliches Baurecht, Band II, S. 148, die hier ausdrücklich die bayerische Rechtsprechung abgrenzen. Insoweit erscheint nach der Rechtslage und Rechtsprechung anderer Bundesländer – mit Ausnahme von Hessen – bis auf weiteres kein Erfordernis für eine derartige Regelung, wie sie in die BayBO 2008/2009 Einzug gehalten hat, zu bestehen. In der Berliner Bauordnung wurde die Regelung des § 60a Abs. 2 S. 3 BauO Bln 1997 a.F. mit der neuen Bauordnung für Berlin vom 29.09.2005 (GVBl (Berlin) S. 495) gestrichen, wonach die Erteilung der Baugenehmigung auch dann versagt werden konnte, wenn Verstöße gegen nicht zu prüfende Vorschriften dieses Gesetzes oder auf Grund dieses Gesetzes festgestellt werden. Siehe hierzu auch unten Teil 2 C.II.2.

bayerische Landesrecht gilt zum einen, dass dieser allgemeine Rechtsgrundsatz, wonach (auch) ein (Bau-)Antrag wegen fehlenden Sachbescheidungsinteresses abgelehnt werden kann, durch den benannten Art. 68 Abs. 1 Satz 1, 2. Hs. BayBO 2008/2009 im Grundsätzlichen nicht verdrängt wird,[477] und zum anderen, dass diese aufbereitende Betrachtung für die unten noch vorzunehmende Bestimmung und Auslegung dieses 2. Halbsatzes von wesentlicher und grundlegender Bedeutung ist. Sicherlich bedarf es künftig[478] einer Abgrenzung des allgemeinen Grundsatzes von der gesetzlich normierten Regelung des Art. 68 Abs. 1 Satz 1, 2. Hs. BayBO 2008/2009.

1. Rechtsdogmatische Begründungsansätze – Das Antragsinteresse als Sachentscheidungsvoraussetzung

Der soeben einleitend bereits grob umrissene Grundsatz, mithin also das Antragsinteresse als Sachentscheidungsvoraussetzung, folgt aus den Erwägungen, dass ein Antragsteller im Verwaltungsverfahren vor Behörden bzw. ein Kläger im gerichtlichen Verfahren nur dann Anspruch auf eine (Sach-)Entscheidung haben soll, wenn er diese zur Rechtsverwirklichung benötigt, seine Rechtsposition dadurch verbessert und nicht lediglich zu unnützen Zwecken nutzen oder missbräuchliche Zwecke herbeiführen will, er kurzgesprochen ein Interesse[479] an

---

[477] Vgl. im Ergebnis z.B. auch *Jäde*, in: Jäde/Dirnberger/Bauer, Die neue BayBO, Art. 68 Rn 28, oder auch *Wittreck*, BayVBl 2004, S. 196 m.w.N. auf a.A. Auch der BayVGH hat – allerdings noch vor der Einführung des Art. 68 Abs. 1. Satz 1, 2. Hs. BayBO 2008 – ausgesprochen, dass die Ablehnung eines Bauantrags auch im vereinfachten Baugenehmigungsverfahren aufgrund fehlenden Sachbescheidungsinteresses nicht von vornherein ausgeschlossen ist (vgl. BayVGH, BayVBl 2006, S. 538 m.w.N. BayVGH, BayVBl 1993, S. 370 ff [372]). Da der BayVGH dies mit der Qualifikation des Sachbescheidungsinteresses als allgemeine Antragsvoraussetzung begründet, dürfte diese Feststellung auch nach wie vor uneingeschränkte Gültigkeit haben. Soweit hier die Auffassung vertreten wird, dass das allgemeine Rechtsinstitut „Ablehnung eines Antrags wegen fehlenden Sachbescheidungsinteresses" nicht durch Art. 68 Abs. 1 Satz 1, 2. Hs. BayBO 2008/2009 verdrängt wird, heißt dies nicht, dass die Versagung auch in den Fällen möglich sein soll, bei denen es um einen Verstoß gegen ausdrücklich nicht mehr prüfpflichtige Vorschriften i.S.d. (vereinfachten) Baugenehmigungsverfahrens geht. Vielmehr betrifft diese Aussage die Fälle i.S.d. ursprünglich verwaltungsgerichtlichen Rechtsprechung, z.B. wegen zivilrechtlicher Hindernisse bei einer öffentlich-rechtlichen Baugenehmigung.
[478] Vgl. hierzu unten Teil 2 D.III.2.c).
[479] Vgl. BVerwGE 42, S. 115/117 = BayVBl 1973, S. 590; BVerwGE 48, S. 11/12 = BayVBl 1990, S. 602; *Kopp/Ramsauer*, VwVfG, § 22 Rn 77 m.w.N.; *Büchner/Schlotterbeck*, Baurecht, Band 2, Rn 152; *Jäde*, in: Jäde/Dirnberger/Bauer, Die neue BayBO, Art. 68 Rn 28.

der beantragten Entscheidung hat. Dieser allgemein anerkannte[480] Rechtsgrundsatz findet im Verwaltungsverfahren und damit grundsätzlich auch im Baugenehmigungsverfahren als typisches Antragsverfahren seit der Leitentscheidung des BVerwG[481] aus dem Jahre 1964 unter dem Stichwort „fehlendes Sachbescheidungsinteresse" Ausdruck. Demnach wird der über den Antrag zu befindenden Behörde im Wege einer Ermessensentscheidung die Möglichkeit eingeräumt, einen Antrag auch trotz des Vorliegens aller tatbestandlichen Voraussetzungen für eine positive Verbescheidung unter Verweis auf das fehlende (Sachbescheidungs-, Rechtsschutz-)Interesse abzulehnen,[482] wobei die in jedem Falle vorzunehmende Bescheidung des Antrags im Sinne einer Ablehnung auch ohne weitere Sachprüfung allein auf das fehlende Sachbescheidungsinteresse gestützt werden kann.[483] Die Rechtsfigur des fehlenden Sachbescheidungsinteresses versucht letztlich für eine Reihe von verschiedenen Fallkonstellationen einen „brauchbaren Oberbegriff"[484] zu bilden. Unter welchen Voraussetzungen im Einzelfall von einem solch fehlenden Sachbescheidungsinteresse bei einem an sich bestehenden Anspruch ausgegangen werden kann, ist mangels allgemeingesetzlicher Definition nicht hinreichend bestimmt und in Teilen auch streitig. Die Rechtsprechung hat hierzu auszugsweise Vorgaben gemacht, die allerdings im Wesentlichen lediglich negative, also der Sachbescheidung fehlende Aspekte beschreiben, aus denen heraus der Versuch einer positiven Definition unternommen wird/werden soll. Die beantragte Genehmigung darf für den Antragsteller aus rechtlichen oder tatsächlichen Gründen, so z.B. bei privatrechtlichen[485] Hinderungsgründen, nicht nutzlos sein,[486] wobei zur Annahme einer sol-

---

[480] Vgl. z.B. BVerwGE 20, S. 124 ff = BayVBl 1964, S. 164 (sog. Leitentscheidung); BVerwGE 42, S. 115/117; BVerfG, DVBl 1999, S. 166; *Reicherzer*, BayVBl 2000, S. 751 m.w.N. [Fn 12] BayVGH, Urteil vom 28.12.1998, Az. 14 B 95.1255; *Kopp/Ramsauer*, VwVfG, § 22 Rn 77 ff; *Koch*/Hendler, Baurecht, § 23 Rn 6 m.w.N.; *Finkelnburg/Ortloff/Otto*, Öffentliches Baurecht, Band II, S. 129 ff; *Wittreck*, BayVBl 2004, S. 193 mit gutem Überblick und umfassender Darstellung; *Pündler*, in: Erichsen/Ehlers, Allgemeines Verwaltungsrecht, § 14 Rn 22.
[481] BVerwG, Urteil vom 17.12.1964, Az. I C 36.64, BVerwGE 20, S. 124 ff = BayVBl 1964, S. 164.
[482] Vgl. *Wolf*, in: Simon/ Busse, Bayerische Bauordnung, Art. 59 Rn 80; *Busse/Dirnberger*, Die neue BayBO, Art. 59 Ziff. 3, S. 306 f; BVerwGE 42, S. 117.
[483] Vgl. *Kopp/Ramsauer*, VwVfG, § 22 Rn 79 m.w.N.; *Finkelnburg/Ortloff/Otto*, Öffentliches Baurecht, Band II, S. 129 m.w.N. [Fn 27] BVerwGE 42, S. 115/116, BVerwG, NJW 1981, S. 2426 ebenso m.w.N. BVerwGE 42, S. 115/116; BayVGH, BayVBl 2006, S. 538 m.w.N. BVerwGE 61, S. 128/130.
[484] So zutreffend *Gierth*, DVBl 1967, S. 848; bestätigt von *Wittreck*, BayVBl 2004, S. 194.
[485] Vgl. BVerwGE 42, S. 115.

chen Nutzlosigkeit die bloße Unvernünftigkeit der Antragstellung nicht ausreichend sein soll, kann und darf. Vielmehr dürfen sich die in Betracht zu ziehenden Hindernisgründe, ohne dass diese bereits definiert sind, schlechterdings nicht ausräumen lassen, damit das Vorliegen des Sachbescheidungsinteresses ausgeschlossen werden kann.[487] Die vorstehend wiedergegebene und auch von den Befürwortern dieses Rechtsgrundsatzes hinsichtlich von Verstößen gegen nicht mehr prüfpflichtige Vorschriften herangezogene Bundesverwaltungsgerichtsrechtsprechung äußert sich nicht zum vereinfachten Baugenehmigungsverfahren[488] wie es hier zur Diskussion steht. Es handelt sich bei der (bundes-)verwaltungsgerichtlichen Rechtsprechung beispielsweise um den „klassischen"[489] Fall der Ablehnung einer Baugenehmigung wegen privatrechtlicher Hindernisse (z.B. fehlende privatrechtliche Berechtigung) oder um einen Fall der Entscheidung über eine gaststättenrechtliche Genehmigung wegen diesbezüglich abgelehnten Bauantrags (sog. Genehmigungskonkurrenz). Deutlich wird dabei, dass die vom Bundesverwaltungsgericht ins Auge genommene Nutzlosigkeit aus Gründen herrührt, die jenseits des eigentlichen Verfahrensgegenstandes liegen.[490] Bildlich bzw. sprichwörtlich ließe sich dies auch damit vergleichen, dass einem Antrag das (Sachbescheidungs-)Interesse dann abgesprochen werden kann, wenn ein „Blick über den Tellerrand hinaus" – der Teller als Verfahrensgegenstand – Umstände erkennen lässt, die der beantragten Genehmigung den eigentlichen Nutzen entziehen. Dieses Verständnis, das in seiner ursprünglichen Überlegung freilich von einem nicht deregulierten Verfahren und damit nicht von einem beschränkten Verfahrensgegenstand bezogen auf das jeweilige Fachrecht ausgeht, wird jedoch kaum (mehr) zu einer zentralen Bedingung für seine Anwendbarkeit gemacht, sodass diese Rechtsfigur in der weiteren Folge ihrer

---

[486] Vgl. BVerwGE 48, S. 247; BVerwGE 84, S. 11/12; *Wolf*, in: Simon/Busse, BayBO, Art. 59 Rn 80.

[487] Vgl. z.B. BVerwGE 48, S. 247; *Jäde*, in: Jäde/Dirnberger/Bauer, Die neue BayBO, Art. 68 Rn 28; *Kopp/Ramsauer*, VwVfG, § 22 Rn 77.

[488] Soweit sich das BVerwG, Urteil vom 24.10.1980, NJW 1981, S. 2426, dahingehend äußert, dass die Baugenehmigung unter Berufung auf Hindernisse, die dem Vorhaben landesbaurechtlich entgegenstehen, versagt werden kann, setzt sich diese Entscheidung nicht mit der Frage eines abgeschlossenen Prüfungsumfangs – einen solchen in Form des vereinfachten Baugenehmigungsverfahrens gab es (noch) nicht –, sondern mit der Eindeutigkeit des Hindernisses auseinander, welches sich für eine Ablehnung des Bauantrags *„schlechthin nicht ausräumen"* lassen dürfe.

[489] Vgl. *Gaentzsch*, NJW 1986, S. 2788.

[490] So z.B. ganz ausdrücklich BVerwG, Urteil vom 23.03.1973, Az. IV C 49.71, BVerwGE 42, S. 115 ff [117].

Entwicklung und auch angesichts der jüngeren Rechtsprechung an Kontur verliert, ja sie beinahe zum umfassend einschlägigen „Notnagel" bei auftretenden Problemen im Zusammenhang mit verlorengegangener Verfahrenseffizienz gemacht wird. Zu oberflächlich wird lediglich nach dem Nutzen gefragt, aus welchen Gründen auch immer dieser Nutzen – so im Ergebnis aber wohl zahlreiche Stimmen in Literatur und auch Rechtsprechung – der beantragten Genehmigung abgesprochen werden soll. Diese Kritik greift sicherlich umso mehr, als vor dem verfassungsrechtlichen Hintergrund des gemäß Art. 19 Abs. 4 GG grundrechtlich zu gewährleistenden effektiven Rechtsschutzes für diese Rechtsfigur der Ausnahmecharakter[491] zu wahren und sicherzustellen ist.

Wittreck[492] hat in diesem Zusammenhang erfolgreich den Versuch unternommen, die anhand der einschlägigen Rechtsprechung in der älteren Literatur gebildeten Fallgruppen, denen zur Folge einer beantragten Sachentscheidung das Interesse abgesprochen werden kann, neu zu überarbeiten, weitere (neue) Fallgruppen herauszukristallisieren und auf den Umstand der Verwaltungsvereinfachungen in Form von Genehmigungsfreistellungs- und Genehmigungsvereinfachungsverfahren zu erstrecken. Zutreffend stellt er vor allem aber auch den Ausnahmecharakter dieses Rechtsgrundsatzes anhand der anerkannten herkömmlichen Fallgruppen[493] einschließlich gesetzlicher Teilregelungen[494] heraus. Die Neuregelung des Art. 68 Abs. 1 Satz 1, 2. Hs. BayBO 2008/2009 ist davon zeitlich bedingt freilich noch nicht erfasst. Die laut *Wittreck* nach wie vor geläufigsten Fallkonstellationen in der Praxis und der jüngeren Rechtsprechung, in denen das Kriterium des Sachbescheidungsinteresses Auswirkungen zeigt, sind behördliche Entscheidungen, welche für den jeweiligen Antragsteller – sei es aus rechtlichen oder auch aus tatsächlichen Gründen – nutzlos werden, er mithin also von einer oder mehreren begehrten Entscheidung/-en ohnehin keinen Ge-

---

[491] Vgl. BVerfG, DVBl 1999, S. 166 ff [167 f], wonach die Rechtsfigur des fehlenden Sachbescheidungsinteresses bei Wahrung des Ausnahmecharakters für vereinbar mit der Rechtsschutzgarantie des Art. 19 Abs. 4 GG erklärt wird.
[492] Vgl. *Wittreck*, BayVBl 2004, S. 193 ff [201 ff].
[493] Vgl. hierzu *Wittreck*, BayVBl 2004, S. 194 m.w.N. *Gierth*, DVBl 1967, S. 848 ff [852]: (1.) Zur Verwirklichung des Rechts ist gar keine behördliche Entscheidung notwendig. (2.) Die beantragte Sachentscheidung ist offensichtlich nutzlos. (3.) Es fehlt dem Antragsteller am gegenwärtigen Interesse an einer Sachentscheidung. (4.) Es liegt eine rechtsmissbräuchliche Inanspruchnahme der Verwaltung vor.
[494] Vgl. z.B. §§ 81 Satz 1, 31 Abs. 5 AsylVfG, § 92 Abs. 2 VwGO. Noch keine Auseinandersetzung erfolgte natürlich mit Art. 68 Abs. 1 Satz 1, 2. Hs. BayBO 2008/2009, dessen Ein- und Zuordnung in Teil 2 unter C. und D. gesondert erfolgen wird.

brauch machen könnte. Hingegen seien Antragsablehnungen, die aus Sicht der Behörden oder auch Gerichte rechtsmissbräuchlich sind, eine seltenere Fallkonstellation.

Aber eben die in den überwiegenden Fällen „attestierte" Nutzlosigkeit der Entscheidung für den Antragsteller wird auf die verschiedensten Ursachen – in teils (zu Recht) enger, in teils zu weitgehender Anwendung des fehlenden Sachbescheidungsinteresses – zurückgeführt. Rechtliche Hindernisse werden sowohl aus öffentlich-rechtlichen als auch aus zivilrechtlichen Vorschriften abgeleitet. Auch im Fall des Verstoßes gegen Vorschriften außerhalb des Prüfkatalogs des vereinfachten Baugenehmigungsverfahrens sei die tatbestandlich zu erteilende Baugenehmigung nutzlos, weil mit ihr zugleich Maßnahmen der Bauaufsicht ergehen müssten und von der Baugenehmigung daher ohnehin kein Gebrauch gemacht werden könnte. Dies rechtfertige – so nicht nur die außerbayerische[495] Meinung, sondern auch eine gewichtige bayerische Literaturmeinung – die Ablehnung des Bauantrags wegen fehlenden Sachbescheidungsinteresses.[496] Doch diese Feststellung sollte nicht nur, sondern muss kritisch hinterfragt werden, richtet sich der Blick dieser Meinung doch vorrangig, wenn nicht sogar ausschließlich auf die Frage nach dem (verwaltungs-)ökonomischen Nutzen, ohne das grundsätzlich gleichfalls zu beachtende Pendant des Anforderungsprofils, nämlich den Ausnahmecharakter, ausreichend bzw. überhaupt zu berücksichtigen. Diese zuletzt geschilderte Situation ist jedenfalls weder einem zivilrechtlichen[497] Hinderungsgrund noch dem Prototyp[498] der Antragsablehnung, der sog.

---

[495] Vgl. etwa jüngst *Sauthoff*, BauR 2013, S. 415 ff [417], aber mit restriktiven Voraussetzungen.
[496] Vgl. exemplarisch *Molodovsky*, in: Koch/Molodovsky/Famers, Bayerische Bauordnung, Art. 59 Rn 36; *Jäde*, BayVBl 2004, S. 487 m.w.N.; *ders.*, BayVBl 2006, S. 539 f; *Sauthoff*, BauR 2013, S. 417; *Winkler*, BayVBl 1997, S. 747; *Preschel*, DÖV 1998, S. 45 ff [47]; einschränkend aber i.E. auch *Wittreck*, BayVBl 2004, S. 202.
[497] Jedenfalls für das (bayerische) Baugenehmigungsverfahren muss die Begründung eines fehlenden Sachbescheidungsinteresses aufgrund von zivilrechtlichen Hinderungsgründen jedoch als fraglich und damit bestreitbar angesehen werden, da die Baugenehmigung gerade unbeschadet der Rechte Dritter erteilt wird, vgl. Art. 68 Abs. 4 BayBO 2008. Nicht zuletzt deshalb wurde wohl auch Art. 74 Abs. 4 Satz 3 BayBO 1994 – ähnlich lautend in vielen Landesbauordnungen nach wie vor vorhanden – mit Einführung der BayBO 1998 gestrichen, da die Vorschrift im Widerspruch zu diesem Grundsatz (i.S.d. Art. 68 Abs. 4 BayBO 2008) steht, vgl. hierzu auch *Jäde/Weiß*, BayBO 1994/1998 – Textsynopse, S. 173; restriktiv auch *Jäde*, Bayerisches Bauordnungsrecht, Rn 226; im Grundsatz auch *Finkelnburg/Ortloff/Otto*, Öffentliches Baurecht, Band II, S. 128/129, die jedoch gleichwohl die Versagung wegen fehlenden Sachbescheidungsinteresses für geboten erachten. Vgl. hierzu auch Teil 2 A.IV.5.

Genehmigungskonkurrenz[499], zuordenbar, also der Fallkonstellation, dass zur Vorhabenverwirklichung mindestens zwei Genehmigungen erforderlich sind und (mindestens) einer der Genehmigungen das Interesse wegen fehlender Genehmigungsfähigkeit der Referenzgenehmigung abgesprochen wird. In beiden Fällen handelt es sich – jedenfalls bei entsprechend enger Anwendung unter Berücksichtigung der Offensichtlichkeit – um Umstände jenseits des eigentlichen Verfahrensgegenstandes. Es gilt bei der Anwendung des allgemeinen Rechtsgrundsatzes des fehlenden Sachbescheidungsinteresses der Versuchung zu begegnen, reine Zweckdienlichkeitsüberlegungen, ein optimiertes Wirtschaftlichkeitsdenken und Aspekte einer bloßen Praktikabilität, letztlich vielleicht sogar politische[500] Erwägungen, unter dem Etikett des Sachbescheidungsinteresses zu einem rechtsverbindlichen Verfahrenserfordernis zu machen, soll dessen dogmatische Rechtfertigung konturenbehaftet bleiben und der verfassungsrechtliche Ausnahmecharakter nicht „verwässert" werden.

Das hier diskutierte Rechtsinstrumentarium „fehlendes Sachbescheidungsinteresse" ist im (auch vereinfachten) Baugenehmigungsverfahren freilich nicht per se ausgeschlossen, wie dies für konzentrierte Verfahren (z.B. i.S.d. Art. 75 BayVwVfG oder auch § 13 BImSchG) zu gelten hätte, in dem der „Rettungsanker" des fehlenden Interesses jedenfalls[501] hinsichtlich solcher Vorschriften nicht greift, die ohnehin verbindlich zu prüfen sind. Für das Baugenehmigungsverfahren gilt nicht einmal die sog. Schlusspunkttheorie (s.o. Teil 1 B.III.), bei deren angenommener Zugrundelegung eine entsprechende Ablehnung gleichfalls konditional der Bauordnung folgend auszusprechen wäre.

2. Einschränkung durch den Bayerischen Verwaltungsgerichtshof

Für zumindest zwischenzeitliche Rechtsklarheit betreffend die bayerische Gesetzeslage – jedenfalls bis zur Einführung des Art. 68 Abs. 1 Satz 1, 2. Hs.

---

[498] Vgl. hierzu die ausführliche Darstellung bei *Wittreck*, BayVBl 2004, S. 193 ff [196 f], der hier auf die Gefahr eines *„circulus vitiosus"* hinweist und deshalb zu Recht auf ein restriktive(re)s Vorgehen verweist (Offensichtlichkeit oder unstreitige/rechtskräftige Rechtslage).
[499] Vgl. zur Problematik paralleler Anlagengenehmigungen bereits *Gaentzsch*, NJW 1986, S. 2787 ff.
[500] So z.B. die Befürchtung *Wittrecks*, vgl. *Wittreck*, BayVBl 2004, S. 198.
[501] Anwendungsbereiche in konzentrierten Verfahren sind konsequenterweise gleichwohl denkbar (z.B. zivilrechtliche Hindernisse), wie *Wittreck*, BayVBl 2004, S. 201, zutreffend ausführt.

BayBO 2008/2009 durch das Änderungsgesetz des Jahres 2009 – schienen vor allem drei Entscheidungen des Bayerischen Verwaltungsgerichtshofes aus den Jahren 2006 und 2009 zu sorgen, in denen sich der BayVGH ausdrücklich mit der Möglichkeit der Ablehnung eines im vereinfachten Baugenehmigungsverfahrens zu beurteilenden Bauantrages mit dem Argument eines fehlenden Sachbescheidungsinteresses auseinandersetzte und diesbezüglich Stellung bezog. Mit dieser Rechtsprechung[502] wurden die gerichtlichen Aussagen des 2. Senats in der Entscheidung vom 16. Juli 2002 (Az. 2 B 01.1644) präzisiert, mit welcher der Bayerische Verwaltungsgerichtshof seine skeptische Haltung zum Sachbescheidungsinteresse in der hier diskutierten Gestalt erstmals zum Ausdruck brachte (hier als sog. „Impulsrechtsprechung" bezeichnet); die Diskussionen, wie z.B. von *Jäde* und *Fischer* hinsichtlich dieser Entscheidung aus dem Jahre 2002 anfänglich geführt, schienen sich vermeintlich erledigt zu haben. Der Bayerische Verwaltungsgerichtshof hat einer rein auf Verfahrensökonomie gestützten Handhabung eine Absage erteilt, soweit es sich um (Rechts-)Verstöße außerhalb der zu prüfenden Vorschriften handelt. Gleichwohl werfen die Ausführungen der Entscheidung des 26. Senats aus dem Jahre 2006 bei eingehenderer Betrachtung eine weitere Frage auf, welcher der 2. Senat mit den beiden Entscheidungen aus dem Jahre 2009 letztlich – wenn auch unausgesprochen und nicht mit Deutlichkeit – begegnet, so dass die im Wesentlichen inhaltsgleichen Urteile aus 2009 nicht lediglich im Sinne nur wiederholender und bestätigender Entscheidungen verstanden werden können.

a) Urteil des BayVGH vom 23.03.2006 (Az. 26 B 05.555)

Den Entscheidungen des Bayerischen Verwaltungsgerichtshofs aus den Jahren 2006 und 2009 liegt ausdrücklich wie auch schon dem Beschluss aus dem Jahre 2002[503] das seit jeher überkommene Verständnis von der Abgeschlossenheit des Prüfungsumfangs bei Genehmigungsentscheidungen im vereinfachten Baugenehmigungsverfahren zu Grunde. Nach allgemeiner Auffassung ist das Prüfprogramm der Baugenehmigungsbehörde bei Entscheidungen im vereinfachten Baugenehmigungsverfahren der BayBO 2008 im Wesentlichen auf die Überprüfung der Anforderungen des Bauplanungsrechts (§§ 29 bis 38 BauGB) und die

---

[502] Vgl. auch den diesbezüglichen Überblick bei *Decker/Konrad*, Bayerisches Baurecht, Kap. II. Teil 6 Rn 10.
[503] Vgl. BayVGH, Beschluss vom 27.12.2001, Az. 26 ZB 00.2890, BayVBl 2002, S. 499.

örtlichen Bauvorschriften im Sinne des Art. 81 Abs. 1 BayBO 2008 beschränkt. Nach dem eindeutigen Gesetzeswortlaut des Art. 72 Abs. 1 Satz 1 BayBO 1998 bzw. Art. 59 Satz 1 BayBO 2008 werden Fragen, die sich aus möglichen Verstößen gegen nicht zu prüfende Vorschriften ergeben, in den Genehmigungsverfahren nicht berücksichtigt. Eine Erweiterung des Prüfprogramms im Ermessenswege ist unzulässig. Die Übereinstimmung des Vorhabens mit materiellem Bauordnungsrecht ist, soweit das konkrete Vorhaben im vereinfachten Baugenehmigungsverfahren zu behandeln ist, demnach nach allgemeiner Ansicht nicht zu prüfen.[504] Insoweit legt der BayVGH keine restriktiveren Maßstäbe an.[505] Von diesem Prinzip ausgehend folgt der BayVGH – anders als andere Obergerichte und Teile der Literatur – allerdings konsequent der gesetzgeberischen Maßgabe eines beschränkten und abschließend definierten Prüfauftrags, wobei hier natürlich zu berücksichtigen ist, dass diese Rechtsprechung ungeachtet der inzwischen hinzugekommenen Regelung des Art. 68 Abs. 1 Satz 1, 2. Hs. BayBO 2008/2009 erging. Die Auswirkungen dieser Gesetzesnovellierung auf die hier zunächst zu analysierende Rechtsprechung werden im Folgenden[506] gesondert untersucht.

Der 26. Senat[507] hat mit seinem Urteil vom 23. März 2006[508] in Bestätigung der erstinstanzlichen Rechtsauffassung einem Kläger im Wege der Berufung einen Anspruch auf Erteilung der von ihm beantragten Baugenehmigung zuerkannt, dem die Bauaufsichtsbehörde das Sachbescheidungsinteresse mit der Folge der Ablehnung des Antrags abgesprochen hatte, weil sie durch das Vorhaben einen Verstoß gegen § 33 Abs. 2 StVO bzw. eine Gefährdung der Sicherheit und Leichtigkeit des Verkehrs (Art. 17 Abs. 2 BayBO 1998) befürchtete. Zwar werden sowohl das Sachbescheidungsinteresse als allgemein zu prüfende Antragsvoraussetzung sowie dessen grundsätzliche Anwendbarkeit auch im verein-

---

[504] Vgl. BayVGH, BayVBl 2002, S. 499, und BayVBl 2006, S. 538, und BayVBl 2009, S. 507; OVG RP, BauR 2009, S. 800; *Wolf*, in: Simon/Busse, BayBO, Art. 59 Rn 9; *ders.*, BayBO – Kurzkommentar, Art. 59 Rn 2; *Schwarzer/König*, BayBO, Art. 59 Rn 5; *Fischer*, BayVBl 2005, S. 299; *Numberger*, BayVBl 2008, S. 741/742; so noch ausdrücklich *Decker/Konrad*, Bayerisches Baurecht (2. A.), Kap. II. Teil 6 Rn 9, dagegen weniger explizit, i.E. aber wohl ähnlich *dies.*, Bayerisches Baurecht, Kap. II. Teil 6 Rn 9 [Fn 276].
[505] Hiervon zu trennen ist natürlich die von weiten Teilen der Literatur und auch Rechtsprechung vertretene Möglichkeit, einen Bauantrag wegen fehlenden Antrags-/Sachbescheidungsinteresses bei wie auch immer festgestellten sonstigen Verstößen abzulehnen.
[506] Vgl. hierzu nachstehend in Teil 2 unter C. und D.
[507] Der 26. Senat beim Bayerischen Verwaltungsgerichtshof wurde zum 31.12.2007 aufgelöst.
[508] Vgl. Urteil des BayVGH vom 23.03.2006, Az. 26 B 05.555, BayVBl 2006, S. 537 f.

fachten Baugenehmigungsverfahren durch den BayVGH ausdrücklich bestätigt und anerkannt, der BayVGH stellt allerdings – letztlich in konsequenter Fortführung der anfänglichen bundesverwaltungsgerichtlichen Rechtsprechung[509] zum Sachbescheidungsinteresse – die Anwendung einschränkende Maßgaben auf, indem (auch) er den Verfahrensgegenstand zum entscheidenden Kriterium macht. Er verlangt im Ergebnis den schon oben erwähnten sprichwörtlichen „Blick über den Tellerrand hinaus", wenn es ein etwaiges fehlendes Sachbescheidungsinteresse zu ermitteln gilt, das wiederum von den (materiell-rechtlichen) Tatbestandsvoraussetzungen des Art. 59 Satz 1 BayBO 2008 zu trennen ist. Nach seinen Feststellungen kann *„[d]ie Bauaufsichtsbehörde [...] einem Bauantrag aber nur dann das Fehlen des grundsätzlich anzunehmenden Sachbescheidungsinteresses entgegenhalten, wenn feststeht, dass der Antragsteller aus Gründen, die jenseits des – auf die Erteilung der Baugenehmigung beschränkten – Verfahrensgegenstandes liegen, an einer Verwertung der begehrten Genehmigung gehindert und die Genehmigung daher für ihn ersichtlich nutzlos wäre."*[510] Weiterhin lässt der BayVGH im Fortlaufenden auch nicht bereits lediglich zweifelhafte oder ungewisse Hinderungsgründe ausreichen, sondern verlangt ein *„offensichtliches"* und – wie bereits die bundesverwaltungsgerichtliche Rechtsprechung – *„schlechthin nicht ausräumbares"*[511] Hindernis, welches die Genehmigung ersichtlich nutzlos werden lässt. Der BayVGH erteilt der behördlichen Praxis im Folgenden expressis verbis eine Absage, Verstöße gegen nicht zu prüfende Vorschriften (wie hier z.B. gegen Art. 17 Abs. 2 BayBO 1998) mit Hilfe des Sachbescheidungsinteresses im Sinne eines allgemeinen Rechtsgrundsatzes doch wieder zu einem formellen Versagungsgrund zu machen. Er entscheidet sich damit ausdrücklich gegen die grundsätzlich anzustrebende Verfahrensökonomie, indem er ausführt: *„[Eine solche Vorgehensweise] [...] würde diese Systematik unterlaufen und zudem der Durchsetzung des materiellen Anspruchs unangemessen hohe verfahrensrechtliche Hindernisse in den Weg legen [...]. Nach der eindeutigen Bestimmung des Art. 72 Abs. 1 Satz 1 Halbsatz 1 BayBO [1998] werden Fragen, die sich aus möglichen Ver-*

---

[509] Vgl. z.B. BVerwGE 42, S. 115 ff [117] = NJW 1973 S. 1518.
[510] BayVGH, Urteil vom 23.03.2006, Az. 26 B 05.555, BayVBl 2006, S. 538.
[511] Vgl. BayVGH, BayVBl 2006, S. 538; vgl. auch z.B. BVerwGE 48, S. 242 ff [247]; BVerwGE 84, S. 11 ff = BayVBl 1990, S. 602 ff.

stößen gegen nicht zu prüfende Vorschriften ergeben, aus dem Genehmigungsverfahren herausgehalten [...]."[512]

b) Urteile des BayVGH vom 19.01. und 01.07.2009 (Az. 2 BV 08.2567, 2 BV 08.2465)

Schließlich hat auch der 2. Senat des Bayerischen Verwaltungsgerichtshofs im Jahre 2009, in einer ersten Entscheidung ebenfalls in Bestätigung[513] der erstinstanzlichen Rechtsprechung, einem Kläger einen Anspruch auf eine im vereinfachten Genehmigungsverfahren zu erteilenden Baugenehmigung für eine sog. Mega-Light Anlage zuerkannt, die von der Baugenehmigungsbehörde zwar sogar als bauplanungsrechtlich zulässig, aber als verunstaltend im Sinne von Art. 8 BayBO 2008 angesehen wurde. Die von der Genehmigungsbehörde angenommene und als evident angesehene Verunstaltung, welche mit dem Bauvorhaben Mega-Light Anlage einhergehe, hat die Behörde letztlich dazu veranlasst, dem Antrag das Sachbescheidungsinteresse abzusprechen und die beantrage Baugenehmigung aufgrund dessen zu versagen. Hinsichtlich des vom BayVGH im Januar 2009 entschiedenen Falls hat mit der erstinstanzlichen Entscheidung auch bereits das zuständige Verwaltungsgericht das Fehlen des Sachbescheidungsinteresses abgelehnt, weil die Verunstaltung nicht offensichtlich sei. Die Möglichkeit der Anwendung des Korrektivs „fehlendes Sachbescheidungsinteresse" bildet den Kern des Urteils des BayVGH vom 19. Januar 2009[514].

In konsequenter und gleichlautender Fortsetzung bestätigt auch der 2. Senat des BayVGH in seiner Entscheidung vom Januar des Jahres 2009 einleitend die Anwendung des Rechtsinstruments fehlendes Sachbescheidungsinteresse als allgemeinen und auch im (vereinfachten) Baugenehmigungsverfahren grundsätzlich anwendbaren Rechtsgrundsatz. Er schränkt seine Anwendbarkeit aber zugleich ein, indem er in definierender Weise auf die ältere (bundes-)verwal-

---

[512] BayVGH, Urteil vom 23.03.2006, Az. 26 B 05.555, BayVBl 2006, S. 538. Der BayVGH verweist im Zusammenhang mit den hohen verfahrensrechtlichen Hindernissen auf BVerfGE 53, S. 115/117.
[513] Eine Bestätigung erfährt zumindest das Gesamtergebnis, wonach dem Bauantragsteller die Baugenehmigung im vereinfachten Baugenehmigungsverfahren auch bei einem Verstoß gegen das Verunstaltungsverbot (Art. 8 BayBO 2008) durch die Baugenehmigungsbehörde zu erteilen ist und dem Antrag aufgrund des benannten Verstoßes nicht das Sachbescheidungsinteresse fehle, vgl. Urteil des BayVGH vom 19.01.2009, BayVBl 2009, S. 507.
[514] Vgl. BayVGH, Urteil vom 19.01.2009, Az. 2 BV 08.2567, BayVBl 2009, S. 507 ff.

tungsgerichtliche Rechtsprechung zurückgreift und die teils in mehreren Entscheidungen unternommenen Definitionsansätze[515] aneinander reiht und kombiniert: Die Versagung der Genehmigung wegen eines fehlenden Sachbescheidungsinteresses ist nach Maßgabe des BayVGH dann möglich, *„[...] wenn der Antragsteller aus Gründen, die jenseits des Verfahrensgegenstandes liegen, an einer Verwertung der begehrten Genehmigung gehindert und deshalb die Genehmigung ersichtlich nutzlos wäre [...]. Voraussetzung für die Verneinung des Sachbescheidungsinteresses ist dabei, dass sich das Hindernis „schlechthin nicht ausräumen" lässt [...], wie dies bei offensichtlichem Fehlen zur Ausführung des Vorhabens unerlässlicher zivilrechtlicher Befugnisse oder bei unanfechtbarer Versagung neben der beantragten (Bau-)Genehmigung erforderlicher weiterer öffentlich-rechtlicher Erlaubnisse angenommen wird."*[516] Wegen der Bezugnahme auf die bereits bestehende bundesverwaltungsgerichtliche Rechtsprechung kann diese Rechtsprechung sichtlich nicht als überraschend und neu bezeichnet werden. Wie schon in der vorausgegangenen Entscheidung des 26. Senats wird demnach auch mit diesen Ausführungen der Verfahrensgegenstand zum entscheidenden Kriterium gemacht, an das sich die Frage anknüpft, ob offensichtliche Hinderungsgründe jenseits dieses Verfahrensgegenstandes – ohne diese in selbständiger Sachprüfung festgestellt zu haben – ersichtlich sind, welche dem (Bau-)Antrag das Antrags- bzw. Sachbescheidungsinteresse entziehen.

Setzt das erstinstanzliche Verwaltungsgericht für die Versagung des Sachbescheidungsinteresses offenbar noch an der fehlenden Offensichtlichkeit des Verstoßes – hier in Form eines Verstoßes gegen das Verunstaltungsverbot nach Art. 8 BayBO 2008 – an, scheint die Argumentation des BayVGH in der Berufung zugleich auch noch von einem – wenn vielleicht auch nur in Nuancen – anderen Ansatz auszugehen. In zutreffender Weise führt der BayVGH zunächst aus, dass eine erteilte Baugenehmigung selbst bei einem erkannten bauordnungsrechtlichen Mangel, welcher sich aus nicht (mehr) zu prüfenden Vorschriften ergibt, zu keinem rechtswidrigen Zustand führe und einen solchen auch nicht gestatte, da sich die Baugenehmigung zu Fragen des Bauordnungsrechts über-

---

[515] Vgl. so z.B. BVerwGE 42, S. 115 ff [117]: Nutzlosigkeit wegen privatrechtlicher Hindernisse und Gründe jenseits des Verfahrensgegenstandes; BVerwGE 48, S. 247 und BVerwGE 84, S. 12/13: schlechthin nicht ausräumbares Hindernis; BayVGH, BayVBl 2006, S. 537/538: Offensichtlichkeit des Hindernisses.
[516] BayVGH, Urteil vom 19.01.2009, Az. 2 BV 08.2567, BayVBl 2009, S. 507.

haupt nicht verhalte.[517] Die Feststellungswirkung ist – wie bereits oben[518] gezeigt – auf das gesetzliche Prüfprogramm des Art. 59 Satz 1 BayBO 2008 beschränkt. Der BayVGH betont in diesem Zusammenhang ferner richtig, dass die Baugenehmigungsbehörde, wird sie auf einen solchen außenliegenden[519] Verstoß (zufällig) aufmerksam oder aufmerksam gemacht, nicht per se von einer Nutzlosigkeit der Genehmigung ausgehen könne, da die Genehmigung als gebundene Entscheidung (vgl. Anspruch auf Baugenehmigung gemäß Art. 14 Abs. 1 GG bzw. Art. 103 Abs. 1 BV) und eine etwaige bauaufsichtliche Maßnahme lediglich als Ermessensentscheidung zu ergehen habe, für die eine fehlerfreie Ermessensausübung selbst bei einem „evidenten" Verstoß nicht angenommen werden könne. Im Gleichklang mit dem Verwaltungsgericht der ersten Instanz legt auch der BayVGH seiner Argumentation das (weitere) Kriterium der ersichtlichen Nutzlosigkeit der Entscheidung zu Grunde, geht von einer solchen – wohl anders als das erstinstanzliche Verwaltungsgericht – aber nicht bereits bei einem „offensichtlichen" oder „evidenten" Verstoß gegen außenliegenden Vorschriften aus. Noch kennzeichnender sind aber seine weiteren Ausführungen zum Verfahrensgegenstand, der zwar – wie aufgezeigt – auch bereits vom 26. Senat zum definitionsgemäßen Abgrenzungskriterium gemacht wird,[520] bei diesem aber letztlich keine weitere Subsumtion erfahren hat. Der 2. Senat des BayVGH scheint zumindest auf einen ersten und oberflächlichen Blick hin im Umkehrschluss Art. 8 BayBO 2008, der bekanntlich nicht mehr Gegenstand des Prüfkatalogs des Art. 59 Satz 1 BayBO 2008 ist, in solchen Fällen zum Verfahrensgegenstand des baurechtlichen Genehmigungsverfahrens zu erklären, in denen dem Bauantrag nicht zu prüfende Anforderungen des Bauordnungsrechts, hier etwa des Art. 8 BayBO 2008, entgegenstehen. *„In diesem Fall würde der Bauantrag ersichtlich nicht aus jenseits des Verfahrensgegenstandes liegenden Gründen, sondern – wie hier – in Wirklichkeit gegen das Verunstaltungsgebot*

---

[517] Vgl. BayVGH, BayVBl 2009, S. 507; in diesem Sinne auch *Schröder*, BayVBl 2009, S. 495/496.
[518] Vgl. oben Teil 1 B.I. [B.I.2.] und B.II.2.
[519] Gemeint sind hiermit Verstöße gegen bauordnungsrechtliche Vorschriften, die nicht (mehr) im Wege der gesetzlichen Prüfprogramme, z.B. Art. 59 S. 1 BayBO 2008, zu prüfen sind.
[520] Vgl. BayVGH, BayVBl 2006, S. 538, wonach von einem Fehlen des Sachbescheidungsinteresses ausgegangen werden kann, *„ [...] wenn feststeht, dass der Antragsteller aus Gründen, die jenseits des – auf Erteilung der Baugenehmigung beschränkten – Verfahrensgegenstandes liegen, an einer Verwertung der begehrten Genehmigung gehindert und die Genehmigung daher für ihn ersichtlich nutzlos wäre."* Vgl. hierzu auch vorstehend in Teil 2 unter A. IV.2.a).

nach Art. 8 BayBO [2008] abgelehnt. Ein sich anschließender Rechtsstreit hätte dann im Wesentlichen die Prüfung solcher materieller bauordnungsrechtlicher Vorschriften zum Gegenstand, die im Baugenehmigungsverfahren gerade nicht zu prüfen sind."[521]

Auch in einer zweiten Entscheidung[522] aus dem Jahre 2009 hat der BayVGH in ausdrücklicher Bestätigung seines Urteils vom 19. Januar 2009 das Fehlen des Sachbescheidungsinteresses für all die Fälle verneint, in denen ein Verstoß gegen außerhalb des eingeschränkten Prüfkatalogs liegende Anforderungen, auch in diesem Verfahren namentlich betreffend das Verunstaltungsverbot des Art. 8 BayBO 2008, von der Behörde ausfindig gemacht oder auf sonstige Weise erkannt wurde. Spätestens seitdem können diese obergerichtlichen Feststellungen (jedenfalls für Bayern) als ständige und gefestigte Rechtsprechung betrachtet werden, die den Behörden – jedenfalls bei der entsprechenden Rechtslage bis zum Änderungsgesetz 2009 – wohl keinen Spielraum mehr im Sinne der von der Gegenauffassung vertretenen Auffassung ermöglichen bzw. ermöglichten. Das erstinstanzliche Verwaltungsgericht dieses Verfahrens hat, wohl in Anlehnung an die vom 26. Senat des BayVGH im Urteil vom 23. März 2006 aufgestellte Maßgabe der Offensichtlichkeit des Verstoßes, die Ablehnung des Bauantrags durch die Bauaufsichtsbehörde wegen fehlenden Sachbescheidungsinteresses noch bestätigt, da im Hinblick auf die verfahrensgegenständliche Mega-Light Anlage von einem massiven wie offensichtlichen Verstoß gegen das Verunstaltungsverbot ausgegangen werden müsse. Der BayVGH hat jedoch sodann als Berufungsgericht unter wörtlicher Bezugnahme auf seine Ausführungen der Januar-Entscheidung nochmals klargestellt, dass die Versagung in diesen Fällen selbst dann nicht zu rechtfertigen sei, wenn der Verstoß massiv und offensichtlich ist. Weiterhin hat das erkennende Gericht, welches hinsichtlich des zu wahrenden Ausnahmecharakters dieses Rechtsgrundsatzes einen weitgehenden Konsens der unterschiedlichen Meinungen sieht, diesen Fallkonstellationen eine Ausnahmesituation abgesprochen. Zur Feststellung einer solchen knüpft der Senat interessanterweise an die Häufigkeit der Problemstellung an; die Baugestaltung und damit die Frage nach Verunstaltung sei ein übliches bauordnungsrechtliches Problem bei Bauvorhaben. Erweist sich also

---

[521] BayVGH, Urteil vom 19.01.2009, Az. 2 BV 08.2567, BayVBl 2009, S. 508.
[522] Vgl. BayVGH, Urteil vom 01.07.2009, Az. 2 BV 08.2465, BayVBl 2009, S. 727 ff.

der problematische Verstoß als „*geradezu typisch*"[523] für bauordnungsrechtliche Zulässigkeitsverfahren, könne schon keine Ausnahmesituation vorliegen.

Mithin kann aus diesen Ausführungen gefolgert und damit im Ergebnis festgehalten werden, dass der BayVGH an der ursprünglichen und im Ergebnis eher restriktiven Definition des fehlenden Sachbescheidungsinteresses festhält. Ob er zugleich, wie *Schröder*[524] ausführt, von einem weiten oder weiteren Begriff des Verfahrensgegenstandes ausgeht und offensichtlich das materielle Bauordnungsrecht unabhängig vom Prüfkatalog des jeweils einschlägigen Genehmigungsverfahrens als vom Verfahrensgegenstand umfasst ansieht, muss allerdings – analysiert man seine Aussagen genauer – bezweifelt werden. Dies wird nachstehend zu untersuchen und zu klären sein.

c) Der Verfahrensgegenstand als Abgrenzungskriterium

Die argumentativen Ausführungen des BayVGH liegen augenscheinlich auf der Hand. Seine im Grundsätzlichen skeptische Einstellung gegenüber einem konturlosen Sachbescheidungsinteresse mit der Folge restriktiverer Maßgaben für die Feststellung des Fehlens eines solchen ist im Ergebnis zu begrüßen.[525] Der BayVGH stellt nämlich rein praktische und ökonomische Erwägungen nicht über die einschlägige Gesetzessystematik und folgt im Grundsätzlichen der zugrunde liegenden Dogmatik. Als wesentliches Abgrenzungskriterium verwendet er den Verfahrensgegenstand[526]. Gleichwohl wirft der auf den Verfahrensgegenstand bezogene und in Gedankenstrichen gesetzte Zusatz in den oben zitierten Ausführungen der Entscheidung aus dem Jahre 2006 (vgl. „ *– auf die Erteilung der Baugenehmigung beschränkten – Verfahrensgenstand"*) auch Fragen auf. Wie weit reicht der Verfahrensgegenstand, der hier (scheinbar) zu einem greifbaren Abgrenzungskriterium gemacht wird, und wann liegt etwas „jenseits" von diesem? Widersprüchlich erscheint nämlich zumindest auf den ersten Blick die obergerichtliche Aussage der Folgeentscheidung aus dem Jahre 2009, mit wel-

---

[523] Vgl. BayVGH, BayVBl 2009, S. 728.
[524] Vgl. *Schröder*, BayVBl 2009, S. 496.
[525] Vgl. i.d.S. i.E. auch *Wittreck*, BayVBl 2004, S. 193 ff [S. 203 – IV. Fazit]; *Schröder*, BayVBl 2009, S. 497.
[526] Das VwVfG verwendet den Begriff des Verfahrensgegenstandes selbst nicht, sondern gebraucht stattdessen Begriffe wie etwa Angelegenheit, Sache oder ähnliches, vgl. *Kopp/Ramsauer*, VwVfG, § 9 Rn 24.

cher der BayVGH feststellt, dass im Falle eines Verstoßes gegen sonstiges Bauordnungsrecht (hier: Art. 8 BayBO 2008) der Bauantrag ersichtlich nicht aus jenseits des Verfahrensgegenstandes liegenden Gründen, sondern in Wirklichkeit wegen Verstoßes gegen das Verunstaltungsgebot nach Art. 8 BayBO 2008 abgelehnt würde.[527] Die herkömmliche Grenzziehung des Verfahrensgegenstandes erscheint geändert bzw. zumindest relativiert. Über die Frage, ob sich der Bayerische Verwaltungsgerichtshof bei seinen die benannten Entscheidungen begründenden Ausführungen tatsächlich bewusst war, dass damit auch ein erweiterter Verfahrensgegenstand geschlussfolgert werden könnte, kann letztlich nur spekuliert werden. Eine Erweiterung des Verfahrensgegenstandes mit der Folge, dass auch nicht mehr zu prüfende Vorschriften des Bauordnungsrechts zum Verfahrensgegenstand des vereinfachten Baugenehmigungsverfahrens gemacht werden – so wohl die Schlussfolgerung von *Schröder*[528] –, muss und darf im Ergebnis auch nicht in den Ausführungen des VGH gesehen und „hineininterpretiert" werden. Dies würde die gesamte bauordnungsrechtliche Systematik reduzierter Präventivprüfprogramme und daraus resultierender beschränkter Feststellungswirkungen konterkarieren.

Nach allgemeinen Grundsätzen wird unter dem öffentlich-rechtlichen Verfahrensgegenstand die durch einen bestimmten konkreten Sachverhalt näher abgegrenzte Verwaltungsrechtssache verstanden, die zum Beispiel in Verbindung mit einem Antrag durch einen Verwaltungsakt bestandskräftig abgeschlossen wird.[529] Dabei bestimmt der Antrag zugleich auch das Ziel und den formellen Gegenstand des Verfahrens in rechtlicher und tatsächlicher Hinsicht.[530] Mit dem Antrag auf Erteilung einer Baugenehmigung gemäß Art. 64 BayBO (Bauantrag)[531] legt der Antragsteller fest, was das Vorhaben ist und was damit der zu beurteilende Verfahrensgegenstand beinhalten soll.[532] Durch den Genehmigungsantrag wird also der Gegenstand im Baugenehmigungsverfahren be-

---

[527] Vgl. BayVGH, BayVBl 2009, S. 508.
[528] Vgl. *Schröder*, BayVBl 2009, S. 496.
[529] Vgl. *Kopp/Ramsauer*, VwVfG, § 9 Rn 24; BayVGH, BayVBl 1981, S. 241; *Weyreuther*, DVBl 1984, S. 366.
[530] Vgl. *Kopp/Ramsauer*, VwVfG, § 9 Rn 24 m.w.N.
[531] Mit dem Bauantrag, der das Baugenehmigungsverfahren i.S.e. Verwaltungsverfahrens (Art. 9, 22 BayVwVfG) in Gang setzt, wird nicht nur das Baugenehmigungsverfahren i.S.d. Art. 60 BayBO 2008, sondern auch das vereinfachte Baugenehmigungsverfahren nach Art. 59 BayBO 2008 eingeleitet, vgl. *Wolf*, in: Simon/Busse, BayBO, Art. 64 Rn 1.
[532] Vgl. *Wolf*, in: Simon/Busse, BayBO, Art. 64 Rn 21 und 23.

stimmt,[533] wobei dieser Antrag des Bauherrn – zur Bestimmung des Verfahrensgegenstandes – allerdings im Zusammenspiel mit den bauordnungsrechtlichen Verfahrensbestimmungen und den sich daraus ergebenden Regelungswirkungen zu sehen ist, wie sie sich für das zur Entscheidung gestellte Vorhaben ergeben. Der aus dem Verfahrensgegenstand folgende Inhalt und Gegenstand der Baugenehmigung korrespondiert wiederum mit der Feststellungswirkung der Baugenehmigung. Der BayVGH macht dies ebenfalls deutlich, indem er in seiner Entscheidung aus dem Jahre 2006 den *„auf die Erteilung der Baugenehmigung beschränkten"*[534] Verfahrensgegenstand in Bezug nimmt. Stellt der Bauherr damit also einen Bauantrag bezüglich eines im vereinfachten Baugenehmigungsverfahren zu behandelnden Bauvorhabens, ergibt sich der Umfang des Verfahrensgegenstandes letztlich aus dem gesetzlichen Prüfkatalog des Art. 59 Satz 1 BayBO 2008; die Überprüfung und damit die baugenehmigungsrechtliche Feststellung ist auf diesen Umfang beschränkt. Wie bereits oben[535] gezeigt kann der Bauherr nämlich nicht über den Verfahrensgegenstand disponieren, da das konkrete und von der Behörde durchzuführende Verfahren ausschließlich vorhabensbezogen ist. Er hat es nicht in der Hand, „sein" Bauvorhaben anhand eines anderen umfassenderen Prüfkatalogs (z.B. Art. 60 BayBO 2008) überprüfen zu lassen und damit den Verfahrensgegenstand zu erweitern. Unter Zugrundelegung dieser Definition(en) von Bauantrag und Verfahrensgegenstand lassen die vorstehend wiedergegebenen Ausführungen des 26. Senats grundsätzlich darauf schließen, dass auch die vom Prüfkatalog des Art. 59 Satz 1 BayBO 2008 nicht erfassten Vorschriften des (materiellen) Bauordnungsrechts nicht Gegenstand des Verfahrens sind, „jenseits" von diesem liegen und damit über das Sachbescheidungsinteresse abgehandelt werden könnten. Andererseits erteilt der BayVGH aber zugleich der Versagung der Baugenehmigung aufgrund von nicht zu prüfenden Vorschriften des materiellen Bauordnungsrechts eine ausdrückliche Absage. Mit dem Urteil aus dem Jahre 2006 (Az. 26 B 05.555) geht der BayVGH auf diese Aspekte nicht näher ein; mit dem Urteil vom 19. Januar 2009 (Az. 2 BV 08.2567) wird ein Verstoß gegen sonstiges materielles Bauordnungsrecht als ersichtlich nicht jenseits des Verfahrensgegenstandes eingestuft.[536] Eine

---

[533] Vgl. *Dürr/König*, Baurecht, Rn 350; *Schwarzer/König*, BayBO, Art. 64 Rn 3.
[534] Vgl. BayVGH, Urteil vom 23.03.2006, Az. 26 B 05.555, BayVBl 2006, S. 538.
[535] Siehe Teil 1 C.II.1.
[536] Vgl. BayVGH, BayVBl 2009, S. 508; siehe hierzu auch *Schröder*, BayVBl 2009, S. 495 ff.

gewisse Widersprüchlichkeit scheint damit auf der Hand zu liegen, die keine eindeutige Erörterung oder Aufklärung durch den BayVGH erfahren hat.

Auf welchem (Argumentations-)Weg der BayVGH zu dieser vorstehend wiedergegebenen Schlussfolgerung gelangt, ist zwingend zu klären, würde eine unter Umständen erweiterte Reichweite des Verfahrensgegenstandes doch auch zwangsläufig Auswirkungen auf die Feststellungswirkung der Baugenehmigung zeigen können. Nach der Auffassung *Schröders*[537] folge der BayVGH der überkommenen Definition des fehlenden Sachbescheidungsinteresses, wähle aber einen weiten Begriff des Verfahrensgegenstandes, da dieser die Prüfung des materiellen Bauordnungsrechts als vom Verfahrensgegenstand umfasst ansehe. Doch ob der BayVGH hier mit dieser obergerichtlichen Rechtsprechung tatsächlich eine andere Reichweite und damit andere Definition des – zumindest bauordnungsrechtlichen – Verfahrensgegenstandes eingeläutet hat, muss bezweifelt werden, würde er sich – ohne dies näher zu diskutieren – letztlich in Widerspruch zur Aussage des 26. Senats setzen, wonach der Verfahrensgegenstand *„auf die Erteilung der Baugenehmigung beschränkt[...]"*[538] ist.

Auch eine Erweiterung des bauordnungsrechtlichen Verfahrensgegenstandes unter Berücksichtigung des Art. 55 Abs. 2 BayBO 2008 über die Prüfprogramme z.B. des Art. 59 Satz 1 BayBO 2008 hinaus, ist auszuschließen. Zwar könnte man zunächst noch annehmen, der Bauherr erkläre auf Grundlage von Art. 55 Abs. 2 BayBO 2008 mit der Bauantragsstellung zugleich, (auch) bauordnungsrechtliche Vorschriften einzuhalten, so dass diese vom Verfahrensgegenstand erfasst seien. Einer solchen Sichtweise kann jedoch nicht gefolgt werden, da Art. 55 Abs. 2 BayBO 2008 allgemein von öffentlich-rechtlichen und nicht lediglich von bauordnungsrechtlichen Vorschriften spricht. Es würden aufgrund dieses „Brückenschlags" sonst auch (schlechterdings nicht ausräumbare) Hindernisse, die aus jenseits des Bauordnungsrechts angesiedelten öffentlich-rechtlichen Vorschriften resultieren, nicht mehr jenseits des Verfahrensgegenstandes liegen, was gerade nicht der Fall ist[539] und auch nicht sein soll. Zu-

---

[537] Vgl. *Schröder*, BayVBl 2009, S. 496.
[538] Vgl. BayVGH, Urteil vom 23.03.2006, Az. 26 B 05.555, BayVBl 2006, S. 538.
[539] Vgl. z.B. *Wittreck*, BayVBl 2004, S. 196 f, der natürlich zu Recht auf die Gefahr eines „circulus vitiosus" hinweist.

dem verhält sich die Baugenehmigung grundsätzlich gerade nicht zu Fragen des materiellen Bauordnungsrechts.[540]

Abweichungen von materiellen bauordnungsrechtlichen Anforderungen (Art. 63 BayBO 2008) und damit letztlich auch letztere selbst werden von der Baugenehmigungsbehörde im Rahmen des vereinfachten Baugenehmigungsverfahrens grundsätzlich nur geprüft, wenn durch den Bauantragsteller beantragt worden ist, die Abweichungen von bauordnungsrechtlichen Anforderungen zuzulassen, Art. 59 Satz 1 Nr. 2 i.V.m. Art. 63 Abs. 1 und 2 BayBO 2008. Die Klägerin des BayVGH-Verfahrens mit dem Aktenzeichen 2 BV 08.2567 hat keinen Abweichungsantrag wegen Verstoßes gegen das Verunstaltungsgebot gestellt, so dass auch hierüber keine Erweiterung des Verfahrensgegenstandes in Betracht zu ziehen ist. Diese auf Abweichungen bezogene Prüfung im Rahmen und Umfang des vereinfachten Genehmigungsverfahrens verlangt nicht nur eine oder mehrere tatsächlich vorliegende Abweichungen, sondern ist – jedenfalls nach der Gesetzeslage bis 2009 – auch streng antragsgebunden. Nach der Bayerischen Bauordnung 2008 in ihrer ursprünglichen Gestalt, wie sie der Entscheidung des BayVGH zu Grunde lag, bleibt durch Art. 59 Satz 1 Nr. 2 BayBO 2008 die Beschränkung des Prüfprogramms grundsätzlich mit der Folge unberührt, dass es Sache des Bauherrn ist, diese Abweichungen im vereinfachten Baugenehmigungsverfahren ausdrücklich zur Prüfung zu stellen.[541] Auch die jedenfalls seit 2009[542] neu in die Bayerische Bauordnung aufgenommene ausdrückliche Verpflichtung des Antragstellers, Abweichungen jenseits des Prüfprogramms nicht mehr nur wahlweise, sondern verpflichtend mit dem Bauantrag zur Überprüfung stellen zu müssen, kann zumindest für die Ausführungen des BayVGH mit der Entscheidung vom 19. Januar 2009 nicht maßgeblich gewesen sein. Da dem Art. 63 Abs. 2 BayBO 2008 – ohne den in 2009 ergänzten zweiten Halbsatz des Satzes 2 – überwiegend noch keine Verpflichtung des Bauherrn

---

[540] So der BayVGH mit Urteil vom 19.01.2009, Az. 2 BV 08.2567, BayVBl 2009, S. 507, wobei diese Aussage noch vor der Verpflichtung des Art. 63 Abs. 2 Satz 2, 2. Hs. BayBO 2008/2009 ergangen ist, wonach die Verpflichtung des Antragstellers besteht, Abweichungen mit dem Bauantrag beantragen zu müssen. Vgl. zu den Rechtsfolgen auch *Wolf*, in: Simon/Busse, BayBO, Art. 59 Rn 52 ff.
[541] Vgl. LtDrs. 15/7161 vom 15.01.2007, S. 65, wonach es sich um eine lediglich bescheidstechnische Regelung handle; vgl. auch *Jäde,* BayBO 1998/2008 – Textsynopse, S. 204; *Numberger*, BayVBl 2008, S. 742.
[542] Vgl. Gesetz vom 27.07.2009 zur Änderung der Bayerischen Bauordnung, des Baukammerngesetzes und des Denkmalschutzgesetzes (GVBl S. 385).

entnommen wurde,[543] im Rahmen des vereinfachten Genehmigungsverfahrens etwaige Abweichungen von Vorschriften beantragen zu müssen, dürften derartige Schlussfolgerungen für den BayVGH seinerzeit auch nicht ausschlaggebend gewesen sein. Dies gilt auch unabhängig von der Frage, welche Konsequenzen[544] ein notwendiger, aber entgegen der (jetzigen) Verpflichtung nicht gestellter Abweichungsantrag zeigt.

Es ist vielmehr davon auszugehen, dass der BayVGH nicht nur an der überkommenen Definition des Sachbescheidungsinteresses, sondern entgegen *Schröder*[545] auch konsequent an der herkömmlichen Reichweite des Verfahrensgegenstandes festhält und keinen weiten oder erweiterten Begriff des letzteren wählt. Auch wenn man bei Zugrundelegung dieser herkömmlichen Begriffsdefinitionen in der obergerichtlichen Aussage, der Bauantrag würde im Falle eines Verstoßes gegen das bauordnungsrechtliche Verunstaltungsgebot (Art. 8 BayBO 2008) ersichtlich nicht aus jenseits des Verfahrensgegenstandes liegenden Gründen, sondern wie hier in Wirklichkeit wegen Verstoßes gegen das Verunstaltungsgebot abgelehnt, eine gewisse Widersprüchlichkeit vermutet, ist dies bei näherer Betrachtung nicht der Fall. Es ist davon auszugehen, dass der BayVGH – zumindest im Ergebnis – das allgemeine Sachbescheidungsinteresse durch die von der Bayerischen Bauordnung vermittelte Wertung überlagert und als verdrängt ansieht. Das Sachbescheidungsinteresse ist ein allgemeiner Rechtsgrundsatz mit dem Charakter einer formellen Antragsvoraussetzung. Wie das Bundesverwaltungsgericht bereits anfänglich feststellte, ist *„[i]n der Reichweite dieses bundesrechtlichen Grundsatzes [...] auch das Landesrecht zumindest ungehindert, grundsätzlich fundierte Genehmigungsansprüche einzuschränken. Das kann ebenso mit der Übernahme dieses Grundsatzes wie dadurch geschehen, daß das Landesrecht (evtl. zusätzlich) eine nähere Regelung trifft [...]"*[546]. Mit-

---

[543] Vgl. *Nurnberger*, BayVBl 2008, S. 742/743; *Wolf*, in: Simon/Busse, BayBO, Art. 59 Rn 49; a.A., d.h. für eine Verpflichtung *Koehl*, BayVBl 2009, S. 647.
[544] Vgl. hierzu z.B. *Wolf*, in: Simon/Busse, BayBO, Art. 59 Rn 52 ff, *ders.*, BayBO – Kurzkommentar, Art. 63 Rn 13 m.w.N. Hinsichtlich dieser Gesetzesneufassung wird diskutiert, ob der Bauaufsichtsbehörde damit nun die Pflicht zukommt, zu überprüfen, ob ein Abweichungsantrag – wird ein solcher nicht gestellt – hätte gestellt werden müssen. Ob es hiermit zu einer faktischen Erweiterung der grundsätzlich eingeschränkten Prüfprogramme der einzelnen Genehmigungsverfahren kommt, ist umstritten. Siehe hierzu unten in Teil 2 B.IV.1.
[545] Vgl. *Schröder*, BayVBl 2009, S. 496, der in der Aussage des BayVGH mit Urteil vom 19.01.2009, Az. 2 BV 08.2567, BayVBl 2009, S. 507 f, einen weiten Begriff des Verfahrensgegenstandes sieht.
[546] BVerwGE 42, S. 117 = NJW 1973, S. 1518.

hin steht also das Sachbescheidungsinteresse zur freien Disposition des Gesetzgebers,[547] der dieses in bestimmten Bereichen ausdrücklich kodifizieren, aber eben auch ausschließen kann. Die Möglichkeit des Gesetzgebers über den Anwendungsbereich des Rechtsgrundsatzes „fehlendes Sachbescheidungsinteresse" abweichend zu befinden, kann, muss aber nicht durch eine ausdrückliche Regelung erfolgen. Vielmehr muss es dabei auch ausreichend sein, wenn die Systematik gesetzlicher Regelungen – wie hier die der BayBO – eine Aussage zum Sachbescheidungsinteresse erkennen lässt. Unter Ausblendung der seit 2009 hinzugekommenen Regelung des Art. 68 Abs. 1 Satz 1, 2. Hs. BayBO 2008/2009 führt der BayVGH auf die Rechtslage in 2008 zutreffend aus, dass die BayBO den Bauaufsichtsbehörden nicht die Möglichkeit einräume, die Baugenehmigung zu versagen, wenn Verstöße gegen im Baugenehmigungsverfahren nicht zu prüfende (öffentlich-rechtliche) Vorschriften festgestellt werden.[548] Es würde vielmehr – so schon der 26. Senat des BayVGH im Jahre 2006 – die Systematik der BayBO unterlaufen und es würden zudem der Durchsetzung des materiellen Anspruchs unangemessen hohe verfahrensrechtliche Hindernisse in den Weg gelegt, wenn Verstöße gegen nicht zu prüfende Vorschriften mit Hilfe des Sachbescheidungsinteresses doch wieder zu einem – formellen – Versagungsgrund gemacht würden.[549] Damit verbietet also die Grundaussage der BayBO in der Fassung von 2008 etwaige Verstöße gegen bauordnungsrechtliche Anforderungen schon über das Sachbescheidungsinteresse im vereinfachten Genehmigungsverfahren zu berücksichtigen, obwohl diese nach der allgemeinen Definition grundsätzlich jenseits des Verfahrensgegenstandes lägen. Insoweit ist der Auffassung[550], allgemeine Rechtsgrundsätze wie das Sachbescheidungsinteresse werden durch die Beschränkung des Prüfprogramms nicht ausgeschlossen, (noch) Recht zu geben. Diese Aussage ist jedoch dahingehend zu modifizieren,

---

[547] In diesem Sinne auch *Fischer*, BayVBl 2005, S. 300. Vgl. hierzu auch *Wittreck*, der von der Möglichkeit ausgeht, dass das Sachbescheidungsinteresse durch gesetzliche (Teil-)Regelungen geregelt werden kann, vgl. *Wittreck*, BayVBl 2004, S. 195.
[548] Vgl. BayVGH, 2. Senat, BayVBl 2009, S. 507 m.w.N. BayVGH vom 16.07.2002, Az. 2 B 00.1545.
[549] Vgl. BayVGH, 26. Senat, BayVBl 2006, S. 538, der ferner darauf verweist, dass nach der eindeutigen Bestimmung des Art. 72 Abs. 1 Satz 1, 1. Hs. BayBO 1998 Fragen, die sich aus möglichen Verstößen gegen nicht zu prüfende Vorschriften ergeben, aus dem Genehmigungsverfahren herausgehalten werden. Vgl. auch *Fischer*, BayVBl 2005, S. 299.
[550] Vgl. insbesondere *Jäde*, BayVBl 2005, S. 301; *Molodovsky*, in: Koch/Molodovsky/Famers, BayBO, Art. 59 Rn 36. Auch der BayVGH erkennt das Sachbescheidungsinteresse als allgemeinen Rechtsgrundsatz an, spricht diesem aber gerade keine verdrängende Wirkung zu, vgl. BayVGH, BayVBl 2006, S. 538 und BayVBl 2009, S. 507.

dass allgemeine Rechtsgrundsätze dadurch aber auch eingeschränkt werden können. Vor diesem Hintergrund löst sich der augenscheinliche Widerspruch in der Aussage des BayVGH auf, die sich deshalb anders liest: *„In diesen Fällen würde der Bauantrag ersichtlich nicht aus jenseits des Verfahrensgegenstandes liegenden Gründen, sondern – wie hier – in Wirklichkeit wegen Verstoßes gegen das Verunstaltungsgebot nach Art. 8 BayBO abgelehnt."*[551]

Demnach sind – jedenfalls nach der Rechtslage der BayBO 2008 in ihrer anfänglichen Fassung – im vereinfachten Genehmigungsverfahren Fragen, die sich aus möglichen Verstößen gegen nicht zu prüfende Vorschriften ergeben, aus dem Zulassungsverfahren herauszuhalten und dem Bereich der bauaufsichtlichen Eingriffsbefugnisse zuzuweisen.[552] Wenn bereits im Genehmigungsverfahren erkannt wird, dass das Bauvorhaben außerhalb des Prüfprogramms liegende Belange beeinträchtigt, kann die Bauaufsichtsbehörde im Übrigen die Erteilung der Baugenehmigung mit Anordnungen gemäß Art. 54 Abs. 2 Satz 2, 1. Hs. BayBO 2008 verbinden.[553] Der Verfahrensgegenstand ist im Baugenehmigungsverfahren für die Frage, ob ein Fall des fehlenden Sachbescheidungsinteresses vorliegt, allerdings ein untaugliches Abgrenzungskriterium, ist nämlich insbesondere im – auf Antrag hin eingeleiteten – vereinfachten Baugenehmigungsverfahren systembedingt von einem nur beschränkten Verfahrensgegenstand auszugehen. Im vereinfachten Baugenehmigungsverfahren verfehlt der zur Abgrenzung herangezogene Verfahrensgegenstand die mit ihm eigentlich beabsichtigte Zielsetzung einer Wahrung des Ausnahmecharakters des Rechtsgrundsatzes vom fehlenden Sachbescheidungsinteresse.

3. Außerbayerische Rechtsprechung zum Sachbescheidungsinteresse

Die Erwägung, dass die Erteilung einer Baugenehmigung abgelehnt werden könne, wenn von vornherein ersichtlich sei, dass der Antragsteller von dieser faktisch keinen Gebrauch machen können werde und ihm damit kein schützenswertes Interesse zukomme, eine sachliche Entscheidung über den Bauantrag und

---

[551] BayVGH, 2. Senat, Urteil vom 19.01.2009, Az. 2 BV 08.2567, BayVBl 2009, S. 508.
[552] Vgl. BayVGH, BayVBl 2006, S. 538, und i.E. auch ders., BayVBl 2009, S. 507; *Numberger*, BayVBl 2008, S. 743; *Fischer*, BayVBl 2005, S. 299/300.
[553] Vgl. BayVGH, Beschluss vom 06.06.2002, Az. 14 B 99.2545, BauR 2003, S. 683.

damit eine Verbescheidung in der Sache zu erhalten, wird auch in der ober- und verwaltungsgerichtlichen Rechtsprechung in den anderen Bundesländern – dort grundsätzlich mit einem ausgedehnteren Anwendungsbereich als in Bayern – bestätigt und angewandt. Das Rechtsinstrument des fehlenden Sachbescheidungsinteresses ist auch im Rahmen der bauordnungsrechtlichen Genehmigungsverfahren ein anerkannter Grundsatz der nichtbayerischen Verwaltungsrechtsprechung,[554] wobei dieser allgemeine Rechtsgrundsatz insbesondere auch dann zum Tragen kommen soll, wenn für die zuständige Bauaufsichtsbehörde feststeht[555], dass ein Verstoß gegen eine nicht vom einschlägigen Prüfprogramm erfasste, bauordnungsrechtliche Rechtsvorschrift vorliegt. Trotz der allgemein differierenden Auffassungen in Literatur und Rechtsprechung zur Ablehnung eines Bauantrags aufgrund derartiger Fälle betont – wie auch der BayVGH – die außerbayerische (ober-)verwaltungsgerichtliche Rechtsprechung[556] ebenso, dass die Baugenehmigungsbehörde auf das in der Landesbauordnung genannte Pflichtprüfprogramm beschränkt und eine Erweiterung des Prüfprogramms im Ermessenswege im Sinne eines fakultativen Prüfprogramms unzulässig ist. Diese den meisten Entscheidungen vorangestellte oder zumindest inhaltlich vorausgesetzte Kernaussage wird außerhalb Bayerns zumindest vom Ergebnis her jedoch weitestgehend relativiert, indem fortfolgend dann auch außerhalb des Prüfprogramms angesiedelte bauordnungsrechtliche Verstöße über das Sachbescheidungsinteresse zur Überprüfung gelangen (sollen). Sicherlich wird dabei nicht vergessen zu betonen, dass diese verwaltungsökonomisch[557] motivierte Handhabung keine erweiterte Prüfung „über die Hintertür" sei, da es sich beim Sachbescheidungsinteresse um eine Frage der formellen Zulässigkeit des Antrags hand-

---

[554] Vgl. z.B. OVG NRW, BRS 58 Nr. 132; OVG Berlin, BRS 60 Nr. 154; *Büchner/Schlotterbeck*, Baurecht, Band 2, Rn 152 m.w.N.; *Finkelnburg/Ortloff/Otto*, Öffentliches Baurecht, Band II, S. 128/129, 148; *Knuth*: in: Wilke/Dageförde/Knuth/Meyer/Broy-Bülow, Bauordnung für Berlin (6. A.), § 64 Rn 15 und § 71 Rn 17 m.w.N.
[555] Welche Anforderungen hier an eine solche Feststellung zu richten sind, ist umstritten. Die wohl h.M. stellt hier auf die „Offensichtlichkeit" des Verstoßes ab (vgl. *Finkelnburg/Ortloff/Otto*, Öffentliches Baurecht, Band II, S. 129 m.w.N. VGH BW, NVwZ-RR 1995, S. 563), doch zum Teil werden auch bereits „erhebliche Zweifel" (vgl. VGH BW, BauR 1991, S. 441/442, aber a.A. dass., VBlBW 1995, S. 318 = NVwZ-RR 1995, S. 563) für ausreichend erachtet. Vgl. umfassender Überblick bei *Jäde*, BayVBl 2006, S. 539 f.
[556] Vgl. SächsOVG, BRS 60 Nr. 106; OVG RP, BRS 52 Nr. 148 [S. 355]; dass., BauR 2009, S. 799/800; OVG Saar, BauR 2009, S. 806.
[557] Vgl. *Dageförde*, in: Wilke/Dageförde/Knuth/Meyer/Broy-Bülow, Bauordnung für Berlin (6. A.), § 69 Rn 25.

le. Insoweit folgt die außerbayerische Rechtsprechung – will man diese vorab auf eine Kernaussage reduzieren – im Wesentlichen der Argumentation *Jädes*[558].

Der analysierende Vergleich der außerbayerischen mit der bayerischen Verwaltungsrechtsprechung soll im Folgenden in zwei Schritten vollzogen werden, indem zunächst die mit zivilrechtlichem Einschlag geprägte Sonderkonstellation eines Zustimmungserfordernisses des Grundstückeigentümers und in weiterer Folge Verstöße gegen öffentlich-rechtliche Vorschriften betrachtet werden.

a) Sonderkonstellation: Zustimmungserfordernis des Grundstückseigentümers im Rechtsvergleich mit der bayerischen Rechtslage

Eine besondere Hervorhebung verdient an dieser Stelle die oberverwaltungsgerichtliche Rechtsprechung nebst Literaturkritik hinsichtlich der konkreten Fallkonstellation, dass der Antragsteller und Bauherr nicht zugleich Grundstückseigentümer ist und dieser nicht die Zustimmung des letzteren auf Anforderung der Baugenehmigungsbehörde beibringen kann. In manchen Landesbauordnungen ist dieser Sonderfall sogar spezialgesetzlich normiert und (immer noch) als Vorschrift enthalten. Es handelt sich demnach um einen konkreten Fall eines dem Bauantrag entgegenstehenden zivilrechtlichen Hindernisses und damit um eine Fallgruppe des allgemeinen verfahrensrechtlichen Grundsatzes eines fehlenden Sachbescheidungsinteresses. So verlangt beispielsweise § 69 Abs. 2 Satz 3 BauO NRW, dass für Bauvorhaben auf fremden Grundstücken die Zustimmung des Grundstückeigentümers zu dem Bauvorhaben verlangt werden kann. Eine nahezu wortgleiche Regelung findet sich auch im hessischen Bauordnungsrecht in § 60 Abs. 5 Satz 3 HBO bzw. eine vergleichbare Regelung zum Beispiel in § 69 Abs. 4 Satz 3 der Berliner Bauordnung. Nach dem Verständnis der Hessischen Bauordnung stellt die Regelung einen gesetzlichen Fall des fehlenden Sachbescheidungsinteresses mit der Folge einer im Ermessen der Behörde stehenden, aber nicht zugleich drittschützenden Entscheidung der Bauaufsichtsbehörde dar, den Bauantrag abzulehnen.[559] Mit dem in dieser Vorschrift enthaltenen Zustimmungserfordernis sollen aus verwaltungsökonomischen Erwägungen

---
[558] Vgl. *Jäde*, UPR 1995, S. 84; *ders.*, in: Jäde/Weinl/Dirnberger/Bauer/Eisenreich, Die neue BayBO (1994), zu Art. 80 Rn 38 ff [42] i.V.m. Art. 79 Rn 2; *ders.*, BayVBl 2004, S. 487; *ders.*, BayVBl 2005, S. 301; *ders.*, BayVBl 2006, S. 538 ff.
[559] Vgl. *Hornmann*, HBO, § 60 Rn 68 ff [69/71].

Zweifelsfragen, welche sich auch aus dem Privatrecht ergeben, mit der Folge ausgeräumt werden können, dass einem Bauantrag bei fehlender Zustimmung des Grundstückseigentümers das Sachbescheidungsinteresse – ohne dass die Behörde allerdings zu einer Versagung verpflichtet wäre – abgesprochen werden kann.[560] Auf den ersten Blick scheint es (auch) für diese Fallgruppe einen Gleichlauf von bayerischer und nichtbayerischer Rechtsprechung zu geben, auf den auch heute noch sowohl Autoren der außerbayerischen als auch der bayerischen Kommentarliteratur[561] verweisen. Demnach – so die einschlägige Kommentierung – könne (auch in Bayern) das Antragsinteresse fehlen, wenn von vornherein feststehe, dass der Grundstückseigentümer der Bauausführung nicht zustimme und die Genehmigung für den Antragsteller erkennbar ohne Nutzen sei. In der Tat hat der BayVGH mit Urteil vom 12. Mai 1986 ausgesprochen, *„[...] dass sich die Bauaufsichtsbehörde nicht mit Bauanträgen befassen muß, für die kein Sachbescheidungsinteresse vorliegt, weil von einer erteilten Baugenehmigung aus privatrechtlichen Gründen kein Gebrauch gemacht werden könnte."*[562] Die Klägerin des dem Urteil zugrunde liegenden Verfahrens hatte sich als Miteigentümerin des Nachbargrundstücks auf den damals gültigen Art. 69 Abs. 4 Satz 3 BayBO 1982[563] berufen, der – wie auch die vorstehend zitierten Rechtsnormen anderer Landesbauordnungen – regelte, dass der Nachweis der Zustimmung des Grundstückseigentümers verlangt werden kann, wenn der Bauherr nicht Grundstückseigentümer oder Erbbauberechtigter ist.

Insoweit scheinen in dieser Fallgestaltung tatsächlich gleichlautende Rechtsauffassungen der außerbayerischen Oberverwaltungsgerichte/Verwaltungsgerichtshöfe und des BayVGH vorzuliegen. Doch diese Annahme ist nicht nur in Zweifel zu ziehen, ihr ist vielmehr zu widersprechen. Zwar hat der BayVGH in ständiger Rechtsprechung auch mit dieser Entscheidung ausdrück-

---

[560] Vgl. *Dageförde*, in: Wilke/Dageförde/Knuth/Meyer/Broy-Bülow, Bauordnung für Berlin (6. A.), § 69 Rn 25; *Finkelnburg/Ortloff/Otto*, Öffentliches Baurecht, Band II, S. 129 m.w.N.; OVG Berlin, NVwZ-RR 2000, S. 61.
[561] Vgl. *Busse/Dirnberger*, Die neue BayBO (3. A.), Art. 68 Rn 2 m.w.N. BayVGH, BayVBl 1999, S. 215, die allerdings in der aktuellen Auflage diese Aussage stark relativieren und zumindest den Zweifelsfall ausnehmen, vgl. *Busse/Dirnberger*, Die neue BayBO, Art. 68 Ziff. 2, S. 345; *Schwarzer/König*, BayBO, Art. 68 Rn 52; *Gaßner/Würfel*, in: Simon/Busse, BayBO 1998, zu Art. 67 Rn 18, 129; *Dageförde*, in: Wilke/Dageförde/Knuth/Meyer/Broy-Bülow, Bauordnung für Berlin (6. A.), § 69 Rn 25 m.w.N. BayVGH, BRS 46 Nr. 156 = BayVBl 1986, S. 595.
[562] BayVGH, Urteil vom 12.05.1986, Nr. 14 B 85 A.588, BayVBl 1986, S. 595.
[563] Vgl. *Simon*, BayBO 1994 – Synopse, S. 154/155.

lich die nach Bundesrecht bestehende Möglichkeit bestätigt, eine Genehmigung, auf die „an sich" ein Anspruch besteht, zu versagen, wenn es dem Antragsteller an einem schutzwürdigen Antrags- oder Sachbescheidungsinteresse fehlt. Er hat aber bereits zum damaligen Zeitpunkt betont, dass es „[...] nicht Sache der Bauaufsichtsbehörden [ist], über strittige private Rechte Dritter zu entscheiden[...]", und dass Art. 69 Abs. 4 Satz 3 BayBO 1982 „[...] die[se] in Art. 74 Abs. 6 BayBO [Art. 68 Abs. 4 BayBO 2008] enthaltene Regel nicht durch[bricht]."[564] In erster Linie dürfte es dem BayVGH weniger darum gegangen sein, diese angesprochene Fallgestaltung zu beurteilen, als vielmehr eine drittschützende Wirkung der Regelung des Art. 69 Abs. 4 Satz 3 BayBO 1982 zu verneinen. Von wesentlicher Bedeutung für die hier geführte Diskussion ist allerdings, dass Art. 74 Abs. 4 Satz 3 BayBO 1994, der das vorstehend bezeichnete Zustimmungserfordernis zuletzt regelte, mit der BayBO 1998 aufzuheben war, da diese Bestimmung – so auch die Gesetzesbegründung – eben in einem systematischen Widerspruch zu Art. 79 Abs. 6 BayBO 1994 (Art. 68 Abs. 4 BayBO 2008) steht, wonach die Baugenehmigung unbeschadet der privaten Rechte Dritter erteilt wird und somit nicht Prüfungsgegenstand im Baugenehmigungsverfahren ist.[565] Sicherlich – dies soll und darf nicht unerwähnt bleiben – hat der Gesetzgeber fortlaufend zur Begründung auch ausgeführt, dass im Übrigen die Befugnis der Bauaufsichtsbehörde unberührt bleibt, einen Bauantrag mangels Sachbescheidungsinteresse abzulehnen, wenn der Bauherr aus privatrechtlichen Gründen das von ihm zur Bebauung vorgesehene Grundstück nicht oder nicht wie von ihm gewünscht bebauen darf. Dies wird auch vom VGH BW so praktiziert und bestätigt.[566] Es muss allerdings angesichts der Rechtslage, dass die Baugenehmigung private Rechte Dritter unberührt lässt, das fehlende Antragsinteresse aufgrund zivilrechtlicher Hindernisse kritisch und jedenfalls restriktiv betrachtet werden. Denn wegen Art. 68 Abs. 4 BayBO 2008 entscheidet die Baugenehmigungsbehörde nicht über die Vereinbarkeit des Vorhabens mit privaten Rechten Dritter. Privatrechtliche Einwendungen werden mit der Folge nicht berücksichtigt, dass der Bauherr das Risiko der zivilrechtlichen Realisierbarkeit des Vorhabens trägt.[567]

---

[564] BayVGH, Urteil vom 12.05.1986, Nr. 14 B 85 A.588, BayVBl 1986, S. 595.
[565] Vgl. *Jäde/Weiß*, BayBO 1994/1998 – Textsynopse, S. 173.
[566] Vgl. VGH BW, NVwZ-RR 1995, S. 563.
[567] Vgl. BGH, NJW 2000, S. 2996 = BayVBl 2001, S. 505; BayVGH, BayVBl 1999, S. 215; *Busse/Dirnberger*, Die neue BayBO, Art. 68 Ziff. 2, S. 345; *Schwarzer/König*, BayBO,

Mithin wäre also entgegen einer weit verbreiteten Ansicht[568] die hier besprochene Fallkonstellation grundsätzlich nicht (mehr) schon im Rahmen des Sachbescheidungsinteresses zu berücksichtigen.[569] Angesichts der bereits aufgezeigten grundsätzlich restriktiven Einstellung des BayVGH gegenüber der Ablehnung eines Antrags wegen fehlenden Sachbescheidungsinteresses kann wohl angesichts der Streichung des Art. 74 Abs. 4 Satz 3 BayBO 1994 nicht davon ausgegangen werden, dass der BayVGH die von der Literatur aus seinem Urteil vom 12. Mai 1986 gefolgerte Auffassung bestätigen würde.[570] Aus diesem Grunde ist nach der hier vertretenen Auffassung die Baugenehmigung – jedenfalls nach bayerischer Rechtslage – grundsätzlich auch dann zu erteilen, wenn private Rechte wie etwa die fehlende privatrechtliche Verfügungsbefugnis des Bauantragstellers über das Baugrundstück der Bauausführung entgegenstehen. Von einer Versagungsmöglichkeit ist – anders als vielleicht nach den Bauordnungen anderer Bundesländer – demnach nicht bereits dann auszugehen, wenn der Bauherr die Zustimmung des Grundstückseigentümers nicht beibringt.[571] Dies gilt umso mehr, als die Ausräumung dieses Hindernisses in den überwiegenden Fällen wohl nicht „schlechthin" ausgeschlossen ist. Denn auch nach dem BayVGH sind selbst liquide private Rechte Dritter im Baugenehmigungsverfah-

---

Art. 68 Rn 50; *Wolf*, BayBO – Kurzkommentar, Art. 68 Rn 37; so auch schon BayVGH, BayVBl 1986, S. 595.

[568] Vgl. *Schwarzer/König*, BayBO, Art. 68 Rn 52; *Gaßner/Würfel*, in: Simon/Busse, BayBO 1998, zu Art. 67 Rn 18; so auch noch *Busse/Dirnberger*, Die neue BayBO (3. A.), Art. 68 Rn 2 m.w.N. BayVGH, BayVBl 1999, S. 215.

[569] Vgl. i.d.S. auch den Meinungswechsel bei *Busse/Dirnberger*, vgl. *dies.*, Die neue BayBO (3. A.), Art. 68 Rn 2, einerseits und *dies.*, Die neue BayBO, Art. 68 Ziff. 2, S. 345, andererseits.

[570] Vgl. hierzu BayVGH, Urteil vom 08.09.1998, Az. 27 B 96.1407, BayVBl 1999, S. 215/216, wonach für die Erteilung einer Baugenehmigung das Sachbescheidungsinteresse nicht deshalb fehle, weil es an einer rechtskräftigen zivilgerichtlichen Feststellung mangle, dass Nachbarn einen Überbau gemäß § 912 Abs. 1 BGB nicht zu dulden brauchen. Der BayVGH betont, dass private Berechtigungen angesichts der Systematik des vereinfachten Baugenehmigungsverfahrens im Prinzip kein materiell-rechtlicher Prüfungsgegenstand seien und solche der materiellen Genehmigungsfähigkeit nicht entgegengehalten werden könnten. Vgl. hierzu auch BayVGH, Beschluss vom 06.06.2005, Az. 25 ZB 04.924, BayVBl 2005, S. 693/694, wonach der BayVGH den Grundstückseigentümer, der nicht selbst Bauherr ist, bezugnehmend auf die Regelungen der BayBO nicht als am Baugenehmigungsverfahren beteiligt ansieht. Da die Baugenehmigung dem vom Antragsteller verschiedenen Eigentümer nicht bekannt gegeben werde, sei diese für diesen nicht wirksam und binde diesen deshalb nicht.

[571] So auch *Lechner*, in: Simon/Busse, BayBO, Art. 68 Rn 259 m.w.N. Zumindest i.S.e. restriktiven Auslegung auch *Wolf*, BayBO – Kurzkommentar, Art. 68 Rn 37, der eine rechtskräftige Feststellung verlangt, dass eine Bebauung aus zivilrechtlichen Hindernissen ausscheidet.

ren grundsätzlich nicht zu berücksichtigen.[572] An der grundsätzlichen Anerkennung des Rechtsinstituts des fehlenden Sachbescheidungsinteresses ändert dies freilich nichts. Insoweit ist jedenfalls die außerbayerische Rechtsprechung dieser Fallgruppe als nicht auf die bayerische Rechtslage anwendbar anzusehen.

b) Bauordnungsrechtliche und sonstige Verstöße gegen öffentliches Recht

Blendet man zunächst die Fallgestaltungen im Sinne eines Verstoßes gegen nicht zu prüfende bauordnungsrechtliche Anforderungen aus, wird auch in der außerbayerischen Behördenpraxis und Verwaltungsgerichtsrechtsprechung einem (Bau-)Genehmigungsantrag das Sachbescheidungsinteresse abgesprochen, wenn schon im Genehmigungsverfahren erkennbar ist, dass der Verwirklichung der Baugenehmigung zivilrechtliche Hindernisse[573] entgegenstehen, oder wenn feststeht, dass eine andere parallel erforderliche Gestattung[574] nicht erteilt wurde/ werden wird. Die Anforderungen hinsichtlich dieser Prototypen unterscheiden sich im Einzelnen freilich in abgestufter Form. Doch auch nach den Maßstäben des BayVGH liegen diese Fallgestaltungen im Grundsätzlichen letztlich „außerhalb" des Verfahrensgegenstandes, sodass hinsichtlich derartiger Fallgruppen in genereller Hinsicht im Ergebnis ein Gleichlauf von bayerischer und nichtbayerischer Rechtsprechung angenommen werden kann. Die oberverwaltungsgerichtliche Rechtsprechung der Bundesländer entspricht hier nämlich nicht zuletzt auch der (vorausgegangenen) Rechtsprechung des Bundesverwaltungsgerichts[575], die – bereits gezeigt – zu eben diesen Konstellationen ergangen ist.

---

[572] Vgl. BayVGH, BayVBl 1999, S. 216; *Lechner*, in: Simon/Busse, BayBO, Art. 68 Rn 259, demzufolge solche Rechte dadurch „offenkundig" sind, dass sie etwa durch rechtskräftiges Urteil festgestellt sind oder vom Beteiligten selbst nicht bestritten werden.
[573] Vgl. VGH BW, VBlBW 1995, S. 318; OVG Berlin, NVwZ-RR 2000, S. 61; *Büchner/Schlotterbeck*, Baurecht, Band 2, Rn 152.
[574] Vgl. VGH BW, ZfBR 2003, S. 47; OVG NRW, BauR 1992, S. 610; dass., BauR 1992, S. 610 f; OVG Berlin, BRS 60 Nr. 154; vgl. auch *Ortloff*, NJW 1987, S. 1668 f [1669]; *Knuth*, in: Wilke/Dageförde/Knuth/Meyer-Broy-Bülow, Bauordnung für Berlin (6. A.), § 64 Rn 15.
[575] Vgl. z.B. BVerwGE 42, S. 115 ff = NJW 1973, S. 1518: einer Baugenehmigung entgegenstehende privatrechtliche Hindernisse; BVerwGE 84, S. 11 ff = BayVBl 1990, S. 602 ff: einer Gaststättenerlaubnis entgegenstehende baurechtliche Gründe, wobei sich diese „schlechthin nicht ausräumen" lassen dürfen.

Richtet man den Blick auf die der Baubehörde bereits im Baugenehmigungsverfahren bekannt gewordenen bzw. mitgeteilten „klassischen" Verstöße gegen bauordnungsrechtliche Anforderungen, die nicht mehr Gegenstand der Prüfung im vereinfachten Baugenehmigungsverfahren sind, ist das Auseinanderklaffen von bayerischer und außerbayerischer Rechtsprechung unverkennbar. Die für die Beurteilung hier zugrunde liegende bayerische Rechtsprechung basiert natürlich – wie bereits zu Beginn dieser Untersuchung klargestellt – auf der bayerischen Rechtslage vor der Einführung des jetzigen Art. 68 Abs. 1 Satz 1, 2. Hs. BayBO 2008/2009. Außerhalb Bayerns besteht weitestgehend Konsens darüber, dass die Bauaufsichtsbehörde den Bauantrag mangels Sachbescheidungsinteresse ablehnen kann, wenn das Vorhaben gegen nicht zu prüfende Zulässigkeitsvoraussetzungen verstößt, wobei in diesen Fällen jedoch keine Verpflichtung der Behörde zu einem solchen Vorgehen besteht. Vielmehr kann die Bauaufsichtsbehörde die Baugenehmigung alternativ auch mit entsprechenden Nebenbestimmungen versehen oder – parallel zur Genehmigung – bauaufsichtliche Maßnahmen ergreifen. Anders als der BayVGH sehen die Oberverwaltungsgerichte bzw. Verwaltungsgerichtshöfe anderer Bundesländer in der Beschränkung des Prüfprogramms im vereinfachten Baugenehmigungsverfahren jedoch keinen Hinderungsgrund darin, dass die Baubehörde die Erteilung einer Baugenehmigung bei einem Verstoß gegen Vorschriften, die nicht zum Prüfkatalog gehören, ablehnt. Hintergrund dieses Ansatzes ist die Auffassung, dass die Behörde augenfällige Rechtsverstöße nicht ignorieren dürfe und bei in diesem Sinne außenliegenden offensichtlichen Verstößen gehalten sei, schon im Baugenehmigungsverfahren entsprechende Maßnahmen zu ergreifen.[576] Soweit folgt grundsätzlich auch noch die bayerische Rechtsprechung diesem Ansatz, die hier aber keine Verpflichtung der Behörde, sondern vielmehr auch die Möglichkeit der Baubehörde sieht, den Mangel vorerst zu ignorieren.[577] Außerhalb Bayerns wird die Frage, ob es neben der bloßen Möglichkeit auch eine Verpflichtung der Behörde gebe, bereits im Rahmen der vereinfachten Genehmigung erkannte Verstöße nachgehen zu müssen, verschiedentlich und nuancenreich beantwortet,

---

[576] Vgl. SächsOVG, BRS 60 Nr. 106; OVG RP, BRS 52 Nr. 148 [S. 355]; dass., BauR 2009, S. 800; OVG NRW, BauR 2009, S. 802/803; OVG Saar, BauR 2009, S. 806.
[577] Vgl. BayVGH, BayVBl 2002, S. 499; ders., BayVBl 2003, S. 505; *Jäde*, UPR 1995, S. 84, wobei der BayVGH selbst bei schwerwiegenden Verstößen und der Gefährdung wichtiger Güter wie Leib und Leben noch nicht von einer Verpflichtung spricht, sondern ausführt, dass es der Behörde „unbenommen" bleibe, das Vorhaben im Wege aufsichtlicher Maßnahmen zu verhindern, vgl. BayVGH, BayVBl 2003, S. 505.

wobei ein gänzliches Ignorieren des Verstoßes – wie in Bayern vertreten – grundsätzlich abgelehnt wird. So geht das OVG Rheinland-Pfalz[578] davon aus, dass die Behörde nicht verpflichtet sei, nicht zum Prüfprogramm gehörende bauordnungsrechtliche Fragen gänzlich auszublenden, sondern gehalten sei, bereits zu diesem Zeitpunkt Maßnahmen zu ergreifen, so dass sie bei offensichtlichen Verstößen auch den Bauantrag mangels Sachbescheidungsinteresse zurückweisen könne. Ähnlich führt auch das OVG des Saarlandes[579] aus, dass sich die Behörde nicht auf die präventive Prüfung des vereinfachten Genehmigungsverfahrens zurückziehen dürfe, sondern begründeten Einwänden nachzugehen habe. Die Bauaufsichtsbehörde soll dazu verpflichtet sein, *„[...] ihre präventive Prüfung über § 68 Abs. 1 Satz 4 Nr. 2 BauO NRW hinaus auf Brandschutzvorschriften zu erstrecken [...], wenn die Gefährdung hochwertiger Rechtsgüter wie Leben oder Gesundheit von Menschen droht oder brandschutzrechtlich relevante Maßnahmen alleiniger Genehmigungsgegenstand sind[,]"*[580] so das OVG Nordrhein-Westfalen.

Die außerbayerische Rechtsauffassung unterscheidet sich von der bayerischen Rechtsprechung also nicht nur in dem Aspekt eines „Tätigwerdenmüssens" der Behörde bei Verstößen gegen außerhalb des Prüfprogramms liegende Vorschriften, sondern fortfolgend auch dergestalt, als die außerbayerische Rechtsprechung auch die Ablehnung des Bauantrags mangels Sachbescheidungsinteresses als eine solche Maßnahme ansieht, welche ein späteres, verwaltungsineffizientes bauaufsichtliches Einschreiten entbehrlich mache.[581] Diese vergleichende Gegenüberstellung ist allerdings vor dem Hintergrund einer zwar grundsätzlichen Ausrichtung der jeweiligen Landesbauordnungen an der MBO, aber auch vor dem Hintergrund des spezifischen Landesrechts zu sehen.

4. (Kritisches) Literaturecho auf die Rechtsprechung des BayVGH

Die vorstehend im selben Teil unter A.III. und A.IV.2. dargestellte Rechtsprechung des Bayerischen Verwaltungsgerichtshofs zur Anwendung des allgemei-

---

[578] Vgl. OVG RP, Beschluss vom 18.11.1991, Az. 8 B 11955/91, BRS 52 Nr. 148 [S. 355]; dass., Urteil vom 22.10.2008, Az. 8 A 10942/08, BauR 2009, S. 799 ff [800/801].
[579] Vgl. OVG Saar, Beschluss vom 03.01.2008, Az. 2 A 182/07, BauR 2009, S. 806.
[580] OVG NRW, Urteil vom 28.01.2009, Az. 10 A 1075/08, BauR 2009, S. 802.
[581] Vgl. auch *Knuth*, in: Wilke/Dageförde/Knuth/Meyer/Broy-Bülow, Bauordnung für Berlin (6. A.), § 64 Rn 15; *Finkelnburg/Ortloff/Otto*, Öffentliches Baurecht, Band II, S. 129 und 148.

nen Rechtsinstruments unter dem Schlagwort „fehlendes Antrags- oder Sachbescheidungsinteresse" im Zusammenhang mit dem vereinfachten Baugenehmigungsverfahren im Allgemeinen bzw. im Zusammenhang mit Verstößen gegen nicht mehr im Baugenehmigungsverfahren zu prüfende Vorschriften im Konkreten hat in der Literatur ein gespaltenes Echo hervorgerufen. Die vom BayVGH zum Ausdruck gebrachte restriktive Einstellung ist teils auf laute Kritik gestoßen, welche die VGH-Entscheidungen begleitete, teils wurde und wird nach vermittelnden Zwischenlösungen gesucht. Diese Auseinandersetzung ist nicht zuletzt auch vor dem Hintergrund der gegenläufigen Tendenzen anderer außerbayerischer[582] Obergerichte zu sehen, wobei sich angesichts dessen die Kontroverse im Wesentlichen auf die bayerische Situation bezieht. Als Stimmführer der die bayerische Rechtsprechung kritisierenden Fachautoren kann wohl *Jäde* bezeichnet werden, der sich – anfänglich natürlich nur bezogen auf die BayVGH-Entscheidung aus dem Jahre 2006, zuletzt aber auch bezogen auf die Entscheidungen des 2. Senats aus dem Jahre 2009 – in seiner Erwartungshaltung auf eine besonders tiefe Durchdringung des Rechtsstoffs des fehlenden Sachbescheidungsinteresses durch die Rechtsprechung enttäuscht sieht.[583] Seine Auffassung und Haltung wird zum Gegenstand der Auseinandersetzung in den Ausführungen ihm folgender Fachkritiker[584].

Während ein Teil der kritischen Fachautoren[585] in der hier zugrunde liegenden bayerischen Rechtsprechung lediglich die Folge sieht, dass die Ablehnung eines Bauantrags mangels Sachbescheidungsinteresses in Bayern landesrechtlich ausscheide, lehnt *Jäde* die Schlussfolgerungen des Bayerischen Verwaltungsgerichtshofs beharrlich ab, sieht sich dabei von einer vermeintlich herrschenden Meinung gestützt[586] und widerspricht der Argumentation, die von ihm vertretene Vorgehensweise führe – contra legem – zu einer Erweiterung des gesetzlichen Prüfprogramms gewissermaßen „über die Hintertür". Denn es gehe

---

[582] Vgl. vorstehend Teil 2 A.IV.3.
[583] Vgl. *Jäde*, BayVBl 2006, S. 538; *ders.*, BayVBl 2009, S. 714.
[584] Vgl. z.B. *Wolf*, in: Simon/Busse, BayBO, Art. 59 Rn 87; *ders.*, BayBO – Kurzkommentar, Art. 59 Rn 29; *Decker/Konrad*, Bayerisches Baurecht (2. A.), Kap. II. Teil 6 Rn 10 ff; *dies.*, Bayerisches Baurecht, Kap. II. Teil 6 Rn 10 [Fn 281]; *Numberger*, BayVBl 2008, S. 743; *Schröder*, BayVBl 2009, S. 495 f; *Shirvani*, BayVBl 2010, S. 709/710 [Fn 8].
[585] So z.B. *Finkelnburg/Ortloff/Otto*, Öffentliches Baurecht, Band II, S. 148; ebenso *Sauthoff*, BauR 2013, S. 415 ff [416].
[586] Vgl. z.B. *Jäde*, BayVBl 2004, S. 487 m.w.N. [Fn 131]; *Jäde*, in: Jäde/Dirnberger/Bauer, die neue Bayerische Bauordnung, Art. 68 Rn 34 ff; auf *Jäde* verweisend z.B. *Busse/Dirnberger*, Die neue BayBO (3. A.), Art. 59 Rn 3.

nicht um eine systematische Prüfung, sondern um den Umgang mit Zufallsfunden.[587] Dieser Vorwurf greife selbst nach der alten Rechtslage vor der Einführung des Art. 68 Abs. 1 Satz 1, 2. Hs. BayBO 2008/2009 nicht, da die Ablehnung wegen fehlenden Sachbescheidungsinteresses eine Ermessens- und keine rechtlich gebundene Entscheidung der Bauaufsichtsbehörde sei[588] und das Sachbescheidungsinteresse – wie schon anfangs der Betrachtung ausgeführt – als allgemeines Antragserfordernis den materiell-rechtlichen Gehalt unberührt lasse. Der vom BayVGH aus der bundesverwaltungsgerichtlichen Rechtsprechung hergeleitete Gedanke, die Berücksichtigung nicht zum Prüfprogramm des jeweiligen Verfahrens gehörender Maßstäbe bei der Genehmigungsentscheidung sei ein Widerspruch in sich, sei nach *Jäde*[589] aus dem Zusammenhang gegriffen. *Jäde* befürwortet auch nach bayerischer Rechtslage entgegen dem BayVGH die Ablehnung eines Bauantrags aufgrund einer Verneinung des Sachbescheidungsinteresses bei Verstößen gegen bauordnungsrechtliche Vorschriften außerhalb des vereinfachten Prüfkatalogs. Darüber hinaus betrachtet er auch die vom BayVGH in diesem Zusammenhang verlangte Offenkundigkeit von Verstößen als nicht erforderlich, da dieses Kriterium lediglich für das Verhältnis zwischen sonstigem öffentlichem Recht und dem Privatrecht entwickelt worden sei. Mit Blick auf parallele Anlagengenehmigungen[590] erweise sich nach *Jäde* das Evidenz- oder Offensichtlichkeitskriterium als Instrument zur Sicherung der zwischenbehördlichen Kompetenzzuordnung, da der Baubehörde für die Beurteilung unter Umständen die spezifische fachliche Kompetenz fehle. Ähnlich liege es bei der Beurteilung zivilrechtlicher Hindernisse, wo von der grundsätzlich größeren Sachnähe der Zivilgerichte auszugehen sei und nur bei offenkundigen Verstößen die Behörde oder das Verwaltungsgericht ein fehlendes Sachbescheidungsinteresse folgern können soll. Mithin komme es nach *Jäde* also allein darauf an, dass der für diesen bauordnungsrechtlichen Rechtsverstoß maßgebliche Sachverhalt abschließend ermittelt und der Verstoß nicht anderweitig ausräum-

---

[587] Vgl. *Jäde*, BayVBl 2009, S. 714.
[588] Vgl. *Jäde*, BayVBl 2006, S. 540.
[589] Vgl. *Jäde*, BayVBl 2009, S. 714.
[590] Zur Konkurrenz paralleler Anlagengenehmigungen vgl. *Gaentzsch*, NJW 1986, S. 2788 ff.

bar, also keine diesbezügliche Ermessensentscheidung der Behörde mehr offen sei.[591]

Auch *Numberger*[592] betont wie *Jäde* die Notwendigkeit der Trennung von Sachbescheidungsinteresse und materiell-rechtlichen Tatbestandsvoraussetzungen und gelangt mit dieser Argumentation unter Ablehnung der Rechtsprechung des BayVGH – ohne sich allerdings mit dessen Argumenten im Detail auseinanderzusetzen – zur Versagungsmöglichkeit einer Baugenehmigung auch bei außerhalb des Prüfprogramms liegenden Verstößen gegen bauordnungsrechtliche Anforderungen. Vor allem das Schutzinteresse des Nachbarn sowie der durch die „Entwertung der Baugenehmigung" einhergehende Verlust an Rechtssicherheit für den Bauherrn scheinen nicht zuletzt entscheidende Beweggründe für *Numberger* zu sein, zumindest bei Verstößen gegen das Abstandsflächenrecht das Sachbescheidungsinteresse zur Anwendung gelangen zu lassen und dieses nicht durch die vom Gesetzgeber mit der BayBO 2008 vorgegebene Wertung verdrängt oder überlagert anzusehen. Er versucht die Frage nach dem Offensichtlichkeitserfordernis, wie vom BayVGH und von *Jäde* unterschiedlich beantwortet, jedenfalls hinsichtlich der bauordnungsrechtlichen Abstandsvorschriften unter Berücksichtigung des Nachbarschutzes zu lösen. Im Ergebnis stellt *Numberger* auf die Erfolgsaussichten eines repressiven Einschreitens der Behörde gegen den bauordnungsrechtlichen Verstoß ab. *„Die Bauaufsichtsbehörde ist [– so Numberger –] berechtigt (mangels Drittschutz des Sachbescheidungsinteresses allerdings nicht verpflichtet), die Baugenehmigung im vereinfachten Genehmigungsverfahren zu versagen, wenn das Einschreitermessen der Behörde gegen das nachbarrechtswidrig errichtete Bauvorhaben auf Null reduziert wäre."*[593] Muss die Behörde demnach aufgrund der Ermessensreduzierung[594] (zugleich) repressiv tätig werden, könne nach *Numberger* die Erteilung der Bauge-

---

[591] Vgl. *Jäde*, BayVBl 2006, S. 538 ff [540]; ders., in: Jäde/Dirnberger/Bauer, Die neue BayBO, Art. 68 Rn 37a bis 37 c; a.A. BayVGH, BayVBl 2006, S. 537 f, und ders., BayVBl 2009, S. 507.
[592] Vgl. *Numberger*, BayVBl 2008, S. 743; vgl. hierzu auch *Wolf*, in: Simon/Busse, BayBO, Art. 59 Rn 88.
[593] *Numberger*, BayVBl 2008, S. 743.
[594] Vgl. zum Begriff allgemein *Decker*, in: Posser/Wolff, VwGO, § 114 Rn 9 m.w.N., wonach man von einer Ermessensreduzierung auf Null dann spricht, wenn sich die Wahlmöglichkeiten der Behörde auf eine Alternative dergestalt reduziert haben, dass nur noch diese Entscheidung ermessensfehlerfrei ist.

nehmigung auch gleich im Sinne der Verfahrensökonomie zweifelsfrei abgelehnt werden.

Die demgegenüber jüngeren Äußerungen *Schröders* folgen hingegen jedenfalls im Ergebnis dem BayVGH und hier speziell dessen Ausführungen mit Urteil vom 19. Januar 2009. *Schröder* bewertet – und in diesem Punkt ist ihm (noch) uneingeschränkt zuzustimmen – die Entscheidung des Jahres 2009 in ihren möglichen Auswirkungen nicht in allen Punkten positiv. Hintergrund dieser Einschätzung dürften wohl die – zu Lasten des Nachbarn gehenden – zweifelhaften Erfolgsaussichten etwaiger bauaufsichtlicher Maßnahmen sein, welche auch vom BayVGH[595], insoweit wird sein Urteil von *Schröder* als obiter dictum gewertet, überwiegend als wenig erfolgsversprechend angesehen werden. Dennoch begrüßt *Schröder* diese Entscheidung *„cum grano salis"*[596], da diese den Vorgaben und Absichten des Gesetzgebers folge. Auch er erkennt zwar die zweckdienlichen Verfahrensvorteile eines bedeutungsvolleren Sachbescheidungsinteresses, stellt diese aber gleichfalls nicht über die gesetzliche Systematik. Auch soweit von *Schröder* ausgeführt wird, der BayVGH folge der überkommenen Definition des fehlenden Sachbescheidungsinteresses, ist diesem im Grundsätzlichen noch zuzustimmen. Zu widersprechen ist allerdings – wie bereits oben im selben Teil unter A.IV.2.c) aufgezeigt – seiner Schlussfolgerung, der BayVGH wähle einen weiteren Begriff des Verfahrensgegenstandes, als dieser für gewöhnlich verstanden wird.

Rückblickend auf die vorausgehenden Darstellungen kann zusammenfassend festgehalten werden, dass in Rechtsprechung und Literatur ein weites Meinungsspektrum hinsichtlich der Frage, wie sog. Zufallsfunde der Bauaufsichtsbehörden insbesondere im (weiter) deregulierten vereinfachten Baugenehmigungsverfahren zu behandeln seien, besteht. Es geht dabei also um die Problematik, welche Möglichkeiten den Behörden in praktischer Hinsicht offenstehen, die gesetzlichen Vorgaben des (deklaratorischen) Art. 55 Abs. 2 BayBO 2008 einerseits und des Art. 59 Satz 1 BayBO 2008 mit seinem Maximalprüfprogramm andererseits unter Wahrung der gesetzlichen Systematik in Einklang zu bringen. Hier stehen sich in den verschiedenen Ansichten nicht nur die Recht-

---

[595] Vgl. BayVGH, Urteil vom 19.01.2009, Az. 2 BV 08.2567, BayVBl 2009, S. 507 ff; vgl. auch *Schröder*, BayVBl 2009, S. 497.
[596] Vgl. *Schröder*, BayVBl 2009, S. 497; vgl. Duden, Fremdwörterbuch, *„cum grano salis"*, lat. *„mit einem Körnchen Salz"*: mit Einschränkung bzw. nicht ganz wörtlich zu nehmen.

sprechung auf der einen und die Literaturstimmen auf der anderen Seite gegenüber, bezieht man die nichtbayerische obergerichtliche Rechtsprechung in die Betrachtung mit ein, sondern auch innerhalb sowohl der Literatur als auch Rechtsprechung werden teils gegensätzliche Positionen angenommen. Die Spannbreite der hierzu vertretenen Meinungen reicht wie gezeigt von der im Wesentlichen vom BayVGH vertretenen Annahme einer Verpflichtung zur Erteilung der Baugenehmigung, gegebenenfalls begleitet von repressiven bauaufsichtlichen Maßnahmen, bis hin zur Auffassung der Möglichkeit der Versagung der Baugenehmigung, dies wiederum unterschiedlich beantwortet mit Blick auf die Frage nach der Offensichtlichkeit des Verstoßes.[597]

5. Kritik und eigene Stellungnahme

Mit den die Rechtsprechung aus dem Jahre 2006 bestätigenden[598] Urteilen vom 19. Januar 2009 und 1. Juli 2009 sowie mit der „prokritisch"-äußernden Stellungnahme *Schröders* oder auch dem Fazit *Deckers*[599] hat sich zwischenzeitlich, will man hier – natürlich beschränkt auf die bayerische Rechtslage – noch nicht von einem Durchsetzen dieser Auffassung sprechen, zumindest eine gewichtige Gegenmeinung zur Rechtsansicht der außerbayerischen Obergerichte und *Jädes* gebildet, der sich in dieser Streitfrage selbst als Teil der herrschende Meinung[600] betrachtet. Gleichwohl stehen sich zwei Auffassungen mit der Folge einer nicht unerheblichen Rechtsunsicherheit für alle Beteiligten, Bauherr, Behörde und Nachbarn, konträr gegenüber. Die einschlägige Kommentarliteratur sowie die Lehre stellen diese gegenläufigen Positionen (nach wie vor) gleichfalls gegen-

---

[597] Vgl. hierzu auch zusammenfassend *Ingold/Schröder*, BayVBl 2010, S. 426.
[598] Ebenso *Shirvani*, BayVBl 2010, S. 709/710, der herausarbeitet und zutreffend betont, dass die Entscheidung des 2. Senats des BayVGH vom 19.01.2009 weder eine Änderung noch Verschärfung seiner bisherigen Rechtsprechung bedeutet. *Shirvani* sieht allerdings die Entscheidungen des 2. Senats in unzutreffender Weise als gegensätzlich zur Entscheidung des 26. Senats vom 23.03.2006, Az. 26 B 05.555, BayVBl 2006, S. 537, der *Shirvani* entnehmen will, dass der 26. Senat anders als der 2. Senat genaue Kriterien für das Fehlen des Sachbescheidungsinteresses formuliere. Solche Kriterien spricht der 26. Senat zwar in der Tat an, will sie aber gerade nicht zugleich im Zusammenhang mit bauordnungsrechtlichen Verstößen angewendet wissen.
[599] Vgl. *Decker/Konrad*, Bayerisches Baurecht (2. A.), Kap. II. Teil 6 Rn 12.
[600] Vgl. z.B. *Jäde*, BayVBl 2004, S. 487 m.w.N. [Fn 131]; *ders.*, in: Jäde/Dirnberger/Bauer, die neue Bayerische Bauordnung, Art. 68 Rn 34 ff.

über,[601] können oder wollen sich aber zum Teil nicht festlegen bzw. betrachten den Streit angesichts des Art. 68 Abs. 1 Satz 1, 2. Hs. BayBO 2008/2009 vielleicht auch nicht mehr als entscheidungserheblich. Doch hier dürfte der Schein trügen, denn die Diskussion um das Sachbescheidungsinteresse ist damit längst noch nicht beigelegt. Sicherlich mag die eine Auffassung für sich die Akzeptanz der bayerischen oberverwaltungsgerichtlichen Rechtsprechung (sowie in Folge dessen auch der erstinstanzlichen Verwaltungsgerichte) in Anspruch nehmen. Doch auch der anderen Ansicht, die sich für die Versagung mangels Sachbescheidungsinteresses ausspricht, folgen nicht minder bedeutende Obergerichte; dies im Kern auf die gleiche (Ausgangs-)Rechtslage bezogen. Denn auch die Tatbestandsvoraussetzungen der vereinfachten Genehmigungsverfahren anderer Landesbauordnungen unterscheiden sich nur unwesentlich vom Art. 59 BayBO 2008. Dies verwundert nicht, orientieren sich doch alle vereinfachten Baugenehmigungsverfahren an § 63 MBO 2002 bzw. 2012[602]. Trotz der im Wesentlichen gleichen gesetzlichen Voraussetzungen wurde aufgrund der (gefestigten) ständigen BayVGH-Rechtsprechung die Ablehnung eines Bauantrags mangels Sachbescheidungsinteresses bei außerhalb des Prüfprogramms liegenden Verstößen in Bayern jedenfalls bis zur Gesetzesänderung im Jahre 2009 als landesrechtlich nicht möglich angesehen.[603] Diese Tendenz und Entwicklung im Sinne einer unterschiedlichen Handhabung der Oberverwaltungsgerichte bzw. Verwaltungsgerichtshöfe ist mehr als nur zu bedauern, läuft sie doch dem Gedanken der Musterbauordnung und damit eben auch der BayBO 2008 zuwider, einer Rechtszersplitterung[604] auf Bundesebene im Bereich des öffentlichen Baurechts entgegenzuwirken. Gerade auch für Investoren dürfte sich eine solche nämlich als ein erheblich nachteiliger Standortfaktor darstellen. Die Auffassung des

---

[601] Vgl. z.B. *Wolf*, BayBO – Kurzkommentar, Art. 59 Rn 25; *ders.*, in: Simon/Busse, BayBO, Art. 59 Rn 81 bis 90; noch mit Entscheidung pro BayVGH *Decker/Konrad*, Bayerisches Baurecht (2. A.), Kap. II. Teil 6 Rn 9 ff [12], nunmehr ohne explizite Positionierung *dies.*, Bayerisches Baurecht, Kap. II. Teil 6 Rn 9 ff.
[602] Vgl. die Musterbauordnung vom November 2002. Auch demzufolge prüft die Bauaufsichtsbehörde nur 1. die Übereinstimmung mit den Vorschriften über die Zulässigkeit der baulichen Anlagen nach den §§ 29 bis 38 BauGB, 2. beantragte Abweichungen i.S.d. § 67 Abs. 1 und 2 Satz 2 sowie 3. andere öffentlich-rechtliche Anforderungen, soweit wegen der Baugenehmigung eine Entscheidung nach anderen öffentlich-rechtlichen Vorschriften entfällt oder ersetzt wird. Ebenso § 63 der Musterbauordnung vom September 2012, bei dem es gegenüber der Vorfassung keine Veränderungen gegeben hat, vgl. *Jäde/Hornfeck*, MBO 2012 – Textsynopse, S. 98/99.
[603] Vgl. *Finkelnburg/Ortloff/Otto*, Öffentliches Baurecht, Band II, S. 148.
[604] Vgl. i.d.S. auch *Koch/Hendler*, Baurecht, § 23 Rn 56.

BayVGH hat allerdings leider keinen Zuspruch in der außerbayerischen obergerichtlichen Verwaltungsrechtsprechung gefunden, hätten dessen Argumente – nämlich die mit der Gesetzessystematik einhergehende Wertung der Bauordnung – auch hinsichtlich der anderen Landesbauordnungen eine tragfähige Basis bilden können.

Das regelrecht bestehende Anliegen der – in gewissem Grad selbsternannten – herrschenden Meinung[605], im Falle von Verstößen gegen nicht zu prüfende bauordnungsrechtliche Vorschriften bereits die Genehmigung mangels Sachbescheidungsinteresses zu versagen, ist wohl nicht nur in dem Gedanken der Verfahrensökonomie, sondern auch in der vermeintlichen Widersprüchlichkeit[606] des Behördenhandelns zu sehen. Der Kern dieses Übels ist damit wohl auch in der nach wie vor (gesetzlich) vorgesehenen Begrifflichkeit der „Baugenehmigung" zu sehen, die zugegebenermaßen im Sinne des Wortes auf eine zumindest baurechtliche Unbedenklichkeitsbescheinigung schließen lässt. Insoweit hätte mit der Novellierung der BayBO 2008 oder zuletzt 2013[607] auch der Begriff der Baugenehmigung anders gewählt werden sollen,[608] da sich hier eine nur inhaltliche Abänderung der zugrunde liegenden (ursprünglichen) Definition im allgemeinen Verständnis nur sehr schwer durchsetzen lassen dürfte. Der Vorschlag *Fischers*[609], anstatt dessen nur mehr von einem „Baubescheid" zu sprechen, ist dabei ein durchaus zielführender und gangbarer Ansatz. Konsequenterweise wäre dann aber auch die Verfahrensbezeichnung als solche terminologisch anzupassen. Zumindest wäre jedoch zu empfehlen, sieht man von einer gänzlichen

---

[605] Nur für die außerbayerische Rechtslage wird man diese Auffassung als herrschende Meinung bezeichnen können; anders *Jäde*, der hier nicht zwischen der Rechtsauffassung bezüglich der bayerischen Rechtslage und den Meinungen bezüglich der (jeweiligen) Gesetzeslage in anderen Bundesländern zu differenzieren scheint, vgl. *Jäde*, BayVBl 2004, S. 487 m.w.N. [Fn 131]; *Jäde*, in: Jäde/Dirnberger/Bauer, Die neue Bayerische Bauordnung, Art. 68 Rn 34 ff; auf *Jäde* verweisend z.B. *Busse/Dirnberger*, Die neue BayBO (3. A.), Art. 59 Rn 3.
[606] Vgl. z.B. *Wolf*, der eine solche bei einem Vorgehen nach den Maßgaben des BayVGH sieht, vgl. *Wolf*, in: Simon/Busse, BayBO, Art. 59 Rn 74 a.E. Vgl. i.d.S. auch Oberste Baubehörde im BayStMI, Schreiben vom 24.07.2009, Zeichen: IIB4-4101-022/08, S. 16.
[607] Vgl. insbesondere das Gesetz zur Änderung der Bayerischen Bauordnung und des Baukammerngesetzes vom 11.12.2012, GVBl S. 633; vgl. auch *Jäde*, BayBO 2011/2013 – Änderungssynopse, S. 83 ff.
[608] Zumeist wird in Bezug auf das vereinfachte Baugenehmigungsverfahren von einer „(bau-)planungsrechtlichen Genehmigung" gesprochen. Vgl. z.B. *Jäde*, in: Jäde/Dirnberger/Bauer, Die neue BayBO, Art. 59 Rn 1; *Seidel*, Privater Sachverstand und staatliche Garantenstellung, S. 261; *Numberger*, BayVBl 2008, S. 741.
[609] Vgl. *Fischer*, BayVBl 2005, S. 300.

Neufassung der Terminologie im Sinne *Fischers* ab, das dem Verfahrensbegriff vorangestellte Adjektiv auszutauschen, lässt die Bezeichnung „vereinfacht(-es)" nämlich vielleicht – und insoweit noch zutreffend – ein zeitliches Moment im Sinne einer Verfahrensbeschleunigung erkennen. Weniger impliziert diese Beschreibung nach allgemeinem bzw. wortlautgemäßem Verständnis aber eine Beschränkung des Prüfungsumfangs,[610] so dass die Benennung als „begrenztes" oder „partielles Baugenehmigungsverfahren" bzw. in Anlehnung an *Fischer* als „begrenztes/partielles Baubescheidsverfahren" wohl zutreffender wäre. Im Hinblick auf die in Teil 1 unter B.IV. dargestellten Grundsätze zu Art. 68 Abs. 5 BayBO 2008 verbietet sich aber jedenfalls eine Benennung als „beschränktes/partielles Baufreigabeverfahren".

Sicherlich hat der BayVGH mit seiner hier diskutierten Rechtsprechung die Bedeutung des (allgemeinen) Rechtsinstrumentariums des fehlenden Sachbescheidungsinteresses für Baugenehmigungsverfahren mit beschränkten Prüfprogrammen erheblich beschnitten; dies auch nicht folgenlos, da die Konsequenz dieser Rechtsprechung in Teilen nicht nur unbefriedigende Ergebnisse hinsichtlich des nachbarrechtlichen Rechtsschutzes, sondern auch verfahrensunökonomische Auswirkungen bedeuten. Die Folge dieser Auffassung ist, dass die Baugenehmigung immer dann zu erteilen ist, wenn keine Vorschriften entgegenstehen, die nach Art. 59 Satz 1 BayBO 2008 zu prüfen sind. Dabei bleiben natürlich die bauaufsichtlichen Maßnahmen unberührt, so dass die Behörde gegebenenfalls bauaufsichtlich einschreiten kann oder sogar muss. Diese Konsequenz mag kurios und etwas befremdlich erscheinen, ist aber letztlich das Resultat einer eindeutigen Gesetzeslage.[611] Dennoch vermag aufgrund ihrer Stringenz allein die bayerische Rechtsprechung zu überzeugen, denn der BayVGH ist in konsequenter Anwendung dem gefolgt, was der Gesetzgeber mit der Novellierung der BayBO 2008 zum Ausdruck gebracht hat. Betont werden soll und muss an dieser Stelle allerdings auch, dass im (vereinfachten) Baugenehmigungsverfahren durchaus auch Konstellationen denkbar sind, in denen auf das allgemeine

---

[610] Äußerst kritisch im Hinblick auf die gesetzliche Überschrift des Art. 59 BayBO 2008 auch *Nurnberger*, der diese sogar als in zweifacher Hinsicht irreführend bezeichnet. Weder sei das Genehmigungsverfahren „vereinfacht" noch handle es sich um eine „Baugenehmigung", da nur eine sektorale Unbedenklichkeitsbescheinigung vorliegt, vgl. *Nurnberger*, BayVBl 2008, S. 742.
[611] So auch *Decker/Konrad*, Bayerisches Baurecht (2. A.), Kap. II. Teil 6 Rn 12 und 13; i.E. auch *Schröder*, BayVBl 2009, S. 497.

Rechtsinstitut des fehlenden Sachbescheidungsinteresses zurückgegriffen und die Baugenehmigung versagt werden kann. Diese Möglichkeit besteht aber grundsätzlich nicht, wenn es sich um Verstöße gegen bauordnungsrechtliche Vorschriften handelt. Die BayBO in der jeweiligen Fassung, wie sie dem BayVGH für seine Entscheidungen[612] der Jahre 2002, 2006 und 2009 zum fehlenden Sachbescheidungsinteresse zugrunde lagen, gibt nicht nur keinen Anhaltspunkt für die Anwendbarkeit dieses Rechtsinstituts her, sondern gibt mit ihrer Systematik und ihrem Wortlaut, wie etwa in Art. 68 Abs. 1 Satz 1 BayBO 2008 unverkennbar zum Ausdruck gebracht, vielmehr eine ausschließlich begrenzte Möglichkeit der Prüfung vor, die hier – wie der BayVGH zutreffend ausführt – die Anwendung des Rechtsinstituts des fehlenden Sachbescheidungsinteresses verbietet. Die Gesetzesaussage in Art. 59 Satz 1 BayBO 2008, die Behörde „prüft"[613], wird von der herrschenden Meinung verkannt, die aus dieser Wortwahl allerdings selbst ein Maximalprüfprogramm der Behörde folgert. Mit der Anerkennung einer Antragsablehnung wegen fehlenden Sachbescheidungsinteresses, die eben nur aus einer vorherigen Prüfung und Ermessensbetätigung der Behörde gefolgert werden kann, würde jedenfalls bei der Gesetzeslage vor 2009 das Maximalprüfprogramm faktisch zu einem Mindestprüfprogramm gemacht. Sofern man durch die sofortige Ablehnung des Bauantrags und der damit einhergehenden Meidung zeitgleicher bauaufsichtlicher Maßnahmen in der Tat eine nach außen tretende Widersprüchlichkeit umgehen kann, werden allerdings andere Unwägbarkeiten geschaffen. So wird der Bauherr auf gewisse Art und Weise einer Zufälligkeit der „Behördenaufmerksamkeit" ausgesetzt. Der Nachbar wird gerade dazu angehalten, das Erkennen des Verstoßes durch Mitteilung an die Behörde zu provozieren.

Schließt man sich gleichwohl der Ansicht an, das Sachbescheidungsinteresse komme auch bei außerhalb des Prüfprogramms liegenden bauordnungsrechtlichen Verstößen (ohne ausdrückliche Regelung wie nun in Art. 68 Abs. 1 Satz

---

[612] Vgl. BayVGH, Urteil vom 16.07.2002, Az. 2 B 01.1644, BayVBl 2003, S. 505; ders., Urteil vom 23.03.2006, Az. 26 B 05.555, BayVBl 2006, S. 537 ff; ders., Urteil vom 19.01.2009, Az. 2 BV 08.2567, BayVBl 2009, S. 507 ff; vgl. hierzu ergänzend auch ders., Beschluss vom 27.12.2001, Az. 26 ZB 00.2890, BayVBl 2002, S. 499 ff.
[613] Vgl. *Schwarzer/König*, BayBO, Art. 59 Rn 6, die eine Versagung wegen fehlenden Sachbescheidungsinteresses anerkennen und diese Gesetzesformulierung in Konsequenz ihrer Rechtsauffassung nicht nur als ungenau, sondern sogar als irreführend betrachten. Das Gesetz setze es nämlich als selbstverständlich voraus, dass die ungeschriebene verwaltungsverfahrensrechtliche Zulässigkeitsvoraussetzung des Sachbescheidungsinteresses mit geprüft werde.

1, 2. Hs. BayBO 2008/2009) zum Tragen, ist im Hinblick auf Art. 54 Abs. 2 Satz 2 BayBO 2008 mit einer einzelfallbezogenen Ermessensbetätigung für die Beurteilung des Vorliegens oder Fehlens des sog. Sachbescheidungsinteresses der Ansatz am „Ermessen" bzw. an einer etwaigen Ermessensreduzierung sicherlich der geeignetste. Insoweit wäre mit Blick auf die anzustrebende Bundeseinheitlichkeit zumindest eine Orientierung der außerbayerischen Oberverwaltungsgerichtsrechtsprechung an den Maßgaben *Jädes* und/oder *Numbergers* wünschenswert. Ergibt sich aufgrund einer Ermessensreduzierung auf Null[614] die Verpflichtung zum bauaufsichtlichen Einschreiten – so *Numberger* – bzw. ist eine Ermessensentscheidung hinsichtlich eines erkannten Hindernisses aufgrund eines abschließend ermittelten Sachverhalts nicht mehr offen – so *Jäde* –, kann am ehesten von einem rechtssicheren Handeln der Behörde nach allgemeinen Grundsätzen ausgegangen werden. Indem der BayVGH auf die „Offensichtlichkeit" und damit auf ein „schlechthin nicht ausräumbares Hindernis" abstellt, tut er letztlich nichts anderes, denn das Hindernis kann dann als nichtausräumbar angesehen werden, wenn die Behörde nach ordnungsgemäßer Ermessensausübung bauaufsichtliche Maßnahmen ergreifen könnte. Das Ermessen der Bauaufsichtsbehörde kann nach Ansicht des BayVGH allerdings ohne Berücksichtigung der durch die Genehmigung vermittelten Rechtsposition auch dann kaum fehlerfrei ausgeübt werden, wenn der bauordnungsrechtswidrige Zustand für sich betrachtet evident zu sein scheint.[615]

---

[614] Vgl. zum Begriff der Ermessensreduzierung auf Null *Decker*, in: Posser/Wolff, VwGO, § 114 Rn 9 m.w.N.
[615] Vgl. BayVGH, Urteil vom 19.01.2009, Az. 2 BV 08.2567, BayVBl 2009, S. 507; a.A. *Shirvani*, BayVBl 2010, S. 715.

B. Abweichungsantrag, Prüfungsumfang und Sachbescheidungsinteresse im Kontext mit der vereinfachten Genehmigungsprüfung

In der Literatur wurde bereits vor der vorstehend dargestellten ablehnenden Rechtsprechung des Bayerischen Verwaltungsgerichtshofs, spätestens aber dann mit dieser, der Versuch unternommen, das bis dahin ungeschriebene Rechtsinstitut des fehlenden Sachbescheidungsinteresses in der bestehenden Systematik und auf Grundlage des geltenden Gesetzeswortlauts der Bayerischen Bauordnung 1998 bzw. später auch 2008 greifbar zu machen. Gewissermaßen zu einem Behelfskonstrukt wurden zum Teil die Auswirkungen eines fehlenden, aber gleichwohl erforderlichen Abweichungsantrags gemäß Art. 63 BayBO 2008 gemacht, indem ein in diesem Sinne fehlender Abweichungsantrag den Bauantrag nicht nur unvollständig im Sinne des Art. 65 Abs. 2 BayBO 2008 mache, sondern in weiterer Konsequenz dessen diesem Antrag auch das Sachbescheidungsinteresse fehle. Dieses Konstrukt ist im Zusammenhang mit dem beschränkten Prüfungsumfang der Bauaufsichtsbehörden insbesondere im vereinfachten Baugenehmigungsverfahren zu sehen, der die Behörden gerade in der Praxis aufgrund eines immer weiter minimierten Prüfauftrags und einer damit einhergehenden verringerten präventiven Prüfkompetenz zunehmend mit der Frage konfrontiert, wie im Falle eines Verstoßes gegen nicht mehr den Prüfkatalogen zugehörigen Vorschriften verfahren werden kann und vielleicht sogar muss. Diese von Teilen der Literatur für möglich erachtete Vorgehensweise, welche aufgrund der Gesetzestextänderung 2009[616], die insbesondere den Bauaufsichtsbehörden aufgrund der Klarstellung – als solche betrachtet jedenfalls der Gesetzgeber[617] diese Ergänzung – des Art. 68 Abs. 1 Satz 1, 2. Hs. BayBO 2008/2009 wieder die Ablehnung des Sachbescheidungsinteresses ohne weiteres ermöglichen soll, zumindest auf den ersten Blick an Bedeutung und die dogmatische Rechtfertigung verloren zu haben scheint, soll im Folgenden näher betrachtet werden. Denn abgesehen von den den Behörden damit unter Umständen ermöglichten Handlungsspielräumen, erweist sich nicht zuletzt vor dem Hintergrund einer Suche nach effektivem oder doch zumindest erleichtertem Nachbar-

---

[616] Vgl. das Gesetz zur Änderung der Bayerischen Bauordnung, des Baukammerngesetzes und des Denkmalschutzgesetzes vom 27.07.2009, GVBl S. 385 ff; vgl. auch LtDrs. 16/1863 vom 14.07.2009, insbesondere S. 5. Neben Art. 63 Abs. 2 Satz 2 BayBO 2008 wurde auch Art. 68 Abs. 1 Satz 1 BayBO 2008 um einen 2. Halbsatz ergänzt.
[617] Vgl. LtDrs. 16/1351 vom 13.05.2009, S. 2.

schutz dieses Argumentationsmuster eines fehlenden Sachbescheidungsinteresses bei fehlendem, aber erforderlichem Abweichungsantrag als überlegenswerter Ansatz.

Ausgehend von einem gesetzeshistorischen und -systematischen Blick auf die einschlägigen Normen und einer Darstellung der materiell-rechtlichen Anforderungen und Reichweite dieser Regelungen soll eine eingehende Auseinandersetzung mit den rechtlichen Konsequenzen eines gestellten wie auch nicht gestellten erforderlichen sowie nichterforderlichen Abweichungsantrags mit entsprechender Würdigung erfolgen.

I. Die Generalklausel für materiell-rechtliche Abweichungen: geschichtlicher Rückblick und Gesetzessystematik

In ihrem ersten Absatz der gegenwärtigen Textfassung sieht die Vorschrift des Art. 63 BayBO 2008/2009 vor, dass die Bauaufsichtsbehörde unter bestimmten Voraussetzungen[618] und bei Einhaltung der absoluten materiellen Schranke des Art. 3 Abs. 1 BayBO 2008 Abweichungen von materiellen bauordnungsrechtlichen Anforderungen[619] zulassen kann. Der sich daran anschließende Absatz 2 benennt das schriftliche Antragserfordernis für eine solche behördliche Zulässigkeitsentscheidung. Die Regelung steht im Gesamtkontext des III. Abschnitts des fünften Teils der Bauordnung betreffend das Genehmigungsverfahren und steht damit in einer Reihe mit den vorgelagerten Regelungen über das vereinfachte und allgemeine Baugenehmigungsverfahren (Art. 59 und Art. 60 BayBO 2008) sowie mit den nachstehenden Maßgaben zum Bauantrag und dessen Behandlung (Art. 64 und Art. 65 BayBO 2008). Zunächst gebietet und lohnt es in jedem Falle, die Entstehungsgeschichte der die Abweichungen von bauordnungsrechtlichen Anforderungen regelnden Norm der Bayerischen Bauordnung (vormals Art. 70 BayBO 1998, zwischenzeitlich Art. 63 BayBO 2008 und derzeit Art. 63 BayBO 2008/2009), deren Änderungsgeschichte sowie die dazugehörige Gesetzessystematik, also insbesondere die mit dieser Norm im Kontext

---
[618] Vgl. auch OVG NRW, Urteil vom 28.01.2009, Az. 10 A 1075/08, BauR 2009, S. 802 ff [804].
[619] Der neue Gesetzeswortlaut spricht hier von „Abweichungen von Anforderungen dieses Gesetzes und auf Grund dieses Gesetzes erlassener Vorschriften" und stellt im zweiten Halbsatz ferner klar, dass es einer behördlichen Abweichungsentscheidung nicht bedarf, soweit „nur" von einer technischen Baubestimmung abgewichen wird.

stehenden Regelungen, näher zu betrachten, ehe auf den zumeist in der Literatur vertretenen Ansatz eines fehlenden Sachbescheidungsinteresses bei fehlendem Abweichungsantrag eingegangen wird.

1. Der einheitliche Abweichungstatbestand im Wandel der Reformschritte

Auch die Regelungen über Abweichungen, jetzt in Art. 63 BayBO 2008/2009 verortet, haben gerade mit den Novellen 1998[620] und 2008[621] sowie mit dem Gesetz zur Änderung der Bayerischen Bauordnung, des Baukammergesetzes und des Denkmalschutzgesetzes vom 27. Januar 2009[622] Änderungen erfahren, die zumindest in Teilen ausschlaggebend für den gegenständlich untersuchten Ansatz waren und sind, insbesondere Verstöße gegen nicht mehr prüfpflichtige Vorschriften des Bauordnungsrechts für die Bauaufsichtsbehörde in einer verwaltungsökonomischen Art und Weise handhabbar zu machen bzw. den textlichen Anknüpfungspunkt dafür zu bieten. Die Regelung über Abweichungen von Anforderungen der Bayerischen Bauordnung oder auf Grund dieser erlassener Vorschriften geht in dieser Ausprägung auf die erste große Bauordnungsrechtsnovelle[623] des Jahres 1994 zurück, die eine umfassende Neugestaltung des Bauordnungsrechts bezweckte und die mit der Novelle 2008 als sog. dritte Stufe bzw. mit den dieser nachgelagerten Korrekturen des Änderungsgesetzes aus dem Jahre 2009 vorerst beendet wurde. Die Vorschrift lässt seitdem[624] als zentralisierte Generalklausel die bis dahin vorzunehmende Unterscheidung von Ausnahmen einerseits und Befreiungen andererseits entfallen und vereint beide Begriffe in einem einheitlichen Abweichungstatbestand, wobei die Bayerische Bauordnung trotz dieses einheitlichen Abweichungstatbestandes auch weiterhin noch eine Vielzahl von Sonderregelungen, mithin also kraft Gesetzes unmittelbar normbezogene Ausnahmen[625] kennt, welche der Gesetzgeber bereits in der jeweiligen materiellen Norm selbst durch Formulierungen wie etwa „dies gilt nicht" oder „abweichend davon" zulässt. Mit der Neufassung des Art. 77

---

[620] Vgl. hierzu *Jäde/Weiß*, BayBO 1994/1998 – Textsynopse, S. 183 f.
[621] Vgl. LtDrs. 15/7161 vom 15.01.2007, S. 65 und 68 f.
[622] Vgl. GVBl S. 385; vgl. auch LtDrs. 16/1863 vom 14.07.2009, S. 5; Oberste Baubehörde im BayStMI, Schreiben vom 24.07.2009, Zeichen: IIB4-4101-022/08, S. 15.
[623] Vgl. LtDrs. 12/13482 vom 18.11.1993; vgl. auch GVBl S. 251.
[624] Vgl. zur Entstehungsgeschichte allgemein auch *Schwarzer/König*, BayBO, Art. 63 Rn 1 ff.
[625] Vgl. z.B. die Aufzählung bei *Dhom*, in: Simon/Busse, BayBO, Art. 63 Rn 11.

BayBO 1994 verließ die Bayerische Bauordnung die bis dahin gültige Systematik einer erforderlichen Differenzierung[626], die sich nach Auffassung des Landesgesetzgebers nicht bewährt habe.[627] Die Notwendigkeit einer Abweichungen zulassenden Vorschrift ist letztlich Folge des mit dem allgemeinen Geltungsbereich einer Norm verbundenen Zwangs zur Typisierung.[628] Denn beim Vollzug der materiellen bauordnungsrechtlichen Anforderungen könnten aufgrund des notwendigerweise häufig abstrakten Charakters einer Vorschrift auch solche Folgen und Zustände eintreten, die als Auswirkung der Normanwendung den Zielvorstellungen des Gesetzgebers im Grundsätzlichen nicht entsprechen. Abweichungsmöglichkeiten bezwecken damit – verfassungsrechtlich geboten[629] – die Gewährleistung von Einzelfallgerechtigkeit und Wahrung des Verhältnismäßigkeitsgrundsatzes,[630] und gehen zumeist von einer gewissen „Atypik"[631], d.h. von einer vom Regelfall abweichenden Konstellation aus. Für die Subsumtion des von einer Vielzahl von unbestimmten Rechtsbegriffen geprägten Tatbestandes des Art. 63 Abs. 1 Satz 1 BayBO 2008, der zwar im Grundsatz mit der sog. Regelfall-Atypik-Formel umschrieben wird, orientiert sich die Verwaltungs- und Rechtsprechungspraxis aber letztlich gleichwohl an einer inzwischen umfangreichen Kasuistik.[632] Die Änderungen des zwischenzeitlichen Art. 70 BayBO 1998 gegenüber dem vorherigen Art. 77 BayBO 1994 sind weniger einschneidend, so dass in diesem Zusammenhang lediglich in Erinnerung gerufen werden soll, dass die mit der Novelle 1998 vorgenommenen Änderungen zum einen

---

[626] In der Bundesgesetzgebung in Form des Bauplanungsrechts wird diese Differenzierung aber gleichwohl noch praktiziert (vgl. § 31 Abs. 1 BauGB [Ausnahme] und § 31 Abs. 2 BauGB [Befreiung]); anders als im Landesrecht soll diese dort durchaus ihre Rechtfertigung finden, vgl. *Simon*, BayBO 1994 – Synopse, S. 165.

[627] Vgl. *Simon*, BayBO 1994 – Synopse, S. 165; dagegen kritisch *Dhom*, in: Simon/Busse, BayBO, Art. 63 Rn 4 ff, der keinen grundsätzlichen strukturellen Unterschied erkennt.

[628] Vgl. *Weyreuther*, DÖV 1997, S. 521.

[629] Vgl. *Koch/Hendler*, Baurecht, § 24 Rn 40a m.w.N.

[630] Vgl. *Dhom*, in: Simon/Busse, BayBO, Art. 63 Rn 2; ähnlich auch *Decker/Konrad*, Bayerisches Baurecht, Kap. II. Teil 7 Rn 84; vgl. auch *Happ*, BayVBl 2014, S. 65, der von einer „Härteklausel" spricht.

[631] Vgl. BayVGH, Urteil vom 22.12.2011, Az. 2 B 11.2231, BayVBl 2012, S. 535 ff [536]; OVG NRW, Beschluss vom 29.05.2008, Az. 10 B 616/08, BauR 2008, S. 1588 ff [1590]; kritisch – weil ohne weitere Aussage – dagegen *Happ*, BayVBl 2014, S. 65 ff. Nach *Happ* (ebd.) sei der atypische Fall nämlich dann nicht charakterisiert, wenn der „Regelfall" keine klare Struktur habe. Eine gewisse inhaltliche Struktur hätte – so *Happ* – die Regelfall-Atypik-Formel nur dann, wenn der atypische Fall dadurch gekennzeichnet wäre, dass die Einhaltung der Regeln des Abstandsflächenrechts die Bebauung des Vorhabensgrundstücks in besonderem Maß (unzumutbar) erschwert.

[632] Vgl. *Happ*, BayVBl 2014, S. 65 f, mit einer Reihe von Fallgestaltungen.

dem angepassten[633] § 29 Abs. 1 BauGB 1998 Rechnung tragen, der seit seiner Überarbeitung nicht mehr auf die landesrechtliche Genehmigungs-, Anzeige- oder Zustimmungspflicht abstellt, und zum anderen mit Absatz 3 Satz 2 klarstellen, *„[...] dass ein im Vereinfachten Genehmigungsverfahren nach Art. 80 [BayBO 1994 bzw. Art. 73 BayBO 1998] zu behandelndes Bauvorhaben insoweit wie ein genehmigungsfreies zu handhaben ist, als es von nicht zum – eingeschränkten – Prüfprogramm [...] gehörenden Vorschriften [...] abweicht[...]."*[634] Ausdrücklich keinen Einfluss sollten die Regelungen aber auf den behördlichen Prüfungsumfang zeigen[635]; die Beantragung einer isolierten Abweichung sollte insoweit auch weiterhin in der alleinigen Verantwortungssphäre des Bauherrn liegen.

Richtet man den Blick demnach auf die Änderungen der Gesetzesnovelle 2008 und die damit verbundenen Neuerungen im Zusammenhang mit der Regelung zu den Abweichungen von bauaufsichtlichen Anforderungen (so noch die Gesetzesformulierung in Art. 70 Abs. 1 BayBO 1998) bzw. von Anforderungen auf Grund der Bayerischen Bauordnung und auf Grund dieser erlassener Vorschriften (so der Gesetzestext in Art. 63 Abs. 1 Satz 1 BayBO 2008), sind besonders – sieht man von den Klarstellungen in Absatz 1 der Vorschrift ab – das ausgedehntere Erfordernis einer Antragstellung sowie die textliche Ergänzung im zweiten Absatz des Art. 63 BayBO 2008, mithin insbesondere die an die Antragstellung geknüpften Anforderungen augenfällig. Der jetzige Absatz 2 greift die vormalige Regelung des dritten Absatzes der alten Fassung[636] auf, macht je-

---

[633] Mit dem Entfallen des verfahrensrechtlichen Genehmigungsbedürfnisses – mit diesem wäre das einschlägige Bauplanungsrecht des Bundes zumindest dem Wortlaut nach der Disposition des Landesgesetzgebers unterfallen – wird die Eigenständigkeit des bundesrechtlichen Begriffs der baulichen Anlage klargestellt und gewährleistet, vgl. hierzu auch *Jäde*, in: Jäde/Dirnberger/Weiß, BauGB, § 29 Rn 8.
[634] *Jäde/Weiß*, BayBO 1994/1998 – Textsynopse, S. 184.
[635] Vgl. hierzu auch den Wortlaut des Art. 73 Abs. 1 BayBO 1998: „Außer bei Sonderbauten prüft die Bauaufsichtsbehörde *nur* [...] [Hervorhebung durch den Verfasser]".
[636] Vgl. Art. 70 Abs. 3 BayBO 1998: „Soll bei baulichen Anlagen, die keiner Genehmigung bedürfen, von bauaufsichtlichen Anforderungen nach Absatz 1, von den Festsetzungen eines Bebauungsplans, einer sonstigen städtebaulichen Satzung oder nach §§ 31, 34 Abs. 2 Halbsatz 2 BauGB von Regelungen der Baunutzungsverordnung (BauNVO) über die zulässige Art der baulichen Nutzung abgewichen werden, so ist die Zulassung der Abweichung schriftlich zu beantragen. Satz 1 gilt entsprechend für Abweichungen von Vorschriften, die nach Art. 73 Abs. 1 nicht geprüft werden."

doch das Antragserfordernis nun zu einem allgemeingültigen Grundsatz[637] und erstreckt die Notwendigkeit zur Antragstellung damit nicht mehr nur auf Abweichungen betreffend bauliche Anlagen, die keiner Genehmigung bedürfen bzw. auf Abweichungen von solchen Vorschriften, die nicht im vereinfachten Baugenehmigungsverfahren geprüft werden. Darüber hinaus legt Art. 63 Abs. 2 BayBO 2008 auch neu fest, dass die schon in Art. 77 Abs. 3 BayBO 1994 erforderliche „schriftliche Beantragung" – nunmehr generell von Abweichungen von Bauordnungsrecht sowie von Ausnahmen und Befreiungen in den benannten Fällen des Bauplanungsrechts – zudem „gesondert" zu erfolgen hat und darüber hinaus schriftlich „zu begründen" ist. Ausweislich der Gesetzgebungsmaterialien sollte durch die Hervorhebung des Erfordernisses einer gesonderten schriftlichen Beantragung die Verantwortlichkeit des Bauherrn und namentlich auch der Entwurfsverfasser gestützt werden. Die in einem zweiten Halbsatz angefügte Begründungspflicht stellt nach Auffassung des Gesetzgebers keine Zulässigkeitsvoraussetzung des Antrags dar, sondern ist nach dem gesetzgeberischen Verständnis lediglich als Ordnungsvorschrift zu verstehen. Indem der Bauherr nämlich angehalten werde, der Bauaufsichtsbehörde mittels einer solchen Begründung darzutun, welche Motive seinem Abweichungsantrag zugrunde liegen, sollen bauherrnfreundliche Entscheidungen erleichtert und ermöglicht werden,[638] so die amtliche Gesetzesbegründung. Abgesehen von dem erwähnten Appell des Gesetzgebers an den Bauherrn und Entwurfsverfasser, die materiellrechtlichen Anforderungen an das Bauvorhaben einzuhalten und etwaige Abweichungen davon eigenverantwortlich zur Entscheidung zu stellen, ist bedingt durch die Novelle 2008 demnach vor allem die Neuerung[639] zu sehen, dass das Antragserfordernis nunmehr sowohl als ein generelles als auch als ein „gesondertes" konzipiert ist. Überwiegend wird bzw. wurde allerdings die Auffassung vertreten, dass mit dieser Novelle und damit ausgehend von der Bayerischen Bauordnung 2008 in ihrer ursprünglichen Fassung allerdings (noch) keine Verpflichtung des Bauherrn hervorgehe, dass Abweichungen von Vorschriften, die

---

[637] Vgl. *Molodovsky*, in: Koch/Molodovsky/Famers, BayBO, Art. 63 Rn 53–54; *Schwarzer/König*, BayBO, Art. 63 Rn 20–21; vgl. auch LtDrs. 15/7161 vom 15.01.2007, S. 68/69.
[638] Vgl. LtDrs. 15/7161 vom 15.01.2007, S. 68/69; vgl. auch *Jäde*, BayBO 1998/2008 – Textsynopse, S. 222; *Busse/Dirnberger*, Die neue BayBO, Art. 63 Ziff. 5, S. 323.
[639] Vgl. hierzu aber die durchaus geübte Praxis, mit Einreichung des Bauantrags auch die für das Vorhaben erforderlichen Abweichungen als (mit) beantragt anzusehen, welche damit einen Widerspruch erfahren hat, so jedenfalls *Schwarzer/König*, BayBO, Art. 63 Rn 23 m.w.N. Auch *Jäde* betont, dass die „gesonderte" Beantragung bedeutet, dass der Antrag ausdrücklich zu stellen und nicht im Bauantrag enthalten ist. vgl. hierzu auch unten Teil 2 B.II.1.

nicht mehr Bestandteil der gesetzlichen Prüfkataloge sind, zugleich auch im Rahmen des vereinfachten Baugenehmigungsverfahrens (mit) zu beantragen sind.[640] Die Betonung einer gesteigerten Verantwortlichkeit des Bauherrn ist im Übrigen – wie erwähnt – bereits ein allgemeines Anliegen[641] der neuen Bayerischen Bauordnung 2008, das damit auch in Art. 63 BayBO 2008 seinen (im Grundsätzlichen konsequenten) Niederschlag gefunden hat. Gleichzeitig zeigt das neu hinzugetretene Erfordernis einer gesonderten Beantragung zumindest nicht unerhebliche Auswirkungen auf die behördliche Praxis[642] im Umgang mit dem gesetzlichen Antragserfordernis, das nachstehend im selben Teil unter B.II.1. noch detailliert betrachtet werden wird.

Von mindestens gleicher Tragweite und zugleich eigenständigem Aussagegehalt ist ferner die halbsatzartige Ergänzung des Art. 63 Abs. 2 Satz 2 BayBO 2008 durch das Änderungsgesetz vom 27. Juli 2009[643], welches am 1. August 2009 in Kraft getreten ist. Mit diesem Gesetz ist nicht nur der für diese Arbeit maßgebliche Art. 68 Abs. 1 Satz 1, 2. Hs. BayBO 2008/2009 eingefügt, sondern auch Art. 63 Abs. 2 Satz 2 um einen zweiten Halbsatz ergänzt worden,[644] wonach bei Bauvorhaben, die einer Genehmigung bedürfen, der Abweichungsantrag „mit dem Bauantrag" zu stellen ist. Es wird dem Bauherrn damit jedenfalls eine zusätzliche verfahrensrechtliche Verpflichtung auferlegt, an der es – nach umstrittener Auffassung – bislang gefehlt haben soll. Diese textliche Ergänzung

---

[640] So *Wolf*, in: Simon/Busse, BayBO, Art. 59 Rn 49; *Numberger*, BayVBl 2008, S. 742/743; a.A. *Koehl*, BayVBl 2009, S. 647.
[641] Vgl. LtDrs. 15/7161 vom 15.01.2007, S. 1 ff; *Glaser/Weißenberger*, BayVBl 2008, S. 460; *Jäde/Famers*, BayVBl 2008, S. 33.
[642] Vgl. hierzu nachstehend Teil 2 B.II., insbesondere B.II.1.
[643] Vgl. das Gesetz zur Änderung der Bayerischen Bauordnung, des Baukammerngesetzes und des Denkmalschutzgesetzes vom 27.07.2009, GVBl S. 385 ff; vgl. auch LtDrs. 16/1863 vom 14.07.2009, S. 5. Die **Hessische Bauordnung**, die zwar im Jahre 2010 (GVBl (Hessen) I S. 429) mit § 64 Abs. 1, 2. Hs. HBO eine dem Art. 68 Abs. 1 Satz 1, 2. Hs. BayBO 2008/2009 gleichlautende Regelung erhalten hat, kennt dagegen in § 63 Abs. 2 HBO, der vergleichbar mit Art. 63 Abs. 2 BayBO 2008 ist (Erfordernis einer „gesonderten schriftlichen Beantragung"), keinen dem Art. 62 Abs. 2 Satz 2, 2. Hs. BayBO 2008/2009 entsprechenden Halbsatz (oder eine vergleichbare Regelung); Gesetzestext abgedruckt bei *Harion*, Hessische Bauordnung Textausgabe mit Einführung, S. 61/62.
[644] Während die Änderung des Art. 63 Abs. 2 Satz 2 BayBO 2008, d.h. dessen Ergänzung um einen zweiten Halbsatz bereits im ersten Gesetzentwurf vorgesehen war (vgl. LtDrs. 16/375 vom 03.02.2009, S. 8), wurde die Ergänzung des Art. 68 Abs. 1 Satz 1 2008 erst nachträglich mit in den Entwurf zur Gesetzesänderung – letztlich als Reaktion auf die neuere Rechtsprechung des BayVGH – aufgenommen (vgl. hierzu Änderungsantrag LtDrs. 16/1351 vom 13.05.2013, S. 2).

der „kleinen BayBO-Novelle 2009"[645] – diese zeigt zumindest in einigen Punkten umso größere Auswirkungen – erfährt durch den Landesgesetzgeber[646] keine weitere Begründung. Konkreter wird hier die Oberste Baubehörde im Bayerischen Staatsministerium des Innern mit ihren Vollzugshinweisen, mit denen die Exekutive darüber unterrichtet wird, dass die damit getroffene gesetzliche Anordnung, wie der Antrag zu stellen ist, als Klarstellung zu verstehen sei: *„[...] [E]in Bauantrag, der nicht zugleich den erforderlichen Abweichungsantrag enthält, [ist] unvollständig [...] mit der Folge, dass die Bauaufsichtsbehörde nach Art. 65 Abs. 2 verfahren kann.*"[647] Die zuletzt genannte Regelung sieht ausweislich des Gesetzeswortlauts vor, dass die Bauaufsichtsbehörde den Bauherrn bei unvollständigen oder mängelbehafteten Bauanträgen zur Behebung des Mangels auffordert. In weiterer Konsequenz gilt sodann, dass bei innerhalb angemessener Frist nicht behobenen Mängeln der Antrag als zurückgenommen gilt, Art. 65 Abs. 2 Satz 2 BayBO 2008. Diese gefolgerte Lesart, also die Verknüpfung von Art. 63 Abs. 2 Satz 2, 2. Hs. BayBO 2008/2009 mit Art. 65 Abs. 2 BayBO 2008 ist mit Blick auf den Gesetzeswortlaut und die Gesetzessystematik sicherlich folgerichtig und konsequent, die insbesondere auch in der Literatur zum Teil gezogenen weiteren Folgerungen, mithin also die These, der fehlende Abweichungsantrag lasse das Sachbescheidungsinteresse des Antrags entfallen, sind dagegen kritischer[648] zu sehen.

2. Änderungen der Kontextnormen Art. 59 und 65 BayBO 2008

Die Rückschau auf die Änderungsgeschichte des einheitlichen Abweichungstatbestandes mit dem besonderen Fokus auf die Änderungen der Novelle 2008 und

---

[645] Gemeint ist hiermit das Gesetz zur Änderung der Bayerischen Bauordnung, des Baukammerngesetzes und des Denkmalschutzgesetzes vom 27.07.2009, GVBl S. 385 ff, welches hier deshalb als „kleine Novelle" bezeichnet wird, da mit ihm in einzelnen Punkten unter anderem auch kleinere textliche Veränderungen einhergehen, die umso größere Auswirkungen auf die Bayerische Bauordnung zeigen und diese – wie schon die Reformschritte 1994, 1998 und 2008 – zumindest in einzelnen Punkten geradezu novellieren.
[646] Vgl. LtDrs. 16/375 vom 03.02.2009, S. 8 unter Nr. 15.b); LtDrs. 16/1351 vom 13.05.2009: Der Änderungsantrag von Abgeordneten der CSU- und FDP-Fraktionen beinhaltet unter anderem die Ergänzung von Art. 68 Abs. 1 Satz 1 BayBO 2008/2009; LtDrs. 16/1863 vom 14.07.2009.
[647] Oberste Baubehörde im BayStMI, Schreiben vom 24.07.2009, Zeichen: IIB4-4101-022/08, S. 15. Vgl. i.d.S. auch *Wolf*, BayBO – Kurzkommentar, Art. 63 Rn 12.
[648] Vgl. dazu unten Teil 2 B.IV.1.

das Änderungsgesetz aus dem Jahre 2009 verlangt für die gegenständliche Betrachtung auch einen Blick auf die Anpassungen in den Artikeln 73 und 69 BayBO 1998, den späteren und derzeitigen Artikeln 59 und 65 BayBO 2008, namentlich also auf das beschränkte Prüfprogramm des vereinfachten Baugenehmigungsverfahrens sowie auf die gesetzlichen Anordnungen zur Behandlung des Bauantrags. Die Normen zeigen nämlich eine enge inhaltliche Verschränkung mit dem einheitlichen Abweichungstatbestand.

Das Prüfprogramm des vereinfachten Baugenehmigungsverfahrens der Bayerischen Bauordnung 1998 (Art. 73 Abs. 1), welches noch die präventive Prüfung zentraler und praxisrelevanter bauordnungsrechtlicher Anforderungen vorsah, kannte in seiner katalogähnlichen nummerischen Aufzählung noch keine ausdrückliche Möglichkeit bzw. Pflicht zur Prüfung beantragter Abweichungen im Rahmen des vereinfachten Genehmigungsverfahrens. Mit Art. 70 Abs. 3 Satz 2 BayBO 1998 galt allerdings bereits vor der Novelle 2008 die gesetzlich angeordnete Maxime, dass die Zulassung von Abweichungen von Vorschriften, die nach Art. 73 Abs. 1 BayBO 1998 nicht geprüft werden, schriftlich zu beantragen ist. Mit der Bauordnungsreform des Jahres 2008 wurde der Prüfkatalog im vereinfachten Genehmigungsverfahren – wie oben eingehend aufgezeigt – erheblich ausgedünnt, indem insbesondere die Abstandsvorschriften und die Anforderungen an die Baugestaltung und alle anderen bauordnungsrechtlichen Maßgaben nicht mehr geprüft werden müssen und zugleich auch nicht geprüft werden dürfen. Erweitert bzw. ausdrücklich gelistet wird seit der Novelle 2008 dagegen in Nr. 2 der Hinweis auf „beantragte Abweichungen" im Sinne des Art. 63 Abs. 1 und Abs. 2 Satz 2 BayBO 2008, welche von der Bauaufsichtsbehörde nunmehr bereits im Baugenehmigungsverfahren zu prüfen sind, Art. 59 Satz 1 BayBO 2008. Weshalb *Wolf*[649] hier, also im Falle der Beantragung einer Abweichung durch den Bauherrn und bei Entscheidung über das Vorhaben im vereinfachten Genehmigungsverfahren, nur ein behördliches Recht und keine zwingende Verpflichtung zur Mitentscheidung bei entsprechend gesetzeskonform gestelltem Antrag sieht, bleibt unbeantwortet; die Auffassung findet insoweit keine weitere Stütze. Unabhängig davon betont der Gesetzgeber in der Gesetzesbegründung[650], dass es sich bei dieser neuen Regelung letztlich bloß um eine

---

[649] Vgl. *Wolf*, BayBO – Kurzkommentar, Art. 59 Rn 20 a.E.
[650] Vgl. LtDrs. 15/7161 vom 15.01.2007.

bescheidstechnische[651] Regelung handle, mit der klargestellt werde, dass über solche Abweichungen trotz des beschränkten Prüfungsumfangs auch zugleich im vereinfachten Baugenehmigungsverfahren entschieden werden könne. Hervorgehoben wird zugleich aber auch, dass die Beschränkung des Prüfprogramms grundsätzlich mit der Folge unberührt bleibe, dass es Sache des Bauherrn sei, diese Abweichungen im vereinfachten Baugenehmigungsverfahren ausdrücklich zur Prüfung zu stellen, und nicht etwa die Bauaufsichtsbehörde das Bauvorhaben auf Abweichungen von nicht zum Prüfprogramm gehörigen Vorschriften zu untersuchen habe.[652] Die „Klarstellung" ist im Grundsätzlichen zu begrüßen, könnte ansonsten in der Tat zu Recht die Frage aufgeworfen werden – diese Frage wäre zudem auch zu verneinen[653] –, ob die gesondert beantragten Abweichungen überhaupt im Wege des vereinfachten Genehmigungsverfahrens mit seinem abgeschlossenen Prüfprogramm, für welches gerade keine fakultative Erweiterungsmöglichkeit besteht,[654] beurteilt und verbeschieden werden dürften, wenn insbesondere die abweichungsbedürftige Vorschrift an sich nicht (mehr) zum Prüfprogramm gehört.[655] Indem in Art. 59 Satz 1 Nr. 2 BayBO 2008 aus-

---

[651] Zum Begriff des „Bescheids" vgl. *Linhart*, Schreiben, Bescheide und Vorschriften in der Verwaltung, § 3 Rn 4.
[652] Vgl. LtDrs. 15/7161 vom 15.01.2007, S. 65; *Jäde*, BayBO 1998/2008 – Textsynopse, S. 204; aufgegriffen und kritisch diskutiert von *Numberger*, BayVBl 2008, S. 742.
[653] Würde durch Art. 59 BayBO 2008 die Prüfung von beantragten Abweichungen nicht ausdrücklich erlaubt, dürfte die Baugenehmigungsbehörde im Rahmen des vereinfachten Baugenehmigungsverfahrens nicht zugleich auch über den Antrag des Bauherrn auf Zulassung bestimmter Abweichungen entscheiden, da damit die Abgeschlossenheit des Prüfprogramms konterkariert würde. Nach alter Rechtslage i.S.d. BayBO 1998 – Art. 73 BayBO 1998 kannte eine entsprechende Klarstellung im Sinne des Art. 59 Satz 1 Nr. 2 BayBO 2008 (noch) nicht – wurde hierzu allerdings zu großen Teilen die Auffassung vertreten, dass der Abweichungsantrag konkludent im Bauantrag mit enthalten sei und die Behörde im Rahmen des vereinfachten Baugenehmigungsverfahrens jedenfalls über Abweichungen solcher Vorschriften entscheiden dürfe, die Bestandteil des gesetzlichen Prüfprogramms sind, vgl. hierzu *Dhom*, in: Simon/Busse, BayBO 1998, zu Art. 70 Rn 51; *Schwarzer/König*, BayBO (3. A.), zu Art. 73 Rn 10, zu Art. 70 Rn 14.
[654] Vgl. hierzu auch BayVGH, Beschluss vom 27.12.2001, Az. 26 ZB 00.2890, BayVBl 2002, S. 499.
[655] Vgl. *Schwarzer/König*, BayBO, Art. 59 Rn 9; *Wolf*, in: Simon/Busse, BayBO, Art. 59 Rn 46 f. *Schwarzer/König* sehen insoweit die praktische Bedeutung der Regelung des Art. 59 Satz 1 Nr. 2 BayBO 2008 (Prüfung beantragter Abweichungen) bei Abweichungen von bauordnungsrechtlichen Anforderungen, die ansonsten nur noch bei Sonderbauten Teil des Genehmigungsmaßstabs sind. Sie betonen, dass über beantragte Abweichungen von Vorschriften des Genehmigungsmaßstabs, d.h. z.B. von Vorschriften über die bauplanungsrechtliche Zulässigkeit einschließlich örtlicher Bauvorschriften gemäß Art. 81 Abs. 2 BayBO 2008 sowie über Abweichungen von örtlichen Bauvorschriften gemäß Art. 81 Abs. 1 BayBO 2008 bereits aufgrund von Art. 59 Satz 1 Nr. 1 BayBO 2008 zu entscheiden sei. Vgl. i.d.S. auch *Molo-*

drücklich nur „beantragte" Abweichungen im Sinn des Art. 63 Abs. 1 und Abs. 2 Satz 2 BayBO 2008 zur Prüfung gestellt werden, wird zum einen im Sinne einer konsequenten Verweisungstechnik das in Art. 63 Abs. 2 BayBO 2008 verlangte schriftliche Antragserfordernis aufgegriffen,[656] zum anderen wird aber – und dies dürfte der im Aussagegehalt entscheidende Aspekt sein – die Abgeschlossenheit des Prüfungsumfangs gewahrt. Denn hätte der bayerische[657] Landesgesetzgeber auf das entscheidende Wort „beantragte" verzichtet, würde – wie *Jäde* zu Recht feststellt – die Erforderlichkeit von Abweichungen generell zum Prüfungsgegenstand erhoben und die gesetzgeberische Entscheidung konterkariert.[658] Vor diesem Hintergrund stellt sich die Regelung des Art. 59 Satz 1 Nr. 2 BayBO 2008 nicht nur als bescheidstechnische Klarstellung[659], sondern als folgerichtige Anordnung einer Prüfungsmöglichkeit beantragter Abweichungen unter gleichzeitiger Wahrung des abgeschlossenen Prüfungsumfangs dar. Art. 59 Satz 1 Nr. 2 BayBO 2008 ermöglicht es der Bauaufsichtsbehörde gesetzessystematisch und unter Berücksichtigung von Wortlaut und Entstehungsgeschichte der Norm hingegen nicht, etwaige Abweichungsmöglichkeiten und deren Zulassung zu prüfen, wenn die Notwendigkeit einer Abweichung zwar von der Behörde (zufällig) gesehen oder (beiläufig) erkannt wird, der Bauherr sie aber nicht beantragt hat.

Änderungen hat auch – wie oben schon ansatzweise ausgeführt – eine weitere im Kontext mit Art. 63 BayBO 2008 stehende Norm erfahren. Es handelt sich hierbei im Besonderen um die im Falle von unvollständigen oder mangelhaften Bauanträgen das weitere behördliche Verfahren regelnde Norm des Art. 65 Abs. 2 BayBO 2008. Beide Vorschriften, d.h. Art. 63 und 65 BayBO

---

dovsky, in: Koch/Molodovsky/Famers, BayBO, Art. 59 Rn 14 ff und Art. 63 Rn 59/61; a.A. wohl *Wolf*, in: Simon/Busse, BayBO, Art. 59 Rn 46; vgl. hierzu auch *Decker/Konrad*, Bayerisches Baurecht, Kap. II. Teil 4 Rn 39–43.
[656] Vgl. i.d.S. *Schwarzer/König*, BayBO, Art. 59 Rn 10 am Anfang.
[657] Anders hingegen z.B. die **Hessische Bauordnung** in § 57 Abs. 1 Satz 1 Nr. 2, wonach „[...] die Bauaufsichtsbehörde nur die Zulässigkeit [...] 2. von Abweichungen nach § 63 [...]" prüft. Obwohl der hessische Landesgesetzgeber auf die besondere Betonung „beantragter" Abweichungen verzichtet, sollen dem Prüfungsmaßstab des vereinfachten Baugenehmigungsverfahrens wegen des allgemeinen Verweises auf § 63, mithin also auch wegen des Verweises auf das in dem dortigen Absatz 2 niedergelegte Antragserfordernis, nur beantragte Abweichungen unterfallen, vgl. *Hornmann*, HBO, § 57 Rn 27/28. Die bayerische Regelung ist insoweit gleichwohl eindeutiger und deshalb vorzugswürdiger.
[658] Vgl. *Jäde*, in: Jäde/Dirnberger/Bauer, Die neue BayBO, Art. 59 Rn 36; *ders.* zitiert bei *Koehl*, BayVBl. 2009, S. 645; i.E. auch *Hornmann*, HBO, § 57 Rn. 28.
[659] So aber z.B. *Jarass*, BayVBl 2010, S. 131.

2008, verweisen zwar nicht unmittelbar textlich aufeinander, die Vorschriften sind jedoch gesetzessystematisch nicht nur in direktem Sachzusammenhang im III. Abschnitt des fünften Teils der Bayerischen Bauordnung verortet, sondern sie knüpfen auch inhaltlich und in ihrer fortgesetzten Lesart aneinander an. Dies gilt umso mehr, als Art. 64 Abs. 2 Satz 1 BayBO 2008 als weitere Bindenorm zudem vorgibt, dass mit dem Bauantrag alle für die Beurteilung des Bauvorhabens und die Bearbeitung des Bauantrags erforderlichen Unterlagen einzureichen sind. Während Art. 63 Abs. 2 Satz 2, 1. und 2. Hs. BayBO 2008/2009 formelle Anforderungen für einen vom Bauherrn zu stellenden Abweichungsantrag aufstellt, bestimmt Art. 65 Abs. 2 BayBO 2008 des Weiteren die sich daraus ergebenden Handlungsmöglichkeiten[660] der Behörde und Konsequenzen[661] im Falle von unvollständigen bzw. mangelbehafteten Bauanträgen. Diese Handlungsmöglichkeiten auf Grundlage eines nicht vollständigen Bauantrags sollen sich allerdings – wie bereits erwähnt – nach umstrittener Auffassung[662] nicht schon seit dem Inkrafttreten der Bayerischen Bauordnung 2008 ergeben, folgen aber jedenfalls seit der halbsatzartigen Ergänzung des Art. 63 Abs. 2 Satz 2 BayBO 2008/2009 durch das Änderungsgesetz des Jahres 2009. Denn ohne eine rechtliche Verpflichtung, einen materiell-rechtlich notwendigen Abweichungsantrag mit dem Bauantrag stellen zu müssen, können die Bauunterlagen im Falle des Fehlens eines entsprechenden Antrags nicht als sanktionsfähig unvollständig behandelt werden.[663] Der jetzige Absatz 2 des Art. 65 BayBO 2008 greift den vormaligen dritten Absatz der Vorgängerregelung, mithin also Art. 69 Abs. 3 BayBO 1998, auf. Bei synoptischer Gegenüberstellung[664] soll sich die gesetzgeberische Intention[665] eines klareren und vollzugsfreundlicheren Verfahrens zeigen. Denn während die Behörde unter Geltung der alten Fassung noch gehalten war, Bauvorlagen, die Mängel aufweisen, unter genauer Bezeichnung des Mangels bzw. Fehlers unverzüglich zur Berichtigung zurückzugeben, hat sie nun-

---

[660] Vgl. Art. 65 Abs. 2 Satz 1 BayBO 2008: „Ist der Bauantrag unvollständig oder weist er sonstige erhebliche Mängel auf, fordert die Bauaufsichtsbehörde den Bauherrn zur Behebung der Mängel innerhalb einer angemessenen Frist auf."
[661] Vgl. Art. 65 Abs. 2 Satz 2 BayBO 2008: „Werden die Mängel innerhalb der Frist nicht behoben, gilt der Antrag als zurückgenommen."
[662] Vgl. *Wolf*, in: Simon/Busse, BayBO, Art. 59 Rn 49 f; *Numberger*, BayVBl 2008, S. 742/743; a.A. *Koehl*, BayVBl 2009, S. 647, der bereits Art. 63 Abs. 2 BayBO 2008 eine Verpflichtung zur Antragstellung entnimmt.
[663] Vgl. *Numberger*, BayVBl 2008, S. 742.
[664] Vgl. hierzu den gegenübergestellten Gesetzeswortlaut bei *Jäde*, BayBO 1998/2008 – Textsynopse, S. 225 ff.
[665] Vgl. LtDrs. 15/7161 vom 15.01.2007, S. 70.

mehr unter angemessener Fristsetzung zur Mängelbehebung aufzufordern. Bei nicht fristgerecht behobenen Mängeln gilt der Antrag dann in sanktionierender Art und Weise als zurückgenommen. Ausgehend vom Grundgedanken einer verstärkten Eigenverantwortung des Bauherrn tritt die Rücknahmefiktion mit entsprechenden Kostenfolgen für den Bauherrn und der damit unter Umständen verbundenen Notwendigkeit, den Antrag neu stellen zu müssen, an die Stelle der bis dahin bestehenden bloßen Möglichkeit der Bauaufsichtsbehörde, im Ermessenswege den Bauantrag zurückzuweisen.[666]

Vor allem bis zum Inkrafttreten des Gesetzes zur Änderung der Bayerischen Bauordnung, des Baukammergesetzes und des Denkmalschutzgesetzes vom 27. Juli 2009 am 1. August 2009[667] drängte sich die Frage auf,[668] welche Auswirkungen oder Folgerungen es – gerade für das vereinfachte Baugenehmigungsverfahren – mit sich bringe, wenn eine Abweichung materiell-rechtlich beantragt werden müsste, ein solcher Abweichungsantrag vom Bauherrn aber weder eigens noch im Rahmen des Gestattungsverfahrens gestellt wird. Letztlich wollte der Landesgesetzgeber mit der Änderung im Jahr 2009 neben der Frage nach der Ablehnungsmöglichkeit eines Bauantrags wegen fehlenden Sachbescheidungsinteresses auch dieser Frage begegnen und ihr eine Antwort zukommen lassen. Die dieser Frage zugrunde liegenden Ansichten sollen im Folgenden näher betrachtet werden, wobei zunächst rekapituliert werden soll, unter welchen Voraussetzungen über materiell-rechtlich erforderliche Abweichungen behördlich entschieden und wie allgemein in der Behördenpraxis mit dem Antragserfordernis umgegangen worden ist.

II. Die Abweichungsprüfung nach Antragstellung im Rahmen des vereinfachten Genehmigungsverfahrens

Kurz und bündig bestimmt Art. 59 Satz 1 Nr. 2 BayBO 2008, dass auch Abweichungen im Sinne des Art. 63 Abs. 1 und Abs. 2 Satz 2 BayBO 2008 von der Bauaufsichtsbehörde im Wege des vereinfachten Genehmigungsverfahrens mit

---

[666] Vgl. LtDrs. 15/7161 vom 15.01.2007, S. 70; *Jäde,* BayBO 1998/2008 – Textsynopse, S. 228.
[667] Vgl. LtDrs. 16/1863 vom 14.07.2009; LtDrs. 16/1351 vom 13.05.20099; LtDrs. 16/375 vom 03.02.2009; GVBl S. 385.
[668] Vgl. *Wolf,* in Simon/Busse, BayBO, Art. 59 Rn 52 m.w.N. auf die Kommentierung zur 88. Ergänzungslieferung vom Dezember 2007.

zu prüfen sind, sofern diese Abweichungsprüfung seitens des Antragstellers (mit-)beantragt wurde oder während des Genehmigungsverfahrens noch ergänzend beantragt wird. Das insoweit angesprochene, in Bezug genommene und somit auch zur Voraussetzung gemachte Antragserfordernis wird seit dem Änderungsgesetz des Jahres 2009 darüber hinaus gemäß Art. 63 Abs. 2 Satz 2, 2. Hs. BayBO 2008/2009 um die Verpflichtung des Bauherrn ergänzt, den gesondert schriftlich zu stellenden Antrag (vgl. Art. 63 Abs. 2 Satz 1 BayBO 2008) auf Zulassung von Abweichungen von Vorschriften, die im Genehmigungsverfahren (ohne Antragstellung) nicht mehr geprüft werden, mit dem Bauantrag zu stellen. Die im Grundsätzlichen eindeutig[669] erscheinende Prüfungsanordnung des Art. 59 Satz 1 Nr. 2 BayBO 2008 erfährt mit ihrer ausdrücklichen und bereits konkretisierten Verweisung auf Abweichungen im Sinne des Art. 63 Abs. 1 BayBO 2008 einerseits und im Sinne des Art. 63 Abs. 2 Satz 2 BayBO 2008/2009 andererseits vor allem in der Literatur gleichwohl eine nichteinheitliche Auslegung; dies nicht zuletzt auch vor dem Hintergrund der verwaltungspraktischen Handhabung des Antragserfordernisses bis und seit der Gesetzesnovelle 2008, wonach in mehr oder weniger extensiver Anwendung auch die konkludente Antragstellung für ausreichend angesehen wurde. Da seit der Novelle 2008 bzw. seit dem Änderungsgesetz 2009 auf eine ausdrückliche und gesonderte Antragstellung ergänzend zum Bauantrag nicht mehr verzichtet werden kann, sind auch nicht beantragte Abweichungen von örtlichen Bauvorschriften nicht mehr über Art. 59 Satz 1 Nr. 1 BayBO 2008 „automatisch" von der Behörde mit zu prüfen. Die hierzu zum Teil noch immer vertretenen Meinungen hängen in nicht zutreffender Art und Weise nach wie vor den überkommenen, der Bayerischen Bauordnung 1998 entsprechenden Auffassungen an. Dieser auf einen ersten Blick vielleicht nur rechtstheoretisch anmutende Streit erweist sich jedoch mit Blick auf das vereinfachte Baugenehmigungsverfahren und dessen Prüfungsumfang im Allgemeinen sowie auf die in diesem Verfahren zu trennenden Verfahrensgegenstände im Besonderen als durchaus erörterungswürdig und entscheidungserheblich. Dem soll im Folgenden nachgegangen werden, wobei in einem ersten Schritt die gesetzestextlich veranlasste Änderung der Verwaltungspraxis aufgezeigt werden soll.

---

[669] Vgl. hierzu auch *Molodovsky*, in: Koch/Molodovsky/Famers, BayBO, Art. 59 Rn14, der, was bauordnungsrechtliche Abweichungen anlangt, feststellt, dass das bauaufsichtliche Genehmigungsverfahren – anders als es der Gesetzesbegriff der Artikelüberschrift suggeriert – nicht vereinfacht, sondern kompliziert wird.

1. Das Antragserfordernis in der Verwaltungspraxis bis und seit 2008

Für die Zulassung von Abweichungen sah die Bayerische Bauordnung 1998 nur wenige besondere verfahrensrechtliche Anforderungen vor.[670] Mit Blick auf die im Rahmen dieser Arbeit besonders im Fokus stehenden Abweichungen von solchen Vorschriften, die im vereinfachten Genehmigungsverfahren nicht mehr zu prüfen sind, galt lediglich die Maßgabe eines schriftlichen Antragserfordernisses. In der Bayerischen Bauordnung der Fassungen 1982 und 1994 galt dieses schriftliche Antragserfordernis zunächst nur für Abweichungen bei Vorhaben, die keiner Genehmigung bedürfen; es wurde im Zuge der Einführung des vereinfachten Verfahrens aber konsequent und hinsichtlich der von diesem Verfahren nicht mehr erfassten Vorschriften klarstellend – wenn auch mit zeitlicher Verzögerung – erweitert.[671] Während im Grundsätzlichen also die Verfahrensvorschriften des im jeweiligen Einzelfall einschlägigen Baugenehmigungsverfahrens heranzuziehen waren,[672] konnte über die Zulassung von Abweichungen von Vorschriften, die mangels Genehmigungsbedürfnis generell nicht oder im Rahmen des vereinfachten Baugenehmigungsverfahrens nicht mehr zu prüfen waren, nur auf schriftlichen Antrag hin entschieden werden, vgl. Art. 70 Abs. 3 Satz 2 BayBO 1998. Erst mit der Novelle 2008 hat der Gesetzgeber – wie bereits vorstehend erwähnt – das Antragserfordernis ausgeweitet und im Sinne eines allgemeingültigen Grundsatzes auf alle Abweichungen erstreckt. Vor eben diesem Hintergrund muss die jedenfalls bis 2008 gängige Verwaltungspraxis gesehen und gewürdigt werden, die im Folgenden skizziert werden soll.

Vor allem auch unter Bezugnahme auf die bundesverwaltungsgerichtliche Entscheidung vom 28. Mai 1990[673] galt in der Verwaltungspraxis und gleichlautend überwiegend auch in der insbesondere praxisorientierten Kommentarliteratur der – gegenüber der Rechtsprechung des Bundesverwaltungsgerichts – zum

---

[670] Vgl. hierzu eingehend *Decker*, BayVBl 2003, S. 5 ff [6].
[671] Vgl. hierzu die Gesetzesbegründung, abgedruckt bei *Jäde/Weiß*, BayBO 1994/1998 – Textsynopse, S. 183 f [184]. Obwohl das vereinfachte Verfahren bereits mit der Novelle 1994 eingeführt worden war, wurde diese Klarstellung erst mit der darauf folgenden Novelle 1998 in den Gesetzestext aufgenommen.
[672] Vgl. *Decker/Konrad*, Bayerisches Baurecht (1. A.), Kap. II. Teil 4 Rn 38 m.w.N.; *Schwarzer/König*, BayBO (3. A.), Art. 70 Rn 14; vgl. i.d.S. auf die Rechtslage der BayBO 2008/2009 bezogen auch *Molodovsky*, in: Koch/Molodovsky/Famers, BayBO, Art. 63 Rn 49.
[673] Vgl. BVerwG, Beschluss vom 28.05.1990, Az. 4 B 56.90, ZfBR 1990, S. 250 = DÖV 1991, S. 33 = NVwZ-RR 1990, S. 529 = UPR 1990, S. 345 = BRS 50 Nr. 171.

Teil auch verallgemeinerte[674] Grundsatz, dass es einer gesonderten bzw. ausdrücklichen Beantragung von Abweichungen nicht bedürfe.[675] Es sei vielmehr ausreichend, dass anhand des Genehmigungsantrags zu erkennen ist, dass das Vorhaben von materiell-rechtlichen Anforderungen abweicht, mithin also im Genehmigungsantrag betreffend das Bauvorhaben zugleich auch ein Antrag auf Erteilung einer Befreiung zu sehen ist.[676] Die benannte Entscheidung des Bundesverwaltungsgerichts erging anlässlich der Weigerung einer Gemeinde, eine für ein Bauvorhaben erforderliche und im Grundsätzlichen – da die rechtlichen Voraussetzungen vorlagen – auch mögliche Befreiung von Festsetzungen eines Bebauungsplans zu erteilen. Die Kommune begründete ihre verweigernde Haltung damit, dass der Bauherr nur einen Antrag auf Baugenehmigungserteilung, nicht aber zugleich auch einen Antrag auf Erteilung einer Befreiung (§ 31 Abs. 2 BauGB) gestellt habe. Das Bundesverwaltungsgericht, welches in der berufungsgerichtlichen Entscheidung des Oberverwaltungsgerichts Hamburg keine Aussage dergestalt sah, dass einem Bauantragsteller eine Befreiung von den Festsetzungen eines Bebauungsplans nur erteilt werden dürfe, wenn er dies gesondert beantragt habe, und welches deshalb seiner Entscheidung auch einen anderen Blickwinkel gab, führte in diesem Kontext wörtlich aus: *„Daß die Erteilung einer Befreiung gem. § 31 Abs. 2 BauGB materiellrechtlich keinen gesonderten, ausdrücklich gerade hierauf zielenden Antrag des Bauwerbers voraussetzt [...], wird damit nicht in Frage gestellt."*[677] Kennzeichnend für diese gerichtliche Entscheidung und Aussage ist, dass es seinerzeit allerdings kein generelles – auch nicht bauordnungsrechtliches – Antragserfordernis unabhängig von der Frage gab, ob es sich um eine Abweichung von Vorschriften des Genehmigungsmaßstabes oder um nicht (mehr) prüfpflichtige Vorschriften, mithin also sog. isolierte Abweichungen, handelt. Soweit demnach unter Bezugnahme auf die Ausführungen des Bundesverwaltungsgerichts eine gesonderte Beantragung für die Erteilung einer Abweichung als nicht erforderlich und die inzidente Antragstellung mittels des Genehmigungsantrags als ausreichend angesehen

---

[674] Vgl. i.d.S. wohl bei *Schwarzer/König*, BayBO (3. A.), Art. 73 Rn 10 i.V.m. Art. 70 Rn 14, wonach auch ein an sich isolierter Abweichungsantrag hinsichtlich von Abweichungen betreffend nicht zum Genehmigungsmaßstab gehörender Vorschriften sich bereits (konkludent) aus dem Bauantrag ergeben soll.
[675] Vgl. *Schwarzer/König*, BayBO, Art. 59 Rn 10 und Art. 63 Rn 23.
[676] Vgl. *Thomas*, IBR 1990, S. 612.
[677] BVerwG, Beschluss vom 28.05.1990, Az. 4 B 56.90, ZfBR 1990, S. 250.

wurden,⁶⁷⁸ kann dieser Auffassung allenfalls für solche Fallkonstellationen zugestimmt werden, in denen bereits nach damaliger Rechtslage⁶⁷⁹ kein ausdrückliches schriftliches Antragserfordernis vorgesehen war.⁶⁸⁰ Dieser Rechtsauffassung dürfte die Erwägung zu Grunde gelegen haben, dass – mangels anderslautender gesetzlicher Anordnung – eine konkludente⁶⁸¹ bzw. stillschweigende⁶⁸² Antragstellung auf Zulassung von Abweichungen ausreichend ist, wenn sich die Behörde wegen des Genehmigungsantrags ohnehin mit dem Vorhaben befasst, dieses nur mit entsprechender Abweichungszulassung genehmigungsfähig ist und der förmlich nicht verlangte Antrag aus den Bauvorlagen, insbesondere den Bauzeichnungen, ersichtlich wird. Angesichts dieser grundlegenden Überlegung könnte man geneigt sein, selbst im schriftlichen Genehmigungsantrag für die Durchführung eines vereinfachten Baugenehmigungsverfahrens zugleich auch den damit dann inzident-schriftlich gestellten Abweichungsantrag für die Abweichung, mithin also den „inzident-schriftlichen" Antrag auf Abweichung für in diesem Verfahren nicht prüfpflichtige Vorschriften (vgl. Art. 70 Abs. 3 BayBO 1998), zu sehen. Die in den einschlägigen Kommentierungen zum Teil sehr allgemein gehaltenen Ausführungen⁶⁸³ scheinen eine derart erweiterte Handhabung der konkludenten Antragstellung auch zuzulassen. Auch wenn diese sich diesbezüglich nicht immer eindeutig verhalten, so hafte(te)n zumindest die Autoren *Schwarzer/König*⁶⁸⁴ dieser extensiven Auffassung ausdrücklich an. Richtigerweise war jedoch eine Differenzierung erforderlich, wonach entsprechend der alten Rechtslage ein gesonderter Antrag nur bei Abweichungen von Vorschriften des vereinfachten Baugenehmigungsverfahrens als entbehrlich an-

---

⁶⁷⁸ Vgl. *Dhom*, in: Simon/Busse, BayBO 1998, zu Art. 70 Rn 51; *Thomas*, IBR 1990, S. 612; *Koch/Molodovsky/Famers*, BayBO 1998, zu Art. 70 unter 7.2; *Schwarzer/König*, BayBO (3. A.), Art. 70 Rn 14.
⁶⁷⁹ Vgl. hierzu Art. 72 Abs. 7 BayBO 1982: „Ist für bauliche Anlagen oder Werbeanlagen, die keiner Genehmigung bedürfen, eine Ausnahme oder Befreiung erforderlich, so ist die Ausnahme oder Befreiung schriftlich zu beantragen." Ähnlich im Wortlaut und gleichfalls nur auf die nicht genehmigungsbedürftigen Anlagen abstellend Art. 77 Abs. 3 BayBO 1994.
⁶⁸⁰ Vgl. i.d.S. auch *Stelkens*, BauR 1986, S. 390 ff [393].
⁶⁸¹ So bei *Dhom*, in: Simon/Busse, BayBO 1998, zu Art. 70 Rn 51.
⁶⁸² So bei *Koch/Molodovsky/Famers*, BayBO 1998, zu Art. 70 unter 7.2.
⁶⁸³ Vgl. z.B. bei *Koch/Molodovsky/Famers*, BayBO 1998, zu Art. 70 unter 7.2.: *„Die Abweichung setzt grundsätzlich keinen ausdrücklichen Antrag voraus, wenn sie im Rahmen eines bauaufsichtlichen Verfahrens, insbesondere eines Baugenehmigungsverfahrens, begehrt wird [...]. Ein ausdrücklicher Antrag ist notwendig im selbständigen Abweichungsverfahren, insbesondere wenn die Abweichungen zum Gegenstand eines Vorbescheides [...] gemacht wird oder wenn es sich um ein genehmigungsfreies Vorhaben [...] handelt."*
⁶⁸⁴ Vgl. *Schwarzer/König*, BayBO (3. A.), Art. 73 Rn 10 i.V.m. Art. 70 Rn 14.

gesehen werden konnte und darüber hinaus im Falle der nicht mehr prüfpflichtigen Vorschriften eine ausdrückliche schriftliche Antragstellung erforderlich war.[685]

Die zuletzt aufgeworfene Problemstellung bedarf aufgrund der neuen Gesetzeslage mit dem allgemeinen und darüber hinaus vor allem auch gesonderten Antragserfordernis keiner Entscheidung mehr. Diesbezügliche Erörterungen haben sich insoweit erledigt. Konsens besteht nämlich seit der Novelle 2008 allgemein darin, dass der Landesgesetzgeber[686] durch das hinzugefügte ausdrückliche Erfordernis einer „gesonderten" schriftlichen Beantragung an der bei baugenehmigungspflichtigen Vorhaben geübten Praxis, mit Einreichung des Bauantrags auch die erforderlichen Abweichungen als beantragt anzusehen, nicht festhalten wollte und sich damit eine entsprechende Behördenpraxis verbietet.[687] Als unzulässig erweist sich die Entscheidungspraxis mancher Verwaltungsgerichte, die sowohl ohne entsprechenden Antrag des Bauherrn als auch ohne diesbezüglich ausgerichtetes Behördenhandeln die Möglichkeit einer Abweichung erkennen, prüfen und zulassen sowie – in Folge dessen – die Baugenehmigung für nicht mehr rechtswidrig befinden.[688] Mit besonderem Blick auf das vereinfachte Genehmigungsverfahren ist diese gesetzgeberische Entscheidung zu begrüßen, ermöglicht sie eine Wahrung des gesetzlich begrenzten Prüfauftrags und vermeidet zugleich auch die Diskussion, ob für die Prüfungsanordnung des Art. 59 Satz 1 Nr. 2 BayBO 2008 auch eine – gemäß bislang geübter Praxis – konkludente[689] Antragstellung genügend ist. Diese aufgezeigte gesetzliche Entwicklung unterstreicht darüber hinaus die Bedeutung des eigenständigen

---

[685] Vgl. i.d.S. wohl auch *Dhom*, in: Simon/Busse, BayBO 1998, zu Art. 70 Rn 51 ff [54].
[686] Dies gilt im Übrigen auch für den hessischen Landesgesetzgeber, der mit § 63 Abs. 2 HBO gleichfalls die gesonderte schriftliche Beantragung angeordnet hat.
[687] Vgl. *Schwarzer/König*, BayBO, Art. 59 Rn 10 und Art. 63 Rn 23; *Jäde*, in: Jäde/Dirnberger/Bauer: Die neue Bayerische Bauordnung, Art. 63 Rn 75; *Molodovsky*, in: Koch/Molodovsky/Famers, BayBO, Art. 63 Rn 57; für die entsprechende Rechtslage in Hessen i.E. gleichlautend *Hornmann*, HBO, § 63 Rn 45. Vgl. auch *Stelkens*, BauR 1986, S. 390 ff [393], der für die nordrhein-westfälische Rechtslage bereits das Kriterium einer schriftlichen Beantragung als ausreichend ansieht, eine i.d.S. konkludente Antragstellung nicht ausreichen zu lassen.
[688] Vgl. z.B. VG Augsburg, Urteil vom 26.01.2012, Az. Au 5 K 10.67, juris-Dok. Rn 66 ff; a.A. OVG Rheinland Pfalz, Urteil vom 22.11.2011, Az. 8 A 10636/11, BauR 2012, S. 781 ff [783].
[689] Vgl. hierzu aber *Jäde*, Bayerisches Bauordnungsrecht, Rn 157, der ein späteres Gebrauchmachen von der Baugenehmigung als konkludente und zugleich ausreichende Antragstellung ansieht.

Antrags für die Zulassung von Abweichungen, auch wenn dieses Antragsverfahren im Rahmen des vereinfachten Genehmigungsverfahrens geführt und darüber mitentschieden wird. Entgegen der amtlichen Gesetzesbegründung[690], oder doch zumindest weitergehend als diese, wird mit dieser Gesetzesänderung, und dies zeigen die vorstehenden Ausführungen, nicht nur die gesteigerte Eigenverantwortlichkeit des Bauherrn und Entwurfsverfassers betont; vielmehr bezweckt die Änderung vorrangig auch eine zwingend andere Handhabung des Abweichungsantrags in der Verwaltungspraxis. Materiell-rechtliche Anforderungen der Bayerischen Bauordnung werden im vereinfachten Verfahren nur geprüft, wenn sie als Abweichung ausdrücklich beantragt sind.[691] Die Existenz einer Abweichungslage, mithin einer Konstellation, derer zur Folge eine Abweichung auf Antrag materiell-rechtlich zulässig erteilt werden könnte, ist indessen nicht ausreichend, eine ohne Abweichungszulassung erteilte Baugenehmigung als rechtmäßig ansehen zu können.[692] Die Zulassung von Abweichungen ist damit stets schriftlich und gesondert zu beantragen; im Falle der Durchführung eines vereinfachten Baugenehmigungsverfahrens ist der Antrag seit der Ergänzung aufgrund des Änderungsgesetzes aus dem Jahre 2009 darüber hinaus auch mit dem Bauantrag zu stellen, vgl. Art. 63 Abs. 2 Satz 2, 2. Hs. BayBO 2008/2009.

2. Der Verweisungsumfang beantragter Abweichungen i.S.d. Art. 59 Satz 1 Nr. 2 BayBO 2008

Weitestgehend unumstritten ist sicherlich die eher allgemein gehaltene Feststellung, dass Art. 59 Satz 1 Nr. 2 BayBO 2008, also die Prüfung beantragter Abweichungen im Sinne des Art. 63 Abs. 1 und Abs. 2 Satz 2 BayBO 2008/2009 im Rahmen des vereinfachten Genehmigungsverfahrens, in erster Linie auf Abweichungen von bauordnungsrechtlichen Vorschriften abzielt; dies wird insbesondere durch den Verweis auf die Vorschrift des Art. 63 Abs. 2 Satz 2 BayBO 2008/2009 verdeutlicht. Klarstellend ist allerdings festzuhalten, dass im vereinfachten Baugenehmigungsverfahren die behördliche Prüfung auch der Abweichungen von örtlichen Bauvorschriften, die an sich bereits nach der voranste-

---
[690] Vgl. LtDrs. 15/7161 vom 15.01.2007, S. 69.
[691] Vgl. *Dhom*, in: Simon/Busse, BayBO, Art. 63 Rn 49.
[692] Vgl. OVG RP, Urteil vom 22.11.2011, Az. 8 A 10636/11, BauR 2012, S. 781 ff [783] m.w.N. dass., Beschluss vom 05.02.2010, Az. 1 B 11356/09; vgl. hierzu auch die kritische Anmerkung *Sauthoffs*, BauR 2013, S. 415 ff.

henden Nr. 1 Bestandteil des Prüfungsumfangs sind, erst über die Nr. 2 des Art. 59 Satz 1 BayBO 2008 zugelassen wird.[693] Auf ein Antragserfordernis kann auch diesbezüglich nicht (mehr) verzichtet werden, wenn die sich aus diesen Vorschriften ergebenden Anforderungen von dem Bauvorhaben nicht eingehalten werden und eine Genehmigungsfähigkeit lediglich unter Zulassung einer Abweichung erreicht werden kann. Dies wird aus dem Zusammenspiel des in der Nr. 2 niedergelegten Verweises auf Art. 63 Abs. 1 BayBO 2008 einerseits und des Rückschlusses aus Art. 63 Abs. 2 Satz 2 BayBO 2008 andererseits deutlich; demnach sind also auch Abweichungen von bauordnungsrechtlichen Vorschriften des Genehmigungsverfahrens, mithin wegen Art. 59 Satz 1 Nr. 1 BayBO 2008 also nur noch Abweichungen von örtlichen Bauvorschriften, von Art. 59 Satz 1 Nr. 2 erfasst. Der dort vorgenommene Verweis auf Art. 63 Abs. 1 BayBO 2008 ginge gewissermaßen ins Leere und wäre überflüssig, würde er nicht die bauordnungsrechtlichen Abweichungen von Vorschriften des Genehmigungsmaßstabes in Bezug nehmen. Obwohl nicht zugleich auf das für diesen Absatz 1 angeordnete schriftliche Antragserfordernis Bezug genommen wird, kann hier nicht auf den bauherrenseitigen Antrag verzichtet werden, da zumindest Art. 59 Satz 1 Nr. 2 BayBO 2008 eben die Beantragung ausdrücklich erwähnt und auf diese Weise verlangt. Die von den Autoren *König*[694] und *Molodovsky*[695] nach wie vor vertretene Ansicht, Abweichungen von örtlichen Bauvorschriften seien unabhängig von einem Antrag auf Abweichung bereits nach Nr. 1 des Art. 59 Satz 1 BayBO 2008 Teil des Prüfprogramms und gegebenenfalls antragsunabhängig zuzulassen, kann angesichts der klaren Gesetzesverweisung nicht mehr aufrechterhalten werden. Es dürfte sich insoweit um ein „Relikt" aus Zeiten handeln, in denen Abweichungsanträge bezüglich zum Prüfprogramm gehörender Vorschriften als konkludent mit dem Bauantrag gestellt[696] angesehen wurden. Etwas anderes gilt, wie *Jäde*[697] zutreffend ausführt, für Ab-

---

[693] Vgl. i.d.S. wohl auch *Wolf*, in: Simon/Busse, BayBO, Art. 59 Rn 46. *Wolf* führt aus, dass es sich bei der Prüfung von beantragten Abweichungen aufgrund des in Nr. 2 erfolgten Verweises entweder um Abweichungen, die im vereinfachten Verfahren geprüft werden, oder aber um isolierte Abweichungen handeln müsse.
[694] Vgl. *Schwarzer/König*, BayBO, Art. 59 Rn 9, wonach sich Art. 59 Satz 1 Nr. 2 BayBO 2008 i.E. auf beantragte „isolierte" Abweichungen beschränkt.
[695] Vgl. *Molodovsky*, in: Koch/Molodovsky/Famers, BayBO, Art. 59 Rn 15 i.V.m. Rn 12.
[696] Vgl. zuletzt B.II.1.; Vgl. *Koch/Molodovsky/Famers*, BayBO 1998, zu Art. 70 unter 7.2; *Schwarzer/König*, BayBO, Art. 59 Rn 10 und Art. 63 Rn 23.
[697] Vgl. *Jäde*, in: Jäde/Dirnberger/Bauer, Die neue BayBO, Art. 59 Rn 31; *ders.*, Bayerisches Bauordnungsrecht, S. 40 Rn 152; ebenso *Molodovsky*, in: Koch/Molodovsky/Famers, BayBO,

weichungen von bauplanungsrechtlichen Vorschriften. Art. 59 Satz 1 Nr. 2 BayBO 2008 verweist nämlich nicht auf das allgemeine Antragserfordernis des Art. 63 Abs. 2 Satz 1 BayBO 2008, sondern beschränkt den Verweis auf „[...] Abweichungen von Anforderungen dieses Gesetzes [BayBO] und auf Grund dieses Gesetzes erlassener Vorschriften [...]" (Art. 63 Abs. 1 Satz 1 BayBO 2008) sowie auf „[...] Abweichungen von Vorschriften, die im Genehmigungsverfahren nicht geprüft werden [...]" (Art. 63 Abs. 2 Satz 2 BayBO 2008), mithin also die Vorschriften des Bauordnungsrechts.

Darüber hinaus erstreckt sich das behördliche Prüfprogramm nicht auf beantragte Abweichungen von bauplanungsrechtlichen Vorschriften, die nicht bereits Bestandteil des gesetzlich-beschränkten Prüfprogrammes im Sinne des Art. 59 Satz 1 Nr. 1 BayBO 2008 und deshalb nicht bereits in diesem Kontext zu prüfen sind.[698] Der ausdrückliche Verweis auf Abweichungen im Sinne des Art. 63 Abs. 1 und Abs. 2 Satz 2 BayBO 2008 begrenzt die Prüfung auf beantragte bauordnungsrechtliche Abweichungen.

3. Auswirkungen des gestellten Abweichungsantrags auf den Verfahrensgegenstand des vereinfachten Baugenehmigungsverfahrens

Die Prüfung von Abweichungen von insbesondere bauordnungsrechtlichen Vorschriften erfolgt im Rahmen des vereinfachten Baugenehmigungsverfahrens ausschließlich auf gesonderten Antrag des Bauherrn. Das Zulassungsverfahren kommt nur auf gesonderten schriftlichen Antrag hin in Gang. Dies wurde zuletzt eingehend dargelegt. Hält das zur Genehmigung gestellte Bauvorhaben bauordnungsrechtliche Anforderungen nicht ein, obliegt es dem Bauherrn, die behördliche Zulassung von Abweichungen nicht erfüllter bauordnungsrechtlicher Anforderungen mittels einer entsprechenden Antragstellung zu erwirken. In Folge dessen nimmt der Antragsteller in verwaltungspraktischer Hinsicht, zumindest im Ergebnis, auch Einfluss auf den Prüfungsumfang[699] der Behörde, deren Prüf-

---

Art. 59 Rn 17, der sich allerdings in nicht zutreffender Weise für die Prüfung beantragter Abweichungen von planungsrechtlichen Vorschriften, die außerhalb des Genehmigungsmaßstabes liegen, auf Grundlage von Art. 59 Satz 1 Nr. 2 BayBO 2008 ausspricht.
[698] Vgl. a.A. *Molodovsky*, in: Koch/Molodovsky/Famers, BayBO, Art. 59 Rn 17.
[699] Bei entsprechender Antragstellung erstreckt sich der Prüfungsumfang über die Fälle des Art. 59 Satz 1 Nrn. 1 und 3 BayBO 2008 hinaus auch auf die Prüfung von Abweichungen,

auftrag z.B. im vereinfachten Genehmigungsverfahren aus Art. 68 Abs. 1 Satz 1, 1. Hs. i.V.m. Art. 59 Satz 1 BayBO 2008/2009 folgt. Nicht zugleich nimmt er aber auch Einfluss auf die Verfahrensart selbst, welche sich – nicht zuletzt über die verfahrenssteuernde Wirkung[700] der Sonderbauten – ausschließlich gesetzlich ergibt. Die verfahrensrechtliche Kombination eines Bauantrags für ein nach gesetzlicher Zuweisung im vereinfachten Verfahren zu prüfendes Bauvorhaben mit einem gleichzeitigen Abweichungsantrag bedeutet keinesfalls eine Vorhabensbeurteilung nach den Maßstäben des regulären Baugenehmigungsverfahrens im Sinne des Art. 60 BayBO 2008.[701] Mit einer regelrechten und im Weiteren nicht hinterfragten Selbstverständlichkeit wird insoweit in der einschlägigen Fachliteratur – gewissermaßen auch konsequent – ausgehend von Art. 59 Satz 1 Nr. 2 i.V.m. Art. 63 Abs. 1 und Abs. 2 Satz 2 BayBO 2008 schlicht festgestellt, dass sich das Prüfprogramm des vereinfachten Baugenehmigungsverfahrens auch auf „beantragte Abweichungen" erstreckt.[702] Dies ist, beschränkt man diese Feststellung auf die behördliche Prüfkompetenz, im Kern und vor dem Hintergrund der gesetzgeberischen Intention[703], die Beschränkung des Prüfumfangs wahren zu müssen, freilich richtig. Die oben im selben Teil unter B.I.2. im Grundsätzlichen begrüßte ausdrückliche gesetzliche Klarstellung, im vereinfachten Baugenehmigungsverfahren – nicht zuletzt aus verwaltungsökonomischen

---

vgl. Art. 59 Satz 1 Nr. 2 BayBO 2008, mithin z.B. auf eine konkret zur Abweichungsprüfung gestellte bauordnungsrechtliche Vorschrift. Eine pauschal-umfassende Prüfung i.S.d. Art. 60 Satz 1 BayBO 2008 folgt aus einem Abweichungsantrag dagegen nicht.
[700] Vgl. LtDrs. 15/7161 vom 15.01.2007, S. 39.
[701] Vgl. oben Teil 1 C.II.1. Die Verfahrensart (z.B. vereinfachtes Baugenehmigungsverfahren gemäß Art. 59 BayBO 2008) bestimmt sich auch dann ausschließlich nach den gesetzlichen Vorschriften und insbesondere über die verfahrenssteuernde Sonderbauabgrenzung, wenn der Bauherr gemäß Art. 63 Abs. 2 BayBO gesetzeskonform zugleich auch einen entsprechenden Abweichungsantrag stellt. Aus der Kombination vereinfachtes Baugenehmigungs- und Abweichungsverfahren kann keinesfalls gefolgert werden, dass damit behördenseitig letztlich ein umfassendes Genehmigungsverfahren i.S.d. Art. 60 BayBO 2008 durchzuführen wäre. Dies ergibt sich nicht zuletzt bereits daraus, dass die Abweichungsprüfung ihrerseits in ihrem Verfahrensgegenstand i.S.d. Antragstellung beschränkt ist und sich damit selbst bei zusammengefasster Betrachtung der Verfahrensgegenstände des vereinfachten Verfahrens und des Abweichungsverfahrens ein Weniger gegenüber dem Verfahrensgegenstand und damit auch gegenüber dem Prüfungsumfang des regulären Baugenehmigungsverfahrens ergibt. Zum Verfahrensgegenstand des Abweichungsverfahrens in Teil 2 unter B.II.3.
[702] Vgl. *Jäde*, in: Jäde/Dirnberger/Bauer, Die neue BayBO, Art. 59 Rn 36; *Molodovsky*, in: Koch/Molodovsky/Famers, BayBO, Art. 59 Rn 15.
[703] Vgl. *Jäde*, in: Jäde/Dirnberger/Bauer, Die neue BayBO, Art. 59 Rn 36, der zutreffend ausführt, dass die gesetzgeberische Entscheidung konterkariert würde, würde in Art. 59 Satz 1 Nr. 2 BayBO 2008 auf das Erfordernis „beantragte" verzichtet.

Gründen – auch beantragte Abweichungen zu prüfen, wie mit Art. 59 Satz 1 Nr. 2 BayBO 2008 umgesetzt, birgt jedoch jenseits davon auch gesetzessystematische Schwierigkeiten oder doch zumindest Ungereimtheiten in sich und wirft zugleich weitere Fragen auf: Hat es der Bauherr bzw. Antragsteller damit in der Hand, über den Umfang des Verfahrensgegenstandes des vereinfachten Baugenehmigungsverfahrens zu disponieren? Erweitert sich der Verfahrensgegenstand des vereinfachten Genehmigungsverfahrens im Falle einer gesetzeskonformen Antragstellung auf die Prüfung von Abweichungen? Ergibt sich – in konsequenter Fortsetzung dieser Überlegung – damit am Ende vielleicht sogar wieder ein ausgewogenes Verhältnis und Gleichgewicht, wenn man zugleich der Behörde über Art. 68 Abs. 1 Satz 1, 2. Hs. BayBO 2008/2009 eine Dispositionsbefugnis über den Verfahrensgegenstand zuerkennen würde? Weitere Folgefragen ließen sich anführen. Eine antragsabhängige Variabilität des Verfahrensgegenstandes ist jedoch letztlich zu verneinen, wird im Falle eines solchen Verständnisses nämlich übersehen, dass lediglich über das eigens beantragte Abweichungsverfahren im Rahmen des vereinfachten Baugenehmigungsverfahrens mitzuentscheiden ist.

Anlass der hier aufgeworfenen Fragen ist die textliche Ausgestaltung des Art. 59 Satz 1 BayBO 2008, wonach „beantragte Abweichungen" in einer katalogähnlichen Aufzählung auf einer Ebene mit den „Vorschriften über die Zulässigkeit der baulichen Anlagen nach den §§ 29 bis 38 BauGB" und den „Regelungen örtlicher Bauvorschriften im Sinn des Art. 81 Abs. 1 BayBO 2008", die zusammen den eigentlichen und zuletzt im Kern noch verbliebenen Prüfungsumfang ausmachen, benannt werden. Es verhält sich nämlich gerade nicht so, dass einerseits eine Vorgabe erfolgt, welche bauplanungs- bzw. bauordnungsrechtlichen Vorschriften von der Bauaufsichtsbehörde im vereinfachten Baugenehmigungsverfahren (noch) geprüft werden dürfen und müssen, und dass andererseits systematisch losgelöst davon lediglich klarstellend ausgesprochen wird – ähnlich wie das für die Unberührtheit bautechnischer Nachweise in einem eigenen und nachgestellten Satz 2 erfolgt –, dass über beantragte Abweichungen in diesem Verfahren zugleich mitentschieden wird oder werden kann. Auch wenn der Gesetzgeber mit seiner katalogähnlichen Ausgestaltung der Vorschrift selbst einen missverständlichen Eindruck erweckt, stellt er zumindest mit den Gesetzgebungsmaterialien[704] klar, dass es sich bei der Anordnung zur Prüfung bean-

---

[704] Vgl. LtDrs. 15/7161 vom 15.01.2007, S. 65.

tragter Abweichungen lediglich um eine bescheidstechnische Regelung[705] handelt. Die Beschränkung des Prüfungsumfangs soll davon mit der Folge unberührt bleiben, dass es Sache des Bauherrn ist, diese Abweichungen im vereinfachten Baugenehmigungsverfahren ausdrücklich zur Prüfung zu stellen. Mag damit die Ausgestaltung des Art. 59 Satz 1 BayBO 2008 mit der nummerischen Aufzählung und den gleichrangig benannten beantragten Abweichungen auf einen in seinem Umfang antragsabhängigen Verfahrensgegenstand[706] hindeuten, ist hinsichtlich der beantragten Abweichungen richtigerweise von einem an sich eigenen Verfahren mit grundsätzlich eigenständigem und im Übrigen auch gleichfalls beschränktem[707] Verfahrensgegenstand auszugehen, über das lediglich bescheidstechnisch[708] im Rahmen des vereinfachten Baugenehmigungsverfahrens mit eigenem VA mitentschieden wird. Mit der Antragstellung legt die Bauherrschaft fest, was Verfahrensgegenstand des Zulassungsverfahrens sein soll.[709] Insbesondere für die nicht mehr im vereinfachten Baugenehmigungsverfahren prüfpflichtigen und zugleich auch prüffähigen Anforderungen des Bauordnungsrechts ordnet Art. 63 Abs. 1 Satz 2, 2. Hs. BayBO 2008/2009 sogar ausdrücklich an, dass der das Abweichungsverfahren auslösende Antrag mit dem Bauantrag zu stellen ist; er ist somit eigenständig und zusätzlich zu sehen und wird gerade nicht durch den Bauantrag ersetzt. Es ist im Regelfall ein Antrag, der über den jeweiligen Verfahrensgegenstand entscheidet;[710] mithin im

---

[705] Vgl. LtDrs. 15/7161 vom 15.01.2007, S. 65; *Numberger*, BayVBl 2008, S. 742. Dies betont auch *Molodovsky*, der die Antragstellung bezüglich der Zulassung von Abweichungen – zu Unrecht – in das Belieben des Bauherrn gestellt sehen will und eine entsprechende Verpflichtung zur Antragstellung ablehnt, vgl. *Molodovsky*, in: Koch/Molodovsky/Famers, BayBO, Art. 59 Rn 15a m.w.N.

[706] Nach allgemeinen Grundsätzen wird unter dem öffentlich-rechtlichen Verfahrensgegenstand die durch einen bestimmten konkreten Sachverhalt näher abgegrenzte Verwaltungsrechtssache verstanden, die zum Beispiel i.V.m. einem Antrag durch einen VA bestandskräftig abgeschlossen wird, vgl. ; *Kopp/Ramsauer*, VwVfG, § 9 Rn 24; BayVGH, BayVBl 1981, S. 241; *Weyreuther*, DVBl 1984, S. 366.

[707] Vgl. *Dhom*, in: Simon/Busse, BayBO, Art. 63 Rn 51, der zutreffend darauf hinweist, dass das Prüfprogramm des isolierten Abweichungsverfahrens ähnlich wie das des vereinfachten Baugenehmigungsverfahrens begrenzt ist. Die Bauaufsichtsbehörde prüft in diesem Kontext darüber hinaus gerade nicht, ob gegebenenfalls auch weitere Abweichungen hätten beantragt werden müssen oder ob andere baurechtliche Vorschriften unter Umständen nicht eingehalten sind.

[708] Vgl. *Linhart*, Schreiben, Bescheide und Vorschriften in der Verwaltung, § 19 Rn 35 und 107a.

[709] Vgl. *Hornmann*, HBO, § 63 Rn 47.

[710] Vgl. *Kopp/Ramsauer*, VwVfG, § 9 Rn 24 m.w.N.; *Wolf*, in: Simon/Busse, BayBO, Art. 64 Rn 21 und 23.

Falle zweier Anträge – mögen diese auch zusammen bzw. zeitgleich gestellt werden (Art. 63 Abs. 2 Satz 2, 2. Hs. BayBO 2008/2009) – zweier Verfahrensgegenstände. Für diese Auffassung spricht neben dem Gesetzeswortlaut und der dargestellten Systematik weiterhin die behördliche Tenorierungspraxis, derer zur Folge die Bauaufsichtsbehörde nämlich – freilich bescheidstechnisch in einem Bescheid – beide Anträge gesondert tenoriert: So wird in jeweils getrennten Ziffern einerseits die bauaufsichtliche Genehmigung erteilt und andererseits ein Ausspruch über die Zulassung von Abweichungen getätigt.[711] Der Gesamttenor des Baubescheids enthält damit neben dem Hauptverwaltungsakt als Hauptsacheentscheidung[712], also der Baugenehmigung, zugleich auch weitere Verwaltungsakte als sonstige Entscheidungen, je nach Einzelfall z.B. planungsrechtliche Ausnahmen (§ 31 Abs. 1 BauGB) und Befreiungen (§ 31 Abs. 2 BauGB), aber eben auch Entscheidungen über bauordnungsrechtliche Abweichungen im Sinne des Art. 63 BayBO 2008.[713] Diese gerade auch für Bayern sicherlich nicht unumstrittene[714] Rechtsauffassung wird auch außerhalb Bayerns diskutiert und zugrunde gelegt;[715] zum Teil wird – dann allerdings zu weit gehend – über die einheitliche Verbescheidung der zwei selbständigen Verwaltungsakte Baugenehmigung und Befreiung hinaus sogar ein eigenständiger Befreiungsbescheid gefordert.[716] Dies ist angesichts der bayerischen Rechtslage mit Blick auf Art. 59 Satz 1 Nr. 2 BayBO 2008 allerdings nicht vertretbar. Spätestens seit der halb-

---

[711] Vgl. *Linhart*, Schreiben, Bescheide und Vorschriften in der Verwaltung, § 19 Rn 107a und § 22 Rn 1 [S. 571]; i.E. wohl auch *Koehl*, BayVBl 2009, S. 647, wonach sich eine Abweichung ausdrücklich aus dem Tenor bzw. Spruch oder zumindest aus der Begründung der Baugenehmigung ergeben muss.

[712] Vgl. *Linhart*, Schreiben, Bescheide und Vorschriften in der Verwaltung, § 19 Rn 35 107a.

[713] So auch bei *Lechner*, in: Simon/Busse, BayBO, Art. 68 Rn 462. Vgl. *Linhart*, Schreiben, Bescheide und Vorschriften in der Verwaltung, § 19 Rn 35 und 107a. Für die Qualifikation des Befreiungsbescheids nach § 31 Abs. 2 BauGB im Verhältnis zur Baugenehmigung als selbständiger VA vgl. *P. Stelkens/U. Stelkens*, in: Stelkens/Bonk/Sachs, VwVfG (5. A.), § 35 Rn 96; nicht mehr explizit dagegen *dies.*, in: Stelkens/Bonk/Sachs, VwVfG, § 35 Rn 170 a.E. [Fn 856]. Für die Rechtslage in NRW vgl. auch *Stelkens*, BauR 1986, S. 390 ff [393].

[714] Vgl. a.A. *Jäde*, in: Jäde/Dirnberger/Bauer, Die neue BayBO, Art. 63 Rn 8 mit Verweis auf a.A.; vgl. auch BVerwG, Urteil vom 17.02.1971, Az. IV C 2/68, NJW 1971, S. 1147, das die Befreiung als unselbständigen Akt charakterisiert, der gleichsam als Akzidens zu einer Hauptsache hinzutrete.

[715] Vgl. OVG NRW, Beschluss vom 01.12.1998, Az. 10 B 2304/98, DVBl 1999, S. 788 ff; wohl auch Schl.-H. OVG, Beschluss vom 30.10.1997, Az. 1 M 52/97, BauR 1998, S. 1223 ff; vgl. hierzu auch *P. Stelkens/U. Stelkens*, in: Stelkens/Bonk/Sachs, VwVfG (5. A.), § 35 Rn 96.

[716] Vgl. *Stelkens*, BauR 1986, S. 390 ff [393], allerdings auf die (alte) Rechtslage in NRW bezogen.

satzartigen Anordnung, dass Abweichungen von Vorschriften, die nicht zum Prüfungsmaßstab gehören mit dem Bauantrag zu beantragen sind, ist von zwei Verwaltungsakten in einem Bescheid[717] auszugehen. Konsens dürfte jedenfalls darin bestehen, dass die Zulassung von Abweichungen zumindest ausdrücklich und mit einem exakten Ausspruch[718] in der Baugenehmigung zu verdeutlichen und zu begründen ist. Dies dient nicht zuletzt auch der behördlichen Bewusstseinsschärfung, dass mit der Entscheidung eine Abweichung von geltendem und üblicherweise einzuhaltendem Recht einhergeht. Freilich darf wohl vermutet werden, dass die Auswirkungen der katalogartigen Prüfungsanordnung des Art. 59 Satz 1 BayBO 2008 auf den bzw. die Verfahrensgegenstände kaum bis nicht im Blickfeld des Gesetzgebers gelegen haben dürften, sondern es ihm in erster Linie um den klarstellenden Ausspruch einer Prüfungsermächtigung, über den Abweichungsantrag trotz beschränkten Prüfprogramms zeitgleich mitentscheiden zu können bzw. zu müssen, mithin um eine lediglich bescheidstechnische Regelung ging. Dem in diesem Kontext möglicherweise vorgebrachten Einwand, es handle sich bei einer solch differenzierten Betrachtung um unnötige und nicht praxisrelevante Haarspalterei, ist entgegenzuhalten, dass dies mit isoliertem Blick auf die Frage nach der behördlichen Prüfkompetenz im Rahmen des vereinfachten Genehmigungsverfahrens vielleicht noch zu bejahen ist, dass sich aber hinsichtlich des Verfahrensgegenstandes bzw. der Verfahrensgegenstände die gezeigten Unterschiede ergeben, die der weiteren Erörterung bezüglich eines fehlenden, aber gleichwohl erforderlichen Abweichungsantrags sowie auch im Kontext mit Art. 68 Abs. 1 Satz 1, 2. Hs. BayBO 2008/2009 zugrunde zu legen sind. Auch wenn hinsichtlich der Zulassung oder Versagung von Abweichungen kein selbständiger und eigener Abweichungsbescheid[719] ergeht, sondern die Abweichungsentscheidung bescheidstechnischer Bestandteil der

---

[717] Vgl. *Wolf*, in: Simon/Busse, BayBO, Art. 59 Rn 48, der die Gesetzesbegründung wiedergebend ausführt, dass der Bauherr den Abweichungsantrag mit der Folge stellen könne, *„[...] dass dann verfahrenserleichternd (?) in einem Bescheid mit der Zulassung des Vorhabens zugleich die Abweichung erteilt wird."* Vgl. auch *Dhom*, in: Simon/Busse, BayBO, Art. 63 Rn 58, der von einem „eigenständigen Regelungsgehalt" der Abweichung als „Teil der Baugenehmigung" spricht. Vgl. auch *Hornmann*, HBO, § 63 Rn 53 ff [59].
[718] So zutreffend *Dhom*, in: Simon/Busse, BayBO, Art. 63 Rn 58; vgl. auch *Koehl*, BayVBl 2009, S. 647.
[719] Vgl. a.A. *Stelkens*, BauR 1986, S. 393.

Baugenehmigung ist,[720] folgt die Feststellungswirkung der behördlichen Entscheidung aus dem jeweiligen Verfahrensgegenstand. Vorgreifend soll bereits angemerkt sein, dass unter Zugrundelegung dieser Rechtsmeinung noch nicht zugleich auch die Notwendigkeit einer getrennten Anfechtbarkeit folgt. Auch, und dies ist für die weiteren Erörterungen im Kontext mit Art. 68 Abs. 1 Satz 1, 2. Hs. BayBO 2008/2009 von entscheidender Bedeutung, kann der Bauherr mit der Antragstellung nicht über den Verfahrensgegenstand des vereinfachten Baugenehmigungsverfahrens disponieren. Soweit *Molodovsky* wie schon zuvor das Bundesverwaltungsgericht[721] die behördliche Entscheidung über den Abweichungsantrag im Sinne eines bescheidstechnischen Bestandteils der Baugenehmigung mit dem Begriff eines „Akzidens"[722] charakterisiert, greift diese Umschreibung mit dem zugrunde liegenden Verständnis eines „dem Gegenstand nicht notwendig Zukommenden"[723] nicht nur zu kurz, sondern geht inhaltlich fehl und ist deshalb zu vermeiden. Der Einfachheit halber wird allerdings gleichwohl fortan vom Prüfprogramm des Art. 59 Satz 1 BayBO 2008 unter Einschluss der beantragten Abweichungen gesprochen; dies allerdings vor dem Hintergrund eines Verfahrens im Verfahren im vorstehend erörterten Sinn.

III. Der gestellte, aber nicht erforderliche Abweichungsantrag

Die nicht nur theoretische, sondern durchaus auch praxisnahe und -relevante Konstellation eines materiell-rechtlich nicht erforderlichen – da keine tatsächliche Abweichung gegeben –, vom Bauantragsteller aber gleichwohl in Kenntnis dessen bewusst gestellten Antrags[724] auf Zulassung einer Abweichung mit dem Begehr, eine diesbezügliche Prüfung der Behörde mit anschließender Aussage[725]

---

[720] Vgl. i.E. auch *Jäde*, in: Jäde/Dirnberger/Bauer, Die neue BayBO, Art. 63 Rn 8; *ders.* BayVBl 2006, S. 51; *Linhart*, Schreiben, Bescheide und Vorschriften in der Verwaltung, § 19 Rn 35 und 107a.
[721] Vgl. BVerwG, Urteil vom 17.02.1971, Az. IV C 2/68, NJW 1971, S. 1147: „[...] [D]ie *Befreiung [stellt] im allgemeinen nur einen unselbständigen Akt dar, der gleichsam als Akzidens zu einer Hauptsache, hier der Baugenehmigung, hinzutritt [...]."*
[722] Vgl. *Molodovsky*, in: Koch/Molodovsky/Famers, BayBO, Art. 63 Rn ff [72].
[723] Vgl. lat. accidens = beiläufig, zufällig; vgl. Duden, Fremdwörterbuch, Akzidens: das Zufällige, nicht notwendig einem Gegenstand Zukommende, unselbständig Seiende (Philos.).
[724] Der in diesem Kontext zugrunde gelegte materiell-rechtlich nicht erforderliche Abweichungsantrag bezieht sich auf solche Vorhaben, die nicht von bauordnungsrechtlichen Anforderungen wie etwa Abstandsflächen abweichen und demnach keine Abweichung erfordern.
[725] Die Zulassung einer Abweichung muss ausdrücklich tenoriert werden bzw. muss sich zumindest aus den Entscheidungsgründen des behördlichen Schreibens ergeben. Eine Abwei-

und vorzugsweise sogar abschließender Tenorierung zu erhalten, findet in der einschlägigen Fachliteratur – soweit ersichtlich – keine Berücksichtigung.[726] Der „spitzfindige" Bauherr eines im vereinfachtem Genehmigungsverfahren zu beurteilenden Bauvorhabens könnte insbesondere bei nicht ganz eindeutiger Sach- und Rechtslage ausgehend von Art. 59 Satz 1 Nr. 2[727] i.V.m. Art. 63 Abs. 2 Satz 2, 2. Hs. BayBO 2008/2009 nämlich durchaus den Versuch unternehmen, die Behörde mittels der Stellung eines Abweichungsantrags zu einer bauordnungsrechtlichen Prüfung[728] zu veranlassen, um sich auf diese Weise „auf Umwegen" eine für ihn kostengünstige und in erster Linie auch verbindliche behördliche Aussage dergestalt zu verschaffen, dass z.B. eine Abweichung von Abstandsvorschriften nicht erforderlich ist, da das Vorhaben bereits alle Abstandsvorschriften einhält. Eine nicht erforderliche, aber gleichwohl erteilte Abweichung wäre hingegen objektiv rechtswidrig.[729] Dieses bauherrenseitige Begehren einer über die beschränkte Feststellungswirkung der im vereinfachten Verfahren ergangenen Baugenehmigung hinausgehenden Aussage, mithin eine Unbedenklichkeitserklärung hinsichtlich der zur (Abweichungs-)Prüfung gestellten bauordnungsrechtlichen Anforderungen, liegt auf der Hand, wird dem Bauherrn vor allem seit der Novelle 2008 nur noch in sehr beschränktem Umfang, also insbesondere hinsichtlich des Bauplanungsrechts, die Unbedenklichkeit seines Vorhabens bescheinigt. Diese angesprochene Frage gilt es auch unabhängig davon zu diskutieren, ob das gemäß Art. 63 Abs. 2 Satz 2 [insbesondere 2. Hs.], Art. 59 Satz 1 Nr. 2 BayBO 2008/2009 auf Antrag veranlasste und im Zusammenhang mit dem vereinfachten Genehmigungsverfahren durchgeführte Abweichungsverfahren – wie hier vertreten – im Sinne eines eigenen Verfahrensgegenstandes oder im Sinne eines den Gegenstand des vereinfachten Baugenehmigungsver-

---

chung wird nicht bereits konkludent dadurch erteilt, dass die eingereichten Bauvorlagen mit einem Genehmigungsvermerk versehen werden. So zutreffend *Koehl*, BayVBl 2009, S. 647.

[726] Vgl. dagegen anders die umgekehrte Fallkonstellation, wenn die Motivation des Bauherrn darauf gerichtet ist, einen erforderlichen Abweichungsantrag bewusst nicht stellen zu wollen, um den für die Baueinstellung erforderlichen behördlichen Ermessensspielraum in seinem Sinne auszureizen, so *Koehl*, BayVBl 2009, S. 648.

[727] Vgl. hierzu *Molodovsky*, in: Koch/Molodovsky/Famers, BayBO, Art. 59 Rn 15: „ [...] *Auf Grund der „beantragten Abweichung" erstreckt sich dann im Einzelfall das Prüfprogramm auch auf Abweichungen von nicht zum Prüfprogramm gehörigen Vorschriften des Bauordnungsrechts. [...]"*

[728] In Art. 59 Satz 1 [Nr. 2] BayBO 2008 heißt es: „Außer bei Sonderbauten *prüft* die Bauaufsichtsbehörde [...] *beantragte Abweichungen* im Sinn des Art. 63 Abs. 1 und Abs. 2 Satz 2 [...] [Hervorhebung durch den Verfasser]."

[729] Vgl. so auch VG Augsburg, Urteil vom 26.01.2012, Az. Au 5 K 10.67, juris-Dok. Rn 55.

fahrens erweiternden Elements mit der Folge eines auf zwei Anträge hin zu führenden einheitlichen Verfahrensgegenstandes verstanden wird. Losgelöst von den beiden Rechtsauffassungen zum Verfahrensgegenstand ist nämlich jedenfalls „[...] für Abweichungen von Vorschriften, die im Genehmigungsverfahren nicht geprüft werden [...]"[730], ein gesonderter[731] Abweichungsantrag zusammen mit dem Bauantrag zu stellen, Art. 63 Abs. 2 Satz 2, 2. Hs. BayBO 2008/2009. Nach beiden Ansichten liegt in Folge dessen in jedem Falle ein gesonderter schriftlicher Antrag mit dem formellen Begehr vor, die Zulassung für eine Abweichung zu erhalten, dem freilich die eigentliche Intention zugrunde liegt, eine positiv-ausdrückliche Behördenfeststellung dahingehend zu erhalten, dass es einer Abweichung wegen der Einhaltung der entsprechenden bauordnungsrechtlichen Anforderungen nicht bedarf. Über den gestellten (Abweichungs-)Antrag ist – wie über jeden Antrag – grundsätzlich behördlich zu befinden. Dies folgt aus dem allgemeinen verwaltungsrechtlichen Grundsatz, dass ein auf Antrag einzuleitendes – vgl. in diesem Kontext auch Art. 22 S. 2 Nr. 1, 2. Alt und Nr. 2, 1. Alt. BayVwVfG – und eingeleitetes sowie von der Behörde durchzuführendes Verwaltungsverfahren[732] mittels einer behördlichen Entscheidung, in der Regel durch VA im Sinne des Art. 35 BayVwVfG, zum Abschluss zu bringen ist[733] und nicht ohne weiteres eingestellt werden kann.[734] Selbst ein dem Abweichungsantrag fehlendes Sachbescheidungsinteresse würde es der Behörde nicht ermöglichen, die Entgegennahme des Antrags zu verweigern und damit die Entscheidung zu umgehen.[735] Dem Abweichungsantrag hat als Korrelat[736] eine förmliche Zulassungs- oder Ablehnungsentscheidung zu folgen. Denn es ist der behördliche Ausspruch, der über die Zulassung oder Ablehnung einer beantragten Abweichung entscheidet; eine Entscheidung ergibt sich nämlich nicht bereits

---

[730] Art. 63 Abs. 2 Satz 2, 1. Hs. BayBO 2008/2009.
[731] Art. 63 Abs. 2 Satz 2, 1. Hs. BayBO 2008/2009 ordnet die entsprechende Geltung von Art. 63 Abs. 2 Satz 1 BayBO 2008/2009 an, wonach also auch hinsichtlich von Abweichungen von Vorschriften, die bezogen auf ein Bauvorhaben nicht mehr geprüft werden, eine gesonderte schriftliche Beantragung erforderlich ist.
[732] Vgl. in diesem Kontext auch Art. 9 BayVwVfG.
[733] Vgl. *Maurer*, Allgemeines Verwaltungsrecht, § 19 Rn 19; *Kopp/Ramsauer*, VwVfG, § 9 Rn 30 ff [36]; *Pündler*, in: Erichsen/Ehlers, Allgemeines Verwaltungsrecht, § 14 Rn 46.
[734] Vgl. *Kopp/Ramsauer*, VwVfG, § 9 Rn 36. Eine Einstellung ohne vorausgehende Antragsrücknahme wäre vielmehr als konkludente Ablehnung des Antrags zu qualifizieren.
[735] Vgl. *Schmitz*, in: Stelkens/Bonk/Sachs, VwVfG, § 9 Rn 153, mit Hinweis auf § 24 Abs. 3 VwVfG.
[736] Vgl. *Hornmann*, HBO, § 63 Rn 51.

– ohne zusätzlichen bzw. gesonderten behördlichen Tenor – aus den mit Genehmigungsvermerk versehenen Bauunterlagen.[737]

Die bauverfahrensrechtliche Systematik der derzeit gültigen Bauordnung für Bayern sieht eine solche Sachverhaltskonstellation – wie hier angesprochen – nicht vor. Sie geht vielmehr nur von der Antragstellung im Falle eines materiell-rechtlich erforderlichen Abweichungsantrags aus, der im Wege der Verbescheidung der beantragten Baugenehmigung mit abgehandelt wird. Dies folgt aus Art. 59 Satz 1 Nr. 2 BayBO 2008, wonach im Rahmen des vereinfachten Genehmigungsverfahrens beantragte Abweichungen zu prüfen sind. Unter den damit in Bezug genommenen Abweichungen im Sinne des Art. 63 Abs. 1 und Abs. 2 Satz 2 BayBO 2008/2009, über die im Wege einer Ermessensentscheidung[738] entschieden wird, versteht man im engeren Sinne Abweichungen und Korrekturen[739] von Anforderungen des materiellen Bauordnungsrechts, mithin also eine behördliche Entscheidung, mit der der Bauherr im Einzelfall von der allgemein vorgeschriebenen Art ihrer Erfüllung freigestellt wird.[740] Werden demnach hinsichtlich eines zur Genehmigung gestellten Bauvorhabens Abweichungen beantragt und erteilt und widerspricht das Bauvorhaben auch den im einschlägigen Genehmigungsverfahren zu prüfenden öffentlich-rechtlichen Vorschriften nicht (vgl. Art. 68 Abs. 1 Satz 1, 1. Hs. BayBO 2008/2009), erteilt die Bauaufsichtsbehörde die Baugenehmigung. Bescheidstechnisch wird neben der Erteilung der bauaufsichtlichen Genehmigung zugleich auch die Zulassung von Abweichungen tenoriert.[741] Der Abweichungsantrag wird mithin Zug um Zug mit der Baugenehmigung im Sinne der Antragstellung (positiv) verbeschieden.

---

[737] So zutreffend *Koehl*, BayVBl 2009, S. 647, der weiterhin darauf hinweist, dass die Bauunterlagen insoweit nur eine erläuternde und konkretisierende Funktion erfüllen. Vgl. hierzu auch Teil 3 B.II.5.
[738] Vgl. *Jäde*, in: Jäde/Dirnberger/Bauer, Die neue BayBO, Art. 63 Rn 12 ff.
[739] Vgl. *Dhom*, in: Simon/Busse, BayBO, Art. 63 Rn 14.
[740] Vgl. *Molodovsky*, in: Koch/Molodovsky/Famers, BayBO, Art. 63 Rn 18/19.
[741] Vgl. *Linhart*, Schreiben, Bescheide und Vorschriften in der öffentlichen Verwaltung, § 22 Rn 1 [S. 571]: *„I. Dem/Der Antragsteller(in) wird die bauaufsichtliche Genehmigung [...] erteilt. [...] III. Abweichungen werden zugelassen [...]"* Beachte in diesem Kontext *Jäde*, der betont, dass die Abweichung, soweit sie nicht bei verfahrensfreien Bauvorhaben isoliert ergeht, Bestandteil der Baugenehmigung ist und es sich nicht um eine selbständig neben die Baugenehmigung tretende, zusätzliche, neue Entscheidung handelt, vgl. *Jäde*, in: Jäde/Dirnberger/Bauer, Die neue BayBO, Art. 63 Rn 8. Nicht eindeutig insoweit die Vollzugshinweise zur BayBO 2008, vgl. Oberste Baubehörde im BayStMI, Schreiben vom 13.12.2007, Zeichen: IIB4-4101-065/02, zu Ziff. 63, wonach bei nicht zuzulassenden Abweichungen (jedenfalls) der Bau- oder isolierte Abweichungsantrag abzulehnen sei.

Dem gegenüber stehen die Fälle eines entweder nicht erfolgreichen Abweichungsantrags oder dem Vorhaben entgegenstehender zu prüfender öffentlich-rechtlicher Vorschriften, die im Ergebnis zu einer generellen Ablehnung des Bauantrags bzw. zu einer Versagung der Baugenehmigung führen. In ersterer Konstellation der beiden zuletzt benannten (gegenübergestellten) Fälle würde neben der Entscheidungsformel, dass der Antrag abgelehnt wird,[742] im Baubescheid zugleich auch tenoriert und begründet, dass Abweichungen nicht zugelassen werden. Jedenfalls müsste die Behörde, verzichtet sie – im Kern systemwidrig – auf eine ausdrückliche Tenorierung, zumindest in den Entscheidungsgründen ausführen, weshalb die beantragte Abweichung aus materiell-rechtlichen Gründen nicht zugelassen und die Baugenehmigung deshalb nicht erteilt werden konnte. In Konsequenz des vorstehend wiedergegebenen Gesetzeswortlauts, wonach die Bauaufsichtsbehörde beantragte Abweichungen prüft, liegt durchaus die Schlussfolgerung nahe, dass sich das behördliche Prüfprogramm des vereinfachten Verfahrens nicht auf diesen Antrag erstreckt und in Folge dessen ein Ausspruch bzw. eine Entscheidung über den nicht erforderlichen Abweichungsantrag entbehrlich ist, wenn bereits eine materiell-rechtliche Abweichung im Sinne der Nr. 2 des Art. 59 Satz 1 BayBO 2008 nicht vorliegt,[743] weil das zur Genehmigung gestellte Bauvorhaben die mit dem Abweichungsantrag angesprochenen bauordnungsrechtlichen Maßgaben wahrt und erfüllt. Dem geht allerdings die verfahrensrechtliche Beantragung in derselben Nr. 2 voraus (vgl. „beantragte Abweichungen"), so dass schon eben diese Beantragung das behördliche Verfahren in Gang setzt[744] und damit die beantragten Abweichungen in das vereinfachte Genehmigungsverfahren im Sinne des Art. 59 Satz 1 BayBO 2008 mit einbezieht. Die Beantwortung der sich in Folge einer solchen Beantragung ergebenden materiell-rechtlichen Frage, ob das Bauvorhaben überhaupt einer Abweichung bedarf und ob die an das Vorhaben gestellten Anforderungen im Wege einer Ermessensentscheidung korrigiert werden müssen, darf nicht losgelöst „vor die Klammer" gezogen werden. Eine behördliche Entscheidung ist mithin in jedem Fall unumgänglich.

---

[742] Vgl. *Linhart*, Schreiben, Bescheide und Vorschriften in der öffentlichen Verwaltung, § 22 Rn 9 [S. 605].
[743] Vgl. VG Augsburg, Urteil vom 26.01.2012, Az. Au 5 K 10.67, juris-Dok. Rn 55, wonach eine erteilte, aber nicht erforderliche Abweichung objektiv rechtswidrig ist.
[744] Vgl. Art. 22 S. 2 Nr. 1, 2. Alt und Nr. 2, 1. Alt. BayVwVfG; vgl. *Kopp/Ramsauer*, VwVfG, § 22 Rn 25 ff.

Einem in diesem Sinne – im Ergebnis also nicht erforderlichen – Abweichungsantrag wird jedenfalls regelmäßig nicht schon mit dem Argument, es fehle offenkundig an einer materiell-rechtlichen Abweichungsbedürftigkeit, das Antrags- bzw. Sachbescheidungsinteresse abgesprochen werden können, da es gerade um die nicht offensichtlichen[745] Fallkonstellationen geht. Vielmehr dürfte es sich um nicht geklärte oder mit Zweifeln behaftete Anforderungen handeln, über deren Einhaltung der Bauherr bezogen auf sein Bauvorhaben gerne Klarheit hätte. Die Offensichtlichkeit ist aber überwiegend ein zentrales Entscheidungskriterium,[746] um von einem fehlenden Sachbescheidungsinteresse ausgehen zu können. Gleichwohl gelten auch für den Abweichungsantrag im Sinne des Art. 63 Abs. 2 BayBO 2008/2009 wie für jeden Antrag[747] die allgemeinen Antragsvoraussetzungen und damit unter anderem auch das Erfordernis eines berechtigten Interesses an der begehrten Entscheidung. Ausgehend von einem verfahrensökonomischen Ansatz wird das Sachbescheidungsinteresse als nicht gegeben angesehen, wenn zur Verwirklichung eines Rechts gar keine behördliche Entscheidung – wie beantragt – notwendig ist oder auch wenn eine rechtsmissbräuchliche Inanspruchnahme der Verwaltung vorliegt.[748] Mit der Rechtsauffassung, dass das Baugenehmigungsverfahren einerseits und Abweichungsverfahren andererseits im Grundsätzlichen zwei nebenstehende Verfahren mit lediglich bescheidseinheitlicher Entscheidung sind, kommt im Grundsatz ferner, angelehnt an die Fallgruppe der sog. Genehmigungskonkurrenz[749], eine Ablehnung wegen fehlenden Sachbescheidungsinteresses auch dann in Betracht, wenn es auf den Abweichungsantrag nicht ankommt, da die Baugenehmigung bereits aus z.B. bauplanungsrechtlichen Gründen nicht erteilt werden kann (vgl. Art. 59 Satz 1 Nr. 1, 1. Alt. BayBO 2008). Um allerdings die Rechtsmissbräuchlichkeit und damit mittelbar das fehlende Antragsinteresse begründen zu können, bedarf es – wegen der im Regelfall nicht gegebenen Offensichtlichkeit – ohnehin einer

---

[745] Die Vollzugshinweise zur BayBO weisen für die Fälle, in denen „[...] die beantragte Abweichung offenkundig und unter keinem Gesichtspunkt genehmigungsfähig ist [...]", an, den Bau- oder isolierten Abweichungsantrag abzulehnen und nicht nach Art. 65 Abs. 2 Satz 1 eine Begründung zu fordern, vgl. Oberste Baubehörde im BayStMI, Schreiben vom 13.12.2007, Zeichen: IIB4-4101-065/02, zu Ziff. 63.
[746] Vgl. BayVGH, BayVBl 2006, S. 537 f; *Finkelnburg/Ortloff/Otto*, Öffentliches Baurecht, Band II, S. 129 m.w.N.; str. *Jäde*, BayVBl 2006, S. 538.
[747] Vgl. *Kopp/Ramsauer*, VwVfG, § 22 Rn 77; *Nurnberger*, BayVBl 2008, S. 743 m.w.N.
[748] Vgl. zu den anerkannten Fallgruppen des Sachbescheidungsinteresses eingehend *Wittreck*, BayVBl 2004, S. 193 ff [194] m.w.N. *Gierth*, DVBl 1967, S. 848 ff [852] und *Foerster*, NuR 1985, S. 58/59.
[749] Vgl. *Wittreck*, BayVBl 2004, S. 193 ff [196].

eingehenderen Auseinandersetzung und im Kern materiell-rechtlichen Befassung der Bauaufsichtsbehörde mit den konkreten zur Abweichung gestellten bauordnungsrechtlichen Anforderungen. Vor dem Hintergrund des Ausnahmecharakters des allgemeinen Rechtsgrundsatzes eines fehlenden Sachbescheidungsinteresses und der von diesem Rechtsinstitut getragenen Intention einer Verfahrenserleichterung und Meidung unnötiger Prüfungen ist allerdings ein Vorgehen wie soeben angesprochen abzulehnen, da wegen der ohnehin vorzunehmenden und vorgenommenen Sachprüfung auch gleich eine Begründung in der Sache selbst erfolgen kann. Denn auch eine Verneinung des Sachbescheidungsinteresses führt am Ende nicht zu einem Verzicht auf eine abschließende Entscheidungsformel. Nichts anderes gilt für die Fallkonstellation bereits fehlender planungsrechtlicher Voraussetzungen; einer gesonderten Tenorierung bedarf es auch hier.

Es bleibt damit dabei, dass über den zwar nicht erforderlichen, aber gestellten Abweichungsantrag behördlich zu entscheiden und zu tenorieren ist. Für den Ausspruch der Entscheidung über den Abweichungsantrag gilt es für die Bauaufsichtsbehörde zu beachten, dass sie – und dies liegt angesichts der Antragstellung und des Prüfungsergebnisses durchaus auf der Hand – neben der in einer vorausgehenden Ziffer[750] erteilten bauaufsichtlichen Genehmigung nicht zugleich ausspricht: „Abweichungen müssen nicht zugelassen werden." oder „Abweichungen sind nicht erforderlich." Mit einer derartigen Tenorierung wäre eine nicht gerechtfertigte erweiterte Feststellungswirkung zugunsten des Bauherrn verbunden, die der gesetzlichen Systematik einer nur mehr sehr beschränkten Unbedenklichkeitsbescheinigung zuwider laufen würde. Vielmehr darf die Baubehörde in Anlehnung an die versagende Entscheidungsformel betreffend den Bauantrag[751] ausschließlich dergestalt tenorieren, dass der Abweichungsantrag abgelehnt wird. Einer in dieser Gestalt versagenden Entscheidung kommt nach herrschender Meinung eine über die reine Ablehnung des Antrags hinausgehende Feststellungswirkung nicht zu, so dass die Tatbestandswirkung der ausgesprochenen Antragsablehnung nicht zugleich auch die Frage der materiellen Illegalität erfasst, sondern sich in der Antragsablehnung erschöpft.[752] Zur

---

[750] Zum Aufbau eines stattgebenden Baugenehmigungsbescheides vgl. *Linhart*, Schreiben, Bescheide und Vorschriften in der öffentlichen Verwaltung, § 22 Rn 1.
[751] Vgl. *Linhart*, Schreiben, Bescheide und Vorschriften in der Verwaltung, § 22 Rn 1 [S. 571].
[752] Vgl. *Decker/Konrad*, Bayerisches Baurecht, Kap. II. Teil 4 Rn 8 m.w.N.

Meidung von Missverständnissen sollte allerdings ein Ausspruch mit dem Wortlaut „Abweichungen werden nicht zugelassen."[753], der an sich zwar unverfänglich wäre, aber dennoch falsch interpretiert werden könnte, vermieden werden. Im Übrigen dürfte es selbst bei einheitlicher Betrachtung allerdings kaum vertretbar sein, die Fälle nicht erforderlicher, aber gestellter Abweichungsanträge bei ansonsten erfüllten gesetzlichen Baugenehmigungsvoraussetzungen, mithin bei Übereinstimmung des Vorhabens mit dem Prüfprogramm, als von Art. 68 Abs. 2 Satz 2 BayBO 2008 (mit-)erfasst anzusehen und in Folge dessen nicht nur von der Begründung der Baugenehmigung als solcher, sondern zugleich auch von einer Begründung der im selben Bescheid zugleich tenorierten Ablehnung des nicht erforderlichen Abweichungsantrags abzusehen. Diese für (stattgebende) Baugenehmigungen geltende spezielle[754] Begründungsregelung bringt zwar zum Ausdruck, dass die dem Bauherrn günstige Wirkung einer (antragsgemäß) erteilten Baugenehmigung nach keiner Begründung verlangt,[755] gleichwohl ist aber angesichts des Ausnahmecharakters derartiger allgemein- oder fachgesetzlicher Ausnahmetatbestände und – nicht zuletzt auch – des hier vertretenen Verständnisses eines eigenen Abweichungsverfahrens von einer Pflicht zur Begründung dieser (auf den Abweichungsantrag bezogenen) Ablehnungsentscheidung auszugehen. Denn genauso wie die teilweise oder vollständige Versagung einer Baugenehmigung nach Art. 39 Abs. 1 BayVwVfG – soweit keine der Ausnahmen des darauf folgenden Absatzes 2 einschlägig – zu begründen ist,[756] sind ausgehend von dieser allgemeinen verfahrensrechtlichen Begrün-

---

[753] Zwischen den Formulierungen „Abweichungen müssen nicht zugelassen werden." und „Abweichungen werden nicht zugelassen." besteht der entscheidende Unterschied, dass erstere Wortwahl klar zum Ausdruck bringt, dass Abweichungen aus materiell-rechtlichen Gründen nicht erforderlich sind.
[754] Vgl. *Molodovsky*, in: Koch/Molodovsky/Famers, BayBO, Art. 68 Rn 121, der von einer teilweisen und Art. 39 Abs. 2 Nr. 4 BayVwVfG ausfüllenden Sonderregelung spricht.
[755] Vgl. zum Regelungszweck des Art. 68 Abs. 2 Satz 2 BayBO 2008 und den sich damit grundsätzlich ergebenden Fallgestaltungen einer noch bestehenden Begründungspflicht für Baugenehmigungen *Lechner*, in: Simon/Busse, BayBO, Art. 68 Rn 474.
[756] Vgl. zum Erfordernis einer Begründung nach Art. 39 Abs. 1 BayVwVfG bei teilweiser oder vollständiger Ablehnung eines Bauantrags *Lechner*, in: Simon/Busse, BayBO, Art. 68 Rn 478, und *Molodovsky*, in: Koch/Molodovsky/Famers, BayBO, Art. 68 Rn 122 a.E. und Rn 123. Beachte in diesem Zusammenhang, dass Art. 68 Abs. 2 Satz 2 BayBO 2008, der sich nur zur Begründung der (stattgebenden) Baugenehmigung verhält, insoweit keine Anwendung findet und die BayBO als einschlägiges Fachrecht hinsichtlich der Ablehnung des Bauantrags keine speziellere Begründungspflichten enthält.

dungspflicht[757] auch bei der Ablehnung eines Antrags auf Zulassung einer Abweichung die wesentlichen und tatsächlichen Entscheidungsgründe mitzuteilen und darzulegen. Da es in der hier besprochenen Konstellation gerade um die nicht offensichtlichen Fälle geht, wird sich eine Ausnahme von der Begründungspflicht im Regelfall auch nicht bereits aus Art. 39 Abs. 2 Nr. 2 BayVwVfG ergeben. Wenngleich man in diesem Normkontext geneigt sein könnte, unter – zumindest entsprechender – Anwendung des Art. 39 Abs. 2 Nr. 1 BayVwVfG auf eine Begründung mit dem Argument zu verzichten, dass der Bauherr mit dieser (Teil-)Entscheidung in Form der Ablehnung des Abweichungsantrags im Ergebnis nicht beschwert werde, da mit der (zugleich) erteilten Baugenehmigung seinem eigentlichen Anliegen entsprochen würde, mithin also mit demselben Argumentationsmuster, mit dem man bereits die Anwendung des Art. 68 Abs. 2 Satz 2 BayBO 2008 zu begründen versuchen könnte, kommt ein gänzliches Absehen von der Begründung gleichwohl nicht in Betracht. Zwar kann von einem Ausnahmefall im Sinne des Art. 39 Abs. 2 Nr. 1 BayVwVfG ausgegangen werden, wenn die Behörde aus einem Antrag für den Beteiligten günstige Schlüsse zieht und damit seinen offensichtlichen Erwartungen voll Rechnung trägt,[758] wegen des Ausnahmecharakters[759] der Regelung und der damit einhergehenden Maßgabe zur engen Auslegung, wegen des Verbots der analogen Anwendung selbst bei vergleichbarer Interessenlage[760] sowie der bereits im Gesetzeswortlaut angelegten Beschränkung der Ausnahmeregelung kann auf eine entsprechende (Mindest-)Begründung nicht verzichtet werden. Die gesetzesbedingte Folge einer Erläuterung hinsichtlich des Nichterfordernisses von Abweichungen ist damit in Kauf zu nehmen, wenngleich erläuternden Ausführungen in den Gründen mit entsprechend zurückhaltender Tenorierung – wie zuletzt vorgeschlagen – zumindest der Charakter einer Feststellungswirkung genommen werden sollte.

---

[757] Die Begründung des VA, mit dem ein Antrag auf Zulassung einer Abweichung abgelehnt wird, richtet sich gleichsam der Begründung einer die Baugenehmigung versagenden Entscheidung (vgl. hierzu *Lechner*, in: Simon/Busse, BayBO, Art. 68 Rn 478; *Molodovsky*, in: Koch/Molodovsky/Famers, BayBO, Art. 68 Rn 123) nach Art. 39 BayVwVfG, da Art. 68 Abs. 2 Satz 2 BayBO 2008 bereits dem Wortlaut nach nicht einschlägig ist.
[758] Vgl. *Kopp/Ramsauer*, VwVfG, § 39 Rn 37.
[759] Vgl. zum Ausnahmecharakter des Art. 39 Abs. 2 BayVwVfG *Kopp/Ramsauer*, VwVfG, § 39 Rn 32.
[760] Vgl. *U. Stelkens*, in: Stelkens/Bonk/Sachs, VwVfG, § 39 Rn 115.

IV. Der erforderliche, aber nicht gestellte Abweichungsantrag

Die gesetzessystematischen Überlegungen und Diskussionen um den bauherrenseitig nicht gestellten, materiell-rechtlich aber erforderlichen Abweichungsantrag kreisen schwerpunktmäßig um zwei Themen bzw. Problembereiche. Während es einerseits um die Folgerungen aus dem Gesetzestext, der systematischen Artikelfolge und damit um die Frage nach einer (verfahrens-)rechtlichen Verpflichtung des Bauherrn und oder sogar der Behörde, mithin also um die gesetzessystematischen Handlungsdirektiven unter Berücksichtigung der Vorstellungen und Intentionen des Gesetzgebers geht, ist der Blick andererseits auf das Kausalitätsverhältnis zwischen einem fehlenden Abweichungsantrag und einem Bauantrag sowie auf mögliche Konsequenzen daraus, wie etwa ein etwaiges, dadurch bedingtes, fehlendes Sachbescheidungsinteresse des Bauantrags, gerichtet. Ersterer Diskussionspunkt muss angesichts des Änderungsgesetzes zur Änderung der Bayerischen Bauordnung, des Baukammerngesetzes und des Denkmalschutzgesetzes[761] vom 27. Juli 2009[762] mit einer – in den Augen vieler lediglich deklaratorischen – Klarstellung als zwischenzeitlich geklärt angesehen werden, soweit es die Frage nach der Verpflichtung des Bauherrn und nicht zugleich auch der Bauaufsichtsbehörde betrifft. Die Verpflichtung letzterer ist nach wie vor umstritten, gleichwohl aber zu verneinen. Der zweitgenannte Themenkomplex, d.h. eine etwaige behördliche Ablehnungsmöglichkeit wegen fehlenden Sachbescheidungsinteresses aufgrund eines nicht gestellten, aber erforderlichen Abweichungsantrags, scheint zumindest auf den ersten Blick wegen des mit selbigem Änderungsgesetz eingeführten zweiten Halbsatzes des Art. 68 Abs. 1 Satz 1 BayBO 2008/2009 an Bedeutung und Relevanz verloren zu haben. Die in diesem Kontext angestellten Überlegungen bieten aber gleichwohl einen jedenfalls aus nachbarschutzrechtlicher Sicht erörterungswürdigen Ansatz, der im Ergebnis – entgegen zum Teil anderer Ansicht – freilich abzulehnen ist.

1. Handlungsdirektiven de lege lata

Zwar wird die Prüfung beantragter Abweichungen über Art. 59 Satz 1 Nr. 2 BayBO 2008 in die bauaufsichtliche Prüfung miteinbezogen, ausweislich der

---

[761] Vgl. LtDrs. 16/375 vom 03.02.2009 [S.8]; LtDrs. 16/1351 vom 13.05.2009; LtDrs. 16/1863 vom 14.07.2009 [S.5].
[762] Vgl. GVBl S. 385.

bayerischen[763] Gesetzestextformulierung bezieht sich diese aber nur auf „beantragte" Abweichungen, was demnach vorausgehend eine entsprechende Antragstellung im Sinne des Art. 63 Abs. 2 Satz 2 BayBO 2008/2009 seitens des Bauherrn verlangt. Der gesetzlichen Prüfungsanordnung des Art. 59 Satz 1 Nr. 2 BayBO 2008, die der Gesetzgeber insoweit wie aufgezeigt zu kurz gegriffen nur als bescheidstechnische[764] Regelung verstanden wissen will, liegt dabei eine beinahe idealistische Vorstellung im Sinne eines sich maßgabenkonform verhaltenden Bauherrn zugrunde. Vor dem Hintergrund und dem Leitgedanken der deregulierten Bauordnung, als Bauherr gemäß Art. 55 Abs. 2 BayBO 2008 antrags- und genehmigungsunabhängig für die Einhaltung sämtlicher bauordnungsrechtlicher Vorschriften verantwortlich zu sein, ist dieser Ausgangspunkt hingegen im Licht eines ureigenen Interesses des Bauherrn aber durchaus gerechtfertigt und nachvollziehbar, will dieser sanktionierende bauaufsichtliche Maßnahmen im Sinne der Art. 75 f BayBO 2008 meiden. Gleichwohl hat der bayerische Landesgesetzgeber – nach umstrittener Auffassung[765] – auch bereits auf der Ebene der bauaufsichtlichen Präventivprüfung Regelungen getroffen und vorgesehen, welche sich mit den Konsequenzen eines fehlenden, aus materiellrechtlichen Gründen aber erforderlichen Abweichungsantrags, ohne einen solchen die Bauausführung[766] rechtswidrig wäre, befassen.

Eine Regelung, welche die gegenwärtig erörterte Sachverhaltskonstellation ausdrücklich anspricht und im Zuge dessen zugleich mögliche Handlungsweisen oder sogar verbindliche Handlungsvorgaben benennt, findet sich in der BayBO 2008 bzw. auch 2008/2009 freilich nicht. Handlungsdirektiven lassen sich viel-

---

[763] Vgl. § 57 Abs. 1 Satz 1 Nr. 2 HBO, wonach die Bauaufsichtsbehörde „[…] nur die Zulässigkeit von Abweichungen nach § 63 […]" prüft. Gleichwohl liegt auch der Hessischen Bauordnung zumindest das Verständnis zu Grunde, dass mit § 57 Abs. 1 Satz 1 Nr. 2 HBO jedoch nicht zugleich auch die Prüfung mit eingeschlossen ist, ob solche Abweichungen überhaupt erforderlich sind. Eine umfassende bauordnungsrechtliche Prüfung wird der Behörde damit nicht abverlangt und auferlegt; vgl. *Hornmann*, HBO, § 57 Rn 25 ff [28].
[764] Vgl. LtDrs. 15/7161 vom 15.01.2007, S. 65; *Jäde,* BayBO 1998/2008 – Textsynopse, S. 204.
[765] Vgl. *Numberger*, BayVBl 2008, S. 742; zumindest kritisch: *Schwarzer/König*, BayBO, Art. 63 Rn 23, indem unter Verweis auf *Wolf* die bauherrenseitige Beantragungspflicht als „weitergehend" bezeichnet wird.
[766] Vgl. *Jäde*, in: Jäde/Dirnberger/Bauer, Die neue BayBO, Art. 59 Rn 39; vgl. in diesem Zusammenhang auch *Wolf*, in: Simon/Busse, BayBO, Art. 59 Rn 52/53; *Koehl*, BayVBl 2009, S. 647; nach dem Verständnis der Hessischen Bauordnung wird weitergehend sogar von materieller Rechtswidrigkeit der Baugenehmigung ausgegangen, vgl. *Hornmann*, HBO, § 57 Rn 28 und § 63 Rn 46.

mehr der Normenkette Art. 63 Abs. 2 Satz 2 – Art. 64 Abs. 2 – Art. 65 Abs. 2 BayBO 2008 entnehmen. Noch wird überwiegend, d.h. nach zumindest zwischenzeitlich gefestigter Meinung[767], davon ausgegangen, dass der nach Art. 63 Abs. 2 BayBO 2008 erforderliche, aber vom Bauherrn nicht gestellte Abweichungsantrag, der als Teil der mit dem Bauantrag einzureichenden Bauvorlagen angesehen wird (Art. 64 Abs. 2 BayBO 2008), den Bauantrag im Sinne des Art. 65 Abs. 2 BayBO 2008 mit der Folge eines Aufforderungsrechts der Behörde zur Mängelbeseitigung und einer gesetzlich angeordneten Rücknahmefiktion im Falle des Untätigbleibens des Bauherrn unvollständig macht. Die Gesetzgebungsmaterialien 2008 verhalten sich diesbezüglich allerdings nicht. Erläuterung erfährt insoweit – d.h. den Absatz 2 des jetzigen Art. 63 BayBO 2008/2009 betreffend (vgl. noch Art. 68b des Gesetzesentwurfs) – nur die bereits oben aufgezeigte Neuerung der gesonderten schriftlichen Beantragung und weiterhin die als reine Ordnungsvorschrift[768] verstandene Begründungspflicht. Ob der Gesetzgeber die vorstehend aufgezeigte Direktive dem Gesetzestext als bereits logisch-zwingend und regelrecht selbstverständlich entnimmt, bleibt insofern offen. Den Vollzugshinweisen der Obersten Baubehörde im Bayerischen Staatsministerium des Innern kann zumindest eine derartige Annahme unterstellt werden, ist eine solche nämlich logische Voraussetzung für die davon in den Vollzugshinweisen isoliert und unabhängig getätigte Aussage, dass der Bau- oder Abweichungsantrag abzulehnen und nicht erst eine Begründung nach Art. 65 Abs. 2 Satz 1 BayBO 2008 zu fordern sei, wenn die beantragte Abweichung offenkundig und unter keinem Gesichtspunkt genehmigungsfähig ist.[769] Nach Auffassung der Exekutive sind demnach die ausbleibende Antragstellung einerseits und die behördliche Reaktionsmöglichkeit des Art. 65 Abs. 2 Satz 1 BayBO 2008 andererseits in einem engen Kausalitätsverhältnis zu sehen. Die gegenständlich aufgeworfene und erörterte Frage hinsichtlich entsprechender Rückschlüsse aus der

---

[767] Vgl. *Jäde*, in: Jäde/Dirnberger/Bauer, Die neue BayBO, Art. 59 Rn 38; *ders.*, BayVBl 2009, S. 712; *Jäde/Famers*, BayVBl 2008, S. 34; *Koehl*, BayVBl 2009, S. 647 f; *Wolf*, BayBO – Kurzkommentar, Art. 59 Rn 21 und Art. 63 Rn 13; *ders.*, in: Simon/Busse, BayBO, Art. 59 Rn 50; a.A. – inzwischen – aber *Molodovsky*, in: Koch/Molodovsky/Famers, BayBO, Art. 63 Rn 53, 58a, Art. 65 Rn 48c m.w.N. und mit Hinweis auf seine noch a.A. in der Kommentierung mit Stand 96. Aktualisierung; i.d.S. auch *Shirvani*, in: Simon/Busse, BayBO, Art. 65 Rn 183.
[768] Vgl. LtDrs. 15/7161 vom 15.01.2007, S. 69; Oberste Baubehörde im BayStMI, Schreiben vom 13.12.2007, Zeichen: IIB4-4101-065/02, Ziff. 63.2.1.2; *Jäde*, BayBO 1998/2008 – Textsynopse, S. 221 ff.
[769] Vgl. Oberste Baubehörde im BayStMI, Schreiben vom 13.12.2007, Zeichen: IIB4-4101-065/02, Ziff. 63.2.1.2.

aufgezeigten Regelungskette wird dabei insbesondere von Diskussionen um etwaige materiell-rechtliche Verpflichtungen des Bauherrn und/oder auch der Behörde determiniert. Diesen Rückschlüssen soll im Folgenden unter Berücksichtigung der diesbezüglich geführten Kontroverse nachgegangen werden.

a) Die bauherrenseitige Verpflichtung zur Antragstellung

Soweit im allgemeingültigen Antragserfordernis für die Zulassung von Abweichungen lediglich eine bloße Verfahrensvorschrift ohne eine daraus folgende rechtliche Verpflichtung des Bauherrn, dieser Maßgabe gerecht zu werden, gesehen wurde oder auch noch wird, ist dementsprechenden Auffassungen spätestens mit der Ergänzung des zweiten Halbsatzes des Art. 63 Abs. 2 Satz 2 BayBO 2008/2009, eingefügt durch das Änderungsgesetz des Jahres 2009, eine Absage zu erteilen.[770] Weder der nunmehr eindeutige Gesetzeswortlaut, letztlich auch widerspiegelnd aufgegriffen von § 3 Nr. 9 BauVorlV[771], noch die erläuternden und begründenden Gesetzgebungsmaterialien ermöglichen einen daraufhin ausgerichteten Argumentationsspielraum. Während eine Auffassung in der Literatur bereits der gesetzestextlichen Formulierung des Art. 63 Abs. 2 BayBO 2008, wonach die Zulassung von Abweichungen von Vorschriften, die im Wege des vereinfachten Genehmigungsverfahrens nicht mehr zu prüfen sind, unter Begründung des Antrags gesondert schriftlich zu beantragen sind, eine (materiell-)[772] rechtliche Verpflichtung des Bauherrn entnommen hat, sieht insbesondere *Numberger*[773] darin lediglich eine Verfahrensregelung ohne eine entsprechen-

---

[770] Vgl. i.E. auch *Wolf*, in: Simon/Busse, BayBO, Art. 59 Rn 50. Vgl. in diesem Kontext aber auch *Jäde*, Bayerisches Bauordnungsrecht, Rn 157, der im Falle einer nötigen und möglichen, aber nicht beantragen Abweichung eine konkludente Antragstellung durch das (spätere) Gebrauchmachen von der Baugenehmigung gegeben sehen will, wenn die Behörde im Rahmen der Prüfung des Bauantrags gewissermaßen beiläufig das Fehlen des möglichen Antrags feststellt und die Abweichung gleichwohl zulässt.

[771] Abgedruckt bei *Koch/Molodovsky/Famers*, BayBO (Ordner II), Anhang 1.15; *Simon/Busse*, BayBO (Band II), Anhang 20.

[772] Vgl. z.B. *Koehl*, BayVBl 2009, S. 647, der unter Bezugnahme auf *Numberger*, BayVBl 2008, S. 742, wonach der Bauherr zur Beantragung materiell-rechtlich nicht verpflichtet sei, letzterem widerspricht. Vgl. a.A. *Wolf*, in: Simon/Busse, BayBO, Art. 59 Rn 49. Mit Blick auf Art. 63 Abs. 2 Satz 2, 2. Hs. BayBO 2008/2009 geht *Wolf* nun aber zutreffend von einer verfahrensrechtlichen Verpflichtung aus, vgl. *Wolf*, a.a.O., Rn 50.

[773] Vgl. *Numberger*, BayVBl 2008, S. 741 ff [742/743] m.w.N. [Fn 14] *Wolf*: in Simon/Busse, BayBO, Art. 59 Rn 23, der allerdings seine Auffassung in der neueren Kommentierung revidiert hat, vgl. *ders.*, a.a.O., Rn 50/51.

de Verpflichtung des Bauherrn bzw. Antragstellers.[774] In Konsequenz seiner ablehnenden Haltung gegenüber einer rechtlichen Verpflichtung des Bauherrn zur Beantragung der Abweichung von Vorschriften, die nicht Prüfungsgegenstand sind – diese Auffassung qualifiziert er zu Unrecht und nicht nachvollziehbar als unstrittig –, könne sich auch keine Unvollständigkeit der Bauunterlagen im Sinne des Art. 65 Abs. 2 BayBO 2008 ergeben. Die von *Numberger* verwendete Argumentation überzeugt nicht. Zum einen erweist sich bereits der schon seinerzeit eindeutige Wortlaut als eindeutig, indem die Formulierung „[...] *ist* gesondert schriftlich zu beantragen [...] [Hervorhebung durch den Verfasser]" gebraucht wird, die im Lichte des Art. 55 Abs. 2 BayBO 2008 als bauherrenseitige Verpflichtung gegenüber der Behörde verstanden werden muss. Handelte es sich bei Art. 63 Abs. 2 Satz 2 BayBO 2008 zum anderen im Tatsächlichen lediglich um eine Verfahrensregelung[775], mithin also um eine nur bescheidstechnische[776] Vorschrift, müsste die Vorschrift zumindest auch die Behörde – wie zumindest textlich z.B. bei Art. 59 Satz 1 Nr. 2 BayBO 2008 – als verbescheidende Instanz zum Adressaten haben. Letztere Regelung will der Landesgesetzgeber, wie gezeigt zu kurz gegriffen, eben als lediglich bescheidstechnische Regelung verstanden wissen. Diese Vorschrift spricht insoweit aber zumindest die Behörde an, indem es heißt „[...] prüft die Bauaufsichtsbehörde [...]"; anders dagegen der gegenständlich betrachtete Art. 63 Abs. 2 Satz 1 i.V.m. Satz 2 BayBO 2008, der sich unter Verwendung der Formulierung „[...] ist [...] zu beantragen" ausschließlich an den Antragsteller bzw. Bauherrn richtet.

Spätestens mit der ausdrücklichen gesetzlichen Anordnung in Form des ergänzten zweiten Halbsatzes zu Art. 63 Abs. 2 Satz 2 BayBO 2008/2009, dass der Abweichungsantrag mit dem Bauantrag zu stellen ist, der nach der einen der zuvor dargestellten Auffassungen damit lediglich als deklaratorische bzw. redaktionelle[777] Klarstellung und nach anderer Meinung als rechtsändernde Vor-

---

[774] Vgl. zum Rechtsstreit auch *Jäde*, BayVBl 2009, S. 712.
[775] So *Numberger*, BayVBl 2008, S. 743. Hinsichtlich der hessischen Rechtslage insoweit nicht eindeutig *Hornmann*, HBO, § 63 Rn 41 ff, der die Vorschrift als Verfahrensregel bezeichnet. Zur insoweit uneinheitlichen Rechtsprechung in Hessen, vgl. *Koehl*, BayVBl 2009, S. 647 m.w.N. HessVGH, HGZ 2006, S. 22 [= Beschluss vom 28.11.2005, Az. 3 TG 2774/05] einerseits und HessVGH, NVwZ-RR 2005, S. 228 andererseits.
[776] So *Koehl*, BayVBl 2009, S. 647, die Ausführungen Numbergers, BayVBl 2008, S. 743, qualifizierend.
[777] So zutreffend *Jäde*, BayVBl 2009, S. 712, unter Rückgriff auf die Gesetzesbegründung, LtDrs. 16/375 vom 03.02.2009, S. 10/17.

schrift zu verstehen ist, führt an der Annahme einer entsprechenden verfahrensrechtlichen[778] Pflicht zur Antragstellung kein Weg mehr vorbei. Diese Rechtsauffassung, deutlich werdend nicht nur im nun ergänzten Wortlaut selbst, sondern jetzt auch unterstrichen durch den Gesetzgeber[779], konnte angesichts der zwischenzeitlichen Kommentierungen[780] und gleichlautenden Vollzugshinweise[781] sowie mit Blick auf § 3 Nr. 9 BauVorlV zumindest vorübergehend als herrschend bezeichnet werden, auch wenn in dieser ergänzenden Klarstellung als solcher vereinzelt[782] kein mehrwertbringender Beitrag zur gezeigten Kontroverse gesehen wird. Von einer Festigung dieser Rechtsauffassung kann bis dato allerdings nicht ausgegangen werden. In der Literatur wird – zum Teil unter Aufgabe bzw. Umkehrung der bisherigen Meinung – inzwischen die Auffassung vertreten, dass der Bauherr frei entscheiden könne, ob er einen Abweichungsantrag stellen möchte oder nicht. Nur wenn er die Erteilung einer Abweichung begehre, ergebe sich die Pflicht zur parallelen Antragstellung im Sinne des Art. 63 Abs. 2 BayBO 2008/2009, welcher demnach nur das Wie und nicht das Ob der Antragstellung betreffe.[783] Diesem neueren Verständnis des Art. 63 Abs. 2 Satz 2 BayBO 2008/2009 ist zu widersprechen, steht diese Auffassung nämlich bereits im Widerspruch zur Gesetzgebungshistorie bzw. zum Gesetzgeberwillen sowie im Widerspruch zum Wortlaut mit seiner gerade auf das Ob und nicht nur auf das Wie abzielenden Formulierung „[…] ist […] zu beantragen […] [Hervorhebung durch den Verfasser]". Diese Auffassung verkennt die Notwendigkeit zur Differenzierung zwischen der Pflicht zur Antragstellung einerseits und dem Umfang der bauaufsichtsbehördlichen Prüfung andererseits.[784] Das diese

---

[778] Vgl. *Wolf*, in: Simon/Busse, BayBO, Art. 59 Rn 50.
[779] Vgl. LtDrs. 16/375 vom 03.02.2009, S. 10/17.
[780] Vgl. *Jäde/Famers*, BayVBl 2008, S. 34; *Jäde*, BayVBl 2009, S. 712; *Koehl*, BayVBl 2009, S. 647/648; *Molodovsky*, in: Koch/Molodovsky/Famers, BayBO, Art. 63 Rn 57 f [Stand 96. Aktualisierung]; zwischenzeitlich auch *Wolf*, in: Simon/Busse, BayBO, Art. 55 Rn 50/51; differenzierend wohl *Schwarzer/König*, BayBO, Art. 63 Rn 23, wenn es – wie der „weitergehende" Verweis auf „*Wolff*" zeigt – um die nicht zum Genehmigungsmaßstab gehörigen Vorschriften geht.
[781] Vgl. Oberste Baubehörde im BayStMI, Schreiben vom 24.07.2009, Zeichen: IIB4-4101-022/08, S. 15.
[782] Vgl. *Koehl*, BayVBl 2009, S. 650/651; widersprechend *Jäde*, BayVBl 2009, S. 712 [Fn 35].
[783] Vgl. *Molodovsky*, in: Koch/Molodovsky/Famers, BayBO, Art. 63 Rn 53, 58a, Art. 65 Rn 48c m.w.N., Art. 59 Rn 15a; i.d.S. auch *Shirvani*, in: Simon/Busse, BayBO, Art. 65 Rn 183; a.A. *Wolf*, in: Simon/Busse, BayBO, Art. 59 Rn 50; *Jäde*, in: Jäde/Dirnberger/Bauer, Die neue BayBO, Art. 63 Rn 75, Art. 65 Rn 49a.
[784] Vgl. i.E. ebenso *Jäde*, in: Jäde/Dirnberger/Bauer, Die neue BayBO, Art. 65 Rn 49a.

Literaturmeinung wohl eigentlich tragende Anliegen, bereits einer weiteren Diskussion um eine etwaige behördliche Prüfpflicht, den Bauantrag auf einen fehlenden, aber erforderlichen Abweichungsantrag stets prüfen zu müssen,[785] aus dem Weg zu gehen, rechtfertigt es nicht, die Verpflichtung allein vom Begehr des Bauherrn abhängig zu machen, so dass auch weiterhin von einer vom Willen des Bauherrn unabhängig Verpflichtung zur Antragstellung auszugehen ist. Im Übrigen wird mit der Klarstellung zugleich auch ein zeitliches Moment mit eingebracht, so dass etwaige Ausflüchte des Bauherrn, einen gesonderten Abweichungsantrag zusätzlich zu dem bereits eingereichten Bauantrag vor der Bauausführung noch stellen zu wollen, ausgeschlossen werden. Die Ergänzung bezieht und beschränkt sich somit nicht allein auf die Unvollständigkeit im Sinne des Art. 65 Abs. 2 BayBO 2008/2009.[786] Damit ist auch die Bauaufsichtsbehörde im Falle einer ausgesprochenen Baueinstellung, für die anerkanntermaßen die formelle Rechtswidrigkeit der Bauausführung und damit bereits ein fehlender, aber erforderlicher Abweichungsantrag ausreichend ist, nicht mehr einem solchen Einwand ausgesetzt.

b) Die erweiterte behördliche Prüfpflicht mit modifiziertem Baugenehmigungsanspruch nach *Koehl*

Kontrovers wird gegenüber der vorstehend erörterten Pflicht zur Antragstellung nach wie vor – auch außerhalb Bayerns[787] – die Frage nach einer aus Art. 65 Abs. 2 BayBO 2008 unter Umständen zu folgernden Verpflichtung der Behörde diskutiert, das Bauvorhaben daraufhin untersuchen zu müssen, ob ein nicht gestellter Abweichungsantrag aus rechtlicher Sicht gleichwohl erforderlich wäre und ob ein entsprechender Abweichungsantrag hätte gestellt werden müssen. In diese Fragestellung inbegriffen sind damit die Fälle eines bauherrenseitig lediglich vergessenen, aber auch des in Kenntnis eines materiell-rechtlichen Bauordnungsrechtsverstoßes bewusst nicht gestellten Antrags auf Zulassung einer Ab-

---

[785] Vgl. i.d.S. *Koehl*, BayVBl 2009, S. 647 f.
[786] Vgl. i.d.S. auch *Koehl*, BayVBl 2009, S. 650; a.A. *Jäde*, BayVBl 2009, S. 712.
[787] Vgl. HessVGH, 3. Senat, Beschluss vom 28.11.2005, Az. 3 TG 2774/05, HGZ 2006, S. 22 ff m.w.N. gegen HessVGH, 4. Senat, Beschluss vom 17.09.2004, Az. 4 TG 2610/04; widersprüchlich in sich bereits *Allgeier/von Lutzau*, Die Bauordnung für Hessen, C1 Erl. § 57, S. 428 [keine behördliche Verpflichtung zur Überprüfung des Bauantrags, ob Abweichungen erforderlich sind] einerseits und C1 Erl. § 57, S. 429/430 [materielle Rechtswidrigkeit der Baugenehmigung bei nicht beantragter, aber erforderlicher Abweichung] andererseits.

weichung. Letztlich lassen sich die gegenständlichen Überlegungen auf die Frage nach einer erweiterten bauaufsichtsbehördlichen Prüfpflicht „*quasi über die Hintertür*"[788] reduzieren, die – unter Vorwegnahme des Ergebnisses – allerdings zu verneinen ist.

Der von *Numberger*[789] ohne Begründung gefolgerte Rückschluss, bei Bejahung einer aus Art. 63 Abs. 2 BayBO 2008 zu folgernden Verpflichtung des Bauherrn zu Antragstellung könne, nicht müsse, die Bauaufsichtsbehörde bei abstandsflächenwidrigen Bauvorhaben über den Weg der formalen Unvollständigkeit der Bauunterlagen im Sinne des Art. 65 Abs. 2 BayBO 2008 auf Umwegen zur Kontrolle der Abstandsflächenvorschriften gelangen, ist als solcher jedenfalls nicht zwingend. Ob *Numberger* gerade wegen dieser von ihm gesehenen (notwendigen?) Konsequenz bereits vorausgehend auch eine bauherrenseitige Pflicht zur Antragstellung verneint, bleibt offen. Zumindest kann er die gegenständliche Frage unbeantwortet lassen und umgeht diese damit. Infolge dessen beschränkt er seine Aussage auf die benannte, im Konjunktiv stehende Schlussfolgerung und unterlässt eine erläuternde Begründung seiner Auffassung. Weitergehend als *Numberger*, der nur die Möglichkeit zu einer auf das gesamte Bauordnungsrecht ausgeweiteten behördlichen Prüfung konstatiert, sieht *Koehl*[790] sogar einen Verstoß der Behörde gegen Art. 65 Abs. 2 BayBO 2008 als gegeben an, wenn sie als Baugenehmigungsbehörde eine Baugenehmigung für ein Vorhaben erteilt, welches erkennbar die erforderlichen Abstandsflächenvorschriften nicht einhält, ohne dass hierfür zugleich eine Abweichung beantragt worden wäre. *Koehl* gelangt mit dieser Aussage im Ergebnis natürlich zu einer Verpflichtung der Behörde, das zur Genehmigung gestellte Vorhaben nicht nur anhand des gesetzlich vorgegebenen Prüfprogramms des Art. 59 Satz 1 BayBO 2008 auf die Übereinstimmung mit den dort genannten Vorschriften hin überprüfen zu müssen, sondern auch daraufhin, ob der Bauherr hinsichtlich seines Bauvorhabens zum Zwecke der Einhaltung aller bauordnungsrechtlichen Vorschriften im Sinne des Art. 55 Abs. 2 BayBO 2008 auch einen Abweichungsantrag gemäß Art. 63 Abs. 2 Satz 2 i.V.m. Satz 1 BayBO 2008 gestellt hat und/oder hätte stellen müssen. Sowohl *Numberger* als auch *Koehl* beschreiben

---

[788] Selbst *Koehl*, Befürworter einer solchen Prüfpflicht, scheut diese Begrifflichkeit nicht, vgl. *Koehl*, BayVBl 2009, S. 646.
[789] Vgl. *Numberger*, BayVBl 2008, S. 742.
[790] Vgl. *Koehl*, BayVBl 2009, S. 645 ff [648].

die Situation jeweils anhand der Abstandsflächenvorschriften[791]. Ob dies nur exemplarisch oder vielleicht sogar abschließend erfolgt und darauf beschränkt gemeint ist, wird nicht beantwortet. Sicherlich handelt es sich bei den – im vereinfachten Baugenehmigungsverfahren nicht mehr geprüften – (bauordnungsrechtlichen) Abstandsvorschriften um gerade aus nachbarschutzrechtlicher Sicht bedeutende Vorgaben. Eine abschließende Begrenzung der von *Numberger* und *Koehl* aufgestellten Thesen auf lediglich solche Vorschriften betreffend die Abstandsflächen ist allerdings kaum zu begründen, würde sich das von beiden Autoren verwendete Argument der Willkürlichkeit des Behördenhandelns ansonsten gleichfalls gegen sie selbst verwenden lassen. Infolge dessen werden die hier betrachteten Ansätze auf sämtliche bauordnungsrechtliche Regelungen, die nicht mehr Gegenstand gesetzlicher Prüfkataloge sind, erstreckt. Soweit die Inbezugnahme von Abstandsflächenvorschriften bei *Numberger* und *Koehl* lediglich einen exemplarischen Charakter haben sollte, besteht sowieso Konsens. Konsequenterweise müsste die Behörde, dies soll der Vollständigkeit[792] halber erwähnt sein, zudem unter Anwendung der von *Koehl* gebrauchten Argumentation selbst in den Fällen, in denen eine Abweichung tatsächlich beantragt worden ist, gleichsam im Sinne eines sprichwörtlichen „danach Ausschau Haltens" darauf achten, ob über den gestellten Abweichungsantrag hinaus, der als solcher nämlich den Verfahrensgegenstand festlegt und zugleich begrenzt[793], weitere Abweichungen hätten beantragt werden müssen. *Koehl* hält der gegenläufigen Auffassung, die hier im Wesentlichen von einem behördlichen Wahlrecht bezüglich alternativ zur Verfügung stehender Möglichkeiten[794] ausgeht,[795] vor, insoweit

---

[791] Zur Notwendigkeit einer für die Erteilung einer Abweichung von den Abstandsflächenvorschriften erforderlichen atypischen Grundstückssituation vgl. BayVGH, Urteil vom 22.12.2011, Az. 2 B 11.2231, BayVBl 2012, S. 535 ff [536]; vgl. auch VG Augsburg, Urteil vom 26.01.2012, Az. Au 5 K 10.67; kritisch gegenüber der sog. Regelfall-Atypik-Klausel *Happ*, BayVBl 2014, S. 65 ff.
[792] *Koehl* wirft diese Problematik nicht auf, vgl. *Koehl*, BayVBl 2009, S. 645 ff [648]. Insoweit handelt es sich nicht um eine kritisierende Stellungnahme, sondern um eine lediglich konsequente Fortsetzung der Thesen und Argumentation *Koehls*.
[793] Vgl. *Dhom*, in: Simon/Busse, BayBO, Art. 63 Rn 51, der zutreffend darauf hinweist, dass das Prüfprogramm des isolierten Abweichungsverfahrens ähnlich wie das vereinfachte Baugenehmigungsverfahren begrenzt ist.
[794] Als solche kommen in Betracht: Aufforderung zur Nachbesserung, Erteilung der Baugenehmigung unter Ausblendung des Verstoßes, Ablehnung der Baugenehmigung (wegen fehlenden Sachbescheidungsinteresses) unter oder ohne Hinweis auf den Verstoß, vgl. z.B. *Reicherzer*, BayVBl 2000, S. 750 ff [752/753]; *Molodovsky*, in: Koch/Molodovsky/Famers, BayBO, Art. 59 Rn 35 m.w.N.; *Koehl*, BayVBl 2009, S. 648.
[795] Vgl. z.B. *Jäde*, in: Jäde/Dirnberger/Bauer, Die neue BayBO, Art. 59 Rn 38.

willkürliche Ergebnisse hervorzurufen, die sich gerade aufgrund der unterschiedlichen Erfolgsaussichten der zum Teil differenten einschlägigen Rechtsbehelfe des Nachbarn ergäben. Dieser Einwand lässt sich nicht einfach ignorieren; relativiert sich aber bei näherer Betrachtung, wie nachstehende Ausführungen im selben Teil unter B.IV.1.c) zeigen. Die Befürchtung eines behördenwillkürlichen Verhaltens als solche wird im Ergebnis zu Recht auch von anderen kritischen Stimmen gesehen und geteilt,[796] ohne allerdings zugleich – wiederum zu Recht – dieselben Schlussfolgerungen wie *Koehl* zu ziehen. Zur Umsetzung seiner Thesen verlangt *Koehl* nämlich resümierend eine modifizierte Handhabung des Anspruchs des Bauherrn auf Erteilung der Baugenehmigung: *„Ein Anspruch auf Genehmigung besteht nur dann, wenn ein ordnungsgemäßer Bauantrag gestellt wurde und dem Bauvorhaben keine öffentlich-rechtlichen Vorschriften entgegenstehen, die im vereinfachten Genehmigungsverfahren zu prüfen sind."*[797] In der ordnungsgemäßen Bauantragstellung will *Koehl* demnach eine von der Behörde verbindlich zu prüfende und gegebenenfalls zu sanktionierende Voraussetzung verankert wissen, anhand derer festzustellen ist, ob das zur Genehmigung gestellte Bauvorhaben der Zulassung von Abweichungen bedarf und ob solche zusammen mit dem Bauantrag auch bauherrenseitig beantragt worden sind.

Zusammenfassend kann festgehalten werden, dass *Koehl* zur Begründung seiner Annahme, die Baugenehmigungserteilung ohne vorhandenen, aber materiell-rechtlich erforderlichen Abweichungsantrag begründe einen Verstoß der Behörde gegen Art. 65 Abs. 2 BayBO 2008, mithin also im Ergebnis die Annahme einer behördlichen Verpflichtung zur Überprüfung von Abstandsflächenvorschriften im vereinfachten Baugenehmigungsverfahren über Umwege, in erster Linie etwaige *„vollkommen willkürliche Ergebnisse"*[798] anführt, die er unter rechtsstaatlichen Gesichtspunkten für nicht vertretbar hält. Die Effektivität des Nachbarschutzes hinge letztlich von der behördlich beschrittenen Vorgehensweise ab, bedingt durch den unterschiedlichen Charakter von Anfechtungs- oder Verpflichtungsklage. Die von *Koehl* benannten eklatanten Unterschiede und Zufälligkeiten ergeben sich jedoch nur dann, wenn man wie er über eine bloße erweiterte behördliche Prüfpflicht im hier angesprochenen Sinn hinaus auch einen

---

[796] Vgl. z.B. *Molodovsky*, in: Koch/Molodovsky/Famers, BayBO, Art. 59 Rn 35: *„[...] [d]ie Behörde bewegt sich auf einem schmalen Grat zwischen Billigkeit und Willkür."*
[797] *Koehl*, BayVBl 2009, S. 648/649.
[798] Vgl. *Koehl*, BayVBl 2009, S. 647.

entsprechend drittschutzvermittelnden Charakter dieser Verpflichtung anerkennt. Nur in diesem Falle würde dem Nachbarn der Weg einer gegenüber der Verpflichtungsklage prozessrechtlich einfacheren Anfechtungsklage eröffnet.[799] Diese erweiterte Prüfpflicht der Baugenehmigungsbehörde über den abschließend definierten Prüfkatalog hinaus will *Koehl* mit einem in seinen Tatbestandsvoraussetzungen modifizierten Baugenehmigungsanspruch umgesetzt wissen, wonach – bezogen auf das vereinfachte Baugenehmigungsverfahren – die Voraussetzungen des Art. 68 Abs. 1 Satz 1, 1. Hs. i.V.m. Art. 59 Satz 1 BayBO 2008/2009 um die Maßgabe einer ordnungsgemäßen Antragstellung im Sinne der Art. 63 Abs. 2 Satz 2, Art. 64 Abs. 2, Art. 65 Abs. 2 BayBO 2008 zu ergänzen wären. *Numbergers* weniger weit reichende Auffassung zeigt im Kontext, dass die aus dem fehlenden, aber erforderlichen Abweichungsantrag zu ziehenden Konsequenzen auf der Behördenseite ein breites Meinungsspektrum zulassen. Das von beiden Autoren ins Feld geführte Argument der Gefahr eines willkürlichen Behördenhandelns bedarf der Auseinandersetzung und Entkräftung, will man einer erweiterten behördlichen Prüfpflicht eine Absage erteilen.

c) Fazit: Die Aufforderung zur Mängelbehebung ohne erweiterte Prüfpflicht

Ausgehend von der gesetzessystematisch bedingten Maßgabe eines im Sinne der gesetzlichen Prüfprogramme beschränkten Prüfauftrags einerseits und einer der Formulierung des Art. 65 Abs. 2 BayBO 2008 immanenten Verbindlichkeit für die Behörde andererseits ist zu fordern, dass die Behörde grundsätzlich zur Mängelbeseitigung nach Art. 65 Abs. 2 BayBO 2008 aufzufordern hat, wenn sie – ohne diese Voraussetzungen vorher prüfen zu müssen und prüfen zu dürfen – auf die Notwendigkeit eines Abweichungsantrags aufmerksam wird bzw. gemacht wird und ein solcher Abweichungsantrag aus materiell-rechtlicher Sicht Aussicht auf Erfolg hat, mithin es lediglich an einer formalen Voraussetzung, nämlich an der Antragstellung auf Zulassung einer Abweichung, fehlt. Die behördliche Aufforderung zur Mängelbeseitigung ist – liegen die benannten Vo-

---

[799] Für die Anfechtungsklage des Nachbarn ist ein bloßer Verstoß gegen materiell-rechtliche Vorschriften nicht ausreichend. Letztere müssen zudem drittschützend sein. Zum baurechtlichen Nachbarschutz allgemein vgl. *Kopp/Schenke*, VwGO, § 42 Rn 96 ff; *Dürr/König*, Baurecht, Rn 418 ff [426].

raussetzungen vor – damit entgegen verbreiteter Meinung[800] nicht nur eine von mehreren zur Verfügung stehenden Alternativen. Zugleich geht mit Art. 65 Abs. 2 BayBO 2008 allerdings weder eine Verpflichtung noch ein Recht für die Behörde einher, ein zur Genehmigung gestelltes Bauvorhaben auf das Erfordernis einer Abweichung und damit auf bauordnungsrechtliche Verstöße zu überprüfen, die von den gesetzlich-beschränkten Prüfaufträgen der Art. 59 Satz 1 bzw. Art. 60 Satz 1 BayBO 2008 nicht erfasst werden.

Auf dogmatisch zumindest fragwürdige Weise implementiert *Koehl* – wie vorstehend im selben Teil unter B.IV.1.b) dargestellt – den Aspekt der formgerechten Antragstellung zum Zwecke der Zulassung von Abweichungen als zusätzliche Voraussetzung in den rechtlich gebundenen Anspruch auf Baugenehmigung, der an sich über Art. 68 Abs. 1 Satz 1, 1. Hs. BayBO 2008/2009 i.V.m. Art. 59 Satz 1 BayBO 2008 abschließend definiert wird. Die vom Gesetzgeber mit den BayBO-Novellen geschaffene Systematik im Sinne einer nicht mehr gegebenen umfassenden Unbedenklichkeitsbescheinigung wird damit gänzlich relativiert und ausgehebelt. Nach *Koehls* Auffassung würde der Aspekt des erforderlichen, vom Bauherrn aber nicht gestellten und von der Behörde sanktionslos übersehenen Abweichungsantrags nämlich nicht nur die Ablehnung des Bauantrags bereits wegen dann fehlenden Sachbescheidungsinteresses[801] bedeuten, sondern weitergehend zur materiell-rechtlichen Voraussetzung des Antrags auf Erteilung der Baugenehmigung gemacht, wie das von ihm kumulativ zu Art. 68 Abs. 1 Satz 1, 1. Hs. BayBO 2008/2009 verlangte Erfordernis der „ordnungsgemäßen Bauantragsstellung" im Sinne des vorstehend Erläuterten zeigt. Über die in Art. 59 Satz 1 Nr. 2 BayBO 2008 zum Ausdruck gebrachte Beschränkung auf „beantragte Abweichungen" soll gerade, wie bereits oben aufgezeigt, verhindert werden, dass über den Umweg einer umfassenden Abweichungsprüfung, bildlich gesprochen quasi *„über die Hintertür"*[802], das seitens des Gesetzgebers zielgerichtet reduzierte und zugleich abschließend beschränkte Prüfprogramm wiederum auf das eigentlich ausgeklammerte Bauordnungsrecht

---

[800] Vgl. *Jäde*, in: Jäde/Dirnberger/Bauer, Die neue BayBO, Art. 59 Rn 38; wohl auch *Wolf*, in: Simon/Busse, BayBO, Art. 59 Rn 54/55; etwas kritischer *Molodovsky*, in: Koch/Molodovsky/Famers, BayBO, Art. 59 Rn 34/35; a.A. – wie hier – *Schwarzer/König*, BayBO, Art. 65 Rn 18/20.
[801] Vgl. dazu sogleich Teil 2 B.IV.2.
[802] Vgl. z.B. *Jäde/Famers*, BayVBl 2008, S. 34; *Koehl*, BayVBl 2009, S. 646.

erstreckt wird.[803] Der von *Koehl* unterbreitete Vorschlag eines modifizierten Baugenehmigungsanspruchs geht damit nochmals über das hinaus, was über den Wortlaut des Art. 65 Abs. 2 BayBO 2008 hergeleitet werden kann, nämlich eine Aufforderung zur Vervollständigung der Bauunterlagen durch ergänzende Stellung eines Abweichungsantrags, der gesondert neben dem Bauantrag zu sehen ist.

Die im Zusammenhang stehende Kommentierung von *Wolf*[804] lässt den Schluss zu, die anfänglich geführte Kontroverse betreffend den verfahrensrechtlich erforderlichen, aber nicht gestellten Abweichungsantrag habe sich mit der textlichen Ergänzung in Form des Art. 63 Abs. 2 Satz 2, 2. Hs. BayBO 2008/2009, eingefügt durch das Änderungsgesetz des Jahres 2009, erübrigt. Wie bereits die Ausführungen der benannten Autoren *Koehl* und *Numberger* selbst erkennen lassen, halten diese – bezogen auf ihre Rechtsauffassung – die Gesetzesänderung für weniger hilfreich, da das von anderer Seite[805] betonte Alternativverhältnis behördlicher Handlungsmöglichkeiten nämlich auch weiterhin nicht vom Gesetz angesprochen oder gesondert zum Ausdruck gebracht wird. Zumindest verbleibt das Argument einer im Raum stehenden Willkürlichkeit, denn die benannten Alternativen für ein behördliches Vorgehen bewirken bei einer frei wählbaren Anwendung derselben, dass sich – wie *Molodovsky* anschaulich ausführt – die Behörde „[...] *auf einem schmalen Grat zwischen Billigkeit und Willkür [bewegt].*"[806] Ist mit Blick auf die verschiedentlich einschlägigen Rechtsschutzmöglichkeiten ein rechtskonformes Handeln wirklich stets möglich und denkbar, wenn es der Behörde ohne objektive Kriterien frei anheimgestellt ist, bei einem nicht gestellten, aber erkannt-erforderlichen Abweichungsantrag gänzlich untätig bleiben, zur Mängelbehebung auffordern, den Bauantrag wegen fehlenden Sachbescheidungsinteresses ablehnen oder erst bauaufsichtlich einschreiten zu dürfen?[807] Der Wortlaut des Art. 65 Abs. 2 BayBO 2008 ist in seinem Aussagegehalt zugegebenermaßen different handhabbar. Der Verfasser verkennt nicht, dass unter gleichgerichteter Anwendung des Wort-

---

[803] Vgl. i.d.S. auch *Jäde/Famers*, BayVBl 2008, S. 34; *Jäde*, in: Jäde/Dirnberger/Bauer, Die neue BayBO, Art. 59 Rn 36.
[804] Vgl. *Wolf*, in: Simon/Busse, BayBO, Art. 59 Rn 52, dort bezugnehmend auf die Kommentierung vom Dezember 2007, 88. Ergänzungslieferung.
[805] Vgl. *Jäde*, in: Jäde/Dirnberger/Bauer, Die neue BayBO, Art. 59 Rn 38.
[806] *Molodovsky*, in: Koch/Molodovsky/Famers, BayBO, Art. 59 Rn 35.
[807] Vgl. i.d.S. aber wohl *Jäde*, BayVBl 2009, S. 712; *ders.*, in: Jäde/Dirnberger/Bauer, Die neue BayBO, Art. 59 Rn 38.

lautarguments – wie zuvor bei Art. 63 Abs. 2 Satz 2 BayBO 2008 (vgl. im selben Teil B.IV.1.a)) – eine behördliche Verpflichtung auf der Hand liegt, indem es heißt: „Ist der Bauantrag unvollständig oder weist er sonstige erhebliche Mängel auf, *fordert* die Bauaufsichtsbehörde den Bauherrn zur Behebung der Mängel innerhalb einer angemessenen Frist auf. [...] [Hervorhebung durch den Verfasser]" Der Gesetzgeber hat diesen Interpretationsspielraum selbst geschaffen, indem er sich weder für eine Formulierung mit den Worten „hat [...] aufzufordern" noch für eine solche mit den Worten „kann [...] auffordern" entschieden hat, wobei letztere wiederum zweifelsohne einen Ermessensspielraum beinhalten würde.

Die Verneinung einer behördlichen Verpflichtung, regelrecht systematisch prüfen zu müssen, ob ein Abweichungsantrag notwendigerweise hätte gestellt werden müssen, ergibt sich allerdings gleichwohl aufgrund der Auslegung der Norm/-en hinsichtlich ihrer systematischen Einbettung in die Bayerische Bauordnung sowie aufgrund einer im Zusammenspiel mit den umstehenden Vorschriften erfolgten Lesart der Norm. Der vom bayerischen Landesgesetzgeber über die einzelnen Reformschritte in Form der Novellen der Jahre 1994, 1998 und 2008 vollzogene Rückbau einer bauaufsichtlichen Genehmigungsprüfung unter gleichzeitiger Stärkung privater Eigenverantwortlichkeit anstatt obrigkeitlicher Betreuung[808] muss Ausgangspunkt jeglicher Überlegung und Auslegung einzelner Normen der BayBO sein. Unter Bezugnahme auf die Gesetzgebungsmaterialien hat der Bayerische Verwaltungsgerichtshof in konsequenter Auslegung und Anwendung der deregulierten Bauordnung die Begrenzung der Prüfprogramme bauaufsichtlicher Genehmigungsverfahren in ständiger Rechtsprechung[809] betont und bestätigt. Zur Meidung von Wiederholungen wird an dieser Stelle umfassend auf obige Darstellungen insbesondere im selben Teil unter A.IV.2. und A.IV.5. verwiesen. Die bauaufsichtliche Prüfung ist demnach grundsätzlich begrenzt; zu einer Prüfung an sich nicht mehr prüfpflichtiger Anforderungen materiellen Bauordnungsrechts „über die Hintertür" darf es nicht kommen, würden andernfalls die vom Gesetzgeber vorgegebene Systematik in Form einer verstärkten Verantwortlichkeit des Bauherrn und die im Zuge dessen

---

[808] Vgl. LtDrs. 15/7161 vom 15.01.2007, S. 1.
[809] Vgl. BayVGH, Beschluss vom 27.12.2001, Az. 26 ZB 00.2890, BayVBl 2002, S. 499 f; ders., Urteil vom 23.03.2006, Az. 26 B 05.555, BayVBl 2006, S. 537 f mit kritischer Anmerkung *Jäde*, S. 538 ff; ders., Urteil vom 19.01.2009, Az. 2 BV 08.2567, BayVBl 2009, S. 507 f; ders., Urteil vom 01.07.2009, Az. 2 BV 08.2465, BayVBl 2009, S. 727 ff.

geschaffenen Kompensationsmechanismen[810] konterkariert. Ferner wird die Prüfung von Abweichungen ausdrücklich von der Stellung eines entsprechenden Antrags abhängig gemacht, wie Art. 59 Satz 1 Nr. 2 i.V.m. Art. 63 Abs. 2 Satz 2 BayBO 2008/2009 vor Augen hält.[811] Die gesetzlich vorgesehene Aufforderung zur Mängelbehebung geht von der Unvollständigkeit bzw. von einem sonstigen Mangel des Bauantrags aus. Diese Tatbestandsvoraussetzung verlangt unter dem Blickwinkel der aufgezeigten gesetzgeberischen Intention ihrerseits aber nicht zwangsläufig nach einer inzidenten Prüfung, sondern ist als bloßes Faktum zu behandeln. Denn aus einer Handlungspflicht, bei einer bestimmten Sachlage ein bestimmtes Vorgehen beschreiten zu müssen, muss nicht zwangsläufig eine Verpflichtung einhergehen, einen bestimmten Tatsachenbefund erst umfassend aufklären zu müssen. Art. 65 Abs. 2 BayBO 2008 setzt demnach an dem ohne systematische Prüfung lediglich beiläufig[812] erkannten unvollständigen Bauantrag, mithin an dem ohne weitere Prüfung aufdringlich erkannten Fehlen eines notwendigen Abweichungsantrags an. Dann jedoch fordert die Behörde im Sinne eines „hat aufzufordern" – wie es der Wortlaut selbst und die Auslegung im Lichte des Art. 54 Abs. 2 BayBO 2008[813] implizieren – den Bauherrn zur Vervollständigung der Bauvorlagen auf, Art. 65 Abs. 2 Satz 1 i.V.m. Art. 63 Abs. 2 Satz 2, Art. 64 Abs. 2 BayBO 2008/2009.[814] Sicherlich verbleiben damit im Einzelfall Unterschiede, die vielleicht sogar als willkürlich zu bezeichnen sind, da es zugegebenermaßen von Zufälligkeiten abhängt, ob und auf welche Weise die Behörde das Fehlen eines Abweichungsantrags gewissermaßen beiläufig erkennt, zumal es sich bei dem Zufallsfund seinerseits um ein nicht ohne Weiteres greifbar zu machendes Merkmal handelt. Gleichwohl lässt sich mit einer solchen Lesart des Gesetzes und in Übereinstimmung mit der gesetzgeberischen Intention für die beschriebenen Sachverhaltskonstellationen, also die erkannte Notwendigkeit einer Abweichung, zumindest ein gleichgerichtetes Behördenhandeln erzielen und ein an Willkür grenzendes Vorgehen vermeiden, welches bei

---

[810] Vgl. hierzu *Lohmöller,* Anwendungsbezogene Rechtsschutzkompensation, S. 188 ff [199 ff] und S. 231 ff.
[811] Vgl. i.d.S. auch HessVGH, Beschluss vom 28.11.2005, Az. 3 TG 2774/05; a.A. HessVGH, Beschluss vom 17.09.2004, Az. 4 TG 2610/04.
[812] Vgl. i.d.S. auch *Jäde,* BayVBl 2009, S. 712, der ohne weitere Begründung von einer „ *[...] bei Gelegenheit der Abarbeitung des Prüfprogramms festgestellte[n] Abweichung [...]"* spricht.
[813] Vgl. *Numberger,* BayVBl 2008, S. 742 m.w.N. [Fn 8].
[814] Vgl. i.E. (ohne nähere Begründung) für ein „Muss" auch *Schwarzer/König,* BayBO, Art. 65 Rn 18/20.

einem gänzlichen Alternativverhältnis denkbarer Handlungsmöglichkeiten durchaus bestünde. Mit dieser Argumentation ist insoweit jedenfalls *Jäde* zu widersprechen, der es in der gegenständlich betrachteten Situation einer nicht beantragten, aber für die Rechtmäßigkeit erforderlichen, materiell-rechtlich möglichen und erkannten Abweichung als weniger willkürlich anzusehen scheint, es der Behörde freigestellt zu lassen, welches bauaufsichtliche Instrumentarium sie gebrauchen will.[815] Etwaige verbleibende Zufälligkeiten, wie z.b. dass ein und dasselbe Bauvorhaben bei einer Baugenehmigungsbehörde aufgrund eines nicht gestellten und zugleich behördenseitig übersehenen, aber gleichwohl erforderlichen Abweichungsantrags sofort und bei einer anderen Baubehörde z.B. wegen eines Nachbarhinweises erst aufgrund eines nachgereichten Abweichungsantrags genehmigt wird und in ersterem Fall wegen formaler Rechtswidrigkeit der Bauausführung[816] ein bauaufsichtliches Einschreiten in Form der Baueinstellung möglich wäre, sind vielmehr gesetzesbedingt und damit hinzunehmen. Im Übrigen erweisen sich die Auswirkungen etwaiger Zufälligkeiten an dieser Stelle als

---

[815] Vgl. *Jäde*, BayVBl 2009, S. 712, sieht es als dem Zufall überlassen an und bezeichnet es als erst recht willkürlich, nähme man eine Nachbesserungspflicht bei erkannten nachbarrechtsrelevanten Abweichungen an, weil der verfahrensrechtlich vermittelte Nachbarschutz dann davon abhinge, ob die Bauaufsichtsbehörde den außerhalb des Prüfprogramms liegenden Rechtsverstoß erkenne oder nicht. Die Argumentation *Jädes* ist von ihrem grundsätzlichen Gedankengang sicherlich richtig. Erkennt die Behörde bei Abarbeitung ihres Prüfprogramms beiläufig einen Verstoß gegen Abstandsflächenvorschriften, der sich durch eine vom Bauherrn zu beantragende Abweichung legalisieren ließe, fordert sie (vor der Vorhabensgenehmigung) gemäß Art. 65 Abs. 2 BayBO 2008 zur Stellung eines Abweichungsantrags auf. Genehmigt sie in Folge dessen das Vorhaben unter Zulassung einer Abweichung, kann der Nachbar mittels der Anfechtungsklage gegen die Baugenehmigung vorgehen, wenn diese in Ansehung der Abweichung unter Berücksichtigung drittschützender Normen ergangen ist, Art. 59 Satz 1 Nr. 2 BayBO 2008. Übersieht die Behörde hingegen den Verstoß gegen Abstandsflächenregelungen, unterbleibt infolge dessen der Antrag auf Abweichungszulassung und wird die Genehmigung ohne Bezugnahme auf Abstandsregelungen erteilt, verbleibt dem Nachbarn nur die Verpflichtungsklage auf bauaufsichtliches Einschreiten, da die Bauausführung – nicht jedoch bereits die Baugenehmigung – mangels Abweichung rechtswidrig ist und damit diese Rechtswidrigkeit eine Baueinstellung erlaubt. Gleichwohl darf nicht verkannt werden, dass der Nachbar i.E. nicht schlechter gestellt wird. Eine Abweichung darf nur nach Maßgabe des Art. 63 Abs. 1 BayBO 2008 und damit unter Würdigung der öffentlich-rechtlich geschützten nachbarrechtlichen Belange erteilt werden. Die auf eine i.d.S. rechtmäßig erteilte Abweichung von einer (abstrakt) drittschützenden Vorschrift gestützte Anfechtung der Baugenehmigung hätte damit ohnehin keine Aussicht auf Erfolg. Die Argumentation ist damit eher formaler Natur. Selbst wenn man dies anders sähe, ist entgegen *Jäde* nicht die dadurch bedingte Zufälligkeit als vorrangig meidenswert, sondern die Zufälligkeit, welches Instrumentarium überhaupt gewählt wird, als erst recht willkürlich zu bezeichnen.
[816] Vgl. *Jäde*, in: Jäde/Dirnberger/Bauer, Die neue BayBO, Art. 59 Rn 39; *Koehl*, BayVBl 2009, S. 647.

weniger gravierend,[817] da eine Aufforderung zur Vervollständigung der Bauunterlagen mit Bezug auf den Abweichungsantrag nämlich nur dann in Betracht kommt, wenn letzterer lediglich in verfahrensrechtlicher Sicht formal fehlt, die Abweichung aber ohne weiteres zugelassen werden könnte und das Bauvorhaben im Ergebnis genehmigungsfähig ist. Keinen Sinn macht es hingegen, den Bauherrn bei jeglichem und nicht zur Abweichung gestelltem Verstoß gegen Bauordnungsrecht zur Beibringung eines (nicht Erfolg versprechenden) Abweichungsantrags aufzufordern.[818] Alles andere wäre Makulatur und würde dem Ziel eines möglichst effizienten Verwaltungshandelns zuwiderlaufen, ginge die Aufforderung zur Vervollständigung der Unterlagen, mithin inzident die Aufforderung zur Stellung eines Abweichungsantrags, ins Leere; dies scheint aber oft übersehen zu werden, wenn die Willkür des Behördenhandelns mit der vollen Bandbreite aller zur Verfügung stehenden Alternativen begründet wird. Bei Verstößen gegen materielles Bauordnungsrecht, die sich nicht bereits durch die Zulassung einer Abweichung klären lassen, kann die Behörde nicht nach Art. 65 Abs. 2 Satz 1 BayBO 2008 verfahren; diese Fälle unterfallen der Diskussion um das fehlende Sachbescheidungsinteresse bzw. nun (auch) des Art. 68 Abs. 1 Satz 1, 2. Hs. BayBO 2008/2009.

2. Das Kausalitätsverhältnis zwischen Abweichungsantrag und Bauantrag

Bei Erörterung des Kausalitätsverhältnisses zwischen dem Abweichungs- und Bauantrag im Allgemeinen und bei Erörterung der Auswirkungen des fehlenden Abweichungsantrags auf das Sachbescheidungsinteresse im Speziellen gilt es hinsichtlich dieser Kausalität und Auswirkungen zwischen dem dem Abwei-

---

[817] Anders sieht dies *Koehl*, der nicht nur einen Verstoß der Behörde gegen Art. 65 Abs. 2 BayBO 2008 erkennen will, wenn diese für ein Bauvorhaben eine Baugenehmigung erteilt, ohne dass hierfür ein Abweichungsantrag gestellt worden wäre, sondern darüber hinaus diesem Verstoß sogar einen drittschützenden Charakter zuspricht, vgl. *Koehl*, BayVBl 2009, S. 645 ff [648].

[818] Davon scheint i.E. auch die Oberste Baubehörde auszugehen, indem sie – in umgekehrter Art und Weise – bei einer zwar beantragten, aber offensichtlich nicht genehmigungsfähigen Abweichung die Ablehnung des Bauantrags und nicht erst eine Begründung des Abweichungsantrags fordert, vgl. Oberste Baubehörde im BayStMI, Schreiben vom 13.12.2007, Zeichen: IIB4-4101-065/02, Ziff. 63.2.1.2. Auch *Jäde* spricht – wenn auch i.E. mit anderen Konsequenzen – von einer nicht beantragten, aber möglichen Abweichung, vgl. *Jäde*, in: Jäde/Dirnberger/Bauer, Die neue BayBO, Art. 59 Rn 38.

chungsantrag und dem dem Antrag auf Erteilung der Baugenehmigung jeweils gesondert immanenten Sachbescheidungs- bzw. Antragsinteresse zu differenzieren. Wie oben bereits eingehend aufgezeigt, gilt das Sachbescheidungsinteresse als ungeschriebene allgemeine Sachentscheidungsvoraussetzung bei behördlichen Antragsverfahren und ist insoweit unter dem Blick einer verwaltungsökonomischen Behördenpraxis als außergerichtliches Pendant zum prozessualen Rechtsschutzbedürfnis[819] zu sehen. Als allgemeine Sachentscheidungsvoraussetzung ist es damit nicht nur im Rahmen des Bauantrags, sondern auch bezogen auf den gesetzlich verlangten „gesondert schriftlichen" (Art. 63 Abs. 1 Satz 1 BayBO 2008) Abweichungsantrag zur Anwendung zu bringen. Dies gilt unabhängig davon, ob die Abweichungsprüfung im Sinne eines eigenständigen Verfahrensgegenstandes verstanden wird oder nicht; im Falle der hier vertretenen Auffassung gilt dies aber im Besonderen.

Den wechselseitigen Auswirkungen gestellter und nicht gestellter Bau- bzw. Abweichungsanträge auf das Sachbescheidungsinteresse des jeweils anderen Antrags soll im Folgenden nachgegangen werden, wobei zunächst das jeweilige Antragsinteresse für sich gesehen betrachtet wird, ehe das hier angesprochene Kausalitätsverhältnis in einem Fazit eine Erörterung erfährt.

a) Das Sachbescheidungsinteresse des Abweichungsantrags

Das Antrags- bzw. Sachbescheidungsinteresse für den nach Art. 63 Abs. 2 BayBO 2008/2009 zu stellenden Antrag auf Zulassung einer Abweichung steht ausschließlich dann zur Diskussion, wenn ein solcher Abweichungsantrag bauherrenseitig auch tatsächlich gestellt worden ist. Geht es dagegen um die nachstehend im selben Teil unter B.IV.2.b) zu erörternde und primär betrachtete Problematik der kausalen Auswirkungen eines materiell-rechtlich erforderlichen, aber fehlenden Abweichungsantrags auf den zugleich zu stellenden Baugenehmigungsantrag, mithin um die Frage, ob ein fehlender Abweichungsantrag zum Wegfall des Sachbescheidungsinteresses des Bauantrags selbst führt, kommt es auf das hier angesprochene Antragsinteresse des Abweichungsantrags selbst nicht an. Gleichwohl soll an dieser Stelle – wie bereits in Teil 2 unter B.III. angesprochen – nochmals in Erinnerung gerufen werden und der Voll-

---

[819] Zum prozessualen Rechtsschutzbedürfnis vgl. *Hufen*, Verwaltungsprozessrecht, § 23 Rn 10 ff; *Kopp/Schenke*, VwGO, Vorb § 40 Rn 30 ff.

ständigkeit halber erwähnt sein, dass wie in jedem behördlichen Antragsverfahren gleichsam auch beim Antrag auf Zulassung einer Abweichung gemäß Art. 63 Abs. 2 BayBO 2008/2009 das Antrags- bzw. Sachbescheidungsinteresse eine allgemeine Sachentscheidungsvoraussetzung ist, welches von der Prüfung der öffentlich-rechtlichen Genehmigungs- bzw. Zulassungsvoraussetzungen zu unterscheiden[820] ist. Das mit dem gesetzlich nicht normierten Antrags- bzw. Sachbescheidungsinteresse zum Ausdruck gebrachte Erfordernis eines schutzwürdigen Interesses des Bauherrn an der von ihm beantragten Amtshandlung, hier also einer Entscheidung über die Zulassung von Abweichungen, soll gewährleisten, dass dieser die beantragte Zulassung, wie hier in Form der Abweichung, zur Verwirklichung und/oder Wahrung seiner Rechte benötigt und die Exekutive insoweit nicht missbräuchlich oder für unnütze Zwecke beansprucht.[821]

Weitestgehend unumstritten dürfte das Sachbescheidungsinteresse als allgemeine Antragsvoraussetzung zumindest in den Fällen des sog. isolierten[822] Abweichungsantrags im Sinne des Art. 63 Abs. 2 Satz 2 BayBO 2008 sein, da ein solcher wegen der Nichterforderlichkeit einer Baugenehmigung in den Fällen der Verfahrensfreiheit[823] und Genehmigungsfreistellung nämlich alleine, also isoliert, und nicht im Kontext mit einem Bauantrag zur Verbescheidung steht. So empfiehlt die Oberste Baubehörde in ihren Vollzugshinweisen an die Regierungen, einen isolierten Abweichungsantrag abzulehnen und nicht nach Art. 65

---

[820] Vgl. z.B. BayVGH, Urteil vom 23.03.2006, Az. 26 B 05.555, BayVBl 2006, S. 538: „[...] [D]ie Prüfung des Sachbescheidungsinteresses [ist] als allgemeine Antragsvoraussetzung von der Prüfung der öffentlich-rechtlichen Genehmigungsvoraussetzungen zu unterscheiden [...]".
[821] Vgl. zum Sachbescheidungsinteresse allgemein *Kopp/Ramsauer*, VwVfG, § 22 Rn 77 ff.
[822] Als isolierte Abweichung bezeichnet wird nur die erste Alternative, mithin die Zulassung von Abweichungen in den Fällen, in denen ein bauaufsichtliches Genehmigungsverfahren nicht durchgeführt wird, vgl. *Jäde*, in: Jäde/Dirnberger/Bauer, Die neue BayBO, Art. 63 Rn 80; *Dhom*, in: Simon/Busse, BayBO, Art. 63 Rn 50. Mit der Regelung des Art. 63 Abs. 2 Satz 2, 2. Hs. BayBO 2008/2009 hat das bisher unter dem Stichwort gefasste „isolierte Abweichungsverfahren" allerdings erheblich an Bedeutung verloren, nachdem der Bauherr nunmehr verpflichtet ist, den Abweichungsantrag hinsichtlich behördenseitig nicht mehr prüfpflichtiger Anforderungen mit dem Bauantrag stellen zu müssen. Ein isoliertes Abweichungsverfahren wird damit nur noch in sehr selten Fällen in Betracht kommen können, so *Molodovsky*, in: Koch/Molodovsky/Famers, BayBO, Art. 63 Rn 61, wonach Abweichungen entweder beantragt werden und mit zum (vereinfachten) Prüfprogramm gehören – ein selbständiges Abweichungsverfahren scheidet dann aus – oder Abweichungen nicht beantragt werden und deshalb schon kein isoliertes Abweichungsverfahren durchgeführt werden kann.
[823] Beachte hier die Zuständigkeit der Gemeinde, Art. 63 Abs. 3 Satz 1 BayBO 2008.

Abs. 2 Satz 1 BayBO 2008 eine Begründung zu fordern, wenn die beantragte Abweichung offenkundig und unter keinem Gesichtspunkt genehmigungsfähig ist.[824] Zwar wird das Sachbescheidungsinteresse als solches im Wege dieser Empfehlung nicht wörtlich benannt, die im Falle einer offensichtlichen Unzulässigkeit der Abweichung gewissermaßen „vorgezogene" Ablehnung ohne Nachforderung einer Begründung[825] und eingehendere (Sach-)Prüfung impliziert allerdings in der benannten Anweisung die Antragsablehnung wegen fehlenden Sachbescheidungsinteresses, zumal das Kriterium der Offensichtlichkeit zumeist zum Aufhänger für dieses Rechtsinstrumentarium gemacht wird.[826] Konsequenterweise muss das in den allgemeinen Sachentscheidungsvoraussetzungen verankerte Erfordernis eines schutzwürdigen Interesses des Bauherrn an der von ihm beantragten Amtshandlung und infolge dessen auch das nichtgeschriebene Rechtsinstitut des fehlenden Sachbescheidungsinteresses auch bei dem gemäß Art. 63 Abs. 2 Satz 2, 2. Hs. BayBO 2008/2009 zusätzlich mit dem Bauantrag gesondert und schriftlich zu stellenden Abweichungsantrag – unumgänglich nach der hier vertretenen Auffassung im Sinne eines eigenen und ausdrücklich zu tenorierenden Verfahrensgegenstandes – zur Anwendung gebracht werden. Auf die bereits aufgezeigten allgemeinen und grundsätzlichen Voraussetzungen dieses Rechtsgrundsatzes im selben Teil unter A. wird verwiesen. Von den allgemein anerkannten Fallgestaltungen[827] eines fehlenden Sachbescheidungsinteresses ausgehend, wie etwa der rechtsmissbräuchlichen Inanspruchnahme der Behörde, der offensichtlich fehlenden Nutzlosigkeit der begehrten Entscheidung oder aber auch bei Genehmigungskonkurrenzen[828] und zivilrechtlichen Hinder-

---

[824] Vgl. Oberste Baubehörde im BayStMI, Schreiben vom 13.12.2007, Zeichen: IIB4-4101-065/02, Ziff. 63.2.1.2.; so auch *Molodovsky*, in: Koch/Molodovsky/Famers, BayBO, Art. 63 Rn 58 a.E.
[825] Nach allgemeiner Auffassung soll es sich bei der nun gesetzlich verlangten Begründung des Antrags um keine rechtliche Voraussetzung, sondern um eine reine Ordnungsvorschrift handeln. Die Begründung soll den Behörden lediglich die Prüfung und Entscheidung über die Zulassung der Abweichung erleichtern, vgl. LtDrs. 15/7161 vom 15.01.2007, S. 69; Vgl. i.d.S. auch *Busse/Dirnberger*, Die neue BayBO, Art. 63 Ziff. 5, S. 323; *Schwarzer/König*, BayBO, Art. 63 Rn 25; *Wolf*, BayBO – Kurzkommentar, Art. 63 Rn 10.
[826] Vgl. BayVGH, BayVBl 2006, S. 537 f; *Finkelnburg/Ortloff/Otto*, Öffentliches Baurecht, Band II, S. 129 m.w.N.; str. *Jäde*, BayVBl 2006, S. 538.
[827] Vgl. *Wittreck*, BayVBl 2004, S. 193 ff.
[828] Zur Problematik des Maßes an Gewissheit über die Versagung der Referenzgenehmigung und die Entscheidungszuständigkeit, vgl. *Ortloff*, NJW 1987, S. 1668/1669; *Wittreck*, BayVBl 2004, S. 196/197 m.w.N. OVG Mecklenburg-Vorpommern, LKV 1998, S. 460 ff [462]; *Foerster*, NuR 1985, S. 60, u.a. als Vertreter der Rechtsauffassung, derer zur Folge die Referenzgenehmigung durch die entsprechende Fachbehörde respektive ein Gericht rechtskräftig

nissen[829], ist allerdings auch hinsichtlich des Abweichungsantrags zu beachten, dass der (Abweichungs-)Antrag den Verfahrensgegenstand bestimmt und zugleich begrenzt.[830] Letzterer wird vom Bayerischen Verwaltungsgerichtshof[831] als Abgrenzungskriterium herangezogen. Soweit allerdings eine Ablehnung des Abweichungsantrags, gleich ob dieser isoliert oder im Rahmen des vereinfachten Genehmigungsverfahrens gestellt ist, aus Gründen, die jenseits des – auf die Zulassung konkret beantragter Abweichungen – beschränkten Verfahrensgegenstandes liegen, und einer damit einhergehenden Nutzlosigkeit des Abweichungsantrags in Betracht kommt, ist allerdings zu beachten, dass es – wie dies bereits oben im selben Teil unter A.IV.2.c) und A.IV.5. verdeutlicht wurde – nicht zugleich zu einer Umgehung der bauordnungsrechtlich bedingten Systematik kommen darf. Auch hier ist eine Abgrenzung anhand des Verfahrensgegenstandes deshalb ungeeignet. Eine Ablehnung eines (im Verfahrensgegenstand beschränkten) Abweichungsantrags wegen eines nicht ausdrücklich zur Abweichung gestellten Verstoßes gegen eine andere/weitere bauordnungs-rechtliche Vorschrift, welcher im Grundsätzlichen außerhalb des einschlägigen Verfahrensgegenstandes läge, kommt unter gleichgerichteter Anwendung der zuletzt ergangenen Rechtsprechung[832] zur Ablehnung eines Bauantrags wegen fehlenden Sachbescheidungsinteresses und der diese Rechtsprechung erläuternden Argumentation[833] nicht in Betracht. In diesen Fällen würde der isoliert oder auch der mit der Baugenehmigung gestellte Abweichungsantrag nämlich im Kern aufgrund eines weiteren bauordnungsrechtlichen Verstoßes abgelehnt. Die Bayerische Bauordnung eröffnet den Bauaufsichtsbehörden aber nicht die Möglichkeit, die begehrte Abweichungszulassung zu versagen, wenn derartige Defi-

---

abgelehnt worden sein muss, einerseits und VGH BW, Urteil vom 28.03.2001, Az. 8 S 2120/00, BauR 2002, S. 65 f, wonach mit Blick auf die Referenzgenehmigung eine Prognose der zur Entscheidung über die streitige Genehmigung berufenen Stelle ausreichend sein soll, andererseits.

[829] Vgl. *Büchner/Schlotterbeck*, Baurecht, Band 2, Rn 152; VGH BW, Urteil vom 23.11.1990, Az. 8 S 2244/90, BauR 1991, S. 440 ff [441/442].

[830] So zumindest für den isolierten Abweichungsantrag auch *Dhom*, in: Simon/Busse, BayBO, Art. 63 Rn 51.

[831] Vgl. BayVGH, Urteil vom 23.03.2006, Az. 26 B 05.555, BayVBl 2006, S. 537 f mit kritischer Anmerkung *Jäde*, S. 538 ff.

[832] Vgl. BayVGH, Urteil vom 19.01.2009, Az. 2 BV 08.2567, BayVBl 2009, S. 507 f, und ders., Urteil vom 01.07.2009, Az. 2 BV 08.2465, BayVBl 2009, S. 727 ff.

[833] Vgl. oben Teil 2 A.IV.2.c) und A.IV.5.

zite des Vorhabens erkannt werden.[834] Art. 68 Abs. 1 Satz 1, 2. Hs. BayBO 2008/2009, der die bayerische Rechtsprechung hinsichtlich der Ablehnung von Bauanträgen korrigieren sollte, ist ausweislich seines Wortlauts auf die hier diskutierten Fallkonstellationen im Rahmen des Abweichungsantrags bereits nicht anwendbar und bedarf an dieser Stelle deshalb keiner weiteren Erörterung. Für eine analoge Anwendung besteht keine Notwendigkeit.

Freilich ist die praktische Relevanz einer solchen Ablehnungsmöglichkeit für den gemäß Art. 63 Abs. 2 Satz 2, 2. Hs. BayBO 2008/2009 mit dem Bauantrag gestellten Abweichungsantrag eher gering, würde der Aspekt eines weiteren und nicht zur Abweichung gestellten Verstoßes gegen materielles Recht sicherlich vorrangig unter dem Gesichtspunkt des dem Bauantrag fehlenden Sachbescheidungsinteresses diskutiert. Erlaubt der Verstoß nämlich auch bzw. bereits die Ablehnung des Bauantrags, rückt der mitgestellte Abweichungsantrag in den Hintergrund. Unter dem Blickwinkel der Genehmigungskonkurrenz[835] wird die Abweichungszulassung im Ergebnis nutzlos, wenn das Vorhaben bereits aus anderen materiell-rechtlichen Gründen nicht genehmigungsfähig ist und die Baugenehmigung deshalb zu versagen ist. In jedem Falle wären bescheidstechnisch allerdings gleichwohl beide Anträge abzulehnen. Zwar liegt eine ausdrückliche Ablehnung nur des Bauantrags, weil für den Bauherrn (letzt-)entscheidend, auf der Hand;[836] nicht auszuschließen ist auch, dass die Behörde den Ausspruch über den gestellten und damit zum Abschluss zu bringenden Abweichungsantrag schlicht und einfach vergisst oder zumindest für nicht verbescheidungsbedürftig hält. Dem ist allerdings mit Verweis auf obige Ausführungen im selben Teil unter B.II.3. zu widersprechen. Zumindest wäre im Plural zu tenorieren „Die Anträge werden abgelehnt.", wobei der ausdrückliche Ausspruch „Der Bau- und der Abweichungsantrag werden abgelehnt." aus Transparenzgründen

---

[834] So hinsichtlich der Ablehnungsmöglichkeit eines Bauantrags BayVGH, Beschluss vom 27.12.2001, Az. 26 ZB 00.2890, BayVBl 2002, S. 499/500; vgl. auch ders., Urteil vom 19.01.2009, Az. 2 BV 08.2567, BayVBl 2009, S. 507 f m.w.N.
[835] Vgl. im Kontext mit dem Abweichungs- und Bauantrag bereits oben Teil 2 B.III.; Mit der Rechtsauffassung, dass das Baugenehmigungsverfahren einerseits und das Abweichungsverfahren andererseits grundsätzlich zwei nebenstehende Verfahren „in einer Akte" mit lediglich bescheidseinheitlicher Entscheidung sind, kann die Fallgruppe der Genehmigungskonkurrenzen (vgl. hierzu *Wittreck*, BayVBl 2004, S. 196; *Gaentzsch*, NJW 1986, S. 2787 ff) mit der Folge einer Ablehnung wegen fehlenden Sachbescheidungsinteresses herangezogen werden.
[836] Vgl. insoweit ohne Aussage *Linhart*, Schreiben, Bescheide und Vorschriften in der Verwaltung, § 22 Rn 9 [S. 605], dessen Musterbescheid wohl nur von einem Bauantrag ohne zusätzlich gestellten Abweichungsantrag ausgeht.

und Gründen der Vollständigkeit vorzugswürdiger wäre; entsprechende – wenn auch kurzgehaltene – Ausführungen in den Gründen verstehen sich von selbst.

Abschließend ist demnach festzustellen, dass sowohl der isoliert als auch der im vereinfachten Baugenehmigungsverfahren gemäß Art. 63 Abs. 2 Satz 2 BayBO 2008/2009 mit dem Bauantrag gestellte Abweichungsantrag seitens der Behörde unter Rückgriff auf das Rechtsinstitut des fehlenden Antragsinteresses mit entsprechender Tenorierung ohne weitere Sachprüfung abgelehnt werden kann, wenn sich jenseits des Verfahrensgegenstandes schlechthin nicht ausräumbare Hindernisse ergeben und zugleich die bauordnungsrechtliche Systematik nicht umgangen wird.

b) Das Sachbescheidungsinteresse des Bauantrags

Zum Teil wird in der Fachliteratur[837] im Zusammenhang mit der hier aufgeworfenen und diskutierten Frage der Auswirkungen eines nicht gestellten, aber erforderlichen Abweichungsantrags ganz allgemein bzw. pauschal auf die (dann wieder bestehende) Problematik des Sachbescheidungsinteresses verwiesen. Daraus allein kann allerdings nicht zwangsläufig die Auffassung des jeweiligen Autors entnommen werden, es handle sich bei einem fehlenden, aber nötigen Abweichungsantrag zugleich um einen Fall des daraus folgenden fehlenden Sachbescheidungsinteresses bezüglich des Bauantrags. Intendiert dürfte mit entsprechenden Hinweisen bzw. Verweisen zumeist sein, dass die Notwendigkeit eines Abweichungsantrags die Nichteinhaltung materieller bauordnungsrechtlicher Vorschriften bedeute und ein Verstoß gegen solche das Fehlen des Sachbescheidungsinteresses verursachen könne, welches damit in seiner direkten Anwendung und nicht über das „Brückenkonstrukt" des fehlenden Abweichungsantrags zu verstehen sei. Zum Teil stellen sich die einschlägigen fachliterarischen Äußerungen[838] aber durchaus zweideutig dar und erlauben allenfalls die Mutma-

---

[837] Vgl. so z.B. bei *Decker*, BauR 2008, S. 452, der ausführt: „*[...] Wenn der Bauherr aber keine Abweichung beantragt, kann [die Bauaufsichtsbehörde] hierüber auch nicht entscheiden, selbst wenn sie die Notwendigkeit einer Abweichung erkennt und diese unschwer erteilen könnte. [...] Damit entsteht wieder das Problem des „Sachbescheidungsinteresses" [...].*"
[838] Vgl. z.B. *Molodovsky*, in: Koch/Molodovsky/Famers, BayBO, Art. 59 Rn 16, bei dem insoweit unklar ist, ob sich das fehlende Sachbescheidungsinteresse (des Bauantrags) aus der erforderlichen, aber fehlenden Abweichung, so wohl der Wortlaut bzw. Kontext der Kommentierung, oder aber aufgrund des (nicht zur Abweichung gestellten) Verstoßes selbst ergeben soll, so wegen der Verweisung auf Rn 36.

ßung eines solchen Verständnisses im Sinne einer unmittelbaren Anwendung des Rechtsinstituts, d.h. Prüfung des Fehlens des Antragsinteresses des Bauantrags wegen eines Verstoßes gegen materiell-rechtliche Anforderungen des Bauordnungsrechts, welcher – mangels Abweichungsantrags – nicht legalisierbar ist. Deutlicher verhält sich in diesem Kontext hingegen *Koehl*[839]. Er scheint es nicht hinnehmen zu wollen, wenn der Bauherr entgegen der ihn gemäß Art. 55 Abs. 2 BayBO 2008 treffenden Eigenverantwortlichkeit die Beantragung einer Abweichung vielleicht sogar absichtlich unterlässt, um nach Erteilung der Baugenehmigung, die sich zu jenseits des Prüfkatalogs stehenden Vorschriften nicht verhält[840] und deshalb trotz Abweichungsbedürftigkeit zu erteilen ist, und nach dem daraufhin folgenden (rechtswidrigen) Baubeginn den im Rahmen der Baueinstellung der Bauaufsichtsbehörde eingeräumten Ermessensspielraum in seinem Sinne auszureizen, um auf ein Unterlassen bauaufsichtlicher Maßnahmen zu spekulieren. Es wird von *Koehl* damit die Frage aufgeworfen, ob nicht ein solches Vorgehen einer Umgehung des die BayBO-Novellen ausmachenden Prinzips der Eigenverantwortung des Bauherrn gleichkäme. *Koehl* scheint die Lösung des Problems, die für ihn letztlich in der (präventiven) Ablehnung der Baugenehmigung liegt, in den Auswirkungen des fehlenden, aber erforderlichen Abweichungsantrags zu sehen, indem er ausführt: *„[...] Sinn und Zweck der Erteilung der Baugenehmigung ist nach wie vor die Vorbereitung der Bauausführung, so dass einer abweichungsfreien Baugenehmigung für ein abweichungsbedürftiges Vorhaben das Sachbescheidungsinteresse fehlt. [...]"*[841] Anknüpfungspunkt für die Feststellung des Fehlens des Antragsinteresses soll demnach offenbar nicht der originäre Rechtsverstoß selbst, sondern der nicht gestellte Abweichungsantrag hinsichtlich der nicht eingehaltenen Vorschrift sein, der damit zur „Brücke" für die Anwendung des nichtgeschriebenen Rechtsinstituts des fehlenden Sachbescheidungsinteresses gemacht wird. Zwar äußert sich *Koehl* dergestalt nicht ausdrücklich, der von ihm dargelegte Argumentationsansatz einer formellen Illegalität der Baugenehmigung, die sich aus dem fehlenden, aber erforderlichen Abweichungsantrag ergebe (vgl. Art. 63 Abs. 2 Satz 2 BayBO 2008/2009) und die für eine Baueinstellung und damit auch bereits – in

---

[839] Vgl. *Koehl*, BayVBl 2009, S. 645 ff [648].
[840] Vgl. BayVGH, Urteil vom 19.01.2009, Az. 2 BV 08.2567, BayVBl 2009, S. 507.
[841] *Koehl*, BayVBl 2009, S. 648.

zeitlicher Hinsicht vorgezogene – Ablehnung des Bauantrags ausreichend sei,[842] beschreibt diesen schlussgefolgerten Umstand aber zumindest mittelbar. Die vorstehend erwähnten und z.T. wörtlich wiedergegebenen Ausführungen *Koehls* erfolgten zwar noch auf Grundlage der Gesetzestextfassung der BayBO 2008, aber zugleich auch in Kenntnis der geplanten und mit dem Änderungsgesetz 2009 umgesetzten Ergänzungen insbesondere in Art. 63 Abs. 2 Satz 2 BayBO 2008/2009, der – wie aufgezeigt – um die Maßgabe ergänzt wurde, dass der Abweichungsantrag bereits mit dem Bauantrag zu stellen ist. Insoweit kann die Auffassung *Koehls* jedenfalls nicht als durch die neue Rechtslage überholt bezeichnet werden, zumal dieser in der gesetzestextlichen Ergänzung noch nicht einmal einen mehrwertbringenden Beitrag zur Problemlösung sieht.[843] Für die gegenwärtig vorgenommene Betrachtung und Analyse muss jedoch sicherlich auch bedacht werden, dass *Koehl* seiner Sichtweise, weiterreichend als hier vertreten, zugleich eine Verpflichtung der Baubehörde zu Grunde legt, das zur Genehmigung gestellte Bauvorhaben auf die Abweichungsbedürftigkeit hin überprüfen zu müssen. Die im Wege der Ausführung dieser behördlichen Verpflichtung festgestellte Abweichungsbedürftigkeit hält *Koehl* dem Bauantrag mit dem Argument einer daraus folgenden formellen Rechtswidrigkeit der Baugenehmigung im Ergebnis als offensichtliches und schlechthin nicht ausräumbares Hindernis entgegen, was letztlich die Ablehnung bereits der Baugenehmigung rechtfertige. Er folgert aus der formellen Rechtswidrigkeit zugleich auch eine Offensichtlichkeit im Sinne der einschlägigen Rechtsprechung.

Ausgehend von der allgemein anerkannten Fallgruppe der sog. Genehmigungskonkurrenz, also die zumindest[844] evidente Genehmigungsunfähigkeit einer weiterhin benötigten Genehmigung,[845] ist die vor allem von *Koehl* zumindest mittelbar zum Ausdruck gebrachte Kausalität zwischen dem fehlenden Abweichungsantrag einerseits und dem Antragsinteresse des Bauantrags andererseits ein durchaus überlegenswerter Ansatz. Dies gilt umso mehr, wenn man wie hier vertreten – und damit auch nach Maßgabe der aktuellen Rechtslage nach der Ge-

---

[842] Vgl. *Koehl*, BayVBl 2009, S. 647/648.
[843] Vgl. hierzu *Koehl*, BayVBl 2009, S. 650/651.
[844] Zum Teil wird demgegenüber sogar eine bestands- bzw. rechtskräftige Gerichtsentscheidung hinsichtlich der anderen Erlaubnis gefordert, vgl. z.B. OVG Mecklenburg-Vorpommern, LKV 1998, S. 460/462, wohl auch *Foerster*, NuR 1985, S. 60. Vgl. zum Meinungsstreit *Wittreck*, BayVBl 2004, S. 196/197 m.w.N.
[845] Vgl. hierzu allgemein *Schmitz*, in: Stelkens/Bonk/Sachs, VwVfG, § 9 Rn 157 m.w.N.

setzesänderung 2009 – sowohl dem originären Bauantragsverfahren als auch dem diesem Antrag „angehängten" Abweichungsverfahren einen jeweils eigenen Verfahrensgegenstand zuspricht. *Koehl* greift in seinen diesbezüglichen Ausführungen nicht explizit auf diese Fallgruppe zurück, sondern beschränkt sich auf den Hinweis eines offensichtlichen, schlechthin nicht ausräumbaren Hindernisses, welches sich (mittelbar) aus dem nicht gestellten, aber erforderlichen Abweichungsantrag und der daraus resultierenden formellen Illegalität des Vorhabens ergebe. Aus rechtssystematischer Sicht könnte aber nur – will man sich nicht dem Vorwurf einer nur rechtspolitischen bzw. verwaltungspraktischen Problemlösung aussetzen – der Weg über die allgemein anerkannte Sachbescheidungskasuistik eine rechtsdogmatisch gerechtfertigte Lösung begründen. Die Fallgruppe der Genehmigungskonkurrenz, die durchaus auch rechtsgebietsintern wie etwa im öffentlichen Baurecht zwischen dem Bau(vor)bescheid und einer sanierungsrechtlichen Genehmigung i.S.d. § 144 Abs. 4 Nr. 4 BauGB[846] zur Anwendung gebracht wird, drängt sich nach dem hier zugrunde gelegten Verständnis des Abweichungsverfahrens als Verfahren mit grundsätzlich stets eigenem Verfahrensgegenstand geradezu auf. Wie nachstehende Ausführungen aufzeigen, gelingt die Problemlösung mittels eines vermeintlich fehlenden Sachbescheidungsinteresses letztlich aber nicht, weshalb die von *Koehl* vertretene Auffassung einer erweiterten bauordnungsrechtlichen Prüfung quasi über die Hintertür abzulehnen ist. Dieser Lösungsansatz vermag bei ausgedehnterer Blickrichtung und kritischer Analyse, wie schon vorstehend im selben Teil unter B.IV.1.c) ausgeführt, nämlich weder eine Möglichkeit der Behörde zur Erweiterung ihres Prüfauftrags noch eine Möglichkeit derselben zu begründen, dem Bauantrag das Sachbescheidungsinteresse wegen des formal fehlenden Abweichungsantrags abzusprechen.

---

[846] Vgl. OVG Berlin, Urteil vom 26.08.1999, Az. 2 B 15.94, BRS 60 Nr. 154: fehlendes Sachbescheidungsinteresse bei offensichtlich zu versagender sanierungsrechtlicher Genehmigung; vgl. auch VGH BW, Urteil vom 04.03.1996, Az. 8 S 48/96, BauR 1996, S. 532 ff [533/534], der allerdings eine Ermessensentscheidung der Baubehörde hinsichtlich der schlechthin nicht ausräumbaren Hindernisse verlangt; vgl. ders., DÖV 2003, S. 642. Vgl. auch *Wittreck*, BayVBl 2004, S. 196 m.w.N. [Fn 43].

c) Fazit: Kein fehlendes Sachbescheidungsinteresse des Bauantrags bei fehlendem Abweichungsantrag

Die gegenständlich zur Diskussion gestellte Argumentation, ein an sich für die Rechtmäßigkeit des Vorhabens materiell-rechtlich erforderlicher, aber bauherrenseitig nicht gestellter Abweichungsantrag lasse das Interesse für die Bescheidung des Bauantrags in der Sache entfallen,[847] beinhaltet – ungeachtet der nunmehr über Art. 68 Abs. 1 Satz 1, 2. Hs. BayBO 2008/2009 gegebenen Ablehnungsmöglichkeit – (zumindest im Ergebnis) zugleich den Versuch, die im Kontext stehende Rechtsprechung des Bayerischen Verwaltungsgerichtshofs[848] zu umgehen. Dies gilt unabhängig davon, ob man einen unmittelbaren oder mittelbaren Argumentationsweg wählt. Bereits deshalb muss diese These kritisch hinterfragt und vor dem Hintergrund eben dieser VGH-Rechtsprechung gewürdigt werden. Dies gilt umso mehr, als selbst zumindest einzelne Vertreter dieser Rechtsmeinung, allen voran *Koehl*, dann von einer Prüfung bauordnungsrechtlicher Vorschriften im vereinfachten Verfahren *„quasi über die Hintertür"*[849] sprechen. Der Bayerische Verwaltungsgerichtshof hat – wie bereits oben im selben Teil unter A.IV.2. gezeigt – etwa im Jahre 2009 wiederholt eine Ablehnung des Bauantrags wegen fehlenden Sachbescheidungsinteresses für die Fälle verneint, in denen es ersichtlich nicht um eine Ablehnung aus jenseits des Verfahrensgegenstandes liegenden Gründen, sondern in Wirklichkeit wegen eines Verstoßes gegen eine bauordnungsrechtliche Vorschrift wie etwa gegen das in Art. 8 BayBO 2008 verankerte Verunstaltungsgebot geht. Letztere Vorschriften – so der BayVGH – sollen im Wege der präventiven Genehmigungsprüfung keiner Kontrolle mehr unterliegen.[850] Die Schwächen und die (zumindest scheinbare) Widersprüchlichkeit dieser obergerichtlichen Argumentation wurden bereits oben im selben Teil unter A.IV.2.c) und A.IV.5. aufgezeigt und aufgelöst; der BayVGH hat im Rahmen seiner Ausführungen nämlich nur unzureichend berücksichtigt, dass der Verfahrensgegenstand im vereinfachten Genehmigungsverfahren auf den in Art. 59 Satz 1 BayBO 2008 benannten Prüfka-

---

[847] So jedenfalls mittelbar bei *Koehl*, BayVBl 2009, S. 645 ff [647/648]. Vgl. oben Teil 2 B.IV.2.b).
[848] Vgl. BayVGH, Urteil vom 19.01.2009, Az. 2 BV 08.2567, BayVBl 2009, S. 507 f, und ders., Urteil vom 01.07.2009, Az. 2 BV 08.2465, BayVBl 2009, S. 727 ff.
[849] Vgl. *Koehl*, BayVBl 2009, S. 645 ff [646].
[850] Vgl. BayVGH, Urteil vom 19.01.2009, Az. 2 BV 08.2567, BayVBl 2009, S. 507 f; ders., Urteil vom 01.07.2009, Az. 2 BV 08.2465, BayVBl 2009, S. 727 ff; ders., Urteil vom 23.03.2006, Az. 26 B 05.555, BayVBl 2006, S. 537.

talog beschränkt ist sowie nicht eingehaltene und nicht prüfpflichtige bauordnungsrechtliche Anforderungen grundsätzlich außerhalb des Verfahrensgegenstandes liegen würden. Das Abgrenzungskriterium Verfahrensgegenstand reicht insoweit nicht aus und ist durch die Wertung der gesetzlichen Systematik der Bayerischen Bauordnung überlagert.[851] Gleichwohl ist dieser obergerichtlichen Rechtsprechung, die sich im Kern gegen eine Aushebelung der durch die bayerische Landesbauordnung vorgegebenen Systematik ausspricht, im Ergebnis mit dem in dieser Arbeit zugrunde gelegten Verständnis zuzustimmen, so dass sie auch den Maßstab für die gegenwärtige Beurteilung bildet.

Unter Berücksichtigung bloßer Schlagworte wie etwa „formelle Illegalität" und „Genehmigungskonkurrenz" sowie des vom BayVGH mit Urteilen vom 23. März 2006, 19. Januar 2009 und 1. Juli 2009 benannten und herangezogenen Abgrenzungskriteriums des Verfahrensgegenstandes könnte man bei oberflächlicher Betrachtung zugegebenermaßen geneigt sein, der Auffassung *Koehls* beizupflichten und sich für eine Ablehnungsmöglichkeit der Baubehörden betreffend den Bauantrag in den Fällen eines fehlenden Abweichungsantrags auszusprechen. Die eingehendere Analyse, wie sie nachstehend sogleich erfolgt, zeigt allerdings auf, dass dieser Ansatz zu verwerfen und nicht weiter zu verfolgen ist.

Nach wie vor gilt die sog. Genehmigungskonkurrenz, also das Erfordernis zweier paralleler Genehmigungen bzw. Erlaubnisse für ein und dasselbe Vorhaben, als eine prototypische Fallkonstellation des nicht geschriebenen Rechtsgrundsatzes eines fehlenden Sachbescheidungsinteresses.[852] Charakteristisch für diese Fallgruppe sind die Auswirkungen einer Genehmigung bzw. deren Versagung auf einen parallel erforderlichen Erlaubnisantrag, die in bestimmten Konstellationen zum Teil auch als innere Akzidenz[853] bezeichnet wird, mithin also das Kausalitätsverhältnis beider Genehmigungen bzw. der zugrunde liegenden Anträge sowie Behörden- und gegebenenfalls Gerichtsentscheidungen. Mit die-

---

[851] Vgl. oben Teil 2 A.IV.2.c) und A.IV.5.
[852] Vgl. *Wittreck*, BayVBl 2004, S. 196 f; vgl. auch *Ortloff*, NJW 1987, S. 1665 ff [1668/1669], und *Lechner*, in: Simon/Busse, BayBO, Art. 68 Rn 169.
[853] Vgl. z.B. im Zusammenhang mit der Beteiligung/Mitwirkung von Maßnahmen zwischen gleichgeordneten Behörden, wenn die materielle Entscheidung des ersten VA Voraussetzung für die Entscheidung des zweiten VA sein kann, was letztlich wieder die Frage nach dem Sachbescheidungsinteresse aufwerfen kann, vgl. hierzu *P. Stelkens/U. Stelkens*, in: Stelkens/Bonk/Sachs, VwVfG (5. A.), § 35 Rn 92 a.E. i.V.m. (*Stelkens/Schmitz*) § 9 Rn 148. I.d.S., aber nicht mehr derart explizit, auch *U. Stelkens*, in: Stelkens/Bonk/Sachs, VwVfG, § 35 Rn 170 a.E.

ser Konstellation einher geht nicht zuletzt bei sich zumindest teilweise überschneidendem materiellem Recht auch häufig die Problematik nicht eindeutig abgegrenzter Prüfungsmaßstäbe und Sachentscheidungskompetenzen der betroffenen Behörden im Sinne einer Vorprüfungskompetenz.[854] Jedenfalls letztere Problematik stellt sich gegenwärtig nicht und kann bei der gegenständlichen Betrachtung ausgeblendet werden, da die Bauaufsichtsbehörde sowohl für den Abweichungs- als auch für den eigentlichen Bauantrag sachlich zuständig und damit sachentscheidungsbefugt ist. Die Gefahr zuständigkeitsbezogener Kollisionsfälle[855], wie sie etwa beim Zusammenspiel von bau- und atomrechtlichen Genehmigungen entstehen können, besteht hier nicht. Ein wesentliches Kriterium auch dieser Fallgruppe, soll mit dieser die Ablehnung eines Erlaubnisantrags wegen dann fehlenden Sachbescheidungsinteresses begründet werden, ist jedoch in jedem Falle die schlagwortartig gebrauchte Voraussetzung, dass die Referenzgenehmigung[856] ein *„schlechthin nicht ausräumbares Hindernis"*[857] für die begehrte Erlaubnis darstellen,[858] also das Maß an Gewissheit über die Versagung der Referenzgenehmigung geklärt sein muss.[859] Dies dient unter anderem auch der Meidung eines Zirkelschlusses[860], also der wechselseitigen Heranziehung der Erlaubnisse als Referenzgenehmigung. Ungeachtet der in diesem Kontext häufig im Streit stehenden Frage betreffend die Notwendigkeit einer rechtskräftigen bzw. bestandskräftigen oder doch zumindest evidenten Genehmigungsun-

---

[854] Vgl. zum Verhältnis Baugenehmigung und Gaststättenerlaubnis z.B. *Czermak*, BayVBl 1990, S. 604 f und BVerwG, Urteil vom 17.10.1989, Az. 1 C 18.87, BayVBl 1990, S. 602 ff. Vgl. zur sog. „Vorprüfungskompetenz" z.B. OVG NRW, Urteil vom 20.03.1992, Az. 11 A 610/90.

[855] Vgl. weitere Beispielsfälle bei *Wittreck*, BayVBl 2004, S. 196 m.w.N.; vgl. auch *Czermak*, BayVBl 1990, S. 604 f.

[856] Vgl. *Wittreck*, BayVBl 2004, S. 196.

[857] Vgl. BVerwG, Urteil vom 23.05.1975, Az. IV C 28.72, BVerwGE 48, S. 242 ff [247]; dass., Urteil vom 24.10.1980, Az. 4 C 3/78, NJW 1981, S. 2426 ff [2426]; dass., Urteil vom 17.10.1989, Az. 1 C 18.87, BVerwGE 84, S. 11 ff = BayVBl 1990, S. 602 ff [602].

[858] Vgl. BVerwG, Urteil vom 17.10.1989, Az. 1 C 18.87, BayVBl 1990, S. 602 ff [602] m.w.N. BVerwGE 48, S. 242 ff [247] = BayVBl 1976, S. 89/90, und BVerwGE 61, S. 128 ff [131].

[859] Vgl. *Wittreck*, BayVBl 2004, S. 196, der m.w.N. auf die teils unterschiedlichen Anforderungen der zur Entscheidung angerufenen Gerichte hinweist (z.B. bestands- bzw. rechtskräftige Entscheidung versus Prognoseentscheidung). Vgl. auch *Schmitz*, in: Stelkens/Bonk/Sachs, VwVfG, § 9 Rn 157 m.w.N., die entweder eine rechtskräftige oder bestandskräftige Versagung oder zumindest – diesen Fällen gleichgesetzt – eine evidente Genehmigungsunfähigkeit der Referenzgenehmigung verlangen.

[860] Vgl. *Wittreck*, BayVBl 2004, S. 197 m.w.N., der von einem Zirkelschluss im Sinne eines *„circulus vitiosus"* spricht.

fähigkeit der Referenzgenehmigung kann in der vorliegenden Fallgestaltung Folgendes festgehalten werden: Ein lediglich formalrechtlich fehlender und entgegen Art. 63 Abs. 2 Satz 2 BayBO 2008/2009 nicht zugleich mit dem Bauantrag gestellter, aber gleichwohl im Sinne des Art. 63 Abs. 1 Satz 1 BayBO 2008 genehmigungsfähiger Abweichungsantrag kann jedenfalls keinen Verlust des Sachbescheidungsinteresses des Bauantrags begründen und bedeuten. Die in beiden Fällen, d.h. der Abweichungszulassung und Baugenehmigung, zur Entscheidung berufene Bauaufsichtsbehörde kann das von ihr erkannte Fehlen eines materiell-rechtlich erforderlichen und aber zugleich auch genehmigungsfähigen Abweichungsantrags dann nämlich nicht mehr als schlechthin nicht ausräumbares Hindernis qualifizieren. Sie selbst könnte nach entsprechendem Hinweis hinsichtlich der Unvollständigkeit des Bauantrags (Art. 65 Abs. 2 Satz 1 BayBO 2008) und entsprechend nachgeholter Antragstellung dieses nur – gewissermaßen vorübergehende – Hindernis durch Zulassung der Abweichung ausräumen[861]. Von einer ersichtlichen Nutzlosigkeit[862] der Baugenehmigung kann dann keine Rede sein.

Dem gegenüber stehen die Fälle, in denen eine im jeweiligen Genehmigungsverfahren nicht prüfpflichtige Anforderung des Bauordnungsrechts nicht eingehalten, diesbezüglich kein Abweichungsantrag seitens des Bauherrn gestellt sowie zudem auch keine Genehmigungsfähigkeit[863] hinsichtlich eines entsprechenden (fiktiven) Abweichungsantrags gegeben ist, also der Verstoß nicht durch Abweichung legalisiert werden könnte, Art. 63 Abs. 1 Satz 1 BayBO 2008. Ließe man die Erfolgsaussichten des als fehlend monierten Abweichungsantrags außer Acht und beschränkte man sich auf das bloße formale Fehlen eines entsprechenden Antrags, würde die Beantragung von Abweichungen geradezu zum Selbstzweck verkehrt. Bei außer Frage stehender Genehmigungsunfähigkeit einer Abweichung bezüglich eines materiell-rechtlichen Verstoßes ergibt sich

---

[861] Vgl. auch *Schmitz*, in: Stelkens/Bonk/Sachs, VwVfG, § 9 Rn 157 m.w.N., wonach zu prüfen ist, ob die Bindungswirkung der Ablehnung nicht mehr ausräumbar ist.
[862] Als schlagwortartiges Kriterium des fehlenden Sachbescheidungsinteresses z.B. verwendet von BVerwG, NJW 1981, S. 2426, oder auch BayVGH, BayVBl 2006, S. 537 f [538].
[863] Vgl. zu den Voraussetzungen des einheitlichen Abweichungstatbestandes z.B. OVG NRW, Urteil vom 28.01.2009, Az. 10 A 1075/08, BauR 2009, S. 802 ff [804]. Das OVG NRW führt unter anderem aus, dass Abweichungen grundsätzlich sowohl von zwingenden als auch von dispositiven Vorschriften zugelassen werden können. Die Voraussetzungen seien jedoch unter dem Gesichtspunkt der Gesetzesbindung der Verwaltung strenger, wenn von zwingendem Recht abgewichen werden soll.

trotz des Vorliegens eben dieses Verstoßes kein Erfordernis zur Antragstellung im Sinne des Art. 63 Abs. 2 BayBO 2008/2009. In derartigen Fallkonstellationen fehlt es damit schon nicht an einem erforderlichen Abweichungsantrag. Insoweit bedarf es in diesem Kontext also noch nicht einmal einer Prognoseentscheidung seitens der Baubehörde über den vermeintlich fehlenden Abweichungsantrag, soweit es um die Frage der dadurch bedingten Ablehnung wegen fehlenden Sachbescheidungsinteresses geht. Denn wäre der zugrunde liegende Verstoß durch eine Abweichung nach Maßgabe des Art. 63 Abs. 1 Satz 1 BayBO 2008 legalisierbar, liegt bereits kein unüberwindbares Hindernis vor. Rechtfertigte der Verstoß hingegen keine Abweichung, bedarf es formalrechtlich bereits keines Abweichungsantrags – gewissermaßen nur um der Antragstellung wegen –, der damit auch nicht fehlen und auch nicht zu einem Verlust des auf den Bauantrag bezogenen Antragsinteresses führen kann. Der als Referenz grundsätzlich in Betracht kommende (fehlende) Abweichungsantrag vermag demzufolge nicht dem Sachbescheidungsinteresse des Bauantrags entgegenzustehen.

Selbst wenn man der vorstehenden Einordnung in die Kasuistik der Genehmigungskonkurrenz nicht folgen wollte und man sich – wie wohl *Koehl* – lediglich auf die allgemein anerkannten Definitionsansätze bezüglich des Rechtsinstrumentariums des fehlenden Sachbescheidungsinteresses bezöge und letztlich auch beschränkte, ergäbe sich nach entsprechender Subsumtion und Würdigung nichts Gegenteiliges. Indem *Koehls* Ausführungen selbst an dem erforderlichen Abweichungsantrag ansetzen, scheint auch er zumindest davon auszugehen, dass es sich um einen durch Abweichungszulassung im Sinne des Art. 63 Abs. 1 Satz 1 BayBO 2008 legalisierbaren Verstoß und damit um einen fehlenden genehmigungsfähigen Abweichungsantrag handeln muss, wenn dieser Aspekt zum Wegfall des bauantragimmanenten Sachbescheidungsinteresses führen soll. Bei formalrechtlicher Betrachtung ist ihm noch zuzustimmen, dass der in diesem Sinne fehlende Abweichungsantrag eine zumindest vorübergehende formelle Illegalität der Bauausführung bedeutet, indem es schlichtweg an einer erforderlichen (weiteren) Zulassung fehlt. Ungeachtet dessen, dass die alleinige Referenz einer voraussichtlich erfolgversprechenden bloßen Baueinstellungsverfügung, für die – wie *Koehl* noch zutreffend ausführt – bereits die formelle Rechtswidrigkeit ausreichend ist, zu kurz gegriffen ist, kann der weitergehenden Schlussfolgerung *Koehls* nicht gefolgt werden. Gänzlich ohne nähere Auseinandersetzung und/oder Begründung unterstellt er eine offensichtliche Nutzlosigkeit der Baugenehmigung aufgrund der fehlenden, aber eben genehmigungsfähigen Abweichung. Obige Darlegungen im Zusammenhang mit der Genehmigungskonkurrenz widerlegen diesen Ansatz. Selbst die unterstellte formelle Illegalität gereicht der Baugenehmigung nicht zu einem nicht überwindbaren Hindernis, wie Art. 65 Abs. 2 BayBO 2008 vor Augen führt. Auch der ober-[864] und bundesverwaltungsgerichtliche[865] Definitionsansatz eines jenseits des Verfahrensgegenstandes liegenden Umstandes, der bei formalsystematischer Betrachtung und insbesondere nach der hier vertretenen Auffassung zweier Verfahrensgegenstände noch zu bejahen wäre, verlangt darüber hinaus gleichsam nach dem bereits eingehend erörterten Erfordernis des schlechthin nicht ausräumbaren Hindernisses, welches damit nicht alternativ, sondern kumulativ zu berücksichtigen ist. Ferner wäre das Abgrenzungskriterium Verfahrensgegenstand in der vorliegenden Fallkonstellation ohnehin durch die Systematik der Bayerischen Bauordnung überlagert. Auf obige Ausführungen im selben Teil unter A.IV.2.c) und A. IV.5. kann insoweit uneingeschränkt verwiesen werden. Die von der BayBO ausgehende Wertung wird – zumindest in vorliegender Situation – auch nicht durch Art. 68 Abs. 1 Satz 1, 2. Hs. BayBO 2008/2009 aufgebrochen oder abgeändert, da letztere Regelung in Fällen nur formeller Rechtswidrigkeiten keine Anwendung findet.[866]

Zusammenfassend ist festzuhalten, dass die Ablehnung einer beantragten Baugenehmigung jedenfalls dann ohne Rechtsgrundlage erfolgt und damit auch verfehlt[867] ist, wenn die Ablehnung auf einen lediglich formell fehlenden, aber erforderlichen Abweichungsantrag gestützt wird. Dies gilt unabhängig davon, ob der zugrunde liegende materiell-rechtliche Verstoß durch Abweichungszulassung legalisierbar ist oder nicht, denn in letzterem Falle mangelt es bereits an

---

[864] Vgl. z.B. BayVGH, Urteil vom 23.03.2006, Az. 26 B 05.555, BayVBl 2006, S. 537 f [538]; ders., Urteil vom 19.01.2009, Az. 2 BV 08.2567, BayVBl 2009, S. 507, ders., Urteil vom 01.07.2009, Az. 2 BV 08.2465, BayVBl 2009, S. 727 ff [728] durch Verweis auf Urteil vom 19.01.2009, Az. 2 BV 08.2567, ebd.].
[865] Vgl. z.B. BVerwG, Urteil vom 23.03.1973, Az. IV C 49.71, BVerwGE 42, S. 115 ff [117].
[866] Vgl. *Lechner*, in: Simon/Busse, BayBO, Art. 68 Rn 158/159 und 165 ff, der zutreffend ausführt, dass die Antragsablehnung aufgrund von Art. 68 Abs. 1 Satz 1, 2. Hs. BayBO 2008/2009 nur in den Fällen materiell-rechtlicher Rechtsverstöße in Betracht kommt und formelle Illegalitäten anhand der allgemeinen Rechtsgrundsätze zum allgemeinen Sachbescheidungsinteresse abzuhandeln sind. Vgl. Teil 2 D.I. und IV.
[867] So auch *Hornmann*, HBO, § 57 Rn 30 mit Verweis auf § 64 Rn 82 ff, für die hessische Rechtslage. Vgl. a.A. *Koehl*, BayVBl 2009, S. 645 ff.

der Erforderlichkeit eines Abweichungsantrags. Der fehlende erforderliche Abweichungsantrag bedingt nicht den Verlust des Sachbescheidungsinteresses des Baugenehmigungsantrags. Ein Verstoß gegen eine bauordnungsrechtliche Anforderung bedeutet nämlich nicht automatisch die Erforderlichkeit eines Abweichungsantrags, da die Zulassung einer Abweichung ihrerseits an materiellrechtliche Anforderungen geknüpft ist, Art. 63 Abs. 1 BayBO 2008. Eine Antragstellung nur ihrer selbst willen würde die Abweichungssystematik ad absurdum führen und wäre im Hinblick auf ein dereguliertes Baugenehmigungsverfahren, beschleunigte Verfahrensgänge sowie auf ein ökonomisches Verwaltungshandeln geradezu kontraproduktiv.

C. Das Sachbescheidungsinteresse in Art. 68 Abs. 1 Satz 1, 2. Hs. BayBO 2008/2009: Eine Bestandsaufnahme

Getreu dem sprichwörtlichen Motto, „was nicht passt, wird passend gemacht", hat der Bayerische Landesgesetzgeber auf die zwischenzeitlich gefestigte Rechtsprechung des BayVGH zum Sachbescheidungsinteresse im Rahmen des vereinfachten Baugenehmigungsverfahrens reagiert, die angesichts der beiden Urteile aus dem Jahre 2009[868] nicht mehr als „Ausreißerrechtsprechung"[869] angesehen werden konnte und die bei vielen heftige Kritik hervorgerufen hat.[870] Mit Wirkung zum 1. August 2009[871] hat er eine neue Regelung für die Bayerische Bauordnung getroffen, welche in einem neuen zweiten Halbsatz in Art. 68 Abs. 1 Satz 1 BayBO 2008/2009 verortet worden ist. Demnach „[...] darf [die Bauaufsichtsbehörde] den Bauantrag auch ablehnen, wenn das Bauvorhaben gegen

---

[868] Vgl. BayVGH, Urteil vom 19.01.2009, Az. 2 BV 08.2567, BayVBl 2009, S. 507 ff, und Urteil vom 01.07.2009, Az. 2 BV 08.2465, BayVBl 2009, S. 727 ff.

[869] Vgl. in diesem Kontext auch *Decker/Konrad*, Bayerisches Baurecht, Kap. II. Teil 6 Rn 11 m.w.N., wonach diese BayVGH-Rechtsprechung dergestalt charakterisiert wird, dass sie alles andere als eine nicht vorhersehbare „Ausreißerentscheidung" darstelle. Vgl. a.A. *Jäde*, BayVBl 2009, S. 713.

[870] *Jäde* spricht von „*nicht wünschenswerten und systematisch nicht überzeugenden Resultaten*", vgl. *Jäde*, BayVBl 2009, S. 709, bzw. von „*reparaturbedürftigen Schäden*", vgl. *ders.*, a.a.O., S. 710 Fn 9. *Schwarzer/König* bezeichnen die Rechtsprechung des BayVGH zum Sachbescheidungsinteresse z.B. als „*über das Ziel hinausgeschossen*", vgl. *Schwarzer/König*, BayBO, Art. 68 Rn 23; *Ingold/Schröder* reden z.B. von einer „*missliebigen Rechtsprechung des bayerischen Verwaltungsgerichtshofs*", vgl. *Ingold/Schröder*, BayVBl 2010, S. 426.

[871] Vgl. das Gesetz vom 27.07.2009, GVBl S. 385. Vgl. auch Beschluss des Bayerischen Landtags, LtDrs. 16/1863 vom 14.07.2009, S. 5.

sonstige öffentlich-rechtliche Vorschriften verstößt." Bereits unmittelbar nach der Einführung hat diese Regelung eine lebhafte Diskussion hervorgerufen und wird von einem überwiegenden Teil der Fachautoren im Ergebnis als interessantes dogmatisches Konstrukt eingestuft, dessen Regelungsgehalt sich nicht ohne weiteres erschließt.[872] Als Konstrukt in diesem Sinne kann es sicherlich auch jetzt noch, d.h. trotz oder vielleicht auch gerade wegen des bereits erfolgten fachkritischen Austauschs, bezeichnet werden. Die Auseinandersetzung um das Sachbescheidungsinteresse im Zusammenhang mit dem eingeschränkten Prüfprogramm des vereinfachten Baugenehmigungsverfahrens und damit letztlich auch hinsichtlich des zwischenzeitlichen Versuchs einer Kodifizierung dieses Rechtsgrundsatzes will und kann nicht abreißen. Die Überschrift von *Jädes* wiederholter Stellungnahme *„Das Sachbescheidungsinteresse im bauaufsichtlichen Genehmigungsverfahren – eine unendliche Geschichte?"*[873] könnte die Situation nicht treffender beschreiben. Hingegen wäre die Überschrift nicht als Frage, sondern als feststellende Aussage zu formulieren, und das Frage- durch ein Ausrufungszeichen zu ersetzen. Die ultimative Klärung der mit fortschreitender Deregulierung der bauaufsichtlichen Verfahren verstärkt auftretenden Frage, wie von der Behörde während des Genehmigungsverfahrens festgestellte Verstöße gegen nicht vom Prüfkatalog erfasste Vorschriften zu behandeln seien, ist nicht nur ausgeblieben, sondern die Rechtsverhältnisse erscheinen ungeklärter und offener denn je. Zum Teil wird sogar die Verfassungsmäßigkeit der Neuregelung in Frage gestellt.

Die nachfolgenden Ausführungen versuchen, über eine historische sowie rechtsvergleichende Betrachtung sowohl die Problembereiche als auch den Gehalt dieser Neuregelung näher zu erschließen und dogmatisch einzuordnen. Schließlich erfolgt eine Bestandsaufnahme hinsichtlich der Haltung der erstinstanzlichen und obergerichtlichen Verwaltungsgerichtsrechtsprechung zur Vorbereitung einer Analyse de lege lata.

---

[872] Vgl. *Wolf*, in: Simon/Busse, BayBO, Art. 59 Rn 93, und *ders.*, BayBO – Kurzkommentar, Art. 68 Rn 15: *„dogmatisch interessante Rechtsfigur"*; *Schwarzer/König*, BayBO, Art. 68 Rn 22/26: *„Regelungsgehalt nicht eindeutig"*; *Ingold/Schröder*, BayVBl 2010, S. 426: *„dogmatische und praktische Probleme"*; i.E. noch weitergehend *Shirvani*, BayVBl 2010, S. 709 ff.
[873] Vgl. *Jäde*, BayVBl 2010, S. 741 ff; zuvor bereits *ders.*, BayVBl 2009, S. 709 ff [714].

I. Entstehungsgeschichte des Art. 68 Abs. 1 Satz 1, 2. Hs. BayBO 2008/2009

Das Sachbescheidungsinteresse, welches als Pendant zum prozessualen Rechtsschutzbedürfnis[874] zu verstehen ist,[875] ist im Grundsätzlichen ein ungeschriebenes Rechtsinstitut des allgemeinen Verwaltungsrechts und, wie gezeigt, als solches – wenn auch in den verschiedensten Ausprägungen – fest etabliert. Insoweit findet dieses Rechtsinstitut unbestritten auch im Rahmen der Entscheidung über die Zulässigkeit des Bauantrags grundsätzlich Anwendung, indem das Sachbescheidungsinteresse als (ungeschriebene) Zulässigkeitsvoraussetzung des Antrags zu prüfen ist. Der Anwendungsbereich und die subsumtionsfähigen Fallgruppen waren/sind hier – unter Berücksichtigung der dargestellten bayerischen Rechtsprechung und im Hinblick auf die Bayerische Bauordnung – allerdings äußerst streitig. Der Bayerische Verwaltungsgerichtshof hat in Bezug auf das Baugenehmigungsverfahren der Anwendung dieses Rechtsgrundsatzes jedenfalls enge Grenzen gesetzt. Wie *Wittreck*[876] zutreffend aufzeigt, wird durch diesen verwaltungsrechtlichen Grundsatz allerdings die Möglichkeit, den Leitgedanken dieses Instituts, also die Ablehnung eines Antrags trotz Vorliegens der anspruchsbegründenden Tatbestandsvoraussetzungen aus Gründen der rechtlichen oder tatsächlichen Nutzlosigkeit, gesetzlich niederzulegen, nicht ausgeschlossen. Der mit der Novelle 2009 neu in die Bayerische Bauordnung eingefügte zweite Halbsatz des Art. 68 Abs. 1 Satz 1 BayBO 2008/2009 wird allgemein als eine landesrechtliche Sonderregelung[877] verstanden, welche die behördliche Möglichkeit normiert, einen Bauantrag wegen fehlenden Sachbescheidungsinteresses als unzulässig abzulehnen. Der Wortlaut scheint augenscheinlich deutlich: „[...] die Bauaufsichtsbehörde darf den Bauantrag auch ablehnen, wenn das Bauvorhaben gegen sonstige öffentlich-rechtliche Vorschriften verstößt."[878] Vor allem angesichts der Entstehungsgeschichte der Regelung liegt es auf den ersten Blick durchaus nahe, hierin eine schriftliche Niederlegung des grundsätzlich nichtgeschriebenen Grundsatzes des fehlenden Sachbescheidungsinteresses in Gesetzesform zu sehen. Bei näherer Betrachtung und dem Versuch,

---

[874] Vgl. zum prozessualen Rechtsschutzbedürfnis *Hufen*, Verwaltungsprozessrecht, § 23 Rn 10 ff; *Kopp/Schenke*, VwGO, Vorb § 40 Rn 30 ff.
[875] Vgl. *Jäde*, Bayerisches Bauordnungsrecht, Rn 221.
[876] Vgl. *Wittreck*, BayVBl 2004, S. 195/196 mit Verweis auf § 81 Satz 1, § 31 Abs. 5 AsylVfG, § 92 Abs. 2 VwGO.
[877] Vgl. z.B. *Wolf*, BayBO – Kurzkommentar, Art. 59 Rn 15; *Hornmann*, HBO, § 64 Rn 85.
[878] Art. 68 Abs. 1 Satz 1, 2. Hs. BayBO 2008/2009.

die Regelung dogmatisch einzuordnen, erschließt sich der Regelungsgehalt gleichwohl nicht, weshalb die Vorschrift bereits erhebliche Kritik[879] erfahren hat. Die Vorschrift wirft dabei eben nicht nur dogmatische Fragen, sondern auch Probleme für die Behördenpraxis auf. Dieser zweite Halbsatz ist ungeachtet dessen im Zusammenhang mit und in Fortführung des vorausgehenden ersten Halbsatzes zu lesen, was letztlich auch durch die lediglich strichpunktmäßige Trennung der beiden Halbsätze zum Ausdruck gebracht wird. Unter „sonstigen öffentlich-rechtlichen Vorschriften" versteht das Gesetz damit die Vorschriften, die nicht im Sinne des ersten Halbsatzes „im bauaufsichtlichen Genehmigungsverfahren zu prüfen sind". Die Reichweite dieser Formel bestimmt sich damit für den Bereich des vereinfachten Baugenehmigungsverfahrens über Art. 59 Satz 1 BayBO 2008. Von der Vorschrift erfasst werden damit – zumindest dem Wortlaut nach – nicht nur die nicht mehr prüfpflichtigen bauordnungsrechtlichen Vorschriften, sondern auch Vorschriften, die nicht bereits über Art. 59 Satz 1 Nrn. 1 bis 3 BayBO 2008 zur Überprüfung gelangen und damit jenseits des Verfahrensgegenstandes liegen.

Art. 68 Abs. 1 Satz 1, 2. Hs. BayBO 2008/2009 ist durch das Gesetz zur Änderung der Bayerischen Bauordnung, des Baukammerngesetzes und des Denkmalschutzgesetzes vom 27. Juli 2009[880] mit Wirkung zum 1. August 2009 in die Bayerische Bauordnung aufgenommen worden. Ausschlaggebender Hintergrund dieser weiteren Gesetzesnovelle nach der von 2007 ist die am 12. Dezember 2006 erlassene Richtlinie 2006/123/EG des Europäischen Parlaments und des Rates über Dienstleistungen im Binnenmarkt, die neben Regelungen zur Dienstleistungs- und Niederlassungsfreiheit auch zahlreiche Vorgaben zum Verfahren enthält. Auch die Bayerische Bauordnung war hiervon betroffen, was die Notwendigkeit einer Anpassung dieser an die Richtlinie 2006/123/EG mit sich brachte. Die Richtlinie galt es dabei bis längstens 28. Dezember 2009 in nationales und damit mit Blick auf die bundesrechtliche

---

[879] Vgl. *Ingold/Schröder*, BayVBl 2010, S. 426 ff; *Koehl*, BayVBl 2009, S. 645; *Linke*, BayVBl 2010, S. 430; *Manssen/Greim*, BayVBl 2010, S. 421 ff; *Shirvani*, BayVBl 2010, S. 709 ff; *Schwarzer/König*, BayBO, Art. 68 Rn 22 ff m.w.N.; *Wolf*, BayBO – Kurzkommentar, Art. 59 Rn 3 und 27; *Lechner*, in: Simon/Busse, BayBO, Art. 68 Rn 155 ff; vgl. zur geführten Diskussion auch *Jäde*, BayVBl 2009, S. 709; *ders.*, BayVBl 2010, S. 741 ff; *ders.*, BayVBl 2011, S. 333 ff.
[880] Vgl. GVBl S. 385 ff; vgl. auch LtDrs. 16/1863 vom 14.07.2009: Beschluss des Bayerischen Landtags zum Gesetzentwurf der Bayerischen Staatsregierung LtDrs. 16/375 und LtDrs. 16/1817.

Kompetenzzuordnung[881] in Landesrecht umzusetzen. Der von der Staatsregierung vorgelegte Gesetzentwurf zur Änderung der Bayerischen Bauordnung sieht infolgedessen – da nicht von der Richtlinie verlangt – noch keine Änderungen im Bereich des Art. 68 BayBO 2008 oder hinsichtlich der genehmigungsrechtlichen Prüfprogramme im Allgemeinen bzw. des Sachbescheidungsinteresses im Besonderen vor.[882] Der nunmehr in Art. 68 Abs. 1 Satz 1 BayBO 2008/2009 erfasste zweite Halbsatz geht vielmehr auf einen dem Landtag vorgelegten Änderungsantrag zu dem benannten Gesetzentwurf von Mitgliedern der CSU- und FDP-Fraktionen zurück. Er stellt ein von der umzusetzenden Richtlinie losgelöstes und, wie der zeitliche Ablauf des Gesetzgebungsverfahrens zeigt, unmittelbares reaktionäres Ergebnis des bayerischen Landesgesetzgebers auf die Rechtsprechung des BayVGH[883] zur Versagungsmöglichkeit eines Bauantrags wegen fehlenden Sachbescheidungsinteresses dar. Ausweislich der Vollzugshinweise[884] der Obersten Baubehörde im Bayerischen Staatsministerium des Innern sollte mit dieser Ergänzung der neueren Rechtsprechung des 2. Senats des BayVGH begegnet werden, der sich mit seiner Rechtsmeinung gegen eine auch in Bayern vermeintlich einhellige Auffassung gestellt hat. Die Intention des Gesetzgebers liegt damit offensichtlich auf der Hand: Er versucht die ihm missliebige[885] BayVGH-Rechtsprechung zur Frage, wann und in welchem Umfang einem Bauantrag das Antrags- bzw. Sachbescheidungsinteresse fehlt, zu korrigieren.

Die Begründung[886] des Änderungsantrags führt hinsichtlich des Einschubs des zweiten Halbsatzes in Art. 68 Abs. 1 Satz 1 BayBO 2008/2009 aus, dass nach der – von der bisher nahezu einhelligen Auffassung in Rechtsprechung und Literatur abweichenden – neueren Rechtsprechung des 2. Senats des Bayerischen Verwaltungsgerichtshofs (BayVGH, Urteil vom 19. Januar 2009, Az.: 2 BV 08.2567) die Bauaufsichtsbehörde keine Möglichkeit hätte, einen Bauantrag wegen fehlenden Sachbescheidungsinteresses abzulehnen, wenn dem Bauvorhaben nach Art. 59, 60 BayBO 2008 nicht zu prüfende öffentlich-rechtliche, na-

---

[881] Vgl. oben unter Teil 1 A.I.
[882] Vgl. LtDrs. 16/375 vom 03.02.2009.
[883] Vgl. ausführlich Teil 2 A.IV.2. Vgl. BayVGH, Urteil vom 19.01.2009, BayVBl 2009, S. 507, bestätigt durch dass., Urteil vom 01.07.2009, BayVBl 2009, S. 727.
[884] Vgl. Oberste Baubehörde im BayStMI, Schreiben vom 24.07.2009, Zeichen: IIB4-4101-022/08, S. 16; vgl. auch *Wolf*, in: Simon/Busse, BayBO, Art. 59 Rn 92.
[885] Vgl. *Ingold/Schröder*, BayVBl 2010, S. 426.
[886] Vgl. LtDrs. 16/1351 vom 13.05.2009, S. 2 [Zu 4.]; auch abgedruckt bei *Lechner*, in: Simon/Busse, BayBO, Art. 68 Rn 156.

mentlich bauordnungsrechtliche Vorschriften entgegenstünden. Dies hätte zur Folge, dass die Bauaufsichtsbehörden in derartigen Fällen zwar die Baugenehmigung erteilen, gleichzeitig oder im unmittelbaren Anschluss aber gegebenenfalls eine Beseitigungsanordnung bzw. eine vorbeugende Baueinstellung erlassen müssten. Dies sei – da umständlich und für den Bauherrn mit doppelten Gebühren verbunden – nicht sachgerecht und erwecke zudem den schwer ausräumbaren Anschein einer inneren Widersprüchlichkeit, so die Gesetzesbegründung. Dies zur Erläuterung vorausgeschickt wird die Intention der Regelung wie folgt begründet: *„Durch die Gesetzesänderung wird klargestellt, dass die Bauaufsichtsbehörden Bauanträge wegen fehlenden Sachbescheidungsinteresses als unzulässig ablehnen dürfen, wenn ein Verstoß gegen Vorschriften erkannt wird, die nicht im Prüfprogramm der Art. 59, 60 BayBO enthalten sind, sofern sich das Hindernis nicht – etwa durch eine Abweichung nach Art. 63 – ausräumen lässt.*"[887] Zu der ansonsten eigenwilligen „Architektur" und Struktur der dogmatisch nur schwer einzuordnenden Regelung äußert sich die Begründung hingegen nicht. Auch erklärt der Gesetzgeber nicht, weshalb mit der Neuregelung eine derart weite Möglichkeit der Ablehnung eines Bauantrags geschaffen wurde und wie sich der Wortlaut des neuen zweiten Halbsatzes, der augenscheinlich keine weiteren Einschränkungen vorsieht, zu den Vorgaben der von der Gesetzesbegründung benannten „bisher nahezu einhelligen Auffassung in Rechtsprechung und Literatur" verhält. Denn nach dieser sog. herrschenden Meinung gilt, wenn auch in verschiedenen Ausprägungen, zumindest das Erfordernis von evidenten und/oder offenkundigen Verstößen[888], soll einem Bauantrag das Antragsinteresse bereits ohne weitere Sachprüfung abgesprochen werden. Die Vollzugshinweise[889] der Obersten Bayerischen Baubehörde zur Neuregelung greifen im Wesentlichen auf den Wortlaut der wiedergegebenen Gesetzesbegründung zurück, ergänzt um die Aussage, dass Art. 68 Abs. 1 Satz 1, 2. Hs. BayBO 2008/2009 der Behörde, wie es die Verwendung des Wortes „darf" und die

---

[887] LtDrs. 16/1351 vom 13.05.2009, S. 2 [Zu 4.]; auch abgedruckt bei *Lechner*, in: Simon/Busse, BayBO, Art. 68 Rn 156, oder bei *Schröder*, BayVBl 2009, S. 497 Fn 44.
[888] Vgl. *Busse/Dirnberger*, Die neue BayBO, Art. 59 Ziff. 3, S. 307, die einen „gravierenden" Verstoß voraussetzen; OVG RP, BRS 52 Nr. 148 [S. 355]; dass., BauR 2009, S. 800; OVG NRW, BauR 2009, S. 803; *Schröder*, BayVBl 2009, S. 495 m.w.N.; *Knuth*, in: Wilke/Dageförde/Knuth/Meyer/Broy-Bülow, Bauordnung für Berlin (6. A.), § 64 Rn 15; *Wolf*, BayBO – Kurzkommentar, Art. 59 Rn 25 ff [27]; *ders.*, in: Simon/Busse, BayBO – Kommentar, Art. 59 Rn 95.
[889] Vgl. Oberste Baubehörde im BayStMI, Schreiben vom 24.07.2009, Zeichen: IIB4-4101-022/08, S. 16.

Meidung des Wortes „kann" zum Ausdruck bringe, keinen Ermessensspielraum einräume.

Nicht ganz zu Unrecht spricht *Gehrsitz* hinsichtlich der Gesetzesnovelle 2009 von einem „*Reparaturbetrieb*"[890] für erkannte Mängel der BayBO 2008. Auch wenn sich *Gehrsitz* in diesem Zusammenhang nicht weiter zu den Mängeln äußert, bedeutet ein Mangel noch nicht per se, dass dadurch auch ein Schaden eintreten muss oder eingetreten ist. Soweit *Jäde*[891] zu dieser von *Gehrsitz* gebrauchten Begrifflichkeit anmerkt, derjenige, der von einem solchen Reparaturbetrieb spreche, sollte nicht darüber schweigen, wer die reparaturbedürftigen Schäden verursacht habe, ist diesem entgegenzuhalten, dass hier in der Rechtsprechung des BayVGH, den *Jäde* wohl als Schadensverursacher ansieht, kein Schaden zu sehen ist. Als mangelhaft kann allenfalls die Gesetzesnovelle zur Einführung der BayBO 2008 angesehen werden, die – wie der BayVGH zu Recht aufgezeigt hat – mit ihrer Systematik eine andere Rechtslage bildet, als vom Gesetzgeber vermeintlich beabsichtigt war.

II. Außerbayerische Sonderregelungen zum Sachbescheidungsinteresse im Rahmen präventiver Bauaufsicht

Die Musterbauordnung sieht mit Ausnahme des Sondertatbestandes in § 68 Abs. 4 Satz 3 MBO 2002[892] bzw. 2012[893] gegenwärtig keine Sonderregelung zum fehlenden Sachbescheidungsinteresse im diskutierten Umfang vor, die verhindern soll, dass die Behörde für sog. unnütze oder sonstige missbräuchliche Zwecke in Anspruch genommen wird. Angesprochen sind damit insbesondere die Fälle, in denen die präventive bauaufsichtliche Kontrolle Erkenntnisse liefert und mit sich bringt, die zu gewinnen die Behörde zwar nicht beabsichtigt und verpflichtet ist, die zu ignorieren die Behörde aber aus ökonomischen Gründen grundsätzlich auch nicht willens ist, da ansonsten ein zusätzliches, vermeintlich

---

[890] Vgl. *Gehrsitz*, BayVBl 2009, S. 288.
[891] Vgl. *Jäde*, BayVBl 2009, S. 709/710 Fn 9.
[892] Vgl. Musterbauordnung (MBO) in der Fassung vom November 2002, geändert durch Beschluss der Bauministerkonferenz vom Oktober 2008 einschließlich der Änderung von § 20 Satz 1 gemäß Beschluss der FK Bauaufsicht vom Mai 2009.
[893] Mit dem Beschluss der 123. Bauministerkonferenz vom 21.09.2012 ist die MBO seit dem grundlegenden Reformschnitt in Gestalt der MBO 2002 erstmals umfangreicher geändert worden, vgl. *Jäde/Hornfeck*, MBO 2012 – Textsynopse, Vorwort und Einleitung S. 1 ff.

überflüssiges Verwaltungshandeln erforderlich würde. Nach § 72 Abs. 1 MBO 2002 bzw. § 72 Abs. 1 Satz 1[894] MBO 2012 ist die Baugenehmigung zu erteilen, wenn dem Bauvorhaben keine öffentlich-rechtlichen Vorschriften entgegenstehen, die im bauaufsichtlichen Genehmigungsverfahren zu prüfen sind. Diese oder eine zumindest sinngleiche Textfassung findet sich in den meisten Landesbauordnungen der anderen deutschen Bundesländer wieder, so etwa in § 71 Abs. 1 BauO Bln, § 70 Abs. 1 ThürBO oder § 72 Abs. 1 SächsBO. Die vorstehend angesprochene Fallgestaltung, mithin also Rechtsverstöße außerhalb des jeweils einschlägigen landesrechtlichen Prüfkatalogs, werden bundesweit zumeist über die Rechtsfigur des fehlenden Sachbescheidungsinteresses behandelt,[895] wobei sich natürlich die Anwendungsvoraussetzungen dieses Rechtsinstituts im Hinblick auf die verschiedenen Oberverwaltungsgerichte bzw.[896] Verwaltungsgerichtshöfe im Detail unterscheiden. Für die jeweiligen Landesgesetzgeber ergibt sich dabei grundsätzlich keine Notwendigkeit, eine entsprechende Gesetzestextänderung gegenüber § 72 Abs. 1 MBO 2002/2012 herbeizuführen bzw. eine entsprechende landesrechtliche Sonderregelung, wie etwa in Bayern mit Art. 68 Abs. 1 Satz 1, 2. Hs. BayBO 2008/2009 geschehen, in die jeweilige Landesbauordnung aufzunehmen, soweit zum einen der Gesetzgeber eine solche Handhabung billigt bzw. gutheißt und zum anderen die jeweilige (ober-)verwaltungsgerichtliche Rechtsprechung[897] ein entsprechendes Vorgehen zulässt und nicht – wie zuletzt in Bayern geschehen – auf nur mehr engste Grenzen[898] beschränkt. Dies gilt umso mehr, als diese außerbayerische Rechtsprechung erst nochmals und nahezu parallel zur ablehnenden Haltung des Bayerischen Verwaltungsgerichtshofs etwa für die Rechtslage in Rheinland-Pfalz[899] oder Nordrhein-Westfalen[900] im Grundsätzlichen bestätigt worden ist.

---

[894] Durch den Beschluss der 123. Bauministerkonferenz vom 21.09.2012 ist dem § 72 Abs. 1 ein weiterer Satz hinzugefügt worden, demzufolge die durch eine Umweltverträglichkeitsprüfung ermittelten, beschriebenen und bewerteten Umweltauswirkungen nach Maßgabe der hierfür geltenden Vorschriften zu berücksichtigen sind, vgl. *Jäde/Hornfeck*, MBO 2012 – Textsynopse, S. 112.
[895] Vgl. *Jäde*, BayVBl 2005, S. 301 m.w.N. [Fn 6]; *ders.*, BayVBl 2008, S. 525.
[896] Vgl. zur begrifflichen Differenzierung § 184 VwGO. Dies gilt für BayVGH, VGH BW und HessVGH.
[897] Vgl. OVG RP, BRS 52 Nr. 148; OVG NRW, BRS 58 Nr. 132; OVG Berlin, BRS 60 Nr. 154; VGH BW, DÖV 2002, S. 642; ähnlich SächsOVG, BRS 60 Nr. 106.
[898] Vgl. BayVGH, BayVBl 2006, S. 537 ff; ders., BayVBl 2009, S. 507 ff.
[899] Vgl. OVG RP, Urteil vom 22.10.2008, Az. 8 A 10942/08, BauR 2009, S. 799.
[900] Vgl. OVG NRW, Urteil vom 28.01.2009, Az. 10 A 1075/08, BauR 2009, S. 802.

Gleichwohl ist der bayerische Gesetzgeber hier kein Vorreiter, der mit Art. 68 Abs. 1 Satz 1, 2. Hs. BayBO 2008/2009 etwas gänzlich Neues schafft, wie ein Blick auf § 60a Abs. 2 Satz 3 BauO Bln 1997 zeigt. Dies gilt allerdings nur, soweit der Blick lediglich auf die Kodifizierung des fehlenden Sachbescheidungsinteresses für den Bereich der Baugenehmigung und das eingeschränkte behördliche Prüfprogramm gerichtet ist und es nicht um die Umkehr einer dem Landesgesetzgeber nicht genehmen Rechtsprechung geht. Allerdings tun sich mit Hessen auch bereits erste Nachahmer auf, die vielleicht auch eine bayerisch gleiche Rechtsprechung fürchten und/oder zumindest für (vermeintliche) Rechtsklarheit sorgen wollen. Ungeachtet dessen gibt es in einigen Landesbauordnungen in Übereinstimmung mit der Musterbauordnung bereits seit längerem und im Wesentlichen auch losgelöst von der gegenständlich betrachteten Kontroverse eine Sonderregelung für einen konkreten Fall eines dem Bauantrag entgegenstehenden zivilrechtlichen Hindernisses, die als gesetzlich geregelter Unterfall des fehlenden Sachbescheidungsinteresses anerkannt ist. Wie sich die für die Ausarbeitung der Musterbauordnung zuständige Bauministerkonferenz angesichts der Vorstöße einzelner Bundesländer wie etwa Bayern und zuletzt auch Hessen, die freilich im Ergebnis lediglich einen Gleichlauf mit der gefestigten nichtbayerischen oberverwaltungsgerichtlichen Rechtsprechung beabsichtigen, verhält, deutet sich bereits mit dem Beschluss der 123. Bauministerkonferenz vom 21. September 2012 an, mit dem die MBO seit 2002 erstmals umfangreicher geändert worden ist. Die bayerische bzw. auch hessische Sonderregelung hat demnach bislang keinen Einzug in die Musterbauordnung gehalten. Eine gemeinsame und einheitliche Haltung wäre allerdings wünschenswert.

1. Das Sachbescheidungsinteresse bei fehlendem Grundeigentum des Bauherrn (§ 68 Abs. 4 Satz 3 MBO 2002/2012)

In manchen Landesbauordnungen lässt sich eine Regelung für den Fall der Divergenz von Grundeigentum und Bauherrschaft finden, die den allgemeinverfahrensrechtlichen Grundsatz eines fehlenden Sachbescheidungsinteresses in dem besonderen Fall eines dem Bauantrag entgegenstehenden zivilrechtlichen Hindernisses regelt. Will man diese Regelung nicht bereits als gesetzlich geregelten Sonderfall zum fehlenden Sachbescheidungsinteresse verstehen, zeigen die entsprechenden Vorschriften jedenfalls auf, welche Handlungsmöglichkeit sich für die Baugenehmigungsbehörde ergibt, wenn der Antragsteller und Bauherr nicht zugleich auch Grundstückseigentümer ist. Nach allgemeiner Auffassung soll sich ferner die weitere Konsequenz für den Fall ablesen lassen, dass der Bauherr auf Aufforderung der Baugenehmigungsbehörde nicht die Zustimmung des Eigentümers beibringen kann. In der Musterbauordnung wird diese Konstellation in § 68 MBO 2002/2012 (Bauantrag, Bauvorlagen) unter Absatz 4 mit Satz 3 angesprochen, wo es heißt: „Ist der Bauherr nicht Grundstückseigentümer, kann die Zustimmung des Grundstückseigentümers zu dem Bauvorhaben gefordert werden." Spiegelbildliche Regelungen mit teils nahezu wortgleichem oder doch zumindest vergleichbarem Text lassen sich in konkreten Landesbauordnungen beispielsweise in § 69 Abs. 2 Satz 3 BauO NRW, § 69 Abs. 4 Satz 3 BauO Bln oder auch § 60 Abs. 5 Satz 3 HBO wiederfinden. Dem jeweiligen Gesetzeswortlaut zur Folge kann die Bauaufsichtsbehörde für Bauvorhaben auf fremden Grundstücken demnach den Nachweis verlangen, dass die Eigentumsberechtigten zustimmen. Fehlt die Zustimmung oder wurde sie verweigert, soll dem Bauantrag das Sachbescheidungsinteresse mit der Folge fehlen, dass dieser wegen damit festgestellter entgegenstehender rechtlicher und/oder tatsächlicher Hindernisse abgelehnt werden kann.[901] Zumindest nach dem hessischen Verständnis der Norm handelt es sich dabei obgleich eines hier nicht eindeutigen Wortlauts der Norm um eine im Ermessen der Bauaufsichtsbehörde stehende Entscheidung ohne drittschützende Wirkung.[902]

Eine entsprechende und ausdrückliche Regelung sieht die Bayerische Bauordnung nicht (mehr)[903] vor. Die ehemals bayerische Regelung zu dieser Fallgestaltung, nach Art. 69 Abs. 4 Satz 3 BayBO 1982 zuletzt in Art. 74 Abs. 4 Satz 3 BayBO 1994 verortet, fiel der Bauordnungsrechtsnovelle 1998 „zum Opfer", im Rahmen derer im Wege der Gesetzesbegründung festgestellt wurde, dass die Bestimmung aufzuheben war, da diese (bayerische) Bestimmung in einem systematischen Widerspruch zu Art. 79 Abs. 6 BayBO 1994 (entspricht Art. 68 Abs. 4 BayBO 2008) stehe, wonach die Baugenehmigung unbeschadet der privaten Rechte Dritter erteilt wird und somit nicht Prüfungsgegenstand im Baugenehmigungsverfahren ist.[904] Sowohl die MBO 2002/2012 als auch die zuvor an-

---

[901] Vgl. BVerwGE 42, S. 115; VGH BW, NVwZ-RR 1995, S. 563; *Dageförde*, in: Wilke/Dageförde/Knuth/ Meyer/Broy-Bülow, Bauordnung für Berlin (6. A.), § 69 Rn 25; *Hornmann*, HBO, § 60 Rn 71, § 64 Rn 84.
[902] Vgl. *Hornmann*, HBO, § 60 Rn 69/71.
[903] Vgl. Art. 74 Abs. 4 Satz 3 BayBO 1994, entfallen mit der BayBO-Novelle 1998.
[904] Vgl. *Jäde/Weiß*, BayBO 1994/1998 – Textsynopse, S. 173.

gesprochenen Landesbauordnungen halten trotz dieses im Kern zutreffenden Arguments uneingeschränkt an der Regelung fest und ziehen keine der bayerischen Landesgesetzgebung vergleichbaren Konsequenzen. Trotz der ersatzlosen Streichung der Regelung in der BayBO kann nach herrschender Meinung einem Bauantrag auch nach bayerischer Rechtslage bei fehlender privatrechtlicher Verfügungsbefugnis, für die ein förmlicher Nachweis im Regelfall nicht verlangt wird, je nach Sachlage gleichwohl das Antragsinteresse fehlen, wobei auch hier – wie in Hessen – angesichts des Art. 68 Abs. 4 BayBO 2008 die Ablehnung aufgrund einer Ermessensentscheidung erfolgen muss.[905] Zur Meidung von Wiederholungen wird diesbezüglich auf obige Betrachtungen im selben Teil unter A.IV.3.a) verwiesen.

Der Sonderfall des § 68 Abs. 4 Satz 3 der MBO 2002 – diese Fundstelle steht stellvertretend für alle entsprechenden Regelungen in den einschlägigen Landesbauordnungen wie etwa Nordrhein-Westfalen, Berlin oder Hessen – beschreibt sicherlich nur einen eng umrissenen Tatbestand und ist in seinem Anwendungsbereich auch äußerst begrenzt. Gleichwohl soll und muss die Regelung an dieser Stelle nicht nur der Vollständigkeit halber Erwähnung finden, denn sie zeigt auch auf, dass der Gedanke und Grundsatz des fehlenden Sachbescheidungsinteresses, so wird die Vorschrift jedenfalls überwiegend verstanden, auch bereits an anderer Stelle gesetzlich normiert ist bzw. normiert werden kann[906] und dass der allgemeine Rechtsgrundsatz des fehlenden Sachbescheidungsinteresses in seinem umfassenderen Verständnis aufgrund einer solch speziellen Regelung nicht zugleich ersatzlos, quasi spezialgesetzlich verdrängt wird.

2. Das Sachbescheidungsinteresse in § 60a Abs. 2 Satz 3 BauO Bln 1997

„Die Erteilung einer Baugenehmigung kann auch versagt werden, wenn Verstöße gegen nicht zu prüfende Vorschriften dieses Gesetzes oder aufgrund dieses

---

[905] Vgl. *Jäde*, in: Jäde/Dirnberger/Bauer, Die neue BayBO, Art. 64 Rn 30 f; *Gaßner*, in: Simon/Busse, BayBO, § 64 Rn 18 m.w.N.
[906] Vgl. *Wittreck*, BayVBl 2004, S. 195 f mit Verweis auf gesetzliche (Teil-)Regelungen des Sachbescheidungsinteresses, welche nach zutreffender Ansicht die allgemeinen Regeln über das Sachbescheidungsinteresse nicht verdrängen.

Gesetzes festgestellt werden."[907] Die Überlegung, das Sachbescheidungsinteresse für den Bereich reduzierter Prüfprogramme in bauaufsichtlichen Genehmigungsverfahren und damit die Möglichkeit zur Ablehnung eines Antrags trotz des Vorliegens der anspruchsbegründenden Tatbestandsvoraussetzungen zu kodifizieren, wie vom bayerischen Landesgesetzgeber mit Art. 68 Abs. 1 Satz 1, 2. Hs. BayBO 2008/2009 vollzogen, ist nicht neu. Die bayerische Neuregelung beschreitet insoweit keine gänzlich neuen Wege, unterscheidet sich in ihrer Ausgestaltung aber gleichwohl von vorausgegangenen Regelungen anderer Landesbauordnungen. § 60a Abs. 2 Satz 3 BauO Bln 1997 legte, wie vorstehend zitiert, ausdrücklich fest, dass die Beschränkung des Prüfprogramms im vereinfachten Baugenehmigungsverfahren der Behörde nicht die Möglichkeit nimmt, die Erteilung einer Baugenehmigung bei einem Verstoß gegen Vorschriften, die nicht zum Prüfprogramm gehören, abzulehnen. Der Aussagegehalt der Regelung, die als Ermessensnorm ausgestaltet war, erscheint klar und eindeutig. Der Bestimmung liegt laut der einschlägigen Kommentierung der Gedanke zugrunde, dass die Bauaufsichtsbehörde auch außerhalb ihres obligatorischen Prüfprogramms augenfällige Rechtsverstöße nicht ignorieren dürfe und bei offensichtlichen Verstößen auch gegen nicht prüfpflichtige Vorschriften gehalten sei, schon im Baugenehmigungsverfahren Maßnahmen zu ergreifen, die ein späteres bauaufsichtliches Einschreiten entbehrlich machten.[908] Diese von der Kommentarliteratur vorgenommene Einschränkung hinsichtlich „augenfälliger" und „offensichtlicher Verstöße" findet im Gesetzeswortlaut selbst keine Stütze, sondern gründet sich vielmehr auf die einschlägige oberverwaltungsgerichtliche Rechtsprechung[909] zum fehlenden Sachbescheidungsinteresse, die damit vereinzelt Einzug in landesrechtliche Vorschriften gefunden hat.[910] § 60a BauO Bln 1997, der das vereinfachte Baugenehmigungsverfahren für das Land Berlin regelte, wurde durch das 7. Änderungsgesetz zum Zwecke der Vereinfachung und Beschleunigung des Baugenehmigungsverfahrens[911] eingefügt und beschränkte die bauordnungsrechtliche Prüfung auf die Erschließung, Abstandsflächen, die An-

---

[907] § 60a Abs. 2 Satz 3 BauO Bln 1997, abgedruckt in: *Förster/Grundei*, Bauordnung für Berlin (5. A.), § 60a.
[908] Vgl. *Knuth*, in: Förster/Grundei, Bauordnung für Berlin (5. A.), § 60a Rn 5; i.E. wohl auch *Wittreck*, BayVBl 2004, S. 202.
[909] So z.B. OVG RP, BRS 52 Nr. 44; OVG NRW, BRS 58 Nr. 132; OVG Berlin, BRS 60 Nr. 154; ähnlich SächsOVG, BRS 60 Nr. 106.
[910] So zumindest nach *Wittreck*, BayVBl 2004, S. 202.
[911] Vgl. AH-Drs. 12/5688 vom 23.05.1995, S. 10.

legung notwendiger Kinderspielplätze, Standsicherheit, Stellplätze, bauliche Anlagen und Räume besonderer Art und Nutzung und auf die Anforderungen an behindertengerechtes Bauen. Der damit immer noch umfassende Prüfkatalog, der im Wesentlichen lediglich die Vorschriften des Brand-, Wärme- und Schallschutzes (vgl. §§ 13, 14 BauO Bln 1997) von der Prüfung ausnimmt, bedingt natürlich einen nur eingeschränkten Anwendungsbereich der kodifizierten Versagungsmöglichkeit bei Verstößen gegen Vorschriften außerhalb des Prüfprogramms. Die Bauordnung für Berlin hat in ihrer alten Fassung damit aber dennoch zum Ausdruck gebracht, dass ihr keine bedingungslose Beschränkung folgt, wie es der BayVGH[912] der BayBO 1998 oder 2008 mit seinen Entscheidungen der Jahre 2006 und 2009 entnommen hat. Mit ihrer zwischenzeitlichen Neufassung und Orientierung an der MBO geht die BauO Bln mit Blick auf den Gesetzeswortlaut zwar einen neuen Weg, indem § 60a Abs. 2 Satz 3 BauO Bln 1997 a.F. ersatzlos gestrichen wurde, sie soll aber bezeichnenderweise keine inhaltlichen Änderungen anstreben. Die neue Bauordnung für Berlin folgt den Zielen der MBO, die im November 2002 von der Bauministerkonferenz der ARGEBAU verabschiedet wurde, zu denen insbesondere die Reduzierung der Prüfprogramme der Baugenehmigungsverfahren und die Deregulierung des materiellen Bauordnungsrechts zählen. In diesem Zusammenhang wurde das Prüfprogramm hinsichtlich des Bauordnungsrechts – wie es noch in § 60a Abs. 2 Satz 1 BauO Bln 1997 festgelegt war – deutlich zurückgenommen mit der Folge, dass das Bauordnungsrecht nur noch hinsichtlich der Erschließungsanforderungen und Abstandsflächen geprüft wird.[913] Zu der Frage, wie die Bauaufsichtsbehörde mit Verstößen gegen bauordnungsrechtliche Vorgaben verfahren kann bzw. unter Umständen sogar zu verfahren hat, soll sich die Bauordnung für Berlin unverändert verhalten. Aus der Streichung der mit § 60a Abs. 2 Satz 3 BauO Bln 1997 noch ausdrücklich vorgesehenen Möglichkeit der Baubehörde, die Erteilung der Baugenehmigung zu versagen, wenn Verstöße gegen nicht zu prüfende Vorschriften der Berliner Bauordnung festgestellt werden, wird offenbar nicht gefolgt, dass der Gesetzgeber diese Versagungsmöglichkeit abgeschafft sehen will. Die Senatsverwaltung Berlin für Stadtentwicklung äußert sich

---

[912] Vgl. BayVGH, BayVBl 2006, S. 538 ff; ders., BayVBl 2009, S. 507 ff; ders., BayVBl 2009, S. 727 ff.
[913] Vgl. Senatsverwaltung Berlin für Stadtentwicklung, IV F: Senatsvorlage (vierter Referenten-Entwurf) – Begründung zur Neuen Bauordnung für Berlin (BauO Bln) – Stand 02.07.2004, S. 47; *Knuth*, in: Wilke/Dageförde/Knuth/Meyer/Broy-Bülow, Bauordnung für Berlin (6. A.), § 64 Rn 7.

in ihrem vierten Referentenentwurf zur Begründung anlässlich der Neuen Bauordnung für Berlin im Zusammenhang mit dem vereinfachten Baugenehmigungsverfahren mit keinem Wort.[914] Die landesspezifische Fachliteratur geht ausdrücklich davon aus, dass die Beschränkung des Prüfprogramms im vereinfachten Baugenehmigungsverfahrens, wie mit § 64 BauO Bln erfolgt, es nicht ausschließe, dass die Bauaufsichtsbehörde die Erteilung einer Baugenehmigung bei einem Verstoß gegen Vorschriften, die nicht zum Prüfprogramm gehören, ablehnt. Daran soll sich – so die einschlägige Kommentarliteratur – auch nichts ändern, obgleich eine dem § 60a Abs. 2 Satz 3 BauO Bln 1997, dem gemäß die Prüfung der Vereinbarkeit des Vorhabens mit anderen öffentlich-rechtlichen Vorschriften unberührt blieb, entsprechende ausdrückliche Regelung fehlt. Vielmehr wird die Möglichkeit anerkannt, den Bauantrag bei offenkundigen Verstößen gegen nicht zum Prüfprogramm gehörende Vorschriften wegen fehlenden Sachbescheidungsinteresses abzulehnen.[915] Dies wird unter Bezugnahme auf die diesbezügliche (ober-)verwaltungsgerichtliche Rechtsprechung insbesondere auch anderer Bundesländer sowie auf Literaturmeinungen[916] im Wesentlichen mit dem fehlenden Interesse des Bauherrn an der Erteilung einer Baugenehmigung für ein Vorhaben, dessen Verwirklichung sofort mit einer Baueinstellungsverfügung, einer Nutzungsuntersagung oder einer Beseitigungsverfügung wieder unterbunden werden müsste, begründet.

Diese – zumindest von der vorstehend zitierten Literatur gezogene – Schlussfolgerung überrascht, zumal die benannte Erläuterung der Senatsverwaltung keine in diese Richtung gehende Begründung erkennen lässt. Selbst wenn man davon ausgeht, dass mit der letzten Gesetzesnovellierung in erster Linie ein Gleichlauf mit der bzw. eine Anpassung an die MBO, die keine entsprechende Versagungsmöglichkeit bzw. kein kodifiziertes Sachbescheidungsinteresse in diesem Umfang enthält, erfolgen sollte, stellt sich die vom BayVGH herausgestellte und der BayBO entnommene Situation einer der Bauordnung zugrunde liegenden bedingungslosen Prüfungsbeschränkung wohl grundsätzlich auch für

---

[914] Vgl. Senatsverwaltung Berlin für Stadtentwicklung, IV F: Senatsvorlage (vierter Referenten-Entwurf) – Begründung zur Neuen Bauordnung für Berlin (BauO Bln) – Stand 02.07.2004, S. 47.
[915] Vgl. *Knuth*, in: Wilke/Dageförde/Knuth/Meyer/Broy-Bülow, Bauordnung für Berlin (6. A.), § 64 Rn 15.
[916] Vgl. *Knuth*, in: Wilke/Dageförde/Knuth/Meyer/Broy-Bülow, Bauordnung für Berlin (6. A.), § 64 Rn 15 m.w.N. OVG RP, BRS 52 Nr. 148, SächsOVG, LKV 1997, S. 374 f, VG Darmstadt, NVwZ-RR 2006, S. 680/681, *Martini*, DVBl 2001, S. 1488/1489.

Berlin. Im Ergebnis entspricht diese Rechtsauffassung für die Berliner Gesetzeslage natürlich im Übrigen der diesbezüglichen außerbayerischen Auffassung.

3. Das Sachbescheidungsinteresse in § 64 Abs. 1, 2. Hs. HBO 2011

Auch die Hessische Bauordnung sah bereits in ihrer alten Fassung, wie bereits oben aufgezeigt, mit § 60 Abs. 5 Satz 3 einen gesetzlich geregelten Fall des fehlenden Sachbescheidungsinteresses vor. Doch auch sie beschränkt sich seit Ihrer Novellierung im Jahr 2010/2011 nicht mehr nur auf eben diesen gesetzlich geregelten Spezialfall. Vielmehr macht es der hessische Landesgesetzgeber dem bayerischen gleich, der die Möglichkeit zur Ablehnung eines Bauantrags wegen fehlenden Sachbescheidungsinteresses wegen eines Verstoßes gegen nicht prüfpflichtige Vorschriften geklärt und geregelt wissen sowie gesetzlich festschreiben wollte.

Wie Art. 68 Abs. 1 Satz 1, 2. Hs. BayBO 2008/2009 bestimmt auch nun § 64 Abs. 1, 2. Hs. HBO 2011 in wortlautidentischer Formulierung, dass die Bauaufsichtsbehörde den Bauantrag ablehnen darf, wenn das Bauvorhaben gegen sonstige öffentlich-rechtliche Vorschriften verstößt. Der damit zur Regelung über die Erteilung der Baugenehmigung ergänzte zweite Halbsatz ist durch das Gesetz zur Änderung der Hessischen Bauordnung und des Hessischen Energiegesetzes vom 25. November 2010[917] angefügt worden. Der hessische Landesgesetzgeber hat damit gleichfalls mit Blick auf die äußerst restriktiven Vorgaben des Bayerischen Verwaltungsgerichtshofs zur Anwendung des Rechtsinstruments eines fehlenden Sachbescheidungsinteresses im Rahmen der bauaufsichtlichen Präventivkontrolle für die Neuregelung dieselben Tatbestandsmerkmale wie im bayerischen Pendant gewählt. Nach der Gesetzesbegründung[918] sollen mit dieser textlichen Ergänzung die Schwierigkeiten des eingeschränkten Prüfkatalogs des vereinfachten Baugenehmigungsverfahrens, die durch den Verzicht auf eine präventive Prüfung des Nachbar- und Brandschutzes bedingt sind, bereinigt werden. Sicherlich benennen sowohl die bayerischen als auch die hessi-

---

[917] Vgl. GVBl (Hessen) I S. 429 ff [431]. Vgl. zu den wichtigsten Gesetzesänderungen *Harion*, Hessische Bauordnung Textausgabe mit Einführung, S. XXIII ff.
[918] Vgl. LtDrs. (Hessen) 18/2523 vom 15.06.2010, S. 8 und 11, abgedruckt bei *Hornmann*, HBO, § 64 Rn 85.

schen Gesetzgebungsmaterialen im Ergebnis die ablehnende BayVGH-Rechtsprechung zum fehlenden Sachbescheidungsinteresse in der bauaufsichtlichen Präventivkontrolle, gleichwohl lassen beide Begründungen einen kleinen, aber dennoch bemerkenswerten – wenn auch für das Ergebnis wohl unerheblichen – Unterschied erkennen. Während die bayerische Begründung im Falle eines nicht prüfpflichtigen Verstoßes offenbar vom Grundsatz der Ablehnung wegen fehlenden Sachbescheidungsinteresses ausgeht, benennt die hessische Gesetzesbegründung ein gerade umgekehrtes Regel-Ausnahme-Verhältnis: „[...] *Stellt die Bauaufsichtsbehörde bei der Prüfung von Anträgen im vereinfachten Verfahren Mängel im nicht zu prüfenden Bereich fest, ist sie wegen des eingeschränkten Prüfungsumfangs bei Einhaltung des zu prüfenden Rechts gleichwohl gehalten, die Baugenehmigung zu erteilen. Da sie zur Herstellung rechtmäßiger Zustände verpflichtet ist, muss sie gegen das genehmigte Vorhaben vorgehen, obwohl sie selbst die Genehmigung erteilt hat. [...] Die erste Handlungsempfehlung zur HBO ist von einem fehlenden Sachbescheidungsinteresse ausgegangen. Dies wurde im Hinblick auf den abschließend formulierten Prüfkatalog aufgrund neuerer Rechtsprechung wieder verworfen. [...]*"[919] Es soll mit dem in § 64 Abs. 1 HBO 2011 angefügten zweiten Halbsatz nach der hessischen Kommentarliteratur[920] lediglich dieser soeben benannte und grundsätzlich ungeschriebene Grundsatz des allgemeinen Verwaltungsrechts gesetzlich normiert und damit zu einem geschriebenen werden. Doch auch dort wird – wie auch schon hinsichtlich der bayerischen Regelung – nicht mit Kritik gespart und die Notwendigkeit einer verfassungskonformen Auslegung der Norm betont. Diese soll im Ergebnis einen gegenüber dem weiten Gesetzeswortlaut nur eingeschränkten Anwendungsbereich der Norm – entsprechend der bisherigen ungeschriebenen Grundsätze – verlangen. Ähnlich wie dies schon die bayerische Debatte aufgezeigt hat, wird der Neuregelung die Klarheit und (Normen-)Bestimmtheit mit der Folge einer nicht widerspruchsfreien Gesetzgebung abgesprochen, da mit der erweiterten Form der Ablehnungsbefugnis die Zuordnung zu den beschränkt prüfpflichtigen Verfahren (vgl. §§ 55 bis 58 HBO) und damit der Grundsatz der Beschränkung der Prüfprogramme letztendlich wieder aufgeweicht wird.[921]

---

[919] LtDrs. (Hessen) 18/2523 vom 15.06.2010, S. 11.
[920] Vgl. *Hornmann*, HBO, § 64 Rn 85a.
[921] Vgl. *Hornmann*, HBO, § 64 Rn 85b, 85c.

Diese Kritik an der (hessischen) Regelung sollte den hessischen Landesgesetzgeber auch nicht überraschen, muss ihm angesichts der Entstehungsgeschichte doch schon die fachkritische Reaktion der Literatur hinsichtlich der bayerischen Änderungsgesetzgebung des Jahres 2009 bekannt gewesen sein. Außerdem geht dies auch aus den Gesetzgebungsmaterialien selbst hervor. Zwar wird dort durchaus die damit der Behörde eingeräumte Befugnis zur Ablehnung begrüßt[922], allerdings wird schon im Wege der öffentlichen Anhörung zum Gesetzentwurf empfohlen, dass zur Klarstellung aufgenommen werden sollte, dass die Bauaufsicht nicht verpflichtet sei, Verstöße festzustellen oder aufzugreifen, die in den nicht zu prüfenden Bereichen gezeichnet bzw. beantragt sind. Denn die bisherigen juristischen Ableitungen dieses Grundsatzes seien bei der Bauherrschaft und den Entwurfsverfassern noch immer weitgehend unbekannt, wozu auch eine frühere abweichende Rechtsprechung des VGH beigetragen habe.[923] Dem Autor der entsprechenden Ausschussvorlage erscheint die gefundene Formulierung offenbar nicht aussagekräftig genug.

Angesichts des nicht nur gleichen Wortlauts der Norm, sondern auch hinsichtlich der mit der Neuregelung bezweckten (ausschließlichen) Intention, ein verwaltungseffizientes Verhalten zu ermöglichen und sicherzustellen, verwundert es zudem nicht, dass auch der hessische Landesgesetzgeber wie schon zuvor der bayerische mit der bewussten Wortwahl eines „Darf" den Ausschluss etwaigen Behördenermessens bezweckt.[924] Wie bereits oben skizziert dürfte diese Einschätzung, also eine Unterscheidung eines eine bloße Befugnis gebenden „Darf" und eines ein Ermessen implizierenden „Kann", auch in Hessen eine weitere Debatte zwischen Befürwortern[925] und strikten Gegnern der Regelung hervorrufen. Die vorstehende Darstellung sowie grob umrissene Einschätzung zeigt jedenfalls, dass die vor- und nachstehenden Ausführungen hinsichtlich der

---

[922] Vgl. Ausschussvorlage WVA/18/17 – Teil 1 – Öffentliche Anhörung Stand 13.08.2010 zu LtDrs. (Hessen) 18/2523, S. 19; i.E. auch *Harion*, Hessische Bauordnung Textausgabe mit Einführung, S. XII.
[923] Vgl. Ausschussvorlage WVA/18/17 – Teil 4 – Öffentliche Anhörung Stand 25.08.2010 zu LtDrs. (Hessen) 18/2523, S. 195.
[924] Vgl. LtDrs. (Hessen) 18/2523 vom 15.06.2010, S. 11; vgl. hierzu auch Ausschussvorlage WVA/18/17 – Teil 1 – Öffentliche Anhörung Stand 13.08.2010 zu LtDrs. (Hessen) 18/2523, S. 19.
[925] Vgl. z.B. *Hornmann*, HBO, § 64 Rn 85d [Fn 132], der den Beschluss des HessVGH vom 1.10.2010, Az. 4 A 1907/10.Z, als überholt und verfehlt bezeichnet. Der HessVGH habe nach Einschätzung *Hornmanns* die Systematik der HBO 2002 mit präventivem Baugenehmigungsverfahren und repressiven Befugnisnormen nicht verstanden.

beschränkten Prüfprogramme und des fehlenden Sachbescheidungsinteresses im Allgemeinen bzw. der gesetzlichen Neufassung der BayBO 2008/2009 bzw. HBO 2011 im Speziellen für beide Vorschriften (Art. 68 Abs. 1 Satz 1, 2. Hs. BayBO 2008/2009, § 64 Abs. 1, 2. Hs. HBO 2011) grundsätzlich gleichermaßen herangezogen werden können.

III. Problemaufriss: strukturelle und (rechts-)dogmatische Einordnungsschwierigkeiten

Seit dem Änderungsgesetz 2009 wird der in Art. 68 Abs. 1 Satz 1, 1. Hs. BayBO 2008/2009 niedergelegte gebundene Anspruch[926] auf Erteilung der Baugenehmigung um einen neuen Halbsatz ergänzt, demzufolge die Bauaufsichtsbehörde in ihrer Eigenschaft als Baugenehmigungsbehörde den Bauantrag auch ablehnen darf, wenn das Bauvorhaben gegen sonstige öffentlich-rechtliche Vorschriften verstößt, die nicht im bauaufsichtlichen Genehmigungsverfahren zu prüfen sind. Die als Relativsatz angehängte Definition der gesetzlich benannten „sonstigen öffentlich-rechtlichen Vorschriften", also die Ausdehnung auf Vorschriften außerhalb des jeweiligen beschränkten Prüfungsumfangs, folgt der verknüpften Lesart des ersten und zweiten Halbsatzes. Der Regelungsgehalt des neuen Halbsatzes erscheint mit lediglich oberflächlichem Blick auf die Entstehungsgeschichte vielleicht noch aussagekräftig, scheint er doch „knapp und bündig" gehalten. Er erweist sich bei näherer Betrachtung allerdings als in textlicher Hinsicht lückenhaft und damit im Ergebnis als auslegungsbedürftig. Der unzweideutig weitgefasste Wortlaut reicht offensichtlich über die Intention des Gesetzgebers hinaus, der ausweislich der Gesetzgebungsmaterialien den Umgang mit Rechtsverstößen außerhalb des einschlägigen Prüfprogramms durch die Bauaufsichtsbehörden klarstellend geregelt haben will. Es solle sich also lediglich um die Kodifizierung des Sachbescheidungsinteresses und dessen Anwendbarkeit

---

[926] Es besteht ein Rechtsanspruch auf Erteilung der Baugenehmigung, wenn dem Bauvorhaben keine öffentlich-rechtlichen Vorschriften entgegenstehen, die im bauaufsichtlichen Genehmigungsverfahren zu prüfen sind. Zivilrechtliche Fragen werden dabei grundsätzlich nicht geprüft (Art. 68 Abs. 4 BayBO 2008), so dass der Bauherr das Risiko der zivilrechtlichen Realisierbarkeit trägt (vgl. BGH, NJW 2000, S. 2996). Dieser Anspruch wird aus der in Art. 14 Abs. 1 GG und Art. 103 Abs. 1 BV verbrieften Baufreiheit abgeleitet, vgl. z.B. *Jäde*, in: *Jäde/Dirnberger/Bauer, Die neue BayBO*, Art. 68 Rn 1; *Wolf*, BayBO – Kurzkommentar, Art. 68 Rn 10 ff; *Busse/Dirnberger*, Die neue BayBO, Art. 68 Ziff. 1 und 2, S. 344 f; BayVGH, BayVBl 2009, S. 507.

auch in den Fällen des Baugenehmigungsverfahrens bei Verstößen gegen Vorschriften handeln, die nicht vom jeweiligen Prüfprogramm umfasst sind. Die der Bauaufsichtsbehörde mit der Neuregelung eingeräumte weitergehende Möglichkeit zur Ablehnung eines Bauantrags – auf die juristische Terminologie der „Befugnis"[927] wird an dieser Stelle noch ausdrücklich verzichtet –, die sich aus dem Vergleich von Gesetzesbegründung und Wortlaut ergebenden Widersprüchlichkeiten sowie die Terminologie der Regelung im Allgemeinen werfen eine Vielzahl von Fragen und Problemen gerade auch im Rahmen der praktischen Anwendung auf. Die Anzahl bisheriger Autoren[928] und Kommentatoren[929], welche sich fachkritisch mit der gegenständlichen Neuregelung auseinandersetzen und deren Regelungsgegenstand auslegend zu bestimmen versuchen, mag noch als überschaubar angesehen werden, weniger übersichtlich sind dagegen die inzwischen diesbezüglich vertretenen (Rechts-)Auffassungen, zumal sich diese nicht nur ansatzweise überlagern, sondern diese auch – zumindest in Teilen – nicht gegensätzlicher sein könnten.

Bevor demnach ein Lösungsansatz zum Umgang mit der Neuregelung erarbeitet und dargestellt wird, ist es angezeigt, die Problemfelder zu skizzieren, um das für die detaillierte Auseinandersetzung erforderliche Problembewusstsein zu schaffen. Nachfolgend wird der Versuch einer systematischen Strukturierung und Ein- bzw. Zuordnung der aus Art. 68 Abs. 1 Satz 1, 2. Hs. BayBO 2008/2009 herrührenden Probleme unternommen. Anknüpfungspunkt jeglicher Diskussion um die Neuregelung ist im Wesentlichen natürlich der Wortlaut der Regelung und die (systematische) Verortung im Gesetz.

---

[927] Vgl. *Kopp/Ramsauer*, VwVfG, Sachverzeichnis S. 1820 i.V.m. § 35 Rn 21, die unter dem Stichwort „Befugnis" die Frage nach der Notwendigkeit einer gesetzlichen Ermächtigung für den Erlass eines VA diskutieren.
[928] Vgl. *Ingold/Schröder*, BayVBl 2010, S. 426 ff; *Jäde*, BayVBl 2009, S. 709 ff; *ders.*, BayVBl 2010, S. 741 ff; *ders.*, BayVBl 2011, S. 325 ff [333 f]; *Koehl*, BayVBl 2009, S. 645 ff; *Linke*, BayVBl 2010, S. 430; *Manssen/Greim*, BayVBl 2010, S. 421; *Shirvani*, BayVBl 2010, S. 709.
[929] Vgl. *Jäde*, in: Jäde/Dirnberger/Bauer, Die neue BayBO, Art. 68 Rn 35 ff; *Lechner*, in: Simon/Busse, BayBO, Art. 68 Rn 155 ff; *Schwarzer/König*, BayBO, Art. 68 Rn 22 ff; *Wolf*, in: Simon/Busse, BayBO, Art. 59 Rn 74 und 93 ff; *ders.*, BayBO – Kurzkommentar, Art. 59 Rn 3, 25 ff und Art. 68 Rn 13 ff.

1. Überwachungsverpflichtung der Bauaufsichtsbehörde

Der Neuregelung des Art. 68 Abs. 1 Satz 1, 2. Hs. BayBO 2008/2009 ist, wenngleich sicherlich nicht mit primärer Zielrichtung, auch der (fortgesetzte) Gedanke einer – in anderen Vorschriften[930] originär begründeten – Überwachung durch die Bauaufsichtsbehörde als Baugenehmigungsbehörde zu entnehmen, die Einhaltung von gerade öffentlich-rechtlichen Anforderungen bei einem Bauvorhaben sicherzustellen, indem der Behörde die Möglichkeit eingeräumt wird, die Erteilung der Baugenehmigung zu verweigern, wenn das Vorhaben gegen sonstige öffentlich-rechtliche Vorschriften verstößt. Die Bayerische Bauordnung wird seit dem Beginn ihrer (im Wesentlichen) verfahrensrechtlichen Deregulierung, beginnend mit der BayBO 1994 bis hin zur derzeitigen BayBO 2008/2009 bzw. 2013[931], durch eine Diskrepanz von materiellen und verfahrensrechtlichen Anforderungen charakterisiert. Erstere wurden wie bereits gezeigt größtenteils aufrechterhalten, wohingegen das Verfahrensrecht zunehmend einer Deregulierung unterzogen worden ist. Keine neue Rechtslage entsteht durch die Einführung des Art. 68 Abs. 1 Satz 1, 2. Hs. BayBO 2008/2009 aber jedenfalls dahingehend, dass die Bauaufsichtsbehörden bereits vor dieser Neuregelung über die Einhaltung öffentlich-rechtlicher Vorschriften zu wachen hatten und diese Überwachungspflicht weiterhin fortbesteht.[932] Diese Überwachungsverpflichtung wird nicht durch den neuen zweiten Halbsatz begründet, dem eine solche Aussage nicht zugeschrieben werden kann. Es war vielmehr schon vor dessen Einführung unstreitig, dass den Bauaufsichtsbehörden diese Kontroll- und Überwachungspflicht obliegt. Insoweit wird also der soeben geschilderten Diskrepanz nicht erst durch die Möglichkeit, einen Bauantrag bei etwaigen Verstößen gegen sonstige, nicht zu prüfende Vorschriften abzulehnen, begegnet. Das allgemeine Prinzip der Kontrolle und Überwachung wird auch von Art. 55 Abs. 2 BayBO 2008 aufgegriffen, der auch nach der Gesetzesänderung 2009 unverändert ausspricht, dass gesetzlich angeordnete Genehmigungsfreiheiten

---

[930] Vgl. Art. 54 Abs. 2 Sätze 1 und 2 BayBO 2008 und Art. 77 BayBO 2008; zum Verhältnis beider Vorschriften vgl. Wolf, in: Simon/Busse, BayBO, Art. 77 Rn 2. Vgl. in diesem Kontext auch die Regelungen der Art. 74 ff BayBO 2008 (bauaufsichtliche Maßnahmen).
[931] Vgl. das Gesetz zur Änderung der Bayerischen Bauordnung und des Baukammerngesetzes vom 11.12.2012, GVBl S. 633. Nach *Jäde* hat dieses Gesetz zwar keine grundlegenden Veränderungen des bayerischen Bauordnungsrechts, aber – auf dieses Bezogen – eine Vielzahl von Detailregelungen gebracht, die auf den Erfahrungen mit der BayBO 2008 beruhen, vgl. *Jäde*, BayBO 2011/2013 – Änderungssynopse, Vorwort S. 7.
[932] So auch *Schwarzer/König*, BayBO, Art. 68 Rn 26.

C. Das Sachbescheidungsinteresse in Art. 68 Abs. 1 S. 1, 2. Hs. BayBO: Eine Bestandsaufnahme

und die Beschränkung der präventiven bauaufsichtlichen Prüfung nach Art. 59, 60 BayBO 2008 nicht von der Verpflichtung zur Einhaltung der Anforderungen, die durch öffentlich-rechtliche Vorschriften an Anlagen gestellt werden, entbinden und die bauaufsichtlichen Eingriffsbefugnisse unberührt lassen.[933] Die Verfahrensfreiheit, der Wegfall der Genehmigungspflicht bzw. die Beschränkung der präventiven bauaufsichtlichen Prüfung auf die Prüfkataloge der Art. 59 Satz 1 und 60 Satz 1 BayBO 2008 und die damit einhergehende Ausklammerung des nicht mehr benannten Bauordnungsrechts führen demnach also nur dazu, dass die Behörde die Einhaltung dieser Regelungen nicht präventiv bzw. genehmigungsrechtlich überprüft, der Bauherr diese Anforderungen eigenverantwortlich einzuhalten hat und die Behörde die materiell-rechtlichen Anforderungen letztlich über nachträgliche Anordnungen durchsetzen kann.[934] Im umgekehrten Fall konnte und kann aber weder aus Art. 55 Abs. 2 noch aus Art. 54 Abs. 2 BayBO 2008 eine Befugnis der Behörde abgeleitet werden, den Bauantrag entgegen des gemäß Art. 68 Abs. 1 Satz 1 BayBO 2008 gebundenen Anspruchs abzulehnen,[935] wenn es um Verstöße gegen Vorschriften geht, die nicht im bauaufsichtlichen Genehmigungsverfahren zu prüfen sind. Anders als bis zur Einführung der Neuregelung des zweiten Halbsatzes ist die Baugenehmigungsbehörde im Falle eines Verstoßes gegen nicht prüfpflichtige Vorschriften – unter Ausblendung der streitigen Ablehnungsmöglichkeit wegen fehlenden Sachbescheidungsinteresses im Sinne eines allgemeinen Rechtsgrundsatzes – nicht mehr nur auf die Kombination[936] aus Baugenehmigungserteilung und (paralleler) Baueinstellungsverfügung beschränkt. Aus Gründen der Verfahrensökonomie soll der Bauantrag ausweislich des Gesetzeswortlauts nunmehr auch direkt abgelehnt werden können. Als derzeit noch offen und ungeklärt muss allerdings auch das Verhältnis dieser Handlungsvarianten zueinander angesehen werden. Verbietet Art. 68 Abs. 1 Satz 1, 2. Hs. BayBO 2008/2009 fortan die vom BayVGH[937] für

---

[933] So auch *Ingold/Schröder*, BayVBl 2010, S. 426; *Schwarzer/König*, BayBO, Art. 68 Rn 26.
[934] Vgl. *Dirnberger*, in: Jäde/Dirnberger/Bauer, Die neue BayBO, Art. 55 Rn 54 f; *Lechner*, in: Simon/Busse, BayBO, Art. 55 Rn 131, 133 f; *Schwarzer/König*, BayBO, Art. 55 Rn 3.
[935] Vertreten wurde/wird aber wie gezeigt die Möglichkeit einer Ablehnung des Bauantrags wegen fehlenden Sachbescheidungsinteresses, vgl. oben Teil 2 A.II., A.IV.3. und A.IV.4.; a.A. BayVGH, vgl. Teil 2 A.IV.2.
[936] Vgl. hierzu Teil 2 A.IV.2.
[937] Vgl. BayVGH, BayVBl 2003, S. 505: *„[...] Wenn die Bauaufsichtsbehörde im Rahmen der Prüfung des Bauantrages einen schwerwiegenden Rechtsverstoß gegen nicht prüfpflichtige öffentlich-rechtliche Vorschriften feststellt, [...], bleibt es ihr unbenommen, gegebenenfalls zeitgleich mit dem – positiv abzuschließenden – Baugenehmigungsverfahren im Wege auf-*

solche Fälle vorgegebene Handlungsweise eines zeitgleichen Vorgehens mittels zweier Verfahren oder stehen die bisherige und neue Vorgehensweise in einem alternativen, möglicherweise im Ermessen der Behörde liegenden Verhältnis zueinander?

Ein geschichtlicher Rückblick auf die Entwicklung der gesetzlichen Klarstellung einer baubehördlichen Überwachungsverpflichtung über die einzelnen Deregulierungsstufen 1994, 1998 und 2008 hinweg lässt die Auseinandersetzung des Gesetzgebers mit der Frage, welche Auswirkungen ein Verstoß gegen nicht mehr prüfpflichtige Vorschriften zeigt, deutlich werden. Mit Art. 55 Abs. 2 BayBO 2008 wurde der klarstellende und als selbstverständlich[938] betrachtete Grundsatz „vor die Klammer" gezogen.[939] Diese Norm ließ die entsprechenden Vorgängerregelungen des Art. 63 Abs. 6, Art. 64 Abs. 6 und Art. 72 Abs. 1 Satz 1 BayBO 1998 entfallen. Kennzeichnender als diese vorrangig gesetzessystematische Anpassung war die im Zuge der Novelle 1998 aufgenommene Ergänzung um das Selbstverständnis[940], dass die bauaufsichtlichen Eingriffsbefugnisse von einer Beschränkung der Prüfung öffentlich-rechtlicher Vorschriften im Genehmigungsverfahren unberührt bleiben, vgl. z.B. Art. 72 Abs. 1 Satz 1, 2. Hs. BayBO 1998[941]. Bezeichnenderweise begründet der Gesetzgeber den ergänzten klarstellenden Hinweis auf die unberührte Fortgeltung der bauaufsichtlichen Eingriffsbefugnisse mit der durch die Deregulierung vorgegebenen Struktur der BayBO, deren Maxime eine Einschränkung der präventiven Überprüfung ist:

„[...] In der Diskussion über die Fortschreibung der Bauordnungsnovelle 1994 sind zur Frage der Beachtlichkeit von Rechtsverstößen außerhalb des jeweiligen bauaufsichtlichen Prüfprogramms [...] sehr unterschiedliche Positionen vertre-

---

sichtlicher Maßnahmen die Realisierung des Vorhabens zu verhindern. [...]"; ders., BayVBl 2006, S. 538: *„[...] Die Beklagte ist jedoch nicht gehindert, in einem gesonderten Verfahren aufgrund bauaufsichtlicher [...] Kompetenzen tätig zu werden, um zu verhindern, dass von der Baugenehmigung in einer Weise Gebrauch gemacht werden kann, [...]"*; vgl. auch ders., BayVBl 2009, S. 507 ff und 727 ff.
[938] Vgl. *Jäde*, BayBO 1998/2008 – Textsynopse, S. 171; *Dirnberger*, in: Jäde/Dirnberger/Bauer, Die neue BayBO, Art. 55 Rn 54/55; *Busse/Dirnberger*, Die neue BayBO, Art. 55 Ziff. 3, S. 268.
[939] Vgl. hierzu auch in Teil 1 unter A.II.2., B.II.1., B.IV. und insbesondere C.II.
[940] Vgl. *Jäde*, in: Jäde/Dirnberger/Bauer, Die neue BayBO, Art. 55 Rn 54; *ders.*, Bayerische Bauordnung 1998/2008 – Textsynopse, S. 171: *„[...] Abs. 2 stellt den – an sich selbstverständlichen – Umstand klar [...]"*.
[941] Die entsprechende Vorgängerregelung des Art. 79 Abs. 1 BayBO 1994 kannte diesen zweiten Halbsatz noch nicht.

ten worden. Teils wurde [...] eine materiell-rechtliche Anreicherung des Prüfprogramms oder eine ausdrücklich geregelte, das abschließend festgeschriebene Prüfprogramm überwölbte, umfassende „Rügebefugnis" gefordert; beide Ansätze hätten den seine Effizienz begründenden Kern der Beschränkungen des Prüfprogramms – namentlich auch im vereinfachten Baugenehmigungsverfahren – auflösen müssen, nämlich die Beschränkung der präventiven bauaufsichtlichen Prüfung auf das äußerste vertretbare Minimum, und konnten daher nicht aufgegriffen werden. [...]"[942] Die Lösung der seit Beginn der verfahrensrechtlichen Deregulierung bestehenden Problematik wurde zunächst also durchaus auch vom Gesetzgeber selbst – wie es bis zuletzt auch der BayVGH konsequent verfolgte – in etwaigen repressiven bauaufsichtlichen Maßnahmen gesehen. Die aus dem beschränkten Prüfprogramm resultierende Frage nach dem „Schicksal" eines Bauantrags auf Erteilung einer Baugenehmigung für ein Vorhaben, das ausschließlich gegen Vorschriften verstößt, die nicht (mehr) Inhalt des behördlichen präventiven Prüfprogramms sind, wurde durch die Novellierung mit der BayBO 2008 noch dadurch bedeutender, als das Prüfprogramm um praxisrelevante und materiell-rechtlich wichtige Vorschriften ausgedünnt wurde.[943]

Mit Blick auf die bisherige, von Art. 55 Abs. 2 BayBO 2008 vorgesehene und vom BayVGH vorgegebene Handlungsweise der Baubehörden, nämlich zweier unter Umständen paralleler Verfahren (Baugenehmigungsverfahren und paralleles bauaufsichtliches Einschreiten), sowie mit Blick auf das Konzept zur Deregulierung des Baurechts, wie es seitens des Gesetzgebers über Jahre vorangetriebenen worden ist, gilt es in Bezug auf die Neuregelung des Art. 68 Abs. 1 Satz 1, 2. Hs. BayBO 2008/2009 zu klären, wie sich die nunmehr gesetzlich normierte Ablehnungsmöglichkeit bereits im Wege des Baugenehmigungsverfahrens zu den allgemeinen bauaufsichtlichen Maßnahmen verhält. Diese Problemstellung zielt in erster Linie auf solche Fallkonstellationen ab, in denen es um ein Bauvorhaben geht, welches ausschließlich gegen nicht mehr im Genehmigungsverfahren prüfpflichtige Anforderungen verstößt.

---

[942] Vgl. LtDrs. 13/7008 vom 22.01.1997, S. 46; *Jäde/Weiß*, BayBO 1994/1998 – Textsynopse, S. 190.
[943] Vgl. auch *Ingold/Schröder*, BayVBl 2010, S. 426 m.w.N.

2. Ermessensnorm versus bloße Befugnisnorm

Eine insbesondere für die praktische Rechtsanwendung zu klärende Problematik im Zusammenhang mit dem neuen zweiten Halbsatz des Art. 68 Abs. 1 Satz 1 BayBO 2008/2009 erwächst aus der Frage, inwieweit diese Neuregelung möglicherweise zu einer fakultativen oder zumindest faktischen Erweiterung der an sich gesetzlich beschränkten Prüfprogramme der Art. 59 Satz 1 und Art. 60 Satz 1 BayBO 2008 führt. Diese Problematik schlägt sich in unterschiedlichen Lesarten und Auslegungen des Gesetzeswortlauts der Neuregelung nieder, welche – je nach vertretenem Standpunkt – gänzlich unterschiedliche Handlungsweisen für die Baubehörde zur Folge hätten. Die verschiedenen Ansichten knüpfen bei ihrer differenzierten Betrachtung an dem Gebrauch des Modalverbs „darf" an: „[...] die Bauaufsichtsbehörde darf den Bauantrag auch ablehnen, wenn [...]", Art. 68 Abs. 1 Satz 1, 2. Hs. BayBO 2008/2009. Neben der Fragestellung nach dem fakultativen Genehmigungsprogramm gilt es deshalb der weiteren Frage nachzugehen, ob und wenn ja welche Unterschiede sich bei der Verwendung der Terminologie „darf" und/oder „kann" ergeben. Die Bandbreite der mit dem Aussagegehalt und Anforderungsprofil des Art. 68 Abs. 1 Satz 1, 2. Hs. BayBO 2008/2009 vertretenen Meinungen nimmt zwischenzeitlich ein Ausmaß an, das die verschiedenen diffizilen Ansätze nur noch schwerlich überblicken lässt. Das Meinungsspektrum kann dabei allerdings – blendet man weitere Differenzierungen aus – auf zwei sich gegenüberstehende Positionen abstrahiert werden. Während der Gesetzgeber[944], die Verwaltung[945] und Teile der (Kommentar-)Literaturautoren[946] in Art. 68 Abs. 1 Satz 1, 2. Hs. BayBO 2008/2009 lediglich eine bloße Befugnis der Bauaufsichtsbehörde sehen, einen Bauantrag auch dann ablehnen zu dürfen, wenn das Bauvorhaben gegen sonstige, d.h. nicht dem Prüfprogramm der Art. 59 Satz 1 und 60 Satz 1 BayBO 2008 unterfallende, öffentlich-rechtliche Vorschriften verstößt, sehen andere Autoren[947] und auch die

---

[944] Vgl. LtDrs. 16/1351 vom 13.05.2009, S. 2.
[945] Vgl. Oberste Baubehörde im BayStMI, Schreiben vom 24.07.2009, Zeichen: IIB4-4101-022/08, S. 16.
[946] Vgl. *Jäde*, BayVBl 2009, S. 709 f [714]; *ders.*, BayVBl 2010, S. 741 ff; *ders.*, in: Jäde/Dirnberger/Bauer, Die neue BayBO, Art. 68 Rn 35 ff [36].
[947] Vgl. z.B. *Ingold/Schröder*, BayVBl 2010, S. 427 f; *Koehl*, BayVBl 2009, S. 651; *Linke*, BayVBl 2010, S. 430; *Manssen/Greim*, BayVBl 2010, S. 421; vgl. in diesem Zusammenhang auch *Decker/Konrad*, Bayerisches Baurecht, Kap. II. Teil 6 Rn 12 [Eigene Stellungnahme], mit dem Hinweis, dass die Bedeutung des Wortes „darf" nicht nur synonym zu „kann" verwendet wird und es auch Normen gebe, die „kann" und „darf" im Sinne von „Zuständigkeitsbegründung" und/oder Ermächtigung der Behörde verstanden wissen wollen.

(neuere obergerichtliche) Rechtsprechung[948] in der Neuregelung darüber hinaus auch eine Ermessensvorschrift, die der Baubehörde einen Ermessensspielraum eröffnet, welcher – so zumindest zum Teil[949] vertreten – wiederum die Berücksichtigung von Interessen des Bauherrn und des Nachbarn verlangen soll. Eine von diesem Widerstreit, der in einem ersten Schritt zu klären ist, zu trennende Folgeproblematik betrifft die Auswirkungen eines etwaigen Ermessens – sofern man ein solches bei den Baubehörden für gegeben sieht – auf den Bauherrn und Nachbarn[950], also die denkbare Verdichtung des Ermessens zu einem Rechtsanspruch. Der Gesetzeswortlaut ist für die vor allem in der Literatur lebhaft geführte Debatte in jedem Falle Ausgangspunkt aller Betrachtungen. Wohl unbestritten ist der Wortlaut äußerst knapp gehalten und stellt jedenfalls ausdrücklich keine weiteren Anforderungen oder „Hürden" auf, welche von der Bauaufsichtsbehörde für den Fall zu beachten und einzuhalten sind, wenn diese von dieser gesetzlich eingeräumten Möglichkeit Gebrauch machen möchte. Insoweit überrascht die Neuregelung, ergibt sich doch eine Diskrepanz zwischen dem wörtlich Normierten auf der einen und der Intention des Gesetzgebers auf der anderen Seite, wie sie in den Gesetzgebungsmaterialien formuliert ist. Soll nämlich lediglich der zuletzt ergangenen Rechtsprechung des 2. Senats des BayVGH begegnet und die Ablehnungsmöglichkeit eines Bauantrags wegen fehlenden Sachbescheidungsinteresses bei ausschließlichen Verstößen gegen präventiv nicht zu prüfende Vorschriften ausdrücklich festgeschrieben werden,[951] liegt die Diskrepanz auf der Hand. Der Wortlaut der Neuregelung nimmt auf diese Fallgestaltung des fehlenden Sachbescheidungsinteresses weder Bezug, noch benennt er die von der oberverwaltungsgerichtlichen Rechtsprechung in diesem Kontext aufgestellten Grundsätze und Voraussetzungen. Auch die Gesetzesbegründung äußert sich leider nicht zu der für die Behördenpraxis relevanten Frage, unter welchen Gegebenheiten das behördliche „Dürfen" eintritt. Dort wird lediglich darauf verwiesen, *„[...] dass die Bauaufsichtsbehörden Bauanträge wegen fehlenden Sachbescheidungsinteresses als unzulässig ablehnen dürfen,*

---

[948] Vgl. BayVGH, Beschluss vom 28.09.2010, Az. 2 CS 10.1760, BayVBl 2011, S. 147/148: *„Nach dem Wortlaut des Art. 68 Abs. 1 Satz 1 Halbsatz 2 BayBO handelt es sich sowohl um eine Befugnis- als auch um eine Ermessensnorm [...]."*
[949] Vgl. *Schwarzer/König*, BayBO, Art. 68 Rn 28–29.
[950] Vgl. hierzu unten Teil 3 A.III.3.d).
[951] Vgl. *Lechner*, in: Simon/Busse, BayBO, Art. 68 Rn 156 ff; LtDrs. 16/1351 vom 13.05.2009, S. 2; Oberste Baubehörde im BayStMI, Schreiben vom 24.07.2009, Zeichen: IIB4-4101-022/08, S. 16.

wenn ein Verstoß gegen Vorschriften erkannt wird, die nicht im Prüfprogramm der Art. 59, 60 BayBO enthalten sind, sofern sich das Hindernis nicht – etwa durch eine Abweichung nach Art. 63 – ausräumen lässt."[952]

Die Ablehnungsmöglichkeit scheint einerseits ohne weitere Einschränkungen oder Verhältnismäßigkeitsüberlegungen möglich zu sein, so dass – will man die sich daraus ergebende behördliche Willkür und etwaige Verfassungswidrigkeit der Norm umgehen – eine einschränkende Auslegung geprüft werden muss. Andererseits erweckt die Äußerung der Gesetzesbegründung bzw. der Vollzugshinweise, ein Bauantrag könne abgelehnt werden, wenn *„[...] namentlich bauordnungsrechtliche Vorschriften entgegenstehen [...]"*[953], den Anschein einer gewollten Beschränkung der Ablehnungsmöglichkeit auf Normverstöße ausschließlich resultierend aus der BayBO.[954]

3. Kodifiziertes Sachbescheidungsinteresse versus eigenständiger Ablehnungsgrund

Als weniger praxisrelevant wird die Frage nach der förmlichen Rechtsnatur des Art. 68 Abs. 1 Satz 1, 2. Hs. BayBO 2008/2009 angesehen, aufgrund derer zu entscheiden ist, ob diese Neuregelung lediglich eine gesetzliche Klarstellung, dass bei einem Verstoß gegen „sonstiges Recht" eine Ablehnung des Bauantrags wegen Fehlens des Sachbescheidungsinteresses nicht ausgeschlossen ist, oder aber ein selbständiger Ablehnungsgrund ist.[955] Selbst wenn man diese rechtliche Fragestellung auf den ersten Blick als nicht klärungsbedürftig ansieht, weil sich die Auswirkungen der jeweiligen Sichtweisen kaum unterscheiden, gilt dies zu-

---

[952] LtDrs. 16/1351 vom 13.05.2009, S. 2.
[953] LtDrs. 16/1351 vom 13.05.2009, S. 2. Vgl. ergänzend auch Oberste Baubehörde im BayStMI, Schreiben vom 24.07.2009, Zeichen: IIB4-4101-022/08, S. 16: *„Nach der [...] neueren Rechtsprechung des 2. Senats des Bayerischen Verwaltungsgerichtshofs [...] kann die Bauaufsichtsbehörde einen Bauantrag nicht wegen fehlenden Sachbescheidungsinteresses ablehnen, wenn dem Vorhaben nach Art. 59, 60 BayBO nicht zu prüfende öffentlich-rechtliche, namentlich bauordnungsrechtliche Vorschriften entgegenstehen. [...]"*
[954] Vgl. i.d.S. z.B. ausdrücklich VG München, Urteil vom 21. Oktober 2009, Az. M 9 K 08.5796.
[955] Vgl. zur Fragestellung z.B. *Schwarzer/König*, BayBO, Art. 68 Rn 26 ff; BayVGH, Beschluss vom 14.10.2010, Az. 15 ZB 10.1584, BayVBl 2011, S. 413, wonach es dahingestellt bleiben kann, *„[...] ob es sich bei der [in Art. 68 Abs. 1 Satz 1, 2. Hs. BayBO 2008/2009] geregelten Möglichkeit [...] um einen gesetzlich geregelten Fall fehlenden Sachbescheidungsinteresses [...] oder aber [...] um eine Ermächtigung der Bauaufsichtsbehörde, die Baugenehmigung nach ihrem Ermessen zu versagen [...]"* handelt.

mindest nicht hinsichtlich des Regelungsumfangs der Neuregelung, soweit mit dieser klargestellt wird, dass das Rechtsinstitut „fehlendes Sachbescheidungsinteresse" auch bei solchen Rechtsverstößen einschlägig ist, die nach dem jeweiligen Prüfkatalog bei der baugenehmigungsrechtlichen Prüfung grundsätzlich unbeachtet bleiben müssten. Der aktuelle Diskussionsstand wird nämlich ergänzt um die Frage nach dem Erfordernis einer verfahrensrechtlichen Differenzierung zwischen dem allgemeinen und dem besonderen Sachbescheidungsinteresse[956], wobei letzteres nunmehr als kodifizierter Rechtsgrundsatz durch die Neuregelung Einzug in das Gesetz gefunden habe. Diese Überlegungen beziehen sich einerseits auf das Sachbescheidungsinteresse im Sinne des „Schicksals" eines Bauantrags für ein Vorhaben, das ausschließlich gegen Vorschriften verstößt, die nicht (mehr) Inhalt des behördlichen präventiven Prüfprogramms sind, und andererseits auf das Sachbescheidungsinteresse im Sinne der allgemeinen Grundsätze, wie sie auch der BayVGH[957] für das Baugenehmigungsverfahren trotz seiner restriktiv-einschränkenden Rechtsprechung nach wie vor für anwendbar erklärt hat. Folgt man wie *Lechner*[958] aus der um den zweiten Halbsatz erweiterten Regelung eine weitgefasste Handlungsmöglichkeit der Bauaufsichtsbehörden ohne erschwerte Voraussetzungen und betrachtet man die Neuregelung damit als landesrechtliche Sondervorschrift, die neben dem allgemeinen Sachbescheidungsinteresse im Sinne einer (ungeschriebenen) verwaltungsverfahrensrechtlichen Zulässigkeitsvoraussetzung steht, ergeben sich durchaus praxisrelevante Auswirkungen für das Handeln der Bauaufsichtsbehörde. Jene könnte dann nämlich nicht nur die Möglichkeit haben, den Bauantrag gemäß den Grundsätzen des fehlenden Sachbescheidungsinteresses abzulehnen, wie sie von der oberverwaltungsgerichtlichen außerbayerischen Rechtsprechung[959] aufge-

---

[956] So bei *Lechner*, in: Simon/Busse, BayBO, Art. 68 Rn 157 ff; zur Diskussion auch *Wolf*, BayBO – Kurzkommentar, Art. 68 Rn15.
[957] Vgl. BayVGH, 26.Senat, Urteil vom 23.03.2006, Az. 26 B 05.555, BayVBl 2006, S. 538: *„Die Bauaufsichtsbehörde kann [...] das Fehlen des grundsätzlich anzunehmenden Sachbescheidungsinteresses entgegenhalten, wenn feststeht, dass der Antragsteller aus Gründen, die jenseits des [...] Verfahrensgegenstandes liegen, an der Verwertung der begehrten Genehmigung gehindert [...] wäre."*; ebenso ders., 2. Senat, Urteil vom 19.01.2009, Az. 2 BV 08.2567, BayVBl 2009, S. 507.
[958] Vgl. *Lechner*, in: Simon/Busse, BayBO, Art. 68 Rn 157 ff; zur Diskussion auch *Wolf*, BayBO – Kurzkommentar, Art. 68 Rn15.
[959] Vgl. OVG RP, BRS 52 Nr. 148 [S. 355]: *„bei offensichtlichen Verstößen"*; dass., BauR 2009, S. 799 ff [800]: *„offensichtlich gegen bauordnungsrechtliche Vorschriften verstößt"*; OVG NRW, BauR 2009, S. 802 ff [803]: *„Gefährdung hochwertiger Rechtsgüter wie Leben*

stellt werden, sondern sogar die Möglichkeit zur Ablehnung ohne weitere Anforderungen. Insoweit ginge mit der Neuregelung – da mit geringeren Voraussetzungen verbunden – in jedem Falle eine „neue Rechtslage"[960] einher und dies selbst in dem Fall, dass man die nunmehr ausdrücklich für möglich erklärte Ablehnung gegenüber der Rechtslage vor der Einführung der Neuregelung nicht als „Rechtsänderung" versteht.

IV. Verwaltungsgerichtliche Rechtsprechung zu Art. 68 Abs. 1 Satz 1, 2. Hs. BayBO 2008/2009

Die Diskussion um die Neuregelung beschränkt sich nicht nur auf die kontrovers geführte Debatte in der Literatur. Die Betrachtung verlangt vielmehr auch eine Auseinandersetzung mit der bereits in diesem Zusammenhang ergangenen erstinstanzlichen sowie obergerichtlichen Verwaltungsrechtsprechung, die zunächst aufgezeigt werden soll, ehe das kodifizierte Sachbescheidungsinteresse einer Analyse de lege lata und Betrachtung de lege ferenda unterzogen wird und werden kann. Dies gilt umso mehr, als selbst rechtsprechungsintern ein großes Spektrum unterschiedlicher Rechtsauffassungen zu Art. 68 Abs. 1 Satz 1, 2. Hs. BayBO 2008/2009 besteht.

1. Erstinstanzliche VG-Rechtsprechung – eine Bestandsaufnahme

Die seit der Einführung der (erweiterten) Ablehnungsmöglichkeit nach Art. 68 Abs. 1 Satz 1, 2. Hs. BayBO 2008/2009 mit Bezug auf diese Regelung ergangene Rechtsprechung[961] ist inzwischen durchaus umfangreich[962], aber in ihren in-

---

oder Gesundheit von Menschen"; dass., BauR 1992, S. 610 ff [611]: *„schlechterdings nicht überwindbare Hindernisse".*
[960] Vgl. zur Diskussion, ob mit Art. 68 Abs. 1 Satz 1, 2. Hs. BayBO 2008/2009 eine Rechtsänderung verbunden ist, *Shirvani*, BayVBl 2010, S 710 f [Fn 18 f].
[961] Vgl. hierzu auch die analysierenden Untersuchungen nebst Schlussfolgerungen von *Shirvani*, BayVBl 2010, S. 709 ff [710 f].
[962] Vgl. z.B. **VG Ansbach**: Urteil vom 08.10.2009, Az. AN 3 K 09.00176; Urteil vom 20.10.2009, Az. AN 9 K 09.00018; Urteil vom 20.10.2009, Az. AN 9 K 09.00260; **VG Augsburg**: Urteil vom 28.09.2011, Az. Au 4 K 11.309; Urteil vom 25.11.2011, Az. Au 5 K 11.547; Beschluss vom 22.02.2012, Az. Au 5 S 11.1933; Urteil vom 23.07.2012, Az. Au 5 K 11.1085; **VG Bayreuth**: Urteil vom 11.10.2012, Az. B 2 K 12.429; **VG München**: Urteil vom 26.04.2010, Az. M 8 K 09.3029; Urteil vom 12.04.2010, Az. M 8 K 09.2271; Urteil vom 21.09.2009, Az. M 8 K 08.6214; Urteil vom 21.10.2009, Az. M 9 K 08.5796; Urteil vom

haltlichen Aussagen nicht minder vielschichtig. Dies erschwert den Überblick über die Aussagen der einzelnen Urteile zu dieser Neuregelung, zumal sich die Aussagen in den gerichtlichen Entscheidungen teils wesentlich unterscheiden. Darüber hinaus unterscheiden sich die die Norm charakterisierenden Aussagen nicht nur zwischen den verschiedenen Bayerischen Verwaltungsgerichten, sondern selbst innerhalb eines Gerichts kommen die jeweils zuständigen Kammern zum Teil zu sich widersprechenden Schlussfolgerungen und Anwendungsvoraussetzungen. Ohne weiter ins Detail gehen zu müssen, kann damit bereits festgehalten werden, dass die an sich lediglich beabsichtigte Klarstellung und der vermeintlich deutliche Gesetzeswortlaut die erwartete Eindeutigkeit vermissen lassen.

Soweit sich die Ausführungen in den einschlägigen Urteilen der einzelnen bayerischen Verwaltungsgerichte – wie häufig geschehen – nicht lediglich auf eine Wiedergabe des neuen Gesetzeswortlaut des Art. 68 Abs. 1 Satz 1 BayBO 2008/2009 beschränken[963], gehen diese teils nur sehr oberflächlich, teils aber auch durchaus ausführlicher auf die Neuregelung ein. Markant ist zugleich, dass das Spektrum der gerichtlichen Aussagen aufgrund der Auslegung der Norm von einer wortlautgetreuen weiten Anwendung bis hin zur Notwendigkeit einer gesetzeskonformen Einschränkung der Regelung in wiederum weitgefächerter Bandbreite reicht. In den einschlägigen Entscheidungen wird in charakterisierender Weise von Begrifflichkeiten wie etwa „Ermächtigung"[964], „(Ablehnungs-)[965]Befugnis"[966], „Erlaubnis"[967], „klarstellende Ergänzung"[968], „Wahl-

---

15.09.2011, Az. M 11 K 11.198; Urteil vom 28.09.2009, Az. M 8 K 09.270; Urteil vom 28.09.2009, Az. M 8 K 09.322; Urteil vom 07.10.2010, Az. M 11 K 09.4004;**VG Regensburg***: Urteil vom 13.07.2010, Az. RN 6 K 10.684; Urteil vom 22.05.2012, Az. RN 6 K 12.290; Urteil vom 24.03.2011, Az. RO 2 K 09.2483; Beschluss vom 02.01.2012, Az. RO 2 S 11.1859; Urteil vom 13.10.2009, Az. W 4 K 08.1623; Urteil vom 15.06.2010, Az. W 4 K 09.1102; Urteil vom 29.01.2010, Az. W 5 K 09.1084. *Gemäß Art. 1 Abs. 2 Nr. 2 AGVwGO gibt es für die Regierungsbezirke Niederbayern und Oberpfalz nur ein Bayerisches Verwaltungsgericht mit Sitz in Regensburg. Als einziges bayerisches Verwaltungsgericht ist das VG Regensburg damit in erster Instanz für zwei Regierungsbezirke, die Oberpfalz und Niederbayern, örtlich zuständig.
[963] Vgl. z.B. VG Ansbach, Urteil vom 08.10.2009, Az. AN 3 K 09.00176; VG Regensburg, Urteil vom 22.05.2012, Az. RN 6 K 12.290; VG Würzburg, Urteil vom 13.10.2009, Az. W 4 K 08.1623.
[964] Vgl. VG München, Urteil vom 07.10.2010, Az. M 11 K 09.4004.
[965] Vgl. VG München, Urteil vom 15.09.2011, Az. M 11 K 11.198; dass., Urteil vom 21.10.2009, Az. M 9 K 08.5796: *„erweiterte Ablehnungsbefugnis"*.

möglichkeit"[969] oder „Rechtsmacht"[970] – nicht selten in Beschränkung auf solche – Gebrauch gemacht. Weder ist also die verwendete Terminologie gleichlautend, noch stimmen die Schlussfolgerungen, die aus der Formulierung „darf die Bauaufsichtsbehörde den Bauantrag auch ablehnen, wenn das Bauvorhaben gegen sonstige öffentlich-rechtliche Vorschriften verstößt" gezogen werden, überein. Die Begriffe lassen aufgrund des unterschiedlichen Wortsinns bereits vermuten, dass die Verwaltungsgerichte bzw. Kammern ungleiche Schlussfolgerungen aus der Neuregelung ziehen. Die Normen, die mit Blick auf Art. 68 Abs. 1 Satz 1, 2. Hs. BayBO 2008/2009 in den einschlägigen Gerichtsentscheidungen im Rahmen des vereinfachten Baugenehmigungsverfahrens doch wieder zur Überprüfung gestellt werden und gegen die das jeweils zur Genehmigung gestellte Bauvorhaben verstoßen würde, entstammen zum einen natürlich dem Bauordnungsrecht insbesondere mit den schon klassischen Problembereichen Abstandsflächenrecht (Art. 6 BayBO 2008), Verkehrssicherheit (Art. 14 BayBO 2008) und Verunstaltungsgebot (Art. 8 BayBO 2008). Zum anderen werden aber auch Verstöße gegen öffentlich-rechtliche Anforderungen außerhalb der Bayerischen Bauordnung, wie etwa Verstöße gegen die Gewerbeordnung, das Denkmalschutzgesetz, das Bundesfernstraßen- oder das Bayerische Straßen- und Wegegesetz – mit teils unterschiedlichen Folgen – geprüft. Die Normenpalette spiegelt sich zumindest in großen Teilen im ehemaligen Prüfkatalog des Art. 73 Abs. 1 BayBO 1998 wider, beinhaltet also vor allem auch die (bauordnungsrechtlichen) Vorschriften, um die das vereinfachte Baugenehmigungsverfahren bereinigt wurde. Die Relevanz dieser Vorschriften für ein Bauvorhaben in der Praxis liegt wohl unbestritten auf der Hand.

Diese Bedeutung erstreckt sich damit zwangsläufig auch auf die gesetzliche Neuregelung, die angesichts der vielschichtigen Rechtsauffassungen allein auf der Ebene der erstinstanzlichen verwaltungsgerichtlichen Rechtsprechung umso

---

[966] Vgl. VG Ansbach, Urteil vom 08.10.2009, Az. AN 3 K 09.00176; VG Regensburg, Urteil vom 24.03.2011, Az. RO 2 K 09.2483; dass., Beschluss vom 02.01.2012, Az. RO 2 S 11.1859; VG Würzburg, Urteil vom 29.01.2010, Az. W 5 K 09.1084; dass., Urteil vom 13.10.2009, Az. W 4 K 08.1623.
[967] Vgl. VG Würzburg, Urteil vom 29.01.2010, Az. W 5 K 09.1084: „[...] Bestimmung erlaubt [...], das [...] Prüfprogramm zu erweitern [...]".
[968] Vgl. VG Ansbach, Urteil vom 20.10.2009, Az. AN 9 K 09.00260; VG Regensburg, Urteil vom 13.07.2010, Az. RN 6 K 10.684: „Durch die Novellierung wird „klargestellt", dass [...]".
[969] Vgl. VG München, Urteil vom 21.09.2009, Az. M 8 K 08.6214.
[970] Vgl. VG Ansbach, Urteil vom 20.10.2009, Az. AN 9 K 09.00018.

mehr einer bestimmenden Klärung bedarf. Im Folgenden sollen in Erweiterung der Betrachtung *Shirvanis*[971] einschlägige verwaltungsgerichtliche Urteile problembezogen aufbereitet und anhand der drei Fragenkomplexe „Adressatenkreis der Norm", „Verweisungsumfang und Qualität des Rechtsverstoßes" sowie „Befugnis- oder Ermessensnorm" untersucht werden, ehe daran anschließend in umgekehrter Darstellung der Zuordnung auf die sechs Bayerischen Verwaltungsgerichte nebst jeweiliger kontextbezogener Rechtsauffassung zusammenfassend eingegangen wird.

a) Der Adressatenkreis der Ablehnungsbefugnis

Überwiegend gehen die gerichtlichen Ausführungen der mit Blick auf Art. 68 Abs. 1 Satz 1, 2. Hs. BayBO 2008/2009 einschlägigen Entscheidungen davon aus, dass alleiniger Adressat zur Wahrnehmung der Befugnis die Bauaufsichtsbehörde, mithin also das zuständige Landratsamt als Kreisverwaltungsbehörde bzw. die kreisfreie Stadt ist. Soweit die einschlägigen Entscheidungen dieser Adressatenbestimmung folgen, findet in der Regel keine weitere Erörterung in dieser Hinsicht statt. Vielmehr kann eine stillschweigende Festlegung auf die Behörde als (alleinigen) Adressaten der Norm unterstellt werden, indem der Gesetzeswortlaut im Rahmen der jeweiligen Urteilsbegründungen mit in Bezug genommen wird, nach welchem ausdrücklich der „Bauaufsichtsbehörde" die Möglichkeit zur Ablehnung des Bauantrags zugesprochen wird. In konsequenter Anwendung des Gesetzeswortlauts stellt das VG Bayreuth (2. Kammer)[972] in einer Entscheidung aus dem Jahre 2012 nicht nur allein auf den Normadressaten ab, sondern macht auch die Anwendung der Ablehnungsmöglichkeit des Art. 68 Abs. 1 Satz 1, 2. Hs. BayBO 2008/2009 und deren Überprüfung davon abhängig, ob sich die Baubehörde bereits im Baugenehmigungsverfahren bzw. im Ablehnungsbescheid auf Rechtsverstöße außerhalb des Prüfkatalogs des Art. 59 Satz 1 BayBO 2008 und damit auf die neue Ablehnungsbefugnis gestützt hat. Sei dies nicht geschehen, so stellt es das VG Bayreuth ausdrücklich fest, *„[...] müssen andere baurechtliche Fragen im gegenständlichen [Gerichts-] Verfah-*

---

[971] Vgl. *Shirvani*, BayVBl 2010, S. 710 f, der sich auch mit erstinstanzlichen verwaltungsgerichtlichen Urteilen auseinandersetzt.
[972] Vgl. VG Bayreuth, Urteil vom 11.10.2012, Az. B 2 K 12.429.

ren ungeprüft bleiben."[973] In wiederum konsequenter Vorgehensweise verweist die 2. Kammer des VG Bayreuth auf die Möglichkeit der *„Beurteilung [...] als Bauaufsichtsbehörde"*[974], womit ein Verweis auf repressive bauaufsichtliche Maßnahmen gemeint sein dürfte.

Weitergehend verfährt in dieser Frage bereits das VG München (8. Kammer), das für sich durchaus die Möglichkeit einer Überprüfung „sonstiger öffentlich-rechtlicher Vorschriften" auch in den Fällen in Anspruch nimmt, in denen die Bauaufsichtsbehörde als Baugenehmigungsbehörde die Ablehnung eines Bauantrags nicht mit einem Verstoß gegen außerhalb des Prüfkatalogs liegende Vorschriften, sondern z.b. mit einem Verstoß gegen § 34 BauGB (i.V.m. Art. 59 Satz 1 Nr. 1 BayBO 2008) begründet. Während das VG Bayreuth per se nach keinen weiteren Verstößen, die nicht gemäß Art. 59 Satz 1 BayBO prüfungspflichtig und nicht bereits von der Behörde angesprochen worden sind, Ausschau hält, nimmt das VG München zumindest eine quasi hilfsweise Betrachtung vor. Ein etwaiger im Wege dieser Betrachtung vom Gericht festgestellter Verstoß ermögliche es dem Gericht dann aber lediglich, die Baugenehmigungsbehörde zu einer erneuten Verbescheidung des Bauantrags unter Beachtung der Rechtsauffassung des Gerichts zu verpflichten.[975] Die Möglichkeit zur bloßen Verbescheidung folgert die 8. Kammer des VG München aus dem der Behörde zufallenden Ermessen, welches sich aus der neuen Regelung ergebe und eine abschließende Entscheidung des Gerichts über das Baugesuch verbiete.

Gegenüber dem VG Bayreuth gänzlich gegenteilig scheint sich die 9. Kammer des VG Ansbach in einer Entscheidung vom 20. Oktober 2009 zu verhalten, in der das erkennende Gericht einen Verstoß gegen das Verunstaltungsverbot des Art. 8 Satz 2 BayBO 2008 feststellt, der von der Bauaufsichtsbehörde allenfalls mittelbar[976] in Bezug genommen wurde. Auf Art. 68 Abs. 1

---

[973] VG Bayreuth, Urteil vom 11.10.2012, Az. B 2 K 12.429. Vgl. i.E. wohl auch VG Augsburg, Urteil vom 03.11.2011, Az. Au 5 K 09.1671; dass., Urteil vom 25.11.2011, Az. Au 5 K 11.547.
[974] VG Bayreuth, ebd.
[975] Vgl. VG München, Urteil vom 12.04.2010, Az. M 8 K 09.2271; dass., Urteil vom 26.04.2010, Az. M 8 K 09.3029.
[976] Vgl. VG Ansbach, Urteil vom 20.10.2009, Az. AN 9 K 09.00018. Im Tatbestand des Urteils heißt es auszugsweise: *„Der Ablehnung [des Bauantrags durch das Landratsamt] vorausgegangen war die Stellungnahme [der Gemeinde] [...], wonach das gemeindliche Einvernehmen zu dem Vorhaben [...] verweigert worden ist. Die Werbeanlage wirke massiv auf die vorbeiführende Verkehrslage und das Ortsbild des Ortsteiles ... ein. [...] Zur Begründung*

Satz 1, 2. Hs. BayBO 2008/2009 hätte sich das zuständige Landratsamt in seinem Ablehnungsbescheid per se nicht stützen können, da die Vorschrift erst während des gerichtlichen Verfahrens in Kraft getreten ist. Gleichwohl führt das VG Ansbach unter Bezugnahme auf die neue Ablehnungsbefugnis des Art. 68 Abs. 1 Satz 1, 2. Hs. BayBO 2008/2009 aus, *„[...] dass die Bauaufsichtsbehörde einen Bauantrag auch dann (mangels Sachbescheidungsinteresse) ablehnen darf, wenn das Bauvorhaben – wie hier – gegen sonstige öffentlich-rechtliche Vorschriften verstößt. Hinsichtlich des gerichtlichen Prüfungsmaßstabes kann in derartigen Fällen insoweit nichts anderes gelten. [...]"*[977] Selbst wenn man unterstellt, dass der seinerzeitigen behördlichen Entscheidung (entgegen der zu dieser Zeit geltenden Rechtsprechung des BayVGH[978]) eine Ablehnung mangels Sachbescheidungsinteresses zu Grunde gelegen hätte, würde die 9. Kammer mit dem vorstehend zuletzt zitierten Satz eine eigene Beurteilungs- und Handlungskompetenz andeuten.[979] Weitergehend als das VG München schlussfolgert das VG Ansbach für sich auch nicht lediglich die Möglichkeit eines bloßen Verbescheidungsurteils[980], sondern wohl eine eigene Ablehnungsbefugnis, obwohl das Landratsamt die Ablehnung des Bauantrags auf die fehlende gemeindliche Zustimmung und einen Verstoß gegen das BauGB gestützt hat, auf welchen sich das VG Ansbach in der betrachteten Entscheidung nicht ausdrücklich festlegt.

---

des ablehnenden Bescheides vom 17. Dezember 2008 verwies die Beklagte auf die fehlende Zustimmung des beigeladenen Marktes. ... Solange die Gemeinde ihr Einvernehmen nicht erklärt habe, sei das Landratsamt gehindert, die beantragte Baugenehmigung zu erteilen. Die Entscheidung der Gemeinde sei rechtlich nicht zu beanstanden."
[977] Vgl. VG Ansbach, Urteil vom 20.10.2009, Az. AN 9 K 09.00018.
[978] Vgl. BayVGH, BayVBl 2006, S. 537 ff; ders., BayVBl 2009, S. 507 ff und 727 ff.
[979] Vor dem Hintergrund der gerichtlichen Ausführungen des VG Ansbach im Urteil vom 20.10.2009, Az. AN 9 K 09.00018, stellt sich die Frage, ob die Ausführungen derselben Kammer in einer anderen Entscheidung vom selben Tage hierzu im Widerspruch oder im Gleichklang stehen, vgl. VG Ansbach, Urteil vom 20.10.2009, Az. AN 9 K 09.00260. Auch in diesem Verfahren hat sich das Landratsamt (mangels Geltung der Norm) nicht auf die Neuregelung beziehen können. Abstandsflächenrecht habe es nach eigener Aussage lediglich unter dem Gesichtspunkt des bauplanungsrechtlichen Rücksichtnahmegebots geprüft, da eine Einhaltung der Abstandsflächen – wie gegenständlich vom Landratsamt festgestellt – eine Verletzung des bauplanungsrechtlichen Rücksichtnahmegebots ausschließe. Gleichwohl führt die 9. Kammer des VG Ansbach in seiner Urteilsbegründung aus: *„[...] Da der streitgegenständlichen Baugenehmigung somit eine Prüfung der Abstandsvorschriften in bauordnungsrechtlicher Hinsicht zugrunde liegt, erstreckt sich hierauf auch die gerichtliche Kontrolle. [...]"*
[980] Vgl. zum Begriff des Verbescheidungsurteils allgemein *Decker*, in: Posser/Wolff, VwGO, § 113 Rn 77, wonach bei einem Verbescheidungsurteil der Beklagte dazu verpflichtet wird, den Kläger unter Beachtung der Rechtsauffassung des Gerichts erneut zu verbescheiden (§ 113 Abs. 5 Satz 2 VwGO).

Anders als das für die Ablehnung zuständige Landratsamt sieht das VG Ansbach ausweislich der Urteilsbegründung nur einiges für den Verstoß sprechend, gründet die Ablehnung – wiederum anders als die Bauaufsichtsbehörde – aber auf einen Verstoß gegen bauordnungsrechtliche Vorschriften.

Inwieweit auch die 6. Kammer des VG Regensburg möglicherweise eine solche Befugnis für sich selbst folgert, kann anhand der betrachteten Entscheidung aus dem Jahre 2010[981], welche eine solche Annahme durchaus nahelegt, nicht eindeutig festgestellt werden. Einerseits nimmt das VG Regensburg auf die soeben angesprochene Aussage der 9. Kammer des VG Ansbach Bezug, wonach hinsichtlich des gerichtlichen Prüfungsmaßstabs insoweit nichts anderes gelten könne. Andererseits hebt das VG Regensburg in seinen Urteilsgründen eingangs aber auch ausdrücklich hervor, dass die Bauaufsichtsbehörde die Baugenehmigung gerade deshalb, also wegen sonstiger öffentlich-rechtlicher Rechtsverstöße, abgelehnt hat.[982]

An die Problematik des Adressatenkreises knüpft unweigerlich die Frage an, bis zu welchem Zeitpunkt die Behörde von der Ablehnungsbefugnis Gebrauch machen kann, damit eine ausschließlich darauf gestützte Ablehnung des Bauantrags rechtmäßig ist. Auf diese Problematik geht das VG Augsburg ein und beschränkt die Anwendungsmöglichkeit nicht nur auf den Zeitraum bis zum Abschluss des Behördenverfahrens, sondern sieht es als ausreichend an, wenn die Bauaufsichtsbehörde die Ablehnung nachträglich und ergänzend mit der Ablehnungsmöglichkeit gemäß Art. 68 Abs. 1 Satz 1, 2. Hs. BayBO 2008/2009 rechtfertigt.[983] Die erkennende Kammer beruft sich in diesem Zusammenhang auf den bei der Verpflichtungsklage maßgeblichen Zeitpunkt für die Beurteilung der Sach- und Rechtslage, mithin auf den Zeitpunkt der letzten mündlichen Verhandlung bzw. der gerichtlichen Entscheidung.

---

[981] Vgl. VG Regensburg, Urteil vom 13.07.2010, Az. RN 6 K 10.684.
[982] Vgl. VG Regensburg, Urteil vom 13.07.2010, Az. RN 6 K 10.684. Insoweit könnte die Aussage des VG Regensburg auch durchaus so zu verstehen sein, dass für das Gericht dann, wenn sich die Bauaufsichtsbehörde auf die Ablehnungsbefugnis gestützt hat, hinsichtlich des Prüfungsmaßstabs nichts anderes gelten kann. Vieles spricht aber gleichwohl für eine Ablehnungsbefugnis i.S.d. 9. Kammer des VG Ansbach, vgl. Urteil vom 20.10.2009, Az. AN 9 K 09.00018.
[983] Vgl. VG Augsburg, Urteil vom 23.07.2012, Az. Au 5 K 11.1085; i.E. wohl auch dass., Urteil vom 29.02.2012, Az. Au 4 K 11.594, Au 4 K 11.596.

Sicherlich wird von den Bayerischen Verwaltungsgerichten allein die Bauaufsichtsbehörde als handlungsbefugte Behörde im Sinne des Art. 68 Abs. 1 Satz 1, 2. Hs. BayBO 2008/2009 angesehen. Eine andere Behörde kommt – schon aufgrund des Gesetzeswortlauts –nicht in Betracht. Hinsichtlich der sich daraus im Rahmen des gerichtlichen Verfahrens ergebenden Konsequenzen erweist sich die gerichtliche Rechtsauffassung wie gezeigt als wenig einheitlich; die von den Gerichten für sich selbst in Anspruch genommenen Kompetenzen differieren mitunter erheblich.

b) Die Reichweite der „sonstigen öffentlich-rechtlichen Vorschriften" und die Qualität des Verstoßes

Die zwischenzeitlich unter Berücksichtigung von Art. 68 Abs. 1 Satz 1, 2. Hs. BayBO 2008/2009 ergangenen erstinstanzlichen Entscheidungen weisen in ihren Ausführungen zur erweiterten Ablehnungsbefugnis überwiegend die Tendenz auf, für die Anwendung der Neuregelung Rechtsverstöße gegen alle möglichen öffentlich-rechtlichen Vorschriften, die nicht bereits nach Art. 59 Satz 1 BayBO 2008 Bestandteil des Prüfverfahrens sind, wie solche des Bauordnungsrechts, des Denkmalschutzgesetzes[984], des Bundesfernstraßengesetzes[985] oder des Straßen- und Wegerechts[986], ausreichen zu lassen. Diese wortlautorientierte Rechtsprechungspraxis stellt in gleichfalls strikter Befolgung des Gesetzeswortlauts in weiten Teilen zudem nicht darauf ab, ob und wie der festgestellte Gesetzesverstoß in seiner Gewichtigkeit oder in seinen Auswirkungen zu qualifizieren ist. Mangels entsprechender Thematisierung und aufgrund der bloßen Feststellung der Normverletzung ist jedenfalls davon auszugehen, dass die erkennenden Kammern der Verwaltungsgerichte – soweit sie eine Qualifizierung des Verstoßes nicht ausdrücklich ansprechen – von der bislang im Rahmen des Sachbescheidungsinteresses überwiegend für erforderlich gehaltenen Offensichtlichkeit des Verstoßes absehen. Diejenigen Entscheidungen[987], die für die Anwendungs-

---

[984] Vgl. VG Regensburg, Urteil vom 22.05.2012, Az. RN 6 K 12.290.
[985] Vgl. VG Ansbach, Urteil vom 08.10.2009, Az. AN 3 K 09.00176: § 9 FStrG.
[986] Vgl. VG Würzburg, Urteil vom 15.06.2010, Az. W 4 K 09.1102: fehlendes Einvernehmen der zuständigen Straßenbaubehörde, Art. 24 BayStrWG.
[987] Vgl. z.B. VG Ansbach, 3. Kammer, Urteil vom 08.10.2009, Az. AN 3 K 09.00176; dass., 9. Kammer, Urteil vom 20.10.2009, Az. AN 9 K 09.00018; VG München, Urteil vom 26.04.2010, Az. M 8 K 09.3029: jedenfalls bauordnungsrechtliche Verstöße; VG Regensburg,

eröffnung der Norm jegliche Verstöße gegen öffentlich-rechtliche Vorschriften ohne weitere Qualifizierung und Auseinandersetzung ausreichen lassen, zeichnen sich größtenteils dadurch aus, dass sie sich auf eine Wiedergabe des Gesetzeswortlauts beschränken. Doch trotz des vermeintlich eindeutigen Gesetzeswortlauts, der sich gerade nicht lediglich auf Verstöße gegen Vorschriften des Bauordnungsrechts (BayBO) beschränkt[988], indem er weiterreichend von „sonstigen öffentlich-rechtlichen Vorschriften"[989] spricht, verlangt die 9. Kammer des VG München eine teleologische Reduktion der Norm und eine Beschränkung auf eben baurechtliche Normen der Bayerischen Bauordnung selbst. Zur Begründung dieser einschränkenden Auslegung verweist die 9. Kammer des VG München auf die Hinweise der Obersten Baubehörde im Bayerischen Staatsministerium des Innern, wo zur erweiterten Ablehnungsmöglichkeit auf „[...] nicht zu prüfende öffentlich-rechtliche Vorschriften, **namentlich bauordnungsrechtliche Vorschriften** [Hervorhebung durch den Verfasser] [...]"[990] hingewiesen wird. Zudem sieht die Kammer ausdrücklich die Gefahr einer Verankerung der sog. „Schlusspunkttheorie", die bereits eine ausdrückliche Absage durch die obergerichtliche Rechtsprechung erfahren hat,[991] in der Bayerischen Bauordnung, wenn diese weite Gesetzesformulierung keiner einschränkenden Auslegung unterzogen würde. *„Die nachfolgenden Novellen der BayBO haben den Prüfungsumfang im Baugenehmigungsverfahren bewusst deutlich reduziert. Gerade dieses weist eindeutig und unmissverständlich in die der Schlusspunkttheorie entgegen gesetzte Richtung[,]"*[992] so die 9. Kammer des VG München in ih-

---

Urteil vom 22.05.2012, Az. RN 6 K 12.290; VG Würzburg, Urteil vom 13.10.2009, Az. W 4 K 08.1623.
[988] So z.B. ausdrücklich § 60a Abs. 2 Satz 3 BauO Bln 1997 a.F.: „Die Erteilung einer Baugenehmigung kann auch versagt werden, wenn Verstöße gegen nicht zu prüfende Vorschriften *dieses Gesetzes oder aufgrund dieses Gesetzes* [Hervorhebung durch den Verfasser] festgestellt werden." Vgl. hierzu auch: *Knuth*, in: Förster/Grundei, Bauordnung für Berlin (5. A.), § 60a Rn 5 a.E.
[989] Die „öffentlich-rechtlichen Vorschriften" i.d.S. definieren sich gesetzestechnisch über die fortgesetzte Lesart des Art. 68 Abs. 1 Satz 1, 1.Hs. BayBO 2008/2009 und beziehen damit grundsätzlich alle öffentlich-rechtlichen Vorschriften – auch außerhalb der BayBO – mit ein, die nicht Bestandteil des Prüfungsumfangs des jeweils einschlägigen Baugenehmigungsverfahrens (z.B. Art. 59 Satz 1 oder Art. 60 Satz 1 BayBO 2008) sind.
[990] Oberste Baubehörde im BayStMI, Schreiben vom 24.07.2009, Zeichen: IIB4-4101-022/08, S. 16.
[991] Vgl. hierzu auch Teil 1 B.III.; vgl. auch VG München, Urteil vom 21.10.2009, Az. M 9 K 08.5796 m.w.N. Großer Senat des BayVGH, Beschluss vom 18.03.1993, Az. Gr. S. 1/1992 – 1 B 90.3063.
[992] VG München, Urteil vom 21.10.2009, Az. M 9 K 08.5796.

rer Urteilsbegründung. Gänzlich gegenläufig sind dagegen die Ausführungen der 5. Kammer des VG Würzburg zu verstehen, die in einem zeitlich späteren Urteil vom 29. Januar 2010 im Hinblick auf die Regelung des Art. 68 Abs. 1 Satz 1, 2. Hs. BayBO 2008/2009 davon ausgeht, dass diese neue Bestimmung es der Bauaufsichtsbehörde erlaube, das „*[...] einschlägige Prüfprogramm zu erweitern auf solche öffentlich-rechtliche Vorschriften, die normalerweise in dem Prüfprogramm nicht enthalten sind.*"[993] Den Äußerungen der 6. Kammer des VG Regensburg[994] kann zumindest entnommen werden, dass sie die „Münchner Bedenken" hinsichtlich der Einführung der Schlusspunkttheorie über die Befugnis des Art. 68 Abs. 1 Satz 1, 2. Hs. BayBO 2008/2009 nicht teilt. Sie erkennt die Ablehnung eines Bauantrags auf Grundlage der neuen Ablehnungsbefugnis nicht nur bei sanierungsrechtlichen Verstößen (§ 145 Abs. 2 BauGB), sondern auch bei einer fehlenden sanierungsrechtlichen Genehmigung nach § 144 Abs. 1 BauGB an, bejaht für sich unausgesprochen die Sachprüfungskompetenz in diesem Bereich und betont in diesem Zusammenhang, dass es eben von der Ausgestaltung des Landesrechts abhänge, welchen Einfluss eine fehlende sanierungsrechtliche Genehmigung auf die Baugenehmigungserteilung zeigt.[995]

Auch wenn die Gewichtigkeit bzw. Qualität des von der Behörde festgestellten und vom Gericht bestätigten Rechtsverstoßes – gleich aufgrund welcher Norm – zumeist nicht angesprochen wird und die erkennenden Gerichte überwiegend jedweden[996] Rechtsverstoß genügen lassen, verlangt jedenfalls die 4. Kammer des VG Würzburg[997] in restriktiver Lesart des Gesetzes eine Offensichtlichkeit des Verstoßes. Demnach stellt das VG Würzburg gleichfalls wie die außerbayerische Rechtsprechung[998] zum fehlenden Sachbescheidungsinte-

---

[993] Vgl. VG Würzburg, Urteil vom 29.01.2010, Az. W 5 K 09.1084.
[994] Vgl. VG Regensburg, Urteil vom 13.07.2010, Az. RN 6 K 10.684.
[995] Vgl. VG Regensburg, Urteil vom 13.07.2010, Az. RN 6 K 10.684.
[996] Vgl. VG Ansbach, Urteil vom 08.10.2009, Az. AN 3 K 09.00176; dass., Urteil vom 20.10.2009, Az. AN 9 K 09.00018; wohl auch VG München, Urteil vom 21.09.2009, Az. M 8 K 08.6214.
[997] Vgl. VG Würzburg, Urteil vom 15.06.2010, Az. W 4 K 09.1102: „*Gleichwohl ist die Bauaufsichtsbehörde berechtigt, bei **offensichtlichen** Verstößen dennoch eine Genehmigung des Bauvorhabens abzulehnen [Hervorhebung durch den Verfasser].*"
[998] So z.B. OVG RP, Urteil vom 22.10.2008, BauR 2009, S. 799 ff [800], oder OVG NRW, Urteil vom 28.01.2009, BauR 2009, S. 802 ff [803]; a.A. HessVGH, Beschluss vom 01.10.2010, Az. 4 A 1907/10.Z.

resse eine ungeschriebene[999], aber dennoch zu beachtende qualitative Hürde für den Gesetzesverstoß auf, deren Überschreiten erst zur Ablehnung des Bauantrags gemäß Art. 68 Abs. 1 Satz 1, 2. Hs. BayBO 2008/2009 führen können soll. Wörtlich heißt es in der Urteilsbegründung hierzu: *„Die Abstandsflächen werden zwar im vereinfachten Genehmigungsverfahren nicht mehr geprüft. Gleichwohl ist die Bauaufsichtsbehörde berechtigt, bei **offensichtlichen** Verstößen dennoch eine Genehmigung des Bauvorhabens abzulehnen [Hervorhebung durch den Verfasser]."*[1000] Ob das VG Würzburg das Offensichtlichkeitserfordernis über das bauordnungsrechtliche Abstandsflächenrecht hinaus auch auf Verstöße gegen andere öffentlich-rechtliche Vorschriften erstreckt, wird in der benannten Entscheidung nicht hinreichend deutlich und muss als offen angesehen werden. Vermissen lässt die Entscheidung auch eine Erklärung dazu, ob sich diese eingeschränkte Lesart aus der hinter der Neuregelung stehenden Intention des Gesetzgebers, die bisherige Rechtsauffassung zur Ablehnung wegen fehlenden Sachbescheidungsinteresses zu kodifizieren, oder aus anderen Gründen ergibt. Die Notwendigkeit einer Offensichtlichkeit des Verstoßes wird vom VG Würzburg in der untersuchten Entscheidung eher als nicht weiter diskussionswürdiges Faktum behandelt. Auch die 11. Kammer des VG München nimmt gegenüber dem weit gefassten Gesetzeswortlaut der Ablehnungsbefugnis eine Einschränkung vor, indem sie zwar nicht – wie das VG Würzburg – den Verstoß qualitativ bewertet, aber für die Anwendung der Ablehnungsbefugnis eine Überprüfung verlangt, ob hinsichtlich des Verstoßes die Möglichkeit zur Erteilung einer Abweichung im Sinne des Art. 63 Abs. 1 BayBO 2008 besteht.[1001] Aufgrund der Tatsache, dass Abweichungen ausweislich des Gesetzeswortlauts nur im Hinblick auf Anforderungen der BayBO oder auf Grund der BayBO erlassener Vorschriften zugelassen werden können, kann diese von der Behörde zu beachtende Hürde zwangsläufig nur in solchen Fällen einschlägig sein, in denen die Ablehnung aufgrund eines Verstoßes gegen Bauordnungsrecht im Raum steht. Nach Auffassung der 9. Kammer desselben Gerichts sollen aufgrund teleologischer Reduktion der Norm ohnehin nur bauordnungsrechtliche Verstöße in Betracht kommen können. Mit der Maßgabe einer notwendigen Abwei-

---

[999] So im Übrigen auch die Rechtsprechung und Kommentierung zu § 60a Abs. 2 Satz 3 BauO Bln 1997 a.F.; vgl. *Knuth*, in: Förster/Grundei, Bauordnung für Berlin (5. A.), §60a Rn 5 a.E.; a.A. und differenzierend *Jäde*, in: Jäde/Dirnberger/Bauer, Die neue BayBO, Art. 68 Rn 37a.
[1000] VG Würzburg, Urteil vom 15.06.2010, Az. W 4 K 09.1102.
[1001] Vgl. VG München, Urteil vom 15.09.2011, Az. M 11 K 11.198.

chungsprüfung scheint die 11. Kammer des VG München im Übrigen zugleich vom Antragserfordernis des Art. 63 Abs. 2 BayBO 2008 abzusehen, indem es ausführt: *„[...] [D]ie Baugenehmigungsbehörde darf das Vorhaben [...] ablehnen; allerdings ist die Möglichkeit der Erteilung einer Abweichung [...] gemäß Art. 63 Abs. 1 BayBO [...] zu prüfen."*[1002]

c) Die Befugnis der Bauaufsichtsbehörde – eine Ermessensentscheidung?

Indem in den erstinstanzlichen Entscheidungen, die der gegenständlichen Untersuchung zugrunde liegen, mit Blick auf die Ablehnungsbefugnis des Art. 68 Abs. 1 Satz 1, 2. Hs. BayBO 2008/2009 von Begriffen wie „Ermächtigung"[1003], „Erlaubnis"[1004], „Wahlmöglichkeit"[1005] oder „Rechtsmacht"[1006] Gebrauch gemacht wird, lassen diese Begrifflichkeiten zwar auf ein zugleich gegebenes und auch auszuübendes Ermessen der Bauaufsichtsbehörde schließen, die gerichtlichen Ausführungen selbst diskutieren die eigentlich auf der Hand liegende Frage, ob der Neuregelung ein behördliches Ermessen immanent ist oder nicht, allerdings kaum. Überwiegend lassen sie diesbezügliche Aussagen sogar gänzlich vermissen. Die 3. Kammer des VG Ansbach, welche zumindest ansatzweise auf diese Problematik eingeht, stellt in einem ihrer Urteile abschließend lediglich fest, dass *„Anhaltspunkte dafür, dass die Beklagte von dieser Befugnis in rechtswidriger Weise Gebrauch gemacht hat, [...] weder ersichtlich noch vorgetragen [sind]."*[1007] Was allerdings unter einem rechtswidrigen bzw. rechtmäßigen Gebrauch nach Auffassung des Gerichts zu verstehen wäre, bleibt indes undefiniert. Ansonsten aber lässt sich anhand der Entscheidungen der Eindruck gewinnen, dass diesbezüglich keine weiteren Anforderungen im Sinne einer rechtmäßigen Ermessensausübung gelten. Das Erfordernis einer Ermessensausübung wird vom VG Regensburg unter Bezugnahme auf die Gesetzesbegrün-

---

[1002] VG München, Urteil vom 15.09.2011, Az. M 11 K 11.198.
[1003] Vgl. VG München, Urteil vom 07.10.2010, Az. M 11 K 09.4004.
[1004] Vgl. VG Würzburg, Urteil vom 29.01.2010, Az. W 5 K 09.1084: *„[...] Bestimmung erlaubt [...], das [...] Prüfprogramm zu erweitern [...]"*.
[1005] Vgl. VG München, Urteil vom 21.09.2009, Az. M 8 K 08.6214.
[1006] Vgl. VG Ansbach, Urteil vom 20.10.2009, Az. AN 9 K 09.00018.
[1007] VG Ansbach, Urteil vom 08.10.2009, Az. AN 3 K 09.00176.

dung[1008] sogar ausdrücklich verneint, indem es im Wege einer negativ formulierten Feststellung ausspricht, dass es sich bei Art. 68 Abs. 1 Satz 1, 2. Hs. BayBO 2008/2009 um keine Ermessensvorschrift handle.[1009] Das VG Würzburg (5. Kammer) geht bei der neuen Ablehnungsbefugnis offensichtlich sogar von einer Erlaubnis zur Erweiterung des Prüfprogramms aus[1010] und stellt sich damit gegen die 2. Kammer des VG Regensburg, welche trotz bzw. gerade wegen der Neuregelung ausdrücklich keine Erweiterung des Prüfprogramms und Regelungsgehalts der Baugenehmigung zulässt.[1011] Aufgrund der gleichwohl zumeist extensiven Auslegung könnte man sogar geneigt sein, zu dem Schluss zu kommen, dass die bayerischen Verwaltungsgerichte hinsichtlich der Neuregelung überwiegend von einer Erweiterung des Prüfprogramms nach Belieben und ohne Rechtfertigung ausgehen.[1012] Nach den für diese Betrachtung zugrunde liegenden Entscheidungen bayerischer Verwaltungsgerichte spricht ausdrücklich nur das VG München[1013] diesen Umstand an, indem es nach einer pflichtgemäßen Ermessensausübung verlangt. Es ist zugleich von einer Wahlmöglichkeit im Rahmen einer Ermessensentscheidung die Rede, welche eine Entscheidung zwischen Ablehnung des Bauantrags und Erteilung der Baugenehmigung im Rahmen des Art. 59 Satz 1 BayBO 2008 verlangt. Sicherlich ist bei der hier getroffenen Feststellung zu berücksichtigen, dass eine Vielzahl der betrachteten Urteile aufgrund der Fall- oder Sachverhaltskonstellation nach keiner Aussage in diese Richtung verlangen, so etwa bei der Entscheidung des VG Bayreuth, welches eine tatbestandliche Prüfung der Befugnis nicht vornimmt, da die Anwendung der Norm schon nicht in Betracht kommt. Insoweit soll und kann diese

---

[1008] Die vom VG Regensburg ausdrücklich in Bezug genommene Gesetzesbegründung LtDrs. 16/1351 vom 13.05.2009, S. 2, Begründung zu 4., äußert sich diesbezüglich allerdings nicht oder zumindest nicht explizit. Die vom VG Regensburg mit Urteil vom 13.07.2010, Az. RN 6 K 10.684, vertretene Rechtsauffassung findet sich vielmehr (erst) in den Vollzugshinweisen, vgl. Oberste Baubehörde im BayStMI, Schreiben vom 24.07.2009, Zeichen: IIB4-4101-022/08, S. 16.
[1009] Vgl. VG Regensburg, Urteil vom 13.07.2010, Az. RN 6 K 10.684.
[1010] Vgl. VG Würzburg, Urteil vom 29.01.2010, Az. W 5 K 09.1084: „[...] Bestimmung erlaubt [...], das [...] Prüfprogramm zu erweitern [...]".
[1011] Vgl. VG Regensburg, Beschluss vom 02.01.2012, Az. RO 2 S 11.1859; dass., Urteil vom 24.03.2011, Az. RO 2 K 09.2483.
[1012] So z.B. auch *Shirvani*, BayVBl 2010, S. 709 ff [710].
[1013] Vgl. VG München, Urteil vom 26.04.2010, Az. M 8 K 09.3029: „[...] Möglichkeit, nach pflichtgemäßem Ermessen [...]"; dass., Urteil vom 12.04.2010, Az. M 8 K 09.2271: „[...] Wahlmöglichkeit im Rahmen einer Ermessensentscheidung („darf") [...]"; dass., Urteil vom 21.09.2009, Az. M 8 K 08.6214: „[...] Wahlmöglichkeit im Rahmen einer Ermessensentscheidung („darf") [...]".

Schlussfolgerung nicht pauschal auf alle Entscheidungen erstreckt werden. Andererseits lässt das VG Würzburg (4. Kammer) aufgrund von Bedenken hinsichtlich der Verkehrssicherheit (Art. 14 Abs. 2 BayBO 2008), aufgrund des Fehlens des straßenrechtlichen Einvernehmens (Art. 24 Abs. 1 Satz 2 BayStrWG) und der Verletzung von Abstandsflächenvorschriften (Art. 6 BayBO) die Regelung des Art. 68 Abs. 1 Satz 1, 2. Hs. BayBO 2008/2009 zur Anwendung gelangen und bejaht deshalb die Ablehnung des Bauantrags. Aufgrund dessen wäre eine Auseinandersetzung mit dem „Darf"[1014] der Norm, woraus das Ermessen geschlossen wird, nicht nur wünschenswert, sondern angezeigt gewesen. Dies gilt umso mehr, als sich die Behörde selbst schon nicht darauf gestützt hat.

Unterstellt[1015] man, dass nicht nur das VG München, sondern auch andere bayerische Verwaltungsgerichte – hätten sie Anlass zu Äußerung – eine pflichtgemäße Ermessensausübung für erforderlich halten, bleibt anhand der hier betrachteten Urteile gleichwohl festzuhalten, dass diejenigen Gerichte, welche zu diesem Umstand Stellung beziehen, diesen nicht als weiter zu erörternde Frage, sondern eher als Faktum behandeln. Die nicht erfolgte Diskussion über die Frage der Notwendigkeit einer Ermessensausübung verwundert umso mehr, als sowohl die Gesetzgebungsmaterialien[1016] als auch die Vollzugshinweise der Obersten Baubehörde[1017] hier ausdrücklich darauf hinweisen, dass es sich um eine bloße Befugnis ohne das zusätzliche Erfordernis einer Ermessensausübung handle. Dies werde durch die Verwendung des Wortes „darf" und durch den bewussten Verzicht des Wortes „kann" zum Ausdruck gebracht. An anderer Stelle zieht nämlich das VG München, wenn auch nicht die 8., sondern die 9. Kammer, diese Begründungen bzw. Hinweise heran, um eine teleologische

---

[1014] Vgl. Art. 68 Abs. 1 Satz 1, 2. Hs. BayBO 2008/2009: „[...] die Bauaufsichtsbehörde darf den Bauantrag auch ablehnen, wenn das Bauvorhaben gegen sonstige öffentlich-rechtliche Vorschriften verstößt."
[1015] Indem das VG Bayreuth mit Urteil vom 11.10.2012, Az. B 2 K 12.429, ein Nachschieben bauordnungsrechtlicher Ablehnungsgründe durch die Behörde für unzulässig hält, legt dies die Vermutung nahe, dass (auch) das VG Bayreuth in der Neuregelung eine Ermessensvorschrift sieht, bei der eine fehlende Ermessensausübung nämlich nicht nachgeholt werden kann. Dagegen ausdrücklich gegen eine Ermessensvorschrift VG Regensburg, 6. Kammer, Urteil vom 13.07.2010, Az. Rn 6 K 10.684; wohl auch dass., 2. Kammer, Urteil vom 24.03.2011, Az. RO 2 K 09.2483, und Beschluss vom 02.01.2012, Az. RO 2 S 11.1859.
[1016] Vgl. LtDrs. 16/1351 vom 13.05.2009, S. 2.
[1017] Vgl. Oberste Baubehörde im BayStMI, Schreiben vom 24.07.2009, Zeichen: IIB4-4101-022/08, S. 16 a.E.

Reduktion der Norm dahingehend vorzunehmen, dass eine Ablehnung nur bei Verstößen gegen bauordnungsrechtliche Vorschriften erfolgen könne.[1018]

d) Die Rechtsprechung der Bayerischen Verwaltungsgerichte im Kurzüberblick

Der Vergleich und die Gegenüberstellung einiger bisher ergangener Entscheidungen verschiedener bayerischer Verwaltungsgerichte zeigen ein nicht nur differenziertes, sondern vor allem auch differentes und zum Teil auch widersprüchliches Bild. Das Spektrum der von den Gerichten vertretenen Auffassungen zur Ablehnungsbefugnis des Art. 68 Abs. 1 Satz 1, 2. Hs. BayBO 2008/2009 ist äußerst breit gefächert und schließt selbst extremste Positionen mit ein. Inwieweit die einzelnen Kammern ihre Sichtweise und Auslegung der Norm aufgrund der zwischenzeitlichen Äußerungen des Bayerischen Verwaltungsgerichtshofs[1019] aufrechterhalten oder abändern werden, ist gegenwärtig nur schwer abzuschätzen. Eine Angleichung der Rechtsprechung ist allerdings unausweichlich. Der nachstehende Kurzüberblick zeigt nochmals kennzeichnende Aussagen der bayerischen Verwaltungsgerichte auf, soweit sie den für die Betrachtung zugrunde liegenden Entscheidungen entnommen werden können. Die Kurzübersicht nimmt demnach nicht für sich in Anspruch, Rechtsansichten der einzelnen Gerichte umfassend oder abschließend darzustellen, sondern beschränkt sich im Hinblick auf die behandelte Problemstellung auf Auszüge hieraus. Hinsichtlich der nachstehenden Darstellung ist darauf hinzuweisen, dass ein Großteil der betrachteten Urteile bereits kurze Zeit nach der Einführung der Neuregelung, andere wiederum – zeitlich gesehen – erst nach den Äußerungen des Bayerischen Verwaltungsgerichtshofs zum zweiten Halbsatz des Art. 68 Abs. 1 Satz 1 BayBO 2008/2009 ergangen sind. Gleichwohl zeigt sich gerade hierdurch, wie unterschiedlich die Norm in ihrem Inhalt und in ihrem Anforderungsprofil verstanden wird und verstanden werden kann.

Das **Bayerische Verwaltungsgericht Ansbach** begrenzt weder die „sonstigen öffentlich-rechtlichen Vorschriften" auf solche der Bayerischen Bauord-

---

[1018] Vgl. VG München, Urteil vom 21.10.2009, Az. M 9 K 08.5796. Vgl. auch vorstehend Teil 2 C.IV.1.b).
[1019] Siehe Teil 2 C.IV.2. Vgl. auch BayVGH, BayVBl 2011, S. 147 ff; ders., BayVBl 2011, S. 413; ders., Beschluss vom 07.02.2011, Az. 2 ZB 11.11.

nung, noch stellt es eine qualitative Hürde für den Verstoß gegen (irgend-)eine öffentlich-rechtliche Regelung auf.[1020] Ansatzweise bringt die 3. Kammer aber zumindest zum Ausdruck, dass bei der Ausübung der Befugnis gewisse – wie auch immer zu definierende – Rechtmäßigkeitsgesichtspunkte für die Ausübung der Befugnis zu wahren sind.[1021] Äußerst weit legt indessen die 9. Kammer[1022] die behördliche Befugnis aus, indem das Gericht offensichtlich für sich selbst die Möglichkeit zur Ablehnung in Anspruch nimmt, selbst wenn die Behörde keinen Gebrauch davon gemacht hat.

Eine in diesem Punkt gegensätzliche Haltung bringen die Entscheidungsgründe des **Bayerischen Verwaltungsgerichts Augsburg** – ohne dies ausdrücklich auszusprechen – zum Ausdruck. Für die gerichtliche Beurteilung, ob die Behörde eine Ablehnungsentscheidung auf Art. 68 Abs. 1 Satz 1, 2. Hs. BayBO 2008/2009 gestützt hat, stellt das VG Augsburg aus Gründen der Rechtssicherheit lediglich auf den Inhalt des Baubescheids ab.[1023] Die Möglichkeit der Behörde, von der erweiterten Ablehnungsbefugnis Gebrauch machen zu können, soll sich aber nicht nur auf das Behördenverfahren beschränken. Vielmehr soll die Ablehnung durch die Behörde auch nachträglich und ergänzend, letztlich – jedenfalls bei einer Verpflichtungsklage – also bis zum Zeitpunkt der letzten mündlichen Verhandlung bzw. der gerichtlichen Entscheidung möglich sein.[1024]

Ein enges Verständnis des Anwendungsbereichs der Ablehnungsbefugnis zeigt das **Bayerische Verwaltungsgericht Bayreuth**, welches eine gerichtliche

---

[1020] Vgl. VG Ansbach, Urteil vom 08.10.2009, Az. AN 3 K 09.00176.
[1021] Vgl. VG Ansbach, Urteil vom 08.10.2009, Az. AN 3 K 09.00176.
[1022] Vgl. VG Ansbach, Urteil vom 20.10.2009, Az. AN 9 K 09.00018. Vor dem Hintergrund der Ausführungen des VG Ansbach mit Urteil vom 20.10.2009, Az. AN 9 K 09.00018, stellt sich die Frage, ob die Ausführungen derselben Kammer in einer anderen Entscheidung vom selben Tage hierzu im Widerspruch oder im Gleichklang stehen, vgl. VG Ansbach, Urteil vom 20.10.2009, Az. AN 9 K 09.00260. Auch in diesem Verfahren hat sich das Landratsamt (mangels Geltung der Norm) nicht auf die Neuregelung beziehen können. Abstandsflächenrecht habe es nach eigener Aussage lediglich unter dem Gesichtspunkt des bauplanungsrechtlichen Rücksichtnahmegebots geprüft, da eine Einhaltung der Abstandsflächen – wie gegenständlich vom Landratsamt festgestellt – eine Verletzung des bauplanungsrechtlichen Rücksichtnahmegebots ausschließe. Gleichwohl führt die 9. Kammer des VG Ansbach in seiner Urteilsbegründung aus: „[...] Da der streitgegenständlichen Baugenehmigung somit eine Prüfung der Abstandsvorschriften in bauordnungsrechtlicher Hinsicht zugrunde liegt, erstreckt sich hierauf auch die gerichtliche Kontrolle. [...]".
[1023] Vgl. VG Augsburg, Urteil vom 25.11.2011, Az. Au 5 K 11.547.
[1024] Vgl. VG Augsburg, Urteil vom 23.07.2012, Az. Au 5 K 11.1085; i.E. wohl auch dass., Urteil vom 29.02.2012, Az. Au 4 K 11.594, und Az. Au 4 K 11.596.

Überprüfung der Befugnis nach Art. 68 Abs. 1 Satz 1, 2. Hs. BayBO 2008/2009 nur dann für möglich ansieht, wenn die Behörde die Ablehnung des Bauantrags bereits selbst auf diese Befugnis gestützt hat.[1025] Eine gewissermaßen hilfsweise Untersuchung des Bauvorhabens auf etwaige Rechtsverstöße außerhalb des einschlägigen Pflichtprüfprogramms schließt das Verwaltungsgericht Bayreuth in Fällen, in denen die Behörde von der eingeräumten Befugnis zur Ablehnung keinen Gebrauch gemacht hat, aus. Aufgrund der Tatsache, dass das Bayreuther Verwaltungsgericht anders als das VG München kein Verbescheidungsurteil ausspricht, kann sicherlich nicht gefolgert werden, dass es zugleich von einer Befugnisnorm ohne Ermessen ausgeht.

Zu kennzeichnenden und gegenüber den anderen bayerischen Verwaltungsgerichten teils gegenteiligen Aussagen gelangt das **Bayerische Verwaltungsgericht München**. So verlangt die 8. Kammer[1026] ausdrücklich eine pflichtgemäße Ermessensausübung der Behörde, wenn diese von der Ablehnungsbefugnis Gebrauch machen will. Die Befugnis wird als „Wahlmöglichkeit im Rahmen einer Ermessensentscheidung" qualifiziert. Da das Gericht für sich – weitergehend als das VG Bayreuth, aber dennoch restriktiver als das VG Ansbach – in Anspruch nimmt, das Bauvorhaben auf etwaige Rechtsverstöße, welche nicht nach dem jeweils einschlägigen Katalog prüfpflichtig sind, hin zu untersuchen, erlässt es im Falle eines festgestellten Verstoßes (nur noch) ein Verbescheidungsurteil.[1027] Die 9. Kammer[1028] nimmt im Wege einer telelogischen Reduktion der Norm eine tatbestandliche Einschränkung dahingehend vor, dass nur Verstöße gegen Anforderungen der Bayerischen Bauordnung die Ablehnung ermöglichen. Eine weitere Hürde für die Anwendung der Befugnis stellt auch die 11. Kammer[1029] auf, indem diese zudem die Prüfung verlangt, ob hinsichtlich des an sich festgestellten Verstoßes eine Abweichung nach Art. 63 BayBO 2008 erteilt werden könnte.

Einen äußerst weiten Anwendungsbereich erkennt das **Bayerische Verwaltungsgericht Regensburg** der Ablehnungsbefugnis des Art. 68 Abs. 1 Satz 1,

---

[1025] Vgl. VG Bayreuth, Urteil vom 11.10.2012, Az. B 2 K 12.429.
[1026] Vgl. VG München, Urteil vom 26.04.2010, Az. M 8 K 09.3029; dass., Urteil vom 12.04.2010, Az. M 8 K 09.2271; dass., Urteil vom 21.09.2009, Az. M 8 K 08.6214.
[1027] Vgl. VG München, Urteil vom 26.04.2010, Az. M 8 K 09.3029; dass., Urteil vom 12.04.2010, Az. M 8 K 09.2271.
[1028] Vgl. VG München, Urteil vom 21.10.2009, Az. M 9 K 08.5796.
[1029] Vgl. VG München, Urteil vom 15.09.2011, Az. M 11 K 11.198.

2. Hs. BayBO 2008/2009 zu. Den Begriff der öffentlich-rechtlichen Vorschriften versteht die 6. Kammer des VG Regensburg – anders als das VG München – gänzlich umfassend und lässt die Ablehnung einer Baugenehmigung auch bei Verstößen gegen das Denkmalschutzgesetz oder bei einer fehlenden sanierungsrechtlichen Genehmigung im Sinne des § 144 BauGB zu.[1030] Zugleich lehnt die 2. Kammer des VG Regensburg aber eine Erweiterung sowohl des Prüfprogramms als auch des Regelungsinhalts des Ablehnungsbescheids ab.[1031] Gänzlich gegenteilig zum VG München verhält sich das VG Regensburg auch im Hinblick auf die Frage bezüglich des Ermessenserfordernisses. Während hier vom VG München (und auch von anderen bayerischen Verwaltungsgerichten) eine pflichtgemäße Ermessensausübung der Bauaufsichtsbehörde zwingend verlangt wird, lehnt dies das für die Oberpfalz und Niederbayern zuständige[1032] VG Regensburg ab.[1033]

Auf gewisse Weise widersprüchlich scheinen sich die 4. und 5. Kammer des **Bayerischen Verwaltungsgerichts Würzburg** zu verhalten. Während die 4. Kammer offenbar in Einschränkung der Ablehnungsbefugnis eine Offensichtlichkeit des Verstoßes und damit eine gewisse qualitative Bewertung des Verstoßes (jedenfalls bei bauordnungsrechtlichen Verstößen) verlangt,[1034] scheint die 5. Kammer im Wege einer extensiven Auslegung der Norm in der Ablehnungsbefugnis sogar die Erlaubnis der Behörde zur Erweiterung des Prüfprogramms zu sehen.[1035] Wie das VG Ansbach und damit zugleich gegenteilig zum VG München (9. Kammer) begrenzt das VG Würzburg den Anwendungsbereich nicht durch eine einschränkende Auslegung des Tatbestandsmerkmals „sonstige öffentlich-rechtliche Vorschriften"; es lässt z.B. auch Verstöße gegen das Bayerische Straßen- und Wegegesetz ausreichen.[1036]

[1030] Vgl. VG Regensburg, Urteil vom 22.05.2012, Az. RN 6 K 12.290: DSchG; dass., Urteil vom 13.07.2010, Az. RN 6 K 10.684: §§ 144 ff BauGB.
[1031] Vgl. VG Regensburg, Urteil vom 24.03.2011, Az. RO 2 K 09.2483; dass., Beschluss vom 02.01.2012, Az. RO 2 S 11.1859.
[1032] Gemäß Art. 1 Abs. 2 Nr. 2 AGVwGO gibt es für die Regierungsbezirke Niederbayern und Oberpfalz nur ein Bayerisches Verwaltungsgericht mit Sitz in Regensburg. Als einziges bayerisches Verwaltungsgericht ist das VG Regensburg damit in erster Instanz für zwei Regierungsbezirke, die Oberpfalz und Niederbayern, örtlich zuständig.
[1033] Vgl. VG Regensburg, Urteil vom 13.07.2010, Az. RN 6 K 10.684.
[1034] Vgl. VG Würzburg, Urteil vom 15.06.2010, Az. W 4 K 09.1102.
[1035] Vgl. VG Würzburg, Urteil vom 29.01.2010, Az. W 5 K 09.1084.
[1036] Vgl. VG Würzburg, Urteil vom 15.06.2010, Az. W 4 K 09.1102.

2. Rechtsprechung des BayVGH zur erweiterten Ablehnungsbefugnis

Angesichts der Praxisrelevanz der Ablehnungsbefugnis des Art. 68 Abs. 1 Satz 1, 2. Hs. BayBO 2008/2009 sowie in Anbetracht der dieser Norm anhaftenden Probleme – wie in diesem Teil unter C.III. skizziert – verwundert es nicht, dass auch der Bayerische Verwaltungsgerichtshof im Wege der Berufung zwischenzeitlich mehrfach[1037] Anlass dazu erhalten hat, zur Neuregelung obergerichtlich Stellung zu nehmen. Die rationes decidendi der diesbezüglichen gerichtlichen Entscheidungen tragen sicherlich zur Aufklärung einiger aufgeworfener Fragen bei. Die Urteilsbegründungen verzichten andererseits darauf, sich im Wege eines obiter dictums und damit also über die tragenden Urteilsgründe hinaus, umfassend zu dieser doch eigenwilligen Norm zu äußern. Eben dieses wäre hinsichtlich der vorstehend aufgezeigten Ungereimtheiten in der erstinstanzlichen Verwaltungsgerichtsrechtsprechung mehr als nur angezeigt gewesen. Den hier betrachteten Entscheidungen des BayVGH liegen – mit Ausnahme des Urteils vom 7. März 2013[1038] – allesamt Urteile bzw. Beschlüsse zugrunde, die sich mit einer nachbarrechtlichen (Anfechtungs-)Klage bzw. mit einem entsprechenden Antrag[1039] gegen eine von der Bauaufsichtsbehörde dem Bauherrn erteilte Baugenehmigung auseinandersetzen. Mithin verhalten sich die obergerichtlichen Äußerungen vorrangig zu einem etwaigen und wiederholt geltend gemachten[1040] Drittschutz der Norm und sind in diesem Bereich zugegebenermaßen durchaus aussagekräftig. Die den Entscheidungen zugrunde liegende Sachverhaltskonstel-

---

[1037] Vgl. BayVGH, Beschluss vom 28.09.2010, Az. 2 CS 10.1760, BayVBl 2011, S. 147 ff; ders., Beschluss vom 14.10.2010, Az. 15 ZB 10.1584, BayVBl 2011, S. 413; ders., Beschluss vom 07.02.2011, Az. 2 ZB 11.11; zumindest ansatzweise auch ders., Urteil vom 07.03.2013, Az. 2 BV 11.882, BayVBl 2013, S. 634 ff [635].

[1038] Vgl. BayVGH, Urteil vom 07.03.2013, Az. 2 BV 11.882, BayVBl 2013, S. 634 ff [635], der anlässlich einer bauherrenseitigen Verpflichtungsklage nochmals den dem Art. 68 Abs. 1 Satz 1, 2. Hs. BayBO 2008/2009 immanenten behördlichen Ermessensspielraum feststellt und die grundsätzliche Ablehnungsmöglichkeit bei der Verletzung von Abstandsflächenvorschriften (Art. 6 Abs. 5 Satz 4 BayBO) – ein Verstoß wird in dem streitgegenständlichen Verfahren i.E. allerdings verneint – benennt.

[1039] Vgl. den Antrag gemäß §§ 80 a, 80 Abs. 5 VwGO i.V.m. § 212 a Abs. 1 BauGB zur Wiederherstellung der aufschiebenden Wirkung.

[1040] Vgl. hierzu z.B. die im Tatbestand wiedergegebene Argumentation der Kläger/Antragsteller in folgenden Entscheidungen: VG Bayreuth, Urteil vom 21.06.2012, Az. B 2 K 12.154; VG München, Urteil vom 28.09.2009, Az. M 8 K 09.270; dass., Urteil vom 28.09.2009, Az. M 8 K 09.322; dass., Urteil vom 07.10.2010, Az. M 11 K 09.4004; VG Regensburg, Urteil vom 24.03.2011, Az. RO 2 K 09.2483; dass., Beschluss vom 02.01.2012, Az. RO 2 S 11.1859.

lation einer Anfechtung durch den Nachbarn verlangt keine (umfassende) Auseinandersetzung mit der Neuregelung im Generellen. Das aus Art. 68 Abs. 1 Satz 1, 2. Hs. BayBO 2008/2009 auch vom BayVGH gefolgerte Verständnis einer behördlichen Ablehnungsmöglichkeit jedenfalls in den Fällen eines Verstoßes gegen bauordnungsrechtliche Abstandsflächenvorschriften[1041] bietet insoweit keinen erkenntnisbringenden Mehrwert. Zwar bezieht der Bayerische Verwaltungsgerichtshof – wenn auch ohne weitere Diskussion – zwar deutlich Position zur bereits oben angesprochenen Frage nach einem etwaigen der Norm immanenten Ermessen, die Reichweite des Anwendungsbereichs und die immer wieder aufgeworfene Frage nach einer einschränkenden Auslegung der Norm bleiben hingegen unbeantwortet und sind deshalb als obergerichtlich ungeklärt anzusehen. Unverständlich erscheint deshalb die schon im Februar des Jahres 2011 getroffene Aussage des Bayerischen Verwaltungsgerichtshofs: *„Im Übrigen sind etwaige rechtliche Fragen zur Neufassung des Art. 68 Abs. 1 Satz 1 Halbsatz 2 BayBO durch den angesprochenen Beschluss des Senats vom 28. September 2010 [...] geklärt."*[1042] Von einer solchen Klärung kann allenfalls hinsichtlich des in Frage gestellten Drittschutzes der Norm gesprochen werden. Darüber hinausgehende (rechtliche) Fragen, die sich wie gezeigt unweigerlich mit Blick auf die Anwendungsvoraussetzungen und aufgrund der uneinheitlichen Rechtsprechung der erstinstanzlichen Verwaltungsgerichte stellen, bleiben auch trotz der Rechtsprechung des Bayerischen Verwaltungsgerichtshofs unbeantwortet.

Die Rechtsnatur der Norm wird vom Bayerischen Verwaltungsgerichtshof zwar durchaus ausführlich diskutiert, der Streitentscheid wird im Ergebnis aber letztlich als entscheidungsunerheblich angesehen. Der erkennende Senat[1043] lässt in diesem Zusammenhang und in der Zusammenschau seiner Entscheidungen zwar eine tendenzielle Haltung erkennen, legt sich aber, da es – so der BayVGH – möglicherweise auch keinen sachlichen Unterschied ausmache, nicht fest und lässt die Beantwortung der aufgeworfenen Frage dahinstehen. In den obigen Ausführungen zum Problemaufriss (in Teil 2 unter C.III.) wurden bereits die beiden sich bezüglich der Rechtsnatur der Norm gegenüberstehenden Auffassungen skizziert. Auf der einen Seite steht die von den Gesetzgebungsmateria-

---

[1041] Vgl. BayVGH, Urteil vom 07.03.2013, Az. 2 BV 11.882, BayVBl 2013, S. 635.
[1042] BayVGH, Beschluss vom 07.02.2011, Az. 2 ZB 11.11 mit Verweis auf BayVGH, Beschluss vom 28.09.2010, Az. 2 CS 10.1760, BayVBl 2011, S. 147 ff.
[1043] Vgl. BayVGH, Beschluss vom 14.10.2010, Az. 15 ZB 10.1584, BayVBl 2011, S. 413.

lien und den Verwaltungshinweisen getragene Qualifikation der Norm als eine gesetzliche Regelung des fehlenden Sachbescheidungsinteresses des Bauherrn.[1044] Die Versagung der Baugenehmigung auf Grund von Art. 68 Abs. 1 Satz 1, 2. Hs. BayBO 2008/2009 würde unter Zugrundelegung dieser Auffassung tragend und zugleich ausschließlich mit dem Fehlen eines rechtlichen oder wirtschaftlichen Interesses des Bauherrn an der Genehmigung begründet und nicht wegen materiell fehlender Genehmigungsfähigkeit. Materiell-rechtliche Verstöße haben im Fall des dem Antrag fehlenden Sachbescheidungsinteresses damit nur mittelbare Auswirkung. Dem Bauherrn fehlt das rechtliche oder wirtschaftliche Interesse an der Genehmigung, wenn er das Bauvorhaben jedenfalls aus Gründen nicht realisieren könnte, die zwar nicht Gegenstand des Genehmigungsverfahrens sind, aber als Anforderungen an das Vorhaben gemäß Art. 55 Abs. 2 BayBO 2008 unberührt bleiben.[1045] Auf der anderen Seite steht die am Gesetzeswortlaut orientierte Einordnung der Norm im Sinne eines selbstständigen Ablehnungsgrundes, mithin – wie es der BayVGH ausdrückt – also eine Ermächtigung der Bauaufsichtsbehörde, die Baugenehmigung nach ihrem Ermessen abzulehnen.[1046] Die definierende Einstufung der Regelung durch den Bayerischen Verwaltungsgerichtshof als „Befugnisnorm und Ermessensvorschrift für die Bauaufsichtsbehörde" an anderer Stelle[1047] lässt – aufgrund des wiederholt in Bezug genommenen Ermessens – den Schluss zu, dass der Bayerische Verwaltungsgerichtshof tendenziell letzterer Rechtsauffassung, also der Qualifikation als selbstständigen Ablehnungsgrund, anhängt und folgt.

Ein der Behörde im Rahmen der Ablehnungsbefugnis des Art. 68 Abs. 1 Satz 1, 2. Hs. BayBO 2008/2009 zugesprochenes Ermessen lässt auf den ersten Blick einen Anspruch (des Nachbarn) auf ermessensfehlerfreie Ermessensausübung vermuten, wohingegen das Rechtsinstitut des fehlenden Sachbescheidungsinteresses nach allgemeiner Auffassung als generell nicht drittschützend angesehen wird. Von daher überrascht die Haltung des Bayerischen Verwaltungsgerichtshofs zunächst, der die Frage nach der Rechtsnatur unbeantwortet lässt. Diese Entscheidung versteht sich allerdings vor dem Hintergrund insoweit,

---

[1044] Vgl. LtDrs. 16/1351 vom 13.05.2009, S. 2; Oberste Baubehörde im BayStMI, Schreiben vom 24.07.2009, Zeichen: IIB4-4101-022/08, S. 16.
[1045] Vgl. BayVGH, Beschluss vom 14.10.2010, Az. 15 ZB 10.1584, BayVBl 2011, S. 413.
[1046] Vgl. BayVGH, Beschluss vom 14.10.2010, Az. 15 ZB 10.1584, BayVBl 2011, S. 413; so auch bereits ders., Beschluss vom 28.09.2010, Az. 2 CS 10.1760, BayVBl 2011, S. 148.
[1047] Vgl. BayVGH, Beschluss vom 28.09.2010, Az. 2 CS 10.1760, BayVBl 2011, S. 147 ff.

als der BayVGH die Regelung des Art. 68 Abs. 1 Satz 1, 2. Hs. BayBO 2008/2009 unter Berücksichtigung der Schutznormtheorie nicht dazu bestimmt sieht, nachbarliche Interessen zu schützen. Mangels Drittschutz der Norm scheidet nach Auffassung des Bayerischen Verwaltungsgerichtshofs ein Anspruch des Nachbarn aufgrund einer Ermessensreduzierung auf Null aus. Ein im Ergebnis gleiches Resultat ergäbe sich bei einer Versagung wegen fehlenden Sachbescheidungsinteresses, bei der die Ablehnung des Bauantrags nach Auffassung des Bayerischen Verwaltungsgerichtshofs lediglich eine rein tatsächliche und nicht normativ intendierte begünstigende Wirkung hätte.[1048]

Die wohl entscheidende, aber zugleich auch nicht weiter diskutierte Aussage des Bayerischen Verwaltungsgerichtshofs zur neuen erweiterten Ablehnungsbefugnis ist die von ihm getroffene Feststellung, dass die Anwendung der Befugnis zugleich auch eine Ermessensausübung der Bauaufsichtsbehörde im Sinne des Art. 40 BayVwVfG verlangt. In seiner ersten Entscheidung zu Art. 68 Abs. 1 Satz 1, 2. Hs. BayBO 2008/2009, welche Ausführungen zur Ablehnungsbefugnis im Sinne tragender Urteilsgründe enthält, stellt der Bayerische Verwaltungsgerichtshof bereits mit dem amtlichen Leitsatz fest, dass es sich um eine *„Befugnisnorm und Ermessensvorschrift für die Bauaufsichtsbehörde"*[1049] handelt. Eine weitere Erörterung dieser Thematik bzw. Begründung dieser Feststellung bleibt in den betrachteten Entscheidungsgründen allerdings weitestgehend aus, sieht man von den durchaus aufschlussreichen Ausführungen zum (im Ergebnis verneinten) Drittschutz dieser Ermessensvorschrift ab. Zweifel an seiner Einstufung als Ermessensvorschrift, wie sie die Gesetzgebungsmaterialien und Vollzugshinweise unter Verweis auf die Entstehungsgeschichte der Norm ohne Weiteres hervorrufen (könnten), lässt der Bayerische Verwaltungsgerichtshof jedenfalls nicht aufkommen. Doch selbst wenn man die Qualifikation als Ermessensvorschrift unterstellt und für gesetzt ansieht, sind damit die (Anwendungs-)Probleme und aufgeworfenen Fragen noch nicht zur Gänze ausgeräumt. So stellt sich nämlich zumindest auch die Folgefrage, in welche Richtung das behördliche Ermessen gemäß Art. 40 BayVwVfG auszuüben ist. Verlangt eine pflichtgemäße Ermessensausübung im Sinne der Regelung des Art. 68 Abs. 1 Satz 1, 2. Hs. BayBO 2008/2009 bereits, dass die Behörde von sich aus „aktiv"

[1048] Vgl. BayVGH, Beschluss vom 14.10.2010, Az. 15 ZB 10.1584, BayVBl 2011, S. 413: sog. Rechtsreflex m.w.N. *Lechner*, in: Simon/Busse, BayBO, Art. 68 Rn 174 a.E.
[1049] Vgl. BayVGH, Beschluss vom 28.09.2010, Az. 2 CS 10.1760, BayVBl 2011, S. 147; bestätigt durch BayVGH, Beschluss vom 07.02.2011, Az. 2 ZB 11.11.

nach etwaigen Rechtsverstößen Ausschau halten muss, um sich nicht der Gefahr des Vorwurfs eines Ermessensausfalls[1050] auszusetzen?[1051] Oder aber bedeutet eine pflichtgemäße Ermessensausübung in diesem Sinne lediglich, dass die Behörde ihre Entscheidung, Erteilung oder Versagung der Genehmigung, im Wege einer pflichtgemäßen Ermessensausübung treffen muss, wenn sie einen Verstoß gewissermaßen zufällig erkannt hat?[1052] Die Ausführungen des Bayerischen Verwaltungsgerichtshofs werfen diese Fragen weder direkt auf, noch geben sie eine eindeutige Antwort darauf. Aus der gerichtlichen Begründung für die Qualifikation als Ermessensvorschrift mit den Worten *„[...] handelt es sich sowohl um eine Befugnis- als auch um eine Ermessensnorm, da auf der Rechtsfolgenseite die Baugenehmigung ermächtigt wird, zwischen mehreren Möglichkeiten zu wählen [...]"*[1053], kann aber wohl gefolgert werden, dass der Bayerische Verwaltungsgerichtshof für ein rechtmäßiges Ermessen keine Suche nach etwaigen sonstigen, nicht im Sinne des jeweils einschlägigen Prüfkatalogs prüfpflichtigen Vorschriften verlangt. Vielmehr spricht er deutlich aus, dass das Prüfprogramm beschränkt bleibe[1054] und dass keine zusätzliche Prüfpflicht für die Bauaufsichtsbehörde eingeführt werde[1055]. Das Ermessen beschränkt sich damit auf die Auswahl auf der Rechtsfolgenseite; der Bayerische Verwaltungsgerichtshof stellt auf die behördliche Wahlmöglichkeit ab.

Zusammenfassend lassen sich drei wesentliche und für die Anwendung der Norm entscheidende Grundaussagen des Bayerischen Verwaltungsgerichtshofs zu Art. 68 Abs. 1 Satz 1, 2. Hs. BayBO 2008/2009 festhalten. Die Neuregelung stellt erstens eine Befugnisnorm und Ermessensvorschrift im Sinne einer Ermächtigung der Bauaufsichtsbehörde, die Baugenehmigung nach ihrem Ermes-

---

[1050] Vgl. zum Begriff des Ermessensausfalls i.S.d. Ermessensnichtgebrauchs *Decker*, in: Posser/Wolff, VwGO, § 114 Rn 15, 17.
[1051] So z.B. *Ingold/Schröder*, BayVBl 2010, S. 426 ff [428]: *„[...] die Genehmigungsbehörde [hat] faktisch jegliche Verstöße gegen öffentlich-rechtliche Vorschriften zu prüfen [...], da andernfalls ein Ermessensfehler in Gestalt des Ermessensausfalls droht."* Vgl. i.d.S. wohl auch *Koehl*, BayVBl 2009, S. 645 ff [651].
[1052] So z.B. *Manssen/Greim*, BayVBl 2010, S. 421 ff [424]: *„Zufallsfund"*.
[1053] BayVGH, Beschluss vom 28.09.2010, Az. 2 CS 10.1760, BayVBl 2011, S. 148 m.w.N. *Decker*, in: Simon/Busse, BayBO, Art. 71 Rn 62.
[1054] Vgl. BayVGH, Beschluss vom 28.09.2010, Az. 2 CS 10.1760, BayVBl 2011, S. 148.
[1055] Vgl. BayVGH, Beschluss vom 07.02.2011, Az. 2 ZB 11.11, wobei die Äußerung des BayVGH, der Prüfungsumfang werde für die Behörde nicht erweitert und es werde keine zusätzliche Prüfpflicht für die Bauaufsichtsbehörde eingeführt, im Zusammenhang mit der Frage nach einem etwaigen Drittschutz der Norm erfolgt.

sen zu versagen, dar (Auswahlermessen auf der Rechtsfolgenseite).[1056] Die Norm ist zweitens aber nicht zugleich auch drittschützend, da sie nicht zum Schutz nachbarlicher Interessen bestimmt ist, weshalb sich keine zusätzliche Prüfpflicht für die Bauaufsichtsbehörde ergibt.[1057] Und schließlich drittens bleibt der Prüfkatalog des jeweils einschlägigen Baugenehmigungsverfahrens von der (zusätzlichen) Möglichkeit, eine Baugenehmigung abzulehnen, unberührt; durch die Neufassung des Art. 68 Abs. 1 Satz 1, 2. Hs. BayBO 2008/2009 wird insbesondere auch der Prüfungsumfang im vereinfachten Baugenehmigungsverfahren nicht erweitert.[1058] Eine fakultative Erweiterung des Prüfprogramms wird damit ausdrücklich abgelehnt. Weitere für die Anwendung der Ablehnungsbefugnis entscheidende Fragen bleiben hingegen – da schon gar nicht angesprochen – unbeantwortet. Dies gilt insbesondere für die Reichweite der „sonstigen öffentlich-rechtlichen Vorschriften" sowie die vielfach geforderte Einschränkung der Norm. Der Wortlaut der Norm lässt jeglichen Verstoß gegen eine öffentlich-rechtliche Vorschrift zur Anwendung der Befugnis ausreichen, wohingegen eine Ablehnung des Bauantrags wegen fehlenden Sachbescheidungsinteresses in der nichtnormierten Form im Sinne des allgemeinen Rechtsgrundsatzes überwiegend einen offensichtlichen Verstoß, mithin also eine qualitative Hürde verlangt.

[1056] So auch nochmals BayVGH, Urteil vom 07.03.2013, Az. 2 BV 11.882, BayVBl 2013, S. 634 ff [635].
[1057] Vgl. BayVGH, Beschluss vom 07.02.2011, Az. 2 ZB 11.11.
[1058] Vgl. BayVGH, Beschluss vom 07.02.2011, Az. 2 ZB 11.11; vgl. auch *Jäde*, Bayerisches Bauordnungsrecht, Rn 223 m.w.N.

D. Das kodifizierte Sachbescheidungsinteresse: Eine Analyse de lege lata und Betrachtung de lege ferenda

Die Vorschrift des Art. 68 Abs. 1 Satz 1, 2. Hs. BayBO 2008/2009, mit der kurzerhand wieder Rechtsklarheit hergestellt werden sollte, hat letztlich das Gegenteil bewirkt, indem die Vorschrift mehr Fragen aufwirft, als sie zu beantworten vermag. Es muss sogar in Zweifel gezogen werden, ob sie überhaupt zu einer Klärung beitragen kann, da noch nicht einmal ihre eigentliche Zielbestimmung, eine gesetzliche Regelung der Ablehnungsmöglichkeit wegen fehlenden Sachbescheidungsinteresses, als solche unbestritten anerkannt ist und wird. Die Vorschrift wird ausweislich der Vollzugshinweise zur Norm einerseits enger als der (Gesetzes-)Wortlaut verstanden, indem sich die Ablehnungsmöglichkeit auf namentlich bauordnungsrechtliche Verstöße beschränken solle. Andererseits wird in wortlautgemäßer Anwendung der Norm eine Einschränkung auf evidente und offenkundige Verstöße nicht mehr für möglich bzw. nötig angesehen.[1059] Die Vorschrift droht – wie die vorstehend im selben Teil unter C.IV.1. aufgezeigten Tendenzen der erstinstanzlichen Rechtsprechung aufzeigen – vielleicht (noch) schleichend, aber zunehmend zum „Freifahrtschein" der Behörde beim Umgang mit im Rahmen des Genehmigungsverfahrens festgestellten „sonstigen" Rechtsverstößen zu werden. Die einst noch klaren Konturen der bauaufsichtlichen Prüfprogramme scheinen aufgeweicht zu werden. Die Neuregelung des Art. 68 Abs. 1 Satz 1, 2. Hs. BayBO 2008/2009 bedarf offensichtlich dringend einer Korrektur, erfordert aber zumindest einheitliche und restriktive Richtlinien für die Anwendung.

Die nachstehende Erörterung erfolgt in einem ersten Schritt mit der Zielsetzung einer Analyse des Art. 68 Abs. 1 Satz 1, 2. Hs. BayBO 2008/2009 de lege lata, indem die normbezogenen Tatbestandsmerkmale geklärt und einer Definition unterzogen werden sowie die insbesondere vielfach aufgestellte Forderung nach einer teleologischen Reduktion der Regelung konkretisiert wird. Die Formulierung von sowohl tatbestands- als auch ermessensbezogenen Kriterien für das Verwaltungshandeln bildet dabei den Abschluss der darauf ausgerichteten Analyse. In einem zweiten Schritt wird die derzeit mit Art. 68 Abs. 1 Satz 1, 2. Hs. BayBO 2008/2009 kodifizierte Ablehnungsmöglichkeit bei sonstigen öf-

---

[1059] So z.B. *Wolf*, in: Simon/Busse, BayBO, Art. 59 Rn 95 ff.

fentlich-rechtlichen Verstößen einer Betrachtung de lege ferenda unterzogen, die ausgehend von einer rechtspolitischen Würdigung mit der Feststellung des Erfordernisses nach textlicher und systematischer Neukonzeption mit einem alternativen Gesetzesvorschlag abschließt.

I. Herkunft des Rechtsverstoßes: Definition öffentlich-rechtlicher Vorschriften

Die Ablehnung des Bauantrags ist gemäß Art. 68 Abs. 1 Satz 1, 2. Hs. BayBO 2008/2009 möglich, wenn das Bauvorhaben gegen „sonstige öffentlich-rechtliche Vorschriften" verstößt. Bereits der Wortlaut dieser Ablehnungsmöglichkeit lässt auf ein weites Verständnis der Vorschriften schließen, aus denen sich der Verstoß ergeben kann, auf den sich wiederum die Ablehnung des Bauantrags nach dieser Vorschrift gründen soll. Demnach würde es genügen, wenn die in Betracht kommende Norm, gegen die ein geplantes Bauvorhaben verstößt, dem öffentlichen Recht[1060] zuzuordnen ist. Aber nicht zuletzt die von der 9. Kammer des VG München mit Urteil vom 21. Oktober 2009[1061] aufgestellte Maßgabe, dass die Norm des Art. 68 Abs. 1 Satz 1, 2. Hs. BayBO 2008/2009 einer teleologischen Reduktion bedürfe, verlangt eine Auseinandersetzung mit der gegenständlichen Begrifflichkeit der „öffentlich-rechtlichen Vorschriften" im Kontext der Neuregelung, die mit einer definitionsgemäßen Bestimmung abschließen soll.

Neben der Erschließung über den Wortlaut der Norm – wie soeben erfolgt – definieren sich die „öffentlich-rechtlichen Vorschriften" im Sinne der Neuregelung in erster Linie auch über eine fortgeführte Lesart des voranstehenden ersten Halbsatzes der Norm. Dies wird letztlich auch durch die nur strichpunktarti-

---

[1060] Vgl. zur Abgrenzung öffentliches Recht und Privatrecht *Kopp/Schenke*, VwGO, § 40 Rn 11 ff. Demzufolge knüpfe die h.M. an die (modifizierte) Zuordnungstheorie (modifizierte formale Subjektstheorie) an, wonach allein maßgeblich sein soll, ob eine juristische Person des öffentlichen Rechts aufgrund von Rechtssätzen gehandelt hat, deren Zuordnungsobjekt ausschließlich ein Träger öffentlicher Gewalt ist. Vgl. zu den Ansätzen zur Abgrenzung von öffentlichem Recht und Privatrecht auch *Reimer*, in: Posser/Wolff, VwGO, § 40 Rn 45 ff.
[1061] Vgl. VG München, Urteil vom 21.10.2009, Az. M 9 K 08.5796: *„Bei den „sonstigen öffentlich-rechtlichen Vorschriften", wegen deren Nichteinhaltung der Bauantrag auch abgelehnt werden darf, muss es sich um baurechtliche Normen der BayBO handeln, die insbesondere im Verfahren nach Art. 59 BayBO 2008 im bauaufsichtlichen Verfahren nicht mehr geprüft werden."*

ge Trennung der beiden Halbsätze zum Ausdruck gebracht. Sonstige öffentlich-rechtliche Vorschriften sind unter Berücksichtigung des voranstehenden Halbsatzes solche Regelungen, welche nicht „im bauaufsichtlichen Genehmigungsverfahren zu prüfen sind". Der Regelungsumfang dieser Formel definiert sich damit letztlich über das für das konkrete Bauvorhaben jeweils einschlägige Prüfprogramm. Im Rahmen der Ablehnungsbefugnis sind mit Blick auf das vereinfachte Genehmigungsverfahren all diejenigen Vorschriften des öffentlichen Rechts angesprochen, welche nicht bereits über Art. 59 Satz 1 Nrn. 1 bis 3 BayBO 2008 zur Überprüfung gelangen und auf der materiell-rechtlichen Ebene angesiedelt sind.[1062] Das Gesetz bietet dagegen keinen Anhaltspunkt dahingehend, dass mit den „öffentlich-rechtlichen Vorschriften" nur diejenigen Regelungen gemeint sein sollen, die nun nicht mehr prüfpflichtig im Sinne des präventiven bauaufsichtlichen Verfahrens sind, sich also im Wege eines Vergleichs des Art. 59 Satz 1 BayBO 2008 mit dem früheren Art. 73 Abs. 1 Nrn. 1 bis 5 BayBO 1998 ergäben. Seit Einführung der Bayerischen Bauordnung 2008 nicht mehr prüfpflichtig und nach der hier vertretenen Auffassung[1063] auch im Wege des präventiven bauaufsichtlichen Genehmigungsverfahrens nicht mehr prüffähig sind im Wesentlichen die bauordnungsrechtlichen Abstandsvorschriften, die Baugestaltung und die Vorschriften der Art. 52 und 53 BayBO 1998, also allesamt bauordnungsrechtliche Anforderungen. Von der erweiterten behördlichen Ablehnungsbefugnis werden allerdings nicht nur die nicht mehr prüfpflichtigen, sondern auch die nicht bereits über Art. 59 Satz 1 Nrn. 1 bis 3 BayBO 2008 zur Überprüfung gelangten materiell-rechtlichen Vorschriften erfasst. Zumindest die Bayerischen Verwaltungsgerichte[1064] Ansbach, Würzburg und Regensburg legen der Norm ein solches Verständnis zu Grunde, indem sie die Ablehnung von Bauanträgen im Sinne des Art. 68 Abs. 1 Satz 1, 2. Hs. BayBO 2008/2009 auf Verstöße gegen das Bundesfernstraßen-, das Bayerische Straßen- und Wegegesetz sowie gegen das Denkmalschutzgesetz oder sanierungsrechtliche Vorschriften im Sinne der §§ 144 ff BauGB gründen.

[1062] In diesem Sinne auch *Lechner*, in: Simon/Busse, BayBO, Art. 68 Rn 156, 171 und Rn 209, wonach den öffentlich-rechtlichen Rechtsvorschriften Gesetze, Rechtsverordnungen und Satzungen unterfallen, wenn sie unmittelbar für jeden gelten. Verwaltungsvorschriften sollen dagegen nicht dazu zählen.
[1063] Vgl. oben Teil 2 A.IV.2.c) und A.IV.5.
[1064] Vgl. z.B. VG Ansbach, Urteil vom 08.10.2009, Az. AN 3 K 09.00176: FStrG; VG Würzburg, Urteil vom 15.06.2010 – W 4 K 09.1102: BayStrWG; VG Regensburg, Urteil vom 22.05.2012, Az. RN 6 K 12.290: DSchG; VG Regensburg, Urteil vom 13.07.2010, Az. RN 6 K 10.684: §§ 144 ff BauGB.

Dem gegenüber steht die Rechtsmeinung der 9. Kammer des Bayerischen Verwaltungsgerichts München, welche im Wege einer teleologischen Reduktion der Norm verlangt, dass es sich bei den „sonstigen öffentlich-rechtlichen Vorschriften" um ausschließlich „baurechtliche Normen der BayBO" handeln dürfe, die insbesondere im Verfahren nach Art. 59 Satz 1 BayBO 2008 bauaufsichtlich nicht mehr geprüft würden.[1065] Die gerichtlichen Ausführungen stützen sich im Wesentlichen auf die (oben aufgezeigte) Entstehungsgeschichte der Norm sowie insbesondere auf die Vollzugshinweise der Obersten Baubehörde im Bayerischen Staatsministerium des Innern an die Regierungen zum Gesetz zur Änderung der Bayerischen Bauordnung, wo in diesem Zusammenhang auf *„[...] namentlich bauordnungsrechtliche Vorschriften [...]"*[1066] verwiesen wird. Der Gesetzgeber mag in der Tat bei der Verabschiedung der Neuregelung vorrangig, vielleicht auch sogar ausschließlich an bauordnungsrechtliche Vorschriften gedacht haben, wie es die im Vergleich mit den Vollzugshinweisen gleichlautend einschränkende Formulierung auch in der Gesetzesbegründung[1067] nahelegt, diese Begrenzung auf Vorschriften der Bayerischen Bauordnung bringt er jedoch weder mit dem (Gesetzes-)Wortlaut noch mit der Systematik zum Ausdruck. Im Übrigen betrachtet der Landesgesetzgeber die Neuregelung ausweislich der Gesetzgebungsmaterialien (auch) als einen gesetzlich geregelten Fall des Sachbescheidungsinteresses, wonach Bauanträge auch dann abgelehnt werden dürfen, *„[...] wenn ein Verstoß gegen Vorschriften erkannt wird, die nicht im Prüfprogramm der Art. 59, 60 BayBO enthalten sind [...]"*[1068]. Eine solch einschränkende Lesart, wie sie das VG München vornimmt, verbietet sich aufgrund der Gesetzessystematik und üblichen Terminologie. So ist in der Bayerischen Bauordnung auch an anderer Stelle, z.B. in Art. 59 Satz 1 Nr. 3 oder Art. 60 Satz 1 Nr. 3 BayBO 2008, von „anderen öffentlich-rechtlichen Vorschriften" die Rede, die gleichfalls keiner solchen teleologischen Reduktion unterliegen. Will der Gesetzgeber hingegen unmissverständlich einen ausschließlichen Bezug auf Vorschriften der BayBO zum Ausdruck bringen, greift er für Gewöhnlich auf die Formulierung „Anforderungen dieses Gesetzes und auf Grund dieses Gesetzes erlassener Vorschriften" zurück, wie Art. 63 Abs. 1 Satz 1 BayBO 2008

[1065] Vgl. VG München, Urteil vom 21.10.2009, Az. M 9 K 08.5796.
[1066] Vgl. Oberste Baubehörde im BayStMI, Schreiben vom 24.07.2009, Zeichen: IIB4-4101-022/08, S. 16; gleichlautend auch die Gesetzesbegründung, LtDrs. 16/1351 vom 13.05.2009, S. 2.
[1067] Vgl. LtDrs. 16/1351 vom 13.05.2009, S. 2.
[1068] LtDrs. 16/1351 vom 13.05.2009, S. 2.

exemplarisch vor Augen hält. Hätte der bayerische Landesgesetzgeber eine Beschränkung der neuen Ablehnungsbefugnis auf lediglich bauordnungsrechtliche Vorschriften regeln wollen, wäre er nicht an einer entsprechenden BayBO-konformen Textfassung gehindert gewesen. Der Berliner Gesetzgeber hat Ende der neunziger Jahre eine solche Vorgehensweise mit § 60a Abs. 2 Satz 3 BauO Bln 1997 a.F.[1069] gewählt, der wie folgt lautete: „Die Erteilung einer Baugenehmigung kann auch versagt werden, wenn Verstöße gegen nicht zu prüfende Vorschriften *dieses Gesetzes oder aufgrund dieses Gesetzes* festgestellt werden [Hervorhebung durch den Verfasser]." Ein weites Verständnis von „öffentlich-rechtlichen Vorschriften" und damit die Verneinung einer Begrenzung auf Vorschriften der BayBO steht zudem im Einklang mit der selbstverständlichen Maßgabe des Art. 55 Abs. 2 BayBO 2008, derer zur Folge die Anforderungen, die durch öffentlich-rechtliche Vorschriften an Anlagen gestellt werden, einzuhalten sind. Auch in dieser Rechtsnorm werden umfassend die „öffentlich-rechtlichen Vorschriften" benannt. Bei genehmigungspflichtigen Anlagen ist zur Bestimmung des Umfangs öffentlich-rechtlicher Vorschriften im Sinne des Art. 55 Abs. 2 BayBO 2008 vom beschränkten materiell-rechtlichen Prüfungsumfang auszugehen (vgl. Art. 55 Abs. 2 BayBO 2008: „[...] die Beschränkung der bauaufsichtlichen Prüfung nach Art. 59, 60, 62 Abs. 4 und Art. 73 Abs. 2 entbinde[t] nicht [...]"). Zudem bedarf es natürlich einer feststellenden Aussage, welche öffentlich-rechtlichen Rechtsvorschriften hinsichtlich der Anlage überhaupt zu beachten sind.[1070] So bestimmt der selbstverständliche Grundsatz des Art. 55 Abs. 2 BayBO 2008, *„[...] dass die genehmigungspflichtigen Anlagen das gesamte für das konkrete Bauvorhaben einschlägige materielle öffentliche Recht zu beachten haben [...]."*[1071] Hinsichtlich der öffentlich-rechtlichen Vorschriften kann Art. 68 Abs. 1 Satz 1, 2. Hs. BayBO 2008/2009 mithin als Pendant zu Art. 55 Abs. 2 BayBO 2008 verstanden werden.

[1069] Abgedruckt in *Förster/Grundei*, Bauordnung für Berlin (5. A.), § 60a. Vgl. hierzu Teil 2 C.II.2.
[1070] Vgl. *Lechner*, in: Simon/Busse, BayBO, Art. 55 Rn 114.
[1071] *Lechner*, in: Simon/Busse, BayBO, Art. 55 Rn 121 – Hervorhebungen durch Fettdruck nicht wiedergegeben. Vgl. i.E. ebenso *Wolf*, BayBO – Kurzkommentar, Art. 55 Rn 7. Vgl. wohl a.A. *Busse/Dirnberger*, Die neue BayBO, Art. 55 Ziff. 3, S. 268, wo von „materiellen baurechtlichen Vorschriften" die Rede ist. Nicht eindeutig bei *Schulte*, BauR 1995, S. 179 a.E./180 m.w.N., und *Jäde*, in: Jäde/Dirnberger/Bauer, Die neue BayBO, Art. 55 Rn 55, 56, wonach neben den bauordnungsrechtlichen Vorschriften jedenfalls auch Bauplanungsrecht (BauGB) in Bezug genommen wird.

Die vom Bayerischen Verwaltungsgericht München zum Ausdruck gebrachten Bedenken, ein umfassendes Verständnis der öffentlich-rechtlichen Vorschriften führe im Ergebnis zu einer Verankerung der Schlusspunkttheorie in der Bayerischen Bauordnung, sind unbegründet und vermögen kein Argument für die teleologische Reduktion der Norm im Sinne einer Begrenzung auf Vorschriften der BayBO zu liefern. Der Kammer ist zwar grundsätzlich zuzustimmen, soweit sie die Auffassung vertritt, es seien keine Anhaltspunkte dafür erkennbar, dass mit der Formulierung des Art. 68 Abs. 1 Satz 1, 2. Hs. BayBO 2008/2009 die Schlusspunkttheorie, wonach die Baugenehmigung die Vereinbarkeit des Vorhabens mit dem gesamten maßgeblichen öffentlichen Recht bestätige und daher den „Schlusspunkt" einer umfassenden öffentlich-rechtlichen Prüfung bilden müsse, in der Bayerischen Bauordnung verankert werden sollte.[1072] Die vom Verwaltungsgericht aus dieser Annahme gezogene Schlussfolgerung, dass deshalb der Begriff der „öffentlich-rechtlichen Vorschriften" im Sinne der Ablehnungsbefugnis teleologisch zu reduzieren und damit auf lediglich bauordnungsrechtliche Normen zu begrenzen sei, ist jedoch unzutreffend. Auch ein weites Verständnis im Sinne des Wortsinns, also des gesamten öffentlichen Rechts, würde hier zu keiner Verankerung der Schlusspunkttheorie in der Bayerischen Bauordnung führen. Die letztlich auch am Wortlaut des Art. 74 Abs. 1 BayBO 1982[1073] ansetzende Schlusspunkttheorie stellte die Forderung auf, dass vor Erteilung der Baugenehmigung alle erforderlichen öffentlich-rechtlichen Erlaubnisse vorliegen müssen,[1074] damit die Baugenehmigung bezogen auf das Vorhaben den sog. „Schlusspunkt" setzen könne. Diese Auffassung hat nicht nur zu Recht durch die Rechtsprechung[1075] eine Absage erfahren, sondern ist auch durch die Gesetzesneufassung aufgrund der Neubekanntmachung der Bayeri-

---

[1072] Vgl. VG München, Urteil vom 21.10.2009, Az. M 9 K 08.5796.
[1073] Vgl. Art. 74 Abs. 1 BayBO 1982: „Die Baugenehmigung darf nur versagt werden, wenn das Vorhaben *öffentlich-rechtlichen Vorschriften* widerspricht [Hervorhebung durch den Verfasser]." Vgl. dagegen Art. 79 Abs. 1 BayBO 1994 bzw. Art. 72 Abs. 1 Satz 1, 1. Hs. BayBO 1998: „Die Baugenehmigung darf nur versagt werden, wenn das Vorhaben *öffentlich-rechtlichen Vorschriften* widerspricht, *die im bauaufsichtlichen Genehmigungsverfahren zu prüfen sind* [Hervorhebung durch den Verfasser]." Vgl. auch Art. 68 Abs. 1 Satz 1, 1. Hs. BayBO 2008/2009: „Die Baugenehmigung ist zu erteilen, wenn dem Bauvorhaben keine öffentlich-rechtlichen Vorschriften entgegenstehen, die im bauaufsichtlichen Genehmigungsverfahren zu prüfen sind […]."
[1074] Vgl. *Koehl*, BayVBl 2009, S. 647.
[1075] Vgl. BayVGH – Großer Senat, BayVBl 1993, S. 370; vgl. hierzu auch *Ortloff*, NVwZ 1995, S. 118 [Fn 66].

schen Bauordnung vom 18. April 1994[1076] obsolet geworden. Nunmehr sind für die Baugenehmigungserteilung, wie es jetzt in Art. 68 Abs. 1 Satz 1, 1. Hs. BayBO 2008/2009 verankert ist, nur noch die im bauaufsichtlichen Genehmigungsverfahren zu prüfenden Vorschriften maßgeblich. Der Weg zurück zum Gedanken der Schlusspunkttheorie wäre durch die umstrittene Neuregelung des Art. 68 Abs. 1 Satz 1, 2. Hs. BayBO 2008/2009 demnach allenfalls dann eröffnet – und damit die Überlegungen des VG München begründet –, wenn sich aus der Vorschrift entweder eine erweiterte Prüfpflicht der Bauaufsichtsbehörde hinsichtlich etwaiger Rechtsverstöße oder eine Erweiterung des jeweils einschlägigen Prüfprogramms ergäbe. Beides ist jedoch nicht der Fall. Geht man mit der Verwaltung[1077] sowie Teilen der erstinstanzlichen Rechtsprechung[1078] und auch Literatur[1079] (in unzutreffender Weise) davon aus, dass es sich bei der Norm um eine reine Befugnis der Behörde handle, welche dieser nicht zugleich ein Ermessen einräume, kommt eine (erweiterte) Prüfpflicht über den Prüfauftrag des jeweils einschlägigen Genehmigungsverfahrens hinaus (z.B. Art. 59 Satz 1 BayBO 2008) schon von vornherein nicht in Betracht. Erkennt man hingegen die Regelung zu Recht als Befugnisnorm und Ermessensvorschrift an,[1080] ist darüber hinaus entscheidend, welchen Ansatzpunkt man der erforderlichen behördlichen Ermessensausübung zugrunde legt. Beschränkt man das Ermessen richtigerweise auf die Auswahl der sich darstellenden Handlungsalternativen nach einem Zufallsfund auf der Rechtsfolgenseite,[1081] kann sich mangels einer

---

[1076] Vgl. GVBl, S. 251; vgl. auch *Simon*, BayBO 1994 – Synopse, S. 170 ff [172].
[1077] Vgl. Oberste Baubehörde im BayStMI, Schreiben vom 24.07.2009, Zeichen: IIB4-4101-022/08, S. 16.
[1078] Vgl. z.B. VG Regensburg, Urteil vom 13.07.2010, Az. RN 6 K 10.684, wonach es sich ausdrücklich um keine Ermessensvorschrift handeln soll. Vgl. ohne Diskussion über ein Ermessen z.B. VG Ansbach, Urteil vom 20.10.2009, Az. AN 9 K 09.00018; VG Würzburg, Urteil vom 15.06.2010, Az. W 4 K 09.1102, dass., Urteil vom 29.01.2010, Az. W 5 K 09.1084. Vgl. aber a.A. VG München, Urteil vom 26.04.2010, Az. M 8 K 09.3029; dass., Urteil vom 12.04.2010, Az. M 8 K 09.2271, wonach eine pflichtgemäße Ermessensausübung der Behörde erforderlich.
[1079] Vgl. *Jäde*, BayVBl 2009, S. 709 ff [714]; *ders.*, BayVBl 2010, S. 741 ff [744], *ders.*, in: *Jäde/Dirnberger/Bauer*, Die neue BayBO, Art. 68 Rn 35 ff [36].
[1080] Vgl. BayVGH, BayVBl 2011, S. 147 ff; *Koehl*, BayVBl 2009, S. 647 ff [651]; *Linke*, BayVBl 2010, S. 430; *Manssen/Greim*, BayVBl 2010, S. 421 ff [423].
[1081] Siehe hierzu Teil 2 D.II.3. So auch *Manssen/Greim*, BayVBl 2010, S. 421 ff [423]; *Jäde*, BayVBl 2009, S. 709 ff [714].

ansonsten dankbaren Ermessensreduzierung auf Null[1082] keine erweiterte Prüfpflicht ergeben. Dass das Prüfprogramm als solches durch die Formulierung des Art. 68 Abs. 1 Satz 1, 2. Hs. BayBO 2008/2009 keine Erweiterung erfährt, ist inzwischen wohl größtenteils anerkannt.[1083]

Zu weit geht aber das Bayerische Verwaltungsgericht Regensburg, sofern es auch bereits das reine Fehlen anderweitiger öffentlich-rechtlicher Erlaubnisse bzw. Genehmigungen und damit die formelle Illegalität des Vorhabens aufgrund anderer öffentlich-rechtlicher Vorschriften als Verstoß im Sinne des Art. 68 Abs. 1 Satz 1, 2. Hs. BayBO 2008/2009 wertet.[1084] Wie bereits erläutert, bezieht sich die neue Ablehnungsbefugnis auf Verstöße der materiellen Ebene[1085] und fragt damit nach Rechtsverstößen gegen sonstiges materielles öffentliches Recht. Mithin kommen damit sicherlich auch materiell-rechtliche Anforderungen in Betracht, welche im Rahmen der anderweitigen Genehmigung oder Erlaubnis zur Überprüfung gestellt würden (sog. materielle Illegalität), wie etwa z.B. § 145 Abs. 2 BauGB. Das Fehlen einer anderen öffentlich-rechtlichen Genehmigung im Sinne der formellen Illegalität stellt dagegen eine typische Fallkonstellation der anerkannten Kasuistik zum (ungeschriebenen) Rechtsinstitut des fehlenden Sachbescheidungsinteresses dar (sog. Genehmigungskonkurrenzen[1086]) und wäre damit gegebenenfalls, wie insbesondere auch *Lechner* feststellt, nach den dortigen Regelungen – soweit nicht verdrängt – zu behan-

---

[1082] Vgl. *Ingold/Schröder*, BayVBl 2010, S. 426 ff [428], wonach faktisch jegliche Verstöße gegen öffentlich-rechtliche Vorschriften zu prüfen sind, da andernfalls ein Ermessensfehler in Gestalt des Ermessensausfalls droht.
[1083] Vgl. z.B. *Schwarzer/König*, BayBO, Art. 68 Rn 22 ff [26]; *Jäde*, in: Jäde/Dirnberger/Bauer, Die neue BayBO, Art. 68 Rn 35 ff [37]; *Decker/Konrad*, Bayerisches Baurecht, Kap. II. Teil 6 Rn 9; BayVGH, Beschluss vom 07.02.2011, Az. 2 ZB 11.11; VG Regensburg, Beschluss vom 02.01.2012, Az. RO 2 S 11.1859; dass., Urteil vom 24.03.2011, Az. RO 2 K 09.2483; a.A. VG Würzburg, Urteil vom 29.01.2010, Az. W 5 K 09.1084; *Ingold/Schröder*, BayVBl 2010, S. 426 ff [429].
[1084] Vgl. VG Regensburg, Urteil vom 13.07.2010, Az. RN 6 K 10.684, das einen Verstoß bereits deshalb gegen sonstige öffentlich-rechtliche Vorschriften gegeben sieht, weil das Vorhaben einer sanierungsrechtlichen Genehmigung bedürfe und es an einer solchen fehle. Zugleich stellt das VG Regensburg aber auch auf „andere sanierungsrechtliche Vorschriften" i.S.d. materiellen Illegalität ab, vgl. § 145 Abs. 2. 3 BauGB.
[1085] So auch *Lechner*, in: Simon/Busse, BayBO, Art. 68 Rn 158 ff [158, 169, 171].
[1086] Vgl. dazu ausführlich *Wittreck*, BayVBl 2004, S. 193 ff [196]: „*Genehmigungskonkurrenzen*"; vgl. auch bereits *Gaentzsch*, NJW 1986, S. 2787 ff, der von der Konkurrenz paralleler Analgengenehmigungen spricht.

deln.[1087] Von einer formellen Illegalität spricht man dann, wenn eine vorgesehene Genehmigung gänzlich fehlt.[1088] Zwar verweisen die Gesetzgebungsmaterialien in der Tat darauf, dass die Bauaufsichtsbehörden aufgrund von Art. 68 Abs. 1 Satz 1, 2. Hs. BayBO 2008/2009 befugt sind, Bauanträge wegen fehlenden Sachbescheidungsinteresses als unzulässig abzulehnen, so dass man geneigt sein könnte auch die Fallgruppe der formellen Illegalität zu subsumieren, die Ablehnung wegen fehlenden Sachbescheidungsinteresses gilt nach der Gesetzesbegründung allerdings nur, *„[...] wenn ein Verstoß gegen Vorschriften erkannt wird, die nicht im Prüfprogramm der Art. 59, 60 BayBO enthalten sind [...]."*[1089] Auch die Gesetzgebungsmaterialien enthalten damit keinen Anhaltspunkt, dass das klassische Beispiel des fehlenden Sachbescheidungsinteresses, nämlich das fehlende Interesse des Antragstellers an der (Bau-)Genehmigung wegen des Fehlens einer anderen Erlaubnis (Genehmigungskonkurrenzen), von Art. 68 Abs. 1 Satz 1, 2. Hs. BayBO 2008/2009 erfasst sein soll. Somit kommt neben der systematischen auch die historische Auslegung zu dem Schluss, dass im Rahmen von Art. 68 Abs. 1 Satz 1, 2. Hs. BayBO 2008/2009 nicht auf nicht-materiell-rechtliche öffentlich-rechtliche Verstöße abgestellt werden kann, wie es der Verweis auf den (materiellen) Prüfungsumfang deutlich werden lässt. Im Übrigen zeigt sich hieran nochmals die Unbegründetheit der „Münchener Bedenken"[1090] bezüglich einer etwaigen Verankerung der Schlusspunkttheorie, da diese nämlich primär nach anderen (fehlenden) Erlaubnissen oder Genehmigungen im Sinne einer formellen Illegalität fragen würde.

Der Verweis auf „sonstige öffentlich-rechtliche Vorschriften" im Sinne des Art. 68 Abs. 1 Satz 1, 2. Hs. BayBO 2008/2009 ist demnach entsprechend dem Wortlaut weit zu verstehen. Es besteht weder die Notwendigkeit noch die Möglichkeit zu einer teleologischen Einschränkung der Formulierung aufgrund historischer und/oder systematischer Auslegung der Norm. Die Ablehnung aufgrund dieser Befugnis ist damit nicht lediglich auf Verstöße gegen öffentliches Baurecht oder gar gegen bauordnungsrechtliche Anforderungen an das Bauvorhaben im Sinne der BayBO beschränkt. Rechtsvorschriften in diesem Sinne stellen die

---

[1087] Vgl. *Lechner*, in: Simon/Busse, BayBO, Art. 68 Rn 169: z.B. Fall des Fehlens einer sanierungsrechtlichen Genehmigung.
[1088] Vgl. *Sachs*, in: Stelkens/Bonk/Sachs, VwVfG, § 43 Rn 155 m.w.N. Vgl. zur Abgrenzung formelle und materielle Illegalität auch *Dürr/König*, Baurecht, Rn 396, 400 und 405.
[1089] LtDrs. 16/1351 vom 13.05.2009, S. 2.
[1090] Vgl. VG München, Urteil vom 21.10.2009, Az. M 9 K 08.5796.

für jedermann geltenden Regelungen in Gesetzen, Rechtsverordnungen oder Satzungen des öffentlichen Rechts dar, soweit sie auf der materiellen Ebene angesiedelt sind.[1091] Eine nur formelle Illegalität, z.B. eine (formell) fehlende anderweitige Erlaubnis, begründet hingegen keinen Rechtsverstoß im Sinne des zweiten Halbsatzes und vermag keine Ablehnung aufgrund dieser Befugnis zu rechtfertigen.

II. Das Erfordernis pflichtgemäßer Ermessensausübung

Noch weitestgehend unumstritten ist, dass der eingeführte zweite Halbsatz des Art. 68 Abs. 1 Satz 1 BayBO 2008/2009 der zuständigen Bauaufsichtsbehörde im Rahmen des Baugenehmigungsverfahrens eine bestimmte Handlungsweise, nämlich die Ablehnung des Bauantrags, erlaubt, obwohl sich das Bauvorhaben nach dem jeweiligen Prüfprogramm – soweit einschlägig – als rechtmäßig darstellt; gemeint ist damit natürlich eine beschränkte Rechtmäßigkeit, wie sie aus der beschränkten bauaufsichtlichen Präventivprüfung resultiert. Ungeklärt und umstritten ist dagegen bereits, ob und wenn ja welche Voraussetzungen aus rechtlichen Gründen an das Behördenhandeln zu stellen sind. Während die Rechtsprechung im Wesentlichen auf eine Auseinandersetzung mit der sich aufdrängenden Frage, ob die Ablehnung einer Baugenehmigung aufgrund der Regelung des Art. 68 Abs.1 Satz 1, 2. Hs. BayBO 2008/2009 eine pflichtgemäße Ermessensausübung durch die Behörde verlangt, verzichtet und sich schlicht in eine Richtung diskussionslos festlegt, behandelt die kritische Fachliteratur diese Thematik gewissermaßen wie die „Gretchenfrage" der neuen erweiterten Ablehnungsbefugnis. Zwar wird in der Literatur[1092] (inzwischen) überwiegend die Auffassung vertreten, dass dem „Darf" der Norm das Erfordernis einer pflichtgemäßen Ermessensausübung immanent ist, allerdings sind der zeitliche Anknüpfungspunkt für das behördliche Ermessen und die Konsequenzen daraus dagegen äußerst streitig. Das Meinungsspektrum ist zudem breit gefächert, wobei sich bei den Befürwortern eines bestehenden behördlichen Ermessens deren Ansichten – unter Ausblendung von Details – auf zwei Grundpositionen reduzieren lassen. Dem soll im Folgenden nachgegangen werden.

[1091] Vgl. auch *Lechner*, in: Simon/Busse, BayBO, Art. 68 Rn 158 ff [172].
[1092] Vgl. a.A. jedenfalls *Jäde*, BayVBl 2009, S. 709 ff; ders., BayVBl 2010, S. 741 ff.

1. Das Verwaltungsermessen qua Definition – Einordnung der Norm

Wird einer Behörde hinsichtlich einer von ihr zu treffenden Entscheidung, z.B. aufgrund mehrerer zur Verfügung gestellter Handlungsalternativen, ein Ermessensspielraum eingeräumt, unterliegt die Ausübung dieses Ermessens selbst bestimmten Regeln, die in Art. 40 BayVwVfG in allgemeiner Art und Weise niedergelegt sind: „Ist die Behörde ermächtigt, nach ihrem Ermessen zu handeln, hat sie ihr Ermessen entsprechend dem Zweck der Ermächtigung auszuüben und die gesetzlichen Grenzen des Ermessens einzuhalten." Art. 40 BayVwVfG darf allerdings nicht dahingehend missverstanden werden, dass damit eine Begriffsbestimmung erfolgen würde. Vielmehr sind damit nur die Grenzen[1093] der Ermessensausübung festgelegt; die Vorschrift setzt Ermessen voraus.[1094] Zur Diskussion stehen gegenständlich aber nicht erst die Kriterien einer ordnungsgemäßen Ermessensausübung, sondern bereits der Umstand, ob Art. 68 Abs. 1 Satz 1, 2. Hs. BayBO 2008/2009 überhaupt eine Ermächtigung der Behörde, nach ihrem Ermessen zu handeln, im Sinne anerkannter Ermessensvorschriften darstellt. Dies ist nach gegenwärtigem Diskussionsstand sowohl in der Literatur als auch in der Rechtsprechung umstritten. Nach allgemeiner Auffassung ist von einem behördlichen Ermessen in einer Rechtsvorschrift auszugehen, wenn sich ein Behördenhandeln nicht bereits aufgrund einer entsprechenden Subsumtion der Tatsachen ergibt, sondern wenn die maßgebliche Rechtsvorschrift der Behörde bei Verwirklichung eines gesetzlichen Tatbestandes eine gewisse Entscheidungsfreiheit bei der Setzung einer bestimmten Rechtsfolge belässt. Ausgehend von der Rechtsfolgenseite, d.h. im Falle des Vorliegens der gesetzlichen Tatbestandsvoraussetzungen, kann sich die behördliche Entscheidungsbefugnis dadurch ergeben, dass der Behörde entweder mehrere Möglichkeiten an die Hand gegeben werden oder ihr ein bestimmter Freiraum bei der Entscheidung zugesprochen wird. Für eine Ermessensvorschrift ist demnach kennzeichnend, dass durch diese das verwaltungsgemäße Vorgehen nicht abschließend vorge-

---

[1093] Vgl. zum verwaltungsgerichtlichen Prüfungsmaßstab § 114 VwGO. Vgl. *Ruffert*, in: Knack/Henneke, VwVfG, § 40 Rn 18, demzufolge § 114 Satz 1 VwGO eine Ermächtigung zur Ermessenskontrolle, nicht aber zur Ermessensausübung ist; i.E. ebenso *Decker*, in: Posser/Wolff, VwGO, § 114 Rn 26; vgl. auch *Erbguth*, Allgemeines Verwaltungsrecht, § 14 Rn 42.
[1094] Vgl. *Sachs*, in: Stelkens/Bonk/Sachs, VwVfG, § 40 Rn 1; *Maurer*, Allgemeines Verwaltungsrecht, § 7 Rn 7 f [8].

zeichnet und determiniert ist, sondern ein Handlungsspielraum besteht.[1095] Je nachdem, ob sich die behördliche Entscheidungsfreiheit lediglich auf die Frage des „Ob" oder des (bloßen) „Wie" des Handelns der Behörde bezieht, wird weitergehend zwischen dem sog. Entschließungsermessen auf der Seite des „ob und wann eine Entscheidung getroffen wird" und dem sog. Auswahlermessen auf der Seite des „Wie", also hinsichtlich der Auswahl mehrerer Maßnahmen, unterschieden.[1096] Diese Differenzierung fragt demzufolge also danach, ob der Behörde eine Wahlfreiheit gewährt wird, ob sie überhaupt tätig werden will (Entschließungsermessen) und in welcher Weise sie sich im Falle mehrerer rechtlich zulässiger Maßnahmen betätigt (Auswahlermessen).[1097]

Will man Behördenhandeln an den Anforderungen des Art. 40 BayVwVfG messen, bedarf es der Eröffnung des Verwaltungsermessens durch eine Rechtsnorm. Dies kann gesetzestechnisch auf verschiedene Art und Weise erfolgen. Im einfachsten, aber auch seltensten Fall gibt dies die Rechtsvorschrift, wie etwa Art. 22 BayVwVfG, durch die Verwendung des Begriffs „Ermessen" ausdrücklich vor. Meist jedoch erfolgt die Ermessenseinräumung unter Verwendung von Worten und Ausdrücken wie „kann", „darf", „hat die Wahl" oder „ist befugt".[1098] Demgegenüber bringen die Begrifflichkeiten „muss" oder „ist zu" zum Ausdruck, dass der Rechtsnorm eine gebundene Entscheidung zu folgen hat.[1099] Für die Beurteilung, ob eine Rechtsnorm der angesprochenen Behörde ein Ermessen gewährt, ist demnach allem voran zunächst vom Wortlaut der Vorschrift auszugehen.[1100] Die Neuregelung des Art. 68 Abs. 1 Satz 1, 2. Hs. BayBO

[1095] Vgl. *Kopp/Ramsauer*, VwVfG, § 40 Rn 18; *Maurer*, Allgemeines Verwaltungsrecht, § 7 Rn 7/8; *Sachs*, in: Stelkens/Bonk/Sachs, VwVfG, § 40 Rn 13, der auch von „*Handlungs- oder Verhaltensermessen*" spricht und darauf hinweist, das die Entscheidung aus Zweckmäßigkeitsgründen (vgl. § 68 VwGO) nach Abwägung der öffentlichen Belange und der Interessen des einzelnen zu erfolgen habe.
[1096] Vgl. *Wolff/Bachof/Stober/Kluth*, Verwaltungsrecht I, § 31 Rn 45, die ausdrücklich von der Terminologie „*Entschließungsermessen*" und „*Auswahlermessen*" Gebrauch machen. Vgl. auch *Kopp/Ramsauer*, VwVfG, § 40 Rn 18 a.E.; *Ziekow*, VwVfG, § 40 Rn 1 m.w.N; a.A. *Rieger*, Ermessen und innerdienstliche Weisung, S. 87/88, der eine Differenzierung nicht für erforderlich hält.
[1097] Vgl. *Ruffert*, in: Knack/Henneke, VwVfG, § 40 Rn 31 m.w.N.
[1098] Vgl. *Ziekow*, VwVfG, § 40 Rn 21; *Kopp/Ramsauer*, VwVfG, § 40 Rn 60; *Wolff/Bachof/Stober/Kluth*, Verwaltungsrecht I, § 31 Rn 45 a.E., *Maurer*, Allgemeines Verwaltungsrecht, § 7 Rn 9.
[1099] Vgl. *Erbguth*, Allgemeines Verwaltungsrecht, § 14 Rn 37.
[1100] So auch *Ruffert*, in: Knack/Henneke, VwVfG, § 40 Rn 32; vgl. hierzu auch *Linke*, BayVBl. 2010, S. 430.

2008/2009 verwendet hier eine anerkanntermaßen übliche und typische Formulierung, die auf eine Ermessensausübung zugunsten der Behörde schließen lässt, indem es heißt: „[...] die Bauaufsichtsbehörde *darf* den Bauantrag auch ablehnen [...] [Hervorhebung durch den Verfasser]". Das „Darf" der Vorschrift bringt seinem Wortsinn entsprechend zum Ausdruck, dass die Behörde so handeln kann, aber nicht muss. Wie *Linke*[1101] zutreffend unter Verweis auf einschlägige Nachschlagewerke anmerkt, sind die Modalverben „kann" und „darf" nach dem Sprachverständnis gleichbedeutend als Ermessenseinräumung zu verstehen und synonym verwendbar. Die sich im zweiten Halbsatz des Art. 68 Abs. 1 Satz 1 BayBO 2008/2009 weiter anschließende Bedingung „[...] wenn das Bauvorhaben gegen sonstige öffentlich-rechtliche Vorschriften verstößt [...]" legt dagegen die für die Ermessensausübung erforderlichen Handlungsvoraussetzungen auf der Tatbestandsseite fest.

Die wortlautgemäße Charakterisierung der Vorschrift ist alleine sicherlich nicht ausreichend, auch wenn dieses Wortlaut-Indiz[1102] grundsätzlich für eine gewisse Regelmäßigkeit spricht. Neben der textlichen Fassung und dem gesetzessystematischen Kontext ist der Charakter der Vorschrift auch im Wege der Auslegung zu ermitteln. Zunächst soll der Aussagegehalt der hier diskutierten Neuregelung über eine Erörterung der etwaigen Handlungsalternativen erfolgen, die mit der Vorschrift vorgegeben werden. Denn wird der Behörde die Auswahl zwischen verschiedenen Maßnahmen anheimgestellt oder ihr ein sonstiger Handlungsspielraum eingeräumt, sprechen auch diese Gegebenheiten grundsätzlich für eine Behördenentscheidung mit Ermessenausübung.[1103]

Indem Art. 68 Abs. 1 Satz 1, 2. Hs. BayBO 2008/2009 vorgibt, dass die Behörde den Bauantrag „auch" ablehnen darf, stellt sich dem kritischen Leser der Norm die Frage, von welchen anderen Ablehnungsgründen die Vorschrift ausgeht. Im vorausgehenden ersten Halbsatz, der für das Verständnis des neuen zweiten Halbsatzes mit heranzuziehen ist, ist unmittelbar kein Ablehnungsgrund (mehr) genannt. Vielmehr wird dort im Zuge einer positiven Formulierung angeordnet, dass die Baugenehmigung zu erteilen ist, wenn dem Bauvorhaben keine zu prüfenden öffentlich-rechtlichen Vorschriften entgegenstehen. Auch die über den ersten Halbsatz in Bezug genommenen bauaufsichtlichen Genehmi-

---

[1101] Vgl. *Linke*, BayVBl 2010, S. 430 m.w.N.
[1102] Vgl. *Jestaedt*, in: Erichsen/Ehlers, Allgemeines Verwaltungsrecht, § 11 Rn 56.
[1103] Vgl. i.E. auch *Ingold/Schröder*, BayVBl 2010, S. 427 m.w.N.

gungsverfahren selbst reden nicht davon, dass eine Ablehnung zu erfolgen hat, wenn eine der dort (abschließend) benannten Anforderungen nicht gewahrt ist. Lediglich im Umkehrschluss ergibt sich die Bedeutung des Wortes „auch" im Kontext mit der Formulierung „darf [...] auch ablehnen, wenn". Denn die Behörde ist gemäß Art. 68 Abs. 1 Satz 1, 1. Hs. BayBO 2008/2009 i.V.m. Art. 59 Satz 1 BayBO 2008 verpflichtet, den Bauantrag abzulehnen, wenn dem Bauvorhaben Vorschriften entgegenstehen, die im vereinfachten bauaufsichtlichen Genehmigungsverfahren zu prüfen sind. Demnach würde mit dem zweiten Halbsatz des Art. 68 Abs. 1 Satz 1 BayBO 2008/2009 ein weiterer Ablehnungsgrund formuliert. Diese Lesart und Schlussfolgerung liegt sicherlich nahe, ist aber nicht zwingend. Der Wortlaut schließt es nämlich nicht aus, dass damit eine Wahlmöglichkeit der Behörde zum Ausdruck gebracht wird, die sich aufgrund einer anderen Blickrichtung ergibt. Nach der ablehnenden Rechtsprechung des Bayerischen Verwaltungsgerichtshofs zum fehlenden Sachbescheidungsinteresse[1104] ergab sich die für die Baubehörde verwaltungsunökonomische Folge, dass im Falle des Verstoßes gegen nicht zu prüfende öffentlich-rechtliche Vorschriften neben der Baugenehmigungserteilung gegebenenfalls zugleich bauaufsichtliche Maßnahmen ergriffen werden konnten bzw. mussten.[1105] Die Neuregelung lässt aufgrund ihres nicht eindeutigen Wortlauts damit auch die Deutung zu, dass die Behörde nicht diesen verwaltungsineffizienten und umständlichen Weg über parallel zu ergreifende bauaufsichtliche Maßnahmen gehen muss, sondern stattdessen auch den Bauantrag ablehnen darf, wenn das Bauvorhaben gegen sonstige öffentlich-rechtliche Vorschriften verstößt. Bei einer derartigen Deutung würde der Bauaufsichtsbehörde damit die Auswahl zwischen zwei Handlungsalternativen, einer verwaltungsökonomischen und einer vermeintlich umständlicheren, überlassen und damit unweigerlich ein Ermessen eingeräumt. Die Behörde könnte demnach den Rechtsverstoß (zunächst) unbeachtet lassen und die Genehmigung trotzdem erteilen oder aber die Baugenehmigung ablehnen.[1106] Ob eine echte Wahlmöglichkeit vom Gesetzgeber beabsichtigt war, kann sicherlich in Frage gestellt werden, wollte er mit der Neuregelung diese *„umständliche Folge"* und den *„schwer ausräumbaren Anschein einer inneren Widersprüch-*

[1104] Vgl. BayVGH, Urteil vom 23.03.2006, Az. 26 B 05.555, BayVBl 2006, S. 537; BayVGH; ders., Urteil vom 19.01.2009, Az. 2 BV 08.2567, BayVBl 2009, S. 507; ders., Urteil vom 01.07.2009, Az. 2 BV 08.2465, BayVBl 2009, S. 727.
[1105] Vgl. BayVGH, Urteil vom 16.07.2002, Az. 2 B 01.1644, BayVBl 2003, S. 505; ders., Urteil vom 23.03.2006, Az. 26 B 05.555, BayVBl 2006, S. 537/538.
[1106] Vgl. *Shirvani*, BayVBl 2010, S. 710.

lichkeit"[1107] aus dem Weg räumen. Die Antragsablehnung im Falle eines festgestellten bzw. erkannten Verstoßes gegen sonstige öffentlich-rechtliche Vorschriften dürfte sich der Gesetzgeber sicherlich als den Regelfall vorgestellt haben. Der Wortlaut und der geschichtliche Hintergrund schließen eine derartige Deutung auch nicht aus und legen eine solche sogar durchaus nahe. Doch auch die zuerst geschilderte Lesart im Sinne einer Möglichkeit, den Bauantrag nicht nur bei einem Verstoß gegen zu prüfende Vorschriften, sondern auch bei einem Verstoß gegen sonstige, von den Prüfkatalogen nicht erfasste öffentlich-rechtliche Vorschriften abzulehnen, lässt einen gewissen Handlungsspielraum der Behörde erkennen, so dass auch demzufolge von einer Ermessensvorschrift auszugehen ist und eine Entscheidung in der soeben aufgezeigten Frage im Ergebnis dahinstehen kann. Denn würde man einen der Regelung immanenten Handlungsspielraum verneinen, ergäbe sich die Folge, dass man konsequenterweise von einer Erweiterung des Prüfungsumfangs ausgehen müsste. Aber selbst diejenigen, die in Art. 68 Abs. 1 Satz 1, 2. Hs. BayBO 2008/2009 kein Ermessen sehen, lehnen eine (fakultative) Erweiterung des Prüfungsumfangs bzw. den Einfluss auf denselben ab.[1108]

Die vorstehende Diskussion zeigt, dass die textliche Fassung der Neuregelung des Art. 68 Abs. 1 Satz 1, 2 Hs. BayBO 2008/2009 nicht eindeutig ist und strukturell eher an die Vorgängerregelung des Art. 68 Abs. 1 Satz 1 BayBO 2008, nämlich an Art. 72 Abs. 1 Satz 1, 1. Hs. BayBO 1998 anknüpft. Bei einer Zusammenschau hieße es nämlich: „Die Baugenehmigung darf nur versagt werden, wenn das Vorhaben öffentlich-rechtlichen Vorschriften widerspricht, die im bauaufsichtlichen Genehmigungsverfahren zu prüfen sind; [...]"[1109] „[...] die Bauaufsichtsbehörde darf den Bauantrag auch ablehnen, wenn das Bauvorhaben gegen sonstige öffentlich-rechtliche Vorschriften verstößt."[1110] Die Vorgängerregelung des Art. 72 Abs. 1 Satz 1 BayBO 1998 mit der Formulierung „[...] darf nur versagt werden, wenn [...]" wurde in Anbetracht der Ausgestaltung der bis 1982 geltenden Vorgängernorm und vor allem aufgrund verfassungskonformer

---

[1107] Vgl. LtDrs. 16/1351 vom 13.05.2009, S. 2.
[1108] Vgl. VG Regensburg, Urteil vom 24.03.2011 – RO 2 K 09.2483; dass., Beschluss vom 02.01.2012, Az. RO 2 S 11.1859; Oberste Baubehörde im BayStMI, Schreiben vom 24.07.2009, Zeichen: IIB4-4101-022/08, S. 16; *Jäde*, BayVBl 2009, S. 714; *ders.*, BayVBl 2010, S. 741; *ders.* in: Jäde/Dirnberger/Bauer, Die neue BayBO, Art. 68 Rn 36 ff; *Lechner*, in: Simon/Busse, BayBO, Art. 68 Rn 161.
[1109] Art. 72 Abs. 1 Satz 1, 1. Hs. BayBO 1998.
[1110] Art. 68 Abs. 1 Satz 1, 2. Hs. BayBO 2008/2009.

Auslegung der Norm – vgl. Anspruch[1111] auf Baufreiheit gemäß Art. 14 Abs. 1 GG bzw. Art. 103 BV – seit jeher als gebundene Entscheidung angesehen.[1112] Die Auslegung einer Vorschrift, welche an sich einen auf ein Ermessen schließenden Wortlaut enthält, kann wie soeben gezeigt die Umdeutung solcher Begrifflichkeiten erforderlich machen mit der Folge, dass eine Kann- oder Darf-Vorschrift im Ergebnis kein Ermessen mehr enthält[1113] und sich das Kann zu einem Müssen verdichtet.[1114] Diese Folgefrage nach einer auslegungsbedingten etwaigen Einschränkung der Neuregelung des Art. 68 Abs. 1 Satz 1, 2. Hs. BayBO 2008/2009 soll allerdings (noch) nicht Gegenstand der gegenwärtigen Betrachtung sein, da es an dieser Stelle noch vorrangig um die Abgrenzung zur bloßen Befugnis (ohne weiteres Ermessen) geht, wie sie die Ermessensgegner[1115] im gegenständlichen Fall für gegeben sehen. Denn auch die Anhänger dieser Rechtsmeinung sehen gerade keine Ermessensverdichtung, welche die Behörde zu einem bestimmten Verhalten verpflichten würde. Sie betonen vielmehr, dass mit dem Wortlaut zum Ausdruck gebracht werde, dass der Bauaufsichtsbehörde eine (bloße) Befugnis zuerkannt und nicht hingegen ein Ermessensspielraum eingeräumt werde.[1116] Wie die weiteren Begründungen der Ermessensgegner aber zugleich auch erkennen lassen, dürfte es diesen bei der Ablehnung eines behördlichen Ermessensspielraums vorrangig darum gehen, eine etwaige Ermessensreduzierung auf Null zu verhindern und auszuschließen. Mit der Annahme eines Ermessens ist aber gerade nicht zwangsläufig eine Aussage dahingehend getroffen, dass der behördliche Ermessensspielraum im Interesse des Bauherrn oder etwaiger Dritter (Nachbarn) besteht und sich damit gegebenenfalls zu einem Rechtsanspruch verdichten könnte, mithin also drittschützend ist.[1117] Die Frage des Drittschutzes[1118] ist von der gegenwärtig untersuchten Fra-

---

[1111] Vgl. Teil 1 B.I.1.
[1112] Vgl. hierzu auch *Lechner*, in: Simon/Busse, BayBO 1998, zu Art. 72 Rn 19 ff [21].
[1113] Vgl. Wolff/Bachof/*Stober*/*Kluth*, Verwaltungsrecht I, § 31 Rn 46; *Ziekow*, VwVfG, § 40 Rn 21.
[1114] Vgl. *Jestaedt*, in: Erichsen/Ehlers, Allgemeines Verwaltungsrecht, § 11 Rn 56 a.E. m.w.N.
[1115] Vgl. *Jäde*, BayVBl 2009, S. 714; *ders.*, BayVBl 2010, S. 741; *ders.* in: Jäde/Dirnberger/Bauer, Die neue BayBO, Art. 68 Rn 36 ff; differenzierend *Lechner*, in: Simon/Busse, BayBO, Art. 68 Rn 174, aber a.A. wohl *Decker*, in: Simon/Busse, BayBO, Art. 71 Rn 62 a.E.
[1116] Vgl. z.B. Oberste Baubehörde im BayStMI, Schreiben vom 24.07.2009, Zeichen: IIB4-4101-022/08, S. 16.
[1117] Vgl. i.d.S. *Kopp*/*Ramsauer*, VwVfG, § 40 Rn 52 ff; *Ruffert*, in: Knack/Henneke, VwVfG, § 40 Rn 80 f.
[1118] Vgl. Teil 3 A.III.3.d).

ge zu trennen und gesondert zu betrachten. Die Ausführungen derjenigen, die sich gegen ein in Art. 68 Abs. 1 Satz 1, 2. Hs. BayBO 2008/2009 grundsätzlich verankertes Ermessen aussprechen, dürften eher so zu verstehen sein, dass damit jegliche Diskussion um einen etwaigen Drittschutz abgeschnitten sein soll. Ein anderer triftiger Grund, hier nicht von einem – wie auch immer gearteten und (noch) auszulegenden – Ermessen auszugehen, ist nicht ersichtlich.

Die Vorschrift räumt der Behörde einen Ermessensspielraum ein. Mit dem Bayerischen Verwaltungsgerichtshof ist damit bei Art. 68 Abs. 1 Satz 1, 2. Hs. BayBO 2008/2009 von einer Befugnisnorm und Ermessensvorschrift auszugehen.[1119] Die Bauaufsichtsbehörde darf deshalb von dem ihr eingeräumten Handlungsspielraum nicht beliebig oder pflicht- und gleichheitswidrig Gebrauch machen,[1120] vgl. Art. 40 BayVwVfG.

2. Keine Ermächtigung im Sinne einer bloßen Befugnis

„Durch die Gesetzesänderung wird klargestellt, dass die Bauaufsichtsbehörden Bauanträge wegen fehlenden Sachbescheidungsinteresses als unzulässig ablehnen dürfen, wenn ein Verstoß gegen Vorschriften erkannt wird, die nicht im Prüfprogramm der Art. 59, 60 BayBO enthalten sind, sofern sich das Hindernis nicht – etwa durch eine Abweichung nach Art. 63 – ausräumen lässt[,]"[1121] so die Begründung zum Änderungsantrag von einzelnen Abgeordneten der CSU- und FDP-Fraktionen im Bayerischen Landtag. Weder mit dieser Aussage noch mit den Ausführungen im Übrigen liefert die Gesetzesbegründung einen Anhaltspunkt dafür, wie das „Darf" des zweiten Halbsatzes des Art. 68 Abs. 1 Satz 1 BayBO 2008/2009 zu verstehen, bzw. dass das „Darf" zur bewussten Abgrenzung zu einem „Kann" gewählt worden ist. Es sind vielmehr erstmals[1122] die Vollzugshinweise[1123] der Obersten Baubehörde an die Regierungen, die vorgeben, dass den Bauaufsichtsbehörden mit der Neuregelung des Art. 68 Abs. 1

[1119] Vgl. BayVGH, BayVBl 2011, S. 147; wohl auch, i.E. aber offen gelassen VG Augsburg, Urteil vom 25.11.2011, Az. Au 5 K 11.547.
[1120] Vgl. i.E. auch *Schwarzer/König*, BayBO, Art. 68 Rn 28.
[1121] LtDrs. 16/1351 vom 13.05.2009, S. 2.
[1122] Vgl. hierzu allerdings den Hinweis *Jädes* auf den Bayerischen Städtetag, *ders.*, BayVBl 2009, S. 714 Fn 62.
[1123] Vgl. Oberste Baubehörde im BayStMI, Schreiben vom 24.07.2009, Zeichen: IIB4-4101-022/08, S. 16.

Satz 1, 2. Hs. BayBO 2008/2009 eine (bloße) Befugnis und nicht hingegen ein Ermessensspielraum eingeräumt werde, welcher gegebenenfalls auch im Interesse des Bauherrn oder Dritter (Nachbarn) bestehe. Die Gesetzesformulierung bringe dies durch den Gebrauch des Wortes „darf" anstatt des Wortes „kann" zum Ausdruck. Diese seitens der Exekutive aus der Formulierung des Art. 68 Abs. 1 Satz 1, 2. Hs. BayBO 2008/2009 gezogene Intention findet sich in der Kommentarliteratur[1124] – vereinzelt auch nicht diskutiert – wieder und bildet die Grundlage einer entsprechenden, allerdings umstrittenen Rechtsmeinung in der Literatur. Es ist hier allen voran *Jäde*[1125], der unter Bezugnahme auf die Gesetzesbegründung erklärt, dass mit der Neuregelung *„[...] allein eine Befugnis der Bauaufsichtsbehörde geregelt werden [sollte], nicht für die Genehmigung von Bauvorhaben nutzlos in Anspruch genommen zu werden, gegen die sogleich ein bauaufsichtliches Vorgehen mindestens ernstlich in Betracht zu ziehen ist [...]."*[1126] Auch er sieht wie schon die Oberste Baubehörde im Bayerischen Innenministerium kein Ermessen der Bauaufsichtsbehörde (auch nicht zugunsten Dritter) eröffnet, was der Gesetzgeber bewusst durch den Verzicht des „ein Ermessen signalisierenden Worts „kann"" und durch die Verwendung des „eine schlichte Gestattung zum Ausdruck bringenden Worts „darf"" zum Ausdruck gebracht habe.[1127] Auch in der erstinstanzlichen Verwaltungsgerichtsrechtsprechung[1128] hat diese Theorie fortan vereinzelt Zuspruch gefunden.

Jäde setzt mit seiner Auffassung von einer bloßen Befugnisnorm am sog. „Zufallsfund" der jeweiligen Bauaufsichtsbehörde an und fordert aber gleichwohl eine sorgfältige und präzise Sachverhaltsermittlung, die so weit zu gehen habe, dass Zweifel daran, dass ein Verstoß gegen die außerhalb des bauaufsichtlichen Prüfprogramms liegenden Vorschriften vorliegt, aus der Sicht der Bauaufsichtsbehörde nicht bestehen können. Dieser Anforderung an die Baubehörde folge nach *Jädes* Auffassung eine Beweislastumkehr zu Lasten des Rechtsträgers der Behörde, so dass es nicht mehr am Bauherrn liege, die Genehmigungsfähigkeit seines Vorhabens materiell-rechtlich zu beweisen. Eine besondere Of-

---

[1124] Vgl. *Wolf*, BayBO – Kurzkommentar, Art. 68 Rn 16 a.E.
[1125] Vgl. unter anderem *Jäde*, Bayerisches Bauordnungsrecht, Rn 222.
[1126] *Jäde*, BayVBl 2009, S. 714.
[1127] Vgl. *Jäde*, in: Jäde/Dirnberger/Bauer, Die neue BayBO, Art. 68 Rn 36 a.E.; ders., BayVBl 2009, S. 714.
[1128] Vgl. VG Regensburg, Urteil vom 13.07.2010, Az. RN 6 K 10.684, das allerdings auch eine Anwendung erst im verwaltungsgerichtlichen Verfahren für möglich erachtet; insoweit a.A. *Jäde*, in: Jäde/Dirnberger/Bauer, Die neue BayBO, Art. 68 Rn 37b.

fensichtlichkeit des bauordnungsrechtlichen Verstoßes, da nur für das Rechtsinstitut des fehlenden Sachbescheidungsinteresses als Abgrenzungskriterium zwischen sonstigem (nicht baurechtlichen) öffentlichen Recht und Privatrecht entwickelt, wird nach dieser Theorie dagegen nicht verlangt. Für *Jäde* verbietet sich damit zugleich eine Ablehnung des Bauantrags aus gleichsam vorsorglichen Gründen oder auf bloßen Verdacht.[1129]

Letztere Kriterien finden sich – wenn auch teils mit abweichenden Nuancen – stellenweise gleichfalls bei den Befürwortern einer Ermessensnorm wieder und sind damit nicht ausschlaggebend für die aufgekommene Kritik, welche vorrangig an der differenzierten Auslegung der Modalverben „darf" und „kann" mit der Folge einer bloßen Befugnis ohne weiteren Ermessensspielraum der Behörde ansetzt. Diese letztgenannte Auslegung und Interpretation des Gesetzestexts hat jedoch nicht nur eine weitere Debatte im Rahmen des deregulierten Baugenehmigungsverfahrens ausgelöst, sondern in erster Linie zu Recht auch erheblichen Widerspruch[1130] erfahren. Die Kritiker *Jädes*, welche zwar in Art. 68 Abs. 1 Satz 1, 2. Hs. BayBO 2008/2009 noch überwiegend gleichlautend eine Ermessensvorschrift erkennen, aber zugegebenermaßen selbst nicht mit einheitlicher Stimme sprechen, wenn es um die Schlussfolgerungen daraus geht, verweisen allerdings wie bereits oben dargelegt zu Recht darauf, dass es sich bei der aufgezeigten Differenzierung zwischen den Worten „darf" und „kann" um *„terminologische Haarspalterei"*[1131] handelt. Eine bloße Befugnis im Belieben der Behörde ohne die rechtlichen Anforderungen an eine Ermessensausübung i.S.d. Art. 40 BayVwVfG widerspricht den allgemeinen Grundsätzen des Verwaltungs- und Verfassungsrechts, wonach die Tätigkeit der Verwaltungsbehörden im Rechtsstaat niemals völlig frei sein kann und es auch kein völlig freies Ermessen gibt.[1132] Die Differenzierung ist zudem überflüssig und dürfte nur ein im Ergebnis nicht geeignetes Mittel zum Zweck sein. Die Auffassung von einer

---

[1129] Vgl. *Jäde*, BayVBl 2010, S. 743; *ders.*, in: Jäde/Dirnberger/Bauer, Die neue BayBO, Art. 68 Rn 37a ff; gegen die von *Jäde* vorgenommene Differenzierung dagegen *Sauthoff*, BauR 2013, S. 417.

[1130] Vgl. z.B. *Koehl*, BayVBl 2009, S. 645 ff; *Manssen/Greim*, BayVBl 2010, S. 421 ff; *Ingold/Schröder*, BayVBl 2010, S. 426 ff; *Linke*, BayVBl 2010, S. 430; *Shirvani*, BayVBl 2010, S. 709 ff; *Sachs*, in: Stelkens/Bonk/Sachs, VwVfG, § 40 Rn 22 [Fn 62].

[1131] So bei *Manssen/Greim*, BayVBl 2010, S. 424; aufgegriffen von *Gaßner*, in: Simon/Busse, BayBO, Art. 64 Rn 19e; i.E. auch *Linke*, BayVBl 2010, S. 430.

[1132] Vgl. *Gaßner*, in: Simon/Busse, BayBO, Art. 64 Rn 19e; BVerfGE 18, S. 353 ff [363]; *Voßkuhle*, JuS 2008, S. 117/118.

(bloßen) Befugnisnorm ohne Ermessensspielraum zielt in erster Linie darauf ab, einem Anspruch des Bauherrn oder Nachbarn aufgrund einer etwaigen Ermessensverdichtung entgegenzuwirken und einen solchen von vornherein auszuschließen. Zur Zielerreichung wird dabei offensichtlich der Ausschluss des Ermessens für erforderlich gehalten, weil scheinbar fälschlicherweise davon ausgegangen wird, dass mit dem Ermessen unweigerlich Drittschutz verbunden sein müsse. So entgegnet *Jäde* der ihm entgegengehaltenen Kritik: *„Die verwaltungsverfahrensrechtliche Zentralnorm für die an die Ermessensausübung unter rechtsstaatlichen Vorzeichen zu richtenden Direktiven (Art. 40 BayVwVfG) kann doch nur zum Tragen kommen, wenn nach Maßgabe der der Exekutive die Wahlmöglichkeit eröffnenden Vorschrift bei der Ausübung dieser Befugnis rechtlich geschützte Interessen Dritter zu berücksichtigen sind."*[1133] Aus Art. 40 BayVwVfG folgt allerdings, dass es im Rahmen behördlicher Verwaltungstätigkeit bei bestehenden Spielräumen keine Beliebigkeit, sondern stets nur pflichtgemäßes Ermessen geben kann, d.h. eine ausschließliche Ausrichtung des Handelns an sachlichen sowie am Zweck der Ermächtigung und an den Wertungen der Rechtsordnung orientierten Gesichtspunkten. Die von der Norm, welche die Ermächtigung einräumt, verfolgten und gegebenenfalls im Wege der Auslegung zu ermittelnden Zwecke sind dabei letzten Endes maßgeblich für die inhaltliche Ausfüllung administrativer Entscheidungsspielräume.[1134] Etwaige subjektive Rechte Dritter, welche sich auf eine fehlerfreie Ermessensausübung beschränken,[1135] können, müssen aber nicht bestehen. Weder spricht Art. 40 BayVwVfG subjektive Rechte ausdrücklich an, noch schließt er solche aus; sie sind vielmehr nach den allgemeinen Regeln zu bestimmen und zu begründen.[1136] Etwaige subjektive Rechte sind demnach in Anwendung der Schutznormtheorie[1137] auf die ermessensgebende Norm zu ermitteln, so dass die Direktiven des Art. 40 BayVwVfG unabhängig von drittschützenden Interessen auf alle Ermessensausübungen unabhängig vom jeweiligen Ermessenszweck anzuwenden sind. Die

---

[1133] *Jäde*, BayVBl 2010, S. 744.
[1134] Vgl. *Kopp/Ramsauer*, VwVfG, § 40 Rn 20.
[1135] Vgl. *Ruffert*, in: Knack/Henneke, VwVfG, § 40 Rn 80 f [80].
[1136] Vgl. *Sachs*, in: Stelkens/Bonk/Sachs, VwVfG, § 40 Rn 131/132.
[1137] Vgl. Teil 3 A.III.1.b).

Frage nach einem etwaigen Drittschutz des neuen zweiten Halbsatzes ist eine von der grundsätzlichen Ermessensfrage unabhängige Folgeproblematik.[1138]

Soweit *Jäde* zur Begründung und Rechtfertigung seiner Rechtsauffassung weiterhin exemplarisch darauf verweist, § 35 Abs. 2 BauGB eröffne entgegen der Verwendung des Wortes „kann" nach der herrschenden Meinung gleichfalls kein Ermessen,[1139] ist dem entgegenzuhalten, dass es sachlich einen Unterschied macht, ob das Verwaltungshandeln aufgrund einer Regelung in das Belieben der Behörde gestellt wird – so bei *Jäde* mit Art. 68 Abs. 1 Satz 1, 2. Hs. BayBO 2008/2009 geschehen –, oder ob man im Zuge einer grundrechtskonformen Auslegung einer Regelung – wie bei § 35 Abs. 2 BauGB – zu einer gebundenen und damit gerade nicht willkürlichen Behördenentscheidung (sog. Verpflichtungs-Kann)[1140] gelangt. Soweit *Jäde* nunmehr zuletzt den oftmals unterschlagenen Relativsatz der Aussage der Obersten Baubehörde hervorhebt,[1141] es handle sich hingegen nicht um einen Ermessensspielraum, „welcher im Interesse eines Dritten besteht", vollzieht er offensichtlich eine Umkehr seiner Auffassung, indem er damit letztlich andeutet, dass es im Kern weniger um den Ausschluss eines Ermessens im Grundsätzlichen, als vielmehr um den Ausschluss eines drittschützenden Ermessens geht. Mit *Jädes* Ausspruch *„Ob man eine Wahlmöglichkeit der Verwaltung, deren Ausübung nicht an die Einstellung und Abwägung solcher [drittschützender] Interessen gebunden ist, als Ermessen bezeichnen will, ist in der Tat nur eine terminologische Frage, der an dieser Stelle nicht weiter nachgegangen werden soll."*[1142] dürfte nicht nur eine gewisse Resignation, sondern wohl vor allem auch Einsicht in dieser Streitfrage zum Ausdruck kommen.

Ginge man im Übrigen mit Teilen der Literatur und auch erstinstanzlichen Rechtsprechung davon aus, dass es für die Ablehnung nach Art. 68 Abs. 1 Satz 1, 2. Hs. BayBO 2008/2009 keiner Ermessensausübung bedarf, müsste man sich mit der dann auch konsequenten Folge auseinandersetzen, dass ein und dasselbe Bauvorhaben und damit die an sich selbe Rechtslage aufgrund reiner Zufällig-

---

[1138] Vgl. hierzu auch *Hornmann*, HBO, § 60 Rn 69/71, wonach § 60 Abs. 5 Satz 3 HBO ein gesetzlicher Fall des fehlenden Sachbescheidungsinteresses ist, der die Entscheidung in das Ermessen der Behörde stellt, ohne dass damit eine drittschützende Wirkung verbunden wäre.
[1139] Vgl. *Jäde*, BayVBl 2010, S. 744.
[1140] Vgl. *Ziekow*, VwVfG, § 40 Rn 21 m.w.N.
[1141] Vgl. *Jäde*, BayVBl 2010, S. 744.
[1142] *Jäde*, BayVBl 2010, S. 744.

keiten sowohl zugunsten als auch zulasten des Bauantragstellers beurteilt werden könnte.[1143] Ohne die neue Ablehnungsbefugnis wäre die Behörde gemäß den Maßgaben des Bayerischen Verwaltungsgerichtshofs nämlich gehalten, einerseits die Genehmigung zu erteilen und andererseits – sofern ein Verstoß gegen nicht zu prüfende Vorschriften in Betracht kommt – zeitgleich bzw. im Nachgang eine entsprechende repressive bauaufsichtliche Maßnahme im Sinne der Art. 74 ff BayBO 2008 zu ergreifen.[1144] Für letztere gelten schon wegen des Verhältnismäßigkeitsgrundsatzes anerkanntermaßen nicht nur höhere Hürden[1145] als bei der bloßen Ablehnung des Vorhabens im Rahmen des Genehmigungsverfahrens wegen zu berücksichtigender Verstöße, sondern es bedarf vor allem auch immer einer Ermessensentscheidung[1146]. *„[...] Denn während der Bauherr bei Erfüllung der gesetzlichen Zulässigkeitsvoraussetzungen grundsätzlich einen (letztlich durch Art. 14 GG[1147] geschützten) Anspruch auf die Baugenehmigung als gebundene Entscheidung hat, stünde eine erst noch zu treffende Entscheidung über ein Einschreiten wegen bauordnungswidriger Zustände, das allenfalls eine Verwertung der Genehmigung nachhaltig verhindern könnte [...], im Ermessen der Bauaufsichtsbehörde, das ohne Berücksichtigung der durch die Genehmigung vermittelten Rechtsposition auch dann kaum fehlerfrei auszuüben ist, wenn der bauordnungswidrige Zustand für sich betrachtet evident scheint. Die Voraussetzungen dafür, die Ausführung eines wegen planungsrechtlicher Zulässigkeit genehmigten Vorhabens durch sofort vollziehbare bauaufsichtliche Maßnahmen verhindern zu können, werden in der Regel [...] nicht gegeben sein."*[1148] Bestünde über Art. 68 Abs. 1 Satz 1, 2. Hs. BayBO 2008/2009 für die

---

[1143] Vgl. zu dieser Problematik im Kontext mit der gesetzlichen Bestimmung des Inhalts und der Schranken der Baufreiheit v.a. auch *Shirvani*, BayVBl 2010, S. 714.

[1144] Vgl. BayVGH, BayVBl 2006, S. 537 f [538]; ders., BayVBl 2009, S. 727 ff [729].

[1145] Von „höheren Hürden" ist insbesondere dann die Rede, wenn es um die prozessuale Durchsetzung im Rahmen des einstweiligen Rechtsschutzes geht, vgl. hierzu *Bamberger*, NVwZ 2000, S. 983 ff; *Bock*, DVBl 2006, S. 12 ff; *Borges*, DÖV 1997, S. 900 ff; *Glaser/Weißenberger*, BayVBl 2008, S. 460 ff; *Mampel*, UPR 1997, S. 267 ff; *Martini*, DVBl 2001, S. 1488 ff; *Preschel*, DÖV 1998, S. 45 ff; *Sacksofsky*, DÖV 1999, S. 946 ff; *Sarnighausen*, NJW 1993, S. 1623 ff; *Schenke*, DVBl 1990, S. 328 ff; *Steinberg*, NJW 1984, S. 457 ff; *Uechtritz*, NVwZ 1996, s. 640 ff; *Wahl*, JuS 1984, S. 577 ff.

[1146] Vgl. *Decker/Konrad*, Bayerisches Baurecht, Kap. II. Teil 8 Rn 26, Rn 38 ff (Baueinstellungsverfügung), Rn 54 ff (Baubeseitigung), Rn 65 ff (Nutzungsuntersagung).

[1147] Vgl. Art. 14 Abs. 1 GG bzw. Art. 103 Abs. 1 BV.

[1148] BayVGH, Urteil vom 19.01.2009, A. 2 BV 08.2567, BayVBl 2009, S. 507. Der zitierte Auszug der Urteilsbegründung findet sich beim BayVGH im Rahmen der Auseinandersetzung mit der Frage nach der Nutzlosigkeit der Baugenehmigung bei Verstößen gegen nicht prüfpflichtiges Recht mit der Folge fehlenden Sachbescheidungsinteresses.

Behörde die Möglichkeit auch sonstige, nach den Prüfprogrammen nicht zu prüfende Vorschriften ohne weitergehende Anforderungen und Ermessensausübung bereits im Genehmigungsverfahren abzuhandeln und damit das Bauvorhaben ohne weitere Eingriffsschwellen zu verhindern, ergäbe sich jedenfalls ein nicht aufzulösender Widerspruch. *Shirvani*, der zwar diese vorstehend zitierte Aussage des Bayerischen Verwaltungsgerichtshofs als „überspannt" bezeichnet, spricht hier gleichwohl sogar von der Möglichkeit der Baubehörde zu einem Handeln nach eigenem Gutdünken, welche damit selbst entscheide, ob das Vorhaben zugelassen werde oder nicht. Die Zulassung des Vorhabens wäre also ebenso zulässig wie deren Versagung.[1149] Verlangt man dagegen bei der Versagung nach Art. 68 Abs. 1 Satz 1, 2. Hs. BayBO 2008/2009 zu Recht eine behördliche Ermessensausübung, bedarf es der Beantwortung der vorstehend aufgeworfenen Frage nicht. Ferner wird mit dem hier vertretenen Verständnis der Norm verhindert, dass die für die repressiven bauaufsichtlichen Maßnahmen erforderliche Ermessensausübung willkürlich umgangen wird.

Die Regelung des Art. 68 Abs. 1 Satz 1, 2. Hs. BayBO 2008/2009 ist mithin entgegen – zumindest anfänglich – anderer Auffassung in der Literatur nicht lediglich als bloße, in das Belieben der Bauaufsichtsbehörde gestellte Befugnis derselben, sondern zugleich als ermessensgebende Vorschrift mit Handlungs- bzw. Ermessensspielraum zu verstehen, welcher den gesetzlichen Direktiven des Art. 40 BayVwVfG und damit letztlich auch der beschränkten gerichtlichen Kontrolle[1150] unterliegt. Die Vorschrift bietet der Verwaltung eine Wahlmöglichkeit.

3. Pflichtgemäße Ermessensausübung nach Zufallsfund

Die Rechtsauffassung *Jädes* von einer bloßen Befugnisnorm hat nicht nur in der Literatur[1151] eine weitere Kontroverse ausgelöst und Widerspruch erfahren, sondern auch durch die zwischenzeitlichen Entscheidungen des Bayerischen Ver-

---

[1149] Vgl. *Shirvani*, BayVBl 2010, S. 714 f m.w.N. BVerwG, Urteil vom 29.04.1964, Az. I C30.62, u.a.
[1150] Vgl. *Erbguth*, Allgemeines Verwaltungsrecht, § 14 Rn 42.
[1151] Vgl. zum Meinungsstand auch *Decker/Konrad*, Bayerisches Baurecht, Kap. II. Teil 6 Rn 12.

waltungsgerichtshofs im Ergebnis eine Absage erhalten. Die Befürworter[1152] einer Ermessensvorschrift können wohl als überzählig angesehen werden. Während inzwischen auch obergerichtlich zumindest geklärt ist, dass es sich bei Art. 68 Abs. 1 Satz 1, 2. Hs. BayBO 2008/2009 jedenfalls um eine Befugnisnorm mit Ermessensspielraum handelt, ist es in der Literatur mangels[1153] obergerichtlicher Aussage nach wie vor streitig, welche Konsequenzen aus der Annahme eines Ermessens zu ziehen sind. Richtigerweise ist hier jedoch im Ergebnis am sog. bloßen Zufallsfund der Behörde anzusetzen.

Im Folgenden sollen zunächst die in dieser Streitfrage von der Literatur vertretenen Rechtsauffassungen aufgezeigt und wertend analysiert werden, wobei sich die Darstellung auf zwei konträr gegenüberstehenden Meinungen beschränkt. Schließlich wird im Wege einer prokritischen Würdigung der vertretenen Auffassungen positionierend Stellung bezogen.

a) Versagungsermessen und Gefahr des Ermessensausfalls (*Ingold/Schröder*)

Von einem normstrukturellen Verständnis des Art. 68 Abs. 1 Satz 1, 2. Hs. BayBO 2008/2009 als Ermessensnorm in Form des sog. Versagungsermessens ausgehend kommen *Ingold* und *Schröder* im Ergebnis zu dem Schluss, dass die Baugenehmigungsbehörden durch die gegenständlich diskutierte Regelung zum Zwecke der Meidung eines Ermessensausfalls dazu angehalten seien, bei jedem Genehmigungsantrag die Vereinbarkeit des Vorhabens mit allen öffentlich-rechtlichen Vorschriften zu prüfen. Hierdurch komme es letztlich zu einer faktischen Erweiterung des Prüfprogramms. Insoweit lasse der bayerische Landesgesetzgeber durch die von ihm gewählte Normstruktur das an sich für das vereinfachte Baugenehmigungsverfahren beschränkte Prüfprogramm leerlaufen.[1154] Wenn auch mit anderer Begründung und auch zum Teil mit anderen Konsequenzen folgert auch *Koehl*, dass der Prüfungsumfang im Baugenehmigungsver-

---

[1152] Vgl. *Gaßner*, in: Simon/Busse, BayBO, Art. 64 Rn 19e; *Wolf*, in: Simon/Busse, BayBO, Art. 59 Rn 95; *Linke*, BayVBl 2010, S. 430; *Manssen/Greim*, BayVBl 2010, S. 421 ff; i.E. auch *Ingold/Schröder*, BayVBl 2010, S. 426 ff; *Koehl*, BayVBl 2009, S. 645 ff; a.A. *Jäde*, in: Jäde/Dirnberger/Bauer, Die neue BayBO, Art. 68 Rn 36; *Lechner*, in: Simon/Busse, BayBO, Art. 68 Rn 174.

[1153] Vgl. *Jäde*, BayVBl 2011, S. 333/334 m.w.N.

[1154] Vgl. *Ingold/Schröder*, BayVBl 2010, S. 426 ff [427/428].

fahren trotz dessen grundsätzlicher Beschränkung zumindest faktisch wieder auf alle einzuhaltenden öffentlich-rechtlichen Vorschriften erweitert werde.[1155]

Aufgrund der gewählten Gesetzestextfassung „[...] darf [...] ablehnen, wenn [...]" qualifizieren die Autoren *Ingold* und *Schröder*[1156] die in 2009 neu geschaffene Ablehnungsbefugnis grundsätzlich zu Recht als Ermessensnorm in der Konstruktion eines Versagungsermessens, die in ihrer negierenden Ausrichtung sicherlich nicht der regelmäßigen oder gewöhnlichen Ausgestaltung von Ermessen entspricht, zumal es innerhalb des Regelungsmodells eines präventiven Verbots mit Erlaubnisvorbehalts eingebettet ist. Mit der Neuregelung wird der Behörde die Entscheidung über die Versagung der Baugenehmigung in den Fällen eines Verstoßes gegen außerhalb des Pflicht- und Maximalprüfprogramms liegende Vorschriften anheimgestellt. Neben den von *Ingold* und *Schröder* aufgezeigten Beispielen im Migrationsrecht (vgl. dort § 27 Abs. 3 Satz 1 AufenthG)[1157] und im Betäubungsmittel- oder Sprengstoffgesetz (vgl. § 5 Abs. 2 BtMG oder § 8 Abs. 2 SprengG)[1158] wurde auch für die vormalige Textfassung in Art. 72 Abs. 1 Satz 1 BayBO 1998 eine solch negierende Formulierung gewählt, die seit jeher vor dem Hintergrund einer verfassungskonformen Auslegung gleichwohl als gebundene Erlaubnis[1159] aufgefasst worden ist. Denn die aus den Art. 14 Abs. 1 GG und Art. 103 Abs. 1 BV geschlussfolgerte Baufreiheit berechtigt zu einer baulichen Nutzung des Grund- und Bodens, soweit die rahmengebenden Gesetze als Inhalts- und Schrankenbestimmungen (Art. 14 Abs. 1 Satz 2 GG) eingehalten sind.[1160] Wie bereits oben aufgezeigt stellt das Baugenehmigungserfordernis demnach das Paradebeispiel eines präventiven Verbots mit Erlaubnisvorbehalt dar. Als grundrechtsbeschränkendes präventives Verbot, welches durch eine Erlaubnis in Form der Baugenehmigung aufgehoben werden kann, weist es neben den normierten Genehmigungsvoraussetzungen gerade kein weiteres Genehmigungsermessen auf, was die Baugenehmigung zur gebundenen Entscheidung werden lässt. *Koehl*[1161] bezeichnet die erweiterte Ablehnungsbefugnis in diesem Kontext als zumindest auslegungsbedürftig, da das

---

[1155] Vgl. *Koehl*, BayVBl 2009, S. 645 ff [651].
[1156] Vgl. *Ingold/Schröder*, BayVBl 2010, S. 428.
[1157] Vgl. § 27 Abs. 3 Satz 1 AufenthG: „Die Erteilung der Aufenthaltserlaubnis zum Zweck des Familiennachzugs kann versagt werden, wenn [...]."
[1158] Vgl. z.B. § 5 Abs. 2 BtMG: „Die Erlaubnis kann versagt werden, wenn [...]."
[1159] Vgl. *Busse/Dirnberger*, Die neue BayBO, Art. 68 Ziff. 1, S. 344.
[1160] Vgl. hierzu auch *Lechner*, in: Simon/Busse, BayBO, Art. 68 Rn 22 ff.
[1161] Vgl. *Koehl*, BayVBl 2009, S. 651.

erweiterte behördliche Ablehnungsermessen eben den in Art. 68 Abs. 1 Satz 1, 1. Hs. BayBO 2008/2009 formulierten Anspruch auf Erteilung der Baugenehmigung einzuschränken scheine. Auch *Shirvani*[1162] sieht letztlich die Gefahr, dass durch die Ablehnungsbefugnis mit Versagungsermessen im Falle eines solchen Verstoßes die an sich gebundene Entscheidung damit zu einer Ermessensentscheidung würde. Bei den von *Ingold* und *Schröder* benannten normierten Fällen eines Versagungsermessens handelt es sich – anders als bei Art. 72 Abs. 1 Satz 1 BayBO 1998 – strukturell um jeweils repressive Verbote mit Befreiungsmöglichkeit für solche Sachverhaltskonstellationen, in denen die Befreiung ein milderes Mittel gegenüber den an sich strikten Verboten von grundsätzlich gefährlichen, sozialschädlichen oder auch sozialpolitisch unerwünschten Handlungen darstellt. Vor diesem Hintergrund erscheint die Ausgestaltung des Art. 68 Abs. 1 Satz 1, 2. Hs. BayBO 2008/2009 auf den ersten Blick regelungstechnisch in der Tat befremdlich und verquer, verfassungsrechtlich bedenklich ist sie gleichwohl nicht.[1163] Denn mag hier zunächst auch der Eindruck entstehen, die gebundene baurechtliche Behördenentscheidung ohne weiteres Genehmigungsermessen, wie sie nunmehr in Art. 68 Abs. 1 Satz 1 Satz 1, 1. Hs. BayBO 2008/2009 auch „positiv" formuliert ist, würde in ein vollständiges originäres Versagungsermessen verkehrt, so sind diese Überlegungen jedenfalls im Ergebnis unbegründet. Die Versagung wird nur bei Verstößen gegen sonstige öffentlich-rechtliche Vorschriften für zulässig erklärt. Die damit vorausgesetzte Gesetzesmäßigkeit des Bauvorhabens im Hinblick auf sonstige öffentlich-rechtliche Vorschriften ist anerkanntermaßen[1164] verfassungsrechtlich nicht zu beanstanden; die Verfassungsmäßigkeit solcher Vorschriften natürlich unterstellt. Bereits aus Art. 55 Abs. 2 BayBO 2008 geht hervor, dass der Bauherr zur Einhaltung der Anforderungen, die durch eben solche öffentlich-rechtliche Vorschriften an das Bauvorhaben gestellt werden, verpflichtet ist. Auch der gebundene Anspruch auf Erteilung der Baugenehmigung verlangt damit – jedenfalls soweit geprüft – Gesetzeskonformität. Indem also das Ergehen einer Baugenehmigung „nur" im Falle eines Verstoßes gegen grundsätzlich einzuhaltende Vorschriften und nicht generell in das Ermessen der Behörde gestellt wird, handelt es sich lediglich um eine abgeschwächtere Version des präventiven Verbots mit

---

[1162] Vgl. *Shirvani*, BayVBl 2010, S. 711.
[1163] Vgl. *Ingold/Schröder*, BayVBl 2010, S. 428.
[1164] Vgl. *Dirnberger*, in: Jäde/Dirnberger/Bauer, Die neue BayBO, Art. 55 Rn 54 f; *Koehl*, BayVBl 2009, S. 651.

Erlaubnisvorbehalt. Aufgrund dessen bezeichnet *Koehl*[1165] in diesem Kontext die Ablehnungsbefugnis allerdings als auslegungsbedürftig, da einerseits die Baugenehmigung trotz eines erkannten Verstoßes gegen nicht zu prüfende Vorschriften nach pflichtgemäßem Ermessen erteilt werden könne, andererseits jedoch die Kriterien für diese Ermessensausübung vom Gesetz nicht einmal ansatzweise definiert seien. Angesichts der gerade von den bayerischen Verwaltungsgerichten zum Teil äußerst extensiv betriebenen Handhabung der Befugnis erscheint eine einschränkende Auslegung tatsächlich nötig. Die erweiterte Ablehnungsbefugnis wahrt unter der Prämisse[1166] eines nicht fakultativ erweiterbaren Prüfungsumfangs aber jedenfalls die verfassungsgegebenen Rechtsstaatsprinzipien im Sinne des Art. 20 Abs. 3 GG, da ein etwaiges Außerachtlassen eines Verstoßes auf der Ebene der Genehmigungserteilung angesichts der gleichwohl bestehenden repressiven bauaufsichtlichen Maßnahmen nicht zu einer Veränderung der materiellen Anforderungen, sondern allenfalls zu einer Verlagerung der Erwägungen führt.[1167] *„Mit anderen Worten wird die übliche Ausgestaltung der Gesetzesbindung im Rahmen eines herkömmlichen präventiven Verbots mit Erlaubnisvorbehalt so modifiziert, dass die strikte Versagungslogik der Eröffnungskontrolle partiell für jenseits des eigentlichen Prüfprogramms liegende Vorschriften durch Ermessen der Behörde aufgebrochen ist."*[1168]

Die Autoren *Ingold* und *Schröder* folgern aus dieser im Grundsätzlichen anzuerkennenden Normstruktur des Art. 68 Abs. 1 Satz 1, 2. Hs. BayBO 2008/2009 in äußerst restriktiver Lesart eine zumindest faktische Erweiterung des behördlichen Prüfprogramms. Dieses abschließende Fazit gründet sich auf die Überlegung, dass die Genehmigungsbehörde Gefahr laufe, einen Ermessensfehler in Form des Ermessensausfalls zu begehen, wenn sie nicht nach etwaigen Verstößen gegen sonstige öffentlich-rechtliche Vorschriften sucht. Nach dieser Rechtsauffassung ergäbe sich nämlich die Rechtswidrigkeit der Behördenentscheidung bereits dann, wenn die Behörde verkennt, dass ihr im Falle eines Verstoßes gegen sonstige öffentlich-rechtliche Vorschriften gemäß Art. 68 Abs. 1

[1165] Vgl. *Koehl*, BayVBl 2009, S. 651.
[1166] Vgl. zum Verstoß gegen das Rechtsstaatsprinzip bei der Annahme einer Erweiterungsmöglichkeit des Prüfprogramms im Ermessenswege *Shirvani*, BayVBl 2010, S. 713.
[1167] Vgl. *Ingold/Schröder*, BayVBl 2010, S. 428.
[1168] *Ingold/Schröder*, BayVBl 2010, S. 428.

Satz 1, 2. Hs. BayBO 2008/2009 ein (Versagungs-)Ermessen eingeräumt ist.[1169] Von einem eingeräumten Ermessen wäre demnach zwingend Gebrauch zu machen. In konsequenter Fortführung dieses Gedankengangs muss die Behörde allerdings erst nach etwaigen Verstößen „Ausschau halten", will sie in Erfahrung bringen, ob eine Ermessenseröffnung gegeben ist. Diese Rechtsauffassung knüpft hinsichtlich der Gefahr des Ermessensausfalls offenbar nicht erst an den von der Behörde „vorgefundenen" bzw. „angetroffenen" oder ihr mitgeteilten Verstoß an, sondern bereits vorher bei der damit im Ergebnis verpflichtenden Suche nach etwaigen Verstößen, mithin also an der objektiven Rechtslage und nicht an der konkreten Behördenkenntnis. Weiterhin sehen die benannten Autoren aufgrund des uneingeschränkten Gesetzeswortlauts der neuen Ablehnungsbefugnis und der strikten Gesetzesbindung aufgrund von Art. 20 Abs. 3 GG nicht mehr die Möglichkeit gegeben, wie für die Rechtsfigur des fehlenden Sachbescheidungsinteresses noch allgemein anerkannt, den Verstoß auf offensichtliche Verstöße einzugrenzen. Insoweit sind die Bauaufsichtsbehörden nach *Ingold* und *Schröder* dazu angehalten, bei jedem Genehmigungsantrag die Vereinbarkeit des Vorhabens mit allen öffentlich-rechtlichen Vorschriften zu prüfen.[1170]

Unbestritten fehlen sowohl gesetzliche Kriterien für die Ermessensausübung nach Art. 68 Abs. 1 Satz 1, 2. Hs. BayBO 2008/2009, die angesichts der an sich gebundenen Behördenentscheidung des voranstehenden ersten Halbsatzes umso dringlicher erscheinen, als auch konkrete Anhaltspunkte dafür, ob sich die Ermessensausübung in Form des Versagungsermessens an der objektiven Rechtslage oder nach dem jeweils einschlägigen Kenntnisstand der Bauaufsichtsbehörde zu orientieren hat. Im Ergebnis beschränken *Ingold* und *Schröder* das Ermessen nicht nur auf die Auswahl der möglichen Handlungsalternativen im Falle des festgestellten bzw. zur Kenntnis gebrachten Verstoßes, sondern erstrecken dieses auf die Suche nach etwaigen Verstößen. Eine der Norm wesensimmanente Verpflichtung der Baubehörde zu folgern, sämtliches öffentliches Recht entgegen des ausdrücklichen Wortlauts der Art. 59 und 60 BayBO 2008 als Pflichtprüfprogramm anzusehen, um die Rechtswidrigkeit der Entscheidung aufgrund eines vermeintlichen Ermessensausfalls zu vermeiden, erweist sich

---

[1169] Vgl. *Ingold/Schröder*, BayVBl 2010, S. 428.
[1170] Vgl. *Ingold/Schröder*, BayVBl 2010, S. 428.

allerdings als zu weitgehend und zudem aufgrund der Auslegung der Norm als nicht zwingend.

b) Ablehnungsbefugnis mit Ermessensausübung nach Zufallsfund (*Manssen/Greim*)

Auch die Autoren *Manssen* und *Greim*[1171] nähern sich der Neuregelung des Art. 68 Abs. 1 Satz 1, 2. Hs. BayBO 2008/2009 über Wortlaut und Telos unter Berücksichtigung des höherrangigen Rechts und gelangen gleichsam, wie vorstehend aufgezeigt und hier vertreten, im Ergebnis zu dem Schluss, dass sich die Baugenehmigung nunmehr als präventives Verbot mit Erlaubnisvorbehalt mit ausnahmsweise eröffnetem Versagungsermessen darstellt. Gegenüber der nicht stimmigen dogmatischen Einordnung in den Vollzugshinweisen der Obersten Baubehörde verlangen die benannten Autoren eine Neukonzeption des Art. 68 Abs. 1 Satz 1 BayBO 2008/2009. Der Gesetzgeber hat der Baugenehmigung durch die Neufassung dieser Norm in der Tat ein neues Gesicht gegeben, welches *Ingold* und *Schröder*[1172] in regelungstechnischer Hinsicht sogar als „unorthodox" bis „verquer" bezeichnen. Trotz dieses gleichen Ausgangspunktes hinsichtlich der Normstruktur unterscheidet sich die Sichtweise von *Manssen* und *Greim* erheblich von der in dem vorausgehenden Gliederungspunkt dargestellten und erweist sich schlussendlich als die richtigere. Zu Recht wird nämlich keine erweiterte Prüfpflicht der Bauaufsichtsbehörden mit der Folge eines umfassenden Prüfprogramms aufgrund eines vermeintlich drohenden Ermessensausfalls gefolgert, da in der Tat erst am sog. „Zufallsfund" anzusetzen ist.

Die gegenständliche Kontroverse geht von Art. 68 Abs. 1 Satz 1, 2. Hs. BayBO 2008/2009 als Ermessensnorm in Gestalt eines Versagungsermessens aus und betrifft die Frage, auf welchen Zeitpunkt und auf welche Sachlage abzustellen ist, wenn es um die Ausübung des pflichtgemäßen Ermessens geht. Unter Hinweis auf die Intention des Gesetzgebers, die keinerlei Anhaltspunkte für eine (fakultative) Erweiterung der beschränkten bauaufsichtlichen Prüfprogramme erkennen lässt, stellen *Manssen* und *Greim* unter Bezugnahme auf *Jäde* fest, dass man sich darüber klar werden müsse, dass es bei der neuen Ablehnungsbefugnis nicht um eine systematische Prüfung von Normen außerhalb des Pflicht-

---

[1171] Vgl. *Manssen/Greim*, BayVBl 2010, S. 421 ff [423 ff].
[1172] Vgl. *Ingold/Schröder*, BayVBl 2010, S. 428.

prüfprogramms gehe, sondern um den Umgang mit sog. Zufallsfunden.[1173] Rechtsverstöße gegen sonstige öffentlich-rechtliche Vorschriften in Form solcher sog. Zufallsfunde stellen damit die Weichen für den klassischen gebundenen Anspruch auf Erteilung der Baugenehmigung ohne weiteres Genehmigungsermessen einerseits und mit der Befugnis zur Ablehnung dieses Anspruchs im Falle eines zufällig aufgefundenen Verstoßes gegen nicht prüfpflichtige Vorschriften im Ermessenswege andererseits. *Manssen* und *Greim* bezeichnen den Zufallsfund als Schlüssel zur konkreten Ausgestaltung des Anspruchs auf Baugenehmigung. Denn nur dann, wenn es zufällig und ohne notwendige systematische Prüfung zu einem sog. Zufallsfund kommt, eröffnet dieser das Ermessen der Bauaufsichtsbehörde, welches sich dann zugleich auf diesen konkreten Verstoß bezieht.[1174] Anders als bei *Ingold* und *Schröder* kommt ein Ermessensfehler in Gestalt des Ermessensausfalls damit nicht schon dann in Betracht, wenn die Behörde einen nach objektiver Rechtslage vorliegenden Verstoß übersieht und damit das ihr grundsätzlich nach Art. 68 Abs. 1 Satz 1, 2. Hs. BayBO 2008/2009 eingeräumte Ermessen – mangels Kenntnis desselben – nicht ausübt. Dass der sog. Zufallsfund eines Rechtsverstoßes als das die Anwendung der Ablehnungsbefugnis auslösende Moment anzusehen ist, wird auch von *Jäde* seit Beginn der Debatte um die Neuregelung betont, der allerdings dann keine weitere Ermessensausübung mehr verlangt.[1175]

Mit der Frage nach dem Zeitpunkt des Ermessens ist – wie die aufgezeigten konträren Rechtsauffassungen zeigen – unweigerlich die Frage nach dem Umfang des Prüfprogramms verbunden. Während ein Teil der Fachkritiker, hier allen voran *Ingold* und *Schröder*, wegen der (vermeintlichen) Gefahr eines Ermessensausfalls eine zumindest faktische Prüfpflicht aller zur Diskussion stehenden öffentlich-rechtlichen Vorschriften sehen, bleibt das beschränkte Prüfprogramm nach der Auffassung des überwiegenden Teils der Autoren (auch faktisch) unberührt.

[1173] Vgl. *Manssen/Greim*, BayVBl 2010, S. 423 m.w.N. *Jäde*, BayVBl 2009, S. 709 ff [714].
[1174] Vgl. *Manssen/Greim*, BayVBl 2010, S. 424.
[1175] Vgl. *Jäde*, BayVBl 2009, S. 714; *ders.*, in: Jäde/Dirnberger/Bauer, Die neue BayBO, Art. 68 Rn 36 ff [37a]; von diesem allerdings zuletzt wohl selbst in Frage gestellt, vgl. *ders.*, BayVBl 2010, S. 744.

c) Prokritische Stellungnahme für das Versagungsermessen nach Zufallsfund

In jedem Falle ist die Ablehnungsbefugnis des Art. 68 Abs. 1 Satz 1, 2. Hs. BayBO 2008/2009 als eine Vorschrift anzusehen, die der Bauaufsichtsbehörde in bestimmten – im Folgenden aufzuzeigenden – Fällen einen Ermessensspielraum mit dann zwingender Ermessensausübung einräumt. Die gesetzestechnische Umsetzung erfolgt in Gestalt des sog. Versagungsermessens und lässt den an sich gebundenen Anspruch auf Erteilung der Baugenehmigung unberührt. Insoweit wird auf die voranstehende ausführliche Erörterung und Darlegung verwiesen. Nachdem auch der Bayerische Verwaltungsgerichtshof von einer Ermessensvorschrift ausgeht, dürfte ohnehin eine Umkehr der erstinstanzlichen verwaltungsgerichtlichen Rechtsprechung zu erwarten sein, soweit diese das Ermessenserfordernis bislang verneint hat. Die hier vertretene Rechtsauffassung eines baubehördlichen Versagungsermessens nach sog. Zufallsfund bringt die gesetzliche Systematik einerseits, wie von der Bayerischen Bauordnung vorgegeben, und die Intention des Gesetzgebers zur Neuregelung des Art. 68 Abs. 1 Satz 1, 2. Hs. BayBO 2008/2009 andererseits in ein stimmiges Verhältnis zueinander,[1176] ohne auf eine Aufspaltung geläufiger verwaltungsrechtlicher Termini technici zurückgreifen zu müssen. Sicherlich bedarf es für diese Folgerung der Auslegung der Norm, nachdem sich dieses Ergebnis – wie die unterschiedlichen Auffassungen zu dieser Thematik mit allem Für und Wider aufzeigen – nicht bereits von selbst erschließt. Kritik zu üben ist damit in jedem Falle am Gesetzgeber, welcher eine zu offene Formulierung gewählt hat, die sprichwörtlich „über das Ziel hinausschießt". Die Kritik macht des Weiteren aber auch vor der (bislang) erstinstanzlichen verwaltungsgerichtlichen Rechtsprechung nicht halt, die in weiten Teilen die Notwendigkeit einer solch einschränkenden Auslegung verkennt.[1177]

Der Ablehnungsbefugnis steht die unveränderte Regelung des Art. 68 Abs. 1 Satz 1, 1. Hs. BayBO 2008/2009 voran, wonach die Baugenehmigung zu erteilen ist, wenn dem Bauvorhaben keine öffentlich-rechtlichen Vorschriften entgegenstehen, die im bauaufsichtlichen Genehmigungsverfahren zu prüfen

---

[1176] Vgl. aber *Decker/Konrad*, Bayerisches Baurecht, Kap. II. Teil 6 Rn 12, wonach keine der – von *Decker* dargestellten (vgl. *Decker/Konrad*, ebd.) – Auffassungen zu überzeugen vermöge.
[1177] So auch *Shirvani*, BayVBl 2010, S. 709 ff [711].

sind. Der Verweis auf die bauaufsichtlichen Genehmigungsverfahren verdeutlicht die der Bayerischen Bauordnung seit Beginn der Deregulierung zugrunde liegende Beschränkung bauaufsichtlicher Prüfung. Somit muss nach wie vor der ausschließlich durch Art. 59 und Art. 60 BayBO 2008 bestimmte Prüfungsumfang als Regelfall gegenüber der Ablehnungsbefugnis nach Art. 68 Abs. 1 Satz 1, 2. Hs. BayBO 2008/2009 angesehen werden.[1178] Es ist damit auszuschließen, dass der Regelungsgehalt der Neuregelung das Prüfprogramm des jeweiligen Baugenehmigungsverfahrens erweitert oder erweitern sollte,[1179] denn der Prüfungsmaßstab wird über Art. 59 bzw. Art. 60 BayBO 2008 und nicht über Art. 68 BayBO 2008 festgelegt, der den Maßstab vielmehr voraussetzt bzw. auf diesen Bezug nimmt. Sowohl die verwaltungsgerichtliche Rechtsprechung, die zum Teil mangels Annahme eines normimmanenten Ermessens das Prüfprogramm gewissermaßen in das Belieben der Bauaufsichtsbehörden gestellt sieht,[1180] wie auch die Folgerungen von *Ingold* und *Schröder*[1181] oder *Koehl*[1182] verkennen dieses Regel-Ausnahme-Verhältnis der Normstruktur und erweisen sich damit als systemwidrig, wenn sie die Regelung als zumindest faktische, fakultative oder gar beliebige Erweiterung des Prüfungsumfangs deuten. Weder der Wortlaut noch die Auslegung der Norm verlangen eine solche Folge zwingend.

Der vom Gesetzgeber gewählte Wortlaut „[...] wenn das Bauvorhaben gegen sonstige öffentlich-rechtliche Vorschriften verstößt [...]" verhält sich hinsichtlich der Theorie von *Ingold* und *Schröder* zugegebenermaßen nicht eindeutig und wirft die Frage auf, ob es für diese Bedingung auf die objektive Rechtslage oder aber lediglich auf den Kenntnisstand der Baubehörde ankommt. Stellt man für die Eröffnung des Ermessensspielraums auf den objektiven Verstoß ab, ohne dass die Behörde Kenntnis von diesem Verstoß hat oder haben müsste, stellt sich in der Tat die Problematik eines Ermessensausfalls mangels Kenntnis des dann objektiv gegebenen Ermessens. Die Intention des Gesetzgebers ist mit

---

[1178] Vgl. so auch *Shirvani*, BayVBl 2010, S. 711.
[1179] Vgl. *Schwarzer/König*, BayBO, Art. 68 Rn 26; *Manssen/Greim*, BayVBl 2010, S. 421 ff [423].
[1180] Vgl. z.B. VG Würzburg, Urteil vom 29.01.2010, Az. W 5 K 09.1084: „*[...] Bestimmung erlaubt [...], das [...] Prüfprogramm zu erweitern [...]*"; zumindest den Charakter einer Ermessensvorschrift ausdrücklich verneinend VG Regensburg, Urteil vom 13.07.2010, Az. RN 6 K 10.684.
[1181] Vgl. *Ingold/Schröder*, BayVBl 2010, S. 426 ff [428].
[1182] Vgl. *Koehl*, BayVBl 2009, S. 645 ff [651].

einer solch weiten Deutung des Gesetzeswortlauts jedoch nicht kompatibel, heißt es in den Gesetzgebungsmaterialen doch ausdrücklich, dass die Ablehnung möglich ist, *„[...] wenn ein Verstoß gegen Vorschriften **erkannt** wird [...] [Hervorhebung durch den Verfasser]."*[1183] Es ist vielmehr ausschließlich auf die Kenntnis der Baubehörde abzustellen. Erst dann, wenn diese einen Verstoß gegen nicht prüfpflichtige Vorschriften feststellt, ist das Ermessen eröffnet und verlangt nach pflichtgemäßer Betätigung desselben. Eine Formulierung, wie sie einst bereits der Berliner Gesetzgeber in § 60a Abs. 2 Satz 3 BauO Bln 1997 a.F. gewählt hat, hätte eine solche Bestimmung bzw. Auslegung entbehrlich gemacht; es heißt dort: „Die Erteilung einer Baugenehmigung kann auch versagt werden, wenn Verstöße gegen nicht zu prüfende Vorschriften dieses Gesetzes oder aufgrund dieses Gesetzes *festgestellt* werden [Hervorhebung durch den Verfasser]." Das „Darf" der Neuregelung ist damit als reines Auswahlermessen zu verstehen und nicht bereits auf der Ebene des Behördenentschlusses anzusiedeln, in eine Prüfung hinsichtlich etwaiger Verstöße einzusteigen. Art. 68 Abs. 1 Satz 1, 2. Hs. BayBO 2008/2009 bildet durch seine in Form eines zweiten Halbsatzes nachgelagerte Stellung lediglich die Grundlage dafür, in Einzel- bzw. Ausnahmefällen, d.h. punktuell, die Baugenehmigung zu versagen, ohne dabei auf das Prüfprogramm als solches Einfluss zu nehmen.[1184] Das materielle Pflichtprüfprogramm des jeweils einschlägigen Prüfkatalogs soll nicht nur entsprechend dem Gesetzgeberwillen[1185], welcher eine wie auch immer geartete faktische oder fakultative Ausweitung der beschränkten Prüfprogramme nicht in Betracht zieht,[1186] von der Ablehnungsbefugnis unberührt bleiben, sondern ist

---

[1183] Vgl. LtDrs. 16/1351 vom 13.05.2009.
[1184] Vgl. i.d.S. auch *Manssen/Greim*, BayVBl 2010, S. 424.
[1185] Der Gesetzgeber führt zur Novellierung 2008 aus: *„[...] [M]it der Neufassung [wird] nochmals das im vereinfachten Baugenehmigungsverfahren verbleibende Prüfprogramm entsprechend § 63 Satz 1 MBO reduziert. [...] Die bayerische Bauordnungsreformgesetzgebung hat die überkommene Konzeption der Baugenehmigung als einer umfassenden öffentlich-rechtlichen Unbedenklichkeitsbescheinigung bereits mit den Novellen von 1994 und 1998 aufgegeben. Gleichwohl ist bisher auch in Art. 72 Abs. 1 a.F. noch die Tendenz zu einer möglichst weit greifenden Präventivkontrolle in dem auf Sonderbauten beschränkten „herkömmlichen" Genehmigungsverfahren spürbar. Art. 67 reduziert demgegenüber das Prüfprogramm im Anschluss an § 64 MBO und konzipiert es – im Verhältnis zum sonstigen öffentlichen Recht neu. [...]"* (LtDrs. 15/7161 vom 15.01.2007, S. 64/65) Hinsichtlich solcher Aussagen wäre es widersinnig, anzunehmen, der Gesetzgeber hätte mit der Neuregelung eine Ausdehnung der Prüfprogramme gewollt.
[1186] Vgl. LtDrs. 16/1351 vom 13.05.2009, S. 2.

auch schon aufgrund der Gesetzessystematik[1187] nicht zu Gunsten der Baubehörde disponibel. Eine fakultative Erweiterung des Prüfprogramms (gleich ob im Ermessenswege oder nicht) hätte gesetzessystematisch in Art. 59 bzw. Art. 60 BayBO 2008 und nicht in einem zweiten Halbsatz zu Art. 68 Abs. 1 Satz 1 BayBO 2008 verortet werden müssen.[1188] Infolge dessen darf die Bauaufsichtsbehörde auch ihre Prüfung über die in den Art. 59 und 60 BayBO 2008 festgelegten Anforderungen hinaus nicht mit der Erwartung ausdehnen, einen in diesem Sinne nicht mehr prüfpflichtigen Verstoß ausfindig zu machen. Vor dem Hintergrund des gesetzgeberischen Anspruchs, an der Deregulierung der baurechtlichen Genehmigungsverfahren festzuhalten und lediglich im Sinne der reinen Verfahrensökonomie unnötige und unter Umständen widersprüchliche Parallelverfahren im Sinne repressiver Bauaufsicht zu vermeiden, ist es mit der Ablehnungsbefugnis nach Art. 68 Abs. 1 Satz 1, 2. Hs. BayBO 2008/2009 auch nicht vereinbar, dass die Bauaufsichtsbehörde für die Feststellung von Verstößen gegen an sich nicht prüfpflichtige Vorschriften umfangreiche Ermittlungen anstrengt. Der nebenbei festgestellte Verstoß muss „*ohne eine ins Einzelne gehende Prüfung*"[1189] ersichtlich sein, mithin sprichwörtlich „ins Auge springen". Andernfalls würde die gesetzlich vorgegebene Systematik, welche die Versagung wegen sonstiger Verstöße wie aufgezeigt gerade als Ausnahmefall ausgestaltet hat, ins Gegenteil verkehrt.

Soweit vor allem die Rechtsprechung weitergehend als die Autoren *Ingold* und *Schröder*, welche die faktische Erweiterung des Prüfprogramms als notwendige Konsequenz der Bemühung sehen, die Unwirksamkeit der Behördenentscheidung wegen eines vermeintlichen Ermessensausfalls zu vermeiden, den Prüfungsumfang als solchen in das Belieben der Behörde stellt,[1190] mithin also im „Darf" der Norm eine Ermächtigung zur beinahe willkürlichen Ausdehnung des gesetzlich vorgegebenen und zugleich beschränkten Prüfprogramms sieht, gerät sie in jedem Falle – wie auch *Shirvani*[1191] zutreffend feststellt – in Konflikt mit dem verfassungsrechtlichen Grundsatz des Gesetzesvorbehalts und

---

[1187] Vgl. hierzu auch *Shirvani*, BayVBl 2010, S. 711.
[1188] Vgl. so auch *Manssen/Greim*, BayVBl 2010, S. 423.
[1189] Vgl. – zutreffend – *Sauthoff*, BauR 2013, S. 417, für eine Antragsablehnung wegen fehlenden Sachbescheidungsinteresses i.S.d. allgemeinen Rechtsgrundsatzes.
[1190] Vgl. v.a. VG Würzburg, Urteil vom 29.01.2010, Az. W 5 K 09.1084: „*[...] Bestimmung erlaubt [...], das [...] Prüfprogramm zu erweitern [...]*".
[1191] Vgl. *Shirvani*, BayVBl 2010, S. 711 f.

der Bestimmtheit der Norm. Der Gesetzgeber ist nämlich verpflichtet, die für den Bereich der Grundrechtsausübung maßgeblichen Regelungen im Wesentlichen selbst zu treffen und darf es nicht dem Handeln und der Entscheidungsmacht der Exekutive überlassen, die Grenzen von Freiheit und Eigentum, mithin also die Reichweite des Schutzes der Eigentumsgarantie, welche durch die Inhalts- und Schrankenbestimmungen im Sinne des Art. 14 Abs. 1 Satz 2 GG vom Gesetzgeber festzulegen sind, selbst zu bestimmen.[1192]

Sieht man wie hier vertreten erst die Kenntnis der Behörde von einem sonstigen, nicht zu prüfenden Rechtsverstoß als das die Ermessensausübung auslösende Moment an, stellt sich als Kehrseite der Medaille sicherlich die Problematik einer gehäuften Kenntnisprovokation durch Dritte. Es dürfte zu erwarten sein, dass es vermehrt zu Mitteilungen Dritter, insbesondere betroffener Nachbarn, kommen wird, die auf diese Weise eine Ablehnung des Bauantrags durch die entscheidungsbefugte Behörde zu erreichen suchen. Einer Differenzierung dahingehend, auf welche Art und Weise die Bauaufsichtsbehörde Kenntnis von einem Verstoß erhält, der nach entsprechender Ermessensausübung zu einer Ablehnung gemäß Art. 68 Abs. 1 Satz 1, 2. Hs. BayBO 2008/2009 führen könnte, bedarf es allerdings nicht. Dieser prognostizierte Umstand, also gehäufte Anzeigen bauordnungsrechtlicher Verstöße gegenüber der Baubehörde noch vor der Genehmigung eines Antrags, ist damit in Kauf zu nehmen. Zu unterscheiden sind allerdings gleichwohl die Folgen solcher Mitteilungen Dritter. So sind in Konsequenz vorstehender Ausführungen auch von Dritten mitgeteilte, d.h. sog. „kenntnisprovozierende" Verstöße als Zufallsfunde mit der Folge einer zwingenden Ermessensausübung anzusehen. Noch nicht entschieden ist damit allerdings über die Anspruchsberechtigung des mitteilenden Dritten, die Versagung nach entsprechender Kenntnisgabe von der Bauaufsichtsbehörde und letztlich auch gerichtlich verlangen zu können. Art. 68 Abs. 1 Satz 1, 2. Hs. BayBO 2008/2009 ist nämlich gleichwohl nicht drittschützender Natur.

III. (Fehlende) Kriterien für das Verwaltungshandeln

Der Bayerische Verwaltungsgerichtshof hat vor der Einführung des zweiten Halbsatzes des Art. 68 Abs. 1 Satz 1 BayBO 2008/2009 – wie bereits oben ein-

---

[1192] Vgl. *Shirvani*, BayVBl 2010, S. 713 m.w.N.

gehend aufgezeigt – Kriterien benannt und aufgestellt, welche vorliegen müssen, will die Behörde einem Bauantrag das Sachbescheidungsinteresse absprechen und den Antrag mangels desselben ablehnen. Auch in der außerbayerischen obergerichtlichen Verwaltungsgerichtsrechtsprechung[1193] wurden und werden ähnliche Kriterien bzw. Hürden formuliert. So werden hinsichtlich des nicht geschriebenen Rechtsgrundsatzes des fehlenden Sachbescheidungsinteresses insbesondere in Bayern obergerichtlich die Evidenz und Offensichtlichkeit des von der Behörde festgestellten Rechtsverstoßes für die Antragsablehnung, mithin strenge Voraussetzungen gefordert.[1194] Wenngleich *Jäde*[1195] auch zutreffend darauf hinweist, dass das Offensichtlichkeitskriterium keineswegs unumstritten ist, hat es jedoch – wenn auch mit unterschiedlichen Blickrichtungen oder in Nuancen – grundsätzliche Anerkennung in Theorie und Praxis gefunden. So muss es sich jedenfalls um schlechthin nicht ausräumbare Hindernisse handeln,[1196] welche die Nutzlosigkeit einer etwaigen Baugenehmigung bedingen und dem Bauantrag damit entgegenstehen. Man spricht insoweit auch von der Fallgruppe der offensichtlichen Nutzlosigkeit der beantragten Sachentscheidung.[1197] Zunehmend hat sich in Literatur und Rechtsprechung sogar die Meinung[1198] dahingehend gefestigt, dass dem Bauantrag nur in Ausnahmefällen und bei gravierenden Verstößen gegen außerhalb des Prüfkatalogs liegende Vorschriften das Sachbescheidungsinteresse abgesprochen werden dürfe. Die Neuregelung des Art. 68 Abs. 1 Satz 1, 2. Hs. BayBO 2008/2009 versteht der Landesgesetzgeber als Klarstellung, dass die Bauaufsichtsbehörden entgegen der neueren Rechtsprechung des Bayerischen Verwaltungsgerichtshofs Bauanträge wegen fehlenden Sachbescheidungsinteresses als unzulässig ablehnen dürfen, wenn ein Verstoß gegen Vorschriften erkannt wird, die nicht im Prüfprogramm der Art. 59, 60

[1193] Vgl. z.B. OVG Berlin, BRS 60 Nr. 154; OVG RP, BauR 2009, S. 799 ff; OVG NRW, BauR 2009, S. 802 ff.

[1194] Vgl. z.B. BayVGH, Urteil vom 23.03.2006, Az. 26 B 05.555, BayVBl 2006, S. 537 f mit ablehnender Anmerkung *Jäde*, BayVBl 2006, S. 538 ff.

[1195] Vgl. *Jäde*, BayVBl 2006, S. 538 ff (Anmerkung zu BayVGH, Urteil vom 23.03.2006, Az. 26 B 05.555).

[1196] Vgl. *Lechner*, in: Simon/Busse, BayBO, Art. 68 Rn 167 ff m.w.N.; *Koehl*, BayVBl 2009, S. 648; *Manssen/Greim*, BayVBl 2010, S. 422; BVerwG, Urteil vom 17.10.1989, BayVBl 1990, S. 602.

[1197] Vgl. *Wittreck*, BayVBl 2004, S. 194.

[1198] Vgl. *Manssen/Greim*, BayVBl 2010, S. 422 m.w.N.; *Busse/Dirnberger*, Die neue BayBO (3. A.), Art. 59 Rn 3 m.w.N.; *dies.*, Die neue Bayerische Bauordnung, Art. 59 Ziff. 3, S. 307; *Numberger*, BayVBl 2008, S. 743; *Decker/Konrad*, Bayerisches Baurecht (2. A.), Kap. II. Teil 6 Rn 11 f.

BayBO 2008 enthalten sind, und sofern sich das Hindernis nicht – etwa durch eine Abweichung nach Art. 63 BayBO 2008 – ausräumen lässt.[1199] Das Gesetz lässt hier aufkommende Fragen unbeantwortet, da es noch nicht einmal ansatzweise Kriterien für das Verwaltungshandeln und die Ermessensausübung benennt.[1200] Das Gesetz scheint – jedenfalls seinem Wortlaut nach – vielmehr davon auszugehen, dass jeder denkbare oder gar beliebige Rechtsverstoß gegen eine Vorschrift, welche nicht im Sinne des Art. 59 bzw. Art. 60 BayBO 2008 prüfpflichtig ist, für eine Versagung ausreichend ist. Da der vom Gesetzgeber mit Art. 68 Abs. 1 Satz 1, 2. Hs. BayBO 2008/2009 gewählte Gesetzeswortlaut einerseits und die für den Rechtsgrundsatz des fehlenden Sachbescheidungsinteresses entwickelten Grundsätze andererseits nicht deckungsgleich sind, stellt sich unweigerlich die Frage nach dem Umgang mit den bisher – in den verschiedenen Ausprägungen – formulierten Anforderungen. Diese Frage wird, sofern sie von der Fachliteratur überhaupt aufgeworfen wird, mit verschiedenen Schlussfolgerungen und Ergebnissen diskutiert. Aus diesem Grund soll im Folgenden zunächst der gegenwärtige Diskussionsstand aufgezeigt werden, ehe ein Lösungsvorschlag entwickelt wird.

1. Überblick über den Diskussionsstand

Die Neuregelung des Art. 68 Abs. 1 Satz 1, 2. Hs. BayBO 2008/2009 wird in der Literatur zunächst noch weitestgehend übereinstimmend als landesrechtliche Sondervorschrift[1201] zur Regelung der Zulässigkeitsvoraussetzung des Sachbescheidungsinteresses nur für das Baugenehmigungsverfahren angesehen. Bereits als nicht mehr einheitlich stellt sich jedoch das Verhältnis der gesetzlichen Neuregelung zu dem allgemeinen Grundsatz des fehlenden Sachbescheidungsinteresses dar, wobei hier weniger eine kontrovers geführte Auseinandersetzung als vielmehr einseitige Festlegungen der jeweiligen Fachautoren zu beobachten und festzustellen sind. Während ein Teil der Autoren in der Literatur aufgrund des weit gefassten Gesetzeswortlauts von nunmehr nicht unerheblich erweiterten Handlungsmöglichkeiten der Bauaufsichtsbehörden ohne weitere Einschränkun-

---

[1199] Vgl. LtDrs. 16/1351 vom 13.05.2009, S. 2.
[1200] Vgl. so jedenfalls i.E. auch Koehl, BayVBl 2009, S. 651.
[1201] Vgl. *Lechner*, in: Simon/Busse, BayBO, Art. 68 Rn 171; *Wolf*, in BayBO – Kurzkommentar, Art. 68 Rn 15; *Hornmann*, HBO, § 64 Rn 85.

gen ausgeht,[1202] will ein anderer Teil – trotz des Wortlauts – auch weiterhin enge Maßstäbe anlegen und es dabei belassen, nach der Offensichtlichkeit des Verstoßes und dem künftigen Nutzen der Baugenehmigung zu fragen.[1203] Die Grenzen der zwischen diesen extremen Positionen vertretenen Auffassungen, soweit solche Grenzen überhaupt gezogen werden können, sind erwartungsgemäß fließend. Vor allem aber ist festzustellen, dass gerade auch in diesem Punkt ein hohes Maß an Rechtsunsicherheit besteht, zumal – schon mangels obergerichtlicher Klärung – von keiner einheitlichen Anwendung in der Verwaltungspraxis wie auch (erstinstanzlichen) Verwaltungsgerichtsrechtsprechung ausgegangen werden kann, wie erste und zwischenzeitliche Urteile der erstinstanzlichen Verwaltungsgerichtsrechtsprechung belegen. So erscheint die in der Literatur vertretene Auffassung[1204], Evidenz und Offenkundigkeit könnten einerseits nun nicht mehr verlangt werden, die Ablehnung erweise sich andererseits aber als sachgerecht, wenn – gedanklich gesehen – bauaufsichtliches Einschreiten möglich wäre, zumindest für die Behördenpraxis als untauglich, wenn sie nicht bereits aus rechtstheoretischer Sicht als widersprüchlich zu verwerfen ist. Denn ergeben sich für die repressiven Eingriffsbefugnisse unter dem Gesichtspunkt der Verhältnismäßigkeit nicht gerade einschränkende Voraussetzungen und Hürden für das bauaufsichtliche Einschreiten?

Allem voran scheinen die Vollzugshinweise der Obersten Baubehörde im Bayerischen Staatsministerium des Innern von einer grundsätzlich weitreichenden und großzügigen Anwendbarkeit der Ablehnungsbefugnis im Sinne des Art. 68 Abs. 1 Satz 1, 2. Hs. BayBO 2008/2009 auszugehen. Die Möglichkeit zur Antragsablehnung wird durch die Vollzugshinweise für erkannte Verstöße gegen nicht zu prüfende Vorschriften für zulässig erklärt, „[...] *sofern sich das Hindernis nicht – etwa durch eine Abweichung nach Art. 63 – ausräumen lässt.*"[1205] Mit der Ausnahme ausräumbarer Hindernisse werden gleichsam dem Gesetzeswortlaut für den Vollzug keine weiteren einschränkenden Kriterien hinsichtlich der Qualität des Rechtsverstoßes benannt, so dass für die Exekutive das bloße Entgegenstehen nicht zu prüfender öffentlich-rechtlicher, namentlich bau-

---

[1202] Vgl. etwa *Wolf*, in: Simon/Busse, BayBO, Art. 59 Rn 93; *ders.*, BayBO – Kurzkommentar, Art. 68 Rn 15; *Lechner*, in: Simon/Busse, BayBO, Art. 68 Rn 160.
[1203] Vgl. etwa *Schwarzer/König*, BayBO, Art. 68 Rn 28 ff; *Hornmann*, HBO, § 64 Rn 85a ff.
[1204] Vgl. *Wolf*, in Simon/Busse, BayBO, Art. 59 Rn 95 bis 97.
[1205] Oberste Baubehörde im BayStMI, Schreiben vom 24.07.2009, Zeichen: IIB4-4101-022/08, S. 16.

ordnungsrechtlicher Vorschriften ausreichend zu sein scheint. Freilich ist dies nicht zuletzt auch dadurch bedingt, dass die Vollzugshinweise nicht von einer Ermessensvorschrift ausgehen.

Einen markanten und damit in jedem Falle erwähnenswerten Ansatz wählt *Lechner* als Autor in einem der wohl bedeutendsten Kommentare zur Bayerischen Bauordnung. Er sieht den allgemeinen Rechtsgrundsatz des fehlenden Sachbescheidungsinteresses nicht von der Neuregelung des Art. 68 Abs. 1 Satz 1, 2. Hs. BayBO 2008/2009 verdrängt, obwohl auch er letztere grundsätzlich als landesrechtliche Sondervorschrift zum Sachbescheidungsinteresse ansieht. Er differenziert zwischen dem allgemeinen Sachbescheidungsinteresse in Form der bereits bisher geltenden Grundsätze und dem besonderen Sachbescheidungsinteresse in Gestalt der Regelung des Art. 68 Abs. 1 Satz 1, 2. Hs. BayBO 2008/2009. Von diesem differenzierenden Grundsatz ausgehend behandelt er das Sachbescheidungsinteresse bei Bauanträgen nicht nur verfahrensrechtlich unterschiedlich, sondern legt vor allem auch inhaltlich unterschiedliche Maßstäbe an. Der Unterschied zwischen dem allgemeinen und besonderen Sachbescheidungsinteresse liege nach der Ansicht *Lechners* darin, dass bei der Neuregelung, und damit beim besonderen Sachbescheidungsinteresse, der bloße Verstoß gegen eine materiell-rechtliche Rechtsvorschrift auf der Ebene des materiellen Rechts genüge und die erschwerten Voraussetzungen für die Ablehnung eines Bauantrages aufgrund der zum allgemeinen Rechtsgrundsatz entwickelten Voraussetzungen nicht vorliegen müssten.[1206] Mithin unabhängig von der Frage, in welcher Fallgestaltung von welcher Art des Sachbescheidungsinteresses auszugehen ist, legt *Lechner* diesem differenzierenden Ansatz eine allein wortlautgemäße Auslegung der Vorschrift zugrunde, welche, wie festgestellt, in der Tat keine weiteren Anforderungen an die gesetzlich für zulässig erklärte Ablehnung knüpft. Allein ist *Lechner* mit dieser wortlautgetreuen Sichtweise nicht, wenngleich sie auch als äußerst strittig anzusehen ist. So wird auch von anderen Autoren vertreten, dass mit Art. 68 Abs. 1 Satz 1, 2. Hs. BayBO 2008/2009 bei gleichmäßiger Ermessensausübung eine weit angelegte behördliche Handlungsmöglichkeit zur Ablehnung von Bauanträgen geschaffen und damit die Abkehr vom Evidenz- und Offenkundigkeitserfordernis vollzogen worden sei.[1207] Auch

---

[1206] Vgl. *Lechner*, in: Simon/Busse, BayBO, Art. 68 Rn 157–160.
[1207] Vgl. *Wolf*, BayBO – Kurzkommentar, Art. 68 Rn 15; *ders.*, in: Simon/Busse, BayBO, Art. 59 Rn 93 und 95.

indem teils gefolgert wird, dass der Anspruch auf Baugenehmigung nur noch bestehe, wenn das Vorhaben gegen keinerlei öffentlich-rechtliche Vorschriften verstoße,[1208] scheint davon ausgegangen zu werden, dass jeglicher Verstoß gegen eine öffentlich-rechtliche Vorschrift für die Ablehnung ausreichend sei. *Jäde*, der seit jeher die Verallgemeinerung der vom Bayerischen Verwaltungsgerichtshof geforderten Offensichtlichkeit des Rechtsverstoßes kritisiert und diesbezüglich das Erfordernis einer differenzierten Betrachtung verlangt, es aber gleichwohl als selbstverständlich betrachtet, dass ein Bauantrag nicht auf der Basis bloßer Befürchtungen und Mutmaßungen abgelehnt werden darf,[1209] benennt Anforderungen, welche für die Behörde hinsichtlich einer Ablehnung des Bauantrags wegen nicht prüfpflichtiger Verstöße gelten. So sei die nötige Sorgfalt und Präzision bei der Sachverhaltsermittlung zu fordern, die so weit gehen müsse, dass Zweifel daran, dass ein Verstoß gegen eine außerhalb des bauaufsichtlichen Prüfprogramms liegende Vorschrift vorliegt, aus der Sicht der Bauaufsichtsbehörde nicht bestehen könnten. Aufgrund dieser Vorgabe kehre sich die materielle Beweislast für die Genehmigungsfähigkeit des Bauvorhabens im nachfolgenden Verpflichtungsrechtsstreit, die grundsätzlich den Bauherrn trifft, zu Lasten der Bauaufsichtsbehörde um.[1210] Abgesehen von der aufgrund des Rechtsstaatsprinzips geltenden Selbstverständlichkeit, dass Zweifel zur Ablehnung eines gemäß Art. 14 Abs. 1 GG bzw. Art. 103 Abs. 1 BV verankerten grundrechtlichen Anspruchs nicht ausreichend sein dürfen, fordert *Jäde* allerdings keine besondere Qualität des Rechtsverstoßes, also z.B. dass dieser schwerwiegend, gewichtig oder Ähnliches sein müsse.

Die Gegenauffassung zu dieser Haltung zeichnet sich bei allgemeiner Betrachtung dadurch aus, dass diese in Anlehnung an die bisher von Literatur und

---

[1208] Vgl. *Ingold/Schröder*, BayVBl 2010, S. 429.
[1209] Vgl. *Jäde*, BayVBl 2006, S. 537 ff [538 ff]; *ders.*, in: Jäde/Dirnberger/Bauer, Die neue BayBO, Art. 68 Rn 37a. *Jäde* betont, dass das Kriterium der Offensichtlichkeit für zwei Themenfelder entwickelt worden sei, nämlich zum einen zum Verhältnis zwischen dem öffentlich-rechtlichen Prüfprogramm des Baugenehmigungsverfahrens und etwaigen zivilrechtlichen Hindernisgründen und zum anderen zum Verhältnis zwischen diesem öffentlich-rechtlichen Prüfprogramm und demjenigen paralleler öffentlich-rechtlicher Zulassungsverfahren. In dem Offensichtlichkeitskriterium sieht *Jäde* die Frage nach der fachlichen Kompetenz der Bauaufsichtsbehörde verwurzelt. Hinsichtlich bauordnungsrechtlicher Verstöße bestehe jedoch die fachliche Kompetenz der Bauaufsichtsbehörden, weshalb – nach Auffassung *Jädes* – die Offensichtlichkeit des Verstoßes nicht gefordert werden könne. Vgl. a.A. *Sauthoff*, BauR 2013, S. 417
[1210] Vgl. *Jäde*, in: Jäde/Dirnberger/Bauer, Die neue BayBO, Art. 68 Rn 37c m.w.N.

Rechtsprechung entwickelten Grundsätze[1211] zum fehlenden Sachbescheidungsinteresse nicht jeden beliebigen Rechtsverstoß ausreichen lässt, sondern verlangt, dass bestimmte weitere Anforderungen erfüllt sein müssen, ohne dass diese mit Art. 68 Abs. 1 Satz 1, 2. Hs. BayBO 2008/2009 gesetzlich näher definiert und festgeschrieben wären. Die hierzu vertretenen Auffassungen[1212] variieren natürlich im Detail, knüpfen aber häufig an der Offensichtlichkeit des festgestellten Verstoßes an. Im Ergebnis bedeuten diese Versuche zur Eingrenzung der behördlichen Ablehnungsmöglichkeit, dass die begehrte Entscheidung dem Bauherrn keinen Nutzen bringen dürfe, also dass die die Ablehnung rechtfertigenden Gründe bzw. Verstöße dem Gebrauch der beantragten Baugenehmigung entgegenstehen müssten.[1213] So wird insbesondere hervorgehoben, dass der ungeschriebene Grundsatz des allgemeinen Verwaltungsrechts im Sinne des fehlenden Sachbescheidungsinteresses mit der Neuregelung zu einem geschriebenen Grundsatz geworden sei – nicht mehr und nicht weniger.[1214] Die Autoren *Manssen* und *Greim* betonen die Entwicklung der Neuregelung aus einem ungeschriebenen Korrektiv, dem allgemeinen Verwaltungsgrundsatz des fehlenden Sachbescheidungsinteresses, was bereits für einen nur dosierten Einsatz dieses Instruments in besonders gelagerten Fällen spreche. Die nach Art. 68 Abs. 1 Satz 1, 2. Hs. BayBO 2008/2009 abgelehnten Bauanträge müssten sich auch weiterhin in die Fallgruppe der für den Antragsteller ersichtlich nutzlosen Genehmigungen einordnen lassen.[1215] Auch *Shirvani*, der Art. 68 Abs. 1 Satz 1, 2. Hs. BayBO 2008/2009 nicht nur einer mit der Verfassung im Einklang stehenden Auslegung für zugänglich, sondern eine solche Auslegung sogar für unbedingt erforderlich hält, greift auf das Kriterium der Offenkundigkeit zurück, verwendet dieses aber in einem anderen[1216] Kontext und knüpft dieses an die repressiven bauaufsichtlichen Maßnahmen. Demnach könne die Bauaufsichtsbehörde nur dann einen Bauantrag wegen fehlenden Sachbescheidungsinteresses

---

[1211] Vgl. z.B. *Wittreck*, BayVBl 2004, S. 193 ff; *Koehl*, BayVBl 2009, S. 648; *Finkelnburg/Ortloff/Otto*, Öffentliches Baurecht, Band II, S. 129; *Büchner/Schlotterbeck*, Baurecht, Band 2, Rn152.
[1212] Vgl. *Manssen/Greim*, BayVBl 2010, S. 422 f; *Schwarzer/König*, BayBO, Art. 68 Rn 28 ff; *Hornmann*, HBO, § 64 Rn 85a ff; *Shirvani*, BayVBl 2010, S. 713 ff.
[1213] Vgl. *Schwarzer/König*, BayBO, Art. 68 Rn 28 ff; *Hornmann*, HBO, § 64 Rn 85a ff [85c].
[1214] Vgl. *Hornmann*, HBO, § 64 Rn 85a.
[1215] Vgl. *Manssen/Greim*, BayVBl 2010, S. 423.
[1216] Vgl. zum Offensichtlichkeitskriterium bei fehlender fachlicher Kompetenz der Bauaufsichtsbehörden z.B. in zivilrechtlichen Fragen *Jäde*, BayVBl 2006, S. 539; *Finkelnburg/Ortloff/Otto*, Öffentliches Baurecht, Band II, S. 129.

gemäß der Neuregelung ablehnen, wenn von vornherein offenkundig sei, dass sie bauaufsichtlich einschreiten werde.[1217]

Sieht man von den Vertretern der These ab, die Neuregelung des Art. 68 Abs. 1 Satz 1, 2. Hs. BayBO 2008/2009 bereite den Bauaufsichtsbehörden eine nicht unerheblich erweiterte Handlungsmöglichkeit unter Verzicht auf Einschränkungen wie etwa das Erfordernis der Evidenz oder Offenkundigkeit des Verstoßes, wird von den Fachautoren mit teils unterschiedlichen Argumenten und Lösungsvorschlägen im Ergebnis der begrüßenswerte Versuch unternommen, die Willkürlichkeit des Behördenhandelns auszuschließen und Maßstäbe für ein gleichgerichtetes Exekutivhandeln aufzustellen. Bei wortlautgemäßer Anwendung der Neuregelung bestünde die wohl kaum widerlegbare Gefahr der Willkür und Zufälligkeit im bauaufsichtlichen Genehmigungsverfahren. Ein- und dasselbe Bauvorhaben könnte aufgrund des weiten Handlungsspielraums der Behörden gänzlich unterschiedlich behandelt werden. So bestünde nämlich die Möglichkeit, das Vorhaben bei bereits geringfügigen, nicht prüfpflichtigen bauordnungsrechtlichen Verstößen gemäß Art. 68 Abs. 1 Satz 1, 2. Hs. BayBO 2008/2009 abzulehnen oder eben auch das Vorhaben gemäß Art. 68 Abs. 1 Satz 1, 1. Hs. BayBO 2008/2009 zu genehmigen und den Verstoß gegebenenfalls im Wege der repressiven Bauaufsicht zu sanktionieren, bei welcher der Verhältnismäßigkeitsgrundsatz ein nachträgliches Einschreiten oftmals gerade nicht erlaubt.[1218] Ein solches Ergebnis widerspräche sicherlich einem gesetzmäßigen Verwaltungshandeln und dem Gebot der Selbstbindung der Verwaltung.

2. Erfordernis einer einschränkenden Auslegung

Die Ablehnung des Bauantrags aufgrund eines Verstoßes gegen nicht prüfpflichtige (sonstige) öffentlich-rechtliche Vorschriften des materiellen Rechts bedarf über den Wortlaut hinaus weiterer Voraussetzungen, bei denen zu differenzieren ist, ob diese (bereits) auf der Tatbestandsebene anzusiedeln oder (erst) im Wege der ordnungs- und pflichtgemäßen Ermessensausübung zu berücksichtigen sind. Der bloße, noch so unerhebliche Verstoß ist für eine Ablehnung im Sinne des Wortlauts des Art. 68 Abs. 1 Satz 1 BayBO 2008/2009 – wie von Teilen der (erstinstanzlichen) verwaltungsgerichtlichen Rechtsprechung und auch namhaf-

---

[1217] Vgl. *Shirvani*, BayVBl 2010, S. 716.
[1218] Vgl. BayVGH, Urteil vom 19.01.2009, Az. 2 BV 08.2567, BayVBl 2009, S. 507.

ten Teilen der Literatur angenommen – nicht ausreichend. Die mehrfach vertretene Auffassung, dass die im Zusammenhang mit der Konfliktbewältigung zwischen reduziertem Prüfprogramm und Verstößen gegen sonstige Vorschriften wegen der Rechtsfigur des fehlenden Sachbescheidungsinteresses bestehende Möglichkeit, den Verstoß gegen sonstige Vorschriften auf offensichtliche Verstöße einzugrenzen, infolge der strikten Gesetzesbindung aus Art. 20 Abs. 3 GG im Geltungsbereich des neuen bayerischen Bauordnungsrechts versagt sei,[1219] kann nicht geteilt werden und ist im Ergebnis abzulehnen.

Das Erfordernis einer einschränkenden Auslegung der Befugnisnorm soll im Folgenden dargelegt und begründet werden, indem ausgehend von dem Ausschluss der Befugnis bei gegebener Möglichkeit zur Ausräumung des Hindernisses sowie aufbauend auf grundsätzliche Erwägungen abschließend die Anwendungsvoraussetzungen der Ablehnungsbefugnis gemäß Art. 68 Abs. 1 Satz 1, 2. Hs. BayBO 2008/2009 definiert werden.

a) Die Möglichkeit zur Ausräumung des Hindernisses

Zunächst ist in Übereinstimmung mit den Vollzugshinweisen der Obersten Baubehörde im Bayerischen Staatsministerium des Innern festzuhalten, dass eine Ablehnung des Bauantrags aufgrund der Regelung des Art. 68 Abs. 1 Satz 1, 2. Hs. BayBO 2008/2009 jedenfalls dann nicht in Betracht kommt und ausscheidet, wenn der von der Bauaufsichtsbehörde festgestellte Verstoß gegen eine nicht im Prüfprogramm des Art. 59 bzw. Art. 60 BayBO 2008 enthaltene Vorschrift als Hindernis anderweitig ausgeräumt oder behoben werden kann.[1220] Diese Maßgabe, die letztlich Ausfluss des Verhältnismäßigkeitsgrundsatzes[1221] ist, lässt sich im Übrigen gesetzlich normiert auch in der Ermächtigung des Art. 76 Satz 1 BayBO 2008 in vergleichbarer Form wiederfinden, wo die Besei-

---

[1219] Vgl. *Ingold/Schröder*, BayVBl 2010, S. 428.
[1220] Vgl. BayStMI, Oberste Baubehörde, Schreiben an die Regierungen vom 24.07.2009, Zeichen: IIB4-4101-022/08, S. 16.
[1221] Vgl. hierzu auch das die Beseitigungsanordnung i.S.d. Art. 76 Satz 1 BayBO 2008 einschränkende Tatbestandsmerkmal „wenn nicht auf andere Weise rechtmäßige Zustände hergestellt werden können", das ebenso als eine dem Verhältnismäßigkeitsgrundsatz geschuldete Einschränkung verstanden wird, vgl. hierzu *Schwarzer/König*, BayBO, Art. 76 Rn 5, 16; *Decker*, in: Simon/Busse, BayBO, Art. 76 Rn 139.

tigung einer baulichen Anlage tatbestandlich[1222] davon abhängig gemacht wird, ob auf andere Weise – als durch Beseitigung – rechtmäßige Zustände hergestellt werden können. Diese vergleichende Betrachtung erscheint vor allem vor dem Hintergrund gerechtfertigt, dass die Ablehnung des Bauantrags und in Folge dessen die Versagung der Baugenehmigung aufgrund der damit letztlich verbundenen Eingriffsintensität im Ergebnis einer Beseitigungsanordnung gleichkommt. Etwaige Legalisierungsmöglichkeiten sind deshalb bereits auf der Tatbestandsebene und nicht erst bei der im Rahmen des Art. 68 Abs. 1 Satz 1, 2. Hs. BayBO 2008/2009 zu treffenden Ermessensentscheidung zu beachten.[1223] Im Wesentlichen dürfte es bei Art. 68 Abs. 1 Satz 1, 2. Hs. BayBO 2008/2009 um die Fälle möglicher Abweichungen von bauordnungsrechtlichen Vorschriften gehen, welche im Grundsätzlichen nach Art. 63 BayBO 2008 zu beantragen und – sofern die Voraussetzungen vorliegen – zu erteilen sind. Doch auch in anderen Rechtsquellen vorgesehene Ausnahme- und Befreiungstatbestände sind zu berücksichtigen, soweit diese nicht bereits über das einschlägige Prüfprogramm im Sinne der Art. 59 und 60 BayBO 2008, wie etwa der Befreiungstatbestand des § 31 Abs. 2 BauGB[1224] auf der Ebene des Bauplanungsrechts (vgl. Art. 59 Satz 1 Nr. 1, 1. Alt. bzw. Art. 60 Satz 1 Nr. 1 BayBO 2008), ohnehin zur Anwendung gelangen. Dies ergibt sich aus dem (hier vertretenen) weiten Verständnis von „sonstigen öffentlich-rechtlichen Vorschriften", vgl. bereits oben im selben Teil unter D.I. Mithin wären im Baugenehmigungsverfahren, stehen z.B. naturschutzrechtliche Hindernisse im Raum, die Befreiungsmöglichkeiten des § 67 Abs. 1 Satz 1 BNatSchG oder, stehen z.B. straßen- und wegerechtliche Hinderungsgründe wie etwa das Anbauverbot zur Diskussion, der Ausnahmetatbestand des Art. 23 Abs. 2 BayStrWG zu beachten. Besteht demnach auch bei

---

[1222] Vgl. zu dem als ausdrückliche Eingriffsvoraussetzung konzipierten Vorbehalt, dass auf andere Weise rechtmäßige Zustände nicht hergestellt werden können, *Decker*, in: Simon/Busse, BayBO, Art. 76 Rn 139 ff; *Schwarzer/König*, BayBO, Art. 76 Rn 2.

[1223] Vgl. i.E. wohl auch *Molodovsky*, in: Koch/Molodovsky/Famers, BayBO, Art. 68 Rn 40i, und *Schwarzer/König*, BayBO, Art. 68 Rn 27; vgl. i.d.S. wohl auch bereits die Gesetzesbegründung Lt-Drs. 16/1351 vom 13.05.2009, S. 2 [Zu 4. a.E.]; a.A. aber *Shirvani*, BayVBl 2010, S. 716, der eine mögliche Legalisierung durch Abweichung (erst) im Rahmen des Ermessens (als tatbestandliche Voraussetzung eines etwaigen repressiven Einschreitens) berücksichtigt wissen will.

[1224] Vgl. zu den Anforderungen an die Befreiung *Jäde*, in: Jäde/Dirnberger/Weiß, BauGB, § 31 Rn 11 ff.

nichtbauordnungsrechtlichen Hinderungsgründen die Möglichkeit[1225], diese durch entsprechende Befreiungen bzw. Ausnahmen zu beheben, kommt eine Ablehnung des Bauantrags auf Grundlage des Art. 68 Abs. 1 Satz 1, 2. Hs. BayBO 2008/2009 nicht in Betracht. Es dürfte im Übrigen als selbstverständlich gelten, dass vor einer auf Art. 68 Abs. 1 Satz 1, 2. Hs. BayBO 2008/2009 gestützten Ablehnung Ausnahmetatbestände zu berücksichtigen sind, wenn solche hinsichtlich materiell-rechtlicher Anforderungen an ein Bauvorhaben – gleich ob bauordnungs- oder nichtbauordnungsrechtlicher Art – bereits von Gesetzeswegen bestehen. Die Frage nach den Konsequenzen bzw. Handlungsdirektiven der Bauaufsichtsbehörden in den Fällen, in denen sich der antragstellende Bauherr nicht bereits selbst auf solche Ausnahmen beruft bzw. in denen dieser keinen entsprechenden (Abweichungs-)Antrag gestellt hat, obwohl ein solcher von Gesetzeswegen gemäß Art. 63 Abs. 2 BayBO 2008/2009 verlangt wird, ist bereits oben im selben Teil unter B.IV.1. erörtert und beantwortet worden. Es ist hierbei insbesondere nochmals auf die behördliche Aufforderung zur Mängelbeseitigung gemäß Art. 65 Abs. 2 Satz 1 BayBO 2008 zu verweisen.[1226]

b) Grundsätzliche Erwägungen

Der Diskussion, ob bei einer auf Art. 68 Abs. 1 Satz 1, 2. Hs. BayBO 2008/2009 gestützten Ablehnung des Bauantrags neben der vorstehend im selben Teil unter D.III.2.a) festgehaltenen Bedingung, also der Nichtlegalisierbarkeit des Verstoßes auf Grundlage von Abweichungs- und Befreiungstatbeständen, tatbestandlich weitere Einschränkungen für die Bauaufsichtsbehörde bestehen bzw. ob die Behörde bei der nach Art. 68 Abs. 1 Satz 1, 2. Hs. BayBO 2008/2009 erforderlichen Ermessensausübung zumindest bestimmte Umstände in ihre Erwägungen mit einzustellen und zu berücksichtigen hat, sollen folgende allgemeine Überlegungen – teils in zusammengefasster Betrachtung des vorstehend Erörterten – vorangestellt werden:

Ausgehend von der einst laut gewordenen Kritik, dass gerade das baugenehmigungsrechtliche Zulassungsverfahren für investive Vorhaben wegen über-

---

[1225] Vgl. zur Problematik, dass die Entscheidung über eine Ausnahme und Befreiung nach § 31 BauGB bzw. Abweichung nach Art. 63 BayBO 2008/2009 selbst wieder im Ermessen der Bauaufsichtsbehörde steht *Decker*, in: Simon/Busse, BayBO, Art. 76 Rn 143.
[1226] Vgl. bereits Teil 2 B.IV.1.c). Vgl. hierzu z.B. auch *Schwarzer/König*, BayBO, Art. 68 Rn 27 a.E.

höhter materieller Anforderungen zu kompliziert sei, vor allem aber zu lange dauern würde sowie zu aufwendig und zu rechtsbehelfsanfällig sei, hat der bayerische Landesgesetzgeber mit mehreren Gesetzesnovellen über mehrere Stufen hinweg das Ziel verfolgt, das Baugenehmigungsverfahren durch die Beschränkung des Prüfungsumfangs zu beschleunigen sowie im Gegenzug die Eigenverantwortlichkeit des Bauherrn zu stärken. Vor dem Hintergrund, dass die Ausdünnung und Absenkung materiell-rechtlicher Anforderungen an Bauvorhaben – jedenfalls im Ergebnis – kaum konsensfähig gewesen wäre und auch nach wie vor nicht ist, entschied sich der Gesetzgeber dem Schwerpunkt nach für verfahrensrechtliche Erleichterungen, welche die materiell-rechtlichen Anforderungen im Grundsätzlichen unberührt lassen. Es sollte – wenn auch in Etappen – ein regelrechter Systemschnitt im bauordnungsrechtlichen Denken vollzogen werden.[1227] Über Jahre bzw. sogar Jahrzehnte hinweg wurden die einzelnen Bauordnungsnovellen von lebhafter Diskussion flankiert[1228] und unter anderem unter dem schlagwortgeprägten Leitgedanken *„Problemtrias: Beschleunigung, Deregulierung, Privatisierung"*[1229] diskutiert. Als oberste Maxime des Gesetzgebers kann der Ausbau der Verfahren der Genehmigungsfreistellung sowie auch des vereinfachten Baugenehmigungsverfahrens im Sinne eines erweiterten Anwendungsbereichs und verminderter präventiver bauaufsichtlicher Prüfung genannt werden. Die Rationalisierungs- und Privatisierungspotentiale des vereinfachten Baugenehmigungsverfahrens als eines der Einstiegsmodelle in die reformierte und neue bauaufsichtliche Verfahrenssystematik wurden mit jeder weiteren Novelle weiter ausgeschöpft.[1230] Selbst mit der letzten bauordnungsrechtlichen Reform, der sog. dritten Stufe, sollten die in der MBO 2002 gesehenen weiteren Möglichkeiten zum Verfahrensabbau, namentlich auch die Reduzierung des Prüfprogramms in den Baugenehmigungsverfahren, umgesetzt werden. Der bayerische Landesgesetzgeber wollte hinsichtlich des Baugenehmigungsverfah-

---

[1227] Vgl. *Simon*, BayBO 1994 – Synopse, Einführung, S. 5 ff; LtDrs. 12/13482 vom 18.11.1993, S. 1.
[1228] Vgl. exemplarisch *Blümel*, in: FS für Boujong, S. 521 ff; *Bock*, DVBl 2006, S. 12 ff; *Decker*, BauR 2008, S. 443 f; *Erbguth/Stollmann*, JZ 1995, S. 1141 ff; dies., JZ 2007, S. 868 ff; *Glaser/Weißenberger*, BayVBl 2008, S. 460 ff; *Held*, UPR 1999, S. 210 ff; *Koch*, in: Verfahrensprivatisierung im Umweltrecht, S. 170 ff [181]; *Korioth*, DÖV 1996, S. 665 ff; *Mampel*, UPR 1997, S. 267 ff; *Martini*, DVBl 2001, S. 1488 ff; *Ortloff*, NVwZ 1995, S. 112 ff; *Preschel*, DÖV 1998, S. 45 ff; *Reicherzer*, BayVBl 2000, S. 750 ff; *Ritter*, DVBl 1996, S. 542 ff; *Sacksofsky*, DÖV 1999, S. 946 ff; *Simon*, BayVBl 1994, S. 332 ff; *Schmidt-Preuß*, in: 100 Jahre Allgemeines Baugesetz Sachsen, S. 585 ff; *Schulte*, BauR 1995, S. 174 ff.
[1229] Vgl. z.B. *Battis*, DVBl 2000, S. 1557 ff [1557].
[1230] Vgl. z.B. LtDrs. 13/7008 vom 22.01.1997, S. 1.

rens ausdrücklich die „[...] (weitere) Beschränkung des Prüfprogramms auf die spezifisch baurechtlichen Anforderungen – bauplanungs- und bauordnungsrechtliche Zulässigkeit – grundlegend neu konzipiert [...]"[1231] wissen. Sonstiges öffentliches Recht solle explizit nur geprüft werden, wenn dies das nicht-baurechtliche (Fach-)Recht ausdrücklich vorsieht.[1232] Nachdem der Gesetzesentwurf der Staatsregierung zur Änderung der Bayerischen Bauordnung vom Februar 2009[1233] die jetzige Neuregelung des Art. 68 Abs. 1 Satz 1, 2. Hs. BayBO 2008/2009 noch überhaupt nicht vorsah und der spätere Änderungsantrag vom Mai 2009[1234] regelrecht als spontane Reaktion auf die seinerzeit jüngst ergangene BayVGH-Rechtsprechung[1235] anzusehen ist, mithin also ausdrücklich nur eine Regelung hinsichtlich des Sachbescheidungsinteresses geschaffen werden sollte,[1236] ist die gegenständlich betrachtete Neuregelung unter der Maxime der baurechtlichen Verfahrensverschlankung zu würdigen.[1237] Die Gesetzgebungsmaterialien zur Einführung des Art. 68 Abs. 1 Satz 1, 2. Hs. BayBO 2008/2009 lassen nicht ansatzweise erkennen, dass an den Prinzipien der Deregulierung gerüttelt werden sollte. Es ist damit prinzipiell contra legem, bei Art. 68 Abs. 1 Satz 1, 2. Hs. BayBO 2008/2009 von einer Ermächtigung der Behörde zu ausgedehnteren bauaufsichtlichen Prüfungen auszugehen und dadurch bedingte zeitliche Verzögerungen im Baugenehmigungsverfahren in Kauf zu nehmen.

Weiterhin wollte der Gesetzgeber ausweislich der Gesetzgebungsmaterialien im Wesentlichen die Möglichkeit zur Ablehnung des Bauantrags wegen fehlenden Sachbescheidungsinteresses sichergestellt bzw. die Anwendbarkeit dieses allgemeinen Rechtsgrundsatzes wieder gewährleistet wissen. Dass er über die bloße Anwendbarkeit hinaus zugleich inhaltliche Modifizierungen an diesem allgemein anerkannten Rechtsgrundsatz vornehmen und insbesondere geringere Hürden für die Antragsablehnung festlegen wollte, lassen weder der Gesetzeswortlaut, der zugegebenermaßen allerdings keine weiteren Anwendungsvoraussetzungen benennt, noch die dazugehörigen Gesetzgebungsmaterialien erkennen. Auch wenn, wie bereits oben aufgezeigt, die Voraussetzungen des Rechts-

---

[1231] LtDrs. 15/7161 vom 15.01.2007, S. 1.
[1232] Vgl. LtDrs. 15/7161 vom 15.01.2007, S. 1; vgl. hierzu auch *Jäde*, BayBO 1998/2008 – Textsynopse, S. 9 ff.
[1233] Vgl. LtDrs. 16/375 vom 03.02.2009, S. 1, 6, 9.
[1234] Vgl. LtDrs. 16/1351 vom 13.05.2009, S. 2.
[1235] Vgl. BayVGH, Urteil vom 19.01.2009, Az. 2 BV 08.2567, BayVBl 2009, S. 507 ff.
[1236] Vgl. LtDrs. 16/1351 vom 13.05.2009, S. 2.
[1237] Vgl. i.d.S. auch *Shirvani*, BayVBl 2010, S. 716.

D. Das kodifizierte Sachbescheidungsinteresse de lege lata und de lege ferenda

grundsatzes des fehlenden Sachbescheidungsinteresses im Detail umstritten[1238] waren und sind, wurde der Anwendungsbereich dieses Rechtsinstituts nach allen Auffassungen grundsätzlich beschränkt. Der Rechtsverstoß müsse zumindest so gravierend sein, dass dem Antragsteller kein schutzwürdiges rechtliches Interesse an der beantragten Genehmigung zugesprochen werden kann.[1239] Die (auch) vom Bayerischen Verwaltungsgerichtshof[1240] geforderte Offensichtlichkeit bzw. Offenkundigkeit des Rechtsverstoßes, durch die der Anwendungsbereich eine nicht unerhebliche Einschränkung erfährt, hat größtenteils allgemeine Anerkennung gefunden.[1241] Sieht man in Art. 68 Abs. 1 Satz 1, 2. Hs. BayBO 2008/2009 lediglich die Kodifizierung des bisherigen allgemeinen Rechtsgrundsatzes als landesrechtliche Sondervorschrift und keinen eigenständigen Ablehnungsgrund,[1242] müssten unweigerlich auch die von Literatur und Rechtsprechung entwickelten einschränkenden Anwendungsvoraussetzungen trotz eines weiter gefassten Gesetzeswortlauts grundsätzlich Anwendung finden.

Zudem gilt trotz aller Deregulierungsbestrebungen und trotz des ausdrücklichen Verzichts auf eine umfassende präventive bauaufsichtliche Prüfung uneingeschränkt, dass die bauaufsichtlichen Eingriffsbefugnisse unberührt bleiben und der Baugenehmigungsbehörde zur Verfügung stehen, wie es Art. 55 Abs. 2 BayBO 2008 auch ausdrücklich bestimmt. Die repressiven Maßnahmen stellen das von der Gesetzessystematik vorgesehene Instrumentarium dar, um baurechtswidrigen und auch – im Sinne öffentlich-rechtlicher Vorschriften – allgemein-rechtswidrigen Bauvorhaben zu begegnen. Dieser Grundsatz gilt jedenfalls auch ungeachtet der These bzw. Kontroverse[1243], inwieweit der Verzicht auf eine

---

[1238] Vgl. hierzu auch *Numberger*, BayVBl 2008, S. 741 ff; *Schröder*, BayVBl 2009, S. 495 ff.
[1239] Vgl. *Busse/Dirnberger*, Die neue BayBO, Art. 59 Ziff. 3, S. 307; *Hornmann*, HBO, § 64 Rn 85 ff [85b a.E.].
[1240] Vgl. BayVGH, Urteil vom 23.03.2006, BayVBl 2006, S. 537.
[1241] Vgl. VGH BW, Urteil vom 17.11.1994, UPR 1995, S. 278; OVG Berlin, Urteil vom 26.08.1999, BRS 60 Nr. 156; OVG RP, Urteil vom 22.10.2008, BauR 2009, S. 799 ff [800/801]; OVG NRW, Urteil vom 28.01.2009, BauR 2009, S. 802 ff [803]; *Finkelnburg/Ortloff/Otto*, Öffentliches Baurecht, Band II, S. 129; a.A. *Jäde*, BayVBl 2006, S. 538, *ders.*, BayVBl 2008, S. 525.
[1242] Vgl. zu dieser Frage ausführlich *Schwarzer/König*, BayBO, Art. 68 Rn 26 ff.
[1243] Vgl. hierzu *Jäde*, BauR 2008, S. 53: „*[Die Förderung der Eigenverantwortung des Bürgers] schließt ein, dass der Verzicht auf eine engmaschige Präventivkontrolle nicht mit einer eher aufwändigeren, gleichermaßen engmaschigen Repressivkontrolle erkauft werden kann, sondern es eines nach Schwierigkeit und Risikopotenzial der Bauvorhaben differenzierten Systems bauaufsichtlicher Sicherungen bedarf. [...]*"; vgl. hierzu auch *Numberger*, BayVBl 2008, S. 743.

engmaschige Prüfung im Rahmen des Baugenehmigungsverfahrens durch eine ausgedehntere Handhabung der bauaufsichtlichen Eingriffsbefugnisse kompensiert werden müsse. Der Bayerische Verwaltungsgerichtshof, welcher das Rechtsinstitut des fehlenden Sachbescheidungsinteresses nur in engen Grenzen im bauaufsichtlichen Genehmigungsverfahren für anwendbar erklärt und lediglich verfahrens- und prozessökonomische Überlegungen nicht ausreichen lässt, betrachtete das Vorgehen mittels repressiver bauaufsichtlicher Maßnahmen – jedenfalls vor der Einführung der Neuregelung des Art. 68 Abs. 1 Satz 1, 2. Hs. BayBO 2008/2009 – als konsequent im Sinne der vorgegebenen Gesetzessystematik.[1244] Die in diesem Zusammenhang von den Kritikern gesehene Widersprüchlichkeit des behördlichen Handelns sowie angemahnte fehlende Verwaltungseffizienz aufgrund eines damit parallel oder nachgelagert erforderlichen bauaufsichtlichen Verfahrens bilden letztlich die Grundlage für die Gesetzesbegründung zur nun gesetzlich geregelten Ablehnungsbefugnis. Die bauaufsichtlichen Maßnahmen im Sinne der Art. 74 bis 76 BayBO 2008, namentlich vor allem die Baueinstellung, die Baubeseitigung oder Nutzungsuntersagung, verlangen jedenfalls nach ordnungsgemäßer Ermessensausübung. Gerade die konsequenzenreiche Beseitigungsanordnung, die in ihren Auswirkungen mit einer Ablehnung des Bauantrags vergleichbar ist, verlangt aufgrund der ihr anhaftenden Eingriffsintensität anerkanntermaßen nicht nur die formelle und materielle Illegalität, sondern – im Rahmen der Ermessensausübung – auch die Wahrung der rechtsstaatlichen Schranke der Verhältnismäßigkeit sowie des Übermaß- und Willkürverbots.[1245] Will die Befugnis des Art. 68 Abs. 1 Satz 1, 2. Hs. BayBO 2008/2009 lediglich die Verfahrensökonomie wahren bzw. ermöglichen ohne zugleich inhaltliche Erleichterungen zu schaffen, verlangt die Anwendung der Befugnis im Ergebnis nach zumindest vergleichbaren Kriterien, wie sie für die Repressivkontrolle und Eingriffsbefugnisse gelten.

Diese zuletzt umrissenen Prämissen und die daraus gezogenen Schlussfolgerungen gilt es im Blick zu behalten, wenn es im Folgenden darum geht, die weiteren Anwendungsvoraussetzungen der Neuregelung des Art. 68 Abs. 1 Satz 1, 2. Hs. BayBO 2008/2009 zu ermitteln.

[1244] Vgl. BayVGH, Urteil vom 23.03.2006, BayVBl 2006, S. 538.
[1245] Vgl. *Wolf*, BayBO – Kurzkommentar, Art. 76 Rn 4, 14 ff; *Schwarzer/König*, BayBO, Art. 76 Rn 16 ff; kritischer *Jäde*, in: Jäde/Dirnberger/Bauer, Die neue BayBO, Art. 76 Rn 195 ff, der eine Beseitigung wegen nur geringfügiger Verstöße nicht zwingend als unverhältnismäßig ansieht [Rn 196].

c) Tatbestands- und ermessensbezogene Anwendungsvoraussetzungen der Ablehnungsbefugnis

Eine wortlautgemäße Anwendung der Ablehnungsbefugnis ohne weitere, bereits auf der Tatbestandsebene zu berücksichtigende Anforderungen an den die Ablehnung rechtfertigenden Rechtsverstoß und/oder ohne weitere Kriterien für die im Zuge dessen erforderliche Ermessensausübung birgt, wie oben aufgezeigt, die Gefahr in sich, dass ein- und derselbe Sachverhalt bei verschiedenen Bauaufsichtsbehörden unterschiedlich behandelt wird und vorrangig im vereinfachten Baugenehmigungsverfahren willkürlich erscheinende Resultate nach sich ziehen könnte. *Shirvani*[1246] sieht zu Recht die für die Grundrechtsverwirklichung wesentliche Entscheidung faktisch ins Belieben der Behörde gestellt, wenn man den verfahrensrechtlichen Umgang mit nicht mehr prüfpflichtigen Vorschriften in den Blick nimmt. Die Regelung des Art. 68 Abs. 1 Satz 1, 2. Hs. BayBO 2008/2009 betrifft unabhängig davon, ob man diese als gesetzliche Regelung des Sachbescheidungsinteresses oder als eigenständigen Ablehnungsgrund betrachtet, das bauaufsichtliche Genehmigungsverfahren. Der im Wesentlichen aus Art. 20 Abs. 3 GG hergeleitete Gesetzesvorbehalt erstreckt sich anerkanntermaßen auch auf die Verwaltungsorganisation und das Verwaltungsverfahren und verlangt demzufolge die Ausgestaltung des Verwaltungsverfahrens zumindest in seinen Grundzügen, wobei die Wesentlichkeitstheorie die Leitlinie für die Regelungsbedürftigkeit und Regelungsdichte bildet,[1247] um ein ordnungsgemäßes, geregeltes und vor allem auch an gleichen Maßstäben ausgerichtetes Verwaltungshandeln zu gewährleisten. Aus dem gleichfalls verfassungsrechtlich abgeleiteten Gleichbehandlungsgebot des Art. 3 GG bzw. Art. 118 BV folgt ferner der Grundsatz der Selbstbindung der Verwaltung,[1248] welcher ein willkürliches Abweichen der Behörden nicht nur von ihrer eigenen Praxis, sondern auch von der Praxis anderer Behörden im Geltungsbereich des Gesetzes verbietet.[1249] Einen solchen Verstoß würde es aber gerade bedeuten, wenn bauaufsichtliche Anforderungen nur in einzelnen Fällen durchgesetzt würden. Ferner werden zwin-

---

[1246] Vgl. *Shirvani*, BayVBl 2010, S. 714.
[1247] Vgl. so noch ausdrücklich *Maurer*, Allgemeines Verwaltungsrecht (16. A.), § 6 Rn 23; vgl. nun *ders.*, Allgemeines Verwaltungsrecht, § 6 Rn 30 i.V.m. § 19 Rn 9.
[1248] Vgl. für die Ableitung aus dem GG *Jarass*, in: Jarass/Pieroth, GG für die BRD, Art. 3 Rn 35; *Boysen*, in: von Münch/Kunig, GG Band 1, Art. 3 Rn 76 ff [78]. Vgl. für die Ableitung aus der BV *Lindner*, in: Lindner/Möstl/Wolff, Verfassung des Freistaates Bayern, Art. 118 Rn 98 ff [101].
[1249] Vgl. *Kopp/Ramsauer*, VwVfG, § 40 Rn 42.

gende Schranken für die Ermessensausübung durch den Verhältnismäßigkeitsgrundsatz und das Gleichbehandlungsgebot markiert.[1250] In Anbetracht dieser Maßgaben ist eine Bestimmung der tatbestands- und ermessensbezogenen Anwendungsvoraussetzungen der behördlichen Ablehnungsbefugnis nach Art. 68 Abs. 1 Satz 1, 2. Hs. BayBO 2008/2009 im Wege der Auslegung unerlässlich und geboten, um eine gleichgerichtete Behördenpraxis, in diesem Zusammenhang insbesondere eine einheitliche Definition der Tatbestandsmerkmale sowie eine ordnungsgemäße und an denselben Maßstäben ausgerichtete gleichmäßige Ermessensausübung, wie von Verfassungswegen bereits vorgegeben, zu gewährleisten und um einen willkürlichen Gebrauch der Befugnisnorm auszuschließen.

Die Vorschrift des Art. 68 Abs. 1 Satz 1, 2. Hs. BayBO 2008/2009 setzt die Behörde einem Dilemma aus, das es im Wege der Auslegung der Norm aufzulösen gilt. Einerseits führen angestellte Überprüfungen zum Zwecke der Ablehnung des Bauantrags wegen etwaiger Verstöße gegen nicht (mehr) prüfpflichtige Vorschriften zwangsläufig zu einer Verlängerung und damit Verzögerung des Baugenehmigungsverfahrens, andererseits wollte der Gesetzgeber dieses gerade beschleunigt wissen, indem er die Einhaltung und in gewissen Grenzen auch die (präventive) Überwachung der nicht mehr als zwingend prüfpflichtig angesehenen Anforderungen an ein Bauvorhaben der Eigenverantwortung des Bauherrn zugewiesen und im Übrigen das repressive bauaufsichtliche Verfahren zur Meidung baulicher Gefahren als ausreichend betrachtet hat. Eben diese Verfahrensbeschleunigung und Verschlankung präventiver bauaufsichtlicher Prüfungen besitzt als oberste Prämisse der zurückliegenden Bauordnungsrechtsreformen und gerade trotz der Neuregelung uneingeschränkte Gültigkeit. Der ausweislich des Wortlauts der Vorschrift vermeintlich weit anmutende Spielraum der Bauaufsichtsbehörden zur Ablehnung wegen eines Verstoßes gegen nicht prüfpflichtige Vorschriften ist deshalb auf der Tatbestandsebene bereits dadurch wesentlich eingeschränkt, dass sich eine Prüfung im Sinne einer Suche nach etwaigen Verstößen verbietet. Denn nach inzwischen wohl überwiegender Auffassung[1251] wird in der Vorschrift jedenfalls keine Erweiterung des gesetzlichen Prüfprogramms des Art. 59 bzw. Art. 60 BayBO 2008 gesehen. Vor Augen halten muss

---

[1250] Vgl. *Schwarzer/König*, BayBO, Art. 54 Rn 17/18.
[1251] Vgl. z.B. *Schwarzer/König*, BayBO, Art. 68 Rn 26; *Manssen/Greim*, BayVBl 2010, S. 421 ff; a.A. z.B. *Ingold/Schröder*, BayVBl 2010, S. 426 ff [428].

man sich in diesem Zusammenhang nämlich, dass mit der hier vertretenen Auffassung die an den vorstehend umrissenen und verfassungsrechtlich verankerten Maßgaben auszurichtende Ermessensausübung tatbestandlich erst mit dem sog. Zufallsfund[1252] erforderlich wird. Der Behörde müssen zumindest konkrete Anhaltspunkte[1253] für einen Verstoß gegen sonstige öffentlich-rechtliche Vorschriften im Sinne der Neuregelung vorliegen, deren Verfolgung dann in weiterer Folge in ihr pflicht- und ordnungsgemäßes Ermessen gestellt ist. Ob derartige Verstöße der Behörde regelrecht sprichwörtlich „ins Auge springen" – da gewissermaßen offensichtlich – oder der Behörde durch Dritte, z.B. Nachbarn, zur Kenntnis gebracht werden, ist letztlich ohne Belang. Keinesfalls aber darf die Ablehnungsbefugnis des Art. 68 Abs. 1 Satz 1, 2. Hs. BayBO 2008/2009 zum Einfallstor[1254] für eine unter Umständen sogar extensive Suche nach etwaigen Verstößen des zur Genehmigung gestellten Vorhabens gegen sonstige öffentlich-rechtliche Vorschriften dienen.[1255] In Konsequenz dessen gibt es auch keinen für den Bauherrn oder auch Nachbarn[1256] (einklagbaren) Anspruch auf umfassende Überprüfung. Insoweit ist an der tatbestandsbezogenen Offensichtlichkeit bzw. Offenkundigkeit des Verstoßes festzuhalten,[1257] welche im Sinne einer Kenntnisnahme ohne ein vorausgehendes Absuchen zu verstehen ist. Die Auffassung *Jädes*, der feststellt, dass Versuche, diese Zufallsfunde von Funden abzugrenzen, die bei einer (vom Gesetz nicht gewollten) mehr oder minder systematischen Suche jenseits des jeweiligen bauaufsichtlichen Prüfprogramms gemacht worden sind, wenig zielführend seien,[1258] ist damit nicht zwingend. Infolge dieses Verständnisses vermag die Kritik *Jädes*[1259] an dem vom BayVGH geforderten Offensichtlichkeitskriterium jedenfalls insoweit nicht zu greifen, als

---

[1252] Vgl. *Manssen/Greim*, BayVBl 2010, S. 424; *Jäde*, BayVBl 2010, S. 744; vgl. hierzu Teil 2 D.II.3.
[1253] Vgl. so auch bei *Schwarzer/König*, BayBO, Art. 68 Rn 27.
[1254] Vgl. so schon *Reicherzer*, BayVBl 2000, S. 750 ff [752]; vgl. auch *Shirvani*, BayVBl 2010, S. 715.
[1255] Vgl. so auch *Shirvani*, BayVBl 2010, S. 716; i.E. auch *Sauthoff*, BauR 2013, S. 417.
[1256] Vgl. eingehend Teil 3 A.III.3.d).
[1257] Vgl. i.E. auch *Sauthoff*, BauR 2013, S. 417, allerdings nicht explizit für die bayerische Rechtslage.
[1258] Vgl. *Jäde*, BayVBl 2010, S. 744.
[1259] Vgl. *Jäde*, BayVBl 2006, S. 537 ff [538 f]. *Jäde* folgert, dass es sich bei der Frage der Offensichtlichkeit des fehlenden Sachbescheidungsinteresses um eine solche Frage der (fachlichen) Kompetenz der Bauaufsichtsbehörde handle [*Jäde*, a.a.O., S. 539], z.B. hindernde Verstöße gegen private Rechte Dritter. Vgl. a.A. (gegen eine entsprechende Differenzierung) *Sauthoff*, BauR 2013, S. 417.

dem Begriff der Offensichtlichkeit an dieser Stelle ein anderes Verständnis – als von *Jäde* angenommen – zugrunde liegt.

Der Gesetzgeber wollte die Neuregelung – wie es die Vollzugshinweise[1260] ausführen – vielleicht tatsächlich nur auf namentlich bauordnungsrechtliche Verstöße angewendet wissen. Eine derartige Einschränkung dieses Tatbestandsmerkmals wird aber weder durch den Gesetzeswortlaut oder die Gesetzesbegründung zum Ausdruck gebracht, noch ergibt sie sich aufgrund einer zwingenden Auslegung der Norm, so dass insbesondere auch Verstöße gegen nicht nach den einschlägigen Prüfprogrammen zu prüfende Vorschriften für eine Ablehnung auf Grundlage des Art. 68 Abs. 1 Satz 1, 2. Hs. BayBO 2008/2009 – wie bereits in diesem Teil unter D.I. aufgezeigt – in Betracht kommen. Stellt sich in Folge dessen die Frage nach der fachlichen Kompetenz der Bauaufsichtsbehörde, einen etwaigen Verstoß rechtlich würdigen zu können, ist insoweit – gleichfalls auf tatbestandlicher Ebene – das Kriterium der Offensichtlichkeit im Sinne des bisherigen Verständnisses im Rahmen des fehlenden Sachbescheidungsinteresses zu fordern. Wie bereits vor der Gesetzesänderung 2009 können mit Blick auf den verfassungsrechtlich garantierten Anspruch auf Baufreiheit bloße Zweifel, Ungewissheiten oder gar Vermutungen über die Rechtmäßigkeit des Bauvorhabens hinsichtlich sonstiger, nicht mehr prüfpflichtiger Vorschriften für eine Ablehnung des Bauantrages nicht ausreichend sein. Es muss sich um ein schlechthin nicht ausräumbares Hindernis handeln, welches dem Bauantragsteller zudem den Nutzen der begehrten Erlaubnis entziehen muss.[1261] Das Ziel, die Bauausführung vorzubereiten, muss als nicht erreichbar gelten. Das tatbestandliche Erfordernis der Offensichtlichkeit ist hier zudem nicht nur bei zivilrechtlichen Fragestellungen, sondern auch bei grundsätzlich nicht baurechtlichen Verstößen, also Verstößen, die keinen entsprechenden Sachbezug aufweisen, zu fordern.

Sowohl die Gesetzesbegründung als auch die Vollzugshinweise der Obersten Baubehörde weisen ausdrücklich darauf hin, dass mit der Ergänzung des Art. 68 Abs. 1 Satz 1, 2. Hs. BayBO 2008/2009 die Ablehnung eines Bauantrags wegen fehlenden Sachbescheidungsinteresses und die Meidung einer gleichzeitigen oder unmittelbar nachgelagerten Beseitigungs- bzw. Baueinstellungsan-

---

[1260] Vgl. Oberste Baubehörde im BayStMI, Schreiben vom 24.07.2009, Zeichen: IIB4-4101-022/08, S. 16.
[1261] Vgl. i.d.S. auch *Schwarzer/König*, BayBO, Art. 68 Rn 30.

ordnung bezweckt werden.[1262] Die somit verfolgte Verfahrensökonomie, wie sie in der außerbayerischen obergerichtlichen Verwaltungsrechtsprechung auch ohne diese klarstellende[1263] Regelung überwiegend anerkannt wird, ist damit unter den beiden zuletzt angesprochenen Gesichtspunkten zu würdigen. Einerseits geht es darum, dem Bauantrag trotz eines etwaigen Vorliegens der tatbestandlichen Genehmigungsvoraussetzungen bereits das Antragsinteresse im Sinne einer formell-rechtlichen Sachentscheidungsvoraussetzung wegen Nutzlosigkeit der Genehmigung abzusprechen und somit der Bauaufsichtsbehörde – aus rein verfahrensökonomischer Sicht – die Überprüfung der gesetzlichen materiell-rechtlichen Genehmigungsvoraussetzungen zu ersparen, obwohl unter Umständen ein Anspruch auf die Erlaubnis bestünde.[1264] Andererseits soll ein zweites/paralleles und vermeintlich widersprüchlich erscheinendes Verwaltungsverfahren, welches der repressiven Bauaufsicht dient, vermieden werden, wobei hier ausschließlich die Meidung einer Verfahrenstrennung und nicht eine materiell-rechtliche Verfahrenserleichterung im Sinne einer Umgehung der Anforderungen für ein bauaufsichtliches Einschreiten im Sinne der Art. 75 ff BayBO 2008 in Betracht kommt und kommen darf. Letzterer Aspekt wird aber zunehmend nicht beachtet oder zumindest nicht ausreichend gewürdigt. Die neue Ablehnungsbefugnis droht mehr und mehr zu einem Instrumentarium für die Bauaufsichtsbehörden zu werden, die Anforderungen der repressiven Bauaufsicht in Gestalt der Baueinstellung bzw. Beseitigung zu umgehen und den „Weg des geringsten Widerstandes" zu beschreiten. Vor diesem Hintergrund sind mit Blick auf die vorstehenden Erwägungen zur Verfahrensökonomie die zur Rechtsfigur des fehlenden Sachbescheidungsinteresses entwickelten Grundsätze[1265] uneingeschränkt zur Geltung zu bringen, denn von einer echten Verfahrensökonomie lässt sich in diesem Kontext nur dann sprechen, wenn alternativ zur Ablehnung des Bauantrags auch im Wege der Art. 75 ff BayBO 2008 behördlich eingeschritten werden könnte. *Reicherzer* spricht in diesem Zusammenhang zu Recht von der Entscheidungsreife im entkoppelten Repressivverfahren.[1266] Die Frage, ob auch ein

---

[1262] Vgl. LtDrs. 16/1351 vom 13.05.2009, S. 2; Oberste Baubehörde im BayStMI, Schreiben vom 24.07.2009, Zeichen: IIB4-4101-022/08, S. 16.
[1263] Vgl. LtDrs. 16/1351 vom 13.05.2009, S. 2: „*Durch die Gesetzesänderung wird klargestellt, dass die Bauaufsichtsbehörden Bauanträge wegen fehlenden Sachbescheidungsinteresses als unzulässig ablehnen dürfen, [...]."*
[1264] Vgl. BVerwGE 61, S. 128 ff [130] m.w.N.
[1265] Vgl. *Wittreck*, BayVBl 2004, S. 193 ff [194, 202].
[1266] Vgl. *Reicherzer*, BayVBl 2000, S. 750 ff [751].

repressives Einschreiten ermessensfehlerfrei möglich wäre, mithin insbesondere die im Rahmen der bauaufsichtlichen Eingriffsbefugnisse durchzuführende Ermessensausübung, ist damit bereits auf die Ebene der Genehmigungserteilung vorzuverlagern,[1267] soweit der Verstoß und Sachverhalt als nicht komplex und als – im Sinne vorstehender Definition – offenkundig anzusehen sind. Wenngleich die Berücksichtigung der soeben angesprochenen Entscheidungsreife bezüglich etwaiger repressiver Maßnahmen bereits auf der Tatbestandsebene der Ablehnungsbefugnis wünschenswert wäre und diese Einschränkung bei gesetzestextlicher Neufassung einer entsprechenden Befugnisnorm auch ausdrücklich als tatbestandliche Voraussetzung aufgenommen werden sollte, ist es mit dem Gesetzeswortlaut des Art. 68 Abs. 1 Satz 1, 2. Hs. BayBO 2008/2009 – weil zu weitgehend – nicht vereinbar, diese hier im Wege der Auslegung gewonnene Maßgabe, die Bauantragsablehnung vom Vorliegen repressiver Eingriffsvoraussetzungen abhängig zu machen, bereits als tatbestandliche Anforderung zu behandeln. Geltung ist diesem Umstand aber jedenfalls im Rahmen des Rechtsfolgenermessens zu verschaffen.[1268] Im Wege der Abwägungs- und Ermessensentscheidung sind demnach auch die Grundsätze zur Ermessensausübung zum Zwecke bauaufsichtlicher repressiver Maßnahmen heranzuziehen, welche für sich gerade die Wahrung des Verhältnismäßigkeitsgrundsatzes[1269] unter Abwägung der sich gegenüberstehenden Interessen in Anspruch nehmen. Mit der behördlichen Ablehnungsbefugnis wegen fehlenden Sachbescheidungsinteresses im Sinne des Art. 68 Abs. 1 Satz 1, 2. Hs. BayBO 2008/2009 sind deshalb nach wie vor uneingeschränkt restriktive Voraussetzungen verbunden. Nur bei einer entsprechend engen Anwendung der Vorschrift lassen sich unterschiedliche und willkürliche Resultate bei der Baugenehmigungserteilung bzw. -versagung vermeiden und der Ausnahmecharakter der Norm festigen.

Der Maßgabe *Jädes*[1270], die Ablehnungsbefugnis setze voraus, dass hinsichtlich des die Ablehnung rechtfertigenden Verstoßes keine Zweifel mehr bestehen dürften, ist im Grundsätzlichen – da letztlich selbstverständlich – natür-

---

[1267] Vgl. *Shirvani*, BayVBl 2010, S. 716.
[1268] Vgl. i.E. auch: *Wolf*, in: Simon/Busse, BayBO, Art. 59 Rn 97; *Shirvani*, BayVBl 2010, S. 716.
[1269] Vgl. zum Grundsatz der Verhältnismäßigkeit im Rahmen des Art. 76 *Decker*, in: Simon/Busse, BayBO, Art. 76 Rn 238 ff.
[1270] Vgl. *Jäde*, in: Jäde/Dirnberger/Bauer, Die neue Bayerische Bauordnung, Art. 68 Rn 37c; *ders.*, BayVBl 2010, S. 743 f.

lich zuzustimmen. Keinesfalls darf also eine wie im einstweiligen Rechtsschutz durchgeführte summarische Prüfung des Bauvorhabens für eine Ablehnung gemäß Art. 68 Abs. 1 Satz 1, 2. Hs. BayBO 2008/2009 ausreichend sein. Soweit *Jäde* weiterhin die nötige Sorgfalt und Präzision bei der Sachverhaltsermittlung fordert, ist diese Vorgabe zu relativieren, indem die Sachverhaltsermittlung selbst nicht zu einer umfassenden und das Baugenehmigungsverfahren verlängernden Verzögerung ausgedehnt werden darf. Wirft der (im Wege des Zufallsfundes) festgestellte Rechtsverstoß umfassendere rechtliche Fragen auf, welche eine nicht unerhebliche Prüfung für sich in Anspruch nehmen, ist der Verstoß also nicht zugleich auch in rechtlicher Hinsicht offensichtlich, kommt eine Ablehnung auf Grundlage der Neuregelung – bereits tatbestandlich – nicht in Betracht; die Behörde ist dann auf die bauaufsichtlichen Eingriffsbefugnisse, mithin also auf ein eigenes repressives Verwaltungsverfahren beschränkt. *Shirvani*[1271] spricht in diesem Kontext zutreffend davon, dass es keine Verschleppung des Genehmigungsverfahrens zum Zwecke von Nachforschungen etwaiger sonstiger Rechtsverstöße geben dürfe. Eine anderslautende Handhabung der Vorschrift ist mit der gesetzlich angestrebten verfahrensrechtlichen Deregulierung des Baugenehmigungsverfahrens nicht in Einklang zu bringen und kann für sich zudem nicht beanspruchen, verfahrensökonomisch zu sein.

Es drängt sich demnach auf, von einem „doppelten Offensichtlichkeitserfordernis" oder – neutraler[1272] gefasst – von einem „doppelten Offensichtlichkeitskriterium" auf tatbestandlicher Ebene zu sprechen, wobei dem Begriff der Offensichtlichkeit oder auch Offenkundigkeit natürlich jeweils unterschiedliche Bedeutungen, wie vorstehend dargelegt, zugrunde zu legen sind. Mit dieser Terminologie wird demnach zum einen schlichtweg die Unzulässigkeit einer bauaufsichtsbehördlichen Prüfung im Sinne einer Suche nach Rechtsverstößen gegen sonstige, nicht prüfpflichtige öffentlich-rechtliche Vorschriften und zum anderen die auf die Rechtslage bezogene Offensichtlichkeit – gleich ob in Fällen fehlender Fachkompetenz der Behörden oder komplizierter und insoweit das Genehmigungsverfahren verzögernder Rechtsfragen – zum Ausdruck gebracht. Fehlt es an dieser (doppelten) Offensichtlichkeit, ist bereits der Anwendungsbereich des Art. 68 Abs. 1 Satz 1, 2. Hs. BayBO 2008/2009 tatbestandlich nicht

---

[1271] Vgl. *Shirvani*, BayVBl 2010, S. 716 m.w.N. *Reicherzer*, BayVBl 2000, S. 750 ff [752].
[1272] Missverständlich könnte die Terminologie „doppeltes Offensichtlichkeitserfordernis" insoweit sein, als man aus dem Begriff des „Erfordernisses" die Notwendigkeit einer Prüfung schließen könnte.

eröffnet. Liegen bei erfülltem Tatbestand die Voraussetzungen im Sinne der Anforderungen des Rechtsinstituts des fehlenden Sachbescheidungsinteresse im Übrigen, mithin die Voraussetzungen für ein bauaufsichtliches repressives Einschreiten nach einem Zufallsfund, nicht vor, hat die Behörde ihr Ermessen im Regelfall[1273] dahingehend auszuüben, von einer Ablehnung – da dann nicht verfahrensökonomisch im Sinne der einschlägigen Verfahrensvorschriften – Abstand zu nehmen.[1274]

IV. Verfahrensmöglichkeiten der Bauaufsichtsbehörde nach der Änderung 2009

Mit der Einführung des Art. 68 Abs. 1 Satz 1, 2. Hs. BayBO 2008/2009 stellt sich zum einen die Frage nach dem Verhältnis zwischen der gesetzlichen Ablehnungsbefugnis im Sinne vorbenannter Neuregelung und der von repressiven bauaufsichtlichen Maßnahmen flankierten Baugenehmigung. Letztere Verfahrensweise stellt auf die „Kombinationslösung" des Bayerischen Verwaltungsgerichtshofs[1275] ab, die bis zur Gesetzesänderung im Jahre 2009 Folge der ablehnenden Haltung des BayVGH gegenüber dem allgemeinen Rechtsgrundsatz des fehlenden Sachbescheidungsinteresses im Zusammenhang mit Verstößen gegen bauordnungsrechtliche Vorschriften war. Zum anderen wird die Frage nach dem Verhältnis zwischen dem nicht kodifizierten Rechtsgrundsatz des fehlenden Sachbescheidungsinteresses und der gesetzlichen Ablehnungsbefugnis aufge-

---

[1273] Vgl. hierzu auch *Koehl*, BayVBl 2009, S. 651, der in unzutreffender Weise im umgekehrten Fall ein Regelermessen zur Ablehnung des Bauantrags in den Fällen gegeben sehen will, in denen Verstöße gegen sonstige öffentlich-rechtliche Vorschriften vorliegen, und zugleich die Frage aufwirft, wie es sich mit dem Regelermessen bei weniger gravierenden Verstößen verhält.

[1274] Vgl. hierzu auch die Kritik *Shirvanis* an der Ansicht des BayVGH, die Bauaufsichtsbehörde könne ohne Berücksichtigung der durch die (erteilte) Genehmigung vermittelten Rechtsposition das ihr im Zusammenhang mit dem bauaufsichtlichen Einschreiten zustehende Ermessen nicht mehr fehlerfrei ausüben. *Shirvani* weist zutreffend darauf hin, dass die Baugenehmigung mit Blick auf Art. 55 Abs. 2 BayBO 2008 keine Rechtsposition i.S.e. allgemeinen Unbedenklichkeitsbescheinigung verleihe, *Shirvani*, BayVBl 2010, S. 715.

[1275] Vgl. BayVGH, Urteil vom 19.01.2009, Az. 2 BV 08.2567, BayVBl 2009, S. 507 f; ders., Urteil vom 01.07.2009, Az. 2 BV 08.2465, BayVBl 2009, S. 727 ff; vgl. auch bereits ders., Urteil vom 23.03.2006, Az. 26 B 05.555, BayVBl 2006, S. 537 f. Vgl. auch Teil 2 A.IV.2.a) und b).

worfen. Letzteres Verhältnis wird in der Literatur[1276] zum Teil unter den Begriffen des „allgemeinen und besonderen Sachbescheidungsinteresses" diskutiert. Beide Fragen sollen im Folgenden beantwortet werden.

1. Das Verhältnis zwischen der gesetzlichen Ablehnungsbefugnis und der von repressiven Maßnahmen flankierten Baugenehmigung

Mit den vorstehenden Ausführungen unter C.III. desselben Teils ist die Beantwortung der Frage nach dem Verhältnis des behördlichen Vorgehens im Sinne der ursprünglich konsequenten Gesetzessystematik vor der Einführung der Neuregelung einerseits, mithin die Erteilung der Baugenehmigung flankiert von etwaigen repressiven bauaufsichtlichen Maßnahmen, und des Vorgehens im Sinne der gesetzlich normierten Ablehnungsbefugnis des Art. 68 Abs. 1 Satz 1, 2. Hs. BayBO 2008/2009 andererseits zumindest in ihren Grundzügen bereits angelegt. Es handelt sich demnach um zwei sich ergänzende verfahrensrechtliche Vorgehensweisen, die im Grundsatz nicht im Sinne eines fakultativen Alternativverhältnisses verstanden werden dürfen. Sie begründen demzufolge kein offenes Wahlrecht der Behörde, da die pflichtgemäße Ermessensausübung bereits die Weichen für das jeweils einschlägige und zu beschreitende Behördenhandeln stellt und damit die Auswahl der behördlichen Handlungsweisen vorzeichnet. Gelangt die Bauaufsichtsbehörde im Sinne der doppelten Offensichtlichkeit[1277] zu der Erkenntnis, dass das zur Genehmigung gestellte Bauvorhaben gegen sonstige, nicht prüfpflichtige Vorschriften verstößt, hat sie ihr Ermessen zur Meidung eines willkürlichen oder gleichheitswidrigen Gebrauchs dahingehend auszuüben, bereits die Baugenehmigung wegen fehlenden Sachbescheidungsinteresses abzulehnen, wenn der Verstoß ohnehin das bauaufsichtliche Einschreiten erlauben würde. Würde die Kenntniserlangung oder auch die Gewissheit über den Rechtsverstoß eine eingehendere Überprüfung erfordern, wäre – wie bislang – die Genehmigung aufgrund des Vorliegens der (prüfpflichtigen) gesetzlichen Voraussetzungen zu erteilen und parallel ein bauaufsichtliches Verfahren einzuleiten. Selbstverständlich stellt es auch nicht nur eine reine Möglichkeit für die Behörde dar, den Bauantragsteller dann auf eine ergänzende Prü-

---

[1276] Vgl. *Lechner*, in: Simon/Busse, BayBO, Art. 68 Rn 158 und 159.
[1277] Vgl. Teil 2 D.III.2.c).

fung aufmerksam zu machen, wenn sie aufgrund einer prognostizierenden Betrachtung zu der Erkenntnis gelangt, dass die Überprüfung des Vorhabens hinsichtlich eines etwaigen sonstigen nicht prüfpflichtigen Rechtsverstoßes umfassender ausfallen wird, das Genehmigungsverfahren damit verzögert würde und deshalb eine Ablehnung des Bauantrags auf Grundlage von Art. 68 Abs. 1 Satz 1, 2. Hs. BayBO 2008/2009 noch nicht gerechtfertigt ist. Ein derartiger behördlicher Hinweis scheint dann vielmehr geboten. Entsprechende Hinweise, die letztlich einen rein informatorischen und rechtsunverbindlichen Charakter aufweisen und weder als Nebenbestimmung noch als Auflagen im Sinne des Art. 36 BayVwVfG zu verstehen sind,[1278] sollten demnach nicht mehr nur im Belieben der Behörde stehen, sondern jedenfalls in derartigen Fallkonstellationen auch Verwendung finden, um für Klarstellung im Interesse des Bauherrn und zur Meidung von Irrtümern[1279] zu sorgen, ohne allerdings zugleich materiell-rechtlich in der Sache Stellung zu beziehen. Mit diesem einfachen Instrumentarium ließe sich dann der Eindruck der vom Gesetzgeber gesehenen und von Teilen der Literatur aufgegriffenen bzw. zitierten Widersprüchlichkeit[1280] entkräften. Bei ohne weiteres erkennbaren, nicht unerheblichen und zweifelsfreien Rechtsverstößen gegen sonstiges öffentliches Recht im Sinne des Art. 68 Abs. 1 Satz 1, 2. Hs. BayBO 2008/2009 sollte sich die Behördenpraxis derart festigen, dass die Baubehörde Gebrauch von der Vorschrift macht, wenn für den Bauherrn wegen der Möglichkeit repressiver Maßnahmen zugleich die Nutzlosigkeit der Baugenehmigung folgt. Für eine von bauaufsichtlichen Maßnahmen flankierte Baugenehmigung ist dann kein Raum mehr. Trotz der grundsätzlich ermessensgesteuerten Weichenstellung für die Wahl der Handlungsweise ist es der Behörde aber natürlich nicht genommen, auf die „umständlich" anmutende und vermeintlich nicht „sachgerechte"[1281] Kombination aus Baugenehmigungserteilung einerseits und (unmittelbar) nachgelagerter Baueinstellungsverfügung/Beseitigungsanordnung andererseits zurückzugreifen, wenn die Behörde erst später einen Verstoß gegen sonstige, nicht zu prüfende öffentlich-rechtliche Vorschriften feststellt und dieser – bei entsprechender Kenntnis – bereits eine Ablehnung des Bauantrags auf Grundlage von Art. 68 Abs. 1 Satz 1, 2. Hs.

[1278] Vgl. *Lechner*, in: Simon/Busse, BayBO, Art. 68 Rn 421 ff [422 f].
[1279] Vgl. *Lechner*, in: Simon/Busse, BayBO, Art. 68 Rn 424.
[1280] Vgl. LtDrs. 16/1351 vom 13.05.2009, S. 2; *Shirvani*, BayVBl 2010, S. 710 m.w.N.; *Wolf*, in: Simon/Busse, BayBO, Art. 59 Rn 92 m.w.N.
[1281] Vgl. LtDrs. 16/1351 vom 13.05.2009, S. 2: „*Dies ist – da umständlich [...] – nicht sachgerecht [...].*"

BayBO 2008/2009 ermöglicht hätte. Diese Schlussfolgerung ergibt sich nicht zuletzt bereits aufgrund der gesetzlichen Regelung des Art. 55 Abs. 2 BayBO 2008. Auch wenn die Baubehörde im Rahmen ihrer Ermessensausübung berechtigt ist, Belange des Bauherrn und auch Dritter einzustellen, begründet dies freilich keinen (klagbaren) Anspruch des Bauherrn im Sinne einer gegenüber Art. 59 bzw. 60 BayBO 2008 umfassenderen Prüfung oder des Nachbarn auf Berücksichtigung und Drittschutz.[1282] Mit *Jäde* liegt die Beweislast für den Verstoß dann aber zu Recht bei der Behörde,[1283] erhebt der Bauherr Klage auf Erteilung der Genehmigung.

2. Das Verhältnis zwischen dem Rechtsgrundsatz des fehlenden Sachbescheidungsinteresses und der gesetzlichen Ablehnungsbefugnis

Zur Diskussion steht weiterhin auch das Verhältnis zwischen dem nicht kodifizierten Rechtsgrundsatz des fehlenden Sachbescheidungsinteresses einerseits und der spezialgesetzlich geregelten Ablehnungsmöglichkeit des Art. 68 Abs. 1 Satz 1, 2. Hs. BayBO 2008/2009 andererseits, mithin also die Frage, inwieweit ein behördlicher Rückgriff auf den allgemeinen Rechtsgrundsatz als alternativ zur Verfügung stehendes Rechtsinstrumentarium noch in Betracht kommt oder eben durch die Neuregelung quasi als lex specialis verdrängt wird. Diese Problematik einer etwaigen Überschneidung oder Verdrängung der Regelungsbereiche dürfte wohl nur dann bestehen, wenn die Neuregelung des Art. 68 Abs. 1 Satz 1, 2. Hs. BayBO 2008/2009 lediglich als Kodifizierung eines bislang ungeschriebenen Grundsatzes verstanden wird,[1284] es sich also um eine gesetzliche Regelung bzw. Ergänzung des ungeschriebenen Rechtsinstituts des Sachbescheidungsinteresses handelt.[1285] Der Bayerische Verwaltungsgerichtshof[1286]

[1282] Vgl. weitergehend *Schwarzer/König,* BayBO, Art. 68 Rn 29 a.E., die zur Wahrung der Eigentumsrechte Dritter für den Fall, dass sich eine Behördenpraxis einstellen sollte, die selbst bei ohne weiteres erkennbaren und nicht unerheblichen Verstößen gegen nachbarschützendes „sonstiges" Recht regelmäßig keinen Gebrauch von der fakultativen Ablehnungsbefugnis macht, ausnahmsweise für Drittschutz des Art. 68 Abs. 1 Satz 1, 2. Hs BayBO 2008/2009 plädieren. Zur Drittschutzproblematik unten Teil 3 A.III.
[1283] Vgl. *Jäde,* in: Jäde/Dirnberger/Bauer, Die neue BayBO, Art. 68 Rn 37c a.E.
[1284] Vgl. so z.B. *Hornmann,* HBO, § 64 Rn 85a; wohl auch *Jäde,* Bayerisches Bauordnungsrecht, Rn 222, der von einem *„gesetzlich geregelten Fall des fehlenden Sachbescheidungsinteresses"* spricht. Vgl. a.A. wohl *Manssen/Greim,* BayVBl 2010, S. 423.
[1285] Vgl. so z.B. *Wolf,* in: Simon/Busse, BayBO, Art. 59 Rn 94 a.E.

und auch Teile der Literatur[1287] betrachten die Frage nach der Rechtsnatur der neuen Ablehnungsbefugnis letztlich als rein dogmatische Frage, die im Ergebnis als nicht entscheidungserheblich dahinstehen könne. Wenngleich bei isolierter Betrachtung der Norm deren Wortlaut, Struktur und gesetzliche Verortung eher für einen eigenständigen (und vom Sachbescheidungsinteresse losgelösten) Ablehnungsgrund sprechen und die in der Literatur geäußerte Anmerkung[1288], die dogmatische Einordnung der Neuregelung in den Vollzugshinweisen sei jedenfalls nicht stimmig, durchaus gerechtfertigt ist, ist mit *Schwarzer/König*[1289] nach vorgenommener Auslegung und mit Blick auf die Entstehungsgeschichte sowie auf die Gesetzgebungsmaterialien zu Recht von einer bloß gesetzlichen Kodifizierung des bisherigen Rechtsgrundsatzes auszugehen, mit der letztlich nur eine (regelnde) Klarstellung dahingehend erfolgt, dass bei einem Verstoß gegen sonstiges Recht im Sinne der Vorschrift eine Ablehnung des Bauantrags wegen fehlenden Sachbescheidungsinteresses möglich ist und somit im Grunde genommen Art. 68 Abs. 1 Satz 1, 2. Hs. BayBO 2008/2009 noch nicht einmal als vollständige Regelung des Sachbescheidungsinteresses für eine bestimmte Fallgestaltung angesehen werden muss. Mit diesem Verständnis ist der von *Lechner*[1290] gewählte und im selben Teil unter D.III.1. dargestellte Ansatz eines Nebeneinanders des ungeschriebenen Rechtsgrundsatzes und der gesetzlichen Ablehnungsmöglichkeit wegen fehlenden Sachbescheidungsinteresses im Grundsätzlichen zutreffend. *Lechner* zieht allerdings die falschen Konsequenzen, indem er der gesetzlichen Ablehnungsmöglichkeit im Wege der Auslegung der Norm – wie vorstehend erfolgt – keine weiteren Einschränkungen entnimmt. Es schließt sich vielmehr der Kreis in dem Sinne, dass die schon bislang geltenden Prinzipien zur Ablehnung eines Bauantrages wegen des Fehlens des Sachbescheidungsinteresses auch weiterhin und trotz des weitgefassten Wortlauts des Art. 68 Abs. 1 Satz 1, 2. Hs. BayBO 2008/2009 zur Anwendung gelangen müssen, mithin die Genehmigung dem Bauherrn am Ende keinen Nutzen bringen darf.[1291] Ein Rückgriff auf den allgemeinen nicht geschriebenen Rechtsgrundsatz

---

[1286] Vgl. BayVGH, Beschluss vom 14.10.2010, Az. 15 ZB 10.1584, BayVBl 2011, S. 413.
[1287] Vgl. *Schwarzer/König*, BayBO, Art. 68 Rn 26 a.E.
[1288] Vgl. *Manssen/Greim*, BayVBl 2010, S. 423.
[1289] Vgl. *Schwarzer/König*, BayBO, Art. 68 Rn 26 ff [30].
[1290] Vgl. *Lechner*, in: Simon/Busse, BayBO, Art. 68 Rn 157 ff.
[1291] Vgl. so auch *Schwarzer/König*, BayBO, Art. 68 Rn 30, die im Übrigen die Klarstellung, dass es Bauaufsichtsbehörden nicht verwehrt ist, das Sachbescheidungsinteresse für einen Bauantrag wegen eines nicht ausräumbaren Widerspruchs des Vorhabens zu nicht zum Ge-

im Sinne des von *Lechner* bezeichneten „Allgemeinen Sachbescheidungsinteresses"[1292] ist dann, aber eben auch nur dann, möglich, wenn es nicht um Verstöße auf der materiell-rechtlichen Ebene öffentlich-rechtlicher Vorschriften geht.

V. Rechtspolitische Würdigung der Neuregelung und Vorschlag für Neukonzeption

Mit der ausdrücklichen Aufgabe der Schlusspunkttheorie[1293] im Wege des Vereinfachungsgesetzes[1294] der Novelle 1994 hat der Bayerische Landesgesetzgeber sicherlich nicht nur ein legitimes und von vielen Reformanhängern gefordertes Ziel verfolgt, wurde nämlich bereits zuvor vom Großen Senat des Bayerischen Verwaltungsgerichtshofs[1295] entschieden, dass die Baugenehmigung ungeachtet etwaiger erforderlicher anderer öffentlich-rechtlicher Gestattungen erteilt werden kann, wenn das Vorhaben den von der Bauaufsichtsbehörde zu prüfenden Vorschriften entspricht. Dieser in den anfänglichen neunziger Jahren vom Gesetzgeber eingeschlagene und über die weiteren Reformstufen der Jahre 1998 und 2008 weiter ausgebaute Weg der Deregulierung und Verfahrensbeschleunigung ist mithin anzuerkennen und vor dem Hintergrund der sog. „Vollkaskomentalität"[1296] im Sinne eines „staatlichen Betreuungskonzepts"[1297] mancher Bauherrn auch durchaus wünschenswert, auch wenn bei kritischer Hinterfragung[1298] eine mit Konzentrationswirkung ausgestattete oder doch zumindest das öffentliche Baurecht umfassende Baugenehmigung auch durchaus Standortvorteile im Wege einer Investitionssicherheit[1299] begründen kann. Im Ergebnis gilt dasselbe für die ergriffenen Bestrebungen, die Eigenverantwortung des Bau-

---

nehmigungsmaßstab gehörenden Vorschriften zu verneinen, noch nicht einmal als gesetzliche Regelung des Sachbescheidungsinteresses für eine bestimmte Fallgestaltung ansehen.

[1292] Vgl. *Lechner*, in: Simon/Busse, BayBO, Art. 68 Rn 158 und 165 ff.

[1293] Vgl. Teil 1 B.III.; vgl. hierzu auch *Lechner*, in: Simon/Busse, BayBO, Art. 68 Rn 217 ff.

[1294] Vgl. Gesetzentwurf der Staatsregierung zur Vereinfachung und Beschleunigung bau- und wasserrechtlicher Verfahren, LtDrs. 12/13482 vom 18.11.1993.

[1295] Vgl. BayVGH, Beschluss vom 18.03.1993, BayVBl 1993, S. 370 = NVwZ 1994, S. 304 = DVBl 1993, S. 665 = DÖV 1993, S. 765 = UPR 1993, S. 275.

[1296] Vgl. *Ederer*, BayVBl 2008, S. 529 f [529].

[1297] Vgl. *Preschel*, DÖV 1998, S. 45 m.w.N. *Jäde*, UPR 1994, S. 201 ff [203].

[1298] Vgl. z.B. *Buchmann*, VBlBW 2007, S. 201 ff; *Bock*, DVBl 2006, S. 12 ff.

[1299] Vgl. hierzu bereits *Schlichter*, DVBl 1995, S. 173 ff, mit einer Darstellung der Untersuchungsergebnisse der Unabhängigen Expertenkommission zur Vereinfachung und Beschleunigung von Planungs- und Genehmigungsverfahren.

herrn zu steigern und die Verantwortlichkeiten neu zu verteilen,[1300] indem die Pflichtprüfprogramme im Umkehrschluss reduziert wurden. Gleichsam ist das in Konsequenz dessen auf der Hand liegende Anliegen, einen Bauantrag trotz der beschränkten Maximalprüfkataloge wegen eines Verstoßes gegen nicht prüfpflichtige Vorschriften ablehnen zu können, im Grundsätzlichen aus verwaltungspraktischer und verfahrensökonomischer Sicht nachvollziehbar. Entscheidet man sich allerdings für ein solches Procedere, dürfen die Leitgedanken, welche zur Abkehr von der Schlusspunkttheorie und zur Reduzierung der Prüfprogramme geführt haben, nicht aufgeweicht und ins Gegenteil verkehrt werden. Es muss insbesondere darauf geachtet werden, dass diese gewählten Prinzipien nicht zugunsten des Anliegens der Ablehnungsmöglichkeit wegen fehlenden Sachbescheidungsinteresses preisgegeben werden. Dies gilt umso mehr, als man sich den Ausnahmecharakter dieser Ablehnungsmöglichkeit vor Augen führen muss. Will man dieser Zielsetzung, also einer Ablehnung wegen fehlenden Sachbescheidungsinteresses aufgrund von Verstößen gegen nicht mehr zu prüfende Vorschriften des öffentlichen (Bauordnungs-)Rechts, gerecht werden, kommt man jedenfalls um eine gesonderte Regelung nicht umhin, da wie aufgezeigt die Systematik der Bayerischen Bauordnung 2008 aufgrund ihres abgeschlossenen Prüfprogramms mit dem Bayerischen Verwaltungsgerichtshof[1301] eine Ablehnung im Sinne eines solchen Verstoßes nicht erlaubt und ermöglicht. Mit Art. 68 Abs. 1 Satz 1, 2. Hs. BayBO 2008/2009 wurde zwar eine ausdrückliche, aber auch unzureichende Rechtsgrundlage geschaffen, welche diesem rechtspolitischen Anliegen Rechnung tragen soll. Diese gesetzliche Regelung des Art. 68 Abs. 1 Satz 1, 2. Hs. BayBO 2008/2009 gilt es deshalb nachzubessern. Sicherlich lassen sich im Wege der Auslegung der Norm – wie vorstehend aufgezeigt – zumindest in Teilen systemgerechte Lösungen finden, gleichwohl sind der Auslegung aber auch Grenzen gesetzt.

Im Folgenden soll ausgehend von einer Darstellung und Begründung des Erfordernisses einer textlichen und (gesetzes-)systematischen Korrektur der mit Art. 68 Abs. 1 Satz 1, 2. Hs. BayBO 2008/2009 normierten Ablehnungsbefugnis der Versuch einer Neukonzeption für eine entsprechende Ermächtigungsgrundlage im Wege einer Betrachtung de lege ferenda unternommen werden.

[1300] Vgl. *Battis*, DVBl 2000, S. 1557 ff; *Jäde/Weiß*, BayBO 1994/1998 – Textsynopse, Einführung, S. 9 ff; kritisch *Bock*, DVBl 2006, S. 12 ff; *Decker*, BauR 2008, S. 443 ff.
[1301] Vgl. BayVGH, Urteil vom 19.01.2009, Az. 2 BV 08.2567, BayVBl 2009, S. 507 f; ders., Urteil vom 01.07.2009, Az. 2 BV 08.2465, BayVBl 2009, S. 727 ff.

1. Erfordernis textlicher und systematischer Korrekturen

Mit dem Gesetz zur Änderung der Bayerischen Bauordnung und des Baukammerngesetzes vom 11. Dezember 2012[1302] hat der Gesetzgeber um ein weiteres Mal die Bayerische Bauordnung überarbeitet, indem vor allem viele Details[1303] geändert worden sind. Die Gesetzesänderung aus dem Jahre 2012 nimmt für sich ausweislich der Gesetzgebungsmaterialien auch in Anspruch, die Erfahrungen mit den umfassenden Neureglungen der Bauordnungsnovelle 2008 unter Einbeziehung der Erfahrungen anderer Länder auszuwerten.[1304] Grundlegende Veränderungen des Bauordnungsrechts gibt es aber gleichwohl nicht.[1305] Die synoptische Gegenüberstellung[1306] der Bayerischen Bauordnungen 2008/2009 (bzw. 2011[1307]) und 2013[1308] zeigt auf, dass es im Bereich des gesetzlichen, d.h. beschränkten Prüfungsumfangs sowie insbesondere im Zusammenhang mit der Antragsablehnungsmöglichkeit des Art. 68 Abs. 1 Satz 1, 2. Hs. BayBO 2008/2009 keine Veränderungen gibt. Gerade in letzterem Fall wären doch – wie vorstehend aufgezeigt – Korrekturen oder wenigstens textliche Klarstellungen angezeigt gewesen. Angesichts der laut gewordenen Kritik in der Fachliteratur sowie der aufgezeigten inhomogenen Rechtsprechung der bayerischen Verwaltungsgerichte gleicht das legislatorische Vorgehen beinahe einem ignoranten oder zumindest beharrlichen Verhalten. Diese Einschätzung gilt wohl umso mehr, als davon ausgegangen werden muss, dass der Gesetzgeber die vorstehend aufgezeigten Probleme und Ungereimtheiten in diesem Bereich sehenden Auges unbearbeitet lässt. Sicherlich bedarf nicht jede auslegungsbedürftige Norm einer

---

[1302] Vgl. GVBl S. 633: Gesetz zur Änderung der Bayerischen Bauordnung und des Baukammerngesetzes, d.h. Änderung der BayBO in der Fassung der Bekanntmachung vom 14.08.2007 (GVBl S. 588), zuletzt geändert durch § 36 des Gesetzes vom 20.12.2011 (GVBl S. 689).

[1303] Im Vordergrund steht eine Anpassung der Bayerischen Bauordnung zum Zwecke einer sach- und praxisgerechten Einführung des technischen Regelwerks „Barrierefreies Bauen" (DIN 1804-1 „Barrierefreies Bauen – Planungsgrundlagen – Teil 1: Öffentlich zugängliche Gebäude" und DIN 18040-2 „Barrierefreies Bauen – Planungsgrundlagen – Teil 2: Wohnungen"; Bekanntmachung des BayStMI vom 30.11.2012 (AllMBl S. 965)), indem z.B. für einheitliche Begrifflichkeiten gesorgt werden soll. Vgl. Allgemeiner Teil der Gesetzesbegründung, abgedruckt bei *Jäde*, BayBO 2011/2013 – Änderungssynopse, S. 83 f.

[1304] Vgl. LtDrs. 16/13683 vom 10.09.2012, S. 1.

[1305] Vgl. hierzu *Jäde*, BayBO 2011/2013 – Änderungssynopse, Vorwort, S. 7.

[1306] Vgl. *Jäde*, BayBO 2011/2013 – Änderungssynopse, S. 83 ff.

[1307] Vgl. Änderung der BayBO durch § 36 des Gesetzes vom 20.12.2011, GVBl S. 689, 707.

[1308] In Kraft getreten am 01.01.2013 mit Ausnahme der Änderungen von Art. 15, Art. 17 Abs. 2, Art. 18, 23, 37, 48 und 80 Abs. 5 Nr. 2 BayBO, die am 01.07.2013 in Kraft getreten sind.

Klarstellung und nachgelagerten Anpassung, vor allem dann nicht, wenn die Vorschrift auslegungsfähig ist und verfassungskonform „handhabbar" gemacht werden kann. Der Gesetzgeber dürfte aber wohl nicht von einer Auslegungsbedürftigkeit des neuen zweiten Halbsatzes des Art. 68 Abs. 1 Satz 1 BayBO 2008/2009 ausgegangen sein, versteht er die Vorschrift doch lediglich als Klarstellung[1309]. Es ist in weiten Teilen geradezu auch grundsätzlich notwendig – dies wird nicht verkannt –, dass der Wortlaut einer Norm, dem bereits seinerseits durch das sprachliche Ausdrucksvermögen Grenzen gesetzt sind, unter Wahrung des Bestimmtheitsgrundsatzes ein bestimmtes Maß an Abstraktheit aufweisen muss, um verschiedenste Sachverhaltskonstellationen erfassen und abbilden zu können.[1310] Es ist im Allgemeinen geradezu typisch, *„[...] dass die Gerichtsbarkeit die Funktion hat, nicht nur Einzelfälle zu entscheiden, sondern auch – anhand der Einzelfallentscheidung – das Recht zu konkretisieren und weiter zu entwickeln.[...]"*[1311] Insoweit kann seitens der Gesetzgebung natürlich im Grundsätzlichen auf die Auslegung und Konkretisierung durch Verwaltung, Rechtsprechung und Literatur verwiesen werden, um der neuen Ablehnungsbefugnis des Art. 68 Abs. 1 Satz 1, 2. Hs. BayBO 2008/2009 ein „rechtsstaatliches Korsett"[1312] verleihen zu lassen. Die (verfassungskonforme) Auslegung[1313] etwaiger noch zweifelbehafteter Rechtsvorschriften ist hierbei auch vorrangig gegenüber der Behandlung als verfassungswidrig oder – sofern in Betracht kommend – gegenüber dem (unmittelbaren) Rückgriff auf grundgesetzliche Normen.[1314] Diese Argumentation vermag gegenständlich allerdings nicht vollends zu überzeugen, da mit Blick auf Art. 68 Abs. 1 Satz 1, 2. Hs. BayBO 2008/2009 bereits ein Auseinanderklaffen des in den Gesetzgebungsmaterialien zum Ausdruck gebrachten gesetzgeberischen Willens[1315], der Zuspruch in der Verwaltungspraxis[1316] erfährt, einerseits und der Auffassung der (obergerichtlichen) Rechtspre-

---

[1309] Vgl. LtDrs. 16/1351 vom 13.05.2009, S. 2.
[1310] Vgl. *Schmidt*, Allgemeines Verwaltungsrecht, Rn 265; *Jestaedt*, in: Erichsen/Ehlers, Allgemeines Verwaltungsrecht, § 11 Rn 23 a.E.
[1311] *Maurer*, Allgemeines Verwaltungsrecht, § 7 Rn 60.
[1312] Vgl. *Maurer*, Allgemeines Verwaltungsrecht, § 7 Rn 60.
[1313] Vgl. zu den einzelnen Auslegungsmethoden *Schmidt*, Allgemeines Verwaltungsrecht, Rn 269 ff. Vgl. zum Umfang der gerichtlichen Überprüfung von Ermessensentscheidungen *Kopp/Schenke*, VwGO, § 114 Rn 4 ff.
[1314] Vgl. *Maurer*, Allgemeines Verwaltungsrecht, § 8 Rn 11.
[1315] Vgl. LtDrs. 16/1351 vom 13.05.2009, S. 2.
[1316] Vgl. Oberste Baubehörde im BayStMI, Schreiben vom 24.07.2009, Zeichen: IIB4-4101-022/08, S. 16.

chung[1317] und auch von großen Teilen der Literatur[1318] andererseits offen zu Tage tritt. Will jedenfalls die Oberste Baubehörde die Vorschrift des Art. 68 Abs. 1 Satz 1, 2. Hs. BayBO 2008/2009 aufgrund der bewussten Verwendung des Wortes „darf" noch als bloße Befugnisnorm ohne Ermessen der Bauaufsichtsbehörde verstanden wissen, entnimmt der Bayerische Verwaltungsgerichtshof dem „Darf" der Norm keine Unterscheidungskraft zum ermessensintendierenden „Kann" einer Regelung. Er verlangt vielmehr eine pflichtgemäße Ermessensausübung durch die Baubehörde. Das Schweigen der benannten Baurechtsnovelle, die mit dem Gesetz zur Änderung der Bayerischen Bauordnung und des Baukammerngesetzes vom 11. Dezember 2012 vollzogen worden ist, die zugleich aber auch auf (grundlegende) Veränderungen des bayerischen Bauordnungsrechts verzichtet, zur Ablehnungsbefugnis wegen fehlenden Sachbescheidungsinteresses verwundert umso mehr, als der Gesetzgeber seinerzeit mit der Novelle 2009, die sogar als „Reparaturbetrieb"[1319] für erkannte Mängel der BayBO 2008 charakterisiert worden ist, auf eine ihm missliebige Rechtsprechung reagierte und Art. 68 Abs. 1 Satz 1, 2. Hs. BayBO 2008/2009 aufgenommen hat. Darüber hinaus sind der Auslegung von Vorschriften auch Grenzen gesetzt. So wäre es vorliegend angezeigt gewesen, eine Beschränkung der Ablehnungsmöglichkeit auf Verstöße gegen sonstige öffentlich-rechtliche Vorschriften der Bayerischen Bauordnung, diese gegebenenfalls ergänzt um Vorschriften des Bauplanungsrechts, aufzunehmen. Eine derart einschränkende Auslegung der gegenwärtigen Vorschrift kommt wie in diesem Teil unter D.I. aufgezeigt aber nicht in Betracht. Eine textliche Korrektur wäre insoweit nötig und wünschenswert. Die Diskussion um die Nähe der entscheidungsbefugten Bauaufsichtsbehörde zur entsprechenden Rechtsmaterie und damit die Diskussion um die Frage nach der Entscheidungsfachkompetenz würde sich dann weitestgehend erledigen. Zudem ist eine weit angelegte Abstraktheit und umfassende Reichweite der Norm dann nicht sinnvoll, wenn die Norm – wie gegenständlich – zur Regelung von eng umrissenen Ausnahmetatbeständen bestimmt ist. Ein umso konkreterer Gesetzeswortlaut ist hier vonnöten.

[1317] Vgl. BayVGH, Beschluss vom 14.10.2010, Az. 15 ZB 10.1584, BayVBl 2011, S. 413.
[1318] Vgl. z.B. *Linke*, BayVBl 2010, S. 430; *Schwarzer/König*, BayBO, Art. 68 Rn 22 ff [31]; *Shirvani*, BayVBl 2010, S. 709 ff; *Manssen/Greim*, BayVBl 2010, S. 421 ff; *Ingold/Schröder*, BayVBl 2010, S. 426 ff; a.A. *Jäde*, BayVBl 2009, S. 709 ff; *ders.*, BayVBl 2010, S. 741 ff; *Lechner*, in: Simon/Busse, BayBO, Art. 68 Rn 174; *Hornmann*, HBO, § 64 Rn 85d.
[1319] Vgl. *Gehrsitz*, i.R.d. Literaturvorstellung Franz Dirnberger, das Abstandsflächenrecht in Bayern, BayVBl 2009, S. 288.

2. Neukonzeption einer Ablehnungsbefugnis wegen fehlenden Sachbescheidungsinteresses

Bezug genommen werden soll an dieser Stelle auf eine Randanmerkung *Jädes* in seiner Abhandlung mit dem Titel *"Das Sachbescheidungsinteresse im bauaufsichtlichen Genehmigungsverfahren – eine unendliche Geschichte?"*[1320], in der er auffordert: *"[...] Im Übrigen: Bessere Formulierungsvorschläge sind stets willkommen."*[1321] Der Verfasser nimmt diese Auf- bzw. Herausforderung an und versucht nachstehend einen modifizierten Gesetzesvorschlag auf Grundlage und unter Einbeziehung vorstehender Erörterungen zu erarbeiten. Ergänzend dazu wird weiterhin eine modifizierte Tenorierungspraxis in Vorschlag gebracht, welche dem Umstand einer Ablehnung des Bauantrags wegen fehlenden Sachbescheidungsinteresses einerseits und der Versagung einer Baugenehmigung wegen nicht erfüllter Vereinbarkeit des Vorhabens mit den prüfpflichtigen öffentlich-rechtlichen Vorschriften andererseits Rechnung trägt. Im Hinblick auf die Neukonzeption einer Ablehnungsbefugnis wegen fehlenden Sachbescheidungsinteresses ist das Vorgehen im Folgenden zweigeteilt, indem zwischen der systematischen Verortung einer solchen Regelung einerseits und der Auseinandersetzung mit dem Wortlaut andererseits differenziert wird.

a) Systematische Verortung

In einem ersten Schritt soll und muss die Frage nach der systemgerechten Verortung einer Befugnisnorm, welche der Bauaufsichtsbehörde die Ablehnung eines Bauantrags wegen fehlenden Sachbescheidungsinteresses ermöglichen soll, gestellt und beantwortet werden. Die gegenwertige Regelung des zweiten Halbsatzes des Art. 68 Abs. 1 Satz 1 BayBO 2008/2009, welche seinerzeit gewissermaßen in einer Art „Hauruckverfahren"[1322] in den Gesetzestext zur (vermeintlichen) Klarstellung aufgenommen worden ist, hat wie vorstehend ausführlich aufgezeigt viele Irritationen, neue Probleme und zum Teil bis heute unbeantwor-

---

[1320] Vgl. *Jäde*, BayVBl 2010, S. 741 ff [744 Fn 38].
[1321] *Jäde*, BayVBl 2010, S. 744 Fn 38.
[1322] Vgl. LtDrs. 16/375 vom 03.02.2009, Gesetzentwurf zur Änderung der Bayerischen Bauordnung, des Baukammerngesetzes und des Denkmalschutzgesetzes, der noch keine Ergänzung des Art. 68 Abs. 1 Satz 1 BayBO 2008 vorsieht. Vgl. dann auch LtDrs. 16/1351 vom 13.05.2009, Änderungsantrag zum vorbenannten Gesetzentwurf, der auf S. 2 Zu 4. zur Begründung auf die neuere Rechtsprechung des 2. Senats des Bayerischen Verwaltungsgerichtshofs (Urteil vom 19.01.2009, Az.: 2 BV 08.2567) verweist.

tete Fragestellungen aufgeworfen; dies wohl nicht zuletzt aufgrund des Kontextes mit den vor- und nachstehenden Regelungen der Bayerischen Bauordnung. Art. 68 BayBO 2008/2009 betrifft ausweislich der amtlichen Gesetzesüberschrift die Baugenehmigung und den Baubeginn. Der erste Halbsatz des ersten Satzes im ersten Absatz verweist auf den jeweils einschlägigen Prüfungsumfang. Wie oben unter D.II.1. desselben Teils bereits aufgezeigt ruft das kleine, aber hier entscheidende Wörtchen „auch" im neuen zweiten Halbsatz eine Verbindung zu den im Gesetz vorbenannten Prüfverfahren hervor und lässt die neue Ablehnungsbefugnis auf die Ebene der Ablehnungsgründe treten, die sich ergeben, wenn dem Bauvorhaben öffentlich-rechtliche Vorschriften entgegenstehen, die im bauaufsichtlichen Genehmigungsverfahren zu prüfen sind. Es geht bei Verstößen gegen die sog. „sonstigen öffentlichen-rechtlichen Vorschriften", wie sie hier zur Diskussion stehen, aber weniger um eine systematische Prüfung oder gar um eine fakultative Erweiterung der gesetzlich beschränkten Prüfprogramme, als vielmehr um eine bloß beiläufige Feststellung im Sinne sog. Zufallsfunde.[1323] So wird von Teilen der Literatur[1324] bei rein isolierter Betrachtung auch zu Recht angenommen, dass die gegenwärtige Regelung des Art. 68 Abs. 1 Satz 1, 2. Hs. BayBO 2008/2009 aufgrund ihrer textlichen Ausgestaltung und systematischen Stellung im Gesetz (und bei Ausblendung des gesetzgeberischen Hintergrunds) nicht als eine lediglich klarstellende Regelung des Rechtsinstituts des fehlenden Sachbescheidungsinteresses, sondern als eigenständiger Ablehnungsgrund ausgestaltet ist. Die systematische Einbindung der gegenwärtigen Regelung in Form eines zweiten Halbsatzes zu Art. 68 Abs. 1 Satz 1 BayBO 2008 lässt sich mit der Gesetzesbegründung[1325] nur als Umkehrschluss zu Art. 68 Abs. 1 Satz 1, 1. Hs. BayBO 2008/2009 erklären, nämlich dass es um erkannte Verstöße geht, die nicht von den dort in Bezug genommenen Prüfprogrammen erfasst sind. Die Definition „sonstiger öffentlich-rechtlicher Vorschriften", welche sich gegenwärtig durch die fortgesetzte Lesart des ersten und zweiten Halbsatzes erschließt, ließe sich allerdings auch durch textliche Beschreibungen vollziehen, so dass die Verortung unproblematisch auch an anderer Stelle erfolgen kann. Ruft man sich nämlich in Erinnerung, dass das Sachbescheidungsinteresse allgemein anerkannt als eine von mehreren Sachentscheidungs- oder auch An-

---

[1323] Vgl. so auch *Jäde*, BayVBl 2009, S. 713/714; *Manssen/Greim*, BayVBl 2010, S. 421 ff [423]; a.A. *Ingold/Schröder*, BayVBl 2010, S. 426 ff [428].
[1324] Vgl. z.B. *Schwarzer/König*, BayBO, Art. 68 Rn 26.
[1325] Vgl. LtDrs. 16/1351 vom 13.05.2009, S. 2.

tragsvoraussetzungen zu verstehen[1326] und damit das Pendant zum prozessualen Rechtsschutzinteresse ist, drängt es sich auf, die Regelung auch im Kontext mit anderen Sachentscheidungsvoraussetzungen wie etwa der Antragsbefugnis, behördlichen Zuständigkeiten und Formvorschriften – soweit gesetzlich normiert – im Gesetzestext unterzubringen. Mangelt es dem Bauantrag an den verfahrensrechtlichen Zulässigkeitsvoraussetzungen wie etwa Statthaftigkeit (vgl. Art. 55 Abs. 1 BayBO 2008), Antragsform (Art. 64 Abs. 1 Satz 1, Abs. 2 BayBO 2008) oder eben auch Sachbescheidungsinteresse, ist er von der Behörde als unzulässig abzulehnen.[1327] In Betracht kommen damit im Wesentlichen die Art. 64 (Bauantrag, Bauvorlagen) und 65 (Behandlung des Bauantrags) in dem das Genehmigungsverfahren regelnden Abschnitt III des fünften Teils der Bayerischen Bauordnung 2008 bzw. inzwischen 2013. Das Fehlen des Sachbescheidungsinteresses macht anerkanntermaßen bereits die behördliche Entscheidung unzulässig und den gleichwohl ergangenen Bescheid formell rechtswidrig.[1328] Nachdem die Ablehnungsmöglichkeit wegen fehlenden Sachbescheidungsinteresses im sachlichen Zusammenhang mit dem Bauantrag und weniger im Kontext mit der Baugenehmigung steht, ist die beabsichtigte Regelung in systematischer Hinsicht eher dem zweiten Absatz des Art. 65 BayBO 2008 bzw. 2013 vergleichbar, welcher Aussagen zur Unvollständigkeit des Bauantrags und zu etwaigen Konsequenzen daraus trifft.[1329] Von den Vorschriften der Artikel 59, 60 und 68 Abs. 1 BayBO 2008 werden dagegen die Voraussetzungen für die Erteilung der Baugenehmigung sowie der Entscheidungsumfang hinsichtlich materiell-rechtlicher Anforderungen erfasst. So wird auch das Fehlen eines aus materiell-rechtlichen Gründen erforderlichen und nach Art. 63 Abs. 2 Satz 2, 2. Hs. BayBO 2008/2009 zusammen mit dem Bauantrag zu stellenden Antrags auf Zulassung einer Abweichung als Mangel im Sinne des Art. 65 Abs. 2 Satz 1 BayBO 2008 angesehen, auf den die Behörde dann aufmerksam zu machen hat, indem sie den Bauherrn zur Mängelbehebung und damit zur (nachträglichen) Antragstellung

---

[1326] Vgl. *Kopp/Ramsauer*, VwVfG, § 22 Rn 77 ff; *Wittreck*, BayVBl 2004, S. 194.
[1327] Vgl. *Lechner*, in: Simon/Busse, BayBO, Art. 68 Rn 152 f.
[1328] Vgl. *Wittreck*, BayVBl 2004, S. 194 m.w.N.; BVerwGE 101, S. 323 ff [327].
[1329] Vgl. in diesem Zusammenhang auch § 61 Abs. 2 HBO, wonach die Bauaufsichtsbehörde Anträge und Bauvorlagen zurückweisen kann, wenn sie so unvollständig sind, dass sie nicht bearbeitet werden können. Die Regelung bezieht sich auf formelle Mängel, vgl. *Hornmann*, HBO, § 61 Rn 42.

D. Das kodifizierte Sachbescheidungsinteresse de lege lata und de lege ferenda

auffordert.[1330] Die Rechtsfolge der Unvollständigkeit des Bauantrags im Falle eines fehlenden, aber gleichwohl erforderlichen Abweichungsantrags wird, wie im selben Teil unter B.II.1. gezeigt, seit der Novelle 2009[1331] durch (klarstellende) Ergänzung in Art. 63 Abs. 2 Satz 2 a.E.[1332] zum Ausdruck gebracht.[1333] Die mit Art. 65 Abs. 2 BayBO 2008 zwingend vorgeschriebene Hinweispflicht der Behörde bei Unvollständigkeit oder Mängeln des Bauantrags stellt letztlich – wenn auch in einem weiteren Sinne – einen Aspekt der Verfahrensökonomie dar. Einer bürgernahen Verwaltung würde es sicherlich auch nicht gerecht, würde die Bauaufsichtsbehörde im Wege bürokratischer Handhabung der Norm Bauunterlagen zur Nachbesserung zurückreichen, obwohl im Ergebnis auch bereits die fehlende Genehmigungsfähigkeit des Vorhabens in Betracht kommt.[1334] Ein dem Art. 65 Abs. 2 BayBO 2008 entsprechendes Vorgehen müsste die Behörde auch bereits nach der derzeitigen Systematik dann ergreifen, wenn sie sich im Sinne des Art. 68 Abs. 1 Satz 1, 2. Hs. BayBO 2008/2009 mit der Vereinbarkeit des Vorhabens mit nicht zum Genehmigungsmaßstab gehörenden „sonstigen" Vorschriften befasst und hierbei einen durch Zulassung einer Abweichung ausräumbaren Rechtsverstoß feststellt.[1335]

Dass eine „Umbettung" der Regelung bereits aus systematischer Sicht anzustreben ist, zeigt auch der Vergleich mit anderen, bereits oben[1336] besprochenen außerbayerischen bzw. ehemals bayerischen Normen mit vergleichbarem oder wenn nicht sogar gleichem Regelungsziel, nämlich den Bauantrag wegen fehlenden Sachbescheidungsinteresses abzulehnen, wenn feststeht, dass der Realisierung rechtliche oder tatsächliche Hindernisse entgegenstehen.[1337] Die Bauordnungen anderer Bundesländer enthalten zum Teil wie auch einst die Bayeri-

---

[1330] Vgl. *Schwarzer/König*, Art. 65 Rn 20; a.A. *Molodovsky*, in: Koch/Molodovsky/Famers, BayBO, Art. 59 Rn 15b, Art. 63 Rn 53, 58a, Art. 65 Rn 48c; *Shirvani*, in: Simon/Busse, BayBO, Art. 65 Rn183.
[1331] Vgl. GVBl S. 385 ff [389]; LtDrs. 16/1863 vom 14.07.2009, S. 1 ff [5].
[1332] In Satz 2 wurde der Schlusspunkt durch einen Strichpunkt ersetzt und folgender Halbsatz angefügt: „bei Bauvorhaben, die einer Genehmigung bedürfen, ist der Abweichungsantrag mit dem Bauantrag zu stellen."
[1333] Vgl. Oberste Baubehörde im BayStMI, Schreiben vom 24.07.2009, Zeichen: IIB4-4101-022/08, S. 15.
[1334] Vgl. i.E. auch *Busse/Dirnberger*, Die neue BayBO, Art. 65 Ziff. 5, S. 331.
[1335] Vgl. *Schwarzer/König*, Art. 65 Rn 20 i.V.m. Art. 63 Rn 23.
[1336] Vgl. Vgl. Teil 2 C.II.
[1337] Vgl. hierzu *Hornmann*, HBO, § 60 Rn 71 m.w.N.

sche Bauordnung bis zur Novelle 1998[1338] mit Art. 69 Abs. 4 Satz 3 BayBO 1982 bzw. Art. 74 Abs. 4 Satz 3 BayBO 1994 eine Vorschrift, welche den konkreten Fall eines dem Bauantrag entgegenstehenden zivilrechtlichen Hindernisses in Form der fehlenden Zustimmung des nicht bauantragstellenden Grundstückseigentümers regelt. Diese konkrete dem verfahrensrechtlichen Grundsatz des fehlenden Sachbescheidungsinteresses zugeordnete Fallgestaltung findet sich z.B. in § 69 Abs. 2 Satz 3 BauO NRW, § 69 Abs. 4 Satz 3 BauO Bln oder auch § 60 Abs. 5 Satz 3 HBO ausdrücklich geregelt wieder. Nach dem Verständnis der Hessischen Bauordnung, dort in § 60 Bauantrag, Bauvorlagen eingebettet, stellt die Regelung einen gesetzlichen Fall des fehlenden Sachbescheidungsinteresses mit der Folge einer im Ermessen der Behörde stehenden, aber nicht zugleich drittschützenden Entscheidung der Bauaufsichtsbehörde dar, den Bauantrag abzulehnen.[1339] Auch die benannte nordrhein-westfälische Regelung findet sich unter dem Regelungsbereich „Bauantrag" (amtliche Überschrift) wieder. Gleiches gilt im Fall der Bauordnung für Berlin mit § 69 Bauantrag, Bauvorlagen. Kein „Vorbild" liefert hingegen der Vergleich mit der Regelung des früheren § 60a Abs. 2 Satz 3 BauO Bln 1997 a.F.[1340], die im Aussagegehalt dem Art. 68 Abs. 1 Satz 1, 2. Hs. BayBO 2008/2009 vergleichbar ist,[1341] dort aber unter dem Regelungskomplex vereinfachtes Baugenehmigungsverfahren integriert war. Um ein Vielfaches mehr als im Vergleich zur derzeitigen bayerischen Regelung des Art. 68 Abs. 1 Satz 1, 2. Hs. BayBO 2008/2009 wird mit der (ehemals) Berliner Vorgehensweise nämlich der gerade nicht gewollte Kontext zu den Prüfprogrammen hergestellt und damit erst Recht die Frage nach der fakultativen Erweiterungsmöglichkeit der bauaufsichtlichen Präventivprüfung aufgeworfen. Es sollte vielmehr deutlich zum Ausdruck kommen, dass die Ab-

---

[1338] Vgl. *Jäde/Weiß*, BayBO 1994/1998 – Textsynopse, S. 173.
[1339] Vgl. *Hornmann*, HBO, § 60 Rn 68 ff [69, 71] m.w.N.
[1340] Vgl. § 60a Abs. 2 Satz 3 BauO Bln 1997 a.F.: „Die Erteilung einer Baugenehmigung kann auch versagt werden, wenn Verstöße gegen nicht zu prüfende Vorschriften dieses Gesetzes oder aufgrund dieses Gesetzes festgestellt werden." Vgl. hierzu Teil 2 C.II.2.
[1341] Vgl. *Knuth*, in: Förster/Grundei, Bauordnung für Berlin (5. A.), § 60a Rn 5 a.E.: *„Die BABeh. kann allerdings die Baugenehmigung auch dann versagen, wenn [...] festgestellt wird, daß Verstöße gegen im vereinfachten Genehmigungsverfahren nicht zu prüfende bauordnungsrechtliche Vorschriften vorliegen (Abs. 2 Satz 3); dieser Bestimmung liegt der Gedanke zu Grunde, daß die BABeh. auch außerhalb ihres obligatorischen Prüfprogramms augenfällige Rechtsverstöße nicht ignorieren darf [...] und bei offensichtlichen Verstößen auch gegen nicht prüfpflichtige Vorschriften gehalten ist, schon im Baugenehmigungsverfahren Maßnahmen zu ergreifen, die ein späteres bauaufsichtliches Einschreiten entbehrlich machen [...]."*

lehnung wegen eines Verstoßes gegen nicht im Sinne der beschränkten Prüfprogramme (Art. 59, 60 BayBO 2008) prüfpflichtige Vorschriften, mithin eine Ablehnung des Bauantrags wegen fehlenden Sachbescheidungsinteresses, keinerlei Auswirkungen auf die Abgeschlossenheit dieser Prüfkataloge zeigt. Die Verortung der ehemaligen Berliner Regelung im Sachkomplex vereinfachtes Baugenehmigungsverfahren versteht sich wohl vor dem Hintergrund, dass der Gesetzgeber die Ablehnungsmöglichkeit auf im Rahmen des vereinfachten Verfahrens festgestellte Verstöße betont gewusst haben wollte.[1342]

Infolge dieser Erwägungen sei dem Bayerischen Landesgesetzgeber empfohlen, den mit dem Gesetz zur Änderung der Bayerischen Bauordnung, des Baukammergesetzes und des Denkmalschutzgesetzes[1343] dem Art. 68 Abs. 1 Satz 1 BayBO 2008 neu hinzugefügten zweiten Halbsatz an dieser Stelle wieder zu streichen und eine im Text modifizierte Regelung als neuen dritten Absatz zu Art. 65 BayBO 2013 aufzunehmen. Dieser führte dann nämlich die Aussagen des jetzigen zweiten Absatzes fort und gäbe der Baubehörde eine weitere Maßgabe für die „Behandlung des Bauantrags" (Art. 65 BayBO 2013) für den Fall vor, dass der Bauantrag nicht nur unvollständig oder mängelbehaftet ist, sondern wenn ihm das Antrags- bzw. Sachbescheidungsinteresse gänzlich fehlt, sich mithin bereits Probleme mit dem Antrag (und nicht erst mit der Genehmigung, Art. 68 BayBO 2008) auftun. Mit einer derartigen Verortung würde ferner verdeutlicht, dass die Ablehnung wegen fehlenden Sachbescheidungsinteresses der eigentlichen bauaufsichtlichen Präventivprüfung gemäß Art. 59, 60 BayBO 2008 bzw. 2013 im Grundsätzlichen vorausgeht und eine solche zum Zwecke der Verfahrensökonomisierung unterbleiben oder – sofern bereits begonnen – jedenfalls nicht zu Ende geführt werden müsste.

b) Textliche Neufassung – ein Gesetzesvorschlag

Mit einer Einbindung in den Gesetzestext an anderer Stelle, wie vorstehend im selben Teil unter D.V.2.a) in Vorschlag gebracht, dürften bereits einige Schwierigkeiten behoben und Fragen beantwortet werden, die im Zusammenhang mit dem gegenwärtigen Art. 68 Abs. 1 Satz 1, 2. Hs. BayBO 2008/2009 aufgeworfen worden sind. Die in dem vorgeschlagenen Sinne veränderte Systematik wür-

---

[1342] Vgl. *Knuth*, in: Förster/Grundei, Bauordnung für Berlin (5. A.), § 60a Rn 5 a.E.
[1343] Vgl. Gesetz vom 27.07.2009, GVBl S. 385; vgl. LtDrs. 16/1863 vom 14.07.2009.

de dann nämlich aufzeigen, dass der von der Bauaufsichtsbehörde (beiläufig) konstatierte Verstoß weder eine fakultative Möglichkeit zur Erweiterung des Prüfprogramms darstellt noch eine (faktisch) erweiterte Prüfpflicht, wie etwa von den Autoren *Ingold/Schröder*[1344] und *Koehl*[1345] gefolgert, bewirkt. Zur Vermeidung mehrdeutiger Auslegungsmöglichkeiten sowie zum Zwecke einer tatsächlichen Klarstellung empfiehlt es sich über die Verortung an anderer Stelle hinaus, einem neuen Gesetzeswortlaut, eingefügt als Art. 65 Abs. 3 BayBO [n.F.], den Zusatz zukommen zu lassen: „Art. 59 Satz 1 und Art. 60 Satz 1 bleiben unberührt." Zudem ist es aber gleichwohl erforderlich, die „unscharfe Terminologie"[1346] der derzeit gültigen Regelung zu präzisieren und zu modifizieren.

Die im Verwaltungsrecht seltenen Fälle gesetzlicher (Teil-)Regelungen des fehlenden Sachbescheidungsinteresses, also Vorschriften, die Regelungen bezüglich des mangelnden Interesses an einer Sachentscheidung zum Gegenstand haben, verzichten darauf, den Begriff des „fehlenden Sachbescheidungsinteresses" explizit aufzugreifen. Vielmehr wird dieser Regelungscharakter – mal mehr, mal weniger deutlich – durch den Regelungsgehalt selbst zum Ausdruck gebracht, wie etwa die bereits von *Wittreck*[1347] benannte Regelung des § 31 Abs. 5 AsylVfG oder mit Blick auf das öffentliche Baurecht darüber hinaus auch z.B. § 60a Abs. 2 Satz 3 BauO Bln 1997 a.F. und § 60 Abs. 5 Satz 3 HBO – bzw. das entsprechende Pendant in vielen Landesbauordnungen – anschaulich vor Augen führen. Diese Normen bringen nach allgemeiner Auffassung[1348] teils unmittelbar, teils mittelbar den Gedanken eines fehlenden Sachbescheidungsinteresses zum Ausdruck. Da es sich beim Rechtsinstitut des fehlenden Sachbe-

---

[1344] Vgl. *Ingold/Schröder*, BayVBl 2010, S. 426 ff [428].

[1345] Vgl. *Koehl*, BayVBl 2009, S. 645 ff [651], der in Art. 68 Abs. 1 Satz 1, 2. Hs. BayBO 2008/2009 zumindest eine faktische Erweiterung des Prüfprogramms sieht.

[1346] Vgl. *Schwarzer/König*, BayBO, Art. 68 Rn 31, allerdings mit der Empfehlung (auch) einer Änderung des Wortlauts des vorausgehenden ersten Halbsatzes. Die von diesem Halbsatz aufgegriffene Formulierung der Art. 59 und 60 BayBO 2008, „[...] die im bauaufsichtlichen Genehmigungsverfahren zu prüfen sind [...]", sei missverständlich, da der nachgelagerte zweite Halbsatz gerade zeige, dass auch andere Vorschriften geprüft werden dürfen.

[1347] Vgl. *Wittreck*, BayVBl 2004, S. 195 f [196], der darüber hinaus auch auf § 81 Satz 1 AsylVfG bzw. § 92 Abs. 2 VwGO verweist. Letztere Normen vermitteln diesen Rechtsgedanken allerdings in prozessrechtlicher Sicht (Wegfall des Rechtsschutzinteresses, vgl. *Kopp/Schenke*, VwGO, § 92 Rn 17 ff).

[1348] Vgl. für § 60a Abs. 2 Satz 3 BauO Bln 1997 *Knuth*, in: Förster/Grundei, Bauordnung für Berlin (5. A.), § 60a Rn 5 a.E., und *ders.*, in: Wilke/Dageförde/Knuth/Meyer/Broy-Bülow, Bauordnung für Berlin (6. A.), § 64 Rn 15; vgl. für § 60 Abs. 5 HBO *Hornmann*, HBO, § 60 Rn 68 f.

scheidungsinteresses um den Gedanken eines fehlenden Antragsinteresses handelt, sollte mit Blick auf die behördliche Ablehnungsbefugnis bei Neufassung der Norm auch textlich (bereits) auf den Bauantrag und nicht (erst) auf die Baugenehmigung abgestellt werden, nachdem die Ablehnung wegen fehlenden Sachbescheidungsinteresses die Möglichkeit der Behörde bedeutet, (bereits) auch ohne weitere Sachprüfung ablehnend entscheiden zu können[1349]. Durch den ausdrücklichen Gebrauch des Gradpartikels „bereits" kann dieser Aspekt um ein Weiteres betont werden.

Die zum Teil vorgenommene sprachliche Differenzierung zwischen der Formulierung „[...] die Bauaufsichtsbehörde *darf* [...]" und „[...] die Bauaufsichtsbehörde *kann* [...]" [Hervorhebung durch den Verfasser], mit der nach dem Verständnis der Obersten Baubehörde eine bloße Ablehnungsbefugnis ohne Eröffnung eines Ermessensspielraums zum Ausdruck gebracht werde,[1350] vermag wie oben in diesem Teil unter D.II. aufgezeigt nicht zu überzeugen. Die Auslegung ergibt und verlangt eine identische Behandlung. Auch im Falle des „Darf", somit also auch in der konkreten Fallgestaltung, ist von der Notwendigkeit einer pflichtgemäßen Ermessensausübung durch die Behörde auszugehen, weshalb zur Meidung einer diesbezüglichen weiteren, in der Literatur[1351] zur Genüge geführten Kontroverse auf das Modalverb „kann" zurückgegriffen werden sollte, welches anerkanntermaßen[1352] schlechthin für ein behördliches Ermessen mit dem Verlangen nach pflichtgemäßer Ermessensausübung steht. Auch wenn das Wort „darf", gleichfalls ein Modalverb, in öffentlich-rechtlichen Rechtsvorschriften durchaus gebräuchlich[1353] und als ermessensintendierend verstanden wird,[1354] sollte zur Verhinderung einer solchen und eigentlich unnötigen Diskussion auf das eher üblichere „Kann" zurückgegriffen werden, wenn wir hier in Erwägung zu ziehen ist, dass ein etwaiger behördlicher Ermessens-

---

[1349] Vgl. *Kopp/Ramsauer*, VwVfG, § 22 Rn 77 ff [79].
[1350] Vgl. Oberste Baubehörde im BayStMI, Schreiben vom 24.07.2009, Zeichen: IIB4-4101-022/08, S. 16; so auch *Jäde*, BayVBl 2009, S. 709 ff [714].
[1351] Vgl. z.B. *Gaßner*, in: Simon/Busse, BayBO, Art. 64 Rn 19e; *Ingold/Schröder*, BayVBl 2010, S. 426 ff; *Jäde*, BayVBl 2010, S. 741 ff; *Linke*, BayVBl 2010, S. 430; *Manssen/Greim*, BayVBl 2010, S. 421 ff.
[1352] Vgl. *Kopp/Schenke*, VwGO, § 114 Rn 21a.
[1353] Vgl. Art. 36, 49 Abs. 2 BayVwVfG; § 8 UZwG, vgl. auch *Ruffert*, in: Knack/Henneke, VwVfG, § 40 Rn 32 m.w.N. OVG Lüneburg, NuR 1990, S. 177; § 26 Abs. 3 Satz 1 AuslG, vgl. auch *Sachs*, in: Stelkens/Bonk/Sachs, VwVfG, § 40 Rn 22 m.w.N. OVG Hamburg, NVwZ-RR 1993, S. 217.
[1354] Vgl. *Ruffert*, in: Knack/Henneke, VwVfG, § 40 Rn 32; *Ziekow*, VwVfG, § 40 Rn 21.

spielraum in Frage gestellt wird. Um ferner zu verdeutlichen, dass die die Ablehnung des Bauantrags rechtfertigenden Verstöße gegen nicht prüfpflichtige Vorschriften nicht im Wege einer systematischen Prüfung auszumachen, sondern dass diese als sog. „Zufallsfunde" zu verstehen sind, sollte in jedem Falle das Verb „prüfen" vermieden werden. Stattdessen sollte durch den Gebrauch von Terminologien wie „festgestellte Verstöße" oder „stellt die Behörde [...] fest" o.Ä. auch der Zufallscharakter unterstrichen werden. Durch die derzeit fortgesetzte Lesart des ersten und zweiten Halbsatzes des Art. 68 Abs. 1 Satz 1 BayBO 2008/2009 aufgrund des Wortes „auch" sowie durch den textlichen Verweis auf Art. 59 und 60 BayBO 2008 (vgl. „[...] die im bauaufsichtlichen Genehmigungsverfahren *zu prüfen* sind [...] [Hervorhebung durch den Verfasser]") kann nämlich der Eindruck einer solch systematischen Prüfung oder zumindest Prüfermächtigung entstehen.[1355]

Bereits angesprochen wurde die Reichweite der öffentlich-rechtlichen Vorschriften, die eine Ablehnung wegen fehlenden Sachbescheidungsinteresses durch die Bauaufsichtsbehörde ermöglichen sollen, wenn das Bauvorhaben gegen solche öffentlich-rechtlichen Vorschriften verstößt. Ein umso weiteres Verständnis dieser Terminologie, welches sich vorliegend aufgrund vorgenommener Auslegung ergibt, mithin also ein weites Verständnis im Wortsinne, wirft die Folgefrage nach der Offensichtlichkeit des konkreten Rechtsverstoßes auf. Angesprochen wird damit insbesondere die Frage nach der Beurteilungs- und Fachkompetenz der Bauaufsichtsbehörden. *Jäde*[1356] will das vom Bayerischen Verwaltungsgerichtshof[1357] verlangte Offensichtlichkeitskriterium allein zur Charakterisierung und Feststellung von bzw. zur Abgrenzung bei Verstößen gegen zivilrechtliche Vorschriften verstanden wissen. Doch die Fachkompetenz der Bauaufsichtsbehörde kann grundsätzlich auch bei der Beurteilung von Verstößen gegen andere (nicht baurechtliche) öffentlich-rechtliche Vorschriften in Frage gestellt werden. Es ist nämlich durchaus als kritisch anzusehen, dass die Baubehörde aufgrund eines Verstoßes gegen eine für sie sachfremde Norm (ohne tiefgründige und das Bauverfahren verzögernde Prüfung) eine derart schwerwiegende Entscheidung für den bzw. zu Lasten des Bauherrn trifft (vgl. hierzu auch Art. 14 Abs. 1 GG und Art. 103 Abs. 1 BV). Dies gilt umso mehr,

---

[1355] Vgl. hierzu auch *Schwarzer/König*, BayBO, Art. 68 Rn 31.
[1356] Vgl. *Jäde*, BayVBl 2006, S. 538 ff [539]; *ders.*, in: Jäde/Dirnberger/Bauer, Die neue BayBO, Art. 68 Rn 37a; *ders.*, BayVBl 2010, S. 741 ff [743].
[1357] Vgl. BayVGH, Urteil vom 23.03.2006, Az. 26 B 05.555, BayVBl 2006, S. 537 f [538].

als alleine mit dem Verstoß gerade noch keine Nutzlosigkeit der Baugenehmigung einhergehen muss,[1358] was allerdings anerkanntermaßen – neben dem Verstoß – weitere unbedingte Voraussetzung für eine Ablehnung wegen fehlenden Sachbescheidungsinteresses ist. Die verlangte Verfahrensökonomie dürfte sich im Wesentlichen ohnehin auf baurechtliche Vorschriften, mit denen die Behörde sowieso befasst ist, beschränken. Des Weiteren scheinen auch die Bauaufsichtsbehörden – trotz des weiter gefassten Wortlauts – der Norm ein solch beschränktes Verständnis im Sinne „namentlich bauordnungsrechtlicher Vorschriften" zugrunde zu legen und zugrunde legen zu wollen.[1359] Im Übrigen weist eine im Kontext verlangte „doppelte Offensichtlichkeit"[1360], wie hier vertreten, auch auf den Ausschluss einer umfassenden, das Genehmigungsverfahren verzögernden und somit der soeben angesprochenen Verfahrensökonomie zuwiderlaufenden Prüfung hin. Auch dies sollte in einem alternativen Gesetzeswortlaut zum Ausdruck kommen.

Vor dem Hintergrund des Ausnahmecharakters des fehlenden Sachbescheidungsinteresses ist der Tatbestand einer entsprechenden Vorschrift restriktiv zu fassen. Es empfiehlt sich von daher, die beiden, die Bauantragsablehnung wegen fehlenden Sachbescheidungsinteresses beschränkenden Aspekte im Sinne der Möglichkeit zur Ausräumung des Hindernisses – einerseits – sowie der Entscheidungsreife bezüglich repressiver bauaufsichtlicher Maßnahmen – andererseits –, wie im selben Teil unter D.III.2.c) aufgezeigt, bereits auf der Tatbestandsebene einer textlich neu gefassten Norm explizit zu benennen, um die behördliche Befugnis in ihrem Anwendungsbereich zu reglementieren. Von besonderer Relevanz ist dies vor allem im letzteren Falle, der – nach der hier vertretenen Auffassung – aufgrund der gegenwärtigen Textfassung eine Berücksichtigung als Tatbestandsmerkmal nicht erlaubt.

Diese Erwägungen vorausgeschickt, könnte eine Regelung mit dem Ziel, der Bauaufsichtsbehörde die Ablehnung des Bauantrags wegen fehlenden Sachbescheidungsinteresses bei einem Verstoß gegen nicht zu prüfende Vorschriften zu ermöglichen, wie folgt gefasst werden:

[1358] Vgl. so zutreffend *Manssen/Greim*, BayVBl 2010, S. 421 ff [423]; *Shirvani*, BayVBl 2010, S. 709 ff [715/716].
[1359] Vgl. Oberste Baubehörde im BayStMI, Schreiben vom 24.07.2009, Zeichen: IIB4-4101-022/08, S. 16: „[...] nicht zu prüfende öffentlich-rechtliche, namentlich bauordnungsrechtliche Vorschriften [...]".
[1360] Vgl. hierzu Teil 2 D.III.2.c).

Art. 65 Behandlung des Bauantrags, fehlendes Antragsinteresse

(1) [...]
(2) ¹Ist der Bauantrag unvollständig [...].
(3) ¹Die Bauaufsichtsbehörde kann den Bauantrag bereits ablehnen, wenn sie unter Wahrung der Beschränkung der bauaufsichtlichen Prüfung einen offensichtlichen Widerspruch zu nicht zu prüfenden Anforderungen dieses Gesetzes oder auf Grund dieses Gesetzes erlassener Vorschriften feststellt, der bauaufsichtliche Maßnahmen nach Art. 75 oder Art. 76 rechtfertigen würde und nicht durch Abweichungszulassung nach Art. 63 ausgeräumt werden kann. ²Art. 59 Satz 1, Art. 60 Satz 1 sowie Art. 68 Abs. 1 Satz 1 und Abs. 4 bleiben unberührt.

c) Der Ausspruch der behördlichen Entscheidung – differenzierte Tenorierung

Die Kritik an der Rechtsprechung des Bayerischen Verwaltungsgerichtshofs insbesondere in den Jahren 2006 bis 2009, wonach im Falle des Verstoßes gegen nicht zum Prüfprogramm des vereinfachten Genehmigungsverfahrens gehörige Vorschriften eine Ablehnung des Bauantrags wegen fehlenden Sachbescheidungsinteresses ausscheidet und stattdessen gegebenenfalls ein gesondertes Verfahren aufgrund bauaufsichtlicher Kompetenznormen zu beschreiten ist,[1361] betonte unter anderem die bei Umsetzung dieser Rechtsprechung auftretende Widersprüchlichkeit[1362] zweier parallel ergehender Entscheidungen in Form einer erteilten Baugenehmigung einerseits und einer Baueinstellungsverfügung andererseits. Der im Umkehrschluss daraus resultierende Gedanke der Klarheit und Eindeutigkeit des Baubescheids in seiner Ausgestaltung und in seinen Aussagen soll aufgegriffen werden, um die gegenwärtige Tenorierungspraxis zu überdenken und – anknüpfend daran – zu modifizieren. In konsequenter Anwendung des vorstehend unterbreiteten neuen Gesetzeswortlauts mit anderer Verortung in der Bayerischen Bauordnung soll die auf diese Weise bereits zum Ausdruck ge-

---

[1361] Vgl. BayVGH, Urteil vom 16.07.2002, Az. 2 B 01.1644, BayVBl 2003, S. 505; bestätigt und fortgeführt ders., Urteil vom 23.03.2006, Az. 26 B 05.555, BayVBl 2006, S. 537/538.
[1362] Vgl. LtDrs. 16/1351 vom 13.05.2009, S. 2, Zu 4.; Oberste Baubehörde im BayStMI, Schreiben vom 24.07.2009, Zeichen: IIB4-4101-022/08, S. 15; vgl. auch *Shirvani*, BayVBl 2010, S. 710 m.w.N.

brachte Differenzierung zwischen einer Ablehnung bereits wegen eines fehlenden Antragsinteresses und der Versagung aufgrund nicht erfüllter materiellrechtlicher Anforderungen an das Vorhaben fortgeführt werden.

Für den Wortlaut der behördlichen Entscheidung über den Bauantrag, mithin also über den Tenor des Baubescheides, sind im Wesentlichen zwei Regelungen der Bayerischen Bauordnung ausschlaggebend und maßgeblich. So ist es einerseits der „Bauantrag" des Bauherrn, auf den das streng antragsgebundene[1363] Genehmigungsverfahren eingeleitet wird, Art. 64 Abs. 1 BayBO 2008, und über den die Behörde letztlich zu entscheiden hat. Die vom Bauherrn mit dem Antrag begehrte „Baugenehmigung" ist ausweislich des Art. 68 Abs. 1 Satz 1, 1. Hs. BayBO 2008/2009 zu erteilen, wenn dem zur Entscheidung gestellten Vorhaben keine zu prüfenden öffentlich-rechtlichen Vorschriften entgegenstehen. Wiederum an den „Bauantrag", und nicht an die „Baugenehmigung" anknüpfend spricht der daran ansetzende 2. Halbsatz wiederum aus, dass die Behörde den „Bauantrag auch ablehnen" darf, wenn das Bauvorhaben gegen sonstige Vorschriften verstößt. Sowohl die in Form des Baubescheids erlassene Baugenehmigung als auch die Ablehnung des Bauantrags bzw. die Versagung der begehrten Baugenehmigung ist jeweils ein Verwaltungsakt[1364] im Sinne des Art. 35 BayVwVfG, dem der Bauherr im zuletzt genannten Fall mit der sog. Versagungsgegenklage[1365], mithin mit einer Verpflichtungsklage auf antragsgemäße Erteilung der Baugenehmigung, begegnen kann. Der schriftliche Genehmigungs- bzw. Versagungs-VA wird in Form eines Bescheides, also mit Tenor, d.h. mit einem Entscheidungssatz, mit Gründen und mit Rechtsbehelfsbelehrung erlassen.[1366] Der Ausspruch der antragsgemäßen Entscheidung im Sinne der Baugenehmigungserteilung ist insoweit unstreitig; es wird hierbei der Wortlaut des Art. 68 Abs. 1 Satz 1, 1. Hs. BayBO 2008/2009 aufgegriffen: *„Dem Antrag-*

[1363] Vgl. *Decker/Konrad*, Bayerisches Baurecht, Kap. II. Teil 8 Rn 18; *Dürr/König*, Baurecht, Rn 350.
[1364] In diesem Kontext ist allerdings zu beachten, dass dem versagenden Bescheid nach h.M. keine dem stattgebenden Bescheid vergleichbare Feststellungswirkung zukommt. Die Tatbestandswirkung des Ablehnungsbescheids schließt die Frage der materiellen Illegalität nicht mit ein, sondern beschränkt sich auf die Ablehnung des Antrags, vgl. *Decker/Konrad*, Bayerisches Baurecht, Kap. II. Teil 4 Rn 8.
[1365] Vgl. *Kopp/Schenke*, VwGO, § 42 Rn 6; *Decker/Konrad*, Bayerisches Baurecht, Kap. IV Rn 2; *Jäde*, in: Jäde/Dirnberger/Bauer, Die neue BayBO, Art. 68 Rn 183; vgl. allgemein auch *Schmidt-Kötters*, in: Posser/Wolff, VwGO, § 42 Rn 53; *Hufen*, Verwaltungsprozessrecht, § 15 Rn 4.
[1366] Vgl. *Lechner*, in: Simon/Busse, BayBO, Art. 68 Rn 443.

steller wird die bauaufsichtliche Genehmigung zu [...] auf dem Grundstück [...] entsprechend den mit Genehmigungsvermerk versehenen Bauvorlagen des Bauantrags vom [...] erteilt."[1367] Obwohl im Falle der negativen, d.h. für den Bauherrn ungünstigen Verbescheidung in der einschlägigen Fachliteratur in nicht einheitlicher Art und Weise sowohl von der Ablehnung des Bauantrags[1368] als auch von der Versagung der Baugenehmigung[1369] die Rede ist, dürfte hinsichtlich der Tenorierungspraxis der Verwaltung in allen Fällen der Ablehnung bzw. Versagung stets und in nicht differenzierter Art und Weise von der Ablehnung des Bauantrags gesprochen werden; Tenor: „Der (Bau-)Antrag wird abgelehnt."[1370]

Vorstehend wurde bereits aufgezeigt, dass die Ablehnung eines Bauantrags bereits wegen eines nicht vorhandenen Sachbescheidungs- bzw. Antragsinteresses – das Fehlen desselben ermöglicht der Behörde die negative Verbescheidung auch ohne bauaufsichtliche Prüfung im eigentlichen und gesetzeskonformen Sinn[1371] – systematisch und auch in zeitlicher Hinsicht eher dem Bauantrag zuzuordnen ist, wohingegen die nach bauaufsichtlicher materiell-rechtlicher Prüfung festgestellte Nichteinhaltung an das Vorhaben gestellter prüfpflichtiger Vorschriften zu einer Versagung der Baugenehmigung führt, wie die Anknüpfung an den Wortlaut des Art. 68 Abs. 1 Satz 1, 1. Hs. BayBO 2008/2009 zeigt. Neben den Entscheidungssätzen unterliegt der Baubescheid nur in begrenztem Rahmen der Begründungspflicht, wie Art. 68 Abs. 2 Satz 2 BayBO 2008 vor Augen hält. Gleichwohl wäre es sowohl im Interesse des Bauherrn als auch des Nachbarn, wenn bereits ausweislich des Tenors eines für den Bauherrn negativen Bescheides ersichtlich würde, ob es dem Bauantrag am erforderlichen Antragsinteresse oder dem Vorhaben an den prüfpflichtigen materiell-rechtlichen Voraussetzungen fehlt. Denn auch im Falle der antragsgemäßen Verbescheidung ist im Tenor entsprechend klar auszusprechen, dass die Baugenehmigung für ein

---

[1367] *Linhart*, Schreiben, Bescheide und Vorschriften in der Verwaltung, § 22 Rn 1 [S. 571].
[1368] Vgl. z.B. *Schwarzer/König*, BayBO, Art. 68 Rn 36; *Wolf*, BayBO – Kurzkommentar, Art. 68 Rn 25.
[1369] Vgl. z.B. *Lechner*, in: Simon/Busse, BayBO, Art. 68 Rn 27; *Jäde* verwendet im Falle der Ablehnung des Bauantrags zumindest auch den Begriff der Versagungsgegenklage, vgl. *Jäde*, in: Jäde/Dirnberger/Bauer, Die neue BayBO, Art. 68 Rn 183.
[1370] Vgl. *Linhart*, Schreiben, Bescheide und Vorschriften in der Verwaltung, § 22 Rn 9 [S. 605].
[1371] Vgl. *Wittreck*, BayVBl 2004, S. 194 unter dem Aspekt der „Verfahrensökonomie".

genau nach den Bauvorlagen zu bezeichnendes Vorhaben erteilt wird.[1372] Eine solche Klarheit und Eindeutigkeit sollte sich auch in den Fällen der Ablehnung bzw. Versagung bereits im Entscheidungssatz und nicht erst in den weiteren Begründungen[1373] wiederfinden.

Dies vorausgeschickt empfiehlt es sich, in den Fällen einer Nichteinhaltung der im einschlägigen Genehmigungsverfahren zu prüfenden Anforderungen die für den Bauantragsteller negative Entscheidungsformel abweichend von der bisherigen, nicht differenzierenden Behördenpraxis[1374] und in Anknüpfung an die von Art. 68 Abs. 1 Satz 1, 1. Hs. BayBO 2008/2009 benannte „Baugenehmigung" wie folgt zu fassen:

[...]

Bescheid:

1. Die beantragte Baugenehmigung wird versagt.
2. [Der Antragsteller] hat die Kosten des Verfahrens zu tragen. [...]

Der in der Literatur[1375] sicherlich ohnehin gebräuchliche Begriff der Versagung dürfte wohl auch auf die vormalige Textfassung der Bayerischen Bauordnung 1998 zurückzuführen sein, in welcher der Anspruch[1376] auf Erteilung der Baugenehmigung noch negativ formuliert war: „Die *Baugenehmigung* darf nur *versagt* werden, wenn das Vorhaben öffentlich-rechtlichen Vorschriften widerspricht, die im bauaufsichtlichen Genehmigungsverfahren zu prüfen sind [...] [Hervorhebung durch den Verfasser]." (Art. 72 Abs. 1 Satz 1 BayBO 1998) Diese Terminologie bietet sich deshalb für die Tenorierung in derart gelagerten Sachverhaltskonstellationen an.

[1372] Vgl. *Lechner*, in: Simon/Busse, BayBO, Art. 68 Rn 461; *Linhart*, Schreiben, Bescheide und Vorschriften in der Verwaltung, § 22 Rn 1 [S. 571].
[1373] Vgl. *Linhart*, Schreiben, Bescheide und Vorschriften in der Verwaltung, § 22 Rn 9 [Gründe: II.1.]: *„Der Bauantrag war abzulehnen, weil das Vorhaben den im bauaufsichtlichen Genehmigungsverfahren zu prüfenden öffentlich-rechtlichen Vorschriften nicht entspricht (Art. 68 Abs. 1 Satz 1 BayBO). [...]"*
[1374] Vgl. *Linhart*, Schreiben, Bescheide und Vorschriften in der Verwaltung, § 22 Rn 9 [S. 605].
[1375] Vgl. etwa *Hornmann*, in: Spannowsky/Uechtritz, BauGB, § 14 Rn 65, wonach eine bauaufsichtliche Genehmigung „zu versagen" ist. Ebenso *Mitschang*, in: Battis/Krautzberger/Löhr, BauGB, § 14 Rn 16.
[1376] Vgl. *Jäde*, in: Jäde/Dirnberger/Bauer, Die neue BayBO, Art. 68 Rn 1.

Dem gegenüber wäre im Falle eines bereits fehlenden Sachbescheidungsinteresses, d.h. insbesondere bei Entscheidungen auf Grundlage des (gegenwärtig gültigen) Art. 68 Abs. 1 Satz 1, 2. Hs. BayBO 2008/2009 bzw. vorzugswürdig auf Grundlage des (hier vorgeschlagenen) Art. 65 Abs. 3 BayBO [NEU] wie folgt zu tenorieren:

[...]
Bescheid:
1. Der Bauantrag wird abgelehnt.
2. [Der Antragsteller] hat die Kosten des Verfahrens zu tragen. [...]

Ein möglicher Einwand, der Tenor im Rahmen des versagenden Baubescheids müsse ausdrücklich am Antrag ansetzen bzw. diesen in Bezug nehmen, greift insoweit jedenfalls nicht, da im Falle einer positiven Verbescheidung auch nicht dergestalt, also namentlich am Antrag anknüpfend tenoriert wird: „Dem (Bau-)Antrag wird stattgegeben." Vielmehr greift in diesem Fall der Entscheidungssatz ausdrücklich die „Baugenehmigung" auf. Dem unterbreiteten Tenorierungsvorschlag steht auch der Wortlaut des Art. 68 Abs. 1 Satz 1, 2. Hs. BayBO 2008/2009 nicht entgegen, wonach die Bauaufsichtsbehörde den „Bauantrag auch ablehnen" darf, wenn das Bauvorhaben gegen sonstige öffentlich-rechtliche Vorschriften verstößt, da dieser zweite Halbsatz ausweislich der Gesetzesbegründung[1377] doch gerade die Ablehnung des Bauantrags wegen fehlenden Sachbescheidungs-, und damit also wegen fehlenden Antragsinteresses, ermöglichen und regeln soll. Freilich bleibt es trotz der hier vorgenommenen Differenzierung im Entscheidungsausspruch dabei, dass – wie nach herrschender Meinung[1378] vertreten – sowohl der antragsablehnende als auch der genehmigungsversagende Bescheid keine über die Ablehnung bzw. Versagung hinausgehende Feststellungswirkung entfaltet, sich mithin jeweils in der Ablehnung bzw. Versagung erschöpft und die Tatbestandswirkung nicht auf die Frage der materiellen Illegalität erstreckt.[1379] Die in diesem Kontext unterbreitete Empfehlung einer Differenzierung im Tenor je nach zugrunde liegender Entscheidung im Sinne eines fehlenden Antragsinteresses oder im Sinne zu prüfender, aber

---

[1377] LtDrs. 16/1351 vom 13.05.2009, S. 2, Zu 4.; Oberste Baubehörde im BayStMI, Schreiben vom 24.07.2009, Zeichen: IIB4-4101-022/08, S. 15.
[1378] Vgl. BVerwGE 48, S. 271 = BauR 1975, S. 410; *Decker/Konrad*, Bayerisches Baurecht, Kap. II. Teil 4 Rn 8 m.w.N.
[1379] Vgl. hierzu *Decker/Konrad*, Bayerisches Baurecht, Kap. II. Teil 4 Rn 8 m.w.N.

nicht erfüllter materiell-rechtlicher Anforderungen zielt in erster Linie auf den vorstehend erarbeiteten alternativen Gesetzesvorschlag im Sinne eines neuen und dritten Absatzes 3 in Art. 65 BayBO [NEU] ab. Es empfiehlt sich mit Blick auf die gegenwärtig gültige Gesetzeslage aber gleichwohl, entsprechend zu tenorieren.

E. Fazit

Zwar hat der bayerische Landesgesetzgeber in der Tat *„[d]as Baugenehmigungsverfahren [...] grundlegend neu konzipiert."*[1380] Die von ihm im Zuge seiner Reformgesetzgebung insbesondere mit den Novellen der Jahre 2008 und 2009 aber zugleich proklamierte Begrenzung der Genehmigungspflicht sowie – soweit an der Genehmigungspflichtigkeit festgehalten – vor allem auch konsequente Einschränkung des präventiven Prüfprogramms der Baugenehmigung bestätigt sich bei näherer Betrachtung der bauaufsichtsbehördlichen Möglichkeiten unter Berücksichtigung der antragsabhängigen Einflussnahmemöglichkeiten des Bauherrn jedoch nicht. Die vermeintlich tiefgreifende Deregulierung[1381] erweist sich – zumindest bei faktischer bzw. ergebnisorientierter Betrachtung – jedenfalls seit dem Änderungsgesetz 2009 nur mehr als leere, aber unvermindert plakativ gebrauchte Worthülse. Die insoweit „neu konzipierte", d.h. in ihrer Grundkonzeption wieder relativierte (vereinfachte) Baugenehmigung lässt die ihr zugesprochene Stringenz der Ausklammerung insbesondere der bauordnungsrechtlichen Vorschriften im Sinne einer Nichtprüfung vermissen. Mag die nur noch auf Antrag durchzuführende Abweichungsprüfung mit Blick auf den bauaufsichtsbehördlichen Auftrag der Gefahrenabwehr und unter Berücksichtigung der legislatorischen Zielsetzung noch als systemkonform angesehen werden, so zeugt aber zumindest die nunmehr mit Art. 68 Abs. 1 Satz 1, 2. Hs. BayBO 2008/2009 festgeschriebene Möglichkeit einer beinahe willkürlichen und nur schwerlich kontrollierbaren Aushebelung der an sich bezweckten „Neukonzeption" von einer nicht mehr konsistenten Linie zum deregulierten Prüfprogramm.[1382] Die *„Grundfesten des jahrzehntelang vorangetriebenen Konzepts*

[1380] Vgl. LtDrs. 15/7161 vom 15.01.2007, S. 38.
[1381] Vgl. LtDrs. 15/7161 vom 15.01.2007, S. 37 unter Hervorhebung der tiefgreifenden Deregulierung der BayBO.
[1382] Vgl. i.E. z.B. auch *Möstl*, BayVBl 2014, S. 224; *Decker*, BauR 2008, S. 451 ff; wohl auch *Molodovsky*, in: Koch/Molodovsky/Famers, BayBO, Einführung in die Bauordnung Rn 31a.

der Deregulierung des Baurechts"[1383] sind – von Seiten des Gesetzgebers vielleicht durchaus unbewusst – preisgegeben worden. Diese legislatorische Fehlentwicklung ist umso misslicher, als, wie die zwischenzeitliche Rechtsprechung des Bayerischen Verwaltungsgerichtshofs jedenfalls im Ergebnis zutreffend vor Augen führt, die mit der BayBO 2008 vorgegebene Gesetzessystematik durchaus eine der ursprünglichen gesetzgeberischen Zielsetzung entsprechende Handhabung erlaubt hätte. Die zuletzt mehrfach vermittelte Sprunghaftigkeit der bayerischen Gesetzgebung im Bereich des Baugenehmigungsverfahrensrechts sollte den Gesetzgeber zu einer „Reform der Reform" veranlassen, um nicht zuletzt auch gegenwärtige Anwendungsschwierigkeiten zu beseitigen.

[1383] Vgl. *Ingold/Schröder*, BayVBl 2010, S. 426.

Teil 3: Drittschutz im Sach- und Rechtszusammenhang

Die mit den Novellen der Jahre 2008 und 2009 einhergehenden Auswirkungen auf das nachbarliche Schutzniveau der verfahrens- und prozessrechtlich zur Verfügung stehenden Rechtsschutzmöglichkeiten fordern nicht nur die von der Vorhabensplanung und Bautätigkeit betroffene Nachbarschaft, sondern auch die Jurisprudenz und Rechtspraxis heraus, nach etwaiger zugleich geschaffener Kompensation im Bereich des (Dritt-)Rechtsschutzes Ausschau zu halten und die gesetzestextlichen Neuerungen auf eine solche hin zu überprüfen.

In einer in zwei Teilschritte gegliederten Prüfung soll zunächst der Rechtsschutz des Nachbarn bei einer im vereinfachten Baugenehmigungsverfahren nach Art. 68 Abs. 1 Satz 1, 1. Hs. i.V.m. Art. 59 Satz 1 BayBO 2008/2009 erteilten Baugenehmigung mit Blick auf die Neuregelungen der Novelle 2009 betrachtet werden, bevor schließlich die nachbarliche Anfechtung der Baugenehmigung de lege lata, verbunden mit der Suche nach verbliebenen Anknüpfungspunkten für eine solche, untersucht wird.

A. Rechtsschutz des Nachbarn bei vereinfacht erteilter Baugenehmigung

Die Problematik des nachbarlichen Rechtsschutzes im öffentlichen Baurecht ist ausgehend vom Beziehungsdreieck Bauherr-Behörde-Nachbar, welches abgesehen von den tatsächlichen Auswirkungen eines konkreten Bauvorhabens in rechtlicher Hinsicht durch die Baugenehmigung als Verwaltungsakt mit Doppel- bzw. Drittwirkung begründet wird, vielschichtiger Natur. Da sich an einer Seite dieses Dreiecks in den Eckpunkten Subjekte kollidierender Privatinteressen ohne eine auf der Ebene des Verwaltungsrechts angesiedelte direkte Verbindungslinie gegenüberstehen[1384], ist dieses Dreieck aufgrund der verwaltungsrechtlichen Dogmatik im Sinne eines Staat-Bürger-Verhältnisses im Wesentlichen bi-

---

[1384] Vgl. hierzu auch Art. 68 Abs. 4 BayBO 2008, wonach die Baugenehmigung unbeschadet der privaten Rechte Dritter erteilt wird.

polar geprägt.[1385] Während also die Basis des Dreiecks zivilrechtlich verankert ist, sind die Schenkelseiten öffentlich-rechtlicher Natur.[1386] Die für ein grundstücksbezogenes Bauvorhaben erteilte Baugenehmigung regelt neben der baulichen Nutzbarkeit des Bauvorhabens selbst allerdings zugleich auch die Beziehung nebeneinanderliegender Grundstücke und ist damit ausschlaggebend für nachbarliche Nutzungskonflikte.[1387] Durch die Anerkennung eines öffentlichrechtlichen Nachbarschutzes beginnend in den sechziger Jahren sind neben den privatrechtlichen (Nachbar-)Rechtsschutz verstärkt öffentlich-rechtliche Instrumentarien getreten,[1388] die sich zu einem, wenn nicht sogar – zumindest bis zur Reform 2008 – zu dem tragenden Pfeiler des nachbarlichen Rechtsschutzes entwickelt und verfestigt haben. Angesichts der Tatsache, dass sich die Grundsätze des Baunachbarrechts als Ergebnis rechtswissenschaftlicher und verwaltungsgerichtlicher Rechtsfortbildung in kontinuierlichem Wandel darstellen,[1389] verwundert es nicht, dass sich mit der im Wege der BayBO-Novellen der Jahre 1994, 1998 und 2008 einschließlich weiterer Änderungsgesetze stetig fortgeschrittenen Deregulierung des materiellen Bauordnungs- und formellen Bauverfahrensrechts sowie aufgrund der damit nicht nur auf Seiten des Bauherrn, sondern auch auf Seiten des Nachbarn einhergehenden Eigenverantwortlichkeit und Risikoverlagerung mit insbesondere verwaltungsprozessualen Folgen ein zunehmender Diskussionsbedarf[1390] zeigte. Insbesondere die bauverfahrensrechtlichen Novellierungen werden allgemein und bereits seit den neunziger Jahren als grundlegender Eingriff in das Regelwerk des baurechtlichen Drittschutzes gesehen.[1391] Der Diskussionsbedarf um die Möglichkeiten bzw. „Nichtmöglichkeiten" nachbarlichen Rechtsschutzes auf dem Gebiet des öffentlichen Baurechts erweist sich mit Blick auf die BayBO-Änderungen 2008 bzw. 2009 – wenn auch

---

[1385] Vgl. *Schmidt-Preuß*, Kollidierende Privatinteressen im Verwaltungsrecht, S. 1 ff [3]; i.d.S. auch *Wahl*, JuS 1984, S. 578; *Steinberg*, NJW 1984, S. 458 m.w.N. Vgl. auch *Grziwotz/Saller*, Bayerisches Nachbarrecht, 1. Teil Rn 9.
[1386] Vgl. *Bothe*, JZ 1975, S. 399 f [400]; *Redeker*, NJW 1959, S. 749 ff.
[1387] Vgl. *Simon*, BayBO 1994 – Synopse, Einführung, S. 10.
[1388] Vgl. *Konrad*, BayVBl 1984, S. 33, der insoweit von einer „*Emanzipation des Verwaltungsrechts*" spricht.
[1389] Vgl. *Dürr*, DÖV 1994, S. 841.
[1390] Vgl. etwa *Lohmöller*, Anwendungsbezogene Rechtsschutzkompensation, S. 188 ff; *Löffelbein*, Genehmigungsfreies Bauen und Nachbarschutz, S. 187 ff.
[1391] Vgl. *Mampel*, UPR 1997, S. 268 m.w.N.; *Uechtritz*, NVwZ 1996, S. 642 ff.

unter anderen Voraussetzungen – als unvermindert existent und bestätigt die These einer „unendlichen Geschichte des Nachbarschutzes"[1392].

Nach der vorstehenden und im Kern auf Art. 68 Abs. 1 Satz 1, 2. Hs. BayBO 2008/2009 ausgerichteten Abhandlung, die sich hauptsächlich den regelungsbezogenen Voraussetzungen dieser Vorschrift sowie den normbedingten Auswirkungen für den Bauherrn und die Bauaufsichtsbehörde widmet und mit einer Analyse de lege lata und Betrachtung de lege ferenda schließt, soll im Folgenden in einer annexähnlichen Fortsetzung die mit der Vorschrift einhergehende Drittschutzproblematik im Sach- und Rechtszusammenhang aufgezeigt und mit dem Anspruch der Problemlösung analysiert werden.

I. Problemaufriss unter Berücksichtigung höherrangigen Rechts

Mit der Diskussion um den Schutz des Nachbarn im Rahmen des öffentlichen Baurechts, eine im Sinne verwaltungsrechtsdogmatischer Grundsätze nicht originäre Zielsetzung, geht die Notwendigkeit einer eingehenderen Betrachtung und Analyse der neuen Vorschriften des bayerischen Bauordnungsrechts, insbesondere des Art. 63 Abs. 2 Satz 2, 2. Hs. sowie Art. 68 Abs. 1 Satz 1, 2. Hs. BayBO 2008/2009, sowie deren Auswirkungen aus baunachbarrechtlicher Sicht einher. Diese Erörterung wird im Folgenden anhand zentraler Probleme und Fragestellungen, die mit der BayBO-Novelle 2008 bzw. dem Änderungsgesetz des Jahres 2009 neu aufgeworfen worden sind, sich verschärft haben oder zumindest unter einem geänderten Blickwinkel betrachtet werden müssen, geführt. In einem ersten Schritt sollen ausgehend von der zwischenzeitlichen Feststellung der verfassungsrechtlichen Rechtmäßigkeit der legislatorischen Reformbewegungen und daraus resultierenden Deregulierungsergebnissen im Bereich des Bauverfahrensrechts, die Ausfluss der rechtspolitischen Forderung[1393] nach weniger behördlicher Kontrolltätigkeit und mehr sowohl bauherren- als auch nachbarseitiger Eigenverantwortlichkeit sind, die kontextbezogenen Problemstellungen im Konkreten aufgezeigt werden.

[1392] Vgl. so schon *Sarnighausen*, NJW 1993, S. 1628 m.w.N, und zuvor *Martens*, NJW 1985, S. 2302.
[1393] Vgl. hierzu auch *Simon*, BayBO 1994 – Synopse, S. 147 f; *ders.* BayVBl 1994, S. 332.

1. Die verfassungsrechtliche Unbedenklichkeit der Beschleunigungsgesetzgebung

Der vom bayerischen Landesgesetzgeber vollzogene Rückbau der bauaufsichtlichen Genehmigungsprüfung, der neben der Einführung eines vereinfachten Genehmigungsverfahrens als solches weitergehend sogar für den Regelfall des Nichtsonderbaus einen Verzicht auf eine präventive Überprüfung des – in erster Linie – baupolizeilich geprägten landesrechtlichen Bauordnungsrechts bedeutet, unterliegt trotz des in der Bayerischen Bauordnung niedergelegten Grundprinzips einer vorbeugenden Verwaltungskontrolle[1394] keinen verfassungsrechtlichen Bedenken.[1395] Der von einem Bauvorhaben betroffene Nachbar ist deshalb grundsätzlich darauf beschränkt, den Planungen und Ausführungen auf einem nebenliegenden Grundstück mit den von der Bauordnung zur Verfügung gestellten Instrumentarien – gegebenenfalls auch unter rechtlicher Ausreizung derselben – einschließlich der prozessualen Möglichkeiten zur Durchsetzung derselben zu begegnen, soweit er Rechtsschutz im Bereich des öffentlichen Rechts sucht und es ihm um die Wahrung einer ihn subjektiv schützenden, öffentlich-rechtlichen Rechtsposition geht. Aufgrund der bereits im ersten Teil unter A.I. erörterten bundesverfassungsrechtlichen Gesetzgebungskompetenzen obliegt es – freilich unter Berücksichtigung der Grundsätze eines Grundrechtsschutzes durch Verwaltungsverfahren[1396] – dem jeweiligen Landesgesetzgeber im Rahmen seines Bestimmungsrechts, den Gegenstand und den Umfang des Baugenehmigungsverfahrens festzulegen.[1397]

Die bereits zu Beginn der verfahrensrechtlichen Deregulierung – im Übrigen länderübergreifend – aufgeworfenen Fragen, laut gewordene Kritik und erhobenen verfassungsrechtlichen Bedenken bezüglich des Rückbaus der bauaufsichtlichen Genehmigungsprüfung, die zumindest zunächst vorrangig an der seinerzeit neu eingeführten gänzlichen Genehmigungsfreistellung[1398] bestimmter und nicht bereits genehmigungsfreier Vorhaben und erst später mit zunehmend

---

[1394] Vgl. hierzu *Decker*, in: Simon/Busse, BayBO, Art. 55 Rn 1; vgl. auch *Decker/Konrad*, Bayerisches Baurecht, Kap. II. Teil 4 Rn 1; *Busse/Dirnberger*, Die neue BayBO, Art. 55 Ziff. 1, S. 266.
[1395] Vgl. i.E. auch *Lautner*, VR 1999, S. 42 ff [44].
[1396] Vgl. *Held*, UPR 1999, S. 210 m.w.N. BVerfGE 33, S. 303 ff [337] und BVerfGE 52, S. 380 ff.
[1397] Vgl. auch *Ehlers*, in: FS für Bartlsperger, S. 467.
[1398] Vgl. Art. 70 BayBO 1994, Art. 64 BayBO 1998, Art. 58 BayBO 2008. Vgl. zur Gesetzesbegründung *Simon*, BayBO 1994 – Synopse, S. 147 f.

ausgedünnterem Prüfprogramm auch am vereinfachten Genehmigungsverfahren ansetzten, erscheinen sicherlich nicht von vornherein abwegig und stellen sich bei Verwendung einschlägiger Schlagworte mitunter sogar als plausibel dar. Einerseits hält die Bayerische Bauordnung auch nach allen Bauordnungsrechtsreformen uneingeschränkt an dem Grundsatz eines präventiven (Bau-)Verbots mit Erlaubnisvorbehalt fest, welcher – in Art. 68 Abs. 1 Satz 1, 1. Hs. BayBO 2008/2009 verankert – für den Regelfall eine Zulässigkeitsprüfung im Sinne einer vorbeugenden Verwaltungskontrolle vorsieht.[1399] Andererseits bewirkt die legislatorische Entwicklung[1400] der BayBO-Novellen insbesondere der Jahre 1994, 1998 und 2008 einschließlich des Änderungsgesetzes aus dem Jahre 2009 jedenfalls bei faktischer Betrachtung einen zum Teil gänzlichen Verzicht auf eine bauaufsichtsbehördliche Präventivkontrolle, der das Verbot mit Erlaubnisvorbehalt augenscheinlich zu einem „baurechtlichen Torso" verkommen lässt. Es sind hier weniger die geänderten materiell-rechtlichen Anforderungen als vielmehr die Instrumentarien einer verfahrensrechtlichen Absicherung derselben, die mit zunehmender Verfahrensderegulierung vor allem nach Auffassung zahlreicher Literaturkritiker eine verfassungsrechtliche Grundsatzdiskussion verlangen oder doch zumindest die Frage nach Kriterien und Grenzen[1401] des Verfahrensabbaus aufwerfen. Die Bedenken setzen dabei insbesondere am Rückzug des Staates aus einem Kernbereich klassischer Hoheitsverwaltung,[1402] dem sog. Baupolizeirecht, und an der damit zugleich aufgeworfenen Frage[1403] nach unverzichtbaren, unbedingten und obligatorischen staatlichen Aufgaben an. Das Bauordnungsrecht als Baupolizeirecht sei unter anderem durch den Regelanspruch des Gefahrenschutzes und der Gefahrenabwehr geprägt,[1404] die ihrerseits für den liberalen Rechtsstaat im Grundsätzlichen nämlich auch präventive Sicherheitsgewährleistung[1405] bedeutet. Dabei komme mit Blick auf den verfassungsgerichtlich anerkannten Grundrechtsschutz durch Verwaltungsverfahren

---

[1399] Vgl. Teil 1 B. Vgl. *Dürr/König*, Baurecht, Rn 333 ff; *Decker/Konrad*, Bayerisches Baurecht, Kap. II. Teil 4 Rn 1.
[1400] Vgl. *Decker*, in: Simon/Busse, BayBO, Art. 55 Rn 1.
[1401] Vgl. so z.B. *Degenhart*, in: 100 Jahre Allgemeines Baugesetz Sachsen, S. 572; *Decker*, in: Simon/Busse, BayBO, Art. 55 Rn 1; i.E. auch *Lautner*, VR 1999, S. 42 ff; a.A. *Jäde*, BauR 2008, S. 57.
[1402] Vgl. *Degenhart*, in: 100 Jahre Allgemeines Baugesetz Sachsen, S. 572.
[1403] Vgl. hierzu *Mackeben*, Grenzen der Privatisierung der Staatsaufgabe Sicherheit, S. 51 ff m.w.N.
[1404] Vgl. *Ritter*, DVBl 1996, S. 543.
[1405] Vgl. hierzu im Allgemeinen *Möstl*, Die staatliche Garantie für öffentliche Sicherheit, S. 159.

dem präventiven Nachbarschutz, der seine Ausgestaltung im Verbot mit Erlaubnisvorbehalt als Kontrollerlaubnis findet, wie auch der vorbeugenden Gefahrenabwehr generell ein Vorrang gegenüber nur repressiven Maßnahmen zu.[1406]

Der Bayerische Verfassungsgerichtshof[1407] hat entgegen der vielfach geäußerten Bedenken mit seiner Entscheidung vom 15. Dezember 2009 anlässlich einer Popularklage[1408] allerdings zutreffend ausgeführt und bestätigt, dass *„[d]er Landesgesetzgeber [...] nicht verpflichtet [ist], zum Schutz von Grundstücksnachbarn stets ein präventives Baugenehmigungsverfahren vorzuschreiben oder vom Bauherrn vor Ausführung des Vorhabens eine Benachrichtigung des Nachbarn zu verlangen [...]"*[1409], und dass es demnach keinen nachbarlichen Anspruch auf ein bestimmtes Verfahren gibt.[1410] Der Landesgesetzgeber würde nur dann gegen das in Art. 103 Abs. 1 BV geregelte Eigentumsrecht verstoßen, so der Bayerische Verfassungsgerichtshof, wenn sich aus dem Eigentumsrecht eine Verpflichtung des Staates ableiten ließe, zum Schutz von Grundstücksnachbarn stets ein präventives Baugenehmigungsverfahren zur Verfügung stellen zu müssen. Eine solche Verpflichtung erkennt der Bayerische Verfassungsgerichtshof aus verfassungsrechtlicher Sicht in anerkennenswerter und vertretbarer Weise nicht. Zwar ist die benannte Entscheidung anlässlich des Tatbestandes der bauordnungsrechtlichen Verfahrensfreistellung gemäß Art. 57 BayBO 2008 ergangen, sie ist jedoch in ihrem Aussagegehalt uneingeschränkt auf die anderen Verfahrenstypen und damit insbesondere auch auf das vereinfachte Baugenehmigungsverfahren nach Art. 59 Satz 1 BayBO 2008 übertragbar. Dies bringt der

---

[1406] Vgl. *Steinberg*, NJW 1984, S. 457 ff [461] m.w.N.

[1407] Der Bayerische Verfassungsgerichtshof München ist kein Rechtsmittelgericht. Infolge dessen ist es auch nicht seine Aufgabe, Entscheidungen der Gerichte allgemein auf deren Richtigkeit zu überprüfen. Er prüft in materieller Hinsicht nur, ob das Ausgangsgericht gegen die in der Verfassungsbeschwerde bezeichneten, subjektive Rechte verbürgende Normen der Bayerischen Verfassung verstoßen hat. In verfahrensrechtlicher Hinsicht überprüft er auch auf Bundesrecht beruhende und aufgrund eines bundesrechtlich geregelten Verfahrens ergangene Entscheidungen daraufhin, ob ein Grundrecht der Bayerischen Verfassung verletzt wurde, das mit gleichem Inhalt im Grundgesetz gewährleistet ist, vgl. BayVerfGH, Entscheidung vom 26.09.2011, Az. Vf. 47-VI-11.

[1408] Vgl. Art. 98 Satz 4 BV, Art. 55 Abs. 1 Satz 1 VfGHG.

[1409] BayVerfGH, Entscheidung vom 15.12.2009, Az. Vf. 6-VII-09 [2. Leitsatz], BayVBl 2010, S. 338 = NVwZ 2010, S. 580 = ZfBR 2010, S. 139.

[1410] Vgl. so auch z.B. bereits *Preschel*, DÖV 1998, S. 51; für die Möglichkeit einer verfassungsrechtlichen Verpflichtung zur Bereitstellung präventiver bauaufsichtlicher Genehmigungsverfahren zum Schutz gegen Gefährdungen von Leben und körperlicher Unversehrtheit z.B. *Korioth*, DÖV 1996, S. 674.

Verfassungsgerichtshof bereits selbst zum Ausdruck, indem er in abstrahierter Weise und unter Verwendung eines alle Verfahrensarten umfassenden Terminus technicus die Frage nach einer etwaigen Verpflichtung des Gesetzgebers zur Bereitstellung eines „präventiven Baugenehmigungsverfahrens" stellt und sich damit gerade nicht nur auf einen konkreten Verfahrens- bzw. Genehmigungstyp beschränkt. Weiterhin ist die gänzliche Verfahrensfreistellung nach Art. 57 BayBO 2008 mit Verzicht auf jegliche Präventivprüfung gegenüber dem vereinfachten Bauverfahren mit nur eingeschränktem Prüfprogramm ein Weniger, wenngleich natürlich die unterschiedlichen Auswirkungen der den beiden Verfahren zugeordneten baulichen Anlagen aufgrund deren Art und Maß unterschiedlich sind. Ausgehend von dem landesverfassungs- bzw. auch grundrechtlich zu gewährleistenden Grundrechtsschutz durch Verwaltungsverfahren[1411], der dem grundrechtlichen Wertesystem sowie den Freiheitsgrundrechten wie etwa dem Eigentumsrecht entnommen wird und damit den staatlichen Schutzauftrag nicht nur auf den Schutz der Freiheitssphäre des Einzelnen beschränkt, sondern weitergehend auch die Eindämmung von Grundrechtsverletzungen mittels verfahrensrechtlicher Regelungen verlangt, verweist der Bayerische Verfassungsgerichtshof auf den weiten gesetzgeberischen Gestaltungsspielraum zur Erfüllung dieser Schutzpflichten. Eine Verletzung von (bayerischem) Verfassungsrecht kann sich durch das landesrechtliche Bauverfahrensrecht nur dann ergeben, wenn dieses zu einem gänzlich ungeeigneten und völlig unzureichenden Schutz des Eigentumsrechts von Nachbarn führen würde,[1412] mithin ein legislativer verfahrensrechtlicher Mindeststandart nicht gewahrt wäre, was bereits mit Blick auf die gesetzlichen Behördenbefugnisse repressiver Bauaufsicht wie etwa Art. 75 und Art. 76 Satz 1 BayBO 2008 sowie die im Wege des Zivilrechtsweges durchzusetzenden Ansprüche der §§ 1004 Abs. 1 und 823 Abs. 2 BGB und damit ungeachtet der bestehenden Regularien zur Präventivkontrolle zu verneinen ist.[1413]

[1411] Vgl. *Held*, UPR 1999, S. 210 m.w.N. BVerfGE 33, S. 303 ff [337] und BVerfGE 52, S. 380 ff.
[1412] Vgl. BVerfGE 77, S. 170/171; BayVerfGH, BayVBl 2012, S. 498 ff [500].
[1413] Vgl. BayVerfGH, BayVBl 2010, S. 340 ff [342] m.w.N. *Löffelbein*, Genehmigungsfreies Bauen und Nachbarrechtsschutz, S. 77 ff, *Jäde*, UPR 1998, S. 326, *Numberger*, BayVBl 2008, S. 741, *Degenhart*, NJW 1996, S. 1433 [kritisch], u.a.; vgl. auch *Uechtritz*, NVwZ 1996, S. 643.

Die vorbenannte Rechtsprechung und die darin zum Ausdruck gebrachte Wertung stehen dabei im Einklang mit den sowohl bereits zuvor vom Bayerischen Verfassungsgerichtshof[1414] anhand des bayerischen Verfassungsrechts als auch vom Bundesverfassungsgericht[1415] nach Maßgabe des Grundgesetzes getroffenen Feststellungen im Bereich staatlicher Verantwortlichkeiten sowie mit den der verfahrens- und organisationsrechtlichen Dimension der Grundrechte[1416] entnommenen Verpflichtungen der Legislative, entsprechende verfahrensrechtliche (Mindest-)Mechanismen zur präventiven wie auch repressiven Gefahrenabwehr im Rahmen von Mindeststandards bereitzustellen. Eine Bewertung sowohl anhand von Art. 103 Abs. 1 BV als auch an Art. 14 Abs. 1 GG – wie auch die vorbenannte bundesverfassungsgerichtliche Rechtsprechung belegt – wegen gleichen Gewährleistungsumfangs sowie anhand anderer grundrechtlicher Maßgaben[1417] kommt zum selben Ergebnis. Die Qualifizierung der von Teilen der Fachliteratur und nicht zuletzt auch von den Nachbarn selbst geübten Kritik an dem jedenfalls aus nachbarlicher Sicht unbequemeren und weniger effektiven repressiven (öffentlich-baurechtlichen oder auch zivilrechtlichen) Rechtsschutz als lediglich rechtspolitische Kontroverse[1418] erweist sich allerdings als zu undifferenziert und zu kurz gegriffen. Allerdings kann, auch wenn in diesem Zusammenhang üblicherweise von einer präventiven Kontrollfunktion des Genehmigungsverfahrens und von repressiven bauaufsichtlichen Maßnahmen gesprochen wird,[1419] für eine rechtliche Bewertung des öffentlichen Baunachbarrechts mit seinem einerseits präventiven und andererseits repressiven Charakter nicht schlichtweg auf die verfassungsrechtlich verankerte und dem schlagwortartigen Wortlaut nach vermeintlich einschlägige Formel des „Vorrangs der Prävention

---

[1414] Vgl. z.B. BayVerfGH Nr. 42 (1989) [Grundrechtsschutz durch Verfahrensvorschriften], S. 148 ff [154/155]; BayVerfGH Nr. 50 (1997), S. 226 ff [246/247] [gesetzgeberische Eigenverantwortung zur Erfüllung von Schutzpflichten]; zum legislatorischen Gestaltungsspielraum auch BayVerfGH, BayVBl 2012, S. 498 [500].
[1415] Vgl. z.B. BVerfGE 77, S. 170 ff [214/215] [weiter Einschätzungs-, Wertungs- und Gestaltungsspielraum des Gesetzgebers zur Erfüllung grundrechtlicher Schutzpflichten]; BVerfGE 88, S. 203 ff [253 ff] [Keine Vorgaben zur Ausgestaltung des Schutzes durch die Verfassung; gesetzgeberischer Einschätzungs-, Wertungs- und Gestaltungsspielraum].
[1416] Vgl. hierzu *Lindner*, in: Lindner/Möstl/Wolff, Verfassung des Freistaates Bayern, vor Art. 98 Rn 98.
[1417] Vgl. *Preschel*, DÖV 1998, S. 45 f m.w.N. unter Bezugnahme auf den Funktionsvorbehalt (Art. 33 Abs. 4 GG) und das Sozialstaatsprinzip (Art. 20 Abs. 1 i.V.m. Art. 3 Abs. 1 GG); vgl. auch *Ritter*, DVBl 1996, S. 546 ff.
[1418] Vgl. BayVerfGH, BayVBl 2010, S. 338 ff [342] m.w.N. *Löffelbein*, Genehmigungsfreies Bauen und Nachbarnschutz, S. 215 ff; wohl auch *Jäde*, BauR 2008, S. 57.
[1419] Vgl. exemplarisch *Steinberg*, NJW 1984, S. 457 f.

vor der Repression"¹⁴²⁰ zurückgegriffen werden, da diese an der rechtlichen Differenzierung der beiden Phasen staatlicher Sicherheitsgewährleistung¹⁴²¹ ansetzt und nach ihrem originären Verständnis¹⁴²² bei Repression von ordnungswidrigkeis- bzw. strafrechtlicher Sanktion ausgeht. Wenngleich also ein repressives bauaufsichtsbehördliches Vorgehen – wie etwa die Baueinstellungs- und Baubeseitigungsanordnung – bei einer Abgrenzung anhand dieses Verständnisses einen noch immer präventiven Charakter zeigt, erscheint es jedoch wegen der nicht zuletzt zum Teil auch sanktionierenden Auswirkungen bauaufsichtsbehördlicher Maßnahmen bzw. der von diesen verlangten Intensität einer – bei faktischer Betrachtung unter Umständen sogar unwiederbringlichen – Beeinträchtigung durchaus gerechtfertigt, den dahinterstehenden Leitgedanken im übertragenen Sinn auch bei den Maßnahmen der präventiven und repressiven Bauaufsicht zu berücksichtigen, die gemessen an Effektivität und Wirkung nämlich durchaus eine derart differenzierte Betrachtung erlauben. Insoweit muss trotz der anzuerkennenden verfassungsrechtlich festgestellten und bestätigten Unbedenklichkeit gleichwohl eine juristische¹⁴²³ Debatte über die dem Nachbarn zur Verfügung stehenden bauordnungsrechtlichen sowie prozessrechtlichen Möglichkeiten eines öffentlich-rechtlichen Rechtsschutzes erlaubt sein. Die legislatorische Reform 2008 bzw. die punktuellen Verfahrensänderungen des Jahres 2009 in Art. 63 Abs. 2 und Art. 68 Abs. 1 BayBO 2008/2009 fordern regelrecht zu einer solchen auf. Auch alternative rechtliche Argumentationsmuster, mögen diese auch „spitzfindig" erscheinen oder bislang unkonventionell sein, dürfen dem Nachbarn nicht verwehrt sein, sofern sich diese als konform mit der Dogmatik und nicht als bloße Billigkeitslösungen erweisen. Einigkeit dürfte nach allen Auffassungen jedenfalls darin bestehen, dass der repressive nachbarliche Rechtsschutz mit dem bestätigenden Votum des Bayerischen Verfassungsgerichtshofs in seiner Bedeutung für den Nachbarn zu einer beinahe unverzichtba-

---

[1420] Vgl. BVerfGE 30, S. 336 ff [350], BVerfGE 39, S. 1 ff [44]; *Möstl*, Die staatliche Garantie für die öffentliche Sicherheit und Ordnung, S. 147 f.
[1421] Vgl. *Möstl*, Die staatliche Garantie für die öffentliche Sicherheit und Ordnung, S. 147 f mit Ausrichtung auf die der Exekutive anvertraute verwaltungsrechtliche Prävention zur Gefahrenabwehr einerseits und die (echte) ordnungswidrigkeits- bzw. strafrechtliche (echte) Repression andererseits.
[1422] Vgl. *Möstl*, Die staatliche Garantie für die öffentliche Sicherheit und Ordnung, S. 147 ff und 378 f.
[1423] Vgl. a.A. wohl *Jäde*, BauR 2008, S. 57, der bei Umsetzung einer politischen Grundentscheidung lege artis zwar juristische Leidenschaft begrüßt, eine Polemik wegen des bloßen Knalleffekts wegen aber als schädlich ansieht.

ren „Flanke staatlicher Sicherheitsgewährleistung"[1424] im Bereich des öffentlichen Baurechts erstarkt ist.

2. Kontextbezogene Drittschutzproblematik im Überblick

Auch wenn keine der BayBO-Novellen der Jahre 1994, 1998 und 2008 auf gesetzlicher Ebene den baurechtlichen Nachbarschutz ausdrücklich reduziert,[1425] ihn noch nicht einmal anspricht, ist davon auszugehen, dass der Gesetzgeber mit der Verschlankung und Beschleunigung der bauaufsichtlichen Verfahren nicht nur beabsichtigte bzw. beabsichtigen konnte, lediglich der sog. Vollkaskomentalität[1426] vieler Bauherrn zu begegnen, sich von einer obrigkeitlichen Betreuung zu lösen und deren Eigenverantwortung zu stärken,[1427] sondern seine Deregulierungspolitik – jedenfalls in unumgänglicher Konsequenz – auch darauf ausgerichtet wissen musste, zugleich die Rechtsposition des Nachbarn zu verschlechtern bzw. eine Schlechterstellung zumindest in Kauf zu nehmen. Die Schlechterstellung des Nachbarn ist nämlich bereits zwangsläufige Folge des Verzichts auf ein präventives Genehmigungsverfahren und der Umstellung auf eine – im Wesentlichen – nur noch repressive und von bauaufsichtlichen Maßnahmen gefolgte Überprüfung, da anerkanntermaßen „[...] aus der verfahrensmäßigen Ausgestaltung [...] [in Gestalt] präventiver Genehmigungsverfahren einerseits und bloßer Überwachungsrechtsverhältnisse mit (im Ermessen stehenden) Eingriffsermächtigungen andererseits [...] unterschiedliche Grade der staatlichen Inanspruchnahme einer vom einzelnen einforderbaren Verantwortung für die Einhaltung und Durchsetzung der normativen Ausgleichsordnung [...]"[1428] folgen. Zudem belegen die fachkritischen Auseinandersetzungen in der Literatur[1429] und

---

[1424] Vgl. den Terminus in einem anderen Kontext bei *Möstl*, Die staatliche Garantie für die öffentliche Sicherheit und Ordnung, S. 154.
[1425] Vgl. hierzu auch *Sacksofsky*, DÖV 1999, S. 951, die im Hinblick auf die im Jahr 1999 geltende Rechtslage eine entsprechende Feststellung für alle Landesbauordnungen trifft.
[1426] Vgl. unter anderem *Ederer*, BayVBl 2008, S. 529.
[1427] Vgl. LtDrs. 15/7161 vom 15.01.2009, S. 1 und 3; vgl. auch LtDrs. 12/13482 vom 18.11.1993, S. 1.
[1428] *Möstl*, Die staatliche Garantie für die öffentliche Sicherheit, S. 441 unter Bezugnahme auf *P.M. Huber*.
[1429] Vgl. z.B. *Bamberger*, NVwZ 2000, S. 983 ff; *Borges*, DÖV 1997, S. 900 ff; *Glaser/Weißenberger*, BayVBl 2008, S. 460 ff; *Held*, UPR 1999, S. 210 ff; *Jäde*, Bauaufsichtliche Maßnahmen, Rn 96 ff; *Konrad*, BayVBl 1984, S. 33 ff, 70 ff; *Kuchler*, BayVBl 2009, S. 517 ff; *Mampel*, UPR 1997, S. 267 ff; *Martini*, DVBl 2001, S. 1488 ff; *Möstl*, BayVBl 2014, S. 224; *Preschel*, DÖV 1998, S. 45 ff; *Sacksofsky*, DÖV 1999, S. 946 ff; *Sarnighausen*,

einschlägige Gerichtsurteile[1430] zweifelsohne entsprechende Probleme im Bereich des baulichen Nachbarrechts aufgrund der vorgenommenen Änderungen der Bayerischen Bauordnung. Sicherlich ist die ein oder andere in diesem Kontext erhobene Forderung und vorgebrachte Kritik – wie bereits zuletzt im selben Teil unter A.I.1. ausgeführt – mehr rechtspolitisch bzw. wertend einzuordnen und weniger auf der Grundlage einer rechtlichen Verpflichtung zu sehen. Es sind dabei nicht nur die in der einschlägigen Literatur zur Sprache gebrachten Kritikpunkte, sondern vor allem auch die an der gegebenen Gesetzeslage ansetzenden und über die Erwägungen des Gesetzgebers hinausgehenden Überlegungen nach Kompensation, welche die juristische Auseinandersetzung rechtfertigen und verlangen. Die Abgrenzung zwischen nur rechtspolitischen, aber gleichwohl legitimen Forderungen einerseits und einem auf die Rechtmäßigkeit bezogenen Verlangen andererseits ist und bleibt dabei freilich schwierig. Mit mehr oder weniger vertretbaren Thesen und Ansätzen zur Konfliktbewältigung, die unter anderem von einem aufgewerteten Vorhabenabwehranspruch aufgrund moderner Grundrechtsdogmatik[1431] über eine prozessrechtliche Rechtsschutzkompensation durch Angleichung der Anforderungen der zur Verfügung stehenden Verfahren im einstweiligen Rechtsschutz (§ 123 und §§ 80, 80a VwGO)[1432] – beide Lösungsvorschläge in sich wiederum in nuancenreicher Ausprägung – bis hin zu extremen Forderungen nach verwaltungsgerichtlichem Rechtsschutz zwischen Privaten[1433] reichen, wurde und wird seit der eingeleiteten Deregulie-

---

NJW 1993, S. 1623 ff; *Schenke*, DVBl 1990, S. 328 ff; *Schmaltz*, NdsVBl 1995, S. 241 ff; *Steinberg*, NJW 1984, S. 457 ff; *Uechtritz*, NVwZ 1996, S. 640 ff.
[1430] Vgl. z.B. BayVGH, NVwZ 1997, S. 923; VG München, BayVBl 1997, S. 54 ff; VGH BW, BauR 1995, S. 219 ff.
[1431] Vgl. z.B. *Mampel*, Nachbarschutz im öffentlichen Baurecht, Rn 331 ff [347], *ders.*, UPR 1997, S. 267 ff [270 ff], der von der Schwäche des nachbarlichen Vorhabenabwehranspruchs und dessen strukturelle Unterlegenheit gegenüber dem Rechtsanspruch des Bauherrn auf Bauausführung durch eine Gleichstellung mit dem konkurrierenden Anspruch des Bauherrn kompensieren will. Die Bedrohung bzw. Verletzung eines subjektiven Nachbarrechts soll deshalb nicht nur notwendige, sondern zugleich hinreichende Voraussetzung für die Verdichtung des bauaufsichtlichen Ermessens zur Verpflichtung zum Eingreifen begriffen werden, vgl. *Mampel*, UPR 1997, S. 271/272. Vgl. i.d.S. z.B. auch *Bock*, DVBl 2006, S. 12 ff [15].
[1432] Vgl. z.B. *Bamberger*, NVwZ 2000, S. 983 ff; *Blümel*, in: FS für Boujong, S. 521 ff; *Borges*, DÖV 1997, S. 900 ff [902]; *Sacksofsky*, DÖV 1999, S. 953/954; VGH BW, BauR 1995, S. 219 ff [220]; VG München, NVwZ 1997, S. 928 ff [929]; BayVGH, NVwZ 1997, S. 923; kritisch *Martini*, DVBl 2001, S. 1495/1496 m.w.N.; *Preschel*, DÖV 1998, S. 51 ff [53/54].
[1433] Vgl. *Ortloff*, NVwZ 1998, S. 932 ff, der vorschlägt eine Unterlassungsklage des Nachbarn unmittelbar gegen den Bauherrn vor dem Verwaltungsgericht wegen der vorzunehmenden Neubewertung des Dreieckverhältnisses Bauherr, Behörde und Nachbar zuzulassen. Vgl. dazu

rung und dem dadurch erschwerten nachbarlichen Rechtsschutz in der Rechtsprechung und Literatur nach Lösungen gesucht, um das Maß und die Effektivität nachbarlichen Rechtsschutzes im bis dahin tradierten Sinne beizubehalten bzw. wiederherzustellen. *Numberger*[1434] will den nachbarlichen Rechtsschutz sogar nur noch auf Umwegen existent sehen. Die Beschleunigungsgesetzgebung hat jedenfalls die Abwehr von Baugenehmigungen durch den Nachbarn erschwert,[1435] sofern dieser nicht unmittelbar durch eine rechtswidrige Baugenehmigung, sondern durch die materielle Rechtswidrigkeit des Bauvorhabens als solches beeinträchtigt wird. Mit einer nach wie vor gebrauchten Verzahnung des öffentlich-rechtlichen Rechtsschutzes mit dem zivilrechtlichen Rechtsschutz in Form einer bedauernswerterweise zumeist nur oberflächlich und oftmals leichtfertig gehandhabten behördlichen und zum Teil auch verwaltungsgerichtlichen Verweisung von Nachbaransprüchen bzw. -klagen auf den Zivilrechtsweg wegen vermeintlich fehlenden Rechtsschutzinteresses leisten insbesondere die Genehmigungsbehörden ihrerseits einen Beitrag, der das – so wohl die überwiegende Meinung – ehemals ausgewogene Verhältnis zwischen bauherren- und nachbarseitigen Interessen im Bereich des Rechtsschutzes zum Wanken bringt. Es handelt sich dabei um eine Verwaltungs- und Gerichtspraxis, die in der gegenwärtig praktizierten Art und Weise in jedem Falle einzustellen ist.

Auswirkungen der deregulierten Genehmigungsprüfung, hier insbesondere in Gestalt des vereinfachten Baugenehmigungsverfahrens, ergeben sich für den Nachbarn zum einen bereits daraus, dass es keine umfassende (und unmittelbare) Überprüfung für den Nachbarschutz relevanter bauordnungsrechtlicher Vorschriften, wie etwa des Abstandsflächenrechts, mehr im Rahmen des Genehmigungsverfahrens gibt.[1436] Zum anderen ergeben sich Folgen aus der im Wesentlichen nur noch das Planungsrecht umfassenden Feststellungswirkung, die grundsätzlich keine nachbarseitige Anfechtung der Baugenehmigung aufgrund bauordnungsrechtlicher Verstöße mehr erlaubt, da sich die Genehmigung mangels Prüfungsumfangs zu derartigen Fragen grundsätzlich nicht mehr verhält

---

kritisch *Sacksofsky*, DÖV 1999, S. 950 ff, und *Martini*, DVBl 2001, S. 1490; vgl. a.A. *Mampel*, NVwZ 1999, S. 385 ff.
[1434] Vgl. *Numberger*, BayVBl 2009, S. 741 ff [742].
[1435] Vgl. hierzu in verwaltungsverfahrensrechtlicher Sicht und i.d.S. bei allgemeiner Betrachtung auch *Steiner*, BayVBl 2012, S. 129 ff.
[1436] Vgl. hierzu auch *Möstl*, Die staatliche Garantie für die öffentliche Sicherheit, S. 441 f.

bzw. – nach Intention der Gesetzessystematik – verhalten sollte und den Nachbarn grundsätzlich auch nicht mehr beeinträchtigen kann.

Die Einhaltung bauordnungsrechtlicher Vorschriften ist damit in erster Linie allein dem Bauherrn anheimgestellt. Der Nachbar ist jedoch insofern gefordert, als es ihm im eigenen Interesse verstärkt obliegt, die Bauaufsichtsbehörde ergänzend zu deren Überwachungsauftrag (Art. 77 BayBO 2008) auf etwaige Rechtsverstöße gegen nicht prüfpflichtige Anforderungen aufmerksam zu machen, also die Kenntnis der Behörde von etwaigen Verstößen geradezu zu provozieren, um auf diese Weise und ungeachtet eines etwaigen rechtlichen Verlangens bereits eine Ablehnung der Baugenehmigung auf Grundlage der neuen gesetzlichen Möglichkeiten im Sinne des Art. 68 Abs. 1 Satz 1, 2. Hs. BayBO 2008/2009 zu erwirken oder die Behörde doch zumindest zu einem bauaufsichtlichen Einschreiten im Sinne der Art. 75 und 76 BayBO 2008 anzuhalten. Dies gilt umso mehr, als entgegen mancher Autoren, die für eine „Synchronisierung von Anordnungs- und Aussetzungsverfahren"[1437] eintreten, sowohl bei nicht mehr genehmigungspflichtigen Vorhaben als auch bei Verstößen gegen nicht mehr prüfpflichtige Anforderungen richtigerweise ein einheitliches Schutzniveau, d.h. unabhängig davon, ob verfahrensfrei, genehmigungsfreigestellt oder außerhalb des Prüfprogramms der Baugenehmigung gelegen, zu fordern ist.[1438] Inwieweit dem Nachbarn mit Blick auf die Änderungen der Reformgesetzgebung 2008/2009 allerdings in Erweiterung der vorstehend beschriebenen Möglichkeit zur Kenntnisprovokation wiederum selbst Ansprüche gegen die Bauaufsichtsbehörde bzw. etwaige Reaktionsmöglichkeiten zustehen, wenn diese dennoch anders entscheidet, wird überaus kontrovers diskutiert und gilt es zu klären. Das Plädoyer mancher Autoren[1439] für „neue", im Sinne der Novellierungsgesetzgebung 2008 und 2009 (vermeintlich) mitgeschaffene Nachbaransprüche bzw. daraus resultierende Anfechtungsmöglichkeiten ist bei nichtjuristischer und lediglich rechtspolitischer Betrachtungsweise durchaus als honorig anzuerkennen, erweist sich bei rechtlicher Analyse aber als nicht haltbar.

[1437] Vgl. *Bamberger*, NVwZ 2000, S. 983 ff m.w.N.
[1438] Vgl. *Möstl*, BayVBl 2014, S. 224 m.w.N. *Molodovsky*, in: Koch/Molodovsky/Famers, BayBO, Art. 54 Rn 52 und Art. 58 Rn 78 ff.
[1439] Vgl. z.B. *Koehl*, BayVBl 2009, S. 645 ff.

Während die fachkritischen Auseinandersetzungen[1440] zur Problematik der Rechtsschutzkompensation wegen verloren gegangener Anfechtungsmöglichkeiten in der Vergangenheit – im Ergebnis zu Unrecht[1441] – zumeist an den „Schrauben" der Ermessensreduzierung auf Null ansetzten und auf eine Angleichung prozessrechtlicher Erfordernisse abzielten, insoweit sind die Erörterungen beinahe als erschöpfend anzusehen, soll der Blick nachstehend in einem letzten Schritt wieder primär auf den der Baugenehmigung zugrunde gelegten Prüfungsumfang gerichtet werden. Das planungsrechtlich verankerte Gebot der Rücksichtnahme beinhaltet dabei nämlich durchaus mehr Potential, als ihm in der Verwaltungs- und Gerichtspraxis bzw. auch in der anwaltlichen Argumentationsführung bislang beigemessen wird. Es kann sich dabei zumindest im Einzelfall um einen nachbarlichen „Rettungsanker" zum Zwecke (baurechtlich-)präventiver Gefahrenabwehr handeln. Ein immer noch stark ausgeprägtes, nicht nachlassendes, sondern eher verstärkt auftretendes Auseinanderklaffen von gesetzlicher Systematik und „gesetzgeberischem Idealismus" einerseits und baubehördlicher Genehmigungspraxis andererseits, letztere oftmals verwaltungsgerichtlich[1442] bestätigt, bewirkt einen bislang nur kaum beachteten Nachteil auf Seiten der betroffenen Nachbarschaft. Eine häufig – gleich ob unbewusst oder bewusst – zugunsten des Bauherrn zumindest faktisch erweiterte bauaufsichtliche Prüfung und im Sinne dieser Prüfungsergebnisse ausgerichtete bescheidstechnische Begründungspraxis gewähren dem Bauherrn ein gesetzlich nicht vorgesehenes Maß an zusätzlicher Rechtssicherheit, ohne dass hier Konsequenzen im nachbarlichen Rechtsschutz gezogen werden. Statt der von dem konkreten Baugenehmigungsbescheid ausgehenden Feststellungswirkung – auch mit Blick auf die Anfechtungsmöglichkeit – eine entsprechende Aussage und Bedeutung beizumessen, verweisen die Bauaufsichtsbehörden den Nachbarn häufig in äußerst restriktiver Handhabung auf die durch das gesetzliche Prüfpro-

---

[1440] Vgl. z.B. *Bamberger*, NVwZ 2000, S. 983 ff [Synchronisierung von Anordnungs- und Aussetzungsverfahren]; *Bock*, DVBl 2006, S. 12 ff; *Glaser/Weißenberger*, BayVBl 2008, S. 460 ff [463 ff]; *Mampel*, UPR 1997, S. 267 ff; *Martini*, DVBl 2001, S. 1488 ff; *Preschel*, DÖV 1998, S. 45 ff [51 ff]; *Sacksofsky*, DÖV 1999, S. 946 ff [952 ff]; *Sarnighausen*, NJW 1993, S. 1623 ff; *Uechtritz*, NVwZ 1996, S. 640 ff; *Wilke*, in: FS für Scupin, S. 831 ff; kritisch *Borges*, DÖV 1997, S. 900 ff; *Jäde*, Bauaufsichtliche Maßnahmen, Rn 96 ff.
[1441] Vgl. *Molodovsky*, in: Koch/Molodovsky/Famers, BayBO, Art. 54 Rn 52 und Art. 58 Rn 78 ff; *Möstl*, BayVBl 2014, S. 224.
[1442] Vgl. z.B. OVG Saar, BauR 2009, S. 808; dass., Beschluss vom 31.05.2007, Az. 2 A 189/07, BauR 2007, S. 1616 f [Leitsätze]; VG Augsburg, Urteil vom 26.01.20125, Az. Au 5 K 10.67; VG München, Urteil vom 28.09.2009, Az. M 8 K 09.322.

gramm bedingte (beschränkte) Feststellung. Diesem Widerspruch, also einer dem Bauherrn zumindest faktisch und über Gebühr zuteil gewordenen Rechtssicherheit einerseits und der Verneinung einer an sich konsequenten nachbarlichen Anfechtungsmöglichkeit andererseits, soll zum Abschluss mit angemessenen Ansätzen begegnet werden.

Anstatt den von der Literaturkritik aufgezeigten Problemen zu begegnen und einen zielführenden Beitrag zur Problem- und Konfliktlösung zu leisten, hat der Gesetzgeber mit den letzten großen BayBO-Änderungen bei summarischer Würdigung der Probleme also nicht nur weitere Impulse und Interpretationsmöglichkeiten für die Suche nach nachbarlicher Rechtsschutzkompensation gesetzt, sondern darüber hinaus auch weitere strittige Fragen im Zusammenhang mit dem nachbarlichen Drittschutz aufgeworfen. Diesen soll mit dem Ziel nachgegangen werden, die sich durch die gesetzlichen Änderungen für den Nachbarn ergebenden Auswirkungen und gegebenenfalls Rechtsschutzmöglichkeiten aufzuzeigen.

II. Parallelität der Rechtswege

Aus dem von den Landesgesetzgebern beschlossenen und über mehrere Gesetzesnovellen hinweg umgesetzten Rückbau der bauaufsichtlichen Genehmigungsprüfung im Sinne einer präventiven Überprüfung des zur Genehmigung gestellten Bauvorhabens wird zum Teil[1443] weitergehend, d.h. über die in den Gesetzgebungsmaterialien[1444] verankerte und durch die Deregulierung bezweckte Verfahrensbeschleunigung hinaus gefolgert, der Gesetzgeber habe mit der Reduzierung der Prüfprogramme und Einschränkung der durch die Baugenehmigung vermittelten Feststellungswirkung nicht nur eine Verschlechterung der Rechtsposition des Nachbarn in Kauf genommen bzw. nehmen müssen, sondern zugleich eine rechtsgebietsübergreifende Verlagerung des nachbarlichen Rechtsschutzes zum Ausdruck bringen wollen. Die Verschiebung der Gewichte hin zu den eigentlichen Streitparteien sowie zu den Zivilgerichten wird dabei – fälschlicherweise – als logisch folgende Ergänzung zu den deregulierten bauaufsicht-

---

[1443] Vgl. *Bock*, DVBl 2006, S. 16 m.w.N. [Fn 32]; *Martini*, DVBl 2001, S. 1491 m.w.N. [Fn 17]; *Sarnighausen*, NJW 1993, S. 1625/1626 m.w.N. [Fn 14]; *Schmaltz*, NdsVBl 1995, S. 241 ff [247/248]; *Simon*, BayBO 1994 – Synopse, Einführung, S. 10/11.
[1444] Vgl. LtDrs. 15/7161 vom 15.01.2009, S. 1 und 3; vgl. auch LtDrs. 12/13482 vom 18.11.1993, S. 1.

lichen Verfahren interpretiert, so dass der sich aus der Präventivprüfung zurückziehende Staat nicht kompensierend repressiv in die Pflicht genommen werden dürfe.[1445] Nicht zuletzt vor diesem Hintergrund wird insbesondere bei den Bauaufsichtsbehörden – trotz zwischenzeitlicher Kritik – die Auffassung vertreten und, wie einschlägige Beispiele zeigen, auch nach wie vor praktiziert, der nachbarliche Antragsteller sei mit seinem an die Behörde gerichteten Antrag auf bauaufsichtliches Einschreiten auf den Zivilrechtsweg zu verweisen. Die behördliche Argumentation setzt in diesem Kontext allerdings nicht expressis verbis an einem etwaigen dadurch bedingten fehlenden Antrags- bzw. Sachbescheidungsinteresse[1446] auf der Ebene der Sachentscheidungsvoraussetzungen an, sondern impliziert diesen Umstand in den ermessensgebundenen materiell-rechtlichen Anspruch auf bauaufsichtliches Einschreiten als solches. Die Problematik der sog. Subsidiarität, also die Berücksichtigung rein abstrakter paralleler zivilrechtlicher Rechtsschutzmöglichkeiten zur Begründung oder Verneinung eines öffentlich-rechtlichen Interesses bzw. Rechtsschutzbedürfnisses, und die damit für den Nachbarn bestehende Gefahr, mit seinen subjektiven öffentlich-rechtlichen Rechtsschutzinteressen auf den Zivilrechtsweg verwiesen zu werden, findet sich auch auf verwaltungsgerichtlicher Ebene wieder. Auch wenn dieser Umstand – bei originärer Anwendung durch die Gerichtsbarkeit – dort zumeist im Kontext mit dem prozessualen Rechtsschutzbedürfnis im Sinne einer Sachentscheidungsvoraussetzung im Rahmen der Zulässigkeit[1447] des Rechtsschutzantrags oder der Klage diskutiert wird, sofern sich die gerichtliche Auseinandersetzung mit dieser Thematik nicht auf die behördlichen Ermessensgesichtspunkte selbst bezieht, führt dieselbe Argumentationskette bei unterschiedlicher rechtlicher Einbettung zum selben Ergebnis, nämlich zu einer im Regelfall nicht gerechtfertigten und auch dogmatisch nicht haltbaren Verkürzung nachbarlichen Rechtsschutzes.

Bevor diese behördliche und verwaltungsgerichtliche Verweisungspraxis unter anderem anhand konkreter Entscheidungen jüngeren Datums erörtert wird, soll zunächst das Verhältnis zwischen zivilrechtlichem und öffentlich-rechtlichem Nachbarrechtsschutz aufgezeigt werden. Auf die Darstellung der gegen-

---

[1445] Vgl. so aber *Molodovsky*, in: Koch/Molodovsky/Famers, BayBO, Art. 58 Rn 86 m.w.N.
[1446] Vgl. i.d.S. wohl die Einordnung bei *Mampel*, Nachbarschutz im öffentlichen Baurecht, Rn 319.
[1447] Vgl. allgemein zum Verhältnis der Sachentscheidungsvoraussetzungen und Zulässigkeit einer Klage bzw. eines Antrags *Hufen*, Verwaltungsprozessrecht, § 10 Rn 3 f.

wärtigen Behörden- und Verwaltungsgerichtspraxis folgend wird schließlich die grundsätzliche Unzulässigkeit der jeweils wechselseitigen Rechtswegverweisung dargelegt.

1. Zivilrechtlicher Rechtsschutz versus öffentlich-rechtlicher Rechtsschutz: Grundsatz des gleichberechtigten ergänzenden Nebeneinanders

Der gegenständlichen Diskussion, mithin also der Frage nach der Möglichkeit der zur Entscheidung berufenen Bauaufsichtsbehörde und/oder des Verwaltungsgerichts, den anspruchstellenden Nachbarn auf den Zivilrechtsweg zu verweisen, wird vielfach die Auffassung zugrunde gelegt, dass die private Konfliktschichtung eine „Domäne des Zivilrechts"[1448] sei und sich die Verwaltungsgerichtsbarkeit schon immer traditionell aus dem Nachbarrecht herausgehalten habe.[1449] Dem stehen natürlich die Grundsätze des im Wesentlichen durch Rechtsfortbildung entwickelten öffentlich-rechtlichen Rechtsschutzes des baurechtlichen Nachbarn mit dem schlagwortartigen Verständnis zugrunde: *„Das Nachbarrecht war nie nur Privatrecht."*[1450] Mit ausschlaggebend für diese Grundsatzdiskussion ist die in Bauangelegenheiten vorgebrachte Kritik bzw. das von manchen Autoren[1451] durch die gebrauchte Wortwahl bisweilen sogar zum Ausdruck gebrachte Missfallen an sog. „Stellvertreterkriegen"[1452] „auf den Schultern" der Bauaufsichtsbehörden, also der nachbarlichen Inanspruchnahme nahezu risikoloser und vom Untersuchungsgrundsatz[1453] getragener Verwaltungsgerichtsprozesse für im Kern vermeintlich reine Nachbarrechtsstreitigkeiten. Unter Rückgriff auf das vorstehend bereits umschriebene multipolare Rechtsverhältnis Bauherr-Behörde-Nachbar ist das behördlich genehmigte, aber zugleich dem Bauherrn zuzurechnende Bauvorhaben in seinen Auswirkungen zumindest auch

---

[1448] Vgl. *Schmidt-Preuß*, Kollidierende Privatinteressen im Verwaltungsrecht, S. 4 m.w.N. Eingeschränkter *Mampel*, Nachbarschutz im öffentlichen Baurecht, Rn 120 m.w.N., der die auf Geldleistungen gerichteten Sanktionen als *„Domäne des privaten Nachbarrechts"* ansieht und das Zivilrecht als bedeutende *„Nachsorgefunktion"* qualifiziert.
[1449] Vgl. *Schröder*, BayVBl 2009, S. 497.
[1450] *Grziwotz/Saller*, Bayerisches Nachbarrecht, 1. Teil Rn 1.
[1451] Vgl. *Kloepfer*, DVBl 1988, S. 305 ff [309]; *Brohm*, DÖV 1982, S. 1 ff [4]; *Schmidt-Preuß*, Kollidierende Privatinteressen im Verwaltungsrecht, S. 5 m.w.N.; *Dirnberger*, in: Simon/Busse, BayBO, Art. 54 Rn 103; vgl. hierzu auch BVerfGE 35, S. 263 ff [271].
[1452] Vgl. *Kloepfer*, DVBl 1988, S. 309.
[1453] Vgl. § 86 VwGO.

der zivilrechtlichen Basis, nämlich der Achse Bauherr-Nachbar, zuzuordnen. Die Bayerische Bauordnung 2008 bringt dies über Art. 68 Abs. 4 zum Ausdruck. Das für die Beantwortung der gegenständlichen Frage entscheidungsrelevante Verhältnis zwischen zivilrechtlichem und öffentlich-rechtlichem Nachbarrechtsschutz, das es nachfolgend vorab zu definieren gilt, betrifft nicht zuletzt auch die Problematik der Gefahr- und Risikoregulierung im Grenzbereich zivilgerichtlicher und bauaufsichtsbehördlicher Zuständigkeiten[1454].

Gleichsam der Baufreiheit des Bauherrn mit ihrer einfachgesetzlichen Ausgestaltung durch Art. 55 Abs. 1, 68 Abs. 1 Satz 1 BayBO 2008[1455] findet auch der baurechtliche Nachbarschutz seine Grundlage in der Freiheit des Eigentums, verankert in Art. 14 Abs. 1 GG bzw. Art. 103 Abs. 1 BV, mit seinem ambivalenten, d.h. zugleich berechtigenden, aber auch verpflichtenden Charakter, ein System des baurechtlichen Drittschutzes zu etablieren.[1456] Im privatrechtlichen Bereich, d.h. im ausschließlichen Verhältnis zwischen den Eigentümern benachbarter Grundstücke, erfährt der verfassungsrechtlich gebotene Nachbarschutz seine einfachgesetzliche Ausgestaltung in den Ausgangsnormen und Abwehransprüchen der §§ 903 ff, 1004 BGB unter Berücksichtigung der ergänzenden Vorschriften der Art. 122 ff EGBGB sowie der landesrechtlichen Vorschriften zum Nachbarrecht in den Art. 43 ff AGBGB.[1457] Weiterhin folgen Beseitigungs- und quasinegorische Unterlassungsansprüche aus § 823 Abs. 2 BGB aufgrund der Anerkennung nachbarschützender Vorschriften des öffentlichen Rechts als Schutzgesetze[1458] in diesem Sinn. Nebenstehend können die von einer Baugenehmigung oder einem Bauvorhaben ausgehenden Drittwirkungen und damit einhergehenden kollidierenden Privatinteressen, soweit es sich um nachbarliche Grundpositionen des öffentlichen Rechts, niedergelegt insbesondere im Bauordnungs- und Bauplanungsrecht, handelt, unter Berücksichtigung der durch Rechtsprechung und Literatur entwickelten Voraussetzungen auch durch das Verwal-

---

[1454] Vgl. *Möstl*, Die staatliche Garantie für die öffentliche Sicherheit und Ordnung, S. 380 m.w.N.

[1455] Vgl. Teil 1 B.I.1.

[1456] Vgl. *Konrad*, BayVBl 1984, S. 33 ff; vgl. *Martini*, DVBl 2001, S. 1493; *Mampel*, NVwZ 1999, S. 387; *ders.*, UPR 1997, S. 269; *Martens*, NJW 1985, S. 2304.

[1457] Vgl. *Konrad*, BayVBl 1984, S. 33 ff; vgl. *Dürr*, DÖV 1994, S. 841 m.w.N.; *Blümel*, in: FS für Boujong, S. 526; *Stollmann*, VR 2005, S. 397; *Grziwotz/Saller*, Bayerisches Nachbarrecht, 1. Teil Rn 5–7.

[1458] Vgl. BGH, Urteil vom 28.02.1993, Az. V ZR 74/92, NJW 1993, S. 1580; *Horst*, Rechtshandbuch Nachbarrecht, Rn 193; *Martini*, DVBl 2001, S. 1491.

tungsrecht zum Ausgleich gebracht werden, auch wenn die Baugenehmigung an sich unbeschadet der privaten Rechte Dritter ergeht, Art. 68 Abs. 4 BayBO 2008.[1459] Dieser Ausgleich erfolgt allerdings nicht auf der direkten Verbindungslinie zwischen den Grundstückseigentümern, sondern – bildlich gesprochen – über die Schenkelachsen des bipolaren Dreiecks Bauherr-Behörde-Nachbar, das ersterem im Regelfall nur die Rolle eines prozessrechtlich Beigeladenen[1460] zukommen lässt. Ansprüche wegen der Verletzung öffentlich-rechtlicher Nachbarrechte sind damit vom Nachbarn gegenüber der Bauaufsichtsbehörde bzw. im gerichtlichen Verfahren gegenüber deren Rechtsträger geltend zu machen, die bzw. der damit in den Augen mancher Kritiker zum „Stellvertreter" einer nachbarlichen Auseinandersetzung gemacht wird. Die beiden Möglichkeiten eines einerseits zivilrechtlichen und andererseits öffentlich-rechtlichen Rechtsschutzes des Nachbarn stehen im Baurecht gleichberechtigt nebeneinander, worauf die herrschende Meinung unter Verwendung der Terminologie „Zwei- bzw. Doppelgleisigkeit bzw. Doppelspurigkeit[1461] des Nachbarschutzes" zutreffend hinweist. Zwar wird mit Blick auf Art. 68 Abs. 4 BayBO 2008, wonach die Baugenehmigung unbeschadet privater Rechte Dritter ergeht, in einer eher restriktiven Betrachtung des gleichberechtigten Nebeneinanders zum Teil[1462] gleichzeitig von einer klaren Trennung beider Rechtsbereiche ausgegangen, richtigerweise ist jedoch in einem extensiveren und neueren Verständnis dieser Doppelspurigkeit der Rechtsbereiche von Teilrechtsordnungen mit jeweils unterschiedlichen Steuerungsleistungen, aber zugleich auch mit wechselseitigem Bezug und in gegenseitiger Ergänzung mit der Folge eines systematischen Rechtsgüterschutzes

---

[1459] So die h.M., vgl. z.B. *Mampel*, Nachbarschutz im öffentlichen Baurecht, Einleitung und Rn 1 ff; *Schmidt-Preuß*, Kollidierende Privatinteressen im Verwaltungsrecht, S. 1 ff; *Grziwotz/Saller*, Bayerisches Nachbarrecht, 5. Teil Rn 51–53; *Decker/Konrad*, Bayerisches Baurecht, Kap. IV Rn 16 ff; *Dürr/König*, Baurecht, Rn 426 ff und 254 ff; *Dürr*, DÖV 1994, S. 841; *Bock*, DVBl 2006, S. 16; *Sacksofsky*, DÖV 1999, S. 947; kritisch *Oldiges*, in: 100 Jahre Allgemeines Baugesetz Sachsen, S. 314; *Konrad*, BayVBl 1984, S. 33 ff und 70 ff.
[1460] Vgl. § 65 VwGO. Vgl. *Kopp/Schenke*, VwGO, § 65 Rn 9 a.E., wonach es unerheblich ist, ob die (möglicherweise) betroffene Rechtsposition auf öffentlichem oder privatem Recht beruht. Vgl. zu den Beispielsfällen der notwendigen Beiladung in öffentlich-baurechtlichen Angelegenheiten *Kopp/Schenke*, a.a.O., Rn 17, und *Kintz*, in: Posser/Wolff, VwGO, § 65 Rn 13.
[1461] Vgl. z.B. *Bock*, DVBl 2006, S. 16:*„Doppelgleisigkeit"*; *Martini*, DVBl 2001, S. 1491: *„Zweigleisigkeit"*; *Blümel*, in: FS für Boujong, S. 528: *„Doppelspurigkeit"*; *Dürr*, DÖV 1994, S. 841: *„Doppelspurigkeit"*.
[1462] Vgl. *Dürr*, 1994, S. 842, a.A. *Konrad*, BayVBl 1984, S. 33 ff.

auszugehen.¹⁴⁶³ Die Regelungsbereiche existieren damit nicht uneingeschränkt nebeneinander, sondern ergänzen sich gegenseitig¹⁴⁶⁴ und sind deshalb als miteinander verzahnte¹⁴⁶⁵ Materien zu begreifen. Diese Ergänzung bedeutet, dies ist zur Meidung von Missverständnissen zu betonen, allerdings nicht zugleich eine Aufweichung der materiell-rechtlichen wie auch prozessualen Grundzüge und Anforderungen des öffentlichen Baunachbarrechts, so dass ein reines privates Interesse natürlich auch weiterhin keinen öffentlich-rechtlichen Abwehranspruch begründen kann. Vielmehr zielt die für richtig befundene gegenseitige Ergänzung auf die dahinterliegenden Schutzrichtungen und Wirkungen der Teilrechtsordnungen im Sinne eines gestuften Rechtsgüterschutzes¹⁴⁶⁶ ab.

In Anbetracht der gesetzlich, d.h. sowohl verwaltungs- als auch zivilrechtlich zur Verfügung stehenden Rechtsschutzinstrumentarien lässt sich eine grundsätzliche und von der Literatur¹⁴⁶⁷ vorgenommene sowie über Jahrzehnte aufrecht erhaltene Differenzierung dahingehend bzw. Qualifizierung dergestalt feststellen, dass dem öffentlichen Nachbarrecht in erster Linie eine präventive Funktion zugeschrieben wird, indem insbesondere bereits die Erteilung der Baugenehmigung verhindert werden soll, während der zivilrechtliche Nachbarrechtsschutz primär durch eine repressive Schutzwirkung charakterisiert wird. In dieser Betrachtungsweise spiegelt sich letztlich ein solch mehrstufiger¹⁴⁶⁸ Rechtsgüterschutz wider. Diese Unterscheidung ist sicherlich auch nach der letzten großen Novelle 2008 in ihrer Grundsatzaussage und auf das öffentliche Baurecht allgemein bezogen richtig, bedarf allerdings mit Blick auf das vereinfachte Baugenehmigungsverfahren als dem eigentlichen „Regelverfahren" einer kritischen Betrachtung und nicht zuletzt auch relativierenden Präzisierung in der

---

[1463] Vgl. *Möstl*, Die staatliche Garantie für die öffentliche Sicherheit und Ordnung, S. 377/378; nicht nur für Ergänzung, sondern weitergehend für eine Überlagerung des öffentlich-rechtlichen und privatrechtlichen Nachbarschutzes *Konrad*, BayVBl 1984, S. 33 ff; ebenso Stollmann, VR 2005, S. 397.
[1464] Vgl. *Stollmann*, VR 2005, S. 397.
[1465] Vgl. *Horst*, Rechtshandbuch Nachbarrecht, Rn 189.
[1466] Vgl. *Möstl*, Die staatliche Garantie für die öffentliche Sicherheit und Ordnung, S. 377/378, der mit Blick auf die nach den Teilrechtsordnungen differenzierte Rollenverteilung zwischen Exekutive und Judikative bezüglich des zivil-, verwaltungs-, ordnungswidrigkeits- und strafrechtlichen Rechtsschutzes von einem System gesetzlichen Rechtsgüterschutzes in der Art eines Stufenbaus spricht.
[1467] Vgl. z.B. *Dürr*, DÖV 1994, S. 842 m.w.N.; *Mampel*, Nachbarschutz im öffentlichen Baurecht, Rn 100 f.
[1468] Vgl. zu den Stufen des Rechtsgüterschutzes durch die einzelnen Teilrechtsordnungen *Möstl*, Die staatliche Garantie für die öffentliche Sicherheit und Ordnung, S. 378/379.

Aussage selbst. Denn während der dem Verwaltungsrechtsweg beigemessene präventive Rechtsschutzcharakter ursprünglich vor allem an der in zeitlicher Hinsicht frühen Möglichkeit eines Anfechtungsverfahrens ansetzte und auf diese Weise eine beinahe „optimale"[1469] Rechtewahrung in Aussicht stellte, kommt dieses Argument für das vereinfachte Genehmigungsverfahren nach der Reform 2008 bzw. den nachgelagerten Änderungen in 2009 nicht mehr bzw. nicht mehr mit der ursprünglichen Gewichtung in Betracht. Wenngleich es sich weder bei zivilrechtlichen (Beseitigungs-, Unterlassungs- oder z.B. Schadensersatz-)Ansprüchen noch – wie bereits ausgeführt[1470] – bei bauaufsichtlichen Maßnahmen nach Art. 75 f BayBO 2008 um Repression im Sinne ordnungswidrigkeits- bzw. strafrechtlicher Ahndung handelt und deshalb zur Bewertung der differenzierten Schutzrichtung der Rechtswege auch hier nicht schlichtweg auf das Vorrangverhältnis der Prävention vor der Repression nach originärem Verständnis[1471] zurückgegriffen werden kann, lässt sich aber die in diesem Kontext stehende Grundüberlegung, dass die Unterbindung einer Rechtsverletzung mittels vorgreiflicher Maßnahmen gegenüber einer auf der zeitlichen Achse nur nachgelagerten Reaktion auf bereits verwirklichte Schäden den effektiveren Rechtsschutz darstellt,[1472] in Ansehung der zeitlichen Komponente auch für die hier gegenübergestellten Instrumentarien feststellen. Aufgrund der nur noch sehr eingeschränkten Anfechtungsmöglichkeit einer im vereinfachten Verfahren nach Art. 68 Abs. 1 Satz 1, 1. Hs. i.V.m. Art. 59 Satz 1 BayBO 2008/2009 erteilten Baugenehmigung, erschöpft sich der verwaltungsrechtliche bzw. öffentlich-baurechtliche „echte Präventionsschutz" im Kern in dem ermessensgebundenen und – wohl zumeist – im Wege der einstweiligen Anordnung durchzusetzenden Anspruch auf Baueinstellung gemäß Art. 75 Abs. 1 BayBO 2008, § 123 VwGO, soweit sich die Bauausführung noch in einem frühen und korrekturfähigen Stadium befindet und infolge dessen noch eine Unterbindung des Schadenseintritts frühzeitig erwirkt werden kann. Die Effektivität und der der verwaltungsrechtli-

---

[1469] Vgl. *Mampel*, Nachbarschutz im öffentlichen Baurecht, Rn 100 f.
[1470] Vgl. Teil 3 A.I.1. a.E.
[1471] Vgl. *Möstl*, Die staatliche Garantie für die öffentliche Sicherheit und Ordnung, S. 148 ff, 378 f.
[1472] Vgl. *Möstl*, Die staatliche Garantie für die öffentliche Sicherheit und Ordnung, S. 152/153, der diese Feststellung vor dem Hintergrund verwaltungsrechtlicher und der Exekutive anvertrauter Prävention und (echter) ordnungswidrigkeits- bzw. strafrechtlicher Repression trifft und damit die bessere Form der Sicherheitsgewährleistung folgert.

chen Säule nachbarlichen Rechtsschutzes beigemessene Vorteil[1473] gegenüber dem zivilrechtlichen Pendant eines einstweilig angeordneten Baustopps im Sinne der §§ 823 Abs. 2, 906, 1004 BGB, 940[1474] ZPO besteht damit trotz der rechtlichen Hürden einer vom Nachbarn im einstweiligen Rechtsschutz nach § 123 VwGO angestrebten Baueinstellung (Art. 75 Abs. 1 BayBO 2008) bei gegenübergestellter Betrachtung in den vergleichsweise wohl immer noch größeren Schwierigkeiten sowie höheren und strengeren Anforderungen des vorläufigen privatrechtlichen Baustopps[1475], welche dem antragstellenden Nachbarn insbesondere bei Vorliegen einer (öffentlich-rechtlichen) Baugenehmigung bereits zum Zeitpunkt der Antragstellung einen glaubhaftzumachenden Nachweis über die durch das Bauvorhaben befürchteten Auswirkungen abverlangen.[1476]

In der Tat unterstreicht die legislatorische Entwicklung damit die Bedeutung des Zivilrechts in seiner ehedem betonten „Nachsorgefunktion"[1477] mit vorrangig sanktionierendem und oftmals nur auf Geldausgleich gerichtetem Charakter. Diese Auswirkungen lassen jedoch die Doppelgleisigkeit des Rechtsschutzes im Sinne eines sich ergänzenden Charakters mit der freien Rechtsschutzwahl des Nachbarn zur Gewährleistung eines umfassenden Schutzes unberührt.

2. Behördliche und verwaltungsgerichtliche Verweisungspraxis

Während *Konrad*[1478] unter Würdigung des tatsächlichen und praxisüblichen Behördengeschehens auf das Zusammentreffen einer spekulativen Bequemlichkeit privater Interessenten mit unbedachter Großzügigkeit der öffentlichen Hand verweist und insofern die Interventionspraxis der Bauaufsichtsbehörden in kleinmaßstäblichen Nachbarstreiten zugunsten der Nachbarn kritisiert, lassen demgegenüber zahlreiche, auch jüngere bauaufsichtsbehördliche Entscheidungen gera-

---

[1473] Vgl. hierzu auch *Horst*, Rechtshandbuch Nachbarrecht, Rn 200.
[1474] Vgl. *Pastor*, in: Werner/Pastor, Der Bauprozess, Rn 360, wonach einstweilige Verfügungen in Bausachen ihre Rechtsgrundlage – in Abgrenzung zu § 935 ZPO – in aller Regel in § 940 ZPO finden; a.A. LG Aachen, Urteil vom 03.01.1981, Az. 3 S 347/80, BauR 1981, S. 501/502, das die einstweilige Verfügung auf § 935 ZPO, § 1004 BGB stützt.
[1475] Vgl. OLG Hamburg, MDR 1960, S. 849 ff; *Pastor*, in: Werner/Pastor, Der Bauprozess, Rn 359, 361 ff.
[1476] Vgl. *Pastor*, in: Werner/Pastor, Der Bauprozess, Rn 363.
[1477] Vgl. *Mampel*, Nachbarschutz im öffentlichen Baurecht, Rn 120 m.w.N.
[1478] Vgl. *Konrad*, BayVBl 1984, S. 72.

dezu Gegenteiliges vermuten, nämlich eine nicht minder geübte Bequemlichkeit der Baubehörden bei zugleich nachlassendem Bewusstsein für öffentlich-rechtlich begründete und anerkannte Rechtspositionen ausgehend vom Schutzzweck der öffentlich-rechtlichen Norm. Eine verwaltungsrechtsdogmatische Fehlentwicklung als Resümee der behördlichen Praxis, die *Konrad* als Folge seiner Feststellung folgert, besteht damit in der Tat, allerdings unter anderen Vorzeichen als von *Konrad* angenommen. Will man eine solche aufgrund der betrachteten Entscheidungen noch nicht bestätigt wissen, so zeigt sich darin doch zumindest eine bedenkliche Tendenz.

In einem vom Verwaltungsgericht Augsburg[1479] im Jahr 2012 zu entscheidenden Verfahren hatte dessen 4. Kammer im Rahmen einer Klage auf Beseitigung einer auf einem Garagen-/Hallendach montierten Photovoltaikanlage mittelbar über einen dieser Klage vorausgehenden entsprechenden Antrag des Nachbarn auf bauaufsichtliches Einschreiten bei der zuständigen Bauaufsichtsbehörde zu befinden. Letztere lehnte einen von mehreren Anträgen auf bauaufsichtliches Einschreiten unter Verweisung der Kläger auf den Privatrechtsweg ab. Die konkreten Auswirkungen der im Streit gestandenen Photovoltaikanlage zeigten sich insbesondere in den grundstücksbezogenen Abstandsflächen sowie in Form erheblicher, gutachterlich festgestellter Blendwirkungen, von denen nicht nur Belästigungen, sondern auch Gefahren für Mensch und Tier ausgehen können. In einem weiteren Ablehnungsbescheid führte die Behörde aus, dass *„[i]m Übrigen [...] nach dem Subsidiaritätsgrundsatz von aufsichtlichem Einschreiten abgesehen werden [könne], da die Kläger in privaten Rechten verletzt seien und sich des störenden Zustandes selbst erwehren könnten; es bestehe daher kein Rechtsschutzbedürfnis, wenn das Ziel mit einer zivilrechtlichen Klage identisch sei."*[1480] Obgleich vorstehende Begründung der Baubehörde wegen des in Bezug genommenen fehlenden Rechtsschutzbedürfnisses auf ein Aberkennen des Sachbescheidungsinteresses[1481] hindeutet, erfolgt die behördliche Argumentation allerdings im Kontext mit der materiell-rechtlichen Norm im Sinne des Art. 76 BayBO 2008, die sich als Ermessensvorschrift auf Seiten des Nachbarn grundsätzlich nur dann zu einem Anspruch verdichtet, wenn sich zu dessen

---

[1479] Vgl. VG Augsburg, Urteil vom 05.10.2012, Az. Au 4 K 12.399.
[1480] VG Augsburg, Urteil vom 05.10.2012, Az. Au 4 K 12.399, Tatbestand.
[1481] Vgl. *Mampel*, UPR 1997, S. 270, der als Anknüpfungspunkt das Sachbescheidungsinteresse sieht.

Gunsten eine Ermessensreduzierung auf Null ergibt. Eine solche Ermessensreduzierung sei – so die Bauaufsichtsbehörde weiter ausführend – nicht erkennbar.

In diesem Kontext, wenn auch mit anders gelagertem Sachverhalt, ist weiterhin eine Entscheidung des Verwaltungsgerichts Würzburg[1482] aus dem Jahre 2010 zu sehen. In dem diesem Urteil zugrunde liegenden Verwaltungsverfahren wurde das Verhältnis von zivilrechtlichem und öffentlich-rechtlichem Rechtsschutz auf eine rechtlich nicht vertretbare Art und Weise miteinander verknüpft und der nachbarliche Antrag auf bauaufsichtliches Einschreiten – wie das Verwaltungsgericht im Ergebnis zutreffend ausführt – zu Unrecht von der Behörde mit Verweis auf den Zivilrechtsweg im Sinne der Subsidiarität[1483] abgelehnt. Die Bauaufsichtsbehörde nahm nicht zuletzt auch eine dem (zweiten)[1484] nachbarlichen Antrag auf bauaufsichtliches Einschreiten vorausgegangene und abgewiesene zivilgerichtliche Klage zwischen den Nachbarn zum Anlass, um das auf bauaufsichtliche Maßnahmen gerichtete Begehren zurückzuweisen. Die Baubehörde führte verteilt auf mehrere Schreiben unter anderem aus, dass „[...] *eine andere Entscheidung als im Jahr 2001[, mit der ein Einschreiten erstmals abgelehnt worden ist,][...] nicht möglich [sei], zumal es inzwischen das rechtskräftige klageabweisende Urteil des LG Schweinfurt gegen die Kläger gebe [...]*" sowie dass „*[...] [die Kläger [...] notfalls privatrechtliche Ansprüche gegen die Beigeladenen einklagen [könnten]*."[1485]

Zwar weder unter dem Gesichtspunkt des Antrags- bzw. Sachbescheidungsinteresses noch im Rahmen der materiell-rechtlichen Ermessensausübung, dafür aber im Zusammenhang mit der Frage nach der Eröffnung des Verwaltungsrechtswegs, gebrauchte eine unterfränkische Bauaufsichtsbehörde[1486] den Gedanken der Subsidiarität als verteidigendes (Hilfs-)Argument im Rahmen

---

[1482] Vgl. VG Würzburg, Urteil vom 22.12.2010, Az. W 5 K 10.190.
[1483] Die Subsidiarität wird im Wesentlichen zurückgeführt auf BVerwG, Beschluss vom 10.12.1997, NVwZ 1998, S. 395 = BayVBl 1998, S. 219, und BayVGH, Urteil vom 12.11.1987, Az. Nr. 2 B 86.01342, BRS 48 Nr. 174.
[1484] In dem zugrunde liegenden Verwaltungsverfahren begehrten die Nachbarn von der Behörde ein Einschreiten gegen die auf dem benachbarten Grundstück vorgenommenen Abgrabungen an einem auslaufenden Fuß eines grundstücksübergreifenden Hangs. Ein förmlicher Bescheid oder Widerspruchsbescheid erging auf diesen ersten Antrag hin nicht. Als Reaktion auf diese erste Ablehnung strengten die Nachbarn zunächst ein zivilgerichtliches Verfahren an, vgl. VG Würzburg, Urteil vom 22.12.2010, Az. W 5 K 10.190.
[1485] VG Würzburg, Urteil vom 22.12.2010, Az. W 5 K 10.190, im Tatbestand unter 2.
[1486] Vgl. VG Würzburg, Beschluss vom 14.03.2011, Az. W 6 E 11.153.

eines einstweiligen Rechtsschutzantrags, dem in Ermangelung eines nachbarlichen Antrags gegen die Behörde keine (ablehnende) Behördenentscheidung vorausging. Erst letzterer Aspekt bildete den Gegenstand der Diskussion um das Rechtsschutzbedürfnis. In zutreffender Weise führte das zuständige Verwaltungsgericht Würzburg jedoch aus, dass eine Verweisung des Rechtsstreits an die Zivilgerichtsbarkeit nicht in Betracht zu ziehen war: „[...] *Privatrechtliche und öffentlich-rechtliche Ansprüche stehen hier grundsätzlich nebeneinander, ohne dass einer Seite ein Vorrang zukäme.*"[1487] Das Ergreifen paralleler zivilrechtlicher Ansprüche resultierend aus dem Kaufvertrag mit der Antragsgegnerin bleibe den Antragstellern, so die Kammer, unbenommen. Ungeachtet der dogmatischen Ein- und Zuordnung des Arguments zeigt sich auch in diesem Fall aus dem Jahr 2011, dessen Geschehen bis ins Jahr 2002 zurückreicht, eine bedenkliche Behördenpraxis, nachbarliche Interessen unter Verweis auf deren vermeintlich rein privatrechtlichen Charakter und deren parallele öffentlich-rechtliche Verwurzelung unberücksichtigt zu lassen, wie hier in Ansehung eines Kaufvertrages zwischen dem Antragsteller und der Kommune, die zugleich Bauaufsichtsbehörde ist, über die im Streit stehenden Grundstücke.

Die Verweisung des bauaufsichtliche Maßnahmen begehrenden Grundstücksnachbarn auf den Zivilrechtsweg findet nicht nur – wie vorstehende Beispielsfälle aufzeigen – Gebrauch in der bauaufsichtlichen Behördenpraxis, wo das Behördenhandeln aufgrund der Art und Weise der Verwendung des Subsidiaritätsprinzips durchaus den Eindruck der Bequemlichkeit erweckt, sondern auch ungemindert und kontinuierlich bestätigend Anerkennung in der Rechtsprechung der Verwaltungsgerichte, mit der allerdings zumindest restriktivere Kriterien als von den Behörden zugrunde gelegt verbunden sind. Es ist eine insbesondere obergerichtlich entwickelte Kasuistik auszumachen, die sich in erster Linie mit Fällen – aus Sicht der Gerichte – geringfügiger Beeinträchtigungen des Nachbarn befasst, denen der Grad einer Störung öffentlicher Interessen fehlen soll.[1488] Das VG Würzburg will zur Vermeidung einer Verlagerung des zivilrechtlichen Prozessrisikos „ohne Not auf die Bauaufsichtsbehörden" ein Fehlen

---

[1487] VG Würzburg, Beschluss vom 14.03.2011, Az. W 6 E 11.153, Gründe II.
[1488] Vgl. BayVGH, Beschluss vom 14.04.2003, Az. 15 ZB 99.2224, juris-Dok. Rn 6; ders., Beschluss vom 04.07.2011, Az. 15 ZB 09.1237, juris-Dok. Rn 14; i.d.S. auch bereits ders., BRS 48 Nr. 174 [S. 426/427]; vgl. Nds. OVG, Urteil vom 09.10.2007, Az. 1 LB 5/07, NVwZ-RR 2008, S. 374; OVG Lüneburg, Beschluss vom 21.05.1976, Az. I OVG D 2/76, DVBl 1976, S. 719 f.

des Rechtsschutzinteresses darüber hinaus beispielsweise auch dann erkennen, wenn das Ziel mit einer zivilrechtlichen Klage identisch ist.[1489] Zwar wird in den jüngeren Gerichtsentscheidungen zum Teil durchaus noch der Ausnahmecharakter der hier diskutierten Verweisungsmöglichkeit und damit ein gewisser Grad an Zurückhaltung beim Gebrauch derselben zum Ausdruck gebracht, wie in etwa die – anerkennenswerten und eingehenden – Ausführungen des Verwaltungsgerichts Augsburg mit Urteil vom 5. Oktober 2012[1490] anschaulich erkennen lassen. So könne nach Auffassung des VG Augsburg eine Verweisung auf den Zivilrechtsweg für die Behörde ein möglicher Ermessensgesichtspunkt, nicht aber ein Automatismus sein. Die Rechtsprechung – gleich ob in eher restriktiver oder vergleichsweise extensiver Auslegung der Verweisungsmöglichkeit – stützt sich dabei zumeist auch auf die meinungsbildende und geläufige Kommentarliteratur. Soweit die Verweisungsmöglichkeit auf den Zivilrechtsweg durch diese nicht bereits eine gänzliche Ablehnung[1491] erfährt, sondern sich eine „vorsichtige" Zustimmung[1492] erkennen lässt, spiegelt sich der in der Literatur nahezu übereinstimmend zum Ausdruck gebrachte absolute Ausnahmecharakter nur ansatzweise bis überhaupt nicht in den gerichtlichen Entscheidungen wider, die sich stattdessen oftmals auf eine Wiedergabe der Kasuistik beschränken. Die Behördenentscheidungen lassen hier, wie in obigen Beispielsfällen ersichtlich, oftmals jegliche eingehendere Auseinandersetzung im Rahmen der vorzunehmenden Ermessensausübung vermissen.

Insgesamt lässt sich anhand des oben aufgezeigten Behördenhandelns und anhand der diesem folgenden erstinstanzlichen Rechtsprechung feststellen, dass es eine – wenn auch langsame, vielleicht sogar schleichende, gleichwohl aber bedenkliche – Entwicklung hin zu einer Ausweitung des Subsidiaritätsgedankens im Sinne einer extensiveren Auslegung und Anwendung gibt. In allen vorstehend benannten Beispielsfällen wurde die behördliche Entscheidung durch

---

[1489] Vgl. VG Würzburg, Urteil vom 22.12.2010, Az. W 5 K 10.190.
[1490] Vgl. VG Augsburg, Urteil vom 05.10.2012, Az. Au 4 K 12.399 m.w.N. unter anderem *Jäde*, in: Jäde/Dirnberger/Bauer, die neue Bayerische Bauordnung, Art. 76 Rn 225.
[1491] Vgl. *Decker*, in: Simon/Busse, BayBO, Art. 76 Rn 496 und 502; a.A. hingegen *Dirnberger*, in: Simon/Busse, BayBO, Art. 54 Rn 103.
[1492] Vgl. *Molodovsky*, in: Koch/Molodovsky/Famers, BayBO, Art. 54 Rn 54 i.V.m. Art. 58 Rn 85: „*Ein Eingreifen zum Schutz eines Einzelnen dürfte dann nicht erforderlich sein, wenn [...].*"; *Jäde*, in: Jäde/Dirnberger/Bauer, Die neue BayBO, Art. 76 Rn 224/225: „*Allenfalls mag man [...] eine Verweisung auf den Zivilrechtsweg für gerechtfertigt und statthaft halten, wenn [...].*"; extensiver aber *Dirnberger*, in: Simon/Busse, BayBO, Art. 54 Rn 103 m.w.N. und mit umfangreicher Kasuistik.

die gerichtlichen Würdigungen als fehlerhaft und die Verweisung als ungerechtfertigt eingestuft. Die behördliche Praxis sowie z.T. auch die gerichtlichen Entscheidungen werden dabei im Kern von dem Gedanken getragen, dem im Übrigen jedwede rechtliche Grundlage fehlt, dass die Verweisung des Nachbarn auf den Zivilrechtsweg im Ergebnis eine logische Folge der landesrechtlich angestrebten Deregulierung in Form des Rückbaus der bauaufsichtlichen Prüfprogramme, hier insbesondere des Katalogs des vereinfachten Baugenehmigungsverfahrens, sei, wonach verlangte bauherren- und nachbarseitige Eigenverantwortung nicht durch eine Ausweitung repressiver Bauaufsicht konterkariert werden dürfe.[1493] In Wirklichkeit aber bewirkt die zumeist auf nachbarlichen Antrag hin ausgelöste Überprüfung und gegebenenfalls Anordnung bauaufsichtlicher Maßnahmen durch die Behörde – wie von den Vertretern letzterer Meinung offensichtlich unterstellt – keine qualitative Ausweitung repressiver Bauaufsicht unter extensiverer Anwendung der einschlägigen rechtlichen Anforderungen, sondern lediglich einen quantitativen Anstieg entsprechender Fallzahlen, die durch die Verlagerung von der Anfechtung hin zu den bauaufsichtlichen Maßnahmen bedingt sind.

3. Grundsätzlicher Ausschluss der Rechtswegverweisung

Richtigerweise, insoweit ist der Literatur und Rechtsprechung noch uneingeschränkt zuzustimmen, kann der Aspekt der vorstehend angestrebten Subsidiarität allenfalls als Gesichtspunkt der behördlichen Ermessensausübung[1494], die der Entscheidung über ein bauaufsichtliches Einschreiten von Gesetzeswegen vorauszugehen hat, Berücksichtigung finden. Soweit nicht bereits die Baubehörde – zumindest hilfsweise – eine Verweisung des bauaufsichtliche Maßnahmen begehrenden Nachbarn auf den Zivilrechtsweg ausspricht und deshalb eine gerichtliche Überprüfung einer behördlichen Verweisung mangels Veranlassung

---

[1493] Vgl. *Molodovsky*, in: Koch/Molodovsky/Famers, BayBO, Art. 58 Rn 86.
[1494] Vgl. so auch BVerwG, Beschluss vom 10.12.1997, Az. 4 B 204/97, NVwZ 1998, S 58; VG Augsburg, Urteil vom 05.10.2012, Az. Au 4 K 12.399; *Jäde*, in: Jäde/Dirnberger/Bauer, Die neue BayBO Art. 76 Rn 225; a.A. *Mampel*, UPR 1997, S. 270, der als Anknüpfungspunkt das Sachbescheidungsinteresse sieht; **a. A.** auch oder zumindest missverständlich, VG Würzburg, Urteil vom 22.12.2010, Az. W 5 K 10.190, das (bereits) vom Fehlen des Rechtsschutzbedürfnisses ausgeht. Ähnlich missverständlich *Dirnberger*, in: Simon/Busse, BayBO, Art. 54 Rn 103, der einerseits von einem fehlenden Rechtsschutzbedürfnis und andererseits von einer ermessensfehlerfreien Entscheidung spricht.

nicht in Betracht kommt, wäre der in diesem Kontext erörterte Gedanke der Subsidiarität von den Gerichten – gewissermaßen in originär eigener Anwendung – im Rahmen des prozessualen Rechtsschutzbedürfnisses[1495] diskussionsfähig.[1496] Ungeachtet der dogmatischen Verortung des Subsidiaritätsprinzips ist allerdings die in der Rechtsprechung und Kommentarliteratur stetig ausgeweitete Kasuistik als solche enger zu fassen, in Teilen zu revidieren sowie deren Anwendung zu begrenzen. Zugleich ist den Spekulationen um eine vom Gesetzgeber intendierte Rechtsschutzverlagerung weg vom Verwaltungsrecht hin zum Privatrecht, welche Folge der bauverfahrensrechtlichen Deregulierung sei,[1497] entgegen zu treten. Die den Reformen zugrunde liegenden Gesetzgebungsmaterialen verhalten sich nämlich geradezu gegenteilig, indem sie die verfassungsrechtlich verankerten Schutzpflichten gegenüber dem Eigentum sowie die daraus zugleich folgenden verfahrensrechtlichen Vorkehrungen auch zugunsten des Nachbarn betonen. Darüber hinaus stellt es der bayerische Landesgesetzgeber in diesem Zusammenhang bereits selbst in Frage, ob er den vorgetragenen Wunsch nach Privatisierung des Nachbarschutzes mit Verweisung des Nachbarn auf den Zivilrechtsweg angesichts der Rechtsweggarantie des Art. 19 Abs. 4 GG überhaupt mit den bauverfahrensrechtlichen Novellen einfachgesetzlich regeln könnte.[1498] Ein gegenteiliger Rückschluss, wie dem baurechtlichen Subsidiaritätsprinzip und der nicht unüblichen „Verweisungspolitik" fälschlicherweise zu Grunde gelegt, verbietet sich daher.[1499] Genauso wenig, wie einem Grundstückseigentümer, der zulässigerweise im Wege der einstweiligen Verfügung einen benachbarten Bauherrn privatrechtlich auf Unterlassung nachbarrechtswidriger Baumaßnahmen in Anspruch nimmt, das zivilrechtliche Rechtsschutzbedürfnis für diesen Unterlassungsanspruch fehlt, wenn er gleichzeitig in einem Verwal-

---

[1495] Vgl. zur allgemeinen Definition *Sodan*, in: Sodan/Ziekow, VwGO, § 42 Rn 335 m.w.N., wonach der in der VwGO nicht genannte Begriff des allgemeinen Rechtsschutzbedürfnisses zum Ausdruck bringt, dass nur derjenige, der ein rechtsschutzwürdiges Interesse verfolgt, Anspruch auf eine gerichtliche Entscheidung hat; es handelt sich demnach um eine allgemeine Sachentscheidungsvoraussetzung für alle Verfahrensarten, sodass im Falle des Fehlens des Rechtsschutzbedürfnisses die Klage oder der Antrag unzulässig ist. Ebenso *Kopp/Schenke*, VwGO, Vorb § 40 Rn 30 ff; Vgl. hierzu auch *Hufen*, Verwaltungsprozessrecht, § 23 Rn 10 ff i.V.m. § 10 Rn 3/4.

[1496] Vgl. i.E. auch *Schmidt-Preuß*, Kollidierende Privatinteressen im Verwaltungsrecht, S. 121; *Martini*, DVBl 2001, S. 1491.

[1497] Vgl. *Konrad*, BayVBl 1984, S. 70 ff [71/72]; *Molodovsky*, in: Koch/Molodovsky/Famers, BayBO, Art. 58 Rn 86.

[1498] Vgl. LtDrs. 12/13482 vom 18.11.1993, S. 37.

[1499] Vgl. i.E. auch *Bock*, DVBl 2006, S. 16/17; *Blümel*, in: FS für Boujong, S. 529.

tungsrechtsstreit die Rechtswidrigkeit der seinem Nachbarn erteilten Baugenehmigung geltend macht,[1500] kann der baurechtliche Nachbar, der von der Behörde ein bauaufsichtliches Einschreiten verlangt, unter dem Gesichtspunkt der Subsidiarität auf den Zivilrechtsweg verwiesen werden, wenn er für sich die Verletzung eines subjektiven öffentlichen Rechts geltend machen kann. Dies folgt dem oben aufgezeigten Verhältnis der zivil- und öffentlich-rechtlichen Teilrechtsordnungen, dem ein Vorrangverhältnis bzw. eine wechselseitige Verdrängungswirkung nicht entnommen werden kann.[1501] Weiterhin gilt es der Gefahr eines Circulus vitiosus zu begegnen. Die Existenz eines subjektiven öffentlichen Rechts ist losgelöst von etwaigen parallelen zivilrechtlichen Rechtsschutzmöglichkeiten zu sehen[1502] und verlangt eine der Ermessensausübung vorgelagerte Feststellung und Entscheidung darüber. Die benannten und exemplarisch betrachteten Behörden- und Gerichtsentscheidungen bestätigen darüber hinaus eine nur oberflächliche und schlagwortartige Subsumtion der Kasuistik und praktizieren zugleich einen nicht erlaubten[1503] Automatismus, wonach die bloße Möglichkeit eines auch nachbarlichen Zivilrechtsschutzes eine Verweisung rechtfertigen können solle. Es ist festzustellen, dass Bauaufsichtsbehörden wie auch Gerichte die nachbarseitig geltend gemachte subjektive öffentliche Rechtsposition ungeprüft lassen und stattdessen den Blick beinahe ausschließlich auf das Vorliegen etwaiger privater Rechte und Rechtsschutzmöglichkeiten richten. Die für die Ablehnung notwendige[1504] Ermessensausübung wird zunehmend durch ein bloßes „Fallgruppendenken"[1505] ersetzt.

Die von der Rechtsprechung und meinungsbildenden Kommentarliteratur aufgestellten Grundsätze und entwickelten Fallgruppen, die gegenüber der aufgezeigten Behördenpraxis einen teils höheren und teils niedrigeren Grad an Zu-

---

[1500] Vgl. LG Aachen, Urteil vom 03.01.1981, Az. 3 S 347/80, BauR 1981, S. 501/502.
[1501] Vgl. i.E. auch *Mampel*, Nachbarschutz im öffentlichen Baurecht, Rn 316.
[1502] Vgl. *Schmidt-Preuß*, Kollidierende Privatinteressen im Verwaltungsrecht, S. 120/121 m.w.N.; i.E. auch *Mampel*, Nachbarschutz im öffentlichen Baurecht, Rn 315–319.
[1503] Gegen eine automatische Verweisung „ohne weiteres" ausdrücklich auch *Jäde*, in: Jäde/Dirnberger/Bauer, Die neue BayBO, Art. 76 Rn 225 a.E.; ebenso VG Augsburg, Urteil vom 05.10.2012, Az. Au 4 K 12.399 m.w.N.
[1504] Vgl. BayVGH, BRS 48 Nr. 174; VG Augsburg, Urteil vom 05.10.2012, Az. Au 4 K 12.399; *Jäde*, in: Jäde/Dirnberger/Bauer, Die neue BayBO, Art. 76 Rn 225.
[1505] Ein solches Fallgruppendenken wird auch in der Kommentarliteratur zum Ausdruck gebracht, vgl. z.B. *Molodovsky*, in: Koch/Molodovsky/Famers, BayBO, Art. 54 Rn 54; ähnlich auch *Dirnberger*, in: Simon/Busse, BayBO, Art. 54 Rn 103/104, der von einem Regelermessen ausgeht.

rückhaltung erkennen lassen, erweisen sich ungeachtet der Tatsache, dass sie ein behördliches Absehen weiterer Ermessensbetätigungen begünstigen, als nicht restriktiv genug und sind deshalb weitestgehend abzulehnen. Die Auffassung, öffentlich-rechtlicher Rechtsschutz sei nicht erforderlich, wenn der Nachbar seine Rechte auch im Zivilrechtsweg durchsetzen könne,[1506] verkennt bzw. vernachlässigt zumindest auf eine nicht gerechtfertigte Art und Weise die Selbstständigkeit des öffentlich-rechtlichen Nachbarschutzes sowie den Unterschied öffentlich-rechtlicher und privatrechtlicher subjektiver Rechtspositionen, die einerseits vor den Verwaltungsgerichten und andererseits über die ordentliche Gerichtsbarkeit geltend zu machen sind. Zu kurz gegriffen ist damit die Schlussfolgerung, öffentlich-rechtliche Anforderungen könnten privaten Interessen nur in Gestalt von Rechtsreflexen[1507] dienen. Die öffentlich-rechtlich verankerten subjektiven Rechte sind nicht deckungsgleich mit etwaigen privaten Rechten, welche die Baugenehmigung gerade außen vor lässt, Art. 68 Abs. 4 BayBO 2008. *Schmidt-Preuß*[1508] weist zutreffend auf das normative Konfliktschichtungsprogramm der öffentlich-rechtlichen Ordnungsnormen hin, nach dem sich die subjektiven Rechte bemessen. Letzteres wurde – wie in Teil 1 unter A.II.3. aufgezeigt – der Deregulierung nur zum Teil unterworfen, so dass dieses unverändert auch der Wahrung nachbarlicher Interessen dienen[1509] sowie die Funktion des Interessenausgleichs erfüllen kann.[1510] Das Bestehen einer öffentlich-rechtlichen subjektiven Rechtsposition ist unabhängig von der Problematik bzw. Frage zu sehen, ob ein etwaiges zivilgerichtliches Vorgehen zu einem ergebnisgleichen Rechtsschutz führen würde und deshalb aus behördlicher bzw. verwaltungsgerichtlicher Sicht als ausreichend angesehen werden könnte. Auch ist nicht das Vermögen des verletzten Nachbarn entscheidend, sich des störenden Zustandes mit privatrechtlichen Mitteln selbst zu erwehren.[1511] Der Ausgleich kollidierender Privatinteressen erfolgt damit in beiden Teilrechtsordnungen

---

[1506] Vgl. so aber *Molodovsky*, in: Koch/Molodovsky/Famers, BayBO, Art. 54 Rn 54; ähnlich *Dirnberger*, in: Simon/Busse, BayBO, Art. 54 Rn 103.
[1507] Vgl. so aber *Jäde*, Bauaufsichtliche Maßnahmen, Rn 103 m.w.N.
[1508] Vgl. *Schmidt-Preuß*, Kollidierende Interessen im Verwaltungsrecht, S. 121 ff [123] m.w.N. und 623 ff.
[1509] Vgl. *Bamberger*, NVwZ 2000, S. 983 m.w.N., der es in Folge dessen als ungerechtfertigt ansieht, den Nachbarn zum Ausgleich auf den Zivilrechtsweg zu verweisen. Vgl. a.A. *Jäde*, Bauaufsichtliche Maßnahmen, Rn 103, demzufolge öffentlich-rechtliche Anforderungen privaten Interessen allenfalls in Gestalt von Rechtsreflexen dienen können.
[1510] Vgl. *Sacksofsky*, DÖV 1999, S. 947.
[1511] Vgl. so aber z.B. *Dirnberger*, in: Simon/Busse, BayBO, Art. 54 Rn 103.

nicht nur auf formell unterschiedliche Art und Weise, sondern auch in materiellrechtlicher Hinsicht auf jeweils anderer Grundlage, und betrifft damit zwei unterschiedliche Streit-[1512] bzw. Verfahrensgegenstände. Ein in beiden Verfahren einheitlicher Streitgegenstand im Sinne der vom VG Würzburg und Teilen der Literatur bezeichneten Fallgruppe eines gleichen Ziels des zivil- und öffentlichrechtlichen Rechtsschutzes käme nur dann in Betracht, wenn sich der bauaufsichtliche Anspruch ausschließlich auf privatrechtliche Interessen einschließlich der diese schützenden Zivilrechtsnormen stützen ließe, der Nachbar also bereits kein subjektives öffentliches Recht für sich beanspruchen könnte. Letzteres wäre jedoch zunächst zu prüfen,[1513] ehe es einer Ermessensausübung im Sinne der Art. 75 f BayBO 2008 und damit möglichen Berücksichtigung des Subsidiaritätsprinzips als Ermessensgesichtspunkt bedarf.

Abschließend ist festzuhalten, dass es nicht zuletzt angesichts der verfassungsrechtlich zu gewährleistenden Rechtsweggarantie nicht sachgerecht ist, wenn der auf dem Verwaltungsrechtsweg rechtsschutzsuchende Nachbar auf den Zivilrechtsweg verwiesen wird, wenn er auf sich ein drittschützendes öffentliches Recht beziehen kann.[1514] Von einer „im Kern" privatrechtlichen Auseinandersetzung[1515], eine insoweit gebrauchte bildliche Umschreibung der Umstände zur Rechtfertigung einer Verweisung auf den Zivilrechtsweg, kann in – gegenüber der Kommentarliteratur – restriktiverer Auslegung dieser Fallgruppe allenfalls dann ausgegangen werden, wenn der Streitigkeit ausschließlich solche privaten Rechte zugrunde liegen, zu denen sich die Baugenehmigung gemäß Art. 68 Abs. 4 BayBO 2008 ausdrücklich nicht verhält, und eine – wenn auch nur geringfügige oder rechtsreflexartige Beeinträchtigung – subjektiver öffentlicher Rechte nicht in Betracht kommt. Insbesondere genügt der auch in der jüngeren Behördenpraxis häufig vorzufindende Hinweis auf die Möglichkeit eines ergebnisgleichen oder in der Sache genauso weit reichenden zivilrechtlichen

---

[1512] Vgl. *Schmidt-Preuß*, Kollidierende Interessen im Verwaltungsrecht, S. 122 m.w.N.
[1513] Vgl. so auch *Schmidt-Preuß*, Kollidierende Interessen im Verwaltungsrecht, S. 120 mit zutreffender Kritik an der Rechtsprechung.
[1514] Vgl. auch *Uechtritz*, NVwZ 1996, S. 644; *Bamberger*, NVwZ 2000, S. 983 m.w.N.; *Decker*, in: Simon/Busse, BayBO, Art. 76 Rn 496; *Mampel*, Nachbarschutz im öffentlichen Baurecht, Rn 316 f.
[1515] Vgl. *Jäde*, in: Jäde/Dirnberger/Bauer, Die neue BayBO, Art. 76 Rn 225: *„[...] im Kern um eine aus dem bürgerlichen Recht erwachsende Streitigkeit mit gleichsam nur öffentlichrechtlichen Nebenfolgen [...]"*; i.E. auch *Dirnberger*, in: Simon/Busse, BayBO, Art. 54 Rn 103/104.

Rechtsschutzes nicht. Die Frage nach dem Vorliegen oder der Verneinung einer Ermessensreduzierung auf Null, gerade in Fällen der Unerheblichkeit der öffentlich-rechtlichen Rechtsbeeinträchtigung, bleibt dabei freilich unberührt. Die behördliche Verneinung eines nachbarlichen Anspruchs kommt als Ergebnis einer Ermessensentscheidung sicherlich in Betracht, muss dann aber das Ergebnis einer behördlichen Ermessensbetätigung mit Abwägung der sich widerstreitenden Interessen sein.[1516] Nicht aber ist es ausreichend, wenn insbesondere die Bauaufsichtsbehörde lediglich floskelartig bzw. unter pauschalem Hinweis auf zivilrechtliche Rechtsschutzmöglichkeiten, deren Erfolgsaussichten im Konkreten zumeist gänzlich ungeprüft und unberücksichtigt bleiben, ein bauaufsichtliches Einschreiten ablehnt. Ein auf Ablehnung des Anspruchs gerichtetes Regelermessen[1517] gibt es dabei nicht, wovon aber viele Bauaufsichtsbehörden – wie obige Beispielsfälle anschaulich vor Augen führen – offensichtlich unter Verzicht auf die vom Bayerischen Verwaltungsgerichtshof[1518] verlangte Abwägung aller Gesichtspunkte, mithin also ohne Auseinandersetzung mit der öffentlichen drittschützenden Rechtsposition, ausgehen. Eigentlicher Ermessensgesichtspunkt ist in Fällen geringfügiger Beeinträchtigungen subjektiver öffentlicher Rechte aber vorrangig der Umstand der Geringfügigkeit als solcher und weniger die parallele bzw. nachgelagerte Möglichkeit eines privatrechtlichen Rechtsschutzes, der insofern mehr Folge und weniger ein diese Folge regelrecht oder automatisch begründender Gesichtspunkt ist.

III. Das nachbarliche Drittschutzbegehren – die Suche nach einer drittschützenden Norm

Die rechtsgeschichtliche Betrachtung des Bauordnungsrechts und dabei insbesondere die Historie des zuletzt mehrfach deregulierten vereinfachten Baugenehmigungsverfahrens erweist sich – in Anlehnung an die Aussage *Jädes*[1519] – als die Geschichte von der nachbarlichen Suche nach ergebniswirksamer Kompensation für verlorengegangenen bzw. verlorengegangen geglaubten Rechts-

---

[1516] Vgl. BayVGH, BRS 48 Nr. 174.
[1517] Vgl. a.A. *Dirnberger*, in: Simon/Busse, BayBO, Art. 54 Rn 103, der bei einem genauso weit reichenden zivilrechtlichen Rechtsschutz eine im Allgemeinen ermessensfehlerfreie Verweisung für möglich hält.
[1518] Vgl. BayVGH, BRS 48 Nr. 174.
[1519] Vgl. *Jäde*, BauR 2008, S. 52: „*Die Geschichte des Bauordnungsrechts ist eine Geschichte der Bauordnungsreform.*"

schutz. In einer geradezu leidenschaftlich geführten und erschöpfenden Kontroverse haben Literatur[1520] und Rechtsprechung[1521] darum gerungen, wie dem Nachbarn zu möglichst effektivem oder mit Blick auf die vormals umfassendere Anfechtungsmöglichkeit zumindest ergebnisgleichem Schutz vor einem benachbarten Bauvorhaben verholfen werden kann. Allem voran stehen dabei das Begehren und die Suche des Nachbarn nach einer drittschutzvermittelnden öffentlich-rechtlichen Rechtsposition, mithin nach einer entsprechenden Norm, die als solche nicht nur unabdingbare Voraussetzung für öffentlich-rechtlichen Drittschutz, sondern zugleich – sofern vom einschlägigen Prüfkatalog der bauaufsichtlichen Genehmigungsprüfung umfasst – Anknüpfungspunkt für die Rechtswidrigkeit der Baugenehmigung und damit für die gegen eine solche gerichtete Anfechtungsklage ist. Das zunächst von weiten Teilen der Literatur auf Grundlage der Bayerischen Bauordnung in Gestalt der Novelle 2008 bejahte und später vom Bayerischen Verwaltungsgerichtshof[1522] verneinte Rechtsinstitut des fehlenden Sachbescheidungsinteresses, später die mit dem Änderungsgesetzes aus dem Jahre 2009 neugefassten bzw. ergänzten Regelungen in Art. 63 Abs. 2 Satz 2, 2. Hs. und Art. 68 Abs. 1 Satz 1, 2. Hs. BayBO 2008/2009 mit den damit im Kontext stehenden weiteren Normen des Bauordnungsrechts haben erneut auch Anlass zu einer Diskussion aus nachbarrechtlicher Sicht gegeben und die Frage nach unmittelbarer oder zumindest mittelbarer Drittschutzwirkung dieser Instrumentarien und Regelungen aufgeworfen. Diese Problematik sowie die eine Anfechtung möglicherweise erlaubende Anknüpfungspunkte, die von den benannten Neuregelungen ausgehen, sollen nachstehend erörtert werden.

[1520] Vgl. z.B. *Bamberger*, NVwZ 2000, S. 983 ff; *Bock*, DVBl 2006, S. 12 ff; *Borges*, DÖV 1997, S. 900 ff; *Dürr*, DÖV 1994, S. 841 ff; *Erbguth/Stollmann*, JZ 2007, S. 868 ff; *Jäde*, Bauaufsichtliche Maßnahmen, Rn 164 ff; *Jäde/Famers*, BayVBl 2008, S. 33 ff; *Konrad*, BayVBl 1984, S. 33 ff und 70 ff; *Lohmöller*, Anwendungsbezogene Rechtsschutzkompensation, S. 219 ff, 274 ff [277]; *Mampel*, Nachbarschutz im öffentlichen Baurecht, Rn 331 ff; ders., UPR 1997, S. 267 ff; *Martini*, DVBl 2001, S. 1488 ff; *Numberger*, BayVBl 2008, S. 741 ff; *Preschel*, DÖV 1998, S. 45 ff; *Sacksofsky*, DÖV 1999, S. 946 ff; *Sarnighausen*, NJW 1993, S. 1623 ff; *Schenke*, DVBl 1990, S. 328 ff; *Schmaltz*, NdsVBl 1995, S. 241 ff [246 ff]; *Schwerdtfeger*, NVwZ 1982, S. 5 ff; *Steinberg*, NJW 1984, S. 457 ff; *Uechtritz*, NVwZ 1996, S. 640 ff; *Wahl*, JuS 1984, S. 577 ff.
[1521] Vgl. z.B. BayVGH, NVwZ 1997, S. 923; VGH BW, BauR 1995, S. 219 ff; VG München, BayVBl 1997, S. 55 ff.
[1522] Vgl. BayVGH, BayVBl 2006, S. 537 f; ders., BayVBl 2009, S. 507 f; ders., BayVBl 2009, S. 727 ff.

Ausgehend von der definitionsgemäßen Bestimmung des baurechtlichen Nachbarbegriffs und des drittschutzvermittelnden Charakters einer den nachbarlichen öffentlich-rechtlichen Rechtsschutz begründenden Norm sollen im Folgenden die Anknüpfungspunkte eruiert, diskutiert und beleuchtet werden, die auf Grundlage des zuletzt um das gesamte Bauordnungsrecht, also des um die wesentlichen nachbarschützenden Anforderungen deregulierten Pflicht- und Maximalprüfprogramms der Bauaufsichtsbehörden ein Vorgehen des Nachbarn nicht nur gegen das Bauvorhaben, sondern auch unmittelbar gegen die Baugenehmigung rechtfertigen oder nach der Auffassung Dritter rechtfertigen können sollen, wobei sich der Fokus dabei auf die Auswirkungen der behördenseitigen Abweichungszulassung und auf Umstände außerhalb des gesetzlichen Prüfkatalogs im Sinne des Art. 59 Satz 1 BayBO 2008 konzentrieren soll. Im Rahmen der Erörterung und Untersuchung letzterer, mithin von außerhalb des Prüfprogramms angesiedelten Anknüpfungspunkten, werden der Rechtsgrundsatz des fehlenden Sachbescheidungsinteresses in sowohl nicht normierter als auch durch Art. 68 Abs. 1 Satz 1, 2. Hs. BayBO 2008/2009 geregelter Form sowie die unmittelbaren und mittelbaren Auswirkungen der verfahrensrechtlichen Neuregelungen des Änderungsgesetzes 2009 auf den nachbarlichen Drittschutz den zentralen Stellenwert einnehmen. Von der Betrachtung ausgeschlossen werden dagegen die nachbarlichen Folgen der dem Prüfauftrag immanenten Vorschriften des Bauplanungsrechts in unmittelbarer Form[1523] und des über Art. 59 Satz 1 Nr. 3 BayBO 2008 aufgedrängten Fachrechts sowie der örtlichen Bauvorschriften, die in Folge ihrer Auflistung in Art. 59 Satz 1 Nrn. 1 und 3 BayBO 2008 ohnehin und unstritting an der gesetzlichen Feststellungswirkung der Baugenehmigung partizipieren.

1. Grundbegriffe des öffentlichen Baunachbarrechts

Das öffentliche Baunachbarrecht erfährt seine originäre und wesentliche Ausprägung durch die Person des Nachbarn im öffentlich-baurechtlichen Sinn und durch den drittschützenden Charakter einer öffentlich-rechtlichen Norm, dem eine subjektive öffentliche Rechtsposition folgen kann. Der Begriff des Nachbarn sowie das subjektive öffentliche Recht sind Dreh- und Angelpunkt jedweder Drittschutzproblematik und damit als Basis der weiteren Erörterung in der

---

[1523] Vgl. zur Ausnahme des planungsrechtlichen Gebots der Rücksichtnahme Teil 3 B.II.

jeweiligen Bedeutung, dem jeweiligen Aussagegehalt und Umfang zu definieren.

a) Der öffentlich-baurechtliche Nachbarbegriff

Das öffentliche Baunachbarrecht wird in der Bayerischen Bauordnung[1524] nur einer rudimentären Regelung unterzogen. Über einzelne Vorschriften des formellen und materiellen Bauordnungsrechts verteilt lassen sich Bezugspunkte zum Nachbarn und dessen (Rechts-)Sphäre finden. So ist insbesondere im Bereich des baupolizeilichen Sicherheitsrechts die Rede von der „Nachbargrenze" (Art. 6 Abs. 8 Nr. 2.c) und Art. 28 Abs. 10 BayBO 2008), dem „Nachbargrundstück" (Art. 10 Satz 3 und Art 30 Abs. 5 Satz 1 BayBO 2008) und dem „Nachbargebäude" (Art. 28 Abs. 10 BayBO 2008). Es handelt sich dabei um Begrifflichkeiten, die den Abstand zwischen dem Bauvorhaben und dem nebenliegenden, d.h. benachbarten Grundstück sowie die Auswirkungen des ersteren auf die Standsicherheit, den Brand- und Feuerschutz ansprechen und festlegen. Obwohl der Begriff „Nachbar" im Gesetzestext der Bayerischen Bauordnung neunmal[1525], davon alleine viermal innerhalb der Vorschrift des Art. 66 BayBO 2008, gebraucht wird, lässt das landesrechtliche Bauordnungsrecht eine geschlossene und abschließende Legaldefinition vermissen. Die Regelungen über die „Beteiligung des Nachbarn" in Art. 66 BayBO 2008, die zumindest ansatzweise grundlegende Aussagen über den baurechtlichen Nachbarn treffen, kann gleichwohl, wie bereits die amtliche Normüberschrift selbst zu erkennen gibt, als die zentrale Vorschrift des öffentlich-baurechtlichen Drittschutzes bezeichnet werden. Über Art. 66 Abs. 2 Satz 1 BayBO 2008 wird dem Nachbarn automatisch die Rolle eines (verfahrensrechtlich) Beteiligten im Sinne des Art. 13 Abs. 1 Nr. 1 BayVwVfG zugeschrieben. Daneben erfährt die Terminologie „Eigentümer ei-

---

[1524] Für die Begriffsbestimmung relevante Änderungen sind aufgrund der Novelle 2008 bzw. des Änderungsgesetzes aus dem Jahre 2009 nicht zu verzeichnen. Gleiches gilt für das Gesetz zur Änderung der Bayerischen Bauordnung und des Baukammerngesetzes vom 11.12.2012 (GVBl S. 633). Zur synoptischen Gegenüberstellung der BayBO 1998 und BayBO 2008 vgl. *Jäde*, BayBO 1998/2008 – Textsynopse, S. 21 ff; zur synoptischen Gegenüberstellung der BayBO 2008 und BayBO 2013 vgl. *Jäde*, BayBO 2011/2013 – Änderungssynopse, S. 83 ff.
[1525] Vgl. Art. 6 Abs. 2 Satz 3 BayBO 2008 [zweimal]; Art. 66 [Überschrift], Abs. 1 Satz 6, Abs. 2 Satz 1 und Satz 2 BayBO 2008, Art. 68 Abs. 2 Satz 2 BayBO 2008 [zweimal], Art. 73 Abs. 1 Satz 3 BayBO 2008.

nes benachbarten Grundstücks" mehrfache[1526] Verwendung. Dass der Erbbauberechtigte an die Stelle des Grundstückseigentümers treten kann und letzterer – ungeachtet dessen – auch die Rechte des Mieters oder Pächters wahrnimmt, die aus deren Eigentumsgrundrecht folgen, bestimmt Art. 66 Abs. 3 Satz 1 und Satz 3 BayBO 2008. Der Nachbar findet dabei aber nicht nur als singuläre, sondern – in Art. 66 Abs. 4 Satz 1 BayBO 2008 – unter Verwendung der Begrifflichkeit „Nachbarschaft" auch kollektive Erwähnung. Im Übrigen knüpfen die das Wort „Nachbar" gebrauchenden Regelungen einerseits mehrfach an die Erklärung bzw. Zustimmung[1527] des Nachbarn zu dem nachbarseitig geplanten Bauvorhaben und andererseits an die Erklärungs-, Informations- und Vorlagepflichten des Bauherrn[1528] gegenüber dem Nachbarn bzw. dem Eigentümer des benachbarten Grundstücks an. Eine nicht unwesentliche Ergänzung wird dem öffentlichen Nachbarrecht über die Regelungen in Art. 16 Abs. 5 BayBO 2008 und insbesondere Art. 68 Abs. 4 BayBO 2008 zuteil, die zwar nicht expressis verbis am Begriff des Nachbarn, dafür aber am „Dritten" ansetzen, indem festgestellt wird, dass die allgemeine bauaufsichtliche Zulassung und die Baugenehmigung unbeschadet der privaten Rechte Dritter erteilt wird. Alles in allem ergibt sich angesichts der gesetzlichen (Teil-)Regelungen nur ein unvollkommenes Bild und Verständnis des baurechtlichen Nachbarn, der vom bayerischen Landesgesetzgeber nicht ausdrücklich, aber in der Zusammenschau der Normen mit dem bzw. den benachbarten Grundstückseigentümer/-n gleichgesetzt wird und der zugleich als solcher auch die Rechte von Mietern oder Pächtern wahrnimmt, die damit als Nachbarn im öffentlich-baurechtlichen Sinn ausscheiden[1529].

Die Definition des baurechtlichen Nachbarn hat zum Zwecke der Bestimmung des Trägers subjektiv öffentlicher (Nachbar-)Rechte zu erfolgen. Mangels allgemeingültiger und abschließender Begriffs- bzw. Legaldefinition im Geset-

---

[1526] Vgl. Art. 58 Abs. 3 Satz 2, Art. 66 Abs. 1 Satz 1 und Satz 2, Abs. 3 Satz 2 und Satz 3 BayBO 2008.
[1527] Vgl. Art. 6 Abs. 2 Satz 3 [Zustimmungserfordernis in den Fällen der Erstreckung von Abstandsflächen auf andere Grundstücke], Art. 66 Abs. 1 Satz 1, 2 und 6, Art. 68 Abs. 2 Satz 2, Art. 73 Abs. 1 Satz 3 BayBO 2008.
[1528] Vgl. Art. 58 Abs. 3 Satz 2, Art. 66 Abs. 1 Satz 1 und Satz 2 BayBO 2008.
[1529] Vgl. BVerwG, NVwZ 1998, S. 956, und OVG Berlin, BRS 66 Nr. 187; ebenso *Decker/Konrad*, Bayerisches Baurecht, Kap. II. Teil 3 Rn 9 a.E.; *Dürr/König*, Baurecht, Rn 355; kritisch *Erbguth/Stollmann*, JZ 2007, S. 876, die für eine Einbeziehung der lediglich obligatorisch Nutzungsberechtigten wie Mieter und Pächter anführen, dass die Interessen dieser Personen als Bewohner und Benutzer von Grundstücken denen der Eigentümer gleichgewichtig sind.

zestext ist der in Frage stehende Personenkreis unter Berücksichtigung der gesetzlichen und im Kontext stehenden Normen im jeweiligen Einzelfall durch Auslegung insbesondere nach dem Sinn und Zweck der betreffenden nachbarschützenden Vorschriften zu bestimmen.[1530] Nicht zuletzt aufgrund der gesetzestextlichen Bezugnahme auf den „Eigentümer des Nachbargrundstücks", der sowohl einen personellen wie räumlichen Anknüpfungspunkt erkennen lässt, ist die Beschreibung und Eingrenzung des Kreises möglicher Nachbarn in entsprechend personen- und ortsbezogener Hinsicht vorzunehmen.[1531]

Bei einer personell ausgerichteten Betrachtungsweise kommen nur der Eigentümer[1532] bzw. Miteigentümer und die Inhaber eigentumsähnlicher Rechte, wie etwa der Erbbauberechtigte[1533], Nießbraucher[1534] und gegebenenfalls der durch Auflassungsvormerkung gesicherte Käufer[1535], nicht aber der lediglich obligatorisch Nutzungsberechtigte wie etwa der Mieter oder Pächter – so zumindest die herrschende Meinung[1536] – in Betracht, nachdem das öffentliche Baurecht mit dem ihm als Schutzgut zugrunde liegenden Grundeigentum einschließlich dessen Nutzungsbefugnis grundstücks- und nicht personenbezogen ist.[1537] Baulichen Anlagen haften sowohl im Zeitpunkt ihrer Errichtung wie auch in ihrer späteren Existenz Auswirkungen nicht nur auf das dazugehörige Grundstück, sondern insbesondere auch auf benachbarte und dabei nicht zwingend nur grundstücksbezogene Grundstücke an. In räumlicher Hinsicht ist dem Kreis der potentiellen Nachbarn grundsätzlich jeder hinzuzurechnen, der rechtlich und tatsächlich durch die Genehmigung eines Bauvorhabens und dessen Verwirklichung betroffen ist, wobei sich der Personenkreis primär nach den Auswirkun-

---

[1530] Vgl. *Stollmann*, VR 2005, S. 400.
[1531] Vgl. hierzu auch *Mampel*, Nachbarschutz im öffentlichen Baurecht, Rn 261 f; *Stollmann*, VR 2005, S. 400.
[1532] Vgl. zur Beschränkung der Nachbareigenschaft des Wohnungseigentümers bei der Geltendmachung von Nachbarrechten hinsichtlich seines Sondereigentums (§ 13 Abs. 1 WEG) i.S.e. erforderlichen „Sonderopfersituation", vgl. BayVGH, Urteil vom 12.07.2012, Az. 2 B 12.1211, BayVBl 2013, S. 51 = BauR 2012, S. 1925; kritisch/ ablehnend *Jäde*, BayVBl 2014, S. 13 m.w.N.
[1533] Vgl. Art. 66 Abs. 3 Satz 1 BayBO 2008.
[1534] Vgl. BVerwG, NJW 1989, S. 2766 m.w.N.
[1535] Vgl. *Decker/Konrad*, Bayerisches Baurecht, Kap. II. Teil 3 Rn 9 m.w.N.
[1536] Vgl. strittig *Erbguth/Stollmann*, JZ 2007, S. 876; *Mampel*, Nachbarschutz im öffentlichen Baurecht, Rn 261 f.
[1537] Vgl. *Stollmann*, VR 2005, S. 400; *Erbguth/Stollmann*, JZ 2007, S. 876.

gen richtet, die von dem Bauvorhaben ausgehen.[1538] Jedenfalls ist dies der unmittelbar angrenzende Grundstücksnachbar. In den Fällen des Abstandsflächenrechts sicherlich auch nur dieser. In Anknüpfung an den Regelungszweck und -gehalt der einzelnen materiell-rechtlichen und zugleich nachbarschützenden Anforderungen ist es den einzelnen Normen im Wege der Auslegung selbst zu entnehmen, ob diese über den unmittelbaren Grundstücksnachbarn hinaus auch die weitere Umgebung zu schützen bezwecken.[1539] Dies ist aber letztlich eine Frage des drittschützenden Charakters der Norm, dem nachstehend zu erschließenden Grundbegriff im öffentlichen Baunachbarrecht.

b) Drittschutzvermittelnder Charakter der Norm (Schutznormtheorie)

„Während es privatrechtliche Vorschriften zur Regelung der Rechtsbeziehungen zwischen den Eigentümern benachbarter Grundstücke schon seit Jahrhunderten gibt, kann sich der Nachbar erst seit wenigen Jahrzehnten mit Hilfe des öffentlichen Rechts gegen eine Beeinträchtigung durch eine Bebauung oder sonstige Nutzung des benachbarten Grundstücks zur Wehr setzen."[1540] Auch wenn die von *Dürr* in den neunziger Jahren benannte Zeitspanne von „wenigen Jahrzehnten" zwischenzeitlich durch den Zeitraum von mehreren Jahrzehnten oder einem guten halben Jahrhundert zu ersetzen ist, fasst die Aussage *Dürrs* die Geschichte des öffentlich-rechtlichen Nachbarschutzes in komprimierter Form zutreffend zusammen. Insbesondere das sog. Bandsäge-Urteil des Bundesverwaltungsgerichts aus dem Jahre 1960[1541] mit dem damit anerkannten Anspruch auf baupolizeiliches Einschreiten gilt als höchstrichterliche Bestätigung der *„Epoche des [öffentlich-rechtlichen] Nachbarschutzes"*[1542]. Mit Blick auf die bereits vorstehend in diesem Teil unter A.I.1. und II.3. angesprochene Rechtsweggarantie des Art. 19 Abs. 4 GG hat sich in Abkehr von der Rechtsprechung des Preußischen Oberverwaltungsgerichts bereits in den Anfängen der bundesdeutschen Nach-

---

[1538] Vgl. *Dürr*, DÖV 1994, S. 844; *Decker/Konrad*, Bayerisches Baurecht, Kap. II. Teil 3 Rn 7.
[1539] Vgl. hierzu *Stollmann*, VR 2005, S. 400.
[1540] *Dürr*, DÖV 1994, S. 841 m.w.N. auf die actio negatoria im Römischen Recht und *Sellmann*, DVBl 1963, S. 273.
[1541] Vgl. BVerwG, Urteil vom 18.08.1960, Az. I C 42/59, BVerwGE 11, S. 95 ff = NJW 1961, S. 793 ff.
[1542] Vgl. *Steinberg*, NJW 1984, S. 457/458 m.w.N.

kriegsgeschichte zunehmend die Auffassung durchgesetzt, dass zumindest ausgewählte öffentlich-rechtliche Vorschriften zugleich auch außerhalb des unmittelbaren Verwaltungsrechtsverhältnisses stehenden Dritten Rechte vermitteln können, welche von diesen Dritten im Verwaltungsverfahren und, soweit dieses nicht ausreicht, in einem sich daran anschließenden Verwaltungsprozess durchgesetzt werden können.[1543] Das öffentliche Baurecht mit seiner nicht nur den Bauherrn begünstigenden, sondern auch Auswirkungen auf den Nachbarn zeigenden Baugenehmigung und den gesetzlichen baupolizeilichen Schutzanforderungen bietet im Besonderen entsprechende Anknüpfungspunkte.

Die von der Literatur mit Blick auf die Entwicklung des öffentlich-rechtlichen Drittschutzes gebrauchte Redewendung einer „Emanzipation des Verwaltungsrechts"[1544], die neben die traditionellen Formen und Mittel des Privatrechts in verstärktem Maße auch öffentlich-rechtliche Regelungen und Instrumente habe treten lassen,[1545] ist vorrangig auf die Rechtsfortbildung durch Rechtsprechung und Literatur zurückzuführen. Auch wenn dem Verwaltungsverfahrens- und Verwaltungsprozessrecht im Allgemeinen und dem Bauplanungs- und Bauordnungsrecht im Besonderen in seiner verwaltungsrechtsdogmatischen Ausrichtung primär ein nur bipolares Staat-Bürger-Verhältnis zugrunde liegt, sind allerdings (inzwischen) auch im allgemeinen und besonderen Verwaltungsverfahrens- und Prozessrecht Regelungen vorhanden, die den Dritten ansprechen bzw. diesen benennen. Die den Nachbarn im Einzelnen und die Nachbarschaft in ihrer Gemeinsamkeit expressis verbis in Bezug nehmenden Vorschriften des Bauordnungsrechts[1546] wurden bereits vorstehend in diesem Teil unter A.III.1.a) herausgearbeitet und aufgezeigt. Die bauordnungsrechtliche Abweichungszulassung stellt in Art. 63 Abs. 1 Satz 1 BayBO 2008 sogar explizit auf die Würdigung der öffentlich-rechtlich geschützten nachbarlichen Belange ab und bestätigt damit in abstrahierter Weise die Möglichkeit bzw. Existenz subjektiver öffentlich-rechtlicher Positionen und Rechte. Daneben bekräftigen Regelungen über die verfahrensrechtliche Beteiligung im Sinne des Art. 66 Abs. 2 Satz 1 BayBO 2008 i.V.m. Art. 13 Abs. 1 Nr. 4 BayVwVfG[1547] bzw. die

---

[1543] Vgl. *Dürr/König*, Baurecht, Rn 427.
[1544] Vgl. *Konrad*, BayVBl 1984, S. 33.
[1545] Vgl. *Konrad*, BayVBl 1984, S. 33.
[1546] Vgl. Teil 3 A.III.1.a); vgl. Art. 6 Abs. 2 und 8, Art. 10, Art. 28 Abs. 10, Art. 30 Abs. 5, Art. 58 Abs. 3, Art. 63 Abs. 1, Art. 66, Art 68 Abs. 2 und Art 73 BayBO 2008.
[1547] Vgl. hierzu auch *Kopp/Ramsauer*, VwVfG, § 13 Rn 23 ff.

prozessrechtliche Beiladung nach § 65 VwGO[1548] oder auch die den einstweiligen Drittrechtsschutz ausdrücklich betreffende Regelung des § 80a VwGO als legislatorische[1549] Weiterentwicklungen die Anerkennung und Bedeutung des öffentlich-rechtlichen Drittschutzes. Gleichwohl erlauben diese Vorschriften keine abgeschlossene Definition des öffentlich-rechtlichen Rechtsschutzes, nachdem diese zwar Anknüpfungspunkte, aber eben nur fragmentarische Regelungen mit zum Teil nur abstrakten Aussagen bereitstellen. Ungeklärt bleibt insoweit insbesondere, wodurch eine öffentlich-rechtliche drittschützende Rechtsnorm im Konkreten ausgedrückt wird und wie diese inhaltlich ausgestaltet ist.

Obwohl es nun schon seit mehreren Jahrzehnten bzw. einem guten halben Jahrhundert – jedenfalls nach absolut herrschender Meinung – nicht mehr umstritten ist, dass einzelne die Zulässigkeit von Bauvorhaben regelnde öffentlich-rechtliche Normen auch den Nachbarn zu schützen bezwecken und diesem entsprechende Schutz- und Abwehrrechte verleihen, ist es trotz aller bisherigen wissenschaftlichen Auseinandersetzungen bis heute nicht abschließend geklärt, wie die Vorschriften, die auch Dritten Rechte verleihen, von den an Vorhaben gestellten Anforderungen abzugrenzen sind, die das öffentliche (Bau-)Recht nur im gemeinschaftlichen Interesse aufstellt.[1550] Allein die in öffentlich-rechtlichen Vorschriften Verwendung findenden Begrifflichkeiten wie etwa „Nachbar bzw. Nachbarschaft", „Dritter" oder auch „benachbarter Grundstückseigentümer", wie zuletzt in diesem Teil unter A.III.1.a) exemplarisch anhand der Bayerischen Bauordnung benannt, intendieren jedenfalls keine automatische oder gar zwangsläufige subjektive öffentliche Rechtsposition, mithin also einen drittschützenden Charakter der jeweiligen Norm. Sicherlich liegt ein solcher nahe, wenn bereits der Wortlaut den Nachbarschutz, wie etwa im Falle des nachbarlichen Zustimmungserfordernisses im Rahmen des Abstandsflächenrechts (Art. 6 Abs. 2 Satz 3 BayBO 2008), – zumindest mittelbar – unmissverständlich zum Ausdruck bringt. Demgegenüber können allerdings öffentlich-(bau-)rechtliche Anforderungen, auch ohne dass sie den Nachbarn oder den Dritten ausdrücklich ansprechen, Drittschutz vermitteln. Die inzwischen als gefestigt anzusehende

---

[1548] Vgl. *Kopp/Schenke*, VwGO, § 65 Rn 11, wonach das rechtliche Interesse für eine Beiladung (§ 65 Abs. 1 VwGO) der betroffenen Dritten bei Verpflichtungsklagen auf Erlass von Verwaltungsakten mit Drittwirkung zu bejahen ist.
[1549] Vgl. z.B. das 4. VwGOÄndG, mit dem § 80a in die VwGO aufgenommen worden ist, vgl. hierzu *Kopp/Schenke*, VwGO, § 80a [Schrifttum] und Rn 1 ff.
[1550] Vgl. *Dürr/König*, Baurecht, Rn 427.

herrschende Meinung in Literatur und verwaltungsgerichtlicher Rechtsprechung geht davon aus, dass mit Blick auf das öffentliche Baurecht nicht jede an ein Bauvorhaben gerichtete Anforderung drittschützend ist, sondern die Abgrenzung und Bestimmung subjektiver öffentlicher Rechte im Wege der Auslegung der jeweiligen Vorschrift anhand der sog. Schutznormtheorie[1551] zu vollziehen ist. Anfängliche Überlegungen und Theorien[1552] eines unmittelbar aus den Grundrechten, insbesondere aus Art. 14 und Art. 2 Abs. 2 GG bzw. Art. 103 BV[1553] abzuleitenden Nachbarschutzes im öffentlichen Baurecht, wie sie anfänglich nicht zuletzt auch bundesverwaltungsgerichtlichen Entscheidungen[1554] zugrunde gelegen haben, sind mit der fortschreitenden Rechtsentwicklung entbehrlich geworden. Die höchstrichterliche und obergerichtliche Rechtsprechung sowie die Literatur haben in Abkehr davon den auf die Schutznormtheorie aufbauenden Nachbarschutz weitergeführt und konkretisiert.[1555] Für einen Rückgriff auf grundrechtsunmittelbare Abwehrrechte verbleibt damit grundsätzlich[1556] kein Raum mehr. *"Nach der Schutznormtheorie kommt es dar[a]uf an, ob eine Vorschrift (auch) der Rücksicht auf individuelle Interessen und deren Ausgleich dient. Wenn dieser Zweck nicht in dem Wortlaut der Norm zum Ausdruck kommt, muss durch eine auf Sinn und Zweck abstellende Auslegung ermittelt werden, ob die Norm Dritten Rechte gibt. [...]"*[1557] Der Schutzzweck der jeweiligen Norm zeigt zugleich auch Auswirkungen auf den Kreis der in Schutz genommenen Nachbarn, der im Falle des Abstandsflächenrechts mit dessen Bezug zum unmittelbar angrenzenden Grundstücksnachbarn enger zu ziehen ist als in den Fällen z.B. des planungsrechtlichen Gebietserhaltungsanspruchs[1558] mit ei-

---

[1551] Vgl. *Dürr/König*, Baurecht, Rn 431; *Decker/Konrad*, Bayerisches Baurecht, Kap. IV. Rn 18; *Dirnberger*, in: Simon/Busse, BayBO, Art. 66 Rn 240 ff; *Decker*, in: Simon/Busse, BayBO, Art. 76 Rn 488 m.w.N.; *Erbguth/Stollmann*, JZ 1995, S. 1147.
[1552] Vgl. *Schwerdtfeger*, NVwZ 1982, S. 5 ff; *Wahl*, JuS 1984, S. 579.
[1553] Vgl. zu den Nutzungsbeschränkungen zugunsten des Nachbarschutzes *Lindner*, in: Linder/Möstl/Wolff, Bayerische Verfassung, Art. 103 Rn 42 a.E. m.w.N.
[1554] Vgl. BVerwGE 32, S. 173 ff = NJW 1969, S. 1787 ff; BVerwG, NJW 1974, S. 811 ff; BVerwGE 54, S. 211 = NJW 1978, S. 51 ff.
[1555] Vgl. *Erbguth/Stollmann*, JZ 1995, S. 1147/1148 m.w.N.; *Dürr*, DÖV 1994, S. 844/845; BVerwGE 89, S. 69 ff = NVwZ 1992, S. 977 ff.
[1556] Vgl. *Dürr*, DÖV 1994, S. 845 m.w.N., der dem grundrechtsunmittelbaren Nachbarschutz im öffentlichen Baurecht Bedeutung zumisst, wenn das genehmigte Bauvorhaben eine unmittelbar-gegenständliche Inanspruchnahme des Nachbargrundstücks zur Folge hat (z.B. Notwegerecht).
[1557] *Dürr/König*, Baurecht, Rn 431.
[1558] Vgl. BVerwG, Urteil vom 16.09.1993, Az. 4 C 28.91, *Jäde*, in: Jäde/Dirnberger/Weiß, BauGB, § 29 Rn 44; *Decker/Konrad*, Bayerisches Baurecht, Kap. IV. Rn 20.

ner weiträumiger, nämlich auf das konkrete Baugebiet erstreckt geschützten Nachbarschaft.

Auch wenn die Bayerische Bauordnung hinsichtlich der Anforderungen an Abstandsflächen zu Nachbargrundstücken, insbesondere bei Garagen und Nebengebäuden, mit der Novelle 2008[1559] und punktuell nochmals mit dem Gesetz zur Änderung der Bayerischen Bauordnung des Jahres 2009[1560] wiederholt geändert worden ist, gelten die bauordnungsrechtlichen Abstandsregelungen des jetzigen Art. 6 BayBO 2008 nach wie vor[1561] gemeinhin als drittschützend und bilden mit ihrer auf Belichtung, Besonnung und Belüftung sowie auf den Brandschutz ausgerichteten Zweckbestimmung das Paradebeispiel für subjektive, also auch den Nachbarn schützende öffentliche Rechte,[1562] die allerdings im vereinfachten Baugenehmigungsverfahren aufgrund des Ausschlusses der bauordnungsrechtlichen Anforderungen von der bauaufsichtlichen Präventivprüfung unberücksichtigt bleiben, Art. 68 Abs. 1 Satz 1, 1. Hs. i.V.m. Art. 59 Satz 1 BayBO 2008/2009. Literatur und Rechtsprechung haben sich über das für den Nachbarschutz wichtige Abstandsflächenrecht hinaus mit zahlreichen weiteren bauordnungs- und bauplanungsrechtlichen Vorschriften auseinandergesetzt und deren etwaigen drittschützenden Charakter im Wege der Auslegung und anhand der Schutznormtheorie zu ergründen versucht.[1563] Auf diese Erörterung und auch Regelungen soll gegenständlich nicht im Detail eingegangen werden. Im Rahmen der nachstehenden Auseinandersetzung sollen in Erweiterung dieser Erörterung, wie sie in Literatur und Rechtsprechung bereits vielfach geführt worden ist, vielmehr die neu in die Bayerische Bauordnung aufgenommenen Regelungen auf einen etwaigen Drittbezug und gegebenenfalls auf einen drittschutzvermittelnden Charakter hin untersucht werden. Die Auswirkungen auf den nachbarlichen Rechtsschutz sind insbesondere hinsichtlich der Regelungen in Art. 63

[1559] Vgl. LtDrs. 15/7161 vom 15.01.2007, S. 41 ff; *Jäde,* BayBO 1998/2008 – Textsynopse, S. 36 ff [synoptische Gegenüberstellung], S. 43 ff [Erläuterungen].

[1560] Vgl. LtDrs. 16/375 vom 03.02.2009, S. 1; LtDrs. 16/1863 vom 14.07.2009, S. 1 [Art. 6 Abs. 5 Satz 4 „neu" BayBO 2008/2009].

[1561] Vgl hierzu auch BayVerfGH, Entscheidung vom 15.12.2009, Az. Vf. 6-VII-09, BayVBl 2010, S. 338 ff [339 ff]; vgl. hierzu auch BayVGH, BayVBl 2000, S. 562.

[1562] Vgl. *Dirnberger,* Das Abstandsflächenrecht in Bayern, Rn 9 ff, 18 ff; BVerwGE 88, S. 191 ff; *Busse/Dirnberger,* Die neue BayBO, Art. 6 Ziff. 2, S. 59, Ziff. 18, S. 78.

[1563] Vgl. z.B. *Wahl,* JuS 1984, S. 577 ff; *Dürr,* DÖV 1994, S. 844 ff; *Stollmann,* VR 2005, S. 401 ff; *Sarnighausen,* NJW 1993, S. 1624 ff.

Abs. 2 Satz 2 und Art. 68 Abs. 1 Satz 1 BayBO 2008/2009 ungeklärt und streitig.

2. Nachbarrechtliche Folgen der Abweichungszulassung

Sind baurechtliche Regelungen bereits an sich und abweichungsantragsunabhängig Teil der vereinfachten Baugenehmigungsprüfung, mithin also vom gesetzlichen Programm im Sinne des Art. 59 Satz 1 Nrn. 1 und 3 BayBO 2008 erfasst, und kommt diesen – prüfpflichtigen – Anforderungen nach den Maßstäben der Schutznormtheorie drittschützende Wirkung zu, ermöglicht die Nichteinhaltung derselben durch das genehmigte Bauvorhaben die nachbarliche Anfechtung der Baugenehmigung nach § 42 Abs. 1, 1. Alt. VwGO, da sich die Baugenehmigung in ihrer feststellenden Wirkung zu diesen Anforderungen verhält. Der Nachbar wird dann nämlich nicht nur durch das Vorhaben selbst, sondern auch durch die Baugenehmigung als genehmigenden Verwaltungsakt mit Doppelwirkung verletzt.[1564] Wegen der Einbeziehung beantragter Abweichungen in die bauaufsichtliche Genehmigungsprüfung gemäß Art. 59 Satz 1 Nr. 2 BayBO 2008 kommt eine nachbarliche Anfechtung des Baugenehmigungsbescheides weiterhin auch dann in Betracht, wenn dieser ausdrücklich eine Abweichung von einer bauordnungsrechtlichen Anforderung, welche gleichfalls im Sinne der Schutznormtheorie drittschützende Wirkung vermittelt, zulässt und die Abweichung unter Berücksichtigung des Zwecks der jeweiligen Anforderung und unter Würdigung[1565] der öffentlich-rechtlich geschützten nachbarlichen Belange[1566] nicht mit den öffentlichen Belangen vereinbar ist, mithin die erteilte Abweichung den gesetzlichen Voraussetzungen für eine solche nicht gerecht wird. Ei-

---

[1564] Vgl. zu dem weiteren, aber auch umstrittenen Erfordernis einer tatsächlichen bzw. spürbaren Beeinträchtigung *Erbguth/Stollmann*, JZ 1995, S. 1148; *Dürr*, DÖV 1994, S. 845/846. Dieses Erfordernis soll jedenfalls für den sog. Gebietserhaltungsanspruch nicht gelten, vgl. *Decker/Konrad*, Bayerisches Baurecht, Kap. IV. Rn 20 m.w.N.

[1565] Vgl. in diesem Zusammenhang auch den Vorrang der öffentlich-rechtlichen nachbarlichen Belange aufgrund eines vom Gesetzgeber zum Ausdruck gebrachten Interessensausgleichs, vgl. *Dhom*, in: Simon/Busse, BayBO, Art. 63 Rn 33 ff m.w.N., und den nachbarlichen Anspruch auf sachgerechte Ermittlung und Abwägung bei drittschützenden Normen, vgl. *Dhom*, a.a.O., Rn 35 m.w.N.

[1566] Vgl. hierzu *Dhom*, in: Simon/Busse, BayBO, Art. 63 Rn 33, wonach die Würdigung nachbarlicher Belange nicht zugleich voraussetzt, dass die Norm, von der abgewichen werden soll, dem Schutz des Nachbarn zu dienen bestimmt ist. Nachbarliche Interessen sind damit auch bei der Abweichung von Normen geschützt, die selbst keinen unmittelbaren Drittschutz vermitteln, vgl. BayVGH, NVwZ-RR 2008, S. 84.

ne Einschränkung, dass die Anfechtungsklage nur (noch)[1567] dann erfolgreich sein könne, wenn konkret betroffene öffentlich-rechtlich geschützte nachbarliche Belange entgegen Art. 63 Abs. 1 Satz 1 BayBO 2008 nicht hinreichend gewürdigt worden sind, ist damit nicht verbunden.

Bei der Antragstellung gilt es Besonderheiten zu berücksichtigen, welche nicht zuletzt Folge der verfahrensrechtlichen Regelungen der Abweichungsprüfung im Sinne des Art. 63 Abs. 2 Satz 2 BayBO 2008/2009 sind. Zudem wird die Frage des Prüfungsmaßstabes bei Nachbarklagen gegen Baugenehmigungen mit Abweichungen von drittschützenden Normen trotz an sich eindeutiger Gesetzeslage nach wie vor unterschiedlich beantwortet. Diesen Fragen soll im Folgenden nachgegangen werden.

a) Anfechtungsgegenstand und Klageantrag

Werden auf gesonderten, aber gleichwohl mit dem Bauantrag zu stellenden Antrag[1568] des Bauherrn Abweichungen von nicht zum gesetzlichen Prüfprogramm des vereinfachten Baugenehmigungsverfahrens gehörenden öffentlich-rechtlichen Vorschriften, insbesondere von bauordnungsrechtlichen Anforderungen zugelassen, partizipieren diese Regelungen gemäß Art. 59 Satz 1 Nr. 2 BayBO 2008 nicht nur an der bauaufsichtlichen Genehmigungsprüfung, sondern haben zugleich auch Anteil an der Feststellungswirkung des Baugenehmigungsbescheids. Da mit Ausnahme der bauplanungsrechtlichen Vorschriften[1569] auch für an sich prüfpflichtige Anforderungen eine Abweichungszulassung ohne gesonderten Antrag rechtmäßig nicht mehr in Betracht kommt,[1570] gilt Vorstehendes im Übrigen auch für Abweichungen von beantragten Abweichungen von z.B. örtlichen Bauvorschriften im Sinne des Art. 59 Satz 1 Nr. 1, 2. Alt. BayBO 2008. Unter Bezugnahme auf die in Teil 2 unter B.II.3. getroffenen Feststellungen zu den Auswirkungen des gestellten Abweichungsantrags auf den Verfah-

---

[1567] Vgl. hierzu ausführlich, aber in eben diesem Sinne *Kuchler*, BayVBl 2009, S. 517 ff.
[1568] Vgl. Art. 63 Abs. 2 Satz 2 i.V.m. Satz 1 BayBO 2008/2009; vgl. hierzu auch Teil 2 B.IV.1.
[1569] Vgl. Teil 2 B.II.2.; vgl. auch *Jäde*, in: Jäde/Dirnberger/Bauer, Die neue BayBO, Art. 59 Rn 31.
[1570] Vgl. Teil 2 B.II.1. und B.II.2. m.w.N.; a.A. *Molodovsky*, in: Koch/Molodovsky/Famers, BayBO, Art. 59 Rn 15 i.V.m. Rn 12; ebenso *Schwarzer/König*, BayBO, Art. 59 Rn 9, wonach sich Art. 59 Satz 1 Nr. 2 BayBO 2008 i.E. auf beantragte „isolierte" Abweichungen beschränken soll.

rensgegenstand des vereinfachten Baugenehmigungsverfahrens im Sinne der Verneinung eines variablen Verfahrensgegenstandes und einer erforderlichen Differenzierung zwischen dem Verfahrensgegenstand des Bauantrags einerseits und dem des Abweichungsantrags andererseits folgt die mit der Abweichung behördlich tenorierte Feststellung streng genommen aus dem die Abweichung zulassenden Verwaltungsakt, der allerdings trotz seines eigenständigen Regelungsgehalts letztlich Teil der Baugenehmigung[1571] ist und seinerseits in Gestalt des Baugenehmigungsbescheides[1572] mit ergeht. Denn mit Erteilung der Baugenehmigung entscheidet die Behörde jedenfalls nicht auch inzident über einen erforderlichen Dispens nach Art. 63 Abs. 1 Satz 1 BayBO 2008, der vielmehr einen besonderen Ausspruch verlangt.[1573] Eine bloße, d.h. isolierte Anfechtung des die bauaufsichtliche Genehmigung im engeren Sinn aussprechenden Verwaltungsaktes, also eine Anfechtung der sog. Hauptsacheentscheidung (Hauptregelung)[1574], genügt jedoch genauso wenig wie eine alleinige Anfechtung der Abweichungszulassung als sonstige Entscheidung[1575] im Sinne eines Verwaltungsaktes mit eigener Regelung. Während in ersterem Falle bereits keine Beschwer zu Lasten des Nachbarn in Betracht kommt, eine solche erwächst gerade der rechtswidrigen, d.h. der öffentlich-rechtliche Nachbarrechte verletzenden Abweichung, würde eine isolierte Anfechtung der behördlichen Entscheidung über die Abweichung bereits dem eigentlichen Rechtsschutzbegehren des Nachbarn, welches im Regelfall auf eine Aufhebung der Baugenehmigung insgesamt gerichtet sein dürfte, nicht gerecht. Darüber hinaus führte die isolierte Anfechtung der Abweichung aber vor allem auch zu einem vom Bauherrn nicht beantragten Genehmigungstorso. Der Bauantragsteller hat die Baugenehmigung nämlich ausdrücklich unter Erteilung von Abweichungen beantragt und den Entscheidungsumfang zulässigerweise auf diese Anforderungen erstreckt. Die nachbarliche Anfechtungsklage muss sich deshalb richtigerweise auf den gesamten Baugenehmigungsbescheid unter Einschluss beider (Teil-)Verwaltungsakte be-

---

[1571] Vgl. so zutreffend *Dhom*, in: Simon/Busse, BayBO, Art. 63 Rn 58; *Linhart*, Schreiben, Bescheide und Vorschriften in der Verwaltung, § 19 Rn 35 und 107a.

[1572] Vgl. zur verwaltungspraktischen Bescheidstechnik bei der Zulassung von Abweichungen auch *Linhart*, Schreiben, Bescheide und Vorschriften in der Verwaltung, § 22 Rn 1 [S. 571] i.V.m. § 19 Rn 35 und 107a.

[1573] Vgl. *Linhart*, Schreiben, Bescheide und Vorschriften in der Verwaltung, § 19 Rn 107a.

[1574] Vgl. *Linhart*, Schreiben, Bescheide und Vorschriften in der Verwaltung, § 19 Rn 35 und 107a.

[1575] Vgl. *Linhart*, Schreiben, Bescheide und Vorschriften in der Verwaltung, § 19 Rn 35 und 107a.

ziehen, dessen Feststellungswirkung sich neben den nach Art. 68 Abs. 1 Satz 1, 1. Hs. i.V.m. Art. 59 Satz 1 Nrn. 1 und 3 BayBO 2008/2009 geprüften Vorschriften, also insbesondere neben dem geprüften Bauplanungsrecht, zugleich auch auf die beantragten und verbeschiedenen Abweichungen ausdehnt, Art. 68 Abs. 1 Satz 1, 1. Hs. i.V.m. Art. 59 Satz 1 Nr. 2, Art. 63 Abs. 2 Satz 2, 2. Hs. BayBO 2008/2009. Mit Blick auf § 88 VwGO und das vom Gericht der Entscheidung zugrunde zu legende Rechtsschutzziel[1576] des Nachbarn ist eine in dieser Hinsicht korrekte Antragstellung in praktischer Sicht zugegebenermaßen wohl zumeist von geringerer Relevanz,[1577] dürfte das Klagebegehren, also eine Anfechtung der Baugenehmigung unter Einschluss und Berücksichtigung erteilter Abweichungen, in der Regel nämlich klar zu erkennen und auslegbar sein. Zumindest aber wird der Kläger mit der Klagebegründung unmissverständlich deutlich machen müssen, dass sich eine Rechtsverletzung aus einer ihn im Konkreten schützenden öffentlich-rechtlichen Norm resultiert, von der – auf bauherrenseitigen Antrag – eine Abweichung in rechtswidriger Weise zugelassen worden ist.

Bedeutung auch für die Praxis gewinnt diese Differenzierung und Notwendigkeit einer an der Dogmatik ausgerichteten Antragstellung aber durchaus in den Fällen, in denen die Abweichung nicht zugleich mit der Baugenehmigung im engeren Sinne, sondern zu einem der Baugenehmigungserteilung nachgelagerten Zeitpunkt in Form eines gesonderten Bescheides ergeht. Die durch die parallele Antragstellung im Sinne der Art. 64 Abs. 1 Satz 1 und 63 Abs. 2 Satz 2 BayBO 2008/2009 hervorgerufene Konnexität bewirkt, dass die Abweichungszulassung selbst dann Teil der Baugenehmigung als Ganzes bleibt, wenn die Abweichung erst nachgelagert erteilt wird, um z.B. – wie *Dhom*[1578] im Kontext exemplarisch anführt – einen erst nachträglich erkannten Mangel der Baugenehmigung zu beseitigen. Auch in diesen Fällen verbietet sich konsequenterweise eine isolierte Anfechtung der späteren Abweichung. Vielmehr ist der

---

[1576] Vgl. *Kopp/Schenke*, VwGO, § 88 Rn 3.
[1577] Vgl. aber OVG Saar, Beschluss vom 03.01.2008, Az. 2 A 182/07, BauR 2009, S. 805 ff, wonach der allein gestellte Anfechtungsantrag auf Aufhebung einer Baugenehmigung nicht ohne weiteres in einen Verpflichtungsantrag umgedeutet werden kann.
[1578] Vgl. *Dhom*, in: Simon/Busse, BayBO, Art. 63 Rn 58.

Nachbar auch dann dazu angehalten, seine Anfechtung im Wege der prozessrechtlichen Klageänderung auch auf die erteilte Abweichung zu erstrecken.[1579]

b) Nachbarliche Anfechtbarkeit bei antragslos erteilter Abweichung

Spätestens seit der gesetzlichen Klarstellung des Änderungsgesetzes 2009, wie in Teil 2 unter B.II.1. herausgearbeitet, kann nicht mehr auf eine ausdrückliche und gesonderte Antragstellung im Sinne des Art. 63 Abs. 2 Satz 2, 2. Hs. BayBO 2008/2009 verzichtet werden. In Folge dessen kann weder ein Abweichungsantrag als konkludent mit dem Bauantrag im Sinne des Art. 64 Abs. 1 Satz 1 BayBO 2008 gestellt angesehen werden noch besteht für die Baugenehmigungsbehörde die Möglichkeit, die Baugenehmigung unter Zulassung von – bauherrenseitig nicht beantragten – Abweichungen zu erteilen. Das bloße Vorliegen einer Abweichungslage genügt insoweit nicht.[1580] Gleichwohl erlaubt eine unter Zulassung von Abweichungen von öffentlich-rechtlichen drittschützenden Anforderungen erteilte Baugenehmigung die Anfechtung derselben durch den Nachbarn im Sinne der vorstehenden[1581] Systematik auch dann, wenn im Rahmen der bauaufsichtlichen Genehmigungsprüfung über die drittschützenden bauordnungsrechtlichen Normen ohne entsprechende und gesetzlich verlangte Antragstellung entschieden worden ist und diese mit eigenem Regelungsgehalt in Form der Abweichungszulassung im Baugenehmigungsbescheid Niederschlag gefunden haben. Dem steht auch nicht die bundes- und oberverwaltungsgerichtliche Rechtsprechung[1582] entgegen, wonach im Grundsatz zu Recht darauf hingewiesen wird, dass die Einhaltung der dem Bauordnungsrecht zugeordneten Anforderungen wie etwa dem Abstandsflächenrecht ohne Stellung eines entsprechenden Abweichungsantrags nicht Prüfprogramm einer Baugenehmi-

---

[1579] Vgl. i.d.S. auch zutreffend *Dhom*, in: Simon/Busse, BayBO, Art. 63 Rn 58; a.A. wohl *Molodovsky*, in: Koch/Molodovsky/Famers, BayBO, Art. 63 Rn 77, der den eingelegten Rechtsbehelf gegen die Baugenehmigung auch für eine „nachgeschobene Abweichung" für ausreichend hält.
[1580] Vgl. OVG RP, Urteil vom 22.11.2011, Az. 8 A 10636/11, BauR 2012, S. 781 ff [783] mit kritischer Anmerkung *Sauthoff*, BauR 2013, S. 415 ff.
[1581] Vgl. Teil 3 A.III.2.a).
[1582] Vgl. BVerwG, Beschluss vom 16.01.1997, Az. 4 B 244/96, NVwZ 1998, S. 58; BayVGH, Beschluss vom 27.12.2001, Az. 26 ZB 00.2890, BayVBl 2002, S. 499; ders., Urteil vom 23.03.2006, Az. 26 B 05.555, BayVBl 2006, S. 537 f; vgl. insbesondere auch HessVGH, Beschluss vom 28.11.2005, Az. 3 TG 2774/05, HGZ 2006, S. 22 ff.

gung und die Baugenehmigung damit nicht aus Gründen, die nicht zum Prüfprogramm gehören, rechtswidrig sein kann. Diese Rechtsauffassung folgt insofern gesetzeskonform Art. 59 Satz 1 Nr. 2 BayBO 2008, der auf eben „beantragte" Abweichungen abstellt. Diese gerichtliche Grundsatzfeststellung, die trotz vereinzelt gegensätzlicher Entscheidungen bzw. Rechtsansichten[1583] inzwischen als gefestigte und herrschende Meinung anzusehen ist, betrifft aber lediglich den Ausschluss der nachbarlichen Anfechtbarkeit der Baugenehmigung bei gleichsam fehlendem Abweichungsantrag und fehlender behördlicher Entscheidung über nicht zum Prüfprogramm gehörende und auch nicht geprüfte bauordnungsrechtliche Vorschriften. Sie orientiert sich mithin am gesetzlichen Soll. Mitnichten wird dagegen eine Aussage bezüglich der Fallgestaltung einer tatsächlichen behördlichen Entscheidung und Aussage über bauordnungsrechtliche Fragen in Form der Abweichungszulassung ohne vorausgehende, an sich verpflichtende Antragstellung getroffen. Der Bauaufsichtsbehörde ist es vielmehr versagt, sich gegenüber dem Nachbarn auf eine fehlende Antragstellung zu berufen, dem das behördenrechtswidrige Handeln unter Verzicht auf eine Antragstellung im Sinne des Art. 63 Abs. 2 Satz 2 BayBO 2008/2009 insoweit nicht zum Nachteil gereichen kann und darf. Dies gilt umso mehr, als die tatsächliche Entscheidung über eine Abweichungszulassung aufgrund ihres objektiven Erklärungswertes[1584] einen Verwaltungsakt mit eigenständigem Regelungsgehalt im Sinne des Art. 35 Abs. 1 Satz 1 BayVwVfG darstellt, die Verwaltungsaktsqualität von einem fehlenden, aber erforderlichen Antrag unberührt bleibt[1585] und die Behörde damit eine Feststellung hinsichtlich der den Nachbarn schützenden bauordnungsrechtlichen Vorschriften trifft.

[1583] Vgl. HessVGH, 4. Senat, Beschluss vom 17.09.2004, Az. 4 TG 2610/04, zutreffend widerlegt vom 3. Senat mit Beschluss vom 28.11.2005, Az. 3 TG 2774/05; vgl. *Allgeier/von Lutzau*, Die Bauordnung für Hessen, C1 . Erl. § 57, S. 430, die davon ausgehen, dass die erteilte Baugenehmigung materiell rechtswidrig ist, wenn eine erforderliche Abweichung nicht beantragt worden ist und die Bauaufsichtsbehörde diesen Mangel nicht erkannt hat, dazu aber widersprüchlich C.1 . Erl. § 57, S. 428.
[1584] Vgl. *Kopp/Ramsauer*, VwVfG, § 35 Rn 54 f.
[1585] Vgl. *Kopp/Ramsauer*, VwVfG, § 22 Rn 35.

c) Prüfungsmaßstab bei Nachbarklagen gegen Baugenehmigungen mit Abweichungen

Vorgreiflich der Konkretisierung der gegenständlichen Problemstellung und der daran ansetzenden Erörterung im Detail ist bei ergebnisorientierter Betrachtung festzustellen, dass für die Beantwortung der Frage betreffend die „Vereinbarkeit mit den öffentlichen Belangen" im Sinne des Art. 63 Abs. 1 Satz 1 BayBO 2008, die unabdingbare Voraussetzung[1586] einer Zulassungsentscheidung über Abweichungen ist, im Grundsatz öffentlich-rechtliche Belange genereller Art heranzuziehen sind. Es besteht also keine Einschränkung auf nur am Zweck der jeweiligen Anforderung ausgerichtete und damit – bei Abweichungen von Drittschutznormen – auf nur dem Nachbarschutz dienende subjektive öffentlich-rechtliche Belange. In Folge dessen kann auch eine entsprechende Berücksichtigung und Geltendmachung weiterreichender Belange im Rahmen der Nachbarklage – freilich unter der weiteren Voraussetzung einer entsprechenden Kausalität[1587] – erfolgen. Zwischenzeitliche gegenläufige Tendenzen und fachkritische Appelle[1588] im Sinne einer restriktiveren Lesart bzw. Auslegung der Norm sind in fortlaufender Übereinstimmung mit dem 1. Senat des Bayerischen Verwaltungsgerichtshofs[1589] trotz gesetzestextlicher Änderungen zu verwerfen. Die nachbarrechtliche Beurteilung von Abweichungen nach Art. 63 Abs. 1 Satz 1 BayBO 2008 erfolgt damit auch nach der gesetzestextlichen Modifizierung weiterhin analog den Maßstäben[1590], wie sie für (planungsrechtliche) Befreiungen

---

[1586] Beachte in diesem Zusammenhang insbesondere auch das grundsätzliche Erfordernis einer **atypischen Grundstückssituation**. D.h., es muss sich um eine von der gesetzlichen Regel nicht zureichend erfasste oder bedachte Fallgestaltung handeln, vgl. BayVGH, BauR 2005, S. 1515 und BauR 2007, S. 1859; OVG NRW, BauR 2007, S. 1560/1561 m.w.N.; *Schwarzer/König*, BayBO, Art. 63 Rn 12; *Wolf*, BayBO – Kurzkommentar, Art. 63 Rn 2. Ebenso im Falle der bauplanungsrechtlichen Befreiung i.S.d. § 31 Abs. 2 BauGB, vgl. *Jäde*, in: Jäde/Dirnberger/Weiß, BauGB, § 31 Rn 11 ff m.w.N.; kritisch gegenüber der sog. Regelfall-Atypik-Klausel *Happ*, BayVBl 2014, S. 65 ff.

[1587] Vgl. BayVGH, Beschluss vom 17.07.2007, Az. 1 CS 07.1340, BauR 2007, S. 1858 ff, wonach es neben einer festzustellenden Beeinträchtigung öffentlicher Belange auch darauf ankommt soll, ob die Beeinträchtigung aus der Abweichung resultiert. Vgl. i.E. auch ders., Urteil vom 15.12.2008, Az. 22 B 07.143, BayVBl 2009, S. 530 ff [533 f]; vgl. eingehend mit zugleich a.A. *Kuchler*, BayVBl 2009, S. 521 und 524.

[1588] Vgl. insbesondere *Kuchler*, BayVBl 2009, S. 517 ff [521 ff]; ebenso *Schwarzer/König*, BayBO, Art. 63 Rn 15.

[1589] Vgl. BayVGH, Beschluss vom 17.07.2007, Az. 1 CS 07.1340, BauR 2007, S. 1858 ff.

[1590] Vgl. *Jäde*, in: Jäde/Dirnberger/Weiß, BauGB, § 31 Rn 18; BVerwG, BayVBl 1987, S. 151 ff; dass., BayVBl 1999, S. 26.

von Festsetzungen des Bebauungsplan im Sinne des § 31 Abs. 2 BauGB entwickelt worden sind.

Soweit der Blick hier auf den Prüfungsmaßstab bei Nachbarklagen gegen Baugenehmigungen mit Abweichungen von anerkannt drittschützenden Normen gerichtet wird, betrifft die Untersuchung im Kern den Kreis abweichungsrelevanter, aber zugleich auch maximal berücksichtigungsfähiger Belange der behördlichen Abweichungsentscheidung im Sinne des Art. 63 Abs. 1 Satz 1 BayBO 2008. Es handelt sich dabei um eine Frage, die trotz des eindeutigen[1591] Gesetzeswortlauts[1592] nicht nur zwischen der Literatur einerseits und der Rechtsprechung andererseits, sondern auch literatur- und selbst rechtsprechungsintern unterschiedlich beantwortet wird. Die von *Kuchler* in seiner im Grundsatz begrüßenswerten und folgerichtigen Analyse der obergerichtlichen Rechtsprechung aufgeworfene Problemstellung, ob *„[...] der Nachbar eine Baugenehmigung, die im Wege der Zulassung einer Abweichung von nachbarschützenden bauordnungsrechtlichen Vorschriften [...] erteilt wurde, auch dann erfolgreich anfechten kann, wenn das Vorhaben (nur) gegen Vorschriften verstößt, die als solche nicht nachbarschützend sind, [...]"*[1593] ist missverständlich, da es – (auch) *Kuchler* – nämlich nicht um die unmittelbare Anfechtbarkeit wegen eines Verstoßes gegen eine nur öffentlich-rechtliche Interessen schützende Vorschrift, sondern um deren Berücksichtigung als abweichungserheblichen Belang im Sinne der Entscheidung nach Art. 63 Abs. 1 Satz 1 BayBO 2008 geht.[1594] Auch wenn die der gegenständlichen Kontroverse mit zugrunde gelegte Entscheidung des 15. Senats des Bayerischen Verwaltungsgerichtshofs vom 22. Juli 2003[1595] aufgrund durchaus missverständlicher Entscheidungsgründe[1596] auf den ersten

---

[1591] Vgl. *Kuchler*, BayVBl 2009, S. 518 und 522 ff, der den Wortlaut des Art. 63 Abs. 1 Satz 1 BayBO 2008 gleichsam als eindeutig ansieht, aber andere eindeutige Rückschlüsse daraus ziehen will.

[1592] Vgl. für eine Abweichungsentscheidung allein anhand des Gesetzeswortlauts unter Verabschiedung von der Regelfall-Atypik-Klausel *Happ*, BayVBl 2014, S. 65 ff [66].

[1593] *Kuchler*, BayVBl 2009, S. 517.

[1594] Vgl. *Kuchler*, BayVBl 2009, S. 517 ff [521/522].

[1595] Vgl. BayVGH, 15. Senat, Beschluss vom 22.07.2003, Az. 15 ZB 02.1223.

[1596] Auszugsweise heißt es dort: *„Für die Richtigkeit der angegriffenen Entscheidung hat es keine Bedeutung, ob die Abweichung von den Abstandsflächenvorschriften [...] rechtswidrig ist, weil das Vorhaben der Beigeladenen möglicherweise nicht den Voraussetzungen des § 35 Abs. 1 Nr. 1 BauGB entspricht. [...]"* Vgl. hierzu eingehend und analytisch zutreffend *Kuchler*, BayVBl 2009, S. 517 ff [518 ff], der klar herausarbeitet, dass die Lesart im Kontext und anhand des Aufbaus der Entscheidungsgründe erfolgen muss und dass auch der 15. Senat die Auffassung, der (betroffene) Nachbar werde durch rechtswidrige Abweichungen von den Ab-

Blick einen weitergehenden Streitgegenstand bzw. eine andere Problemstellung vermuten lassen könnte, geht es in dieser Entscheidung – wie *Kuchler* im Ergebnis folgerichtig analysiert – nicht (zugleich) um die Frage, ob eine fehlerhafte Abweichung von einer an sich drittschützenden bauordnungsrechtlichen Vorschrift – wie etwa eine Abweichung von Abstandsflächen im Sinne des Art. 6 BayBO 2008 – stets zum Erfolg der Anfechtungsklage führen müsse oder ob – im Sinne eines restriktiveren Verständnisses – auch „nur objektiv rechtswidrige Abweichungen"[1597] von an sich drittschützenden Normen denkbar seien, welche die nachbarliche Anfechtung dann ins Leere gehen lassen könnten. Trotz aller, von *Kuchler*[1598] noch zutreffend herausgearbeiteten Widersprüchlichkeiten in der obergerichtlichen bayerischen Rechtsprechung, namentlich der Auffassung des 15. Senats des Bayerischen Verwaltungsgerichtshofes[1599] einerseits und des 1. Senats[1600] desselben Gerichts andererseits, geht es in beiden Entscheidungen, ohne dass sie dies sofort erkennen lassen, letztlich nur um die Problematik des Umfangs der für eine Abweichungsentscheidung zu berücksichtigenden Belange, die als eine der Feststellung der Rechtswidrigkeit der Abweichung von einer allgemein anerkannten Drittschutznorm und deren Auswirkungen vorgelagerte Frage zu verstehen ist. Letztere wird vom Bayerischen Verwaltungsgerichtshof selbst eben kontradiktorisch beantwortet, wobei jede Auffassung Fürsprecher in der Literatur findet.

Weitestgehende Einigkeit besteht noch in der verwaltungsprozessrechtlichen Ausgangslage, wonach gemäß § 113 Abs. 1 Satz 1 VwGO (auch) eine nachbarliche Anfechtungsklage gegen eine Baugenehmigung mit erteilten Abweichungen nur dann erfolgreich sein kann, wenn neben der Rechtswidrigkeit der angefochtenen Baugenehmigung zugleich eine Verletzung des klagenden Nachbarn in subjektiven öffentlichen Rechten bejaht werden kann. Ausgehend

---

standsflächenvorschriften immer in eigenen Rechten verletzt, nicht ausdrücklich in Frage gestellt hat. Der Senat hatte die Frage – keine Rechtsverletzung trotz rechtswidriger Abweichung – im konkreten Fall nämlich nicht zu prüfen.

[1597] Vgl. so analysierend und konkretisierend *Kuchler*, BayVBl 2009, S. 519; zur Terminologie der objektiven Rechtswidrigkeit der Abweichung auch *Jäde*, in: Jäde/Dirnberger/Bauer, Die neue BayBO, Art. 63 Rn 61.

[1598] Vgl. *Kuchler*, BayVBl 2009, S. 517 ff, der allerdings in weiterer Folge unzutreffend eine Auslegung des Art. 63 Abs. 1 Satz 1 BayBO 2008 i.S.d. Rechtsprechung des 15. Senats vornehmen will.

[1599] Vgl. BayVGH, 15. Senat, Beschluss vom 22.07.2003, Az. 15 ZB 02.1223.

[1600] Vgl. BayVGH, 1. Senat, Beschluss vom 16.07.2007, Az. 1 CS 07.1340, BauR 2007, S. 1858 ff; zuvor auch bereits BayVGH, 26. Senat, Urteil vom 14.12.1994, Az. 26 B 93.4017.

von der Rechtsprechung des Bundesverwaltungsgerichts[1601] zu den Erfolgsaussichten einer nachbarlichen Anfechtungsklage gegen eine unter Befreiung von Festsetzungen des Bebauungsplanes erteilte Baugenehmigung vertritt nicht nur der 1. Senat des Bayerischen Verwaltungsgerichtshofs, sondern nach wie vor auch ein Großteil der (Kommentar-)Literatur[1602] zutreffend die Auffassung, dass der klagende Nachbar einen Anspruch auf eine in jeder Hinsicht rechtmäßige Abweichung hat, was eine zutreffende Würdigung auch nicht subjektiv-nachbarschützender öffentlicher Belange, die von der Abweichung berührt werden, mit einschließt. In Betracht kommen daher im Wesentlichen grundstücks- und bodenbezogene öffentliche Interessen. Zu den öffentlichen Belangen in diesem Sinne zählen (abstrakt) auch Belange des Bauplanungsrechts[1603] (z.B. §§ 1 Abs. 5 und 35 Abs. 3 BauGB), des Denkmalschutzrechts[1604] und etwa des Immissionsschutzrechts. Auch z.B. in Hessen folgt die herrschende Meinung[1605] bei gleicher Gesetzeslage[1606] diesem tatbestandlichen Verständnis. Demgegenüber steht die restriktivere, in zeitlicher Hinsicht ältere Sichtweise des 15. Senats des Bayerischen Verwaltungsgerichtshofs, der für die Entscheidung über die Zulassung von (nachbarschützenden) Abstandsflächen im Rahmen der gesetzlichen Würdigung planungsrechtliche Zulässigkeitsfragen des Bauvorhabens als nicht berücksichtigungsfähig ansieht. In Ansehung der gesetzestextlichen Neufassung und damit einhergehenden Ergänzung des bisherigen Wortlauts um das weitere Tatbestandsmerkmal des „Zwecks" verlangen jüngst insbesondere *Kuchler*[1607] und – an diesem ansetzend – *König*[1608] in Anknüpfung an den 15. Senat

---

[1601] Vgl. BVerwG, Urteil vom 19.09.1986, Az. 4 C 8.84, BayVBl 1987, S. 151 ff; dass., Beschluss vom 08.07.1998, Az. 4 B 64.98, BayVBl 1999, S. 26; vgl. auch *Jäde*, in: Jäde/Dirnberger/Weiß, BauGB, § 31 Rn 18.
[1602] Vgl. *Jäde*, in: Jäde/Dirnberger/Bauer, Die neue BayBO, Art. 63 Rn 61 f; *Dhom*, in: Simon/Busse, BayBO, Art. 63 Rn 31/32; *Molodovsky*, in: Koch/Molodovsky/Famers, BayBO, Art. 63 Rn 34 und Art. 66 Rn 246/ 250 f; a.A. *Kuchler*, BayVBl 2009, S. 521 ff; *Schwarzer/König*, BayBO, Art. 63 Rn 15; wertneutrale Gegenüberstellung bei *Wolf*, BayBO – Kurzkommentar, Art. 63 Rn 2 a.E. i.V.m. Art. 6 Rn 76 f.
[1603] Vgl. BayVGH, NVwZ-RR 2007, S. 578 = BauR 2007, S. 1716; ebenso VGH BW, BauR 2007, S. 1213; *Allgeier/von Lutzau*, Die Bauordnung für Hessen, Erl. § 63 . C1, S. 483.
[1604] Vgl. BayVGH, BayVBl 2007, S. 662 = BauR 2007, S. 1558. Vgl. auch *Hornmann*, HBO, § 63 Rn 21 ff [23 a.E.].
[1605] Vgl. *Hornmann*, HBO, § 63 Rn 21 ff [23 a.E.]; *Allgeier/von Lutzau*, Die Bauordnung für Hessen, Erl. § 63 . C1, S. 483 ff.
[1606] Vgl. § 63 Abs. 1 Satz 1 HBO.
[1607] Vgl. *Kuchler*, BayVBl 2009, S. 517 ff [521 ff].
[1608] Vgl. *Schwarzer/König*, BayBO, Art. 63 Rn 15 in Anknüpfung an *Kuchler*, BayVBl 2009, S. 517 ff.

eine Änderung der Rechtsauffassung dahingehend, dass die mit Art. 63 Abs. 1 Satz 1 BayBO 2008 angeordnete Prüfung der Vereinbarkeit der Abweichung mit den öffentlichen Belangen auf eine Prüfung der öffentlichen Belange beschränkt ist, die gerade durch die (bauordnungsrechtliche) Vorschrift geschützt werden, von der abgewichen werden soll. Nach dieser Auffassung könnte ein klagender Nachbar die Rechtswidrigkeit einer dem Bauherrn erteilten Abweichung von einer an sich drittschützenden Norm nicht mit einem nicht nachbarschützenden Belang, wie etwa einem Verstoß gegen denkmalschutzrechtliche Anforderungen im rein öffentlichen Interesse, begründen bzw. aus einem solchen herleiten.

Sicherlich ist hinsichtlich der Rechtsprechung sowohl des 15. als auch des 1. Senats – wie vorstehend benannt – zu berücksichtigen, dass diese anlässlich der Anforderungen zur Abweichungszulassung im Sinne des Art. 70 Abs. 1 BayBO 1998[1609] ergangen ist, der durch die Novelle des Jahres 2008 zwar nicht wesentlich verändert, aber doch modifiziert bzw. durch Klarstellungen[1610] konkretisiert wurde. Seit der Bauordnungsreform des Jahres 2008 ist bei der Zulassungsentscheidung für eine Abweichung nach Art. 63 Abs. 1 Satz 1 BayBO 2008 fortan die Berücksichtigung des „Zwecks" der jeweiligen Anforderung, von der abgewichen werden soll, mitausschlaggebend. Soweit *Kuchler* zum Beleg seiner Auffassung und zur Rechtfertigung seiner Kritik an der auch nach der BayBO-Novelle 2008 unverändert gebliebenen Meinung, die mit dem 1. Senat des Bayerischen Verwaltungsgerichtshofs für die Würdigung keine Beschränkung auf nur subjektive, d.h. den Nachbarn schützende öffentlich-rechtliche Belange vornimmt, in erster Linie auf den Wortlaut des ergänzten Art. 63 Abs. 1 Satz 1 BayBO 2008 Bezug nimmt, reduziert er diesen in unzulässiger Weise auf eine neue, gesetzestextlich gerade nicht zum Ausdruck gebrachte Aussage. *Kuchler* will seine Auffassung dem Leser verdeutlichen, indem er die Gesetzestextpassage „und unter Würdigung der öffentlich-rechtlich geschützten nachbar-

---

[1609] Vgl. Art. 70 Abs. 1 BayBO 1998: „Die Bauaufsichtsbehörde kann Abweichungen von bauaufsichtlichen Anforderungen dieses Gesetzes und auf Grund dieses Gesetzes erlassener Vorschriften zulassen, wenn sie unter Berücksichtigung der jeweiligen Anforderung und unter Würdigung der nachbarlichen Interessen mit den öffentlichen Belangen vereinbar sind, soweit in diesem Gesetz oder in auf Grund dieses Gesetzes erlassener Vorschriften nichts anderes geregelt ist." Demgegenüber Art. 63 Abs. 1 Satz 1 BayBO 2008, der die Zulassung erlaubt, „[...] wenn sie unter Berücksichtigung *des Zwecks* der jeweiligen Anforderungen und unter Würdigung der *öffentlich-rechtlich geschützten* nachbarlichen Belange mit den öffentlichen Belangen [...] vereinbar sind; [...] [Hervorhebung durch den Verfasser]".
[1610] Vgl. LtDrs. 15/7161 vom 15.01.2007, S. 68 f; *Jäde,* BayBO 1998/2008 – Textsynopse, S. 222.

lichen Belange" zur erleichterten Lesart herausnimmt und die gesetzliche Anforderung wie folgt komprimiert: Wenn die Abweichung „[...] *unter Berücksichtigung des Zwecks der jeweiligen Anforderung ... mit den öffentlichen Belangen vereinbar [...]* "[1611] ist. Im Wesentlichen leitet *Kuchler* aus dieser, von ihm gekürzten und auf den „Zweck" der jeweiligen Anforderungen konzentrierten Lesart ab, dass bei der Entscheidung über eine Abweichung nur die öffentlichen Belange zu berücksichtigen seien, die durch die Vorschrift, von der abgewichen werden soll, konkret geschützt werden. Es kämen demnach für die Würdigung abstrakt nicht mehr alle öffentlich-rechtlichen Belange in Betracht. Darüber hinaus würde eine – vom Gesetzgeber nicht gewollte – „*Doppelprüfung durch die Brille der Abweichung*"[1612] stattfinden, indem z.B. der Verstoß gegen eine bauplanungsrechtliche Vorschrift, der von der Baugenehmigungsbehörde bereits nach Art. 59 Satz 1 Nr. 1, 1. Alt. BayBO 2008 zu prüfen ist, nochmals als Belang bei der Würdigung im Rahmen der Zulassungsentscheidung nach Art. 63 Abs. 1 Satz 1 BayBO 2008 zu berücksichtigen wäre.

Der von *Kuchler* gezogene Rückschluss überzeugt nicht und findet auch keine, wie von ihm aber vorgegeben, derart eindeutige Stütze im Gesetzestext, der im Übrigen auch nach den jüngsten Forderungen *Happs*[1613] als alleiniger Maßstab für die Abweichungsentscheidung heranzuziehen ist. Die von *Kuchler* aufgezeigte Ausrichtung der „öffentlich-rechtlichen Belange" am „Zweck der jeweiligen Anforderung" bewirkt eine gesetzestextlich und grammatikalisch nicht zu rechtfertigende Konnexität beider Satzelemente und verkennt, dass zwar die Abweichung den Zweck der Anforderung, von der abgewichen werden soll, berücksichtigen muss, aber die öffentlichen Rechtsbelange nicht zugleich eine Einschränkung über den Zweck der Anforderung erfahren. Das von *Kuchler* – und nunmehr auch *König* – gefolgerte Verständnis würde vielmehr einen Gesetzeswortlaut in etwa dergestalt voraussetzen, dass Abweichungen zugelassen werden können, „wenn sie [...] mit den vom Zweck der jeweiligen Anforderung erfassten öffentlich-rechtlichen Belangen [...] vereinbar sind [...]." Der Gesetzgeber hat aber die von der jeweiligen Anforderung betroffenen Belange noch nicht einmal der „insbesondereweisen" Benennung am Satzende – wie der-

---

[1611] *Kuchler*, BayVBl 2009, S. 522.
[1612] Vgl. *Kuchler*, BayVBl 2009, S. 524; vgl. auch *Schwarzer/König*, BayBO, Art. 63 Rn 15; wertneutrale Gegenüberstellung bei *Wolf*, BayBO – Kurzkommentar, Art. 63 Rn 2 a.E. i.V.m. Art. 6 Rn 76 f.
[1613] Vgl. *Happ*, BayVBl 2014, S. 65 ff [66].

zeit mit den Anforderungen des Art. 3 Abs. 1 BayBO 2008 erfolgt – hinzugefügt. Eine Würdigung von „öffentlich-rechtlich geschützten nachbarlichen Belangen" mit nur „am Zweck der jeweiligen Anforderung" ausgerichteten Belangen benennt das Gesetz gerade nicht. Die Vereinbarkeit wird bei gegenwärtig bestehender Gesetzeslage alleine und ohne weitere Einschränkungen (abstrakt) an die (allgemeinen) öffentlich-rechtlichen Belange geknüpft, von denen die am Zweck der jeweiligen Anforderung ausgerichteten Belange gleichsam der öffentlich-rechtlich geschützten nachbarlichen Belange als Teilmenge[1614] umfangreicherer öffentlich-rechtlicher Belange mit zu berücksichtigen bzw. mit zu würdigen sind. Die nunmehr ausdrücklich benannte Maßgabe einer Bindung an den jeweiligen Regelungszweck stellt – in Anlehnung an die Begründung des hessischen Landesgesetzgebers[1615] zur Norm – (auch) für die bayerische Gesetzeslage lediglich sicher, dass die Bauaufsichtsbehörde bei ihrer Entscheidung inhaltlich normative Direktiven, ausgehend von der jeweiligen Anforderung, von der abgewichen werden soll, zu beachten hat[1616] und die Abweichung nicht zu einem willkürlichen Korrektiv materiell-baurechtlicher Anforderungen verkommt. Gleichwohl ist nicht von einer strengen Bindung, sondern lediglich von einer Berücksichtigung auszugehen, die im Einzelfall auch ein „Dahinterzurückbleiben" der Anforderungen rechtfertigen kann. Für die Frage der Nachbarrechtsverletzung kann mit Blick auf den vergleichbaren Wortlaut des § 31 Abs. 2 BauGB auf die für Ausnahmen und Befreiungen entwickelten Grundsätze zurückgegriffen werden.[1617] Entgegen *Kuchler* ist ausgehend von den drei benannten Voraussetzungen, – erstens – Ermittlung und Berücksichtigung der jeweiligen Anforderungen, – zweitens – Vereinbarkeit mit den öffentlichen Belangen und – drittens – Würdigung öffentlich-rechtlich geschützter nachbarlicher Interessen, von einer Dreischrittprüfung auszugehen. Der von *Kuchler* bemängelten Folge einer Art „Doppelprüfung", nämlich der gegebenenfalls originären Prüfung nach Art. 59 Satz 1 Nr. 1 und Nr. 3 BayBO 2008 einerseits und der Berücksichtigung als Belang im Sinne des Art. 63 Abs. 1 Satz 1 BayBO 2008 andererseits, kommt damit in der Tat gerade in den Fällen der Drittanfech-

---

[1614] Vgl. *Molodovsky*, in: Koch/Molodovsky/Famers, BayBO, Art. 63 Rn 34.
[1615] Vgl. LtDrs. (Hessen), 15/3635 vom 19.02.2002, S. 163.
[1616] Vgl. i.d.S. für die hessische Gesetzeslage auch *Hornmann*, HBO, § 63 Rn 17; *Allgeier/von Lutzau*, Die Bauordnung für Hessen, C.1 . Erl. § 63, S. 482 a.E.
[1617] Vgl. BayVGH, Urteil vom 16.07.1999, Az. Nr. 2 B 96.1048, BayVBl 2000, S. 532; *Dhom*, in: Simon/Busse, BayBO, Art. 63 Rn 32; *Jäde*, in: Jäde/Dirnberger/Bauer, Die neue BayBO, Art. 63 Rn 61.

tungsklage Bedeutung zu. In Fällen der Verletzung originär nicht geprüften materiell-drittschützenden Bauordnungsrechts liegt die nachbarrechtliche Bedeutung ohnehin auf der Hand.

3. Keine Anknüpfungspunkte außerhalb des gesetzlichen Prüfprogramms

Es ist ein grundlegendes Anliegen des Nachbarn, wirksamen Schutz gegen drohende oder auch bereits eingetretene Beeinträchtigungen, die sich aufgrund eines Bauvorhabens auf einem angrenzenden Nachbargrundstück ergeben (würden), im Rahmen des Verwaltungsverfahrens und insbesondere auch in dem diesem nachgelagerten verwaltungsgerichtlichen Rechtsschutzverfahren zu erwirken. Dieses Begehren lässt sich – ungeachtet bauordnungs- und verwaltungsprozessrechtlicher Instrumentarien – im Kern und bei abstrahierter Sichtweise auf die Suche des Nachbarn nach einer ihn schützenden öffentlich-rechtlichen subjektiven Rechtsposition, mithin auf die Suche nach einer drittschützenden Norm, reduzieren. Der Blick der Untersuchung richtet sich nachstehend aber weder auf solche Vorschriften, die aufgrund ihrer Zugehörigkeit zum Maximalprüfprogramm des Art. 59 Satz 1 BayBO 2008 und der damit einhergehenden Teilhabe an der gesetzlichen Feststellungswirkung unter der weiteren Voraussetzung eines konkret drittschützenden Charakters der Norm im Grundsätzlichen die nachbarliche Anfechtung erlauben, noch auf solche Regelungen, die wegen des verfolgten Schutzzwecks, also unter Anwendung der Schutznormtheorie, allgemein als drittschutzvermittelnd anerkannt sind und deshalb ein bauaufsichtliches Einschreiten im Wege der repressiven Bauaufsicht ermöglichen können. Zur Diskussion sollen vielmehr das Rechtsinstitut des fehlenden Sachbescheidungsinteresses im Allgemeinen sowie die mit dem Änderungsgesetz 2009 neu in die Bayerische Bauordnung aufgenommenen Vorschriften und deren Auswirkungen auf die Baugenehmigung als Verwaltungsakt mit Doppelwirkung gestellt werden. Es geht im Konkreten um die Frage, inwieweit sich insbesondere bei Nichteinhaltung und damit Rechtsverletzung derselben trotz eines von der Behörde durchzuführenden vereinfachten Prüfprogramms im Sinne des Art. 59 Satz 1 BayBO 2008, also der grundsätzlich alleinigen Ausrichtung der behördlichen Genehmigungsprüfung auf bauplanungsrechtliche Vorschriften, gleichwohl eine unmittelbare Rechtsverletzung des Nachbarn durch die erteilte vereinfachte Baugenehmigung folgt.

Die Auseinandersetzung wird jedoch zeigen, dass für eine derartige Argumentation zugunsten des Nachbarn – entgegen mancher Literaturstimmen – kein Raum ist. Es ergeben sich aufgrund der gesetzestextlichen Neuerungen keine Anknüpfungspunkte außerhalb des gesetzlichen Prüfprogramms.

a) Kein Drittschutzcharakter des allgemeinen Rechtsgrundsatzes des fehlenden Sachbescheidungsinteresses

Vor dem Hintergrund der im Übrigen zutreffenden[1618] restriktiven ober- und bundesverwaltungsgerichtlichen Rechtsprechung[1619], wonach aufgrund des strikt beschränkten Aussagegehalts einer im vereinfachten Baugenehmigungsverfahren erteilten Baugenehmigung eine Anfechtung derselben durch den Nachbarn aufgrund geltend gemachter Mängel, die nicht (mehr) in das abermals reduzierte Prüfprogramm fallen, nicht mehr in Betracht kommt, würde eine verfahrensrechtliche und zugleich drittschutzvermittelnde behördliche Verpflichtung zur Antragsablehnung bei fehlendem Sachbescheidungsinteresse ein nicht nur rechtstheoretisch interessantes, sondern vor allem aus nachbarrechtlicher Sicht auch ein praktisch relevantes Argumentationsmuster darstellen. Angesichts der Maßgaben der Schutznormtheorie, die vorstehend in diesem Teil unter A.III.1.b) dargestellt worden und nach herrschender Meinung für die Beurteilung der Drittschutzwirkung einer Norm oder – wie hier – eines Rechtsgrundsatzes[1620]

[1618] Vgl. ebenso z.B. *Molodovsky*, in: Koch/Molodovsky/Famers, BayBO, Art. 59 Rn 42; *Martini*, DVBl 2001, S. 1497/1498; *Löffelbein*, Genehmigungsfreies Bauen und Nachbarschutz, S. 31, 142 f; *Wolf*, in: Simon/Busse, BayBO, Art. 59 Rn 110; vgl. hierzu auch *Kopp/Schenke*, VwGO, § 42 Rn 102a.

[1619] Vgl. BVerwG, NVwZ 1998, S. 58; BayVGH, BayVBl 2002, S. 499; ders., BayVBl 2006, S. 537; ders., BayVBl 2009, S. 507 und 727; HessVGH, Beschluss vom 28.11.2005, Az. 3 TG 2774/05, HGZ 2006, S. 22 ff; OVG Saar, Beschluss vom 03.01.2008, Az. 2 O 44/06.

[1620] Auch wenn die Schutznormtheorie primär an Normen des öffentlichen Rechts anknüpft und sich primär mit der Frage eines durch eine öffentliche Rechtsnorm rechtlich geschützten Individualinteresses befasst (vgl. *Kopp/Ramsauer*, VwVfG, Einführung I Rn 57 ff [59]), können sich subjektive Rechte des Bürgers außer aus Rechtsnormen auch auf sonstige Weise wie etwa aus gerichtlichen Entscheidungen, verwaltungsrechtlichen Verträgen und aus den Regelungen von Verwaltungsakten ergeben, vgl. *Kopp/Ramsauer*, a.a.O., Einführung I Rn 63. Nicht zuletzt auch vor dem Hintergrund, dass das allgemeine Verwaltungsrecht früher mangels gesetzlicher Regelungen beinahe ausschließlich und auch heute nach Erlass des VwVfG bzw. BayVwVfG zum Teil noch durch ungeschriebene allgemeine Rechtsgrundsätze des Verwaltungsrechts, die von Rechtsprechung und Rechtslehre entwickelt worden sind, geprägt war bzw. ist (vgl. hierzu *Maurer*, Allgemeines Verwaltungsrecht, § 4 Rn 36 ff), ist eine Her-

zur Anwendung zu bringen ist, kann der Nachbar aus dem Institut des fehlenden Sachbescheidungsinteresses jedoch keine Rechte zu seinen Gunsten ableiten, mag dieser Gedanke aus rechtspolitischer Sicht – wie etwa von *Wittreck*[1621] gefordert – durchaus legitim sein. Dem Rechtsgrundsatz folgt insbesondere nicht zugleich auch eine Verpflichtung der Bauaufsichtsbehörde,[1622] von der Möglichkeit der Antragsablehnung bereits auf der Ebene der zu prüfenden Sachentscheidungsvoraussetzungen Gebrauch machen zu müssen. Die nachbarliche Anfechtungsklage lässt sich mithin nicht darauf stützen, die Behörde habe zu Unrecht von der eingeräumten Möglichkeit, den Bauantrag mangels Sachbescheidungsinteresses abzulehnen, keinen Gebrauch gemacht. Für eine aus dem Unterbleiben des Gebrauchmachens bedingte Rechtswidrigkeit der Baugenehmigung ist weder in objektiver noch subjektiver Anschauung Raum.

Auch vor dem Hintergrund der Regelung des mit dem Änderungsgesetz des Jahres 2009 ergänzten zweiten Halbsatzes in Art. 68 Abs. 1 Satz 1 BayBO 2008/2009, welche zum Teil als landesrechtliche Sondervorschrift zur Zulässigkeitsvoraussetzung des Sachbescheidungsinteresses nur für das Baugenehmigungsverfahren[1623] angesehen wird, stellt sich die gegenwärtige Frage nach einer unmittelbaren Drittschutzwirkung resultierend aus dem ungeschriebenen Rechtsgrundsatz eines fehlenden Sachbescheidungsinteresses nicht als eine Problematik von lediglich rechtshistorischem Interesse dar. Sie hat vielmehr – jedenfalls nach der hier vertretenen Auffassung[1624] – nach wie vor aktuelle, wenn auch sicherlich aufgrund des reduzierten Anwendungsbereichs in ihrer praktischen Bedeutung verminderte Relevanz, wenn es um das Sachbescheidungsinteresse als ungeschriebenen Rechtsgrundsatz in seiner „allgemeinen"[1625] und nach wie vor auch im Baurecht gültigen Ausprägung geht, wie es im Übrigen außerhalb materiell-bauordnungsrechtlicher Normen[1626] auch nach der

---

leitung von subjektiven öffentlichen Rechten auch aus allgemeinen Rechtsgrundsätzen möglich.
[1621] Vgl. *Wittreck*, BayVBl 2004, S. 203.
[1622] Vgl. *Decker/Konrad*, Bayerisches Baurecht, Kap. II. Teil 6 Rn 10: *„[...] verpflichtet sei sie hierzu freilich nicht."*
[1623] Vgl. *Lechner*, in: Simon/Busse, BayBO, Art. 66 Rn 171; ähnlich *Wolf*, BayBO – Kurzkommentar, Art. 68 Rn 15, der allerdings von einer neben dem Sachbescheidungsinteresse stehenden landesrechtlichen Sondervorschrift spricht.
[1624] Vgl. insbesondere Teil 2 C.II.3. und D.I.
[1625] Vgl. hierzu auch *Lechner*, in: Simon/Busse, BayBO, Art. 68 Rn 155, 158, 165 f.
[1626] Vgl. zur Problematik des Abgrenzungskriteriums „außerhalb des Verfahrensgegenstandes" – wie vom BayVGH gebraucht – Teil 2 A.IV.2., dort insbesondere c).

Rechtsprechung des Bayerischen Verwaltungsgerichtshofs[1627] trotz dessen diesbezüglicher restriktiver Rechtsprechung zur Anwendung gebracht werden kann. Zumindest im Rahmen des vereinfachten Baugenehmigungsverfahrens, mangels bauaufsichtsbehördlicher Genehmigungsentscheidung allerdings grundsätzlich[1628] nicht auch in den Fällen verfahrensfreier oder genehmigungsfreigestellter Bauvorhaben, kommt das Rechtsinstrument eines fehlenden Sachbescheidungsinteresses – jedenfalls aus baubehördlicher Sicht – in Betracht.

Der in seinen Grundzügen unter A.IV. des zweiten Teils dargestellte allgemeingesetzlich nicht normierte, von Judikatur und Literatur im Allgemeinen aber anerkannte und etablierte Rechtsgrundsatz ermöglicht es der Behörde, diese Kernaussage ist für die gegenständliche Erörterung nochmals wiederholend hervorzuheben, einen Antrag trotz eines etwaigen Vorliegens aller tatbestandlichen Voraussetzungen für eine positive Verbescheidung und damit auch unter Verzicht auf eine Sachprüfung im Detail unter Verweis auf das fehlende Sachbescheidungsinteresse abzulehnen.[1629] Dem liegt die Erwägung zu Grunde, dass ein Antragsteller im Verwaltungsverfahren vor Behörden bzw. ein Kläger im gerichtlichen[1630] Verfahren nur dann Anspruch auf eine (Sach-)Entscheidung haben soll, wenn er diese zur Rechtsverwirklichung benötigt, seine Rechtsposition dadurch verbessert und nicht lediglich zu unnützen Zwecken nutzen oder missbräuchliche Zwecke herbeiführen will, er kurz gesprochen ein Interesse[1631] an der beantragten Entscheidung hat. Die Entscheidung über die Ablehnung mangels eines Antragsinteresses trifft die Behörde nach pflichtgemäßem Ermessen, welches – wollte man einen drittbegünstigenden Anspruch folgern – auch zugunsten des Nachbarn auf null reduziert sein müsste. Eine Analyse des Regelungswortlauts, wie von der Schutznormtheorie bei der drittschutzprüfenden Be-

---

[1627] Vgl. BayVGH, 26. Senat, Urteil vom 23.03.2006, Az. 26 B 05.555, BayVBl 2006, S. 538; ebenso ders., 2. Senat, Urteil vom 19.01.2009, Az. 2 BV 08.2567, BayVBl 2009, S. 507.
[1628] Vgl. zum Ausnahmefall einer trotz Freistellung beantragten, aber nicht notwendigen Genehmigung *Wittreck*, BayVBl 2004, S. 203 i.V.m. 199 f [II.4.].
[1629] Vgl. *Wolf*, in: Simon/ Busse, Bayerische Bauordnung, Art. 59 Rn 80; *Busse/Dirnberger*, Die neue BayO, Art. 59 Ziff. 3, S. 306 f; BVerwGE 42, S. 117; eingehend *Wittreck*, BayVBl 2004, S. 193 ff.
[1630] Vgl. das sog. „Rechtsschutzinteresse bzw. Rechtsschutzbedürfnis" als verwaltungsprozessrechtliches Pendant zum „Antrags- bzw. Sachentscheidungsinteresse" des Verwaltungsverfahrens, vgl. *Kopp/Schenke*, VwGO, Vorb § 40 Rn 30 ff.
[1631] Vgl. BVerwGE 42, S. 115/117 = BayVBl 1973, S. 590; BVerwGE 48, S. 11/12 = BayVBl 1990, S. 602; *Kopp/Ramsauer*, VwVfG, § 22 Rn 77 m.w.N.; *Büchner/Schlotterbeck*, Baurecht, Band 2, Rn 152; *Jäde*, in: Jäde/Dirnberger/Bauer, Die neue BayO, Art. 68 Rn 28.

trachtung von Normen grundsätzlich vorausgesetzt, kommt mit Blick auf den nicht geschriebenen Rechtsgrundsatz Sachbescheidungsinteresse nicht in Betracht, so dass eine sinn- und zweckbezogene Auslegung vorzunehmen ist. Die verfahrensrechtliche Möglichkeit einer Antragsablehnung auf Ebene der Sachentscheidungsvoraussetzungen in diesem Sinn dient dabei einzig und allein der Meidung einer unberechtigten Inanspruchnahme der Behörde. Diese Form der Antragsablehnung ist auf Verfahrensökonomie und -effizienz[1632] ausgerichtet. Eine dem Nachbarn als Kehrseite der Medaille gewisse günstige Reflexwirkung, die sich durch die Ablehnung – sei es aufgrund von nachbarschützenden oder auch nur das öffentliche Interesse schützenden Normen – für den benachbarten Grundstückseigentümer ergibt, genügt als bloße Chance nicht.[1633] Der Rechtsgrundsatz dient in seiner (bislang) allgemein anerkannten sowie von Rechtsprechung und Lehre entwickelten Ausrichtung nicht zugleich auch dem individuellen Interesse bzw. dem Ausgleich konträrer nachbarrechtlich verwurzelter Rechtspositionen. Sicherlich ließe sich bei einer auf die praktischen Konsequenzen ausgerichteten Betrachtung diese von *Wittreck*[1634] bereits vor der Novelle 2008 als misslich bezeichnete Handhabung des Sachbescheidungsinteresses im Grundsatz überdenken, zumal man dem Sachbescheidungsinteresse in verfahrensrechtlicher Sicht grundsätzlich durchaus auch eine bedeutendere Funktion – wie derzeit zugesprochen – beimessen könnte;[1635] eine aus nachbarlicher Sicht geradezu anzustrebende These. In der hier betrachteten Ausprägung eines im Verwaltungsrecht allgemein gültigen Rechtsgrundsatzes stößt eine nachbarliche Schutzwirkungen implementierende Ausweitung des Sachbescheidungsinteresses aber nicht nur auf rechtsdogmatische Bedenken dergestalt, dass allgemein gültige Erwägungen zugunsten einer bauverfahrensrechtlichen Einzelfallproblematik preisgegeben würden, sondern auch die legislatorischen Folgen der beschränkten Prüfprogramme verbieten eine Anpassung von Sinn und Zweck des Rechtsinstituts eines fehlenden Sachbescheidungsinteresses im Sinne einer

---

[1632] Vgl. *Numberger*, BayVBl 2008, S. 743; *Schröder*, BayVBl 2009, S. 497.

[1633] Vgl. auch *Kopp/Ramsauer*, VwVfG, Einführung I Rn 58; BayVGH, Beschluss vom 14.10.2010, Az. 15 ZB 10.1584, BayVBl 2011, S. 413; VG Augsburg, Urteil vom 25.11.2011, Az. Au 5 K 11.547, juris-Dok. Rn 35.

[1634] Vgl. *Wittreck*, BayVBl 2004, S. 203, der unter anderem kritisiert, dass der behördliche Rekurs auf das Sachbescheidungsinteresse Ergebnisse von einer gewissen Beliebigkeit produziere, und deshalb ein „*intendiertes Ermessen*" unter Einschluss nachbarlicher Interessen verlangt. Vgl. kritische Anmerkung bei *Jäde*, BayVBl 2004, S. 487 Fn 131.

[1635] Vgl. so auch *Schröder*, BayVBl 2009, S. 497 m.w.N., allerdings wohl mit einer Ausrichtung zugunsten der Behörde i.S.e. Verfahrenseffizienz.

dem Nachbar zweckdienlichen Ausprägung im Wege der Rechtsfortbildung, da zugleich in verwaltungsprozessrechtliche Grundsätze[1636] eingegriffen, mithin letztlich eine nachbarliche Anfechtung ohne Berücksichtigung der rechtlichen, durch die Genehmigung als Verwaltungsakt im Sinne des Art. 68 Abs. 1 Satz 1, 1. Hs. BayBO 2008/2009 vermittelnden Feststellungswirkung ermöglicht würde. Bei Achtung der baugenehmigungsrechtlichen Feststellungen im Sinne der nach Art. 59 Satz 1 BayBO 2008 zu prüfenden bzw. geprüften Vorschriften wäre eine dem Sachbescheidungsinteresse folgende drittbegünstigende Verpflichtung bei entsprechender Ermessensreduzierung ohnehin gegenstandslos, käme diese durch die dahinter stehende materiell-rechtliche Norm, die durch das Bauvorhaben zu Lasten des Nachbarn verletzt wird, ohnehin zum Tragen.

Infolge dessen bleibt es auch nach der BayBO-Novelle 2008 bzw. dem Änderungsgesetz 2009 und trotz der nachbarrechtlichen Rechtsschutzprobleme bei der bis dato gültigen herrschenden Meinung[1637], dass das Sachbescheidungsinteresse jedenfalls als allgemeiner und nicht geschriebener Rechtsgrundsatz nicht drittschützend ist.[1638] Dies gilt insbesondere auch dann, wenn der Umstand und die Norm, welche die Bauaufsichtsbehörde zu einer Antragsablehnung nach den Grundsätzen des Sachbescheidungsinteresses ermächtigt, ihrerseits selbst drittschützend sind.[1639]

b) Keine unmittelbare Drittschutzwirkung der bauordnungsrechtlichen Verfahrensvorschrift Art. 63 Abs. 2 Satz 2, 2. Hs. BayBO 2008/2009

Die legislatorischen Weiterungen in Gestalt der Regelungen in Art. 63 Abs. 2 Satz 2, 2. Hs. BayBO 2008/2009 sowie im Übrigen auch in Art. 68 Abs. 1 Satz 1, 2. Hs. BayBO 2008/2009 – zu letzterem nachstehend A.III.3.d) – liefern ihrerseits überprüfenswerte rechtstheoretisch und -praktisch interessante Anknüpfungspunkte für eine etwaige Kompensation der nachbarrechtlichen Auswirkun-

---

[1636] Vgl. *Kopp/Schenke*, VwGO, § 42 Rn 102 ff [102a].
[1637] Vgl. *Reicherzer*, BayVBl 2000, S. 753; *Decker/Konrad*, Bayerisches Baurecht, Kap. II. Teil 6 Rn 10 [1. Aufzählungspunkt]; *Jäde*, BayVBl 2004, S. 487 [Fußnote 131].
[1638] Vgl. i.E. auch *Numberger*, BayVBl 2008, S. 743; *Schröder*, BayVBl 2009, S. 497.
[1639] Vgl. so i.E. auch *Reicherzer*, BayVBl 2000, S. 753.

gen[1640] der zuletzt erheblich ausgedünnten und insbesondere um die drittschützenden bauordnungsrechtlichen Vorschriften reduzierten Prüfprogramme. Öffentlich-rechtlicher Nachbarschutz erfolgt seitdem im Grundsätzlichen, d.h. ungeachtet rechtsdogmatischer Überlegungen[1641] zur Synchronisierung prozessrechtlicher Verfahren, nur noch unter erschwerten rechtlichen Voraussetzungen in Form der Verpflichtung zum bauaufsichtlichen Einschreiten bzw. sofort vollziehbarer bauaufsichtlicher Maßnahmen. Nachbarschutz kommt gleichwohl in unmittelbarer Anwendung dieser nicht absoluten Verfahrensregelungen[1642] unter Berücksichtigung der Maßgaben, wie sie die Schutznormtheorie benennt, nicht in Betracht. Es erwachsen daraus keine unmittelbaren nachbarlichen Abwehransprüche.

Bei Bauvorhaben, die einer Genehmigung bedürfen, ist der materiell-rechtlich erforderliche Abweichungsantrag mit dem Bauantrag zu stellen. So legt es der zweite Halbsatz des Art. 63 Abs. 2 Satz 2 BayBO 2008/2009 fest, der mit dem Gesetz zur Änderung der Bayerischen Bauordnung, des Baukammerngesetzes und des Denkmalschutzgesetztes[1643] eine klarstellende[1644] Ergänzung – gegenüber einer anderen Auffassung in Literatur[1645] und Rechtsprechung[1646] sogar

---

[1640] Vgl. BVerwG, NVwZ 1998, S. 58; BayVGH, BayVBl 2002, S. 499; ders., BayVBl 2006, S. 537; ders., BayVBl 2009, S. 507 und 727; HessVGH, Beschluss vom 28.11.2005, Az. 3 TG 2774/05, HGZ 2006, S. 22 ff; OVG Saar, Beschluss vom 03.01.2008, Az. 2 O 44/06; *Kopp/Schenke*, VwGO, § 42 Rn 102a.
[1641] Vgl. zur Problematik der Synchronisierung von Anordnungs- und Aussetzungsverfahren z.B. *Bamberger*, NVwZ, 2000, S. 983 ff; *Martini*, DVBl 2001, S. 1488 ff [1492 f]; *Preschel*, DÖV 1998, S. 45 ff [51 ff]; *Sacksofsky*, DÖV 1999, S. 946 ff; *Sarnighausen*, NJW 1993, S. 163 ff; vgl. hierzu auch *Löffelbein*, Genehmigungsfreies Bauen und Nachbarschutz, S. 129 ff, 145 ff, 177 ff, 187 ff.
[1642] Vgl. zur Abgrenzung von grundsätzlich nicht drittschützenden Verfahrensfehlern gegenüber absoluten und relativen Verfahrensrechten *Greim*, Rechtsschutz bei Verfahrensfehlern im Umweltrecht, S. 31 ff [S. 33: absolute Verfahrensrechte, S. 49: relative Verfahrensrechte].
[1643] Vgl. GVBl S. 385; vgl. auch LtDrs. 16/1863 vom 14.07.2009, 16/1351 vom 13.05.2009, 16/375 vom 03.02.2009.
[1644] Vgl. Oberste Baubehörde im BayStMI, Schreiben vom 24.07.2009, Zeichen: IIB4-4101-022/08, S. 15 Ziff. 8; Eine solche Verpflichtung war allerdings umstritten und wurde auf Basis der BayBO 2008 zum Teil noch in Abrede gestellt.
[1645] Vgl. *Numberger*, BayVBl 2008, S. 742 mit Verweis auf die a.A. i.S.e. Verpflichtung. Vgl. inzwischen aber auch *Molodovsky*, in: Koch/Molodovsky/Famers, BayBO, Art. 59 Rn 15b, Art. 63 Rn 53, 58a, Art. 65 Rn 48c, und *Shirvani*, in: Simon/Busse, BayBO, Art. 65 Rn 183, welche eine verfahrensrechtliche Verpflichtung vom Begehren des Bauherrn abhängig machen wollen, einen Abweichungsantrag stellen zu wollen.

eine rechtsändernde Korrektur – dahingehend erfahren hat, dass ein Bauantrag, der nicht zugleich den erforderlichen Abweichungsantrag enthält, unvollständig ist. Dies wiederum hat zur Folge, dass die Bauaufsichtsbehörde nach Art. 65 Abs. 2 BayBO 2008 verfahren kann[1647] bzw. unter bestimmten Voraussetzungen sogar verfahren muss.[1648] Ungeachtet dieser behördenorientierten Sichtweise besteht jedenfalls bei unmittelbarer Lesart eine – wie bereits in Teil 2 unter B.IV.1.a) dargelegt – bauherrenseitige Pflicht zur Antragstellung in diesem Sinne. Diese Verpflichtung präzisiert und ergänzt das Erfordernis einer gesondert schriftlichen Antragstellung für die Zulassung von Abweichungen von im vereinfachten Genehmigungsverfahren nicht geprüften bauordnungsrechtlichen Anforderungen. Dies ergibt sich aus einer zusammenhängenden Lesart des neu hinzugekommenen zweiten Halbsatzes mit dem vorausgehenden Satzteil, der wiederum auf eine entsprechende Geltung des Art. 63 Abs. 2 Satz 1 BayBO 2008/2009 verweist. Anknüpfend an diese verfahrensrechtliche Verpflichtung drängt sich bei nachbarrechtlicher Betrachtung der Regelung und mit Blick auf Art. 46 BayVwVfG die Frage nach den unmittelbaren Folgen eines bauherrenseitigen Verstoßes gegen diese Verpflichtung auf. Es geht demnach um die unmittelbaren Auswirkungen nicht formgerecht, d.h. nicht gesondert schriftlich und zugleich zusammen mit dem Bauantrag beantragter, im Sinne des Gesetzes aber notwendiger Abweichungen von bauordnungsrechtlichen Anforderungen aus baunachbarrechtlicher Sicht. Ein Fruchtbarmachen eines solchen Verstoßes zugunsten des klagenden Nachbarn als solches – also nicht der dahinter stehenden abweichungsbedürftigen und gegebenenfalls nachbarschützenden Vorschriften – würde in jedem Fall aber eine zumindest auch drittschützende Wirkung dieser den Bauherrn im Sinne des Art. 63 Abs. 2 Satz 2 i.V.m. Satz 1 BayBO 2008/2009 verpflichtenden Regelung verlangen,[1649] wobei im Falle einer nachbarlichen Anfechtungsklage der verfahrensrechtliche Verstoß zugleich die

---

[1646] Vgl. VG München, Urteil vom 07.10.2010, Az. M 11 K 09.4004, wonach im „Bedarfsfall" einer Abweichung keine Verpflichtung zur Antragstellung bestehe; wohl ebenso dass., Urteil vom 23.11.2010, Az. M 1 K 10.3439.
[1647] Vgl. Oberste Baubehörde im BayStMI, Schreiben vom 24.07.2009, Zeichen: IIB4-4101-022/08, S. 15.
[1648] Vgl. Teil 2 B.IV.1.c); i.d.S. i.E. auch *Schwarzer/König*, BayBO, Art. 63 Rn 23; a.A. *Jäde*, in: Jäde/Dirnberger/Bauer, die neue Bayerische Bauordnung, Art. 63 Rn 76 i.V.m. Art. 59 Rn 38.
[1649] Vgl. zum Grundsatz der Ermittlung des individualschützenden Charakters einer Verfahrensnorm anhand der Schutznormtheorie *Greim*, Rechtsschutz bei Verfahrensfehlern im Umweltrecht, S. 31 ff [32] m.w.N.

Rechtswidrigkeit der Baugenehmigung begründen und die gesetzlichen Hürden der Feststellungswirkung im Sinne des Art. 68 Abs. 1 Satz 1, 1. Hs. BayBO 2008/2009 überwinden (können) müsste.[1650]

Anders als noch vorstehend beim ungeschriebenen Rechtsgrundsatz des fehlenden Sachbescheidungsinteresses kommt bei der gegenständlichen Erörterung dem Wortlaut der Norm unter Berücksichtigung des Regelungszwecks eine maßgebliche und entscheidende Rolle bei der Bestimmung etwaiger drittschützender Wirkungen der Regelung zu. Die Gesetzgebungsmaterialien[1651] für das Änderungsgesetz selbst geben keinen weiteren Aufschluss über den Bedeutungsgehalt der Ergänzung der Norm; sie benennen insoweit überhaupt keine Gründe. Die Vollzugshinweise[1652] richten den Blick ausschließlich auf die Bedeutung des Rechtsverstoßes für die Bauaufsichtsbehörden. Die Einbettung der Vorschrift in den III. Abschnitt des fünften Teils der Bayerischen Bauordnung, also in die Regelungen über das Genehmigungsverfahren, sowie nicht zuletzt der Wortlaut der Vorschrift selbst charakterisieren diese jedenfalls als Verfahrensvorschrift[1653] und sprechen der Regelung jedwede materiell-rechtliche Anforderung an Bauvorhaben ab. Als solche dient sie mit Blick auf die Vollständigkeit der Bauunterlagen zwar dem Interesse des Bauherrn, dem durch die Antrags- und Begründungspflicht die ihm obliegende Verantwortlichkeit für die Einhaltung der materiell-rechtlichen Anforderungen vor Augen geführt werden soll,[1654] und auch der Genehmigungsbehörde, nicht zugleich aber dem Nachbarn und entfaltet damit keine drittschützende Wirkung. Denn auch wenn – wie bereits die Gesetzesbegründung zur BayBO 2008 ausführt – mit der Antrags- und Begründungspflicht die Verantwortlichkeit des Bauherrn und Entwurfsverfassers für die Einhaltung der materiell-rechtlichen Anforderungen dokumentiert werden soll[1655] und sich damit in den Wirkungen auch Reflexe bezüglich des Nachbarn zeigen können, die zur Begründung von subjektiven öffentlichen

---

[1650] Im Kontext mit den subjektiven Verfahrensrechten ist § 44 a VwGO zu beachten. Vgl. hierzu auch *Kopp/Ramsauer*, VwVfG, Einführung I Rn 65 ff, und *Kopp/Schenke*, VwGO, § 44 a Rn 11.
[1651] Vgl. LtDrs. 16/1863 vom 14.07.2009, 16/1351 vom 13.05.2009, 16/375 vom 03.02.2009.
[1652] Vgl. Oberste Baubehörde im BayStMI, Schreiben vom 24.07.2009, Zeichen: IIB4-4101-022/08, S. 15.
[1653] Vgl. so – allerdings noch bezogen auf Art. 63 Abs. 2 BayBO 2008 – auch *Numberger*, BayVBl 2008, S. 743.
[1654] Vgl. LtDrs. 15/7161 vom 15.01.2007, S. 69.
[1655] Vgl. LtDrs. 15/7161 vom 15.01.2007, S. 69; ebenso *Dhom*, in: Simon/Busse, BayBO, Art. 63 Rn 48.

Rechtspositionen allerdings nicht ausreichend sind,[1656] dokumentiert jedenfalls die Nichteinhaltung der Pflicht zur gesonderten schriftlichen und gleichzeitigen Antragstellung durch den Bauherrn auf der Ebene der von der Baugenehmigung ausgehenden Feststellungswirkungen nicht zugleich einen materiell-rechtlichen Verstoß von bauordnungsrechtlichen Anforderungen, für die eine Abweichung hätte beantragt werden müssen. Ohne die Beantragung von Abweichungen partizipieren weder die durch die Nichteinhaltung der Anforderungen verursachten Rechtsverstöße noch die diesbezüglichen Vorschriften als solche an der bauaufsichtlichen Genehmigungsprüfung und damit auch nicht an der Feststellungswirkung. Die bauherrenseitige Verpflichtung ist neben den Verfahrensfolgen des Art. 65 Abs. 2 Satz 1 BayBO 2008 insbesondere auch vor dem Hintergrund eines ökonomischen behördlichen Genehmigungsverfahrens zu sehen, in dem die Behörde beantragte Abweichungen (mit) zu prüfen hat, Art. 59 Satz 1 Nr. 2 BayBO 2008. Auch letztere Vorschrift ist mit dem Zweck eines nur im öffentlichen Interesse stehenden geordneten Verwaltungsverfahrens[1657] insofern eine nicht drittschützende Verfahrensvorschrift, die dem Nachbarn keine in rechtlicher Hinsicht erfolgreiche Argumentation dergestalt erlaubt, dass die Anfechtung bei erfolgter Abweichungsstellung und behördlicher Mitprüfung möglich gewesen wäre.

Die hier zur Diskussion stehenden bauverfahrensrechtlichen Bestimmungen dienen damit nur den Interessen der unmittelbaren Verfahrensbeteiligten, mithin also dem Bauherrn und der Bauaufsichtsbehörde. Ein Schutzzweck von Individualinteressen Dritter lässt sich der verfahrensrechtlichen Verpflichtung in Anwendung der Schutznormtheorie[1658] nicht entnehmen, zumal mit der Abweichungsantragsstellung nach den Maßgaben des Art. 63 Abs. 2 BayBO 2008/2009 noch nicht einmal Anhörungsrechte des Nachbarn verbunden sind,

---

[1656] Vgl. *Kopp/Ramsauer*, VwVfG, Einführung I Rn 58; BayVGH, Beschluss vom 14.10.2010, Az. 15 ZB 10.1584, BayVBl 2011, S. 413; VG Augsburg, Urteil vom 25.11.2011, Az. Au 5 K 11.547, juris-Dok. Rn 35.
[1657] Vgl. *Decker*, in: Simon/Busse, BayBO, Art. 55 Rn 77/78 m.w.N.; BayVGH, BayVBl 2009, S. 694/695. Vgl. zur Bedeutung des Verwaltungsverfahrens im Zusammenhang mit Verfahrensfehlern *Greim*, Rechtsschutz bei Verfahrensfehlern im Umweltrecht, S. 24 ff.
[1658] Anhand der Schutznormtheorie bestimmt sich im Übrigen auch die Kategorie der sog. „relativen Verfahrensrechte", vgl. *Greim*, Rechtsschutz bei Verfahrensfehlern im Umweltrecht, S. 49 ff [51 m.w.N.]. Vgl. zum Grundsatz der Ermittlung des individualschützenden Charakters von Verfahrensvorschriften *Greim*, a.a.O., S. 32 m.w.N.

welche grundsätzlich eine gewisse – wenn auch relativierbare – Indizwirkung[1659] für einen etwaigen verfahrensrechtlichen Drittschutz begründen könnten. In der Begründung dürftig, übertragen auf die hier erörterte Fallgestaltung im Ergebnis aber zutreffend stellt das OVG des Saarlandes[1660] (allerdings anlässlich der nachbarlichen Rüge einer fehlerhaften baugenehmigungsrechtlichen Verfahrenszuordnung) insoweit leitsatzgemäß fest, dass ein Verstoß gegen bauordnungsrechtliche Verfahrensvorschriften keine nachbarrechtlichen Abwehransprüche auslöst. Der Nachbar hat folglich keinen Anspruch auf eine im Sinne des Art. 63 Abs. 2 Satz 2 i.V.m. Satz 1 BayBO 2008/2009 rechtmäßige Antragstellung des Bauherrn und bleibt damit – ungeachtet etwaiger anderer Abwehransprüche – auf seinen Anspruch auf Schutz originär materieller Rechte und die Möglichkeit der prozessualen Durchsetzung derselben beschränkt.[1661]

Mit Blick auf die in der Literatur[1662] inzwischen – sicherlich zu Recht – vermehrt aufgeworfene Frage, ob es, wie bislang überwiegend (und im Übrigen auch vom OVG des Saarlandes mit vorstehend benannter Entscheidung) vertreten, noch folgerichtig sein kann, dem Nachbarn in den Fällen einer falschen Verfahrenszuordnung durch die Bauaufsichtsbehörde, mithin z.B. bei Behandlung des zur Genehmigung gestellten Bauvorhabens im vereinfachten anstatt im regulären Baugenehmigungsverfahren mit seinem – im Vergleich zum regulären Verfahren nach Art. 60 Satz 1 BayBO 2008 – vor allem um das Bauordnungsrecht gekürzten Prüfprogramm und seiner damit weniger weitreichenden Feststellungswirkung, einen Anspruch auf das richtige Verfahren abzusprechen, liegt eine Übertragung dieser (Neu-)Bewertung[1663] bezüglich sog. Verfahrensartfehler[1664] auch auf die hier diskutierte Konstellation eines fehlenden Abweichungsantrags auf den ersten Blick vielleicht durchaus nahe. Beide Fallgestaltungen sind jedoch nicht derart vergleichbar, dass die Bejahung eines Nachbaranspruchs im Falle einer falschen Verfahrenszuordnung (entgegen der bislang noch über-

---

[1659] Vgl. *Kopp/Ramsauer*, VwVfG, Einführung I Rn 58a.
[1660] Vgl. OVG Saar, Beschluss vom 03.01.2008, Az. 2 O 44/06 [Leitsatz]; i.E. auch BayVGH, Beschluss vom 14.01.2009, Az. 1 ZB 08.97, BayVBl 2009, S. 694 f [695].
[1661] Vgl. hierzu auch VGH BW, DÖV 2006, S. 656; *Decker*, in: Simon/Busse, BayBO, Art. 55 Rn 77.
[1662] Vgl. *Möstl*, BayVBl 2014, S. 224; *Greim*, Rechtsschutz bei Verfahrensfehlern im Umweltrecht, S. 65 f m.w.N.
[1663] Vgl. *Greim*, Rechtsschutz bei Verfahrensfehlern im Umweltrecht, S. 66.
[1664] Vgl. zur Begrifflichkeit „Verfahrensartfehler" *Greim*, Rechtsschutz bei Verfahrensfehlern im Umweltrecht, S. 62 ff.

wiegenden Meinung[1665]) zugleich bzw. zwangsläufig die Annahme einer drittschützenden Wirkung der Verfahrensregelung des Art. 63 Abs. 2 BayBO 2008/2009 bedingen müsste. In letzterer Fallgestaltung kann nämlich angesichts der vorstehend vorgenommenen Charakterisierung der Norm nicht ohne Weiteres von einer rechtswidrigen Verkürzung nachbarlicher Beteiligungsrechte und – wie dies dem Verwaltungsverfahren bzw. der Genehmigungsverfahrensart zugesprochen wird[1666] – von dem Normzweck im Sinne einer Kompensation der gerade im Abwägungsbereich vergleichsweise geringen materiell-rechtlichen Vorgaben ausgegangen werden. Während sich eine ohne erforderlichen Abweichungsantrag und – in Folge dessen – ohne Abweichungsprüfung erteilte (vereinfachte) Baugenehmigung zu abweichungsbedürftigen Vorschriften überhaupt nicht verhält, bringt eine im vereinfachten anstatt im – gesetzlich einschlägigen – regulären Baugenehmigungsverfahren erteilte Baugenehmigung zumindest im Umkehrschluss ein behördenseitiges Verkennen der an dieses (Sonder-)Bauvorhaben gestellten Anforderungen, die sich aufgrund seiner besonderen Art und Nutzung ergeben, sowie der Auswirkungen des Vorhabens auf die Umwelt zum Ausdruck. Darüber hinaus sind bei einer gegenübergestellten Betrachtung dieser beiden Fallkonstellationen zwei unterschiedliche „Fehlerverursacher" auszumachen. Folgt man hingegen weiterhin der Auffassung, wonach eine falsche Verfahrensartzuordnung keine Abwehrrechte des Nachbarn begründen können soll,[1667] stützt dies im Wege eines argumentum a maiore ad minus[1668] sogar die Auffassung von einer nicht drittschützenden Wirkung des Art. 63 Abs. 2 BayBO 2008/2009. Es bleibt damit dabei, dass die – wenn auch rechtswidrig – unterlassene Antragstellung auf Zulassung von Abweichungen weder Auswirkungen auf die Feststellungswirkung des die Genehmigung erteilenden Verwaltungsaktes zeigt noch einen entsprechenden Anspruch des Nachbarn begründet.

[1665] Vgl. BayVGH, BayVBl 2009, S. 694/695; OVG Saar, Beschluss vom 03.01.2008, Az. 2 O 44/06 m.w.N.; *Decker*, in: Simon/Busse, BayBO, Art. 55 Rn 77/78 m.w.N.; *Molodovsky*, in: Koch/Molodovsky/Famers, BayBO, Art. 58 Rn 76 a.E. m.w.N.

[1666] Vgl. *Greim*, Rechtsschutz bei Verfahrensfehlern im Umweltrecht, S. 65 f m.w.N.

[1667] Vgl. BayVGH, BayVBl 2009, S. 694/695; OVG Saar, Beschluss vom 03.01.2008, Az. 2 O 44/06 m.w.N.; *Decker*, in: Simon/Busse, BayBO, Art. 55 Rn 77/78 m.w.N.; *Molodovsky*, in: Koch/Molodovsky/Famers, BayBO, Art. 58 Rn 76 a.E. m.w.N.; *Greim*, Rechtsschutz bei Verfahrensfehlern im Umweltrecht, S. 63 f m.w.N. Rspr. des BVerwG, aber i.E. kritisch bewertend, vgl. S. 65 f m.w.N.

[1668] Vgl. hierzu auch *Greim*, Rechtsschutz bei Verfahrensfehlern im Umweltrecht, S. 65, die aufgrund als drittschützend anerkannter Verfahrensvorschriften im Wege eines „argumentum a minore ad maius" erst recht den drittschützenden Charakter des Verfahrens als solches bestätigt sieht.

c) Keine mittelbare Drittschutzvermittlung aus Art. 63 Abs. 2 Satz 2 BayBO 2008/2009

Einen durchaus erörterungswürdigen Ansatz wählt *Koehl*[1669], der in Lehre und Kommentarliteratur[1670] wenn überhaupt nur rudimentäre Erwähnung zumeist in Form allgemein gehaltener Verweisungen erfährt und auch in der bayerischen verwaltungsgerichtlichen Rechtsprechung[1671] – soweit ersichtlich – bislang nur eingeschränkt und ansatzweise, dann wiederum auch nur als „abzulehnende andere Auffassung" Berücksichtigung findet. Vor allem auch in der Literatur erfolgt hinsichtlich dieses Ansatzes kaum eine fachkritische Meinungsbildung, obgleich dieser nach den gesetzestextlichen Ergänzungen in Art. 63 Abs. 2 Satz 2, 2. Hs. BayBO 2008/2009 und den dadurch bedingten verfahrensrechtlichen Folgen – wie in Teil 2 B.IV.1.a) und Teil 3 A.III.3.b) erschlossen – durchaus auch Anlass zur Diskussion geboten hätte und mangels einer solchen aktuell auch noch bietet. Dies gilt umso mehr, als die auf Grundlage der Bayerischen Bauordnung 2008/2009, d.h. unter Einschluss der Ergänzungen des Änderungsgesetzes 2009, aufbauende und die These *Koehls* verwerfende Argumentation der verwaltungsgerichtlichen Rechtsprechung[1672] – soweit zum Gegenstand der Betrachtung gemacht – nicht nur nicht tragbar, sondern in sich sogar widersprüchlich ist. Trotz allem führt auch eine an die veränderten gesetzestextlichen Voraussetzungen angepasste rechtliche Würdigung – wie mit nachstehenden Erläuterungen aufgezeigt – zur Verneinung eines mittelbar drittschutzvermittelnden Charakters resultierend aus der Regelung des Art 63 Abs. 2 Satz 2, 2. Hs. i.V.m. Art. 65 Abs. 2 Satz 1 BayBO 2008/2009, so dass es im Ergebnis bei einer ablehnenden Haltung gegenüber dem von *Koehl* gefolgerten Ansatz bleibt bzw. dazu kommt.

[1669] Vgl. *Koehl*, BayVBl 2009, S. 645 ff [648/649, 650].

[1670] Vgl. mit schlichtem Verweis auf „a.A. *Koehl*, BayVBl 2009, S. 645 ff" z.B. *Wolf*, in: Simon/Busse, BayBO, Art. 59 Rn 116; *Dhom*, in: Simon/Busse, a.a.O., Art. 63 Rn 49; *Jäde*, in: Jäde/Dirnberger/Bauer, Die neue BayBO, Art. 63 Rn 75 und Art. 68 Rn 37. Mit zumindest kurzer inhaltlicher Auseinandersetzung z.B. *Wolf*, BayBO – Kurzkommentar, Art. 63 Rn 12.

[1671] Vgl. z.B. VG München, Urteil vom 07.10.2010, Az. M 11 K 09.4004, juris-Dok. Rn 24; dass., Urteil vom 23.11.2010, Az. M 1 K 10.3439, juris-Dok. Rn 52; vgl. VG Ansbach, Urteil vom 20.10.2009, Az. AN 9 K 09.00018, juris-Dok. Rn 25 a.E. m.w.N. *Koehl*, aber in anderem Zusammenhang; keine Erwähnung/Auseinandersetzung dagegen z.B. bei BayVGH, Beschluss vom 14.10.2010, Az. 15 ZB 10.1584, BayVBl 2011, S. 413, und ders., Beschluss vom 07.02.2011, Az. 2 ZB 11.11.

[1672] Vgl. z.B. VG München, Urteil vom 07.10.2010, Az. M 11 K 09.4004, juris-Dok. Rn 24; dass., Urteil vom 23.11.2010, Az. M 1 K 10.3439, juris-Dok. Rn 52.

Bereits allein der gesetzlichen Maßgabe einer gesondert schriftlichen Antragstellung im Sinne des Art. 63 Abs. 1 (Satz 2 i.V.m. Satz 1) BayBO 2008 in der Fassung der Neubekanntmachung vom 14. August 2007[1673], d.h. ohne die (klarstellende)[1674] Ergänzung des Art. 63 Abs. 2 Satz 2, 2. Hs. BayBO 2008/ 2009, entnimmt *Koehl* eine Verpflichtung des Bauherrn, einen notwendigen Antrag auf Zulassung von Abweichungen stellen zu müssen, wenn das zur Genehmigung gestellte Bauvorhaben bauordnungsrechtlichen Anforderungen widerspricht und diese Abweichungen einer Legalisierung gemäß Art. 63 Abs. 1 Satz 1 BayBO 2008 bedürfen. Insoweit stimmt *Koehl* noch mit der in der Literatur[1675] – zumindest gegenwärtig[1676] und auf Grundlage der Bayerischen Bauordnung 2008/2009 – überwiegend vertretenen Auffassung überein und widerspricht damit allerdings ausdrücklich der gegenteiligen Auffassung *Numbergers*,[1677] dessen Rechtsmeinung – wie in Teil 2 unter B.IV.1.a) erörtert – trotz vereinzelter Zustimmung in der erstinstanzlichen verwaltungsgerichtlichen Rechtsprechung[1678] und jedenfalls in Ansehung der Gesetzeslage 2008/2009 als widerlegt zu betrachten ist. Weiter gehend als die herrschende Meinung, die als Folge der Nichteinhaltung dieser Verpflichtung, sofern festgestellt, lediglich ein behördliches Vorgehen nach Art. 65 Abs. 2 Satz 1 BayBO 2008 zulässt, folgert *Koehl* – wie bereits in Teil 2 unter B.IV.1.b) aufgezeigt – darüber hinaus auch eine Verpflichtung der Behörde, stets[1679] (systematisch) prüfen zu müssen, ob eine Abweichung notwendig ist und der Bauherr diese gegebenenfalls pflichtwidrig

---

[1673] Vgl. GVBl S. 588; vgl. auch das Gesetz zur Änderung der Bayerischen Bauordnung und Änderungsgesetz vom 24.07.2007, GVBl S. 499; vgl. auch *Jäde,* BayBO 1998/2008 – Textsynopse, S. 13 ff [221].

[1674] Vgl. Oberste Baubehörde im BayStMI, Schreiben vom 24.07.2009, Zeichen: IIB4-4101-022/08, S. 15 Ziff. 8; *Jäde,* in: Jäde/Dirnberger/Bauer, Die neue BayBO, Art. 63 Rn 75; *Koehl,* BayVBl 2009, S. 650, der die Ergänzung aber als nicht geeignet ansieht, etwas zu der kontrovers gesehenen Frage beizutragen, ob der Bauherr materiell-rechtlich verpflichtet sei, eine notwendige Abweichung zu beantragen.

[1675] Vgl. *Jäde/Famers,* BayVBl 2008, S. 34.

[1676] Vgl. Teil 2 B.IV.1.a) m.w.N.; *Dhom,* in: Simon/Busse, BayBO, Art. 63 Rn 48; *Wolf,* BayBO – Kurzkommentar, Art. 63 Rn 12. Vgl. (inzwischen aber wieder) a.A. *Molodovsky,* in: Koch/Molodovsky/Famers, BayBO, Art. 59 Rn 15b, Art. 63 Rn 53, 58a, Art. 65 Rn 48c; ebenso *Shirvani,* in: Simon/Busse, BayBO, Art. 65 Rn 183.

[1677] Vgl. *Numberger,* BayVBl 2008, S. 741 ff [742/743].

[1678] Vgl. z.B. VG München, Urteil vom 07.10.2010, Az. M 11 K 09.4004, juris-Dok. Rn 24 m.w.N. *Numberger.*

[1679] Vgl. aber anders nach der hier vertretenen Auffassung, vgl. Teil 2 B.IV.1.c), wonach zwar gleichfalls keine freie Auswahl der Handlungsalternativen (vgl. so aber *Jäde,* in: Jäde/Dirnberger/Bauer, Die neue BayBO, Art. 59 Rn 38) zulässig ist, aber auch keine systematische Prüfung verlangt wird.

nicht beantragt hat. Insoweit wiederum konsequent geht *Koehl* des Weiteren von einem Verstoß der Bauaufsichtsbehörde gegen Art. 65 Abs. 2 BayBO 2008 aus, wenn sie eine Baugenehmigung für ein Vorhaben erteilt, welches erkennbar die erforderlichen Abstandsflächen nicht einhält, ohne dass hierfür eine Abweichung beantragt worden wäre.[1680] Unter Hinweis auf die ansonsten bestehende Gefahr willkürlicher Behörden- und damit auch Gerichtsentscheidungen bei Annahme eines behördlichen Wahlrechts – wie unter anderem von *Jäde*[1681] vertreten – beschränkt sich *Koehl* allerdings nicht nur auf eine dahingehende Prüfpflicht der Behörde, sondern spricht dieser Verpflichtung in ihren Auswirkungen zugleich auch drittschützende Wirkung zu mit der Folge, dass der Nachbar die Baugenehmigung erfolgreich anfechten könne, wenn die Abstandsflächen nicht eingehalten seien, keine Abweichung erteilt worden und das Abweichungsermessen der Behörde nicht zugunsten des Bauherrn auf null reduziert sei.[1682] Art. 65 Abs. 2 BayBO 2008 habe, soweit es um eine Fehlerhaftigkeit des Bauantrags geht, der sich auf materiell-rechtliche drittschützende Vorschriften wie die Einhaltung von Abstandsflächen auswirken könne, selbst drittschützende Funktion. Jede andere Auslegung sei mit den Grundsätzen der Rechtsstaatlichkeit und des Willkürverbots unvereinbar, so *Koehl*.[1683]

Auch der Bayerische Verwaltungsgerichtshof befasst sich im Wege der berufungsgerichtlichen Überprüfung mit den Folgen der beschränkten Feststellungswirkung für die Anfechtungsklage des baurechtlichen Nachbarn im Allgemeinen[1684] und möglichen Rechtswirkungen nachbarlicher Rügen hinsichtlich durch das Bauvorhaben verletzter und nicht eingehaltener materiell-bauordnungsrechtlicher Anforderungen im Speziellen. Im Konkreten geht es nicht zuletzt um die Auswirkungen der gesetzestextlichen Ergänzungen aufgrund des Änderungsgesetzes 2009 zugunsten des Nachbarn. Der Bayerische Verwaltungsgerichtshof beschränkt sich dabei allerdings – vermutlich (auch) aufgrund nicht gegebener Veranlassung durch entsprechenden anwaltlichen Vortrag bzw. erst-

---

[1680] Vgl. *Koehl*, BayVBl 2009, S. 648.
[1681] Vgl. *Jäde*, in: Jäde/Dirnberger/Bauer, Die neue BayBO, Art. 59 Rn 38; i.d.S.– allerdings mit kritischem Blick – wohl auch *Molodovsky*, in: Koch/Molodovsky/Famers, BayBO, Art. 59 Rn 35.
[1682] Vgl. *Koehl*, BayVBl 2009, S. 649 m.w.N. BVerwG, BayVBl 1990, S. 154 für eine – nach der Auffassung *Koehls* – vergleichbare Situation bei einer unterbliebenen Befreiung.
[1683] Vgl. *Koehl*, BayVBl 2009, S. 650 unter IV.1.
[1684] Vgl. z.B. BayVGH, Beschluss vom 27.12.2001, Az. 26 ZB 00.2890, BayVBl 2002, S. 499.

instanzliche Entscheidungsgründe – auf die Frage nach etwaigen Reflexen ausgehend von Art. 68 Abs. 1 Satz 1, 2. Hs. BayBO 2008/2009,[1685] die er allerdings inzwischen als abschließend geklärt betrachtet.[1686] Der Bayerische Verwaltungsgerichtshof geht in diesem Kontext weder auf *Koehl* namentlich noch auf die von diesem aufgezeigte Rechtsfolgenkette nebst vermeintlicher Drittschutzwirkung ein. Ähnlich verhält es sich weitestgehend auch auf erstinstanzlicher Entscheidungsebene. Zumeist werden dort in den Gründen drittschützende Konsequenzen als Ausfluss (nur) des Art. 68 Abs. 1 Satz 1, 2. Hs. BayBO 2008/2009, soweit älteren Datums und den obergerichtlichen Entscheidungen vorausgehend, nach eigener Auslegung[1687] und/oder unter Verweis auf die in der Literatur vertretene Auffassung[1688] bzw., soweit jüngeren Datums, unter Verweis auf vorstehend benannte VGH-Rechtsprechung[1689] abgelehnt. Anders verhält es sich dagegen bei zwei Entscheidungen des Bayerischen Verwaltungsgerichts München, die beide – insoweit noch begrüßenswert – zumindest auf Art. 63 Abs. 2 BayBO 2008 eingehen und dessen etwaige Rechtswirkungen für den nachbarlichen Drittschutz zumindest kurz diskutieren. Während die 11. Kammer[1690] in diesem Zusammenhang die andere Auffassung *Koehls* nur in Klammern gesetzt verweisend anführt, nimmt die 1. Kammer sogar explizit auf die *„[in] der Literatur*

[1685] Vgl. BayVGH, Beschluss vom 28.09.2010, Az. 2 CS 10.1760, BayVBl 2011, S. 147/148; ders., Beschluss vom 14.10.2010, Az. 15 ZB 10.1584, BayVBl 2011, S. 413; ders., Beschluss vom 07.02.2011, Az. 2 ZB 11.11.
[1686] Vgl. BayVGH, Beschluss vom 07.02.2011, Az. 2 ZB 11.11, m.w.N. ders., Beschluss vom 28.09.2010, Az. 2 CS 10.1760, BayVBl 2011, S. 147/148.
[1687] Vgl. z.B. VG Bayreuth, Beschluss vom 29.01.2010, Az. B 2 S 09.1055, das zuvor eine bauherrenseitige Verpflichtung zur Beantragung notwendiger Abweichungen feststellt, daraus aber keine weiteren Konsequenzen zieht, sondern einen etwaigen Drittschutz unter dem Aspekt des Art. 68 Abs. 1 Satz 1, 2. Hs. BayBO 2008/2009 diskutiert. Vgl. VG München, Urteil vom 28.09.2009, Az. M 8 K 09.270, juris-Dok. Rn 36; dass., Urteil vom 28.09.2009, Az. M 8 K 09.322, juris-Dok. Rn 42; VG Augsburg, Urteil vom 03.11.2011, Az. Au 5 K 09.1671, juris-Dok. Rn 40.
[1688] Vgl. m.w.N. auf *Manssen/Greim*, BayVBl 2010, S. 421, z.B. bei VG München, Urteil vom 07.10.2010, Az. M 11 K 09.4004, juris-Dok. Rn 25, und dass., Urteil vom 23.11.2010, Az. M 1 K 10.3439, juris-Dok. Rn 53, jeweils aber auch in Auseinandersetzung mit *Koehl*.
[1689] Vgl. VG Augsburg, Urteil vom 25.11.2011, Az. Au 5 K 11.547, juris-Dok. Rn 35; dass., Beschluss vom 22.02.2012, Az. Au 5 S 11.1933, juris-Dok. Rn 27; VG Regensburg, Urteil vom 24.03.2011, Az. RO 2 K 09.2483; dass., Beschluss vom 02.01.2012, Az. RO 2 S 11.1859; jeweils m.w.N. BayVGH, Beschluss vom 28.09.2010, Az. 2 CS 10.1760, ders., Beschluss vom 14.10.2010, Az. 15 ZB 10.1584 und/oder ders., Beschluss vom 07.02.2011, Az. 2 ZB 11.11.
[1690] Vgl. VG München, 11. Kammer, Urteil vom 07.10.2010, Az. M 11 K 09.4004, juris-Dok. Rn 24.

[...] teilweise [vertretene] Auffassung"[1691] nebst kurzer Darstellung derselben Bezug, die aber – im Falle der 1. Kammer – mit Verweis auf *Nurnbergers* Auffassung, wonach (bereits) keine Pflicht des Bauherrn zur Beantragung von Abweichungen selbst „im Bedarfsfall" bestehe, und – im Falle der 11. Kammer – mit Verweis auf die nichtvorhandene Unvollständigkeit des Bauantrags abgelehnt wird. Zwar wäre bei isolierter Betrachtung die Anknüpfung an *Nurnberger* vertretbar, jedenfalls auf Grundlage der Bayerischen Bauordnung in der (Neu-)Fassung vom 14. August 2007 ohne Berücksichtigung der Änderungen in 2009, sie erweist sich mit Blick auf die fortgesetzten gerichtlichen Ausführungen zu Art. 68 Abs. 1 Satz 1, 2. Hs. BayBO 2008/2009, mit denen auch die gerichtliche Kenntnis des Art. 63 Abs. 2 Satz 2, 2. Hs. BayBO 2008/2009 unterstellt werden kann und darf, aber nicht nur als „hinkend", sondern sogar als widersprüchlich. Denn jedenfalls mit letzterer Vorschrift kann nur noch von einer – wenn auch nicht drittschützenden – gesetzlichen Pflicht zur Antragstellung des Bauherrn ausgegangen werden, vgl. vorstehend Teil 2 B.IV.1.a) und Teil 3 A.III.3.b), womit jedoch die Argumentation des Verwaltungsgerichts München gegen die Rechtsauffassung *Koehls* fehl geht; sie ist angesichts des Art. 63 Abs. 2 Satz 2, 2. Hs. BayBO 2008/2009 jedenfalls überholt.

Nimmt man – wie zum Teil in der Literatur[1692] vertreten – selbst in Fällen von der Bauaufsichtsbehörde erkannter, vom Bauherrn nicht beantragter, aber materiell-rechtlich möglicher Abweichungen lediglich ein behördliches Wahlrecht zwischen mehreren Reaktionsmöglichkeiten an, kommt man um eine Auseinandersetzung mit der Auffassung *Koehls* umhin, die zwangsläufig die Annahme einer wie auch immer gearteten, an der dem Bauherrn im Sinne des Art. 63 Abs. 2 BayBO 2008/2009 abverlangten Antragstellung ansetzenden Verpflichtung der Behörde voraussetzt. Unter Verweis auf obige Erörterungen und Feststellungen in Teil 2 unter B.IV.1.b) und c) ist eine umfassende bauaufsichtsbehördliche systematische Prüfpflicht, wie *Koehl* sie folgert, abzulehnen. Mangels einer solchen kommt es folglich auch nach der hier vertretenen Auffassung auf die Frage eines aus dieser systematisch zielgerichteten Verpflichtung resultierenden nachbarlichen Drittschutzes nicht an, so dass diese Frage – soweit

---

[1691] Vgl. VG München, 1. Kammer, Urteil vom 23.11.2010, Az. M 1 K 10.3439, juris-Dok. Rn 52 m.w.N. *Koehl*, BayVBl 2009, S. 645.

[1692] Vgl. *Jäde*, in: Jäde/Dirnberger/Bauer, Die neue BayBO, Art. 59 Rn 38; *ders.*, BayVBl 2009, S. 709 ff [712]; i.d.S.– allerdings mit kritischem Blick – wohl auch *Molodovsky*, in: Koch/Molodovsky/Famers, BayBO, Art. 59 Rn 35.

es um diese umfassende Ausprägung geht – auch nicht beantwortet werden muss. Ein etwaiger Drittschutz steht in Anlehnung an *Koehl* gewissermaßen auszugsweise bzw. tatbestandlich beschränkt gleichwohl noch zur Diskussion, wenn man – wie hier unter B.IV.1.c) vertreten – nicht nur wie *Jäde* von einem Wahlrecht, sondern von einer behördlichen Verpflichtung zum Vorgehen nach Art. 65 Abs. 2 Satz 1 BayBO 2008 in den Fällen einer erkannten bzw. festgestellten Unvollständigkeit der Bauunterlagen ausgeht. Es liegt bereits auf der Hand, dass ein dann angenommener Drittschutz in der Tat von reinen Zufälligkeiten abhinge, nämlich je nachdem, ob die Behörde das Fehlen eines Abweichungsantrags erkannt hat oder nicht. Der nachbarliche Drittschutz wäre mit Blick auf die rechtsstaatlichen Grundsätze bereits deshalb zu verneinen. Doch ungeachtet dessen lässt sich bereits auf Grundlage der Maßgaben der Schutznormtheorie kein Drittschutz zugunsten des klagenden Nachbarn ableiten. Die lediglich bei Vorliegen der tatbestandlichen Voraussetzungen des Art. 65 Abs. 2 Satz 1 BayBO 2008 – vgl. Teil 2 B.IV.1.c) – anzunehmende behördliche Verpflichtung dient wie aufgezeigt der Meidung willkürlicher Ergebnisse insbesondere zugunsten der Bauherrschaft. Nachbarrechtlich ist sie dagegen nicht veranlasst.[1693] Des Weiteren gebietet auch der Wortlaut des Art. 65 Abs. 2 Satz 1 BayBO 2008 selbst – insoweit gleichfalls nur eine nicht drittschützende Verfahrensvorschrift[1694] – nicht die Annahme eines drittschützenden Charakters.

d) Kein drittschützender Charakter des Art. 68 Abs. 1 Satz 1, 2. Hs. BayBO 2008/2009

Mit der Frage nach dem der Regelung des Art. 68 Abs. 1 Satz 1, 2. Hs. BayBO 2008/2009 immanenten Ermessen unweigerlich verbunden ist die Frage nach einer etwaigen bauherrn- oder vor allem auch drittschützenden Wirkung dieser gesetzlich normierten Ablehnungsbefugnis wegen fehlenden Sachbescheidungsinteresses. Während die vorstehend in diesem Teil unter A.III.3.b) und c) erörterten Auswirkungen des Art. 63 Abs. 2 Satz 2, 2. Hs. (i.V.m. Art. 65 Abs. 2) BayBO 2008/2009 auf den nachbarlichen Rechtsschutz eher selten als Argument im Rahmen nachbarlicher (Anfechtungs-)Klagen bzw. Anträge im einstweiligen

---

[1693] Vgl. i.E. auch *Wolf*, BayBO – Kurzkommentar, Art. 63 Rn 13.
[1694] Vgl. zu den Auswirkungen auf den nachbarlichen Drittschutz Teil 3 A.III.3.b).

Rechtsschutz herangezogen wurden und werden,[1695] fand und findet die behördliche Ablehnungsmöglichkeit des Art. 68 Abs. 1 Satz 1, 2. Hs. BayBO 2008/ 2009 mit den dieser Regelung entnommenen Wirkungen häufig Auseinandersetzung in gerichtlichen Entscheidungen,[1696] zumal zum Teil auch bereits von Seiten der Kläger bzw. Antragsteller geltend gemacht wird, der der Behörde eingeräumte Ermessensspielraum habe sich im konkreten Einzelfall zu einem Rechtsanspruch zugunsten des betroffenen Nachbarn verdichtet.

Soweit man in unzureichender[1697] Art und Weise mit der in der Literatur[1698] nach wie vor vertretenen Meinung sowie mit der Obersten Baubehörde im Bayerischen Staatsministerium des Inneren[1699] der Auffassung ist, Art. 68 Abs. 1 Satz 1, 2. Hs. BayBO 2008/2009 beinhalte lediglich eine Befugnis und verlange darüber hinaus nicht zugleich eine bauaufsichtsbehördliche Ermessensentscheidung, ist die Frage nach etwaigen drittschützenden Wirkungen der der Baubehörde mit dem ergänzten zweiten Halbsatz gegebenen Möglichkeit folgerichtig allein auf Grundlage des Charakters der Norm als Verfahrensvorschrift mit der grundsätzlichen Folge eines Ausschlusses subjektiver Rechte[1700] zu beantworten. Insoweit sind die vorstehend in diesem Teil unter A.III.3.b) dargestellten Grundsätze zu drittschutzvermittelnden Auswirkungen von Verfahrensvorschriften heranzuziehen. Dieses augenscheinlich von rein (verwaltungs-)praktischen Überlegungen getragene Verständnis der Norm bezweckt sicherlich nicht zuletzt auch die Meidung einer Diskussion um etwaige drittschützende Wirkungen in Fällen einer denkbaren Ermessensreduzierung auf Null, welche bei abstrakter

---

[1695] Vgl. so aber z.B. der Vortrag der Antragsteller laut Tatbestand/Entscheidungsgründe in: VG Bayreuth, Beschluss vom 29.01.2010, Az. B 2 S 09.1055; vgl. auch VG München, Urteil vom 23.11.2010, Az. M 1 K 10.3439; dass., Urteil vom 07.10.2010, Az. M 11 K 09.4004.
[1696] Vgl. VG Augsburg, Beschluss vom 22.02.2012, Az. Au 5 S 11.1933; dass., Urteil vom 25.11.2011, Az. Au 5 K 11.547; VG Bayreuth, Beschluss vom 29.01.2010, Az. B 2 S 09.1055; VG München, Urteil vom 28.09.2009, Az. M 8 K 09.270; dass., Urteil vom 29.09.2009, Az. M 8 K 09.322; dass., Urteil vom 07.10.2010, Az. M 11 K 09.4004; VG Regensburg, Urteil vom 24.03.2011, Az. RO 2 K 09.2483; dass., Beschluss vom 02.01.2012, Az. RO 2 S 11.1859.
[1697] Vgl. Teil 2 D.II. m.w.N. Vgl. i.E. ebenso BayVGH, BayVBl 2001, S. 147 und S. 413; ders., Beschluss vom 07.02.2011, Az. 2 ZB 11.11; jüngst auch ders., Urteil vom 07.03.2013, Az. 2 BV 11.882, BayVBl 2013, S. 634 ff [635].
[1698] Vgl. *Jäde*, BayVBl 2009, S. 714; *ders.*, BayVBl 2010, S. 741 ff; *ders.*, in: Jäde/Dirnberger/Bauer, Die neue BayBO, Art. 68 Rn 36; *Lechner*, in: Simon/Busse, BayBO, Art. 68 Rn 174; zur a.A. i.S.d. h.M. Teil 2 D.II., dort insbesondere 2.
[1699] Vgl. Oberste Baubehörde im BayStMI, Schreiben vom 24.07.2009, Zeichen: IIB4-4101-022/08, S. 16 Ziff. 10.
[1700] Vgl. *Greim*, Rechtsschutz bei Verfahrensfehlern im Umweltrecht, S. 32 m.w.N.

Betrachtung – so wohl die Befürchtungen[1701] – eine Verdichtung des Ermessens mit der Folge eines nachbarlichen Anspruchs auf Antragsablehnung haben könnte.

Der im Rahmen der Kontroverse „Befugnis versus Ermessen" zwischenzeitlich von *Jäde* gegebene Hinweis, *„[d]ie verwaltungsverfahrensrechtliche Zentralnorm für die an die Ermessensausübung [...] zu richtenden Direktiven (Art. 40 BayVwVfG) kann doch nur zum Tragen kommen, wenn nach Maßgabe der der Exekutive die Wahlmöglichkeit eröffnenden Vorschrift bei der Ausübung dieser Befugnis rechtlich geschützte Interessen Dritter zu berücksichtigen sind [...]"*[1702], spricht zwar die eigentliche Problematik an, verkennt[1703] aber, dass man von einem Ermessen – gerade im Sinne des Art. 40 BayVwVfG – auch dann ausgeht, wenn die Behörde nicht daran gebunden ist, rechtlich geschützte Interessen Dritter einzustellen. Weder spricht Art. 40 BayVwVfG subjektive Rechte Dritter ausdrücklich an noch setzt er solche explizit voraus. Die Behörde kann deshalb bei einem von ihr auszuübenden Ermessen durchaus berechtigt, unter Umständen auch sogar gehalten sein, Rechte und Interessen Dritter in ihre Abwägungsentscheidung miteinzustellen und zu berücksichtigen, ohne dass aufgrund dessen zugleich zwangsläufig Ansprüche dieser Dritten bei einer Ermessensreduzierung folgen müssen.[1704] Die Frage des Umfangs der für die bauaufsichtsbehördliche Entscheidung nach Art. 68 Abs. 1 Satz 1, 2. Hs. BayBO 2008/2009 berücksichtigungsfähigen bzw. auch berücksichtigungspflichtigen Belange ist von der Frage des Drittschutzcharakters der Norm als solchem zu trennen. Letzterer ist vielmehr nach den allgemeinen Grundsätzen zu ermitteln. Nur dann, wenn die Ermessensermächtigung mit ihrer grundsätzlich beschränkten Verpflichtungswirkung die Voraussetzungen der Schutznormlehre erfüllt, man der Norm also nach den Maßstäben der Schutznormtheorie aufgrund des Wortlauts oder im Wege der Auslegung eine drittschützende Wirkung beimes-

---

[1701] Vgl. Oberste Baubehörde im BayStMI, Schreiben vom 24.07.2009, Zeichen: IIB4-4101-022/08, S. 16 Ziff. 10: *„[...] nicht hingegen ein Ermessensspielraum eröffnet wird, der gegebenenfalls auch im Interesse des Bauherrn oder Dritter (Nachbarn) bestehen und zu deren Gunsten zu einem Rechtsanspruch verdichtet werden könnte."*

[1702] *Jäde*, BayVBl 2010, S. 744.

[1703] Vgl. a.A. wohl *Jäde*, BayVBl 2010, S. 744, der insoweit anknüpfend an den wiedergegebenen Hinweis fortlaufend Folgendes ausführt: *„Ob man eine Wahlmöglichkeit der Verwaltung, deren Ausübung nicht an die Einstellung und Abwägung solcher Interessen gebunden ist, als Ermessen bezeichnen will, ist in der Tat nur eine terminologische Frage, der an dieser Stelle nicht weiter nachgegangen werden soll."*

[1704] Vgl. i.E. ebenso *Schwarzer/König*, BayBO, Art. 68 Rn 28.

sen kann, weil sie zumindest auch den individuellen Interessen des Klägers bzw. Antragsellers dienen soll, kann es auch einen Anspruch auf fehlerfreie Ermessensausübung[1705] bzw. im Einzelfall bei einer Ermessensreduzierung auf Null auch weitergehend einen Anspruch auf ein konkretes Behördenhandeln geben.[1706]

Der Wortlaut des Art. 68 Abs. 1 Satz 1, 2. Hs. BayBO 2008/2009 als solches verlangt weder offensichtlich nach Anerkennung einer drittschutzvermittelnden Wirkung noch schließt er eine solche von vornherein aus. Er verhält sich insoweit durchaus ambivalent. Es sind dabei vielmehr der primär verfahrensrechtliche Charakter[1707] der Ermächtigung und vor allem die gesetzgeberischen Erwägungen, welche für einen Ausschluss von (Folge-)Abwehransprüchen benachbarter Dritter sprechen. Bei diesen Erwägungen solle es sich nämlich lediglich um eine Klarstellung dergestalt handeln, dass die Bauaufsichtsbehörden Bauanträge wegen fehlenden Sachbescheidungsinteresses als unzulässig ablehnen dürfen.[1708] Zwar nehmen die Gesetzgebungsmaterialien anders als die Vollzugshinweise[1709] der Obersten Baubehörde zu der hier diskutierten Problematik selbst nicht Stellung, der Verweis auf das Sachbescheidungsinteresse, dem in seiner hier angesprochenen allgemeinen Ausgestaltung – wie in diesem Teil unter A.III.3.a) erörtert – gerade keine Drittschutzwirkung zukommt, bringt aber eben diesen Aspekt zumindest konkludent zum Ausdruck. Ob angesichts der Tatsache, dass der Bayerische Verwaltungsgerichtshof im Ergebnis gleichlautend zwischenzeitlich mehrfach[1710] eine Vermittlung von Drittschutz abgelehnt hat und ablehnt sowie auch die inzwischen wohl als herrschend zu bezeichnende Literaturmeinung[1711] diese Auffassung teilt bzw. diese sogar begründet,[1712]

[1705] Vgl. *Sachs*, in: Stelkens/Bonk/Sachs, VwVfG, § 40 Rn 135 m.w.N.; *Kopp/Ramsauer*, VwVfG, § 40 Rn 52 ff.
[1706] Vgl. *Ruffert*, in: Knack/Henneke, VwVfG, § 40 Rn 80 f [81].
[1707] Vgl. für eine Verfahrensvorschrift auch *Schwarzer/König*, BayBO, Art. 68 Rn 29; BayVGH, BayVBl 2011, S. 148.
[1708] Vgl. LtDrs. 16/1351 vom 13.05.2009, S. 2 Zu 4. a.E.
[1709] Vgl. Oberste Baubehörde im BayStMI, Schreiben vom 24.07.2009, Zeichen: IIB4-4101-022/08, S. 16 Ziff. 10.
[1710] Vgl. BayVGH, BayVBl 2011, S. 147 ff [148]; ders., BayVBl 2011, S. 413; ders., Beschluss vom 07.02.2011, Az. 2 ZB 11.11.
[1711] Vgl. *Molodovsky*, in: Koch/Molodovsky/Famers, BayBO, Art. 68 Rn 5 und 40b; *Schwarzer/König*, BayBO, Art. 68 Rn 28–30; *Wolf*, in: Simon/Busse, BayBO, Art. 59 Rn 96; i.E. auch *Ingold/Schröder*, BayVBl 2010, S. 429.
[1712] Vgl. bereits *Manssen/Greim*, BayVBl 2010 [Heft 14, 15.07.2010], S. 421 ff [425], und dem gegenüber BayVGH, Beschluss vom 28.09.2010, Az. 2 CS 10.1760, BayVBl 2011,

überhaupt noch eine anderslautende Argumentation als vertretbar bezeichnet werden könnte, darf bezweifelt werden. Insoweit kann zur Vervollständigung der unter diesem Punkt einleitend geführten Argumentation uneingeschränkt auf die Ausführungen des Bayerischen Verwaltungsgerichtshofs zurückgegriffen werden, demzufolge bei Anwendung der Schutznormtheorie auf Art. 68 Abs. 1 Satz 1, 2. Hs. BayBO 2008/2009 nicht erkennbar ist, dass die Norm auch dem Schutz des Nachbarn dienen soll, zumal ein gegenteiliges Verständnis der Norm die Intention des Gesetzgebers im Sinne einer Einschränkung der Prüfprogramme zum Zwecke einer Deregulierung ad absurdum führen würde.[1713] Eine nach erfolgter Ermessensausübung auf Art. 68 Abs. 1 Satz 1, 2. Hs. BayBO 2008/2009 gestützte behördliche Ablehnung des Bauantrags hat damit lediglich rein tatsächliche, rechtsreflexartige, nicht aber zugleich normativ intendierte begünstigende Wirkung.[1714] Selbst die Autoren *Ingold/Schröder*[1715], die zur Meidung des Vorwurfs eines fehlerbehafteten und der Baubehörde deshalb anlastbaren Ermessensausfalls der Behörde sogar eine faktische Überprüfungspflicht hinsichtlich jeglicher Verstöße gegen öffentlich-rechtliche Vorschriften auferlegen wollen, kommen bei drittschutzrechtlicher Auslegung und aufgrund „*verwaltungsaktsdogmatische[r] Überlegungen*"[1716] zum selben Ergebnis, mithin zu einer Verneinung drittschutzrechtlicher Wirkungen. Deren Auffassung im Sinne einer zumindest in faktischer Hinsicht umfassenden Prüfpflicht ist allerdings – wie unter Teil 2 D.II.3. gezeigt – als überholt zu bezeichnen.

Aufgrund der jeweils für sich gesondert zu beantwortenden Fragen nach dem Kreis und Umfang der in die Ermessensentscheidung einzustellenden Aspekte einerseits und nach einem etwaigen Drittschutz resultierend aus Art. 68 Abs. 1 Satz 1, 2. Hs. BayBO 2008/2009 andererseits, steht es der bayerischen obergerichtlichen Verwaltungsrechtsprechung auch nicht entgegen, dass die Behörde – ohne dass daraus Abwehransprüche für den Nachbarn entstehen – im Hinblick auf eine im Sinne des Art. 40 BayVwVfG ordnungsgemäße Ermessensbetätigung nicht nur die Belange des Bauherrn, sondern zugleich auch des

---

S. 147 ff; vgl. auch bereits *Jäde*, BayVBl 2009, S. 709 ff [714] allerdings mit anderem Argumentationsansatz [bloße Befugnisnorm].
[1713] Vgl. BayVGH, Beschluss vom 28.09.2010, Az. 2 CS 10.1760, BayVBl 2011, S. 148.
[1714] Vgl. BayVGH, Beschluss vom 14.10.2010, Az. 15 ZB 10.1584, BayVBl 2011, S. 413.
[1715] Vgl. *Ingold/Schröder*, BayVBl 2010, S. 426 ff [428/429].
[1716] Vgl. *Ingold/Schröder*, BayVBl 2010, S. 429.

Nachbarn einzustellen berechtigt ist.[1717] Für die Bauaufsichtsbehörde gilt es jedoch insbesondere dann, wenn sie zwar Überlegungen und Erwägungen auf Grundlage von Art. 68 Abs. 1 Satz 1, 2. Hs. BayBO 2008/2009 anstellt und die Baugenehmigung aber letztlich doch erteilt, bei der textlichen Abfassung des Baugenehmigungsbescheides, und hierbei insbesondere im Rahmen der Entscheidungsbegründung, in diesem Punkt grundsätzlich Zurückhaltung zu üben und – sofern sich eine Stellungnahme als erforderlich erweist – deutlich zu machen, in welchem Zusammenhang sie eine nachbarrechtliche Würdigung vollzogen hat, um eine erweiterte Feststellungswirkung[1718] des Bescheides auszuschließen. Die Bauaufsichtsbehörde muss hier insbesondere in den Fällen der Einbeziehung nicht mehr prüfpflichtigen Bauordnungsrechts positiv feststellende Äußerungen im Sinne einer Aussage über die Einhaltung desselben, welche im Ergebnis eine (gesetzessystematisch nicht gerechtfertigte) günstige Wirkung für den Bauherrn hätten, unterlassen. Die kontextbezogene namentliche Inbezugnahme des Art. 68 Abs. 1 Satz 1, 2. Hs. BayBO 2008/2009 sollte dabei dann ein Minimum an formell-korrekter Bescheidstechnik sein.

4. Fazit und Stellungnahme

Die Novellierung der Bayerischen Bauordnung durch das Gesetz zur Änderung der Bayerischen Bauordnung und Änderungsgesetz vom 24. Juli 2007[1719] zeigte aufgrund der damit verbundenen Reduzierung der Prüfprogramme um bauordnungsrechtliche Anforderungen im Allgemeinen und zentrale Vorschriften des öffentlichen Baunachbarrechts wie etwa Abstandsflächenregelungen im Besonderen sowie der damit wiederum einhergehenden Einschränkung der baugenehmigungsrechtlichen Feststellungswirkung entscheidende Auswirkungen auf den öffentlich-rechtlichen Nachbarrechtsschutz, dem man seitdem – vor allem nach Stimmen in der Literatur – *„keine große Chance mehr einräumen"*[1720] will. Auch angesichts der restriktiven und strikt an der Gesetzessystematik ausgerichteten Rechtsprechung des Bayerischen Verwaltungsgerichtshofs und auch der Obergerichte anderer Bundesländer, wonach die vom Prüfkatalog des verein-

---

[1717] Vgl. so – jedenfalls i.E. – wohl auch *Schwarzer/König*, Art. 68 Rn 28 f [29].
[1718] Vgl. Teil 3 B.II.
[1719] Vgl. GVBl S. 499; vgl. Neubekanntmachung vom 14.08.2007, GVBl S. 588, in Kraft getreten am 01.01.2008.
[1720] Vgl. *Schröder*, BayVBl 2009, S. 497.

fachten Baugenehmigungsverfahrens nicht benannten öffentlich-rechtlichen Anforderungen in letzterem nicht mehr geprüft werden und in Folge dessen ein Dritter zur Anfechtung der Baugenehmigung nur insoweit berechtigt ist, als er einen Verstoß gegen eine in Art. 73 Abs. 1 BayBO 1998 bzw. dann später Art. 59 Satz 1 BayBO 2008 aufgeführte Vorschrift geltend machen kann,[1721] haben die Ergänzungen der verfahrensrechtlichen Regelungen Art. 63 Abs. 2 Satz 2 und Art. 68 Abs. 1 Satz 1 BayBO 2008/2009 um jeweils einen zweiten Halbsatz durch das am 14. Juli 2009 vom Bayerischen Landtag beschlossene Gesetz zur Änderung der Bayerischen Bauordnung, des Baukammerngesetzes und des Denkmalschutzgesetzes[1722] nicht nur eine neue, veränderte rechtliche Ausgangslage hervorgerufen, sondern auch zu neuen Argumentationsansätzen der von Bauvorhaben betroffenen Dritten im Rahmen der rechtlichen Begründung von nachbarlichen Klagen und Rechtsschutzanträgen geführt. Nicht selten wurden im Rahmen jüngerer verwaltungsgerichtlicher Ausführungen[1723] die – seitens der klagenden Nachbarn – schlussgefolgerten, nach richtiger Auffassung gemäß den Maßgaben der Schutznormtheorie[1724] freilich abzulehnenden Drittschutzwirkungen der vorstehend benannten neuen Verfahrensvorschriften angesprochen und mehr oder weniger umfangreich erörtert. Zwar begegnete ein derartiges nachbarrechtsfreundliches Verständnis der ergänzten Regelungen in Art. 63 Abs. 2 Satz 2, 2. Hs. und Art. 68 Abs. 1 Satz 1, 2. Hs. BayBO 2008/2009 bereits zu Beginn

---

[1721] Vgl. BayVGH, Beschluss vom 27.12.2001, Az. 26 ZB 00.2890, BayVBl 2002, S. 499; ders., Urteil vom 23.03.2006, Az. 26 B 05.555, BayVBl 2006, S. 537 f; vgl. ebenso HessVGH, Beschluss vom 28.11.2005, Az. 3 TG 2774/05, HGZ 2006, S. 22 ff (a.A. HessVGH, Beschluss vom 17.09.2009, Az. 4 TG 2610/04); vgl. ebenso OVG Saar, Beschluss vom 01.01.2008, Az. 2 O 44/06.

[1722] Vgl. LtDrs. 16/1863 vom 14.07.2009, S. 1 ff.

[1723] Vgl. VG Ansbach, Urteil vom 20.10.2009, Az. AN 9 K 09.00260, juris-Dok. Rn 28; VG Augsburg, Urteil vom 25.11.2011, Az. Au 5 K 11.547, juris-Dok. Rn 35; dass., Beschluss vom 22.02.2012, Az. Au 5 S 11.1933, juris-Dok. Rn 27; VG Bayreuth, Urteil vom 21.06.2012, Az. B 2 K 12.154; dass., Beschluss vom 29.01.2010, Az. B 2 S 09.1055; VG München, Urteil vom 28.09.2009, Az. M 8 K 09.270, juris-Dok. Rn 36; dass., Urteil vom 28.09.2009, Az. M 8 K 09.322, juris-Dok. Rn 42; dass., Urteil vom 07.10.2010, Az. M 11 K 09.4004, juris-Dok. 24/25; dass., Urteil vom 23.11.2010, Az. M 1 K 10.3439, juris-Dok. Rn 52/53; VG Regensburg, Urteil vom 24.03.2011, Az. RO 2 K 09.2483; dass., Beschluss vom 02.01.2012, Az. RO 2 S 11.1859.

[1724] Vgl. zum Grundsatz der Ermittlung des individualschützenden Charakters einer Verfahrensnorm anhand der Schutznormtheorie *Greim*, Rechtsschutz bei Verfahrensfehlern im Umweltrecht, S. 32 ff m.w.N.

der diesbezüglich in den letzten Jahren in der Literatur[1725] geführten Kontroverse einer ablehnenden Haltung, diese Auslegung erfuhr aber bei differenziertem Blick auf die die Abweichungen betreffende Regelung des Art. 63 Abs. 2 Satz 2, 2. Hs. BayBO 2008/2009 einerseits und die das Sachbescheidungsinteresse ansprechende Norm des Art. 68 Abs. 1 Satz 1, 2. Hs. BayBO 2008/2009 andererseits durchaus auch Zuspruch,[1726] der allerdings nicht nur weitestgehend nicht diskutiert, sondern auch ohne Zustimmung von Seiten der Rechtsprechung und der Literatur im Übrigen blieb. In Ansehung der erfolgten Kommentierungen, wissenschaftlichen Abhandlungen sowie Urteilsbegründungen scheinen Literatur, Lehre und insbesondere auch die Rechtsprechung die von *Koehl* diskutierten Auswirkungen des fehlenden Abweichungsantrags auf die Bauaufsichtsbehörden und die Nachbarschaft weitestgehend entweder zu übersehen bzw. nicht zu erkennen oder aber in Ermangelung einer differenzierten Betrachtung bereits in ihrem Ursprung mit den Wirkungen des Art. 68 Abs. 1 Satz 1, 2. Hs. BayBO 2008/2009 gleichzusetzen, welcher seinerseits auch mit Blick auf den Nachbarrechtsschutz durchaus lebhafte Erörterung gefunden hat. Nur so lässt es sich letztlich erklären, weshalb *Koehl*[1727] bzw. der von ihm gewählte Ansatz – wie oben ausgeführt – bislang kaum[1728] diskutiert worden ist. Mit den – im Ergebnis nicht vorhandenen – drittschützenden Wirkungen des Art. 68 Abs. 1 Satz 1, 2. Hs. BayBO 2008/2009 hat sich der Bayerische Verwaltungsgerichtshof[1729] zwischenzeitlich mehrfach und durchaus auch ausführlich befasst. Die Diskussion wird man als abgeschlossen bezeichnen und die der Rechtsauffassung des VGH entsprechende, d.h. gleichlautende Meinung, wie sie zwischenzeitlich auch von den Gerichten der ersten Instanz sowie in der Literatur vertreten wird, als gefestigt ansehen dürfen. Nachbarschutz lässt sich demnach in Anwendung

---

[1725] Vgl. z.B. *Jäde*, BayVBl 2009, S. 709 ff [714]; *ders.*, BayVBl 2010, S. 741 ff [744/745]; *Manssen/Greim*, BayVBl 2010, S. 421 ff [425]; *Ingold/Schröder*, BayVBl 2010, S. 426 ff [429].
[1726] Vgl. so z.B. bei *Koehl*, BayVBl 2009, S. 645 ff [648 ff].
[1727] Vgl. *Koehl*, BayVBl 2009, S. 645 ff.
[1728] Vgl. mit schlichtem Verweis auf „a.A. *Koehl*, BayVBl 2009, S. 645 ff" z.B. *Wolf*, in: Simon/Busse, BayBO, Art. 59 Rn 116; *Dhom*, in: Simon/Busse, a.a.O., Art. 63 Rn 49; *Jäde*, in: Jäde/Dirnberger/Bauer, Die neue BayBO, Art. 63 Rn 75 und Art. 68 Rn 37. Mit zumindest kurzer inhaltlicher Auseinandersetzung z.B. *Wolf*, BayBO – Kurzkommentar, Art. 63 Rn 12; vgl. auch VG München, Urteil vom 07.10.2010, Az. M 11 K 09.4004, juris-Dok. Rn 24; dass., Urteil vom 23.11.2010, Az. M 1 K 10.3439, juris-Dok. Rn 52.
[1729] Vgl. BayVGH, Beschluss vom 28.09.2010, Az. 2 CS 10.1760, BayVBl 2011, S. 147/148; *ders.*, Beschluss vom 14.10.2010, Az. 15 ZB 10.1584, BayVBl 2011, S. 413; *ders.*, Beschluss vom 07.02.2011, Az. 2 ZB 11.11.

der Schutznormtheorie sowie aufgrund der vorstehend benannten Gründe aus Art. 68 Abs. 1 Satz 1, 2. Hs. BayBO 2008/2009 nicht ableiten, mag diese Regelung bei manch betroffenem Grundstücksnachbarn auch „Hoffnung" auf schnellen und weniger hürdenreichen Rechtsschutz hervorgerufen haben. Obwohl – wie gleichfalls vorstehend dargelegt – die am fehlenden Abweichungsantrag ansetzende Auffassung *Koehls* im Ergebnis freilich abzulehnen ist, wäre eine diesbezügliche obergerichtliche Äußerung, Begründung und Feststellung aber durchaus (noch) wünschenswert, da die gesetzestextliche und systematische Ausgangslage eine gänzlich andere ist und nicht der des Art. 68 Abs. 1 Satz 1, 2. Hs. BayBO 2008/2009 entspricht. Der dem Sachbescheidungsinteresse zugrunde liegende und auf der Ebene der Sachentscheidungsvoraussetzungen angesiedelte Gedanke der Verwaltungsverfahrensökonomie ist nämlich mit den Folgen eines nicht gestellten Abweichungsantrags nicht vergleichbar. Das der Vorschrift des Art. 68 Abs. 1 Satz 1, 2. Hs. BayBO 2008/2009 immanente Ermessen[1730] einerseits und die dem Art. 65 Abs. 2 Satz 1 i.V.m. Art. 63 Abs. 2 Satz 2, 2. Hs. BayBO 2008/2009 folgende behördliche Verpflichtung andererseits, die nach der Auffassung *Koehls* eine systematische Überprüfungspflicht[1731] beinhaltet und nach der hier vertretenen Auffassung lediglich eine bei (zufällig) festgestelltem Tatbestand auslösende Handlungsverpflichtung bedeutet,[1732] sind zu unterscheiden und hinsichtlich etwaiger drittschützender Wirkungen jeweils nach den Maßstäben der Schutznormtheorie zu würdigen.

Ungeachtet einer weitestgehend fehlenden bzw. unzureichenden Auseinandersetzung durch Literatur und Rechtsprechung mit den Auswirkungen eines fehlenden Abweichungsantrags ist zusammenfassend festzuhalten, dass es nach der gegenwärtigen Systematik der Bayerischen Bauordnung – vorbehaltlich der Ergebnisse der nachstehenden Erörterung – weder eine unmittelbare noch mittelbare Möglichkeit des Nachbarn gibt, eine Anfechtung der Baugenehmigung auf die von der vereinfachten Genehmigungsprüfung nicht (mehr) erfassten, insbesondere bauordnungsrechtlichen Anforderungen zu stützen.

[1730] Vgl. *Molodovsky*, in: Koch/Molodovsky/Famers, BayBO, Art. 68 Rn 40b und 40c.
[1731] Vgl. *Koehl*, BayVBl 2009, S. 648, der einen Verstoß der Bauaufsichtsbehörde folgert, wenn sie eine Baugenehmigung für ein Vorhaben erteilt, welches erkennbar die erforderlichen Abstandsflächen nicht einhält.
[1732] Vgl. Teil 2 B.IV.1.c).

B. Die nachbarliche Anfechtung nach der Bauordnungsnovelle 2008

Mit dem planungsrechtlichen Gebot der Rücksichtnahme sowie mit bewussten oder auch unbewussten Feststellungen der Bauaufsichtsbehörde, die über die beschränkte Feststellungsaussage des gesetzlich determinierten beschränkten präventiven Prüfprogramms hinausgehen und damit auch an der Feststellungswirkung partizipieren, verbleiben dem Nachbarn (derzeit) noch Anknüpfungspunkte für die Anfechtung der Baugenehmigung betreffend ein Bauvorhaben, das ihn in seinen subjektiven öffentlichen Rechten verletzt. Die Umstände des planungsrechtlichen Rücksichtnahmegebots sowie der erweiternden Feststellung aufgrund nicht systemgerechten und damit nicht rechtskonformen Behördenhandelns können den grundsätzlichen Bedeutungsverlust der nachbarlichen Anfechtungsklage im Baugenehmigungsverfahren nicht vollumfänglich kompensieren. Auch vermögen beide Anknüpfungspunkte Rechtsschutz durch Anfechtung nur im Einzelfall bei Vorliegen entsprechender Voraussetzungen zu bewirken. Gleichwohl erweist sich dieser vermeintliche Einzelfall bei näherer Betrachtung wiederum als nicht so selten, wenngleich dieser Fakt von Literatur und Rechtsprechung bislang häufig noch nicht gesehen und/oder anerkannt[1733] wird. Beide Anknüpfungspunkte fristen derzeit zu Unrecht noch ein weitestgehend bedeutungsloses „Schattendasein". Diese Feststellung, der zugleich eine Forderung folgt, soll im Folgenden substantiiert begründet werden.

I. „Rettungsanker" Gebot der Rücksichtnahme

Sucht der Baunachbar hinsichtlich seiner ihn schützenden rechtlichen Interessen Rechtsschutz in Gestalt des öffentlich-rechtlichen Aufhebungsanspruchs, der in der verwaltungsprozessualen Hauptsache mit der Anfechtungsklage im Sinne des § 42 Abs. 1, 1. Alt. VwGO durchzusetzen ist, muss er bzw. müssen seine subjektiven Rechtspositionen durch die für ein benachbartes Grundstück erteilte Baugenehmigung als mit der Anfechtungsklage anzugreifenden Verwaltungsakt selbst betroffen sein. Die bauordnungsrechtlichen Vorschriften im Allgemeinen

---

[1733] Vgl. hierzu auch *Stühler*, BauR 2009, S. 1076, der bezogen auf das Gebot der Rücksichtnahme darauf hinweist, dass in den allermeisten Fällen der Erfolg der Nachbaranfechtungsklage trotz meist großem dogmatischen Begründungsaufwand in den Schriftsätzen der Rechtsanwälte ausbleibt.

und die aus nachbarrechtlicher Sicht relevanten drittschützenden[1734] Abstandsflächenvorschriften im Sinne des Art. 6 BayBO 2008 im Besonderen zeigen seit der BayBO-Novelle 2008 jedoch grundsätzlich[1735] keinen Einfluss mehr auf die materielle Rechtmäßigkeit der Baugenehmigung,[1736] da abstandsflächenrechtliche Anforderungen in ihrer originären Ausgestaltung nicht mehr zum Pflichtprüfprogramm des Art. 59 Satz 1 BayBO 2008 gehören. Die gesetzestextlichen Ergänzungen in Art. 63 Abs. 2 Satz 2 und Art. 68 Abs. 1 Satz 1 BayBO 2008/2009, eingefügt durch das am 14. Juli 2009 vom Bayerischen Landtag beschlossene Änderungsgesetz[1737], vermitteln als solche – wie vorstehend im selben Teil unter A.III.3. und A.III.4. gezeigt – weder unmittelbar noch mittelbar Drittschutz, erweitern die von der Baugenehmigung ausgehende Feststellungswirkung nicht und ermöglichen dem Nachbarn entgegen des in der Literatur[1738] anfänglich zum Teil erweckten Eindrucks keine Anfechtung der Baugenehmigung auf Grundlage nicht mehr prüfpflichtiger bauordnungsrechtlicher Vorschriften. Aufgrund der Ausdünnung der bauaufsichtlichen Prüfprogramme gewinnt das von Verwaltungsrechtsprechung und Literatur anerkannte Gebot der Rücksichtnahme, welches vom bauaufsichtsbehördlichen bauplanungsrechtsbezogenen Prüfauftrag im Sinne des Art. 59 Satz 1 Nr. 1, 1. Alt. BayBO 2008 mit umfasst ist, für den nachbarlichen Rechtsschutz an Bedeutung.[1739] Zumindest

---

[1734] Vgl. BayVGH, BayVBl 2000, S. 562; *Busse/Dirnberger*, Die neue BayBO, Art. 6 Ziff. 2, S. 59, Ziff. 18, S. 78; *Schwarzer/König*, BayBO, Art. 6 Rn 109 ff [111]; *Dirnberger*, Das Abstandsflächenrecht in Bayern, Rn 18 ff.

[1735] Vgl. jedoch anders, wenn Abweichungen von bauordnungsrechtlichen Anforderungen zusammen mit dem Bauantrag beantragt und damit zur Überprüfung gestellt werden, Art. 59 Satz 1 Nr. 2 i.V.m. Art. 63 Abs. 2 Satz 2, 2. Hs. BayBO 2008/2009. Beachte hierzu auch HessVGH, 4. Senat, Beschluss vom 17.09.2004, Az. 4 TG 2610/04, NVwZ-RR 2005, S. 228, wonach im Falle eines materiell-rechtlich notwendigen, aber fehlenden Abweichungsantrags nicht nur das Vorhaben selbst, sondern auch die Baugenehmigung selbst rechtswidrig sein soll. Vgl. hierzu aber auch die richtige a.A. des 3. Senats des HessVGH, Beschluss vom 28.11.2005, Az. 3 TG 2774/05, HGZ 2006, S. 22 ff, der die Rechtsauffassung des 4. Senats zutreffend widerlegt.

[1736] Vgl. BVerwG, NVwZ 1998, S. 58; BayVGH, BayVBl 2000, S. 377; *Molodovsky*, in: Koch/Molodovsky/Famers, BayBO, Art. 59 Rn 42 ff [44].

[1737] Vgl. das Gesetz zur Änderungsgesetz der Bayerischen Bauordnung, des Baukammerngesetzes und des Denkmalschutzgesetzes, LtDrs. 16/1863 vom 14.07.2009, S. 1 ff.

[1738] Vgl. *Koehl*, BayVBl 2009, S. 645 ff [649].

[1739] Vgl. i.E. wohl auch *Decker*, BauR 2008, S. 455, der allerdings eher skeptisch „befürchtet", dass Nachbarschaftskonflikte zukünftig auf der Ebene des bauplanungsrechtlichen Gebots der Rücksichtnahme ausgetragen werden. Vgl. hierzu auch *Jäde*, UPR 1998, S. 326, der mit Blick auf die bundesverwaltungsgerichtliche Rechtsprechung (Beschluss vom 17.04.1998,

erweist es sich als gerechtfertigt, diesem mit Blick auf die baunachbarrechtliche Anfechtungsklage eine tragendere Rolle beizumessen, zeigt nämlich der an sich nicht mehr prüfpflichtige Verstoß gegen bauordnungsrechtliche Anforderungen an Abstandsflächen über das bauplanungsrechtliche Rücksichtnahmegebot zumindest in bestimmten Fallkonstellationen durchaus Auswirkungen auf die materielle Rechtmäßigkeit der Baugenehmigung als mit der Anfechtungsklage anzugreifenden Verwaltungsakt.

Ausgehend von den Grundzügen des im Bauplanungsrecht verankerten Gebots der Rücksichtnahme, welche zunächst zu skizzieren sind, soll dieses Zusammenspiel im Folgenden anhand rechtstheoretischer Überlegungen unter Berücksichtigung der verwaltungsgerichtlichen Rechtsprechung und deren derzeitigen Tendenzen aufgezeigt werden.

1. Grundzüge des bauplanungsrechtlichen Rücksichtnahmegebots

In seinem Kerngehalt bedeutet das (bauplanungsrechtliche)[1740] Gebot der Rücksichtnahme zwar, dass jeder Bauherr bei der Bebauung seines Grundstücks die Belange seiner Umgebung und die seiner Nachbarschaft unter Abwägung der sich gegenüberstehenden Interessen[1741] berücksichtigen muss,[1742] anders als es die durchaus weitgefasste sowie von Rechtsprechung und Literatur gebrauchte Terminologie vermuten lassen könnte, ist das Rücksichtnahmegebot allerdings weder als allgemeine Härteklausel[1743] noch als allgemeiner übergesetzlicher

---

Az. 4 B 144.97) von einer *„Instrumentalisierung Dritter zum Schutz des objektiven Bauplanungsrechts vor den neuen Landesbauordnungen"* spricht.

[1740] Davon ist Art. 63 Abs. 1 BayBO 2008 zu unterscheiden, dessen Voraussetzungen – insbesondere die Abwägung zwischen den Interessen des Bauwerbers an der Abweichung und den Interessen des Nachbarn an der Beachtung der materiell-rechtlichen Anforderungen – in der Sache (eine Art) bauordnungsrechtliches Rücksichtnahmegebot bedeuten, vgl. *Decker/Konrad*, Bayerisches Baurecht, Kap. II. Teil 7 Rn 84; vgl. hierzu auch *Dhom*, in: Simon/Busse, BayBO, Art. 63 Rn 31 ff [34].

[1741] Welche Anforderungen sich aus dem wechselseitigen Rücksichtnahmegebot ergeben, hängt maßgeblich davon ab, was dem Rücksichtnahmebegünstigten einerseits und dem Rücksichtnahmeverpflichteten andererseits in der jeweiligen Situation der benachbarten Grundstücke zuzumuten ist, vgl. BayVGH, Urteil vom 25.03.2013, Az. 14 B 12.169, BayVBl 2014, S. 146 f [147].

[1742] Vgl. *Dürr*, DÖV 1994, S. 845; vgl. auch BVerwG, NJW 1978, S. 62/63.

[1743] Vgl. BVerwG, Urteil vom 11.01.1999, Az. 4 B 128.98, BauR 1999, S. 615 ff [616]; vgl. auch *Selmer*, JuS 2000, S. 409 f; *Stühler*, BauR 2009, S. 1079.

Rechtsgrundsatz mit der Erlaubnis zu allgemeinen Billigkeitserwägungen[1744] im Rahmen des Nachbarschutzes zu verstehen. Ausgehend von dem als Leitentscheidung[1745] bezeichneten Urteil des Bundesverwaltungsgerichts vom 25. Februar 1977[1746] anlässlich einer Nachbarklage gegen eine Baugenehmigung für ein Außenbereichsvorhaben hat sich das in dieser Entscheidung erstmals zur Geltung gebrachte bauplanungsrechtliche Rücksichtnahmegebot zwischenzeitlich aber zu einem in Rechtsprechung und Lehre anerkannten Rechtsinstitut des öffentlich-rechtlichen Baunachbarrechts entwickelt, welches für die Weiterentwicklung des öffentlich-baurechtlichen Nachbarrechtsschutzes impulsgebend war.[1747] Das Rücksichtnahmegebot leitet sich allerdings weder unmittelbar aus der Eigentumsgewährleistung des Art. 14 GG bzw. Art. 103 BV noch als generelles Rechtsprinzip aus der öffentlich-baurechtlichen Gesetzessystematik ab.[1748] Nach stetig fortentwickelter und seit geraumer Zeit auch ständiger Rechtsprechung erfährt es seine Ausprägung vielmehr durch konkrete bauplanungsrechtliche Bestimmungen, in denen es verankert ist, zum Ausdruck kommt und aus denen es durch Auslegung abzuleiten ist. Erstmals[1749] dem § 35 Abs. 3 BBauG als nicht geschriebenen öffentlich-rechtlichen Belang entnommen[1750], erfährt das Rücksichtnahmegebot ausgehend von der vorstehend benannten Leitentscheidung des Bundesverwaltungsgerichts nicht nur in § 35 Abs. 3 Satz 1 Nr. 3 BauGB eine einfachgesetzliche Ausgestaltung, sondern auch durch weitere bauplanungsrechtliche Vorschriften betreffend etwa den nicht beplanten Innenbereich sowie im Geltungsbereich eines Bebauungsplanes. Die dem Gebot der Rücksichtnahme innewohnende Abwägung zwischen den jeweils berechtigten Interessen des Bauherrn und des Nachbarn bzw. der Nachbarschaft begründet für sich genommen aber noch keinen klagbaren Abwehranspruch aus nachbarrechtlicher Sicht. Das Bundesverwaltungsgericht hat stattdessen bereits in seiner richtungsweisenden Entscheidung aus dem Jahre 1977 ausdrücklich klargestellt, dass das Rücksichtnahmegebot in seiner grundsätzlichen Ausgestaltung objektiv-rechtlich begründet und bedeutsam ist. Dem (objektiv-rechtlichen) Gebot der

---

[1744] Vgl. z.B. *Sarnighausen*, NJW 1993, S. 1626; *Dürr*, DÖV 1994, S. 845 m.w.N.

[1745] Vgl. z.B. *Decker/Konrad*, Bayerisches Baurecht, Kap. IV. Rn 22.

[1746] Vgl. BVerwG, Urteil vom 25.02.1977, Az. IV C 22/75, NJW 1978, S. 62 ff.

[1747] Vgl. so z.B. *Dürr*, DÖV 1994, S. 845.

[1748] Vgl. hierzu auch *Stühler*, BauR 2009, S. 1078 ff [1079 f] m.w.N. auf andere Auffassungen in der Literatur.

[1749] Vgl. zur geschichtlichen Entwicklung des Rücksichtnahmegebots in der Rechtsprechung des BVerwG auch *Stühler*, BauR 2009, S. 1077 ff m.w.N.

[1750] Vgl. BVerwG, Urteil vom 25.02.1977, Az. IV C 22/75, NJW 1978, S. 62.

Rücksichtnahme komme drittschützende Wirkung nur insoweit zu, als in qualifizierter und zugleich individualisierter Weise auf schutzwürdige Interessen eines erkennbar abgegrenzten Kreises Dritter Rücksicht zu nehmen ist.[1751]

Aufbauend auf die inzwischen umfangreiche bundesverwaltungsgerichtliche Rechtsprechung zum baurechtlichen Rücksichtnahmegebot in unterschiedlicher Ausprägung werden von Literatur und Lehre diejenigen bauplanungsrechtlichen Vorschriften benannt und teils in einer katalogähnlichen Aufstellung[1752] auch zusammengefasst, welche nicht nur das Gebot der Rücksichtnahme enthalten, sondern darüber hinaus im Zusammenspiel mit letzterem aufgrund individualisierender Tatbestandsmerkmale zugleich auch nachbarschützende Wirkung entfalten.[1753] Im Hinblick auf den bauplanungsrechtlich bedeutsamen Gebietstypus, mithin insbesondere die Art der baulichen Nutzung, betrifft die Frage der wechselseitigen Zumutbarkeit häufig Beeinträchtigungen in Form von Lärm- und Geruchsimmissionen. Besonders augenscheinlich tritt dieser Aspekt kollidierender Interessen des Rücksichtnahmeberechtigten einerseits und des Rücksichtnahmeverpflichteten andererseits bei der Beurteilung von emissionsträchtigen Vorhaben hervor. § 35 Abs. 3 Satz 1 Nr. 3 BauGB gilt insoweit als einfachgesetzliche Ausprägung des aus Bauherren- wie auch aus Nachbarsicht[1754] relevanten Rücksichtnahmegebots bei Immissionskonflikten im Außenbereich basierend auf schädlichen Umwelteinwirkungen im Sinne von § 3 Abs. 1 BImSchG.[1755] Gegenüber dem insoweit speziellen § 35 Abs. 3 Satz 1 Nr. 3 BauGB verbleibt für das allgemeine Gebot der Rücksichtnahme im Sinne eines ungeschriebenen öffentlichen Belangs des § 35 Abs. 3 BauGB – wie vom Bundesverwaltungsgericht mit Urteil vom 25. Februar 1977 auf Grundlage des BBauG gefolgert – nur noch ein eingeschränkter Anwendungsbereich etwa in

---

[1751] Vgl. BVerwG, Urteil vom 25.02.1977, Az. IV C 22/75, 3. Leitsatz, NJW 1978, S. 62.
[1752] Vgl. z.B. bei *Dürr*, DÖV 1994, S. 845; *Decker/Konrad*, Bayerisches Baurecht, Kap. IV. Rn 23; *Stollmann*, VR 2005, S. 401/402; *Scherzberg*, in: Erichsen/Ehlers, Allgemeines Verwaltungsrecht, § 12 Rn 19; *Stühler*, BauR 2009, S. 1076 ff mit Fallgruppen nach Konfliktfeldern.
[1753] Vgl. *Decker/Konrad*, Bayerisches Baurecht, Kap. IV. Rn 23.
[1754] Das Rücksichtnahmegebot wirkt im Außenbereich nicht nur als Abwehranspruch gegen Vorhaben, von denen schädliche Emissionen ausgehen würden, sondern auch zugunsten bereits vorhandener emissionsträchtiger und i.S.v. § 35 Abs. 1 BauGB privilegierter Nutzungen gegen Vorhaben, die diesen Emissionen ausgesetzt wären, vgl. *Söfker*, in: Ernst/Zinkahn/Bielenberg, BauGB, § 35 Rn 89; *Jäde*, in: Jäde/Dirnberger/Weiß, BauGB, § 35 Rn 199.
[1755] Vgl. *Jäde*, in: Jäde/Dirnberger/Weiß, BauGB, § 35 Rn 200 m.w.N.; *Söfker*, in: Ernst/Zinkahn/Bielenberg, BauGB, § 35 Rn 185.

Fällen optischer Beeinträchtigungen.[1756] Es hat hinsichtlich der immissionsschutzrechtlichen Aspekte Niederschlag im Beispielskatalog des § 35 Abs. 3 BauGB gefunden. Darüber hinaus kommt das Rücksichtnahmegebot etwa auch bei der Zulassung von Befreiungen von nicht drittschützenden[1757] Festsetzungen eines Bebauungsplanes gemäß § 31 Abs. 2 BauGB auf Grundlage der tatbestandsmäßigen Anforderung „unter Würdigung nachbarlicher Interessen" zum Tragen.[1758] Bei Abweichungen von Festsetzungen zum Maß der baulichen Nutzung, die in der Regel den Gebietscharakter unberührt lassen und infolge dessen nicht per se drittschützend sind, ergibt sich Nachbarschutz gerade nur nach den Maßstäben des Rücksichtnahmegebots, welches eine Abwägung nachbarlicher Interessen ermöglicht und den Nachbarn vor unzumutbaren Beeinträchtigungen zu schützen vermag.[1759] Im nicht beplanten Innenbereich wird das nachbarrechtlich bedeutsame Rücksichtnahmegebot aus dem tatbestandlichen Einfügenserfordernis[1760] im Sinne des § 34 Abs. 1 Satz 1 BauGB abgeleitet,[1761] der abgesehen davon gemeinhin als nicht drittschützend gilt.[1762] Als besondere Regelung des bauplanungsrechtlichen Rücksichtnahmegebots gilt weiterhin § 15 Abs. 1 Satz 2 BauNVO[1763], der aufgrund seiner systematischen Stellung und Ausrichtung auf die Art der baulichen Nutzung Nachbarschutz nach den Maßstäben des Rücksichtnahmegebots auch in einem faktischen Baugebiet gemäß § 34 Abs. 2

[1756] Vgl. *Decker/Konrad*, Bayerisches Baurecht Kap. III. Teil 4 Rn 101 m.w.N. z.B. BVerwG, ZfBR 2007, S. 275; vgl. auch *Dürr/König*, Baurecht, Rn 212.

[1757] Bei der Befreiung von bereits unmittelbar drittschützenden Festsetzungen eines Bebauungsplans führt bereits das Fehlen der objektiven Voraussetzungen zugleich auch zu einer Verletzung von Nachbarrechten, vgl. *Jäde*, in: Jäde/Dirnberger/Weiß, BauGB, § 29 Rn 59. Für den Nachbarschutz bei bauplanungsmäßigen Befreiungen muss deshalb zwischen (unmittelbar) drittschützenden und nicht drittschützenden Vorschriften differenziert werden, vgl. BayVGH, Urteil vom 19.03.2013, Az. 2 B 13.99, BayVBl 2013, S. 729; vgl. auch *Decker/Konrad*, Bayerisches Baurecht, Kap. III. Teil 4 Rn 30.

[1758] Vgl. z.B. BVerwG, ZfBR 1985, S. 95; dass., NVwZ-RR 1999, S. 8; *Söfker*, in: Ernst/Zinkahn/Bielenberg, BauGB, § 31 Rn 68 f [69].

[1759] Vgl. BayVGH, Urteil vom 19.03.2013, Az. 2 B 13.99, BayVBl 2013, S. 730 m.w.N. BVerwG, NVwZ 1996, S. 170 und BayVGH, BayVBl 2003, S. 599.

[1760] Das Einfügenserfordernis kann allerdings hinsichtlich der Art der baulichen Nutzung gemäß § 34 Abs. 2 BauGB durch die Maßstäbe der BauNVO verdrängt werden, vgl. *Koch/Hendler*, Baurecht, § 25 Rn 58.

[1761] Vgl. z.B. BVerwG, DÖV 1980, S. 919; dass., BauR 1999, S. 615; BayVGH, BayVBl 2006, S. 276; *Dürr*, DÖV 1994, S. 845; *Dirnberger*, in: Simon/Busse, BayBO, Art. 66 Rn 389 ff m.w.N.

[1762] Vgl. *Dirnberger*, in: Simon/Busse, BayBO, Art. 66 Rn 389 ff; VG Bayreuth, Beschluss vom 29.01.2010, Az. B 2 S 09.1055 m.w.N.

[1763] Vgl. BayVGH, Urteil vom 25.03.2013, Az. 14 B 12.169, BayVBl 2014, S. 146 f [147].

BauGB bzw. im Geltungsbereich eines die bauliche Nutzungsart festsetzenden Bebauungsplans vermittelt.[1764]

Weder wurden die bundesgesetzlichen Anforderungen an Bauvorhaben, mithin also die bauplanungsrechtlichen Vorschriften, im Wege der Novellierung der Bayerischen Bauordnung von der bauaufsichtsbehördlichen Genehmigungsprüfung ausgenommen noch ist damit zu rechnen [1765], dass die §§ 29 ff BauGB zum Gegenstand etwaiger weiterer bauverfahrensrechtlicher Deregulierungsbestrebungen des bayerischen Landesgesetzgebers – sofern überhaupt noch denkbar[1766] – gemacht werden. Die Baubehörden haben insbesondere auch im vereinfachten Baugenehmigungsverfahren uneingeschränkt die Übereinstimmung mit den Vorschriften über die Zulässigkeit der baulichen Anlagen nach den §§ 29 bis 38 BauGB zu prüfen, Art. 59 Satz 1 Nr. 1, 1. Alt. BayBO 2008. Ausfluss dieser Prüfverpflichtung ist zugleich eine zwingende Einbeziehung des vorstehend skizzierten und insbesondere den bauplanungsrechtlichen Regelungen § 31 Abs. 2, § 34 Abs. 1 Satz 1, § 35 Abs. 3 Satz 1 Nr. 3 BauGB und § 15 BauNVO i.V.m. § 31 Abs. 1 bzw. § 34 Abs. 2 BauGB folgenden Rücksichtnahmegebots. Für den Nachbarschutz bedeutet dies, dass eine Baugenehmigung im Wege der nachbarrechtlichen Anfechtungsklage angreifbar ist, wenn diese im jeweiligen Einzelfall gegen das bauplanungsrechtliche Rücksichtnahmegebot verstößt, mithin der Baunachbar zu seinen Gunsten eine nicht hinreichende Würdigung seiner im Wege des bauplanungsrechtlichen Rücksichtnahmegebots zu berücksichtigenden Interessen geltend machen kann. Mit der im vereinfachten Verfahren erteilten Baugenehmigung, bei der man aufgrund des verbliebenen Prüfauftrags im Regelfall von einer bauplanungsrechtlichen Genehmigung spricht, geht nämlich zugleich eine Feststellung dahingehend einher, dass das genehmigte Bauvorhaben auch auf individuelle Nachbarinteressen – soweit anhand der Maßgaben des Rücksichtnahmegebots feststellbar – Rücksicht nimmt, Art. 68 Abs. 1 Satz 1, 1. Hs. i.V.m. Art. 59 Satz 1 Nr. 1, 1. Alt. BayBO 2008 i.V.m. § 31 Abs. 2, § 34 Abs. 1 Satz 1, § 35 Abs. 3 Satz 1 Nr. 3 BauGB bzw. § 15 BauNVO i.V.m. § 31 Abs. 1 bzw. § 34 Abs. 2 BauGB [Rücksichtnahmegebot]. Im Falle

---

[1764] Vgl. *Decker/Konrad*, Bayerisches Baurecht, Kap. IV. Rn 23 a.E. m.w.N.; *Dürr*, DÖV 1994, S. 845.
[1765] Vgl. hierzu Teil 1 C.IV.
[1766] Vgl. LtDrs. 15/7161 vom 15.01.2007, S. 64, wonach der bayerische Landesgesetzgeber davon ausgeht, mit der BayBO 2008 alle durch die überarbeitete MBO eröffneten Deregulierungsmöglichkeiten auszuschöpfen.

eines derartigen Verstoßes würde das Bauvorhaben den prüfpflichtigen und -fähigen bauplanungsrechtlichen Anforderungen nicht gerecht.

2. Bedeutung des landesrechtlichen Abstandsflächenrechts für das Rücksichtnahmegebot in der Rechtsprechung des BVerwG

In Anbetracht des ausgedünnten Prüfprogramms des vereinfachten Baugenehmigungsverfahrens und der dadurch bedingten eingeschränkten Feststellungswirkung in grundsätzlich nur noch bauplanungsrechtlicher Hinsicht ist das Wechselspiel zwischen den bauordnungsrechtlichen Abstandsflächen einerseits und dem bauplanungsrechtlichen Rücksichtnahmegebot andererseits von zunehmendem Interesse, soweit letzteres in nachbarrechtlicher Sicht insbesondere wie in § 34 Abs. 1 Satz 1 BauGB auf die überbaute Grundstücksfläche abstellt. Auch wenn dieser Zusammenhang bzw. ein derartiges Abhängigkeitsverhältnis sicherlich nicht in Betracht kommt, wenn es um nachbarliche Rücksichtnahme im Zusammenhang mit bzw. aufgrund der einschlägigen baulichen Nutzungsart wie etwa bei § 34 Abs. 2 BauGB i.V.m. § 15 Abs. 1 Satz 2 BauNVO geht, ergibt sich insbesondere für vereinfacht zu prüfende Bauvorhaben im nicht beplanten Innenbereich[1767] im Sinne des § 34 BauGB ein nicht nur rechtstheoretisch interessanter, sondern durchaus auch praxisrelevanter Anwendungsbereich, der das Einfügenserfordernis des § 34 Abs. 1 Satz 1 BauGB in den Mittelpunkt der Betrachtung treten lässt. Das Bundesverwaltungsgericht misst den bauordnungsrechtlichen Vorschriften in wiederholter Rechtsprechung[1768], die in ihren wesentlichen Zügen nachfolgend aufgezeigt und analysiert werden soll, durchaus Bedeutung bei. Die freilich eigenständige städtebaurechtliche Bedeutung des aus § 34 Abs. 1 BauGB gefolgerten Rücksichtnahmegebots, die von der Literatur[1769] auf Grundlage eben dieser (jüngeren) bundesverwaltungsgerichtlichen Rechtsprechung betont wird, steht dabei einem solchen Zusammenspiel nicht entgegen.

[1767] Vgl. zu den Anforderungen zur Festlegung und Bestimmung des Anwendungsbereichs „im Zusammenhang bebauter Ortsteile" *Söfker*, in: Ernst/Zinkahn/Bielenberg, BauGB, § 34 Rn 13 ff; *Jäde*, in: Jäde/Dirnberger/Weiß, BauGB, § 34 Rn 1 ff.
[1768] Vgl. BVerwG, ZfBR 1985, S. 95; dass., BVerwGE 94, S. 151 ff [159]; dass., NVwZ 1994, S. 686 ff [687]; dass., BauR 1999, S. 615 ff = NVwZ 1999, S. 879 f.
[1769] Vgl. *Dürr/König*, Baurecht, Rn 180 a.E.; *Söfker*, in: Ernst/Zinkahn/Bielenberg, BauGB, § 34 Rn 50 [S. 87].

Vorgreiflich der Analyse der Rechtsprechung des Bundesverwaltungsgerichts hinsichtlich der Auswirkungen der landesbauordnungsrechtlichen Abstandsflächenvorschriften wie etwa Art. 6 BayBO 2008 auf das planungsrechtliche Rücksichtnahmegebot insbesondere des § 34 Abs. 1 Satz 1 BauGB gilt es die Anforderungen an das bauplanungsrechtliche Einfügen im nicht beplanten Innenbereich im Sinne der bundesverwaltungsgerichtlichen Rechtsprechung und herrschenden Literaturauffassung definierend festzustellen. Nach neuerer Auffassung des Bundesverwaltungsgerichts kann sich nämlich nur dann ein Verstoß gegen das dem Einfügenserfordernis entlehnte Rücksichtnahmegebot ergeben, wenn sich ein Bauvorhaben – in Ansehung der tatbestandlichen Maßgaben des § 34 Abs. 1 Satz 1 BauGB – nach seiner Art oder seinem Maß der baulichen Nutzung oder nach seiner Bauweise oder seiner überbauten Grundstücksfläche nicht in die Eigenart der näheren Umgebung einfügt.[1770] Maßstab ist damit nicht mehr allein – wie noch in der älteren Rechtsprechung des Bundesverwaltungsgerichts[1771] – die abstrakter gehaltene Frage nach der Rücksichtslosigkeit des Bauvorhabens gegenüber benachbarten Dritten.[1772] Während das in diesem Sinne angesprochene Maß der baulichen Nutzung analog der entsprechenden Begriffsbestimmung in der Baunutzungsverordnung[1773], die mangels anderweitiger gesetzlicher Regelungen nach allgemeiner Ansicht auch für die Bestimmung dieses Zulässigkeitsmerkmals im Sinne des § 34 BauGB als Auslegungshilfe herangezogen wird,[1774] vorrangig auf die absoluten Größenmaße wie etwa Grundfläche, Geschossflächenzahl und Höhe abstellt und insoweit als Anknüpfungspunkt für eine wertende Inbezugnahme der bauordnungsrechtlichen Abstandsflächenvorschriften nicht in Betracht kommt, bietet die für die Einfügensfrage gleichfalls bedeutsame und tatbestandlich angesprochene Grundstücksfläche, die überbaut werden soll, ein in diesem Sinne subsumierbares und damit für den Bezug hinreichendes Tatbestandsmerkmal. Dem steht nicht entgegen, dass auch

---

[1770] Vgl. BVerwG, Urteil vom 11.01.1999, Az. 4 B 128.98, BauR 1999, S. 615 = NVwZ 1999, S. 879; i.d.S. auch z.B. *Söfker*, in: Ernst/Zinkahn/Bielenberg, BauGB, § 34 Rn 49; *Decker/Konrad*, Bayerisches Baurecht, Kap. III. Teil 4 Rn 56; *Selmer*, JuS 2000, S. 409 f.
[1771] Vgl. BVerwG, Urteil vom 26.05.1978, Az. 4 C 9.77, BayVBl 1979, S. 152 = DVBl 1978, S. 815; dass., Urteil vom 27.02.1992, Az. 4 C 50/89, NJW 1992, S. 2170 f [2171] = DVBl 1992, S. 1101.
[1772] Vgl. *Decker/Konrad*, Bayerisches Baurecht, Kap. III. Teil 4 Rn 56.
[1773] Vgl. insbesondere §§ 16 ff BauNVO.
[1774] Vgl. *Söfker*, in: Ernst/Zinkahn/Bielenberg, BauGB, § 34 Rn 40 m.w.N. Rspr. und Literatur; *Dürr/König*, Baurecht, Rn 175; *Spannowsky*, in: Spannowsky/Uechtritz, BauGB, § 34 Rn 37 und 39; zurückhaltender bzw. differenzierend *Jäde*, in: Jäde/Dirnberger/Weiß, BauGB, § 34 Rn 76 ff [81] m.w.N.

hinsichtlich des Zulässigkeitsmerkmals der überbaubaren Grundstücksfläche grundsätzlich auf die Begriffsbestimmungen der Baunutzungsverordnung, mithin auf die von § 23 BauNVO bezeichnete Baulinie, Baugrenze und Bebauungstiefe zurückgegriffen werden kann und wird.[1775] Denn aufgrund der ausdrücklichen Ausrichtung der Baunutzungsverordnung auf Bebauungspläne und bauplanungsrechtliche Festsetzungen kommt eine strikt rechtsnormative Anwendung der Baunutzungsverordnung jedenfalls nicht in Betracht,[1776] sodass die Baunutzungsverordnung für die Definition der Begrifflichkeiten für den unbeplanten Innenbereich im Sinne des § 34 BauGB zwar in der Tat Auslegungshilfe sein kann, jedoch das Tatbestandsmerkmal der überbaubaren Grundstücksfläche durch diese keine abschließende Beschreibung erfährt, sondern daneben – gerade auch unter Berücksichtigung der aktuellen Rechtsprechung[1777] zum Einfügenserfordernis im Sinne einer ausschließlichen Ausrichtung an den Tatbestandsmerkmalen des § 34 Abs. 1 Satz 1 BauGB – Spielräume verbleiben. Auch dem bauordnungsrechtlichen Abstandsflächenrecht[1778] kommt insoweit eine rahmenbestimmende Wirkung zu.

Bezogen auf die oben benannte bundesverwaltungsgerichtliche Leitentscheidung[1779] zum planungsrechtlichen und drittschützenden Rücksichtnahmegebot aus dem Jahre 1977 hat das Bundesverwaltungsgericht mit Beschluss vom 22. November 1984[1780] bereits frühzeitig aus Anlass einer zur revisionsrechtlichen Überprüfung gestellten Entscheidung des Bayerischen Verwaltungsgerichtshofs hinsichtlich des hier diskutierten Wechselspiels zwischen den bauordnungsrechtlichen Abstandsflächenanforderungen einerseits und dem Rücksichtnahmegebot andererseits Stellung bezogen. Zu dieser Zeit vertrat das Bundes-

---

[1775] Vgl. für einen Rückgriff auf § 23 BauNVO etwa *Söfker*, in: Ernst/Zinkahn/Bielenberg, BauGB, § 34 Rn 47; *Dürr/König*, Baurecht, Rn 176; a.A. *Spannowsky*, in: Spannowsky/Uechtritz, BauGB, § 34 Rn 41.
[1776] Vgl. so zutreffend *Jäde*, in: Jäde/Dirnberger/Weiß, BauGB, § 34 Rn 76; i.E. auch *Spannowsky*, in: Spannowsky/Uechtritz, BauGB, § 34 Rn 41.
[1777] Vgl. BVerwG, Urteil vom 11.01.1999, Az. 4 B 128.98, BauR 1999, S. 615 ff = NVwZ 1999, S. 879 f.
[1778] Beachte in diesem Zusammenhang, dass planungsrechtliche Vorschriften i.S.d. Art. 6 Abs. 1 Satz 3 BayBO nicht die Regelungen über Baulinien und Baugrenzen nach § 23 BauNVO sind, vgl. *Dirnberger*, Das Abstandsflächenrecht in Bayern, Rn 57 m.w.N. BayVGH, Beschluss vom 04.10.2006, Az. 1 N 05.915; anders – für einen Anbau an die vordere Grundstücksgrenze – BayVGH, Beschluss vom 10.12.2008, Az. 1 CS 08.2770.
[1779] Vgl. BVerwG, Urteil vom 25.02.1977, Az. IV C 22/75, NJW 1978, S. 62 ff; zur Begrifflichkeit „Leitentscheidung" vgl. *Decker/Konrad*, Bayerisches Baurecht, Kap. IV. Rn 22.
[1780] Vgl. BVerwG, Beschluss vom 22.11.1984, Az. 4 B 244.84 ZfBR 1985, S. 95.

verwaltungsgericht noch uneingeschränkt die Auffassung, dass für ein – drittschützendes – Gebot der Rücksichtnahme über die von den bauordnungsrechtlichen Vorschriften geschützten nachbarlichen Belange Belichtung, Besonnung und Belüftung hinaus kein Raum sei, wenn die gebotenen landesrechtlichen Abstandsflächen eingehalten seien.[1781] Weit wichtiger als dieser – durch spätere Entscheidungen[1782] beinahe ins Gegenteil verkehrte oder doch zumindest stark relativierte – Leitsatz ist die vom Bundesverwaltungsgericht hinsichtlich der berufungsgerichtlichen Entscheidung weiterhin getroffene Feststellung, dass eine Abweichung von den zum planungsrechtlichen Rücksichtnahmegebot aufgestellten bundesverwaltungsgerichtlichen Maßstäben insbesondere nicht darin zu sehen ist, *„[...] dass der [Bay]VGH für die Bewertung ausreichender Belichtung, Besonnung und Belüftung [– diese Merkmale hat er für die Beantwortung der Frage nach einer etwaigen unzumutbaren nachbarlichen Beeinträchtigung herangezogen –, Anmerkung des Verfassers] auf die Einhaltung der nach der Bayer. BauO maßgeblichen Abstandsflächen abgestellt hat."*[1783] Der erkennende Senat des Bundesverwaltungsgerichts hat in diesem Zusammenhang des Weiteren ausgeführt, dass das Gebot nachbarlicher Rücksichtnahme in Bezug auf die nachbarlichen Belange ausreichender Belichtung, Besonnung und Belüftung vom Landesgesetzgeber in den bauordnungsrechtlichen Vorschriften über die Abstandsflächen konkretisiert werde, weshalb – insoweit der bereits wiedergegebene Leitsatz – aus § 15 Abs. 1 BauNVO keine darüber hinausgehenden Anforderungen abgeleitet werden könnten.

In zwei weiteren, auf die Ausführungen des vorbenannten Beschlusses aufbauenden Entscheidungen aus dem Jahre 1993[1784] hat sich das Bundesverwaltungsgericht wiederholend[1785] zu der Wechselwirkung von landesrechtlichen Abstandsflächenvorschriften und bauplanungsrechtlichem Rücksichtnahmegebot geäußert. Bezug nehmend auf die leitsatzgemäßen Feststellungen mit Be-

---

[1781] Vgl. BVerwG, Beschluss vom 22.11.1984, Az. 4 B 244.84, ZfBR 1985, S. 95 [Leitsatz].
[1782] Vgl. insbesondere BVerwG, Urteil vom 11.01.1999, Az. 4 B 128.98, BauR 1999, S. 615 = NVwZ 1999, S. 879.
[1783] BVerwG, Beschluss vom 22.11.1984, Az. 4 B 244.84 ZfBR 1985, S. 95.
[1784] Vgl. BVerwG, Urteil vom 16.09.1993, Az. 4 C 28.91, BVerwGE 94, S. 151 ff [159 ff], und dass., Urteil vom 28.10.1993, Az. 4 C 5/93, NVwZ 1994, S. 686 ff [687 f].
[1785] Vgl. hierzu auch bereits BVerwG, Urteil vom 23.05.1986, Az. 4 C 34.85, NVwZ 1987, S. 128 = BauR 1986, S. 542. Fügt sich ein Vorhaben nicht ein, weil es die gebotene Rücksicht vermissen lässt, und wirkt das Rücksichtnahmegebot im Einzelfall drittschützend, steht es nach Auffassung des Bundesverwaltungsgerichts dem Erfolg der Nachbarklage nicht entgegen, dass das Vorhaben die bauordnungsrechtlichen Abstandsflächenvorschriften einhält.

schluss vom 22. November 1984 einerseits und die bundesverwaltungsgerichtliche Rechtsprechung[1786] zum drittschützenden Rücksichtnahmegebot bei fehlendem Einfügen im Sinne des § 34 Abs. 1 Satz 1 BauGB andererseits hat das Bundesverwaltungsgericht mit Urteil vom 16. September 1993 verallgemeinernd klargestellt, *„[...] daß für die Anwendung des Rücksichtnahmegebots [...] nur insoweit kein Raum ist, wie die durch dieses Gebot geschützten Belange auch durch spezielle bauordnungsrechtliche Vorschriften geschützt werden und das konkrete Vorhaben deren Anforderungen genügt."*[1787] Mit weiterem Urteil vom 28. Oktober 1993[1788] anlässlich eines vorausgehenden Berufungsurteils des Oberverwaltungsgerichts des Saarlandes, welches nachteilige Auswirkungen des streitgegenständlichen Bauvorhabens auf das klägerische Grundstück folgerte, obwohl der erkennende berufungsgerichtliche Senat in Anwendung der irreversiblen saarländischen Landesbauordnung die Übereinstimmung des Vorhabens mit den einschlägigen landesrechtlichen Abstandsflächenvorschriften festgestellt hatte, hat das Bundesverwaltungsgericht wiederholend im Sinne des Leitsatzes der Entscheidung vom 22. November 1984 ausgeführt, dass der benachbarte Grundstückseigentümer keine Rücksichtnahme verlangen könne, die über den Schutz hinausgehe, der den Interessen Besonnung und Einsichtsmöglichkeiten durch die Grenzabstandsvorschriften zuteilwerde. *„Soweit die landesgesetzliche Regelung Ausdruck der Wertung ist, daß die Beeinträchtigungen, die bei Anwendung der Abstandsflächenvorschriften verbleiben, hingenommen werden müssen, ist grundsätzlich davon auszugehen, daß der Betroffene auch als Rücksichtnahmebegünstigter keine unzumutbare Einbuße erleidet [...]"*[1789], so das Bundesverwaltungsgericht. Gegenüber der vorbesprochenen ersten Entscheidung aus dem Jahre 1984, wonach hinsichtlich der nachbarlichen Interessen einer ausreichenden Belichtung, Belüftung und Besonnung ein über die landesrechtlichen Abstandsflächenvorschriften hinausgehender Schutz auf Grundlage des planungsrechtlichen Rücksichtnahmegebots nicht in Betracht kommen soll, bestätigt sich, wie schon mit den Urteilen vom 23. Mai 1986[1790] und vom 16. September 1993[1791] klargestellt, eine Relativierung dahingehend, dass etwaige – streitgegenständlich aber nicht feststellbare – weitergehende planungsrecht-

---

[1786] Vgl. BVerwG, Urteil vom 23.05.1986, Az. 4 C 34.85, ZfBR 1986, S. 247.
[1787] BVerwG, Urteil vom 16.09.1993, Az. 4 C 28.91, BVerwGE 94, S. 160.
[1788] Vgl. BVerwG, Urteil vom 28.10.1993, Az. 4 C 5/93, NVwZ 1994, S. 686 ff [687].
[1789] BVerwG, Urteil vom 28.10.1993, Az. 4 C 5/93, NVwZ 1994, S. 687.
[1790] Vgl. BVerwG, Urteil vom 23.05.1986, Az. 4 C 34.85, NVwZ 1987, S. 128.
[1791] Vgl. BVerwG, Urteil vom 16.09.1993, Az. 4 C 28.91, BVerwGE 94, S. 151 ff [159/160].

liche Anforderungen im Kontext mit dem Rücksichtnahmegebot grundsätzlich zu beachten sind. In diesem über die bauordnungsrechtliche Abstandsflächenfrage hinausgehenden Zusammenhang stellt das Bundesverwaltungsgericht darauf ab, ob das Vorhaben – angesichts der weitergehenden planungsrechtlichen Anforderungen – „rücksichtslos" ist.[1792] Für die gegenständliche Betrachtung von zentraler Bedeutung sind aber weniger die vom Bundesverwaltungsgericht festgestellten Auswirkungen eingehaltener Abstandsflächenvorschriften auf das Rücksichtnahmegebot, als vielmehr die mittelbaren, entscheidungsbegründenden Ausführungen. Das Bundesverwaltungsgericht wiederholt auch mit der zuletzt betrachteten Entscheidung vom 28. Oktober 1993 nicht nur, dass das Abstandsflächenrecht in Bezug auf die von diesem geschützten[1793] Belange wie etwa Belichtung, Besonnung und Belüftung eine Konkretisierung des Gebots nachbarlicher Rücksichtnahme darstellt, sondern trifft diese Feststellung gerade im Zusammenhang mit der gerichtlich zu klärenden Frage eines etwaigen Drittschutzes folgend aus dem planungsrechtlichen Rücksichtnahmegebot, sodass hier gerade nicht lediglich von einem bauordnungsrechtlich ausgerichteten Rücksichtnahmegebot auszugehen ist.

Endgültige Klarheit schaffte das Bundesverwaltungsgericht mit seinem von Literatur und Rechtsprechung vielfach zitierten Urteil vom 11. Januar 1999[1794], in dem es einräumte, dass man die Entscheidung vom 22. November 1984 noch hätte anders verstehen können, dass aber § 34 Abs. 1 BauGB im Hinblick auf das in ihm enthaltene Rücksichtnahmegebot auch dann verletzt sein könne, wenn die landesrechtlichen Abstandsflächenvorschriften eingehalten seien. Bezeichnender als diese Klarstellung sind demgegenüber allerdings die Ausführungen anlässlich der (zugleich) aufgeworfenen Frage, ob die nachbarlichen Belange ausreichender Belichtung, Besonnung und Belüftung sowie der Begrenzung der Einsichtsmöglichkeiten, deren Sicherung die landesrechtlichen Abstandsflächen bezwecken, daneben auch Gegenstand des nachbarschützenden (planungsrechtlichen) Gebotes der Rücksichtnahme sein können. Diesbezüglich führt das Bundesverwaltungsgericht – selbsterklärend – aus: *„Ob diese – in der bisherigen Rechtsprechung auch vom BVerwG vertretene – Rechtsauffassung*

[1792] Vgl. BVerwG, Urteil vom 28.10.1993, Az. 4 C 5/93, NVwZ 1994, S. 687.
[1793] Vgl. BVerwG, NJW 1991, S. 3239; vgl. auch dass., ZfBR 1986, S. 247/248; vgl. zur Fallgruppe der Belichtung, Besonnung und Belüftung auch *Stühler*, BauR 2009, S. 1088 f.
[1794] Vgl. BVerwG, Urteil vom 11.01.1999, Az. 4 B 128.98, BauR 1999, S. 615 ff = NVwZ 1999, S. 879 f; vgl. hierzu auch die Anmerkung von *Selmer*, JuS 2000, S. 409 f.

zutrifft, mag im Grundsatz einer erneuten kritischen Überprüfung in einem Revisionsverfahren bedürfen. Überwiegendes spricht für die Auffassung, daß die genannten nachbarlichen Belange nicht allein bauordnungsrechtlich, sondern auch bauplanungsrechtlich geregelt werden dürfen, weil sie auch städtebauliche Bedeutung haben [...] und daß deshalb die (unterschiedlichen) bauordnungsrechtlichen (Abstands-)Vorschriften Regelungen des Städtebaurechts nicht verdrängen können [...]."[1795] Die bauplanungsrechtliche Regelung sieht das Bundesverwaltungsgericht wohl nicht zuletzt auch über § 34 Abs. 1 Satz 2 BauGB gegeben.[1796]

Die Berücksichtigung der von den Abstandsflächen ausgehenden Wertung im Rahmen des planungsrechtlichen Rücksichtnahmegebots wird auch nicht aufgrund eines lex-specialis-Verhältnisses von den bauordnungsrechtlichen Abstandregelungen ausgeschlossen, wie mancher Hinweis in der Literatur[1797] allerdings den Eindruck erwecken könnte. Die zur Begründung insoweit angeführten jüngeren Entscheidungen des Bundesverwaltungsgerichts[1798] ergeben nämlich nichts Gegenteiliges, in denen der erkennende Senat im Zusammenhang mit im Streit stehenden Stellplatzvorschriften zwar in der Tat unter Rückgriff auf seine (ständige) Rechtsprechung – reduziert auf die Kernaussage – wiederholt, dass für das Rücksichtnahmegebot kein Raum sei, wenn *„[...] die durch dieses Gebot geschützten Belange auch durch spezielle bauordnungsrechtliche Vorschriften geschützt werden und das konkrete Vorhaben deren Anforderungen genügt."*[1799] Unter Betonung des Prüfungsergebnisses im jeweiligen Einzelfall verneint das BVerwG aber streitgegenständlich vielmehr ein entsprechendes Spezialitätsverhältnis zwischen der landesrechtlichen Stellplatzvorschrift und § 15 BauNVO mit Hinweis auf die Zugehörigkeit zu verschiedenen Rechtsgebieten mit unterschiedlicher Zweckrichtung und unterschiedlicher Gesetzgebungskompetenz. Vielmehr stützen diese Entscheidungen die vorstehende Schlussfolgerung, indem das BVerwG eine bauplanungsrechtliche Prüfung des Rücksichtnahmegebots verlangt, da ansonsten *„[...] die Reichweite [der jewei-*

[1795] BVerwG, Urteil vom 11.01.1999, Az. 4 B 128.98, BauR 1999, S. 616 = NVwZ 1999, S. 880.
[1796] Vgl. BVerwG, Urteil vom 28.10.1993, Az. 4 C 5/93, NVwZ 1994, S. 687.
[1797] Vgl. etwa bei *Stühler*, BayVBl 2009, S. 1078 m.w.N.
[1798] Vgl. BVerwG, Urteil vom 07.12.2000, Az. 4 C 3.00, BauR 2001, S. 914 ff; dass., Urteil vom 07.12.2006, Az. 4 C 11.05, BauR 2007, S. 672 ff.
[1799] BVerwG, Urteil vom 07.12.2000, Az. 4 C 3.00, BauR 2001, S. 915. Vgl. nahezu wortgleich dass., Urteil vom 07.12.2006, Az. 4 C 11.05, BauR 2007, S. 674.

ligen] [...] bundesrechtlichen Norm vom jeweiligen Inhalt der Bauordnungen der Bundesländer abhängen [würde]."[1800] Im Übrigen geht das Bundesverwaltungsgericht entsprechend den zuletzt dargestellten Entscheidungen lediglich davon aus, dass die bauordnungsrechtliche Zulässigkeit eines genehmigten Stellplatzes und damit – abstrakt ausgedrückt – die Einhaltung der entsprechenden landesrechtlichen Norm im Regelfall eine Verletzung des Rücksichtnahmegebots ausschließe.[1801] Nicht hingegen äußert sich das BVerwG zum umgekehrten Fall.

Unbestritten bringt das Bundesverwaltungsgericht mit den vorstehend zitierten und beleuchteten Entscheidungen jedenfalls zum Ausdruck, dass einerseits der Nachbar mit Hilfe des planungsrechtlichen Rücksichtnahmegebots keinen größeren Gebäudeabstand, als bauordnungsrechtlich verlangt, erreichen kann und dass andererseits das planungsrechtliche Rücksichtnahmegebot auch dann verletzt sein kann, wenn das Vorhaben die landesrechtlichen Abstandsvorschriften einhält. Zugegebenermaßen hatte das Bundesverwaltungsgericht weder – mangels Veranlassung – entscheidungsbezogen noch expressis verbis im Wege eines obiter dictums – gewissermaßen in „umgekehrter" Art und Weise – festgestellt, dass die Nichteinhaltung der landesrechtlichen Abstandsflächen zugleich auch einen Verstoß gegen das bauplanungsrechtliche Rücksichtnahmegebot vermuten lassen könnte. Zusammenfassend lässt sich aber gleichwohl festhalten, dass die von den bauordnungsrechtlichen Abstandsflächenvorschriften geschützten Belange – insoweit auch durch diese konkretisiert – auch planungsrechtliche Relevanz haben und auch auf das bauplanungsrechtliche Rücksichtnahmegebot Einfluss zeigen, um nicht zu sagen, in diesem gleichfalls aufgehen. Das Bundesverwaltungsgericht misst dem landesrechtlichen Abstandsflächenrecht eine auch planungsrechtliche Konkretisierungswirkung in Gestalt einer Auslegungshilfe zumindest in den Fällen bei, in denen bauordnungsrechtliche Abstände eingehalten sind. Für eine gleichwohl anzunehmende Verletzung des Rücksichtnahmegebots verlangt das Bundesverwaltungsgericht dann eine Rücksichtslosigkeit des Bauvorhabens aufgrund weitergehender planungsrechtlicher Anforderungen. Selbst wenn das landesrechtliche Abstandsflächenrecht allein auf bauordnungsrechtliche Zielsetzungen reduziert würde,[1802] wird das darge-

---

[1800] BVerwG, Urteil vom 07.12.2000, Az. 4 C 3.00, BauR 2001, S. 915.
[1801] Vgl. BVerwG, Urteil vom 07.12.2006, Az. 4 C 11.05, BauR 2007, S. 674.
[1802] Vgl. zu dieser Problematik *Boeddinghaus*, BauR 2008, S. 37.

stelle Wechselspiel nicht obsolet. Denn Abstandsflächen bringen ungemindert ein Mindestmaß an Belichtung, Besonnung und Belüftung zum Ausdruck.[1803]

3. Indizwirkung der bauordnungsrechtlichen Abstandsflächen

Anders als bei der vorstehend dargelegten Indizwirkung, die bei Einhaltung von bauordnungsrechtlichen Abstandsflächen für die Frage des planungsrechtlichen Rücksichtnahmegebots gilt, finden sich in Lehre bzw. Literatur und Rechtsprechung, soweit durch diese nicht bereits eine gänzlich ablehnende Haltung zum Ausdruck gebracht wird,[1804] bislang kaum oder allenfalls nur ansatzweise Anhaltspunkte für eine entsprechend gegenteilige Vermutungswirkung im Falle eines Verstoßes gegen das – im vereinfachten Baugenehmigungsverfahren nicht mehr geprüfte – landesrechtliche Abstandsflächenrecht,[1805] obgleich auch diese Form des Zusammenspiels rechtsdogmatisch eine ausgedehntere Anwendung erlaubt und aus nachbarrechtlicher Sicht verlangt. Dies gilt jedenfalls dann, wenn das aus einer bauplanungsrechtlichen Norm abgeleitete Rücksichtnahmegebot zumindest – wenn auch vorrangig mit städtebaulicher Ausrichtung – auch auf die von den jeweiligen landesrechtlichen Abstandsflächenvorschriften ausgehenden Schutzzwecke abstellt und sich entweder ein tatbestandlicher oder zumindest im Wege der Auslegung zu ermittelnder Anknüpfungspunkt in der insoweit rücksichtgebietenden Vorschrift des öffentlichen Bauplanungsrechts ergibt, der eine entsprechende Indizwirkung der bauordnungsrechtlichen Abstandsflächen auch in den Fällen der Nichteinhaltung derselben zulässt. Das in § 34 Abs. 1 Satz 1 BauGB enthaltene Rücksichtnahmegebot mit seinem Anknüpfungspunkt (auch) hinsichtlich der überbaubaren Grundstücksfläche stellt in diesem Zusammenhang ein Paradebeispiel für ein derartiges Wechselspiel dar.

[1803] Vgl. *Boeddinghaus*, BauR 2008, S. 37; i.E. auch *Molodovsky*, in: Koch/Molodovsky/Famers, BayBO, Art. 6 Rn 4.

[1804] Vgl. gegen eine entsprechende Indizwirkung in Fällen der Verletzung der landesrechtlich vorgeschriebenen Abstandsflächen z.B. BayVGH, Beschluss vom 22.01.2013, Az. 1 CS 12.2709, BayVBl 2013, S. 344 ff [345]; ebenso *Schwarzer/König*, BayBO, Art. 6 Rn 7; *Jäde*, Bayerisches Bauordnungsrecht, Rn 152; *ders*. BayVBl 2014, S. 7 m.w.N. Rspr. BayVGH; i.E. wohl auch *Molodovsky*, in: Koch/Molodovsky/Famers, BayBO, Art. 59 Rn 13; *Spannowsky*, in: Spannowsky/Uechtritz, BauGB, § 34 Rn 43.5.

[1805] Vgl. für eine entsprechende Indizwirkung aber z.B. VG Würzburg, Beschluss vom 17.10.2008, Az. W 5 S 08.1997, juris-Dok. Rn 20 ff.

Unter Hervorhebung des eigenständigen städtebaurechtlichen Charakters des aus § 34 Abs. 1 Satz 1 BauGB folgenden drittschützenden Gebotes der Rücksichtnahme, welcher in der Tat durch das Urteil des Bundesverwaltungsgerichts vom 11. Januar 1999[1806] zum Ausdruck gebracht wird, relativieren und korrigieren inzwischen nicht nur das Bundesverwaltungsgericht, sondern auch Lehre und Literatur[1807] die ursprünglich bundesverwaltungsgerichtlich zum Ausdruck gebrachte Bedeutung des bauordnungsrechtlichen Abstandsflächenrechts dahingehend, dass das Gebot der Rücksichtnahme – aus planungsrechtlichen Gründen – auch dann verletzt sein kann, wenn die landesrechtlichen Abstandsvorschriften eingehalten sind. In der älteren Rechtsprechung hatte das Bundesverwaltungsgericht – wie vorstehend aufgezeigt – in zumindest missverständlicher Art und Weise noch gefolgert, dass in Bezug auf die nachbarlichen Belange einer ausreichenden Belichtung, Besonnung und Belüftung für das planungsrechtliche Rücksichtnahmegebot kein Raum sei, wenn die bauordnungsrechtlich vorgesehenen Abstände eingehalten sind.[1808] Für die vom Bundesverwaltungsgericht entschiedenen Konstellationen, die ausschließlich von einer Einhaltung der Abstandsflächen ausgehen und – gewissermaßen darüber hinausgehend – nach einem gleichwohl vorliegenden Verstoß gegen das Rücksichtnahmegebot fragen, gilt allerdings nach wie vor, dass das Gebot der Rücksichtnahme mit Blick auf die (auch und insbesondere) von den Abstandsflächen geschützten Belange Belichtung, Besonnung und Belüftung zumindest aus tatsächlichen Gründen im Regelfall nicht verletzt sein wird, wenn die Abstandsvorschriften eingehalten sind.[1809] Eine umgekehrte Indizwirkung hinsichtlich des Einfügenserfordernisses erfährt in der Literatur – soweit ersichtlich – keine eingehendere Diskussion oder – soweit verneint – Begründung. Die Literatur scheint der vorstehend aufgezeigten und korrigierten bundesverwaltungsgerichtlichen Rechtsprechung vielmehr eine gegenteilige Aussage dergestalt zu ent-

---

[1806] Vgl. BVerwG, Urteil vom 11.01.1999, Az. 4 B 128.98, BauR 1999, S. 615 ff = NVwZ 1999, S. 879 f; vgl. hierzu auch die Anmerkung von *Selmer*, JuS 2000, S. 409 f; *Stühler*, BauR 2009, S. 1078 und 1088 f.

[1807] Vgl. *Dürr/König*, Baurecht, Rn 180 a.E.; ebenso *Söfker*, in: Ernst/Zinkahn/Bielenberg, BauGB, § 34 Rn 50 [S. 86/87] m.w.N.; *Wolf*, in: Simon/Busse, BayBO, Art. 59 Rn 33; *Stühler*, BauR 2009, S. 1078 und 1088 f.

[1808] Vgl. BVerwG, Beschluss vom 22.11.1984, Az. 4 B 244.84, ZfBR 1985, S. 95.

[1809] Vgl. *Söfker*, in: Ernst/Zinkahn/Bielenberg, BauGB, § 34 Rn 50 [S. 86/87] m.w.N. BVerwG, Beschluss vom 11.01.1999, Az. 4 B 128.98, BauR 1999, S. 615 ff = NVwZ 1999, S. 879 f; vgl. BayVGH, Beschluss vom 22.06.2011, Az. 15 CS 11.1101; ders., Beschluss vom 06.09.2011, Az. 1 ZB 09.3121.

nehmen, dass das Bundesverwaltungsgericht Abstand von der zunächst gesehenen indiziellen Bedeutung des bauordnungsrechtlichen Abstandsflächenrechts für die nachbarrechtliche Frage nach ausreichender Belichtung, Besonnung und Belüftung genommen habe und die Frage nach nachbarlicher Rücksichtnahme nur noch anhand städtebaurechtlicher Belange beantworte.[1810] In der bayerischen obergerichtlichen Rechtsprechung[1811] sowie zum Teil auch in der Literatur[1812] wird eine in diesem Sinne umgekehrte oder auch gegenläufige Indizwirkung, also eine Vermutungswirkung in Fällen einer Verletzung der landesrechtlich vorgeschriebenen Abstandsflächen, bisweilen unter Verweis[1813] auf die (im Sachverhalt anders gelagerte Rechtsprechung) des Bundesverwaltungsgerichts in unzutreffender Weise pauschal verneint. Sicherlich kommt den landesrechtlichen Abstandsflächenregelungen für die gegenständlich diskutierte Frage weder eine verbindliche rechtsnormative Wirkung zu noch kann ihnen bei der Prüfung des planungsrechtlichen Einfügens eine solche beigemessen werden. Insoweit verhält es sich nicht anders als beim kontextgleichen Rückgriff auf die entsprechenden Regelungen der Baunutzungsverordnung, die insoweit auch nur Auslegungshilfe[1814] sind. Der zum Teil gefolgerte Bedeutungsverlust der Abstandsflächen für die Frage nach planungsrechtlich begründeter Rücksichtnahme aufgrund und im Rahmen des Einfügenserfordernisses des § 34 Abs. 1 Satz 1 BauGB kann der betrachteten Rechtsprechung des Bundesverwaltungsgerichts jedoch nicht entnommen werden. Wie bereits durch die Formulierung *„[...] auch dann verletzt sein, wenn [...] [Hervorhebung durch den Verfasser]"*[1815] selbst zum Ausdruck kommt, geht von den landesrechtlichen Abstandsflächen auch nach Auffassung des Bundesverwaltungsgerichts nach wie vor eine nicht

---

[1810] Vgl. i.d.S. wohl *Dürr/König*, Baurecht, Rn 180 a.E.; *Spannowsky*, in: Spannowsky/Uechtritz, BauGB, § 34 Rn 43.5; zumindest kritisch auch *Söfker*, in: Ernst/Zinkahn/Bielenberg, BauGB, § 34 Rn 50 [S. 86/87].
[1811] Vgl. z.B. BayVGH, Beschluss vom 22.01.2013, Az. 1 CS 12.2709, BayVBl 2013, S. 344 ff [345]; vgl. auch ders., Beschluss vom 06.09.2011, Az. 1 ZB 09.9121.
[1812] Vgl. *Schwarzer/König*, BayBO, Art. 6 Rn 7; wohl auch *Jäde*, BayVBl 2014, S. 7 m.w.N. Rspr. BayVGH; a.A. – zumindest für offenkundig nicht eingehaltene Abstandsflächen – aber *Wolf*, in: Simon/Busse, BayBO, Art. 59 Rn 34; wohl auch *Decker*, BauR 2008, S. 455.
[1813] Vgl. so zumindest explizit BayVGH, Beschluss vom 22.01.2013, Az. 1 CS 12.2709, BayVBl 2013, S. 344 ff [345].
[1814] Vgl. zur Anwendung der BauNVO auf die Tatbestandsmerkmale des § 34 Abs. 1 Satz 1 BauGB *Jäde*, in: Jäde/Dirnberger/Weiß, BauGB, § 34 Rn 76 und 83; vgl. auch *Spannowsky*, in: Spannowsky/Uechtritz, BauGB, § 34 Rn 37 ff.
[1815] BVerwG, Urteil vom 11.01.1999, Az. 4 B 128.98, BauR 1999, S. 615 [Leitsatz] = NVwZ 1999, S. 879 [Leitsatz].

unerhebliche Vermutungswirkung aufgrund der durch diese Regelungen zum Ausdruck gebrachten Konkretisierung[1816] aus. Nachgebessert hat das Bundesverwaltungsgericht diese Indizwirkung nur insoweit, als Rücksichtnahme im Einzelfall aus weitergehenden bzw. anderen planungsrechtlichen Gründen seitens des Nachbarn auch dann verlangt werden, mithin also das Rücksichtnahmegebot dennoch verletzt sein kann, obwohl die Abstandsflächen eingehalten sind. Den bundesverwaltungsgerichtlichen Entscheidungen kann jedenfalls keine Wertung dahingehend entnommen werden, dass die sowohl bauordnungsrechtlich in Gestalt der Abstandsflächenvorschriften geschützten als auch bauplanungsrechtlich nach § 34 Abs. 1 Satz 1 BauGB zu berücksichtigenden nachbarlichen Belange Belichtung, Besonnung und Belüftung[1817], die mit Art. 6 BayBO 2008 eine landesrechtliche Konkretisierung erfahren, für die Frage des Rücksichtnahmegebots im Sinne des § 34 Abs. 1 Satz 1 BauGB außer Acht zu bleiben hätten. Insbesondere folgt auch der Aussage des Urteils aus dem Jahre 1986[1818] nichts Gegenteiliges, wonach es in dem zu entscheidenden Verfahren auf die Beachtung der bauordnungsrechtlichen Abstandsvorschrift letztlich nicht ankommen soll. Das Bundesverwaltungsgericht stellte das „nicht rücksichtsvolle" Einfügen und damit die Rücksichtslosigkeit des Vorhabens nämlich bereits aufgrund anderer Merkmale fest und ließ die Frage nach einer etwaigen Indizwirkung damit dahinstehen. Im Übrigen liegt auch dieser Entscheidung ein die bauordnungsrechtlichen Abstandsflächen wahrendes Bauvorhaben zugrunde.

In der (Kommentar-)Literatur[1819] wird derzeit jedenfalls für den konkreten Einzelfall ein zumindest funktionaler Zusammenhang mit dem Abstandsflächenrecht bei bauplanungsgemäßen Festsetzungen hinsichtlich der überbaubaren Grundstücksfläche anerkannt, der insoweit einen wesentlichen Anhaltspunkt für die Bejahung oder Verneinung eines zugleich nachbarschützenden Einschlags der jeweiligen Festsetzung bietet. Insofern kommt der Aspekt der Nichteinhaltung von (landesrechtlichen) Abstandsflächen durchaus im bauplanungsrechtlichen Nachbarrecht zur Sprache und im Sinne einer Indizwirkung zur Geltung.

[1816] Vgl. BVerwG, Beschluss vom 22.11.1984, Az. 4 B 244.84, ZfBR 1985, S. 95; dass., Urteil vom 28.10.1993, Az. 4 C 5/93, NVwZ 1994, S. 687.
[1817] Vgl. zur Fallgruppe der Belichtung, Besonnung und Belüftung i.R.d. planungsrechtlichen Rücksichtnahmegebots allgemein auch *Stühler*, BauR 2009, S. 1088 f.
[1818] Vgl. BVerwG, Urteil vom 23.05.1986, Az. 4 C 34.85, BauR 1986, S. 542 ff [544]; a.A. BayVGH, Beschluss vom 22.01.2013, Az. 1 CS 12.2709, BayVBl 2013, S. 344 ff [345].
[1819] Vgl. *Jäde*, in: Jäde/Dirnberger/Weiß, BauGB, § 29 Rn 53 m.w.N.; *Dirnberger*, in: Simon/Busse, BayBO, Art. 66 Rn 371 ff m.w.N.; vgl. auch *Schwarzer/König*, BayBO, Art. 6 Rn 4.

Das landesrechtliche Abstandsflächenrecht wird dabei zur Auslegungshilfe. Bei der Beantwortung der Frage nach dem nachbarschützenden Charakter solcher Festsetzungen in Bebauungsplänen soll nach der hier benannten Auffassung der Kommentarliteratur zunächst untersucht werden, ob die Festsetzungen im Ergebnis mit einer Verringerung der ansonsten vorgesehenen gesetzlichen Abstandsflächen einhergehen oder demgegenüber eine Erweiterung darstellen. Im ersteren Fall spreche – weil Abstandsflächenregelungen stets unmittelbar nachbarschützend sind – zumindest eine sehr starke Vermutung für eine nachbarschützende Wirkung, während es im letzteren Falle hierfür eines besonderen Beleges bedürfe.[1820] Ausgehend von dieser für die Klärung des nachbarschützenden Charakters von bauplanungsrechtlichen Festsetzungen über die überbaubaren Grundstücksflächen im Sinne des § 30 Abs. 1 BauGB entscheidungserheblichen und in ihrem Aussagegehalt zutreffenden Vermutungswirkung eines bauordnungsrechtlichen Abstandsflächenverstoßes erweist sich eine entsprechende Indizwirkung auch in der gegenständlich untersuchten Fallgestaltung nicht nur als sachgerecht, sondern auch als rechts- und – mit Blick auf die Entscheidungen des Bundesverwaltungsgerichts – als rechtsprechungskonform. Mit den bauplanungsrechtlichen Abstandsflächenvorgaben sollen Freiflächen zwischen den Gebäuden, die grundsätzlich nicht überbaut werden dürfen, gesichert werden, um mit einer dadurch angestrebten aufgelockerten Bebauung eine ausreichende Belichtung, Besonnung und Belüftung zu gewährleisten und in Folge dessen nicht nur gesunde Wohn- und Arbeitsverhältnisse, sondern gerade auch aus nachbarrechtlicher Sicht zudem ein sozialverträgliches Wohnen zu ermöglichen.[1821] Der sog. „Sozialabstand"[1822] erfüllt dabei auch eine nicht unwesentliche städtebauliche und damit bauplanungsrechtliche Funktion.[1823] Das Bundesverwaltungsgericht hat dies in ständiger Rechtsprechung[1824] zum Ausdruck gebracht. Mit seinem – hier als Klarstellungsentscheidung bezeichneten – Urteil

---

[1820] Vgl. so explizit *Jäde*, in: Jäde/Dirnberger/Weiß, BauGB, § 29 Rn 53.
[1821] Vgl. etwa *Dhom*, in: Simon/Busse, BayBO, Art. 6 Rn 1; *Dirnberger*, in: Jäde/Dirnberger/Bauer, Die neue BayBO, Art. 6 Rn 1 ff; *Schwarzer/König*, BayBO, Art. 6 Rn 2 f; BayVGH, Urteil vom 30.05.2003, Az. 2 BV 02.689, BayVBl 2004, S. 369 ff [371].
[1822] Vgl. *Boeddinghaus*, BauR 2004, S. 763 ff; *ders.*, BauR 2008, S. 37; vgl. auch *Happ*, BayVBl 2014, S. 66, der darauf hinweist, dass Art. 63 BayBO 2008/2009 den „Sozialabstand" an keiner Stelle benennt.
[1823] Vgl. etwa *Schwarzer/König*, BayBO, Art. 6 Rn 3 a.E.
[1824] Vgl. BVerwG, Beschluss vom 22.11.1984, Az. 4 B 244.84, ZfBR 1985, S. 95; dass., Urteil vom 28.10.1993, Az. 4 C 5/93, NVwZ 1994, S. 687; dass., Urteil vom 11.01.1999, Az. 4 B 128.98, BauR 1999, S. 615 f [616] = NVwZ 1999, S. 879 f [880].

vom 11. Januar 1999[1825] hat das Bundesverwaltungsgericht unter Hinweis auf seine bisherige Rechtsprechung ausgeführt, dass zwar eine erneute kritische Überprüfung möglicherweise erforderlich sei, jedoch Überwiegendes dafür spreche, dass die auch über das Abstandsflächenrecht geschützten nachbarlichen Belange Belichtung, Besonnung und Belüftung städtebauliche Bedeutung haben und damit Gegenstand des nachbarschützenden bauplanungsrechtlichen Gebotes der Rücksichtnahme sein können. Die zum Teil vertretene Auffassung[1826], das Bundesverwaltungsgericht beantworte die Einfügensfrage im Sinne des § 34 Abs. 1 Satz 1 BauGB damit, weil vermeintlich ausschließlich über das landesrechtliche Abstandsflächenrecht geschützt, nicht (mehr) anhand dieser Belange, wird von der aufgezeigten Rechtsprechung nicht gestützt. Von Literatur und Rechtsprechung ist vielmehr gleichermaßen anerkannt, dass das bauordnungsrechtliche Abstandsflächenrecht und das Bauplanungsrecht im Grundsatz zwar jeweils unterschiedlichen Zielen dienen, sich beide Regelungsbereiche aber auch in Teilen überschneiden.[1827] Jedenfalls die Lage des Gebäudes auf dem Baugrundstück, wie sie über das Abstandsflächenrecht bauordnungsrechtlich determiniert wird, mithin also die hier unter dem Blickwinkel des Einfügenserfordernisses herangezogene Grundstücksfläche, gilt dabei zugleich auch als Regelungsmaterie des Städtebaurechts.[1828] Die den (bauordnungsrechtlichen) Abstandsflächen folgende Wirkung im Sinne einer Standortbestimmung des Gebäudes auf dem Grundstück findet sich nicht nur in den bereits oben angesprochenen Festsetzungen eines Bebauungsplans zur überbaubaren Grundstücksfläche, sondern auch hinsichtlich dieses Zulässigkeitskriteriums im Sinne des Einfügensgebotes des § 34 Abs. 1 Satz 1 BauGB wieder.[1829] Die durch die landesgesetzlichen Abstandsregelungen zum Ausdruck gebrachten Wertungen können jedenfalls als Auslegungshilfe auch im Rahmen der Frage nach dem städtebauli-

---

[1825] Vgl. BVerwG, Urteil vom 11.01.1999, Az. 4 B 128.98, BauR 1999, S. 615 f [616] = NVwZ 1999, S. 879 f [880].
[1826] Vgl. i.d.S. wohl *Dürr/König*, Baurecht, Rn 180 a.E.; ähnlich *Troidl*, BauR 2008, S. 1829 ff [1839]; zumindest kritisch auch *Söfker*, in: Ernst/Zinkahn/Bielenberg, BauGB, § 34 Rn 50 [S. 86/87].
[1827] Vgl. zum Verhältnis von Bauplanungsrecht und Abstandsflächenrecht allgemein *Dirnberger*, in: Jäde/Dirnberger/Bauer, Die neue BayBO, Art. 6 Rn 6 ff; *Dhom*, in: Simon/Busse, BayBO, Art. 6 Rn 30 ff; *Schwarzer/König*, BayBO, Art. 6 Rn 4 ff.
[1828] Vgl. BayVGH, Urteil vom 30.05.2003, Az. 2 BV 02.689, BayVBl 2004, S. 369 ff [371]; *Dhom*, in: Simon/Busse, BayBO, Art. 6 Rn 31.
[1829] Vgl. i.d.S. auch *Schwarzer/König*, BayBO, Art. 6 Rn 4, die allerdings einen entsprechend umgekehrten Rückschluss – wie hier diskutiert – verneinen, vgl. *Schwarzer/König*, a.a.O., Art. 6 Rn 7.

chen Einfügen herangezogen werden, da die Abstandsflächen nicht zuletzt als ein Mindestmaß[1830] hinsichtlich der benannten nachbarlichen Belange und damit gewissermaßen in Anlehnung an § 23 Abs. 3 BauNVO[1831] wie eine „Mindest-Baugrenze" zu verstehen sind.

Mit der aufgezeigten bundesverwaltungsgerichtlichen Rechtsprechung und der hier vertretenen Rechtsauffassung bestätigt sich das in § 34 Abs. 1 Satz 1 BauGB enthaltene Tatbestandsmerkmal der überbaubaren Grundstücksfläche nicht nur als möglicher, sondern auch als zutreffender Anknüpfungspunkt, um Abstandsflächen, wie sie von Art. 6 BayBO 2008 definiert werden, auch in diesem bauplanungsrechtlichen Zusammenhang mit der Wertung einer Konkretisierung der auch städtebaulich relevanten nachbarlichen Belange Belichtung, Besonnung und Belüftung als entscheidungserhebliches bzw. für die Entscheidung zumindest behilfliches Kriterium anlässlich der Frage nach nachbarlichem Drittschutz heranzuziehen.

4. Korrekturbedürftigkeit der (bayerischen) Verwaltungsrechtsprechung

In noch zutreffender Weise erkennt auch der Bayerische Verwaltungsgerichtshof[1832] unter Bezugnahme auf die modifizierte Rechtsprechung des Bundesverwaltungsgerichts, diese zuletzt ausdrücklich klargestellt mit Urteil vom 11. Januar 1999[1833], die indizierende Wirkung eingehaltener Abstandsflächen im Rahmen der Einfügensfrage des § 34 Abs. 1 Satz 1 BauGB mit der Folge an, dass bei Wahrung des landesrechtlichen Abstandsflächenrechts im Regelfall von dem im Streit stehenden Bauvorhaben keine erdrückende Wirkung[1834] ausgeht und somit eine Verletzung des planungsrechtlichen Gebotes der Rücksichtnahme

---

[1830] Vgl. *Dirnberger*, in: Jäde/Dirnberger/Bauer, Die neue BayBO, Art. 6 Rn 2; *Boeddinghaus*, BauR 2004, S. 763 ff [765]; *ders.*, BauR 2008, S. 37; *Spannowsky*, in: Spannowsky/Uechtritz, BauGB, § 34 Rn 43.5.

[1831] Vgl. zum originären Verständnis der Regelung *Dirnberger*, in: Jäde/Dirnberger/Weiß, BauNVO, § 23 Rn 7 ff.

[1832] Vgl. z.B. BayVGH, Beschluss vom 22.06.2011, Az. 15 CS 11.1101; ders., Beschluss vom 06.09.2011, Az. 1 ZB 09.3121; ders., Beschluss vom 16.10.2012, Az. 1 CS 12.2036.

[1833] Vgl. BVerwG, Urteil vom 11.01.1999, Az. 4 B 128.98, BauR 1999, S. 615 ff = NVwZ 1999, S. 879 f, wonach § 34 Abs. 1 BauGB (Gebot der Rücksichtnahme) auch dann verletzt sein kann, wenn die landesrechtlichen Abstandsflächenvorschriften eingehalten sind.

[1834] Vgl. zur Fallgruppe der erdrückenden und optisch bedrängenden Wirkung allgemein *Stühler*, BauR 2009, S. 1085 ff.

regelmäßig nicht gegeben ist. Fälschlicherweise verneint der Bayerische Verwaltungsgerichtshof[1835] daran anknüpfend aber eine entsprechend umgekehrte Regelwirkung, wobei er diese Feststellung weitestgehend pauschal und ohne eingehendere Begründung trifft. Die von der Einhaltung des Abstandsflächenrechts ausgehende Regelwirkung bedeute umgekehrt etwa nicht, dass eine (unterstellte) Überschreitung der Abstandsflächen regelmäßig eine einmauernde Wirkung des Vorhabens mit sich bringe,[1836] so der VGH. Er zieht sich auf das für die Beurteilung einer etwaigen Rücksichtslosigkeit des Vorhabens maßgebliche und allgemeingültige Kriterium einer Gesamtschau des Einzelfalls zurück. Während also die Einhaltung des Abstandsflächenrechts eine erdrückende Wirkung regelmäßig ausschließt, bedeute nach Ansicht des Bayerischen Verwaltungsgerichtshofs diese Indizwirkung umgekehrt nicht, dass eine Überschreitung der Abstandsflächen regelmäßig eine einmauernde Wirkung des Vorhabens mit sich bringe.[1837] Auf die im Rahmen der nachbarlichen Anfechtungsklage aufgeworfenen abstandsflächenrechtlichen Frage- und Problemstellungen soll es nach Auffassung des Bayerischen Verwaltungsgerichtshofs damit auch[1838] im Rahmen des planungsrechtlichen Rücksichtnahmegebots nicht ankommen. Die Literatur[1839] übernimmt diese Feststellungen zum Teil kommentarlos bzw. scheint diese Rechtsauffassung überwiegend nicht in Frage zu stellen.

Soweit zum Beleg bzw. zur Bestätigung dieser (bayerischen) Rechtsauffassung auf die vermeintlich einschlägige bzw. vorgeblich ergebnisgleiche Rechtsprechung des Bundesverwaltungsgerichts verwiesen wird, so etwa ausdrücklich

---

[1835] Vgl. BayVGH, Beschluss vom 22.06.2011, Az. 15 CS 11.1101; ders., Beschluss vom 06.09.2011, Az. 1 ZB 09.3121; vgl. auch z.B. bereits ders., Beschluss vom 08.02.2010, Az. 2 AS 09.2907, juris-Dok. Rn 24.
[1836] Vgl. BayVGH, Beschluss vom 14.10.2010, Az. 15 ZB 10.1584; ähnlich ders., Beschluss vom 22.06.2011, Az. 15 CS 11.1101; ders., Beschluss vom 06.09.2011, Az. 1 ZB 09.3121.
[1837] Vgl. BayVGH, Beschluss vom 14.10.2010, Az. 15 ZB 10.1584; ders., Beschluss vom 22.06.2011, Az. 15 CS 11.1101; ders., Beschluss vom 06.2011, Az. 1 ZB 09.3121; ders., Beschluss vom 22.01.2013, Az. 1 CS 12.2709, BayVBl 2013, S. 344 ff.
[1838] Gemäß Art. 59 Satz 1 BayBO 2008 erstreckt sich die bauaufsichtliche Genehmigungsprüfung im vereinfachten Baugenehmigungsverfahren nicht (mehr) auf das Bauordnungsrecht und damit auch nicht auf das Abstandsflächenrecht gemäß Art. 6 BayBO 2008, vgl. BayVGH, BayVBl 2002, S. 499; ders., Beschluss vom 06.09.2011, Az. 1 ZB 09.3121. Vgl. zur Ablehnungsbefugnis des Art. 68 Abs. 1 Satz 1, 2. Hs. BayBO 2008/2009 Teil 2 C und D.
[1839] Vgl. *Schwarzer/König*, BayBO, Art. 6 Rn 7; *Jäde*, BayVBl 2014, S. 7, *ders.*, Bayerisches Bauordnungsrecht, S. 40 Rn 152; i.E. wohl auch *Troidl*, BauR 2008, S. 1839; a.A. – zumindest für offenkundig nicht eingehaltene Abstandsflächen – aber *Wolf*, in: Simon/Busse, BayBO, Art. 59 Rn 34.

mit Beschluss des Bayerischen Verwaltungsgerichtshofs vom 22. Januar 2013[1840], verkennt zumindest der 1. Senat, dass sich das Bundesverwaltungsgericht mitnichten in dieser Hinsicht geäußert hat oder eine entsprechende Haltung hat erkennen lassen sowie dass die in diesem Kontext in Bezug genommenen Entscheidungen des Bundesverwaltungsgerichts – wie zuletzt unter B.I.2. aufgezeigt – allesamt von einer Einhaltung der landesrechtlichen Abstandsflächen ausgehen und sich ausschließlich mit der Frage einer gleichwohl gegebenen Rücksichtslosigkeit aus darüber hinausgehenden Gründen befassen. Außerdem erweist sich die Auffassung des Bayerischen Verwaltungsgerichtshofs hinsichtlich des Erfordernisses einer erdrückenden bzw. einmauernden Wirkung als zu restriktiv, indem unter Verkennung der durch die Abstandsflächen zum Ausdruck gebrachten Wertung einer Mindestanforderung[1841] auf die Worthülse einer erdrückenden Wirkung zurückgegriffen wird. Angesichts des Ausnahmecharakters des auf die konkreten Umstände des Einzelfalls abstellenden Rücksichtnahmegebots ist es im Grundsatz sicherlich zutreffend und richtig, dies ist zur Meidung von Missverständnissen zu betonen, dass nach wohl herrschender Meinung[1842] für eine nachbarrechtlich relevante Verletzung des Gebotes der Rücksichtnahme nicht jede Beeinträchtigung der Licht- und Luftverhältnisse bzw. Verschlechterung der Sichtachsen als ausreichend angesehen und stattdessen eine von dem Bauvorhaben ausgehende unzumutbare Beeinträchtigung z.B. in Form einer „abriegelnden" oder „erdrückenden"[1843] Wirkung, die allerdings der Konkretisierung bedarf, verlangt wird. Das Bundesverwaltungsgericht hat jedoch in ständiger Rechtsprechung[1844] den Abstandsflächen, mit denen der jeweilige Landesgesetzgeber auch nachbarliche Belange abwägt und konkretisiert,

---

[1840] Vgl. BayVGH, Beschluss vom 22.01.2013, Az. 1 CS 12.2709, BayVBl 2013, S. 344 ff [345].
[1841] Vgl. dagegen zutreffend erkannt und bejaht von VG Würzburg, Beschluss vom 17.10.2008, Az. W 5 S 08.1997, juris-Dok. Rn 21, das ausführt: „[...] Der Landesgesetzgeber hat insoweit abschließend bewertet und geregelt, was den Nachbarn billigerweise zugemutet werden kann [...]."
[1842] Vgl. insoweit (noch) zutreffend etwa BayVGH, Beschluss vom 14.10.2010, Az. 15 ZB 10.1584, und ders., Beschluss vom 22.06.2011, Az. 15 CS 11.1101; i.d.S. z.B. auch *Troidl*, BauR 2008, S. 1829 ff; *Dirnberger*, in: Simon/Busse, BayBO, Art. 66 Rn 464 ff [470]. Vgl. hierzu auch BVerwG, BauR 1986, S. 542 ff [543]; dass., BVerwGE 94, S. 151 ff [159 ff]; dass., NVwZ 1994, S. 686 ff [687].
[1843] Vgl. z.B. BayVGH, Beschluss vom 22.06.2011, Az. 11.1101; *Dirnberger*, in: Simon/Busse, BayBO, Art. 66 Rn 467.
[1844] Vgl. BVerwG, ZfBR 1985, S. 95; dass., BVerwGE 94, S. 159 f; dass., NVwZ 1994, S. 687; dass., BauR 1999, S. 615 f = NVwZ 1999, S. 879 f.

aufgrund der landesgesetzgeberischen Meinungsbildung eine Wertung dergestalt entnommen, dass sich ein Vorhaben hinsichtlich der von § 34 Abs. 1 Satz 1 BauGB gleichsam geschützten Nachbarinteressen einer ausreichenden Belichtung, Besonnung und Belüftung im Regelfall auch in bauplanungsrechtlicher bzw. städtebaulicher Sicht im Sinne des § 34 Abs. 1 Satz 1 BauGB einfügt und dieses damit gegenüber dem Grundstücksnachbarn nicht rücksichtslos ist, wenn die bauordnungsrechtlichen Abstandsflächen eingehalten sind. Nur wenn von Seiten des Nachbarn das planungsrechtliche Nichteinfügen auf etwaige weitergehende planungsrechtliche Anforderungen, also jenseits der (auch städtebaulich relevanten und landesrechtlich konkretisierten) Belange Belichtung, Besonnung und Belüftung gestützt wird, muss die Rücksichtslosigkeit des Bauvorhabens gesondert festgestellt werden,[1845] da dieses auch dann rücksichtslos sein kann, wenn die Abstandsflächen eingehalten sind. Im Rahmen der Prüfung, ob sich ein Vorhaben einfügt und ob es damit das Rücksichtnahmegebot wahrt oder nicht, ist hinsichtlich der zu berücksichtigenden städtebaulichen Belange einer ausreichenden Belichtung, Besonnung und Belüftung im Grundsätzlichen, jedenfalls soweit sich im Einzelfall ausnahmsweise nichts Gegenteiliges ergibt, die legislatorische Wertung des bauordnungsrechtlichen Abstandsflächenrechts ausreichend.[1846] Es ist regelmäßig nicht – gewissermaßen kumulativ oder darüber hinaus – gesamtschauend nach einer „erdrückenden" Wirkung o.Ä. zu fragen. Das Ergebnis einer derartigen Wertung wird im Regelfall durch die Einhaltung, aber auch Nichteinhaltung der Abstandsflächen indiziert, da aus bauplanungsrechtlicher Sicht keine Gründe ersichtlich sind, weshalb die im Wege der Auslegungshilfe zu berücksichtigende Wertung für einen entsprechenden Gegenschluss nicht gleichfalls herangezogen werden können soll. Dem steht auch nicht die vom Bayerischen Verwaltungsgericht[1847] in Bezug genommene und von *Troidl*[1848] zusammengestellte Kasuistik der bundes- und obergerichtlichen Verwaltungsrechtsprechung zu „abriegelnden und einmauernden" Gebäuden entgegen, da auch nach der hier vertretenen Auffassung die Frage nach einer erdrü-

---

[1845] Vgl. BVerwG, Urteil vom 28.10.1993, Az. 4 C 5/93, NVwZ 1994, S. 686 ff [687]; dass., Urteil vom 11.01.1999, Az. 4 B 128.98, BauR 1999, S. 615 ff [616]; i.d.S. auch VG Augsburg, Urteil vom 06.06.2013, Az. Au 5 K 12.1182.
[1846] Vgl. i.E. auch VG Würzburg, Beschluss vom 17.10.2008, Az. W 5 S 08.1997, juris-Dok. Rn 20 f.
[1847] Vgl. BayVGH, Beschluss vom 14.10.2010, Az. 15 ZB 10.1584.
[1848] Vgl. *Troidl*, BauR 2008, S. 1829 ff, der allerdings die Aussagen des Bundesverwaltungsgerichts hinsichtlich des Verhältnisses zwischen Abstandsflächen und Rücksichtnahmegebot zu restriktiv interpretiert, vgl. *ders.*, a.a.O., S. 1839.

ckenden Wirkung für die Frage der Rücksichtslosigkeit des Bauvorhabens hinsichtlich bauplanungsrechtlicher Aspekte jenseits der vorbenannten und auch bauordnungsrechtlich geschützten Belange entscheidungserheblich bleibt und die durch die Abstandsflächen bedingte Regelwirkung im Einzelfall umkehrbar ist. Im Übrigen widerspricht auch die mit der Gesetzesnovelle 2008 vorgegebene Systematik dieser Rechtsauffassung nicht, da die damit einhergehenden Änderungen die bauplanungsrechtsbezogene Genehmigungsprüfung unangetastet lassen. Die Einbeziehung der bauordnungsrechtlichen Abstandsflächen in die bauplanungsrechtliche Genehmigungsfrage ist – wie gezeigt – vielmehr gesetzessystematisch bedingt.

Die erstinstanzliche Verwaltungsgerichtsrechtsprechung zeigt hinsichtlich dieser Problematik ein nicht einheitliches Bild. Überwiegend erfolgt bezüglich des im Rahmen der Anfechtungsklage bzw. des Antrags[1849] gegen ein im vereinfachten Genehmigungsverfahren erteiltes Bauvorhaben vom Nachbarn vorgebrachten Hinweises, Abstandsflächen seien nicht eingehalten, keine Auseinandersetzung mit einer dadurch indizierten Rücksichtslosigkeit des Bauvorhabens aus bauplanungsrechtlicher Sicht, dies noch nicht einmal dann, wenn klägerseitig ausdrücklich ein daraus resultierender Verstoß gegen das Rücksichtnahmegebot geltend gemacht wird. Für gewöhnlich beschränken sich die gerichtlichen Ausführungen feststellend auf eine Hervorhebung des eingeschränkten Prüfprogramms und des nicht drittschützenden Charakters des Art. 68 Abs. 1 Satz 1, 2. Hs. BayBO 2008/2009.[1850] Soweit die im Wege eines entsprechenden nachbarlichen Vortrags geltend gemachte Indizwirkung nicht eingehaltener Abstandsflächenvorschriften eine Auseinandersetzung in den Entscheidungsgrün-

---

[1849] Vgl. den Antrag auf Wiederherstellung der aufschiebenden Wirkung der (Nachbar-)Klage gegen den Baugenehmigungsbescheid gemäß § 80a Abs. 3, § 80 Abs. 5 VwGO. Das Erfordernis eines einstweiligen Rechtsschutzantrags ist in § 212a Abs. 1 BauGB begründet, der die aufschiebende Wirkung der Klage entfallen lässt, vgl. auch § 80 Abs. 2 Nr. 3 VwGO. Vgl. hierzu *Kopp/Schenke*, VwGO, § 80 Rn 65.

[1850] Vgl. exemplarisch VG Augsburg, Urteil vom 25.11.2011, Az. Au 5 K 11.547; VG Bayreuth, Urteil vom 21.06.2012, Az. B 2 K 12.154, das die Rechtswidrigkeit nicht – wie seitens des Klägers gerügt – aus einem Verstoß gegen das Rücksichtnahmegebot aufgrund verletzter Abstandsflächen, sondern aus dem Fehlen einer behördlichen Entscheidung über den bauherrenseitig gestellten Abweichungsantrag bzgl. Abstandsflächen folgert; dass., Beschluss vom 29.01.2010, Az. B 2 S 09.1055; VG München, Urteil vom 28.09.2009, Az. M 8 K 09.270; dass., Urteil vom 28.09.2009, Az. M 8 K 09.322; dass., Urteil vom 07.10.2010, Az. M 11 K 09.4004; dass., Urteil vom 23.11.2010, Az. M 1 K 10.3439; VG Regensburg, Beschluss vom 02.01.2012, Az. RO 2 S 11.1859.

den erfährt, folgt die erstinstanzliche Verwaltungsgerichtsrechtsprechung – meistens[1851] – der vorstehend dargestellten Rechtsauffassung des Bayerischen Verwaltungsgerichtshofs, wie das Urteil des Verwaltungsgerichts München vom 11. März 2013[1852] anschaulich vor Augen führt. Ein begrüßenswerter Richtungswechsel gegen die insoweit wohl als (derzeit) gefestigt anzusehende Rechtsauffassung des Bayerischen Verwaltungsgerichtshofs deutet sich in der Rechtsprechung der 5. Kammer des Verwaltungsgerichts Würzburg an, die den Aussagegehalt der landesrechtlichen Abstandsflächen auch im Falle des Verstoßes gegen letztere nicht – wie der VGH – pauschal ablehnt, sondern diesem auch in umgekehrter Richtung eine entscheidungserhebliche Regelbedeutung beimisst. Dogmatisch korrekt und in Anwendung der allgemein anerkannten ober- und bundesverwaltungsgerichtlichen Rechtsprechung zu den Voraussetzungen eines drittschützenden Abwehranspruchs auf Grundlage des planungsrechtlichen Gebotes der Rücksichtnahme differenziert das Verwaltungsgericht Würzburg mit Beschluss vom 31. August 2011 klar zwischen den allgemeinen Grundsätzen insbesondere auch unter Achtung der beschränkten Feststellungswirkung der vereinfacht erteilten Baugenehmigung einerseits und den von den Abstandsflächen – auch im Falle eines Verstoßes gegen diese – ausgehenden Wertungen zur Konkretisierung der grundsätzlichen Maßstäbe andererseits. In den selbsterklärenden Ausführungen der Entscheidungsgründe heißt es – das Ergebnis vorweggreifend – wörtlich: *„[...] Eine Verletzung nachbarschützender Vorschriften ergibt sich nämlich voraussichtlich[*[1853]*] aus einem Verstoß gegen das Rücksichtnahmegebot, da die erforderlichen Abstandsflächen nicht eingehalten werden."*[1854] Fortlaufend führt die Kammer im Sinne eines grundsätzlichen Geltungsanspruchs – wohl unbestritten zutreffend – aus, dass die Abstandsflächen gemäß Art. 6 BayBO 2008 vom vereinfachten Prüfungsumfang an sich nicht (mehr) erfasst seien und Nachbarrechte nicht verletzt sein könnten, wenn über sie nicht in der Genehmigung entschieden worden ist. Relativierend merkt sie jedoch an: *„[...] Jedoch kann sich der Nachbar dann auf grundsätzlich im Rah-*

[1851] Vgl. anders aber VG Würzburg, Beschluss vom 17.10.2008, Az. W 5 S 08.1997.
[1852] Vgl. z.B. VG München, Urteil vom 11.03.2013, Az. M 8 K 12.3508 m.w.N. und mit ausführlicher Darstellung des Klägervortrags sowie eingehender, i.E. aber unzutreffender gerichtlicher Erörterung.
[1853] Das erkennende Gericht prüft i.R.d. Antrags auf Wiederherstellung der aufschiebenden Wirkung gemäß §§ 80a Abs. 3, 80 Abs. 5 VwGO summarisch die voraussichtlichen Erfolgsaussichten einer Anfechtungsklage, vgl. *Kopp/Schenke*, VwGO, § 80 Rn 158; vgl. auch VG Würzburg, Beschluss vom 31.08.2011, Az. W 5 S 11.208, juris-Dok. Rn 33 f.
[1854] VG Würzburg, Beschluss vom 31.08.2011, Az. W 5 S 11.208, juris-Dok. Rn 34.

men des vereinfachten Verfahrens nicht zu prüfende Vorschriften der BayBO berufen, wenn sich aus einem Verstoß gegen eine solche Vorschrift zugleich ein Verstoß gegen das Rücksichtnahmegebot ergibt. [Absatz] Die vom Abstandsflächenrecht geschützten Belange einer ausreichenden Belichtung, Belüftung, Besonnung und Wahrung des Wohnfriedens haben auch städtebaulichen Bedeutung (BVerwG [...]) [...]."[1855] Zwar heißt es in den weiteren Ausführungen einschränkend, dass das bauplanungsrechtliche Rücksichtnahmegebot, das selbständig neben den bauordnungsrechtlichen Abstandsflächenvorschriften zu prüfen ist, im Hinblick auf die genannten Belange auch dann verletzt sein könne, wenn die Abstandsflächenvorschriften eingehalten seien, aus diesem Grundsatz aber im Umkehrschluss nicht aus jedem Verstoß gegen Abstandsflächenvorschriften ein Verstoß gegen das Rücksichtnahmegebot hergeleitet werden könne, da es diesbezüglich vielmehr stets auf die tatsächlichen Verhältnisse des jeweiligen Einzelfalls ankomme. Allerdings bringt das Verwaltungsgericht letztlich doch eine – aufgrund der nicht eingehaltenen bauordnungsrechtlichen Abstandsflächenvorschriften folgende – Art Anscheinsvermutung zum Ausdruck, indem ausgeführt wird, dass zumindest bei offenkundig nicht eingehaltenen Abstandsflächen zu prüfen sei, ob hierin nicht zugleich auch eine Verletzung des Gebotes der Rücksichtnahme liegen könne[1856] und letztlich auch die landesrechtlichen Abstandsflächenvorschriften, namentlich Art. 6 BayBO 2008, gewissermaßen inzident geprüft und subsumiert werden. Mit dieser Entscheidung aus dem Jahre 2011 bestätigt das VG Würzburg damit seine diesbezügliche Rechtsauffassung, nachdem es bereits mit Beschluss vom 17. Oktober 2008[1857] folgerichtig das nachbarrechtliche bauplanungsrechtliche Rücksichtnahmegebot als verletzt angesehen hat, da die bauordnungsrechtlichen Abstandsflächen nicht eingehalten worden sind.

Die vorbenannte und inzwischen mehrfach bestätigte Rechtsauffassung der 5. Kammer des Verwaltungsgerichts Würzburg muss in der Rechtsprechungslandschaft der bayerischen Verwaltungsgerichtsbarkeit angesichts der in dieser Frage als gefestigt anzusehenden Rechtsprechung des Bayerischen Verwaltungsgerichtshofs noch als davon abweichende, im Ergebnis aber richtige Ent-

---

[1855] VG Würzburg, Beschluss vom 31.08.2011, Az. W 5 S 11.208, juris-Dok. Rn 42 f.
[1856] Vgl. VG Würzburg, Beschluss vom 31.08.2011, Az. W 5 S 11.208, juris-Dok. Rn 43 m.w.N. *Wolf*, in: Simon/Busse, BayBO, Art. 59 Rn 33, 34 m.w.N.
[1857] Vgl. VG Würzburg, Beschluss vom 17.10.2008, Az. W 5 S 08.1997, juris-Dok. Rn 20 f; a.A. *Jäde*, Bayerisches Bauordnungsrecht, Rn 152 m.w.N.

scheidung betrachtet werden, an der sich fortan nicht nur der Verwaltungsgerichtshof im Rahmen der berufungsrechtlichen Überprüfung, sondern bereits die erstinstanzliche Verwaltungsgerichtsrechtsprechung orientieren sollte. Jedenfalls das Verwaltungsgericht Würzburg[1858] scheint dem hier diskutierten Zusammenhang von nicht eingehaltenen Abstandsflächen und planungsrechtlichem Rücksichtnahmegebot auch über die vorbenannte Entscheidung hinaus zumindest eine nachbarrechtliche Relevanz beizumessen.

5. Fazit: Reversible Indizwirkung des Abstandsflächenrechts bei beschränktem Prüfprogramm

Wenngleich sich natürlich trefflich darüber streiten ließe, ob ein Verstoß gegen das bauordnungsrechtliche Abstandsflächenrecht lediglich eine – im Sinne des VG Würzburg[1859] – festgestellte Anscheinsvermutung, so die hier aufgrund der inhaltlichen Vorgaben der gerichtlichen Entscheidungsgründe gewählte Terminologie, oder dem Ganzen richtigerweise doch – weitergehend – eine im Einzelfall[1860] reversible, d.h. widerlegbare Indizwirkung zukommt, stellt sich jedenfalls die durch beide Ansichten zum Ausdruck gebrachte Grundaussage dieser auch vom VG Würzburg vertretenen Rechtsauffassung im Ergebnis als die korrekte dar. Sie bedeutet nämlich gerade keine Aushebelung allgemeiner und zum planungsrechtlichen Rücksichtnahmegebot entwickelter Grundsätze[1861], sondern lediglich eine ergebnisvermutende Würdigung der vom jeweiligen Landesgesetzgeber konkretisierten Wertungen der auch städtebaulichen und im Rahmen des planungsrechtlichen Rücksichtnahmegebots heranzuziehenden nachbarschützenden Belange Belichtung, Besonnung und Belüftung. Dabei ist im Einzelfall bei einem geringfügigen Verstoß gegen die Abstandsvorschriften die

---

[1858] Vgl. etwa VG Würzburg, Beschluss vom 18.07.2013, Az. W 5 S 13.554, wonach ein Verstoß gegen abstandsflächenrechtliche Vorschriften, aus dem sich zugleich ein Verstoß gegen das baurechtliche, Nachbarschutz gewährende Rücksichtnahmegebot ergeben könnte, streitgegenständlich nicht ersichtlich sei. Vgl. hierzu auch die Berufungsentscheidung BayVGH, Beschluss vom 08.10.2013, Az. 9 CS 13.1636, wonach der Fall des Art. 6 Abs. 1 Satz 3 BayBO, eine planungsrechtliche Zulässigkeitsprüfung i.S.d. Art. 59 Satz 1 Nr. 1, 1. Alt. BayBO 2008 erlaubt.
[1859] Vgl. zumindest VG Würzburg, Beschluss vom 31.08.2011, Az. W 5 S 11.208, juris-Dok. Rn 34 ff; weniger streng dagegen wohl dass., Beschluss vom 17.10.2008, Az. 5 W S 08.1997, juris-Dok. Rn 20 f.
[1860] Vgl. so auch VG Würzburg, Beschluss vom 17.10.2008, Az. 5 W S 08.1997, juris-Dok. Rn 21.
[1861] Vgl. hierzu die Rechtsprechungsübersicht bei *Troidl*, BauR 2008, S. 1829 ff.

Verneinung der Rücksichtslosigkeit eher möglich als in Fällen der Offensichtlichkeit des Verstoßes, die sicherlich gegen ein städtebauliches Einfügen spricht und damit einen Verstoß gegen das drittschützende Rücksichtnahmegebot indiziert.[1862]

In der verbreiteten bzw. geläufigen bayerischen Verwaltungsrechtsprechung[1863] wird verkannt, dass die verfahrensrechtliche Beschränkung der Prüfprogramme, wie sie etwa mit dem vereinfachten Baugenehmigungsverfahren umgesetzt worden ist, keinen Einfluss auf die materiell-rechtliche Bewertung der bauplanungsrechtlichen und auch verfahrensrechtlich prüfpflichtigen Genehmigungsvoraussetzungen zeigt. Die Verneinung eines entsprechenden, im Sinne der bundesverwaltungsgerichtlichen Rechtsprechung umgekehrten Rückschlusses im Rahmen des bauplanungsrechtlichen Rücksichtnahmegebots kann jedenfalls nicht – wie z.T. aber vertreten – mit der legislatorischen Beschränkung der bauaufsichtlichen Genehmigungsprüfung gerechtfertigt werden. Der Einwand, der Ausschluss der Prüfung des Abstandsflächenrechts würde im Ergebnis ad absurdum geführt, trägt nicht. Es versteht sich dabei von selbst, dass die von Art. 59 Satz 1 BayBO 2008 für das vereinfachte Baugenehmigungsverfahren ausgehende Beschränkung der bauaufsichtlichen Genehmigungsprüfung unangetastet bleibt bzw. bleiben muss, mithin sich auch der behördliche Prüfauftrag nicht – auch nicht mittelbar über Art. 59 Satz 1 Nr. 1, 1. Alt. BayBO 2008 i.V.m. § 34 Abs. 1 Satz 1 BauGB im Sinne des planungsrechtlichen Rücksichtnahmegebots – auf das bauordnungsrechtliche Abstandsflächenrecht erstreckt bzw. erstrecken darf. Allerdings geht mit der hier vertretenen Auffassung einer reversiblen Indizwirkung sowohl eingehaltener als auch nicht eingehaltener Abstandsvorschriften nicht zugleich eine Prüfpflicht der Baugenehmigungsbehörden oder gar Erweiterung des Prüfprogramms einher, Abstandsflächenrecht zur Meidung einer Verkennung eines etwaigen Verstoßes gegen das planungsrechtliche Rücksichtnahmegebot prüfen zu müssen. Wie die Baunutzungsverordnung[1864] ist auch das landesrechtliche Abstandsflächenrecht für die bauplanungs-

---

[1862] Vgl. i.E. auch *Wolf*, in: Simon/Busse, BayBO, Art. 59 Rn 34; VG Würzburg, Beschluss vom 31.08.2011, Az. W 5 S 11.208, juris-Dok. Rn 34 ff; a.A. *Schwarzer/König*, BayBO, Art. 6 Rn 7; *Jäde*, BayVBl 2014, S. 7; BayVGH, BayVBl 2013, S. 344 ff [345].
[1863] Vgl. so z.B. ausdrücklich VG München, Urteil vom 11.03.2013, Az. M 8 K 12.3508; i.E. wohl auch BayVGH, Beschluss vom 06.09.2011, Az. 1 ZB 09.3121.
[1864] Vgl. hierzu *Jäde*, in: Jäde/Dirnberger/Weiß, BauGB, § 34 Rn 76 ff, wonach die BauNVO i.R.d. § 34 Abs. 1 BauGB keine rechtsnormative Anwendung findet.

rechtliche Einfügensfrage im Sinne des § 34 Abs. 1 Satz 1 BauGB nur (tatsachen- bzw. sachverstand-)vermutende Auslegungshilfe; auch Art. 6 BayBO 2008 entfaltet insoweit keine rechtsnormative Wirkung. Der nachbarliche Vortrag – sei es bereits im behördlichen Genehmigungs- oder erst im anschließenden gerichtlichen Rechtsschutzverfahren –, das vereinfacht zu prüfende Bauvorhaben verstoße gegen die Abstandsvorschriften, erlaubt jedoch sowohl den Behörden, die im Rahmen der sog. nachbarlichen Kenntnisprovokation über Art. 68 Abs. 1 Satz 1, 2. Hs. BayBO 2008/2009 allerdings ohnehin entsprechend reaktiv agieren können, als auch – insoweit bedeutsam – den Verwaltungsgerichten, im Wege des bauplanungsrechtlichen Rücksichtnahmegebots Abstandsvorschriften prüfend heranzuziehen und zur Geltung zu bringen. Dass eine im Rahmen der vereinfachten Genehmigungsprüfung die Abstandsflächen gänzlich ausblendende Bauaufsichtsbehörde, wozu sie gemäß der nicht drittschützenden Art. 59 Satz 1 und 68 Abs. 1 Satz 1 BayBO 2008/2009 durchaus berechtigt ist, damit dem Risiko ausgesetzt ist, sich hinsichtlich der – im Sinne des Bauherrn positiven – Genehmigungsentscheidung im Rahmen einer Anfechtungsklage bzw. eines entsprechenden einstweiligen Rechtsschutzantrags angreifbar zu machen, ist Ausfluss der baugenehmigungsverfahrensrechtlichen Bestimmungen der Art. 59, 68 BayBO 2008/2009 einerseits und der materiellen Prüfungsergebnisse der §§ 29 ff BauGB andererseits. Diese Rechtsunsicherheit[1865] ist sicherlich in jeglicher Hinsicht von Nachteil, aber als derzeit gesetzesbedingt gegeben hinzunehmen.

Zusammenfassend ist klarzustellen, dass freilich im Rahmen der vereinfachten Baugenehmigungsprüfung nach Art. 59 Satz 1 BayBO 2008 in Übereinstimmung mit der obergerichtlichen Rechtsprechung[1866] richtigerweise eine Überprüfung des bauordnungsrechtlichen Abstandsflächenrechts weder unmittelbar stattfinden darf, noch mittelbar erfolgen muss. Auch geht in Konsequenz dessen eine ausschließlich auf die Verletzung nachbarschützender bauordnungsrechtlicher Vorschriften gestützte Anfechtungsklage gegen eine solche Baugenehmigung grundsätzlich ins Leere.[1867] Dies gilt allerdings nur insoweit, als sich

---

[1865] Vgl. so prognostizierend auch *Decker*, BauR 2008, S. 455.
[1866] Vgl. BayVGH, Beschluss vom 27.12.2001, Az. 26 ZB 00.2890, BayVBl 2002, S. 499; ders., Urteil vom 23.03.2006, Az. 26 B 05.555, BayVBl 2006, S. 537; ders., Beschluss vom 06.09.2011, Az. 1 ZB 09.3121; ebenso z.B. OVG Saar, Beschluss vom 03.01.2008, Az. 2 O 44/06; HessVGH, Beschluss vom 28.11.2005, Az. 3 TG 2774/05, HGZ 2006, S. 22 ff.
[1867] Vgl. soweit noch zutreffend BayVGH, Beschluss vom 14.10.2008, Az. 2 CS 08.2132.

aus der Verletzung der bauordnungsrechtlichen Vorschrift, hier namentlich der Abstandsflächenregelung, nicht wertend ergibt, dass das nachbarrechtlich angegriffene Bauvorhaben rücksichtslos ist und sich in Folge dessen nicht im Sinne des § 34 Abs. 1 Satz 1 BauGB einfügt. Ein entsprechend zielgerichteter Sach- und Rechtsvortrag des Nachbarn im Rahmen des gerichtlichen Rechtsschutzverfahrens, der nicht ausschließlich auf die Verletzung des Abstandsflächenrechts gerichtet sein sollte, ist dabei nicht nur von Vorteil, sondern wohl auch von ausschlaggebender Bedeutung. Die im Übrigen einst von *Decker*[1868] geäußerte Befürchtung, Nachbarschaftskonflikte würden zukünftig auf der Ebene des bauplanungsrechtlichen Gebotes der Rücksichtname, welches über §§ 30, 31, 34 und 35 BauGB zum Pflichtprüfprogramm gehört, ausgetragen werden, hat sich mit Blick auf die derzeitige Rechtsprechung des Bayerischen Verwaltungsgerichtshofs bislang nicht bewahrheitet. Dies ist mit der hier vertretenen Auffassung allerdings zu fordern, so dass die als Befürchtung geäußerte Prognose eher eine gesetzessystematische und rechtsdogmatische Folge ist. So wirft *Stühler*[1869] im Ergebnis zutreffend die Frage auf, ob der Maßstab nicht zugunsten des Nachbarn verschoben werden müsste, damit sich das drittschützende Gebot der Rücksichtnahme in Rechtsprechung und Lehre nicht tatsächlich als „Papiertiger entpuppe".

II. Die Feststellungen des Baugenehmigungsbescheids: Umfang und Auswirkungen

Eine im vereinfachten Baugenehmigungsverfahren erteilte Baugenehmigung enthält grundsätzlich keine Aussage hinsichtlich der bauordnungsrechtlichen Regelungen, da die an das Bauvorhaben gestellten Anforderungen nicht (mehr) Teil des behördlichen Prüfauftrages im Sinne des Art. 59 Satz 1 BayBO 2008 sind. Da sich in Folge dessen die von der Baugenehmigung ausgehende Feststellungswirkung grundsätzlich nicht auf die materiell-rechtlichen Vorschriften der Bayerischen Bauordnung erstreckt,[1870] ist nach allgemeiner Auffassung eine Verletzung subjektiv-öffentlicher Rechte, soweit diese den bauordnungsrechtli-

---

[1868] Vgl. *Decker*, BauR 2008, S. 455.
[1869] Vgl. *Stühler*, BauR 2009, S. 1091, der sein Fazit aber auf das Rücksichtnahmegebot als geltendes Rechtsinstitut generell bezieht und nicht auf die hier vertretene Einbeziehung der Abstandsflächen i.R.d. Fallgruppe Belichtung Besonnung und Belüftung.
[1870] Vgl. hierzu *Sauthoff*, BauR 2013, S. 415 ff [416 f]; vgl. hierzu bereits oben Teil 1 B.I.2.

chen Maßgaben nach allgemeinen Grundsätzen entnommen werden, nach herrschender Meinung ausgeschlossen. Diese rechtstheoretische und insoweit richtige Grundsatzaussage, die der Gesetzessystematik und dem Gesetzeswortlaut folgt, stimmt allerdings bisweilen nicht immer mit der behördlichen Genehmigungs- bzw. Bescheidspraxis überein, die zum Teil den Eindruck[1871] einer auf BayBO-Vorschriften erstreckten Aussage vermittelt. Zumeist ist diese nicht gesetzeskonforme Bescheidstechnik im Sinne und mit der Folge einer erweiterten Feststellungswirkung sicherlich Ausfluss einer – jedenfalls im Anwendungsbereich des vereinfachten Baugenehmigungsverfahrens bestehenden – (Rechts-) Unsicherheit auf Seiten der Behörden. Aufgrund des deregulierten Bauverfahrensrechts der Bayerischen Bauordnung 2008 im Allgemeinen und des Art. 68 Abs. 1 Satz 1, 2. Hs. BayBO 2008/2009 im Speziellen sind sich die zur Entscheidung berufenen Behördenmitarbeiter oftmals nicht (mehr) im Klaren darüber, wie weit die behördliche Prüfkompetenz reicht und welche bescheidstechnischen Anforderungen der erweiterten Ablehnungsbefugnis insbesondere dann folgen, wenn die Behörde bauordnungsrechtliche Vorschriften jenseits des gesetzlichen Prüfprogrammes prüft, aufgrund dessen aber die Übereinstimmung mit denselben feststellt und die Genehmigung erteilt. Die verwaltungsgerichtliche Rechtsprechung[1872] weist allgemein, d.h. auch außerhalb Bayerns, die sich zunehmend verfestigende Tendenz auf, eine erweiterte Feststellungswirkung bei behördlichen Überschreitungen des gesetzlichen Prüfprogramms unter Heranziehung strenger Kriterien regelmäßig zu verneinen, eine (Fehl-)Entwicklung, die es zumindest kritisch zu hinterfragen und in Teilen zu korrigieren gilt.

[1871] Vgl. wohl a.A. *Sauthoff*, BauR 2013, S. 416, der ausführt, dass aus den Verwaltungsvorgängen, derer zur Folge sich ein behördliches Befassen mit Vorschriften außerhalb des Prüfprogramms ergibt, weder der Bauherr schließen könne, dass die Vereinbarkeit (auch) mit diesen Vorschriften festgestellt werde, noch der Nachbar diese mit der Begründung anfechten könne, sie enthielten auch eine Regelung bzgl. dieser Normen. Vgl. i.E. ähnlich BayVGH, Beschluss vom 08.02.2010, Az. 2 AS 09.2907, juris-Dok. Rn 24 a.E.; OVG Saar, Beschluss vom 31.05.2007, Az. 2 A 189/07, BauR 2007, S. 1616/1617 [Leitsätze].

[1872] Vgl. etwa OVG Saar, Beschluss vom 31.05.2007, Az. 2 A 189/07, BauR 2007, S. 1616/1617 [Leitsätze]; VG Augsburg, Urteil vom Urteil vom 26.01.2012, Az. Au 5 K 10.67, juris-Dok. Rn 50; dass., Urteil vom 25.11.2011, Az. Au 5 K 11.547, juris-Dok. Rn 33; VG München, Urteil vom 28.09.2009, Az. M 8 K 09.322, juris-Dok. Rn 43 ff; wohl auch BayVGH, Urteil vom 19.03.2013, Az. 2 B 13.99, BayVBl 2013, S. 729 ff [713]; vgl. auch *Jäde*, BayVBl 2014, S. 10; vgl. dagegen aber auch OVG RP, Urteil vom 22.11.2011, Az. 8 A 10636/11, BauR 2012, S. 781 ff.

Im Folgenden werden einleitend zunächst die nachbarrechtlichen Folgen und Probleme der beschränkten Feststellungswirkung aufgezeigt sowie – im Anschluss daran – die Haltung der verwaltungs- und obergerichtlichen Rechtsprechung in dieser Frage dargestellt. Auf diese analysierende Bestandsaufnahme aufbauend wird auf die bauordnungsrechtliche Begründungspflicht, welche insbesondere auch mit Blick auf Art. 68 Abs. 1 Satz 1, 2. Hs. BayBO 2008/2009 zu würdigen ist, eingegangen, ehe eine – auch nachbarrechtlich relevante – Erweiterung der Feststellungswirkung aufgrund eines entsprechenden Behördenhandelns unter Berücksichtigung vorbenannter Grundsätze des öffentlichen Baurechts erörtert wird und deren Voraussetzungen definiert werden.

1. Die Feststellungswirkung als Spiegelbild des Prüfprogramms aus nachbarrechtlicher Sicht

Der allgemeine Aussagegehalt der Baugenehmigung, insbesondere die Feststellungswirkung im Sinne der beschränkten bzw. nur noch sektoralen[1873] Unbedenklichkeitsbescheinigung, sowie die Auswirkungen der vereinfachten Prüfprogramme der über die Stufen der Jahre 1994, 1998 und 2008 deregulierten Bayerischen Bauordnung sind vorstehend[1874] zumeist aus bauaufsichtsbehördlicher Sicht bereits mehrfach zur Sprache gekommen. Die gegenständliche Erörterung verlangt allerdings, diese nochmals mit nachbar(recht)lichem Fokus zusammenfassend herauszustellen.

Der Bayerische Verwaltungsgerichtshof hat unter Rückgriff auf die einschlägige bundesverwaltungsgerichtliche Rechtsprechung bereits frühzeitig anlässlich der Regelungen betreffend das vereinfachte Baugenehmigungsverfahren der Bayerischen Bauordnung 1998 entschieden, dass öffentlich-rechtliche Anforderungen, die nicht in Art. 73 Abs. 1 BayBO 1998 – nun Art. 59 Satz 1 BayBO 2008 – aufgezählt sind, von der Bauaufsichtsbehörde nicht im Wege des vereinfachten Baugenehmigungsverfahrens zu prüfen sind. In Folge der dadurch bedingten nur noch beschränkten bzw. sektoralen öffentlich-rechtlichen Unbedenklichkeitsbescheinigung bedeuten die Einschränkungen des Prüfungsmaßstabes, dass insbesondere die nachbarrechtliche Anfechtungsklage gegen eine

---

[1873] Vgl. *Numberger*, BayVBl 2008, S. 742; *Hornmann*, HBO, § 54 Rn 97. Vgl. Teil 1 C.II.5. und B.I.2.
[1874] Vgl. Teil 1 B. [B.I.2. und B.II.2.] und C.II.5., Teil 2 A.IV.2.a) und Teil 3 A.III.

Baugenehmigung nur noch insoweit möglich ist, als der Nachbar einen Verstoß gegen die in den gesetzlichen Prüfkatalogen aufgeführten Vorschriften geltend machen kann.[1875] Diese bundes- und inzwischen mehrfach bekräftigte oberverwaltungsgerichtliche[1876] Rechtsprechung erfährt in Lehre[1877] und (Kommentar-)[1878] Literatur[1879] landesübergreifend allgemeine Zustimmung. Das Bauvorhaben zerfällt[1880] gewissermaßen in einen – im Sinne des Feststellungsumfangs – legalisierten und durch die Baugenehmigung nicht legalisierten Teil, so dass die verfahrensrechtlich nicht (mehr) zu prüfenden, insbesondere bauordnungsrechtlichen Regelungen dem Bereich der bauaufsichtsbehördlichen Eingriffsbefugnisse zugewiesen werden.[1881] In prozessrechtlicher Konsequenz muss der Nachbar bei der Wahl des Rechtsschutzmittels damit zwischen Anfechtung und Verpflichtung differenzieren und – soweit veranlasst – die jeweils statthaften Klagen bzw. Anträge „kombinieren", indem etwa eine im Sinne der Feststellungswirkung rechtswidrige Baugenehmigung angefochten und parallel dazu ein bauaufsichtliches Einschreiten im Wege der Verpflichtungsklage wegen der Verletzung sonstiger subjektiv-öffentlicher Rechte begehrt bzw. geltend gemacht wird. Dieses Differenzierungserfordernis im Sinne der Statthaftigkeit der Rechtsmittel erweist sich als umso bedeutender, als die Rechtsprechung[1882] nicht ohne weiteres eine „Umdeutung" des (allein) gestellten Anfechtungsantrags auf Aufhebung der Baugenehmigung in einen Verpflichtungsantrag vornimmt und eine solche in aller Regel verneint. Vor dem Hintergrund des mit der BayBO 2008 abermals ausgedünnten vereinfachten Prüfkatalogs wird der Weg über das

---

[1875] Vgl. z.B. BayVGH, Beschluss vom 27.12.2001, Az. 26 ZB 00.2890, BayVBl 2002, S. 499 f m.w.N. BVerwG, Beschluss vom 16.01.1997, Az. 4 B 244.96, NVwZ 1998, S. 58; Vgl. auch bereits ders., Urteil vom 23.05.2001, Az. 2 B 97.2601.
[1876] Vgl. z.B. BayVGH, Beschluss vom 14.10.2008, Az. 2 CS 08.2132, juris-Dok. Rn 2; ders., Beschluss vom 30.08.2013, Az. 15 CS 13.856, juris-Dok. Rn 34; HessVGH, Beschluss vom 28.11.2005, Az. 3 TG 2774/05, juris-Dok. Rn 4 ff und Leitsätze; OVG Saar, Beschluss vom 03.01.2008, Az. 2 O 44/06.
[1877] Vgl. z.B. *Decker/Konrad*, Bayerisches Baurecht, Kap. II. Teil 6 Rn 14 f.
[1878] Vgl. *Busse/Dirnberger*, Die neue BayBO, Art. 59 Ziff. 4, S. 307; *Jäde*, in: Jäde/Dirnberger/Bauer, Die neue BayBO, Art. 66 Rn 257 m.w.N.; *Molodovsky*, in: Koch/Molodovsky/Famers, BayBO, Art. 59 Rn 42 ff; *Schwarzer/König*, BayBO, Art. 59 Rn 14 f [15]; *Wolf*, BayBO – Kurzkommentar, Art. 59 Rn 28 f; *ders.*, in: Simon/Busse, BayBO, Art. 59 Rn 110 ff.
[1879] Vgl. z.B. *Numberger*, BayVBl 2008, S. 743 f; *Schröder*, BayVBl 2009, S. 497; *Bamberger*, NVwZ 2000, S. 983.
[1880] Vgl. *Decker/Konrad*, Bayerische Baurecht, Kap. II. Teil 6 Rn 14; *Decker*, BauR 2008, S. 450.
[1881] Vgl. BayVGH, Urteil vom 26.03.2006, Az. 26 B 05.555, BayVBl 2006, S. 537 f.
[1882] Vgl. OVG Saar, Beschluss vom 03.01.2008, Az. 2 A 182/07, BauR 2009, S. 805 ff.

(ermessensgebundene) bauaufsichtliche Einschreiten zum Teil[1883] – in Verkennung der Bedeutung des planungsrechtlichen Rücksichtnahmegebots[1884] freilich zu kurz gegriffen – als der einzig verbliebene Weg gerade für die nachbarliche Rüge abstandsflächenrechtlicher Verstöße betont. Literatur[1885] und auch Rechtsprechung[1886] haben sich ausgiebig mit den nachbarrechtlichen Auswirkungen und jeweils unterschiedlichen prozessrechtlichen Hürden dieses zweispurigen Systems auseinandergesetzt und nach Möglichkeiten einer Synchronisierung der Rechtsinstitute insbesondere im Bereich des baurechtlich relevanten[1887] vorläufigen Rechtsschutzes gesucht, welche hier allerdings nur angesprochen und nicht weiter thematisiert werden sollen.

Die von der Baugenehmigung vermittelte und für das nachbarliche Rechtsschutzbegehren ausschlaggebende Feststellungswirkung korrespondiert demnach spiegelbildlich[1888] – zumindest grundsätzlich – mit den bauverfahrensrechtlichen Prüfprogrammen wie etwa Art. 59 Satz 1 BayBO 2008 für das vereinfachte Baugenehmigungsverfahren. Die Rechtsauffassung, Nachbarrechte könnten nicht verletzt sein, wenn über sie nicht in der Genehmigung entschieden worden ist,[1889] geht dabei von dem gesetzeskonformen Idealfall eines streng an den bauordnungsrechtlichen Prüfprogrammen ausgerichteten Behördenhandelns aus. Insoweit ist diese Meinung freilich uneingeschränkt zutreffend. Probleme und Fragen stellen sich zum einen allerdings dann, wenn die Baugenehmigungsbehörde – sei es bewusst oder unbewusst – das gesetzliche Prüfprogramm überschreitet und entsprechende weiterreichende Aussagen in der Baugenehmigung

---

[1883] Vgl. *Numberger*, BayVBl 2008, S. 743; ähnlich *Schröder*, BayVBl 2009, S. 497, der dem verwaltungsgerichtlichen Nachbarschutz in weiterer Konsequenz keine großen Chancen mehr einräumt.
[1884] Vgl. Teil 3 B.I.
[1885] Vgl. *Bamberger*, NVwZ 2000, S. 983 ff; *Bock*, DVBl 2006, S. 15/16; *Borges*, DÖV 1997, S. 900 ff; *Martini*, DVBl 2001, S. 1492 f; *Sacksofsky*, DÖV 1999, S. 952 ff; *Sarnighausen*, NJW 1993, S. 1623 ff; *Uechtritz*, NVwZ 1996, S. 640 ff; kritisch *Preschel*, DÖV 1998, S. 51 ff.
[1886] Vgl. VGH BW, Beschluss vom 26.10.1994, Az. 8 S 2763/94, BauR 1995, S. 219 ff; VG München, Beschluss vom 24.05.1996, Az. M 1 E 96.2516, BayVBl 1997, S. 54 ff; BayVGH, Beschluss vom 26.07.1996, Az. 1 CE 96.2081, NVwZ 1997, S. 923; vgl. zur Rspr. des BayVGH *Wolf*, BayBO – Kurzkommentar, Art 59 Rn 30 m.w.N.
[1887] Gemäß § 212a BauGB entfällt der Suspensiveffekt der Anfechtung (§§ 80 Abs. 1 Satz 1 und Satz 2, 80a Abs. 1 VwGO).
[1888] Vgl. *Wolf*, BayBO – Kurzkommentar, Art. 59 Rn 28.
[1889] Vgl. *Wolf*, in: Simon/Busse, BayBO, Art. 59 Rn 110 m.w.N. BVerwG, Beschluss vom 16.01.1997, Az. 4 B 244/96, NVwZ 1998, S. 58.

trifft oder zumindest entsprechende Hinweise o.Ä. in den Bauunterlagen vermerkt. Diese Konstellation ist gerade für den Nachbarn von Interesse, der hier im Sinne einer Feststellungserweiterung zu argumentieren versucht,[1890] wenn sich die Behörde zu an sich nachbarschützenden, aber gemäß Art. 59 Satz 1 BayBO 2008 nicht mehr zu prüfenden Vorschriften äußert, am Ende jedoch eine Rechtsverletzung des Nachbarn verneint. Zum anderen erweist sich nicht zuletzt auch die mit dem Änderungsgesetz des Jahres 2009 neu in die Bayerische Bauordnung aufgenommene Ablehnungsbefugnis in ihrer praktischen Umsetzung aus nachbarrechtlicher Sicht als problematisch. Zwar vermittelt die Vorschrift bzw. behördliche Befugnis als solche richtigerweise – wie gezeigt[1891] – keine nachbarschützende Wirkung, damit wird allerdings noch keine Aussage darüber getroffen, welche Auswirkungen die aufgrund dieser Rechtsnorm erfolgten Erwägungen sowie in Folge dessen die in der Baugenehmigung zum Ausdruck gebrachten und insoweit festgestellten behördlichen Prüfungsergebnisse für den Drittschutz haben. Eine gegenüber den gesetzlichen Prüfkatalogen erweiterte Feststellungswirkung und damit zugleich ausgedehnte Anfechtungsmöglichkeit kann damit in beiderlei Hinsicht entgegen der wohl derzeitigen Rechtsauffassung der obergerichtlichen Verwaltungsrechtsprechung[1892], die nachstehend aufgezeigt und analysiert wird, zumindest nicht von vornherein ausgeschlossen werden und ist vielmehr zu diskutieren.

2. Die erweiterte (baugenehmigungsrechtliche) Feststellungswirkung in der verwaltungsgerichtlichen Rechtsprechung

Die Frage, ob die von einer vereinfacht[1893] ergangenen Baugenehmigung ausgehende Feststellungswirkung – im Ausnahmefall[1894] – über das gesetzliche Prüf-

---

[1890] Vgl. z.B. VG München, Urteil vom 28.09.2009, Az. M 8 K 09.322, juris-Dok. Rn 9; VG München, Urteil vom 28.09.2009, Az. M 8 K 09.270; VG Regensburg, Beschluss vom 02.01.2012, Az. RO 2 S 11.1859.
[1891] Vgl. Teil 3 A.III.3.d).
[1892] Vgl. insbesondere OVG Saar, Beschluss vom 31.05.2007, Az. 2 A 189/07, BauR 2007, S. 1616/1617 [Leitsätze]; wohl auch BayVGH, Urteil vom 19.03.2013, Az. 2 B 13.99, BayVBl 2013, S. 729 ff [731]; vgl. hierzu auch *Jäde*, BayVBl 2014, S. 10 m.w.N. Rspr., und *Sauthoff*, BauR 2013, S. 415 ff.
[1893] Vgl. i.S.d. vereinfachten Baugenehmigungsprüfung gemäß Art. 59 Satz 1 BayBO 2008.
[1894] Im Regelfall hat das eingeschränkte Prüfprogramm des vereinfachten Baugenehmigungsverfahrens (Art. 59 Satz 1 BayBO 2008) eine ebenfalls nur eingeschränkte Feststellungswir-

programm im Sinne des Art. 59 Satz 1 BayBO 2008 hinaus erweitert werden kann bzw. wird, wenn insbesondere die zuständige Bauaufsichtsbehörde in den Bauunterlagen und/oder im begründenden Teil der Baugenehmigung durch diesbezügliche Ausführungen – sei es bewusst oder auch unbewusst – entsprechende Anhaltspunkte dafür bietet, wird in der verwaltungsgerichtlichen Rechtsprechung[1895] durchaus unterschiedlich beantwortet. So weist nicht nur bei landesübergreifender Betrachtung die oberverwaltungsgerichtliche Rechtsprechung der Verwaltungsgerichtshöfe bzw. Oberverwaltungsgerichte, sondern auch die erstinstanzliche bayerische Verwaltungsgerichtsrechtsprechung ein durchaus inhomogenes, bisweilen sogar gegensätzliches Bild in diesem Problembereich auf. Diese unterschiedlichen Rechtsauffassungen in der Rechtsprechung sollen im Folgenden skizziert und veranschaulicht werden. Der mit den nachstehenden Ausführungen gegebene Überblick nimmt für sich nicht in Anspruch umfassend und abschließend zu sein. Er soll vielmehr dazu dienen, die – auch für die Literatur[1896] – meinungsbildenden Entscheidungen exemplarisch darzustellen. Daneben sollen Tendenzen der erstinstanzlichen bayerischen Rechtsprechung bezüglich dieser in der Literatur[1897] bislang kaum diskutierten Frage aufgezeigt werden.

Die nachstehend beispielhaft dargestellte Rechtsprechung nimmt zu der hier zur Diskussion gestellten Problemstellung einer erweiterten Feststellungswirkung mit nachbarrechtlicher Relevanz nicht in abschließend-grundsätzlicher Art und Weise Stellung, ist hier nämlich bereits zwischen der Frage nach einer

---

kung zur Folge, weshalb der durch die Baugenehmigung vermittelte Aussagegehalt auch nur auf den Umfang des Prüfprogramms beschränkt ist (vgl. BayVGH, BayVBl 2000, S. 377 f) und Nachbarrechte – mangels Entscheidung darüber – nicht verletzt sein können, vgl. BVerwG, Beschluss vom 16.01.1997, Az. 4 B 244/96, und ebenso BayVGH, Beschluss vom 27.12.2001, Az. 26 ZB 00.2890. Vgl. hierzu auch Teil 3 B.II.1; *Wolf*, in: Simon/Busse, BayBO, Art. 59 Rn 106 ff [110–112] m.w.N.; *Jäde*, in: Jäde/Dirnberger/Bauer, Die neue BayBO, Art. 68 Rn 154.

[1895] Vgl. OVG Saar, Beschluss vom 31.05.2007, BauR 2007, S. 1616/1617 [Leitsätze], einerseits und OVG RP, Urteil vom 22.11.2011, Az. 8 A 10636/11, BauR 2012, S. 781 ff, andererseits.

[1896] Vgl. z.B. *Knuth*, in: Wilke/Dageförde/Knuth/Meyer/Broy-Bülow, Bauordnung für Berlin (6. A.), § 64 Rn 17 m.w.N. OVG Saar, Beschluss vom 31.05.2007, NVwZ 2007, S. 741 f; *Jäde*, BayVBl 2014, S. 10 m.w.N. BayVGH, Beschluss vom 28.03.2012, Az. 15 ZB 12.51; *ders.*, in: Jäde/Dirnberger/Bauer, Die neue BayBO, Art. 68 Rn 154; *Sauthoff*, BauR 2013, S. 415 ff m.w.N. OVG RP, Urteil vom 22.11.2011, Az. 8 A 10636/11, BauR 2012, S. 781 ff.

[1897] Eine durchaus umfangreichere Rechtsprechungsübersicht findet sich allerdings bei *Jäde*, in: Jäde/Dirnberger/Bauer, Die neue BayBO, Art. 68 Rn 154 ff, der i.E. allerdings wohl einer eher restriktiven Sichtweise anzuhängen scheint.

Rechtsgrundlage für eine entsprechende bauaufsichtsbehördliche Befugnis, entsprechende Feststellungen gegebenenfalls auch gegenüber dem Nachbarn – rechtmäßig – treffen zu können, einerseits und der Frage nach den nachbarrechtlichen Auswirkungen einer gleichwohl, d.h. ohne Rechtsgrundlage und/oder rechtswidrig getroffenen Feststellung bzw. feststellungsähnlichen Äußerung andererseits zu differenzieren. Die sich zu diesen Fragestellungen zumindest partiell oder auch mittelbar äußernden Gerichtsentscheidungen sollen und müssen in der abschließenden Erörterung dieser Problemstellung Berücksichtigung finden und sind deshalb vorgreiflich zu betrachten.

a) Die Rechtsauffassung des Bayerischen Verwaltungsgerichtshofs

Der 15. Senat des Bayerischen Verwaltungsgerichtshofs hat mit Beschluss vom 28. März 2012[1898] hinsichtlich der klägerischen Rüge, die zuständige Bauaufsichtsbehörde habe die Feststellungswirkung der Baugenehmigung um das bauordnungsrechtliche Abstandsflächenrecht mit der Folge einer diesbezüglichen Anfechtbarkeit des Bescheids durch den Nachbarn erweitert, unter nahezu wörtlicher Bezugnahme auf die Kommentierung bei *Jäde*[1899] und damit unter mittelbarem Rückgriff auf die – nicht tatbestandsgleiche – Rechtsprechung des Oberverwaltungsgerichts des Saarlandes[1900] Folgendes ausgeführt: *„Lässt sich aus der Baugenehmigung selbst – wie hier – nicht entnehmen, dass sie das Prüfprogramm des Art. 59 Satz 1 BayBO überschritten hat, ist mangels Zweifeln am Inhalt der Baugenehmigung auch für eine Auslegung kein Raum, unabhängig davon, welche davon abweichenden Erwägungen von den Beteiligten im Verlauf des bauaufsichtlichen Genehmigungsverfahrens auch angestellt worden sein mögen [...].“*[1901] Diese Rechtsausführungen hat der VGH im Wege einer Entscheidung über einen Antrag auf Zulassung der Berufung anlässlich eines vo-

---

[1898] Vgl. BayVGH, Beschluss vom 28.03.2012, Az. 15 ZB 12.51, juris-Dok. Rn 3, zitiert und partiell wiedergegeben von *Jäde*, BayVBl 2014, S. 10 Fn 203.
[1899] Vgl. *Jäde*, in: Jäde/Dirnberger/Bauer, Die neue BayBO, Art. 68 Rn 154 m.w.N. OVG Saar, Beschluss vom 06.01.2006, Az. 2 Q 37/05, BauR 2006, S. 574 [Leitsätze].
[1900] Vgl. *Jäde*, in: Jäde/Dirnberger/Bauer, Die neue BayBO, Art. 68 Rn 154, der auf die Rspr. des OVG Saar verweist. Vgl. auch OVG Saar, Beschluss vom 06.01.2006, Az. 2 Q 37/05, BauR 2006, S. 574 [Leitsätze] zur Auslegung des Inhalts einer Baugenehmigung anlässlich behaupteter mündlicher Absprachen unter Hinweis auf das Schriftformerfordernis.
[1901] BayVGH, Beschluss vom 28.03.2012, Az. 15 ZB 12.51, juris-Dok. Rn 3.

rausgehenden Urteils des Verwaltungsgerichts Augsburg getroffen und damit zugleich die erstinstanzliche Rechtsauffassung bestätigt, mit der das Verwaltungsgericht darauf hingewiesen hatte, *„[...] dass es aus Gründen der Rechtssicherheit hinsichtlich des Prüfungsumfanges der Baugenehmigung und ihrer Feststellungswirkung für zwingend geboten erachtet wird, lediglich auf den Inhalt des Baugenehmigungsbescheides selbst abzustellen. Nur in Fällen, in denen die Bauaufsichtsbehörde offensichtlich im Genehmigungsbescheid selbst zu erkennen gibt, dass sie Rechtsvorschriften außerhalb des sich aus Art. 59 Abs. 1 BayBO 2008 ergebenden Prüfungsumfanges tatsächlich einer rechtlichen Prüfung unterzogen hat bzw. eine Entscheidung über eine ausdrücklich beantragte Befreiung im Sinne von Art. 63 BayBO 2008 vorliegt, ist es aus Sicht des Gerichts gerechtfertigt, von einer erweiterten Feststellungswirkung der Baugenehmigung auszugehen."*[1902] Die erkennende Kammer und der zur Entscheidung berufene Senat haben diese tatbestandliche Voraussetzung, mithin also feststellungserweiternde Rechtsausführungen, streitgegenständlich übereinstimmend verneint. Der Kläger hat seine Rüge nämlich insbesondere auf einen in den Behördenakten befindlichen Vertrag zwischen dem Bauherrn und den Nachbarn über die Abstandsflächenübernahme, eine entsprechende Notiz und ein Telefongespräch gestützt.[1903] Eines der tragenden Argumente sowohl der Entscheidung des Bayerischen Verwaltungsgerichtshofs als auch des vorinstanzlichen VG Augsburg ist der bauaufsichtsbehördliche Hinweis im Baugenehmigungsbescheid, dass die Genehmigung im vereinfachten Baugenehmigungsverfahren nach Art. 59 Satz 1 BayBO 2008 geprüft worden sei. Diese die Begründung einleitende Formulierung ist standardmäßiger und empfohlener Teil der behördlichen Erläuterungen im Genehmigungsbescheid.[1904] Der VGH führt zudem noch aus: *„Die Baugenehmigung enthält auch in den Gründen keinerlei Ausführungen zu der Frage der Einhaltung des Abstandsflächenrechts."*[1905] Obwohl der Bayerische Verwaltungsgerichtshof aufgrund der tatsächlichen Umstände dieses Einzelfalls im Ergebnis eine Einbeziehung der Abstandsflächenvorschriften durch die Bauaufsichtsbehörde – über das gesetzliche Prüfprogramm hinaus – verneint hat, erkennt er im Grundsatz eine (auch) aus nachbarrechtlicher Sicht

---

[1902] VG Augsburg, Urteil vom 25.11.2011, Az. Au 5 K 11.547, juris-Dok. Rn 33.
[1903] Vgl. VG Augsburg, Urteil vom 25.11.2011, Az. Au 5 K 11.547, juris-Dok. Rn 7, 14, 33; BayVGH, Beschluss vom 28.03.2012, Az. 15 ZB 12.51, juris-Dok. Rn 3.
[1904] Vgl. *Linhart*, Schreiben, Bescheide und Vorschriften in der Verwaltung, § 22 Rn 1 [S. 572].
[1905] BayVGH, Beschluss vom 28.03.2012, Az. 15 ZB 12.51, juris-Dok. Rn 3.

relevante Erweiterung der Feststellungswirkung durch die Bauaufsichtsbehörde an, wenn etwa Abstandsflächen trotz vereinfachtem Verfahren zum Gegenstand des Prüfprogramms gemacht werden und dies in den Entscheidungsgründen des Bescheids zum Ausdruck gebracht wird. Dieses (Zwischen-)Fazit ergibt sich bei abstrahierter Betrachtung der hier aufgezeigten Entscheidungsgründe.

Bereits zuvor hat derselbe Senat im gleichen Rechtskontext allerdings, diese Auffassung konkretisierend, auch festgestellt, dass die behördlichen Ausführungen in den Erläuterungsgründen des Bescheids, eine Verletzung der Abstandsflächenvorschriften sei nicht gegeben, nichts an der begrenzten Feststellungswirkung änderten, da es sich hierbei um einen unverbindlichen Hinweis handle, der an der Regelungswirkung des Baugenehmigungsbescheides nicht teilnehme.[1906] Auch in diesem Streitfall sah der erkennende 15. Senat den eingangs des Bescheids aufgenommenen Hinweis auf das durchgeführte vereinfachte Genehmigungsverfahren als ausschlaggebend an, so dass nicht angenommen werden könne, *„[...] dass die Befassung mit den Einwendungen des Antragstellers in [...] der Begründung des Bescheides an der rechtsgestaltenden Wirkung (vgl. Art. 35 Satz 1 BayVwVfG) teilhaben sollte."*[1907] Im selben Entscheidungsjahr hat der 2. Senat des Bayerischen Verwaltungsgerichtshofs demgegenüber eine noch deutlich strengere Rechtsauffassung dergestalt zum Ausdruck gebracht, dass *„[s]elbst wenn [...] der Baugenehmigungsbescheid in seinen Gründen Ausführungen zu den Abstandsflächen enthält, [...] nichts anderes [gilt], weil der Baugenehmigungsbescheid insoweit keine zusätzliche die Antragsteller belastende Regelungswirkung enthält. [...]"*[1908] Vergleichbar restriktiv zeigt sich der 2. Senat hinsichtlich bauaufsichtsbehördlicher Ausführungen zu Abstandsflächenfragen im Baugenehmigungsbescheid auch nochmals jüngst mit Urteil vom 19. März 2013[1909].

Anders als *Sauthoff*[1910] diskutiert der Bayerische Verwaltungsgerichtshof im hier betrachteten Zusammenhang die (vorgelagerte) Frage nach dem Erfordernis einer Rechts- bzw. Ermächtigungsgrundlage für eine erweiterte Feststellungswirkung nicht, sondern befasst sich – im Grundsatz ausreichend – mit den

---

[1906] Vgl. BayVGH, Beschluss vom 25.10.2010, Az. 15 CS 10.1950, juris-Dok. Rn 13.
[1907] BayVGH, Beschluss vom 25.10.2010, Az. 15 CS 10.1950, juris-Dok. Rn 13 a.E.
[1908] BayVGH, Beschluss vom 08.02.2010, Az. 2 AS 09.2907, juris-Dok. Rn 24 a.E.
[1909] Vgl. BayVGH, Urteil vom 19.03.2013, Az. 2 B 13.99, BayVBl 2013, S. 729 ff [731].
[1910] Vgl. *Sauthoff*, BauR 2013, S. 415 ff, auseinandersetzend mit dem OVG RP, Urteil vom 22.11.2011, Az. 8 A 10.636; vgl. hierzu auch Teil 3 B.II.2.d).

(nachbar-)rechtlichen Auswirkungen. Nach Auffassung des Bayerischen Verwaltungsgerichtshofs kann wohl einzig der Baugenehmigungsbescheid selbst Anknüpfungspunkt für eine etwaige erweiterte Feststellungswirkung sein. Während der 2. Senat des Bayerischen Verwaltungsgerichtshofs eine Erweiterung der durch die Baugenehmigung vermittelten Feststellung um bauordnungsrechtliche Rechtsfragen jedenfalls allein auf Grundlage entsprechender Ausführungen in den Gründen des Baugenehmigungsbescheides für nicht gegeben sieht, erkennt der 15. Senat[1911] in wiederholter Rechtsprechung eine solche als grundsätzlich möglich an, wobei er sie aber wiederum verneint, wenn die Behörde (eingangs) die vereinfachte Baugenehmigungsprüfung und/oder Anwendung des eingeschränkten Prüfprogramms im Sinne des Art. 59 Satz 1 BayBO 2008 betont. Letzteres ist – wie aufgezeigt[1912] – aber wohl standardmäßig der Regelfall. Unter welchen Umständen und Voraussetzungen im konkreten Einzelfall ein Teilhaben der den Bescheid erläuternden bzw. begründenden Ausführungen an der rechtsgestaltenden Wirkung im Sinne des Art. 35 Satz 1 BayVwVfG anzuerkennen wäre, mithin eine nachbarliche Anfechtung gerechtfertigt wäre, legen die hier zugrunde gelegten Entscheidungen des Bayerischen Verwaltungsgerichtshofs nicht zweifelsfrei fest. Selbst der 15. Senat dürfte hier – wie jedenfalls (noch)[1913] der Beschluss vom 25. Oktober 2010[1914] vor Augen führt – eher strenge Maßstäbe anlegen.

b) Die Haltung der erstinstanzlichen bayerischen Verwaltungsgerichtsrechtsprechung

Soweit einleitend in diesem Teil unter B.II.2. auf in Teilen inhomogene und bisweilen konträre Rechtsauffassungen in der verwaltungsgerichtlichen Recht-

---

[1911] Vgl. BayVGH, 15. Senat, Beschluss vom 28.03.2012, Az. 15 ZB 12.51, juris-Dok. Rn 3, zitiert und partiell wiedergegeben von *Jäde*, BayVBl 2014, S. 10 Fn 203; BayVGH, Beschluss vom 25.10.2010, Az. 15 CS 10.1950, juris-Dok. Rn 13.

[1912] Vgl. *Linhart*, Schreiben, Bescheide und Vorschriften in der Verwaltung, § 22 Rn 1 [S. 572].

[1913] Ob die im Beschluss des BayVGH vom 28.03.2013 (Az. 15 ZB 12.51) weniger streng anmutenden Voraussetzungen die strenger gefassten Maßstäbe, wie in dem Beschluss des BayVGH vom 25.10.2010 (Az. 15 CS 10.1950) zum Ausdruck gebracht, relativieren, muss bezweifelt werden. Man wird insoweit nur den Rückschluss ziehen können, dass entsprechende Ausführungen in der Bescheidsbegründung grundsätzlich eine erweiterte Feststellung bedeuten können.

[1914] Vgl. BayVGH, Beschluss vom 25.10.2010, Az. 15 CS 10.1950.

sprechung betreffend die gegenständlich diskutierte Frage nach einer erweiterten Feststellungswirkung aufgrund bauaufsichtsbehördlicher Ausführungen im Baugenehmigungsbescheid hingewiesen wird, betrifft dies nicht zuletzt auch die Ebene der erstinstanzlichen bayerischen Verwaltungsgerichtsrechtsprechung selbst, wie die nachstehende Gegenüberstellung von Entscheidungen bzw. Rechtsmeinungen verschiedener bayerischer Verwaltungsgerichte[1915] und deren (Baurechts-)Kammern aufzeigt.

Die Rechtsauffassung des **Bayerischen Verwaltungsgerichts Augsburg** entspricht weitestgehend derjenigen des 15. Senats des Bayerischen Verwaltungsgerichtshofs, wie der Vergleich mit den vorstehend in diesem Teil unter B.II.2.a) partiell zitierten Entscheidungsgründen[1916] erkennen lässt. Auch das Verwaltungsgericht Augsburg macht eine etwaige, um bauordnungsrechtliche Rechtsfragen erweiterte Feststellung aus Gründen der Rechtssicherheit jedenfalls von entsprechenden Ausführungen in den Entscheidungsgründen abhängig, konkretisiert die damit verbundenen Anforderungen und tatsächlichen Umstände – mangels Veranlassung – aber nicht. Es verlangt jedoch – im Sinne strenger Maßstäbe – das offensichtliche Erkennenkönnen einer tatsächlich (materiell-)rechtlichen Prüfung von Rechtsvorschriften außerhalb des Prüfprogramms.[1917] In einer jüngeren Entscheidung sieht das Verwaltungsgericht Augsburg in der bauaufsichtsbehördlich getroffenen Feststellung des Bescheids, die Balkone widersprächen wegen ihrer Lage an der westlichen Grundstücksgrenze den Abstandsflächenvorschriften des Art. 6 Abs. 4 BayBO 2008,[1918] keine Rechtsverletzung des Nachbarn, so dass man geneigt sein könnte, diese Aussage für die Beschreibung der hier in den Fokus genommenen Maßstäbe mit heranzuziehen. Diese Aussage erklärt aber nicht die Form bzw. Formulierung der Feststellung als unzureichend für eine erweiterte Feststellungswirkung, sondern nimmt im Sinne eines Obersatzes das Ergebnis der gerichtlichen Überlegungen vorweg, denn das Gericht hat diese behördliche Aussage zum Anlass für eine gerichtliche Überprüfung der Abstandsflächenvorschriften im Sinne einer „Oh-

---

[1915] Vgl. in diesem Zusammenhang im Übrigen auch eine Entscheidung des VG Bayreuth, wonach ein bauherrenseitig gestellter, von der Behörde aber nicht verbeschiedener Abweichungsantrag Drittschutz vermittelt, wenn es in den „wichtigen Hinweisen" der Baugenehmigung heißt, dass die Baugenehmigung Abstandsflächenrecht ausklammert, vgl. VG Bayreuth, Urteil vom 21.06.2012, Az. B 2 K 12.154.
[1916] Vgl. VG Augsburg, Urteil vom 25.11.2011, Az. Au 5 K 11.547.
[1917] Vgl. VG Augsburg, Urteil vom 25.11.2011, Az. Au 5 K 11.547, juris-Dok. Rn 33.
[1918] Vgl. VG Augsburg, Urteil vom 26.01.2012, Az. Au 5 K 10.67, juris-Dok. Rn 50.

nehinbetrachtung"[1919] genommen, nachdem zugleich unklar war, ob sich der Prüfungsmaßstab bereits aus Art. 59 Satz 1 BayBO 2008 oder noch aus Art. 73 Abs. 1 BayBO 1998 unter Einschluss von Bauordnungsrecht ergibt.

Ähnliches gilt etwa auch für die Haltung des **Bayerischen Verwaltungsgerichts München**, das eine abstandsflächenrechtliche Unbedenklichkeitsbescheinigung als Gegenstand der Feststellungswirkung trotz des gesetzlich limitierten Prüfprogramms allenfalls dann als annahmefähig ansieht, *„[...] wenn die Bauaufsichtsbehörde in der erteilten Baugenehmigung ausdrücklich und unmissverständlich klarstellt, dass dem Vorhaben bestimmte, nicht zum Prüfprogramm gehörende Regelungen nicht entgegenstehen."*[1920] Nur in solchen Fällen könne – so das Gericht weiter – die Baugenehmigung auch die positive Aussage zur Vereinbarkeit des gegenständlichen Vorhabens mit diesen gesetzlichen Vorgaben treffen. Die Baugenehmigung lediglich erläuternde Ausführungen unter der Überschrift „Nachbarwürdigung", wonach die Abstandsflächen eingehalten seien, reichten hierfür nach Auffassung des VG München nicht, da die Bauaufsichtsbehörde damit ersichtlich nur der Vorgabe des Art. 68 Abs. 2 Satz 2 BayBO 2008 genügen wolle.[1921] Bemerkenswert sind ungeachtet dessen die eingehende gerichtliche Auseinandersetzung mit der gegenständlichen Fragestellung und die darauf folgende Subsumtion durch die 8. Kammer im Rahmen der Entscheidung vom 28. September 2009, womit sich nicht zuletzt auch die Problematik derartiger bauaufsichtsbehördlicher Erläuterungen im Zusammenhang mit dem und für den nachbarlichen Rechtsschutz bestätigt. Während es das Verwaltungsgericht Augsburg – zumindest laut der vorstehend zitierten Aussage – im Grundsatz als ausreichend erachtet, wenn die Behörde – für den Adressaten und Nachbarn erkennbar – vom Prüfprogramm ausgeklammertes Bauordnungsrecht *„einer rechtlichen Prüfung unterzogen"*[1922] hat, scheint demgegenüber das Verwaltungsgericht München im Sinne restriktiverer Anforderungen eine erweiterte Feststellungswirkung von einer entsprechenden, ausdrücklichen und ergeb-

---

[1919] Die „Ohnehinbetrachtung" soll streitgegenständlich die Erkenntnis bringen, dass es am Erfolg der Klage nichts ändern würde, wenn das Vorhaben noch nach der alten Gesetzesfassung gemäß Art. 73 Abs. 1 BayBO 1998 zu prüfen gewesen wäre, da jedenfalls kein Verstoß gegen – dann noch zu prüfendes – Abstandsflächenrecht vorliegt.
[1920] VG München, Urteil vom 28.09.2009, Az. M 8 K 09.322, juris-Dok. 43.
[1921] Vgl. VG München, Urteil vom 28.09.2009, Az. M 8 K 09.322, juris-Dok. 43 ff [45].
[1922] Vgl. VG Augsburg, Urteil vom 25.11.2011, Az. Au 5 K 11.547, juris-Dok. Rn 33.

nisformulierenden – wohl tenorierungsähnlichen – Aussage abhängig zu machen.

Einer der gegenständlichen Betrachtung mit zugrunde gelegten Entscheidung des **Bayerischen Verwaltungsgerichts Regensburg** vom 24. März 2011[1923] kann im Sinne der bereits aufgezeigten Rechtsprechung des 15. Senats des Bayerischen Verwaltungsgerichtshofs jedenfalls entnommen werden, dass die erkennende Kammer einen um bauordnungsrechtliche Vorschriften erweiterten Regelungsinhalt zwar nicht ausschließt, etwaige Anknüpfungspunkte außerhalb des Baugenehmigungsbescheids, wie streitgegenständlich ein behördliches Schreiben an den rechtlichen Vertreter des Nachbarn mit entsprechendem Inhalt, jedoch nicht genügen lässt.

Eine deutlich extensivere, mithin nachbarfreundliche Rechtsauffassung vertritt in dieser Frage und anlässlich der diskutierten Problematik das **Bayerische Verwaltungsgericht Ansbach**, wie etwa ein Urteil der 9. Kammer vom 20. Oktober 2009[1924] anschaulich vor Augen führt. In dieser Entscheidung zeigt sich das mit der erweiterten Ablehnungsbefugnis gemäß Art. 68 Abs. 1 Satz 1, 2. Hs. BayBO 2008/2009 hervorgerufene Abgrenzungsproblem zwischen dem – möglicherweise im Baubescheid auch zum Ausdruck gebrachten – Blick der Bauaufsichtsbehörde über das gesetzliche Prüfprogramm hinaus einerseits und den damit erzeugten – zum Teil zumindest feststellungsähnlichen – Wirkungen insbesondere auch für den von der Genehmigung betroffenen Grundstücksnachbarn andererseits. Das zuletzt benannte und der gegenständlichen Betrachtung zugrunde gelegte Urteil des Verwaltungsgerichts Ansbach vom 20. Oktober 2009 gibt weder im Tatbestand noch in den Entscheidungsgründen Aufschluss über die (äußere) Gestalt des klageweise angegriffenen Baugenehmigungsbescheides bzw. über dessen (formulierten) Inhalt. Auch spricht die 9. Kammer die Problematik einer erweiterten Feststellungswirkung aufgrund einer das Bauordnungsrecht einschließenden Prüfung oder einer zumindest bauaufsichtsbehördlichen Bescheidsaussage nicht expressis verbis an. Dies macht die benannte Entscheidung in diesem Kontext aber nicht minder interessant oder aussagekräftig. In den Entscheidungsgründen nimmt das erkennende Gericht nämlich auf das

---

[1923] Vgl. VG Regensburg, Urteil vom 24.03.2011, Az. RO 2 K 09.2483.
[1924] Vgl. VG Ansbach, Urteil vom 20.10.2009, Az. AN 9 K 09.00260; vgl. diesbezüglich auch bereits Teil 2 C.IV.1.d).

Aktenmaterial bzw. die Aktenlage[1925] Bezug und leitet daraus eine bauaufsichtliche Prüfung über den gesetzlich beschränkten Prüfkatalog hinaus nicht nur mit der Folge der Teilhabe der so gewonnenen Prüfungsergebnisse an der gerichtlichen Kontrolle, sondern auch mit der Folge eines entsprechenden Anfechtungsrechts des klagenden Nachbarn ab. Wörtlich heißt es insoweit: „[...] *Die Einhaltung der Abstandsvorschriften nach Art. 6 BayBO durch das Vorhaben des Beigeladenen ist vorliegend auch Gegenstand der gerichtlichen Kontrolle. Zwar gehören die Abstandsvorschriften seit dem 1. Januar 2008 nicht mehr zum Prüfprogramm im vereinfachten Baugenehmigungsverfahren nach Art. 59 BayBO. Vorliegend hat die Beklagte die Abstandsvorschriften – wie sich aus der Beschlussvorlage für die Beratungen des Bauausschusses [...] ergibt – jedoch umfassend geprüft. Nach der klarstellenden Ergänzung des Art. 68 Abs. 1 Satz 1 BayBO zum 1. August 2009 ist dies auch zulässig. Da der streitgegenständlichen Baugenehmigung somit eine Prüfung der Abstandsvorschriften in bauordnungsrechtlicher Hinsicht zugrunde liegt, erstreckt sich hierauf auch die gerichtliche Kontrolle. [...]*"[1926] Die nachbarliche Anfechtungsklage hat im Ergebnis nur deshalb keinen Erfolg, weil das Gericht bezogen auf das konkret zur Genehmigung gestellte Bauvorhaben eine materiell-rechtliche Verletzung von Abstandsflächenvorschriften verneint. Ob das Verwaltungsgericht Ansbach aus der ersichtlichen materiell-rechtlichen Prüfung von Abstandsflächenvorschriften eine Feststellungswirkung im Sinne des Art. 35 Satz 1 BayVwVfG folgert, bleibt offen. Es scheint zumindest von einer ergebnisgleichen Anfechtungsmöglichkeit des Nachbarn auszugehen.

Auch wenn das Verwaltungsgericht Ansbach – jedenfalls mit der bezeichneten Entscheidung – für die Frage einer Feststellungswirkung über den beschränkten gesetzlichen Prüfkatalog des Art. 59 Satz 1 BayBO 2008 hinaus nicht (nur) auf den Baugenehmigungsbescheid und die damit vermittelten Aussagen, sondern weitergehend auf die Aktenlage insgesamt abstellt, wenn es darum geht, ob die Bauaufsichtsbehörde auch Bauordnungsrecht geprüft hat, stellt die erstinstanzliche verwaltungsgerichtliche Rechtsprechung – wie aufgezeigt –

[1925] Vgl. hierzu auch VG Bayreuth, Urteil vom 21.06.2012, Az. B 2 K 12.154, das ebenfalls aufgrund eines nach Aktenlage vorhandenen, behördlich aber nicht verbeschiedenen Abweichungsantrags einen Verstoß gegen Art. 68 Abs. 1 Satz 1 BayBO sowie – daran anknüpfend – eine Rechtsverletzung des Klägers/Nachbarn i.S.d. § 42 Abs. 2 VwGO folgert.
[1926] Vgl. VG Ansbach, Urteil vom 20.10.2009, Az. AN 9 K 09.00260, juris-Dok. Rn 28.

in Übereinstimmung mit dem Bayerischen Verwaltungsgerichtshof[1927] überwiegend auf den Bescheid bzw. dessen Tenor und Begründung im Übrigen ab. Es stellt sich aber in jedem Fall die Frage, unter welchen tatsächlichen Umständen man von einer bauaufsichtsbehördlichen und feststellungserweiternden materiell-rechtlichen Prüfung im Sinne der hier aufgezeigten erstinstanzlichen verwaltungsgerichtlichen Rechtsprechung ausgehen kann, wie umfangreich und tiefgreifend diese Prüfung also sein darf bzw. wie oberflächlich sie sein muss und wie diese Prüfung im Baugenehmigungsbescheid unter Wahrung des Art. 68 Abs. 2 Satz 2 BayBO 2008 Berücksichtigung finden muss? Denn nach Auffassung eines Teils der Rechtsprechung soll für die nachbarliche Anfechtungsmöglichkeit maßgeblich sein, ob die Behörde offensichtlich zu erkennen gibt, *„[...] dass sie Rechtsvorschriften außerhalb des sich aus Art. 59 Abs. 1 BayBO 2008 ergebenden Prüfungsumfanges tatsächlich einer rechtlichen Prüfung unterzogen [...]"*[1928] bzw. dass sie sich *„[...] mit der Frage [des Bauordnungsrechts*[1929]*] regelnd befasst hat."*[1930] Zugleich werden bauaufsichtsbehördliche Überlegungen auf Grundlage von und im Zusammenhang mit Art. 68 Abs. 1 Satz 1, 2. Hs. BayBO 2008/2009 einer materiell-rechtlichen Prüfung, welche erweiterte Feststellungen rechtfertigen könnte, nicht gleichgestellt;[1931] ein Abgrenzungsproblem, das es unter anderem noch zu klären gilt.

[1927] Vgl. oben 9.4.2.1.; vgl. jedenfalls BayVGH, 15. Senat, Beschluss vom 28.03.2012, Az. 15 ZB 12.51, juris-Dok. Rn 3; *ders.*, Beschluss vom 25.10.2010, Az. 15 CS 10.1950, juris-Dok. Rn 13; wohl auch BayVGH, 2. Senat, Beschluss vom 08.02.2010, juris-Dok. Rn 24 a.E., der aber Ausführungen in den Gründen mangels eines zusätzlichen Regelungsgehalts in der Regel wohl für nicht ausreichend hält, vgl. auch BayVGH, 2. Senat, Urteil vom 19.03.2013, Az. 2 B 13.99, BayVBl 2013, S. 729 ff [731].
[1928] VG Augsburg, Urteil vom 24.11.2011, Az. Au 5 K 11.547, juris-Dok. Rn 33; wohl weniger streng VG Ansbach, Urteil vom 20.10.2009, Az. AN 9 K 09.00260, juris-Dok. Rn 28.
[1929] Der BayVGH spricht – fallbezogen – wörtlich von der Frage „der Wirksamkeit einer Abstandsflächenübernahme", vgl. BayVGH, Beschluss vom 28.03.2012, Az. 15 ZB 12.51, juris-Dok. Rn 3.
[1930] BayVGH, Beschluss vom 28.03.2012, Az. 15 ZB 12.51, juris-Dok. Rn 3.
[1931] Vgl. i.d.S. wohl z.B. VG Augsburg, Urteil vom 25.11.2011, Az. Au 5 K 11.547.

c) Die Rechtsauffassung des Oberverwaltungsgerichts des Saarlandes

Auf die vom Oberverwaltungsgericht des Saarlandes[1932] vertretene Rechtsauffassung im Zusammenhang mit der Frage nach den nachbarrechtlichen Auswirkungen einer von Seiten der Bauaufsichtsbehörde erfolgten (bewussten) Überschreitung des eingeschränkten Prüfprogramms des vereinfachten Baugenehmigungsverfahrens verweist nicht nur die außerbayerische[1933], sondern – zum Teil – auch die bayerische[1934] (Kommentar-)Literatur. Nicht zuletzt aufgrund des ihr damit zugesprochenen leitentscheidenden Charakters gilt es, diese Rechtsmeinung im Kontext aufzuzeigen und zu analysieren, zumal sich die Literatur zumeist auf eine fallbezogene Verweisung beschränkt und eine weitere Diskussion des Leitsatzes und der Entscheidungsgründe unterlässt. Eine bewusste Überschreitung des Prüfprogramms durch die Bauaufsichtsbehörde rechtfertige nach Auffassung des OVG des Saarlandes und Teilen der Literatur, soweit diese kommentarlos auf das OVG des Saarlandes verweist, für sich nicht die Annahme einer Verletzung von Nachbarrechten. Diese obergerichtliche Aussage ist – jedenfalls ihrem Wortlaut nach – unbedingt und erfährt darüber hinaus keine Relativierung im Sinne der Zulassung von Ausnahmen.

Mit Beschluss vom 31. Mai 2007 bestätigte das OVG des Saarlandes die Entscheidung des erstinstanzlichen Verwaltungsgerichts, nach dessen Auffassung Bestimmungen in einer Baugenehmigung in Bezug auf bauordnungsrechtliche Fragen ins Leere gingen und insoweit nur dem Bauherrn eine Anfechtungsbefugnis zustehen könne. Gegenüber dem Nachbarn sollen derartige Regelungen hingegen keine Wirkung entfalten, so das VG.[1935] In der zu entscheidenden Fallkonstellation waren den genehmigten Bauvorlagen ein Grundriss mit einem (behördenseitig vorgenommenen) Grüneintrag und ein in Bezug genom-

---

[1932] Vgl. OVG Saar, Beschluss vom 31.05.2007, Az. 2 A 189/07, BauR 2007, S. 1616/1617 [Leitsätze] = NVwZ-RR 2007, S. 741; vgl. in diesem Kontext auch dass., Beschluss vom 06.01.2006, Az. 2 Q 37/05, BauR 2006, S. 574 [Leitsätze] für die Ermittlung des Inhalts einer Baugenehmigung im Wege der Auslegung.

[1933] Vgl. z.B. *Knuth*, in: Wilke/Dageförde/Knuth/Meyer/Broy-Bülow, Bauordnung für Berlin (6. A.), § 64 Rn 17 m.w.N. OVG Saar, Beschluss vom 31.05.2007 [Az. 2 A 189/07], NVwZ-[RR] 2007, S. 741 f; *Hornmann*, HBO, § 57 Rn 18a m.w.N. OVG Saar [Beschluss vom 31.05.2007, Az. 2 A 189/07], NVwZ-RR 2007, S. 741.

[1934] Vgl. *Molodovsky*, in: Koch/Molodovsky/Famers, BayBO, Art. 59 Rn 45 m.w.N. OVG Saar, Beschluss vom 31.05.2007, Az. 2 A 189/07, NVwZ-RR 2007, S. 741.

[1935] Vgl. OVG Saar, Beschluss vom 31.05.2007, Az. 2 A 189/07, BauR 2007, S. 1616/1617 [Leitsätze] = NVwZ-RR 2007, S. 741.

menes Beiblatt zu entnehmen, demzufolge die Nutzung des Garagendachs als Terrasse im Sinne des Grüneintrags partiell eingeschränkt wurde. Das OVG des Saarlandes sieht in diesem Eintrag und der behördenseitig vorgenommenen Nutzungsbeschränkung lediglich den Versuch der Genehmigungsbehörde, „[...] nicht nur den in der bauaufsichtsbehördlichen Praxis inzwischen üblichen formularmäßigen „Warnhinweis" auf die Eigenverantwortlichkeit der Bauherrn für die Einhaltung materieller bauordnungsrechtlicher Anforderungen [...] zu geben [...], sondern – angesichts sich möglicherweise bereits abzeichnender Nachbarrechtsstreitigkeiten – bereits „[...] etwaigen nachbarrechtlichen Abwehransprüchen des [Nachbarn] gegen die tatsächliche Ausführung des [...] Bauvorhabens zu „begegnen"."[1936] Dass die Bauaufsichtsbehörde mit der Auflage bezüglich der Abstandsflächenfrage, welche nach dem Willen des Gesetzgebers ohne einen bauherrenseitig gestellten Abweichungsantrag bauaufsichtsbehördlich nicht mehr präventiv zu beurteilen ist, voraussichtlich ihre Kompetenzen gegenüber dem Bauherrn überschritten habe, so das OVG im Folgenden weiter, spiele jedenfalls aus Sicht des Nachbarn keine Rolle.

Das OVG differenziert – jedenfalls in der betrachteten und von der Literatur pauschal aufgegriffenen Entscheidung – nicht hinsichtlich der Art und Weise bzw. Form einer sich auf Bauordnungsrecht erstreckenden Behördenaussage. Der erkennende Senat des saarländischen Oberverwaltungsgerichts scheint insbesondere auch nicht zu unterscheiden, ob sich entsprechende behördliche Aussagen oder gar Feststellungen aus den Bauunterlagen oder unmittelbar aus dem Genehmigungsbescheid selbst ergeben, und lässt seiner Rechtsauffassung damit wohl in der Tat, wie auch durch den abstrakt gehaltenen Leitsatz[1937] zum Ausdruck gebracht, einen generalisierenden Geltungsanspruch zukommen. Der Entscheidung kann entnommen werden, dass Bauordnungsrecht einschließende Regelungen der Baugenehmigung gegenüber dem Nachbarn selbst dann keine Wirkung entfalten sollen, wenn diese von der Bauaufsichtsbehörde bewusst, d.h. in Kenntnis der Beschränkung des vereinfachten Prüfprogramms, und damit feststellungserweiternd getroffen werden. Es ließe sich bei isolierter Lesart des

---

[1936] OVG Saar, Beschluss vom 31.05.2007, Az. 2 A 189/07.
[1937] Vgl. OVG Saar, Beschluss vom 31.05.2007, Az. 2 A 189/07, BauR 2007, S. 1616/1617 [Leitsätze] = NVwZ-RR 2007, S. 741: „1. Eine bewusste Überschreitung des eingeschränkten präventiven Prüfprogramms für das vereinfachte Baugenehmigungsverfahren nach § 64 Abs. 2 LBO 2004 durch die Bauaufsichtsbehörde rechtfertigt für sich nicht die Annahme einer Verletzung von Nachbarrechten."

Leitsatzes, der insoweit feststellt, dass eine bewusste Überschreitung „an sich"[1938] nicht die Annahme einer Nachbarrechtsverletzung rechtfertige, zugegebenermaßen noch der Schluss folgern, das Obergericht schließe damit – entsprechend seiner Rechtsauffassung im Übrigen[1939] – lediglich die nachbarliche Geltendmachung eines bloßen Verfahrensverstoßes aus. Die Entscheidungsgründe des hier betrachteten Beschlusses und hierbei insbesondere die in Bezug genommenen erstinstanzlichen Ausführungen mit der Aussage, dass gleichwohl enthaltene Bestimmungen bezüglich bauordnungsrechtlicher Fragen aus nachbarrechtlicher Sicht ins Leere gingen,[1940] lassen diesen, auf einen verfahrensrechtlichen Verstoß reduzierten Rückschluss allerdings nicht zu. Das OVG des Saarlandes zieht sich damit ungeachtet von etwaigen Erweiterungen gegenüber dem Prüfprogramm – jedenfalls im Verhältnis zum Nachbarn – auf die durch den begrenzten gesetzlichen Prüfkatalog beschränkte Feststellungswirkung zurück. Diese Meinung erweist sich damit gegenüber der Auffassung des 15. Senates des Bayerischen Verwaltungsgerichtshofs als deutlich strenger, der bei grundsätzlich gleichfalls restriktiver Haltung die nachbarliche Anfechtung wohl zumindest bei bewusster und zugleich im Bescheid zweifelsfrei zum Ausdruck gebrachter Regelung für möglich erachtet.[1941]

d) Die Rechtsauffassung des Oberverwaltungsgerichts Rheinland-Pfalz

Gegenüber der Rechtsauffassung des Oberverwaltungsgerichts des Saarlandes, welches eine Regelungswirkung von bauaufsichtsbehördlich – durch Überschreitung des präventiven Prüfprogramms – getroffenen Feststellungen bezüglich des nicht mehr prüfpflichtigen Bauordnungsrechts gegenüber dem Nachbarn pauschal[1942] verneint,[1943] erweist sich die im Verhältnis jüngere und im Kontext

---

[1938] Vgl. OVG Saar, BauR 2007, S. 1616/1617 [Leitsätze].
[1939] Vgl. etwa OVG Saar, Beschluss vom 03.01.2008, Az. 2 O 44/06: „Ein Verstoß gegen bauordnungsrechtliche Verfahrensvorschriften löst keine nachbarrechtlichen Abwehransprüche aus."
[1940] Vgl. OVG Saar, Beschluss vom 31.05.2007, Az. 2 A 189/07.
[1941] Vgl. BayVGH, Beschluss vom 28.03.2012, Az. 15 ZB 12.51, juris-Dok. Rn 3; ders., Beschluss vom 25.10.2010, Az. 15 CS 10.1950, juris-Dok. Rn 13; demgegenüber aber gleichfalls strenger z.B. ders., Beschluss vom 08.02.2010, Az. 2 AS 09.2907, juris-Dok. Rn 24, und ders., Urteil vom 19.03.2013, Az. 2 B 13.99, BayVBl 2013, S. 729 ff [731].
[1942] Vgl. so das Resümee der vorstehenden Betrachtung, vgl. Teil 3 B.II.2.c).

stehende Rechtsauffassung des Oberverwaltungsgerichts Rheinland-Pfalz geradezu konträr, weshalb diese im Folgenden aufgezeigt und zugleich der saarländischen gegenübergestellt werden soll. Nach Auffassung des rheinland-pfälzischen Oberverwaltungsgerichts ist die Bauaufsichtsbehörde nämlich nicht daran gehindert, die entsprechend dem eingeschränkten Prüfprogramm begrenzte Feststellungswirkung einer Baugenehmigung – im Ergebnis auch mit Wirkungen für den Nachbarn – um weitere Feststellungen zur Vereinbarkeit des Vorhabens bezüglich bauordnungsrechtlicher Vorschriften zu ergänzen, so dass sich in Folge dessen – trotz der an sich beschränkten Feststellungswirkung des vereinfachten Baugenehmigungsverfahrens – eine Anfechtungsmöglichkeit des Nachbarn im Hinblick auf die in ihrem Aussagegehalt ergänzte Baugenehmigung ergibt, wenn die so getroffenen Feststellungen wie etwa die Vereinbarkeit mit den landesrechtlichen Abstandsflächenvorschriften materiell-rechtlich rechtswidrig sind und den Nachbarn in subjektiv-öffentlichen Rechten verletzen.[1944] Mit der insoweit gegenläufigen Haltung des saarländischen Oberverwaltungsgerichts setzt sich der erkennende Senat des Oberverwaltungsgerichts Rheinland-Pfalz nicht auseinander.

In den vorstehend im selben Teil unter B.II.2.a) bis c) betrachteten Entscheidungen mussten die Gerichte zumeist in einem ersten Schritt darüber befinden, ob etwa ein bauaufsichtsbehördlicher „Grüneintrag"[1945] in den Bauplänen oder auch Vermerke in den Bauvorlagen bzw. Behördenakten[1946], wonach z.B. die landesrechtlichen Abstandsflächen eingehalten seien, und/oder entsprechende Äußerungen in den Gründen[1947] im jeweiligen Einzelfall überhaupt eine feststellungserweiternde Wirkung haben (können). Ihrer Entscheidung legten die

---

[1943] Vgl. OVG Saar, Beschluss vom 31.05.2007, Az. 2 A 189/07, BauR 2007, S. 1616/1617 [Leitsätze] = NVwZ-RR 2007, S. 741.
[1944] Vgl. OVG RP, Urteil vom 22.11.2011, Az. 8 A 10636/11, BauR 2012, S. 781 ff [Sachverhalt gekürzt].
[1945] Vgl. OVG Saar, Beschluss vom 31.05.2007, Az. 2 A 189/07, BauR 2007, S. 1616/1617 [Leitsätze]: Grüneintrag und diesbezügliche Auflage im Bauschein (Beiblatt).
[1946] Vgl. VG Ansbach, Urteil vom 20.10.2009, Az. AN 9 K 09.00260, juris-Dok. Rn 28: Beschlussvorlage für die Beratungen des Bauausschusses; BayVGH, Beschluss vom 28.03.2012, Az. 15 ZB 12.51, juris-Dok. Rn 3: Telefonat sowie Vereinbarung zwischen dem Nachbarn und der Bauaufsichtsbehörde.
[1947] Vgl. VG München, Urteil vom 28.09.2009, Az. M 8 K 09.322, juris-Dok. Rn 6, 9, 43 ff: Ausführungen unter dem Stichwort „Nachbarwürdigung"; BayVGH, Beschluss vom 25.10.2010, Az. 15 CS 10.1950, juris-Dok. Rn 13: Ausführungen unter Nr. VIII.3. des Bescheides, wonach Abstandsflächen eingehalten seien; ders., Urteil vom 19.03.2013, Az. 2 B 13.99, BayVBl 2013, S. 729 ff [731]: Ausführungen zu den Abstandsflächen.

Gerichte überwiegend restriktive Maßstäbe zugrunde. Das Oberverwaltungsgericht Rheinland-Pfalz stellt in seinem Urteil vom 22. November 2011 hingegen eine erweiterte Feststellungsregelung lediglich kurz begründend fest, die im Übrigen ausweislich[1948] des Tatbestandes bzw. des im Urteil niedergelegten Parteivortrages offenbar auch weder kläger- noch beklagtenseitig in Frage gestellt worden ist. Den diesbezüglichen obergerichtlichen Entscheidungsgründen[1949] kann allerdings gleichwohl entnommen werden, dass das Berufungsgericht die von ihm gefolgerte und zugleich bestätigte „erweiterte Feststellungsregelung"[1950] nicht aus der angefochtenen Änderungsbaugenehmigung selbst, die sich – dies hebt das OVG hervor – gerade nicht ausdrücklich zur bauordnungsrechtlichen Zulässigkeit äußert, sondern aus einem an den (klagenden) Nachbarn gerichteten Begleitschreiben zur Baugenehmigung folgert, mit welchem die Genehmigungsbehörde erklärt, auch bauordnungsrechtliche Fragen geklärt zu haben. Es muss demnach davon ausgegangen werden, dass nach Auffassung des rheinland-pfälzischen Oberverwaltungsgerichts eine gegenüber dem gesetzlichen Prüfkatalog erweiterte Feststellungswirkung nicht zwingend im Genehmigungsbescheid selbst verankert sein und zum Ausdruck gebracht werden muss.

Anders als das OVG des Saarlandes, welches mit Beschluss vom 31. Mai 2007[1951] bereits im Leitsatz das Augenmerk auf die nachbarrechtlichen Auswirkungen einer – gegebenenfalls sogar bewussten – Überschreitung des gesetzlichen Prüfprogramms richtet und sich auch in den Entscheidungsgründen primär mit dieser Frage auseinandersetzt, äußert sich das Oberverwaltungsgericht Rheinland-Pfalz zu der eingangs beschriebenen Drittwirkung einer um Bauordnungsrecht erweiterten Feststellung der Baugenehmigung nur mittelbar. Das OVG Rheinland-Pfalz geht nämlich zuvorderst der Frage nach, ob der Bauaufsichtsbehörde überhaupt die rechtliche (Regelungs-)Befugnis[1952] zukommt, die begrenzte Feststellungswirkung der Baugenehmigung trotz einer vereinfachten

---

[1948] Vgl. OVG RP, Urteil vom 22.11.2011, Az. 8 A 10636/11, BauR 2012, S. 781 ff [Tatbestand dort nicht veröffentlicht; nur verkürzte Wiedergabe].
[1949] Vgl. OVG RP, Urteil vom 22.11.2011, Az. 8 A 10636/11. Die diesbezüglichen Entscheidungsgründe sind in BauR 2012, S. 781 ff, nicht wiedergegeben, dort heißt es lediglich: *„Der Beklagte hat hier eine solche erweiterte Feststellungsregelung getroffen. ..."*.
[1950] Vgl. OVG RP, Urteil vom 22.11.2011, Az. 8 A 10636/11, BauR 2012, S. 781 ff [782].
[1951] Vgl. OVG Saar, Beschluss vom 31.05.2007, Az. 2 A 189/07, BauR 2007, S. 1616/1617 [Leitsätze] = NVwZ-RR 2007, S. 741.
[1952] Vgl. eingehend *Sauthoff*, BauR 2013, S. 415 ff [421ff] (auch) als Anmerkung zu OVG RP, ebd.

Genehmigungsprüfung zu erweitern. Es führt insoweit – wohl mit Blick auf die Rechtsposition des Bauherrn – aus, dass die Bauaufsichtsbehörde nicht befugt sei, das Prüfprogramm und damit die gesetzlichen Anspruchsvoraussetzungen für die zu erteilende Baugenehmigung zu erweitern; die Behörde sei „[...] *umgekehrt jedoch nicht [daran] gehindert die – entsprechend dem eingeschränkten Prüfprogramm – beschränkte Feststellungswirkung einer Baugenehmigung um weitere Feststellungen zur Vereinbarkeit des Vorhabens auch mit bauordnungsrechtlichen Vorschriften zu ergänzen.*"[1953] Mit regelrechter Selbstverständlichkeit geht das Oberverwaltungsgericht Rheinland-Pfalz in Folge der von ihm bejahten behördlichen Befugnis, entsprechende Regelungen „[...] *mit der im vereinfachten Genehmigungsverfahren zu erteilenden „schlanken" Baugenehmigung zu verbinden [...]*"[1954], von einer entsprechenden Regelungswirkung auch gegenüber dem Nachbarn aus, die in weiterer Folge der nachbarlichen Anfechtung zugänglich ist. Die Berufung des Nachbarn gegen das die Anfechtungsklage abweisende verwaltungsgerichtliche Urteil hatte Erfolg. Demgegenüber lässt das saarländische Oberverwaltungsgericht in der vorzitierten Entscheidung diese Frage nach einer Rechtsgrundlage für die Behörde, entsprechende Feststellungen rechtswirksam treffen zu können, unausgesprochen dahinstehen und nimmt diesbezüglich lediglich auf die Ausführungen des erstinstanzlichen Verwaltungsgerichts Bezug, nach dessen Auffassung etwaige Bestimmungen hinsichtlich bauordnungsrechtlicher Fragen allein dem Bauherrn eine Anfechtungsbefugnis vermitteln könnten. Ein solch – unterstelltes – Anfechtungsrecht des Bauherrn würde im Gegenschluss die Verneinung einer entsprechenden Rechtsgrundlage jedenfalls für solche Fälle bedeuten, in denen die Nichtvereinbarkeit[1955] mit Vorschriften des Bauordnungsrechts festgestellt würde.

Obwohl sich die zugrunde liegenden tatsächlichen Umstände der hier gegenübergestellten obergerichtlichen Entscheidungen unterscheiden und sich die gerichtlichen Leitsätze[1956] per se nicht explizit widersprechen, für sich gesehen

---

[1953] OVG RP, Urteil vom 22.11.2011, Az. 8 A 10636/11, BauR 2012, S. 781 ff [2. Leitsatz, S. 782].
[1954] OVG RP, Urteil vom 22.11.2011, Az. 8 A 10636/11, BauR 2012, S. 781 ff [782] m.w.N.
[1955] Die Feststellung der Vereinbarkeit mit bauordnungsrechtlichen Vorschriften würde dem Bauherrn demgegenüber zum Vorteil gereichen, weshalb – unter Ausblendung der Wirkungen auf den Nachbarn – wohl von einer Ermächtigungsgrundlage abgesehen werden könnte, vgl. hierzu auch *Sauthoff*, BauR 2013, S. 415 ff.
[1956] Vgl. „[...] *Die Bauaufsichtsbehörde ist [...] jedoch nicht gehindert, die – entsprechend dem eingeschränkten Prüfprogramm – beschränkte Feststellungswirkung einer Baugenehmi-*

sogar kombiniert gelesen werden könnten, verkehrt das hier analysierte Urteil des Oberverwaltungsgerichts Rheinland-Pfalz vom 22. November 2011 in der Gesamtschau der Entscheidungsgründe die Rechtsaussage des vorstehend aufgezeigten Beschlusses des Oberverwaltungsgerichts des Saarlandes vom 31. Mai 2007 – unausgesprochen – gleichwohl ins Gegenteil. Für sich betrachtet erscheint die Entscheidung des rheinland-pfälzischen Oberverwaltungsgerichts auf den ersten Blick vielleicht sogar in sich widersprüchlich, indem einerseits eine Ausweitung des gesetzlichen Prüfprogramms durch die Bauaufsichtsbehörde abgelehnt, zugleich aber eine Ergänzung der beschränkten Feststellungswirkung bejaht wird. Bei näherer Betrachtung zeigt sich jedoch, dass das Obergericht auch zwischen den Anspruchsvoraussetzungen für die Erteilung der Baugenehmigung einerseits, insoweit stellt es auf den abschließenden Prüfkatalog ab, und etwaigen ergänzenden Feststellungen zur Vereinbarkeit des Vorhabens auch mit Bauordnungsrecht andererseits unterscheidet. Im Umkehrschluss nimmt der erkennende Senat – wegen des abgeschlossenen Prüfprogramms jedenfalls konsequent – solche ergänzende Feststellungen von der von ihm bejahten behördlichen Regelungsbefugnis aus, welche die Nichtvereinbarkeit des Vorhabens mit bauordnungsrechtlichen Vorschriften betreffen. Die von der Literatur[1957] bisweilen geforderte (gesetzliche) Ermächtigungsgrundlage für ergänzende Feststellungen, die nicht nur die Vereinbarkeit des Vorhabens mit Bauordnungsrecht an sich, sondern zugleich mit drittschutzvermittelnden bauordnungsrechtlichen Vorschriften dokumentieren, diskutiert das Oberverwaltungsgericht Rheinland-Pfalz zwar nicht, wird dem mit der verlangten Rechtsgrundlage verfolgten Zweck einer nachbarlichen Rechtewahrung und Abwendung der durch die belastende Wirkung bedingten Anfechtungslast[1958] des Nachbarn aber dadurch gerecht, dass es zum einen – in wohl nicht allzu restriktiver Handhabung – bei ent-

---

gung um weitere Feststellungen zur Vereinbarkeit des Vorhabens auch mit bauordnungsrechtlichen Vorschriften zu ergänzen. [...]", so das OVG RP, Urteil vom 22.11.2011, Az. 8 A 10636/11, – einerseits – und *„[...] Eine bewusste Überschreitung des eingeschränkten präventiven Prüfprogramms für das vereinfachte Baugenehmigungsverfahren [...] durch die Bauaufsichtsbehörde rechtfertigt für sich nicht die Annahme einer Verletzung von Nachbarrechten. [...]"*, so das OVG Saar, Beschluss vom 31.05.2007, Az. 2 A 189/07, – andererseits –.

[1957] Vgl. *Sauthoff*, BauR 2013, S. 415 ff [420]; zum Meinungsstand allgemein etwa *U. Stelkens*, in: Stelkens/Bonk/Sachs, VwVfG, § 35 Rn 25 ff; *Kopp/Ramsauer*, VwVfG, § 35 Rn 24 ff.

[1958] Vgl. *Sauthoff*, BauR 2013, S. 415 ff [419, 421/422]; *U. Stelkens*, in: Stelkens/Bonk/Sachs, VwVfG, § 35 Rn 26 a.E.; *Kracht*, Feststellender Verwaltungsakt und konkretisierende Verfügung, S. 332 ff.

sprechenden Anhaltspunkten eine solch erweiterte Feststellungsregelung folgert und zum anderen dem klagenden Nachbarn folgerichtig ein entsprechendes Anfechtungsrecht hinsichtlich derartiger Feststellungen zuerkennt.

3. Objektiver Erklärungsinhalt und bauordnungsrechtliche Begründungspflicht

Die vorstehend aufgezeigte Rechtsprechung führt vor Augen, dass die Kontroverse um eine etwaige durch entsprechendes Behördenhandeln verursachte erweiterte Feststellungswirkung einer im vereinfachten Baugenehmigungsverfahren ergangenen Baugenehmigung in erster Linie um den objektiven Erklärungs- und Aussagegehalt der bauaufsichtsbehördlichen Ausführungen im begründenden Teil des Baugenehmigungsbescheids kreist, welche – insbesondere im Einzelfall – nach rechtlicher Würdigung und Auslegung[1959] verlangen. Entsprechende und vor allem auch einheitliche Beurteilungskriterien fehlen bislang offenkundig, wie die Rechtsprechung in ihrer Gesamtschau erkennen lässt. Solche Kriterien und Maßstäbe, die für die Entscheidung über die Annahme oder Ablehnung einer ergänzenden Feststellungsregelung erforderlich sind, können allerdings nicht ohne das Wissen um die Grundzüge der Auslegung einer Baugenehmigung sowie nicht ohne Berücksichtigung der bauordnungsrechtlichen Begründungspflicht, mithin nicht ohne die gesetzlichen Anforderungen, denen die Behörde genügen muss, aufgestellt werden, weshalb diesen Fragen im Folgenden nicht zuletzt auch mit Blick auf die behördliche Ablehnungsbefugnis im Sinne des Art. 68 Abs. 1 Satz 1, 2. Hs. BayBO 2008/2009 nachgegangen werden soll. Letztere ist es nämlich oftmals, die die Bauaufsichtsbehörde zu entsprechenden Ausführungen im stattgebenden Baubescheid veranlasst.

a) Auslegungsmöglichkeit und Auslegungsbedürftigkeit der Baugenehmigung

Im Grundsatz gilt freilich: Die mit dem Tenor verbundene Hauptsacheentscheidung, mit der dem Bauantragsteller die bauaufsichtliche Genehmigung erteilt wird, stellt die Rechtmäßigkeit des Bauvorhabens nur insoweit fest, wie auch

---

[1959] Vgl. zur Ermittlung des Inhalts und der Reichweite des Bestandsschutzes einer Baugenehmigung durch Auslegung *Jäde*, in: Jäde/Dirnberger/Bauer, Die neue BayBO, Art. 68 Rn 154 ff.

der Umfang des jeweils einschlägigen Prüfkataloges reicht. Die vom Tenor der Entscheidung vermittelten Feststellungswirkungen reichen damit an sich, so jedenfalls der gesetzliche bzw. gesetzestheoretische Geltungsanspruch, nicht über den gesetzlichen Prüfauftrag der Bauaufsichtsbehörde hinaus.[1960] Gleichwohl ist die Reichweite des durch die Baugenehmigung vermittelten Bestandsschutzes und damit auch seiner rechtlichen Feststellungen im Zweifel der Auslegung zugänglich und durch eine solche zu ermitteln, wobei vorrangig auf den Inhalt der Baugenehmigung selbst abzustellen ist.[1961] *„Maßgeblich ist allein, was als objektiver Erklärungsinhalt in der Baugenehmigung zum Ausdruck gebracht worden ist [...]"*[1962], so der Hessische Verwaltungsgerichtshof zutreffend. Insofern sind aber die gesetzlichen Maßgaben im Zusammenhang mit der Form des Baugenehmigungsbescheides im Allgemeinen und die Anforderungen an die textlichen Erläuterungen und Begründungen der bauaufsichtsbehördlichen Genehmigungsentscheidung im Speziellen, welche zwangsläufig Einfluss auf den Erklärungsgehalt zeigen, von ausschlaggebendem Interesse. Dies gilt umso mehr, als insbesondere von Seiten der obergerichtlichen Rechtsprechung, wie etwa des Bayerischen Verwaltungsgerichtshofs oder des Oberverwaltungsgerichts des Saarlandes, eine erweiterte Feststellungswirkung aufgrund entsprechender Anhaltspunkte[1963] mit dem Hinweis verneint wird, die Bauaufsichtsbehörde habe damit nur einen unverbindlichen, an der Regelungswirkung nicht teilnehmenden Hinweis[1964] bzw. einen in der bauaufsichtsbehördlichen Praxis inzwischen üblichen formularmäßigen Warnhinweis[1965] erteilt bzw. erteilen wollen. Das Abgrenzungsproblem zwischen rechtsunverbindlichen und regelungslosen Hinweisen einerseits und einer zumindest feststellungsähnlichen sowie vor allem dem Bauherrn Rechtssicherheit vermittelnden Auskunft andererseits tritt damit offen zu Tage. Daran anknüpfend stellt sich des Weiteren die Frage, inwieweit nicht nur die baugenehmigungsbezogene Bescheidspraxis selbst, sondern auch die

---

[1960] Vgl. *Ehlers*, in: FS für Bartlsperger, S. 464 a.E.; siehe auch bereits unter Teil 3 B.II.1.

[1961] Vgl. *Jäde*, in: Jäde/Dirnberger/Bauer, Die neue BayBO, Art. 68 Rn 154 m.w.N. unter anderem BayVGH, Beschluss vom 10.12.1996, Az. 1 CS 96.3918.

[1962] HessVGH, Beschluss vom 07.02.2008, Az. 3 ZU 473/07, BauR 2009, S. 636 f [637].

[1963] Vgl. z.B. die Aussage in Nr. VIII.3. des Bescheides, eine Verletzung von Abstandsflächen sei nicht gegeben, vgl. hierzu BayVGH, Beschluss vom 25.10.2010, Az. 15 CS 10.1950, oder z.B. den sog. Grüneintrag mit entsprechender Auflage im Beiblatt, vgl. hierzu OVG Saar, Beschluss vom 31.05.2007, Az. 2 A 189/07.

[1964] Vgl. BayVGH, Beschluss vom 25.10.2010, Az. 15 CS 10.1950, juris-Dok. Rn 13.

[1965] Vgl. OVG Saar, Beschluss vom 31.05.2007, Az. 2 A 189/07, BauR 2007, S. 1616/1617 [Leitsätze].

von der Verwaltung gebrauchten und von der Rechtsprechung für die Auslegung in Bezug genommenen standardisierten Formulierungen, mithin Formulare und Formularsammlungen[1966], dem vereinfachten Bauverfahrensrecht (noch) gerecht werden und vielleicht ihrerseits selbst einer gewissen Deregulierung im Sinne einer Anpassung an die Gesetzeslage bedürfen.

b) Das Begründungserfordernis im Blickwinkel des Art. 68 Abs. 1 Satz 1, 2. Hs. BayBO 2008/2009

Gegenüber dem allgemeinen verwaltungsverfahrensrechtlichen Begründungszwang des Art. 39 Abs. 1 BayVwVfG schreibt der für das Baugenehmigungsverfahren geltende Art. 68 Abs. 2 Satz 2 BayBO 2008[1967] eine Begründung der Baugenehmigung nur insoweit vor, als ohne Zustimmung des Nachbarn von nachbarschützenden Vorschriften abgewichen wird oder der Nachbar gegen das Bauvorhaben schriftlich Einwendungen erhoben hat. Diese bauverfahrensrechtliche Sonderregelung[1968] füllt insoweit Art. 39 Abs. 2 Nr. 4 BayVwVfG aus, welcher eine Verfahrensvereinfachung durch derartige speziellere gesetzliche Regelungen erlaubt. Das nur teilweise bestehende und auf die nachbarlichen Interessen hin ausgerichtete Begründungserfordernis des Art. 68 Abs. 2 Satz 2 BayBO 2008 trägt damit dem Umstand Rechnung, dass die Baugenehmigung einerseits als (den Bauherrn) begünstigender Verwaltungsakt nur Versagungsgründe ausräumt und deshalb keiner Begründung bedarf sowie andererseits aufgrund der bestehenden Doppelwirkung zugleich nachteilig sowohl für den betroffenen Nachbarn als auch für die Gemeinde[1969], wenn deren Einvernehmen bauaufsichtsbehördlich ersetzt wurde, sein kann und in Folge dessen zu begründen ist.[1970] Ungeachtet dessen besteht allerdings auch Einigkeit, dass die Ge-

---

[1966] Vgl. z.B. den Musterbescheid bei *Linhart*, Schreiben, Bescheide und Vorschriften in der Verwaltung, § 22 Rn 1 [S. 537: Hinweise].
[1967] Vgl. demgegenüber z.B. § 64 Abs. 3 Satz 3, 1. Hs. HBO, wonach es einer Begründung der Baugenehmigung nicht bedarf. Nur Abweichungen, Ausnahmen und Befreiungen von nachbarschützenden öffentlich-rechtlichen Vorschriften sind zu begründen, § 64 Abs. 3 Satz 3, 2. Hs. HBO i.V.m. § 63 Abs. 4 Satz 1 HBO.
[1968] Vgl. *Molodovsky*, in: Koch/Molodovsky/Famers, BayBO, Art. 68 Rn 122.
[1969] Im Falle der Ersetzung des gemeindlichen Einvernehmens folgt die behördliche Begründungspflicht aus Art. 67 Abs. 3 Satz 1, 2. Hs. BayBO 2008.
[1970] Vgl. LtDrs. 9/7854 vom 11.03.1981, S. 46/47; vgl. auch *Linhart*, Schreiben, Bescheide und Vorschriften in der Verwaltung, § 22 Rn 1 [S. 572 Fn 5] allerdings mit Druckfehler in der weiterführenden Quellenangabe: nicht LtDrs. 9/7874, sondern LtDrs. 9/7854, ebd.

nehmigungsbehörde auf Grundlage vorbenannter Normen zwar von einer Begründung der Entscheidung im Übrigen absehen kann, sie aber aufgrund dessen nicht zugleich auch daran gehindert ist, die Baugenehmigung weitergehend zu begründen, wenn dies angezeigt ist.[1971] So führen die Behörden in ihren Bescheiden, wie in einschlägigen Werken für die Verwaltungspraxis vorgeschlagen, formularmäßig und standardisiert zum Beispiel begründend aus: *„Die Baugenehmigung war zu erteilen, weil das Vorhaben den im bauaufsichtlichen Genehmigungsverfahren zu prüfenden öffentlich-rechtlichen Vorschriften entspricht (Art. 68 Abs. 1 Satz 1 BayBO). Da es sich bei dem Vorhaben um [k]einen Sonderbau i.S. des Art. 2 Abs. 4 [...] BayBO handelt, richtet sich der Prüfungsumfang nicht nach [...] [Art. 60 BayBO (Genehmigungsverfahren)], sondern nach [...] [Art. 59 BayBO (vereinfachtes Genehmigungsverfahren)], wonach [...] [nur das] Bauplanungsrecht [...] Prüfungsmaßstab ist."*[1972] Jedenfalls in der bayerischen Verwaltungsrechtsprechung[1973] wird gerade dieser vorangestellten Aussage, mithin die ausdrückliche Bezeichnung des einschlägigen Prüfprogramms, ein entscheidender Bedeutungsgehalt für die Auslegung der Baugenehmigung beigemessen, soll dieser Hinweis nach Auffassung der Gerichte nämlich eine erweiterte Feststellungswirkung regelmäßig ausschließen.[1974] Von der in Art. 68 Abs. 2 Satz 2 BayBO 2008 vorgesehenen Begründungspflicht sind bloße Hinweise, wie zuletzt exemplarisch[1975] aufgeführt, zu unterscheiden. Letztere sind gesetzlich nicht vorgeschrieben und stehen – grundsätzlich – im Belieben der Behörde. Sie empfehlen sich insbesondere zur Klarstellung, um etwa im

---

[1971] Vgl. *Linhart*, Schreiben, Bescheide und Vorschriften in der Verwaltung, § 22 Rn 1 [S. 572 Fn 5].

[1972] Vgl. *Linhart*, Schreiben, Bescheide und Vorschriften in der Verwaltung, § 22 Rn 1 [S. 572], der in seinem Musterbescheid von einer (nicht vereinfacht erteilten) Baugenehmigung i.S.d. Art. 60 BayBO 2008 ausgeht.

[1973] Vgl. BayVGH, Beschluss vom 28.03.2012, Az. 15 ZB 12.51, juris-Dok. Rn 3; ders., Beschluss vom 25.10.2010, Az. 15 CS 10.1950, juris-Dok. Rn 13; VG Augsburg, Urteil vom 25.11.2011, Az. Au 5 K 11.547, juris-Dok. Rn 8, 32 ff.

[1974] Vgl. etwa BayVGH, Beschluss vom 28.03.2012, Az. 15 ZB 12.51, juris-Dok. Rn 3: *„[...] In Nr. I der Baugenehmigung wird ausdrücklich darauf hingewiesen, dass das Bauvorhaben im vereinfachten Genehmigungsverfahren nach Art. 59 Satz 1 BayBO genehmigt worden sei. Die Feststellungswirkung der Baugenehmigung ist deshalb auf die in Art. 59 Satz 1 BayBO genannten Kriterien beschränkt. [...]"*

[1975] Während *Lechner* (ders., in: Simon/Busse, BayBO, Art. 68 Rn 424) Erläuterungen zum Prüfungsumfang als Hinweis einstuft, gebraucht *Linhart* (ders., Schreiben, Bescheide und Vorschriften in der Verwaltung, § 22 Rn 1 [S. 572]) diese Formulierung zur Einleitung des begründenden Teils der Baugenehmigung, dem die Hinweise nachgestellt sind. Weitere Beispielsfälle für praxisübliche Hinweise vgl. *Lechner*, ebd., und *Linhart*, a.a.O., [S. 573].

Interesse des Bauherrn einen möglicherweise folgenschweren Irrtum zu vermeiden. Damit sie ihre Wirksamkeit nicht verfehlen, sollten sie allerdings auch nur im erforderlichen Umfang aufgenommen werden, da überlangen Ausführungen der Aufmerksamkeitsfaktor fehlt und solche deshalb kontraproduktiv wären.[1976]

Die behördliche Verbescheidungs- und insbesondere Begründungspraxis scheint – vermutlich mit Blick auf das bauordnungsrechtliche Begründungserfordernis – fälschlicherweise davon auszugehen, in der Baugenehmigung zu allen Einwendungen eines Nachbarn Stellung nehmen bzw. die Genehmigung in diesen aus nachbarlicher Sicht relevanten Punkten begründen zu müssen. Dabei wird allerdings oftmals übersehen oder vielleicht sogar verkannt, dass der in Art. 68 Abs. 2 Satz 2 BayBO 2008 niedergelegte Begründungsvorbehalt auch und gerade hinsichtlich der dort angesprochenen nachbarschützenden Vorschriften, von denen ohne Zustimmung des Nachbarn abgewichen wird, sowie hinsichtlich der schriftlichen nachbarlichen Einwendungen mit dem einschlägigen gesetzlichen Prüfprogramm korrespondiert, mithin eine materiell-rechtliche Begründung bezüglich erhobener sachlich-substantiierter[1977] Einwendungen nur dann erforderlich ist, wenn sich die nachbarliche Einlassung zugleich auf eine von der Bauaufsichtsbehörde im Sinne des Art. 59 Satz 1 BayBO 2008 prüfpflichtige Vorschrift bezieht.[1978] Hinsichtlich aller anderen, nicht im Kontext mit den Regelungen des gesetzlichen Prüfkatalogs stehenden Einwendungen wäre, soweit die Behörde gleichwohl eine Reaktion für angezeigt hält, der bloße Hinweis ausreichend, dass diese eingewendeten Umstände nicht Gegenstand der bauaufsichtlichen (präventiven) Genehmigungsprüfung sind bzw. sein dürfen. Die legislatorisch[1979] bezweckte Verfahrensvereinfachung und -beschleunigung sowie die Stärkung der Eigenverantwortlichkeit der am Baugeschehen Beteiligten – einschließlich des Nachbarn – würde geradezu konterkariert, könnte der Nachbar mit entsprechenden Einwendungen z.B. bezüglich der Abstandsflächen eine diesbezügliche Begründung verlangen, welche zwangsläufig eine Prüfung auch anhand von (bauordnungsrechtlichen) Vorschriften jenseits des Prüfpro-

---

[1976] Vgl. *Lechner*, in: Simon/Busse, BayBO, Art. 68 Rn 421 ff [424].
[1977] Die Begründungspflicht trifft generell nur substantiierte Einlassungen, auf die sachlich eingegangen werden kann, vgl. *Molodovsky*, in: Koch/Molodovsky/Famers, BayBO, Art. 68 Rn 122.
[1978] Vgl. i.E. auch *Lechner*, in: Simon/Busse, BayBO, Art. 68 Rn 476 und 480.
[1979] Vgl. LtDrs. 15/7161 vom 15.01.2007, S. 1 ff [37 f]; LtDrs. 13/7008 vom 22.01.1997, S. 1 ff [22 ff].

gramms erfordern würde. In der bauordnungsrechtlichen Begründungspflicht des Art. 68 Abs. 2 Satz 2 BayBO 2008 spiegelt sich demnach gleichsam den Feststellungswirkungen der Baugenehmigung das gesetzliche Prüfprogramm wider. Das nur partielle Begründungserfordernis trägt dem Umstand der Verwaltungsvereinfachung Rechnung. Art. 68 Abs. 2 Satz 2 BayBO 2008 verlangt eine Begründung nur da, wo Rechte Dritter berührt werden;[1980] eine Verletzung von Nachbarrechten durch die vereinfachte Baugenehmigung als VA – und nicht durch das Vorhaben selbst – kommt aber nur insoweit in Betracht, als die Einwendung auch Gegenstand des gesetzlichen Prüfprogramms der Baugenehmigung war.[1981] Die von der Begründung bezweckte Befriedungsfunktion[1982] darf in konsequenter Anwendung des deregulierten Verfahrensrechts nicht über den beschränkten gesetzlichen Prüfauftrag und der daraus resultierenden beschränkten Feststellungswirkung hinausgehen.

Auch die Ablehnungsbefugnis des Art. 68 Abs. 1 Satz 1, 2. Hs. BayBO 2008/2009 verlangt keine erläuternde, klar- oder gar feststellende Begründung hinsichtlich von Vorschriften, die vom Prüfkatalog des Art. 59 Satz 1 BayBO 2008 ausgeklammert sind, bzw. hinsichtlich von nachbarseitigen Einwendungen, die solche Vorschriften betreffen. Die Regelung des Art. 68 Abs. 1 Satz 1, 2. Hs. BayBO 2008/2009 vermittelt – wie oben im selben Teil unter A.III.3.d) festgestellt – keinen Drittschutz.[1983] Der Nachbar kann damit weder geltend machen, das der Behörde mit Art. 68 Abs. 1 Satz 1, 2. Hs. BayBO eingeräumte Ermessen sei auf null reduziert und begründe in Folge dessen einen Ablehnungsanspruch des Nachbarn, noch kann er mangels des drittschützenden Charakters der Vorschrift eine Begründung im Sinne des Art. 68 Abs. 2 Satz 2, 1. Alt. BayBO 2008 verlangen. Umgekehrt ist eine baugenehmigungsrechtliche Begründung, weshalb die Behörde von der Ablehnungsbefugnis des Art. 68 Abs. 1 Satz 1, 2. Hs. BayBO 2008/2009 keinen Gebrauch gemacht hat, oder die in ihrem Erklärungs-

---

[1980] Vgl. LtDrs. 9/7854 vom 11.03.1981, S. 46/47.
[1981] Vgl. BayVGH, Beschluss vom 25.10.2010, Az. 15 CS 10.1950, juris-Dok. Rn 13; ders., Beschluss vom 28.03.2012, Az. 15 ZB 12.51, juris-Dok. Rn 3.
[1982] Vgl. *Busse/Dirnberger*, Die neue BayBO, Art. 68 Ziff. 3, S. 347; vgl. auch OVG Saar, Beschluss vom 31.05.2007, Az. 2 A 189/07: Versuch der Behörde, mit entsprechenden Ausführungen in der Baugenehmigung etwaigen nachbarrechtlichen Abwehransprüchen zu „begegnen".
[1983] Vgl. etwa *Ingold/Schröder*, BayVBl 2010, S. 429; i.E. auch *Jäde*, BayVBl 2009, S. 714; *ders.*, BayVBl 2011, S. 333 f m.w.N.; *Manssen/Greim*, BayVBl 2010, S. 425; *Schwarzer/König*, BayBO, Art. 68 Rn 29; a.A. *Koehl*, BayVBl 2009, S. 645 ff.

gehalt noch weiterreichendere Aussage, dass Bauordnungsrecht, namentlich insbesondere die Abstandsflächen, eingehalten sei, nicht nur nicht erforderlich, sondern – im Sinne einer verfahrensrechtlichen Deregulierung – sogar systemwidrig. Letzteres hat sich aber, wie die betrachteten Entscheidungen[1984] vor Augen führen, zur üblichen Behördenpraxis entwickelt. Art. 68 Abs. 1 Satz 1, 2. Hs. BayBO 2008/2009 setzt – wie oben in Teil 2 unter D.II.3. (einschließlich der nachgeordneten Gliederungspunkte) aufgezeigt – am sog. Zufallsfund an, bedeutet demnach keine fakultative Erweiterung des Prüfprogramms und bezweckt mithin – entsprechend den Grundsätzen des fehlenden Sachbescheidungsinteresses – keine systematische bzw. „ins Einzelne gehende Prüfung"[1985]. Liegt der Verstoß gegen sonstiges Bauordnungsrecht nicht bereits offenkundig auf der Hand, braucht sich die Behörde bereits nicht mit einer Ablehnung (wegen fehlenden Sachbescheidungsinteresses) im Sinne des Art. 68 Abs. 1 Satz 1, 2. Hs. BayBO 2008/2009 befassen; die Entbehrlichkeit jeglicher diesbezüglicher Begründung versteht sich damit von selbst. Gelangt die Baugenehmigungsbehörde entgegen ihrer ersten Einschätzung, der Bauantrag könne auf Grundlage von Art. 68 Abs. 1 Satz 1, 2. Hs. BayBO 2008/2009 abgelehnt werden, letztlich doch zu dem Ergebnis, dass die Ablehnung mangels eines entsprechenden Verstoßes doch nicht in Betracht kommt, schreibt Art. 68 Abs. 2 Satz 2 BayBO 2008 für diesen Fall weder eine Begründung vor, noch ist ein klarstellender Hinweis im Sinne einer positiv-rechtlichen Feststellung, dass das Bauordnungsrecht eingehalten sei, gerechtfertigt. Die Mitteilung, dass der Bauantrag nicht bereits wegen fehlenden Sachbescheidungsinteresses abzulehnen war, wäre die maximal zulässige Anmerkung. Auch die in der Verwaltungspraxis gebräuchlichen Formulare sollten diesem Umstand konsequent Rechnung tragen.

c) Zwischenergebnis

Der vorstehend aufgezeigten Rechtslage im Zusammenhang mit den Anforderungen an die textliche Begründung eines Baugenehmigungsbescheids sollte

---

[1984] Vgl. entsprechende bauaufsichtsbehördliche Begründungen etwa in: VG Augsburg, Urteil vom 26.01.2012, Az. Au 5 K 10.67, juris-Dok. Rn 7; VG München, Beschluss vom 01.10.2012, Az. M 8 SN 12.3614, juris-Dok. Rn 22, unter dem Punkt „Nachbarwürdigung"; dass., Urteil vom 28.09.2009, Az. M 8 K 09.322, juris-Dok. Rn 6; BayVGH, Beschluss vom 25.10.2010, Az. 15 CS 10.1950, juris-Dok. Rn 13; OVG RP, Urteil vom 22.11.2011, Az. 8 A 10636/11, BauR 2012, S. 781 ff mit Auslassungen.
[1985] Vgl. *Sauthoff*, BauR 2013, S. 417.

nicht nur, sondern muss im Rahmen der (gerichtlichen) Bestimmung des Feststellungs- bzw. Regelungsgehalts einer angefochtenen Baugenehmigung durch Auslegung hinreichend Rechnung getragen werden. Insbesondere also dann, wenn nach behördlichem Ermessen aufgenommene Hinweise die Vereinbarkeit des Vorhabens mit vom Prüfprogramm ausgeklammerten Anforderungen des Bauordnungsrechts zum Ausdruck bringen oder sogar ausdrücklich (feststellungsähnlich) erklären, darf diesen Ausführungen nicht per se der Charakter einer ergänzten Feststellung abgesprochen werden.

4. Fehlende Ermächtigungsgrundlage bei drittbezogenen Feststellungen

Geht es um die Rechtmäßigkeit der Verwendung der Handlungsform Verwaltungsakt im Allgemeinen und um das Erfordernis einer gesetzlichen Ermächtigungsgrundlage zum Erlass einer Feststellung mit regelndem Charakter im Speziellen, mithin also um die Frage nach der sog. „VA-Befugnis"[1986], wird in Anbetracht des Grundsatzes des Vorbehalts des Gesetzes überwiegend[1987] eine eigenständige materiell-rechtliche Ermächtigung jedenfalls für den belastenden Gebrauch eines Verwaltungsaktes im Sinne des Art. 35 Satz 1 BayVwVfG[1988] verlangt, wenngleich auch zum Teil sowohl der Mehrwert dieses Erfordernisses in tatsächlicher Hinsicht nach wie vor in Frage gestellt[1989] als auch die Problematik generell als umstritten und nicht abschließend geklärt angesehen wird.[1990] *Sauthoff* hat jüngst im Zusammenhang mit der hier erörterten Frage einer Erweiterung der Feststellungswirkung einer Baugenehmigung über das gesetzliche

---

[1986] Vgl. *U. Stelkens*, in: Stelkens/Bonk/Sachs, VwVfG, § 35 Rn 25 a.E.; vgl. hierzu auch bei allgemeiner Betrachtung die dogmatische Untersuchung mit Fallgruppenbildung bei *Kracht*, Feststellender Verwaltungsakt und konkretisierende Verfügung, S. 235 ff.
[1987] Vgl. *Schwarzer/König*, BayBO, Art. 54 Rn 14; *Busse/Dirnberger*, Die neue BayBO, Art. 54 Ziff. 2a, S. 262; *Kopp/Ramsauer*, VwVfG, § 35 Rn 21 ff; *U. Stelkens*, in: Stelkens/Bonk/Sachs, VwVfG, § 35 Rn 25 ff, der ausdrücklich von der h.M. spricht [Rn 28]; *Sauthoff*, BauR 2013, S. 420 ff m.w.N.; wohl a.A. *Maurer*, Allgemeines Verwaltungsrecht, § 10 Rn 5.
[1988] Die VA-Befugnis folgt jedenfalls nicht aus § 35 VwVfG/Art. 35 BayVwVfG, der nur den VA-Begriff definiert und keine Ermächtigungsgrundlage darstellt, vgl. *U. Stelkens*, in: Stelkens/Bonk/Sachs, VwVfG, § 35 Rn 26.
[1989] Vgl. *U. Stelkens*, in: Stelkens/Bonk/Sachs, VwVfG, § 35 Rn 28, der in diesem Erfordernis kein wirkliches rechtsstaatliches „Plus" sieht.
[1990] Vgl. *Sauthoff*, BauR 2013, S. 420 m.w.N. *Kopp/Ramsauer*, VwVfG, § 35 Rn 24; *Sachs*, in: Stelkens/Bonk/Sachs, VwVfG, § 44 Rn 55 m.w.N.

Prüfprogramm hinaus und als Anmerkung zu dem oben im selben Teil unter B.II.2.d) bereits aufgezeigten Urteil des Oberverwaltungsgerichts Rheinland-Pfalz[1991] zutreffend[1992] ausgeführt, dass „*[...] die erforderliche gesetzliche Ermächtigung auch im Wege der Auslegung unter Berücksichtigung des Sinnes der einschlägigen Vorschriften und des Zweckes des Gesetzes ermittelt werden [kann].*"[1993] Ungeachtet dessen, dass er den in den Landesbauordnungen enthaltenen Regelungen wie etwa Art. 54 Abs. 2 Sätze 1 und 2 BayBO 2008, aus denen der bauaufsichtliche Überwachungsauftrag einschließlich der Vorgabe folgt, die zur Wahrnehmung dieser Aufgabe(n) erforderlichen Maßnahmen nach pflichtgemäßem Ermessen zu treffen, zugleich auch – zu Unrecht[1994] – eine grundsätzliche Ermächtigung der Baubehörde entnimmt, „*[...] gegenüber dem Bauherrn verbindlich festzustellen, dass eine nicht zum Prüfprogramm der Baugenehmigung gehörende Vorschrift dem Vorhaben entgegensteht [...]*"[1995], gelangt er letztlich doch zu dem richtigen Schluss, dass es nach wie vor an einer Ermächtigungsgrundlage für jedenfalls solche Feststellungen in der Baugenehmigung oder auch in einem isoliert feststellenden Bescheid fehlt, die das Bauvorhaben mit nicht zum Prüfprogramm gehörenden nachbarschützenden Vorschriften für vereinbar erklären würden. *Sauthoff* verneint damit im Ergebnis zutreffend einen entsprechenden Rückschluss von der bauordnungsrechtlichen Generalklausel der Landesbauordnungen, wie etwa Art. 54 Abs. 2 BayBO 2008, als maius auf eine Ermächtigung als minus. Im Hinblick auf die Drittwirkungen

---

[1991] Vgl. OVG RP, Urteil vom 22.11.2011, Az. 8 A 106363/11, BauR 2012, S. 781 ff.

[1992] Vgl. auch *Kracht*, Feststellender Verwaltungsakt und konkretisierende Verfügung, S. 402 ff, 428 ff, 692 ff, unter Herausarbeitung von Fallgruppen.

[1993] *Sauthoff*, BauR 2013, S. 420. Vgl. i.d.S. auch *Sachs*, in: Stelkens/Bonk/Sachs, VwVfG, § 44 Rn 60 m.w.N.

[1994] Die Frage kann für die gegenwärtige Betrachtung i.E. dahinstehen, da sie nur das Verhältnis Bauaufsichtsbehörde-Bauherr betrifft und den Nachbarn unberücksichtigt lässt. *Sauthoff (ders.*, BauR 2013, S. 420 f) diskutiert zwar, ob den Bestimmungen der Landesbauordnung etwas anderes entnommen werden könne bzw. müsse, verneint diese Frage aber und gelangt schlussendlich zu dem gegenteiligen Ergebnis. Jedenfalls für die bayerische Rechtslage kann dem nicht zugestimmt werden, da die Wertung der Bauordnung klar erkennen lässt, dass der bauaufsichtsbehördliche Prüfauftrag beschränkt ist (vgl. BayVGH, Beschluss vom 27.12.2001, Az. 26 ZB 00.2890, BayVBl 2002, S. 499; ders., Urteil vom 23.03.2006, Az. 26 B 05.555, BayVBl 2006, S. 537 f). Die Argumentation im Übrigen entspricht in ihren wesentlichen Zügen der Argumentation, mit der die Auffassung des OVG RP (Urteil vom 22.11.2011, Az. 8 A 10636/11) sowie Art. 68 Abs. 1 Satz 1, 2. Hs. BayBO 2008/2009 als Rechtsgrundlage für eine VA-Befugnis i.S.e. erweiterten Feststellungswirkung verneint wird; vgl. hierzu weiter im Text. Vgl. i.E. auch *Hornmann*, NVwZ, 2012, S. 1294 ff, und *Wolf*, in: Simon/Busse, BayBO, Art. 59 Rn 107.

[1995] *Sauthoff*, BauR 2013, S. 420.

einer Baugenehmigung verweist er in diesem Punkt zu Recht auf die Anfechtungslast[1996] des Nachbarn und die Möglichkeit des Eintretens einer Bestandskraft.[1997]

Soweit das Oberverwaltungsgericht Rheinland-Pfalz, wie mit Urteil vom 22. November 2011 erfolgt, ausführt, die Bauaufsichtsbehörde sei, ohne dass damit zugleich ein entsprechender Anspruch des Nachbarn einherginge, nicht daran gehindert, die – entsprechend dem eingeschränkten Prüfprogramm – beschränkte Feststellungswirkung zur Vereinbarkeit des Vorhabens auch mit bauordnungsrechtlichen Vorschriften zu ergänzen,[1998] kann dieser Rechtsauffassung, gleich ob diese auf die Feststellung der Vereinbarkeit des Vorhabens mit nicht nachbarschützenden oder mit nachbarschützenden Vorschriften gerichtet ist, jedenfalls für die bayerische[1999] Rechtslage nicht gefolgt werden. Mag die allgemeine bauordnungsrechtliche Generalklausel nach anderen Landesbauordnungen zumindest für bestimmte Fallkonstellationen – ohne dass dies hier geprüft oder befürwortet wird – eine geeignete Ermächtigung darstellen,[2000] so gilt dies jedenfalls nicht zugleich für die Befugnis des Art. 54 Abs. 2 Satz 2 BayBO 2008, mit dem nur eine Rechtsgrundlage für die Fälle geschaffen wird, für die nicht spezielle (Eingriffs-)Ermächtigungen vorhanden sind.[2001] Die Befugnis und zugleich abschließend geregelte Pflicht, die Rechtmäßigkeit des Bauvorhabens partiell festzustellen, ergibt sich – vorrangig und speziell – aus Art. 59 bzw. Art. 60 i.V.m. Art. 68 Abs. 1 Satz 1, 1. Hs. BayBO 2008/2009.[2002] Für alle am Bau Beteiligten, auch für den Nachbarn, folgt das Entscheidungsprogramm der

---

[1996] Vgl. hierzu auch *Kracht*, Feststellender Verwaltungsakt und konkretisierende Verfügung, S. 332 ff; vgl. auch allgemein – ohne speziell baurechtlichen Bezug – *U. Stelkens*, in: Stelkens/Bonk/Sachs, VwVfG, § 35 Rn 26 a.E.
[1997] Vgl. *Sauthoff*, BauR 2013, S. 419 und 421/422.
[1998] Vgl. OVG RP, Urteil vom 22.11.2011, Az. 8 A 10636/11, BauR 2012, S. 781 ff.
[1999] Vgl. weitergehend *Hornmann*, NVwZ 2012, S. 1294 ff, der die Auffassung des OVG RP generell ablehnt.
[2000] So z.B. *Sauthoff*, BauR 2013, S. 421 ff [421]; i.E., d.h. ohne ausdrückliche Benennung einer Rechtsgrundlage auch OVG RP, BauR 2012, S. 781. Vgl. hierzu auch *Kracht*, Feststellender Verwaltungsakt und konkretisierende Verfügung, S. 402 ff [403], wonach jeder Verstoß gegen eine materielle Pflichtnorm, welche dem Normadressaten ein bestimmtes Verhalten ge- oder verbietet, und jedes Handeln ohne die aufgrund eines Verbotes mit Erlaubnisvorbehalt erforderliche Genehmigung eine Störung der öffentlichen Gewalt i.S.d. polizei- und ordnungsrechtlichen Generalklauseln darstelle.
[2001] Vgl. *Wolf*, BayBO – Kurzkommentar, Art. 54 Rn 3; i.d.S. auch *Jäde*, in: Jäde/Dirnberger/Bauer, Die neue BayBO, Art. 54 Rn 37.
[2002] Vgl. so i.E. wohl auch *Wolf*, BayBO – Kurzkommentar, Art. 54 Rn 6.

Baugenehmigungsbehörde also aus dem objektiv einschlägigen Genehmigungsverfahren.[2003] Die Kompetenz zur Feststellung korrespondiert mit diesem. Ungeachtet dessen steht der Ansatz des OVG Rheinland-Pfalz auch nicht im Einklang mit der Systematik der Bayerischen Bauordnung im Übrigen. Dieser Ansatz steht vielmehr – dies gilt auch für die anderen Landesbauordnungen[2004] – bereits in einem eklatanten Widerspruch zum strengen bauverfahrensrechtlichen Antragserfordernis,[2005] verankert in Art. 64 Abs. 1 Satz 1 BayBO 2008, demzufolge die Antragstellung unabdingbare Voraussetzung für die Einleitung eines Genehmigungsverfahrens und die Erteilung der Baugenehmigung ist, mithin die Antragstellung also ein Wirksamkeitserfordernis[2006] ist, vgl. Art. 22 Satz 2 Nr. 1, 2. Alt. BayVwVfG, und ein fehlender Antrag zumindest[2007] einen Rechtsverstoß darstellt. Eine nachträgliche Antragstellung zum Zwecke der – ansonsten grundsätzlich möglichen – Heilung im Sinne des Art. 45 Abs. 1 Nr. 1 BayVwVfG kommt jedenfalls für die Fälle einer erweiternden Feststellungswirkung nicht in Betracht, da dem Bauherrn, der mit dem (Bau-)Antrag zwar grundsätzlich den Gegenstand des Baugenehmigungsverfahrens bestimmt und bestimmen kann,[2008] aber kein Wahlrecht[2009] hinsichtlich der Verfahrensart und damit hinsichtlich des Feststellungsumfangs zukommt.[2010] Darüber hinaus bedeutet die Systematik der Bayerischen Bauordnung gerade eine Begrenzung des bauaufsichtsbehördlichen Prüfauftrages sowohl im Sinne eines Mindest- als auch zugleich im Sinne eines Maximalprüfprogramms. Im Zusammenhang mit der Diskussion um eine Anwendbarkeit des Sachbescheidungsinteresses bezüglich nicht eingehaltener und vom Prüfkatalog ausgeschlossener bauordnungsrechtlicher Vorschriften hat der

---

[2003] Vgl. i.E. auch *Sauthoff*, BauR 2013, S. 422, der zutreffend feststellt, dass eine Erweiterung des Prüfungsumfangs und der Feststellungswirkung im Einzelfall durch die Behörde für den Nachbarn nicht erkennbar ist.
[2004] Vgl. *Hornmann*, NVwZ 2012, S. 1295 f.
[2005] Vgl. so allgemein, d.h. nicht speziell auf die BayBO bezogen, bereits *Hornmann*, NVwZ 2012, S. 1295 f.
[2006] Vgl. *Jäde*, in: Jäde/Dirnberger/Bauer, Die neue BayBO, Art. 64 Rn 2.
[2007] Im Einzelfall kann bei besonders schweren offenkundigen Fehlern die Baugenehmigung i.S.d. Art. 44 BayVwVfG auch nichtig sein, vgl. *Gaßner*, in: Simon/Busse, BayBO, Art. 64 Rn 11; vgl. auch *Schwarzer/König*, BayBO, Art. 64 Rn 2 m.w.N.
[2008] Vgl. *Molodovsky*, in: Koch/Molodovsky/Famers, BayBO, Art. 64 Rn 4.
[2009] Vgl. dagegen ein solches Wahlrecht in der hessischen und hamburgischen Bauordnung (§ 54 Abs. 3 HBO, § 59 Abs. 3 HBauO). Vgl. *Sauthoff*, BauR 2013, S. 422, der das Argument der Antragsgebundenheit als nicht besonders stark ansieht, wenn – wie in Hessen und Hamburg möglich – der Antrag nachträglich gestellt wird.
[2010] Vgl. Teil 1 C.II.1.

Bayerische Verwaltungsgerichtshof[2011] in wiederholter Rechtsprechung – wie aufgrund der Analyse der einschlägigen Rechtsprechung in Teil 2 unter A.IV.2.c) aufgezeigt – eine solche Wertung deutlich zum Ausdruck gebracht. Das gesetzlich definierte Prüfprogramm steht weder auf Seiten des Bauherrn noch auf Seiten der Genehmigungsbehörde zur Disposition, denn zum einen kennt die Bayerische Bauordnung wie bereits erwähnt kein Wahlrecht[2012] hinsichtlich des Verfahrenstyps wie etwa § 54 Abs. 3 HBO oder § 59 Abs. 3 HBauO[2013] und zum anderen wäre es auch mit dem legislatorischen Anliegen, die Eigenverantwortlichkeit des Bauherrn zu stärken,[2014] nicht vereinbar, wenn die Bauaufsichtsbehörde jenem diese Obliegenheit – nach Beliebigkeit – nehmen könnte und nähme. Auch die mit dem Änderungsgesetz des Jahres 2009 ergänzte Regelung des Art. 68 Abs. 1 Satz 1, 2. Hs. BayBO 2008/2009 ändert an der Systematik der Bayerischen Bauordnung in diesem Sinne nichts, bedingt diese Ergänzung nämlich nach inzwischen herrschender Meinung[2015] jedenfalls keine Erweiterung des Prüfprogramms. Darüber hinaus kann Art. 68 Abs. 1 Satz 1, 2. Hs. BayBO 2008/2009 selbst – im Wege der Auslegung[2016] – auch nicht als Rechtsgrundlage für erweiternde, d.h. die Vereinbarkeit des Vorhabens mit bauordnungsrechtlichen Anforderungen feststellende Regelungen herangezogen werden. Bereits ausweislich des Wortlauts der Vorschrift ist die Bauaufsichtsbehörde ausdrücklich nur zur Ablehnung des Bauantrags wegen der Nichtverein-

---

[2011] Vgl. BayVGH, Beschluss vom 27.12.2001, Az. 26 ZB 00.2890, BayVBl 2002, S. 499; ders., Urteil vom 23.03.2006, Az. 26 B 05.555, BayVBl 2006, S. 537 f; vgl. auch BayVGH, BayVBl 2009, S. 507 f; ders., BayVBl 2009, S. 727 ff.

[2012] Vgl. hierzu auch Teil 1 C II.1.

[2013] Nach § 54 Abs. 3 HBO bzw. § 59 Abs. 3 HBauO kann auf Verlangen des Bauherrn anstatt des vereinfachten Genehmigungsverfahrens auch das Baugenehmigungsverfahren nach § 58 HBO bzw. das Baugenehmigungsverfahren mit Konzentrationswirkung nach § 62 HBauO durchgeführt werden.

[2014] Vgl. LtDrs. 12/13482 vom 18.11.1993, S. 1 ff; LtDrs. 13/7008 vom 22.01.1997, S. 1 ff; LtDrs. 15/7161 vom 15.01.2007, S. 1 ff; vgl. auch *Decker*, BauR 2008, S. 443; *Koch*, in: Verfahrensprivatisierung im Umweltrecht, S. 175 ff [179].

[2015] Vgl. *Jäde*, BayVBl 2009, S. 713 f; *ders.*, BayVBl 2010, S. 742; *Manssen/Greim*, BayVBl 2010, S. 421 ff [423]; *Schwarzer/König*, BayBO, Art. 68 Rn 26; *Shirvani*, BayVBl 2010, S. 709 ff; *Wolf*, in: Simon/Busse, BayBO, Art. 59 Rn 94; für eine zumindest faktische Erweiterung des Prüfprogramm allerdings *Ingold/Schröder*, BayVBl 2010, S. 429.

[2016] Vgl. *Sauthoff*, BauR 2013, S. 420; vgl. auch BVerwG, Urteil vom 11.10.2012, Az. 5 C 20/11, NJW 2013, S. 405 ff [406]: „[...] *Eine Befugnis zum Erlass eines Verwaltungsakts muss nicht ausdrücklich geregelt sein. Die Behörde ist auch dann zum Erlass eines Leistungsbescheids ermächtigt, wenn sie und der Bürger gerade mit Blick auf den von ihr geltend gemachten Anspruch in einem allgemeinen öffentlich-rechtlichen Über- und Unterordnungsverhältnis stehen [...]. [...]"*

barkeit des Vorhabens mit sonstigen öffentlich-rechtlichen Vorschriften und nicht zu – gewissermaßen gegenteiligen – Feststellungen berechtigt, welche die Vereinbarkeit des Vorhabens mit solchen Vorschriften erklären.

Soweit in der Literatur[2017] analytisch festgestellt wird, dass der Ansatz des Oberverwaltungsgerichts Rheinland-Pfalz unzutreffend sei und durchgreifenden Bedenken unterliege, ist dem – auch und gerade mit Blick auf die bayerische Rechtslage – im Ergebnis zuzustimmen. Dies gilt allerdings nur, sofern sich diese Aussage ausschließlich auf die obergerichtlich bejahte VA-Befugnis bezieht. Demnach dürfen – entgegen der Auffassung des OVG Rheinland-Pfalz – keine Feststellungen getroffen werden, die über das Pflichtprüfprogramm hinausgehen.[2018] Bei aller Kritik an der rheinland-pfälzischen obergerichtlichen Verwaltungsrechtsprechung hat das Oberverwaltungsgericht in Koblenz allerdings nicht die für den Nachbarn belastende Wirkung solcher Feststellungen verkannt und deshalb konsequent und folgerichtig eine materiell-rechtliche Beschwer und diesbezügliche Anfechtungsmöglichkeit des Nachbarn gefolgert. Insoweit ist die Entscheidung sogar äußerst begrüßenswert. Entsprechend den allgemeinen Grundsätzen kommt es aber zwingend auf eine materiell-rechtliche Rechtsverletzung an. Soweit man (weiterhin) der derzeit noch überwiegenden Auffassung in Literatur und Rechtsprechung folgt, wonach der Nachbar weder einen Anspruch auf Durchführung des richtigen Genehmigungsverfahrens noch auf Durchführung eines Genehmigungsverfahrens generell habe, mithin der Nachbar allein aus einer verfahrensfehlerhaft erteilten Baugenehmigung keine Aufhebung derselben beanspruchen können soll, wenn etwa fälschlicherweise ein vereinfachtes Baugenehmigungsverfahren im Sinne des Art. 59 BayBO 2008 anstatt des an sich richtigen (regulären) Verfahrens im Sinne des Art. 60 BayBO 2008 oder umgekehrt bauaufsichtsbehördlich gewählt und durchgeführt worden ist,[2019] ist es nur konsequent davon auszugehen, dass sich der Nachbar, genauso wenig wie er dann einen Anspruch auf die richtige Verfahrenszuordnung hat,

---

[2017] Vgl. *Hornmann*, NVwZ 2012, S. 1294 ff [1294, 1298]; *Sauthoff*, BauR 2013, S. 422.
[2018] Vgl. *Wolf*, in: Simon/Busse, BayBO, Art. 59 Rn 107; a.A. OVG RP, BauR 2012, S. 781 ff; eingeschränkter/differenzierend *Sauthoff*, BauR 2013, S. 423.
[2019] Vgl. *Decker*, in: Simon/Busse, BayBO, Art. 55 Rn 77 m.w.N.; i.d.S. auch *Schwarzer/König*, BayBO, Art. 55 Rn 5; *Dirnberger*, in: Simon/Busse, BayBO, Art. 66 Rn 288 und 295; *Greim*, Rechtsschutz bei Verfahrensfehlern im Umweltrecht, S. 63 f m.w.N. Rspr. BVerwG, aber i.E. zumindest kritisch bewertend, vgl. S. 65 f; *Molodovsky*, in: Koch/Molodovsky/Famers, BayBO, Art. 58 Rn 76 m.w.N. OVG Saar, Beschluss vom 13.03.2006, Az. 2 W 37/05, BauR 2006, S. 2015.

auch nicht darauf beschränken kann, das Fehlen einer entsprechenden VA-Befugnis für erweiterte Feststellungen geltend zu machen. Es ist insoweit nämlich kein Grund ersichtlich, weshalb die Fallgestaltungen im Sinne eines „Verfahrensartfehlers"[2020] in nachbarrechtlicher Sicht anders gehandhabt werden sollten als die unter Missachtung des Antrags ergangenen Behördenentscheidungen, die in aller Regel keinen Drittschutz bedingen.[2021] Doch auch im Hinblick auf das inzwischen deutlich geringere Schutzniveau der nachbarlichen Rechtsschutzmöglichkeiten und die damit – wie bereits im selben Teil unter A.II.3.b) angesprochen – durchaus gerechtfertigte Frage, inwieweit an der These, der Nachbar habe keinen Anspruch auf das richtige Verfahren, weiterhin noch festzuhalten ist,[2022] kann ein mit dieser neueren Auffassung bejahter drittschützender Verfahrensartfehler in diesem Sinn mit der hier diskutierten Konstellation nicht gleichgesetzt werden. Auf die obigen Ausführungen in Teil 3 A.II.3.b) wird insoweit entsprechend verwiesen. Der Rechtsschutz bestimmt sich in den Fällen einer – ohne Ermächtigungsgrundlage – getroffenen Feststellung allein nach dem materiellen Recht. Die diesbezüglichen Voraussetzungen werden im Folgenden herausgearbeitet. Der nachbarlichen Rüge einer materiell-rechtlichen Rechtsverletzung kann allerdings das Fehlen einer entsprechenden Ermächtigungsgrundlage zum Erlass solcher Feststellungen nicht entgegen gehalten werden.

5. Fazit: Erweiterte Feststellungen auch aufgrund zweifelbehafteter Begründungen

Während man dem Nachbarn ein differenziertes Vorgehen im Sinne einer Anfechtung und/oder einem Verpflichtungsersuchen im Sinne des sog. gespaltenen Rechtsschutzes[2023] abverlangt, gestattet es die Rechtsprechung den Bauauf-

---

[2020] Vgl. zur Begrifflichkeit und Definition *Greim*, Rechtsschutz bei Verfahrensfehlern im Umweltrecht, S. 62 f.
[2021] Vgl. BayVGH, BayVBl 1997, S. 405 f [406]; *Molodovsky*, in: Koch/Molodovsky/Famers, BayBO, Art. 64 Rn 3 m.w.N. Rspr., wonach Art. 64 keine nachbarschützende Vorschrift sei. Vgl. *Gaßner*, in: Simon/Busse, BayBO, Art. 64 Rn 12, wonach Nachbarrechte durch das Fehlen eines rechtswirksamen Bauantrags nicht verletzt werden. Kritisch dagegen *Greim*, Rechtsschutz bei Verfahrensfehlern im Umweltrecht, S. 65 f.
[2022] Vgl. so z.B. *Möstl*, BayVBl 2014, S. 224; ähnlich kritisch *Greim*, Rechtsschutz bei Verfahrensfehlern im Umweltrecht, S. 65 f.
[2023] Vgl. hierzu *Lohmöller*, Anwendungsbezogene Rechtsschutzkompensation, S. 162 ff; *Wolf*, in: Simon/Busse, BayBO, Art. 59 Rn 113 ff; *Decker*, BauR 2008, S. 450; *Martini*, DVBl 2001, S. 1497/1498.

sichtsbehörden offenbar, wie es unter anderem die oben in diesem Teil unter B.II.2.a) bis c) betrachteten Entscheidungen vor Augen führen, ihren an sich im Sinne des Art. 59 Satz 1 BayBO 2008 beschränkten Prüfauftrag einerseits und ihre bauaufsichtlichen Aufgaben und Pflichten andererseits „entscheidungsvereinigend" in Gestalt des Baugenehmigungsbescheides unter Verzicht auf eine gesonderte bzw. ausdrückliche Differenzierung oder Klarstellung der verschiedenen Maßnahmen (auch hinsichtlich der diesbezüglichen gesetzlichen Voraussetzungen) zu kombinieren, ohne zugleich dem Nachbarn die daraus an sich folgende Anfechtungsmöglichkeit zu gewähren. Zwar ist die Rechtsprechung im Hinblick auf den gesetzestheoretischen Gesetzesanspruch einer der vereinfachten Genehmigung folgenden lediglich beschränkten Feststellungswirkung konsequent, zugleich trägt sie aber dem Umstand nicht hinreichend Rechnung, dass die Behördenpraxis häufig damit nicht übereinstimmt. Ungeachtet dessen, dass es jedenfalls nach bayerischer Rechtslage bereits an einer Ermächtigungsgrundlage für das Prüfprogramm erweiternde Feststellungen fehlt,[2024] sind es an dieser Stelle vorrangig sowohl der fehlende Sanktionsmechanismus als auch die unverändert hohen Anforderungen für die Charakterisierung entsprechender behördlicher Äußerungen als verwaltungsaktsgemäße Feststellung, die kritisiert werden. Eine uneingeschränkte Anfechtungsmöglichkeit bedeutet diese Kritik aber freilich nicht. Die Voraussetzungen dafür gilt es nachstehend zu definieren.

a) Anhaltspunkte in der Baugenehmigung (selbst) als Mindestvoraussetzung

Bei der gegenwärtig diskutierten Frage, unter welchen Umständen und Voraussetzungen von einer über das gesetzliche Prüfprogramm hinausgehenden und – aus nachbarlicher Sicht – mittels der Anfechtungsklage angreifbaren Feststellung im Sinne des Art. 35 Abs. 1 Satz 1 BayVwVfG ausgegangen werden kann und muss, gilt es zunächst den Betrachtungsgegenstand bzw. die Art und den Umfang der Unterlagen festzulegen, denen überhaupt ein entsprechender objektiver Erklärungsgehalt entnommen werden kann.

Jedenfalls solche Umstände, die nicht zumindest im Genehmigungsbescheid selbst oder aus den vom Bauherrn gemäß Art. 64 Abs. 2 Satz 1 BayBO 2008 eingereichten und mit entsprechendem Genehmigungsvermerk z.B. in Ge-

---

[2024] Vgl. Teil 3 B.II.4.

stalt eines sog. „Grüneintrags"[2025] versehen Bauvorlagen hervorgehen, wie etwa Telefonate, können nicht zum Regelungsinhalt der Baugenehmigung werden.[2026] Konkreter gefasst heißt das, dass man einer dem Bauherrn erteilten Baugenehmigung nicht zuletzt aufgrund des Schriftformerfordernisses[2027] des Art. 68 Abs. 2 Satz 1, 1. Hs. BayBO 2008 eine insbesondere um bauordnungsrechtliche Aussagen erweiterte Feststellungswirkung (zugunsten des Nachbarn) im Regelfall nur dann entnehmen kann, wenn sich entsprechende Anhaltspunkte in der textlichen Begründung der Baugenehmigung als Teil des Baugenehmigungsbescheides finden lassen. In Übereinstimmung mit Teilen der Literatur[2028] und (obergerichtlichen)[2029] Rechtsprechung[2030] ist in erster Linie der Baugenehmigungsbescheid selbst für den Inhalt dessen maßgeblich, was genehmigt und dem Umfang nach festgestellt wird. Aus seinem schriftlichen Inhalt folgt der Feststellungsgehalt. Das OVG Rheinland-Pfalz hat in seinem Urteil vom 22. November 2011 in den Entscheidungsgründen festgehalten, dass sich zwar die angegriffene (Änderungs-)Baugenehmigung nicht ausdrücklich zur bauordnungsrechtlichen Zulässigkeit äußere, welche wesentlicher Inhalt des Tekturantrags der Beigeladenen aus dem Jahre 1987 gewesen sei, die Bauaufsichtsbehörde aber in einem Begleitschreiben an den klagenden Nachbarn ausdrücklich erklärt habe, bauordnungsrechtliche Fragen geprüft zu haben.[2031] Sofern das Oberverwaltungsgericht – was die wiedergegebenen Entscheidungsgründe zumindest vermuten lassen – auf jegliche Anhaltspunkte in der Baugenehmigung verzichtet, ist dem entschieden zu widersprechen. Weiterhin haben die mit dem Bauantrag zugleich eingereichten Bauvorlagen in aller Regel keine eigenständige und

---

[2025] Vgl. OVG Saar, Beschluss vom 31.05.2007, Az. 2 A 189/07, das über einen sog. „Grüneintrag" i.V.m. einer in Bezug genommenen Auflage im Bauschein (Beiblatt) zu befinden hatte.
[2026] Vgl. HessVGH, Beschluss vom 07.02.2008, Az. 3 ZU 473/07, BauR 2009, S. 636 f [637].
[2027] Vgl. hierzu auch HessVGH, Beschluss vom 07.02.2008, Az. 3 ZU 473/07, BauR 2009, S. 636 f; OVG NRW, Beschluss vom 25.02.2003, Az. 7 B 2374/02, BauR 2003, S. 1006 ff.
[2028] Vgl. *Koehl*, BayVBl 2009, S. 647; *Jäde*, in: Jäde/Dirnberger/Bauer, Die neue BayBO, Art. 68 Rn 154.
[2029] Vgl. OVG NRW, BauR 2003, S. 1006; HessVGH, BauR 2009, S. 636/637; vgl. *Jäde*, in: Jäde/Dirnberger/Bauer, Die neue BayBO, Art. 68 Rn 154 m.w.N. BayVGH, Beschluss vom 10.12.1996, Az. 1 CS 96.3918; i.d.S. wohl auch BayVGH, Beschluss vom 28.03.2012, Az. 15 ZB 12.51, juris-Dok. Rn 3.
[2030] Vgl. z.B. ausdrücklich VG Augsburg, Urteil vom 25.11.2011, Az. Au 5 K 11.547, juris-Dok. Rn 33; i.d.S. auch VG München, Urteil vom 28.09.2009, Az. M 8 K 09.322.
[2031] Vgl. OVG RP, Urteil vom 22.11.2011, Az. 8 A 10636/11, BauR 2012, S. 781 ff, wobei der hier in Bezug genommene Teil der Entscheidungsgründe in BauR 2012, S. 781 ff, nicht abgedruckt ist, vgl. dort S. 781 vor Ziff. 2.

insoweit nur konkretisierende bzw. erläuternde Funktion.[2032] Soweit *Sauthoff*[2033], der in Ansehung der Gesetzessystematik jedenfalls im Grundsatz zutreffend ausführt, dass der Inhalt der Feststellungswirkung der Baugenehmigung durch die Bauordnung bestimmt werden müsse und nicht von der Entscheidung der Baubehörde abhängen dürfe, unter Bezugnahme auf die Rechtsprechung des Bayerischen Verwaltungsgerichtshofs selbst dann nichts anderes gelten lassen will, wenn sich aus den Verwaltungsvorgängen ergibt, dass sich die Baubehörde mit Vorschriften außerhalb des Prüfprogramms befasst habe, woraus wiederum keine anfechtbare Feststellung geschlossen werden könne, kann dem in dieser Pauschalität nicht bzw. allenfalls nur eingeschränkt zugestimmt werden. Ergibt sich eine entsprechende und objektiv erkennbare Dokumentation einer solchen Prüfung im Baugenehmigungsbescheid, insbesondere im begründenden Teil desselben selbst, kann eine Feststellung nicht mehr per se mit diesem Argument abgelehnt werden. Es ist der Genehmigung nämlich der Inhalt beizumessen, der ihr bei objektiver Betrachtung des Genehmigungsbescheids unter hilfsweiser Berücksichtigung etwaiger in Bezug genommener Genehmigungsvermerke in den Bauvorlagen zukommt.[2034] Eine erweiterte Feststellungswirkung aufgrund von einschlägigen Vermerken der Baugenehmigungsbehörde allein in den Bauunterlagen ist dagegen abzulehnen, da ihnen jedenfalls keine rechtsverbindliche Aussage beigemessen werden kann. Diese sind nämlich bereits augenscheinlich nicht Teil des Baubescheides und suggerieren insoweit keinen rechtsverbindlichen Gehalt.

Zusammengefasst kann demnach festgehalten werden, dass die Annahme einer erweiterten Feststellungswirkung – auch und gerade aus nachbarrechtlicher Sicht – keine gesonderte bzw. ausdrückliche Tenorierung verlangt[2035] und entsprechende Anhaltspunkte in der Baugenehmigung, zumeist im begründenden Textteil, denen zur Folge die Bauaufsichtsbehörde trotz oder – mit Blick auf Art. 68 Abs. 1 Satz 1, 2. Hs. BayBO 2008/2009 – gerade wegen eines vereinfacht durchgeführten Baugenehmigungsverfahrens eine Auseinandersetzung mit

---

[2032] Vgl. OVG NRW, BauR 2003, S. 1006; *Koehl*, BayVBl 2009, S. 647; *Lechner*, in: Simon/Busse, BayBO, Art. 68 Rn 466; *Jäde*, in: Jäde/Dirnberger/Bauer, Die neue BayBO, Art. 68 Rn 155 m.w.N.
[2033] Vgl. *Sauthoff*, BauR 2013, S. 416 m.w.N. BayVGH, Beschluss vom 08.02.2010, Az. 2 AS 09.2907.
[2034] Vgl. so im Zusammenhang mit mündlichen Absprachen auch zutreffend HessVGH, Beschluss vom 07.02.2008, Az. 3 UZ 473/07, BauR 2009, S. 636 f [637].
[2035] Vgl. so auch *Sauthoff*, BauR 2013, S. 419.

nicht mehr prüfpflichtigen Vorschriften zu erkennen gibt, für die weitere Würdigung grundsätzlich ausreichen. Eine erweiterte Feststellung bedeutet dies freilich noch nicht; dann besteht jedoch die Notwendigkeit zur Auslegung. Dazugehörige Bauvorlagen können für eine solche mit herangezogen werden, reichen aber mit Blick auf das Schriftformerfordernis des Art. 68 Abs. 2 Satz 1 BayBO 2008/2009 sowie die zu wahrende Rechtssicherheit nicht aus; ihnen kommt nur erläuternde und konkretisierende Funktion zu.[2036] Insoweit besteht unter Ausblendung nuancenreicher Unterschiede noch weitestgehend Übereinstimmung mit der überwiegenden Rechtsauffassung in der bayerischen und nichtbayerischen Verwaltungsrechtsprechung[2037] sowie (Kommentar-)Literatur[2038].

b) Bestimmung des objektiven Erklärungsgehalts des Baugenehmigungsbescheids

Die pauschale Rechtsauffassung, Bestimmungen oder Äußerungen in einer im vereinfachten Genehmigungsverfahren ergangenen Baugenehmigung betreffend bauordnungsrechtliche Fragen, die aufgrund einer bewussten oder auch unbewussten Überschreitung des Prüfprogramms Einzug in die textliche Begründung der Baugenehmigung gefunden haben, gingen ins Leere und begründeten kein Anfechtungsrecht des Nachbarn,[2039] ist in Ansehung des objektiven Erklärungsgehalts[2040] der Baugenehmigung für den Nachbarn und der – gegebenenfalls in Abweichung des gesetzlichen Geltungsanspruches – davon ausgehenden erweiterten Feststellungswirkung jedenfalls abzulehnen.[2041] Soweit die Kommentarli-

---

[2036] Vgl. OVG NRW, BauR 2003, S. 1006 ff; *Jäde*, in: Jäde/Dirnberger/Bauer, Die neue BayBO, Art. 68 Rn 155 m.w.N. Rspr.; *Koehl*, BayVBl 2009, S. 647.

[2037] Vgl. BayVGH, Beschluss vom 28.03.2012, Az. 15 ZB 12.51; ders., Beschluss vom 25.10.2010, Az. 15 CS 10.1950; ders., Urteil vom 19.03.2013, Az. 2 B 13.99, BayVBl 2013, S. 731; i.d.S. auch HessVGH, BauR 2009, S. 636 f; OVG NRW, BauR 2003, S. 1006 ff.

[2038] Vgl. *Koehl*, BayVBl 2009, S. 647; *Jäde*, in: Jäde/Dirnberger/Bauer, Die neue BayBO, Art. 68 Rn 154 f.

[2039] Vgl. so die berufungsgerichtlich rezipierten Entscheidungsgründe des erstinstanzlichen Verwaltungsgerichts, zitiert in den Entscheidungsgründen des OVG Saar, Beschluss vom 31.05.2007, Az. 2 A 189/07. Vgl. i.E. wohl auch BayVGH, Beschluss vom 08.02.2010, Az. 2 AS 09.2907, juris-Dok. Rn 24.

[2040] Vgl. insbesondere HessVGH, Beschluss vom 07.02.2008, Az. 3 ZU 473/07, BauR 2009, S. 636 f [637]; i.E. auch OVG NRW, BauR 2003, S. 1006.

[2041] Vgl. i.E. wohl auch *Reicherzer*, BayVBl 2000, S. 753 Fn 29 m.w.N., der eine solche Anfechtung der Baugenehmigung als möglich ansieht, wenn die Behörde rechtswidrig die verletzte Drittschutznorm in die Prüfung der Genehmigung einbezogen hat.

teratur[2042] die Leitaussage[2043] der oben in diesem Teil unter B.II.2.c) analysierten Entscheidung des Oberverwaltungsgerichts des Saarlandes unter Einschluss der beiden Worte *„für sich"* unkommentiert rezipiert, ist der damit vermittelten Rechtsauffassung im Ergebnis zuzustimmen, sofern damit lediglich zum Ausdruck gebracht werden soll, dass in bloßer Ermangelung einer Rechtsgrundlage für derartige Feststellungen, d.h. unter Außerachtlassung einer materiellen Rechtsverletzung, eine Verletzung von Nachbarrechten alleine nicht gefolgert werden kann. Mag das Oberverwaltungsgericht des Saarlandes, das im Übrigen an anderer Stelle[2044] bloßen Verfahrensfehlern – zu Recht – jegliche Drittwirkung abspricht, seine Haltung auch dergestalt eingeschränkt bzw. differenzierend verstanden haben wollen, so spiegelt sich diese Auffassung wie gezeigt jedenfalls nicht in den Entscheidungsgründen wider. Der benannten Kommentarliteratur sei angesichts der obergerichtlichen Urteilsbegründungen empfohlen, diesen Vorbehalt klarstellend aufzunehmen.

Auf die Festlegung des objektiven Erklärungsgehalts kann demnach nicht verzichtet werden, die im Kern von der Abgrenzung feststellender Regelungen, welche eine nachbarliche Anfechtung erlauben, gegenüber lediglich klarstellenden Hinweisen bzw. die Feststellung nicht erweiternden und insofern – für den Nachbarn – bedeutungslosen Begründungselementen bestimmt wird.[2045] Den objektiven Erklärungsgehalt der Baugenehmigung gilt es im Wege der Auslegung dann allerdings bereits bei entsprechenden Anhaltspunkten und nicht erst bei Zweifeln im Wege der Auslegung zu bestimmen, die wie vorstehend im selben Teil unter B.II.3.a) gezeigt nicht nur möglich, sondern in diesen Fällen auch erforderlich ist. Diese gegenüber Teilen der Literatur[2046] und wohl auch Recht-

---

[2042] Vgl. *Molodovsky*, in: Koch/Molodovsky/Famers, BayBO, Art. 59 Rn 45; *Hornmann*, HBO, § 57 Rn 18a; *Knuth*, in: Wilke/Dageförde/Knuth/Meyer/Broy-Bülow, Bauordnung für Berlin (6. A.), § 64 Rn 17; jeweils mit Bezugnahme auf OVG Saar, Beschluss vom 31.05.2007, Az. 2 A 189/07.
[2043] Vgl. OVG Saar, Beschluss vom 31.05.2007, Az. 2 A 189/07, NVwZ-RR 2007, S. 741: *„Eine bewusste Überschreitung des eingeschränkten präventiven Prüfprogramms für das vereinfachte Baugenehmigungsverfahren nach § 64 Abs. 2 LBO 2004 durch die Bauaufsichtsbehörde rechtfertigt **für sich** nicht die Annahme einer Verletzung von Nachbarrechten. [Hervorhebung durch den Verfasser]"*.
[2044] Vgl. OVG Saar, Beschluss vom 03.01.2008, Az. 2 O 44/06.
[2045] Vgl. i.S.e. spezifischen Abgrenzungsbedürfnisses auch *Sauthoff*, BauR 2013, S. 419.
[2046] Vgl. i.d.S. wohl tendenziell *Jäde*, in: Jäde/Dirnberger/Bauer, Die neue BayBO, Art. 68 Rn 154 f, nach dem die Reichweite des Bestandsschutzes „im Zweifel durch Auslegung" zu ermitteln sei.

sprechung[2047] weniger restriktive Anforderung rechtfertigt sich vor dem Hintergrund, dass entsprechende Äußerungen über die bauaufsichtliche Prüfung, soweit diese über den gesetzlich determinierten präventiven Prüfauftrag im Sinne des Art. 59 Satz 1 BayBO 2008 hinausgeht, oder gar Äußerungen über die Ergebnisse solcher Prüfungen weder im Sinne des Gesetzes zwingend vorgeschrieben sind noch mit dem Ziel einer Verbesserung der Befriedungsfunktion[2048] bzw. mit dem Argument der Klarstellung aus nachbarlicher Sicht hinreichend gerechtfertigt werden können. Bei inhaltlicher Sicht verlangt die Rechtsprechung – insoweit im Grundsatz noch zutreffend – das objektive Erkennenkönnen einer Überschreitung des Prüfprogramms, sieht aber offenbar bauaufsichtsbehördliche Überlegungen und diesbezügliche Ausführungen im Zusammenhang mit der Ablehnungsbefugnis des Art. 68 Abs. 1 Satz 1, 2. Hs. BayBO 2008/2009 als nicht geeignet an, um auf eine *„tatsächlich [...] rechtliche[...] Prüfung"*[2049] außerhalb des gesetzlichen Prüfungsumfangs mit feststellungsgleichem Ergebnis schließen zu können. Für den Nachbarn ist es aber gleichwohl schwierig, bisweilen sogar nicht möglich zu erkennen, worin die Unterschiede zwischen einer regelnden Befassung[2050], mithin also einer tatsächlich rechtlichen Prüfung, und lediglich erläuternden und „vorsorglichen" Erwägung liegen sollen, wenn im Ergebnis – insoweit jedenfalls klar und eindeutig – die Vereinbarkeit mit Bauordnungsrecht im Allgemeinen oder mit einzelnen nicht prüfpflichtigen Anforderungen im Speziellen ausgesprochen und damit festgestellt wird. Die Rechtsprechung, und hierbei insbesondere der Bayerische Verwaltungsgerichtshof, begegnet dem Problem, d.h. der Abgrenzung feststellender Regelungen von bloßen Hinweisen einerseits und der Abgrenzung einer rechtlichen Prüfung von sog. vorsorglichen Erwägungen im Sinne des Art. 68 Abs. 1 Satz 1, 2. Hs. BayBO 2008/2009 andererseits, primär dadurch, dass sie – wie bereits in diesem Teil unter B.II.2.a) herausgestellt – der zumeist standardisiert[2051] voran-

---

[2047] Vgl. BayVGH, Beschluss vom 28.03.2013, Az. 15 ZB 12.51, juris-Dok. Rn 3 a.E. m.w.N. *Jäde,* a.a.O.
[2048] Vgl. hierzu *Busse/Dirnberger,* Die neue BayBO, Art. 68 Ziff. 3, S. 347.
[2049] Vgl. VG Augsburg, Urteil vom 25.11.2011, Az. Au 5 K 11.547, juris-Dok. Rn 33.
[2050] Vgl. BayVGH, Beschluss vom 28.03.2013, Az. 15 ZB 12.51, juris-Dok. Rn 3: *„[...] kann damit nicht davon ausgegangen werden, dass sich das Landratsamt [...]* **regelnd befasst** *hat, [...] [Hervorhebung durch den Verfasser]".*
[2051] Vgl. zu dieser Problematik z.B. auch *Kamphausen,* BauR 1986, S. 409, der – mit anderer Blickrichtung – ausführt, dass die Praxis aber leider zeige, dass immer wieder „Begründungen" gegeben werden, die sich in allgemeinen formalisierten Redewendungen erschöpfen, welche mit dem Einzelfall oft wenig zu tun haben.

gestellten Klarstellung, das Bauvorhaben sei lediglich im vereinfachten Baugenehmigungsverfahren mit lediglich beschränkter Feststellungswirkung geprüft und genehmigt worden, eine tragende und insofern weitere Zweifel ausschließende Rolle beimisst. Dabei steht diese, die Begründung der Genehmigung einleitende Aussage aber – was entgegen der Haltung der Rechtsprechung für eine feststellende Regelung im Grundsatz ausreichend sein müsste – im Widerspruch zu einer späteren Klarstellung, dass z.B. Abstandsflächen eingehalten seien. Soweit die Rechtsprechung dies im Ergebnis zu Lasten des Nachbarn lediglich als „unglückliche Formulierung"[2052] oder „unverbindlichen Hinweis"[2053] ohne rechtliche Relevanz charakterisiert, steht dies weder im Einklang mit dem Grundverständnis einer vereinfachten Baugenehmigungsprüfung nebst entsprechend eingeschränkter Feststellung, noch wird dies dem allgemeinen Bestimmtheitsgebot[2054] gerecht, dem auch die Baugenehmigung unterfällt. Im Falle der nachbarlichen Anfechtung gehen Ungenauigkeiten, zu denen auch Widersprüchlichkeiten gezählt werden müssen, zu Lasten des Bauherrn und der Behörde.[2055] Darüber hinaus steht der restriktive Umgang mit derartigen bauaufsichtsbehördlichen Äußerungen, welche die Bauaufsichtsbehörde – wie eine Entscheidung des OVG des Saarlandes augenscheinlich erkennen lässt – ausschließlich „im Interesse des Bauherrn" trifft, im eklatanten Widerspruch zu der mit den BayBO-Novellen bezweckten Eigenverantwortung, die beiden Parteien, nämlich dem Bauherrn und Nachbarn abverlangt wird. Während der Bauherr demnach – insofern ungerechtfertigt – von einer jedenfalls faktischen erweiterten Bestandskraft profitiert, indem die Behörde ihre Rechtsauffassung über die Vereinbarkeit im Übrigen erkennen lässt, versagt die Rechtsprechung dem Nachbarn die konsequente und folgenrichtige Reaktionsmöglichkeit im Sinne einer Anfechtungsklage. Eine erweiterte Feststellung mit der Folge der Anfechtbarkeit derselben ist im Hinblick auf die den Nachbarn unweigerlich treffende

---

[2052] Vgl. OVG Saar, Beschluss vom 03.01.2008, Az. 2 A 182/07, BauR 2009, S. 805 ff [808], das allerdings zumindest i.E. zutreffend eine erweiterte Feststellung abgelehnt hat, da ausweislich der Urteilsgründe davon ausgegangen werden muss, dass der bauaufsichtsbehördliche Hinweis, die abstandsflächenrechtliche Rechtmäßigkeit sei „im Interesse des Bauherrn trotzdem vorgenommen worden", nicht im Baubescheid selbst, sondern nur in einem Aktenvermerk (ohne Bezugnahme) dokumentiert worden ist.
[2053] Vgl. BayVGH, Beschluss vom 25.10.2010, Az. 15 CS 10.1950, juris-Dok. Rn 13.
[2054] Vgl. *Gaßner*, in: Simon/Busse, BayBO, Art. 64 Rn 79 ff; *Lechner*, in: Simon/Busse, BayBO, Art. 68 Rn 465 ff.
[2055] Vgl. *Gaßner*, in: Simon/Busse, BayBO, Art. 64 Rn 80. Die unzureichende inhaltliche Bestimmtheit alleine soll jedoch ein Vorgehen des Nachbarn nur nach § 123 VwGO und nicht nach §§ 80, 80a VwGO erlauben, vgl. *Lechner*, in: Simon/Busse, BayBO, Art. 68 Rn 472.

Anfechtungslast[2056] in diesen Fällen bereits im Zweifelsfalle anzunehmen, läuft er ansonsten nämlich aufgrund missverständlicher und insoweit gerade nicht klarstellender Hinweise Gefahr, sich einer diesbezüglich eintretenden Bestandskraft der im Bescheid niedergelegten bzw. „festgestellten" Aussage nicht zu erwehren. Freilich soll damit nicht zugleich zum Ausdruck gebracht werden, etwaige Hinweise, die nicht nur praxisüblich, sondern auch in der Literatur[2057] empfohlen werden, seien zu unterlassen. Sie sollten allerdings auf ein Mindestmaß beschränkt werden[2058] und nicht dazu gebraucht werden, um unter dem „Deckmantel" eines vermeintlich nichts regeln wollenden Hinweises eine Aussage über die Einhaltung bauordnungsrechtlicher Vorschriften zu treffen. Eine solche Feststellung erfüllt mit Blick auf das begrenzte Prüfprogramm keine lediglich erläuternde oder nur im Interesse des Bauherrn erteilte Information. Weder das Begründungserfordernis des Art. 68 Abs. 2 Satz 2 BayBO 2008 noch Art. 68 Abs. 1 Satz 1, 2. Hs. BayBO 2008/2009 verlangen – wie gezeigt – eine dementsprechende Auseinandersetzung und behördliche Mitteilung. Insoweit wird auf obige Empfehlungen in Teil 3 unter A.III.3.d) und B.II.3.b) verwiesen. Das schlagwortartige Voranstellen von Begrifflichkeiten wie „(unverbindliche) Hinweise" oder „vorsorgliche Erwägungen" genügen zur Meidung einer Feststellungswirkung nicht.

Der gegenwärtigen restriktiven Haltung der Rechtsprechung und den jüngst bekräftigten Forderungen von Teilen der Literatur[2059], bei der Annahme eines feststellenden Regelungsinhalts sei mit Verweis auf allgemeine verwaltungsrechtliche Grundsätze Zurückhaltung geboten, ist damit zu widersprechen. Der Appell nach Zurückhaltung wendet sich vielmehr an die Bauaufsichtsbehörden, die – dies verkennt der Verfasser nicht – zwar von Seiten des Gesetzgebers mit geradezu stetiger Novellierung immer wieder aufs Neue herausgefordert, vielleicht bisweilen auch aufgrund einer nicht eindeutigen Gesetzeslage selbst im Unklaren gelassen werden, allerdings nicht umhinkommen, die Deregulierung in ihren Folgen genauso akzeptieren zu müssen, wie dies dem Bauherrn und Nach-

---

[2056] Vgl. *U. Stelkens*, in: Stelkens/Bonk/Sachs, VwVfG, § 35 Rn 26 a.E.; *Sauthoff*, BauR 2013, S. 419 und 421/422; *Kracht*, Feststellender Verwaltungsakt und konkretisierende Verfügung, S. 332 ff.
[2057] Vgl. *Wolf*, in: Simon/Busse, BayBO, Art. 59 Rn 109; *Linhart*, Schreiben, Bescheide und Vorschriften in der Verwaltung, § 22 Rn 1 [S. 573].
[2058] Vgl. so jedenfalls grundsätzlich auch *Lechner*, in: Simon/Busse, BayBO, Art. 68 Rn 424.
[2059] Vgl. *Sauthoff*, BauR 2013, S. 420 m.w.N.; i.E. wohl auch *Jäde*, in: Jäde/Dirnberger/Bauer, Die neue BayBO, Art. 68 Rn 154 f.

barn abverlangt wird, die beide mit dem Umstand einer gewachsenen Rechtsunsicherheit[2060] umgehen müssen. Darüber hinaus würde eine konsequentere verwaltungsgerichtliche Sanktionierung entsprechenden Behördenhandelns einen nicht unwesentlichen Beitrag leisten, die Bauaufsichtsbehörden mit Blick auf die Bescheidspraxis zu einem gesetzeskonformen und vor allem im Einklang mit der bauverfahrensrechtlichen Deregulierung stehenden Handeln anzuhalten. Eine im Zusammenhang mit der Erläuterung der Einfügensfrage des § 34 Abs. 1 Satz 1 BauGB z.B. unter dem Stichwort „Nachbarwürdigung"[2061] getroffene sinngemäße Feststellung, das Vorhaben füge sich ein, weil es die erforderlichen Abstandsflächen einhalte, begründet mit Blick auf die in diesem Teil unter B.I. vertretene Auffassung konsequent und folgerichtig bereits für sich die Möglichkeit, diese behördliche Aussage, die insoweit über den planungsrechtlichen Prüfauftrag im Sinne des Art. 59 Satz 1 Nr. 1, 1. Alt. BayBO 2008 an der Feststellung partizipiert, mittels Anfechtung zur Überprüfung zu stellen.

[2060] Vgl. hierzu ausführlich *Lohmöller*, Anwendungsbezogene Rechtsschutzkompensation, S. 168 ff, 334 ff.
[2061] Vgl. so z.B. VG München, Urteil vom 28.09.2009, Az. M 8 K 09.322, juris-Dok. Rn 6, das eine abstandsflächenrechtliche Unbedenklichkeitsbescheinigung aber ablehnt; im Tatbestand ähnlich VG Augsburg, Urteil vom 06.06.2013, Az. Au 5 K 12.1182, das einen materiell-rechtlichen Verstoß gegen Abstandsflächen nach eigener Prüfung und rechtlicher Würdigung verneint und das Einfügen i.S.d. § 34 BauGB mangels anderweitiger Anhaltspunkte folgerichtig feststellt.

C. Fazit

„Die Nachbarn sind die Prüfungsaufgaben, die uns das Leben stellt."[2062] Diese Aussage *Achards* lässt sich ohne Einschränkungen und im Wortlaut gleich bleibend als resümierende Stellungnahme auf die vorstehend dargestellte und analysierte Reformgesetzgebung des bayerischen Landesgesetzgebers im Bereich des öffentlichen Bauverfahrensrechts erwidern, wenn es darum geht, die rechtlichen Auswirkungen der legislatorischen Änderungen auf den baurechtlichen Nachbarn aus rechtswissenschaftlicher, aber auch aus rechtspraktischer Sicht zu bewerten. Denn die aufgrund der Klage über die Schwerfälligkeit der von Bürokratie bestimmten Verwaltungsverfahren im Allgemeinen und über die Bauinvestitionen verhindernde Verfahrensdauer bauaufsichtlicher Genehmigungsverfahren im Besonderen anfänglich der neunziger Jahre eingeleitete Suche nach Deregulierung und Verfahrensbeschleunigung,[2063] die mit der BayBO 2008/2009 ihren vorläufigen Abschluss gefunden hat oder doch zumindest finden sollte, ist längst umgeschlagen in eine Suche nach Möglichkeiten zur Rechtsschutzkompensation, die durch die Änderungsgesetzgebung 2009 neue Impulse erfahren hat.

„Diese – notwendige – neuere Diskussion macht darauf aufmerksam, daß sich in der Anerkennung des Nachbar- und Drittschutzes ein fundamentaler Wandel [...] vollzogen hat, der in seiner Tiefenwirkung noch nicht ausreichend verarbeitet ist."[2064] Diese Feststellung *Wahls* bereits aus dem Jahre 1984 stellt sich, bezieht man diese Aussage – anders als der Autor – auf die Reformgesetzgebung 2008/2009, geradezu als wahrgewordene Prophezeiung dar.

Die durchgeführte Untersuchung zum Zwecke einer möglichen Bewältigung der durch die Reformen hervorgerufenen Defizite[2065] im Bereich des öffentlichen Nachbarschutzrechts liefert die Erkenntnis, dass aus den gesetzestextlichen Ergänzungen insbesondere in Gestalt des Art. 63 Abs. 2 Satz 2, 2. Hs. und Art. 68 Abs. 1 Satz, 2. Hs. BayBO 2008/2009 entgegen der Rechtsauffassung mancher Autoren keine Möglichkeiten eines (wieder) erleichterten Nachbarschutzes erwachsen. Die Untersuchung zeigt aber auch, dass sich gleichwohl weitere Anknüpfungspunkte für die nachbarliche Anfechtung als Ausfluss der

---

[2062] *Marcel Achard*, abgedruckt bei *Horst*, Rechtshandbuch Nachbarrecht, S. V.
[2063] Vgl. *Ritter*, DVBl 1996, S. 542.
[2064] *Wahl*, JuS 1984, S. 577.
[2065] Vgl. *Bock*, DVBl 2006, S. 12.

allgemeinen bauordnungsrechtlichen Gesetzessystematik finden, an deren Anerkennung es aber insbesondere auf Seiten der Verwaltungsgerichtsbarkeit noch fehlt. Die abermaligen Reformansätze des Gesetzgebers bedingen nicht zuletzt auch in ihrer verwaltungspraktischen Umsetzung ein nicht zufriedenstellendes Ergebnis für alle am Bau Beteiligten, namentlich für den Bauherrn, der sich ungeachtet des Verlusts der durch die Baugenehmigung vermittelten Investitionssicherheit vermehrt zweideutigen Behördenentscheidungen ausgesetzt sieht, die Bauaufsichtsbehörde, die im Ungewissen über das Müssen, Können und Dürfen des Umfangs mit der Genehmigungsprüfung ist, und schließlich für den Nachbarn, der ungeachtet des Verlusts des nachbarrechtlichen Schutzniveaus zudem einer schwer kalkulierbaren Anfechtungslast ausgesetzt wird.

Zusammenfassung in Thesen

1. Die Entscheidung, ob ein Bauvorhaben im Hinblick auf Art. 57, 58 BayBO 2008 verfahrensfrei bzw. genehmigungsfreigestellt und welches Baugenehmigungsverfahren im Falle der Genehmigungspflichtigkeit des Bauvorhabens durchzuführen ist, wird ausschließlich von Gesetzeswegen getroffen und steht nicht zur Disposition des Bauherrn oder der Bauaufsichtsbehörde. Für die Abgrenzung der beiden Genehmigungsverfahrensarten kommt den in Art. 2 Abs. 4 BayBO 2008 legaldefinierten Sonderbauten eine verfahrenssteuernde Wirkung zu. Die BayBO hält kein Wahlrecht des Bauherrn über den Umfang der Baugenehmigungsprüfung, mithin kein Wahlrecht über die Genehmigungsverfahrensart bereit. (Teil 1 C.II.1.)

2. Die mit Art. 68 Abs. 1 Satz 1, 2. Hs. BayBO 2008/2009 geschaffene Möglichkeit der Bauaufsichtsbehörde zur Ablehnung eines Bauantrags lässt die Systematik der gesetzlich determinierten Verfahrenszuordnung unberührt. Diese Norm bezieht sich bereits dem Wortlaut nach ausdrücklich nur auf eine ergänzende Ablehnung und nicht zugleich auf erweiterte Genehmigungsvoraussetzungen. Sie begründet keine bauaufsichtsbehördliche Wahlmöglichkeit, einen Wechsel in ein umfangreicheres Genehmigungsverfahren zu vollziehen. (Teil 1 C.II.1.)

3. Der in Art. 59 Satz 1 BayBO 2008 normierte Prüfkatalog ist als (präventives) Pflicht- und zugleich Maximalprüfprogramm der Baugenehmigungsbehörde zu verstehen. Ob das Vorhaben bei einem Verstoß gegen davon nicht erfasste Vorschriften abgelehnt werden kann, ist eine unabhängige Folgefrage. Das vereinfachte Genehmigungsverfahren reduziert sich auf eine bauplanungsrechtliche Kontrolle, soweit nicht beantragte Abweichungen zur Entscheidung gestellt sind und/oder eine Prüfung des aufgedrängten Rechts erfolgt. Die klassischen Instrumente der bauaufsichtlichen Maßnahmen und der Bauüberwachung bleiben auch nach der Novelle 2008 vom jeweils durchzuführenden Verfahren unberührt. (Teil 1 C.II.2./C.II.3.)

4. Die Verfahrenszuordnung einerseits und das Erfordernis bautechnischer Nachweise andererseits sind nach der Systematik der BayBO 2008 voneinander entkoppelt. Das baugenehmigungsrechtliche Prüfprogramm wird von den bau-

technischen Nachweisen nicht betroffen. Letztere sind nicht verfahrens-, sondern vorhabensabhängig konzipiert. (Teil 1 C.II.4.)

5. Die im vereinfachten Genehmigungsverfahren nach Art. 59 BayBO 2008 ergangene Baugenehmigung bescheinigt die Unbedenklichkeit des Vorhabens nur, soweit der gesetzliche Prüfungsmaßstab reicht. Wenngleich die Konzeption einer umfassenden Unbedenklichkeitsbescheinigung schon mit der Novelle 1994 aufgegeben und dieser Systemwechsel bereits mit der Novelle 1998 fortgesetzt worden ist, vermittelt die nach Art. 59 BayBO 2008 erteilte Baugenehmigung aufgrund der gänzlichen „Nichtprüfung" des Bauordnungsrechts dem Bauherrn ein Vielfaches weniger an Rechtssicherheit als Baugenehmigungen auf Grundlage der Art. 80 BayBO 1994 und Art. 73 BayBO 1998. Sie bescheinigt die Unbedenklichkeit nicht (mehr) nur beschränkt, sondern – restriktiver formuliert – nur (noch) sektoral. (Teil 1 C.II.5.)

6. Die §§ 30 bis 37 BauGB gelten unbeschadet der landesbauordnungsrechtlichen Behandlung des Bauvorhabens. Das Bauplanungsrecht erweist sich als Grenze der verfahrensbezogenen Deregulierungsbestrebungen und ist unverzichtbarer Kernbestand einer bauaufsichtlichen Prüfung in präventiven Genehmigungsverfahren, soweit diese Verfahrensarten in Ansehung des Anwendungsbereichs zumindest auch für bodenrechtlich relevante Vorhaben gelten, welche eine nach präventiver Genehmigungsprüfung verlangende (gesteigerte) bodenrechtliche Relevanz aufweisen. Die fehlende Verpflichtung des Landesgesetzgebers zur Bereitstellung eines Baugenehmigungsverfahrens zeigt hierauf keinen Einfluss. (Teil 1 C.IV.2.a)-c))

7. In bauplanungsrechtlicher Hinsicht umfasst die bauaufsichtliche Genehmigungsprüfung im vereinfachten Baugenehmigungsverfahren auch Vorschriften des Bauplanungsrechts außerhalb des von Art. 59 Satz 1 Nr. 1, 1. Alt. BayBO 2008 benannten Normenbereichs der §§ 29 bis 38 BauGB. Die in §§ 14 f BauGB niedergelegten Bestimmungen über die Veränderungssperre sind als voranstehende Sonderregelungen gleichsam in die Prüfung der §§ 29 ff BauGB hineinzuziehen und wegen ihrer Einflussnahme auf die bauplanungsrechtliche Zulässigkeit des Vorhabens Teil des genehmigungsrechtlichen Prüfprogramms. (Teil 1 C. IV.3.)

8. Das Sachbescheidungsinteresse ist ein ungeschriebener und im öffentlichen Recht bei Antragsverfahren in sehr engen Grenzen zur Anwendung zu bringender Rechtsgrundsatz, der am Interesse des Antragstellers an einer Sachentscheidung im Sinne einer Zulässigkeitsvoraussetzung des Antrags ansetzt. Diese formell-rechtliche Antragsvoraussetzung gilt auch im antragsgebundenen vereinfachten Baugenehmigungsverfahren nach Art. 59 BayBO 2008, wobei sich diese Grundsatzgeltung sowohl auf die Rechtslage vor als auch nach Einführung des Art. 68 Abs. 1 Satz 1, 2. Hs. BayBO 2008/2009 bezieht. (Teil 2 A.[IV.1.])

9. Eine fakultative Erweiterung der abschließend definierten gesetzlichen Prüfprogramme durch die Bauaufsichtsbehörden im Ermessenswege ist vor dem Hintergrund des eindeutigen Gesetzeswortlauts und der Gesetzessystematik abzulehnen. Das Sachbescheidungsinteresse als formelle Antragsvoraussetzung berührt das Grundverständnis von einem abgeschlossenen Prüfungsumfang bei Genehmigungsentscheidungen, mithin den materiellen Gehalt des behördlichen Prüfprogramms im Baugenehmigungsverfahren nicht. (Teil 2 A.I.)

10. Der Ausnahmecharakter des ungeschriebenen Rechtsinstituts, aufgrund dessen der (Bau-)Antrag ohne weitere Sachprüfung bereits wegen fehlenden Sachbescheidungsinteresses abgelehnt werden kann, hat im Wege der Weiterentwicklung durch Lehre, Literatur und Rechtsprechung sowie durch die stetig erweiterte Kasuistik im Bereich des Baugenehmigungsrechts zunehmend an Kontur verloren. Vielfach wird das Sachbescheidungsinteresse ohne weitere Eingrenzung bzw. Anwendungskriterien schlichtweg mit behördlicher Verfahrensökonomie gleichgesetzt und im Hinblick auf eine solche subsumiert. (Teil 2 A.II.)

11. Der BayVGH hat für die Ablehnung eines Bauantrags bereits wegen fehlenden Sachbescheidungsinteresses – i.E. zu Recht – restriktive Maßgaben aufgestellt und in Folge dessen insbesondere seit der Einführung der BayBO 1998 und bis zur Einführung des Art. 68 Abs. 1 Satz 1, 2. Hs. BayBO 2008/2009 eine Versagung der Baugenehmigung wegen eines Verstoßes gegen nicht (mehr) im vereinfachten Genehmigungsverfahren zu prüfendes Bauordnungsrecht in kontinuierlicher Rechtsprechung regelmäßig abgelehnt. (Teil 2 A.III./IV.2.a)-b))

12. Obwohl der BayVGH für eine Bauantragsablehnung aufgrund fehlenden Sachbescheidungsinteresses im Wege einer Zweischrittprüfung – erstens – einen

jenseits des Verfahrensgegenstandes angesiedelten rechtlichen Hinderungsgrund für die Nutzung der Genehmigung sowie – zweitens – ein schlechthin nicht ausräumbares Hindernis verlangt und nach Subsumtion folgert, dass bei einem Verstoß gegen bauordnungsrechtliche Vorschriften der Bauantrag ersichtlich nicht aus jenseits des Verfahrensgegenstandes liegenden Gründen abgelehnt würde, vertritt der BayVGH in diesem Kontext entgegen anderer Schlussfolgerungen in der Literatur keinen weitergefassten Begriff des Verfahrensgegenstandes. (Teil 2 A.IV.2.c))

13. Der Verfahrensgegenstand ist für die Beurteilung der Frage, ob die begehrte Entscheidung für den Antragsteller aufgrund im entsprechenden Genehmigungsverfahren nicht prüfpflichtiger rechtlicher Hindernisse mit der Folge nutzlos wird, dass das Sachbescheidungsinteresse fehlt, kein allgemeingültiges und pauschal heranzuziehendes, sondern nur fallgruppenspezifisch geeignetes Abgrenzungskriterium. Eine Abgrenzung anhand des Verfahrensgegenstandes setzt einen im Sinne des jeweiligen Fachrechts umfassenden und nicht durch verfahrensrechtliche Deregulierung eingegrenzten Verfahrensgegenstand voraus. (Teil 2 A.IV.2.c))

14. Im vereinfachten Baugenehmigungsverfahren wird der zur Abgrenzung herangezogene und wegen des Gleichlaufs mit dem gesetzlichen Prüfprogramm begrenzte Verfahrensgegenstand den restriktiven Anwendungsvoraussetzungen des Rechtsgrundsatzes des fehlenden Sachbescheidungsinteresses – mit Ausnahme der Fallgestaltungen einer Nutzlosigkeit der Entscheidung aufgrund zivilrechtlicher Hindernisse – nicht gerecht. Er verfehlt die Zielsetzung einer Wahrung des Ausnahmecharakters dieses Rechtsgrundsatzes. (Teil 2 A.IV.2.c))

15. Die Nichtgeltung allgemeiner Rechtsgrundsätze kann sich aus der Gesetzessystematik ergeben, wenn diese eine darauf gerichtete Aussage erkennen lässt, und bedarf keiner ausdrücklichen Regelung. Die Systematik der BayBO 2008 – ohne das Änderungsgesetz 2009 – verbietet im vereinfachten Baugenehmigungsverfahren eine Berücksichtigung von Verstößen gegen Bauordnungsrecht über das Rechtsinstitut des fehlenden Sachbescheidungsinteresses. Die Zielsetzung einer nur eingeschränkten Baugenehmigungsprüfung „überlagert" bezogen auf bauordnungsrechtliche Vorschriften diesen Rechtsgrundsatz. (Teil 2 A.IV.2.c))

16. Auch wenn das Entgegenstehen zivilrechtlicher Hindernisse grundsätzlich als ein Paradebeispiel eines fehlenden Sachbescheidungsinteresses angesehen wird, berechtigt eine fehlende privatrechtliche Verfügungsbefugnis des Bauantragstellers über das Baugrundstück die Bauaufsichtsbehörde angesichts des Art. 68 Abs. 4 BayBO 2008 und der Abschaffung des Art. 74 Abs. 4 Satz 3 BayBO 1994 per se nicht, den Bauantrag in einem regelrechten Automatismus bereits wegen fehlenden Antragsinteresses abzulehnen. Dieser Sachverhalt wird von Art. 68 Abs. 1 Satz 1, 2. Hs. BayBO 2008/2009 nicht erfasst. (Teil 2 A.IV.3.a))

17. Vor der Einführung des Art. 68 Abs. 1 Satz 1, 2. Hs. BayBO 2008/2009 stand die Rechtsauffassung des BayVGH der außerbayerischen Rechtsprechung konträr gegenüber, indem nichtbayerische Obergerichte in der Beschränkung der baugenehmigungsrechtlichen Prüfprogramme keine Wertung sehen, dass bei einem Verstoß gegen bauordnungsrechtliche Anforderungen eine Ablehnung der Baugenehmigung wegen fehlenden Sachbescheidungsinteresses nicht zulässig sein soll. Ferner ergeben sich Unterschiede in der Frage des behördlichen „Tätigwerdenmüssens" bereits im Genehmigungsverfahren. (Teil 2 A.IV.3.[b)])

18. Es besteht ein weites Meinungsspektrum hinsichtlich der Frage, wie die Bauaufsichtsbehörden im weiter deregulierten vereinfachten Baugenehmigungsverfahren bei Kenntnis von Verstößen gegen nicht mehr prüfpflichtige Vorschriften zu handeln berechtigt und/oder verpflichtet sind. Die Spannbreite der hierzu vertretenen Meinungen reicht – unter Ausblendung des Art. 68 Abs. 1 Satz 1, 2. Hs. BayBO 2008/2009 – von der Verpflichtung zur Erteilung der Baugenehmigung, gegebenenfalls begleitet von bauaufsichtlichen Maßnahmen, bis hin zur Möglichkeit der Versagung der Baugenehmigung, dies wiederum unterschiedlich beantwortet mit Blick auf die Frage nach der Offensichtlichkeit des Verstoßes. (Teil 2 A.IV.4.)

19. Die Tendenz und Entwicklung im Sinne eines Auseinanderklaffens der Rechtsauffassungen in derselben Rechtsfrage zwischen dem BayVGH und der außerbayerischen Rechtsprechung bedingt eine nicht unerhebliche Rechtsunsicherheit, die angesichts des Bestrebens nach mehr Bauinvestition einen gewichtigen Standortnachteil bedeutet. Die konträren Auffassungen laufen zudem dem Gedanken der Musterbauordnung zuwider, einer Rechtszersplitterung auf Bundesebene entgegenzuwirken. (Teil 2 A.IV.5.)

20. Ungeachtet des Art. 68 Abs. 1 Satz 1, 2. Hs. BayBO 2008/2009 entspricht im vereinfachten Baugenehmigungsverfahren nur eine restriktive Handhabung des Grundsatzes des fehlenden Sachbescheidungsinteresses der insoweit klaren Gesetzeslage. Allein die bayerische Rechtsprechung vermag aufgrund ihrer Stringenz zu überzeugen, denn der BayVGH ist in konsequenter Anwendung dem gefolgt, was der Gesetzgeber mit der Novellierung der BayBO 2008 zum Ausdruck gebracht hat. (Teil 2 A.IV.5.)

21. Das der bayerischen Rechtsprechung entgegengehaltene Argument der Widersprüchlichkeit des behördlichen Handelns bei einer von repressiven Anordnungen flankierten Baugenehmigung ist nicht zuletzt auf den Begriff der „Baugenehmigung" zurückzuführen, der im Hinblick auf die letzten Novellen ein Anpassungsdefizit aufweist. Mit Blick auf eine Neufassung der Verfahrensbezeichnung sollte das der Verfahrensbenennung vorangestellte Adjektiv „vereinfachtes", welches allenfalls ein zeitlich-beschleunigendes Moment, aber keine Beschränkung des Prüfungsumfangs beschreibt, ersetzt werden. Die Bezeichnung als „begrenztes" oder „partielles" Baugenehmigungsverfahren wäre treffender. (Teil 2 A.IV.5.)

22. Das Antragserfordernis im Kontext mit der Zulassung von Abweichungen im Sinne des Art. 63 BayBO 2008/2009 ist als ein generelles und „gesondertes" konzipiert. Die Notwendigkeit zur Antragstellung durch den Bauherrn wird nun auch auf Abweichungen von prüfpflichtigen Anforderungen und nicht mehr nur auf isolierte Abweichungen erstreckt. Durch das Erfordernis einer gesondert schriftlichen Antragstellung sowie der Maßgabe des Art. 63 Abs. 2 Satz 2, 2. Hs. BayBO 2008/2009 wird dem Bauherrn jedenfalls eine zusätzliche verfahrensrechtliche Verpflichtung auferlegt. (Teil 2 B.I.1.)

23. Indem in Art. 59 Satz 1 Nr. 2 BayBO 2008 nur „beantragte" Abweichungen im Sinn des Art. 63 Abs. 1 und Abs. 2 Satz 2 BayBO 2008 zur Prüfung gestellt werden, wird im Sinne einer konsequenten Verweisungstechnik das in Art. 63 Abs. 2 BayBO 2008 verlangte schriftliche Antragserfordernis aufgegriffen und die Abgeschlossenheit des Prüfungsumfangs gewahrt. Die Regelung des Art. 59 Satz 1 Nr. 2 BayBO 2008 stellt sich nicht nur als bescheidstechnische Klarstellung, sondern als folgerichtige Anordnung einer Prüfungsmöglichkeit beantragter Abweichungen unter Wahrung des Prüfungsumfangs dar. (Teil 2 B.I.2.)

24. Zwar verweisen Art. 63 und Art. 65 BayBO 2008 nicht expressis verbis aufeinander bzw. nehmen einander textlich nicht in Bezug, gleichwohl ergeben sich aus letzterer Vorschrift die rechtlichen Konsequenzen im Falle von unvollständigen bzw. mangelbehafteten Bauanträgen. Die an die Nichtvollständigkeit des Bauantrags anknüpfende bauaufsichtsbehördliche Handlungsmöglichkeit ergibt sich jedenfalls mit Art. 63 Abs. 2 Satz 2, 2. Hs. BayBO 2008/2009. Ohne verfahrensrechtliche Verpflichtung können Bauunterlagen in einschlägigen Fällen nicht als sanktionsfähig unvollständig behandelt werden. (Teil 2 B.I.2.)

25. Mit dem Erfordernis einer „gesonderten" schriftlichen Antragstellung für die Zulassung von Abweichungen wird der geübten Praxis, mit Einreichung des Bauantrags auch erforderliche Abweichungen als beantragt anzusehen, eine Absage erteilt. Die Gesetzessystematik sowie der Wortlaut erlauben es der Bauaufsichtsbehörde nicht (mehr), etwaige Abweichungsmöglichkeiten und deren Zulassung bei baugenehmigungspflichtigen Vorhaben zu prüfen, wenn die Notwendigkeit einer Abweichung zwar von der Behörde (zufällig) gesehen oder (beiläufig) erkannt wird, der Bauherr sie aber nicht beantragt hat. (Teil 2 B.II.[1.])

26. Die Existenz einer Abweichungslage, mithin einer Konstellation, in der eine Abweichung auf Antrag materiell-rechtlich zulässig erteilt werden könnte, ist nicht ausreichend, eine ohne Abweichungszulassung erteilte Baugenehmigung als rechtmäßig zu qualifizieren. Die Gesetzesbegründung greift zu kurz, indem sie nur die mit der gesonderten Antragstellung zum Ausdruck gebrachte gesteigerte Eigenverantwortlichkeit des Bauherrn und Entwurfsverfassers betont. Die Gesetzesänderung bezweckt weitergehend einen zwingend anderen Umgang mit dem Abweichungsantrag in der Verwaltungspraxis. (Teil 2 B.II.1.)

27. Im vereinfachten Baugenehmigungsverfahren können auch Abweichungen von örtlichen Bauvorschriften nur aufgrund entsprechender Antragstellung zugelassen werden. Auf einen Abweichungsantrag kann auch diesbezüglich nicht (mehr) verzichtet werden. Der Auffassung, Abweichungen von örtlichen Bauvorschriften seien bereits nach Art. 59 Satz 1 Nr. 1, 2. Alt. BayBO 2008 Teil des Prüfprogramms und antragsunabhängig zuzulassen, ist angesichts der klaren Gesetzesverweisung zu widersprechen. (Teil 2 B.II.2.)

28. Mit der Beantragung von Abweichungen nimmt der Bauherr zwar Einfluss auf den bauaufsichtsbehördlichen Prüfungsumfang, nicht zugleich aber auf die Genehmigungsverfahrensart selbst. Die verfahrensrechtliche Kombination eines Bauantrags für ein nach gesetzlicher Zuweisung im vereinfachten Verfahren zu prüfendes Bauvorhaben mit einem gleichzeitigen Abweichungsantrag bedeutet keinesfalls eine Vorhabensbeurteilung nach den Maßstäben des regulären Baugenehmigungsverfahrens im Sinne des Art. 60 BayBO 2008. (Teil 2 B.II.3.)

29. Auch wenn die nummerische Aufzählung in Art. 59 Satz 1 BayBO 2008 mit den gleichrangig benannten „beantragten Abweichungen" auf einen antragsabhängigen Verfahrensgegenstand hindeutet, ist hinsichtlich der beantragten Abweichungen richtigerweise von einem an sich eigenen Verfahren mit eigenständigem und gleichfalls beschränktem Verfahrensgegenstand auszugehen, über das bescheidstechnisch im Rahmen des vereinfachten Baugenehmigungsverfahrens mit eigenem VA (mit-)entschieden wird. Eine antragsabhängige Variabilität des Verfahrensgegenstandes ist zu verneinen. (Teil 2 B.II.3.)

30. Auch über einen gestellten, materiell-rechtlich aber nicht erforderlichen Abweichungsantrag ist behördlich zu befinden. Jedem Abweichungsantrag im Sinne des Art. 63 Abs. 2 BayBO 2008/2009 hat, auch wenn diesem bereits das Sachbescheidungsinteresse fehlen würde, als Korrelat eine förmliche Zulassung- oder Ablehnungsentscheidung in Form eines VA zu folgen. Die Beantwortung der materiell-rechtlichen Frage, ob das Vorhaben einer Abweichung bedarf, darf nicht losgelöst „vor die Klammer" gezogen werden. (Teil 2 B.III.)

31. Im Falle eines nicht erforderlichen, aber gestellten Abweichungsantrags, mit dem der Bauherr eine behördliche Prüfung und auf Bauordnungsrecht bezogene Aussage zu erreichen versucht, darf die Baubehörde in Anlehnung an die den Bauantrag versagende Entscheidungsformel nur tenorieren, dass der Abweichungsantrag abgelehnt wird, da die Tatbestandswirkung der ausgesprochenen Antragsablehnung dann nicht zugleich auch die Frage der materiellen Illegalität erfasst, sondern sich in der Antragsablehnung erschöpft. Derartigen Abweichungsanträgen fehlt regelmäßig nicht bereits das Sachbescheidungsinteresse. (Teil 2 B.III.)

32. Mit Art. 63 Abs. 2 Satz 2, 2. Hs BayBO 2008/2009, der eine verfahrensrechtliche Pflicht des Bauherrn zur Antragstellung beschreibt, wird zugleich ein zeitliches Moment eingebracht, so dass Einwände des Bauherrn, einen gesonderten Abweichungsantrag zusätzlich zum Bauantrag noch vor der Bauausführung stellen zu wollen, ausgeschlossen werden. Art. 63 Abs. 2 Satz 2, 2. Hs. BayBO 2008/2009 bezieht und beschränkt sich somit nicht allein auf die Unvollständigkeit im Sinne des Art. 65 Abs. 2 BayBO 2008/2009. (Teil 2 B.IV.1.[a)])

33. Die in Art. 65 Abs. 2 BayBO 2008 normierte Aufforderung zur Mängelbehebung setzt an dem beiläufig erkannten unvollständigen Bauantrag, mithin an dem ohne weitere systematische Prüfung aufdringlich erkannten Fehlen eines notwendigen Abweichungsantrags an. Diese Tatbestandsvoraussetzung verlangt ihrerseits keine inzidente Prüfung, sondern ist als bloßes Faktum zu behandeln. Aus der Handlungspflicht, bei einer bestimmten Sachlage ein bestimmtes Vorgehen beschreiten zu müssen, folgt keine Verpflichtung, einen bestimmten Tatsachenbefund erst aufklären zu müssen. (Teil 2 B.IV.1.c) in Anknüpfung an B.IV.1.b))

34. Ausgehend von der gesetzessystematischen Maßgabe eines beschränkten Prüfauftrags einerseits und einer der Formulierung des Art. 65 Abs. 2 BayBO 2008 immanenten Verbindlichkeit für die Behörde andererseits ist zu fordern, dass die Behörde zur Mängelbeseitigung alternativlos aufzufordern hat, wenn sie zufällig auf die Notwendigkeit eines Abweichungsantrags aufmerksam wird bzw. gemacht wird und ein unterstellter Abweichungsantrag aus materiell-rechtlicher Sicht Aussicht auf Erfolg hätte. (Teil 2 B.IV.1.c))

35. Die Aufforderung zur Vervollständigung der Bauunterlagen durch Nachreichung eines Abweichungsantrags kommt nur in Betracht, wenn letzterer lediglich in verfahrensrechtlicher Sicht formal fehlt, die Abweichung aber materiell-rechtlich zugelassen werden könnte. Die Fälle von Verstößen gegen materielles Bauordnungsrecht, die sich nicht bereits durch Abweichungszulassung klären lassen, unterfallen der Diskussion um das fehlende Sachbescheidungsinteresse bzw. (auch) Art. 68 Abs. 1 Satz 1, 2. Hs. BayBO 2008/2009. (Teil 2 B.IV.1.c))

36. Das Rechtsinstitut des fehlenden Sachbescheidungsinteresses ist auch bei dem gemäß Art. 63 Abs. 2 Satz 2, 2. Hs. BayBO 2008/2009 zu stellenden Abweichungsantrag zur Anwendung zu bringen, wobei der Verfahrensgegenstand mit Blick auf die bauordnungsrechtliche Systematik auch hier kein geeignetes

Abgrenzungskriterium ist. Die BayBO eröffnet den Behörden keine Möglichkeit, die Abweichung aufgrund von jenseits des Verfahrensgegenstandes liegenden bauordnungsrechtlichen Verstößen zu versagen. (Teil 2 B.IV.2.a))

37. Art. 68 Abs. 1 Satz 1, 2. Hs. BayBO 2008/2009 ist bereits ausweislich seines Wortlauts für solche Fallkonstellationen, in denen eine Ablehnung des Abweichungsantrags zur Diskussion steht, nicht anwendbar. Für eine analoge Anwendung der Norm besteht kein Bedürfnis. Die Ablehnung eines Abweichungsantrags wegen fehlenden Sachbescheidungsinteresses richtet sich nach den allgemeinen Grundsätzen dieses Rechtsgrundsatzes unter Berücksichtigung der von der BayBO vermittelten Systematik. (Teil 2 B.IV.2.a))

38. Die Frage nach einer etwaigen Kausalität zwischen einem bei bestehender Abweichungsbedürftigkeit fehlenden Abweichungsantrag einerseits und dem Antragsinteresse des Bauantrags andererseits lässt sich aus rechtssystematischer Sicht und mit rechtsdogmatischem Geltungsanspruch nur unter Rückgriff auf die allgemein anerkannten Rechtsgrundsätze zur Sachbescheidungskasuistik beantworten, will man sich nicht auf eine nur rechtspolitische Problemlösung beschränken. Die Fallgruppe der Genehmigungskonkurrenz drängt sich dabei auf. (Teil 2 B. IV.2.b))

39. Allein der fehlende, aber materiell-rechtlich erforderliche Abweichungsantrag bedingt keine Nutzlosigkeit der Baugenehmigung und damit nicht den Verlust des Sachbescheidungsinteresses des Baugenehmigungsantrags, da die vorübergehende formelle Illegalität des Bauvorhabens nach erfolgtem behördlichen Hinweis über die Unvollständigkeit des Bauantrags (Art. 65 Abs. 2 Satz 1 BayBO 2008) und aufgrund entsprechend nachgeholter Antragstellung des Bauherrn beseitigt werden kann. (Teil 2 B. IV.2.c))

40. In den Fällen einer außer Frage stehenden Zulassungsunfähigkeit einer Abweichung bezüglich eines materiell-rechtlichen bauordnungsrechtlichen Verstoßes fehlt es trotz eines solchen Verstoßes schon nicht an einem erforderlichen Abweichungsantrag im Sinne des Art. 63 Abs. 2 BayBO 2008/2009. Eine Antragstellung nur um ihrer selbst willen würde die Abweichungssystematik ad absurdum führen und wäre mit Blick auf ein ökonomisches Verwaltungshandeln kontraproduktiv. (Teil 2 B. IV.2.c))

41. Art. 68 Abs. 1 Satz 1, 2. Hs. BayBO 2008/2009 ist das Ergebnis einer unmittelbaren legislatorischen Reaktion auf die Rechtsprechung des BayVGH zur Frage der Ablehnungsmöglichkeit des Bauantrags wegen fehlenden Sachbescheidungsinteresses. Trotz oder vielleicht auch gerade wegen des bezüglich dieser Neuregelung geführten fachkritischen Austausches sowie der teils inhomogenen Rechtsprechung ist die mit der Neuregelung bezweckte Klärung bislang ausgeblieben und hat stattdessen neue Fragen aufgeworfen. (Teil 2 C.[I.])

42. Die Musterbauordnung sieht mit Ausnahme des Sondertatbestandes in § 68 Abs. 4 Satz 3 MBO 2002/2012 keine Sonderregelung zum fehlenden Sachbescheidungsinteresse vor, die verhindern soll, dass die Behörde für unnütze oder missbräuchliche Zwecke in Anspruch genommen wird. Die mit Art. 68 Abs. 1 Satz 1, 2. Hs. BayBO 2008/2009 angesprochene Sachverhaltskonstellation wird bundesweit legislativ, exekutiv und auch judikativ zumeist über die Rechtsfigur des fehlenden Sachbescheidungsinteresses behandelt. (Teil 2 C.II.)

43. Die in § 68 Abs. 4 Satz 3 MBO 2002/2012 bzw. in den spiegelbildlichen Normen vieler Landesbauordnungen niedergelegte Regelung, die den Fall der Divergenz von Grundeigentum und Bauherrschaft anspricht, beinhaltet den verfahrensrechtlichen Grundsatz eines fehlenden Sachbescheidungsinteresses. Trotz der ersatzlosen Streichung des bayerischen Pendants mit der BayBO-Novelle 1998 ist bei fehlender privatrechtlicher Verfügungsbefugnis das Fehlen des Antragsinteresses nicht ausgeschlossen, vgl. auch These Nr. 16. (Teil 2 C.II.1.)

44. In Anbetracht der Streichung des § 60a Abs. 2 Satz 3 BauO Bln 1997 a.F., eine dem Art. 68 Abs. 1 Satz 1, 2. Hs. BayBO 2008/2009 vergleichbare Norm, überzeugt die Berliner Rechtsauffassung, derer zur Folge der Bauaufsichtsbehörde die Möglichkeit zur Ablehnung des Bauantrags bei bauordnungsrechtlichen Verstößen unbenommen bleibe, nicht und kann nur mit dem rechtspolitischen Bestreben nach Gleichlauf mit der außerbayerischen Rechtsprechung im Übrigen begründet werden. (Teil 2 C.II.2.)

45. Der hessische Landesgesetzgeber hat in Ansehung der restriktiven BayVGH-Rechtsprechung zur Bauantragsablehnung wegen fehlenden Sachbescheidungsinteresses und zur Meidung einer gleichlaufenden Rechtsprechung auch des HessVGH mit § 64 Abs. 1, 2. Hs. HBO 2011 eine im Vergleich zu Art. 68 Abs. 1 Satz 1, 2. Hs. BayBO 2008/2009 wortlautidentische Regelung

geschaffen, geht aber ausweislich der textlichen Begründung von einem gegenüber Bayern umgekehrten Regel-Ausnahme-Verhältnis aus. (Teil 2 C.II.3.)

46. Die bauaufsichtsbehördliche Verpflichtung, die Einhaltung öffentlich-rechtlicher Vorschriften zu überwachen, wird von dem zentral „vor die Klammer" gezogenen Art. 55 Abs. 2 BayBO 2008 aufgegriffen und bleibt von Art. 68 Abs. 1 Satz 1, 2. Hs. BayBO 2008/2009 unberührt. Weder aus Art. 55 Abs. 2 noch aus Art. 54 Abs. 2 BayBO 2008 kann eine Befugnis im Sinne des Art. 68 Abs. 1 Satz 1, 2. Hs. BayBO 2008/2009 abgeleitet werden. Das Verhältnis der sich aus diesen Vorschriften jeweils ergebenden bauaufsichtsbehördlichen Handlungsmöglichkeiten erweist sich als klärungsbedürftig. (Teil 2 C.III.1.)

47. Das vertretene Meinungsspektrum zum Regelungsgehalt des Art. 68 Abs. 1 Satz 1, 2. Hs. BayBO 2008/2009 lässt sich auf zwei konträre Positionen abstrahieren. Es stehen sich die Auffassungen einer bloßen Befugnis der Bauaufsichtsbehörde einerseits und einer ermessensgebundenen Ermächtigung andererseits gegenüber. Die (Neu-)Regelung weist eine Diskrepanz zwischen dem wörtlich Normierten auf der einen und der Intention des Gesetzgebers, wie in den Gesetzgebungsmaterialien formuliert, auf der anderen Seite auf. (Teil 2 C.III.2.)

48. Die vermeintlich nur von rechtstheoretischem Interesse getragene und deshalb nicht entscheidungserhebliche Frage nach der förmlichen Rechtsnatur des Art. 68 Abs. 1 Satz 1, 2. Hs. BayBO 2008/2009 ist allerdings für die Folgefrage bedeutsam, ob es seit dem Änderungsgesetz 2009 einer verfahrensrechtlichen Differenzierung zwischen einem allgemeinen, d.h. nicht kodifizierten und einem besonderen, d.h. gesetzlich normierten Sachbescheidungsinteresse bedarf und wenn ja, wie sich beide Institute zueinander verhalten. (Teil 2 C.III.3.)

49. Auf Behördenebene sehen die Bayerischen Verwaltungsgerichte die Bauaufsichtsbehörde als alleinigen Normadressaten des Art. 68 Abs. 1 Satz 1, 2. Hs. BayBO 2008/2009 an. Weniger homogen erweist sich die erstinstanzliche Rechtsprechung hinsichtlich der prozessualen Konsequenzen. Sofern nicht eine originäre gerichtliche Befugnis zur Bauantragsablehnung verneint wird, differieren die von den Gerichten für sich selbst in Anspruch genommenen Kompetenzen. Auch hinsichtlich des Zeitpunkts, in dem von der Befugnis letztmalig Gebrauch gemacht werden kann, besteht keine einheitliche Rechtsprechung. (Teil 2 C.IV.1.a))

50. Wenngleich einzelne Verwaltungsgerichte eine teleologische Reduktion des Art. 68 Abs. 1 Satz 1, 2. Hs. BayBO 2008/2009 auf bauordnungsrechtliche Verstöße vornehmen, weisen die erstinstanzlichen Entscheidungen überwiegend die Tendenz auf, das Tatbestandsmerkmal „öffentlich-rechtliche Vorschriften" wortlautgemäß zu subsumieren. Auch hinsichtlich der tatbestandlich nicht vorausgesetzten besonderen Qualität des Rechtsverstoßes werden unterschiedliche Haltungen mit teils konträren Positionen eingenommen. (Teil 2 C.IV.1.b))

51. Indem Art. 68 Abs. 1 Satz 1, 2. Hs. BayBO 2008/2009 in der verwaltungsgerichtlichen Terminologie mit Begriffen wie „Ermächtigung", „Erlaubnis", „Wahlmöglichkeit" oder „Rechtsmacht" charakterisiert wird, kann auf ein der Norm immanentes Ermessen geschlossen werden, welches allerdings gerichtlich überwiegend nicht diskutiert oder sogar im Gleichlauf mit den ministerialen Vollzughinweisen verneint wird. Bisweilen erwecken die gerichtlichen Entscheidungen teils den Eindruck, von einer gesetzlichen Erweiterungsmöglichkeit des Prüfprogramms nach Belieben und ohne Rechtfertigung auszugehen. (Teil 2 C.IV.1.c))

52. Die Gegenüberstellung einiger erstinstanzlicher bayerischer VG-Entscheidungen, die zum Teil bereits unter, zum Teil aber noch ohne Berücksichtigung der einschlägigen BayVGH-Rechtsprechung ergangen sind, zeigt ein nicht nur differenziertes, sondern vor allem auch inhomogenes und zum Teil sogar widersprüchliches Bild. Das Spektrum der von den Gerichten vertretenen Auffassungen zur Ablehnungsbefugnis des Art. 68 Abs. 1 Satz 1, 2. Hs. BayBO 2008/2009 ist äußerst breit gefächert und schließt selbst extremste Positionen mit ein. Eine Angleichung der Rechtsprechung ist deshalb unumgänglich nötig. (Teil 2 C.IV.1.d))

53. Die im Kontext mit Art. 68 Abs. 1 Satz 1, 2. Hs. BayBO 2008/2009 stehende BayVGH-Rechtsprechung lässt drei Aussagen erkennen: Die Neuregelung stellt erstens eine Befugnisnorm und Ermessensvorschrift dar (Auswahlermessen auf der Rechtsfolgenseite). Die Norm ist zweitens aber nicht zugleich auch drittschützend, sodass sich keine zusätzliche Prüfpflicht für die Bauaufsichtsbehörde ergibt. Und schließlich drittens bleibt der jeweils einschlägige Prüfkatalog von der Möglichkeit, eine Baugenehmigung abzulehnen, unberührt. Eine fakultative Erweiterung des Prüfprogramms wird damit ausdrücklich abgelehnt. (Teil 2 C.IV.2.)

54. Das Tatbestandsmerkmal „sonstige öffentlich-rechtliche Vorschriften" des Art. 68 Abs. 1 Satz 1, 2. Hs. BayBO 2008/2009 ist entsprechend dem Wortlaut weit zu verstehen, jedoch zugleich auf materielle Regelungen des öffentlichen Rechts beschränkt. Nach sowohl historischer als auch systematischer Auslegung der Norm besteht weder die Notwendigkeit noch die Möglichkeit zu einer teleologischen Einschränkung der Formulierung. Hinsichtlich des Merkmals der öffentlich-rechtlichen Vorschriften kann Art. 68 Abs. 1 Satz 1, 2. Hs. BayBO 2008/2009 als Pendant zu Art. 55 Abs. 2 BayBO 2008 verstanden werden. (Teil 2 D.I.)

55. Der in Art. 68 Abs. 1 Satz 1, 2. Hs. BayBO 2008/2009 enthaltene Verweis auf „sonstige öffentlich-rechtliche Vorschriften" umfasst nicht zugleich die Fälle einer nur formellen Illegalität. Das Fehlen einer anderweitigen öffentlich-rechtlichen Genehmigung bzw. Erlaubnis begründet als typische Fallkonstellation der anerkannten Kasuistik zum Rechtsinstitut des fehlenden Sachbescheidungsinteresses keinen Rechtsverstoß im Sinne des zweiten Halbsatzes und vermag keine Ablehnung aufgrund dieser Befugnis zu rechtfertigen. (Teil 2 D.I.)

56. Ausgehend von und in Übereinstimmung mit den allgemeingültigen Definitionsansätzen ist Art. 68 Abs. 1 Satz 1, 2. Hs. BayBO 2008/2009 als eine Verwaltungsermessen eröffnende Rechtsnorm, d.h. als Befugnisnorm und Ermessensvorschrift anzusehen. Neben dem Wortlautindiz – die Modalverbformen „darf" und „kann" sind synonym zu verstehen –, weist auch der der Behörde eingeräumte Handlungsspielraum auf eine Ermessensvorschrift hin. Die Bauaufsichtsbehörde darf damit von den ihr eingeräumten Handlungsalternativen nicht beliebig oder pflichtwidrig Gebrauch machen, Art. 40 BayVwVfG. (Teil 2 D.II.1.)

57. Ein triftiger Grund, bei Art. 68 Abs. 1 Satz 1, 2. Hs. BayBO 2008/2009 nicht von einer Ermessensvorschrift auszugehen ist nicht ersichtlich. Die Vorschrift bietet der Behörde vielmehr eine Wahlmöglichkeit. Die Begründungsversuche der Ermessensgegner dürften im Ergebnis darauf abzielen, eine Diskussion um eine etwaige Ermessensreduzierung auf Null zu vermeiden und einen daraus resultierenden Drittschutz auszuschließen. Mit der Annahme eines Ermessens folgt kein Automatismus dahingehend, dass der Ermessensspielraum im Interesse des Bauherrn oder Nachbarn besteht, mithin drittschützend ist. (Teil 2 D.II.2.)

58. Der von der Ablehnungsbefugnis unberührt bleibende Verweis des Art. 68 Abs. 1 Satz 1, 1. Hs. BayBO 2008/2009 auf die Genehmigungsverfahren unterstreicht die Beschränkung der bauaufsichtlichen Prüfung. Mit seiner in Form eines zweiten Halbsatzes nachgelagerten Stellung bildet Art. 68 Abs. 1 Satz 1, 2. Hs. BayBO 2008/2009 lediglich die Grundlage dafür, die Baugenehmigung in Einzelfällen zu versagen, ohne dabei auf das Prüfprogramm als solches Einfluss zu nehmen. Der durch Art. 59 bzw. Art. 60 BayBO 2008 bestimmte Prüfungsumfang ist als Regelfall gegenüber der Ablehnungsbefugnis anzusehen. (Teil 2 D.II.3.c))

59. Das „Darf" der Neuregelung ist als reines Auswahlermessen zu verstehen und nicht bereits auf der Ebene des Behördenentschlusses anzusiedeln, in eine Prüfung hinsichtlich etwaiger Verstöße einzusteigen. Der die Antragsablehnung ermöglichende Verstoß muss ohne eine ins Einzelne gehende Prüfung – als „Zufallsfund" – ersichtlich sein, mithin sprichwörtlich „ins Auge springen". Gegenteilige Rechtsauffassungen verkennen das Regel-Ausnahme-Verhältnis der Normstruktur und erweisen sich als systemwidrig, wenn sie die Regelung als faktische, fakultative oder gar beliebige Erweiterung des Prüfungsumfangs deuten. (Teil 2 D.II.3.c) in Anknüpfung an Teil 2 D.II.3.a) und b))

60. Es ist keine Differenzierung vorzunehmen, auf welche Art und Weise die Bauaufsichtsbehörde Kenntnis von einem Verstoß im Sinne des Art. 68 Abs. 1 Satz 1, 2. Hs. BayBO 2008/2009 erhält. Auch von dritter Seite mitgeteilte, sog. „kenntnisprovozierende" Verstöße sind als Zufallsfunde anzusehen. Eine gegebenenfalls bedingte Zunahme von Anzeigen Dritter hinsichtlich bauordnungsrechtlicher Verstöße im Genehmigungsverfahren ist in Kauf zu nehmen. Ein rechtlicher Anspruch des mitteilenden Dritten folgt daraus nicht. (Teil 2 D.II.3.c))

61. Da der Wortlaut des Art. 68 Abs. 1 Satz 1, 2. Hs. BayBO 2008/2009 und die für das fehlende Sachbescheidungsinteresse entwickelten Grundsätze nicht deckungsgleich sind, wird in der Jurisprudenz und Verwaltungspraxis das Verhältnis der Neuregelung zu diesem ungeschriebenen Grundsatz unterschiedlich beurteilt, was ein erhöhtes Maß an Rechtsunsicherheit bedingt. Abstrahiert auf zwei konträre Positionen steht die These, Art. 68 Abs. 1 Satz 1, 2. Hs. BayBO 2008/2009 bereite den Baubehörden eine erweiterte Handlungsmöglichkeit unter Verzicht auf Einschränkungen, der Meinung gegenüber, es seien weiterhin enge

Maßstäbe anzulegen, um der Willkürlichkeit des Behördenhandelns zu begegnen. (Teil 2 D.III.[1.])

62. Nicht zuletzt aufgrund des Rechtsgedankens des Art. 76 Satz 1 BayBO 2008 und des damit zum Ausdruck gebrachten Verhältnismäßigkeitsgrundsatzes scheidet eine auf Art. 68 Abs. 1 Satz 1, 2. Hs. BayBO 2008/2009 gestützte Ablehnung des Bauantrags aus, wenn der festgestellte Verstoß als Hindernis anderweitig ausgeräumt oder behoben werden kann. Etwaige Legalisierungsmöglichkeiten sind bereits auf der Tatbestandsebene und nicht erst bei der im Rahmen des Art. 68 Abs. 1 Satz 1, 2. Hs. BayBO 2008/2009 zu treffenden Ermessensentscheidung zu beachten. (Teil 2 D.III.2.a))

63. In Ansehung der legislatorisch bezweckten Verfahrensbeschleunigung erweist es sich als contra legem, in Art. 68 Abs. 1 Satz 1, 2. Hs. BayBO 2008/2009 eine Ermächtigung zu sehen, welche zeitliche Verzögerungen des Genehmigungsverfahrens zur Folge hat. Die Kriterien zum fehlenden Sachbescheidungsinteresse müssen trotz eines weitergefassten Gesetzeswortlauts Anwendung finden, sofern die Regelung lediglich als Kodifizierung dieses Rechtsgrundsatzes verstanden wird. Mit dem Anspruch, lediglich die Verfahrensökonomie wahren zu wollen, verlangt Art. 68 Abs. 1 Satz 1, 2. Hs. BayBO 2008/2009 nach Kriterien, wie sie für die Repressivkontrolle und Eingriffsbefugnisse gelten. (Teil 2 D.III.2.b))

64. Die auf Art. 68 Abs. 1 Satz 1, 2. Hs. BayBO 2008/2009 gestützte Ablehnung darf bereits tatbestandlich nur nach Maßgabe des „doppelten Offensichtlichkeitskriteriums" erfolgen, mit dem die Unzulässigkeit einer Prüfung im Sinne einer Suche nach Rechtsverstößen und die auf die Rechtslage bezogene Offensichtlichkeit zum Ausdruck gebracht werden. Sind die tatbestandlichen Anwendungsvoraussetzungen erfüllt, wäre aber ein repressives bauaufsichtsbehördliches Einschreiten nicht ermessensfehlerfrei möglich, hat die Behörde ihr Ermessen im Regelfall dahingehend auszuüben, von einer Ablehnung – da dann nicht verfahrensökonomisch im Sinne der Verfahrensvorschriften – Abstand zu nehmen. (Teil 2 D.III.2.c))

65. Die auf Art. 68 Abs. 1 Satz 1, 2. Hs. BayBO 2008/2009 gestützte Bauantragsablehnung und die Erteilung einer von repressiven bauaufsichtlichen Maßnahmen flankierten Baugenehmigung sind im Grundsatz als zwei sich ergänzen-

de verfahrensrechtliche Vorgehensweisen zu verstehen, die nicht im Sinne eines fakultativen Alternativverhältnisses bestehen. Die mit Art. 68 Abs. 1 Satz 1, 2. Hs. BayBO 2008/2009 verbundene pflichtgemäße Ermessensausübung stellt die Weichen für das jeweils einschlägige und zu beschreitende Behördenhandeln und schließt ein offenes bauaufsichtsbehördliches Wahlrecht aus. (Teil 2 D.IV.1.)

66. Trotz des Wortlauts und der gesetzessystematischen Verortung ist Art. 68 Abs. 1 Satz 1, 2. Hs. BayBO 2008/2009 lediglich als (spezial-)gesetzliche Kodifizierung des Rechtsgrundsatzes des fehlenden Sachbescheidungsinteresses zu verstehen. Mit diesem Normverständnis ist von einem Nebeneinander des ungeschriebenen Rechtsgrundsatzes im Sinne eines „allgemeinen Sachbescheidungsinteresses" einerseits und der gesetzlichen Ablehnungsmöglichkeit als kodifiziertes „besonderes Sachbescheidungsinteresse" andererseits auszugehen, wobei der allgemeine Rechtsgrundsatz nur noch anwendbar ist, wenn das fehlende Interesse nicht aus Verstößen gegen materielle öffentlich-rechtliche Vorschriften abgeleitet wird. (Teil 2 D.IV.2.)

67. Ausgehend von der Akzeptanz der rechtspolitischen Entscheidung, trotz einer an konsequenter bauverfahrensrechtlicher Deregulierung ausgerichteten Systematik der Bayerischen Bauordnung die Möglichkeit zur Ablehnung des Bauantrags auch bei Verstößen gegen nicht prüfpflichtige öffentlich-rechtliche Vorschriften sichergestellt zu wissen, bedarf es einer Ermächtigungsgrundlage für ein dementsprechendes bauaufsichtsbehördliches Vorgehen. Der mit Art. 68 Abs. 1 Satz 1, 2. Hs. BayBO 2008/2009 unternommene Versuch einer ausdrücklichen Regelung ist unzureichend und bedarf – wenngleich die Neuregelung verfassungskonform handhabbar gemacht werden kann – der legislatorischen Korrektur. (Teil 2 D.V.[1.])

68. Die gegenwärtige Einbettung eines kodifizierten Sachbescheidungsinteresses in Art. 68 Abs. 1 BayBO 2008/2009 weist bei isolierter Betrachtung die Struktur eines eigenständigen materiell-rechtlichen Ablehnungsgrundes auf und spiegelt damit nicht den Charakter einer bloßen Sachentscheidungsvoraussetzung wider. Eine Sonderregelung zum fehlenden Sachbescheidungsinteresse wäre richtigerweise als weiterer Absatz in Art. 65 BayBO 2008 zu verorten, stünde diese Norm dann in konsequenter Fortsetzung des vorausgehenden Absatzes im Sachzusammenhang mit den Maßgaben für die Behandlung des Bau-

antrags bei gleichzeitiger Hervorhebung des Gedankens der Verfahrensökonomie. (Teil 2 D.V.2.a))

69. Das Erfordernis einer bauaufsichtsbehördlichen pflichtgemäßen Ermessensausübung, verdeutlicht durch das ermessenintendierende Modalverb „kann", die Beschränkung der Ablehnungsbefugnis auf offensichtliche Verstöße gegen bauordnungsrechtliche Vorschriften sowie die Umstände der Legalisierbarkeit des Verstoßes und der Entscheidungsreife bauaufsichtlicher Maßnahmen sollten unmissverständlich im Wortlaut einer modifizierten (Neu-)Regelung Niederschlag finden. (Teil 2 D.V.2.b))

70. Eine sowohl in der Gesetzessystematik als auch in der Terminologie modifizierte Regelung im Sinne des derzeitigen Art. 68 Abs. 1 Satz 1, 2. Hs. BayBO 2008/2009, der im Zuge einer legislatorischen Neufassung wieder zu streichen wäre, könnte wie folgt gefasst werden:

Art. 65 Behandlung des Bauantrags, fehlendes Antragsinteresse

(1)   [...]
(2)   ¹Ist der Bauantrag unvollständig [...].
(3)   ¹Die Bauaufsichtsbehörde kann den Bauantrag bereits ablehnen, wenn sie unter Wahrung der Beschränkung der bauaufsichtlichen Prüfung einen offensichtlichen Widerspruch zu nicht zu prüfenden Anforderungen dieses Gesetzes oder auf Grund dieses Gesetzes erlassener Vorschriften feststellt, der bauaufsichtliche Maßnahmen nach Art. 75 oder Art. 76 rechtfertigen würde und nicht durch Abweichungszulassung nach Art. 63 ausgeräumt werden kann. ²Art. 59 Satz 1, Art. 60 Satz 1 sowie Art. 68 Abs. 1 Satz 1 und Abs. 4 bleiben unberührt.

(Teil 2 D.V.2.b))

71. Im Hinblick auf die am „Bauantrag" (Art. 64 Abs. 1 BayBO 2008) anknüpfenden Sachentscheidungsvoraussetzungen einerseits sowie die an der „Baugenehmigung" (Art. 68 Abs. 1 Satz 1, 1. Hs. BayBO 2008/2009) ansetzenden materiellen Prüfungsergebnisse andererseits empfiehlt sich eine entsprechende Differenzierung je nach Ebene des Ablehnungsgrundes bereits im Tenor des jeweiligen Ablehnungs- bzw. Versagungs-VA. Während im ersten Falle ausgesprochen werden sollte „Der Bauantrag wird abgelehnt.", sollte in letztgenannten Fällen tenoriert werden „Die beantragte Baugenehmigung wird versagt.". (Teil 2 D.V.2.c))

72. Der Rückbau der vereinfachten Baugenehmigungsprüfung mit der Folge eines Verzichts auf eine präventive Überprüfung des Bauordnungsrechts unterliegt trotz des in der BayBO niedergelegten Grundprinzips einer vorbeugenden Verwaltungskontrolle keinen verfassungsrechtlichen Bedenken. Der betroffene Nachbar ist deshalb darauf beschränkt, den Planungen und Ausführungen auf einem nebenliegenden Grundstück mit den von der Bauordnung zur Verfügung gestellten Instrumentarien einschließlich der prozessualen Durchsetzungsmöglichkeiten zu begegnen, soweit er öffentlich-rechtlichen Rechtsschutz sucht und es ihm um die Wahrung subjektiver öffentlicher Rechte geht. (Teil 3 A.I.1.)

73. Anstatt einen zielführenden Beitrag zur Problem- und Konfliktlösung zu leisten, hat der Gesetzgeber bei summarischer Würdigung der Probleme mit der BayBO 2008/2009 weitere Impulse und Interpretationsmöglichkeiten für die Suche nach nachbarlicher Rechtsschutzkompensation gesetzt und neue Fragen für den Nachbarschutz aufgeworfen. Soweit die von der Literatur aufgeworfenen Rechtsthesen am Gesetzestext und an der Systematik selbst ansetzen und nicht lediglich rechtspolitische Forderungen zum Ausdruck bringen, verlangen diese Thesen nach rechtswissenschaftlicher Auseinandersetzung. (Teil 3 A.I.2.)

74. Die zivilrechtlichen und öffentlich-rechtlichen Rechtsschutzmöglichkeiten des Nachbarn stehen im Baurecht gleichberechtigt nebeneinander, wobei im Sinne eines neueren Verständnisses richtigerweise von Teilrechtsordnungen mit jeweils unterschiedlichen Steuerungsleistungen, aber zugleich auch mit wechselseitigem Bezug und in gegenseitiger Ergänzung mit der Folge eines systematischen Rechtsgüterschutzes auszugehen ist. (Teil 3 A.II.1.)

75. Die Rechtsauffassung, wonach dem öffentlichen Nachbarrecht in erster Linie eine präventive Funktion zukomme und der zivilrechtliche Nachbarrechtsschutz primär durch eine repressive Schutzwirkung charakterisiert werde, ist zwar auch nach der BayBO-Novelle 2008 bzw. 2009 in ihrer Grundsatzaussage richtig, bedarf allerdings mit Blick auf das vereinfachte Baugenehmigungsverfahren einer relativierenden Präzisierung in der Aussage selbst, da das Argument einer umfassenden und in zeitlicher Hinsicht frühen Anfechtungsmöglichkeit nicht mehr (mit der ursprünglichen Gewichtung) in Betracht kommt. (Teil 3 A.II.1.)

76. Die exemplarisch betrachtete Behörden- und Gerichtspraxis, welche sich auf den Gedanken stützt, die Deregulierungsziele dürften nicht durch eine Ausweitung repressiver Bauaufsicht konterkariert werden, lässt eine Zunahme von auf den Subsidiaritätsgedanken gestützten Rechtswegverweisungen erkennen. Diese Praxis verkennt, dass die angeordneten Maßnahmen keine qualitative Ausweitung repressiver Bauaufsicht unter extensiverer Anwendung der rechtlichen Anforderungen, sondern nur einen quantitativen Anstieg entsprechender Fallzahlen bewirken, die durch die Verlagerung von der Anfechtung hin zu den bauaufsichtlichen Maßnahmen bedingt sind. (Teil 3 A.II.2.)

77. Die Kasuistik zum Subsidiaritätsprinzip ist zu revidieren sowie in der Anwendung zu begrenzen. Zugleich ist den Spekulationen um eine vom Gesetzgeber intendierte Rechtsschutzverlagerung weg vom Verwaltungsrecht hin zum Privatrecht entgegenzutreten. Der Ausgleich kollidierender Privatinteressen erfolgt in beiden Teilrechtsordnungen nicht nur auf formell unterschiedliche Art und Weise, sondern betrifft auch in materiell-rechtlicher Hinsicht zwei unterschiedliche Streit- bzw. Verfahrensgegenstände. Die Verweisung des verwaltungsgerichtlich rechtsschutzsuchenden Nachbarn auf den Zivilrechtsweg ist nicht sachgerecht, wenn er auf sich ein drittschützendes öffentliches Recht beziehen kann. (Teil 3 A.II.3.)

78. Obwohl Art. 63 Abs. 1 Satz 1 BayBO 2008 auf die Würdigung der öffentlich-rechtlich geschützten nachbarlichen Belange abstellt, erlauben die den „Nachbarn" bzw. die „Nachbarschaft" in Bezug nehmenden Vorschriften weder eine abgeschlossene Definition des öffentlich-baurechtlichen Rechtsschutzes noch intendieren sie eine automatische subjektive öffentliche Rechtsposition aufgrund der jeweiligen Norm. Die Bestimmung subjektiver öffentlicher Rechte hat auch hinsichtlich Art. 63 Abs. 2 Satz 2, 2. Hs. und Art. 68 Abs. 1 Satz 1, 2. Hs. BayBO 2008/2009 nach Maßgabe der Schutznormtheorie zu erfolgen. (Teil 3 A.III.1.[b)])

79. Obwohl zwischen dem Verfahrensgegenstand des Bauantrags einerseits und dem des Abweichungsantrags andererseits zu differenzieren ist und die tenorierte Feststellung aus dem die Abweichung zulassenden VA folgt, muss sich die nachbarliche Anfechtungsklage gegen eine Drittschutz vermittelnde Abweichungszulassung auf den gesamten Baugenehmigungsbescheid unter Einschluss beider (Teil-)Verwaltungsakte, Baugenehmigung und Abweichungszulassung,

erstrecken. Dies gilt wegen der Konnexität bei paralleler Antragstellung auch dann, wenn die Abweichung nachgelagert erteilt wird. (Teil 3 A.III.2.a))

80. Die nachbarliche Anfechtung eines Baugenehmigungsbescheides wegen einer materiell-rechtswidrig erteilten Abweichung von drittschützenden Anforderungen ist auch dann möglich, wenn es an einer ausdrücklichen und gesonderten Antragstellung im Sinne des Art. 63 Abs. 2 Satz 2, 2. Hs. BayBO 2008/2009 fehlt, mithin die Abweichungszulassung auf behördliche Eigeninitiative zurückzuführen ist. Die bundes- und oberverwaltungsgerichtliche Rechtsprechung, welche die Anfechtbarkeit bei sowohl fehlendem Abweichungsantrag als auch fehlender Zulassungsentscheidung ausschließt, steht dem nicht entgegen. (Teil 3 A.III.2.b))

81. Aus der gesetzestextlichen Maßgabe, die für die Abweichungszulassung seit 2008 auch eine Berücksichtigung „des Zwecks" der jeweiligen Anforderung vorgibt, folgt nicht, dass die von Art. 63 Abs. 1 Satz 1 BayBO 2008 verlangte Vereinbarkeit ausschließlich anhand solcher öffentlicher Belange auszumachen ist, welche die abweichungsbedürftige Vorschrift zu schützen bezweckt. Der Nachbar kann die Rechtswidrigkeit einer Abweichung von einer drittschützenden Norm auch dann geltend machen, wenn diese Rechtswidrigkeit der Nichtvereinbarkeit mit einem im rein öffentlichen Interesse stehenden Belang erwächst. (Teil 3 A.III.2.c))

82. Auch nach dem Änderungsgesetz 2009 ist eine etwaige unmittelbare Drittschutzwirkung des ungeschriebenen Rechtsgrundsatzes des fehlenden Sachbescheidungsinteresses nicht lediglich von rechtshistorischem Interesse. Nach den Maßgaben der Schutznormtheorie kann der Nachbar aus diesem Rechtsinstitut allerdings keine Rechte zu seinen Gunsten ableiten, auch wenn die rechtspolitische Forderung einer solchen Folge durchaus legitim ist. Der Rechtsgrundsatz dient nicht zugleich dem Ausgleich konträrer, nachbarrechtlich verwurzelter Rechtspositionen. Eine dem Nachbarn günstige Reflexwirkung der Ablehnung genügt als bloße Chance für die Bejahung eines nachbarlichen Anspruchs nicht. (Teil 3 A.III.3.a))

83. Auch wenn Art. 63 Abs. 2 Satz 2, 2. Hs. BayBO 2008/2009 einen rechtstheoretisch und -praktisch interessanten Anknüpfungspunkt für eine etwaige Kompensation der nachbarrechtlichen Auswirkungen reduzierter Prüfprogram-

me liefert, kommt Nachbarschutz in unmittelbarer Anwendung dieser Verfahrensregelung unter Anwendung der Schutznormtheorie gleichwohl nicht in Betracht. Die – wenn auch rechtswidrig – unterlassene Antragstellung auf Zulassung von Abweichungen zeigt auf die Feststellungswirkung des die Genehmigung erteilenden Verwaltungsaktes keine Auswirkungen. Der Nachbar hat keinen Anspruch auf eine im Sinne der Norm rechtmäßige Antragstellung des Bauherrn. (Teil 3 A.III.3.b))

84. Bei einem objektiv fehlenden Abweichungsantrag kann der Nachbar keinen drittschützenden bauaufsichtsbehördlichen Verstoß gegen Art. 65 Abs. 2 BayBO 2008 geltend machen. Auch eine an die in 2009 veränderten gesetzestextlichen Voraussetzungen angepasste rechtliche Würdigung bedingt keine mittelbare Drittschutzvermittlung des Art. 63 Abs. 2 Satz 2, 2. Hs. i.V.m. Art. 65 Abs. 2 Satz 1 BayBO 2008/2009. Die lediglich bei Vorliegen der tatbestandlichen Voraussetzungen des Art. 65 Abs. 2 Satz 1 BayBO 2008 anzunehmende behördliche Verpflichtung dient nicht dem Nachbarn. (Teil 3 A.III.3.c))

85. Während bei (unzutreffender) Folgerung einer bloßen Befugnis ohne Ermessen etwaige drittschützende Wirkungen des Art. 68 Abs. 1 Satz 1, 2. Hs. BayBO 2008/2009 folgerichtig nur auf Grundlage des Charakters der Norm als Verfahrensvorschrift zu beurteilen wären, verlangt die Annahme eines der Norm immanenten Ermessens eine Auseinandersetzung anhand der Schutznormtheorie. Trotz des ambivalenten Wortlauts der Vorschrift schließen der verfahrensrechtliche Charakter, die Gesetzgebungshistorie sowie die an der Schutznormtheorie ausgerichtete Auslegung aber eine anspruchsbegründende Ermessensreduzierung auf Null zugunsten des Nachbarn aus, verhielte sich ein solcher Anspruch nämlich geradezu kontradiktorisch zur legislatorischen Intention einer Verfahrensbeschleunigung. (Teil 3 A.III.3.d))

86. Obgleich die gesetzestextlichen Ergänzungen um jeweils einen zweiten Halbsatz in Art. 63 Abs. 2 Satz 2 und Art. 68 Abs. 1 Satz 1 BayBO 2008/2009 nicht nur eine neue rechtliche Ausgangslage geschaffen, sondern auch zu neuen Argumentationsansätzen betroffener Nachbarn geführt haben, entfalten diese Regelungen keinen drittschützenden Charakter, so dass dem Nachbarn nach der gegenwärtigen Systematik der BayBO – vorbehaltlich einer Einbeziehung über das Rücksichtnahmegebot – auch weiterhin weder eine unmittelbare noch mittelbare Möglichkeit eingeräumt wird, eine Baugenehmigung auf Grundlage von

genehmigungsrechtlich nicht mehr prüfpflichtigen Anforderungen anzufechten. (Teil 3 A.III.4.)

87. Aufgrund der Ausdünnung der bauaufsichtlichen Prüfprogramme gewinnt das von Rechtsprechung und Literatur anerkannte Gebot der Rücksichtnahme, welches vom bauplanungsrechtsbezogenen Prüfauftrag im Sinne des Art. 59 Satz 1 Nr. 1, 1. Alt. BayBO 2008 mit umfasst ist, für den nachbarlichen Rechtsschutz an Bedeutung. Zumindest in bestimmten Fallkonstellationen zeigt der Verstoß gegen Abstandsflächenregelungen über das bauplanungsrechtliche Rücksichtnahmegebot durchaus Auswirkungen auf die materielle Rechtmäßigkeit der Baugenehmigung als mit der Anfechtungsklage anzugreifenden VA. (Teil 3 B.I.)

88. Ausfluss der uneingeschränkten bauaufsichtsbehördlichen Verpflichtung, die Übereinstimmung mit den Vorschriften über die Zulässigkeit der baulichen Anlagen nach den §§ 29 bis 38 BauGB prüfen zu müssen, ist zugleich eine zwingende Einbeziehung des den bauplanungsrechtlichen Regelungen § 31 Abs. 2, § 34 Abs. 1 Satz 1, § 35 Abs. 3 Satz 1 Nr. 3 BauGB und § 15 BauNVO folgenden Rücksichtnahmegebots. Mit der im vereinfachten Verfahren erteilten Baugenehmigung geht zugleich eine Feststellung dahingehend einher, dass das Bauvorhaben auch auf individuelle Nachbarinteressen, soweit anhand der Maßgaben des Rücksichtnahmegebots feststellbar, Rücksicht nimmt. (Teil 3 B.I.1.)

89. Der Nachbar kann mit Hilfe des planungsrechtlichen Rücksichtnahmegebots keinen größeren Gebäudeabstand als bauordnungsrechtlich vorgesehen beanspruchen. Das Rücksichtnahmegebot kann aber auch verletzt sein, wenn das Vorhaben die landesrechtlichen Abstandsvorschriften einhält. Das BVerwG verlangt dann zudem eine Rücksichtslosigkeit des Bauvorhabens aufgrund von weitergehenderen planungsrechtlichen Anforderungen. Im Hinblick auf das Wechselspiel zwischen den bauordnungsrechtlichen Abstandsflächen und dem bauplanungsrechtlichen Rücksichtnahmegebot misst das BVerwG dem landesrechtlichen Abstandsflächenrecht dennoch oder gerade deshalb eine auch planungsrechtliche Konkretisierungswirkung zumindest bei eingehaltenen Abstandsflächen bei. (Teil 3 B.I.2.)

90. Entgegen einer weit verbreiteten Auffassung, die in Ansehung der jüngeren Rechtsprechung des Bundesverwaltungsgerichts einen Bedeutungsverlust der

Abstandsflächen für die Frage nach Rücksichtnahme im Rahmen des Einfügenserfordernisses des § 34 Abs. 1 Satz 1 BauGB folgt und nachbarliche Rücksichtnahme nur noch anhand städtebaurechtlicher Belange messen will, geht von den Abstandsflächen in Übereinstimmung mit dieser Rechtsprechung nach wie vor eine nicht unerhebliche Vermutungswirkung aufgrund der durch diese Regelungen zum Ausdruck gebrachten Konkretisierung aus. Dies gilt in beide Richtungen, d.h. bei Einhaltung und bei Verstößen gegen Abstandsflächen. (Teil 3 B.I.3.)

91. In noch zutreffender Weise erkennt auch der BayVGH die indizierende Wirkung eingehaltener Abstandsflächen im Rahmen der Einfügensfrage des § 34 Abs. 1 Satz 1 BauGB an, verneint aber fälschlicherweise eine entsprechend umgekehrte Indizwirkung. Indem der BayVGH in Ansehung der begrenzten Prüfprogramme abstandsflächenrechtliche Problemstellungen im Rahmen des planungsrechtlichen Rücksichtnahmegebots für nicht berücksichtigungsfähig hält, verkennt dieser sowohl, dass das BVerwG mitnichten eine derartige Haltung hat erkennen lassen, als auch, dass die Systematik der BayBO einer solchen Vermutungswirkung nicht entgegensteht. (Teil 3 B.I.4.)

92. Den landesrechtlichen Abstandsflächen kommt im Rahmen des bauplanungsrechtlichen Rücksichtnahmegebots eine im Einzelfall reversible Indizwirkung zu. Wie die BauNVO ist auch das Abstandsflächenrecht für die Einfügensfrage im Sinne des § 34 Abs. 1 Satz 1 BauGB nur (tatsachen- bzw. sachverstand-)vermutende Auslegungshilfe. Eine Überprüfung des Abstandsflächenrechts darf damit weder unmittelbar stattfinden, noch muss sie mittelbar erfolgen. Eine auf verletzte bauordnungsrechtliche Vorschriften gestützte Anfechtungsklage geht dann nicht ins Leere, wenn sich aus der Verletzung einer Abstandsflächenregelung zugleich wertend die Rücksichtslosigkeit des Bauvorhabens ergibt. (Teil 3 B.I.5.)

93. Der Grundsatz, dass eine im vereinfachten Genehmigungsverfahren erteilte Baugenehmigung keine Aussage hinsichtlich bauordnungsrechtlicher Regelungen enthält, stimmt nicht immer mit der behördlichen Genehmigungs- bzw. Bescheidspraxis überein, die z.T. den Eindruck einer auch auf BayBO-Vorschriften erstreckten Aussage vermittelt. Die Rechtsprechung weist zunehmend die Tendenz auf, eine erweiterte Feststellungswirkung bei behördlichen Überschreitun-

gen des gesetzlichen Prüfprogramms zu verneinen. Diese (Fehl-)Entwicklung gilt es kritisch zu hinterfragen und in Teilen zu korrigieren. (Teil 3 B.II.)

94. Die für das nachbarliche Rechtsschutzbegehren ausschlaggebende Feststellungswirkung der Baugenehmigung korrespondiert mit den Prüfprogrammen. In prozessrechtlicher Konsequenz muss der Nachbar bei der Wahl des Rechtsschutzmittels zwischen Anfechtung und Verpflichtung differenzieren und gegebenenfalls die jeweils statthaften Klagen bzw. Anträge kombinieren. Die Rechtsauffassung, Nachbarrechte könnten nicht verletzt sein, wenn über sie nicht in der Genehmigung entschieden worden ist, geht von dem gesetzeskonformen Idealfall eines an den Prüfprogrammen ausgerichteten Behördenhandelns aus. (Teil 3 B.II.1.)

95. Die Frage, ob die Feststellungswirkung – im Ausnahmefall – gegenüber dem Prüfprogramm erweitert wird, wenn die Bauaufsichtsbehörde in den Bauunterlagen oder im begründenden Teil der Baugenehmigung durch diesbezügliche Ausführungen entsprechende Anhaltspunkte dafür bietet, wird in der verwaltungsgerichtlichen Rechtsprechung unterschiedlich beantwortet. Nicht nur die obergerichtliche Rechtsprechung bei landesübergreifender Betrachtung, sondern auch die erstinstanzliche bayerische Verwaltungsgerichtsrechtsprechung weist ein inhomogenes, z.T. sogar gegensätzliches Bild auf. (Teil 3 B.II.2.)

96. Nach Auffassung des BayVGH kann einzig der Baugenehmigungsbescheid selbst Anknüpfungspunkt für eine etwaige erweiterte Feststellungswirkung sein. Während der 2. Senat eine erweiterte Feststellung allein auf Grundlage entsprechender Ausführungen in den Gründen des Baugenehmigungsbescheides ablehnt, erkennt der 15. Senat eine solche grundsätzlich an, verneint sie aber wiederum, wenn die Behörde die vereinfachte Baugenehmigungsprüfung oder die Beschränkung des Prüfprogramms betont. (Teil 3 B.II.2.a))

97. Auch wenn für eine über den gesetzlichen Prüfkatalog hinausgehende Feststellungswirkung vereinzelt die Aktenlage insgesamt berücksichtigt wird, wenn es um eine feststellungswirksame Prüfung auch von Bauordnungsrecht geht, stellt die erstinstanzliche bayerische verwaltungsgerichtliche Rechtsprechung in Übereinstimmung mit dem BayVGH überwiegend nur auf den Bescheid bzw. dessen Tenor und Begründung im Übrigen ab. Die entscheidungserheblichen tatsächlichen Umstände einer bauaufsichtsbehördlichen und feststellungserwei-

ternden materiell-rechtlichen Prüfung i.d.S. bleiben undefiniert. (Teil 3 B.II.2.b))

98. Nach Auffassung des Oberverwaltungsgerichts des Saarlandes rechtfertige eine bewusste Überschreitung des Prüfprogramms durch die Bauaufsichtsbehörde für sich nicht die Annahme einer Verletzung von Nachbarrechten. Nicht zuletzt der abstrakt gehaltene gerichtliche Leitsatz lässt auf einen generalisierenden Geltungsanspruch dieser Aussage schließen. Insbesondere die in den Entscheidungsgründen in Bezug genommenen erstinstanzlichen rationes decidendi lassen nicht den Rückschluss zu, dass nur die nachbarliche Geltendmachung eines bloßen Verfahrensverstoßes ausgeschlossen sein soll. (Teil 3 B.II.2.c))

99. Nach Auffassung des rheinland-pfälzischen Oberverwaltungsgerichts ist die Bauaufsichtsbehörde nicht gehindert, die beschränkte Feststellungswirkung einer Baugenehmigung mit der Folge einer Anfechtungsmöglichkeit durch den Nachbarn um weitere Feststellungen bezüglich nicht prüfpflichtigen Bauordnungsrechts zu ergänzen, wobei bereits ein an den klagenden Nachbarn gerichtetes Begleitschreiben zur Baugenehmigung ausreichend sein soll. Gegenüber dem OVG des Saarlandes verhält sich diese Rechtsauffassung geradezu konträr, indem es eine entsprechende Drittanfechtung der Baugenehmigung erlaubt. (Teil 3 B.II.2.d))

100. Trotz des spiegelbildlichen Verhältnisses zwischen dem gesetzlichen Prüfkatalog einerseits und den Feststellungswirkungen andererseits sind die Reichweite des durch die Baugenehmigung vermittelten Bestandsschutzes und die rechtlichen Feststellungen im Zweifel der Auslegung zugänglich. Der für die Auslegung maßgebliche Inhalt der Baugenehmigung ist unter Berücksichtigung der gesetzlichen Maßgaben an die Form des Baugenehmigungsbescheids im Allgemeinen und die Anforderungen an die textliche Begründung im Speziellen zu würdigen. Das Abgrenzungsproblem zwischen unverbindlichen und regelungslosen Hinweisen und einer zumindest feststellungsähnlichen Auskunft tritt offen zu Tage. (Teil 3 B.II.3.a))

101. Die Begründung der Baugenehmigung richtet sich abweichend von Art. 39 Abs. 1 BayVwVfG nach Art. 68 Abs. 2 Satz 2 BayBO 2008 mit der Folge eines nur auf nachbarliche Interessen ausgerichteten Begründungsvorbehalts, der mit dem einschlägigen Prüfprogramm korrespondiert. Die Begründung darf in kon-

sequenter Anwendung des deregulierten Verfahrensrechts nicht über die beschränkten Feststellungen hinausgehen. Eine Begründung entsprechend der üblichen Behördenpraxis, weshalb die Behörde von Art. 68 Abs. 1 Satz 1, 2. Hs. BayBO 2008/2009 keinen Gebrauch gemacht hat, oder die Feststellung der bauordnungsrechtlichen Rechtmäßigkeit ist systemwidrig. (Teil 3 B.II.3.b))

102. Insbesondere dann, wenn behördliche Hinweise die Vereinbarkeit des Vorhabens mit nicht prüfpflichtigem Bauordnungsrecht zum Ausdruck bringen oder erklären, darf diesen Ausführungen nicht per se der Charakter einer ergänzenden Feststellung abgesprochen werden. Die gerichtliche Auslegung der textlichen Ausführungen der Baugenehmigung muss dem nur eingeschränkten Begründungserfordernis mit einer den Prüfprogrammen entsprechenden Reichweite sowie dem Umstand Rechnung tragen, dass aus Art. 68 Abs. 1 Satz 1, 2. Hs. BayBO 2008/2009 keine Begründungs- oder Hinweispflicht folgt. (Teil 3 B.II.3.c))

103. Weder die bauordnungsrechtliche Generalklausel noch Art. 68 Abs. 1 Satz 1, 2. Hs. BayBO 2008/2009 kann als Rechtsgrundlage herangezogen werden, das Bauvorhaben mit nicht zum Prüfprogramm gehörenden nachbarschützenden Vorschriften für vereinbar zu erklären. Der an erweiterten Feststellungen ansetzenden nachbarlichen Rüge kann das Fehlen einer entsprechenden Ermächtigungsgrundlage allerdings nicht entgegengehalten werden. Der Nachbar kann sich aber nicht darauf beschränken, alleine das Fehlen einer solchen VA-Befugnis geltend zu machen. Die materiell-rechtliche Rechtsverletzung ist unabdingbare Voraussetzung einer nachbarlichen Anfechtung. (Teil 3 B.II.4.)

104. Erweiterte Feststellungen verlangen keine ausdrückliche Tenorierung. Anhaltspunkte in der Baugenehmigung, mit denen die Behörde eine Auseinandersetzung mit nicht mehr prüfpflichtigen Vorschriften zu erkennen gibt, sind für die weitere Auslegung ausreichend. Bauvorlagen können für die Würdigung herangezogen werden, reichen aber alleine nicht aus. (Teil 3 B.II.5.a))

105. Bauordnungsrechtsbezogene Äußerungen im begründenden Teil einer vereinfacht ergangenen Baugenehmigung schließen ein nachbarliches Anfechtungsrecht nicht aus. Der objektive Erklärungsgehalt der Baugenehmigung ist bereits bei entsprechenden Anhaltspunkten und nicht erst bei Zweifeln auslegend zu bestimmen. Entgegen der Haltung in der Rechtsprechung ist im Hinblick auf die

den Nachbarn treffende Anfechtungslast eine erweiterte Feststellung mit der Folge der Anfechtbarkeit der Baugenehmigung bereits in Zweifelsfällen zu bejahen. Bei einer objektiv erkennbaren Dokumentation einer erfolgten Prüfung des Bauordnungsrechts wird eine erweiterte Feststellung nicht bereits aufgrund eines zugleich gegebenen behördlichen Hinweises auf das beschränkte Prüfprogramm ausgeschlossen. (Teil 3 B.II.5.b))

106. An die Bauaufsichtsbehörden, welche die Deregulierung in ihren Folgen genauso wie Bauherren und Nachbarn akzeptieren müssen, richtet sich der Appell nach Zurückhaltung, wenn es um vermeintlich nur „erläuternde" oder „unverbindliche Hinweise" geht, die für den Bauherrn vor dem Hintergrund des Anspruchs der deregulierten Bauordnung nach mehr Eigenverantwortlichkeit ein nicht gerechtfertigtes Maß an Rechtssicherheit bedeuten (können), ohne dem Nachbarn nach gegenwärtig praktizierter Rechtsauffassung adäquate Reaktionsmöglichkeiten zu gewähren. Ferner ist eine konsequentere verwaltungsgerichtliche Sanktionierung entsprechenden Behördenhandelns zu fordern, die Bauaufsichtsbehörden mit Blick auf die Bescheidspraxis zu einem gesetzeskonformen Handeln anzuhalten. (Teil 3 B.II.5.b))

Literaturverzeichnis

Allgeier, Erich/ von Lutzau, Jutta: Die Bauordnung für Hessen – Kommentar der HBO mit Zeichnungen zu den Gebäudeklassen, zum Vollgeschossbegriff und zu den Abstandsregelungen, 7. Auflage, Stuttgart 2003.

Bamberger, Christian: Die verwaltungsgerichtliche vorläufige Einstellung genehmigungsfreier Bauvorhaben – Synchronisierung von Anordnungs- und Aussetzungsverfahren?, NVwZ 2000, S. 983–989.

Battis, Ulrich: Anforderungen an ein modernes Bauordnungsrecht, DVBl 2000, S. 1557–1562.

Battis, Ulrich/Krautzberger, Michael/Löhr, Rolf-Peter (Begr.)/Battis, Ulrich/ Mitschang, Stephan/Reidt, Olaf: Baugesetzbuch – Kommentar, 12. Auflage, München 2014, zit.: Verfasser, in: Battis/Krautzberger/Löhr, BauGB.

Bielenberg, Walter/Krautzberger, Michael/Söfker, Wilhelm: Baugesetzbauch mit BauNVO – Leitfaden und Kommentierung – Vergleichende Gegenüberstellung von neuem und altem Recht (Synopsen) – Ausführliche Kommentierung des neuen Rechts, 5. Auflage, München u.a. 1998.

Blümel, Willi: Vereinfachung des Baugenehmigungsverfahrens und Nachbarschutz, in: Ebenroth, Carsten Thomas/Hesselberger, Dieter/Rinne, Manfred Eberhard (Hrsg.), Verantwortung und Gestaltung – Festschrift für Karlheinz Boujong zum 65. Geburtstag, München 1996, S. 521–531.

Bock, Wolfgang: Die Verfahrensbeschleunigung im Baurecht und Nachbarschutz, DVBl 2006, S. 12–17.

Boeddinghaus, Gerhard: Sozialabstand, BauR 2004, S. 763–774.

ders.: Die neue Bayerische Abstandsregelung – Die Vorgaben der Musterbauordnung, BauR 2008, S. 35–51.

Borges, Georg: Der Nachbarrechtsschutz im Freistellungsverfahren, DÖV 1997, S. 900–904.

Bothe, Michael: Die Entscheidungen zwischen öffentlich-rechtlich geschützten Positionen Privater durch Verwaltung und Gerichte, JZ 1975, S. 399–406.

Brohm, Winfried: Verwaltungsgerichtsbarkeit im modernen Sozialstaat, DÖV 1982, S. 1–10.

Buchmann, Claudia: Die Konzentrationswirkung der Baugenehmigung – auch in Baden-Württemberg?, VBlBW 2007, S. 201–206.

Büchner, Hans/Schlotterbeck, Karlheinz: Baurecht, Band 2 – Bauordnungsrecht einschließlich öffentliches Baunachbarschutzrecht, 4. Auflage, Stuttgart 2011.

Busse, Jürgen: Die neue Bayerische Bauordnung, 1. Auflage, München 1994.

Busse, Jürgen/Dirnberger, Franz: Die neue Bayerische Bauordnung – Handkommentar, 5. Auflage[2066], Heidelberg u.a. 2013.

Czermak, Peter: Anmerkung [zu BVerwG, Urteil vom 17.10.1989, Az. 1 C 18.87], BayVBl 1990, S. 604–605.

Dahlke-Piel, Susanne: Die neue Sächsische Bauordnung und die Rechtsprechung des Sächsischen Oberverwaltungsgerichts zum Bauordnungsrecht, SächsVBl 1999, S. 121–131.

Decker, Andreas: Der Rechtsschutz im Genehmigungsfreistellungsverfahren, JA 1998, S. 799–806.

ders.: Neue Probleme mit der isolierten Abweichung, BayVBl 2003, S. 5–9.

ders.: Das Gesetz zur Änderung der BayBO vom 24.7.2007, BauR 2008, S. 443–458.

Decker, Andreas/Konrad, Christian: Bayerisches Baurecht mit Bauplanungsrecht, Rechtsschutz sowie Raumordnungs- und Landesplanungsrecht, 3. Auflage[2067], München 2011.

[2066] Soweit eine ältere Auflage (3. Auflage, Heidelberg u.a. 2007) verwendet und zitiert wird, ist dies mit entsprechendem Klammerzusatz verdeutlicht, vgl. z.B.: *Busse/Dirnberger*, Die neue BayBO (3. A.).

Degenhart, Christoph: Genehmigungsfreies Bauen und Rechtsschutz des Nachbarn, NJW 1996, S. 1433–1439.

ders.: Privatisierung bauaufsichtlicher Prüffunktionen und Unabhängigkeit der bautechnischen Prüfung, in: Bauer, Hartmut/Breuer, Rüdiger/Degenhart, Christoph/Oldiges, Martin (Hrsg.), 100 Jahre Allgemeines Baugesetz Sachsen, Stuttgart u.a. 2000, S. 571–583.

Dirnberger, Franz: Das Abstandsflächenrecht in Bayern – Systematische Darstellung mit detaillierten Abbildungen, 2. Auflage, Stuttgart u.a. 2011.

Dittus, Wilhelm: Baupolizei?, DVBl 1956, S. 251–255.

Dreier, Horst: Grundgesetz – Kommentar, Band III – Artikel 83–146, 2. Auflage, Tübingen 2008, zit.: *Verfasser*, in: Dreier, GG.

Duden, Das Fremdwörterbuch, Duden Band 5, Herausgegeben von der Dudenredaktion, 10. Auflage, Mannheim u.a. 2010.

Dürr, Hansjochen: Das öffentliche Baunachbarrecht, DÖV 1994, S. 841–853.

Dürr, Hansjochen (Hrsg.)/*König, Helmut*: Baurecht – Bauplanungsrecht, Bauordnungsrecht, Gerichtlicher Rechtsschutz, 4. Auflage, Baden-Baden 2000.

Ederer, Gunther: Quo vadis Bayerische Bauordnung? Die Bauordnungsnovelle 2008. Ursache und Wirkung der Reform des Bauordnungsrechts – Bericht über die Wintertagung der ARGE Verwaltungsrecht im DAV (Landesgruppe Bayern), BayVBl 2008, S. 529–530.

Ehlers, Dirk: Die Baugenehmigung – Baustein oder Schlussstein der Baufreigabe?, in: Geis, Max-Emanuel/Umbach, Dieter C. (Hrsg.), Planung – Steuerung – Kontrolle – Festschrift für Richard Bartlsperger zum 70. Geburtstag, Berlin 2006, S. 463–481.

Erbguth, Wilfried: Allgemeines Verwaltungsrecht mit Verwaltungsprozess- und Staatshaftungsrecht, 5. Auflage, Baden-Baden 2013.

[2067] Soweit eine ältere Auflage (1. Auflage, München 2002; 2. Auflage, München 2008) verwendet und zitiert wird, ist dies mit entsprechendem Klammerzusatz verdeutlicht, vgl. z.B.: *Decker/Konrad*, Bayerisches Baurecht (2. A.).

Erbguth, Wilfried/Stollmann, Frank: Aktuelle Rechtsentwicklungen im Bauordnungsrecht, JZ 1995, S. 1141–1150.

dies.: Das bauordnungsrechtliche Genehmigungsfreistellungsverfahren, BayVBl 1996, S. 65–71.

dies.: Entwicklung im Bauordnungsrecht, JZ 2007, S. 868–878.

Erichsen, Hans-Uwe/Ehlers, Dirk (Hrsg.): Allgemeines Verwaltungsrecht, 14. Auflage, Berlin u.a. 2010, zit.: *Verfasser*, in: Erichsen/Ehlers, Allgemeines Verwaltungsrecht.

Ernst, Werner/Zinkahn, Willy/Bielenberg, Walter (Begr.)/*Krautzberger, Michael*: Baugesetzbuch Band II – Kommentar, München, Loseblattsammlung Stand: 1. September 2013, zit.: *Verfasser*, in: Ernst/Zinkahn/Bielenberg, BauGB.

Finkelnburg, Klaus/Ortloff, Karsten Michael (Begr.)/*Otto, Christian-W.*: Öffentliches Baurecht – Band II: Bauordnungsrecht, Nachbarschutz, Rechtsschutz, 6. Auflage, München 2010.

Fischer, Markus: Pflicht zur Genehmigungserteilung auch bei Verletzung von im vereinfachten Genehmigungsverfahren nicht zu prüfenden Vorschriften, BayVBl 2005, S. 299–300.

Foerster, German: Fehlendes „Sachbescheidungsinteresse" im Verwaltungsverfahren, NuR 1985, S. 58–63.

Förster, Hans/Grundei, Albrecht H. (Mitbegr.)/*Wilke, Dieter/Dageförde, Hans-Jürgen/Knuth, Andreas/Meyer, Thomas* (Bearb.): Bauordnung für Berlin – Kommentar mit Rechtsverordnungen und Ausführungsvorschriften, 5. Auflage, Braunschweig u.a. 1999, zit.: *Verfasser*, in: Förster/Grundei, Bauordnung für Berlin (5. A.).

Gaentzsch, Günter: Konkurrenz paralleler Anlagengenehmigungen, NJW 1986, S. 2787–2795.

Gehrsitz, Elmar: [Literaturvorstellung] Franz Dirnberger, Das Abstandsflächenrecht in Bayern. Systematische Darstellung mit detaillierten Abbildungen. […], BayVBl 2009, S. 288.

Gierth, Karl: Vom Sachbescheidungsinteresse, DVBl 1967, S. 848–852.

Ginzky, Harald: Zustimmungsbedürftigkeit von Regelungen zum Umweltverfahrensrecht und bei Rechtsverordnungen des Bundes, ZUR 2007, S. 513–518.

Glaser, Andreas/Weißenberger, Christian: Die bauordnungsrechtlichen Eingriffsbefugnisse nach der Novellierung der Bayerischen Bauordnung, BayVBl 2008, S. 460–466.

Goerlich, Helmut: Materielle Ziele, Privatisierung, Funktionen der Verwaltung und die Stellung des Bürgers – Bemerkungen am Beispiel des neuen Bauordnungsrechts in den Ländern, in: Hoffmann-Riem, Wolfgang/Schneider, Jens-Peter (Hrsg.), Verfahrensprivatisierung im Umweltrecht, Baden-Baden 1996, S 147–169.

Greim, Jeanine: Rechtsschutz bei Verfahrensfehlern im Umweltrecht – Eine Abhandlung am Beispiel des Umwelt-Rechtsbehelfsgesetzes, (Schriften zum Umweltrecht Band 177), Berlin 2013.

Grziwotz, Herbert/Saller, Roland Rudolf: Bayerisches Nachbarrecht, 2. Auflage, München 2010.

Happ, Michael: Abstandsfläche, Abweichung, Sozialabstand – Einige Gedanken zu einem baurechtlichen Standardthema –, BayVBl 2014, S. 65–67.

Harion, Thomas: Hessische Bauordnung (HBO) mit ergänzenden Vorschriften – Textausgabe mit Einführung, 5. Auflage, Heidelberg u.a. 2011.

Held, Ralf: Das subjektive Recht auf Baugenehmigung, UPR 1999, S. 210–213.

ders.: Deregulierung von bauaufsichtlichen Genehmigungsverfahren durch Landesrecht – Dargestellt unter Berücksichtigung der Genehmigungsfreistellung nach Art. 70 BayBO 1994/Art. 64 BayBO 1998, (Europäische Hochschulschriften, Reihe II, Rechtswissenschaft, Bd./Vol. 2572), Frankfurt am Main 1999.

Hornmann, Gerhard: Hessische Bauordnung (HBO) – Kommentar, 2. Auflage, München 2011.

ders.: Keine Feststellung in der Baugenehmigung zum nicht zu prüfenden Recht, NVwZ 2012, S. 1294–1298.

Horst, Hans Reinhold: Rechtshandbuch Nachbarrecht – Systematische Darstellungen, Verfahrenstechnik, Kosten und Gebühren, Anspruchsübersichten, Prüfungsschemata, Gesetzestexte, 2. Auflage, o.O. 2006.

Hufen, Friedhelm : Verwaltungsprozessrecht, 9. Auflage, München 2013.

Ingold, Albert/Schröder, Meinhard: Versagungsermessen im Baugenehmigungsverfahren – Auswirkungen des Art. 68 Abs. 1 Satz 1 Halbsatz 2 BayBO auf behördliches Prüfprogramm und Rechtsschutzmöglichkeiten, BayVBl 2010, S. 426–429.

Jäde, Henning: Auf der Flucht vor dem neuen Baurecht – Duplik auf Simon, BayVBl. 1994, 332, BayVBl 1994, S. 363–365.

ders.: Strukturprobleme des Bauordnungsrechts, UPR 1994, S. 201–206.

ders.: Verfahrensfragen der neuen Landesbauordnungen, UPR 1995, S. 81–85.

ders.: Bauordnungsrecht im Wandel, GewArch 1995, S. 187–194.

ders.: Fortschreibung der Bauordnungsnovelle 1994 – Erste Grundzüge, BayBgm 1996, S. 11–12.

ders.: Neuere Entwicklungen im Bauordnungsrecht, ZfBR 1996, S. 241–254.

ders.: Die bauaufsichtliche Lebenslüge, die Schutznormtheorie und das Bundesverwaltungsgericht, UPR 1998, S. 326–329.

ders.: Rechtseinheit im Bauordnungsrecht?, NVwZ 2001, S. 982–985.

ders.: Grundlinien der Musterbauordnung 2002, ZfBR 2003, S. 221–228.

ders.: Musterbauordnung 2002 – ein Überblick, NVwZ 2003, S. 668–671.

ders.: Das öffentliche Baurecht in der Rechtsprechung des Bayerischen Verwaltungsgerichtshofs 2002–2004, BayVBl 2004, S. 481–489.

ders.: Nochmals: Vereinfachtes Baugenehmigungsverfahren und Sachbescheidungsinteresse, BayVBl 2005, S. 301–302.

ders.: Anmerkung [zu BayVGH, Urteil vom 30.6.2005, Az. 15 BV 04.576, BayVBl 2006, S. 51–52.

ders.: Anmerkung [zu BayVGH, Urteil vom 23.3.2006 Az. 26 B 05.555], BayVBl 2006, S. 538–540.

ders.: Bayerische Bauordnung BayBO 1998 / BayBO 2008 – Textsynopse mit amtlicher Begründung, Stuttgart u.a. 2007.

ders.: Nochmals: Technische Nachweise beim Bauen, BauR 2008, S. 52–57.

ders.: Das öffentliche Baurecht in der Rechtsprechung des Bayerischen Verwaltungsgerichtshofs 2005 – 2008, BayVBl 2008, S. 517–527.

ders.: Aktuelle Fragen des bayerischen Bauordnungsrechts, BayVBl 2009, S. 709–718.

ders.: Das Sachbescheidungsinteresse im bauaufsichtlichen Genehmigungsverfahren – eine unendliche Geschichte?, BayVBl 2010, S. 741–745.

ders.: Das öffentliche Baurecht in der Rechtsprechung des Bayerischen Verwaltungsgerichtshofs 2008 – 2011, BayVBl 2011, S. 325–336.

ders.: Bauaufsichtliche Maßnahmen – Beseitigungsanordnung Nutzungsuntersagung Einstellung von Arbeiten, 4. Auflage, Stuttgart u.a. 2012.

ders.: Bayerische Bauordnung BayBO 2011 / BayBO 2013 – Gesetzestext, Änderungssynopse mit amtlicher Begründung und Vollzugshinweisen, Stuttgart u.a. 2013.

ders.: Bayerisches Bauordnungsrecht – Ein Leitfaden für Studium, Ausbildung und Praxis, Stuttgart 2013.

ders.: Das öffentliche Baurecht in der Rechtsprechung des Bayerischen Verwaltungsgerichtshofs 2011 – 2013, BayVBl 2014, S. 1–13.

Jäde, Henning/Dirnberger, Franz/Bauer, Karl: Die neue Bayerische Bauordnung – Kommentar mit Durchführungsvorschriften und Materialien, Band 1 – 3, Stuttgart u.a. 1994, Loseblattsammlung Stand: Januar 2014, zit.: *Verfasser*, in: Jäde/Dirnberger/Bauer, Die neue BayBO.

Jäde, Henning/Dirnberger, Franz/Weiß, Josef: Baugesetzbuch Baunutzungsverordnung – Kommentar, 7. Auflage, Stuttgart u.a. 2013, zit.: *Verfasser*, in: Jäde/Dirnberger/Weiß, BauGB bzw. BauNVO.

Jäde, Henning/Famers, Gabriele: Schwerpunkte der Bayerischen Bauordnung 2008, BayVBl 2008, S. 33–48.

Jäde, Henning/Hornfeck, Johanna: Musterbauordnung (MBO 2012) – Textsynopse der Fassungen November 2002 und September 2012 mit Begründung, München 2013.

Jäde, Henning/Weinl, Monika/Dirnberger, Franz: Schwerpunkte des neuen Bauordnungsrechts, BayVBl 1994, S. 321–331.

Jäde, Henning/Weinl, Monika/Dirnberger, Franz/Bauer, Karl/Eisenreich, Klaus: Die neue Bayerische Bauordnung – Kommentar mit Durchführungsvorschriften und Materialien, Band 2, Stuttgart u.a. 1994, Loseblattsammlung Stand: Februar 1996, zit.: *Verfasser*, in: Jäde/Weinl/Dirnberger/Bauer/Eisenreich, Die neue BayBO (1994).

Jäde, Henning/Weiß, Josef: Bayerische Bauordnung BayBO 1994/BayBO 1998 – Textsynopse mit amtlicher Begründung, Stuttgart u.a. 1997.

dies.: Das Zweite Gesetz zur Vereinfachung und Beschleunigung baurechtlicher Verfahren, BayVBl 1998, S. 7–18.

Jarass, Hans D.: Allgemeine Probleme der Gesetzgebungskompetenz des Bundes, NVwZ 2000, S. 1089–1096.

Jarass, Hans D./Pieroth, Bodo: Grundgesetz für die Bundesrepublik Deutschland – Kommentar, 13. Auflage, München 2014, zit.: *Verfasser*, in: Jarass/Pieroth, GG für die BRD.

Jarass, Nina: Die Veränderungssperre im vereinfachten Baugenehmigungsverfahren, BayVBl 2010, S. 129–132.

Kamphausen, Peter: Bestimmtheit und Begründung von Verwaltungsakten, insbesondere der Bauverwaltung, BauR 1986, S. 403–412.

Kloepfer, Michael: Umweltschutz und Verfassungsrecht – Zum Umweltschutz als Staatspflicht, DVBl 1988, S. 305–316.

Knack, Hans Joachim (Begr.)/*Henneke, Hans-Günter*: Verwaltungsverfahrensgesetz (VwVfG) – Kommentar, 9. Auflage, Köln 2010, zit. *Verfasser*, in: Knack/Henneke, VwVfG.

Koch, Hans-Joachim: (Verfahrens-)Privatisierung im öffentlichen Baurecht, in: Hoffmann-Riem, Wolfgang/Schneider, Jens-Peter (Hrsg.), Verfahrensprivatisierung im Umweltrecht, Baden-Baden 1996, S. 170–187.

Koch, Hans-Joachim/Hendler, Reinhard: Baurecht Raumordnungs- und Landesplanungsrecht, 5. Auflage, Stuttgart u.a. 2009.

Koch, Hans/Molodovsky, Paul/Famers, Gabriele: Bayerische Bauordnung 1998 – Kommentar mit einer Sammlung baurechtlicher Vorschriften, Ordner Ia, Heidelberg u.a., Loseblattsammlung Stand: 1. September 2007.

Koch, Hans/Molodovsky, Paul (Begr.)/*ders./Famers, Gabriele/Kraus, Stefan*: Bayerische Bauordnung – Kommentar mit einer Sammlung baurechtlicher Vorschriften, Ordner I und II, Heidelberg u.a., Loseblattsammlung Stand: 1. April 2014, zit.: *Verfasser*, in: Koch/Molodovsky/Famers, BayBO.

Koehl, Felix: Nochmals: Abstandsflächenrecht und Nachbarschutz im vereinfachten Baugenehmigungsverfahren nach der BayBO 2008, BayVBl 2009, S. 645–651.

Konrad, Horst: Verwaltungsrechtsrechtsschutz im Nachbarschaftsverhältnis, BayVBl 1984, S. 33–37 und S. 70–74 (Fortsetzung und Schluss).

Kopp, Ferdinand O. (Begr.)/*Ramsauer, Ulrich*: Verwaltungsverfahrensgesetz, 14. Auflage, München 2013.

Kopp, Ferdinand O. (Begr.)/*Schenke, Wolf-Rüdiger*: Verwaltungsgerichtsordnung – Kommentar, 19. Auflage, München 2013.

Korioth, Stefan: Der Abschied von der Baugenehmigung nach § 67 BauO NW 1995, DÖV 1996, S. 665–675.

Kracht, Harald: Feststellender Verwaltungsakt und konkretisierende Verfügung – Verwaltungsakte zur präventiven Regelung, Konkretisierung und Durchsetzung gesetzlicher Rechte und Pflichten, (Schriften zum Öffentlichen Recht Band 898), Berlin 2002.

Kuchler, Ferdinand: Zum Prüfungsmaßstab bei Nachbarklagen gegen Abweichungen von Abstandsflächenvorschriften – Kann sich der Nachbar auf eine Beeinträchtigung der öffentlichen Belange berufen?, BayVBl 2009, S. 517–524.

Lautner, Gerd: Bauaufsichtsrecht und Deregulierung, VR 1999, S. 37–48.

Lindner, Josef Franz/Möstl, Markus/Wolff, Heinrich Amadeus: Verfassung des Freistaates Bayern – Kommentar, München 2009, zit.: *Verfasser*, in: Lindner/Möstl/Wolff, Verfassung des Freistaates Bayern.

Linhart, Helmut: Schreiben, Bescheide und Vorschriften in der Verwaltung – Handbuch für die Verwaltungspraxis, 3. Auflage, Heidelberg 1989, Loseblattsammlung Stand: Mai 2014.

Linke, Emil Hermann: Ermessenseinräumung durch „kann" und „darf" – Einblicke in Wörterbücher – Kleine Anmerkung zu Jäde, Aktuelle Fragen des bayerischen Bauordnungsrechts (BayVBl. 2009, 709), BayVBl 2010, S. 430.

Löffelbein, Klaus: Genehmigungsfreies Bauen und Nachbarschutz – Die baurechtlichen Anzeige- und Freistellungsverfahren der Länder aus nachbarlicher Sicht, (Kölner Schriften zu Recht und Staat, Band 10), Frankfurt am Main 2000.

Lohmöller, Stefan: Anwendungsbezogene Rechtsschutzkompensation am Beispiel des „deregulierten" Bayerischen Bauordnungsrechts, (Europäische Hochschulschriften, Reihe II, Rechtswissenschaft, Bd./Vol. 3728), Frankfurt am Main 2003.

Mackeben, Andreas: Grenzen der Privatisierung der Staatsaufgabe Sicherheit, Baden-Baden 2004.

Mampel, Dietmar: Nachbarschutz im öffentlichen Baurecht – Materielles Recht, Herne u.a. 1994.

ders.: Ver(de)reguliert: Einige Überlegungen zum Baugenehmigungs-Freistellungsverfahren, NVwZ 1996, S. 1160–1166.

ders.: Baurechtlicher Drittschutz nach der Deregulierung, UPR 1997, S. 267–272.

ders.: Kein Verwaltungsrechtsschutz zwischen Privaten, NVwZ 1999, S. 385–388.

Manssen, Gerrit: Die Genehmigungsfreistellung für Wohngebäude in der Landesbauordnung Mecklenburg-Vorpommern, NVwZ 1996, S. 144–147.

Manssen, Gerrit/Greim, Jeanine: Die Deformation des Art. 68 BayBO, BayVBl 2010, S. 421–425.

Martens, Joachim: Der verwaltungsrechtliche Nachbarschutz – eine unendliche Geschichte?, NJW 1985, S. 2302–2308.

Martini, Mario: Baurechtsvereinfachung und Nachbarschutz, DVBl 2001, S. 1488–1498.

Maunz, Theodor/Dürig, Günter (Begr.)/*Herzog, Roman/Scholz, Rupert/Herdegen, Matthias/Klein, Hans H.* (Hrsg.): Grundgesetz – Kommentar, Band V – Art. 54–85, München, Loseblattsammlung Stand: Dezember 2013, zit.: *Verfasser*, in: Maunz/Dürig, GG.

Maurer, Hartmut: Allgemeines Verwaltungsrecht, 18. Auflage[2068], München 2011.

Möstl, Markus: Die staatliche Garantie für die öffentliche Sicherheit und Ordnung – Sicherheitsgewährleistung im Verfassungsstaat, im Bundesstaat und in der Europäischen Union, (Jus publicum; Bd. 87), Tübingen 2002.

[2068] Soweit eine ältere Auflage (16. Auflage, München 2006) verwendet und zitiert wird, ist dies mit entsprechendem Klammerzusatz verdeutlicht, vgl. z.B.: *Maurer*, Allgemeines Verwaltungsrecht (16. A.).

ders.: [Literaturvorstellung] Molodovsky/Famers/Kraus, Bayerische Bauordnung. Kommentar. [...], BayVBl 2014, S. 223–224.

Münch, Ingo von (Begr.)/*Kunig, Philip* (Hrsg.): Grundgesetz Kommentar [...], siehe unten: *von Münch, Ingo* (Begr.)/*Kunig, Philip* (Hrsg.): Grundgesetz Kommentar [...].

Numberger, Ulrich: Abstandsflächenrecht und Nachbarschutz im vereinfachten Baugenehmigungsverfahren der Bayerischen Bauordnung 2008, BayVBl 2008, S. 741–745.

Oeter, Stefan: Baurechtsvereinbarung, Drittschutz und die Erfordernisse wirksamen Rechtsschutzes, DVBl 1999, S. 189–197.

Oldiges, Martin: Öffentlich-rechtlicher Nachbarschutz unter der Herrschaft des Sächsischen Baugesetzes, in: Bauer, Hartmut/Breuer, Rüdiger/Degenhart, Christoph/Oldiges, Martin (Hrsg.), 100 Jahre Allgemeines Baugesetz Sachsen, Stuttgart u.a. 2000, S. 307–327.

Ortloff, Karsten-Michael: Inhalt und Bindungswirkungen der Baugenehmigung, NJW 1987, S. 1665–1670.

ders.: Abschied von der Baugenehmigung – Beginn beschleunigten Bauens?, NVwZ 1995, S. 112–119.

Posser, Herbert/Wolff, Heinrich Amadeus (Hrsg.): VwGO – Kommentar, 2. Auflage, München 2014, zit.: *Verfasser*, in: Posser/Wolff, VwGO.

Preschel, Christina: Abbau der präventiven bauaufsichtlichen Prüfung und Rechtsschutz, DÖV 1998, S. 45–54.

Redeker, K.: Nachbarklage – öffentlich-rechtlich oder zivilrechtlich?, NJW 1959, S. 749–752.

Reichel, Gerhard Hans/Schulte, Bernd H. (Hrsg.), Handbuch Bauordnungsrecht, München 2004, zit.: *Verfasser*, in: Reichel/Schulte, Hdb. BauOR.

Reicherzer, Max: Art. 73 BayBO: Potenzieller Prüfungsumfang bei partieller Prüfungspflicht, BayVBl 2000, S. 750–753.

Rieger, Reinhard Hans Peter: Ermessen und innerdienstliche Weisung, (Juristische Schriftenreihe Bd. 16), Münster 1991.

Ritter, Ernst-Hasso: Bauordnungsrecht in der Deregulierung, DVBl 1996, S. 542–550.

Sacksofsky, Ute: Privatisierung des baurechtlichen Nachbarschutzes bei genehmigungsfreien Vorhaben?, DÖV 1999, S. 946–954.

Sarnighausen, Hans-Cord: Zum Nachbaranspruch auf baubehördliches Einschreiten, NJW 1993, S. 1623–1628.

Sauter, Alfred: Die neue Bauordnung und der „schlanke Staat", BayVBl 1998, S. 2–7.

Sauthoff, Michael: Erweiterung der Feststellungswirkung einer Baugenehmigung über das gesetzliche Prüfprogramm hinaus – Zugleich Anmerkung zu OVG Koblenz, Urteil v. 22.11.2011 – 8 A 10636/11 – […], BauR 2013, S. 415–423.

Scheidler, Alfred: Öffentliches Baurecht im Wandel, BauR 2008, S. 889.

Schenke, Wolf-Rüdiger: Der Folgenbeseitigungsanspruch bei Verwaltungsakten mit Drittwirkung, DVBl 1990, S. 328–338.

Schlichter, Otto: Investitionsförderung durch flexible Genehmigungsverfahren – Eine Darstellung der Untersuchungsergebnisse der Unabhängigen Expertenkommission zur Vereinfachung und Beschleunigung von Planungs- und Genehmigungsverfahren, DVBl 1995, S. 173–179.

Schmaltz, Hans Karsten: Die Freistellung von Wohngebäuden vom Genehmigungsvorbehalt nach § 69 a NBauO, NdsVBl 1995, S. 241–248.

Schmidt, Rolf: Allgemeines Verwaltungsrecht – Verwaltungsorganisation und Behördenaufbau – Rechtsquellen des Verwaltungsrechts – Das subjektive öffentliche Recht – Unbestimmter Rechtsbegriff, Beurteilungsspielraum und planerische Abwägungsentscheidungen – Verwaltungsermessen – Handlungsformen der Staatsverwaltung – Staatshaftungsrecht, 16. Auflage, Grasberg bei Bremen 2013.

Schmidt-Preuß, Matthias: Selbstregulierung im Bauordnungsrecht – das Modell Sachsen, in: Bauer, Hartmut/Breuer, Rüdiger/Degenhart, Christoph/Oldiges, Martin (Hrsg.), 100 Jahre Allgemeines Baugesetz Sachsen, Stuttgart u.a. 2000, S. 585–601.

ders.: Kollidierende Privatinteressen im Verwaltungsrecht – Das subjektive öffentliche Recht im multipolaren Verwaltungsrechtsverhältnis, 2. Auflage, Berlin 2005.

Schröder, Meinhard: Die Behandlung von Bauanträgen mit außerhalb des Prüfprogramms der Genehmigungsbehörde liegenden Mängeln – Zugleich eine Anmerkung zum Urteil des Bayerischen Verwaltungsgerichtshofs vom 19.1.2009 Az. 2 BV 08.2567 (BayVBl. 2009, 507 f. [in diesem Heft], BayVBl 2009, S. 495–497.

Schrödter, Hans (Begr.)/u.a.: Baugesetzbuch – Kommentar, 7. Auflage, München 2006, zit.: *Verfasser*, in: Schrödter, BauGB.

Schulte, Bernd H.: Bundesrechtswidrige Baugenehmigungsfreistellung von Wohngebäuden durch Landesbauordnungen?, BauR 1995, S. 174–185.

Schwarzer, Herbert (Begr.)/*König, Helmut*: Bayerische Bauordnung – Kommentar, 4. Auflage[2069], München 2012.

Schwerdtfeger, Gunther: Grundrechtlicher Drittschutz im Baurecht – Dogmatische Grundlegungen zur Rechtsprechung des BVerwG, NVwZ 1982, S. 5–11.

Seidel, Achim: Bauplanungs- und Bauordnungsrecht – Fälle und Lösungen, Baden-Baden 1999.

ders.: Privater Sachverstand und staatliche Garantenstellung im Verwaltungsrecht, München 2000.

Sellmann, Martin: Entwicklung und Problematik der öffentlich-rechtlichen Nachbarklage im Baurecht, DVBl 1963, S. 273–286.

[2069] Soweit eine ältere Auflage (3. Auflage, München 2000) verwendet und zitiert wird, ist dies mit entsprechendem Klammerzusatz verdeutlicht, vgl. z.B.: *Schwarzer/König*, BayBO (3. A.).

Selmer, Peter: Rücksichtnahmegebot im unbeplanten Innenbereich [Rechtsprechungsübersicht bzgl. BVerwG, Urteil vom 11.1.1999, Az. 4 B 128/98], JuS 2000, S. 409–410.

Shirvani, Fardad: Art. 68 Abs. 1 Satz 1 Halbsatz 2 BayBO – Freibrief für die Genehmigungsbehörde?, BayVBl 2010, S. 709–717.

Simon, Alfons: Die neue Bayerische Bauordnung aus der Sicht der Praxis – „Eine Baurechtsrevolution findet nicht statt", BayVBl 1994, S. 332–341.

ders.: Bayerische Bauordnung 1994 – Synopse mit Erläuterungen, München 1994.

Simon, Alfons (vorm. Hrsg.)/*Busse, Jürgen* (Hrsg.): Bayerische Bauordnung – Kommentar, Band I: Kommentar zur BayBO 1998, München, Loseblattsammlung Stand: August 2007, zit.: *Verfasser*, in: Simon/Busse, BayBO 1998.

dies.: Bayerische Bauordnung 2008 – Kommentar, Band I: Kommentar zur BayBO 2008 und Band II: Anhang, München, Loseblattsammlung Stand: Januar 2014, zit.: *Verfasser*, in: Simon/Busse, BayBO.

Sodan, Helge/Ziekow, Jan: Verwaltungsgerichtsordnung – Großkommentar, 3. Auflage, Baden-Baden 2010, zit.: *Verfasser*, in: Sodan/Ziekow, VwGO.

Spannowsky, Willy/Uechtritz, Michael (Hrsg.): Baugesetzbuch – Kommentar, 2. Auflage, München 2014, zit.: *Verfasser*, in: Spannowsky/Uechtritz, BauGB.

Starck, Christian (Hrsg.): Föderalismusreform, München 2007, zit.: *Verfasser*, in: Starck, Föderalismusreform.

Steinberg, Rudolf: Grundfragen des öffentlichen Nachbarrechts, NJW 1984, S. 457–464.

Steiner, Udo: Zum Stand des verwaltungsrechtlichen Rechtsschutzes in Deutschland, BayVBl 2012, S. 129–134.

Stelkens, Paul: Neue allgemeine Verfahrensregeln durch die Landesbauordnung Nordrhein-Westfalen?, BauR 1986, S. 390–402.

Stelkens, Paul/Bonk, Heinz Joachim/Sachs, Michael: Verwaltungsverfahrensgesetz – Kommentar, 8. Auflage[2070], München 2014, zit.: *Verfasser*, in: Stelkens/Bonk/Sachs, VwVfG.

Stollmann, Frank: Rechtliche Grenzen der Vereinfachung und Beschleunigung des Baugenehmigungsverfahrens, NordÖR 2000, S. 400–404.

ders.: Grundfragen des Nachbarschutzes im öffentlichen Baurecht, VR 2005, S. 397–403.

Stühler, Hans-Ulrich: Das Gebot der Rücksichtnahme als allgemeines Rechtsprinzip im öffentlichen Nachbarrecht und die Bildung von Fallgruppen nach Konfliktfeldern – in Erinnerung an Josef Esser zu seinem zehnjährigen Todestag (12.3.1910 bis 21.7.1999), BauR 2009, S. 1076–1091.

Thomas, Joachim: Befreiung von Festsetzungen des Bebauungsplans, IBR 1990, S. 612.

Troidl, Thomas: David gegen Goliath: „Erdrückende Wirkung" im öffentlichen Baurecht – „abriegelnde" und „einmauernde" Bauvorhaben aus Sicht des Rücksichtnahmegebots, BauR 2008, S. 1829–1843.

Uechtritz, Michael: Nachbarrechtsschutz bei der Errichtung von Wohngebäuden im Freistellungs-, Anzeige- und vereinfachten Verfahren, NVwZ 1996, S. 640–647.

von Münch, Ingo (Begr.)/*Kunig, Philip* (Hrsg.): Grundgesetz Kommentar – Band 1: Präambel bis Art. 69, 6. Auflage, München 2012, zit.: *Verfasser*, in: von Münch/Kunig, GG Band 1.

dies.: Grundgesetz Kommentar – Band 2: Art. 70 bis 146, 6. Auflage, München 2012, zit.: *Verfasser*, in: von Münch/Kunig, GG Band 2.

[2070] Soweit eine ältere Auflage (5. Auflage, München 1998) verwendet und zitiert wird, ist dies mit entsprechendem Klammerzusatz verdeutlicht, vgl. z.B.: *Verfasser*, in: Stelkens/Bonk/Sachs, VwVfG (5. A.).

Voßkuhle, Andreas: Grundwissen – Öffentliches Recht: Entscheidungsspielräume der Verwaltung (Ermessen, Beurteilungsspielraum, planerische Gestaltungsfreiheit), JuS 2008, S. 117–119.

Wahl, Rainer: Der Nachbarschutz im Baurecht, JuS 1984, S. 577–586.

Werner, Fritz: Die Zuständigkeit des Bundes für ein Bundesbaugesetz, DVBl 1954, S. 481–485.

Werner, Ulrich/Pastor, Walter: Der Bauprozess – Prozessuale und materielle Probleme des zivilen Bauprozesses, 14. Auflage, Köln 2013, zit.: *Verfasser*, in: Werner/Pastor, Der Bauprozess.

Weyreuther, Felix: Bundes- und Landesbaurecht, BauR 1972, S. 1–8.

ders.: Modifizierende Auflagen, DVBl 1984, S. 365–374.

ders.: Gleichbehandlung und Typisierung, DÖV 1997, S. 521–530.

Wilke, Dieter: Der Anspruch auf behördliches Einschreiten im Polizei-, Ordnungs- und Baurecht, in: Achterberg, Norbert/Krawietz, Werner/Wyduckel, Dieter (Hrsg.), Recht und Staat im sozialen Wandel – Festschrift für Hans Ulrich Scupin zum 80. Geburtstag, Berlin 1983, S. 831–844.

Wilke, Dieter/Dageförde, Hans-Jürgen/Knuth, Andreas/Meyer, Thomas/Broy-Bülow, Cornelia: Bauordnung für Berlin – Kommentar mit Rechtsverordnungen und Ausführungsvorschriften, 6. Auflage, Wiesbaden 2008, zit.: *Verfasser*, in: Wilke/Dageförde/Knuth/Meyer/Broy-Bülow, Bauordnung für Berlin (6. A.).

Winkler, Carmen: Das vereinfachte Baugenehmigungsverfahren nach Art. 80 BayBO (Art. 73 BayBO 1998), BayVBl 1997, S. 744–750.

Wittreck, Fabian: Das Sachbescheidungsinteresse im Verwaltungsverfahren – Eine Analyse anhand der neueren verwaltungsgerichtlichen Rechtsprechung, BayVBl 2004, S. 193–204.

Wolf, Stephan: Bayerische Bauordnung (BayBO) – Kurzkommentar, 4. Auflage, Köln 2010.

Wolff, Hans J. (Begr.)/*Bachof, Otto* (vorm. Hrsg.)/*Stober, Rolf/Kluth, Winfried*: Verwaltungsrecht I – Ein Studienbuch, 12. Auflage, München 2007.

Ziekow, Jan: Verwaltungsverfahrensgesetz – Kommentar, 2. Auflage, Stuttgart 2010.

Aus unserem Verlagsprogramm:

Heinrich Amadeus Wolff
**DNA-Mitarbeiterdateien von Polizeibeamten
ohne gesetzliche Grundlage**
Am Beispiel des Freistaats Bayern
Hamburg 2014 / 118 Seiten / ISBN 978-3-8300-8188-3

Nina Huxdorff
**Rechtsfragen der Erst- und Zweitverleihung des öffentlich-rechtlichen
Körperschaftsstatus an Religionsgemeinschaften**
Hamburg 2013 / 420 Seiten / ISBN 978-3-8300-7272-0

Florian Ziegler
Arbeitsrecht und UWG
Hamburg 2011 / 294 Seiten / ISBN 978-3-8300-5979-0

Simon Ramstetter
Mindestlöhne vor Gericht
Hamburg 2011 / 302 Seiten / ISBN 978-3-8300-5865-6

Verena Wachinger
Grenzen automatisierter Datenerfassung zu präventiven Zwecken
*Untersuchung am Beispiel des Gesetzes zur Änderung
des Bayerischen Polizeiaufgabengesetzes*
Hamburg 2011 / 346 Seiten / ISBN 978-3-8300-5187-9

Klaus Kirchmann
Integration von Fachplänen in die Raumordnungspläne
Unter besonderer Berücksichtigung der Waldfunktionsplanung in Bayern
Hamburg 2010 / 266 Seiten / ISBN 978-3-8300-5036-0

Thiago Marrara
Planungsrechtliche Konflikte in Bundesstaaten
*Eine rechtsvergleichende Untersuchung am Beispiel
der raumbezogenen Planung in Deutschland und Brasilien*
Hamburg 2009 / 310 Seiten / ISBN 978-3-8300-4685-1

Lucia Budjarek
Das Recht des öffentlichen Dienstes und die Fortentwicklungsklausel
Art. 33 Abs. 5 GG nach der Föderalismusreform
Hamburg 2009 / 448 Seiten / ISBN 978-3-8300-4598-4

Maximilian Baier
**Die parlamentarische Kontrolle der Nachrichtendienste
und deren Reform**
Hamburg 2009 / 310 Seiten / ISBN 978-3-8300-4451-2

Annette Schmitt
Der bundesstaatliche Rahmen für die Landesverfassungen
*Die Reichweite des Art. 28 GG, insbesondere im Verhältnis zu
Art. 31 GG, zu den Durchgriffs- und Bestandteilsnormen*
Hamburg 2009 / 420 Seiten / ISBN 978-3-8300-4447-5

VERLAG DR. KOVAČ
FACHVERLAG FÜR WISSENSCHAFTLICHE LITERATUR